中国—东盟商务年鉴

CHINA-ASEAN BUSINESS YEARBOOK

第五届中国—东盟博览会

金风送爽丰收季，合作共赢奏凯歌。2008年10月22日，第五届中国—东盟博览会在广西南宁隆重开幕。满载五周年合作成果的中国—东盟博览会，在各方的积极参与和强力推动下，第五届展现出更强大的活力。中国和东盟国家领导人、部长率高规格代表团参会，各国参展企业阵容更强更优，区域外国家组团踊跃参与。主题国充分展示风采，"信息通信合作"唱响主题，16个高层次论坛拓展了交流领域。"10+1＞11"的中国—东盟博览会精神，在本届中国—东盟博览会上得到更加充分体现。

开幕式上，中国和东盟各国正要向5年来为中国—东盟博览会作出贡献的有关人士赠送中国—东盟博览会5周年纪念牌。十一国剪彩嘉宾亲手在主席台上搭建起一座联结友谊、共通未来的合作长桥，有力地表现了中国—东盟博览会"友谊、合作、繁荣、发展"的主题。

①第五届中国—东盟博览会展馆外景；②第五届中国—东盟博览会开幕式；③在第五届中国—东盟博览会开幕式上中国国务院副总理王岐山（右）向连续出席5届博览会的柬埔寨首相洪森（左）在赠送纪念牌；④中国国务院副总理王岐山巡视第五届中国—东盟博览会展馆；⑤中国全国政协副主席李兆焯巡视第五届中国—东盟博览会展馆；⑥文莱玛斯娜公主巡视第五届中国—东盟博览会展馆；⑦老挝国家副主席本扬·沃拉吉巡视第五届中国—东盟博览会展馆；⑧缅甸总理登盛巡视第五届中国—东盟博览会展馆；⑨越南副总理黄忠海巡视第五届中国—东盟博览会展馆；⑩东盟秘书长素林巡视第五届中国—东盟博览会展馆；⑪-㉑为第五届中国—东盟博览会魅力城市：依次为中国苏州、文莱斯里巴加湾、柬埔寨金边、印尼万隆、老挝万象、马来西亚赛城、缅甸耶德纳崂、菲律宾达沃、新加坡、泰国普吉、越南顺化。

①

③ ④

⑪

⑫

⑬

⑭ ⑮

⑯

②

⑤ ⑥ ⑦ ⑧ ⑨ ⑩

⑰

⑱

⑲

⑳

㉑

第五届中国—东盟商务与投资峰会

中国—东盟商务与投资峰会历经五载，搭建平台，硕果累累，成为中国和东盟工商界最高级别的盛会。

五年来，中国和东盟各国领导人同台演讲，商界精英与会交流，各国共商合作大计，谋求共同发展；五年来，随着中国—东盟商务与投资峰会的举办，中国—东盟自由贸易区建设加快推进，中国与东盟经贸合作不断取得新进展。

2008年，世界经济面临新形势新挑战。中国—东盟商务与投资峰会作为区域内最有影响、最高规格的合作盛会和交流平台，更加受到各方关注。

第五届中国—东盟商务与投资峰会紧扣中国—东盟自由贸易区建设进程和区域经济合作的实际情况，确定了“广阔的视野，积极的行动”这一主题。

2008年10月22日，第五届中国—东盟商务与投资峰会在中国广西南宁成功举办，共设开幕式、投资合作专题会议和中小企业合作专题会议三场活动。中国和东盟国家领导人、政府高官、国际组织负责人、商协会领袖、企业家、专家学者以及媒体记者1400人出席了盛会。

①第五届中国—东盟商务与投资峰会开幕式

②开幕式全景

③中国国务院副总理王岐山在第五届中国—东盟商务与投资峰会上致辞

④柬埔寨首相洪森在第五届中国—东盟商务与投资峰会开幕式上致辞

⑤缅甸总理登盛在第五届中国—东盟商务与投资峰会上致辞

⑥越南副总理黄忠海在第五届中国—东盟商务与投资峰会上致辞

⑦广西壮族自治区党委书记郭声琨在第五届中国—东盟商务与投资峰会上致辞

⑧老挝国家副主席本扬（左）和柬埔寨首相洪森（中）、中国国务院副总理王岐山（右）在第五届中国—东盟商务与投资峰会上

⑨中国商务部部长陈德铭（左）和广西壮族自治区主席马飚（中）、联合国贸发会议秘书长素帕猜（右）在第五届中国—东盟商务与投资峰会上

⑩东盟秘书长素林（左）和广西壮族自治区党委书记郭声琨（中）、越南副总理黄忠海（右）在第五届中国—东盟商务与投资峰会上

②

①

③

④
⑤
⑥
⑦
⑧
⑨
⑩

广西投资集团有限公司成立于1988年6月24日，注册资本41.97亿元。是广西重要的投融资主体和国有资产经营主体。承担着为广西筹集建设资金，参与重点项目建设，壮大国有资本的光荣使命。

公司成立21年来，以“积聚财富，服务广西”为己任，锐意改革，开拓进取，快速发展。现有全资、控(参)股企业38家，职工1万多人。2009年8月底，资产总额514.73亿元，净资产130.74亿元，是广西地方资产总量最大的国有企业。再次入选2009中国企业500强，排名第403位，与2008年相比，上升了70位。

电力、铝业、金融证券是公司的主要产业。电力项目权益装机容量602.5万千瓦，是广西地方最大的电源企业；氧化铝、电解铝产能分别占广西总产能的32%和53%。

发展目标

2009年，力争营业收入150亿元，总资产达550亿元；2012年，力争营业收入达300亿元，总资产达780亿元；到2015年，力争营业收入达500亿元，总资产达1000亿元。把公司建设成主业突出、核心竞争力强、综合实力雄厚、可持续发展的大型综合投资集团，为推动广西实现科学发展、和谐发展、跨越发展做出新的贡献！

公司连续六届作为中国－东盟博览会战略合作伙伴。我们热情欢迎各界合作发展，共创辉煌！

地址：广西南宁市民族大道109号广西投资大厦
邮编：530028
电话：0771-5533156
传真：0771-5533308
网址：http://www.gxic.cn
电邮：bgs@gxic.cn

防城港红沙核电项目前期工程启动

励精图治 走向世界 共同发展

Making great efforts to govern well，Going global，Seek common development

中国有色矿业集团有限公司

China Nonferrous Metal Mining (Group) Co., Ltd.

总经理 党委副书记 罗涛
President LUOTAO

中国有色矿业集团有限公司（简称“中国有色集团”，英文缩写“CNMC”）成立于1983年4月，是国务院国有资产监督管理委员会直接管理的大型中央企业。主业为有色金属矿产资源开发、建筑工程、相关贸易及服务,共有控（参）股企业32家，其中9家在境外，坚持并发扬“走出去”特色，是中国有色金属工业最早“走出去”并且开展国际投资与合作最成功的企业之一，得到了胡锦涛、江泽民、吴邦国、温家宝、贾庆林、习近平、李克强等党和国家领导同志的亲切关怀和高度关注。

作为中国企业实施“走出去”战略、开展国际有色金属矿业投资与合作的排头兵,中国有色集团始终坚执于国际化的梦想，遵循“互利双赢、共同发展”的合作理念,足迹遍及世界20多个国家和地区,与东盟10国中的8个国家建立了良好的业务往来,在境外投资开发了众多具有重大影响的优质资源项目。在周边国家、中南部非洲、矿业资本发达国家和地区形成了一定规模的有色金属矿产资源开发布局,拥有境外重有色金属资源量1900万吨，铝土矿资源量逾3亿吨。

中国有色集团在国际工程承包领域特别是亚洲工程承包市场享有广泛声誉。旗下企业连续多年入选美国《工程新闻纪录》（ENR）评选的“全球225家最大国际工程承包商”，所承建项目创造了诸多国家有色金属工业的“第一”，在中国30个省（直辖市、自治区）、100多个县、市建成大中型项目400多个，多次荣获鲁班奖，创造多项中国企业新纪录。

此外，中国有色集团的贸易及服务业务涵盖铜、铝、铅、锌、镍、黄金等20多个有色金属品种，辐射能源、化工原料、钢材、建材、煤炭及旅游、会展、宾馆等多个领域。

中国有色集团正在全力打造具有国际竞争力和影响力的有色金属矿业集团，将秉承“互利双赢，共同发展”的合作理念，致力于与东盟国家的友好合作，实现共同发展。

Founded in April 1983, China Nonferrous Metal Mining (Group) Co., Ltd. (CNMC for short hereinafter) is a large-scale central enterprise directly under the management of the State-owned Assets Supervision and Administration Commission of the State Council. Its major businesses include the development of nonferrous metal mineral resources, engineering construction, and related trade and technical services. It controls (holds the shares of) 32 enterprises, 9 of which are based abroad. CNMC has been one of the first and most successfully Chinese enterprises to implement the “going global” strategy and to carry out international investment and cooperation. Many of its projects have been included in the inter-government frameworks and received high attention and kind care from national and party leaders, such as Hu Jintao, Jiang Zemin, Wu Bangguo, Wen Jiabao, Jia Qinglin, Xi Jinping and Likeqiang.

As a pioneer among Chinese enterprises to implement the “going global” strategy and to carry out international investment and cooperation in the field of nonferrous metal mineral resources, CNMC has always been sticking to its dream of internationalization and following the cooperation concept of “mutual benefit, win-win situation, and joint development”. CNMC has expanded its business to over 20 countries and regions in the world, established good business relationships with 8 of the 10 countries of ASEAN, and invested in many influential high-quality resources projects beyond our national borders. CNMC has developed nonferrous metal mineral resources in countries around China and in central and southern Africa, and also in countries and regions with developed capital markets in mining industry. It possesses 19 million tons of nonferrous metal resources and over 300 million tons of bauxite resources beyond our national borders.

CNMC enjoys good reputation in the contracting of international projects, especially Asian projects. Its subsidiaries were listed among “Top 225 International Engineering Contractors in the World” by US Engineering News Record (ENR) for many consecutive years. Projects undertaken by CNMC have created many “first of its kind” records in the non-ferrous metal industries of many counties. And CNMC has completed more than 400 large and medium-size projects in more than 100 counties and cities of more than 30 provinces (directly-governed cities and autonomous regions) in China, many of which won Luban Prizes and created many new records among Chinese enterprises.

Besides, the trade and services of CNMC cover more than 20 non-ferrous metals such as copper, aluminum, lead, zinc, nickel, and gold, and its influence has been extended to many fields such as energy, chemical raw materials, steel materials, building materials, coal, tourism, exhibitions, and hotels.

CNMC is now making every effort to build a non-ferrous metal mining group with international competitiveness and influence. Based on the “mutual benefit, win-win situation, and joint development” cooperation philosophy, CNMC will focus on the friendly cooperation with ASEAN countries and realize joint development.

中国有色集团总部大楼
Headquarter of CNMC

第六届中国-东盟博览会战略合作伙伴

广西有色金属集团有限公司简介

■车河选厂主厂房外景

■铅电解车间

■集团产品

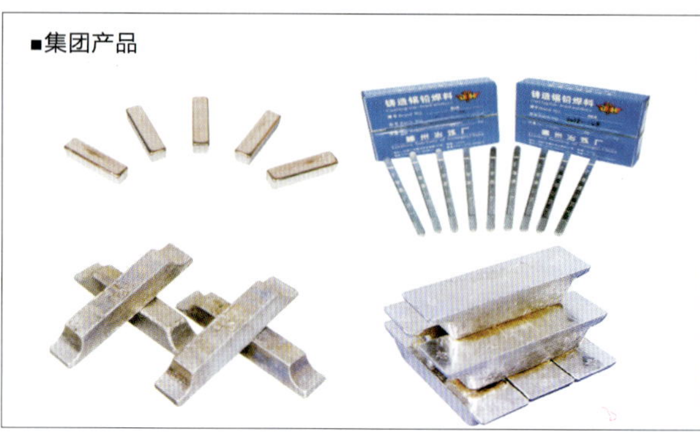

广西有色金属集团有限公司（简称“广西有色集团”）是广西唯一的集国有资产运营和矿产资源勘探、采矿、选矿、冶炼、深加工及科研、贸易为一体的大型国有独资企业，旗下有控（参）股企业共23家，其中，全资子公司11家，绝对控股及相对控股子公司12家，具有雄厚的人才、技术和资源优势，肩负着整合广西有色矿产资源和把广西有色资源由资源优势转化为产业优势、经济优势的重任。公司经营范围：对国有资产进行投资、运营、管理、咨询；矿山及矿权经营、有色金属矿产品的勘探、开采、选矿、冶炼、深加工；科研设计、经营技术合作、技术咨询与服务；进出口贸易。

广西有色集团自2008年7月28日运营以来，紧紧围绕战略规划、资源控制、资本运营和管理创新四大功能，扎扎实实开展各项工作，取得了良好的经济效益和社会效益。2008年实现销售收入70.84亿元，同比增长8.84%，实现利税费总额7.15亿元，并形成了一定的产业基础。其中，华锡集团形成年采选250万吨矿石，年冶炼精锡2.5万吨，铅+锑锭3万吨，锌锭8万吨，纯铟60吨的生产能力；平桂飞碟形成年产锡8000吨、钛白粉25000吨、水泥60万吨、年发供电17000万千瓦时的生产能力；佛子冲矿形成33万吨/年采矿能力、1500吨/日的选矿能力和2万吨/年铅锌铜金属冶炼能力。

广西有色集团力争在3年内实现主营业务收入300亿元、利税总额40亿元的经营规模，并在广西区内建设6个投资平台和南宁高新产业基地，形成4大业务板块，打造2个上市公司，成为具有国际影响力和国际竞争力的大型企业集团。

电话: **0771-5527596**
地址:广西南宁市金浦路22号名都大厦九层

广西有色金属集团主体矿山——华锡集团铜坑矿

广西农垦主要产业园区介绍

一、中国·印尼经贸合作区

中国国家开发银行与广西农垦集团“中国·印尼经贸合作区项目贷款签约仪式”在印尼首都雅加达举行。

位于印度尼西亚首都雅加达地区的工业长廊上的“绿壤国际工业中心”内，该地区有7个大型工业区，产业聚集效应显著。

中国·印尼经贸合作区是经国家商务部、国家发改委批准，由广西农垦集团承建，是中国在印尼设立的第一个集工业生产、仓库、贸易为一体的经济贸易合作区。

中国·印尼经贸合作区总规划面积为500公顷，首期规划200公顷。合作区以家用电器、精细化工、生物制药、农产品精深加工、建材、机械制造及新材料相关产业为主。

二、明阳产业园

位于南宁市江南区，规划总面积为0.82平方公里，是由明阳工业区、海峡两岸现代农业科技园区、现代物流园区、明阳卫星城组成的产业园区。其中落户明阳园区的日本产业园区是自治区批准设立的专为日本企业规划设计和开发建设的特色园区，总规划面积10.90平方公里，重点布局电子电器、精密机械、营养健康、节能环保循环经济等产业。

明阳产业园

三、新兴产业园

位于柳州市东南郊区，距柳州市中心15公里。规划总面积为49平方公里。按照“前店后厂”的模式，建设国际零部件生产基地，机动车零部件商贸城及机动车零部件物流配送集散基地，打造国际知名的汽车零部件产业园。

新兴产业园

四、西江产业园

位于贵港市，规划总面积40平方公里。是自治区农垦局、贵港市建立战略合作关系共同推进的重要产业园区。

西江产业园依托区位优势，承接东部机电、轻工制造产业梯度转移，引进国内外知名企业，建成西南地区机电设备制造业、轻工制造业和物流中心。园区重点布局农产品深加工、轻工业制造、电子原器件、精密机械、电子计算机、新一代家用电器、电子多媒体、高效节能光源、办公自动化设备等产业。

西江产业园区

五、广西农垦北部湾产业园

位于北海市。广西农垦北部湾产业园区分为北海、钦州、防城三个子园区，分别配套沿海三市临海石化、钢铁、电力、能源、重型机械、修造船、集装箱制造、港口机械、林浆纸、海洋产业、粮油加工及其配套或关联产业等大工业，布局电子电器、建材、有色金属加工、塑料制品、机械制造、新材料、海产品深加工、现代农业等产业，辐射带动农垦其他产业园区的港口贸易。目前正在重点规划建设广西农垦北部湾产业园区的铁山港启动区、广西新加坡产业园区、合浦工业总部基地以及相应的商贸、娱乐配套设施等。

广西农垦北部湾产业园规划图

六、桂林科技新城

位于桂林老城区与雁山区之间。桂林科技新城系自治区农垦局与桂林市人民政府共建项目。项目规划面积10平方公里。

桂林科技新城以高科技产业为导向，发展无污染高科技产业项目，将科技研发、培训与产品制造有效的结合起来，形成高效的科技产业集聚区。主要发展软件外包、电子与通信设备制造产业、科技研发产业、电子与软件人才培训输出产业、新材料科技产业、光电信息科技产业、园区生活配套型产业。

桂林科技新城鸟瞰图

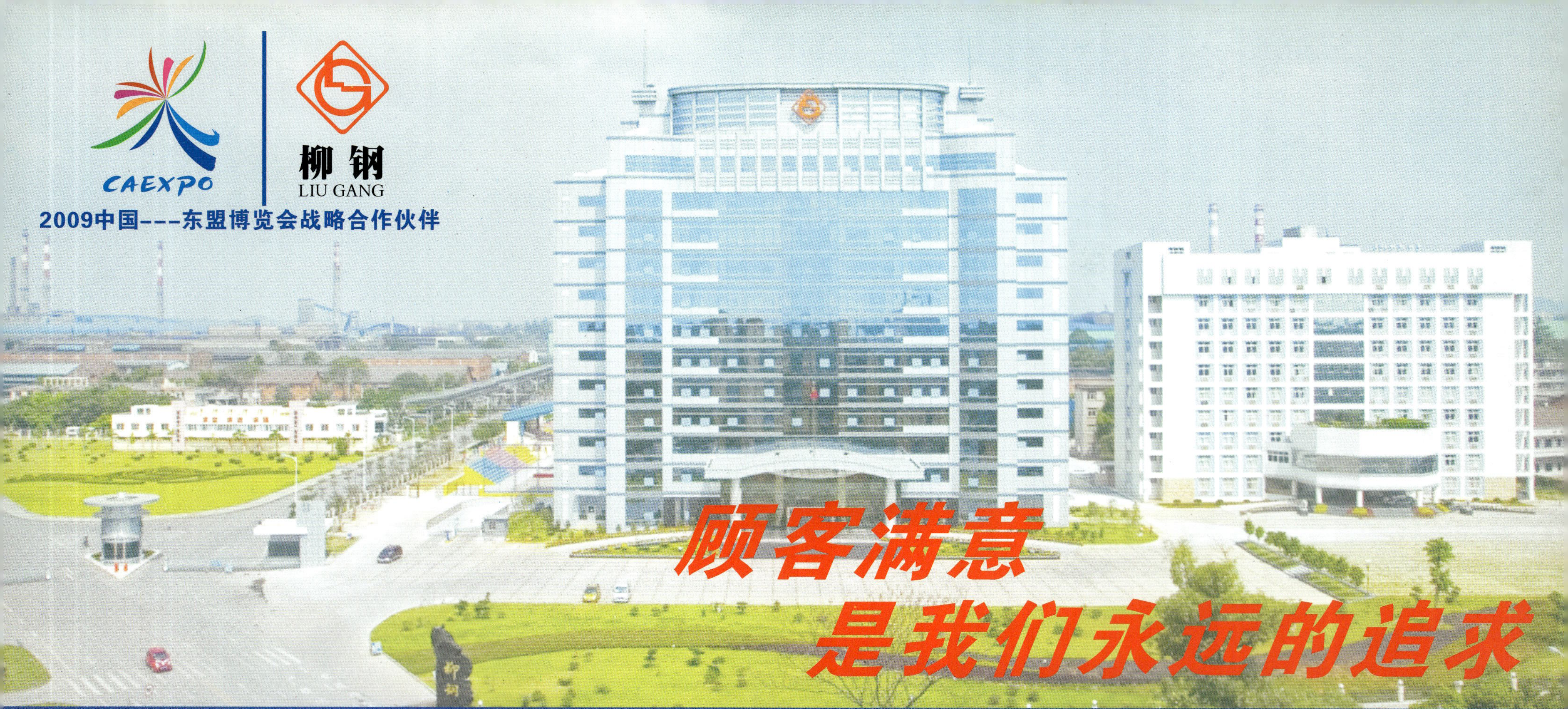

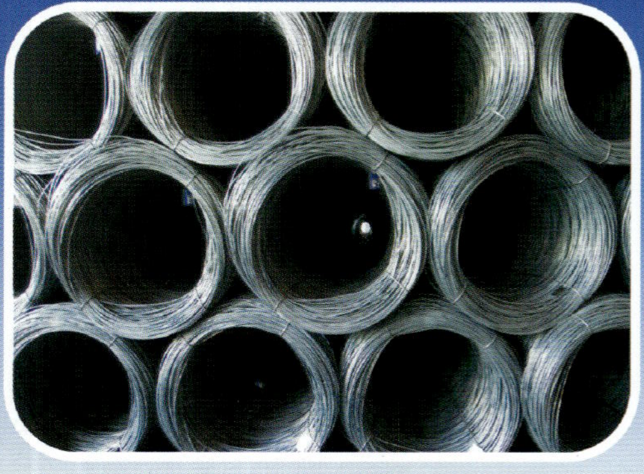

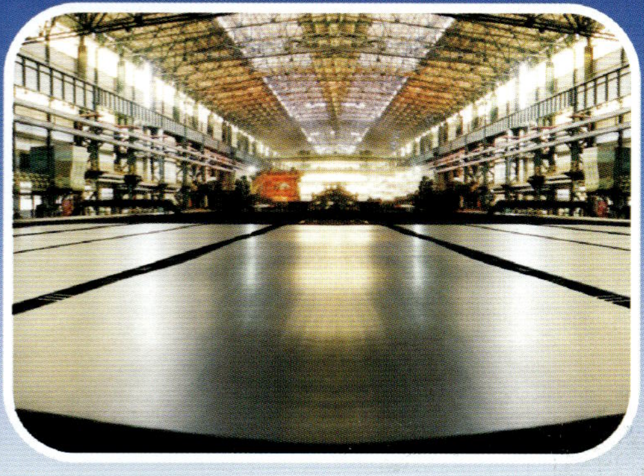

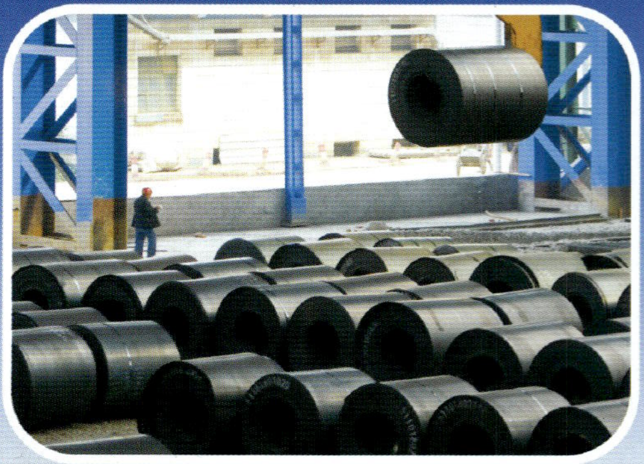

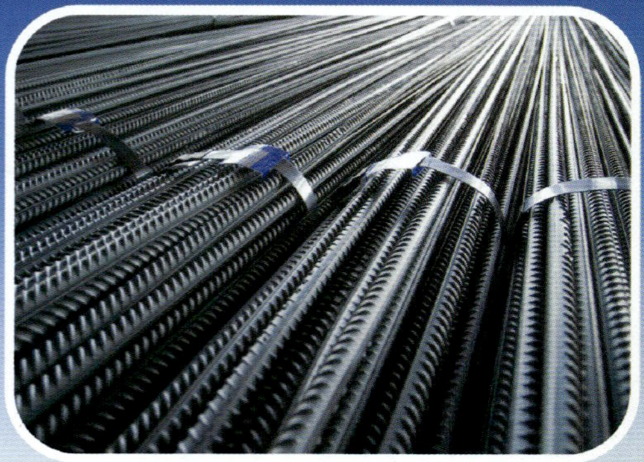

YUCHAI 玉柴机器

玉柴·中国绿色动力的引领者

让旅程变得更安逸的动力!

轻 轻量化设计、自重轻

快 起动快、加速优

好 高可靠、效率高、易维护

省 燃油耗低于同类功率发动机 **8%-12%**

玉柴 YC6L

系列客车用柴油机

针对11～13.7米公路客车、旅游客车、公交客车的需要量身打造的新一代高效专业发动机，聚合了欧洲现代最新技术——先进四气门技术、湿式缸套高位下支承技术，严格执行德国FEV公司机械开发程序，性能领先，技术成熟，性价比突出，是一款高效省油、低噪环保、高紧凑性、比肩国际先进水平的大客动力。

国4/国5

号	YC6L330-42	YC6L310-42	YC6L280-42	YC6L260-42	YC6L330-41	YC6L310-41	YC6L280-41	YC6L260-41	YC6L240-41
控系统 后处理系统	BOSCH+SCR(选择性催化还原)				DELPHI+SCR(选择性催化还原)				
定功率/转速 kW/ r/min)	243/2200	228/2200	206/2200	191/2200	243/2200	228/2200	206/2200	191/2200	177/2200
大扭矩/转速 N·m/ r/min)	1280/1200-1700	1150/1200-1700	1100/1200-1700	1030/1200-1700	1280/1300-1600	1150/1200-1700	1100/1600	1030/1200-1700	950/1200-1700
负荷最低 油耗(g/kW·h)	≤193								

西玉柴机器股份有限公司 地址：广西玉林市天桥西路88号 销售电话：0775-3222117 销售传真：0775-3286801 全国服务热线：95098

中国—东盟商务年鉴

CHINA—ASEAN BUSINESS YEARBOOK

2009

郑军健　主编

广西人民出版社

责任编辑　韦洁琳

出版发行　广西人民出版社
社　　址　广西南宁市桂春路 6 号
邮　　编　530028
网　　址　http://www.gxpph.cn
印　　刷　广西地质印刷厂
开　　本　889mm×1194mm　1/16
印　　张　30
字　　数　980 千字
版　　次　2009 年 10 月　第 1 版
印　　次　2009 年 10 月　第 1 次印刷
书　　号　ISBN 978-7-219-06768-0/Z·179
定　　价　268.00 元

编辑说明

一、《中国—东盟商务年鉴》是一部国际商务性年鉴，着重收载中国和东盟各国商务方面的基本资料及重要信息，旨在为企业开拓东盟市场提供商务指导，帮助企业快速、全面了解东盟商机，促进双边贸易发展，并促进中国—东盟自由贸易区建设及宣传和提高中国—东盟博览会的商务影响力。

二、本年鉴从2008年起逐年编纂出版。本卷年鉴着重记述2008年中国—东盟商务的相关资料，但为提高年鉴的时效性，卷中东盟商务资讯的信息着重于2009年1～7月份；中国—东盟商务大事记已整理至2009年6月份。

三、本卷年鉴共设篇目13个。分别是国别篇、贸易投资篇、行业篇、商务资讯篇、企业案例篇、经商实务篇、政策法规篇、区域合作篇、活动篇、大事记、数据统计篇、文献、附录等。其中，东盟各国资料的编排，依国际惯例按国名的英文字母顺序排序；一国之内发生的事情，在同一篇目中按时序编排。

四、本年鉴由中国—东盟博览会秘书处主办。本年鉴供稿者均为专事东南亚研究领域的专家及学者，资料来源主要来自国内外权威机关、书籍、传媒或网站，具有一定的权威性和较高的参考价值，涉及的统计表格主要来自海关统计数据及国家商务部网站公开数据。

五、作为资料性工具书，本年鉴内容资料的选题选材和编排，条目的内容要素和记述程序等，都按照既定的体例有所规范。为方便读者阅读、检索，还配备双重检索系统：书前刊有详细目录，书后配有按照字母顺序索引。

六、本年鉴所涉及的单位名称、撰稿人职务均以截稿日期为准。

七、由于资料采集不易和成书时间仓促，本卷年鉴难免有所疏漏和不足，敬请国内外各届读者指正，我们将在今后的编纂工作中努力改进。

八、本卷年鉴在编纂过程中对一些作者和出版机构的著作进行了引用或选编，因时间仓促，部分作者和出版机构未能取得联系，请有关作者或出版机构见到本书后尽快与我们联系，我们将按照国家有关规定支付相应稿酬。

九、本年鉴在策划、组稿、编辑加工过程中，得到有关领导机关、协办单位及社会各届人士的大力支持，谨表示衷心的感谢！

《中国—东盟商务年鉴2009》主创单位及人员

主 办 单 位 中国—东盟博览会秘书处

承 办 单 位 广西南博国际信息有限公司

支 持 单 位 文莱达鲁萨兰国驻中国大使馆
柬埔寨王国驻中国大使馆
印度尼西亚共和国驻中国大使馆
老挝人民民主共和国驻中国大使馆
马来西亚驻中国大使馆
缅甸联邦驻中国大使馆
菲律宾共和国驻中国大使馆
新加坡共和国驻中国大使馆
泰王国驻中国大使馆
越南社会主义共和国驻中国大使馆
中国驻文莱达鲁萨兰国大使馆经济商务参赞处
中国驻柬埔寨王国大使馆经济商务参赞处
中国驻印度尼西亚共和国大使馆经济商务参赞处
中国驻老挝人民民主共和国大使馆经济商务参赞处
中国驻马来西亚大使馆经济商务参赞处
中国驻缅甸联邦大使馆经济商务参赞处
中国驻菲律宾共和国大使馆经济商务参赞处
中国驻新加坡共和国大使馆经济商务参赞处
中国驻泰王国大使馆经济商务参赞处
中国驻越南社会主义共和国大使馆经济商务参赞处
中国机电产品进出口商会　中国纺织品进出口商会
中国食品土畜进出口商会　中国医药保健品进出口商会
中国五矿化工进出口商会　中国轻工工艺品进出口商会
中国对外承包工程商会　中国电力企业联合会
广西壮族自治区商务厅　广西出入境检验检疫局

特 邀 顾 问 （以姓氏笔画为序）
刁春和　于　勇　王　锐　王汉江　王沅江　王甫轶　王志欣
刘树森　刘　捷　吕二喜　张锡安　李建春　李清树　周先旺
周小明　姚文萍　赵希正　黄　涛　霍建国

专 家 委 员 会 （以姓氏笔画为序）
王玉主　王　勤　朱振明　张蕴岭　张文山　李欣广
杨克斯　陆建人　保建云　唐文琳　徐长文　曹云华

编委会名誉主任 李金早　陈　武

编 委 会 主 任 郑军健

编委会副主任 李文杰　农　融　王　雷　宫起君　黄　媛　王晓光
刘志杰　余向东

编 委 会 委 员 曾　忠　覃维炳　时祖耀　黄平西　庞志军　李晓天
覃霄岗　许　瑾　莫轻思　黄　革　邓　霓
朱　炼　谢柱军

主　　　编 郑军健

执 行 主 编 周占一

编 辑 人 员 李　梅　刘夏汝　莫秋雯　雷文艳　陈　红　黄少菲　蒙锦华
陆玥理　方　亮

英 文 编 辑 李海珍　林婉怡

Contents

目　录

国别篇

贸易投资篇

行业篇

商务资讯篇

政策法规篇

企业案例篇

经商实务篇

区域合作篇

活动篇

大事记

数据统计篇

文　献

附　录

国 别 篇

概　况

中　国

国名

中华人民共和国（The People's Republic of China），简称中国、中或华。

国旗

中华人民共和国国旗是五星红旗。红色象征革命。旗上的五颗五角星及其相互关系象征中国共产党领导下的革命人民大团结。五角星用黄色是为了在红地上显出光明，黄色较白色明亮美丽，四颗小五角星各有一尖正对着大星的中心点，这是表示围绕着一个中心而团结，在形式上也显得紧凑美观。

国徽

中华人民共和国国徽的内容为国旗、天安门、齿轮和麦稻穗，象征中国人民自“五四”运动以来的新民主主义革命斗争和工人阶级领导的以工农联盟为基础的人民民主专政的新中国的诞生。

主要节日

新年（1月1日，放假一天）；春节（农历新年，除夕、正月初一、初二放假三天）；清明节（农历清明当日，放假一天）；国际劳动妇女节（3月8日，妇女放假半天）；植树节（2月12日）；国际劳动节（5月1日，放假一天）；中国青年节（5月4日，14周岁以上的青年放假半天）；端午节（农历端午当日，放假一天）；国际护士节（5月12日）；儿童节（6月1日，不满14周岁的少年儿童放假一天）；中国共产党诞生纪念日（7月1日）；中国人民解放军建军纪念日（8月1日，现役军人放假半天）；教师节（9月10日）；中秋节（农历中秋当日，放假一天）；国庆节（10月1日，放假三天）；记者节（11月8日）。中国重大的传统节日还有元宵节。此外，各少数民族也都保留着自己的传统节日。

国土与资源

中国位于亚洲大陆的东部、太平洋西岸，陆地面积约960万平方公里。中国领土北起漠河以北的黑龙江江心（北纬53°30′），南到南沙群岛南端的曾母暗沙（北纬4°）；东起黑龙江与乌苏里江汇合处（东经135°05′），西到帕米尔高原（东经73°40′）。从南到北，从东到西，距离都在5000公里以上。中国陆地边界长达2.28万公里。中国同14国接壤，与8国海上相邻。领海由渤海（内海）和黄海、东海、南海三大边海组成，东部和南部大陆海岸线1.8万千米。内海和边海的水域面积约473万平方千米。大陆海岸线长约1.8万公里，海域分布有大小岛屿7600个，其中台湾岛最大，面积35798平方千米。

国民

人　口　2008年末全国总人口为132802万人，比上年末增加673万人。按性别分，男性68357万人，女性64445万人；按城乡分，城镇60667万人，乡村72135万人（数据来源于《中华人民共和国2008年国民经济和社会发展统计公报》）。东部人口稠密，西部人口稀少。

民　族　中国有56个民族，即汉族、蒙古族、回族、藏族、维吾尔族、苗族、彝族、壮族、布依族、朝鲜族、满族、侗族、瑶族、白族、土家族、哈尼族、哈萨克族、傣族、黎族、傈僳族、佤族、畲族、高山族、拉祜族、水族、东乡族、纳西族、景颇族、柯尔克孜族、土族、达斡尔族、仫佬族、羌族、布朗族、撒拉族、毛南族、仡佬族、锡伯族、阿昌族、普米族、塔吉克族、怒族、乌兹别克族、俄罗斯族、鄂温克族、德昂族、保安族、裕固族、京族、塔塔尔族、独龙族、鄂伦春族、赫哲族、门巴族、珞巴族、基诺族。

宗 教 宪法规定公民享有宗教信仰自由。中国宗教徒信奉的主要有佛教、道教、伊斯兰教、天主教和基督教。中国公民可以自由地选择、表达自己的信仰和表明宗教身份。据不完全统计，中国现有各种宗教信徒一亿多人，宗教活动场所8.5万余处，宗教教职人员约30万人，宗教团体3000多个。宗教团体还办有培养宗教教职人员的宗教院校74所。

行政区划

一级行政区划 中国行政区划为34个省、自治区、直辖市和特别行政区。即黑龙江、吉林、辽宁、河北、山西、山东、江苏、浙江、安徽、江西、福建、台湾、河南、湖北、湖南、广东、海南、云南、贵州、四川、陕西、甘肃、青海等23个省，广西、西藏、新疆、内蒙古、宁夏等5个自治区，北京、天津、上海、重庆等4个直辖市，香港、澳门2个特别行政区。

主要城市 首都北京市，简称京，位于华北平原西北端，周围被河北省和天津市所包围，是中国政治、经济、文化和国际交流中心，综合性产业城市，著名古都，重要航空港。行政区域面积1043.5平方公里；2008年末户籍人口1229.9万人。其他重要城市有：上海、广州、天津、哈尔滨、长春、沈阳、大连、呼和浩特、太原、石家庄、济南、青岛、南京、苏州、杭州、合肥、福州、厦门、南昌、郑州、武汉、长沙、南宁、桂林、深圳、海口、昆明、贵阳、成都、重庆、拉萨、乌鲁木齐、兰州、西安、西宁、银川、香港、澳门、台北、高雄等。

经 济

国内生产总值 2008年全国国内生产总值300670亿元（据《中华人民共和国2008年国民经济和社会发展统计公报》数据），比上年增长9.0%。2008年人均国内生产总值3266.8美元。

产 业 第一产业包括农业、林业、畜牧业和渔业。种植业是农业的支柱，主要包括粮食作物种植业和经济作物种植业。粮食种植业主要种植小麦、水稻、玉米、薯类等作物，经济作物种植业主要种植棉花、油类（花生、油菜、芝麻、油茶）、麻类、糖料（甘蔗、甜菜）、豆类、茶叶、水果等作物。2008年粮食种植面积10670万公顷，比上年增加106万公顷；棉花种植面积576万公顷，减少17万公顷；油料种植面积1271万公顷，增加139万公顷；糖料种植面积193万公顷，增加13万公顷。全年粮食产量52850万吨，比上年增加2690万吨，增产5.4%。其中，夏粮产量12041万吨，增产2.6%；早稻产量3158万吨，与上年基本持平；秋粮产量37651万吨，增产6.7%（数据来自《中华人民共和国2008年国民经济和社会发展统计公报》）。2008第一产业增加值34000亿元，增长5.5%。第二产业包括工业和建筑业。工业门类齐全，主要有矿产参选、金属冶炼及压延加工、金属制品、机械制造、食品加工和制造等行业。第二产业在国民经济中占主导地位，2008年第二产业增加值146183亿元，增长9.3%。第三产业包括地质勘察和水利管理、交通运输仓储邮电通信、批发和零售贸易、金融保险、房地产、社会财务、卫生体育和社会福利、教育文化艺术、广播电影电视、科学研究和综合技术服务等行业。第三产业在国民经济中的地位不断上升，2008年第三产业增加值比重为40.1%，下降0.3个百分点。

财 政 2008年财政收入6.13万亿元，增长19.5%。

金 融 主要银行有中国人民银行、中国建设银行、中国工商银行、中国农业银行、中国银行、中国农业发展银行、中国进出口银行、国家开发银行、交通银行、中国光大银行、中信实业银行等，其中中国人民银行是国家中央银行。主要保险公司有中国人民财产保险股份有限公司、中国人寿保险股份有限公司、中国太平洋财产保险股份有限公司、中国太平洋人寿保险股份有限公司、中国平安财产保险股份有限公司、中国平安人寿保险股份有限公司、新华人寿保险股份有限公司等。证券交易所有上海证券交易所和深圳证券交易所。

货币名称为人民币，单位为元。

2008年末人民币汇率为1美元兑6.8346元人民币，比上年末升值6.9%。2008年年末国家外汇储备19460亿美元，比上年末增加4178亿美元。年末人民币汇率为1美元兑6.8346元人民币，比上年末升值6.9%。

进出口贸易 2008年货物进出口总额25616亿美元，比上年增长17.8%。其中，货物出口14285亿美元，增长17.2%；货物进口11331亿美元，增长18.5%。进出口差额（出口减进口）2955亿美元，比上年增加328亿美元。

文 莱

国 名

文莱达鲁萨兰国（Brunei Darussalam），简称文莱。

国旗

文莱国旗呈横长方形，长宽之比为2∶1。由黄、白、黑、红四色组成。黄色的旗地上横斜着黑、白宽条，中央绘有红色的国徽。黄色代表苏丹至高无上，黑、白斜条是为纪念两位有功的亲王。

国徽

文莱国徽呈红色。一弯新月环抱着一根棕榈树干，其上为展开的双翼，双翼之上为一顶华盖和一面旗帜，这象征文莱信奉伊斯兰教和苏丹至高无上。在新月中央用马来文写着“永远在真主指导下，万事如意”。中心图案两侧有两只手臂，表示人民向真主祈求，人民对苏丹和政府的拥护。国徽底部的饰带上写着“和平之城——文莱”。

主要节日

独立日：1月1日（1984年）；国庆日：2月23日（1984年）。

自然地理

文莱达鲁萨兰国位于加里曼丹岛北部，国土面积5765平方公里。北濒南中国海，东南西三面与马来西亚的沙捞越州接壤，并被沙捞越州的林梦分隔为不相连的东西两部分。海岸线长约161公里，沿海为平原，内地多山地，有33个岛屿。东部地势较高，西部多沼泽地。属热带雨林气候，炎热多雨。年均气温28℃。

文莱苏丹纪念馆

国民

人　口　约46.98万（2008年）。

民　族　主要民族有20个。其中马来人占总人口的66.71%，华人占11.2%，其他种族约占22.09%。

语　言　文莱的国语为马来语，通用英语，华语主要在华人中使用。

宗　教　国教是伊斯兰教，其他还有佛教、基督教、拜物教等。

行政区划

首都为斯里巴加湾市，位于文莱一穆阿拉区，面积16平方公里，人口约6万。原称文莱市，从17世纪起即成为文莱首都，1970年10月4日改为现名。全国分区、乡和村三级。全国划分为4个区：文莱一穆阿拉、马来奕、都东、淡布隆。区长和乡长由政府任命，村长由村民民主选举产生。

国体政体

国　体　文莱是一个“主权、民主和独立的马来穆斯林君主国”。君主（苏丹）拥有行政、立法、司法全部权利，同时也是宗教领袖。设宗教、枢密、内阁、立法、世袭等5个委员会（1984年独立后，立法委员会停止运作，内阁委员会改为内阁政府），协助苏丹理政。

宪　法　第一部成文宪法颁布于1959年9月29日，曾于1971年和1984年两次进行过重要修改。1959年宪法规定，苏丹是国家元首，拥有最高的全部行政权力。苏丹也是宗教领袖。宪法设首席大臣为最高行政官，与英国驻文莱高专向政府提供除伊斯兰教和马来习俗外的所有事务的咨询。1971年进行修宪，明确文莱主管所有内部事务，英国只负责文莱外交和国防。1984年文莱恢复完全独立，收回国防和外交权力，规定建立由首相和大臣组成的内阁政府，取代原来由首席大臣和高级官员提供顾问的马来传统政制。根据新宪法，内阁大臣由苏丹任命，向苏丹负责，苏丹可随时撤换大臣。副苏丹、总检察长和高级法院司法专员（大法官）亦由苏丹任命。苏丹有权宣布紧急状态和修改现有法律，包括宪法的条款。

议　会　文莱议会称为立法委员会，由议长和21名议员（其中，当然议员6人，高官议员5人，委任议员10人）组成，均由苏丹任命。

国家政要　文莱元首是苏丹·哈吉·哈桑纳尔·博尔基亚·穆伊扎丁·瓦达乌拉，1967年10月5日继位，兼任首相、国防大臣和财政大臣。王储穆赫塔迪·比拉，1998年8月册封为王储。

政　府　本届政府于2005年5月由苏丹宣布组成，任期五年。设首相署、国防部、财政部、外交和贸易部、司法部、教育部、交通部、宗教部、文化青年体育部、内政部、发展部、卫生部、首相署能源部、工业和初级资源部等机构。2008年8月，苏丹对内阁略作调整。现内阁成员：首相、国防部长和财政部长由苏丹兼任，首相府高级部长穆赫塔迪·比拉王储，外交和贸易部长穆罕默德·博尔基亚亲王等。

司　法　司法体制以英国习惯法为基础。中央设有司法会议，其主要职能是代表苏丹执行司法权力，各级法院的法官都由苏丹任命。审判机关实行审判独立原则，由最高法院、高等法院、上诉法院及地方法院组成。另设宗教法院，负责审理有关伊斯兰教的案件。

党　派　1985年5月30日，苏丹宣布允许政党注册，随后出现了文莱国家民主党和文莱国家团结党。1988年文莱政府将国家民主党取缔，现仅存文莱国家团结党。另有国民觉醒党和国民进步党两个小党。

经　济

国内生产总值　2008年文莱国内生产总值按现行价格为241亿文莱元（约171.84亿美元）。2008年文莱人均GDP达5.13万文元，按当年平均汇率折合3.59万美元。

产　业　统计数据显示，受金融危机影响，2008年文莱石油、天然气产业GDP下降6.3%，非油气产业则增长2.4%，其中农业领域增长9.1%。石油储量和产量仅次于印度尼西亚，居东南亚第二，液化天然气的出口居世界第二位。

金　融　文莱不设国家中央银行，在财政部设货币局和金融局负责金融的管理。全国有9家银行、5家金融公司、26家保险公司和1家证券交易公司。货币名称为文莱元，与新加坡元等值。2008年文莱通货膨胀率达2.4%。2008年12月文莱元与美元平均比价为1.45∶1。

进出口贸易　主要出口原油、石油产品和液化天然气，进口机器和运输设备、工业品、食物、药品等。主要贸易对象是日本、英国、新加坡、泰国、马来西亚和美国。2008年文莱进出口贸易总额129.9946亿美元，其中出口104.4891亿美元，进口25.5055亿美元。

传　媒

文莱新闻社是文莱唯一官方新闻机构，创建于1959年。主要报纸：《婆罗洲公报》（日报，英、马来文）；《文莱灯塔》（周报，马来文）。文莱广播电视台创建于1957年5月，是文莱唯一的广播电视台。广播电台拥有两个广播网，一个用马来语和方言，一个用英语、华语和廓尔喀语广播，现每天播音超过30小时。电视台从1975年起开设彩色电视频道，播放马来文和英文节目。

柬埔寨

国　名

柬埔寨王国（The Kingdom of Cambodia），简称柬埔寨。

国　旗

柬埔寨国旗呈长方形，长宽之比为3∶2。由三个平行的横长方形相连构成，中间是红色宽面，上下均为蓝色长条。红色象征吉祥和喜庆，蓝色象征光明和自由。红色宽面中间绘有白色镶金边的吴哥庙，是著名的婆罗门教建筑，象征柬埔寨悠久的历史和古老的文化。

国　徽

柬埔寨国徽以王剑为中心线两边对称的图案。菱形图案中的王剑由托盘托举，意为王权至高无上；两侧为由狮子守护的五层华盖，五在柬埔寨风俗里象征完美、吉祥；两边的棕榈树叶象征胜利。底部的饰带上用柬文写着“柬埔寨王国之国王”。整个图案象征柬埔寨王国在国王的领导下，是一个统一、完整、团结、幸福的国家。

主要节日

独立日（建军日）：11月9日（1953年摆脱法国殖民统治，宣布独立）；国庆日：6月24日（1991年8月柬埔寨全国最高委员会决定把1991年6月24日柬埔寨停火日定为柬埔寨新的统一的国庆日）。

自然地理

柬埔寨位于东南亚中南半岛南部，北界老挝，西北部与泰国为邻，东和东南部与越南接壤，西南濒泰国湾，陆地面积为18万多平方公里，海岸线长460公里。中部和南部是平原，东部、北部和西部被山地、高原环绕，大部分地区被森林覆盖。豆蔻山脉东段的奥拉山海拔1813米，为境内最高峰。湄公河在境内长约500公里，流贯东部。洞里萨湖是中南半岛的最大湖泊，低水位时面积2500多平方公里，雨季湖面达1万平方公里。沿海多岛屿，主要有戈公岛、隆岛等。属热带季风气候，年平均气温29℃～30℃，5～10月为雨季，11月至次年4月为旱季，受地形和季风影响，各地降水量差异较大，象山南端可达5400毫米，金边以东约1000毫米。

柬埔寨皇宫·银阁寺

国民

人　口　柬埔寨人口约1632万人（截止2008年底）。

民　族　有20多个民族，其中高棉族占人口的80％，还有占族、普农族、老族、泰族和斯丁族等少数民族。

语　言　高棉语为通用语言，与英语、法语一样均为官方语言。

宗　教　国教为佛教，全国80％以上的人信奉佛教，占族多信奉伊斯兰教，少数城市居民信奉天主教。

行政区划

首都为金边。全国分为20个省和4个直辖市。金边地处洞里萨河与湄公河交汇处，是柬埔寨政治、经济、文化和宗教中心。

国体政体

政　体　柬埔寨实行君主立宪制。国王是终身制国家元首、武装力量最高统帅。

宪　法　柬埔寨现行宪法于1993年9月21日经柬埔寨制宪会议通过、由西哈努克国王于同年9月24日签署生效。1999年3月4日，第二届国会通过宪法修正案。宪法规定，柬埔寨实行自由民主制和自由市场经济，立法、行政、司法三权分立。国王是终身制国家元首、武装力量最高统帅、国家统一和永存的象征，有权宣布大赦，在首相建议并征得国会主席同意后有权解散国会。国王因故不能理政或不在国内期间由参议院主席代理国家元首职务。王位不能世袭，国王去世后由首相、佛教两派僧王、参议院和国会正副主席共9人组成王位委员会在7日内从安东、诺罗敦和西索瓦三支王族后裔中遴选产生新国王。

议　会　参议院是柬埔寨国家立法机关，有权审议国会通过的法案。柬埔寨宪法规定，法案须经国会、参议院、宪法理事会逐级审议通过后，最后呈国王签署生效。参议院主席礼宾顺序排在国王之后、国会主席和政府首相之前，属国家第二号领导人，在国王因故不能视事或不在国内时代理国家元首。国会是柬埔寨国家最高权力机构和立法机构，每届任期5年。首届国会成立于1993年，由120名议员组成。

国家政要　国王诺罗敦·西哈莫尼，2004年10月就任；首相洪森，2004年7月任职；参议院议长谢辛，1999年3月任职；国会议长韩桑林，2006年3月任职。太皇诺罗敦·西哈努克，2004年10月7日宣布退位。奉辛比克党前主席诺罗敦·拉那烈。

政　府　柬第四届政府于2008年9月成立，洪森为首相。设9个副首相，16个国务大臣，26个部和2个国务秘书处。

政　党　1993年大选时柬共有40多个政党参选。1998年大选时有39个政党参选。2003年大选时有23个政党参选。2008年大选有11个政党参选。

主要政党有：

柬埔寨人民党（Cambodia People's Party）：该党前身为成立于1951年6月28日的柬埔寨人民革命党。1991年10月改为现名。现任党主席谢辛，副主席洪森，名誉主席韩桑林。现有党员410万。

奉辛比克党（FUNCINPEC Party）：该党前身为“争取柬埔寨独立、中立、和平与合作民族团结阵线”，由西哈努克于1981年创建，并任主席。1992年改为现名，盖博拉斯美任主席。现有党员约40万。2006年10月，奉党召开全国特别代表大会，决定盖博拉斯美取代拉那烈任奉党主席，卢莱斯棱任第一副主席，西索瓦·西里拉任第二副主席，涅本才任秘书长。2008年大选该党获2个国会议席。

森朗西党（Sam Rainsy Party）：原名高棉民族党，创建于1995年11月9日，1998年改为现名。森朗西任主席。现有党员25万人。2008年大选该党获26个国会议席。

经济

国内生产总值　2008年柬埔寨GDP总值约102.2亿美元，同比增长7％，农业产值占GDP的26.9％，工业产值占GDP的27％，服务业产值占GDP的39.7％，其他占GDP的6.4％。人均GDP达到625美元。

产　业　以农业为主，从事农业人口占全国从业人口的80％以上。农业稳步发展，2008年柬农业产值约占GDP的26.9％，其中水稻种植占GDP的7.3％，其他种植占6.9％，畜禽养殖占4.3％，渔业占6.3%，林木业占2.1%。2008年柬种植稻谷面积为260万公顷，稻谷总产量680万吨。工业增长严重依赖制衣业，建筑业遭遇寒冬。但柬工业发展未发生结构性变化，工业仍严重依赖于纺织和制衣业，2008年纺织和制衣业已占GDP 11%，建筑业占GDP 8.9%，水电供应占GDP 0.5%，矿业加工占GDP 0.9%。服务业仍快速发展。旅游业是带动柬服务业发展的原动力。2008年柬埔寨接待游客为215万人次，比2007年增长7%左右。

财　政　2008年柬政府国内收入为10.15亿美元，财政赤字3.45亿美元。

金　融　2008年柬商业专业银行总资产42亿美元，国家外汇储备22亿美元。柬币与美元兑换稳定。货币运行形势较好，2008年货币投放比2007年增加8.8%，市场净流通货币增长8.3%。

进出口贸易　2008年柬进口总额达44.22亿美元，出口总额达33.56亿美元。进口商品主要为：食品类、饮料类、化工类、燃油类、药品、化妆品、制衣原辅料以及建材等；出口商品主要为：农副产品、农工产品、纺织和制衣类等。

传媒

有132家报刊，其中柬文报纸97家，英、法、中、日文报刊35家。柬埔寨私人报纸很多，发行量均不大。较有影响的有《柬埔寨之光报》（柬文，日报）、《柬埔寨日报》（英文、柬文）、《和平岛报》（柬文，日报）、《人民报》（人民党党报，柬文）、《金边邮报》（英文，双周报）、《柬埔寨时报》（英文，柬文，周报）、《华商日报》（中文，日报）等。

柬新社（AKP）为柬埔寨唯一的官方通讯社，成立于1980年。柬埔寨拥有11家超短波电台，其中FM103，属国家台，全天播音18个小时。柬埔寨拥有6家电视台，主要有建于1984年的国家电视台（以柬语广播为主）、仙女11台（私人台）、第9台（私人台）、第5台（军队台）、首都第3台（官方）、巴戎台（私人台，每日有中文新闻报道）。此外，柬埔寨还有3家有线电视台：柬埔寨有线电视公司、金边有线电视公司和微波无线电视公司。

印度尼西亚

国名

印度尼西亚共和国（The Republic of Indonesia），简称印尼。

国旗

印尼国旗旗面由上红下白两个相等的横长方形构成，长宽之比为3∶2。红色象征勇敢和正义，还象征印度尼西亚独立以后的繁荣昌盛；白色象征自由、公正、纯洁，还表达印尼人民反对侵略、爱好和平的美好愿望。

国徽

印尼国徽由一只金色的鹰、一面盾和鹰爪抓着的一条绶带组成。鹰象征创造力。鹰两翼各有17根羽毛，尾羽8根，这是为了纪念印度尼西亚的独立日——8月17日。鹰胸前的盾面由五部分组成：黑色小盾和金黄色的五角星代表宗教信仰，也象征“潘查希拉”——印度尼西亚建国的五项基本原则；水牛头象征主权属于人民；榕树象征民族意识；棉桃和稻穗象征富足和公正；金色饰环象征人道主义和世代相传。盾面上的粗黑线代表赤道。鹰爪抓着的绶带上用印尼文写着“异中有同”。

印尼民丹岛风景

主要节日

独立日：8月17日（1945年）；国庆日：8月17日（1945年）。

自然地理

印尼位于亚洲东南部，地跨赤道，是世界上最大的群岛国家，由太平洋和印度洋之间的17508个大小岛屿组成，其中约6000个岛屿有人居住。陆地面积为1904443平方公里，海洋面积3166163平方公里（不包括专属经济区），因此，印尼素称千岛之国。印尼北部的加里曼丹岛与马来西亚接壤，新几内亚岛与巴布亚新几内亚相连。东北部面临菲律宾，东南部是印度洋，西南与澳大利亚相望。海岸线总长54716公里。热带雨林气候，年平均温度25℃～27℃。印尼是一个火山之国，全国共有火山400多座，其中活火山100多座。全国各岛处处青山绿水，四季皆夏，人们称它为“赤道上的翡翠”。

国民

人　口　约2.28亿（截止2008年底）。

民　族　有100多个民族，其中爪哇族占45%，巽他族占14%，马都拉族7.5%，马来族7.5%，其他民族26%。

语　言　官方语言为印度尼西亚语。各民族语言有200多种。通用英语。

宗　教　约87%的居民信奉伊斯兰教，是世界上穆斯林人口最多的国家，6.1%的人口信奉基督教新教，3.6%信奉天主教，其余信奉印度教、佛教和原始拜物教等。

行政区划

首都为雅加达。印尼全国共有一级行政区30个，包括雅加达首都特区，日惹和亚齐达鲁萨兰2个地方特区，27个省即北苏门答腊、西苏门答腊、廖内、占碑、朋古鲁、南苏门答腊、楠榜、邦加—勿里洞、西爪哇、中爪哇、东爪哇、万丹、巴厘、西努沙登加拉、东努沙登加拉、北马鲁古、南马鲁古、巴布亚、北苏拉威西、中苏拉威西、东南苏拉威西、南苏拉威西、哥伦打洛、东加里曼丹、中加里曼丹、南加里曼丹、西加里曼丹。二级行政区（县/市）410个。

国体政体

政　体　印尼是单一的共和制国家。立法、行政、司法三权分立。实行总统内阁制。

宪　法　现行宪法为《“四五”宪法》，于1945年8月18日颁布实施，1949年12月和1950年8月分别为《印度尼西亚联邦共和国宪法》和《印度尼西亚共和国临时宪法》替代，1957年7月5日恢复实行。1999～2002年先后通过4个修正案。宪法规定，印度尼西亚为单一的共和制国家，“信仰神道、人道主义、民族主义、民主和社会公正”是建国五项基本原则（简称“潘查希拉”）。实行总统制，总统为国家元首、政府行政首脑和武装部队最高统帅。2004年起，总统和副总统不再由人民协商会议选举产生，改由全民直选；只能连选连任一次，每届任期5年。

议　会　人民协商会议是国家立法机构，由人民代表会议（国会）和地方代表理事会共同组成，负责制定、修改和颁布宪法及国家大政方针，并对总统进行监督，如总统违宪，人民协商会议有权弹劾罢免总统。人民协商会议每年召开一次年会，必要时召开特别会议，每5年换届选举。2004年10月1日首次通过全民直选产生的本届成员共678名。现任主席希达亚特·努尔·瓦希德。国会行使除修宪和制定国家大政方针之外的一般立法权，无权解除总统职务，总统也不能宣布解散国会；但如总统违反宪法，国会有权建议人民协商会议追究总统责任。

国家政要　总统苏西洛·班邦·尤多约诺，2004年10月当选，任期5年；副总统尤素夫·卡拉，2004年10月当选；人民协商会主席希达亚特·努尔·瓦希德，2004年10月当选。人民代表会议议长阿贡·拉克索诺，2004年10月当选。

政　府　实行总统内阁制，内阁由总统直接领导。总统任命内阁成员，但需征得国会同意。本届内阁于2004年10月组建，2005年12月和2007年5月两次改组。阁员36人，任期至2009年。主要成员包括：副总统尤素夫·卡拉等。

司　法　在三权分立的权力机构设置下，最高法院和最高检察院独立于立法和行政机构。最高法院正、副院长由国会提名，总统任命。最高检察长由总统任免。现任最高法院院长巴吉尔·马南，最高检察院总检察长阿卡都拉赫曼·萨莱。

政　党　印度尼西亚主要政党有专业集团党、印度尼西亚民主斗争党、建设团结党、民主党、国家使命党、民族觉醒党等。

专业集团党，1964年10月由61个群众组织联合成立专业集团，1967～1999年6月为事实上的执政党，但一直自称为社会政治组织。1999年3月7日正式宣布为政党。

印尼民主斗争党，由原印尼民主党分裂出来的人士组成，1998年10月正式成立。该党为民族主义政党，印度尼西亚世俗政治力量代表。

建设团结党，1973年1月由伊斯兰教士联合会、印度尼西亚穆斯林党、印度尼西亚伊斯兰教师联盟党和白尔蒂伊斯兰教党合并组成。20世纪80年代后伊斯兰教士联合会退出。原宗旨为“潘查希拉”，现回归伊斯兰教。

经济

国内生产总值　根据印尼中央统计局2009年2月17日公布的数据，2008年印尼国内生产总值为4954万亿印尼盾（约5160亿美元），按2008年可比价格计算，比上年实际增长6.1%按印尼现有人口计算，2008年人均GDP为2170万印尼盾（2271.2美元），比2007年增长23.6%。

产　业　农业以种植业为主，是世界主要热带经济作物生产国。2008年印尼农业生产对国民生产总值的贡献率为4.7%，高于预期的3.2%的水平。2008年全国粮食总产达6025万吨。采矿业为工业支柱产业，其中石油、天然气开采占主导地位，是世界主要石油生产国。近几年制造业增长速度均超过经济增长速度，主要部门有采矿、纺织、轻工等。电子、汽车等新兴工业发展迅速。受金融危机影响，2008年全年工业增长率仅为3%。其中运输工具业受影响最为严重，增长率为－14.89%。此外，金属工业增长率为－13.04%，纺织工业增长率为－10.61%。

金　融　货币名称为印尼盾。2008年印尼盾与美元平均比为9558.1∶1。2008年全年印尼通货膨胀率为11.1%。截至2008年12月底的外汇储备量约达516亿美元。外债约1500亿美元。

进出口贸易　据印尼中央统计局统计，2008年，印尼货物进出口额为2662.2亿美元，比上年同期（下同）增长41.2%。其中，出口1370.2亿美元，增长20.1%；进口1292亿美元，增长73.5%。贸易顺差78.2亿美元，减少80.3%。

传媒

印尼主要印尼文报纸有《罗盘报》、《专业之声报》、《印尼媒体报》、《共和国日报等》、《革新之声报》和《印尼商报》；英文报纸有《雅加达邮报》、《印尼观察家报》等；中文报纸有《印度尼西亚日报》、《华文邮报》（中文和印尼文互译）、《商报》、《新生日报》、《千岛日报》等。

年成立的安塔拉通讯社是官方通讯社，1967年成立的印尼民族通讯社为私营机构。

成立于1945年9月的印尼共和国广播电台是国家电台，1962年8月17日正式运营的印尼共和国电视台为国家电视台，私营电视台有1988年11月14日建立的印尼鹰记电视台、1990年8月成立的太阳电视台，和1991年1月组建的教育电视台，2000年10月开设的美都电视台是印尼首家新闻电视台，并开创了播放中文新闻的先例。

老　挝

国名

老挝人民民主共和国（The Lao People's Democratic Republic），简称老挝。

国旗

老挝国旗旗面中间平行长方形为蓝色，占旗地一半，上下为红色长方形，各占旗地的四分之一。蓝色部分中间为白色圆轮，轮的直径为蓝色部分宽度的五分之四。蓝色象征富饶，红色象征革命，白色图轮表示圆月。此旗原为老挝爱国战线旗帜。

国徽

老挝国徽呈圆形，由两束稻穗环饰的圆面上有具象征意义的图案：大塔是著名古迹，它是老挝的象征；齿轮、拦河坝、森林、田野等分别象征工业、水力、林业；稻穗象征农业。两侧的饰带上写着“和平、独立、民主、统一、繁荣昌盛”，底部的饰带上写着“老挝人民民主共和国”。

主要节日

独立日：10月12日（1945年）；国庆日：12月2日（1975年）；老挝人民军成立日：1月20日（1949年）；老挝人民革命党成立日：3月22日（1955年）；老挝新年（宋干节，也叫泼水节）：佛历5月，一般从每年公历4月13日开始，前后共3天；塔銮节：佛历12月，公历11月。

自然地理

老挝位于中南半岛北部，地处北纬13°52′～22°05′、东经100°10′～107°30′之间。老挝国土面积23.68万平方公里，北邻中国，南接柬埔寨，东界越南，西北达缅甸，西南毗连泰国。境内80%为的国土为山地和高原，且多被森林覆盖，有“印度支那屋脊”之称。地势北高南低，北部与中国云南的滇西高原接壤，东部老、越边境为长山山脉构成的高原，西部是湄公河谷地和湄公河及其支流沿岸的盆地和小块平原。全国自北向南分为上寮、中寮和下寮，上寮地势最高，川圹高原海拔2000米～2800米。最高峰比亚山峰海拔2817米。发源于中国的湄公河是最大河流，流经西部1900公里。属热带、亚热带季风气候，分为雨季（5～10月）和旱季（11月至次年4月）。

老挝凯旋门

国民

人　口　约668万（截至2008年7月）。

民　族　全国共有60多个部族，大致分为老龙族、老听族和老松族三大民族。

语　言　官方语言是老挝语。部分国民也使用泰语、华语。老挝语和泰语大致可以相通。

宗　教　90%的国民信奉小乘佛教，少数信奉基督教、原始宗教等。

行政区划

首都为万象。全国划分为16个省、1个直辖市（万象市）和1个行政特区（赛宋本）。

国体政体

国　体　老挝宪法规定：老挝人民民主共和国是人民民主国家，全部权利属于人民，各族人民在老挝人民革命党领带下行使当家做主的权利。

宪　法　1991年8月，老挝最高人民议会第二届六次会议通过了老挝第一部宪法。国家主席是老挝国内各族人民的代表。国家主席由国会选举产生，必须获得国会与会人数2/3选票才能当选，每届任期5年。

议　会　国会（原称最高人民议会，1992年8月改为现名）是国家最高权力机构和立法机构，负责制定宪法和法律。国会每届任期5年，每年召开两次会议，特别会议由国会常委会决定或由2/3以上的议员提议召开。国会议员由地方直接选举产生。第六届国会于2006年5月选举产生国会议员115名，6月在万象召开首次会议，主席通辛·坦马冯。

国家政要　老挝人民革命党中央总书记、国家主席朱马里·赛雅贡，2006年6月当选连任；总理波松·布帕万，2006年6月当选；第六届国会主席通辛·坦马冯，2006年6月当选连任。

政　府　国家最高行政机关。老挝本届政府于2006年6月组成。主要成员：政府总理波松·布帕万、副总理兼国家监察署主席阿桑·劳里、副总理兼外交部长通伦·西苏里、副总理兼国防部长隆再·披吉等。

司　法　最高人民法院为最高司法权力机关。最高人民法院院长坎米·赛业冯，2006年6月连任；最高人民检察院院长宋潘·平坎米，2006年6月就任；老党中央党政监察委员会主任阿桑·劳里，2006年5月就任。

政　党　老挝人民革命党是老挝唯一政党和执政党。1955年3月22日建立，原称老挝人民党，1972年召开“二大”时改为现名。现有党员14.8万。

经济

国内生产总值　2008年，老挝国内生产总值为45.03万亿基普（约合50.14亿美元），较2007年增长7.9%。人均GDP为835美元。国民经济三大产业结构比例为：29.5∶27.5∶33.8。

产　业　农业在国民经济中占较大比重。2008年农业增长3.1%，占GDP的29.5%，粮食（大米）产量为287万吨。老挝工业基础薄弱，主要工业企业有发电、锯木、采矿、炼铁、服装和食品等及小型修理厂和编织、竹木加工等作坊，2008年工业增长13.7%，占GDP的27.5%。2008年老挝第三产业增长9.9%，占GDP的33.8%。在旅游业方面，老挝吸引的旅游观光客逐年增多，2008年入境旅游人数达137.35万人，较2007年同期增长3%，旅游收入超2亿美元。

金　融　国家中央银行是老挝人民民主共和国国家银行，货币名称为基普。2008年通货膨胀率8%，2008年11月15日基普和美元平均比价为8579.3∶1。截止2008年6月，老挝外汇黄金储备8.1吨，黄金占外汇储备27.5%。

进出口贸易　2008年老挝进出口贸易总额20.96亿美元。其中出口额10.05亿美元，进口额10.91亿美元，外贸逆差8650万美元。主要外贸对象为泰国、越南、中国、日本、欧盟、美国和加拿大。主要出口商品有服装、电力、木材、咖啡等，进口商品有各种机动车、摩托车、自行车、燃料、水泥、钢材、食糖等。

传媒

全国各种报刊约有20种。《人民报》为老挝人民革命党中央机关报，创刊于1950年8月13日，用老挝文出版。其他还有《新万象报》、《人民军报》和《青年报》等。外语报有英文报《VIENTIANETIMES》和法文报《LE RENOVATEUR》。巴特寮通讯社是官方通讯社，于1968年1月成立。广播电台有老挝国家广播电台、挝人民军广播电台和14个省级广播电台。老挝国家广播电台设在万象，用老挝语广播，对外用越、柬、法、英、泰语广播。电视台有老挝国家电视台和17家省（直辖市）电视台。老挝国家电视台建于1983年12月。每天播放老挝语节目5小时左右。

马来西亚

国 名

马来西亚联邦（Federation of Malaysia），简称马来西亚。

国 旗

马来西亚国旗呈横长方形，长宽之比为2∶1。主体部分由14道红白相间、宽度相等的横条组成。左上方有一深蓝色的长方形，上有一弯黄色新月和一颗14个尖角的黄色星。14道红白横条和14角星象征马来西亚的13个州和政府。蓝色象征人民的团结及马来西亚与英联邦的关系—英国国旗以蓝色为旗底，黄色象征国家元首，新月象征马来西亚的国教伊斯兰教。

国 徽

马来西亚国徽中间为盾形徽。盾徽上面绘有一弯黄色新月和一颗14个尖角的黄色星，盾面上的图案和颜色象征马来西亚的组成及其行政区划。盾面上部列有5把入鞘的短剑，它们分别代表柔佛州、吉打州、玻璃市州、吉兰丹州和丁加奴州。盾面中间部分绘有红、黑、白、黄4条色带，分别代表雪兰莪州、彭亨州、霹雳州和森美兰州。盾面左侧绘有蓝、白波纹的海水和以黄色为地并绘有3根蓝色鸵鸟羽毛，这一图案代表槟榔屿。盾面右侧的马六甲树代表马六甲州。盾面下端左边代表沙巴州，图案中绘有强健的褐色双臂，双手紧握沙巴州州旗。盾面下端右边绘有一只红、黑、蓝3色飞禽，代表沙捞越州。盾面下部中间的图案为马来西亚的国花——木槿。盾徽两侧各站着一头红舌马来虎，两虎后肢踩着金色饰带，饰带上书写着格言“团结就是力量”。

主要节日

独立日：8月31日（1957年）。国庆日：8月31日（1957年）。灾难意识日：12月26日（2005年马来西亚政府决定设立。选择这一天作为全国“灾难意识日”，是因为马来西亚过去在这一天多次遭受自然灾难的袭击。1996年12月26日，东马来西亚的沙巴州遭受强烈热带风暴袭击，有100多人死亡，许多房屋和财产被毁；2004年12月26日，马来西亚北部槟榔屿等州部分地区遭到印度洋海啸袭击，共有60多人死亡）。

自然地理

马来西亚位于东南亚，地处太平洋和印度洋之间，陆地国土面积33万平方公里。全境被南中国海分成东马来西亚和西马来西亚两部分。西马来西亚为马来亚地区，位于马来半岛南部，北与泰国接壤，西濒马六甲海峡，东临南中国海，东马来西亚为沙捞越地区和沙巴地区的合称，位于加里曼丹岛北部，海岸线部长4192公里。属热带雨林气候，内地山区年均气温22℃～28℃，沿海平原为25℃～30℃。马来半岛西岸每年9～12月为雨季，西马东岸、沙巴、沙捞越等地雨季为每年10月至翌年2月。

马来西亚国立清真寺

国 民

人　口　约2773万（马统计局2008年9月5日）。其中马来人68.7%，华人23.2%，印度人6.9%，其他种族1.2%。

民　族　沙捞越州原住居民中以伊班族为主，沙巴州以卡达山族为主。

语　言　马来语为国语，通用英语，华语使用也较广泛。

宗　教　伊斯兰教为国教，其他宗教有佛教、印度教、基督教、拜物教等。

行政区划

首都为吉隆坡。全国分为13个州，包括西马的柔佛、吉打、吉兰丹、马六甲、森美兰、彭亨、槟榔屿、霹雳、玻璃市、雪兰莪、丁加奴以及东马的沙巴、沙捞越，另有三个联邦直辖区：吉隆坡、纳闽和普特拉贾亚（Putra Jaya，联邦政府行政中心）。

国体政体

政　体　实行君主立宪制。因历史原因，沙捞越州和沙巴州拥有较大自治权。

宪　法　1957年颁布马来亚宪法，1963年马来西亚成立后继续沿用，改名为马来西亚联邦宪法，后多次修订。宪法规定：最高元首为国家首脑、伊斯兰教领袖兼武装部队统帅，由统治者会议选举产生，任期5年。最高元首拥有立法、司法和行政的最高权力，以及任命总理、拒绝解散国会等权力。1993年3月，马议会通过宪法修正案，取消了各州苏丹的法律豁免权等特权。1994年5月修改宪法，规定最高元首必须接受并根据政府建议执行公务。2005年1月，马议会再次通过修宪法案，决定将各州的水供事务管理权和文化遗产管理权移交中央政府。

统治者会议 由柔佛、彭亨、雪兰莪、森美兰、霹雳、丁加奴、吉兰丹、吉打、玻璃市9个州的世袭苏丹和马六甲、槟州、沙捞越、沙巴4个州的州元首组成。其职能是在9个世袭苏丹中轮流选举产生最高元首和副最高元首；审议并颁布国家法律、法规；对全国性的伊斯兰教问题有最终裁决权；审议涉及马来族和沙巴、沙捞越土著民族的特权地位等重大问题。未经该会议同意，不得通过有关统治者特权地位的任何法律。内阁总理和各州州务大臣、首席部长协助会议召开。

议　会 也称国会，最高立法机构。由上议院和下议院组成。2003年5月，国会通过重新划分国会和州议会选区的动议，国会下议院议席从194增至219个，除沙捞越以外的12个州议席从422增至505个。议员任期5年。2008年3月，马举行第十二届全国大选，共设下议院议席222个。国阵在选举中赢得140席，反对党伊斯兰教党、民主行动党和人民公正党共夺得82席。下议长丹·斯里·达图·班迪卡·阿敏（Tan Sri Datuk PANDIKAR AMIN bin Haji Mulia），2008年4月28日就任。上议院共70席，由全国13个州议会各选举产生2名，其余44名由最高元首根据内阁推荐委任，任期3年，可连任两届。议长和副议长均在上议员中选举产生。现任上议院议长丹·斯里·阿卜杜尔·哈密德（Tan Sri Dr. ABDUL HAMID bin Pawanteh），2003年7月7日就任。

国家政要 米詹·扎因·阿比丁（Mijan Zainal Abidin），2006年11月被推选为马来西亚第13任最高元首，2006年12月13日宣誓就任，2007年4月26日登基；总理纳吉布·敦·拉扎克（Najib Tun Razak），2009年4月3日宣誓就职；国会下议院议长潘迪卡尔·阿明·穆利亚，2008年4月当选。

政　府 即内阁，联邦政府采用责任内阁制，内阁是马来西亚最高行政机关，由选举中占半数以上的政党组成。政府首脑是总理，由最高元首任命。2009年4月3日，马来西亚前副总理兼财政部长、刚当选马来民族统一机构（巫统）主席的纳吉布宣誓就任马来西亚第六位总理。

司　法 最高法院于1985年1月1日正式成立。1994年6月改名为联邦法院。设有马来亚高级法院（负责西马）和婆罗州高级法院（负责东马），各州设有地方法院和推事庭。另外还有特别军事法庭和伊斯兰教法庭。联邦法院首席大法官丹·斯里·达图·斯里·艾哈迈德·法鲁兹，2003年3月就任。总检察长丹·斯里·阿卜杜尔·甘尼·帕泰尔，2002年1月1日就任。

政　党 注册政党有40多个。由14个政党组成国民阵线联合执政。2001年5月，沙巴人民正义党解散，并入巫统。2002年1月，反对党沙巴团结党重返国民阵线。主要执政党：马来民族统一机构（The United Malays National Organization，简称巫统，UMNO）：马来人政党。成立于1946年5月11日。现有党员280万名。2008年9月，沙巴进步党宣布退出国民阵线，成为独立政党。

马来西亚华人公会（Malaysian Chinese Association，简称马华公会，MCA）：最大的华人政党。1949年2月27日成立，原名马来亚华人公会，马来西亚成立后改为现名。党员103万名。

马来西亚印度人国大党（Malaysian Indian Congress，简称印度人国大党，MIC）：1946年8月2日成立。马来西亚印度、巴基斯坦族政党，旨在争取和维护两族利益。党员55万名。

经济

国内生产总值 马来西亚统计局资料显示2008年马来西亚国内生产总值约5283.11亿林吉特。人均国内生产总值约22263.42林吉特。

产　业 农业以种植业为主，渔业也有一定规模。工业主要有电子、汽车、钢铁、石油化工、纺织和采矿等行业。制造业发展较快，在国民经济中占有重要地位，2008年制造业总投资182亿美元，同比增长4.8%。服务业发达，旅游业是国民经济的第三大支柱。2008年，马来西亚吸引境外游客到访数量达2200万人次，同比增长4.91%。

金　融 有商业银行35家，外资银行办事处36家，证券银行12家，伊斯兰银行8家，金融公司25家。货币名称为林吉特。2008年林吉特与美元平均汇率为3.33∶1。2009年前5个月，马来西亚通货膨胀率为3.3%。2008年末外汇黄金储备1048亿美元。

进出口贸易 2008年1～12月，马来西亚货物进出口贸易总额 3568.4 亿美元，比上年同期增长 10.3%。其中出口额 1997.6 亿美元，进口额 1570.9 亿美元。贸易顺差 426.7 亿美元。主要外贸对象为美国、新加坡、日本和中国。2008 年马来西亚主要出口产品为电子电器产品、棕油、原油、液化天然气、化学化工产品、炼油产品、机械设备和零件、金属制品。主要进口产品为：电子电器产品、化学化工产品、机械设备和零件、钢铁产品、金属制品。

传媒

全国约有 50 份报纸，用 8 种文字出版。主要报纸有：马来文的《马来使者报》、《每日新闻》、《祖国报》；英文的《新海峡时报》、《星报》、《马来邮报》；华文的《南洋商报》、《星洲日报》等。

马来西亚国家新闻社（简称马新社）是一个半官方的通讯社，成立于 1968 年，在亚太地区设有 33 家分社。

马来西亚广播电台属官办，建于 1946 年，拥有 6 个广播网，用马来语、英语、华语和泰米尔语广播。马来西亚之声电台建于 1963 年，用马来语、阿拉伯语、英语、印尼语、缅甸语、他加禄语和泰语等 8 种语言对外广播。马来西亚电视台属官办，建于 1963 年，设有两个频道，用马来语、英语、华语和泰米尔语播放。另外还有第三电视台（TV3）、城市电视（METRO VISION）和国民电视（NTV）三家私营电视台。近年开办了 ASTRO 卫星有线电视频道。

缅　甸

国名

缅甸联邦共和国（Republic of The Union of Myanmar），简称缅甸。

国旗

缅甸国旗呈横长方形，长宽之比为 9∶5。旗面为红色，左上角有一深蓝色的小长方形，里面绘有白色的图案——14 颗五角星环绕着一个 14 齿的齿轮，齿轮中空，内有一株谷穗。红色象征勇敢和果断，深蓝色象征和平与统一，白色象征纯洁和美德。14 颗五角星代表缅甸联邦的 14 个省、邦，齿轮和谷穗象征工业和农业。

国徽

缅甸国徽中心为一个由谷穗环绕的有 14 个齿的齿轮，上面绘有缅甸地图。谷穗两侧各有一个狮子，狮子被誉为缅甸的国兽，称圣狮，是吉祥的标志。顶端为一颗五角星，在其两侧和谷穗周围装饰着缅甸花卉；底部的饰带上用缅文写着“缅甸联邦”。

主要节日

独立节：1 月 4 日（1948 年）。建军节：3 月 27 日。泼水节（缅历新年）：4 月 13 日。联邦节：2 月 12 日。农民节：3 月 2 日。建军节：3 月 27 日，初为抗日节，55 年改为建军节。工人节：5 月 1 日。烈士节：7 月 19 日。民族节：12 月 1 日。

自然地理

缅甸位于中南半岛的西部，在西藏高原和马来半岛之间，领土有 676581 平方公里。西北与印度和孟加拉国接壤，东北与中国为邻，东南与老挝、泰国毗邻，西南濒临孟加拉湾和安达曼海，海岸线长 3200 公里，均在南部。属热带季风气候区，分热、雨、凉三季，3～5 月为热季，6～9 月为雨季，10 月到次年 2 月为凉季。各地年平均气温为 27℃。森林覆盖率占总面积的 50%以上。

缅甸最著名的古城 BAGAN

国民

人　口　5700 多万（截至 2008 年底）。

民　族　缅甸共有 135 个民族，主要有缅族、克伦族、掸族、克钦族、钦族、克耶族、孟族和若开族等，缅族约占总人口的 65%。

语　言　缅甸语为官方语言，各少数民族均有自己的语言，其中缅、克钦、克伦、掸和孟等族有文字。

宗　教　全国 80%以上人口信奉佛教。约 8%的人口信奉伊斯兰教。

行政区划

首都为内比都。全国分七个省和七个邦。省是缅族主要聚居区，邦多为各少数民族聚居地。

国体政体

政　体　缅甸是联邦制国家。缅甸实行军事统治，由军事领导人组成的“国家和平与发展委员会”为国家最高权力机构。总理内阁政府则受命于该委员会，且成员多为军队将领。

宪　法　缅甸于1974年制定了《缅甸社会主义联邦宪法》。1988年军政府接管政权后，宣布废除宪法，并于1992年起召开国民大会，制定新宪法。制宪国民大会从1996年4月起休会，2004年5月恢复召开。2008年5月，缅甸新宪法在全民公决中获得通过。根据新宪法，缅甸国名将为“缅甸联邦共和国”，首都为内比都，缅甸实行总统制，由议会选举产生，议会分民族院（相当于上议院）和人民院（相当于下议院）。总统为国家元首和政府首脑，同时还是包括三军总司令在内的国家国防和安全委员会的主席。三军总司令为各种武装力量的最高统帅，军队将继续在国家民族政治方面发挥作用。缅甸实行多党制、市场经济制度，奉行自主、积极、不结盟的外交政策，不允许外国在缅甸驻军。

议　会　国家和平与发展委员会（简称“和发委”），是缅甸最高权利机关，由13人组成，成立于1997年11月15日，前身为1988年成立的“国家恢复法律和秩序委员会”。三军总司令丹瑞大将（Senior Gen Than Shwe）任主席，三军副总司令兼陆军司令貌埃上将任副主席，登盛中将任第一秘书长。

国家政要　国家和平与发展委员会主席丹瑞大将（Than Shwe），1997年11月任职；总理登盛，2007年10月任职。

政　府　2007年5月18日，缅甸“和发委”宣布由第一秘书长登盛中将（Lt Gen Thein Sein）任代总理。2007年10月，缅甸总理梭温病逝，缅甸“和发委”任命登盛中将为缅甸政府新总理。

司　法　法院和检察院共分4级。设最高法院和最高检察院，下设省邦、县及镇区3级法院和检察院。最高法院为国家最高司法机关，最高检察院为国家最高检察机关。

政　党　1988年，缅甸军队接管国家政权，宣布废除一党制，实行多党民主制。1990年5月27日举行首次多党制大选，当时有200多个政党注册，后大批政党自行解散或被取缔。2008年2月，缅甸正式宣布将于2010年根据新宪法举行多党制全国大选。目前主要政党有：

全国民主联盟，成立于1988年9月29日，系缅甸最大政党和最有影响的反对党。曾在1990年5月27日的大选中获得485个议席中的396个席位。主席吴昂瑞，总书记昂山素季。

民族团结党，由原执政的缅甸社会主义纲领党于1988年9月24日改组而成，系缅甸第二大政党。在1990年5月27日大选中获10个席位。主席吴达党，总书记吴吞意。

其他政党还包括：掸邦民主联合会、若开民主联盟、孟族民族民主阵线、全国人权民主党、钦族民主联盟、克钦邦全国民主大会、联邦勃欧族联合会、掸邦果敢民主党、谬族（克密族）团结协会、拉祜族进步党、联邦克伦族联盟、果敢民族团结党、佤族发展党等。

经　济

国内生产总值　2007/2008财年，缅甸GDP增长率11.9%。截止2009年1月的统计数据，GDP为133542亿缅币，增长幅度为10.4%。2007/2008财年，缅甸人均收入为450817缅币（约合405美元）。缅甸GDP中农业、工业、服务比例分别为：44∶20∶36。

产　业　农业在国民经济中占较大比重，农业劳动力约占全国劳动力总数的64%。以种植业为主。耕地面积为1052.16万公顷，其中水稻面积724.37万公顷。2007/2008财年，水稻种植面积2001.4万英亩，产量15亿缅箩（约合3150万吨）。豆类种植面积989万英亩，产量450万吨，出口115.6万吨。棉花种植面积91万英亩，产量2.3万吨。橡胶种植面积72.8万英亩，年产橡胶1.59亿磅。2008～2009年度豆类种植总面积970多万英亩，其中分别为：马豆220万英亩、绿豆230万英亩、小红豆50万英亩和黄豆380万英亩，均比去年同期有所减少。工业产值约占国内生产总值的20%，工业主要行业有农产品加工、油气开采（蒲甘、宫达臣、坦德宾是现有的三大油田）、小型机械制造、纺织印染、木材加工、制糖、造纸、化肥、制药、电力等。第三产业发展较快，产值占国内生产总值的36%。旅游资源丰富，2008年到缅甸的外国游客总人数为261472人（包括水路、空路和陆路入境人员），同比下降了16.7%，其中，来自泰国和中国的人数最多。

金　融　国有银行5家，私人银行20家。货币名称为缅甸币，单位为元。2008年全年外汇券市场汇率最低价为1美元外汇券兑换890缅元，最高价为1美元外汇券兑换1240缅元。由于金融危机的影响，截至2009年5月，缅甸通过大量出口天然气，外汇储备达到36亿美元。

进出口贸易 2007/2008财年，缅甸对外贸易97.55亿美元，其中出口64.02亿美元，主要出口国家和地区为：泰国、印度、中国、中国香港和新加坡，主要出口产品为天然气（占出口总额的42%）、农产品、矿产品、林产品和水产品；进口贸易额33.53亿美元，主要进口国为：新加坡、中国、日本、泰国和马来西亚。进口商品种类依次为：消费品、资本货物和半成品等。

外 资 截止2008年12月31日，缅甸累计吸引外资协议金额157.06亿美元，投资国家和地区30个，投资项目422个，外国对缅投资领域排序分别为：水电、石油与天然气、制造业、矿业、房地产业、饭店与旅游业、交通通讯业、工业区建设、建筑业和农业等领域。

传 媒

缅甸报纸均为官办，全国发行的报纸有3种：《缅甸之光》缅文版、《缅甸新光》英文版和1992年9月复刊的《镜报》。地方性的报纸有仰光出版的《首都报》、曼德勒出版的《曼德勒报》和《雅德那崩报》3份。此外，全国还有约140种杂志和期刊，较著名的有《妙瓦底》、《秀玛瓦》、《威达意》、《视野》和《财富》等。1997年11月，华文报纸《缅甸华报》创刊，是全缅唯一允许公开发行的华文报刊，后停办。

缅甸通讯社为国家通讯社。

官办的“缅甸之声”是唯一广播电台，建于1937年。目前用缅甸语、英语及八种少数民族语言广播。全国有两个电视台。“缅甸电视台”建于1980年，“妙瓦底电视台”创办于1995年3月27日。目前，缅甸全国各地共有电视转播站177个，全国各省邦大部分地区都能收看电视节目。

菲律宾

国 名

菲律宾共和国（The Republic of The Philippines），简称菲律宾。

国 旗

菲律宾国旗呈横长方形，长与宽之比为2∶1。靠旗杆一侧为白色等边三角形，中间是放射着八束光芒的黄色太阳，三颗黄色的五角星分别在三角形的3个角上。旗面右边是红蓝两色的直角梯形，两色的上下位置可以调换。平时蓝色在上，战时红色在上。太阳和光芒图案象征自由；八道较长的光束代表最初起义争取民族解放和独立的8个省，其余光芒表示其他省。3颗五角星代表菲律宾的3大地区：吕宋、萨马和棉兰老。蓝色象征忠诚、正直、红色象征勇气，白色象征和平和纯洁。

国 徽

菲律宾国徽为盾形，中央是太阳放射光芒图案，3颗五角星在盾面上部，其寓意同国旗。左下方为蓝地黄色的鹰，右下方为红地黄色狮子。狮子和鹰图案分别为在西班牙和美国殖民统治时期菲律宾的标志，象征菲律宾摆脱殖民统治、获得独立的历史进程。盾徽下面的白色绶带上用英文写着“菲律宾共和国”。

主要节日

独立日：6月12日（1898年）；国庆日：6月12日（1898年）；自由日：2月25日；巴丹日：4月9日（纪念二战阵亡战士）；五月花节：5月最后一个星期日；国家英雄日：8月27日；英雄节（纪念民族英雄黎刹就义）：12月30日。

自然地理

菲律宾位于亚洲东南部，西濒南中国海，东临太平洋，是一个群岛国家，共有大小岛屿7107个。这些岛屿像一颗颗闪烁的明珠，星罗棋布地镶嵌在西太平洋的万顷碧波之中，菲律宾也因此拥有“西太平洋明珠”的美誉。菲律宾陆地面积29.97万平方公里，其中吕宋岛、棉兰老岛、萨马岛等11个主要岛屿占全国面积的96%。菲律宾海岸线长达18533公里，多天然良港。菲律宾属季风型热带雨林气候，高温多雨，植物资源十分丰富，热带植物多达万种，素有“花园岛国”的美称。其森林面积为1585万公顷，覆盖率达53%，产有乌木、檀木等名贵木材。

菲律宾火山一角

国民

人　口　约为9112万（截至2008年底）。

民　族　菲律宾是一个多民族国家，马来族占全国人口的85%以上，包括他加禄人、伊洛戈人、邦班牙人、比萨亚人和比科尔人等；少数民族和外国后裔有华人、印尼人、阿拉伯人、印度人、西班牙人和美国人，还有为数不多的原住民。

语　言　菲律宾有70多种语言。国语是以他加禄语为基础的菲律宾语，英语为官方语言。

宗　教　国民约84%信奉天主教，4.9%信奉伊斯兰教，少数人信奉独立教和基督教新教，华人多信奉佛教，原住民多信奉原始宗教。

行政区划

首都为马尼拉。全国划分为吕宋、维萨亚和棉兰老三大部分。共设有首都地区、科迪勒拉行政区和棉兰老穆斯林自治区，以及伊罗戈区、卡加延谷区、中吕宋区、南塔加罗格区、比克尔区、西维萨亚区、中维萨亚区、东维萨亚区、西棉兰老区、北棉兰老区、南棉兰老区、中棉兰老区和卡拉加区等13个地区。下设73个省，2个分省和60个市。

国体政体

政　体　菲律宾实行总统制。总统是国家元首、政府首脑兼武装部队总司令。

宪　法　菲律宾独立后共颁布过三部宪法，现行宪法于1987年2月由全民投票通过并正式生效。宪法规定，菲律宾实行三权分立政体；总统拥有行政权，由选民直接选举产生，任期6年，不得连选连任；总统无权实施戒严法，无权解散国会，不得任意拘捕反对派；禁止军人干预政治；保障人权，取缔个人独裁统治；进行土地改革等。

议　会　国会为菲律宾最高立法机构，由参、众两院组成。参议院由24名议员组成，由全国直接选举产生，任期6年，每3年改选50%，可连任两届。众议院由250名议员组成，其中200名由各省、市按人口比例分配，从全国各选区选出；25名由在参选中获胜的政党委派，另外25名由总统任命。众议员任期3年，可连任3届。本届国会于2007年7月选举产生。时由维拉和德贝内西亚当选参、众议长。2008年2月，诺格拉雷斯接替德贝内西亚任众议长；11月，恩里莱接替维拉任参议长。

国家政要　总统格罗丽亚·马卡帕加尔·阿罗约，2004年6月连任；参议长恩里莱，2008年11月当选。

政　府　菲律宾实行总统制，总统为国家元首、政府首脑兼武装部队总司令。本届内阁于2004年8月组成，此后略有调整。目前，内阁成员24名。副总统诺利·德卡斯特罗。

司　法　菲律宾司法权属最高法院和各级法院。最高法院由1名首席法官和14名陪审法官组成，均由总统任命，拥有最高司法权；下设上诉法院、地方法院和市镇法院。2006年12月，最高法院首席法官阿特米奥·潘格尼班退休，由雷纳托·普诺法官接任。检察工作由司法部检察长办公室负责，总检察长霍文西托·苏诺。

政　党　菲律宾共有政党100余个，大多为地方性小党。主要政党包括：基督教穆斯林民主力量党（简称拉卡斯）是执政党，也是国内最大政党，系前总统拉莫斯于1991年底创立，由人民力量党、全国基督教民主联盟、菲律宾穆斯林民主联盟、团结党等整合而成。该党全国主席是阿罗约总统，总裁是前众议长德贝内西亚。

民族主义人民联盟（NPC）是前总统埃斯特拉达的执政党联盟—爱国民众战斗党（LAMP）成员之一。2000年10月，埃斯特拉达被弹劾后成为独立党派，现为菲律宾众议院第二大党。现任主席为前众议员圣胡安。

摩洛民族解放阵线（简称摩解）系南部穆斯林武装组织，1968年创立，旨在棉兰老地区建立独立的伊斯兰国家。1996年，菲律宾政府与摩解达成和平协议。2001年，摩解主席密苏阿里与阿罗约政府发生利益冲突，并在霍洛岛发动武装叛乱。菲律宾政府迅速平叛，宣布密犯有叛乱罪，摩解另一派系领导人胡安继任该党主席。2007年2月，阿罗约总统下令执行与摩解的和平协议条款，希望通过和平、发展、多种信仰对话及国际合作实现与摩解的最终和解，解决菲律宾南部冲突。

摩洛伊斯兰解放阵线（简称摩伊解）是最大的穆斯林反政府组织，主要活跃在棉兰老岛。

经济

国内生产总值　2008年菲律宾现价国内生产总值为74975.35亿比索，实际增长4.6%。人均GDP为82282比索，约合1852美元。

产　业　2008年菲律宾第一产业增加值完成11035.19亿比索，名义增长17.8%，实际增长3.2%，占GDP的比重为14.7%。第二产业增加值完成23711.65亿比索，名义增长12.5%，实际增长5.0%，占GDP的比重为31.6%。第三产业增加值完成40228.50亿比索，名义增长11.6%，实际增长4.9%，占GDP的比重为53.7%。

财　政　菲律宾国家税务局2008年共完成税收7780亿比索，较目标少670亿比索，未能完成当年税收任务。

金　融　主要银行有首都银行、商业银行等。货币名称为比索。2007年比索和美元平均比价为46∶1。截止2008年底，菲律宾外汇储备金额达370.59亿美元，同比增长10%。2008年菲律宾外债为539亿美元，同比下降2%。

进出口贸易　2008年，菲律宾外贸进出口总额为1056.6亿美元，同比增长0.3%。其中出口为490.2亿美元，比2007年的504.7亿美元下降2.9%；进口为566.4亿美元，比2007年的555.1亿美元增长2%。贸易逆差达到76.1亿美元，比2007年的50.5亿美元增长50.5%。

传　媒

主要英文日报：《马尼拉公报》、《菲律宾星报》、《菲律宾询问日报》、《自由报》、《马尼拉时报》、《马尼拉纪事报》。菲文日报：《消息报》、《菲律宾快报》。华文日报：《世界日报》、《商报》、《菲华时报》、《联合日报》和《环球日报》。

成立于1973年的菲律宾通讯社为官方通讯社，与中国、马来西亚、印尼、泰国、巴基斯坦、日本等15个国家和地区的通讯社建有新闻交换关系，与美联社、路透社均有工作联系。新闻组织有：菲全国新闻记者俱乐部、菲新闻摄影家协会、菲出版者协会等。全国有257家出版机构。

全国有629家广播电台，137家电视台，其中广播局和人民电视台属官方性质，其余均为私人所有。菲律宾广播电台、电视台使用的语言主要是英语、他加禄语和华语。

新加坡

国　名

新加坡共和国（The Republic of Singapore），简称新加坡。

国　旗

新加坡国旗由上红下白两个相等的横长方形组成，长宽之比为3∶2。左上角有一弯白色新月和五颗白色五角星。红色代表人类的平等，白色象征纯洁和美德；新月象征国家，五颗星代表国家建立民主、和平、进步、正义和平等的思想。新月和五颗星的组合紧密而有序，象征新加坡人民的团结和互助的精神。

国　徽

新加坡国徽由盾徽、狮子、老虎等图案组成。红色的盾面上镶有白色的新月和五角星，其寓意与国旗相同。红盾左侧是一头狮子，这是新加坡的象征，新加坡在马来语中是“狮子城”的意思；右侧是一只老虎，象征新加坡与马来西亚之间历史上的联系。红盾下方为金色的棕榈枝叶，底部的蓝色饰带上用马来文写着“前进吧，新加坡!”

主要节日

独立日：8月9日（1965年）；华人新年：每年1月或2月的农历新年；中秋节：农历8月15；开斋节：回历10月新月出现之时；泰米尔新年：4、5月间；大宝森节：泰米尔历的1、2月间；蹈火节：10、11月间。卫塞节：5月的月圆日；圣诞节：12月25日；复活节：3月21日月圆后的周日。

自然地理

新加坡位于马来半岛南端、马六甲海峡出入口，北隔柔佛海峡与马来西亚相邻，南隔新加坡海峡与印度尼西亚相望。它由新加坡岛及附近63个小岛组成，面积699.4平方公里，其中新加坡岛占全国面积的88.5%。属热带海洋性气候，常年高温多雨，年平均气温24℃～27℃。

新加坡花芭山

国　民

人　口　公民和永久居民364.3万，常住人口483.9万（2008年）。

民　族　其中多数为华人。此外还有马来人、印度人等。

语　言　马来语为新加坡国语，英语、华语、马来语、泰米尔语为官方语言，英语为行政用语。

宗　教　主要宗教为佛教、道教、伊斯兰教、基督教和印度教。

行政区划

首都为新加坡。新加坡市行政上相当于国家，因此是一个城市国家，它分四个地区——市中心地区、市中心周围地区（北、东北和西部）、市郊区（东、北和西部）、外围地区（东、北和西部）。

国体政体

国　体　新加坡实行议会共和制。总统为国家元首，由全民选举产生，任期 6 年。实行立法、行政、司法三权分立。

宪　法　1963 年 9 月颁布州宪法。1965 年 12 月经修改成为新加坡共和国宪法，并规定马来西亚宪法中的一些条文适用于新加坡。宪法规定，新加坡实行议会共和制。总统为国家元首，由全民选举产生，任期 6 年。总统委任议会多数党领袖为总理。总统有权否决政府财政预算和公共部门职位任命，可审查政府行使内部安全法令和宗教和谐法令所赋予的权力以及调查贪污案件。总统顾问理事会向总统提供咨询与建议。总统在行使某些职权，如任命主要公务员时，必须先征求总统顾问理事会的意见。总统和议会共同行使立法权。

议　会　新加坡实行一院制，任期 5 年。国会可提前解散，大选须在国会解散后 3 个月内举行。年满 21 岁的新加坡公民都有投票权。国会议员分为民选议员、非选区议员和官委议员。其中民选议员从全国 9 个单选区和 14 个集选区中由公民选举产生。集选区候选人以 3～6 人一组参选，其中至少 1 人是马来族、印度族或其他少数种族。同组候选人必须同属一个政党，或均为无党派者，并作为一个整体竞选。非选区议员从得票率最高的反对党未当选候选人中任命，最多不超过 6 名，从而确保国会中有非执政党的代表。官委议员由总统根据国会特别遴选委员会的推荐任命，任期两年半，以反映独立和无党派人士意见。本届国会 2006 年 5 月 6 日选举产生，共有 84 名民选议员，其中人民行动党 82 人，工人党和民主联盟各 1 人。2006 年 11 月召开第十一届国会首次会议，阿都拉连任议长。

国家政要　总统纳丹（S. R. Nathan），1999 年 9 月 1 日就任，任期 6 年，2005 年 9 月连任。总理李显龙，2004 年 8 月宣誓就职，2006 年 5 月再次当选，5 月 30 日宣誓就职。

政　府　本届内阁于 2006 年 5 月 30 日就职。主要成员有：总理兼财政部长李显龙，国务资政兼金融管理局主席吴作栋，内阁资政李光耀，副总理兼国防和安全统筹部长及律政部长贾古玛，副总理兼内政部长黄根成等。

司　法　新加坡设有最高法院和总检察署。最高法院由最高法庭和上诉庭组成。1994 年，废除上诉至英国枢密院的规定，确定最高法院上诉庭为终审法庭。最高法院大法官由总理推荐、总统委任。现任大法官为陈锡强，总检察长为赵锡奈，2006 年 4 月起任职。总检察长赵锡燚，2006 年 4 月起任职。

政　党　新加坡已注册的政党共 24 个。人民行动党为执政党。1954 年 11 月由现任内阁资政李光耀等人发起成立。人民行动党从 1959 年至今一直保持执政党地位。李光耀长期任该党秘书长，1991 年吴作栋接任。2004 年 12 月，李显龙接替吴作栋出任该党秘书长。

近年来影响较大的还有工人党，创立于 1957 年 11 月。该党于 1971 年重建领导机构，提出废除雇用制，修改国内治安法，恢复言论和结社自由。近年来工人党的影响有所扩大。1981 年起，该党在大选中数次赢得议席，2006 年大选中又获 1 席。

经　济

国内生产总值　根据 2009 年 2 月 26 日新加坡统计局公布的初步数据，2008 年新加坡国内生产总值约 2574.185 亿新元（约 1819.212 亿美元），比上年增长 1.1%。人均国内生产总值约 53186 新元（约 37587 美元）。

产　业　农业在国民经济中占比重较小。工业化程度高，主要行业是制造业和建筑业。是世界第三大炼油中心。服务业发达，包括零售与批发贸易、旅游、交通与电信、金融、商业等行业。旅游业兴旺发达，被誉为“亚洲旅游王国”。2008 年，新加坡实际接待外国游客 1010 万人次，较 2007 年减少 1.6%；旅游收入 148 亿新元，较 2007 年增长 4.8%。

金　融　由金融管理局负责制定和实施各项金融政策，负责监督与管理商业银行及其他金融机构的经营活动，实际上执行着中央银行的职能，但不发行货币。拥有 1000 多家金融机构。货币名称为新加坡元。新加坡国家统计局 2009 年 3 月 23 日公布的数据显示，新加坡 2008 年通货膨胀率高达 6.5%，远远高于前年的 2.1%。2008 年新元和美元平均比价为 1.415∶1。新加坡金融管理局公布的数据显示，新加坡 08 年 12 月底外汇储备升至 1742 亿美元，较去年同期增加 112 亿美元。

进出口贸易　2008 年，新加坡对外贸易进出口总额 6556.8 亿美元（9276.5 亿新元），同比增长

9.6%。其中，新加坡进口 3187 亿美元，增长 13.9%；出口 3369.8 亿美元，增长 5.8%，顺差 182.8 亿美元。马来西亚、美国和中国是新加坡三大贸易伙伴，三国对新贸易额分别为 787.8、646.1 和 610 亿美元，分别占新加坡对外贸易总额的 12%、9.9%和 9.3%。新加坡主要出口商品偶电子真空管、数据处理机、加工石油产品、电讯设备等。

外　资　2008 年，新加坡在制造业和服务业共获得外来投资 180 亿新元。

传 媒

英文报有《海峡时报》、《商业时报》、《新报》；华文报有《联合早报》、《联合晚报》、《新明日报》；马来文报有《每日新闻》；此外还有泰米尔文报《泰米尔日报》。广播电台于 1936 年开播，1959 年 1 月起以马来语、英语、华语、泰米尔语广播。新加坡广播电台拥有并经营 12 个国内电台和 3 个国际电台。新加坡电视机构拥有并经营 2 个频道，一个播送华文节目，另一个播送英文节目，每天播送 24 小时。12 电视私人公司经营 2 个频道，一个主要为马来族和印度族人口服务，另一个主要播送体育及文艺节目。1995 年有线电视网开通，用户可接收 30 多个频道、10 余个国家的电视节目。1995 年开通卫星电视。

泰　国

国 名

泰王国（The Kingdom of Thailand），简称泰、泰国。

国 旗

泰国国旗呈长方形，长宽之比为 3∶2。由红、白、蓝三色的五个横长方形平行排列构成。上下方为红色，蓝色居中，蓝色上下方为白色。蓝色宽度相等于两个红色或两个白色长方形的宽度。红色代表民族和象征各族人民的力量与献身精神。泰国以佛教为国教，白色代表宗教，象征宗教的纯洁。泰国是君主立宪政体国家，国王是至高无上的，蓝色代表王室。蓝色居中象征王室在各族人民和纯洁的宗教之中。

国 徽

泰国国徽图案是一只大鹏鸟，鸟背上蹲坐着那莱王。传说中大鹏鸟是一种带有双翼的神灵，那莱王是传说中的守护神。

主要节日

宋干节（公历 4 月 13～15 日）；水灯节（泰历 12 月 15 日）；国庆日（国王诞辰日，公历 12 月 5 日）；农耕节：6 月（泰历）。节日由占卜师选择在每年 5 月（泰农历 6 月）的一个吉日良辰按照婆罗门教的习俗举行。

农耕节是泰国的重要节日，每年到农耕节时泰国都要在曼谷大王宫旁边的王家田广场举行大典。农耕节大典始于 13 世纪的素可泰王朝。

自然地理

泰国国土面积约 51.3 万多平方公里，位于亚洲中南半岛中南部，东南临泰国湾（太平洋），西南濒安达曼海（印度洋），西和西北与缅甸接壤，东北与老挝交界，东南与柬埔寨为邻，疆域沿克拉地峡向南延伸至马来半岛，与马来西亚相接，其狭窄部分居印度洋与太平洋之间。热带季风气候。全年分为热、雨、旱三季。年均气温 24℃～30℃。

泰国风景

国 民

人　口　6680 万（截至 2009 年 2 月）。

民　族　泰国是一个由 30 多个民族组成的多民族国家，其中泰族占人口总数的 40%、老族占 35%，马来族占 3.5%，高棉族占 2%等。此外还有苗、瑶、桂、汶、克伦、掸等山地民族。

语　言　泰语为国语。

宗　教　佛教是泰国的国教，90%以上的居民信仰佛教，马来族信奉伊斯兰教，还有少数信奉基督教新教、天主教、印度教和锡克教。几百年来，泰国的风俗习惯、文学、艺术和建筑等几乎都和佛教有着密切关系。到泰国旅游，处处可见身披黄色袈裟的僧侣，以及富丽堂皇的寺院。因此，泰国又有“黄袍佛国”的美名。佛教为泰国人塑造了道德标准，使之形成了崇尚忍让、安宁和爱好和平的精神风范。

行政区划

首都为曼谷。全国分中部、南部、东部、北部和东北部五个地区，现有76个府。府下设县、区、村。曼谷是唯一的府级直辖市。各府名称如下：曼谷（直辖市）、暖武里、巴吞他尼、大城、北标、北揽、佛统、夜功、那空那育、红统、信武里、素攀武里、乌泰他尼、猜那、华富里、龙仔厝、甘烹碧、北榄坡、帕、拍瑶、披集、清莱、夜丰颂、南邦、南奔、素可泰、清迈、程逸、彭世洛、碧差汶、难、呵叻、四色菊、加拉信、色军、孔敬、武里南、耶梭通、乌汶、乌隆、素林、那空帕农、猜也奔、莫达汉、廊开、黎逸、玛哈沙拉堪、巴真、北柳、尖竹汶、春武里、罗勇、达叻、巴蜀、叻丕、北碧、佛丕、达、甲米、北大年、宋卡、沙敦、也拉、拉农、洛坤、春蓬、陶公、素叻、普吉、博达伦、董里、攀牙、沙缴、安纳乍能、廊臭那浦。

国体政体

宪　法　新宪法草案于2007年8月19日通过全民公投，普密蓬国王同年8月24日御准生效。新宪分为总章、国王、公民权利、自由与义务、基本国策、议会、内阁、法院、权力监督、地方行政等15章309款。

议　会　2007年新宪法规定，国会是国家最高立法机构，实行上、下两院制。上议院150个议席，其中76个议席由全国76府直选产生，其余74个议席由专门委员会遴选产生，任期6年。下议院480个议席，400个议席由选举产生，其余80个议席根据各党的选票比例按区域分配，任期4年。

国家政要　国王普密蓬·阿杜德（Bhumibol Adulyadej），1946年即位，1950年5月加冕；总理阿披实·维乍集瓦（Abhisit Vejjajiva），2008年12月当选；下议院议长兼国会主席猜·奇触，2008年5月当选。

政　府　现政府于2008年2月成立，人民力量党与泰国党、为国党、中庸民主党、泰人同心发展国家党和人民党宣布联合组建新一届政府，共有35位阁员成员。

司　法　大陆法系，以成文法作为法院判决的主要依据。司法系统由宪法法院、司法法院、行政法院和军事法院构成：宪法法院主要是对部分议员或总理质疑违宪、但已经国会审议的法案及政治家涉嫌隐瞒资产等案件进行终审裁定，以简单多数决定裁决结果。由1名院长及14名法官组成，由上议院议长提名呈国王批准，任期9年。行政法院主要审理涉及国家机关、国有企业及地方政府间或公务员与私企间的诉讼纠纷。行政法院分为最高行政法院和初级行政法院两级，并设有由最高行政法院院长和9名专家组成的行政司法委员会。最高行政法院院长的任命须经行政司法委员会及上议院同意，由总理提名呈国王批准。军事法院主要审理军事犯罪和法律规定的其他案件。

政　党　截至2008年2月14日，共有31个政党在选举委员会登记注册。主要政党有：

人民力量党（People Power Party）。1998年11月成立。2007年7月，前泰爱泰党主要成员加入人民力量党。党首沙玛·顺通卫。秘书长素拉蓬·瑟翁利。执委34人。在全国设2个党部。

民主党（Democrat Party）。1946年4月6日成立。党首阿披实·维乍集瓦。秘书长素帖·特素班。执委49人。在全国设有194个党部。党员4074792名。

泰国党（Chartthai Party）。1982年7月8日成立。党首班汉·信拉巴阿差。秘书长巴帕·普素图。执委48人。在全国设有14个党部。党员2600731名。

经济

国内生产总值　据泰国国家统计局网站公布的数据，泰国2008年未经年度审核的现价GDP初步数据是91027.85亿泰铢，人均GDP为136269泰铢。根据CIA网站《世界概览》栏目提供的汇率数据，2008年平均1美元可兑换33.37泰铢，因此，2008年泰国以美元计价的GDP为2727.83亿美元。

产　业　农业较发达，泰国是世界著名的大米生产国和出口国，大米出口是泰国外汇收入的主要来源之一，其出口额约占世界市场稻米交易额的1/3。2008年泰国大米总产量达2000多万吨，橡胶总产量约310万吨，木薯产量约2800万吨，龙眼总产量约51.4万吨。制造业在国民经济中占较大比重，主要工业行业有采矿、纺织、电子、塑料、食品加工、玩具、汽车装配、建材、石油化工等。泰国旅游资源丰富，历来以“微笑国度”闻名于世，有500多个景点，主要旅游点除曼谷、普吉、芭堤雅、清迈和帕塔亚外，清莱、华欣、苏梅岛等一批新的旅游点发展较快。

财　政　2009财政年前10个月（2008年10月至2009年7月），政府收入共计11208.9800亿铢，比去年同期减少1189.6500亿铢，降幅9.6%。

金 融 货币名称为泰铢。2008年泰铢和美元平均比价为33.37∶1。截至2008年12月，泰国公债额为3.4713万亿铢。泰国的中央银行为泰国银行，主要的商业银行有盘古银行、泰华农民银行和大城银行。

进出口贸易 据泰国海关的数据显示，2008年泰国进出口总额3564.9亿美元；其中，2008年全年泰国出口额为1778.4亿美元，增长15.6%；全年进口额1786.5亿美元，增长27.6%；贸易逆差8.1亿美元。日本、中国、美国、马来西亚和新加坡是泰国前五位出口市场，占泰国全国对外出口总额的49%以上。

传 媒

泰媒体以私营为主，按市场规则运作。泰文媒体是泰国的主流媒体，英文、华文媒体居辅助地位。主要泰文报纸有《泰叻报》、《民意报》、《每日新闻》、《国家报》、《沙炎叻报》、《经理报》等；主要华文报纸有《新中原报》、《中华日报》、《星暹日报》、《亚洲日报》、《世界日报》和《京华中原日报》等；主要英文报纸有：《曼谷邮报》、《民族报》等。

广播电台有230多家，其中由政府民众联络厅掌管的有59家。泰国国家广播电台为国家电台，设有国外部，用泰、英、法、中、马来、越、老、柬、缅、日等语广播。无线电视台共6家，都设在曼谷，大部分电视节目通过卫星转播。地方有线电视公司86家。电视网覆盖全国。

越 南

国 名

越南社会主义共和国（The Socialist Republic of Viet Nam），简称越南。

国 旗

越南国旗为长方形，长宽之比为3∶2，红底中间有五角金星。国旗旗底为红色，旗中心为一枚五角金星。红色象征革命和胜利，五角金星象征越南劳动党对国家的领导，五星的五个角分别代表工人、农民、士兵、知识分子和青年，即通常说的金星红旗。

国 徽

呈圆形。红色的圆面上方镶嵌着一颗金黄色的五角星；下端有一个金黄色的齿轮，象征工业；圆面周围对称地环绕着两捆由红色饰带束扎的稻穗，象征农业；金色齿轮下方的饰带上用越文写着“越南社会主义共和国”。国徽图案于1956年选定。

主要节日

国庆日（独立日）：9月2日（1945年）；越南南方解放日：4月30日（1975年）；越南共产党成立日：2月3日（1930年）；胡志明诞辰日：5月19日（1890年）；越南民族传统节日主要有春节、清明、端午、中秋、重阳等，其中春节为最盛大的节日。

自然地理

越南位于中南半岛东部，北与中国接壤，西与老挝、柬埔寨交界，东面和南面临南海，海岸线长3260多公里，国土面积32.95万平方公里。越南地形狭长，南北长1600公里，东西最窄处为50公里。越南地势西高东低，境内四分之三为山地和高原。北部和西北部为高山和高原。中部长山山脉纵贯南北。主要河流有北部的红河，南部的湄公河。红河和湄公河三角洲地区为平原。1989年全国森林覆盖面积9.8万平方公里。越南全国地处北回归线以南，高温多雨，属热带季风气候。年平均气温24℃左右。年平均降雨量为1500～2000毫米。北方分春、夏、秋、冬四季。南方雨旱两季分明，大部分地区5～10月为雨季，11月至次年4月为旱季。河内时间：GMT+7小时（比北京时间晚1个小时）。

越南——美山占婆族塔组

国 民

人 口 8616万（截至2008年底）。

民 族 越南是一个多民族的国家，有54个民族。其中，京族人口最多，约占总人口的89%，其余有岱依、芒、侬、傣、赫蒙（苗）、瑶、占、高棉等民族。

语　言　通用越南语。

宗　教　主要宗教有佛教，天主教、和好教和高台教。

行政区划

首都为河内，2008年8月1日，原河内市与整个河西省、永富省迷灵县、和平省梁山县4个乡合并，新河内市总面积3340平方公里，人口652万人（2008年）。全国划分为59个省和5个直辖市。

国体政体

国　体　越南宪法规定：越南是社会主义国家，越南共产党是领导国家和社会的力量，国家的一切权利属于人民，实行人民代表制度。

宪　法　越南宪法于1992年通过，是1946年、1959年、1980年宪法的继承和发展。宪法规定：越南社会主义共和国国家政权属于人民，越南共产党以马克思列宁主义和胡志明思想为指导思想。2001年国会对宪法部分条款作出修改，确定越南要发展“社会主义定向”的市场经济。

议　会　称国会，是国家最高权力机关，通常每年举行两次例会。现为第12届国会，共有493名国会代表。现任国会主席阮富仲，2006年6月26日当选，2007年7月当选连任。

国家政要　越共中央总书记农德孟，2006年4月当选；国家主席阮明哲，2006年6月当选，2007年7月再次当选；国会主席阮富仲，2006年6月当选，2007年7月再次当选；总理阮晋勇，2006年6月当选，2007年7月再次当选。

政　府　本届政府于2007年8月组成。总理阮晋勇，常务副总理阮生雄、副总理兼外长范家谦、副总理张永仲、副总理黄忠海、副总理兼教育培训部长阮善仁等。

司　法　司法体系由最高人民法院、最高人民检察院及地方法院、地方检察院和军事法院组成。最高人民法院院长张和平，2007年7月就任；最高人民检察院检察长陈国旺，2007年7月就任。

政　党　越南实行一党制，越南共产党（简称越共）是唯一政党。1930年2月3日成立，同年10月改名为印度支那共产党，1951年更名为越南劳动党，1976年改用现名。现有党员约290万，基层组织48000个，同世界上180多个政党建有党际关系。越共中央总书记为农德孟。

越南祖国阵线是越南的统一战线组织，成立于1955年9月，南北方统一后于1977年同越南南方民族解放阵线和越南民族、民主及和平力量联盟合并。第七届祖国阵线中央主席团主席黄担，2008年1月当选。

经济

国内生产总值　2008年越南国内生产总值约880亿美元，同比增长6.23%，人均1024美元。三次产业占GDP的比重分别为：21.99∶39.91∶38.1。

产　业　农业以种植业为主。工业主要有能源、机械、化工、建筑材料、钢铁、纺织、鞋类加工、食品等行业。2008年，粮食总产量达4320万吨，同比增加300万吨。其中，稻谷产量达3860万吨，增加270万吨。2008年大米储备200万吨。咖啡99.63万吨，同比增长3.6%；橡胶66.29万吨，增长8.7%；茶叶75.98万吨，增长7.5%；胡椒10.4万吨，增长17%。2008年越南工业产值同比增长14.6%，是近几年的最低增幅。其中，国营工业同比增长4%，民营工业18.8%，外资工业18.6%。生产加工工业增长16%，占88.9%；电力、天然气及水生产分销工业增长13.4%，占5.7%；矿产开采工业下降3.5%，占5.4%。服务业中商品零售和服务收入约968.67万亿越盾（约合553.18亿美元），同比增长31%。旅游业发展迅速，2008年到越国际旅客430万人次，同比增长0.6%。

财　政　2008年越南财政总收入400万亿越盾（约合235.29亿美元），同比增长26.3%。总支出为474.3万越盾（约合279亿美元），同比增长22.3%。财政赤字74.3万亿越盾，占GDP的4.4%。

金　融　货币名称为越南盾。2008年12月份CPI同比上涨19.89%，2008年全年CPI平均上涨22.97%。越南2008年8月份通货膨胀率一度达到28.3%，创17年来最高纪录。2008年12月越南盾对美元的比价为17484∶1。主要银行有越南国家银行（亦称中央银行）、越南工商银行、越南外贸银行、越南国际贸易股份银行等。外汇黄金储备227.8亿美元。截至2008年底，政府外债余额约为217.45亿美元，占GDP的25%，加上私人外债则占GDP的31.5%。

进出口贸易　2008年，对外货物贸易总额1433亿美元。其中，出口629亿美元，增长29.5%；进口804亿美元，增长28.3%；贸易逆差175亿美元，增长24.1%，占出口总额的27.8%。贸易逆差最大来源地是中国，为108亿美元，同比增加17亿美元。主要出口市场为：美国116亿美元，增长14.5%；东盟102亿美元，增长31%；欧盟100亿美元，增长15%；日本88亿美元，增长45%。主要进口市场为：东盟195亿美元，增长22.5%；中国154亿美元，增长23.2%；欧盟52亿美元，增长1.7%；中国台湾地区84亿美元，增长21.8%；日本83亿美元，增长37.7%。

外　资　截至2008年底，外国直接投资协议总额640亿美元，同比增长2倍。其中，新项目投资协议金额602亿美元。实际到位资金115亿美元，同比增长43.2%。2008年对越投资最多的国家和地区马来西亚居首，协议投资额149亿美元；台湾其次，协议投资金额86.4亿美元；日本第三，协议投资金额72.8亿美元。

传媒

越南新闻出版法规定报纸由国家控制。中央及地方新闻单位共450家。主要出版社有政治出版社、文化出版社、文学出版社、科技出版社、教育出版社和世界出版社等。各种出版物13515种，年发行量2.18亿册。报社约150家，其余为行业小报。主要报刊有：《人民报》，越共中央机关报，1951年创刊，在国外设有3个分支机构，1998年5月开设电子版；《人民军队报》，越南人民军总政治局机关报；《大团结报》，祖国阵线中央机关报；《西贡解放报》（越文和中文版），越共胡志明市委机关报；《共产主义》月刊，越共中央政治理论刊物，1956年创刊，2001年设电子版；《全民国防》月刊。

越南通讯社：国家通讯社，1945年创立，1976年越南南方解放通讯社与之合并。在全国各省市均设有分社，驻外分社有16个。1998年8月开设互联网（越、英、法、西班牙文）。

“越南之声”广播电台：成立于1954年，有四套对内节目，用越南语及数种少数民族语言播音，每天广播98小时；对外广播用中国普通话、广东话、俄语、英语、法语、西班牙语、日语、泰语、老挝语、柬埔寨语、印尼语、马来语等。每日播音时数为26小时。越南中央电视台成立于1971年，可同时播送四套节目，每天播出约21小时。

双边关系

中国与文莱双边关系

一、双边政治关系与重要往来

中国和文莱于1991年9月30日建立外交关系，双边关系发展顺利，各领域友好交流与合作逐步展开。

近年来中国访文的领导人主要有：江泽民主席（2000年）、李鹏委员长（2001年）、朱镕基总理（2001年）、吴仪副总理（2005年）、顾秀莲副委员长（2007年）、胡锦涛主席（2005年）、周铁农副委员长（2008年）。

近年来文莱访华领导人主要有：哈桑纳尔·博尔基亚苏丹（1993年、1999年、2001年、2004年、2006年、2008年）、外交大臣穆罕默德·博尔基亚亲王（2004年）、穆罕默德·比拉王储（2009年）等。

1993年两国外交部建立定期磋商制度，迄今已举行14次磋商。

二、其他领域交流与合作

中文两国在民航、卫生、文化、旅游、体育、教育、军事、司法等领域的交流与合作逐步展开。先后签署了《民用航空运输协定》（1993年）、《卫生合作谅解备忘录》（1996年）、《文化合作谅解备忘录》（1999年）、《中国公民自费赴文旅游实施方案的谅解备忘录》（2000年）、《高等教育合作谅解备忘录》（2004年）、《旅游合作谅解备忘录》（2006年）。2002年1月，文莱皇家航空公司开通了斯里巴加湾至上海航线。两国于2002年和2004年分别签署了《中华人民共和国最高人民检察院和文莱达鲁萨兰国总检察署合作协议》和《最高法院合作谅解备忘录》。

2003年9月，中华人民共和国中央军事委员会委员、总参谋长梁光烈访文，双方签署了《关于开展军事交流的谅解备忘录》。11月，中国海军舰艇编队首次访文。2004年9月，文莱武装部队司令哈尔比少将访华。2005年10月，文莱国防部副部长亚斯敏访华。2006年7至8月，中国人民解放军军乐团赴文参加文莱苏丹60岁诞辰国际军乐节庆典活动。2007年，中文两国互设武官处。2008年1月，中华人民共和国中央军事委员会副主席、国务委员兼国防部长曹刚川访文。9月，文莱武装部队司令哈尔比少将访华并观摩“砺兵—2008”军事演习。

自2003年7月起，中国对持普通护照来华旅游、经商的文莱公民给予免签证15天的待遇。2005年6月，两国就互免持外交、公务护照人员签证的换文协定生效。

2004、2005年分别成立中国—文莱友好协会和文莱—中国友好协会。

三、重要双边文件

1991年9月，钱其琛外长和文莱外交大臣穆罕默德·博尔基亚亲王在纽约签署《中华人民共和国政府和文莱达鲁萨兰国苏丹陛下政府关于两国建立外交关系的联合公报》。

1999年8月，文莱苏丹对华进行工作访问期间，双方发表关于两国关系未来发展方向的《联合公报》。

2005年4月，胡锦涛主席对文莱进行国事访问期间，双方发表了联合新闻公报。

（来源：中华人民共和国外交部网站. http://www.fmprc.gov.cn/chn/pds/gjhdq/gj/yz/1206_33/sbgx/.2009—01—09）

中国与柬埔寨双边关系

一、双边政治关系与重要往来

中柬两国有着悠久的传统友谊。1958年7月19日两国正式建交。长期以来，中国几代领导人与柬埔寨西哈努克国王建立了深厚的友谊，为两国关系的长期稳定发展奠定了坚实的基础。1955年4月，西哈努克亲王在万隆亚非会议上与周恩来总理结识。

中国访柬的领导人主要有：周恩来总理（1955年4月、1960年）、刘少奇主席（1963年）、江泽民主席（2000年11月）；朱镕基总理（2002年11月）；温家宝总理（2006年4月）；贾庆林政协主席（2008年12月）。

柬方访华的领导人主要有：西哈努克亲王（1956年2月、1958年、1965年、1970年、1979年、1992年、1994年、1999年）。谢辛参议院主席（1992年、1995年）、拉纳烈国会前任主席（1994年、1999年）、洪森首相（1994年、1996年、1999年、2004年4月）、西哈莫尼国王（2005年8月）

近几年，柬埔寨国王西哈莫尼、首相洪森、副首相兼外交大臣贺南洪都曾数次访问中国，特别是洪森首相曾多次来华参加重要的国际会议和对中国进行访问。

2000年11月，中国国家主席江泽民对柬进行国事访问，两国领导人就双边关系和共同关心的问题达成了广泛的共识，双方签署了《中柬关于双边合作的联合声明》。中柬之间不存在亟待解决的问题。两国传统睦邻友好合作关系在和平共处五项原则的基础上得到进一步发展。2002年11月，中国国务院总理朱镕基访柬，两国领导人同意把农业、基础设施建设和人力资源开发作为两国重点合作领域，中方并宣布免除柬所有到期债务。2006年4月，温家宝总理访柬。双方发表《联合公报》，宣布建立“全面合作伙伴关系”。

2007年10月28日至31日，柬埔寨首相洪森出席第四届中国—东盟博览会及中国—东盟商务与投资峰会开幕式。

2008年7月18日，中柬在柬埔寨首都金边共同庆祝中柬建交50周年。

2008年8月8日，柬埔寨太皇诺罗敦·西哈努克前来出席北京奥运会开幕式。

2008年10月22～25日，柬埔寨首相洪森前来出席第五届中国—东盟博览会及第五届中国—东盟商务与投资峰会开幕式。

二、其他领域的交往与合作

近年来，中柬在各个领域的交流与合作不断扩大。双方在政治、经贸、文化、教育、军事等领域的友好合作不断加强，在国际和地区问题上保持良好的协调和合作。两国先后签署了文化、旅游、农业等合作文件，两国议会、军队、警务、新闻、卫生、文教、信息、水利、气象、建设、农业、文物保护等部门领导人先后实现了互访。

两国外交部保持良好合作关系。1994年两国外交部官员团实现互访；1995年2月中国外交部副部长唐家璇访柬；1999年1月王毅部长助理赴柬进行外交磋商；1999年6月柬国务大臣兼外交、国际合作部大臣贺南洪访华；2000年7月，柬外交国务秘书吴金安来华进行外交磋商。2003年6月，中国外长李肇星访柬；2005年11月，中国外交部部长助理李金章访柬；2006年7月，柬副首相兼外交大臣贺南洪访华等；2008年1月，中国外交部长杨洁篪访柬。

柬已在广州、上海、香港、昆明、重庆和南宁等地设立总领馆。中方保留在柬设领权力。

三、中国与柬埔寨签订协定情况（1992年以来）

《中柬贸易协定》（1996年7月）

《中柬关于促进和保护投资协定》（1996年7月）

《中柬关于柬在香港特别行政区保留名誉领事馆的换文》（1997年4月）

《中柬关于柬在广州设立总领事馆的协议》（1997年12月）

《中柬在柬台通航问题上的协议》（1997年12月）

《中柬引渡条约》（1999年2月）

《中柬文化协定》（1999年2月）

《中柬旅游合作协定》（1999年2月）

《中柬关于柬在上海设立总领事馆的协议》（1999年5月）

《中柬关于柬驻香港领事馆升格为总领事馆的协议》（1999年7月）

《中柬关于双边合作的联合声明》（2000年11月）

《中柬关于成立经济贸易合作委员会协定》（2000年11月）

《中柬农业合作谅解备忘录》（2000年11月）

《中国红十字会与柬红十字会合作与互助协议》（2004年4月）

《中柬教育、青年和体育部体育合作协议》（2004年4月）

《中柬两国政府关于加强文物保护合作的谅解备忘录》（2004年4月）

《中柬关于旅游规划合作的谅解备忘录》（2004年4月）

《中柬联合公报》（2006年2月）

《中柬关于打击跨国犯罪的合作协议》（2006年4月）

《中柬卫生合作的谅解备忘录》（2006年4月）

《中柬关于大湄公河次区域信息高速公路项目柬埔寨段建设的谅解备忘录》（2006年4月）

《中柬关于合作保护吴哥古迹二期项目的协议》（2006年4月）

《中柬互免持外交、公务护照人员签证协定》（2006年7月）

《中华人民共和国审计署与柬埔寨国家审计署谅解备忘录》（2007年8月）

《中柬关于禁止非法贩运和滥用麻醉药品和精神药品的合作谅解备忘录》（2008年11月）

（来源：中华人民共和国外交部网站. http://www.fmprc.gov.cn/chn/pds/gjhdq/gj/yz/1206_14/sbgx/. 2009—07—27）

中国与印度尼西亚双边关系

一、双边政治关系与重要往来

中国与印尼于1950年4月13日建交。1965年印尼发生“9·30事件”后，两国于1967年10月30日中断外交关系。

20世纪80年代，两国关系开始松动。1989年中国外交部外长钱其琛在日本分别与印尼总统苏哈托和印尼国务部长穆迪约诺就复交问题举行会晤。同年12月，两国就关系正常化的技术性问题进行会谈，并签署会谈纪要。1990年7月印尼外长阿拉塔斯应邀访华，中印两国发表《关于恢复两国外交关系的公报》。1990年8月8日，中国国务院总理李鹏访问印尼期间，两国外长分别代表本国政府签署《关于恢复外交关系的谅解备忘录》，宣布自当日起正式恢复两国外交关系。

近年来，中印关系快速发展。1999年底，两国就建立和发展长期稳定的睦邻互信全面合作关系达成共识。2000年5月中印两国签署《关于未来双边合作方向的联合声明》，成立由双方外长牵头的政府间双边合作联委会。2005年4月两国元首签署中印战略伙伴关系联合宣言。2006年两国启动副总理级对话机制。

近年来中国访印尼的领导人主要有：胡锦涛副主席（2000年）、朱镕基总理（2001年）、李鹏委员长（2002年9月）、吴官正中纪委书记、胡锦涛主席（2005年）、贾庆林政协主席（2006年）、陈炳德上将（2007年8月）、周永康政法委书记（2008年11月）等。

近年来印尼访华的领导人主要有：梅加瓦蒂总统（2002年）、阿敏人协主席（2002年）、苏西洛总统（2005、2006年）、阿贡·拉克索诺议长（2005年）、希达亚特人协主席（2007年）、尤素夫·卡拉副总统（2007年、2008年）、苏西洛总统（2008年）等。

2008年1月，中央军委副主席、国务委员兼国防部长曹刚川访问印尼。2008年2月，全国政协副主席罗豪才访问印尼。2008年6月，阿贡议长应中联部邀请访华并出席第五届亚欧会议伙伴会议。2008年8月，印尼前总统梅加瓦蒂来华出席北京奥运会开幕式，印尼副总统卡拉出席北京奥运会闭幕式。2008年10月，印尼总统苏西洛来华出席北京第七届亚欧首脑会议。2008年11月，中共中央政治局常委、中央政法委书记周永康访问印尼。2008年12月，中国国务院副总理李克强对印尼进行正式访问，其间会见了印尼总统苏西洛，与副总统卡拉举行会谈并出席了第三次中印尼能源论坛。2008年12月，印尼地方代表理事会主席吉南加尔访华。

中印两国除互设使馆外，印尼在广州和香港设有总领馆，中国在泗水设有总领馆。

二、其他领域的交往与合作

两国在民航、科技、教育、卫生、旅游等领域的交流与合作不断发展。1991年1月两国签署航运协定，开辟直飞航线；1992年1月签署新闻合作谅解备忘录，新华社在雅加达开设分社，人民日报向印尼派驻记者。1994年签署旅游、卫生、体育合作谅解备忘录，启动互派留学生项目。1997年两国成立科技合作联委会，迄今已举行两次会议。2000年5月签订《关于在印尼举办汉语水平考试的协议书》。同年7月签署《刑事司法互助条约》。2001年11月重新签署《文化合作协定》。2001年印尼正式成为中国公民自费出境旅游目的地国。两国民航部门2004年12月就扩大航权安排达成协议。2005年，两国相互免除持外交与公务护照人员签证，印尼政府宣布给予中国公民落地签证待遇。

双方地方政府交流活跃。两国已缔结的友好省际关系和城市有：北京市—雅加达特区、广东省—北苏门答腊省、福建省—中爪哇省、云南省—巴厘省、成都市—棉兰市、漳州市—巨港市。

三、重要双边文件

1990年7月，中国外交部部长钱其琛与阿拉塔斯外长在北京签署《中华人民共和国政府和印度尼西亚共和国政府关于恢复两国外交关系的公报》。

2000年5月，唐家璇外长与阿尔维·希哈布外长在北京签署《中华人民共和国和印度尼西亚共和国关于未来双边合作方向的联合声明》及《关于成立中华人民共和国政府与印度尼西亚共和国政府双边合作联合委员会的谅解备忘录》。

2005年4月，胡锦涛主席与苏西洛总统在雅加达签署《中华人民共和国与印度尼西亚共和国关于建立战略伙伴关系的联合宣言》。

2005年7月，印尼总统苏西洛对华进行国事访问。两国发表《中华人民共和国与印度尼西亚共和国联合声明》。

2007年11月，中国国家海洋局局长孙志辉访问印尼。双方签署《中华人民共和国与印度尼西亚共和国海洋领域合作谅解备忘录》。

2007年11月，印尼国防部长尤沃诺访华。双方签署《中华人民共和国与印度尼西亚共和国关于防务领域合作的协议》。

2008年12月，李克强副总理访问印尼。双方签署了《中华人民共和国中华全国青年联合会和印度尼西亚共和国青年事务和体育部就青年事务合作的谅解备忘录》和《中华人民共和国政府和印度尼西亚共和国政府体育合作谅解备忘录》。

（来源：中华人民共和国外交部网站. http://www.fmprc.gov.cn/chn/pds/gjhdq/gj/yz/1206_43/sbgx/.2009—01—09)）

中国与老挝双边关系

一、双边政治关系与重要往来

中国和老挝是山水相连的友好邻邦，两国人民自古以来和睦相处。1961年4月25日中国和老挝正式建立外交关系，两国保持睦邻友好。20世纪70年代末至80年代中，两国关系曾出现曲折。1989年中老关系正常化以来，双边关系得到全面恢复和发展，两国领导人频繁互访，在政治、经济、军事、文化、卫生等领域的友好交流与合作不断深化，双方在国际和地区事务中保持密切协调与合作。老挝政府坚持一个中国的立场，支持中国人民和平统一祖国大业。

中老关系正常化以来中国访老的领导人主要有：李鹏总理（1990年12月）、邹家华副总理（1992年11月）、乔石委员长（1996年11月）、吴邦国副总理（1997年10月）；江泽民主席（2000年11月）对老挝进行国事访问，这是中国国家元首首次访问老挝，在双边关系史上具有里程碑意义。访问期间，两国签署发表了关于双边合作的《联合声明》，确定发展两国长期稳定、睦邻友好、彼此信赖的全面合作关系；霍英东全国政协副主席（2001年1月）、阿不来提·阿不都热西提全国政协副主席（2004年1月）、吴仪副总理（2004年3月）、温家宝总理（2004年11月）、王忠禹政协副主席

(2005年12月)；胡锦涛主席(2006年11月)对老挝进行国事访问，双方发表《联合声明》，决定进一步深化两党两国传统友好与全面合作，推动中老关系不断迈上新的台阶；温家宝总理(2008年3月)对老挝进行工作访问。

中老关系正常化以来老方访华的领导人主要有：凯山·丰威汉部长会议主席(1989年10月)、坎代·西潘敦总理(1991年、1993年)、凯山·丰威汉主席(1992年4月)、诺哈·冯沙万主席(1995年6月)、沙曼·维亚吉国会主席(1995年5月、2000年1月、2005年12月)、坎培·乔布拉帕副总理(1995年11月)、本杨·沃拉吉副总理(1997年7月)、乌敦·卡迪亚国家副主席兼建国阵线中央主席(1998年3月)、西沙瓦·乔本潘总理(1999年1月)、坎代·西潘敦主席(2000年7月)、本扬·沃拉吉总理(2002年2月)、西沙瓦·乔本潘建国阵线中央主席(2002年5月)、坎代·西潘敦主席(2003年6月)、波松·布帕万副总理(2004年1月)、朱马里·赛雅颂主席(2006年6月、2008年8月)、波松·布帕万总理(2007年8月、2008年10月)、通邢·塔玛冯国会主席(2008年3月)等。

二、其他领域的交流与合作

中老两国外交部有着良好的合作关系。1992年，老挝在昆明设立总领事馆。1999年，两国就老挝在香港开设总领事馆达成协议。

中老两军关系顺利发展，中国军队领导人迟浩田、张万年、于永波、梁光烈等先后访老，老挝副总理兼国防部长隆再·皮吉等军队领导人多次访华。

1989年以来，中老双方先后签订了文化、新闻合作协定及教育、卫生和广播影视合作备忘录。两国文艺团体、作家和新闻记者往来不断。中老两国于1990年开始互派留学生和进修生。老挝是中国对外提供奖学金人数最多的国家之一，目前老挝在华留学生人数每年保持在230名。两国青年团交往密切，保持互访传统。2000年以来，中国共向老挝派遣80名青年志愿者。

三、两国签署协定情况

《中老贸易协定》(1988年12月)

《中老边境贸易的换文》(1988年12月)

《中老领事条约》(1989年10月)

《中老文化协定》(1989年10月)

《关于处理两国边境事务的临时协定》(1989年10月)

《中老边界条约》(1991年10月)

《中老民航谅解备忘录》(1991年4月)

《中老边界议定书》(1993年1月)

《中老遣返在华老挝难民的议定书》(1991年4月)

《中老关于鼓励和相互保护投资协定》(1993年1月)

《中老边界制度条约》(1993年12月)

《中老汽车运输协定》(1993年12月)

《中国、老挝、缅甸确定三国交界点协定》(1994年8月)

《中老澜沧江—湄公河客货运输协定》(1994年11月)

《中老旅游合作协定》(1996年10月)

《中老关于成立两国经贸技术合作委员会协定》(1997年5月)

《中老边界制度条约的补充议定书》(1997年7月)

《中老民事刑事司法协助条约》(1999年1月)

《中老避免双重征税协定》(1999年1月)

《中国、老挝、缅甸和泰国四国澜沧江—湄公河商船通航协定》(2000年4月)

《中华人民共和国与老挝人民民主共和国关于双边合作的联合声明》(2000年11月)

《中国国土资源部与老挝工业手工业部合作开发万象钾盐矿的原则协议》(2000年11月)《中老经济、贸易和技术合作委员会首次会议纪要》(2000年11月)

《中国农业部和老挝农林部关于农业合作的谅解备忘录》(2000年11月)

《中华人民共和国和老挝人民民主共和国引渡条约》(2002年2月)

《中国人民银行与老挝人民民主共和国银行双边合作协议》(2002年2月)

《中华人民共和国教育部与老挝人民民主共和国教育部2002—2005年教育合作计划》(2002年2月)

《老挝广播电视系统改造项目考察换文》(2004年3月)

《贸促会与老挝国家工商会合作备忘录》(2004年3月)

《关于加快万象钾盐资源开发的原则协议》(2004年3月)

《关于拟承担那堆—巴孟公路项目可行性考察工作换文》(2004年11月)

《关于拟承担老挝北部矿产地质调查项目考察工作换文》(2004年11月)

《关于拟承担援老挝北部综合开发总体规划项目换文》(2004年11月)

《关于拟承担援老挝国家电力规划项目换文》(2004年11月)

《中华人民共和国教育部与老挝人民民主共和国教育部2005—2010年教育合作计划》(2005年10月)

《中华人民共和国与老挝人民民主共和国联合新闻公报》(2006年6月)

《中老越三国国界交界点条约》(2006年10月)

《中老联合声明》(2006年11月)

《中华人民共和国政府与老挝人民民主共和国政府关于禁止非法贩运和滥用麻醉品和精神药物的合作协议》(2006年11月)

《中华人民共和国卫生部与老挝人民民主共和国卫生部卫生合作谅解备忘录》(2006年11月)

《南乌江流域BOT项目开发协议》(2007年11月)

《中国国家航天局与老挝科技署关于空间科学与技术合作框架协议》(2008年8月)

《中国农业银行与老挝发展银行结算服务代表委派协议》(2009年3月)

《中国农业银行与老挝发展银行边贸网上结算协议》(2009年3月)

《中国农业银行与老挝发展银行共同开通结算账户协议》(2009年3月)

(来源:中华人民共和国外交部网站. http://www.fmprc.gov.cn/chn/pds/gjhdq/gj/yz/1206_17/sbgx/.2009—07—27)

中国与马来西亚双边关系

一、双边政治关系与重要往来

中国与马来西亚于1974年5月31日正式建立外交关系。建交后,两国关系总体发展顺利。进入20世纪90年代,中马关系开始进入新的发展阶段,双方在政治、经济、文化、教育等各个领域的友好交流与合作全面展开,并取得丰硕成果。

近年来中国访马的领导人主要有:江泽民主席(1994年)、李鹏总理(1990年、1997年)、朱镕基总理(1999年)、李瑞环政协主席(1995年)、胡锦涛副主席(2002年)、姜春云副委员长(2002年)、李岚清副总理(2003年)、吴邦国委员长(2005年)、温家宝总理(2005年)、贾庆林政协主席(2006年)等。

近年来马来西亚访华的领导人主要有:阿兹兰最高元首(1990年、1991年)、贾阿法最高元首(1997年)、萨拉赫丁最高元首(2001年)、西拉杰丁最高元首(2005年)、巴达维总理(2004年、2006年、2008年)、拉姆利下议长(2007年)、米赞最高元首(2008年)等,此外,马哈蒂尔总理在职期间也多次访华。

2006年10月,巴达维总理赴南宁出席纪念中国—东盟建立对话伙伴关系15周年峰会,中国国务院总理温家宝予以会见。2007年4月,马下议长拉姆利应吴邦国委员长邀请访华。

2007年7月,哈密德·阿尔巴外长应中国外长杨洁篪邀请,对中国进行正式访问。2008年8月,马最高元首米赞来华出席奥运会开幕式。10月,马总理巴达维来华出席第七届亚欧首脑会议。

中方在马来西亚古晋设有总领馆,马方在中国上海、广州、昆明和香港设有总领馆。

二、其他领域的交往与合作

两国在科技、教育、文化、军事等领域的交流与合作顺利发展。1992年两国签署《科技合作协定》,成立科技联委会,迄今已举行3次会议。双方还签署了《广播电视节目合作和交流协定》(1992年),《促进中马体育交流、提高体育水平的谅解备忘录》(1993年),《教育交流谅解备忘录》(1997年),《文化合作协定》(1999年),《中马航空合作谅解备忘录》(2002年),《空间合作及和平利用外层空间的协定》(2003年),《在外交和国际关系教育领域合作谅解备忘录》(2004年)等合作协议。2005年,双方签署了《卫生合作谅解备忘录》,并续签了《教育合作谅解备忘录》。目前中国在马来西亚留学生已达万人,马来西亚赴华留学生近千人。中国新华社、中新社在吉隆坡设立分社,中央电视台4套和9套节目在马落地,《人民日报》海外版在马出版发行。江苏省与马六甲州、厦门市与槟城市分别结为友好省市。

双方签署了《旅游合作谅解备忘录》。2007年马来华游客106.2万人次,中国首站访马来西亚游客57.3万人次,中国已成为马来西亚海外主要客源国之一。

1995年，两国互设武官处，军事交往增多，两国海军军舰多次互访。2002年，中华人民中央军事委员会副主席、国务委员兼国防部长迟浩田过境马来西亚，与马国防部长纳吉布举行会晤。2003年9月，中华人民中央军事委员会委员、总参谋长梁光烈访马。2004年7月，中华人民中央军事委员会副主席郭伯雄过境访问马来西亚，与马副总理兼国防部长纳吉布会晤。马海军军舰访问上海。2004年9月，马派员来华观摩中方军事演习。2005年9月，马副总理兼国防部长纳吉布访华期间两国签署了《防务合作谅解备忘录》。12月，中方派团参加了马国际海空展。中国军事科学院代表团访马。2006年4月，中华人民中央军事委员会副主席、国务委员兼国防部长曹刚川访马。2006年5月，总参谋长助理章沁生少将率团访马，双方举行了首次防务磋商。

三、重要双边文件

1974年5月，马来西亚总理拉扎克访华，周恩来总理与其签署《中华人民共和国政府和马来西亚政府关于两国建立外交关系的联合公报》。

1999年5月，马来西亚外长赛义德·哈密德访华，中国外交部长唐家璇与其签署《中华人民共和国政府和马来西亚政府关于未来双边合作框架的联合声明》。

2005年12月，中国国务院总理温家宝总理访问马来西亚，与马来西亚总理巴达维发表《中华人民共和国和马来西亚联合公报》。

（来源：中华人民共和国外交部网站. http://www.fmprc.gov.cn/chn/pds/gjhdq/gj/yz/1206_20/sbgx/.2009—01—09）

中国与缅甸双边关系

一、双边政治关系与重要往来

中缅两国是友好邻邦，两国人民之间的传统友谊源远流长。两国于1950年6月8日正式建交。20世纪50年代，中缅共同倡导了和平共处五项原则。20世纪60年代，两国本着友好协商、互谅互让精神，圆满解决了历史遗留的边界问题，为国与国解决边界问题树立了典范。长期以来，中缅坚持睦邻友好，在国际和地区事务中保持良好合作，双边关系稳步发展。

中缅领导人有着互访传统。刘少奇主席、周恩来总理、陈毅副总理等老一辈中国领导人都曾访缅，缅甸吴奈温主席、吴山友总统和吴貌貌卡总理等也多次访华。周总理九次访缅和吴奈温十二次访华被两国人民传为佳话。

2001年12月，中国国家主席江泽民对缅甸进行国事访问，这是中国最高领导人首次访缅，在中缅关系史上具有里程碑意义。双方确定了农业、人力和自然资源开发、基础设施建设等重点合作领域，并签署了有关双边合作文件。此次访问为中缅传统睦邻友好关系在新世纪不断发展奠定坚实基础。

近年中国访缅领导人主要有：李鹏总理（1994年12月）、李瑞环政协主席（1995年12月）、吴邦国副总理（1997年10月）、胡锦涛副主席（2000年7月）、李岚清副总理（2003年1月）、吴仪副总理（2004年3月）、何鲁丽副委员长（2008年1月）等。

缅方访华领导人主要有：苏貌主席（1991年8月）、丹瑞主席（1996年1月、2003年1月、2007年9月）、貌埃副主席（1996年10月、2000年6月、2003年8月）、钦纽总理（2004年7月）。梭温总理三次来华出席在南宁举行的中国一东盟博览会（2004年、2005年、2006年），并应中国国务院总理温家宝邀请于2006年2月正式访华。“和发委”第一秘书长登盛（2007年6月）、登盛总理（2008年8月、2008年10月）、瑞曼总参谋长（2008年12月）分别访华。

2009年3月，中共中央政治局常委李长春、中国人民解放军总参谋长陈炳德先后访缅。4月，缅总理登盛来华出席博鳌亚洲论坛2009年年会。6月，缅“和发委”副主席貌埃应习近平副主席邀请正式访华。

二、其他领域的交往与合作

中缅两国外交部一直保持良好合作。1992年双方建立外交磋商机制后，已举行九次副外长级外交磋商。1998年1月，双方签署《中缅两国政府关于互免持外交和公务护照者签证协定》。1993年中缅就恢复互设总领馆达成协议，缅甸驻昆明总领馆和中国驻曼德勒总领馆分别于同年9月和1994年8月重新开馆。1997年3月两国签署《中缅两国边境地区管理与合作协定》，并就边境地区禁毒开展了合作。2006年5月两国签署《中华人民共和国政府和缅甸联邦政府关于禁止非法贩运和滥用麻醉药品和精神药物的合作协议》。

中缅文化交流历史悠久，两国建交后交往更加频繁。1960年，缅甸总理吴努曾率领由文化、艺术、电影等代表团组成的400多人大型友好代表团访华，1961年，周恩来总理率领530多人大型代表团回访缅甸，成为两国文化交流史美谈。近年来，两国在文化领域的交流与合作进一步加强，两国文化、历史、新闻、体育代表团交往不断。1996年1月，两国文化部签署了文化合作议定书。1994年和1996年，中国国宝文物佛牙舍利两次应邀赴缅供奉，受到了缅甸政府和各界群众的热烈欢迎。

两军关系稳步发展。近年来，两军领导人保持互访的势头，中国国防部长迟浩田（1995年7月）、中华人民共和国中央军事委员会副主席张万年（1996年4月）、总参谋长傅全有（2001年4月）、总参谋长梁光烈（2006年10月）、济南军区政委刘冬冬（2007年8月）、副总参谋长张黎（2008年10月）、总参谋长陈炳德（2009年3月）等军队领导人先后访缅。缅甸陆军司令丹瑞中将（1989年10月）、缅三军副总司令貌埃上将（1996年10月和2003年8月）、缅陆军参谋长丁昊中将（1994年11月和2000年4月）、缅三军总参谋长杜拉瑞曼上将（2002年12月、2007年1月和2008年12月）、缅第一秘书长兼防空总局局长梭温中将（2004年7月）等军队领导人分别访华。

（来源：中华人民共和国外交部网站. http://www.fmprc.gov.cn/chn/pds/gjhdq/gj/yz/1206_23/sbgx/. 2009—07—27）

中国与菲律宾双边关系

一、双边政治关系与重要往来

中国同菲律宾于1975年6月9日建交。建交34年来，中菲关系总体发展顺利，各领域合作成效显著。

建交以来，中国访菲领导人主要有：李鹏总理（1990年12月）、乔石委员长（1993年8月）、江泽民主席（1996年11月）、朱镕基总理（1999年11月）、李鹏委员长（2002年9月）、吴邦国委员长（2003年8月）、胡锦涛主席（2005年4月）、温家宝总理（2007年1月）等。

建交以来，菲方访华领导人主要有：马科斯总统（1975年6月）、阿基诺总统（1988年4月）、拉莫斯总统（1993年4月）、埃斯特拉达总统（2000年5月）、阿罗约总统（2001年11月、2004年9月、2007年6月）、德贝内西亚众议长（2008年1月）、卡敦戈格空军司令（2008年7月）、诺格拉雷斯众议长（2008年10月）等。

1996年，中国国家主席江泽民对菲进行国事访问期间，两国领导人同意建立中菲面向21世纪的睦邻互信合作关系，并就在南海问题上“搁置争议，共同开发”达成重要共识和谅解。2000年，双方签署了《中华人民共和国政府和菲律宾共和国政府关于二十一世纪双边合作框架的联合声明》，确定在睦邻合作、互信互利的基础上建立长期稳定的关系。

2005年，中国国家主席胡锦涛对菲进行国事访问期间，两国领导人确认建立致力于和平与发展的战略性合作关系。

2007年1月，中国国务院总理温家宝对菲进行正式访问，双方发表了联合声明，愿共同全面深化中菲致力于和平与发展的战略性合作关系。

2007年4月，阿罗约总统来华出席博鳌亚洲论坛2007年年会。2007年6月，阿罗约对成都和重庆考察访问。2007年10月，阿罗约来华出席上海特奥会并顺访山东烟台。2008年1月，菲律宾众议长德贝内西亚来华访问。2008年8月，阿罗约总统来华出席北京奥运会开幕式并顺访成都。2008年10月，阿罗约总统来华出席亚欧首脑会议并顺访武汉和杭州。2008年10月，菲众议长诺格拉雷斯到广西南宁出席第五届中国—东盟博览会并顺访昆明和厦门。2008年10月，菲副总统德卡斯特罗到成都出席第九届中国西部国际博览会。2008年11月，菲副总统德卡斯特罗到南京出席第四届世界城市论坛并访问安徽和上海。2008年12月，阿罗约总统到香港出席“克林顿全球倡议论坛”亚洲会议。

两国外交部自1991年起建立磋商机制，迄今已举行15次外交磋商。中菲除互设大使馆外，中国在宿务设有总领馆，2007年4月在拉瓦格开设领事馆。菲在厦门、广州、上海、重庆、成都和香港分别设有总领馆。

二、文教、科技、军事等领域的交往与合作

中菲在文化、科技、司法、旅游等领域的交流与合作不断深化。两国迄今签署了11个双年度文化合作执行计划，举行了13次科技合作联委会会议，共确定了244个科研合作项目。中国新华社在

马尼拉设有分社。中国中央电视台第四套节目在菲落地。中菲两国签有：《科技合作协定》（1978年）、《文化合作协定》（1979年）、《民用航空运输协定》（1979年）、《体育合作备忘录》（2001年）、《信息产业合作备忘录》（2001年）、《打击跨国犯罪合作备忘录》（2001年）、《引渡条约》（2001年）、《打击贩毒合作协议》（2001年）、《旅游合作备忘录》（2002年）、《海事合作谅解备忘录》（2005年）、《青年事务合作协议》（2005年）、《卫生和植物卫生合作谅解备忘录》（2007年）、《教育合作谅解备忘录》（2007年）、《文化遗产保护协议》（2007年）、《卫生合作协议》（2008年）等一系列合作文件。

中菲结有24对友好省市，分别为杭州市和碧瑶市、广州市和马尼拉市、上海市和大马尼拉市、厦门市和宿务市、沈阳市和奎松市、抚顺市和利巴市、海南省和宿务省、三亚市和拉普拉市、石狮市和那牙市、山东省和北伊洛戈省、淄博市和万那威市、安徽省和新怡诗夏省、湖北省和莱特省、柳州市和穆汀鲁帕市、贺州市和圣费尔南多市、哈尔滨市和卡加延—德奥罗市、来宾市和拉瓦格市、北京市和马尼拉市、江西省和保和省、广西壮族自治区和达沃市、兰州市和阿尔贝省、北海市和普林塞萨港市、福建省和内湖省、无锡市和普林塞萨港市。

近几年中菲军事交往增多。2002年4月，菲国防部长雷耶斯访华。2002年6月，菲海军舰队首次访华。2002年9月，中华人民共和国中央军事委员会副主席、国务委员兼国防部长迟浩田访菲。2004年，菲武装部队总参谋长阿巴亚和国防部长克鲁兹先后访华，双方建立年度防务安全磋商机制。2005年5月，中国人民解放军副总参谋长熊光楷上将赴菲，与菲国防部副部长桑托斯举行中菲首次防务与安全磋商。2006年5月，菲武装部队总参谋长森加上将访华。2006年10月，菲国防部副部长桑托斯访华，双方举行第二次中菲防务安全磋商。2006年10月，中国海军北海舰队访菲，与菲海军举行非传统安全联合演习。2007年5月，中国人民解放军副总参谋长章沁生访菲，双方举行第三次中菲防务安全磋商。2007年9月，中华人民共和国中央军事委员会副主席、国务委员兼国防部长曹刚川访菲。

三、重要双边文件

1975年6月，周恩来总理和菲律宾总统马科斯在北京签署《中华人民共和国政府和菲律宾共和国政府建交联合公报》。

2000年5月，菲律宾总统埃斯特拉达对中国进行国事访问，与江泽民主席在北京共同签署《中华人民共和国政府和菲律宾共和国政府关于21世纪双边合作框架的联合声明》。

2004年9月，菲律宾总统阿罗约对中国进行国事访问，双方发表《中华人民共和国与菲律宾共和国联合新闻公报》。

2005年4月，中国国家主席胡锦涛对菲律宾进行国事访问，双方发表《中华人民共和国与菲律宾共和国联合声明》。

2007年1月，中国国务院总理温家宝对菲律宾进行正式访问，双方发表《中华人民共和国与菲律宾共和国联合声明》。

（来源：中华人民共和国外交部网站. http://www.fmprc.gov.cn/chn/pds/gjhdq/gj/yz/1206_9/sbgx/. 2009—01—09）

中国与新加坡双边关系

一、双边政治关系与重要往来

两国于1990年10月3日建立外交关系。建交以来，两国高层交往频繁。

近年来中国访新领导人主要有：杨尚昆主席（1993年）、江泽民主席（1994年）、李瑞环政协主席（1995年）、李鹏总理（1997年）、朱镕基总理（1999年）、胡锦涛副主席（2002年）、李岚清副总理（2002年）、吴邦国委员长（2005年）、温家宝总理（2007年）等。

近年来新方访华领导人主要有：黄金辉总统（1991年）、李光耀总理（1990年）、吴作栋总理（1993年、1994年、1995年、1997年、2000年、2003年）、王鼎昌总统（1995年）、纳丹总统（2001年）、李显龙（副）总理（1995年、2000年、2005年、2006年）、吴作栋国务资政（2007年）、李显龙总理（2008年）等。李光耀于1991年改任内阁资政后，迄今已20余次来华访问或出席有关会议。

2008年8月，李光耀内阁资政来华出席北京奥运会开幕式，纳丹总统来华观看北京奥运会比赛。2008年9月，中国王岐山副总理与新加坡黄根成副总理在天津共同主持召开中新双边合作联委会第五次会议、苏州工业园区联合协调理事会第十次会议和天津生态城联合协调理事会第一次会议。新加坡国务资政吴作栋到天津出席第二届“夏季达沃斯”

年会。2008年10月，新加坡总理李显龙来华出席第七届亚欧首脑会议并正式访华，李光耀内阁资政随美国摩根大通国际理事会高级代表团访华。2009年1月全国人大常委会副委员长周铁农访新。

两国外交部自1995年起建立磋商机制，迄今已举行5轮磋商。两国除互设使馆外，新加坡在上海、厦门、广州和香港设有总领事馆，在成都设有领事馆。

二、在文化、科技、教育等方面的交往与合作

两国在人才培训领域的合作十分活跃，主要项目有中国赴新加坡经济管理高级研究班、中国市长赴新研讨班、中央党校中青年干部培训班赴新考察、两国外交部互惠培训项目等。2001年起，新方定期派中高级官员团访华。2004年5月，双方决定成立"中国—新加坡基金"，支持两国年轻官员的培训与交流。2007年7月，双方签署《关于借鉴运用新加坡园区管理经验开展中西部开发区人才培训合作的谅解备忘录》。

1992年，两国科技部门签署《科技合作协定》，次年建立中新科技合作联委会。1995年成立"中国—新加坡技术公司"，1998年设立"中新联合研究计划"，合作项目共计18个。2003年10月，中国科技部火炬中心驻新代表处正式挂牌成立。

1999年，两国教育部签署《教育交流与合作备忘录》及中国学生赴新学习、两国优秀大学生交流和建立中新基金等协议，中国15所高等院校在新开办了20个教育合作项目。目前中国在新各类留学人员约3.3万人，新在华留学生约1500人。

1996年，两国文化部签署《文化合作谅解备忘录》。2006年，两国政府签署《文化合作协定》。项目每年逾200起。双方在文化艺术、图书馆、文物等领域的交流与合作不断深入。

两国在卫生、旅游、质检和环保等领域也进行了密切的交流与合作。2007年，新加坡来华旅游、探亲总人数达92.2万，增长11.4%；中国赴新游客总人数为111.4万，增长7%。2007年7月，两国有关部门分别签署《出入境卫生检疫合作谅解备忘录》和《关于在城镇环境治理和水资源综合利用领域开展交流与合作的谅解备忘录》。2007年11月，两国签署《关于在中华人民共和国建设一个生态城的框架协议》及该框架协议的《补充协议》。2008年9月，中新天津生态城举行开工仪式，温家宝总理和吴作栋国务资政共同出席。

三、重要双边文件

1990年10月3日，中国外交部长钱其琛和新加坡外交部长黄根成在纽约签署了《中华人民共和国政府和新加坡共和国政府关于建立外交关系的联合公报》。

2000年4月，新加坡总理吴作栋访华期间，两国政府在北京发表了面向21世纪的《中华人民共和国政府和新加坡共和国政府关于双边合作的联合声明》。

2008年10月23日，在中国国务院总理温家宝和新加坡总理李显龙的共同见证下，商务部长陈德铭与新加坡贸工部长林勋强代表各自政府在北京人民大会堂签署了《中华人民共和国政府和新加坡共和国政府自由贸易协定》。同时，双方还签署了《中华人民共和国政府和新加坡共和国政府关于双边劳务合作的谅解备忘录》。

（来源：中华人民共和国外交部网站. http://www.fmprc.gov.cn/chn/pds/gjhdq/gj/yz/1206_35/sbgx/. 2009—01—09）

中国与泰国双边关系

一、双边政治关系与重要往来

1975年7月1日，中国与泰国建立外交关系。

近年来，中国访泰领导人主要有：江泽民主席（1999年）、李鹏委员长（1999年、2002年）、胡锦涛副主席（2000年）、朱镕基总理（2001年）、胡锦涛主席（2003年）等。

近年来，泰方访华领导人主要有：诗丽吉王后（2000年）、哇集拉隆功王储（1998年）、诗琳通公主（2008年4月）、沙玛总理（2008年6月）、巴索素上议长（2008年6月）、沙玛总理（2008年8月）、沙南副总理（2008年8月）、诗琳通公主（2008年8月）、颂猜总理（2008年10月）、朱拉蓬公主（2008年10月）。

两国除互设大使馆外，中国在泰清迈、宋卡设有总领馆，泰在广州、昆明、上海、香港、成都、厦门设有总领馆，在西安、南宁设有领事办公室。

二、其他领域的交流与合作

两国在科技、文化、卫生、教育、体育、司法、军事等领域的交流与合作稳步发展。双方签署

了《科技合作协定》（1978年，成立了科技合作联委会）、《海运协定及两个补充议定书》（1979年）、《民用航空运输协定和对方全权证书》（1980年）、《旅游合作协定》（1993年）、《引渡条约》（1993年）、《民商事司法协助和仲裁合作协定》（1994年）、《文化合作谅解备忘录》（1996年）、《卫生医学科学和药品领域合作谅解备忘录》（1997年）、《关于高等教育合作谅解备忘录》（1999年）、《关于加强禁毒合作的谅解备忘录》（2000年）、《文化合作协定》（2001年）、《刑事司法协助条约》（2003年）、《环境保护合作谅解备忘录》（2005年）、《中国教育部与泰国教育部关于相互承认高等教育学历和学位的协定》（2007年）等。

两国军方也长期保持友好交往，领导人经常互访，军事院校定期互换学员培训。2001年，两国国防部建立年度防务安全磋商机制。2008年，两军在泰国清迈举行陆军特种作战反恐联合训练（China-Thailand Army Special Forces Joint Training）（2008年7月）。中国人民解放军副总参谋长马晓天赴泰进行第七届中泰防务安全磋商（2008年8月）。泰最高司令部参谋长宋吉滴上将（Gen. Songkitti Jakkabatra，Thai Chief of Joint Staff）访华并来京观摩"砺兵—2008"（Vanguard－2008）军事演习（2008年9月）。

双方成立了泰中友好协会（1976年）、中泰友好协会（1987年）。两国缔结了25组友好城市和省府：北京市—曼谷市；上海市—清迈府；云南省—清莱府；河南省—春武里府；昆明市—清迈市；烟台市—普吉府；南宁市—孔敬市；葫芦岛市—碧武里市；广西壮族自治区—素叻他尼府；陕西省—素可泰府；梧州市—尖竹汶府；海南省—普吉府；柳州市—罗勇府；北海市—合艾市；潮州市—曼谷市；四川省—素攀府；云南德宏傣族景颇族自治州—达府；沈阳市—罗勇府；重庆市—清迈府；玉林市—北榄坡府；青岛市—清迈府；揭阳市—南邦市；钦州市—龙仔厝府；克拉玛依市—帕塔亚市；哈尔滨市—清迈府。

三、重要双边文件

1975年7月，周恩来总理同克立·巴莫总理在北京签署《中泰建交联合公报》。

1999年2月，唐家璇外长访问泰国，同素林外长签署《中华人民共和国和泰王国关于二十一世纪合作计划的联合声明》。

2001年8月，他信总理正式访华，双方发表《中国与泰国联合公报》。

2005年7月29日，中国科技部部长徐冠华与泰国科技部长功说共同签署了《中华人民共和国科技部与泰王国科技部科技合作谅解备忘录》。

2007年5月，素拉育总理正式访华，双方签署了《中泰战略性合作共同行动计划》。

（来源：中华人民共和国外交部网站. http://www.fmprc.gov.cn/chn/pds/gjhdq/gj/yz/1206_30/sbgx/. 2009—01—09）

中国与越南双边关系

一、双边政治关系与重要往来

中国和越南于1950年1月18日建交。中越两国和两国人民之间的传统友谊源远流长。在长期的革命斗争中，中国政府和人民全力支持越南抗法、抗美斗争，越南视中国为坚强后盾，两国在政治、军事、经济等领域进行了广泛的合作。20世纪70年代后期，中越关系恶化。1991年11月，应中共中央总书记江泽民和中国政府总理李鹏的邀请，越共中央总书记杜梅、部长会议主席武文杰率团访华，双方宣布结束过去，开辟未来，两党两国关系实现正常化。

此后，两党两国关系全面恢复并深入发展。两国领导人保持频繁互访和接触，双方在各领域的友好交往与互利合作不断加强。1999年初，两党总书记确定了新世纪两国"长期稳定、面向未来、睦邻友好、全面合作"关系框架。2000年，两国发表关于新世纪全面合作的《联合声明》，对发展双边友好合作关系作出了具体规划。

近年两国高层互访情况（按时间顺序排列）：

中国领导人访越：李鹏总理（1992年）；江泽民主席（1994年）；李鹏总理（出席越共八大，1996年6月）；乔石委员长（1996年11月）；李瑞环政协主席（1997年）；尉健行书记（1998年9月）；胡锦涛副主席（1998年12月）；朱镕基总理（1999年）；胡锦涛副主席（出席越共九大，2001年4月）；李鹏委员长（2001年9月）；江泽民主席（2002年）；温家宝总理（正式访问并出席第五届亚欧首脑会议，2004年）；胡锦涛主席（2005年）；贾庆林政协主席（2006年3月）；胡锦涛主席（2006年11月）；周永康政法委书记（访问越南并出席第四次中越两党理论研讨会开幕式，2008年10～11

月）等。

越南领导人访华：杜梅总书记、武文杰部长会议主席（1991年）；黎德英主席（1993年）；农德孟国会主席（1994年）；杜梅总书记（1995年）；潘文凯总理（1998年）；黎可漂总书记（1999年2～3月）；范世阅常委（1999年10月）；农德孟国会主席（2000年4月）；潘文凯总理（2000年9月）；陈德良主席（2000年12月）；农德孟总书记（2001年）；阮文安国会主席（2002年）；农德孟总书记（2003年4月）；陈德良主席（2003年9月）；潘文凯总理（2004年）；潘文凯总理（赴昆明出席大湄公河次区域经济合作［GMS］第二次领导人会议并顺访云南，期间与温家宝总理举行双边会晤，2005年）；陈德良主席（2005年）；农德孟总书记（2006年）；范家谦副总理（2007年）；阮富仲国会主席（2007年4月）；阮明哲主席（2007年5月8）；阮晋勇总理（2007年10月）；范家谦副总理（2008年1月）；农德孟总书记（2008年5月）；黄忠海副总理（2008年10月）；阮晋勇总理（2008年10月）。

2002年2月27日至3月1日，中共中央总书记、国家主席江泽民对越南进行正式友好访问。双方就加强新世纪两党两国关系深入交换意见并达成重要共识，即：保持高层交往；扩大和加深两国经贸合作；以中越长期友好的精神教育两国人民；加快陆地边界勘界工作和北部湾渔业合作协定后续谈判；深化双方在治党治国经验和社会主义建设理论方面的交流；扩大和加深两国外交、国防、安全和公安等部门以及青少年交流。双方签署了《中越两国政府经济技术合作协定》和《中越两国政府关于中国向越南提供优惠贷款的框架协议》。江总书记还在河内国家大学发表了题为《共创中越关系的美好未来》的演讲。

2003年4月7日至11日，越共中央总书记农德孟对华进行工作访问，两党两国领导人均表示要继续加强和发展中越传统友谊和全面友好合作关系，进一步充实和丰富“长期稳定、面向未来、睦邻友好、全面合作”16字方针的内涵，把中越关系不断提高到新的水平，使两国和两国人民永做好邻居、好朋友、好同志、好伙伴。2003年6月13日至15日，中国外长李肇星访越，同越南领导人就加强两国关系、深化互利合作和共同关心的国际地区问题深入交换意见并达成广泛共识。

2004年10月6日至7日，应越南社会主义共和国政府总理潘文凯的邀请，中华人民共和国国务院总理温家宝对越南进行了正式访问。双方发表了《联合公报》。

2005年7月18日至22日，越南社会主义共和国主席陈德良对中国进行国事访问。访问取得圆满成功，对推动中越睦邻友好与全面合作关系的发展起到了积极作用。双方发表了《联合公报》。

2005年10月31日至11月2日，中共中央总书记、国家主席胡锦涛对越南进行了正式友好访问。双方认为这次成功访问将中越两党两国睦邻友好与全面合作关系提高到了一个新的发展水平，同时也将对本地区和世界的和平、稳定、发展与合作产生积极影响。

2006年3月20日至24日，中共中央政治局常委、全国政协主席贾庆林对越南进行了正式友好访问。访问期间，贾庆林主席分别会见了越共中央总书记农德孟、国家主席陈德良、政府总理潘文凯，并分别与越共中央政治局委员、书记处常务书记潘演、越南祖国阵线中央主席团主席范世阅举行会谈。

2006年11月15日至17日，应越南共产党中央委员会总书记农德孟、越南社会主义共和国主席阮明哲的邀请，中国共产党中央委员会总书记、中华人民共和国主席胡锦涛对越南进行国事访问。双方发表了《联合声明》。

2007年5月15日至18日，应中华人民共和国主席胡锦涛邀请，越南社会主义共和国主席阮明哲对中国进行国事访问。胡锦涛主席与阮明哲主席举行会谈，会谈结束后双方发表了《联合新闻公报》。

2008年5月30日至6月2日，应中国共产党中央委员会总书记、中华人民共和国主席胡锦涛的邀请，越南共产党中央委员会总书记农德孟对华进行正式友好访问。访问期间，中共中央总书记、国家主席胡锦涛与农德孟总书记举行了会谈，全国人大常委会委员长吴邦国、国务院总理温家宝、全国政协主席贾庆林分别会见了农德孟总书记。双方发表了《联合声明》，确定建立全面战略合作伙伴关系，双方领导人还就治党理政经验等深入交换了意见。

2008年10月20日至25日，越南政府总理阮晋勇正式访华并出席第七届亚欧首脑会议，国家主席胡锦涛、全国人大常委会委员长吴邦国、国务院总理温家宝、国务院副总理李克强、中共中央政治局常委周永康分别与阮晋勇总理举行了会见和会谈，双方签署了经贸、卫生检疫、民间交往等领域合作文件，发表了联合声明。除北京外，阮晋勇总理还访问了海南省。

2008年10月28日至11月1日，中共中央政治局常委、中央政法委书记周永康访问越南并出席第四次中越两党理论研讨会开幕式，越共中央总书记农德孟、越南政府总理阮晋勇、越共中央政治局委员、公安部长黎鸿英等分别会见了周永康同志，越共中央政治局委员、中央书记处书记张晋创与周永康同志举行了会谈。

二、其他领域交往与合作

中越关系正常化以来，两国在文化、科技、教育和军事等领域的交流与合作不断向广度和深度发展，党、政、军、群众团体和地方省市交往日趋活跃，合作领域不断扩大。双方还组织了社会主义理论研讨会和青少年交流活动。两国部门间签署了外交、公安、经贸、科技、文化、司法等合作文件近40项。两国空运、海运、铁路等均已开通。两国边境省区7对国家级口岸也已开通。

2006年11月，双方成立中越双边合作指导委员会。双方一致认为，这有利于加强对中越各领域合作的宏观指导、统筹规划和全面推进，协调解决合作中出现的问题，将为两国睦邻友好与全面合作关系长期、稳定、健康、持续发展发挥重要作用。2008年1月，双边合作指导委员会第二次会议召开，国务委员唐家璇与越南政府副总理兼外长范家谦共同主持，双方就进一步推进中越友好，深化全面合作达成一系列共识。

三、重要双边文件

2000年12月，应中共中央总书记、国家主席江泽民的邀请，越南国家主席陈德良于2000年12月25日至29日对中国进行正式友好访问。双方在北京签署并发表了《中华人民共和国和越南社会主义共和国关于新世纪全面合作的联合声明》。

2005年7月，应中华人民共和国主席胡锦涛的邀请，越南社会主义共和国主席陈德良于2005年7月18日至22日对中国进行国事访问。双方在北京发表《联合公报》

2005年10～11月，应越南共产党中央委员会总书记农德孟和越南社会主义共和国主席陈德良的邀请，中国共产党中央委员会总书记、中华人民共和国主席胡锦涛于2005年10月31日至11月2日对越南进行了正式友好访问。双方发表《中越联合声明》。

2006年8月，应中国共产党中央委员会总书记、中华人民共和国主席胡锦涛的邀请，越南共产党中央委员会总书记农德孟于2006年8月22日至26日对中华人民共和国进行正式友好访问。双方发表《中越联合新闻公报》。

2006年11月，应越南共产党中央委员会总书记农德孟、越南社会主义共和国主席阮明哲的邀请，中国共产党中央委员会总书记、中华人民共和国主席胡锦涛于2006年11月15日至17日对越南进行国事访问。双方发表《中越联合声明》。

2007年5月，应中华人民共和国主席胡锦涛的邀请，越南社会主义共和国主席阮明哲于2007年5月15日至18日对中国进行国事访问。双方发表《中越联合新闻公报》。

2008年5月30日至6月2日，越共中央总书记农德孟对中国进行正式友好访问，双方发表《中越联合声明》。

2008年10月，应中华人民共和国国务院总理温家宝邀请，越南社会主义共和国政府总理阮晋勇于2008年10月20日至25日对中国进行正式访问并出席第七届亚欧首脑会议。双方发表了《中越联合声明》。

（来源：中华人民共和国外交部网站. http://www.fmprc.gov.cn/chn/pds/gjhdq/gj/yz/1206_45/sbgx/. 2009—07—27）

贸易投资篇

中国—东盟整体经济

中国—东盟经济关系：进展与问题

一、中国与东盟经济合作关系的进展

《中国—东盟全面经济合作框架协议货物贸易协议》（简称《货物贸易协议》）和《中国—东盟全面经济合作框架协议服务贸易协议》（简称《服务贸易协议》）的实施，极大地促进了中国与东盟双边经济关系。

2007年中国和东盟之间的贸易总量达到2025亿美元，是1991年贸易总量的23倍。中国和东盟已经彼此成为第四大贸易伙伴。在东盟国家中，新加坡和马来西亚仍是中国最大的贸易伙伴，与中国的双边贸易额在2007年达到472亿美元和464亿美元，与此同时，中国与越南、缅甸和印尼的贸易增长率已超过东盟其他国家。中国与东盟的贸易平均税率从2006年的8.1%降至2007年的5.8%。实施特惠关税的商品的贸易总量比其他商品的贸易量增长更快。例如，在中国对泰国的出口中，泰国降低关税的1390项商品的贸易总量在2007年增加了38.2%。同样在2007年泰国对中国的出口中，中国减少关税的5375项商品的贸易总量增加了33.8%。这显示《货物贸易协定》对双边贸易的增长起到重要作用。

值得特别注意的是，中国与东盟贸易关系的快速发展还伴随着贸易商品构成的变化。初级产品的比重不断下降，高新技术产品（如集成电路、手机及其零件、计算机及其部件等）的贸易在促进双边贸易中逐渐成为重要的推动力。与此同时，产业内分工有了明显的进展。当前中国与东盟双边贸易正从传统的产业间贸易为主走向产业内互补性分工，区域产业内分工日益细化，产业内贸易规模在不断扩大。比如在电子产业部门，交易额和比重均在快速上升。这一切表明中国与东盟经贸关系正进入更高的层次。

直接投资也正在稳步扩大。2007年中国与东盟相互投资额累积超过500亿美元。截至2007年初东南亚国家在华投资项目达29000多项。2007年，新加坡在中国的投资企业实际利用外资达32亿美元，与2006年相比增加了29.3%。2007年中国对东盟十国的投资流量9.68亿美元，同比增长188%，存量达39.5亿美元。在东盟的中国企业劳务合同总量达到232亿美元。经济关系的迅速发展不仅表现在贸易和投资，也体现在金融、科技、农业、文化交流和旅游等方面的合作。中国和东盟国家在“清迈倡议”的框架下已经建立了一个双边货币互换安排的网络。双方还签署了有关知识产权和贸易的技术壁垒方面合作的两个谅解备忘录。中国与东盟有关投资的协议可望很快达成，这将为结束中国—东盟自由贸易区的所有谈判铺平道路。

二、中国与东盟经济合作中存在的问题

尽管中国与东盟的经济合作有了较快的发展，但是仍然存在一些值得注意的问题。

第一，经济关系发展尚不平衡。尽管10多年来中国与东盟的贸易发展速度很快，东盟在中国对外贸易中的比重有所上升，但是到2007年，与东盟的贸易在中国总贸易额中仍然只占9.3%，且新加坡和马来西亚两国在中国—东盟贸易中就占了46%的份额。中国与东盟新成员国的贸易额仍很小。此外，应该看到中国与东盟的贸易中实际上有很大比重是跨国公司的内部贸易，另一方面也有很大比重是转口贸易，尤其是通过中国在东盟中最大贸易伙伴新加坡的转口。不平衡也反映在中国对东盟的持续贸易赤字。2007年中国对东盟的贸易赤字为142亿美元。

在直接投资领域，新加坡是中国来自东盟的最大投资来源国，在2007年年底之前，累计投资达300亿美元，几乎占了东盟在中国投资总额的80%。与东盟在中国的投资总额相比较，中国对东盟的投资仍十分有限（见下表），占东盟吸收外国直接投资总额的比重低于2%。

中国和东盟之间的直接投资（2002～2007年）

单位：亿美元

年份	中国在东盟的直接投资	东盟在中国的直接投资
2002	0.81	32.6
2003	1.89	29.3
2004	2.26	30.4
2005	1.58	31.2
2006	3.35	33.5
2007	9.68	39.9

资料来源：《中国经济统计年鉴》有关年份。东盟秘书处：《东盟的外国直接投资统计》。

第二，虽然中国经济的快速发展为东南亚国家提供了大量的机遇，但是同时也给这些国家带来了挑战。目前东盟与中国经贸关系的不断密切在很大程度上得益于中国为东盟提供了很大的市场。然而东南亚国家也普遍认为，东盟与中国之间存在着在国际商品市场和吸引国际资本投资两方面的激烈竞争。目前中国是世界上许多制造工业品的生产国和出口国，国际市场占有率快速提高，从而使得东南亚厂商在国内和国际市场上均面临巨大的竞争压力。

第三，在中国—东盟贸易优惠关税安排的实施中，许多企业尚未能充分利用原产地证明（E表）出口。在中国，这主要有两方面的原因。一方面，由于国内宣传不够，许多企业并不知道持有出入境检验检疫部门对东盟国家签发的原产地证明书（E表）可以享受关税优惠（此情况甚至在中国沿海地区也普遍存在），因此许多出口货物未享受到降税优惠。另一方面，因为东盟对中国出口的减免税商品管理严格，进口实行细查细验的通关模式，造成商品通关周期长，企业通关成本较高，所以也造成企业申请少。

第四，目前中国民营中小企业已成为开拓东南亚市场的重要力量，但是这些企业普遍遇到信息不对称、资金短缺等问题。由于有关东南亚的信息渠道有限，企业普遍对该地区市场缺乏了解，尤其有关较落后的东盟新成员的具体资料更为欠缺。在申请办理投资项目和生产经营活动过程中，会遇到诸多意想不到的问题，如有些国家的进口关税政策多变，企业除按规定应交付的各种费用外，其他额外收费现象普遍存在。

第五，在不同的合作机制之间和相关的国家之间尚缺乏相互协调的机制。大湄公河次区域的发展与合作，是东盟、中国—东盟自由贸易区、“东盟+3”、东亚峰会和广西北部湾经济区等多种区域合作的重要议题。亚洲开发银行也积极参与诸多开发项目。各有关经济体、机构、组织之间尚缺乏对此区域的开发与合作项目的协调。另一个例子是拟议中的泛亚铁路（从新加坡到马来西亚、泰国、越南、缅甸、柬埔寨和中国昆明）项目至今进展缓慢，有关各方在资金筹措和技术等诸多问题上还未做充分的协调工作。

三、中国与东盟经济合作的前景与对策

总体来说，中国与东盟国家的经济合作关系已打下较为坚实的基础，可望保持持续快速的发展。2009年中国将把对东盟的优惠关税水平从2008年的5.8%降到2.4%，3200项商品将降至零关税。到2010年，中国94%的商品项目的关税将降至零，东盟老成员国也将会作类似的安排。非关税壁垒将会废止，一系列服务部门将会开放。因此，双边贸易将会继续高速增长。到2009年东盟可能成为中国的第三大贸易伙伴，双边贸易总量可能超过中国与日本的贸易总量。随着2010年中国—东盟自由贸易区的建成，东盟在不久的将来可能超越美国而成为中国第二大贸易伙伴（仅排在欧盟之后）。中国—东盟自由贸易区的建设也会带来双方相互投资的高潮。中国为推动企业投资东盟将新增50亿美元优惠贷款，估计中国对东盟的直接投资将会比过去有较快的增长。

为了进一步加强中国和东盟之间的经济关系，可考虑采取下列一些措施：

（一）除了经常性的高层互访外，应该加强人民之间的交往联系。在区域合作中，尤其是在多元文化区域中，增进跨文化认同感和相互信赖是十分必要的。文化交流是促进相互理解的有效途径，是稳定互利合作的一个重要基础。在这一方面，应该对学术和学生的交流、体育和艺术、培训（包括语言培训）等活动给予更多的支持。

（二）应该把重点放在正在进行的项目的实际成效上，而不是不断地提出新计划和扩充新领域。

经济合作应该突出重点，尤其是关键的合作领域，而不宜把有限的资源用于应付越来越宽的合作项目。

（三）中国在东盟的直接投资仍然有限，所占比重也很小，但是可以预期，今后更多中国的企业，不论是国有企业或非公企业，将到东盟国家寻找投资机会。因此应该通过更多的渠道提供更多的信息，如关于东盟国家的投资环境、市场需求、法律和规章等等。中国企业在东盟不少经济部门都有很大的投资潜力，如农业机械、采矿、发电厂、家电、纺织品和服装以及建筑工程。

（四）在区域合作中不同的合作机制和相关国家的协调有待进一步加强。例如，在大湄公河次区域、泛北部湾地区、东盟—中国自由贸易区、“东盟＋3”之间关系的协调。在经济合作的进程中，还应该始终注意私营部门的作用和参与。

中国与东盟之间的经济合作已经取得快速的进展。这为双边全面合作关系的进一步发展打下了坚实的基础。可以预期双边贸易将会持续快速地扩大，流入东盟的中国投资在未来数年将会显著增加。为了更进一步巩固战略伙伴关系，中国和东盟需要采取富有成效的措施解决好合作过程中出现的问题。通过中国和东盟的共同努力，其经济领域的密切关系将会发展得更快，并且给这些国家的人民带来更大的利益。

（来源：廖少廉．东南亚纵横杂志2008年第11期）

金融危机对2008年东南亚经济的影响

尽管东南亚等新兴市场不是此次金融危机的重灾区，但是金融危机对东南亚各国所造成的影响也不可低估。为了抑制全球金融危机的冲击，提振市场信心，稳定本国金融市场，各国纷纷出台措施应对金融危机可能引发的一系列问题，防止危机进一步由金融市场向实体经济蔓延。

金融危机对东南亚经济的影响

在经历了亚洲金融危机打击之后，东南亚经济大约从2002年开始再次出现复苏的态势，并逐步成为世界经济增长的热点地区。在东盟自由贸易框架的指引下，东南亚各国除了在传统的农业、橡胶、木材、纺织等领域继续保持出口增长势头外，还进一步将对外合作领域扩大到汽车、电子、资讯、航空以及旅游等方面。近年来，随着跨国公司在东南亚国家投资的加大，东盟逐步成为跨国公司的生产基地。已经融入世界经济的东南亚国家，是美国重要的贸易伙伴，对美国贸易一直保持顺差，总体上看对美国经济具有较强的依赖性。随着华尔街金融危机的蔓延，马来西亚、泰国、菲律宾、印度尼西亚、越南等东南亚各国经济开始出现放缓迹象，股市波动加大，货币贬值加剧。

马来西亚。截至2008年10月底，马来西亚林吉特年度内累计贬值达7.3％。马来西亚吉隆坡证交所指数比年初大幅下挫40％。但是由于近年来马来西亚的棕榈油、橡胶、木材、原油和天然气出口逐年稳步增加，并且成功地实现了经济向多元化转型，国际收支始终保持经常项目顺差。充足的外汇储备，使得马来西亚抵御外来冲击的能力大大增强，减少了国际资本抽逃可能对本国金融市场产生的负面影响。

泰国。截至2008年10月底，泰铢年度内累计贬值高达17.4％，泰国SET50股票指数在过去的一年内下跌幅度高达50.2％。尽管对全球金融动荡影响的担忧加剧，泰国央行负责人表示目前还没有迹象显示泰国经济明年将陷入衰退。但是随着金融危机蔓延，美国经济衰退不可避免，因此泰国出口商尤其是农产品出口商担忧将遭遇到西方国家更多的关税与非关税贸易壁垒和措施。更值得关注的是，泰国近年来已经成为跨国公司汽车零部件和整车生产基地，此次危机中，汽车业受到前所未有的冲击，这将使泰国汽车制造商在这轮经济危机中面临较大的生存挑战。

菲律宾。虽然菲律宾央行将全年的经济增长率目标由5.5％～6.4％下调至4.4％～4.9％，但同时认为菲律宾经济依然健康，国内流动性十分充足。值得注意的是，菲律宾海外劳工占其总人口数的10％以上，他们每年向国内寄回大量外汇。经济不景气将威胁到这些海外务工人员的收入和权益，影响菲律宾外汇储备总额，进而降低其抵御外汇市场风险的能力。

印度尼西亚。印度尼西亚是东南亚最大的经济体，也是目前东南亚石油储量最多的国家，石油产业是其支柱产业，华尔街金融危机导致国际原油价格剧烈下跌，油价的波动必然给该国石油产业带来不小的冲击。

越南。越南近年来积极推动经济改革，赢得“世界新工厂”的赞誉。2006年和2007年越南股市出现暴涨行情，但是自2007年年末以来越南经济多项指标均亮红灯。2008年越南在经济过热和输入型通货膨胀的双重压力下最终导致恶性通货膨胀发生。2008年4月份的大米抢购风潮中米价上涨超过80%。2008年前10个月，越南出口总额为538亿美元，而进口总额高达701亿美元，经常项目逆差巨大。由于近年来巨额外资的流入，越南房地产泡沫加大，加之进口增速过快，原有贸易赤字进一步扩大。越南受到自身因素困扰的同时，又受到国际金融危机的冲击，经济形势不容乐观。

从总体上看，在此轮金融危机的影响下，东南亚五国的出口增长速度大幅放缓，各国经济增长速度将比2007年有明显下降。

值得注意的是，与拥有较小经常账户逆差或顺差的国家相比，拥有巨额经常账户逆差的国家金融市场在受到外来冲击时所受的影响更大。2006～2008年印度尼西亚、泰国、菲律宾经常账户余额基本保持稳定，马来西亚经常账户保持较大顺差。越南的情况比较严峻，其经常账户保持较大逆差，外汇储备低于外债总额。

东南亚各国应对金融危机的措施

随着全球性的经济放缓，东南亚各国的通货膨胀压力都有所缓解，但是各国股市的波动使得危机不断通过股票价格的变化而释放和蔓延，这种波动反过来又影响到该国的投资和消费需求。为了稳定本国货币和股市，东南亚各国相应地采取了各种政府救助和干预措施。

面对愈演愈烈的全球金融危机，马来西亚政府采取了一系列稳定经济的措施。在股票市场方面，马来西亚决定将2003年设立的护盘基金总额由100亿林吉特，增加到150亿林吉特，以稳定动荡的股票市场。在财政政策方面，马来西亚财政部决定向国内经济注入70亿林吉特（约19.8亿美元）进行汽油补贴，以增强私营部门的信心并保持扩张性的财政政策。

由于泰国国内金融系统中的流动资金充足，泰国央行并未追随全球减息行动，决定继续维持3.75%的低利率不变。但是为了提振市场信心，刺激经济增长，稳定金融市场，泰国政府也采取了一系列有针对性的金融稳定措施。其一，为了防止储户将存款撤出泰国，泰国财政部宣布对银行存款的无限担保日期从2009年8月延长至2011年8月。其二，泰国政府呼吁亚洲国家拿出一成外汇储备联合救市，以减轻可能出现的经济衰退程度。

在全球性金融危机的冲击下，菲律宾的经济在2008年第三季度已经出现放缓迹象。为了帮助货币监管部门应对全球金融危机带来的影响，菲律宾金融当局也采取了相应的措施。第一，将在外汇市场购买外币的金额减少一半，以降低比索承受的压力。第二，加强对本地居民海外投资的监督，并推出一项以政府证券作为担保品的新的银行间借贷安排。

为了应对银行系统的流动性危机，印度尼西亚决定允许商业银行使用正常贷款作为抵押品来从央行获取短期融资帮助，并且把担保存款上限由1亿印尼盾上调至20亿印尼盾。在股票市场方面，监管当局也采取了一系列救市措施。其一，将公司回购实缴股本的比例由目前的10%提高到20%，以减轻本地市场的抛售压力。其二，证券交易所将股票的日涨幅限制从10%扩大至20%，跌幅限制维持10%不变，以此为股票市场的上涨创造更大的空间。

为了应对恶性通货膨胀，越南一度停止签署新的大米出口合同，以保障国内粮食安全，抑制通货膨胀。面对货币贬值的巨大压力，越南央行2008年四次调整越南盾兑美元的汇率日波动范围，目前越南盾兑美元的汇率日波动范围维持在3%。为了帮助越南渡过难关，世界银行批准向越南提供近6000万美元资金，用于该国银行业进行现代化改革以及提升越南央行的职能。

未来的政策取向

金融危机笼罩下的东盟各国应该通过加强金融体系的建设，增强抵御风险的能力。同时还需要建立更广泛的对话和沟通机制，采取协调一致的措施，提高抗金融危机冲击的能力。

保持充足的外汇储备稳定本国外汇市场。为了避免由于外部冲击使得本国货币出现过度贬值，东南亚各国应当保有充足的外汇储备以应对外汇市场的波动。首先，应控制资本项目项下的资本大规模流入流出，防止国际游资频繁在本国市场套利。其次，适时进行产业结构调整，建立多元化的贸易体系，为双边贸易提供便利条件，从而降低成本，扩大出口额。最后，应防止由于出口下滑而导致经常项目余额出现巨额逆差，经常项目余额逆差过大，将导致外汇储备下降，金融体系抗风险能力随之下降，从而使得本国金融市场更易受到外部冲击。

增加对流动性风险的重视，及时进行风险披露。为了避免流动性危机导致本国资金市场恶化，东南亚各国银行应该更加关注资产负债率的变化，保证资本充足率的要求，降低风险资产所占的比重。降低资产证券化杠杆的水平，将资产重新进行有序配置。同时，为了增加本国银行系统抵御风险的能力，应对流动性紧张的状况，银行可以通过吸引外部资金进入金融系统，以缓解国内信用紧缩的问题。另外，还应通过即时披露风险、合理的资产估值和加强对场外交易产品的监管等手段来减少不确定性风险的发生。

加强各国中央银行合作建立有效的协商沟通机制。第一，加强各国央行的沟通和合作可以提高本地区经济体共同抵御风险的能力，有助于稳定本国货币币值和恢复市场信心。第二，随着发达国家全球金融杠杆比率的降低，东南亚等新兴经济国家获得外部融资的难度加大，东南亚各国央行间的合作可以大大推动资金在东盟内部的流动。第三，通过央行间协商沟通机制的建立，在必要的时候各国可以采取统一行动，对利率和汇率进行干预和调整，以有效刺激本地区经济发展。

建立新的全球经济金融框架体系。在全球动荡的经济形势下，建立新的全球金融框架体系势在必行。首先，设立地区性的平准基金，防止一国股市由于恐慌性因素引发异常波动而导致多国股市波动，通过政府的干预，引导投资人对未来市场预期的判断，将对市场的未来走势起到积极的影响。特别重要的是，加强地区间合作和亚太国家在新的金融框架体系下的话语权，将使得东盟各国在国际上拥有更多的经济贸易合作空间。其次，新的金融框架下应当包括建立统一的能够反映公允价值的会计估值体系，避免由于风险估值不准确和滞后而导致的会计风险的次发生。最后，新的全球金融框架体系还应包括对 IMF 的改革，增加包括东盟在内的新兴经济市场在 IMF 的投票权，以及由 IMF 建立新的融资工具，为发生金融危机的国家提供必要的融资和帮助，以缓解危机对全球金融市场的冲击。

（来源：中华人民共和国驻新加坡共和国大使馆经济商务参赞处网. http://sg.mofcom.gov.cn/aarticle/yuyan/200812/20081205948813.html. 2008—12—12）

东盟十国投资环境

文莱投资环境

一、发展规划

2008 年 1 月，文莱公布《文莱达鲁萨兰国长期发展计划》，计划分三部分："2035 年远景展望"、"2007～2017 年发展战略和政策纲要"和"2007～2012 国家发展计划"。规划在经济领域提出服务业私有化；对发展本地工商业所需的技术、知识、科研进行投资；促进国际经济双边和多边合作；重点发展非油气产业；促进本地中小企业发展；健全粮食安全政策；发展清真食品和生态旅游，主要项目有建设粮食发展中心、农业实验室、森林公园（二期）、生态旅游点、海洋生态旅游公园、海水养殖研究中心等项目；积极发展伊斯兰银行与金融业，通过文莱国际金融中心，建立文莱伊斯兰资本市场和伊斯兰银行金融业务中心，培育强健资本市场，包括伊斯兰债券市场；促进旅游发展。

二、投资优惠政策

2009 年初，为提高农业产出，调动国内农业生产积极性，文莱出台五项激励措施：

1. 基本鼓励政策。加快引进和推广新技术，提高农业产量；鼓励在农业领域与外国企业开展合资合作；政府在土地、基础设施及病虫害控制等领域加大投入。

2. 特别鼓励政策。对农业物资继续提供价格补贴，种子、化肥、杀虫剂、除草剂、农业机械等基本农业物资均可获得政府 50%的价格补贴。

3. 农业扶持补贴。根据第 5 个"五年发展规划"中的"水稻价格扶持计划"，继续采用补贴价收购国产水稻；对商业化蔬菜种植农户提供设备支持；由农业发展服务部门为企业提供技术服务，包括兽医服务、食品卫生及安全服务等。

4. 市场促进计划。推动农产品的国内销售和对外出口，指导农户科学安排生产计划，合理利用市场工具。

5. 企业拓展计划。对为国家农业发展作出贡献的企业进行鼓励和支持，包括增拨用地，改善基础设施等。

（来源：广西商务厅东盟二处网. http://dm2c.guangxi.mofcom.gov.cn/aarticle/ztfenxi/tjxm/200904/20090406175546.html. 2009—04—16）

柬埔寨基础设施

一、交通

（一）公路

柬埔寨的公路约30268公里。其中国道4695公里、省级路6615公里、农村路18958公里。国道主要是以首都金边为中心的7条公路，分别是：1号公路（从金边往东南到柬越边境，全长167公里，可通往越南胡志明市）；2号公路（从金边往南到柬越边境，全长121公里）；3号公路（从金边往西南到海边，全长202公里）；4号公路（从金边到西哈努克海港，全长226公里）；5号公路（从金边往西北到柬泰边境，全长407公里）；6号公路［从金边到暹粒（吴哥），全长416公里］；7号公路（从5号公路的河边渡口往北到柬老边境，全长509公里）。

（二）铁路

柬埔寨全国只有2条铁路，总长655公里，即北线和南线。北线是从金边往西北到柬泰边境的波比，长385公里，建于1931年，现每天1班车；南线从金边往西南到西哈努克港，长270公里，建于1960年，现每2天1班车。两条铁路均年久失修，火车时速仅能达到15公里，且轨距为1米，跟国际不接轨。

（三）水运

柬埔寨水运分为海运与河运。海运主要利用西哈努克港国际码头。河运主要利用金边港国际码头往湄公河、洞里萨河与洞里萨湖，有3条航线。

西哈努克港是一个湾颈港、基本港，可以同时容纳4艘万吨货轮进港，2006年货物吞吐量将近200万吨。该港主要分三部分：突堤码头岸线长280米，可泊吃水9.5米的船；新港池可泊吃水6.5米的船；油船系船浮有2个，水深为13米。装卸设备有各种岸吊，其中最大起重能力为15吨，还有200吨驳船及拖船等，拖船最大功率为1103千瓦。大船锚地水深达18米。

金边港临湄公河，只有1个泊位，雨季水深5.2米，旱季水深4.2米，最多可停泊5千吨的船舶。金边港2002年8月刚开辟其第1条国际集装箱航线（往西南，经湄公河通往越南胡志明市），到2002年底共处理进出口集装箱约571标准箱，不具备激光检查集装箱系统。另从该港往北经湄公河可达老挝；往西北经洞里萨河、洞里萨湖到暹粒。

（四）空运

柬埔寨空运主要为客运，货运不发达，现有两个机场：金边国际机场和暹粒机场。现已有10余家外国航空公司在柬设立了办事处，开辟了国际航线，加上国内航线，旅行较为方便。现金边每日有飞往曼谷、吉隆坡、新加坡、暹粒的航班；每周有飞往广州、上海、香港、台北、河内、万象的航班。

二、柬埔寨供电情况

到2007年底，柬埔寨全国供电能力为111.6兆瓦。据柬电力主管部门分析，柬埔寨目前的电力供应无法满足基本电力需求。根据其经济发展预测，到2010年，柬装机容量应达到38万千瓦，才能基本满足需求。可见柬发展电力的潜力是较大的。

2007年，柬埔寨的电价比较昂贵，且仅在金边、西哈努克港及部分省市可供电，电价为每度0.17美元/千瓦时，部分地区甚至超过0.20美元/千瓦时。目前柬埔寨电力公司的供电能力仅为190兆瓦，只能勉强维持金边市区及干丹省部分地区的电力供应。而要基本保障金边及周边省份的用电需求，则需要从外国输入电力。

为扭转这种不利的供电、用电局面，柬政府大力鼓励对电力行业的投资，尤其希望以BOT的方式发展水电、太阳能发电。另在发展本国发电的同时，决定从邻国越南和泰国购电以解决用电紧张的问题。

三、柬埔寨的供水情况

柬埔寨江河众多，水资源丰富。柬主要河流有湄公河、洞里萨河等，还有东南亚最大的洞里萨湖，地表水750亿立方米（不包括积蓄雨水），地下水176亿立方米，平均每年降雨量1400～3500毫米。因水利设施严重缺乏或陈旧老化，大多数地区仍十分缺水，特别是旱季，不少地方用水异常紧张，不但无法保存水源，而且未能有效分配和供应卫生用水、种粮用水。目前，柬全国家庭、农业、工业、发电、旅游业等方面的用水需求总量为7.5亿立方米，其中农业用水最多、占95%。迄今，只有35%的全国人口、65%的城市居民和26%的农村人口可用上卫生、安全的饮用水。

目前，仅在金边、西哈努克港和部分省市能够提供自来水。2008年9月自来水价格平均0.186美元/立方米。

国际社会和柬政府为解决广大人民的用水问题，拟进行总价值约4300万美元的援助与投资，改善人民的用水情况。

四、柬埔寨的通讯情况

近10年来，依靠外援和外资，柬电信业逐步恢复和发展。但柬的电话普及率仍然较低，Internet服务很落后。

柬目前有3种通信方式，固定电话、移动电话和Internet，其中移动电话为主要通信方式。

柬固定电话的发展始终落后于移动电话。多年的战乱摧毁了原有的固定网络，国家建设资金的严重匮乏又阻碍了新的固定网络的发展。近年来，国际社会的援助使柬固定电话得到较快的发展。但与移动电话相比，差距仍然很大。柬政府早在1992年就将其移动电信业务对私人资本完全开放，加上实行移动电话单项收费，使移动电话在柬这个最不发达国家得以迅速发展。尤其在2001、2002年，移动电话用户增长速度很快，2001年和2002年的增长率分别为40%和54%，而同期固定电话用户的增长只有8%和14%。据柬邮电部统计，截止到2007年底，柬拥有固定电话用户3.75万，移动电话用户230万，移动电话用户的数量已超过固定电话用户数61倍，固定电话和移动电话的普及率分别为0.25%、15.42%。

Internet近几年刚在柬有所发展，其他数据通信方式则更属刚刚起步。据邮电部统计，到2007年底，柬拥有Internet用户仅13000个。

目前，柬固定、移动电话和Internet的运营格局是：

1. 政府控制固定电话运营

邮电部集电信管理和电信运营于一身，主要运营固定电话网络，在全国范围内提供服务，市场由其控制。目前，柬有3家固网电话运营商，3家国际通讯服务运营商，4家移动服务运营商。

2. 私人资本经营移动电话

早在1992年，柬就向私人资本开放移动电话运营，允许建立合资和外商独资电信运营公司。10年来，柬共建立5家外资移动电话公司，投入运营的有4家。

CamGSM（曾称Mobitel）：柬皇家集团与总部在卢森堡的全球移动通讯公司Millicom合资，二者分别占38.5%和61.5%的股份。该公司自1998年以来一直是柬最大移动电话运营商，拥有63%的移动市场份额。目前其GSM900网络覆盖柬所有省会城市，但其主要用户在金边。

Camshin：泰国Sinawatra集团独资经营，为柬第二大移动电话运营商，占有26%的移动市场份额。1998年开始建设GSM1800网络，目前经营状况良好，用户增长迅速。

Casacom：泰国Samart集团与马来西亚Telekom公司合资，二者分别占49%和51%的股份。目前为柬第三大移动电话运营商，提供GSM900移动服务，占有11%移动市场份额。

CamTel：泰国CP（正大）集团独资。1992年10月开始运营柬第一个移动网络——模拟AMPS系统。

SK电信：韩国SK公司独资，2002年7月拿到CDMA牌照。

3. 私人资本提供Internet服务

柬也向私人资本完全开放数据通信业务，自1997年开始有外资公司提供Internet服务。目前，主要的Internet服务供应商是Bigbond，Telesurf，Camnet。

Bigbond过去归属澳大利亚电信公司，现由柬OnLine公司独资经营，占有67%的市场份额，为柬第一大Internet服务供应商。Telesurf是最大移动运营商CamGSM的下属公司。Camnet为邮电部成立的公司，得到加拿大研究开发中心的支持。

五、柬埔寨金融业的服务

近年来，在国际金融机构的帮助和支持下，柬埔寨王国政府积极推进金融改革，使以银行体系为主的柬金融业逐渐恢复稳定。但其宏观调控作用十分有限，公众对银行体系的信心仍然较低，保险业刚刚起步，而证券业则属空白。

（一）银行业得到初步发展。

柬银行系统由国家银行（中央银行）和商业银行构成。1989年，柬改变单一银行制，建立国家银行和国有外贸银行。1991年，柬开始开放银行业，允许私人资本建立商业银行。随后几年，数十家商业银行纷纷建立。

1996年，柬颁布中央银行法，赋予柬国家银行（中央银行）的主要职能是：建立金融体系的法律框架，维持稳定价格体系，为制订金融政策提供依据，增加国家资本，监督商业银行依法运营，承担政府间的财务清算和根据需要发行本国货币。截至2007年底，柬国家银行在全国各省市设有19家分行。但由于柬银行体系大多以美元操作和现金交易，银行的外汇存款以美元为主，美元约占银行存款总数的93%，同时美元也是柬主要的交换媒介，美元流通量占柬市场货币流通总量的85%以上，因此，柬国家银行对银行系统的宏观调控作用十分有限。

2000年11月，柬政府开始对商业银行进行清理整顿。当时，柬商业银行体系由31家银行组成，其中30家为私人商业银行（绝大部分为外资银行或国外银行在柬设立的分行），只有柬外贸银行为唯一国有商业银行。经过清理整顿和重新核发营业执照，目前，柬商业银行已减为18家，包括15家本地银行，3家外资银行分行，另有两家外资银行代表处。柬商业银行的业务范围很窄，主要是吸收存款、放贷及办理与商贸相关的业务结算。2008年，柬商业专业银行累计总资产42亿美元，2008年12月柬埔寨广义货币为118589亿柬币（2008年12月底柬埔寨汇率为4108柬币兑换1美元，即广义货币约为28.87亿美元），2008年提供贷款24亿美元。外贸银行、加华银行等五大商业银行集中了全柬银行业总资产的60%、储户存款的80%和提供贷款的70%。

柬商业银行的资金调度水平很低，对宏观经济的调控作用也十分有限。主要表现在：银行资金利用率低，存贷比例严重失调。以全柬规模最大的私人商人银行——加华银行为例，2001年的放贷总额仅为其存款总额的一半。据国家银行的统计数据显示，到2008年12月，柬商业银行存款占银行负债的63.2%，而贷款占银行资产的57.1%，表明银行拥有的资金已经比较充分用于支持企业的信贷。柬埔寨企业与银行尚未建立安全信用贷款体系，不论银行放贷或资金同业拆借，都需要百分之百的资产抵押和附属担保，以防拖欠还款或不能及时兑现。银行不愿提供较长期贷款，定期融资更难获得，通常是持续滚动短期贷款。2008年，柬商业银行的贷款和存款占GDP的比重分别为23.5%和28.2%。

（二）保险业蹒跚起步。

柬保险系统目前仅由国家保险公司和4个私营保险公司组成。

柬国家保险公司组建于1990年，既是保险的管理机构，同时也提供商业保险业务。4个私营保险公司于1992年以后相继建立。

柬保险公司的保险业务主要包括财产险、寿险、建筑险、海上货物险和汽车险。购买保险的多数是在柬国际机构或非政府组织。据了解，目前柬保险市场总价值不足3000万美元，其中购买柬保险公司保单的仅占20%，其余80%都是通过柬保险公司代理购买外国保险公司的保单。目前，柬经济发展水平较低，2008年柬GDP总值约102.2亿美元，人均GDP为625美元，故全民保险尚不具备成熟条件，广大百姓也无购买保险的意识。

（三）证券业尚待建立。

早在1995年，柬在财经部的领导下建立了证券工作小组，起草证券市场规章，准备建立证券交易所。由于1997年7月柬国内发生政治动荡和武装冲突，此项工作被中断。由于相关的金融环境和法律基础发展滞后，目前筹建证券交易所的工作进展有限。

注：文中2007、2008数据为编者根据中华人民共和国商务部网站、中华人民共和国驻柬埔寨王国商务参赞处网站以及中华人民共和国商务部主编2009年版《对外投资合作国别（地区）指南——柬埔寨》综合整理。

（文章来源：中国—东盟博览会官方网站. http://www.caexpo.org/gb/info/dongnanyatouzihuanjing/t20050711_43656.html）

印度尼西亚贸易投资环境

一、贸易投资管理体制及其发展

（一）贸易管理制度

1.关税制度

（1）关税管理制度

1973年颁布的《海关法》是印尼关税制度的基本法律。现行的进口关税税率由印尼财政部于1988年制订。自1988年起，财政部每年以部长令的方式发布一揽子“放松工业和经济管制”计划，其中包括对进口关税税率的调整。印尼进口产品的关税分为一般关税和优惠关税两种。印尼关税制度的执行机构是财政部下属的关税总局。

（2）关税水平及其调整

2004年1月，印尼政府颁布了新的一揽子削减关税计划。新的海关关税表将关税分为非东盟关税和东盟关税。除特殊敏感产品（如汽车货物和酒精）外，大多数非东盟关税分为0、5%和10%三级。东盟关税也分为三个等级，0、2.5%和5%，范围覆盖东盟自贸区中的所有货物。2007年，印度尼西亚的平均关税为6.9%，其中农产品为8.6%，非农产品为6.7%。

2006年1月，印尼对外宣布其“关税协调计划”最后阶段的结果。在受审查的9209个税目中，印尼对其中的800个税目进行了修改，635个税目降低了关税，提高了165个税目的关税。印尼将大多数的关税约束在40%左右。约束关税超过40%的或者依旧没有约束关税的产品包括汽车、钢铁以及一些化工产品。在农业部门，1341个税目的约束关税达到或超过40%。例如，新鲜土豆的约束关税税率达到50%。印尼当地的农业利益集团继续游说政府，目的是希望印尼政府将某些敏感农产品的关税税率提高至超过WTO约束关税水平，如糖、大豆和玉米等。

为了实施东盟自贸区协定税率，印尼政府自2007年9月14日修订了关税表，并将其中部分产品的约束关税税率下调到20%～45%之间。这些产品包括线材、钢链、铝箔以及汽车零部件。

根据《中国—东盟全面经济合作框架协议货物贸易协议》，自2007年起，印尼对自中国进口的产品关税降至8%。在2010年前，中国与印尼将逐步削减进口关税，对绝大多数进口产品实行零关税。

2008年5月22日，为推动国内汽车组装业发展，印尼财政部发布新的条例，即在2010年前，将整套汽车散件（CKD）的进口税率从目前的5%～40%下调至5%～15%。

2008年上半年，印尼政府根据市场行情调高了棕榈油的出口关税税率，其他商品关税税率无重大调整。

2. 进口管理制度

规范印尼贸易政策的基本法律是《1934年贸易法》。印尼贸易部（原印尼工业与贸易部）是印尼贸易主管部门，其职能包括制订外贸政策，参与外贸法规的制订，划分进出口产品管理类别，进口许可证的申请管理，指定进口商和分派配额等事务。

印尼政府对某些产品实行进口许可管理制度，包括自动许可和非自动许可。实施进口许可管理时，主要采用配额和许可证两种形式。

2008年1月21日，印尼财政部长签署2008年第一号条令，自1月21日起，正式取消10%的进口大豆关税。此前，印尼政府已取消进口大豆的增值税。

2008年5月8日，印尼贸易部表示，印尼政府将重新调整数项纺织品进口条例与规定，并于2010年放宽纺织品进口。

2008年10月31日，印度尼西亚贸易部部长签署第44/M－DAG/PER/10/2008号条例，规定自2008年12月15日至2010年12月31日，出口到印度尼西亚的电器、鞋、儿童玩具、饮料、食品及服装等六项消费产品须由已合法注册的进口商进口，并在指定的雅加达丹绒普禄、三宝龙丹绒埃玛斯、泗水丹绒北腊、棉兰勿佬弯及锡江苏加诺哈达等5个港口及所有国际机场进口。

3. 出口管理制度

印尼工贸部1998年第558/MPP/Kep/12/1998号部长令和贸易部2007年第01/M－DAG/PER/1/2007号法令是印尼出口管理的基本制度。上述法令将出口货物分为4类，并规定企业及个人出口货物必须持有商业企业注册号（TDUP）/商业企业准字（SIUP）或由技术部根据有关法律签发的商业许可，以及企业注册证（TDP）。

2008年5月9日，印尼贸易部宣布，为打击走私活动，提高矿产品出口监管力度以遏制非法贸易活动，同时提高印尼矿产品出口质量，便于国家掌握更精确的相关数据，印尼政府从7月5日开始对矿产品出口实施更严格的审查程序。审查程序包括出口商向监管部门提供矿石产地、数量、质量、船运情况等一系列信息。审查对象则主要为煤、石墨、铜、镍、钒土、锌、金等具有战略价值的金属矿。

2008年5月27日，印尼政府准许玉米出口。

（二）投资管理制度及其发展

2007年颁布的第25号《投资法》，取代1967年《外国投资法》和1968年的《国内投资法》，成为印尼投资管理方面的基本法律。印尼投资协调委员会直接对印尼共和国总统负责。其主要职责是评估和制订国家投资政策，协调和促进外国投资，但不包括金融服务部门。印尼财政部负责管理金融服务部门的投资活动，包括银行和保险部门。印尼能矿部负责批准能源项目，而与矿业有关的项目则由能矿部的下属机构负责。农业部下属的农产品检疫机构负责进行动物、鱼类和植物的检疫。

2008年5月22日，印尼政府提交关于允许东盟国家的外资可在印尼航空公司持股51%的法案。印尼政府表示，印尼允许外资在印尼的航空公司中占有51%的股份，但前提是投资者所属国也给予印尼同样的待遇。

1. 税收政策

2008年9月初，印尼通过《所得税法》，大幅调低企业所得税与个人所得税，以期提升经济竞争力。《所得税法》对所得税征收标准作如下变动：（1）企业所得税从目前的10%～30%累进税改为

28%的单一税率，并将在2010年下调为25%；(2) 年收入500亿盾（约550万美元）以下的中小企业将减征50%的企业所得税；(3) 上市公司减征5%所得税；(4) 红利税上限从20%降为10%；(5) 个人所得税起征标准从年收入1320万盾调整为1586万盾（约1742美元）；(6) 取消遗产税。

鉴于国会通过了以上《所得税法》，有关个人所得税的各项规定于2009年发生整体上的变化，其中个人所得税最高抽税比率将由原来的35%降为30%。新法指出，2009年的国内企业所得税是28%，至2010年变为25%。为促进国内投资，新的投资企业将获得税收优惠，新设国内企业的分红所得税税率为10%；为鼓励企业股票上市，政府允许上市公司获减5%的所得税优惠，但其股份至少40%应该在股市流通。在鼓励微型和中小企业发展方面，政府容许那些具有合法实体的微、小、中企业获减50%的所得税优惠。

2. 投资促进政策

为改善投资环境，促进外商投资，印尼财政部和内政部的联合工作小组，截至2007年12月22日废除了1276项阻碍投资的地方条例，其中省级政府签发的135条，市级政府签发的231条，县级政府签发的910条。

2007年8月，印尼中央与地方政府实行投资审批一站式服务。实行一站式服务之后，每个部门都将派代表到投资统筹机构办事处，以便加快办理审批手续。2008年，印尼首都雅加达专区实施简化投资手续后，执照办理过程由156天缩短为38天，申请许可证的程序由19项减为8项。

（三）与贸易投资相关的管理制度及其发展

1. 外汇管理

印尼中央银行于1999年制定并颁布的《监管银行和非银行金融机构的外汇交易流量法》是印尼外汇管理制度的主要法律。印尼基本不存在外汇管制，货币可自由兑换，国外公司的利润等可以自由汇出。

2. 其他与投资相关的政策和措施

(1) 印尼国会通过《航海法》草案

2008年4月8日，经过三年的审议，印尼国会通过《航海法》草案。新《航海法》结束了印尼港口由国营港口公司PT Pelindo垄断经营的局面，允许外资及本国私营资本独资经营港口业务。印尼交通部长贾斯曼表示，此举将鼓励健康的竞争，并提高港口运作效率。目前印尼虽有100多个港口，但无国际化大港，没有直达远洋航线，出口货物需经新加坡或马来西亚中转，增加了运输成本。

(2) 印尼新《矿产法》

2008年4月15日，印尼国会审议新的《矿产法》。对拥有矿业特别许可证和开采许可证的矿场，将根据开采的矿产品限定采矿面积，如：

①黄金、锡：勘探期间面积限制为10万公顷；开采期间面积限制为2.5万公顷。

②钻石、宝石：勘探期间面积限制为2.5万公顷；开采期间面积限制为5000公顷。

③煤：勘探期间面积限制为5万公顷；开采期间面积限制为1.5万公顷。

对于持矿业代理委托书的矿业公司，则根据其为个人经营、团体经营还是合作经营，面积分别限定为1公顷、5公顷、10公顷。

(3) 印尼国会通过《中小企业法》

2008年6月10日，印尼国会通过《微型暨中小企业法》。根据该法，资本额在5500美元以下的或者年营业额33000美元以下的企业属于微型企业；资本额在5500～55000美元之间或者营业额在28000～33000美元之间的属于小型企业；资本额在0.55万～110万美元以下或年营业额在0.28万～550万美元之间的属于中型企业。

《中小企业法》的主要内容包括给予中小企业法律地位，中小企业经营审批有关规定，小企业与大企业之间的经营准则以及创造良好商业环境、发布经营信息、政府为中小企业发展提供优惠措施等。

(4) 2009年4项税务激励措施生效

根据2007年25号《投资法》及2008年28号总统令，2009年有4项税务激励措施正式生效，印尼政府将重点扶植劳动密集型企业。这4项税务激励措施具体如下：a. 领先行业的投资者在特定时间内将获得特定数目的所得税减免；b. 针对特定区域的特定行业减征土地建筑税；c. 对于在特定时间内国内还未能生产的设备或资本货物的进口，减免增值税；d. 对一些战略性应税产品的增值税，将由免除改为“不征收”或者由国家承担。

工业部负责确定获得税务激励的行业，“提高出口与投资全国小组”则负责确定获得这些税务激励的具体企业名单。获得税务激励仅限于新投资项目。

3. 其他税收管理制度

在印尼销售汽车必须支付奢侈品销售税，对发动机排量4000cc的轿车和4×4吉普车或者客货车征收75%的奢侈品销售税。对发动机排量低于

1500cc的汽车征收10%到30%不等的奢侈品销售税；根据汽车发动机的大小以及车辆外形的大小，对发动机排量在1500cc到3000cc的汽车征收20%到40%不等的奢侈品销售税。

印尼财政部2004年12月31日公告修正汽车以外奢侈品的税率，并自2005年1月1日开始生效。印尼的奢侈税税率分为10%、20%、30%、40%、50%及75%等6大类；其中，家电用品、运动用品、空调设备、视听器材及摄影设备为10%；其他家电用品、住宅及公寓、影视设备、烘碗机及微波炉等电磁设备、香水为20%；船用设备、高尔夫球、潜水及滑水等其他运动用品为30%；酒类饮料、皮革制品、丝织或羊毛地毯、水晶制品、贵重金属制品、休闲机动船、飞船、手枪弹、特殊鞋、贵重文具、陶瓷制品及精致石制品为40%；精致动物毛毯、其他航空器、高尔夫球杆等其他运动器材及手枪为50%；其他酒类、其他贵重金属活珍珠制品及豪华油轮为75%。

（四）2008年颁布的技术性贸易措施

1. 2008年玩具出口印尼需符合该国标准（SNI）

印度尼西亚国内贸易总局货品销售与监督处宣布，印尼关于国产与进口玩具产品的国家标准规范在2007年年中完成。印度尼西亚玩具生产公会已经同意，2008年起在印尼市场销售的玩具需符合印度尼西亚国家标准（SNI）。此举旨在提高印度尼西亚玩具制造商的水准，保护印度尼西亚消费者的健康和安全。更重要的是希望通过标准来限制不良玩具的大量进口，从而保护印度尼西亚玩具制造业的健康发展。

2. 摩托车驾驶员和乘客用头盔国家标准

2008年2月5日，印度尼西亚工业部农业和化学工业总理事会发布《关于摩托车驾驶员和乘客用头盔印度尼西亚强制性国家标准SNI 1811：2007的工业部法令草案》。该法令草案规定，国产和进口的摩托车驾驶员和乘客用的所有头盔均应符合SNI 1811：2007要求。生产商和/或进口商应当具有使用SNI标识的产品证书，并遵守SNI的要求。SNI标识的产品证书由经印度尼西亚国家认可机构（Komite Akreditasi Nasional，简称KAN）认可，或由工业部指定的产品认证机构颁发。工业部农业和化学工业总理事会负责执行该法令，并提供包括产品认证程序和SNI标识的技术指南。该标准规定了范围、引用标准、术语和定义、质量要求、取样、测试方法、测试认可，以及标识要求。

3. 《关于对5种工业品强制执行印尼国家标准》的法令

2008年2月5日，印度尼西亚工业部发布了《关于对5种工业品强制执行印度尼西亚国家标准的工业部第92/M－IND/PER/11/2007号法令》。该法令规定，国产和进口的液化石油气（LPG）钢瓶、LPG钢瓶用阀门、带有一个钢瓶的机械燃烧的液化石油气炉、LPG钢瓶用低压调节器和橡胶软管这5种产品必须符合以下印度尼西亚国家标准（SNI）的要求：—关于LPG钢瓶的SNI 1452：2007；

——关于LPG钢瓶用阀门的SNI 1591：2007；

——关于带有一个钢瓶的机械燃烧的液化石油气炉的SNI 7368：2007

——关于LPG钢瓶用低压调节器的SNI 7369：2007；

——关于LPG用橡胶软管的SNI 06－7213－2006。

生产商和制造商应当具有产品证书并符合SNI的要求方可使用SNI标志。SNI标识的产品证书由经印度尼西亚国家认可机构Komite Akreditasi Nasional（KAN）认可，或由工业部指定的产品认证机构颁发。对上述前四种产品实施该法令，由工业部金属、机械、纺织和多种工业总局负责；LPG用橡胶软管由农业和化工业总局负责。上述机构提供关于产品认证程序和SNI标志的技术指南。

上述标准规定了范围、术语和定义、类型、质量要求、抽样、试验方法、验收、标志要求和包装要求。

4. 《农业部有关进出口植物源性新鲜食品食品安全控制的指令草案》

2008年7月29日，印度尼西亚农业部和农业检疫局通报《农业部有关进出口植物源性新鲜食品食品安全控制的指令草案》。本法规草案取代2007年4月17日在G/SPS/N/IDN/32中通报的法规草案。

该指令草案对进出口新鲜植物源性食品规定了如下要求：（1）一般规定；（2）植物源性新鲜食品机构（食品安全主管机构及植物源性新鲜食品监管机构；认证机构；食品安全证书/文件；食品安全再出口证书/文件）；（3）出口国食品安全控制体系认可机制；（4）有关食品安全控制体系的等效协定机制；（5）进口（从食品安全控制体系已获认可的国家及未获认可的国家进口，从签署有双边等效性协定的国家及尚未签署等效性的国家进口；事前通报；要求）；（6）出口（要求和控制）；（7）实验室检测。

5.《海事渔业部有关进口活鱼形式运输载体要求的指令草案》

2008年8月8日，印度尼西亚海事渔业部（MMAF）鱼类检疫中心通报《海事渔业部有关进口活鱼形式运输载体要求的指令草案》。本指令草案规定了携带载体定义、MMAF指定进口地点、要求的推荐文件及进口健康证书等方面的要求。

海事渔业部有关进口活鱼形式携带载体要求指令的概要如下：（1）以活鱼形式进口检疫性有害生物及疫病的携带载体应具备原产国推荐文件及健康证书；（2）进口商应在工作日及工作时间向局长提交活鱼进口许可证申请；（3）进口商在提交许可证申请时，应附上所在省渔业局处长的说明信；（4）如申请获准，局长或其代理人应对活鱼进口签发一份作为获准许可的推荐函；（5）如申请未获准，局长或其代理人应签发一份注明拒绝理由的拒绝函；（6）进口活鱼形式的携带载体应按部级令规定，接受防止鱼类检疫性有害生物及疫病携带载体进口的鱼类检疫措施；（7）已从运输工具上卸下的携带载体应运至鱼类检疫机构/临时鱼类检疫机构接受鱼类检疫措施；（8）本指令（草案）规定的活鱼进口不包括新鱼类的进口；（9）新种类或鱼类进口应受其他相关法规的制约。

6. 实用面粉强制性标准

2008年9月4日，印度尼西亚进行了一次通报补遗。2001年1月15日G/TBT/N/IDN/1中通报的强制性标准SNI－01－3751－2000《食用面粉》已被修订，修订包括以下方面：（1）标准实施（包装产品和散装产品）；（2）合格评定程序，包括要求使用认证类型1b和5，要求进口及国内产品使用分析报告（CoA）和质量认证管理系统，并规定使分析报告（CoA）和质量认证管理系统须由与国家认可机构（KAN）签署互认协议（MRA）的认可机构认可的检验实验室和认证机构出具；（3）规定具有SNI－01－3751－2000认证的产品可以使用认证至认证有效期结束。

7.《关于注塑成型聚氨酯和热塑塑料鞋底安全皮鞋印尼强制国家标准的法令草案》

2008年10月15日，印度尼西亚工业部，金属/机械/纺织及多种行业司通报了工业部关于注塑成型聚氨酯和热塑塑料鞋底安全皮鞋印尼强制国家标准的法令草案，包括：SNI：12－7079－2005、SNI：12－7037－2004固特异沿条安全皮鞋的质量和检验方法，以及SNI：12－0111－1987硫化成型橡胶鞋底安全皮鞋。

该法令草案宣布了国内生产或进口、在国内分销及销售的安全鞋应满足的SNI要求。生产商或进口商应具备使用SNI标志的产品认证并且应符合SNI要求。SNI标志的产品认证应由印尼国家认可机构（KAM）认可和/或工业部指定的产品认证机构通过以下程序颁发：基于SNI的安全鞋质量合格检验；质量管理系统（QMS）SNI：19－9001－2001/ISO9001－2000及其修订的实施审核。

检验和QMS审核可转包给检验实验室和KAM认可或与KAM签署了相互承认协定（MRA）及与印尼有双边或多边技术协定的外国认可机构认可的印尼QMS认证机构。

工业部金属、机械、纺织及多种行业司是负责执行此法令的机构并且为法令提供技术指导，包括产品认证程序和SNI标志。

在国内市场分销的国内生产及进口安全鞋应符合由以下3个标准组成的安全鞋要求：SNI：12－7079－2005，HS：6403400000；SNI：12－7073－2004，HS：6403400000；SNI：12－0111－1987，HS：6403400000。

这些标准规定了范围、术语和定义、鞋的设计和部件、质量要求、取样、检验方法、验收、标志要求（这些标准是印尼语）。此次通报的标准草案拟于通报后2个月批准，并拟于通报后6个月生效。

8. 电池国家标准

2008年11月14日，印度尼西亚交通与通信总局发布通报《工业部关于印尼原电池国家强制标准的法令草案—第1部分：总则（SNI 04－2051.1－2004）；原电池第2部分：电子和物理要求（SNI 04－2051.2－2004）》。

（1）该法令草案规定所有在印尼国内分销及销售的本国生产和进口的原电池应符合SNI要求。因此生产商或进口商应具备使用SNI标志的产品证明并符合SNI要求。

SNI标志的产品证明应由印尼国家认可机构（KAM）认可的产品认证机构通过以下程序颁发：a. 检验原电池质量是否符合SNI要求；b. QMS SNI 19－9001－2001/ISO 9001－2000及其修订或其他公认质量管理系统的实施审核。

检验可转包给KAM认可或与KAM签署了相互承认协定（MRA）的认可机构认可的印尼检验实验室。工业部交通与通信总局是负责执行此法令的机构并且为法令提供技术指导，包括产品认证程序和SNI标志。

（2）在印尼国内市场分销的国内生产及进口原电池应符合原电池要求第 1 部分，总则 SNI 04－2051.1－2004；原电池要求第 2 部分，电子和物理要求 SNI 04－2051.2－2004。这些标准规定了范围、术语和定义、类型、质量要求、取样、检验方法、验收、标志要求和包装（这些标准是印尼语）。此通报的批准时间为 2009 年 1 月，拟生效时间为 2009 年 7 月。

二、贸易壁垒

（一）关税及关税管理措施

2008 年，印尼对汽车、部分含酒精饮料等商品仍维持高关税，部分关税高达 170％。

印尼存在区别税收情况。印尼对大部分进口产品征收进口税，对部分进口产品征收奢侈品税。摩托车整车的进口关税税率高达 60％（零部件的进口关税为 25％），另外印尼政府还对摩托车的进口征收 75％奢侈品税。

（二）进口限制

1. 进口禁令

印尼政府把 2008 年 6 月 29 日期满的白对虾进口禁令延长 6 个月。该禁令延长协议只针对白对虾，其他种类虾产品不列入其中。

2008 年 9 月 3 日，印尼工业部长表示，因国内白糖供应过剩，政府将停止白糖进口，工业部已向政府提议停发粗糖和精制糖的进口许可。

2008 年 10 月，印尼经济统筹部表示，政府开始限制消费品原料进口。进口商必须是品牌独家代理（在印尼生产该消费品牌）或注册进口商，并规定进口产品的原生产商在规定限期（如 6 个月～2 年）内必须在印尼国内开设工厂，否则该产品需退出印尼市印度尼西亚 249 场。经济统筹部将首先监督手机、电脑等电子类产品的进口权，并将协同贸易部、工业部制订限制进口的实施细则。

2008 年 11 月 5 日，印尼贸易部决定，为保护国内工业，贸易部颁布条例，限制 5 种消费品进口，包括成衣、鞋子、儿童玩具、电子产品及食品饮料。这 5 种消费品将只能通过丹戎不禄、丹戎埃玛、丹戎北朗、勿老湾和锡江苏加诺哈达这 5 个港口进口；进口商需在贸易部进行注册登记，进口相关产品须在装船前进行核对，费用自负。上述条例于 2008 年 12 月 15 日开始生效，为期二年。在此提醒以上 5 中消费品的生产及出口企业，及时更改进口港信息，以免造成不必要的损失。

2. 进口许可

印尼政府监管机构要求进口盐的企业进行注册登记，并保证 50％的原材料来自当地。2004 年贸易部颁布法令规定，仅五家公司获得进口食糖的许可，只有贸易部有权决定进口食糖的企业以及进口数量。

由于印尼二手机械进口准许证已于 2008 年 12 月 31 日到期，工业部与贸易部商讨是否继续准许从国外进口二手机械后的初步计划是继续准许进口二手机械，但仅限于厂商进口及使用。

2008 年 2 月 20 日，印尼海洋渔业部决定限制发放采购外国渔船的许可证，只允许 40％的渔船进口。

（三）通关环节壁垒

印尼贸易部、海关、财政部等相关部门开始在部分港口设立了一站式服务通关机构。印尼海关存在着货物到港延迟验关等现象，且通关的法律法规不够健全，存在“灰色清关”问题。

（四）技术性贸易壁垒

在印尼所有的进口药品都要在食品药物监督局进行注册后方可生产或在市场上销售。药品注册分为传统药品注册和化学药品注册。二者注册的程序和要求不同。

化学药品注册申请人应为药品出口国生产商指定的印尼销售代理商或批发商，如果要在印尼进行生产，则由指定的印尼制药工厂提出申请。药品出口国生产商无权申请药品注册。这一规定使出口国生产商丧失了药品注册的权利，不利于保护出口企业的利益。

2008 年 10 月 11 日，印尼贸易部颁布部长条例，规定所有进口的消费品在外包装加贴特定标签，用印尼文注明原产国、生产商和进口商。由于很多入境产品通过第三国中转，削弱了政府对进口来源的控制力。在目前全球金融危机的影响下，恐有很多非法转口产品流入印尼。为加强进口监管，印尼政府将分阶段推行进口产品标签措施，第一批实施的为所有消费品。

2008 年 10 月 16 日，印尼贸易部对外贸易司宣布，为了确保产品质量和控制进口，将对国产和进口饮料和食品实施“强制国家标准（SNI）”。此前国家标准的实施为自愿性质，仅对特定产品如面粉、食用盐和包装饮用水实行“强制国家标准”。

（五）卫生与植物卫生措施

2007 年 7 月 24 日，印尼药食局向公众发布警告，称鉴于各大媒体相关报道，药食局在从中国进口的 39 种糖果、果脯和干果中，查验出 7 种含有甲醛，对上述产品查封并销毁，同时呼吁消费者不要购买“类似的无销售许可食品”。2007年8月2日，印尼药食局第二次发布针对所谓“关于进口自中国含有甲醛食品”的公共警告，称药食局在印尼全国各分局的取样检验发现222种食品中有42种含甲醛。两次“警告”前后，印尼卫生部门在包括首都雅加达、泗水、望加锡、坤甸等中国商品销售较多的大中城市展开搜查。2007年10月28日，在广西南宁举办的首届中国—东盟质检部长会议期间中国同印度尼西亚有关方面分别签署了会议纪要，同意建立食品安全合作机制，对双边食品贸易中发生的质量安全问题及时通报、积极磋商，并予以妥善解决。

2008年2月28日，印尼政府授权印尼农业部签发了《印度尼西亚以新鲜球茎形式进口活植物产品的植物检疫要求和措施》，并于2008年4月26日开始执行。文件规定所有出口到印尼境内的球茎植物必须有原产国质检部门出具的检验检疫证书，并根据《印度尼西亚以新鲜球茎形式进口活植物产品的植物检疫要求和措施》中列出的病虫害名单，在证书中标注无名单中所列病虫害。如货物已受病虫侵害，出口前必须经过熏蒸。无检验检疫部门证明且没有经过熏蒸的货品，不得进入印尼境内。印尼一直是中国大蒜主销市场之一，是中国大蒜第一出口目的国。近几年，中国大蒜对印尼出口数量、金额都有所增加。因此，印尼政府采取新的限定措施对中国正常出口大蒜带来了一定程度的影响。

经多方协调，6月5日，印尼农业部农产品检疫局表示，《印度尼西亚以新鲜球茎形式进口活植物产品的植物检疫要求和措施》只针对大葱、洋葱等球茎类植物执行新的检验检疫程序，大蒜不包含在内，中国出口至印尼的大蒜仍可按照以往程序通关进入印尼境内。

印尼要求进口食品必须向印尼药品和食品控制局（BPOM）申请注册号进行注册，这种规定过于繁琐，加重了企业的负担。BPOM对于进口食品的检验缺乏完整性和一致性。进口食品企业对于食品成分和加工工艺的描述过于详细，存在泄露企业商业机密的可能。

印度尼西亚的动植物及其制品的进口检疫程序不符合SPS协定的区域化原则，对有害生物非疫区的分布往往以行政区划进行界定，而非以科学证据来区分出口国的不同地区。

印度尼西亚农业部和农业检疫局于2008年7月29日向WTO通报了《农业部有关进出口植物源性新鲜食品食品安全控制的指令草案》。该指令草案对进出口新鲜植物源性食品提出了基本要求，对植物源性新鲜食品的主管机构、监管机构、认证机构、食品印度尼西亚251安全证书/文件作出了规定，同时还对出口国食品安全控制体系认可机制和等效协定机制作出了安排。

2008年12月，印尼农业部已与我国国家质检总局签署了《中华人民共和国国家质量监督检验检疫总局和印度尼西亚农业部SPS磋商合作谅解备忘录》。中方希望双方在谅解备忘录的基础上，进一步加强在双边贸易、质检方面的合作，促进两国贸易的健康发展，把两国的质检合作推向新的高度。

（六）贸易救济措施

截至2008年12月31日，印尼对中国进口产品共发起16起贸易救济调查，其中反倾销调查11起，保障措施调查5起，主要涉及轻工、化工和五矿等产品。2008年，印尼共对中国出口产品发起5起贸易救济调查，其中反倾销调查1起，保障措施调查4起。

1. 热轧板卷反倾销调查

2006年6月28日，应印尼喀拉喀托钢公司的申请，印度尼西亚反倾销委员会对原产于中国、俄罗斯、泰国、印度和中国台湾地区的热轧板卷进行反倾销调查。2007年12月，印尼反倾销委员会作出终裁，当时裁决鞍钢及宝钢反倾销税率为32.18%，最高反倾销税率高达42.58%。

印度尼西亚财政部已决定对中国、印度、俄罗斯、泰国和中国台湾热轧板卷征收反倾销税，对中国的反倾销税率最高为42.58%，印度56.51%，俄罗斯49.47%，泰国27.44%，中国台湾地区37.02%。征收反倾销税之后，上述5个国家和地区到印尼的热卷价格很可能超过1000美元/吨（C&F），据企业反映，在印尼政府调查期间，进口价格仅为900美元/吨（C&F）。

2. 葡萄糖保障措施调查

2008年5月14日，印尼保障措施委员会发布通知，称印尼决定对葡萄糖（dextrose monohydrate）发起保障措施调查。涉案产品海关编码为1702301000和1702309100。

3. 陶瓷餐具保障措施调查

2008年6月5日，印尼保证措施委员会发布通知，称印尼决定对陶瓷餐具发起保障措施调查。涉案产品海关编码为691110000、691190000和691200000。

4. 三磷酸钠洗涤剂反倾销调查

2007年6月29日，印度尼西亚反倾销委员会决定对原产于中国的三磷酸钠进行反倾销调查。涉案产品在印尼的海关编码为2835310000。

2008年9月，印尼反倾销委员会公布了对中国三磷酸钠洗涤剂反倾销调查结果。

调查报告中认为印尼国内三磷酸钠洗涤剂的生产成本与中国三磷酸钠洗涤剂出口价格之间并没有清楚的关系，所以印尼反倾销委员会决定不再对来自中国三磷酸钠进行反倾销调查。

5. 钉子、金属线缆等钢铁产品保障措施调查

2008年11月5日，印尼保证措施委员会发布通知，称印尼决定对进口钉子、金属线252缆等钢铁产品发起保障措施调查。涉案产品海关编码为7217101000和7317001000。

6. 热轧钢板反倾销调查

2008年11月11日，应印尼PT. Kerakatau Stell公司的申请，印尼对原产于中国、中国台湾地区和马来西亚的热轧钢板（Hot Rolled Plate）进行反倾销立案调查。涉案产品海关编码为7208400000、7208510000、7208520000、7208530000、7208540000。

（七）出口限制措施

1. 印尼限制大米出口

2008年4月15日，印尼贸易部颁布新的规定，规定中明确，只有当国家库存超过300万吨，且市场价格低于政府指导价时，才允许中级米出口。印尼是东南亚最大的大米供应国，印尼政府的这一举措，将导致大米国际价格进一步上涨。

2. 印尼调整原藤出口配额的幅度

2008年7月15日，印尼贸易部颁布条例，调整了原藤出口配额的幅度，原藤出口额度为2.5万吨，藤类半成品的出口额度为1.6万吨，藤制品的出口额度为3.6万吨，该条例自2008年7月1日起生效，有效期至2009年6月30日。

3. 印尼拟实行煤炭出口标准定价

印尼能矿部表示，为防止煤炭出口过低标价，政府将挂钩印尼煤炭指数实行出口标准定价。截至2008年底，已有6家煤炭企业因出口价格低于平均水平而被禁止出口。

（八）服务贸易壁垒

印尼服务贸易并不发达，加上受亚洲金融危机打击，目前正处于恢复期。由于印尼政府部门效率不高，法律法规缺乏连续性，加上地方自治法案的实施，使印尼在WTO和相关自贸区中的服务贸易承诺尚未完全落实。许多服务贸易部门依然存在贸易壁垒。如进入印尼市场的法律公司必须与当地公司建立合资企业，所有的律师必须取得印尼国籍和印尼法律认证机构的学位证书方可在印尼开展业务；印尼允许外资进入批发零售业务，但是必须与当地中小企业成立合资公司；禁止所有的外国投资进入广播和传媒行业，外资可以和印尼当地公司成立合资企业，但必须在印尼政府认为当地公司无法从事的行业和地区；外资卫星运营商必须有一个印尼合作伙伴。

根据2007年1月14日中国与东盟签署《服务贸易协议》，印尼对中国服务贸易承诺和存在的壁垒如下：

1. 水平承诺

（1）商业存在

市场准入方面：除另行规定外，外国服务提供者实现商业存在的方式包括设立合资企业和/或代表处。合资企业须满足以下要求：a. 应为有限责任公司；b. 外国合伙人在有限责任公司中所占资本比例不能超过49%。

国民待遇方面：根据印尼《收入税法》，非居民纳税人从印尼获得利息、版税、分红以及在印尼提供服务的收费所得时，需代扣20%的所得税。土地获得根据1960年颁布的《土地法》，任何外籍人士（包括法人和自然人）都不允许在印尼拥有土地。但是，合资企业可拥有土地使用权和建筑权，并可以租赁/承租土地和资产。任何法人和自然人都必须满足职业资格要求。

（2）自然人流动

市场准入方面：根据印尼劳工和移民的法律法规，除另有规定外，只有董事、经理和技术专家/顾问允许居留两年，期满后可延长两次，每次两年。其中，经理和技术专家（公司内部流动人员）的入境取决于经济需求测试。商务人员的短期入境和居留期为60天，最长不得超过120天。

国民待遇方面：对外籍人士征收的费用。所有在印尼提供服务的外国自然人都应交纳政府征收的相关费用。根据劳工法，所有合资企业和代表处雇用的外国人士，和/或其他类型的法人，以及个体服务提供者都必须持有劳工移民部发放的工作许可证。

2. 部门承诺

（1）建筑及相关工程服务

市场准入方面：对跨境交付不作承诺；对境外消费不作限制；在商业存在方面：a. 应以在印尼建立代表处的方式联合经营，代表处的许可证有效期

为3年，期满后可延期；b. 合资企业的建立应满足水平承诺及《外国投资法》的规定；有限责任企业中，外国合伙人所占的资本份额不能超过55%；自然人流动与水平承诺规定相同。

国民待遇方面：对跨境交付不作承诺；对境外消费不作承诺；在商业存在方面：a. 需交纳营业执照费；注册的外国公司应与在建筑服务发展局注册并具有A/Big资质的本地合伙企业联合经营；b. 合资企业中的本地合伙人须在建筑服务发展局注册并具有A/Big资质。自然人流动与水平承诺的具体规定相同。

（2）旅游和与旅游相关的服务

市场准入方面：对跨境交付和境外消费没有限制；在商业存在方面，旅馆和旅游度假地在印尼东部的明古鲁、占碑等地区，外国投资者可以拥有所投公司100%的股份；餐饮服务除在印尼东部的某些地区（苏拉维西、巴布亚、摩鲁卡斯、努沙登加拉），外国人的持股比例上限为49%，此外不作承诺；旅游咨询服务必须在印尼司法部注册为印尼公司，在与印尼本国公司合作经营的情况下，需采用合资企业、联合经营和合同管理的方式；国际酒店经营必须在印尼司法部注册为印尼公司，在与印尼本国公司合作经营的情况下，需采用合同管理的方式；旅行社和旅游经营者服务，服务提供者的总数不超过30家。自然人流动方面除旅馆和国际酒店经营中的a. 旅馆企业的高层管理人员：总经理、餐饮部经理、客房部经理、审计员、市场营销经理；b. 高级专业人员厨师长、副厨师长、特级厨师；餐饮服务除高层管理人员和高级专业人员外；旅游度假地除除度假区经理外；旅行社和旅游经营者服务除技术顾问外，不作承诺。

国民待遇方面：对跨境交付和境外消费没有限制；商业存在方面：在旅馆和旅游度假地，a. 外国服务提供者的投入资本需高于国内服务提供者。此项规定将于2020年取消；b. 只限于3、4、5星级旅馆；餐饮服务需遵循与《服务贸易协议》Ⅹ、Ⅳ（a）条款一致的、当地政府实施的与维护道德和公共秩序有关的法规；旅游者经营企业必须是设立在雅加达或巴厘的旅行社；旅游咨询服务和国际酒店经营不作承诺。自然人流动与水平承诺的具体规定相同。

（3）能源服务

印度尼西亚在能源服务部门所作的具体承诺是基于印尼第二次修改的对能源服务业的分类。

市场准入方面：对跨境交付和境外消费没有限制；商业存在通过在印度尼西亚建立的代表处联合经营；自然人流动除主管人员和技术专家外，不作承诺。

国民待遇方面：对跨境交付和境外消费没有限制；商业存在和自然人流动方面与水平承诺具体规定相同。

（九）知识产权保护

印尼目前盗版和抢注我国产品商标等违反知识产权保护的现象相当严重。2008年上半年中国上海“东风”柴油机商标案在印尼获得胜诉，但判决的执行效果有待观察。

根据印尼专利法的规定，发明人需在印尼实施新产品的生产方能申请专利，该规定不利于保护发明人的相关利益。

（来源：中华人民共和国商务部主编.《国别贸易投资环境报告2009》. 人民出版社2009年版第242—255页）

老挝投资环境和发展领域分析

老挝外资来源集中于少数国家，来自东南亚周边国家的比重不断增加。2007年，外商直接投资额最大的前三位依次由2003年的中国投资额1.1986亿美元，泰国投资额0.9634亿美元，马来西亚投资额0.7078亿美元，转变为中国投资额5.0003亿美元，越南投资额1.137亿美元，泰国投资额0.9414亿美元，占比分别为65.9%，15%，12.4%，三项合计为93.3%，对当年的投资额来看，中国作为老挝最大投资来源地，占全部外商直接投资比例达65.9%，比2003年增加约3倍。

一、主要投资来源

从1988年7月老挝颁布《外国在老挝投资法》至2007年，已有40个国家的商人在老挝投资办厂。中国目前是老挝重要的投资贸易合作伙伴之一，从2001～2007年底，老挝全国外资总额累计达65.274亿美元，中国在老挝投资项目达207项，投资总金额接近10.584亿美元，位于第二大投资国；最大投资国是泰国，投资项目有144项，投资金额为13.1347亿美元，占老挝全国外商投资总额的20.12%；第三大投资国是越南，投资项目有95项，投资金额为8.0939亿美元，占老挝全国外商投资总额的12.4%。前三名占了老挝外商投资总额的48.72%。法国和日本发达国家投资金额分别占了老挝全国外商投资总额的6.57%和6.35%，排列于第四和第五大投资国。2001年以来，法国在老挝投资额最高峰期为2005年，投资额为3.7025亿美元，比2004年增长了147倍；日本在老挝投资的最高峰期为2006年，投资额达4.015亿美元，比2005年增长了95.25倍。

二、老挝及其周边各国情况

（一）老挝。老挝是一个比较落后的农业国。2008年GDP为51.87亿美元，1997～2008年，农业、工业和出口的平均增长率分别为3.8%、14.3%、19%。老挝的最大自然资源是水能资源，理论上可开发装机容量达3000～3200万千瓦。老挝政府正在努力推进水能的国际合作开发项目，希望将其变成东南亚的新能源基地。丰富的江河能源还为老挝发展农业、渔业、牧业、工矿企业和生活提供了良好的条件。老挝是一个旅游资源十分丰富的国家。其中，自然景观多种多样，人文景观多姿多彩，文物古迹众多，宗教文化气氛浓厚。

老挝经济发展中存在的主要问题：

1. 第一产业方面。老挝农业发展中存在的主要问题是耕作的粗放性和产量低，需要引进技术和管理。

2. 第二产业方面。老挝的第二产业有电力业、林矿业、建材业、医药业和日用品业等。其中，电力和林矿业是老挝最具发展潜力的产业。第二产业发展中存在的问题是缺乏规模性，尤其是建材业和采矿业，目前大多还处于起步阶段，具有较大的投资市场。

3. 第三产业方面。老挝的交通运输主要依靠公路，其次是河运、航空和畜力，没有铁路。交通运输业存在的问题一是公路的等级差，二是航空运输虽然相对比较发达，但是航空运输工具缺乏。由于受亚洲金融危机的影响，老挝的财政与金融形势比较严峻，老挝货币基普对美元的官方汇率已由1997年的1100∶1跌至2008年的8579∶1。老挝的旅游资源比较丰富，但是旅游的基础设施有待改善，发展旅游设施建设前景看好。此外，老挝的邮电通讯业正处于起步阶段，尤其是通讯业具有较好的投资潜力。

4. 对外经济关系方面。老挝的主要贸易伙伴是泰国、新加坡、日本、美国、越南和中国。主要出口商品是电力、木材、石膏、锡和咖啡；主要进口商品是车辆、燃油、建材、衣料、医药和电器，每年的进口为逆差，逆差率一般在60%～100%之间，逆差主要靠外援和贷款来弥补。外援是老挝的主要财政和经济建设来源之一，一般占其国民生产总值的15%以上。

（二）越南。2008年越南的GDP为90.8亿美元，1997～2008年，农业、工业和出口的平均增长率分别为4%、11.2%、15%。最近几年，越南经济仍然保持了持续的高增长率，社会政治形势稳定，人民生活质量提高。

越南经济发展中存在的主要问题：

1. 第一产业方面。农业生产规模较小，农产品价格相对较高，农业亟待进行结构调整和产业升级。

2. 第二产业方面。越南制造业以纺织品生产、服装和食品加工为主，机械制造、电子和电器业发展缓慢，主要依靠进口。目前国内还没有本国的汽车制造业。从总的方面看，越南第二产业的工业化程度还处于起步阶段，需要大量的投资进行开发。

3. 第三产业方面。越南的道路交通和基础设施比较落后，尽管近年来有了较大的改观，但是从总的方面讲，仍然需要加速发展才能赶上经济发展的需要。越南的国内市场目前处于供过于求的局面，解决产品滞销是当前越南经济十分棘手的问题。

4. 对外经济贸易关系方面。越南的主要贸易伙伴为东盟各国、日本、香港、台湾、欧盟和俄罗斯等国家和地区。主要出口产品是原油、煤等矿产品，大米、橡胶、茶、咖啡等农产品以及轻工产品；主要进口产品是机电设备、石油制成品、家用电器、钢材、化工产品、棉花和各种原料等。由于国内资金匮乏，因此需要大量的外国投资。投资除了外国直接的投资外，有相当部分来源于世界银行、亚洲银行和日本等国的大量优惠贷款。但是，由于受东南亚金融危机的冲击以及越南投资环境没有及时跟上发展的需要，办事手续复杂、效率不高等因素的影响，近年来外国投资在大量减少，此外，2008年的股市崩盘给越南带来巨大打击，尽管越南政府采取了一系列的措施，却未能增加对投资者的吸引力。

（三）缅甸。缅甸与老挝一样是一个农业国。缅甸经济的发展经历了多次的反复阶段，通过政府的治理，目前缅甸的经济有了一定的起色，但经济仍然处于举步维艰的时期。2008年缅甸的GDP为13.7亿美元，2004～2007年，农业、工业和出口的平均增长率分别为10%、20%、14.5%。

缅甸经济发展中存在的主要问题：

1. 第一产业方面。缅甸第一产业实行的是在土地国有制基础上的小农经济，无论是种植业，还是养殖业和渔业都比较缺乏规模性和深加工性，产品单一性的状况比较普遍。

2. 第二产业方面。缅甸是一个矿藏资源极为丰富的国家。采矿业的发展程度比较高。但是，缅甸的工业化水平不高，属于工业欠发达的国家，所需要的大部分工业品依靠国外进口。

3. 第三产业方面。缅甸的第三产业发展缓慢，除了旅游业外，邮电通讯、机场建设等方面均处于落后水平。

4. 对外经济关系方面。缅甸是一个与外界联系较早的亚洲国家，但是贸易额一直很小，远远落后于东盟其他国家。作为一个传统的农业国。缅甸的出口产品结构单一，外贸基础比较脆弱，发展规模和速度深受农林部门生产状况的制约，贸易逆差一直在扩大。缅甸的主要贸易伙伴基本上是亚洲国家。

（四）泰国。泰国同样是一个农业国。但是泰国的经济发展速度相当快。在战后的1947年其水稻的种植面积和产量就已经达到了历史上的最高水平。此后，泰国的经济一直处于比较高的发展速度。2008年泰国GDP为272.14亿美元，1997～2008年，农业、工业和出口的平均增长率分别为4.2%、5.2%、7.6%。

泰国经济发展中存在的主要问题：

1. 第一产业方面。泰国是一个传统的农业国，农业在历史和现代经济中一直起着举足轻重的作用。目前，泰国是世界第一大米和木薯出口国，玉米位居第四，橡胶居第三，蔗糖居第五。但是，就整体水平而言，泰国的农业水平还比较低，农业生产结构有待于进一步调整，农业的生产方式仍然比较落后，农业由于缺乏必要的技术和设备致使农产品的深加工滞后，深加工农产品所占的比例不高。

2. 第二产业方面。泰国的工业虽然在东盟国家中起步较晚，但是发展速度很快，经过几十年的努力，泰国的工业经济结构已经有了相当大的变化。目前，已经基本上形成了结构比较合理的工业门类多样化的局面，在发展中国家中已经属于中等水平。工业发展中存在的主要问题：一是钢铁工业发展缓慢，是基础较差的部门；二是采矿业面临资源枯竭，尤其是锡、锌和钨等矿产资源已经逐渐耗空；三是电力发展滞后于经济发展的速度，需要一定的进口。

3. 第三产业方面。泰国的交通运输业比较发达，主要由铁路、公路、内河航运和海运及航空五大部门组成。但是，基础设施仍然不足，需要加强建设和技术投资。泰国的旅游业是其一大支柱产业，旅游业赚取的大量外汇不仅弥补了国家贸易的赤字，而且成为国民经济的重要组成部分。目前旅游业存在的人文和环境污染问题日益严重，成为国家未来旅游业发展的重大隐患。

4. 对外经济关系方面。对外贸易是泰国经济中最有活力的部门，进出口总额相当于国民生产总值的一半左右，对外贸易在促进国民经济发展方面发挥着重大的作用，泰国经济结构的几次变革都是在外贸牵动下完成的。但是，泰国又是一个长期存在贸易逆差的国家，其原因主要是经济政策失控所致。由于人们在过去经济高速增长的年代毫无节制地进口生产资本和消费品，从而造成贸易赤字不断地上升。

泰国在接受投资和对外投资方面是一个比较成功的国家。对泰国投资的主要国家和地区依次是日本、中国台湾地区、中国香港地区和美国，而我国大陆相对投资较少；泰国的对外投资主要是东盟的越南、老挝和柬埔寨等。

（五）柬埔寨。柬埔寨是一个农业、林业、水力和水产资源比较丰富，但矿产资源又相对比较贫乏的农业国。长期的战乱，使柬埔寨经济曾经一度处于瘫痪状态。1993年5月以后，由于实现了政治力量的逐步和解，政局的逐步稳定促使经济开始进入一个发展时期。目前柬埔寨实行和不断完善的是生产资料私有化的“自由市场经济”。2008年柬埔寨GDP为10.8亿美元，1997～2008年，农业、工业和出口的平均增长率分别为4.5%、15%、19.7%。

柬埔寨经济发展中存在的主要问题：

1. 第一产业方面。第一产业至今仍然是柬埔寨国民经济的基础。主要包括农业、林业、畜牧业和渔业。第一产业目前存在的主要问题：一是耕作和经营方式比较落后；二是缺乏规模化，科技含量不高。

2. 第二产业方面。柬埔寨的工业基础薄弱，门类单调，规模小，设备陈旧，原料缺乏，技术落后。尤其是采矿和能源工业相当的落后，至今没有自己的冶金工业而且仍然是贫油国，其所需全部依赖进口。

3. 第三产业方面。柬埔寨的第三产业形成于20世纪90年代，起步较晚，但是发展速度较快，1999年产值已经超过了工业。目前存在的主要问题：一是公路等级状况很差；二是铁路运输发展缓慢；三是财政状况尽管有了一定程度的好转，但是预算赤字仍然严重；四是亚洲金融危机余后影响依然存在，通货膨胀率仍然在12%左右；五是通讯业虽然有了较快发展，但是仍然比较落后。

4. 对外经济关系方面。随着对外开放的不断扩大，柬埔寨的对外经济联系日益广泛和密切。对外贸易和引进、利用外资以及寻求外援已经成为柬埔寨增加财政收入、筹措资金发展本国经济的最重要的渠道。柬埔寨的主要出口商品是农产品、林产品、水产品、经济类作物以及成衣和废金属；主要进口商品是饮食类产品、工业制成品、化肥、原油、石油产品、钢材、水泥、和卷烟等。目前存在的主要问题是资金匮乏，外贸逆差严重。

（六）老挝与周边国家比较的特点。

表1　东南亚各国GDP增长率

国家＼年份	2000	2001	2002	2003	2004	2005	2006	2007	2008
老挝	5.81%	5.74%	5.91%	6.11%	6.37%	7.13%	8.11%	7.92%	7.54%
越南	6.79%	6.90%	7.08%	7.34%	7.79%	8.44%	8.23%	8.48%	6.30%
泰国	4.75%	2.17%	5.32%	7.14%	6.34%	4.53%	5.11%	4.75%	4.74%
柬埔寨	8.77%	8.10%	6.60%	8.51%	10.30%	13.30%	10.77%	10.20%	7%
缅甸	13.75%	11.34%	12.03%	13.84%	13.57%	13.60%	12.70%	5.46%	2%

资料来源：Souht East Asia Economic，Economic Watch 整理

表2　东南亚各国通货膨胀率

国家＼年份	2000	2001	2002	2003	2004	2005	2006	2007	2008
老挝	10.56%	7.52%	15.21%	12.61%	8.64%	8.79%	4.72%	5.57%	7.30%
越南	1.39%	0.78%	−2.52%	1.79%	2.93%	5.79%	3.50%	3.21%	2.51%
泰国	−0.53%	0.74%	4.04%	2.90%	9.67%	8.80%	6.60%	12.60%	25%
柬埔寨	−0.80%	0.66%	3.71%	0.46%	5.62%	6.66%	2.81%	10.79%	16.34%
缅甸	3.83%	53.82%	54.02%	7.96%	7.68%	12.62%	38.70%	29%	40%

资料来源：Souht East Asia Economic，Economic Watch 整理

经过对以上各个国家的具体比较，可得出老挝国家的几个特点：第一，水资源丰富。在水资源方面，毫无疑问老挝是该地区的首位也是众多开发商以及国内外专家一致认同并看好的项目开发地之一。第二，森林和地下矿采丰富。老挝是世界上拥有大量珍贵树木的国家之一，这些树木给老挝国家每年带来一笔非常可观的外汇。在矿采方面，老挝与缅甸不同，虽然老挝出产的名贵宝石数量不多，但是有色金属和贵金属储量巨大并且质量高，目前已经有不少金矿、铁矿、铜矿已投入生产。第三，无污染旅游资源。虽然老挝的旅游业没有泰国成熟，但这也有很大空间来发展，生态旅游和人文旅游是老挝两大潜力发展领域。第四，政治稳定。与邻国相比，老挝的政治相当稳定，发展方向明确，2008年来未出现政策和计划上的重大改变，得到众多投资者的高评价。第五，有利于投资商的政策。自从1988年实行引进外资以来，老挝政府已出台多项鼓励外商直接投资的政策。如：政府不干涉外资企业的事务，允许外资企业汇出所获利润；外商可在老挝建独资企业、合资企业，国家将在头五年不向外资企业征税等，使得老挝实际利用外资呈超高发展态势。第六，经济稳定发展。老挝政府在发展过程中以稳定发展为口号，许多政策的制订都比较慎重。从表1和表2来看，2000年至今老挝国家的GDP增长率逐年增长，通货膨胀也相对其他国家波动最小，这些迹象都表明老挝国家在经济发展方面相对稳定。

三、老挝最具发展潜力领域

根据以上各国的情况以及老挝的各种特点来看，发展老挝自然禀赋的资源相当突出。以下为老挝国家最具有发展潜力的领域：

1. 电力。由于老挝境内湄公河及众多的支流水量充沛，落差很大，蕴藏着极为丰富的水力资源。世界银行数据显示，老挝、泰国、越南、柬埔寨的平均淡水资源为32878立方米、3297立方米、4461

立方米、8738立方米。目前老挝境内共有17个水电站工程正在计划和进行（不包括正在开发的项目），出口国集中在中国、泰国、越南。在老挝薄弱的工业中，水电工业一枝独秀，是老挝目前发展速度最快、最重要的支柱产业，老挝政府决定以开发国内丰富水力资源为发展本国经济的突破口。近年来，老挝的水电产值占全国工业产值的50%以上，每年向邻国泰国出口电力，创汇约2亿美元，老挝已成为世界上以出口电力为主的为数不多的国家。

表3 老挝规划的水电站

工程	省份	装机总容量/MW	发电型式	市场
南屯2	波里坎赛	1070	抽水蓄能	泰国
南俄2	赛宋木行	615	抽水蓄能	泰国
卡曼河1	阿速坡	468	抽水蓄能	越南
南俄3	赛宋木行	444	抽水蓄能	泰国
南屯1F	波里坎赛	400	抽水蓄能	越南
Xe Pian-Xe Namnoi	占巴赛	392	抽水蓄能	越南
南涅1	波里坎赛	366	抽水蓄能	泰国
卡曼河3	阿速坡	307	抽水蓄能	越南
南孔1	占巴赛	238	抽水蓄能/径流式发电	越南
南屯3	波里坎赛	236	抽水蓄能	越南
南莫	川圹	100	抽水蓄能	越南
出口小计		4636		
Xeset2与3	沙拉湾	86	径流式发电	中国
南俄5	川圹	70	抽水蓄能	中国
Huay Lamphang Ngai	公河	70	抽水蓄能	中国
南木	乌多姆赛	45	抽水蓄能	中国
南芒3在建	万象	35	抽水蓄能	中国
Tha Kho	占巴赛	35	径流式发电	中国
国内小计		341		
总计		4977		

2. 林矿。在号称“森林王国”的老挝境内，森林覆盖面积达50%（亚太地区各国平均森林覆盖面积仅为28.4%），大部分森林保持着良好的原始生态。据统计，老挝现有800万至900万公顷的经济林木，其中一半有采伐价值。老挝出产许多珍贵树种，其中柚木、红木、乌木，楠木、檀香木、黄檀木等享有盛誉，是世界上出产珍贵树木最多的国家之一。这些木材大部分出口到日本、西欧等国家，换取大量外汇。

老挝有金、银、铂、镍等贵金属矿，有铁、锡、铜、钨、铜、锌、锰、锑等有色金属矿，有蓝宝石、红宝石、翡翠等宝石矿，还有煤、石油、岩盐、石膏、云母等非金属矿，每年给老挝带来外汇5.3亿美元。这些矿藏不但储藏量大，而且品位高，开发的前景十分广阔。在波乔省地区有开采价值很高的蓝宝石矿，这些宝石矿与缅甸著名的宝石矿脉有密切的联系，是世界著名的宝石产地之一。老挝的大部分矿藏还沉睡在地下，没有得到充分的勘探和开采。据外国专家认为，在老挝最有开发前途的项目之一是采矿和石油勘探。这些丰富的矿产资源与国外的资金和先进的技术结合起来，将给老挝带来巨大的经济效益和社会效益。

3. 旅游。老挝位于中南半岛的东北部，国土面积236800平方公里，人口约500万，是东南亚唯一的内陆国，境内山峦起伏，森林密布，是个自然资源非常丰富的国家。除了丰富的自然资源外，老挝的古迹佛塔、寺庙、高脚屋、法国殖民时期留下的法式建筑物、以及老挝独特的民俗民风，都是老挝发展旅游业的有利条件。近几年，老挝利用自身丰富的旅游资源优势，大力发展旅游业。旅游业的发展带动了国家经济的发展，旅游收入已经成为老挝国家财政重要的收入之一。2001年底，老挝国内的20家旅游公司与世界30多个国家的大约500家旅游公司有了业务往来。经过十多年的发展，老挝国际旅游入境人数大幅度增加，旅游外汇收入也成十倍的增长。

时代发展到各国都注重经济建设的今天，老挝以它优越的地理位置和丰富的自然资源，重新受到世界许多国家的关注。老挝处于东盟和印度支那经济走廊的中间地带，位于东南亚交通网的十字路口，可以借助周边国家的经济实力和辐射作用，加速老挝的经济发展。这个只有23万多平方公里的内陆小国蕴藏着极为丰富的矿产资源、森林资源、水力资源和旅游资源等，以它独特的优势和魅力吸引着许多外来投资者，尤其是东盟区域内各国包括中国、日本、韩国等。以丰富的原始旅游资源吸引着来自世界各地的游客，被视为该区域内最原始的旅游胜地。

（来源：索姆吉特．现代经济杂志2009年第4期）

马来西亚投资环境

马来西亚政府鼓励和欢迎外国投资者对其制造业及相关服务业进行投资，马来西亚政府利用其丰富的资源和独特的地理位置，致力于改善投资环境、完善投资法律、加强投资激励，以吸引外资进入马来西亚的相关行业。目前已有来自50多个国家共4000多家公司把马来西亚作为其海外基地，马来西亚已成为外资到东南亚投资的重要选择之一。

一、马来西亚分行业优惠政策

总体而言，马来西亚对外资的鼓励政策和促进措施主要是以税赋减免的形式出现，分为直接税激励和间接税激励两种。直接税激励是指对一定时期内的所得税进行部分或全部减免；间接税激励则以免除进口税、销售税或消费税的形式出现。

马来西亚投资激励政策以《1986年促进投资法》、《1967年所得税法》、《1967海关法》、《1972年销售税法》、《1976年消费税法》以及《1990年自由区域法》等为法律基础。这些法律涵盖了对制造业、农业、旅游业等领域投资行为的批准程序和各种鼓励和促进措施。

（一）对投资制造业的主要鼓励政策和促进措施

对投资制造企业的主要税收激励措施是给予企业新兴工业地位（PS）和投资税赋抵减（ITA）。享受新兴工业地位或投资赋税抵减的资格是以企业具备的某方面优势为基础的，包括较高的产品附加值、先进的技术水平以及工业联系等。符合这些条件的投资被称为“促进行动”（promoted activities）或“促进产品”（promoted producties）。马来西亚政府专门制订了有关制造业的《促进行动及产品列表》。

1. 新兴工业地位（PS）。获得新兴工业地位称号的企业将可获得为期5年的部分减免所得税，即仅就其合法收入的30％征收所得税。

2. 投资税赋抵减（ITA）。获得投资税赋抵减奖励的企业，自符合规定的第一笔资本支出发生的5年内，所有符合规定的资本支出的60％，可以享受投资税赋抵减。此抵减额可用于冲抵其纳税年度合法收入税额的70％，未使用完的抵减额可转至以后年度使用，直至抵减额全部用完。

（二）对投资农业的主要鼓励政策和促进措施

马来西亚政府在农业方面专门制订了《促进行动及产品列表》，投资农业也可获得新兴工业地位和投资税赋抵减的优惠，包括土地的开垦、农作物种植、农用道路开辟、农用建筑建造等方面的支出费用，马来西亚政府还规定，大型综合农业投资项目中，农产品加工或制造过程产生的资本支出，可以享受5年单独的投资税赋抵减。

1. 对粮食生产的鼓励措施。投资于粮食生产公司的企业，可享受与投资额相等的扣税额或10年内农业投资收入100％的免税，而且免税期间的亏损可转至免税期后，由免税收入产生的股息，被视为股东的免税收入。

2. 以本地资源为基础的农业再投资奖励。扩充计划的再投资项目可享受新一轮的新兴工业地位和投资赋税抵减。

3. 对种植橡胶树的农业税赋抵减。种植至少10％的橡胶树的非橡胶种植公司可以享受加速农业税赋抵减，投入的资本支出可以从2年减至1年内注销。

4. 鼓励申请哈拉（Halal）认证机制。为取得哈拉认证的支出可在应缴所得税中扣除。同时，凡生产哈拉食品的公司，自符合规定的第一笔资本支出的5年内所发生的符合规定的所有资本支出可享受投资赋税抵减。

除此之外，马来西亚政府对农业还制订了一些投资鼓励措施，以鼓励外商投资农业。

（三）对投资旅游业的主要鼓励政策和促进措施

马来西亚旅游业分为生态旅游和农业旅游，受鼓励的旅游投资项目包括旅馆业务、度假村的建造、至少容纳3000人的会议中心的建造等。投资旅游业除符合有关规定可以享受新兴工业地位和投资赋税抵减外，对旅游业的其他鼓励政策和措施还有：

1. 旅馆和旅游业的扩充或重修等再投资项目可享受新一轮的新兴工业地位和投资赋税抵减。

2. 对投资豪华游艇业的奖励政策。建造豪华游艇的公司可获新兴工业地位，享受所得税豁免。

3. 旅馆和旅行社在国外的促销活动可享受双重税务扣减。

4. 主办超过500名外国人参加的国际会议和展览的利润可获得免税。

此外，马来西亚政府还采取措施对国内外旅客、文化表演、汽车出租业等进行税务奖励。

（四）投资多媒体超级走廊的鼓励政策和促进措施

多媒体超级走廊是从马来西亚首都吉隆坡向南延伸的一块面积约750平方公里的地段，马来西亚政府对取得多媒体超级走廊地位的公司提供了一系列财税、金融鼓励和保障措施，包括：

1. 新兴工业地位，其法定收入100%免税或100%的投资赋税抵减。（首轮有效期为5年）

2. 公司所有权自由化，无限制地聘请国内外知识员工。

3. 全球融资自由化，对多媒体超级走廊的基础设施建设拥有优先投标权。

4. 世界级的硬件和资讯基础设施，多媒体超级走廊的发展机构（MDC）提供一站式优质高效的服务。

此外，在2007年财政预算中马来西亚政府宣布，要进一步发展多媒体超级走廊，拨款1.54亿马币（约合人民币3亿元）用于支持多媒体超级走廊的各种项目，包括提供更为广泛的服务，范围从注册到经营业务以及中小企业发展计划等。

（五）投资发展生物科技的鼓励措施

马来西亚政府成立生物科技风险投资公司，致力于生物科技领域投资，并提供相关培训服务。在2007年财政预算中，马来西亚政府宣布了一系列新举措，鼓励在生物科技领域的投资，大力推动生物科技产业的发展。这些投资鼓励政策主要包括：

1. 生物科技公司从盈利的第一年开始，豁免10年的合法收入所得税；10年期满后，生物科技公司从第11年开始缴纳20%的所得税，优惠期仍为10年。

2. 投资生物科技领域的公司或个人，可享受与其投资相等的税赋抵减，并可获得前期的融资支持。

3. 生物科技公司在进行合并或并购时，可豁免印花税，并免缴5年的不动产收益税。

4. 用于生物科技研究的建筑物可获得有关工业建筑物津贴。

同时，政府还计划拨款2.1亿马币（约合4.5亿人民币）专门支持发展生物科技，重点是生物科技计划引进、基因工程、分子生物、生物制药等领域。

（六）降低实业信托基金的红利税

为使马来西亚资本市场产品多元化，吸引本地及外国投资者加入。

（七）对设立营运总部、地区分销中心以及国际采购中心的鼓励措施

1. 经政府核准的营运总部可享受为期10年的包括商业收入、利息以及专利金在内的法定收入免税待遇；金融融资便利。

2. 经政府核准的地区分销中心和国际采购中心可享受100%的外资股权、金融便利、使用自由区、保税区商品等。国际采购中心和符合条件的地区分销中心还可享受为期10年的公司所得税100%豁免、从免税收入中派发的股息也被免税。

（八）加大对特定地区投资鼓励的力度

马来西亚政府加大了对沙巴、沙捞越以及半岛“东部走廊”（即吉兰丹州、丁家奴州和彭亨州）投资的鼓励和促进力度，在2010年12月31日前，凡投资该地区的公司，均可享受100%的所得税减免，或者符合规定资本支出的100%的抵减额。

除上述吸引外资的鼓励政策和促进措施外，马来西亚政府还通过对建设工业建筑、基础设施实行税务减免，相关产品进口关税豁免，出口税务奖励以及加强人力资源培训等措施吸引外国投资进入马来西亚寻找商业机会。

二、马来西亚在服务业方面的高度保护及限制外资的政策措施

虽然马来西亚政府出台了众多政策措施，鼓励外资对制造业、农业、旅游业等领域进行投资，但是对服务业却采取高度保护的政策：

1. 基础电信服务。外资最多只能收购现有固定电话业务30%的股份，提供增值业务的供应商的外资股份也被限制在30%以内。

2. 分销与直销业务。对股份、注册资本、分销以及商品等领域都有明确限制。

3. 法律服务。外国律师不能在马来西亚从事法律工作；外国律师事务所只能与本地律师事务所合作开展业务，并且投资股份不得超过30%。

4. 建筑。外国建筑公司只能作为特定项目的合营方在马来西亚从事建筑服务，外国建筑公司不能成为马来西亚建筑公司的注册合伙人。外国建筑师在马来西亚只可成为马来西亚公司管理人、股东或雇员。

5. 工程项目。特殊情况下，马来西亚批准外国工程师获得执业资格，但必须得到承揽该项目的马来西亚公司的担保，且执业资格仅在该特定项目期间有效。外国工程公司可以和马来西亚公司合作，但须由马来西亚工程公司负责设计并向主管部门提交计划。

6. 银行。目前允许外国机构拥有投资银行49%

的股份，商业银行的最高股份上限为30%。

7. 保险。外资股份超过49%时，必须得到政府批准；现有的合资保险公司的外资股份经批准后允许提高到51%，但是新进入的外国保险公司只能与本地保险公司合作，且外资累计股权不能超过30%。

（来源：广西商务厅东盟二处网. http://dm2c.guangxi.mofcom.gov.cn/aarticle/ztfenxi/tjxm/200904/20090406175531.html. 2009—04—16）

缅甸投资环境

缅甸位于亚洲中南部半岛西北部，是东南亚大陆面积最大的国家。缅甸历史悠久，是著名的佛教之国，全国到处佛塔林立，因此又被誉为“佛塔之国”。

农业是缅甸国民经济的基础，主要农作物有稻谷、小麦、棉花、甘蔗和黄麻等。缅甸是世界上柚木产量最大的国家，缅甸将柚木视为国树，被称为“树木之王”、“缅甸之宝”，同时，缅甸盛产的玉石和宝石在世界上也享有盛誉。因有着丰富的自然资源，世界银行将缅甸称作“亚洲最为丰富的生物资源库”。

总体而言，缅甸是一个农业国家，农机产品有很大的市场潜力；工业不发达，大量生活用品与生产工具需进口；基础设施落后，急需外资与技术的投入。

一、自然资源

矿产资源：缅甸的矿产资源主要有石油、天然气、金、银、铅、锌、铜、锡、钨、铝、锑、锰、大理石等，其中宝石和玉石在世界上享有盛誉，因其宝石、玉石储量大，品质高而享有“宝石王国”的美誉。缅甸的宝石主要品种有红宝石、蓝宝石、水晶石、钻石、玉石、翡翠等，主要分布在缅甸北部、东北部的克钦邦以及抹谷、南渡一带。

能源：缅甸的石油和天然气在内陆及沿海均有较大蕴藏量。据2003年获得的缅甸石油天然气公司公布的数字，缅甸陆地和近海的已探明石油储量达31.54亿桶，天然气储量达14420.5亿立方米。在缅甸从事油气开发的外国公司主要来自印度尼西亚、巴哈马、英国、塞浦路斯和中国。缅甸的近海油气田主要集中在若开邦、德林达依和莫塔马，但到目前为止，只有位于莫塔马的亚达纳油气固和位于德林达依的耶达甘油气田进入生产阶段。

森林资源：缅甸的森林资源丰富，全国拥有林地3412万公顷，森林覆盖率为50%左右，其中，天然柚木蓄积量占世界总量的75%。除柚木外，季风区还生长着优质硬木类树种铁力木、柳安、紫檀等。缅甸江河的三角洲、沿海的滩涂上，还生长着大片的潮水滩涂林。除林木外，缅甸还是一个盛产藤、竹的国家。

二、投资地

仰光由于靠近出海口，海船进出方便，仰光成为缅甸最重要的交通枢纽和沟通腹地物资的集散地。水运、铁路和公路线连接全国各地。北郊19公里处的敏加拉洞国际机场是缅甸国内和国际主要航空港。城市呈矩形，旧城建在勃固山脉向南延伸的一条山梁上，新城分布在四周的三角洲冲积地。市内交通发达，市中心与各主要郊区之间通有公共汽车和火车。仰光也是缅甸主要工业城市，主要工业有碾米厂、纺织厂、木材加工厂、橡胶厂、炼油厂、造纸厂、发电厂、钢铁厂、造船厂和汽车制造厂等。

曼德勒是曼德勒省的省会，著名的故都，缅甸的第二大城市，人口约80多万，是上缅甸政治、经济和文化中心。曼德勒位于缅甸中部平原地区，坐落在伊洛瓦底江东岸，水陆交通便利，是缅甸内陆重要交通枢纽，新建的曼德勒国际机场是目前缅甸最大的国际机场。曼德勒是缅甸第二大工业城市，市内主要工业纺织厂、木材加工厂、啤酒厂、碾米厂、农机厂、枕轨厂、水泥厂、汽车装配厂、机械制造厂和化工厂等。曼德勒最著名的是手工艺品，其木雕、石雕、象牙雕、漆器、金线绣、金银制品和珠宝首饰等均为全国一流。

三、缅甸优先发展的产业

缅甸工业发展的基本思路是利用农业发展所积累的资金，逐步建立国家发展所必需的基础工业。最终目标是把缅甸建成以农业为基础的工业化国家。因此，缅甸政府把资源型重大投资项目、资源出口增值型项目和劳动密集出口型项目确立为外国投资优先领域，并将这些领域的外国投资放在优先地位。目前，外国在缅甸的主要投资领域是制造业、采矿业、饭店和旅游业。

缅甸的市场广阔，众多商品的进口需求极大。中国除了是缅甸传统的贸易伙伴外，更占有得天独厚的地缘优势。中国产品物美价廉，深受当地人民的喜爱。现缅甸大量需要中国商品，大到机械设备、汽车摩托车、农机、化工产品、仪器仪表，小到日用百货、纺织服装、药品、家用电器、小五金制品、化妆品、食品饮料。中国农机产品（手扶拖拉机、柴油机等）在缅甸市场占有率在90%以上。

四、我国企业投资缅甸可选四大领域

缅甸军政府于1988年政变上台后，逐步放弃了过去实行40余年的闭关锁国体制，开始向外资敞开门户。为此，缅甸军政府先后出台了《外国投资法》、《外国投资法实施细则》，并且组建了外国投资委员会，专门负责外国投资事宜。向外资开放10余年来，缅甸实际利用（到位）的外资仅为约21亿美元，约占外资协议总金额的28%、缅甸吸引外资最多的3个领域依次为石油和天然气开发、制造业、旅游业。在缅甸投资最多的3个国家依次为新加坡、英国和泰国。我国在缅甸的投资项目涉及石油和天然气开发、木材和水产品加工等领域。

针对缅甸的特殊国情，业内人士指出，我国企业在缅甸投资应注意以下两方面情况：首先，对缅甸投资金额和规模要与目前的中缅政治和经济关系相对称。缅甸是我国的友好邻邦，两国经贸关系较为密切。在缅甸保持一定的投资规模符合我国的利益．这不仅在战略上，而且在经济上均会给我国带来一定的实惠。其次，缅甸是一个电力严重匮乏的国家，投资项目和规模要与实际供电状况相适应，切不可贪大求多。据缅甸电力部公布的统计数字，目前缅甸全国发电总装机容量仅为1149兆瓦，电力严重短缺。我国企业在缅甸投资应把电力因素考虑进去，而且重点应该放在投资少、工期短、见效快和耗电量不大的中小项目上。

我国企业在缅甸投资可把重点放在下列几个领域：

1．参与缅甸的渔业资源开发。缅甸海岸线长达2700余公里，在其领海内有着丰富的渔业资源。据缅甸渔业专家考证，在保护渔业资源可持续发展的前提下，缅甸海鱼海虾每年的适度捕捞量可达100余万吨。但由于捕捞能力有限，缅甸年均捕捞大约59万吨。在参与渔业资源开发的同时，还可在缅甸兴建海产品冷冻厂和加工厂。

2．参与缅甸林业资源开发，开办木材加工厂。缅甸森林覆盖面积占国土总面积的50%。在其林木中，棺木和红木等优质树木的数量相当可观，国际市场上绝大部分的棺木产自缅甸。缅甸年均出口各种木材50余万立方米，创汇3亿余美元。虽然缅甸木材质地优良，但是其加工技术落后，工艺粗糙。我国企业可与缅方组建木材加工合资企业，由中方出技术和设备，缅方提供厂房和原料．此举可实现优势互补，使双方均受益。

3．对我国过去援建的老厂进行技术改造。中缅建交50余年来，我国帮助缅甸建造的工程项目达数十个之多，这些工程设施大多已经陈旧老化，需要改造和更新。投资该领域，不仅可以带动技术出口，而且还可以带动机械设备出口。

4．参与缅甸的农业开发。缅甸是一个农业国，农业产值约占国内生产总值的42%，农产品出口值约占该国出口总值的28.3%。缅甸全国可耕地面积达1822.5万公顷，已利用耕地面积仅为1012.5万公顷，还有810万公顷荒地有待开发。参与缅甸农业开发不仅可以缓解我国人多地少的矛盾，还可以带动农机、农药、化肥和良种对缅甸的出口。

五、缅甸外资审批程序

缅甸联邦投资委员会（MIC）是缅甸外资管理机构。该委员会由18位部长组成，主席由副总理担任。《缅甸联邦外国投资法》和《缅甸公民投资法》有关条款均由MIC批准实施或执行。联合秘书负责投资和公司管理指导委员会（DICA）的日常事务。

外资审批程序是：

1．根据《缅甸联邦外国投资法》向MIC提交申请表（FORM I）。申请表应含以下文件：企业财务状况表（近几年财务审计情况），开户银行推荐信，项目经济可行性报告，合作协议草案（合资协议、租赁协议或由有关主管部门代表签字的独资项目协议），按《缅甸公司法》起草的公司备忘录或公司章程，根据《缅甸联邦外国投资法》第十章第二十六款规定起草的税务减免申请函。

2．投资和公司管理指导委员会（DICA）对所提交的项目建议书进行审查。审查侧重于拟实施的项目是否符合被推选条件、文件是否齐全一致、经济可行性和项目的商业期限、技术适用性、市场潜力、所能创造的就业机会、对环境的影响等。

3．项目建议书审查合格后，由DICA代理公司或投资者或其代表向政府咨询有关技术问题，并将所有文件提交MIC。

4．由MIC初次会议审查技术问题，原则同意后向检察长办公室推荐，并对该项目作法律评审。

5．由MIC正式会议批准立项。

6．报内阁会议批准，颁发批准书（FORM II），并明确该项目所能享受的各种优惠政策。

如果所需申报的文件资料齐全，一般在两个月内即可完成审批手续。

六、优惠政策

为鼓励外国在本国投资，缅甸投资委员会给予所有投资者税收减免优惠：任何生产性或服务性企业，从开业的第一年起，连续三年免征所得税。如果对国家有所贡献，可根据投资项目的效益，继续适当地减免税收；此外，根据具体情况，还可减免其他的一个或多个或全部的税收。

1. 如企业将所得利润作为储备金，并在1年内进行再投资，其所获得的利润可被减免税收；

2. 为评估所得税，可按照委员会规定的比例，在原始价值的范围内对机械、设备、建筑物或其他资本货物进行加速折旧；

3. 如企业产品外销，出口所得利润可获得50%的减征所得税；

4. 投资者应向国家上缴受聘于企业的外国人的所得税，而该项支出可从应征税额中扣除；

5. 上述外国人的所得税应按照国内公民缴纳所得税的税率征收；

6. 企业确属必要的并在国内进行的科研和开发费用可从应征税额中扣除；

7. 每个企业在享受上述第一款优惠减免所得税后，如连续两年出现亏损，亏损发生年后的三年可连续结转和抵消；

8. 企业开办期间确因需要而进口的机器、设备、仪器、机器零部件、备件和材料，可减免关税或其他国内税或两种税收同时减免。

（来源：中国—东盟中心网. http://www.cat-itec.org/wcm/site/ca_center/tzzx/tzhj/2008－12－25/56256.html.2008—12—25）

菲律宾贸易投资环境

一、贸易投资管理体制的变化

2008年，菲律宾管理进出口贸易和投资的相关法律制度基本保持稳定。菲律宾管理进出口贸易相关法律主要有2001年修订的《1991年海关法》，该法对菲律宾管理进出口货物海关估价、税费征收及海关监管等方面作出了规定；《出口发展法》是菲律宾促进产品出口的主要法律依据。

《综合投资法典》是菲律宾投资方面的基本法，该法规定了菲律宾的基本投资政策；《外国投资法典》及其修正案进一步放宽了外国投资者在菲律宾的投资限制，规定除法律规定的禁止、限制投资的领域之外，外资可在菲律宾绝大部分的经济活动中投资经营，另外该法还规定了外资可以享受的基本权利。

其他影响进出口贸易和投资的法律还有《交易法》、《食品医药法》、《价格法》、《反倾销法》、《反补贴法》、《保障措施法》、《知识产权保护法》、《零售法》、《烟草法》、《电子商务法》、《消费者保护法》、《经济特区法》、《钢铁法》、《采矿法》、《建设—营运—转让法》及《投资租赁法》等。

（一）贸易管理制度及其发展

1. 关税制度

根据1995年开始实施的关税改革计划，菲律宾已逐步降低进口产品的关税水平。菲律宾的进口关税通常从价征收，但对酒精饮料、烟花爆竹、烟草制品、手表、矿物燃料、卡通、糖精、扑克等产品征收从量税或混合税。目前，菲律宾的最惠国税率范围为0%～65%。

根据2005年公布的《中国—东盟全面经济合作框架协议货物贸易协议》（以下简称《货物贸易协议》），菲律宾对纳入《货物贸易协议》范围的中国产品实施优惠税率，其余产品按最惠国税率征收关税。

根据2005年12月29日发布的第485号行政命令，菲律宾已于2006年对纳入“早期收获”方案的中国蔬菜和水果等214类产品实施零税率。

根据《货物贸易协议》的相关承诺，菲律宾将在2010年和2012年前逐步将从中国进口的正常产品关税降为零；在2012年前把从中国进口的敏感产品关税降到20%，到2018年降为0%～5%；在2015年前把从中国进口的高敏感产品关税降到50%。

菲律宾在2006年1月和2007年1月分别签署了第487号行政命令和第613号行政命令，对纳入中国—东盟自由贸易区协定下的正常产品削减关税。目前，除原进口关税为0%～5%的正常产品维持原状外，进口关税为20%以上的正常产品已降为12%，原进口关税为5%～20%的正常产品已降为5%。

此外，菲律宾还根据《税收法》规定，对汽车、烟草、汽油、酒精以及其他非必要商品的进口征收消费税。根据菲律宾于1998年1月1日建立的增值税体制，进口产品还将向菲律宾海关当局缴纳12%的增值税，征税基础为菲律宾海关为征收关税而确定的海关价值加上所征关税和消费税。

2. 进口管理制度

菲律宾禁止进口的商品主要包括涉及国家安全的枪支弹药、含金、银或其他贵重金属或其合金制成的物品、玩具枪、破旧衣服、伪劣药品以及菲律宾有关法律规定禁止进口的其他物品和配件。汽车、拖拉机、小汽车、柴油机、汽油机、摩托车、耐用消费品、新闻版和印刷设备、水泥、与健康和与公安安全有关的等130多种特定产品的进口，必须向菲律宾农业部、食品药品局或贸工部等相关政府部门申请进口许可证。

此外，菲律宾还对鸡、鸭及大米等15类商品实施关税配额，一般配额内关税为30%到50%，配额外关税为35%到65%。根据中国和菲律宾政府就WTO框架下菲律宾大米“特殊待遇”延长问题达成的双边协议，菲方在延长大米配额管理的基础上，同意增加中国大米的进口配额量，并将大米的进口关税从目前的50%降低到40%。

3. 出口管理制度

菲律宾禁止出口的苎麻种子及幼苗、部分野生动物及活鱼等少数产品，水泥、石油及石油产品、军火及部分植物原材料的出口必须向菲律宾农业部、环境和自然资源部等相关政府部门申请出口许可证。2008年，为防止矿产走私并保障菲政府对矿产货物税的征收，菲律宾环境和自然资源部针对菲矿产出口恢复出口许可证。

根据菲律宾《综合投资法典》、《出口发展法》和其他法规的规定，菲律宾对符合条件的出口导向型企业和出口产品规定了优惠政策，包括简化出口手续并免征出口附加税，进口商品再出口可享受增值税退税、外汇辅助以及使用出口加工区的低成本设施，免税进口生产出口商品所需原料，保留100%的出口外汇所得，给予出口融资，出口信用担保等。此外，出口加工区、保税仓库和各种类型的工业园区内的出口加工企业，还可享受原材料、关税等方面的鼓励措施等。

4. 贸易救济制度

菲律宾的贸易救济制度主要包括反倾销、反补贴和保障措施，其调查申请、程序和实施措施分别由菲律宾《反倾销法》、《反补贴法》和《保障措施法》规范。菲律宾关税委员会是负责反倾销和反补贴的公众听证会和磋商以及保障措施的初步调查工作。

5. 其他相关制度

为履行WTO《海关估价协议》，菲律宾2001年《海关法》规定，菲律宾采用实际交易价格作为海关估价基础。菲律宾海关总署承担“事后审查”、边境控制以及风险管理等职责。菲海关对进口货物实施风险分类管理，所有的进口商都必须通过自动海关处理系统（Automated Customs Operating System）递交报关单，该系统将通过自动选择系统决定进口货物风险高低。高风险货物通过“红色通道”通关，在货物放行之前不仅需要对货物单据进行详细审核，还必须进行严格的实物查验；中风险货物通过“黄色通道”通关，在货物放行之前仅需进行单据审核；低风险货物通关“绿色通道”，一般不需要任何当场检查，而是通过“事后审查”程序进行控制。2002年，菲海关对部分风险极低的货物进口商提供“超级绿色通道”，以提高通关效率。

（二）投资管理制度及发展

菲律宾政府对外资实施鼓励政策，并对符合条件的外资给予各种优惠政策，但出于对国家整体利益的考虑，菲律宾政府限制外资在某些投资领域的参与。菲律宾政府将所有投资领域分为三类，即投资优先领域、限制投资领域和禁止投资领域。

优先投资领域可享受菲律宾政府提供的多项优惠措施。根据菲律宾投资署2008年6月2日公布的《2008年投资优先计划》，2008年的优先投资领域主要包括农业、渔业、建筑、旅游、科技研发、钢铁、造船、机械设备以及汽车零配件制造及组装等行业。在这些投资领域，外资可以享有100%的股权，并对那些高度优先项目提供广泛的优惠条件，包括减免所得税、免除进口设备及零部件的进口关税、免除进口码头税、免除出口税费等财政优惠和无限制使用托运设备、雇用外国劳工、简化进出口通关程序等非财政优惠。

对于禁止投资领域和限制性投资领域，菲律宾国家经济开发局（National Economic and Development Authority简称NEDA）通常会根据1991年《外国投资法典》公布限制外资项目清单（Foreign Investment Negative List简称FINL），该清单每两年更新一次。

在清单上会详细列明禁止外资投资的领域及外资在限制性投资领域中的最高持股比例。根据2007年1月6日第584号行政命令制订的第七版限制外资项目清单，限制外资进入的行业共有35个，其中28个行业因宪法和相关法律的规定而受到限制，7个行业因国家安全、国民生命健康和保护中小企业等原因而受到限制。同第六版限制外资项目清单相比，最新清单减少了限制外资进入的行业，并提高了部分行业的外资持股比例。

（三）与贸易投资相关的管理制度及其发展

在菲律宾投资经商，必须在菲证券交易委员会(Security and Exchange Commission，简称“SEC”)登记注册。

根据菲律宾登记注册要求，设立股份制公司或合伙企业，需向菲律宾证券交易委员会提交申请表格、经SEC确认的注册企业名称、公司章程、菲移民局出具的外方股东常驻身份证明（ACR/ICR、SIRV及外方股权认购人签证）、菲律宾银行出具的申办企业到位资金（总额）证明、菲律宾银行出具的外方到位资金（汇入汇款）证明。如为合资企业，还需提交非方董事会决议。

外国企业到菲律宾开设分公司，除申请表格、经SEC确认的注册公司名称及公司章程副本外，还需向SEC提交母公司董事会在菲律宾创办分公司授权副本、菲律宾银行出具的到位资金（汇入汇款）证明（如属境外提供的文件，须经菲律宾驻外使领馆公证）、由申办企业国内独立注册会计师出具的母公司最近一年财务报表，并指定一名当地代理听候SEC传唤。

此外，如果投资项目或经营活动符合菲律宾相关优惠，还必须到菲律宾投资署等主管政府机构登记。

根据2005年通过的第9337号法令，自2009年1月1日起，菲律宾企业所得税税率由35%下调到30%。

（四）贸易投资管理部门及其变化

菲律宾贸易工业部是菲律宾负责贸易投资政策实施和协调、促进贸易和投资便利化的主要职能部门。贸易工业部下设的投资署负责投资政策包括外资政策的实施和管理；产品标准化署主要负责产品技术标注和法规的管理和实施；进口服务署主要负责特定产品进口法规的管理以及发起和指导反倾销、反补贴及保障措施的初步调查。

菲律宾国家经济发展署（NEDA）下设的菲律宾关税委员会主要负责关税政策的制定，包括关税的减让、变更、退还，负责反倾销和反补贴的公众听证会和磋商以及保障措施的调查工作。

菲律宾财政部下设的关税局主要负责关税法律的具体实施，包括进出口关税、进口产品增值税及其他附加税的征收。

为应对日益飙升的食品和石油价格，菲律宾2008年6月设立了国家食品和能源委员会，该委员会由总统亲自领导，成员由国家经济发展署、农业部、环境和能源部、国家反贫困委员会、国家安全委员会、国家电力公司、国家石油公司和国家粮食署组成，主要负责评估菲律宾食品和能源形势并制定长期政策和计划。

二、贸易壁垒

（一）关税及关税管理措施

根据菲律宾2003年《海关法》规定的“关税税率重估”（Re－calibrate），菲律宾政府可以采取行政命令的形式，有选择地提高任何进口产品的关税税率。2003年10月菲律宾就签署了第241号和264号行政命令，将包括化肥、水泥以及鞋类等1000多种产品的进口税率由3%～10%提高到5%～20%，2005年4月菲律宾发布第419号行政命令，规定包括司机在内、可乘坐十人或十人以上的汽车将被收取25%的关税，较原来20%的最惠国关税率高五个百分点。目前，这些产品仍按上述税率水平征收进口关税。

2008年，菲律宾加权平均税率为3.67%，其中农产品及食品的加权平均税率为9.56%，机械设备和交通运输的加权平均税率为1.97%，化工产品的加权平均税率为4.16%，纺织品、纸张及皮革的加权平均税率为6.79%，矿产品的加权平均税率为2.79%。

1. 关税高峰

目前，菲律宾关税税率低于5%的进口产品约占56.33%。但是，仍然有22.85%的进口产品被菲律宾征收15%以上的高关税。其中，税率高于20%的产品所占比例为9.80%，税率高于30%的产品所占比例为6.74%，部分产品甚至被征收50%和65%的高关税。目前，菲律宾的关税高峰产品主要包括活动物、猪肉、家禽肉、蔬菜、大米、糖、咖啡、机动车辆、摩托车等，其平均税率高达43.5%，其中原糖进口关税最高达到65%，大米的进口关税为50%。

2. 关税配额

2008年，菲律宾实施关税配额限制产品基本保持不变。受关税配额管理的产品主要包括大米、牲畜及其肉制品、土豆、大米、咖啡、糖等农产品。根据中国—东盟自由贸易区协定，菲律宾对原产于中国的新鲜和冷冻猪肉、玉米等产品仍然实行关税配额管理。尽管菲律宾2007年6月将禽肉、大米的配额外关税分别由30%和40%削减为5%，但新鲜和冷冻猪肉的配额内关税仍高达30%，配额外关税为40%，火鸡的配额关税为30%，配额外关税为

35%到40%。

为应对日益严重的粮食危机，菲律宾2008年批准取消了大米和玉米的进口配额，任何企业只要获得菲国家粮食署的许可，均可自由进口，但私有企业对大米的年进口量仍然不得超过30万吨，玉米和大米的关税仍分别保持在35%和50%。

（二）通关环节壁垒

为适应WTO《海关估价协议》的相关规定，菲律宾近年来一直在采取措施规范海关管理，其进口货物海关估价、事后审查、风险管理和知识产权边境保护等海关管理措施得到了一定改善。但据中方企业反映，目前菲律宾仍然有私人机构参与菲律宾海关估价过程，尤其是对从“绿色通道”通关的货物估价。中方企业认为，这种做法可能对进口货物的通关造成实质性障碍。

尽管菲律宾根据进口货物风险的不同分别设立了通关程序，以提高进口货物的通关效率，但是菲律宾仍然以打击走私、加强海关检查等多种理由把多数进口货物列入所谓“红色通道”，对这些产品进行严格的单据审核货物实体检验。繁琐的单据检查和货物检验延长了进口货物的通关时间，对货物进口带来了不利影响。

（三）进口限制

菲律宾对汽车、拖拉机、小汽车、柴油机、汽油机、摩托车、耐用消费品、新闻出版和印刷设备、水泥、与健康和公共安全有关的产品、新鲜水果和蔬菜、活牲畜、肉及肉类制品等产品实施进口限制，进口商必须获得相关部门的进口许可方能进口。根据菲律宾渔业法规定，必须获得菲农业部的进口许可证方能进口新鲜和冷冻鱼类及制品。但菲律宾农业部认为，只有在菲律宾必须进口以保证国内食品供应并且进口不会对国内产业造成严重损害或损害威胁的情况下，才能发放进口许可证。

中方一直关注菲律宾进口许可证发放，继2006年以维护国内农民的利益为由，命令植物工业局（BPI）停止发放洋葱进口许可证之后及2007年取消27万吨的玉米进口计划以来，2008年，菲律宾农业部再次延迟了猪肉等农产品的进口许可证。此外，根据菲律宾规定，进口许可证的有效期为发证后60天，货物到港时往往已过期。中方尊重菲律宾对敏感产品的许可证管理，但对菲方许可证发放过程表示关注。

（四）对进口产品征收歧视性税费

菲律宾总统于2004年12月签署了提高烟草产品消费税的法令，该法令将在2011年之前持续提高对烟草和酒类制品的消费税税率。但该法令却对进口和国产烈性酒采用不同的消费税税率。2007年，对于采用当地原料生产的烈性酒，菲律宾把消费税从每公升8.96比索提高到每公升12.58比索。但对于采用进口原料生产的同类烈性酒，每消费税却从每公升84比索到336比索不等提高136.08比索到544.32比索不等。对于基本上采用进口原料生产的酒精浓度等于或低于14%的低度酒，菲律宾将消费税提高到每公升17.47比索，酒精浓度高于14%低于25%的，消费税从每公升26.88比索提高到每公升34.94比索；酒精浓度高于25%的则按照烈性酒征收消费税。尽管至该法令实施之日起，中方就表示关注，但目前菲律宾仍然对进口烈性酒征收歧视性消费税。中方认为，菲律宾这一做法明显违背了WTO国民待遇原则，对进口产品构成了歧视。

（五）技术性贸易壁垒

目前，菲律宾要求对91类产品根据强制性国家标准进行检验，包括家用电器、化妆品、医疗设备、灭火器、轮胎、家具、电线电缆等。对于纺织品和服装规定了强制性标签要求，如果进口产品被发现标签不符合要求，不仅仅是不合格产品，整批货物都将被查封和销毁。中方认为这一规定扩大了处罚范围，在实践中容易对合格产品造成损失，对此中方表示关注。

菲律宾贸工部规定，自2006年1月起，所有的14～29英寸的彩色或黑白电视都必须通过产品标准局的测试中心和菲律宾国内检验机构内湖SOLID公司的检测认证，没有指定的认证标志，将不得入市。中方认为，菲律宾选定内湖SOLID公司为唯一第三方检验机构的做法，给进口产品造成了不便，增加了进口产品的成本。

2007年6月菲律宾不再采用ISO通用标准的做法，采用美国的ASTM标准对瓷砖产品进行检验，进口到菲律宾的生产企业必须通过该ASTM标准认证。ASTM的检验方法与ISO通用标准中的检验方法不同，并将部分非强制性标准变为强制性标准。鉴于瓷砖产品的国际通用标准已经存在，中方认为，菲方应尽量使用国际标准进行检验，以免对贸易造成不必要的影响。此外，由于菲律宾政府缺乏ASTM标准认证的技术能力，只能委托国内一家大型瓷砖生产企业进行认证。中方企业反映，由于认证过程往往会涉及国内生产企业的许多商业秘密，将认证交由菲律宾国内同类生产商负责，显然会对进口产品造成不利影响。

（六）卫生与植物卫生措施

2007年，菲律宾农业部仍对肉类和禽类进口实施动物进口检疫许可（VQC）。菲律宾第26号行政命令指出，官方认可的进口商在进口肉类和禽类之前，必须取得动物进口检疫证明。目前，菲律宾动物进口检疫证明的有效期为出具后60天，包括从原产国装运时间，不得延长。此外，菲律宾还规定，动物进口检疫证明只能使用一次，当实际进口量超过了动物检疫证明所允许的进口量时，进口商必须另外申请动物检疫证明，并且会对进口商处以罚款。这一规定使官方发放检疫证明时拥有更大的自由裁量权，中方希望菲律宾的动物进口检疫许可（VQC）申请能够更具弹性和透明度，从而保持与TBT/SPS协议的一致性。

（七）贸易救济措施

截至2008年底，菲律宾共对中国发起了9起贸易救济措施。目前仍在实施的主要包括2002年发起的瓷砖保障措施。

根据2006年11月16日菲贸工部做出对进口玻璃采取保障措施延长三年的决定，延长后的保护关税税率每年审议后决定。2008年度的税率为：透明浮法玻璃94美元/公吨，着色浮法玻璃120美元/公吨，玻璃镜104美元/公吨。由于菲玻璃制造公司ASAHI已成功转型，菲律宾贸工部于2008年1月开始暂停对花纹玻璃的保障措施。

继2005年1月延长进口瓷砖保障措施之后，2008年1月21日，菲律宾贸工部根据《菲共和国法案8800号》的有关规定再次对进口瓷砖的保障措施延长四年。第一年的保护关税为2比索/公斤，第二、第三和最后一年的保护关税税率将根据上一年保障措施实施情况进一步调整。自2002年开始，菲律宾对进口瓷砖的采用保障措施将长达10年。

此外，菲律宾贸工部2008年8月还对进口角钢发起保障措施案，1009年2月23日，菲贸工部发布对进口角钢采取临时保障措施的初裁调查报告，决定对三个税则号下多个规格的角钢征收每吨1比索的临时保障措施税。该案将提交菲关税委员会做进一步调查。

菲律宾在《保障措施法》有关程序的规定方面存在苛刻的要求和繁琐的程序，使《WTO保障措施协定》第三条赋予的应诉企业提出抗辩的权利受到严重限制。根据菲律宾《保障措施法》的规定，涉案企业在立案同时和问卷寄出之日起5日内被视为收到，并被要求收到5日内将填好的问卷寄至菲律宾贸工部。该问卷要求企业收集整理近六年的生产出口数据，时间过于苛刻。目前WTO成员国鲜有在保障措施调查只给应诉方5天的时间填答问卷。不仅如此，菲方还要求应诉企业正式递交问卷前在当地公证处公证，并送到外事办检查，最后还要取得菲驻华使领馆的认证，否则菲贸工部对递交的问卷将不予考虑。中方认为，5天内要求企业完成如此繁琐的程序显然十分不合理，这些限制给中国企业应诉带来许多难以克服的困难。

（八）政府采购

2003年《政府采购法》是菲律宾政府机关、国有企业及地方政府进行政府采购的法律依据，该法不仅规定了政府采购的纲领、程序及形式，还对政府采购的供应商资格作出了界定。菲律宾并非WTO《政府采购协议》的缔约国，但菲律宾近年来采取了一定的措施改革其国内政府采购程序，包括简化政府采购的资格审查，在政府采购中采用更多的客观标准以及建立有关政府采购的电子信息等。

虽然如此，菲律宾在政府采购过程中，仍然存在诸多限制，包括只有由菲律宾居民控股60%以上的企业才能在水、电、电信、运输等基础设施工程的政府采购中获得投标资格；如果出价最低的投标企业办公总部不在招标基础设施项目所在地，任何办公总部位于招标基础设施项目所在的企业都可以按照该最低价格取代原投标企业，成为该项目的承担方；根据菲律宾总统2004年签署的第278号行政命令，重申菲律宾政府在基础设施服务的招标过程中，应尽可能选择那些利用国内资金、使用国内资源和雇佣国内专业人士的企业，并对参与基础设施的菲律宾企业提供优惠措施。

（九）出口补贴

尽管对出口汽车的生产商提供免税的菲律宾国产汽车出口促进计划已经于2008年到期终止，但菲律宾仍然存在许多对出口企业的补贴措施。根据菲律宾优先投资计划的规定，经菲律宾投资署认定为优先投资领域的出口企业，可以获得4～6年的企业所得税豁免。

此外，菲律宾还对国内农产品实施价格支持。为了遏制生产成本大幅提高，菲律宾国家食品署（NFA）于2007年10月将稻谷支持价格上调10%，即11比索/公斤。NFA还向合作社农户会员额外提供0.50比索/公斤。

（十）服务贸易壁垒

1. 银行

根据1994年《外资企业自由化法案》规定，在该法案生效后5年内，外国银行可在菲律宾境内设立全资分行，但可设立全资分行的外国银行不得超过10家，超过5年后，新设分行的外资持股比例不得超过60%。同时，菲律宾还规定，除1948年以前就在菲律宾经营的4家外国银行可设立12家分行外，外国银行在菲设立的分行限定在6个。

菲律宾还对外国银行在菲境内拥有的银行总资产比例作出了限制，规定在菲注册的银行资产总和的70%及资本金总和的50%应该由菲律宾本地银行控制。外资银行分行从其总行及同业拆入资金与存放、拆放总行及同行的资金净额不能超过永久性资金的4倍。

菲律宾现行法律还规定，菲境内的金融机构必须向指定部门提供一定比例的贷款。根据菲律宾《农业土地法》（The Agr-Agra Law）规定，菲律宾境内银行必须保证25%以上的贷款投向农业领域，《中小企业法》（The Magna Carta for Small Enterprises）要求银行还必须保证有10%以上的贷款投向中小企业。

2. 保险

尽管菲律宾在WTO《服务贸易协定》中对保险业的承诺是外资可持股51%，但实际上外国保险公司可以在菲律宾国内成立全资保险机构。

根据现行法律规定，菲律宾只允许菲律宾国有控股的国家退休基金［Government Service Insurance System（GSIS）］承担政府投资项目的保险，并且在1994年将该规定扩展至公用和私营的建设—营运—转让工程。此外，菲律宾现行保险监管法律规定，凡是在菲律宾境内经营的保险和再保险公司，都必须交付至少10%的保费给菲律宾国家再保险公司。

3. 证券及其他金融服务

菲律宾允许外国证券公司进入其国内证券市场，但是证券公司的外资比例不能超过60%，外资共同基金的董事会必须由菲律宾公民组成。

4. 基础电信

菲律宾认为基础电信属于公用事业，并根据菲律宾1987年《宪法》关于限制外资企业投资部分公用事业的规定，不允许外资进入菲国内的卫星通讯服务。同时，菲律宾境内的基础电信企业的外资股份不得超过40%，在菲境内从事宽带业务的企业外资不能控股，提供无线广播网络服务的企业外资不得超过20%。

此外，电信企业不得雇佣外国员工作为公司总经理，外国员工所占比例不应超过外资股份比例。

5. 广告

菲律宾法律规定，外资在广告企业中的持股比例不得超过30%。此外，广告代理机构的经营管理者必须全部为菲律宾公民。

6. 公用事业

菲律宾政府限制从事水、电、通讯、运输等公用事业的企业中的外资比例，规定本国公民必须控股60%以上，并且企业的经营管理者必须是菲律宾公民。

7. 专业服务

菲律宾政府规定，不允许外资或外国公民在菲国内从事工程设计、律师、医药、会计等专业服务。

8. 航运

菲律宾禁止外国船只从事菲律宾国内运输业务。同时，菲律宾还对规定，从事国际海运业务的企业外资持股比例不得超过40%。此外，菲律宾《光船租赁法》还规定，菲律宾船只除临时工外，只能雇佣菲籍员工和管理人员。

9. 快递

菲律宾规定，外国航空快递公司或空运货代只有通过与100%菲律宾控股的企业签约或者成立一个由菲律宾控股60%以上的合资企业才能从事菲国内的快递服务。

10. 零售

菲律宾2000年《零售法》允许外资在该法生效10年后成立注册资本不低于250万美元的零售企业，但是外资控股不得超过30%，从事奢侈品销售的零售企业外资持股不得超过10%。外国投资者需要满足互惠要求，只有该国允许菲律宾公民或法人在其国内经营零售业务时，其公民或法人才能在菲经营零售业。

三、投资壁垒

菲律宾法律允许外国投资者在菲设立合资公司、子公司、分公司和代表机构。菲律宾规定，在合资公司中的菲律宾股东不得少于5人，不超过15人，多数股东应是菲律宾常住居民，合资公司秘书必须是菲律宾公民，菲律宾证交委员会还要求，财务人员也必须是菲律宾常住居民；分公司在菲律宾开业前，外国母公司必须在菲律宾证交委员会注册，《公司法》还要求分公司至少在证交委员会储蓄实际市值10万比索的有价证券，在每一财政年度开始后的6个月内，分公司必须储蓄实际市值相当其总收入2%（不低于500万比索）的有价证券；代表机构必须在菲律宾证交委员会注册，并汇入菲律宾 3 万美元。

菲律宾对外国投资者设立合资公司、分公司和代表处的上述规定，提高了外资企业的进入门槛，对外国投资构成了实质性障碍。

根据 2007 年菲律宾公布的第 7 版限制外资项目清单（7th Foreign Investment Negative List，简称 FINL）的规定，大众传媒、林业、工程、医药卫生等行业完全禁止外资进入。同时，因涉及国家安全、居民健康以及不利于保护中小企业等，菲律宾还对部分行业的外资投资比例作了限制，包括建筑、维修等行业的外资持股比例不得超过 25%，原子能开发、土地投资、教育等行业的外资不得超过 40%，武器制造、维修、仓储及分销，危险化学品及药品、博彩等行业，外资持股比例最高不得超过 40%。

（来源：中华人民共和国商务部主编.《国别贸易投资环境报告 2009》. 人民出版社 2009 年版. 第 55—64 页）

新加坡投资环境

一、新加坡基础设施

新加坡基础设施完善，拥有全球最繁忙集装箱码头、服务最优质机场、亚洲最广泛宽频互联网体系和通信网络。

（一）公路

虽然新加坡土地稀缺，但是政府在道路建设上拿出了 15%的土地面积用于建设道路，形成了以 8 条快速公路为主线，众多普通道路为支线的公路网络，覆盖到全岛每个角落。2007 年新加坡公路里程达到 3297 公里，其中高速路和主干路 766 公里，普通道路 2531 公里。同时，为分流高峰时段主要道路的通行量，新加坡政府在 1998 年实施了电子道路收费制度（Electronic Road Pricing，ERP），在主要道路入口和中央商务区进入道路上设电子收费闸门，对通过车辆自动从车载现金卡读卡器中收取一定金额的通过费。截止 2007 年底新加坡全岛已设立了 58 个电子收费闸门。

（二）铁路

新加坡铁路主要与周边国家连接，主要运行开往吉隆坡、柔佛州新山市等马来西亚主要城市的线路，到吉隆坡的票价从 19 新元到 68 新元不等。正在计划中的泛亚铁路，将连接中国昆明和包括新加坡在内的 7 个东盟国家，预计全长 7000 公里。

新加坡本岛内地铁、轻轨、公交车等公共交通线路四通八达，方便快捷。全岛地铁和轻轨线路有 138 公里和 97 个站点，公交车线路 302 条，公交站点 4544 个。

（三）空运

新加坡地点适中，是亚洲地区重要的航空运输枢纽。目前 80 家航空公司驻扎樟宜机场，形成了以新加坡为中心往返 59 个国家的 189 个城市、每周 4432 班次的航空网络。樟宜机场占地 1300 公顷，正在运行的 4 个搭客大厅年总载客能力达 6870 万人次。中国与新加坡间每周往返班次 336 次。

（四）水运

新加坡海运业具有悠久的传统，其国际港务集团目前在 16 个国家经营 28 个港口。以新加坡为中心的海运网络由 200 多条航线组成，连接 123 个国家的 600 个港口。新加坡港有 4 个集装箱处理码头，集装箱船泊位 54 个，年集装箱处理能力 3500 万个标准箱。2007 年新加坡港船舶停靠量 12.8 万艘，其中集装箱船近 2 万艘。新加坡注册船只 3553 艘，载重量 3960 万吨。

（五）通信

【电话】截止 2007 年底，新加坡固定电话用户数为 185.9 万户，固定电话普及率为 40.7%。移动电话用户数 561.9 万户，移动电话普及率为 123%。

【互联网】新加坡政府高度重视网络基础设施建设，并将其纳入提升国家知识型经济层次和国际竞争力的发展战略。截止 2007 年，新加坡宽带用户数 326.5 万户，宽带互联网业务普及率为 52%。根据“智慧国 2015”计划，到 2015 年，新加坡将采用光纤到户技术，将全岛宽带网速提升到 1Gbps，比现有最高网速快 10 倍，宽带网普及率从目前的 52%提升到 90%。

【邮政】新加坡邮政网络有 66 处邮局、26 处投递站、32 处邮务代办所，遍布全岛各主要区域，以国内和国际快捷邮件业务为邮政业务重点。

（六）电力

新加坡电力资源供应充足，可满足本国经济和社会发展需要。2007 年，全国电力装机容量约为 10680 兆瓦，全部为火电，燃料为石油和天然气。88%的用户为居民，用电量占 20%；2%为制造业用户，用电量占 40%，其他商业用户用电量占 40%。2008 年，中国华能集团新加坡全资子公司——中新电力与新加坡淡马锡集团签署了收购淡马锡大士电力公司 100%股权的排他性协议。大士电力是新加坡三大电力企业之一，通过收购大士电力公司，华能集团在新加坡拥有2670兆瓦的装机容量，占有新加坡电力市场25%以上的市场份额。

二、新加坡行业投资优惠政策

新加坡优惠政策的主要依据是《公司所得税法案》和《经济扩展法案》（Economic Expansion Incentives），以及每年政府财政预算案中涉及的一些优惠政策。新加坡采取的优惠政策主要是为了鼓励投资、出口、增加就业机会、鼓励研发和高新技术产品的生产，以及使整个经济更具有活力的生产经营活动。如对涉及特殊产业和服务（如高技术、高附加值企业）、大型跨国公司、研发机构、区域总部、国际船运以及出口企业等给予一定期限的减、免税优惠或资金扶持等。

（一）先锋企业奖励。享有先锋企业（包括制造业和服务业）称号的公司，自生产之日起，其从事先锋活动取得的所得可享受免征5～10年所得税的优惠待遇。先锋企业由新加坡政府部门界定。

（二）发展和扩展奖励。从政府规定之日起，一定基数以上的公司所得可享受最低为5%的公司所得税率，为期10年，最长可延长到20年。

（三）服务出口企业奖励。从政府规定之日起，向非新加坡居民或在新加坡没有常设机构的公司或个人提供与与海外项目有关的符合条件的服务的公司，其符合条件的服务收入的90%可享受10年的免征所得税待遇，最长可延长到20年。

（四）区域/国际总部计划。将区域总部（RHQ）或国际总部（IHQ）设在新加坡的跨国公司，可适用较低的企业所得税税率。区域总部为15%，期限为3～5年；国际总部为10%或更低，期限为5～20年。此项政策主要是为鼓励跨国公司将区域或国际总部设立在新加坡。具体优惠企业可与新加坡企业发展局（EBD）进行商谈，企业发展局可根据公司规模和对新加坡贡献为企业量身定做优惠配套。

（五）国际船运企业优惠。拥有或运营新加坡船只或外国船只的国际航运公司，可以申请10年免征企业所得税的优惠，最长期限可延长到30年。申请企业应具备以下条件：是新加坡居民公司；拥有并运营一定规模的船队；在新加坡的运营成本每年超过400万新元；至少10%的船队（或最少一只船）在新加坡注册。此类优惠项目由新加坡海运管理局（MPA）负责评估。

（六）金融和财务中心奖励。此项政策是为鼓励跨国企业在新加坡设立金融和财务中心（FTC），从事财务、融资和其他金融服务业务。金融和财务中心从事符合条件的活动取得的收入可申请享受10%的企业所得税优惠税率，为期10年，最长可延长到20年。

（七）研发业务优惠。为鼓励企业加大研发力度，新加坡政府规定，自2009估税年度起，企业在新加坡发生的研发费用可享受150%的扣除，并对从事研发业务的企业每年给予一定金额的研发资金补助。

（八）国际贸易商优惠。为鼓励全球贸易商在新加坡开展国际贸易业务，对政府批准的“全球贸易商”给予5～10年的企业所得税优惠，税率减低为5%或10%。此项优惠项目由新加坡国际企业发展局（IES）负责评估。

此外，新加坡还对部分金融业务、海外保险业务、风险投资、海事企业等行业给予一定的所得税优惠或资金扶持。

三、在新加坡注册公司注意事项

在新加坡投资合作办理相关手续，需向新加坡法律事务所、公司秘书事务所或会计事务所寻求咨询和帮助，具体事项请与中国驻新加坡大使馆商务处、中资企业（新加坡）协会联系。

（一）在注册公司之前，需要确定公司商业活动的性质。

（二）公司在进行某些范围的商业活动前，还需要获得许可证。

（三）一家公司可以有一名董事，该董事必须是新加坡公民、新加坡永久居民或者持有就业准证/原则同意书/家属准证。

（四）外国公司必须在新加坡有2位本地代理人代表公司。代理人必须是新加坡公民、新加坡永久居民或者持有就业准证/原则同意书/家属准证。外国人也可作为外国公司在本地的代理人，需向人力部（MOM）工作准证署申请就业准证或原则同意书。

四、新加坡对劳务输入的管理

新加坡主要通过《移民法案》、《就业法案》、《外国工人雇佣法案》和《职场安全与健康法案》等几部重点法律来规范其劳动力市场中所涉及的工作准证、劳动关系、外国工人管理及职业安全与健康等方面问题。

（一）工作合同。只要是雇佣双方以书面、口头、明示或暗示等形式共同达成的协议均构成工作合同。当工作合同中列明的具体工作被完成或达到规定的期限，该合同自动解除。无具体期限的工作合同，签约双方均有权提出终止。签约一方在合约期满前提出终止工作合同须提前书面通知对方。

（二）工作时间。工人的正常工作时间每天不超过8小时，每周工作5天半，即每周不超过44小时或每两周不超过88小时。工人在雇主的要求下在超过规定的时间以外工作，雇主应该支付工人至少正常工资的1.5倍。

（三）给付薪水。依据工作合同确定工资，包括工人根据合同完成的超时工作奖金，不包括住宿、水电费、医疗及其他生活福利等。

（四）外国工人雇佣法案。规定：新加坡海事业公司可以聘用不超过公司外籍员工总量75%的中国工人；新加坡制造业公司可以聘用不超过公司外籍员工总量25%的中国工人；新加坡服务业公司可以聘用不超过公司外籍员工总量10%的中国工人。

五、新加坡进出口商品检验检疫简介

新加坡对进口商品检验检疫的标准和程序十分严格。负责进口食品、动植物检验检疫的部门是农粮兽医局（Agri-Food and Veterinary Authority，简称农粮局或AVA），负责进口药品、化妆品等商品检验的部门是卫生科学局（Health Science Authority，简称HSA）。

（一）农产品和食品检验。只有获得AVA进口执照的贸易商才能在新加坡从事农产品和食品进口业务。具体规定可查询http：//www.ava.gov.sg。

（二）动物检疫。每次进口动物须向AVA申请许可，并提前获得海关清关许可。所有进口动物需符合AVA的兽医标准，具体标准可查询http：//www.ava.gov.sg。

（三）植物检疫。进口植物及植物产品需出示原产国有关机构签发的植物检疫证书并获得AVA的进口许可。

（四）药品、化妆品检验。根据《药品法》、《有毒物质法》、《滥用药物法令》，相关产品需得到HSA批准后方可进口。

（来源：广西商务厅东盟二处网．http://dm2c.guangxi.mofcom.gov.cn/aarticle/ztfenxi/tjxm/200904/20090406175572.html.2009－04－16）

泰国投资环境

泰国地处中南半岛中部，东南临太平洋泰国湾，西南濒印度洋安达曼海。西部及西北部与缅甸交界，东北部与老挝毗邻，东连柬埔寨，南接马来西亚。国土面积51.3万平方公里。50%以上为平原和低地。泰国全年明显分为热季（2～5月中旬）、雨季（5～10月中旬）和凉季（11月翌年2月）三个季节。全年平均气温27.7℃，年平均降水量为1100毫米。

泰国的自然资源主要有钾盐、锡、褐煤、油页岩、天然气，还有锌、铅、钨、铁、锑、铬、重晶石、宝石和石油等。其中钾盐储量4070万吨，主要位于泰东北部、北部高原。天然气蕴藏量约16.4万亿立方英尺。石油储量6亿桶。森林覆盖率20%。

泰国共有76个府。首都曼谷是泰国最大的城市，也是全国政治、经济、文化、交通中心。泰国实行君主立宪制。现任总理阿披实于2008年底当选。

2008年泰国GDP总值2729亿美元，增长率为2.6%。全年对外贸易总额3565亿美元。2008年底泰国外汇储备1110亿美元。

一、中国和泰国双边经贸关系

近年来，中国和泰国机电产品、高新技术产品的相互出口呈迅速上升趋势，机电产品贸易占双边贸易比重的一半以上。2003年两国双边贸易额首次突破百亿美元大关，达到126.55亿美元。2008年中泰贸易额为412.5亿美元，同比增长18.9%。其中中方出口156.1亿美元，增长29.8%；中方进口256.4亿美元，增长13.2%。中国是泰国第2大贸易伙伴，泰国是中国第13大贸易伙伴。中国是泰大米、橡胶、木薯和热带水果等重要农产品的主要出口市场。

双向投资：截至2008年底，泰国在华实际投资额31.9亿美元，其中2008年新增实际投资额1.29亿美元。同时，中国对泰投资也出现较大增长，截止2008年底，经中国商务部批准或备案的中国企业对泰非金融类直接投资共4亿美元，其中2008年投资额2334万美元。

承包劳务合作：泰国是中国在海外的传统承包工程市场之一。中国公司于1980年开始进入当地市场。主要涉及房建、水利、道路、桥梁、港口、冶金、铁路、电信等领域。由于泰对外来普通劳务采取严格管理措施，已在泰中国劳务总量不大，主要以经营管理类、技工人员居多。截至2008年底，中国公司在泰国签订承包工程、劳务合作和设计咨询合同金额59.1亿美元，完成营业额36亿美元。其中2008年新签合同额3.1亿美元，完成营业额

4.88亿美元。

二、泰国投资贸易环境

从投资环境吸引力的角度，泰国的竞争优势有六方面：社会总体较稳定，对华友好；经济增长前景良好；市场潜力较大；地理位置优越，位处东南亚地理中心；工资成本低于发达国家；政策透明度较高，贸易自由化程度较高。世界经济论坛《2007～2008年全球竞争力报告》显示，泰国在全球最具竞争力的131个经济体中排名第28位。在2008年世界轻松经商环境排名中泰国名列第15位，此外，Grand Thornton调查报告表明，全球最具吸引力的新兴市场投资排名中，泰国与马来西亚并列第8位，位于越南和菲律宾之前。

泰国的基础设施条件较好。泰国全国公路运输网络共16万公里，包括高速公路网以及连接各地区、各府的公路系统；建有有37个大小机场，其中国际机场有8个，曼谷是本地区的航空枢纽，每年客流量1700万人次，每周有74个航空公司的1722个航班到达曼谷；全国共有47个国有私营码头，包括21个国际码头，26个海运码头，主要国际码头有Laem Chabang，Bangkok，Phuket和Songkla港。

三、在泰国投资可以享受的优惠政策

泰国投资促进委员（简称BOI）向外国投资者提供两种形式的优惠政策：一是税务上的优惠权益，主要包括免缴或减免法人所得税及红利税、免缴或减免机器进口税、减免必需的原材料进口税、免缴出口产品所需要的原材料进口税等；二是非税务上的优惠权益，主要包括允许引进专家技术人员、允许获得土地所有权、允许汇出外汇等以及其他保障和保护措施。

非税务优惠适用于所有获BOI批准的项目，税务优惠则根据项目所在地和所属行业等不同情况享受相应的优惠。享受鼓励投资的行业主要有以下七大类，分别是：农业及农产品加工业，矿业、陶瓷及基础金属工业，轻工业，金属产品、机械设备和运输设备制造业，电子与电器国内工业，化工产品、造纸及塑胶，服务业及公用事业。每个大类下还细分为许多小类，BOI的有关公告对一些重点鼓励投资的行业都规定了特别的优惠条件，其中，农产品加工业、人才及科技发展业、公共事业、基础设施、环境保护等属于特别重视的项目。一般来说，位于受到特别鼓励投资区域的项目、生产出口型的项目或者属于泰国政府鼓励支持产业范畴内的项目可以获得更大程度的优惠。具体行业类别、规模和优惠条件可以查询BOI网站，网址为：www.boi.go.th/chinese/about/eligible_activities.asp

此外，为鼓励外商投资，BOI放宽了对外商持股比例的限制，对于工业企业投资，无论工厂设在何处，允许外商持大部分或全部股份，如有适当理由，BOI可规定外商在某些受鼓励行业持股比例的限额。

（来源：根据山东省商务厅、山东国际商务网有关资料整理而成。）

多元视角解读越南投资环境

越南与我国毗邻，是我国企业拓展东盟市场的桥头堡、跳板、试验田。

一、多元视角解读越南投资环境

1. 日本投资者视角下的越南投资环境。21世纪以来，日本企业基于将集中于中国的投资风险分散开来等原因，对与中国毗邻的越南投资极为关注，同时也是较早规模进入东盟地区（主要是泰国、越南）投资的国家之一。截至2007年底日本在越南投资项目累计925个，协议资金总额90.4亿元，居在越投资国家和地区第四位。据日本国际合作银行在考察2008年日本企业在国外经营活动后，评价越南投资环境在中期发展展望中排名第三位，在东盟国家中排第一位。

日本投资者认为：越南人工成本低廉，国内市场发展良好，是多样化投资的好地方，人力资源质量高，有组装工业所需的供应链，经营活动有发展前景。日本企业投资越南最主要领域有电器设备、电子、汽车、综合机械、化工等。

2. 台湾地区投资者视角下的越南投资环境。越南曾被台商称为“台商大陆投资的备胎”。据越南《人民报网站》2009年1月6日报道，越南计划投资部外国投资局统计，截至2008年12月，台湾累计对越南直接投资项目1940个，合同金额为196.5亿美元，在84个对越南投资的国家和地区中属首位。台商在越南投资多半以越南南部省市为主，主要集中在胡志明市、同奈省、平阳省，以劳动力密集产业最多。台商在越南投资的主要产业为成衣纺织业、鞋业、食品加工业、农林水产业、橡胶塑料制品业、木制家具业、机械业等。

台湾地区投资者视角下的越南投资环境有利因

素：越南天然资源丰富，人口众多，劳动力资源较为丰富，且素质较高；政局稳定；近年来经济增长较快，发展前景较好；加入WTO组织，投资环境日趋完善；外交目标直接、理性，积极参与和改善国际关系；越南政府较为重视台商在越投资及各地台商联谊活动，至今已准许台商在越南设立台湾商会联合总会及十个分会以及三个产业联谊会；地理位置重要，为中南半岛及中国大陆西南部之门户，且距台湾较近；越南海岸线长，地处中南半岛，位于重要国际航线上，适合外销产业；台越文化相近，台商容易融入越南社会等。不利因素：一是越南市场开放度仍然不足；二是越南行政手续繁冗，设厂土地日渐匮乏，土地成本日渐增高；三是越南劳工权利意识增强，罢工现象增多，且用工日益紧张；四是基础建设仍不足，国土狭长，导致物流成本增加；五是在越外商竞争日益激烈等。

3. 我国大陆投资者视角下的越南投资环境。自1991年中越关系正常化以来，我国大陆企业陆续走出国门，在越南投资兴办实体。

我国大陆投资者视角下的越南投资环境评价，有利因素：一是中越两国国内政治稳定、高层互访频繁、经济快速增长为投资的发展奠定了良好的环境；二是两国政府高度重视发展双边经贸关系，并采取了积极有效的促进措施。如中国—东盟自由贸易区的建设、中越建设“两廊一圈”建议、大湄公河次区域合作等；三是中国大陆企业对越南尚属起步阶段，但是上升速度非常快。不利因素：一是两国虽然毗邻，但是我方对越南投资环境了解不足，对市场考察缺乏实效；二是越南的投资法律体系尚未健全；制度建设空白较多；三是在越投资理想的合作伙伴较难寻觅；四是价格双轨制造成外商与其本国企业生产成本不公平；五是中国大陆投资越南企业协同能力差，恶性竞争时有发生，导致在越其他国家和地区投资者“渔翁得利”；六是部分大陆企业诚信观念、品牌意识、售后服务较差，严重破坏了我国大陆投资者在越投资形象；七是越南基础设施建设较差等。

4. 发展视野下的越南投资环境评析。越南与我国毗邻，互为国内市场与东盟市场的门户，互为进军东盟市场和国内市场的跳板；区域合作战略位置重要；产业呈上下游层次交错分布，互补性较强；投资环境日益改善，政策日趋稳定透明；文化基础同构性较强，交往融入较为容易；中越双方关系稳定，交往密切；边贸、口岸经济繁荣。当然越南的投资环境的不确定因素也很多，但是我们应该以发展的眼光来看待越南发展的投资环境，一应避免“海市蜃楼”幻想，二应避免“犹豫不决”的蹉跎。

二、地方政府和企业优化中越投资环境的思路

一是加强地方政府与越南地方政府的交流与行政合作；二是设立对越南投资综合服务中心，为欲往越南投资企业提供前期工作支持，如为企业提供越南投资项目市场信息、投资环境分析、经济评估、法律咨询、人员培训等服务，通过提供支持和服务来帮助企业开拓越南市场；三是加强现代信息网络建设，大力发展电子政务、电子商务等，实现政策透明化、市场信息、企业投资经验等共享。四是充分发挥、利用商会、行业协会等各类涉外中介组织和华商、华侨等社会资本的作用，为企业“走出去”提供信息、咨询、代理服务等；五是加强在越华商联动和配合，尤其加强与在越投资地位明显的台商协力合作；六是加大金融支持力度，培养和孵化中小外向型企业；七是强化企业社会责任、产品质量、售后服务、环保意识和劳工权利意识等，在投资的过程中切实维护好“好邻居”和建设性、共赢性投资者形象；八是认真研究投资策略，如台商制定的早期以“资源利用”策略进入越南，当前越南境外投资快速发展，我国企业应及早拟定“市场开发”策略；九是改善我国与越南接壤地区投资环境和加强物流建设，吸引投资，打造以我国邻越地区（如广西、云南等）为生产、制造基地及原材料采购及配套基地；十是加强产业合作和区域产业分工，积极打造、培育产业链中上游企业集聚。

（来源：周青．广西壮族自治区人民政府网．http://www.nanning.gov.cn/n722103/n722180/n726523/5719449.html．2009—06—22）

中国企业到东盟投资需注意的问题

中国企业到文莱开展投资合作应注意的问题

一、投资方面

1. 了解文莱的劳工现状及政策

文莱劳动力短缺，外资企业需引进大量外籍劳工，这是外国投资企业需要面对的一个较大问题。

外国人在文莱就业需事先向劳工局申请工作准证。申请者需提供一定金额的押金或银行担保；工作准证在签发后 6 个月内不得更改；公司或外国公司的分支机构注册批准之前，申请将不会被接受。

2. 适应当地政府部门工作效率

文莱政府机构办事较慢，且宗教节假日较多。同时，由于机构重叠，有时项目审批要拖很长时间。

3. 重视宗教影响

文莱为伊斯兰国家，要注意处理好宗教性敏感问题，遵守宗教习俗，如投资食品加工等行业，必须得到宗教部的批准等等。

二、贸易方面

在文莱经商必须熟悉并适应当地特殊的贸易环境和文化背景，采取有效措施拓展业务。要认识到文莱国内市场规模不大，经营商众多且以华人为主。同时当地支付方式比较规范，对产品品质要求较高。

三、承包工程方面

在文莱承包工程，要了解工程承包的基本状况。近年来，文莱建筑市场逐渐复苏，工程量逐年上升，建筑企业间的竞争更加激烈，表现在投标价格一降再降，利润空间十分有限。外国公司在普通建筑工程项目上优势不大。

随着文莱经济稳定发展，一些基础建设项目正逐步展开，同时文莱在努力实施经济多元化战略，制订鼓励投资的法规，吸引外国投资者来文莱投资建厂，这为中国企业开拓文莱工程市场提供了机遇。中国承包商可以结合自身优势，积极寻求发展机会。

四、劳务合作方面

中国在文莱的劳务人员不多，劳务合作规模不大，2005 年以前主要集中在服装制造业，而后仅有零星劳务散布在基础设施建设和服务等领域。建议中国派出劳务人员在签署合同及在外期间要懂得用正当合理的渠道维权，对国内外生活与工作环境的较大反差做好充分准备。

五、防范投资合作风险

在文莱开展投资、贸易、承包工程和劳务合作的过程中，要特别注意事前调查、分析、评估相关风险，事中做好风险规避和管理工作，切实保障自身利益。包括对项目或贸易客户及相关方的资信调查和评估，对投资或承包工程国家的政治风险和商业风险分析和规避，对项目本身实施的可行性分析等。建议相关企业积极利用保险、担保、银行等保险金融机构和其他专业风险管理机构的相关业务保障自身利益。包括贸易、投资、承包工程和劳务类信用保险、财产保险、人身安全保险等，银行的保理业务和福费庭业务，各类担保业务（政府担保、商业担保、保函）等。

建议企业在开展对外投资合作过程中使用中国政策性保险机构——中国出口信用保险公司提供的包括政治风险、商业风险在内的信用风险保障产品；也可使用中国进出口银行等政策性银行提供的商业担保服务。

如果在没有有效风险规避情况下发生了风险损失，也要根据损失情况尽快通过自身或相关手段追偿损失。通过信用保险机构承保的业务，则由信用保险机构定损核赔、补偿风险损失，相关机构协助信用保险机构追偿。

六、其他应注意的问题和事项

在文莱办理工作准证规定比较严格，建议中国企业通过当地合作伙伴或聘请当地具有丰富经验的律师协助办理工作准证的相关手续。

［来源：选编自商务部国际贸易经济合作研究院、商务部投资促进事务局、中国驻文莱大使馆经济商务参赞处共同主编.《对外投资合作国别（地区）指南——文莱》. 2009 年版第 49—50 页］

中国企业到柬埔寨开展投资合作应注意的问题

一、投资方面

（1）准确把握柬埔寨投资政策和法规

企业开展投资活动，首先要做到知法、依法。要全面掌握柬埔寨投资相关的法律法规，准确把握政府在投资保障、投资优惠和限制、外汇、土地使用、商业组织形式等方面的政策。

（2）客观分析对柬埔寨投资的比较优势

在柬埔寨投资的主要优势包括：①实行开放的自由市场经济政策，经济活动高度自由化；②政府是推动外国直接投资的主要动力，投资相关的法律法规以鼓励外国投资为基本思路，外资基本享受与内资相同的待遇；③柬埔寨具有丰富的自然资源，在矿产、水利、农产品、渔业等方面资源较为丰富，这些将为企业提供较多的投资机会。

在柬埔寨投资的主要不利因素为：水、电、交通、通讯等基础设施条件差，相关成本费用高，工人工资水平比周边的越南、孟加拉等纺织服装竞争对手高。投资的软环境较差。主要体现在：一是人民对“外国资本家”有较大的抵触情绪，工会组织繁多且罢工、示威等活动十分频繁；二是市场、经营秩序混乱，法制不健全。法律、司法对外资的保护不力，无经济法庭；三是柬经济发展主要依赖外援和外资，但柬在二者发生冲突时则常会“重援而轻资”，造成在许多投资政策的制订和执行过程中受到“外援”的左右。

（3）规避投资风险

针对一些中资企业在柬埔寨投资项目存在成功率低、收益率低、亏损高等问题，企业可采取以下措施规避投资风险：①全面了解信息，提高决策质量。主动联系中国驻柬经商机构，通过正规渠道取得国别信息，深入目的国做国情和市场调研，在作出投资决策前全面了解投资风险，防止决策失误；②保持清醒头脑，凡事务求落实。企业不可听信一面之词，对于一切承诺均应以正式获得政府批件为准。在选择合作伙伴时，也应对其背景和实力先进行考察。

二、贸易方面

在柬埔寨经商不受国籍限制，但中方企业和人员必须熟悉并适应当地的特殊贸易环境，采取有效措施拓展业务。

（1）熟悉柬贸易的主要特点

柬是落后的农业国，工业生产以两头在外的制衣业为主，因而其进出口贸易带有如下鲜明特点：①工业制成品和服装加工原料几乎全靠进口；出口产品绝大部分为服装，另有少量农林渔等初级产品；②外商投资的服装加工企业是外贸增长的主要力量，近年来柬服装出口占出口总额的比重一直维持在95%以上；③主要出口市场为美、欧，主要进口来源地为东盟和东亚国家，近年来自东盟国家进口增长迅速。

（2）了解柬埔寨贸易的优势和制约因素

柬埔寨于1999年加入东盟，在共同有效优惠关税体制下东盟成员国将按步骤实现关税减让目标。2002年11月，中国和东盟签署《中国—东盟全面经济合作框架协议》，规定到2010年初步建成中国—东盟自由贸易区，并给予柬、老、缅三国的“早期收获”减免税计划，其中，给予柬埔寨418种商品（主要是农、林、牧、渔产品）进口零关税的优惠待遇。此外，东盟与印度、韩国、日本、澳新的自贸区建设也在进行中。东盟经济一体化进程和自由贸易区建设，将在很大程度上推动柬经济和对外贸易的发展。

美、欧、日等28个国家均给予柬普惠制待遇(GSP)；对于自柬进口纺织服装产品，美国给予较宽松的配额和减免征收进口关税、欧盟不设限、加拿大给予免征进口关税等优惠措施。

在柬埔寨从事贸易的制约因素包括：①柬贸易结构单一，以出口成衣为主并集中于美欧市场，易受国际经济环境特别是美欧经济形势变化的影响。一方面，全球金融危机导致欧美经济衰退，进口减少，影响柬成衣出口；另一方面，世界粮油价格的上涨导致成衣企业成本大幅增加，盈利减少。②柬成衣出口仍可享受优惠待遇，但今后将面临日趋平等的待遇和自由竞争的挑战。越南等周边国家的劳动力成本和专业技术与柬相比具有明显的竞争优势。撒哈拉非洲国家纺织品服装出口受到美国免配额免关税待遇后，出口增长迅速。③柬制衣业已趋近饱和状态，该行业越来越难以吸引新的投资，导致近年来外商投资制衣业的项目和金额逐年减少。

（3）灵活运用税务规则

柬埔寨目前主要有以下的税种和税率，分别是：所得税9%或20%、增值税10%、营业税2%。柬对私人投资企业所征收的主要税种和税率分别是：所得税9%、增值税10%、营业税2%。

（4）注重提升产品质量

质量就是信誉，是企业生存的根本。中国企业出口到柬的产品主要有纺织品及其原材料、机械、电器、食品、汽车配件、建筑材料、医药、烟草及化工产品。中国企业应注重提升出口产品质量，打造良好的国际商誉。

三、承包工程方面

（1）抓住市场机遇

大力发展基础设施建设成为柬政府的重要经济目标之一。世界银行和亚洲开发银行每年向柬提供近亿美元的优惠贷款，主要涉及技术支持、电力、供排水、道路和机场等基础设施建设，卫生、农业、减贫和教育等领域。中国企业应该抓住柬埔寨基础设施建设的机遇，大力开拓柬埔寨工程市场。

（2）选好承包方式

考虑到柬政府急需大量资金建设基础设施项

目，应国际竞争的需要，中国企业应选择一些具有较好前景的项目，以BOT、BOO等方式进行带资承包，并以此带动中国机电设备、成套设备和劳务出口。

（3）提高承包层次

中国工程承包企业应加紧培养人才，特别是高素质、高技术人才的培养，充分发挥自身优势，选择专业性较强、技术要求较高的项目，也应努力尝试参与工程咨询性项目的竞争。

（4）进一步开拓市场

中国有能力的企业应在承担中国政府援柬成套项目的同时，力争树立良好的企业形象，为扎根当地市场打下基础，增加在国际招标中的竞争优势，进一步拓展柬承包工程市场。

（5）开展良性竞争与合作

中国企业参与竞争和编制报价要坚持以下原则：技术上力所能及、经济上有利可图、执行项目上风险可控。切忌盲目、恶性竞争。企业之间还应进行灵活多样的合作，联合开拓柬市场，尽量避免孤军奋战或自相残杀。

四、劳务合作方面

（1）了解中柬劳务合作现状

柬埔寨是中国外派劳务的重要市场之一。除在柬投资和承包工程带出中国部分劳工外，随着柬制衣业的发展，中国向柬输出了大量服装加工等技术劳工，主要分布在中、港、台资等数十家制衣厂，大多数劳工为服装技工、指导工和熟练操作工。另有部分劳工分布在建筑和服务业。

但由于柬劳务市场混乱，中国国内劳务输出（境外就业）体制不完善，加之一些不法商人利用不正当手段或不实劳务项目骗取中国劳工赴柬的现象时有发生，致使在柬非法务工的问题较为严重，各类劳务纠纷频繁发生。中国有关部门多次采取措施加强管理和在媒体上公开发表通告，要求有关企业和劳务人员通过正当、合法途径办理赴柬务工手续，但此问题仍较为严重。

（2）熟悉劳工政策

柬政府管理外国劳工的主要依据是1997年颁布的《劳工法》、2002年1月柬劳工部发布的《关于雇佣外国人来柬埔寨就业的申请办法的公告》。

柬有关劳工政策处在不断发展变化之中，但其原则思路始终是：严格控制外劳输入，积极实施技术人才本地化战略，千方百计地解决其国内劳动力大量过剩的问题，努力寻找国外就业市场。

（3）依法用工

企业需要雇佣中国劳工，必须符合中国商务部有关规定，通过正当、合法途径办理赴柬务工手续，禁止非法用工。

企业还需在每年11月底前向柬劳工部申请下一年度雇佣外劳的指标，未申请年度用工指标，将不被允许雇佣外劳。所雇佣的外劳还必须满足《劳工法》规定的所有条件。

（4）积极开拓新领域

而对中国在柬最大的劳务合作领域——纺织服装业已开始出现萎缩的局面，在继续巩固传统劳务市场的同时，中国输出劳务的重点领域应有所转变，并积极开发旅游业、农业、华文教育和职业培训中心等劳务合作领域。

五、防范投资合作风险

在柬埔寨开展投资、贸易、承包工程和劳务合作的过程中，要特别注意事前调查、分析、评估相关风险，事中做好风险规避和管理工作，切实保障自身利益。包括对项目或贸易客户及相关方的资信调查和评估，对投资或承包工程国家的政治风险和商业风险分析和规避，对项目本身实施的可行性分析等。建议相关企业积极利用保险、担保、银行等保险金融机构和其他专业风险管理机构的相关业务保障自身利益。包括贸易、投资、承包工程和劳务类信用保险、财产保险、人身安全保险等，银行的保理业务和福费庭业务，各类担保业务（政府担保、商业担保、保函）等。

建议企业在开展对外投资合作过程中使用中国政策性保险机构——中国出口信用保险公司提供的包括政治风险、商业风险在内的信用风险保障产品；也可使用中国进出口银行等政策性银行提供的商业担保服务。

如果在没有有效风险规避情况下发生了风险损失，也要根据损失情况尽快通过自身或相关手段追偿损失。通过信用保险机构承保的业务，则由信用保险机构定损核赔、补偿风险损失，相关机构协助信用保险机构追偿。

六、其他应注意的问题和事项

办理工作许可过程中，首先，应认真了解法律法规。总体而言，柬关于劳工规定是完全参照西方发达国家劳动标准制订的，要求较为严格，且很多规定和中国国内规定差异较大。中国企业到柬投资合作涉及用工问题时，一定要认真阅读有关法律法规，避免出现劳务纠纷问题。

其次，要请有经验的律师。在柬埔寨办理工作许可证和雇佣卡的要求比较多，手续比较复杂。建议中国企业及相关人员聘请当地具有丰富经验的律师或中介机构协助办理相关手续。

［来源：选编自商务部国际贸易经济合作研究院、商务部投资促进事务局、中国驻柬埔寨大使馆经济商务参赞处共同主编《对外投资合作国别（地区）指南——柬埔寨》.2009 年版第 55—60 页］

中国企业到印度尼西亚开展投资合作应注意的问题

一、投资方面

1. 适应法律环境的复杂性

中国企业到印尼投资首先应该注意法律环境问题，印尼的法律体系整体比较完整，但也有很多法律规定模糊，可操作性差，且不同的法律之间存在矛盾和冲突。由于法律环境复杂，中国企业到印尼开展投资合作依然要坚持守法经营，密切关注当地法律变动的情况，依法保护权利，履行义务。处理关键法律问题，还要聘请专业律师。

2. 做好企业注册的充分准备

在印尼投资设立公司注册手续繁多，审批时间较长；虽然印尼政府 2007 年修订了《投资法》、《公司法》，并完善了相关的配套措施，推行“一站式”审批服务，以促进和吸引外国投资，但执行效果仍不理想；企业注册可以聘请专业律师、公证员、投资顾问等专门人员代为办理，但要注意甄选和审核，防止法律文件及手续出现瑕疵。

3. 适当调整优惠政策期望值

为了吸引外国投资，印尼政府出台了一些投资鼓励政策，但力度并不大；印尼 2007 年《投资法》将对内外资的法律统一由一部法律调整，明确规定平等对待内外资。虽然如此，中国企业应调整对优惠政策的期望值，对印尼给予外资的超国民待遇不应抱太大希望。

4. 充分核算税赋成本

印尼的税收体制比较复杂，企业的税收成本比较高。2008 年 7 月，印尼国会通过新的《所得税法》，调低了企业所得税和个人所得税税率，新法从 2009 年 1 月 1 日起执行；印尼税法对于中小微型企业有税收优惠，还有其他产业税收优惠措施等；中国投资者要认真研究相关法律规定，用足用好优惠政策，降低税赋成本。

（5）有效控制工资成本

印尼的工资成本整体来说相对较低，但由于《劳工法》对于劳工保护规定比较苛刻，对于资方比较不利；如果职工离职，要支付离职费或者补偿金，即使工人罢工，只要程序合法，也要支付薪水。中国到印尼投资应了解当地劳工法关于工资和保护劳工权益的具体规定，精心核算工资成本。

二、贸易方面

印尼市场环境整体比较复杂，风险较高。在印尼开展贸易活动必须做好充分的市场调研，结合当地特殊的贸易环境，采取有效措施拓展业务，规避风险。

1. 注意合作伙伴和中介问题

印尼的华人数量众多，相同的语言和文化背景，使很多中国企业更愿意通过华人来开展经贸合作，华人中介在其中扮演了重要的角色，起到了很好的促进作用。但由于印尼华人中介良莠不齐，恶意欺诈等损害中国企业利益的行为也时有发生；良好的合作伙伴或中介是顺利开展业务的重要保证，中国企业应广泛调查，认真研究，慎重选择。

2. 注重提升产品质量

中国产品在印尼占有广泛的市场，品类丰富，价格便宜，富有竞争力，但也存在部分劣质产品问题，对中国产品的整体形象造成一定损害。中国企业应该特别重视产品质量和售后服务，维护中国在印尼市场可持续出口的良好环境。

3. 注意言谈举止

印尼作为中国企业“走出去”的重要目的地，已经吸引了越来越多的企业和人员到印尼投资兴业，独立个体的行为也会直接影响到中国企业的整体形象；中国企业和人员都要注意在国外言行举止，与人交往要文明礼貌，讲究诚信，守法经营，共同维护企业和国家形象。

三、承包工程方面

1. 抓住市场机遇

1998 年亚洲金融危机之后，印尼的基础设施建设基本停滞，近年来随着印尼经济逐步恢复，印尼政府加大了对基础设施建设的投入力度，交通、电力、通信等领域的基础设施建设规模日益扩大；中国企业近年来进入印尼交通、电力、通信市场并逐步站稳了脚跟，占据了相当的市场份额，享有较为广泛的影响力。中国企业应该继续发挥已有优势，开拓印尼基础设施建设市场，并通过印尼市场，逐步拓展和辐射整个东盟承包工程市场。

2. 合理控制风险

印尼财政力量比较薄弱，外汇储备不足，资金短缺，偿付能力较差，很多项目要求带资承包，或者使用外方提供的优惠贷款；对于印尼政府不提供政府担保或者不动产抵押的项目，应谨慎操作，合理评估和控制风险。

3. 加强经营管理

印尼劳动力市场巨大，劳动力成本较低，国内劳动力竞争优势不明显；但由于印尼劳动力素质普遍不高，工作作风散漫，工作效率低下，因而，加强施工过程中的科学管理十分重要。

四、劳务合作方面

1. 获取工作许可难度大

印尼经济处于稳步复苏期，资源实力雄厚，拥有可持续发展的巨大潜力，对于劳动力特别是高素质劳动力的需求不断增加。但由于印尼对本国劳工保护极为严格，对外国劳工的使用要求非常苛刻，工作签证签发要求很高，除高级管理岗位和高级技术人员之外，本国劳工可以胜任的工作，均不允许雇佣外国劳工。

2. 非法居留工作问题

因印尼工作签证审批难度大，外国人使用商务签证或者旅游签证在印尼务工现象普遍存在，印尼有关部门经常采取措施进行打击，非法滞留开展商务的外国人被拘捕或处以刑罚的事件也常有发生。

五、办理工作许可过程中应该注意的问题

外籍工作人员签证办理手续较为繁琐，费用较高，通常通过中介办理。主要程序如下：

1. 企业须具备经由印尼劳工部批准的《外籍员工使用计划》，主要包括外派人员数量、职位、组织架构等。外派人员仅限于管理职位或当地不能提供的专家，人力资源管理岗位须由当地人员担当。在企业1～3年的外籍员工使用计划获批后，方可开始聘用外籍员工。

2. 在印尼移民局办理临时居留签证（Visa Berdiam Sementara，VBS）。

3. 在印尼驻中国使馆领取VBS。

4. 持VBS进入印尼，并在两周内到以下部门办理有关证件：去移民局，办理KITTAS（外籍人员身份证件）和多次出入境准证（如需要）；去劳工部，办理工作准证及其他文件。

5. 每一年延长KITTAS、工作准证和其他文件，每半年延长多次出入境准证（如需要）。

另外，企业须按外籍人员数量，每人每个月交纳100美元作为当地人员培训费。缴纳该费用是办理工作准证的必备条件，培训费交至劳工部，名为“工作技能发展基金”。

六、防范投资合作风险

在印尼当地开展投资、贸易、承包工程和劳务合作的过程中，要特别注意事前调查、分析、评估相关风险，事中做好风险规避和管理工作，切实保障自身利益。包括对项目或贸易客户及相关方的资信调查和评估，对投资或承包工程国家的政治风险和商业风险分析和规避，对项目本身实施的可行性分析等。建议相关企业积极利用保险、担保、银行等保险金融机构和其他专业风险管理机构的相关业务保障自身利益。包括贸易、投资、承包工程和劳务类信用保险、财产保险、人身安全保险等，银行的保理业务和福费庭业务，各类担保业务（政府担保、商业担保、保函）等。

建议企业在开展对外投资合作过程中使用中国政策性保险机构——中国出口信用保险公司提供的包括政治风险、商业风险在内的信用风险保障产品；也可使用中国进出口银行等政策性银行提供的商业担保服务。

如果在没有有效风险规避情况下发生了风险损失，也要根据损失情况尽快通过自身或相关手段追偿损失。通过信用保险机构承保的业务，则由信用保险机构定损核赔、补偿风险损失，相关机构协助信用保险机构追偿。

［来源：选编自商务部国际贸易经济合作研究院、商务部投资促进事务局、中国驻印度尼西亚大使馆经济商务参赞处共同主编．《对外投资合作国别（地区）指南——印度尼西亚》．2009年版第41—44页］

中国企业到老挝开展投资合作应注意的问题

一、投资方面

1. 客观评估投资环境

老挝的法律、法规基本齐备，但执行中存在一

定程度的有法不依、执法不严的问题，需注意法律风险。老挝社会总体稳定，少有暴力、恐怖事件发生，但对外国投资企业的偷盗、抢劫案件时有发生，需注意人身、财物安全。老挝人口少，市场小，难以规模化生产制造，大部分物品靠进口，成本相对高，投资经营中需注意成本调查、核算。老挝基础建设条件较差，工业基本不配套，造成物流成本高，运输时间长；煤炭严重缺乏；水电丰富，但电网建设跟不上，全国仍有 1/6 的村不通电。老挝劳动力不足，且素质偏低，技能不高，当地雇员一般不愿加班加点，赶时间、工期的项目执行中难度较大。

2. 适应法律环境的复杂性

近年来随着对外开放力度加大，老挝的各种法律都在修改完善之中，需不断关注最新法律、法规和政策的出台和修订，可聘用律师事务所和政府部门中的资深法律专家作为法律顾问，也可随时登门或电话咨询和请教。还需特别注意两点：第一，在同老政府签订投资防议中，老方承诺的优惠政策应有法律作依据，否则在执行中仍可能会出现争议；第二，老挝计划投资部为老方外商投资的统一受理窗口部门，但在实际运作中仍存在内部程序多、时间长的问题，因此需要有耐心并保持沟通，及时提供补充资料和解答有关问题。

3. 全面客观了解老挝的优惠政策

老挝政府公布的外商投资优惠政策对不同行业、不同地区、不同贡献的企业有不同的标准，要全面、客观了解优惠政策申报条件、时限等，做好调查研究，规避政策风险。进入经济特区、上业园区的投资企业，虽然可享受保税、免税的政策，但企业要自行解决三通一平等基础设施的建设投入，需要统筹评估利弊关系。

二、贸易方面

1. 贸易管理规定

老挝贸易管理中不同商品有不同的管理规定：比如木材贸易中原木、锯材等禁止出口，只有木材制成品才能出口；矿产品贸易中原矿不能出口，必须半加工品以上才能出口；药材贸易中大黄藤需向老政府申请配额后方能出口等等。老方进口商品主要按中国—东盟自贸区货物贸易协定执行，即除敏感商品外，其余商品关税逐年降低，在 2015 年降为零关税。另外，除对老援助和投资项目进入老挝的产品在实施期内可享受零关税。

2. 支付条件

由于中老银行之间没有业务往来，因此在双边贸易中不开信用证、不用定金等支付方式，主要通过现金交易，在现金交易中应注意规避汇率风险和信用风险等。

3. 商品质量和服务

由于老挝和泰国之间的文字、信仰、习俗、气候、地理条件相近，老挝公民容易接受泰国产品，因而中国产品要进入老挝开展市场竞争应先了解泰国同类产品的质量、性能、包装等，尤其在商品包装的文字方面，以及在稳定供货及售后服务等方面应有竞争性，同时注意商品应适应老挝炎热的气候。

4. 商务礼仪

由于老挝语是特殊语种，中方熟练掌握老挝语的人不多，在投资贸易的交流合作中因语言不通或不准确，将可能导致很多商机失之交臂，因而一个好的老语翻译很重要。老挝是佛教国家，十分讲究礼仪，注意尊重当地风俗、礼节、规矩及卫生要求十分重要。

三、承包工程方面

1. 抓住市场机遇

老挝各种基础建设处于起步阶段，公路、铁路、航空、电站、电网等基础建设项目及城市设施项目正陆续上马，农业、矿业等资源开发项目将逐步增多，工程承包市场潜力较大，应密切跟踪项目，树立企业信誉、打好企业品牌、从小到大、从分包到总包，逐步延伸项目市场，应注意规避竞争风险、资金风险、市场风险等，建议中国企业在当地设立办事处或公司，准确掌握最新发展动向，以期实现预期目标。

2. 注意选择不同的经营方式

由于老挝政府资金短缺，项目资金主要来源于国际援助、世界银行、亚洲开发银行贷款及外商投资，政府财政资金主要用于项目配套。项目经营方式有带资承包、出口买方信贷、BOT、资源换资产等，要注意研究各种不同项目类型、不同资金渠道，注意规避支付风险。

3. 认真做好劳动成本核算

由于老挝劳动力数量和质量总体不能满足需要，中方项目承建商需从国内带出劳务，这涉及劳工在老的居住证、就业证、多次往返证等，因证件费用昂贵，企业需认真核算成本。

4. 注意量力而行

随着市场竞争加剧，业主选择有资质、信誉好、有当地业绩的企业作为承包商，因此备齐各种证件，提供有利的竞争条件是必须具备的。企业要客观评价自身实力，量力而行，找好进入市场的切入点，切勿盲目行事。

四、劳务合作方面

中老两国政府尚未签订劳务合作协议，因此在会计、律师、特种劳务等项目中没有进行劳务合作业务。

五、防范投资合作风险

在老挝开展投资、贸易、承包工程和劳务合作的过程中，应特别注意事前调查、分析、评估相关风险，事中做好风险规避和管理工作，切实保障自身利益。包括对项目或贸易客户及相关方的资信调查和评估，对投资或承包工程国家的政治风险和商业风险分析和规避，对项目本身实施的可行性分析等。建议相关企业积极利用保险、担保、银行等保险金融机构和其他专业风险管理机构的相关业务保障自身利益。包括贸易、投资、承包工程和劳务类信用保险、财产保险、人身安全保险等，银行的保理业务和福费庭业务，各类担保业务（政府担保、商业担保、保函）等。

建议企业在开展对外投资合作过程中使用中国政策性保险机构——中国出口信用保险公司提供的包括政治风险、商业风险在内的信用风险保障产品；也可使用中国进出口银行等政策性银行提供的商业担保服务。

如果在没有有效风险规避情况下发生了风险损失，也要根据损失情况尽快通过自身或相关手段追偿损失。通过信用保险机构承保的业务，则由信用保险机构定损核赔、补偿风险损失，相关机构协助信用保险机构追偿。

六、其他应注意的事项和问题

当地政府对在老挝办理居住证、就业证、多次往返证等有严格的规定，费用昂贵，手续复杂，建议中方企业请当地有经验的律师协助，并要注意这些证件的有效期，需提前办理延期手续，逾期不办将受到罚款、遣返等处理。

［来源：选编自商务部国际贸易经济合作研究院、商务部投资促进事务局、中国驻老挝大使馆经济商务参赞处共同主编《对外投资合作国别（地区）指南——老挝》，2009年版第22—24页］

中国企业到马来西亚开展投资合作应注意的问题

一、投资方面

1. 客观评估投资环境

中国投资者赴马来西亚开展投资合作首先应该客观评估其投资环境，主要注意以下问题：经济规模及产业优势；政府及各界对待外国投资的态度；投资经商的便利化措施；人文、语言及宗教环境；政府部门的执行力及工作效率；经商习惯及民商法律制度；社会治安状况。

2. 适应法律环境的复杂性

独立前的马来西亚是英国殖民地，因此其法律体系深受英国法律体系的影响，成文法与判例法在商业活动中都发挥作用。中国企业到马来西亚投资首先要注意法律环境问题，要严格遵守马来西亚各项法律规定，密切关注当地法律变动情况；聘请当地有经验、易于交流的律师作为法律顾问；处理所有与法律有关的事务，涉及投资经营重大问题和合约谈判及签署，事先一定要听取专业律师的意见。

3. 做好企业注册及申办各类执照的充分准备

在马来西亚投资合作的起步阶段最大的困难是公司注册和申办各类执照。这些执照的申请程序复杂，文件繁多，审批时间较长，需要交涉的事务头绪纷繁。中国企业要对马来西亚关于外国投资注册的相关法律法规有一定了解；聘请专门的秘书公司和专业律师协助处理有关申请事宜；按照要求，提前备齐所需文件，及时履行相关手续。马来西亚各类申请文件及公司文书均须企业法定代表人亲自签名，并加盖公司的正式印章。

4. 适当调整优惠政策的期望值

马来西亚政府虽然制订了多项投资优惠政策和鼓励措施，但是这些政策不能自动获得，企业必须向政府主管部门提出申请，政府根据企业情况酌情给予一定优惠政策。中国企业要详细了解这些优惠政策的内容、申请条件及程序，适当调整对优惠政策的期望值，并在专业人士指导下向政府申请有关优惠政策。

5. 充分核算税赋成本

马来西亚的税收体系比较复杂，缴纳税务专业要求高。中国投资者要认真了解当地税收政策，仔细听取专业会计和税务人员的意见，充分核算税赋成本，尽量选择在能够获得所得税减免的领域或地区投资。

6. 有效控制工资成本

马来西亚没有最低工资标准，总体工资水平较高，但是企业工薪支出包括工资、公积金及保险和年度花红等。中国企业需要了解当地劳动法令关于正常工资和加班工资的具体规定，精心核算工资成本，提高劳动生产效率。

二、贸易方面

在马来西亚经商必须熟悉和适应当地特殊的贸易环境，采取有效措施拓展业务，规避风险。

1. 适应当地支付条件

马来西亚进口商通常向出口商开具信用证，但部分进口商基于彼此信任或急于成交，未坚持要求出口商开具信用证，可能酿成纠纷，为此需要注意和警惕。

2. 注重提升产品质量

马来人非常注重商品的质量，认为质量代表着信誉。中国的轻工产品在马来西亚的市场份额较高，因而，中国企业在马来西亚更应该注意产品质量和售后服务。

3. 态度鲜明不失礼貌

在商务谈判中，马来人会在寒暄后直奔主题，态度鲜明，但不失礼貌和温和。中国企业要熟悉业务，礼貌倾听，把握要点，适时回应，以期达成一致。

4. 着装得体

马来西亚出席商务或社交等正式场合，非常注意着装得体，着西装领带或马来传统服装沓（音巴）迪。商业伙伴的形象举止会影响到经营合作的正常进行。

三、承包工程方面

1. 抓住市场机遇

近年来，马来西亚经济稳定增长，尤其是2006年以来，政府开始执行第九个五年计划（2006～2010年），并陆续推出五个经济发展走廊，国家财政预算拨出大量款项发展大型基础设施项目和民生工程，改善投资环境，缩小地区差距，全面提升国家经济发展水平。目前，马来西亚的重点工程有槟城第二大桥、南北铁路、国家高速宽频网建设、砂捞越系列水电站以及沙巴火电站项目等。企业应该抓住马来西亚新一轮基础建设的机遇，积极开拓马来西亚市场，借助马来西亚天然的地理区位优势和与中东国家的宗教联系，谋划进入东盟国家和中东国家市场的长远战略。

2. 选好经营方式

马来西亚推行一些大型政府私营化工程，这类项目往往需要马政府提供担保，向银行、金融公司或外国机构借款，因此中国企业如果想参与，必须选择有实力、讲信誉的当地公司作为项目合作伙伴，利用其关系和背景，共同实施项目。中国工程企业进入马来西亚承包工程项目，为跟踪项目和实施现场管理，建议在当地注册公司。

3. 因地制宜，实行本地化经营

马来西亚全国外劳数量庞大，约有220万人，专门从事建筑和服务业，成本比较便宜，中国工人的竞争优势不明显。中国企业在马来西亚开展承包工程业务的重点是工程设计和项目现场管理，施工人员应因地制宜，雇用外劳，并在部分现场管理岗位聘用当地人员，实行本地化经营。

4. 量力而行

在马来西亚开展工程承包业务，业主会根据项目情况要求承包商具备一定资质，项目执行需要一定的管理能力、融资能力和人力资源，跟踪谈判项目需要较强的交涉和谈判能力，洽谈项目合约需要较广的人际关系，否则会遭遇很多困难。中国企业刚进入马来西亚时要客观评估自身实力，重视困难，总结以往中国公司的经验教训，量力而行，找好市场切入点，不要盲目行动，贪大求全，一味追求大型或施工难度高的项目，以免为企业带来不必要的经济损失。

四、劳务合作方面

截至2008年底，马来西亚尚未对中国开放普通劳务市场。根据中马两国政府达成的谅解备忘录，马来西亚自2004年开始向中国开放陶瓷、古建筑维护、木器加工以及家具制造四个领域，但是由于马方雇主提供的薪水较低，上述领域劳务合作尚未得到有效履行。此外，针对其国内紧缺的技术工人和工程师，马来西亚政府允许外资企业自行从国外引入，但需要与雇主事先签订用工合同，约定工资及工作时间，并办好工作准证。

五、其他应注意的问题和事项

在当地开展投资、贸易、承包工程和劳务合作的过程中，要特别注意事前调查、分析、评估相关风险，事中做好风险规避和管理工作，切实保障自身利益。包括对项目或贸易客户及相关方的资信调查和评估，对投资或承包工程国家的政治风险和商业风险分析和规避，对项目本身实施的可行性分析等。建议相关企业积极利用保险、担保、银行等保险金融机构和其他专业风险管理机构的相关业务保障自身利益。包括贸易、投资、承包工程和劳务类信用保险、财产保险、人身安全保险等，银行的保理业务和福费庭业务，各类担保业务（政府担保、商业担保、保函）等。

建议企业在开展对外投资合作过程中使用中国政策性保险机构——中国出口信用保险公司提供的包括政治风险、商业风险在内的信用风险保障产品；也可使用中国进出口银行等政策性银行提供的商业担保服务。

如果在没有有效风险规避情况下发生了风险损失，也要根据损失情况尽快通过自身或相关手段追偿损失。通过信用保险机构承保的业务，则由信用保险机构定损核赔、补偿风险损失，相关机构协助信用保险机构追偿。

[来源：选编自商务部国际贸易经济合作研究院、商务部投资促进事务局、中国驻马来西亚大使馆经济商务参赞处共同主编.《对外投资合作国别（地区）指南——马来西亚》. 2009 年版第 47—50 页]

中国企业到缅甸开展投资合作应注意的问题

一、投资方面

中国投资者到缅甸（以下简称缅）投资兴业应注意以下问题：

1. 缅政府为促进本国经济发展，鼓励外国人来缅投资兴业，于1988年颁布实施了《缅甸联邦外国投资法》及其实施细则。但缅政府对引进外资仍持保守谨慎态度，甚至对引进外资设置政策限制或者人为障碍。中国投资者来缅投资前应熟悉缅甸的法律法规及相关政策，避免盲目投资，遭受损失。

2. 部分外国投资者为避开政策限制，借用缅甸人身份在缅开展投资经营活动。由于此类外国投资不受缅甸法律保护，因合作失败或缅甸合作方利益纠纷而致外国投资者蒙受损失的现象时有发生。中国投资者对此应格外注意。

3. 长期以来，缅中央政府和部分少数民族组织之间的关系十分微妙。中国投资者应尽可能避免单方面同缅地方政府以及在少数民族控制区进行投资合作，此类合作一旦有意外事件发生，两国政府将难以及时有效介入。

4. 由于缅投资政策模糊，基础设施薄弱，不可预见因素较多，在缅投资面临困难较大。中国投资者应综合考虑各类风险及成本，算好经济账。

（1）客观评估投资环境

中国和缅甸既是近邻，又有着传统的友谊，双方在经济上有着很强的互补性。但应认识到在缅甸开展投资合作主要面临三大难点：

①缅甸政府法规不全，政策多变，给投资者带来许多不确定性风险。

②缅甸基础设施落后。由于缅甸工业发展水平低，交通、通讯等基础设施十分落后，电力供应不足，燃料短缺，给外资带来诸多不利因素。

③缅甸双重汇率相差悬殊。2008 年 6 月，官方汇率 1 美元兑换约 5.24 缅币，而市场自由兑换率为 1 美元兑换约 1200 缅元，相差悬殊，对外国投资者利益造成影响。

（2）做好企业注册的充分准备

依据《缅甸联邦外资投资法》及《缅甸联邦外国投资法实施细则》的相关规定，分别办理投资许可证、双方签署合资协议、注册公司，相关手续如下：

①办理投资许可证。外资公司需准备以下材料：按照缅甸《公司法》起草公司章程、备忘录；按照缅甸投资委范本准备项目建议书；准备合同（合资协议）文本，包括资本结构、分成、税收、项目融资、公司管理等内容及其他材料。相关材料准备齐全之后报缅方项目主管部审核—报投资委（MIC）审核—报国家贸易委员会（TC）审核—报内阁审核—内阁批准后由投资委颁发投资许可证。

②签署合同（合资协议）。获得投资委颁发的投资许可证后，双方签署合资协议，合资协议具备法律效力。

③注册公司。外资公司填写成立公司相关文件—报经计划与经济发展部下属投资与公司注册局（DICA）审核—由 DICA 分别征求内政部、财政部、外交部、缅甸联邦总检察署意见—报国家计划与发展部审核—报投资委审核—报贸易委员会审核—报内阁审核—DICA 颁发登记执照（公司营业执照）—合资协议开始生效。

（3）充分核算税赋成本

缅甸政府与外资直接相关的税收法律共有五部，即《缅甸联邦外国投资法》（1988）、《所得税法》（1974）、《商业税法》（1990）、《关税法》（1992）、《仰光市政发展法》（1990），对外资入缅都作了相应规定，相关内容详见姜永仁等主编的《缅甸联邦经济法律法规汇编（1988—2001年）》。

二、贸易方面

需确认从事进出口贸易的公司是否在缅甸商务部登记注册后具备《进口商注册证》或《出口商注册证》，双方签订贸易合同后，缅方方能申请《出口许可证》或《进口许可证》。进出口许可证未经缅甸商务部批准不得转让。如遇贸易纠纷，须按缅甸现行“仲裁法（1944）”进行解决。

目前缅甸的对外贸易多以美元或欧元通过银行信用证结算，但受美国等西方国家的制裁，缅甸无法直接与中国各银行间开展信用证结算，要通过设在新加坡或香港等第三地的公司。中缅两国银行已就中缅边境贸易中以人民币结算问题进行过多次商谈。

总体看，缅甸银行结算体系、汇率制度等有待进一步完善。无论是在缅局势平稳还是动乱时期，对缅贸易及结汇问题均存在风险，需谨慎为之。

三、承包工程方面

1. 充分挖掘市场潜力

自20世纪60年代以来，缅甸经济由于历史原因长期在低谷徘徊，积重难返，导致国内基础设施陈旧，产业发展落后，严重制约经济社会的发展。近年来，缅甸政府努力推行市场导向的经济改革，在坚持继续抓好农业发展的基础上，大力发展基础工业，兴修水利工程，加大交通设施建设投入，合理开采石油矿产资源，经济社会发展有了较大起色，也给承包工程市场带来巨大商机。

近年来，中国企业在缅甸的工程承包合作顺利发展，相继中标并顺利完成电站、桥梁、铁路、工厂、通讯设施以及输变电项目等工程建设，在缅甸创出了品牌，赢得了信任。中国企业宜利用这一优势，继续挖掘缅甸市场潜力，推动中缅经贸合作关系向纵深发展。

2. 建立良好合作关系

与缅甸政府部门以及当地有实力、有影响力的企业建立起良好的合作与互信关系，不仅可以帮助企业更加有效的开拓市场，而且在实施工程项目建设任务的过程中，更有可能获得对方的支持与配合，使企业在缅甸承包工程市场上能够做到游刃有余。

3. 避免恶性竞争

中国企业在缅甸应严格执行项目备案制度，服从国内有关部门及商会的协调意见，从长远大局出发，坚持互利合作，避免恶性竞争，实现中国企业在缅甸承包工程市场上共赢的局面。

4. 造福当地社会

中国企业在缅甸承揽项目，在追求经济利益的同时，应积极回报社会，参与社会公益活动，实施一些利民小工程，施惠于当地社会，同当地人民分享劳动成果，赢得地方支持。实现长期、稳定发展。

5. 充分考虑困难与风险

在缅甸开展承包工程业务面临诸多特殊性和实际困难。缅甸基础设施落后，国内物资匮乏，工业加工水平较低，缺乏质量管理标准和工业标准等客观因素，外国承包商在缅甸实施工程项目有可能遇到许多困难和不确定性。同时，由于西方对缅实行制裁，缅经济长期在低谷徘徊，积重难返，国家债台高筑，外汇储备短缺，且缅政府对外支付工程款项需经过漫长复杂的审批程序，付款不及时或拖欠现象普遍存在。中国企业需充分考虑收汇风险以及汇率变动风险，减少损失。

四、劳务合作方面

劳务人员来缅甸务工前应与具有外派劳务资质的正规企业或单位签订外派合同，将派遣时限、工作条件、劳动报酬、违约责任等关键条款见诸文字，保存好证据，一旦出现劳务纠纷可有效维护自身权益。

劳务人员到缅甸工作之前，首先应对缅甸的法律法规、风俗习惯有所了解，做到心中有数。由于缅甸法律规定对违法犯罪行为处以重罚，劳务人员在缅工作务必严格遵守当地法律法规，尊重缅甸人以及缅甸人的风俗习惯，以免因为行为不当给自己带来麻烦。

此外，缅甸处于热带和亚热带地区，卫生防疫条件落后，部分地区疟疾、登革热等疾病盛行。在这些地区工作的人员要具有疾病防范意识，讲究卫生，常备有关药品。

五、防范投资合作风险

缅社会治安状况总体良好，但由于经济社会深层次矛盾长期存在，一些不安定因素也时而对社会安定构成威胁，各种类型恐怖活动不断，对中国企业及人员在缅开展投资合作项目带来不利影响。企业应建立完善的突发事件应急预案，提高驻外人员自我保护意识，加强安全教育培训，防患于未然。在当地开展投资、贸易、承包工程和劳务合作的过程中，要特别注意事前调查、分析、评估相关风险，事中做好风险规避和管理工作，切实保障自身利益。包括对项目或贸易客户及相关方的资信调查和评估，对投资或承包工程国家的政治风险和商业风险分析和规避，对项目本身实施的可行性分析等。建议相关企业积极利用保险、担保、银行等保险金融机构和其他专业风险管理机构的相关业务保障自身利益。包括贸易、投资、承包工程和劳务类信用保险、财产保险、人身安全保险等，银行的保理业务和福费庭业务，各类担保业务（政府担保、商业担保、保函）等。

建议企业在开展对外投资合作过程中使用中国政策性保险机构——中国出口信用保险公司提供的包括政治风险、商业风险在内的信用风险保障产品；也可使用中国进出口银行等政策性银行提供的商业担保服务。

如果在没有有效风险规避情况下发生了风险损失，也要根据损失情况尽快通过自身或相关手段追偿损失。通过信用保险机构承保的业务，则由信用保险机构定损核赔、补偿风险损失，相关机构协助信用保险机构追偿。

[来源：选编自商务部国际贸易经济合作研究院、商务部投资促进事务局、中国驻缅甸大使馆经济商务参赞处共同主编.《对外投资合作国别（地区）指南——缅甸》. 2009年版第57—61页]

中国企业到菲律宾开展投资合作应注意的问题

一、投资方面

菲律宾对外商投资持欢迎态度，但在股份比例上对外资有较为严格的限制，加之基础设施老化、政局不稳以及恐怖威胁等不利因素制约，菲律宾吸引外资规模不大，近年来年引进外资额始终徘徊在20～30亿美元左右。中国投资者在菲律宾开展投资合作应该注意以下问题：

（1）熟悉菲律宾有关投资的法律法规

菲律宾投资法律对于大多数产品在菲境内销售的外商投资一般有不超过合资公司40%股份比例的限制，少数行业在股份比例上有一定浮动，出口型产业的外商投资可控股或独资。因此中国企业赴菲投资应充分了解有关投资法律法规，积极参与菲律宾投资署公布的《投资优先计划》中鼓励投资的领域，或根据《菲律宾经济特区法案》申请经济特区企业有关优惠政策。

（2）认真进行实地考察调研

菲律宾岛屿众多，各地在语言文化、宗教信仰、基础设施、安全局势、政策优惠等方面都存在一定差异。赴菲投资一定要进行认真、细致的实地调研，寻找最适宜投资的地区，切忌道听途说，盲目投资。

（3）注意合资对象的选择

菲律宾华人众多，经济实力较强，这是中国企业进入菲律宾的有利条件之一，选好合资对象将起到事半功倍的作用，但“华人骗华人”的情况同样存在。中国企业赴菲投资应慎重选择合作伙伴，充分了解合作方信誉、实力、资质，避免上当受骗。

（4）合理有效利用当地人力资源。

菲律宾人口众多，民风比较淳朴，英语普及面广，号称世界第三大英语国家，人力资源相对丰富。但菲律宾民众工作效率偏低，大多不愿带薪加班。如何在尊重当地文化和传统的基础上，充分有效利用当地人力资源，也是企业应积极思考的问题。

二、贸易方面

近年来中菲两国贸易发展迅速，中国已成为菲第3大贸易伙伴，菲则是中国在东盟的第4大贸易伙伴。随着双边贸易额的增长，贸易纠纷也越来越多，中国企业在与菲律宾商人做生意时应该注意以下几个问题：

（1）选择安全稳妥的付款方式

在与菲商人做生意时，应尽量争取采用信用证或付款交单（D/P）方式付款，对于赊账销售应慎之又慎。

（2）重视产品质量

菲律宾商人进口中国商品看重的是低价，但中国企业不应以牺牲产品质量为代价片面追求低价销售，特别是食品、药品等关系到身体健康的特殊商品，企业更应该始终视产品质量为生命。一旦发生恶性事件将对整个企业，乃至中国商品的整体形象造成很大损害。同样，从菲进口商品，特别是矿产品，也应该注意到货质量是否与合同规定相符。

（3）注意船运代理的选择

选择信誉好、实力强的船运代理公司也是做贸易时应积极考虑的重要一环，避免不法货代或船代与不法商人勾结骗取货物。目前国内大型船运公司都在菲律宾设有分公司。

（4）充分享受中国—东盟自由贸易协议带来的关税优惠

中国与东盟国家2004年签署了中国—东盟自贸区《货物贸易协议》，2005年启动了全面降税进程，并拟于2010年与6个东盟成员国（包括菲律宾）取消大部分商品的关税，建成自由贸易区。中国企业在向菲出口商品时，凭检验检疫机构签发的中国—东盟自贸区原产地证书（From E原产地证书）就可获得减免关税的优惠待遇。同样从菲进口商品出具菲政府机构签署的原产地证明，也可享受优惠关税待遇。

三、承包工程方面

（1）抓住承包市场发展机遇

20世纪六、七十年代，菲律宾曾一度是亚洲经济比较繁荣的国家。但此后二三十年，由于政治局势不稳定等原因导致经济发展缓慢，基础设施已比较陈旧，不能满足经济发展的需要。阿罗约总统上台后，政府意识到发展基础设施建设的重要性，发布了《2004年～2010年菲律宾发展中期规划》，重点在交通、电力、供水、通讯等基础设施建设领域加大投入。中国企业可予以关注，抓住合适的市场机遇。但由于2010年大选临近，中国企业可更多地关注近年来发展比较迅速的私营项目。

（2）拓宽承揽项目的思维模式，选择适当的经营方式

目前菲承包市场项目大致可分为：海外援助项目、菲政府资金项目以及私营项目等3类。中国公司应结合自身实际，根据项目的不同性质，具体问题具体分析，拓宽承揽项目的思维模式，选择适当的经营方式。菲律宾是西方发达国家传统的援助对象国，也是亚洲开发银行总部所在地，近年来韩国、中国等也加大了对菲贷款力度，海外贷款资金来源相对充足，项目收款普遍有保障，中国企业可多关注跟踪此类项目。阿罗约总统执政以来，经济发展速度相对加快，国内政府用于基础建设的资金日益增多，但内资项目一般只允许国内企业参与承包。近年来，房地产、小水电等私营项目数量也不断增多，虽然规模不大，但具有周期短、推进快、效率高的优点，企业可积极跟踪参与。不过不少私营项目需要部分带资承包，还应注意风险控制。

（3）认真研究菲律宾国情，注意守法规范经营

近年来，中国企业在菲律宾承包工程遇到一些挫折和困难，归根到底是因为对菲律宾国情没有深入了解造成的。中国公司在菲开展承包合作应认真研究菲律宾具体国情，入乡随俗，同时应遵守当地法律，规范经营，避免恶性竞争。

四、劳务合作方面

菲律宾本身就是世界上重要的劳务输出国之一，海外劳务汇款是菲重要经济支柱。菲律宾对外国人到菲从事普通劳务有严格的限制，只有投资者、高级管理人员、技术人员等经过一系列审批手续后才能或得工作或居留许可。过去曾发生过中国企业员工不按规定办理手续或违法务工被扣留的事件，因此中国企业不要贪图一时之利，应特别注意遵守菲移民局关于在菲居留和工作的相关规定。

五、防范对外投资合作风险

在当地开展投资、贸易、承包工程和劳务合作的过程中，要特别注意事前调查、分析、评估相关风险，事中做好风险规避和管理工作，切实保障自身利益。包括对项目或贸易客户及相关方的资信调查和评估，对投资或承包工程国家的政治风险和商业风险分析和规避，对项目本身实施的可行性分析等。建议相关企业积极利用保险、担保、银行等保险金融机构和其他专业风险管理机构的相关业务保障自身利益。包括贸易、投资、承包工程和劳务类信用保险、财产保险、人身安全保险等，银行的保理业务和福费庭业务，各类担保业务（政府担保、商业担保、保函）等。

建议企业在开展对外投资合作过程中使用中国政策性保险机构——中国出口信用保险公司提供的包括政治风险、商业风险在内的信用风险保障产品；也可使用中国进出口银行等政策性银行提供的商业担保服务。

如果在没有有效风险规避情况下发生了风险损失，也要根据损失情况尽快通过自身或相关手段追偿损失。通过信用保险机构承保的业务，则由信用保险机构定损核赔、补偿风险损失，相关机构协助信用保险机构追偿。

六、其他应注意的问题和事项

（1）金融汇率风险

经历了1997年东南亚金融危机后，菲律宾金融体系得到一定程度的健全，但受经济规模和结构的制约，菲汇市波动加大。2007年菲律宾比索兑美元

升值幅度达19%，成为亚洲表现最强劲的货币，2008年比索却又大幅贬值，一度创下2年来最低纪录。因此中国企业在菲开展经营活动要注意规避汇率风险。

（2）关于政治和商业腐败

菲律宾政治和商业腐败问题比较突出，在多个国际组织关于清廉程度的排名中名次都较为靠后。在"透明国际 Transparency International"2007年的清廉国别排名中，菲律宾位列180个国家和地区中的131位。中国企业在菲开展活动应以遵纪守法为前提，不卷入当地政治斗争，同时注意改进与当地社会打交道的方式和技巧。

（3）防范安全风险和自然灾害

中国企业在菲还应当注意政治波动、恐怖活动、治安欠佳等安全形势的影响，特别是去边远山区和棉兰老岛等地区投资更要注意当地安全局势，妥善处理与当地政府、军队、教会以及民众之间的关系。菲律宾还是自然灾害频发的国家，应提高对台风、地震、泥石流以及火山等自然灾害的警惕性和防范意识。

［来源：选编自商务部国际贸易经济合作研究院、商务部投资促进事务局、中国驻菲律宾大使馆经济商务参赞处共同主编《对外投资合作国别（地区）指南——菲律宾》. 2009年版第39—41页］

中国企业到新加坡开展投资合作应注意的问题

一、投资方面

1. 严守法纪。新加坡是法治国家，对各种违法行为均有明确、严厉的处罚。到新加坡投资不可弄虚作假、谎报材料，更要杜绝贿赂等犯罪行为的发生。

2. 充分利用优惠政策。新加坡政府对吸引外资制订多项优惠政策，特别是在新加坡设立分公司、代表处、地区总部、国际总部的外资企业，均享有不同程度的税收优惠。企业可根据自身条件、发展情况和设定的远景目标，选择适当的投资方式，以争取最大的优惠政策。

3. 符合新加坡国内审批条件。到新加坡主板上市，需符合发改委、商务部、证监会等有关部门制订的标准条件并经国内有关主管部门批准。

二、贸易方面

1. 慎重选择贸易伙伴

在寻找贸易伙伴和贸易机会时，应尽可能通过参加中新各种交易会以及实地考察等正式途径接触和了解客户，避免与资信不明或资信不好的客户做生意。外资企业进行业务联络的同时，可咨询新加坡工商业联合会、新加坡中华总商会、新加坡中国商会等行业协会组织或委托专业机构对客户进行资信调查。

2. 签订全面有效合同

新加坡法制环境良好，与新加坡商人开展贸易业务一定要签订全面有效的贸易合同，并尽量在合同中规定仲裁等纠纷处理条款，通过法律途径解决贸易纠纷。

三、承包工程方面

1. 企业重视与支持。国内总公司要加大对新加坡子公司的重视和支持。一方面要提高企业资质等级，在注册资金上予以支持。另一方面要将总公司具有竞争优势的技术带到新加坡，为在新企业配备外语精通、业务熟练的管理干部。

2. 发挥优势。在新承包工程企业要依托国内总公司在隧道、港口、交通等基础设施领域内的施工经验和成熟技术，发挥劳动力成本较低而素质较高的优势，打造一支市场竞争力强、施工技术先进的中资承包工程企业队伍。

3. 加强合作。进一步加强与新加坡本地和跨国大型承包商的合作。学习其先进的管理经验和施工技术，利用其广阔的市场网络和融资渠道，提升企业的市场竞争力，积极开拓第三地市场。

4. 在引进劳动力方面要注意，目前中国建筑专业学历只有清华大学和香港大学的建筑学学位得到新加坡的认可。

新加坡政府规定建筑企业雇佣外籍劳务的额度限制为1∶7，即每雇用1名新加坡公民，公司可最多申请雇佣7名外国工人。公司每个月要为所聘用的外籍劳工支付150新元的外国劳工税。同时，建筑工人赴新加坡务工，必须先通过建设局组织的技术资格专门考试，目前在北京、南京、杭州、沈阳、青岛、郑州和重庆设有考点，考试包括木工、抹灰工、钢筋工和电焊工等科目。

四、劳务合作方面

中国外派劳务企业应严格遵守中国外派劳务和对新加坡劳务合作的有关规定，认真办理劳务项目确认、审查以及出境证明等手续，通过制度约束，将劳务合作项目风险降至最低。经营公司应加强对派出人员的技能培训和遵约守诺教育，如实、详细讲解合同条款，不做夸大宣传，并要加强对外派劳务人员的跟踪管理。

五、防范投资合作风险

在新加坡开展投资、贸易、承包工程和劳务合作的过程中，要特别注意事前调查、分析、评估相关风险，事中做好风险规避和管理工作，切实保障自身利益。包括对项目或贸易客户及相关方的资信调查和评估，对投资或承包工程国家的政治风险和商业风险分析和规避，对项目本身实施的可行性分析等。建议相关企业积极利用保险、担保、银行等保险金融机构和其他专业风险管理机构的相关业务保障自身利益。包括贸易、投资、承包工程和劳务类信用保险、财产保险、人身安全保险等，银行的保理业务和福费庭业务，各类担保业务（政府担保、商业担保、保函）等。

建议企业在开展对外投资合作过程中使用中国政策性保险机构——中国出口信用保险公司提供的包括政治风险、商业风险在内的信用风险保障产品；也可使用中国进出口银行等政策性银行提供的商业担保服务。

如果在没有有效风险规避情况下发生了风险损失，也要根据损失情况尽快通过自身或相关手段追偿损失。通过信用保险机构承保的业务，则由信用保险机构定损核赔、补偿风险损失，相关机构协助信用保险机构追偿。

六、其他应注意的问题和事项

1. 做好充分的调查研究

新加坡以华人为主，在语言、传统文化等方面与中国有许多相近之处，双方更容易沟通，这是两国企业开展交流合作的优势条件。但同时也要认识到，新加坡具有自身的鲜明特点，在社会和法律制度、教育体系、人们的思维方式、通用语言、生活习惯等方面与中国有很大不同。因此，在新加坡开展合作要做好充分的调查研究，避免盲目投资。

如可以通过新加坡经济发展局等官方投资促进机构或专业会计师、律师事务所或聘请专业法律和财务顾问，全面了解新加坡相关的法律和制度规定，掌握新方合作伙伴的资信和经营状况，做到心中有数，把握主动。

2. 重合同、守信用

新加坡是法制社会，各项法律法规完善，公民法律意识很强，在商业领域则表现为高度重视并严格依照合同行事。为此，中国企业在与新加坡企业合作或到新加坡投资设立分支机构时，电要充分认识合同的重要性，加强自我保护意识，严格细致地商定合同条款，明确各项权利、义务、免责和救济措施。合同一旦签订，就要按照约定认真履行各项义务，做到重合同、守信用。

［来源：选编自商务部国际贸易经济合作研究院、商务部投资促进事务局、中国驻新加坡大使馆经济商务参赞处共同主编．《对外投资合作国别（地区）指南——新加坡》. 2009 年版第 55—57 页］

中国企业到泰国开展投资合作应注意的问题

一、投资方面

1. 客观评估投资环境

总体来讲，泰国拥有较好的投资环境。其地理位置优越，交通便利，是东南亚地区经济、金融中心和航空枢纽，基础设施较为完善。泰国政局虽然不够稳定，但社会秩序和社会治安状况良好。泰国与中国政治外交关系友好，是中国的友好邻邦。

不过，近几年来，泰国政局持续动荡，各派政治斗争较为激烈，对其投资环境带来一定影响。首先，政局的动荡会影响外国投资者的信心，一些投资者选择观望或停止扩大投资规模；其次，由于政府高层经常变动致使其行政效率较低，投资项目审批程序复杂周期较长。因此，目前中国企业来泰开展投资合作须考虑政治风险因素，不少项目特别是大型投资项目审批周期较长，手续繁杂，前期投入费用较高。

2. 全面了解投资市场

首先，泰国投资市场的竞争相当激烈。一方面泰国企业自身投资能力比较好，另一方面如剔除政治因素，外资企业对来泰国投资多数看好。泰国的外来投资主要来自日本、美国、欧盟、韩国、新加坡以及中国台湾和中国香港等国家和地区。有传统优势的产业投资市场几乎被先期投资者占领，从市场格局、资金实力和技术水平以及国际投资经验等方面看，中国企业来泰投资面临的挑战较大。

第二，泰国国情、社会制度和法律体系均与中国不同，办事方式和效率不同，中国企业进入泰国投资前应对有关情况进行前期调研，做好充分准备后再行投资。

第三，泰国人力资源的使用问题。泰国的人力资源成本虽低于欧美日，但却高于中国，且组织纪律性和技能逊于中国工人。

3. 注重履行社会责任

在中国深入实施“走出去”战略、不断提高对外开放水平的新形势下，中国驻泰国企业积极履行社会责任具有重要意义。企业在开展跨国经营时，将承担更多的社会责任，不但是对企业自身品牌、信誉和社会形象的投资，而且也有利于平衡国家之间、企业之间、企业与社会之间的各种利益关系，并将对企业的经营产生积极影响。驻泰中国企业要本着“互利共赢、共同发展”的原则对外开展业务，热心参与赈灾、济贫、环保、教育、社保、节约资源、劳动保护等各类社会公益活动，融入当地社会，树立中资企业的良好形象，营造与当地社会和谐相处、共同发展的良好氛围。

二、贸易方面

1. 了解贸易管理体制

泰国贸易管理有关法律法规有《货物进出口控制法》、《关税法》、《出口商品标准法》、《反倾销和反补贴法》、《外商经营企业法》、《直销贸易法》、《外汇管理法》和《商业竞争法》等。泰国负责贸易管理的部门有商业部和财政部海关厅。中国企业与泰国进行贸易活动需了解这些法律法规，了解所经营商品是否受限、关税如何、有无技术性贸易壁垒等。建议与泰国投资合作前就有关问题咨询当地律师事务所。

2. 讲究信誉质量

信誉质量是企业的生命线。中国企业对所产商品要有相当细致的了解并对该商品在泰国市场的供求进行细致的调研，在和泰国人进行商品贸易时应讲信誉、重质量并注重售后服务，提升中国商品质量和形象。

3. 做好调查研究

市场调研、资信调查是企业进行贸易活动必须重视的问题之一，也是企业开展贸易活动的重要基础和依据。贸易商品的市场需求、贸易伙伴的资信情况必须要了解清楚才能保证贸易的顺利进行。货物样品和实际发货要样货一致，否则很容易引发贸易纠纷。同时，对一些中介商要小心提防，避免上当受骗。

4. 注重商务礼仪

泰国商界比较注重着装，正式场合特别是访问政府部门一般着深色西装。商界见面时也可着长袖衬衫打领带。

三、承包工程方面应该注意的问题

1. 了解泰国法律法规，依法经营

中国企业在泰开展业务时，了解和遵守当地有关法律法规和政策规定，做到依法经营。必要时聘请当地律师，避免陷入一些不必要的法律纠纷。

如泰国对本国企业法人从事建筑业经营实行登记制，对外国人经营建筑业限制较多。建筑业不是泰国鼓励外资投资的行业。泰国《1999 年外籍人经商法》规定，建筑服务业不对外国人开放。外国投资者从事建筑业经营，必须要通过与当地企业设立合资公司，且当地公司控股（股份占 51%以上）。

泰政府对要求在泰设立办事处、代表处等非营利性机构的外国申请者从严审批甚至不批。由于泰国是劳务输出国，对于输入一般工种的外籍劳务严格限制，输入经营管理类人员也有严格限制，一般规定，企业注册资金在 1 亿泰铢以上者，每输入 1 名外国人员需雇用四名当地劳工；企业注册资金在 1 亿泰铢以下者，每申请 1 名外籍人员则需雇用五名当地劳工。中国企业在泰国开展承包工程业务一定要遵守泰国有关法律法规，做到守法经营。

2. 实施本土化经营策略

本土化是跨国公司生存发展的重要经营策略，只有实施本土化经营和属地化管理，企业才能更加熟悉当地市场情况，适应市场变化，增强对项目的管控能力，从而降低成本，提高竞争力。在泰中资承包企业实施本土化经营主要有三方面：一是经营观念本土化，即坚持以经营为中心，以盈利为目的，树立市场观念、竞争观念和效益观念；二是运作方式的本土化，即学习借鉴优秀的国际承包商和本地公司的先进架构、管理经验和运作方式等，博采众长，兼收并蓄，提高公司在激烈的市场竞争中取胜的本领；三是人才本土化，要依靠和任用本地人才。一方面要提高海外公司中当地经营管理人员的比例，充分发挥他们的作用，使之成为中国公司的中高级管理人员，为公司的生存、发展和壮大发挥重要作用。另一方面要使国内派出的经营管理人员的思维方式、工作方法、管理素质等逐步适应当地市场竞争的要求。

3. 审慎选择好的合作伙伴

好的合作伙伴是项目成功的关键因素。中国企业来泰开展业务，切不可急于求成，盲目合作。对于一些中介机构或中间人介绍的各类项目不可轻信。尤其是一些所谓特大型项目，很有可能是“雷声大、雨点小”。要设法了解清楚合作方的背景情况，审慎选择那些信誉好、实力强、关系硬、能力高、懂营销、善合作的合作伙伴。

4. 要高度重视在泰经营的安全问题

发展是目的，管理是保障，安全是前提。各企业均应将安全问题放在首位。特别是近年来泰国政局不太平稳，泰国南部地区的恐怖活动时有发生，安全风险因素加大，因此，在泰开展业务的中资企业必须将安全工作放在首要位置来抓。要制订有效的安全防护措施和紧急事件应急机制，切实维护好企业的人员和财产安全。注意防火、防盗、防骗、防爆炸。同时，采取有效措施切实维护国有资产和信贷资金的安全，加强承包工程项目管理，做好成本核算和资金风险控制，保证承包工程项目的质量。

5. 要注重了解泰国自然条件及社会文化环境

这些因素对承揽项目的影响容易为企业所忽略。如：泰国节假日较多，泰国工人经常放假；泰国雨季期间（一般是每年五月至十月）难以施工，签合同时要考虑工期是否足够；泰国人多数性情温和、注重礼仪，但办事效率相对较低，不少事情拖而不决等等。

四、劳务合作方面

外籍人在泰工作须及时办理工作许可证。由于劳工许可证不能异地使用，因此外籍人特别是从事建筑业者在申请工作场所时要将总公司、分公司场所分别加以注明。分公司以总公司名义申请时，要在分公司所在地申请。泰官员不主张外籍人通过中介机构办理外国人工作许可证申请。泰官方尚未授权任何中介机构从事代办外籍劳务工作许可业务，建议有关雇主或个人通过合法程序向劳工部申办工作许可，劳工部将提供便利条件。对临时入境提供技术服务的外籍人，如不超过 15 天可免办工作许可证。

限制进入泰国从业的有 39 类工种：普通劳工；农、林、牧、渔业（农产管理人员除外）工人；制砖、木匠或其他建筑工种；木雕工；驾驶员（航空器材飞行员、机械师除外）；固定摊贩；市场传销；会计管理；珠宝加工；理发、美容；手工织布；制席；手工造纸；漆器；泰式乐器；乌银镶嵌器；金银器皿制作；泰式嵌石制品；泰式玩具制作；床单、被褥制作；制钵；手工泰丝制品；佛像制作；刀具制作；纸伞、布伞制作；制鞋；制帽；除国际贸易代理外的其他代理；建筑规划设计（专业技术专家除外）；手工艺品制造、设计、估价；首饰设计；泥制品加工；手工卷烟；导游；流动摊贩；泰文打印；手工抽丝；文秘；法律咨询。

五、其他应注意的问题和事项

在当地开展投资、贸易、承包工程和劳务合作的过程中，要特别注意事前调查、分析、评估相关风险，事中做好风险规避和管理工作，切实保障自身利益。包括对项目或贸易客户及相关方的资信调查和评估，对投资或承包工程国家的政治风险和商业风险分析和规避，对项目本身实施的可行性分析等。建议相关企业积极利用保险、担保、银行等保险金融机构和其他专业风险管理机构的相关业务保障自身利益。包括贸易、投资、承包工程和劳务类信用保险、财产保险、人身安全保险等，银行的保理业务和福费庭业务，各类担保业务（政府担保、商业担保、保函）等。

建议企业在开展对外投资合作过程中使用中国政策性保险机构——中国出口信用保险公司提供的包括政治风险、商业风险在内的信用风险保障产品；也可使用中国进出口银行等政策性银行提供的商业担保服务。

如果在没有有效风险规避情况下发生了风险损失，也要根据损失情况尽快通过自身或相关手段追偿损失。通过信用保险机构承保的业务，则由信用保险机构定损核赔、补偿风险损失，相关机构协助信用保险机构追偿。

［来源：选编自商务部国际贸易经济合作研究院，商务部投资促进事务局、中国驻泰国大使馆经济商务参赞处共同主编.《对外投资合作国别（地区）指南——泰国》. 2009 年版第 59—63 页］

中国企业到越南开展投资合作应注意的问题

一、投资方面

1. 认真进行调查研究和市场考察，避免盲目投资。

2. 充分了解越南吸收外资的法规政策和投资环境。

3. 尽量以独资方式投资设厂，如与越方以合资方式设厂，应对越方合作伙伴进行深入了解，寻求信誉好的合作伙伴。

4. 加强投资风险防范，按规定办理国内外投资报批许可手续。

5. 选派能力强、素质高、外语好（越语或英语）的业务人员来越开展工作。

6. 注意处理好与合作方以及当地有关部门的关系，注意内部协调。

7. 遵守越南的法律法规和相关规定，守法经营。

8. 搞好生产经营管理，树立以质取胜的经营理念。

9. 保持与中国驻越南使馆（经商参处）的联系，定期向经商参处汇报企业生产经营和管理情况。遇到重大问题要及时向使馆报告。

二、贸易方面

1. 要坚决贯彻“以质取胜”战略，杜绝假冒伪劣商品

一些中国企业对越南出口忽视质量要求，既影响中国商品在越南的市场形象，加深越南消费者对中国商品的偏见，又容易因质量问题引发纠纷，给企业造成经济损失。近年来，越南经济水平迅速提高，产品质量进步很快，中国企业必须严把商品质量关，且重视外观款式，才能适应市场需求，并逐步树立中国商品在越南市场声誉。

2. 要慎重选择合作伙伴，加强风险管理，防止遭受损失

越南现有国营企业1500多家，私营企业超过20万多家，外资企业4000多家，其中国营企业主要分中央企业和地方企业。越南中央直属国有企业在各行业中占有重要地位，实力相对较强，资金较有保障，与其合作风险相对较小；越南私营企业数量很多，信誉不一，虽经营方式灵活、决策快，但规模较小，抗风险能力弱，甚至有个别企业在与中国企业合作过程中有恶性欺诈行为，中国企业与其合作应注意甄别，降低风险。

3. 要规范操作，严把贸易流程各环节

商谈合同应严谨，特别对于质量、运输、交货、结算、争议等条款应认真商谈，仔细审核，避免漏洞。建议采取信用证结算方式，可选择越南外贸银行、农业与农村发展银行、投资发展银行或工商银行等信誉较好的银行作为开证行，特别应该注意防止对方在信用证条款中加入与国际惯例不符的条款。另外，应严格按照合同执行，在商品质量、运输交货、制单等环节务必严谨，防止被钻空子，造成经济损失。

三、承包工程方面

1. 应抓住市场机遇

近年来，越南重视基础设施建设，特别是交通、电力、化肥、水泥、通信量领域的建设，工程承包市场潜力较大。经过多年努力，中国企业在越南工程承包市场正逐步打开局面。中国工程技术和成套设备日渐为越方所认可和接受，特别在水电、火电、水泥、化肥等领域有较强竞争优势。

2. 要实行本地化经营

越南劳动力市场巨大，劳动力整体素质在不断提高，成本相对便宜。今后，中国企业在越南开展工程承包业务的重点在工程设计和施工管理上，应多雇佣当地人员，实行本地化经营。

四、劳务合作方面

1. 应通过正规中介进行

因两国地理位置相邻，往来便利，一些非法中介利用收费较低之便，私自开展开越南劳务输出业务，易发生问题，对劳务人员造成损失。

2. 严格遵守规定

越南是劳务输出国，限制一般劳务进口，应注意严格按越方规定办理各种手续。

五、防范投资合作风险

在越南开展投资、贸易、承包工程和劳务合作的过程中，要特别注意事前调查、分析、评估相关风险，事中做好风险规避和管理工作，切实保障自身利益。

包括对项目或贸易客户及相关方的资信调查和评估，对投资或承包工程国家的政治风险和商业风险分析和规避，对项目本身实施的可行性分析等。建议相关企业积极利用保险、担保、银行等保险金融机构和其他专业风险管理机构的相关业务保障自身利益。包括贸易、投资、承包工程和劳务类信用保险、财产保险、人身安全保险等，银行的保理业务和福费庭业务，各类担保业务（政府担保、商业担保、保函）等。

建议企业在开展对外投资合作过程中使用中国政策性保险机构——中国出口信用保险公司提供的包括政治风险、商业风险在内的信用风险保障产品；也可使用中国进出口银行等政策性银行提供的商业担保服务。

如果在没有有效风险规避情况下发生了风险损失，也要根据损失情况尽快通过自身或相关手段追

偿损失。通过信用保险机构承保的业务，则由信用保险机构定损核赔、补偿风险损失，相关机构协助信用保险机构追偿。

［来源：选编自商务部国际贸易经济合作研究院、商务部投资促进事务局、中国驻越南大使馆经济商务参赞处共同主编.《对外投资合作国别（地区）指南——越南》. 2009年版第36—37页］

贸易投资论文

零关税对中国—东盟自由贸易区农产品贸易的影响及展望

一、中国—东盟自由贸易区建设的背景

1999年美国西雅图的世界贸易组织部长会议多边贸易谈判的破裂，显示出WTO进一步推动全球贸易自由化的多边框架有其局限性，这促使各国之间在双边和多边框架下签署双边自由贸易协议（FTA），这已蔚然成为一种风潮。东亚地区的中国、日本、韩国也开始考虑建构自己的FTA网络。在这一背景下，东亚地区现有的双边自由贸易协议的动向日益引起人们的关注，东盟与中国、日本、韩国和美国、印度等主要的经济体和发展中大国相继提出了概念性的“10+1”经济合作框架。

东盟是东南亚地区囊括人口众多的国际经济组织，近来已成为周边大国“争相合作的伙伴”，中国、日本、印度，甚至遥远的美国，都不愿放弃在此进行的区域经济合作。

中国—东盟自由贸易区（CAFTA）是中国和东盟十国以消除关税壁垒、实现商品自由贸易和经济全面合作为目的，建立在《中国—东盟全面经济合作框架协议》（以下简称《框架协议》）和一系列双边谈判基础上的发展中国家经济一体化组织。建立CAFTA的计划从2001年11月签订初步协议到2002年11月《框架协议》正式启动，仅仅经过了短短1年的时间。预期到2010年自由贸易区正式建成之时，将会成为覆盖约17亿人口、国民生产总值达20000亿美元、贸易总量达到12000亿美元、贸易区内零关税商品的项目达到6000项左右，仅次于欧盟和北美自由贸易区的全球第三大市场。

二、中国—东盟自由贸易区农产品零关税的进程

2001年11月，中国与东盟第五次领导人会议把农业确定为面向21世纪合作的重点领域之一。2002年11月，中国农业部与东盟正式签署了农业合作谅解备忘录。农业在中国和东盟国家均占重要地位，在这次CAFTA的建设中，农业合作又一次处在了关键位置。成为中国与东盟合作的起始领域。

1. 进程时间表

按照《框架协议》的时间表，CAFTA的第一步零关税计划已经在2004年开始正式启动。这一步涉及600项商品，中国与东盟6个老成员国农产品关税在2004年降到10%以下，2005年降到5%，2006年实现零关税。第一步零关税计划基本以农产品为主，还包括了畜产品、水产品等。这其中很大一部分在自由贸易区启动之前是中国一直采取高关税限制进口的产品，如中国长期以来对泰国大米征收的进口关税为113%，而这些高关税商品都已在2006年实现零关税的自由贸易。

2. 农产品零关税进程的加速

实际上，农产品零关税的进程比这一时间表进行得更快。2002年11月，在《框架协议》中，中国和除菲律宾之外的东盟9国制订了“早期收获”方案。所谓“早期收获”，就是在《框架协议》指导下提前实现部分减免关税内容。这次列入减免税对象的有500多种产品，主要是《税则》第一章至第八章的农产品，税率将一次降低至0%～5%，而此前中国和东盟国家对这部分产品的平均关税率都在30%以上。2003年10月1日起，中国与泰国率先开始实施CAFTA的早期收获计划。按原产地原则，首先对原产于中泰两国的蔬菜和水果实行零关税。这是CAFFA实现的第一个零关税协议，它正式开启了自由贸易区内商品流通零关税的大门。这次得到零关税的主要是食用蔬菜以及苹果、柑橘、龙眼、荔枝等水果和坚果类产品。

从2004年1月1日起，中国又对缅甸、老挝和柬埔寨的蔬菜和水果产品给予单方面的零关税待遇。关税减让从农产品开始，且税率一下子降为零。使东盟成员国迅速受益。从2004年第一季度的统计数据看，泰国作为中国农产品零关税的第一块试验田，是关税减免的最大获益者。第一季度，泰国向中国出口蔬菜水果总价值约7.96亿元（人民币），共获得蔬菜水果上的免税7036万元（人民币）。东盟其他国家共获益2 945万元（人民币）。农产品零关税进程，将农产品贸易推到了中国—东盟贸易自由化进程的最前沿。

三、构想中的ECAFTA自由贸易区

如果把中国—东盟自由贸易区扩大，加上世界主要农产品生产和消费国和地区：欧洲、美国和澳大利亚，再加上第二人口大国印度，简称ECAFTA自由贸易区。

全球贸易自由化是一个艰难的过程，区域性自由贸易区的建设是通向全球自由贸易区的必经之路。只有在逐步缩小了各国经济政治和社会差距之后，全球贸易自由化才不会是梦想。在这个过程中，区域性自由贸易区范围的不断扩大是一个中间过程，起到承接作用。ECAFTA的构想是基于两种考虑：一方面它同CAFTA是一个对照；另一方面它是从区域贸易自由化到全球贸易自由化进程中的一个过渡。

四、运用GTAP计算的区域贸易自由化前的情景指标

全球贸易分析系统（GTAP）是用GEMPACK软件编辑和运行的多区域多部门CGE（可计算一般均衡）模型，GTAP数据库更新于2002年，由于牵涉国家部门众多，截至目前尚未更新，自由贸易区的模拟主要是设置目标关税为零的比较静态模拟，不牵涉递归动态的问题，仍可以使用目前版本。用GTAPAGG软件包对GTAP的87＊57的数据库进行压缩。把87个地区压缩成CAFTA的9个地区和ECAFTA的13个地区：

CAFTA：中国、印度尼西亚、马来西亚、菲律宾、泰国、越南、新加坡、东盟其他国家、世界其他地区。

ECAFTA：中国、印度尼西亚、马来西亚、菲律宾、泰国、越南、新加坡、东盟其他国家、澳大利亚、印度、美国、欧盟、世界其他地区。

同时把57个部门压缩成以农产品为主的l3个部门：稻米、小麦、纤维植物、蔬菜水果、油菜籽、其他作物、渔业、畜牧业、林业、其他农产品、食品工业、轻工业、其他非农产业。

大米的主要生产国中国、泰国、美国的关税与非关税壁垒都较高。

在CAFTA，本地区多是发展中国家，不存在对农产品的一般产出补贴，倒是世界其他地区存在较高的农产品生产补贴，这对CAFTA是一个不利因素。大部分地区农产品不存在出口关税和补贴，欧洲存在高额出口补贴。

五、结论

在各自由贸易区建立以前，大部分国家的农产品关税都较高，特别是大米的主要生产国中国、泰国、美国的大米关税与非关税壁垒都较高。

自由贸易区建立后的情景模拟显示：

在CAFTA，中国的稻米、小麦和油料作物出口商品价值增加，其中稻米的增加很显著。中国的稻米、小麦、蔬菜水果和油料出口增加。与此同时，中国稻米的进口增加高达193.11％，因为东盟大多是南方国家，稻米是主要的粮食作物，其余除蔬菜水果外，进口增加并不显著，东盟的蔬菜水果相对中国具有比较优势。

在ECAFTA，中国稻米的出口价值增加只有在CAFTA增加价值的一半左右，小麦和森林显著下降，蔬菜水果大幅上升。稻米和蔬菜水果是劳动密集型产品．中国具有比较优势，小麦和森林是土地密集型产业，在扩大的自由贸易区，中国势必受到自由贸易区的别国比较优势的冲击。在ECAFTA，中国的蔬菜水果显示出价值增加的优势。小麦和油料变为出口减少，蔬菜水果出口量增加幅度远超在CAFTA的水平。中国的各项农产品，除森林和鱼类外，进口增加幅度都很大，因为在这个自由贸易区，欧洲、美国和澳大利亚都是主要农产品出口国。

中国小麦在CAFTA略微纯出口增加，但在ECAFTA，中国成为小麦的纯进口国，而且将大幅增加。在CAFTA，中国的贸易条件略有恶化，但在ECAFTA又有略微改善，如果美国、欧盟等地区不取消高额的出口补贴、生产补贴。实现零关税后对中国参与世界农业贸易不利。

（来源：谢杰．世界农业杂志2008年第10期）

东盟贸易发展动态（1990～2007）：全球性和区域性

二战结束以来，无论是从世界范围来看，还是就东盟国家本身而言，贸易在国民经济发展中的地位和重要性的快速上升已经成为一个不争的事实。从肯尼迪回合、东京回合到乌拉圭回合，布雷顿森林体系GATT框架下围绕着大幅降低关税水平的八轮谈判，极大地推动了国际贸易发展的自由化进程。20世纪70年代以后，随着欧洲一体化运动的不断深入，区域合作及新贸易保护主义成为与经济全球化并行的一股潮流。北美自由贸易区、APEC

的成立则进一步促使东盟从区域安全、经济合作等角度来考虑自身的发展问题。20世纪90年代以来，围绕着政治、经济合作以及贸易投资自由化等议题，东盟在组织框架、功能形态、整体实力等方面都呈现出一轮迅猛的发展势头。

一、东盟经济合作及自由贸易区（AFTA）发展动向

由文莱、柬埔寨、印度尼西亚、老挝、马来西亚、缅甸、菲律宾、新加坡、泰国和越南等东南亚十国组成的东盟，是亚太地区甚至是世界范围内的重要区域合作组织。

东盟的历史可以追溯到1961年马来西亚、泰国和菲律宾三国组建的东南亚联盟。1967年8月，印度尼西亚、泰国、新加坡、菲律宾和马来西亚在曼谷会议上正式宣布成立东南亚国家联盟（简称“东盟”，英文名“ASEAN”）。在过去较长一段时间里，东盟的工作重点一直集中在政治对话与合作领域。但是，随着国际政治经济格局的迅速变化，尤其是20世纪末冷战结束，东盟区域发展和经济一体化便成为摆在各成员面前的首要议题。这是因为：一方面，东盟组织成员数量逐步增加，集团整体实力不断加强，地区影响力逐步扩大；另一方面，东盟国家也日益意识到经济发展已经成为当前国际关系的主旋律。与欧盟、北美自由贸易区等区域组织形成显著区别的是，政治合作仍是东盟国家集团的基石，经济合作及自由贸易区发展则是东盟一体化不断向前推进的动力所在。

1992年1月，印度尼西亚、马来西亚、菲律宾、新加坡、泰国和文莱等东盟六国在新加坡贸易部长会议上正式提出建立“东盟自由贸易区”（ASEAN Free Trade Area，简称AFTA）的目标。2002年1月1日，东盟自由贸易区（AFTA）正式启动。2003年10月，第9届东盟首脑会议发表了《东盟协调一致第二宣言》，确定东盟将于2020年建成一个由东盟经济共同体、东盟安全共同体和东盟社会文化共同体组成的东盟共同体。2007年11月，东盟十国领导人在新加坡第13届首脑会议上签署了《东盟宪章》和《东盟经济共同体蓝图宣言》等一系列重要文件，这是东盟政治、经济合作领域又一个重要里程碑。按约定，东盟将在2015年前建成内部统一大市场和生产基地，并在AFTA基础上实现商品、资本、服务和劳动力的自由流动。

除了上述东盟区域经济合作和贸易发展的主要趋势之外，近些年来东盟与周边国家和地区的合作关系也在不断地得到加强和拓展。1997年东盟成立30周年之际，东盟不仅实现了与东亚国家首脑的首次会晤，而且东盟与中日韩（10＋3）、东盟分别与中日韩（10＋1）合作机制也宣告初步形成。2001年第5届东盟与中国领导人（10＋1）会议上，双方就2010年前建立中国—东盟自由贸易区达成一致意见。2002年中国又与东盟签署了《全面经济合作框架协议》。2007年10月东盟与日本签订了《东盟与日本全面经济伙伴关系协议》，同年，东盟与韩国签署了东盟—韩国自由贸易区《服务贸易协议》，并期待于2009年建立自由贸易区。

由此可见，FTA和贸易自由化已经成为东盟内部一体化和对外发展的坚强动力。以政治合作为先导，而经贸合作的顺利展开又进一步促进政治、经济和社会文化等领域的全面发展，这是东盟区域合作及经济一体化的特色所在，也是其优势所在。

那么，在全球化和自由化背景下东盟贸易发展和自由化到底呈现什么样的一种态势？东盟贸易格局与亚洲乃至世界贸易体系之间存在怎样的一种互动关系？这种格局的变化又会在多大程度对东盟未来发展产生影响？本文将通过对东盟贸易发展一系列指标的分析来解答上述问题。不过，在这之前，先就以下几个方面做个说明：

第一，东盟各成员之间的经济规模和发展水平具有显著差异，新加坡代表刚刚完成工业化的发达国家，印尼、菲律宾、马来西亚和泰国代表新兴的发展中国家，其他则属于发展水平更低的欠发达国家。

第二，从时间上来看，本文主要选取1990～2007年东盟贸易发展数据并建立相应的指标体系进行考察，时间序列加上截面数据能够帮助我们更好地把握贸易发展的动态和趋势。时间上分为三个阶段：1990～1995年为第一阶段；1995～2002年为第二阶段；第三阶段自2002年东盟自由贸易区成立至今。

第三，对东盟贸易发展指标的动态分析确定在两个层面上展开：全球层面和区域层面，分别对应东盟贸易发展的全球性和区域性特征。这一方面主要是考虑到东盟对世界经济与贸易的影响力日渐增强，东盟贸易和经济实力的提升不仅影响着东亚格局，而且对国际贸易体系的调整和变化也起着推波助澜的作用。另一方面，作为区域一体化组织的东盟出于政治、经济和社会文化等领域合作的需要也必然对各类经贸关系做出协调，区域性贸易指标的变化也正是反映了这种集体机制作用的结果。

二、东盟贸易发展的全球性指标分析

20世纪90年代以来，东盟国家在对外贸易发展和自由化方面上均取得了举世瞩目的成就，不仅为这些国家本身的经济增长和社会发展提供了强有力的支持，也对东盟集团的全面合作与发展奠定了坚实的基础。

本文选用贸易依存度、贸易贡献度和贸易自由度三个指标来分析东盟贸易发展的全球性特征。贸易依存度指标从贸易深度和依赖度来检验一个国家总体经济中对外贸易的发展水平。贸易贡献度指标从横向比较的角度来考察该国或地区在国际贸易体系中的地位和份额。贸易自由度则是一项从贸易政策、关税和非关税措施等实践性环节来衡量一国商品和服务贸易自由化程度高低、进程快慢的指标。

（一）贸易依存度　本文的贸易依存度指标主要选取出口贸易额占GDP的比重，即出口依存度，表示为出口贸易总额与GDP的比值，具体形式如下：

$$出口依存度=\frac{出口贸易额}{GDP}\times 100\%$$

表1　出口依存度的长期发展趋势

出口/GDP	1990～1995	1996～2001	2002	2003	2004	2005	2006	2007
东盟	43.4	61.5	64.0	66.2	70.8	73.3	72.3	74.0
世界	39.3	46.5	48.7	50.3	54.2	54.2	60.5	62.9

资料来源：WTO和IMF网站，经作者计算而得。

从表1数据来看，剔除1997年东南亚金融危机的影响，东盟国家出口贸易依存度的发展基本上与世界平均水平持平。而1997年金融危机前后到2002年东盟成立自由贸易区这段时间内，东盟出口依存度指标的波动比较剧烈。

（二）贸易贡献度　贸易贡献度指标用来刻画东盟在国际贸易体系中的地位和份额问题，贸易贡献度可以表述为，东盟进出口贸易额占世界进出口贸易总额的比重。

$$贸易贡献度=\frac{东盟净出口贸易总额}{世界进出口贸易总额}\times 100\%$$

表2　贸易贡献度的长期发展趋势（%）

	出口所占比重			进口所占比重		
	1990～1995	1996～2001	2002～2007	1990～1995	1996～2001	2002～2007
商品贸易	5.3	6.3	6.4	5.6	5.8	5.5
服务贸易	4.7	5.8	5.8	4.4	4.8	4.6
总额	5.26	6.2	6.3	5.4	5.6	5.4

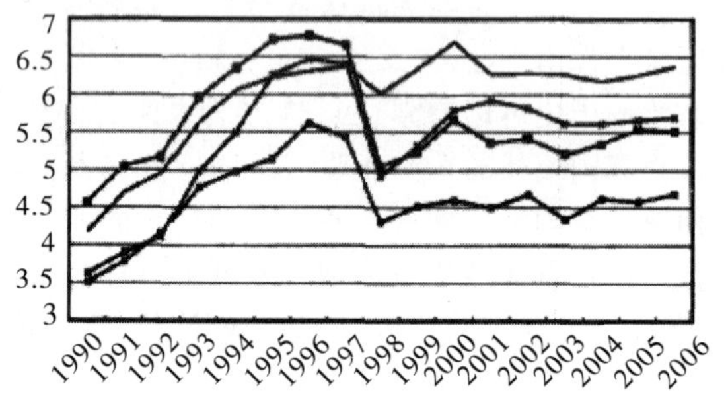

图1　东盟进出口贸易额占世界进出口贸易总额的比重

从表2分期的平均数据和图1长期走势来看，20世纪90年代上半期增长势头比较显著，随后由于受到金融危机的影响而出现较大幅度的波动，2002年以后又趋向平稳增长，但增幅较前期有所下降。

（三）贸易自由度　美国传统基金会和《华尔街日报》联合制作的年度报告"经济自由度指数"是国际上公认的权威评价指标。参评对象国的贸易自由度是构成经济自由度指数的十大门类之一，内容涵盖商品和服务进出口贸易中的贸易政策、加权平均关税、非关税壁垒及海关腐败等。本文选取经济自由度指数中的贸易自由度指标作为衡量东盟贸易自由化发展的标准。

表3　贸易自由度长期趋势

	1995～2001	2002	2003	2004	2005	2006	2007
东盟平均	64.8	68.3	67.7	68.76	69.5	70.6	70.7
ASEAN4	67.3	72.5	72.6	75.0	74.9	76.2	75.8
BCLMV	57.7	60.1	58.5	58.4	60.3	60.2	60.8
世界平均	60.6	640.2	64.7	66.9	68.1	72.0	72.0

资料来源：传统基金会网站。经作者计算而得。

表3数据显示，东盟十国平均的贸易自由度总

体上呈现上升趋势，这说明东盟国家的商品和服务贸易自由化程度不断提高，贸易政策日趋公开和透明，关税水平持续下降。但是非关税贸易壁垒构成当前东盟贸易发展的主要障碍，这是30分左右失分的主要原因。另外，印尼、菲律宾、马来西亚和泰国组成的ASEAN4的自由化速度显著快于东盟和世界的平均水平，而文莱、柬埔寨、老挝、缅甸和越南五国（BCLMV）的贸易自由化进展较慢，且明显低于东盟和世界的平均水平。

综合上述三项指标的分析结果，我们认为东盟贸易发展具有如下全球性特征：

首先，东盟贸易发展的动态表现基本上体现了世界贸易发展的总体轨迹，但是在某些具体的历史时期又显示出比较鲜明的地区特征。东盟国家对世界经济具有较强的依赖性，换一个角度，这也意味着东盟贸易结构上的脆弱性和不稳定性。世界经济的周期性波动，尤其是美国和日本经济的起伏对东盟国家产生较大的影响。缘自内部的东南亚金融危机曾经一度压制了东盟与世界其他地区的贸易往来，这在上下波动的出口依存度和贸易贡献度指标上得到了充分体现。所幸的是，在美国及IMF等国际金融机构的帮助下，东南亚国家还是比较顺利地从金融危机中摆脱出来，经济和贸易发展及时地回到正常轨道上。作为某种回报，美国极力倡导的新自由主义政策主张也在东盟内部尤其是印尼、马来西亚、泰国和菲律宾等国得到推广和落实，ASEAN4贸易自由度的迅速提升部分地说明了这个结果。

其次，东盟在国际贸易分工格局中的地位出现了微妙的调整和变化，这是东盟与世界经济互动在贸易领域产生的结果。从按进出口分类统计的贸易贡献度指标可以看出，在货物贸易上东盟已经由过去的对世界净进口地位逐渐转变为净出口地位，服务贸易上则始终保持净出口格局，而且净出口绝对值还在不断增加。这也进一步说明，经过多年的专业化分工，东盟国家在贸易领域已经开始显示出一定的竞争优势。新加坡对外贸易上的比较优势得益于自由港、转口贸易以及区域性金融中心等因素。泰国、马来西亚等国则选择现代服务业作为贸易发展的主攻方向。作为OPEC成员的印度尼西亚在石油、天然气等能源产品的出口方面具有很强的竞争力，而国际石油市场价格的大幅上扬进一步改善了印尼的对外贸易条件。

最后，作为一个整体，东盟在世界多边贸易体系中的作用、地位和影响力将受制于东盟内部组织结构。众所周知，除去新加坡已经迈入发达国家行列外，东盟内部按不同的经济发展水平可以大致分成两个阵营：印度尼西亚、马来西亚、泰国和菲律宾组成的ASEAN4和剩下的BCLMV（文莱、柬埔寨、老挝、缅甸和越南），前者代表了一种新兴的市场经济，而后者尽管相对落后却又是东盟不可或缺的组成部分。但实际上，无论是在贸易发展还是在经济增长方面，ASEAN4和BCLMV之间差距进一步拉大却也是一个不争的事实。但是，正如前文所述，只要东盟区域一体化还是建立在政治合作的主体上，那么这种经济发展上的显著差异所带来的负面效应终将被联合自强的信心和努力逐步抵消掉。

表4　东盟区域内进出口商品贸易集中的情况（%）

	区域内部出口贸易所占比重	区域内部进口贸易所占比重	区域内部总贸易所占比重
1990～1995	18.3	22.5	20.3
1996～2001	21.7	23.6	22.7
2002～2007	22.8	24.8	23.9

资料来源：WTO网站。经作者计算而得。

表5　东盟成员国区域内贸易集中度的情况（%）

	区域内贸易占总贸易比重	1995	2000	2005
印度尼西亚	出口	14.3	17.5	18.5
	进口	10.4	19.4	30.0
马来西亚	出口	27.7	26.5	26.1
	进口	17.6	24.3	25.5
菲律宾	出口	14.5	15.7	17.3
	进口	12.4	15.9	18.8
新加坡	出口	30.3	27.4	31.3
	进口	22.3	24.7	26.1
泰国	出口	21.7	19.4	21.8
	进口	13.3	17.8	19.5
越南	出口	21.5	18.1	17.7
	进口	26.3	28.5	25.4

资料来源：WTO网站。经作者计算而得。

三、东盟贸易发展的区域性指标分析

在考察1990～2007年东盟贸易发展的区域性特征时，本文用区域内贸易集中度，贸易地区倾向性和贸易伙伴排名三个指标来进行解释。

（一）区域内贸易集中度　区域内贸易集中度主要描述区域组织内部贸易的发展状况，它在一定程度上反映了自由贸易区的制度安排对区域集团及各成员贸易政策和实践产生的影响，因此区域内贸

易集中度指标可以分为总体指标（把东盟国家作为单一整体对待）以及国别指标（以各成员为对象）两大类。在统计上该指标表示为：

区域内贸易集中度＝

$$\frac{\text{区域内（或国家）进出口总额}}{\text{区域（或国家）对世界进出口贸易总额}}\times 100\%$$

表4和表5显示，无论是出口还是进口，以东盟为整体的区域内贸易集中度都呈上升趋势。而从成员数据来看，马来西亚和越南两国对其他东盟国家的出口集中度有所下降，新加坡对本地区出口在不同时期略有起伏

（二）贸易地区倾向性　本文用贸易地区倾向性指标来表示东盟在其他地区之间贸易比重的变化情况，同样从进口和出口两个角度衡量。该指标用正负进行赋值，在观察期内出口或进口比重上升则表示贸易倾向性增强，用“＋”表示，反之为“－”。另外，一个“＋”或“－”表示。%～1%的增减幅度，“＋＋”或“－－”表示1%～5%的增减，超过5%的用“＋＋＋”或“－－－”表示。

表6　东盟贸易地区倾向性的情况

	出口贸易所占比重倾向性	进口贸易所占比重倾向性
亚洲	－－－	＋＋＋
欧洲	－－	－－－
中北美洲	＋＋＋	－－
中东	－	＋
南美	＋	－
非洲	－	＋
大洋洲	＋＋	－

表6中，以1990年和2005年相比的进出口贸易地区倾向性变化来看，除了欧洲地区进出口两个指标均显示为负外，其他地区的结果都是“一升一降”。其中东盟从亚洲地区的进口比重有大幅度上升，由1990年的55.2%上升至2005年的70.9%，而从欧洲、北美等地的进口分别下降了9.6%和3.9%。同期，东盟对美加墨地区的出口贸易比重则增长了5.4%，而对亚洲的出口比重有较大幅度的下降，由1990年的61.5%下降至2005年的54.4%。

（三）贸易伙伴排名　贸易伙伴排名指标（本文以出口贸易为例）可以说明东盟各成员与世界其他国家和地区的贸易关系，以及世界各国在东盟国家经贸往来中的地位和份额。

该指标的技术处理如下：首先，建立不同年份东盟各成员前6位出口贸易伙伴国的数据库，然后从第1至第6位分别给予6、5、4、3、2、1的分值，满分60分，最后，加总得出出口贸易伙伴国的总排名指标，取其前10位。

表7　东盟成员出口贸易伙伴国排名情况

	1990	得分	1995	得分	2000	得分	2005	得分
1	日本	47	日本	39	美国	41	美国	43
2	美国	31	新加坡	37	日本	36	日本	35
3	新加坡	29	美国	32	新加坡	24	中国	32
4	泰国	19	泰国	15	泰国	18	新加坡	15
5	中国	14	中国香港	13	中国	14	泰国	15
6	德国	14	中国	13	德国	10	马来西亚	11
7	韩国	10	德国	12	中国香港	10	中国香港	10
8	法国	9	韩国	11	马来西亚	8	越南	9
9	越南	9	越南	11	英国	8	德国	7
10	中国香港	6	法国	6	荷兰	7	韩国	7

从表7的统计结果中可以看出，日本作为东盟各国最主要出口市场的地位有所削弱，德国、法国、英国等欧盟国家的情况也是如此。而美国、中国、中国香港的排名不断上升。美国取代日本成为东盟国家出口贸易的首选地。东盟国家对中国的出口在2000年后呈现快速增长的势头。东盟内部，新加坡和泰国依旧是其他成员出口的主要目标，越南、马来西亚等国也成为东盟区域内出口贸易的重要伙伴。

对上述三项指标综合分析可以对东盟贸易发展的区域性特征作出如下结论：

首先，东盟贸易发展的区域性显著加强，这得益于各成员之间政治、经济和社会文化凝聚力的不断上升。印尼、马来西亚、菲律宾、泰国、新加坡等东南亚国家素有历史渊源，长期保持紧密的经贸往来。而越南、缅甸等四国自20世纪90年代加人东盟后，更是掀起了东盟区域一体化运动的一轮新高潮。尽管东盟国家在贸易结构上存在一定的相似性，相互之间的竞争在所难免。但是，一方面，由于东盟成员在经济发展水平上还有显著差距，不同国家市场之间存在较强的互补性；另一方面，又由于东盟各国在资源禀赋、劳动结构、市场要素等方

面能够形成一定的分工和交换格局，并逐步建立起自身的比较优势，如印尼的石油、泰国的旅游贸易等。因此，总体上来看，东盟国家自由贸易区和共同市场的建设还是具有很好的发展前景，这也可以从东盟区域内贸易集中度指标中得到充分体现。

其次，东盟对外贸易的地区流向和重心逐渐发生转移，这是世界经济三大区域实力对比变化的结果。观察东盟对亚洲、欧洲和北美三地贸易倾向性指标可知，东盟正在逐步降低对北美和欧盟的进口贸易的依赖程度，同时不断加大对两地的出口力度，而亚洲的情况恰恰相反。作为东盟国家传统伙伴的美国，近些年来对东南亚地区的关注和重视程度显著提升，在经贸领域更是通过各种渠道发展与东盟诸国之间的合作关系。2006 年 7 月东盟十国和美国签署了《实施加强东盟—美国伙伴关系行动计划框架文件》，该文件为 2010 年前东盟和美国全面加强双方合作制定了行动路线。东盟与欧盟的全面合作关系始于 20 世纪 90 年代，但是由于在地区安全以及某些成员问题上存在较大的分歧，因此，东盟与欧盟之间的关系发展并不是十分顺利。尽管旨在建立东盟—欧盟自由贸易区的努力还在进行中，但是从东盟对外贸易地区和伙伴的选择上我们还是可以明显看出其中欧盟的地位和份额在不断萎缩。东盟与亚洲尤其是东亚国家之间的关系错综复杂，市场竞争也日趋激烈。面对韩国、中国香港和中国台湾等工业国家和地区以及中国、印度等新兴经济体的挑战，东盟在亚洲经济和贸易体系中的整体优势并不是十分明显。

最后，东盟国家的主要贸易伙伴和对象国有所调整，这与欧美日以及东盟周边国家的经济表现有密切关系。“旧退美进、内长外消”，东盟进出口贸易伙伴排名指标的分析结果也正表达了这一趋势。日本对东盟的贸易和投资在 20 世纪 90 年代上半期达到顶峰，随后由于泡沫经济破灭以及未能赶上技术革命的步伐，日本与东盟国家的经贸联系有所下降。而美国则抓住亚洲金融危机的契机，并凭借新经济的强劲势头不断加强与东盟的合作关系，重新树立起对东南亚地区的影响力。另据统计资料显示，在进口、出口和总量上，2005 年东盟最大贸易伙伴国（地区）都是东盟自己，区域内贸易比重约占贸易总额的 1/4。不少东盟成员都有长期稳定的而且多是地缘意义上的主要贸易伙伴，如老挝对泰国、柬埔寨对越南的出口贸易以及马来西亚和缅甸从新加坡的进口贸易等等。而且随着 2002 年东盟自由贸易区制度的正式实施，商品和服务贸易在东盟内部流动的障碍应进一步消除，区域内贸易的发展前景一片光明。

四、结语

本文对 1990～2007 年东盟贸易发展问题进行了动态考察，从全球性和区域性两个层面对东盟一系列贸易发展指标进行了分析，并从中得到一些结论。不过，就中国而言，面对东盟这样一个在全球和地区影响力俱增的区域一体化组织，如何处理和研究中国与东盟间经贸关系确实是一个极具现实意义的课题。文章最后，我们想就如何对待和发展中国与东盟贸易关系问题提几点看法：

首先，尽管东盟正在稳步走上联合自强的道路，但是我们也要看到，东盟各成员之间在经济发展水平上还有较大的差距。在政治和安全问题优先的前提下，东盟各国的贸易和经济政策必然存在许多不一致的地方。我们要善于利用这些政策性的差异做文章，有针对性地、灵活地安排中国对东盟以及中国在东盟诸国之间的贸易布局。

其次，东盟的快速发展势必给中国在世界贸易体系及东亚格局中的地位带来影响和冲击。在商品和服务贸易的结构、价格和技术含量等方面，不少东盟国家与中国相似，双方之间存在较强的替代性。东盟的出口产品在国际市场上势必会对中国商品造成巨大的竞争压力，而中国贸易产品进人东盟市场的难度也越来越大。面对这种竞争格局，一味实施低价政策获得成功的可能性微乎其微，而中国—东盟自由贸易区的建立将在制度上尽可能地保证双方的既得利益，因此，我们一定要确保 2010 年自由贸易区机制的顺利启动。至于调整商品贸易结构、采取多元化市场等策略也许有助于中国再次取得贸易主动权，但这些目标在短时间内都是很难达到的。

最后，中国必须直面一个包括东盟在内的东亚新格局。不光中国与东盟之间竞争与合作关系日趋紧密，东北亚中、日、韩三国关系以及“10＋3”、“10＋1”机制等同样在不断地发展变化。新形势下的这些问题都需要我们清醒地认识并集中力量去研究，并尽快制定相关的政策和规则，这是我国学术界在理论上急需突破的关键性领域。而政府、企业各级主体应当主动参与到对东盟经贸合作的具体实践中，及时捕捉和发现问题并积极探讨应对措施，共同维护和促进中国与东盟双边贸易关系的健康发展。

（来源：王健．国际经贸探索杂志 2008 年第 11 期）

行 业 篇

东盟重点市场分析

东盟电力、电信市场的中国机会

在全球经济和区域经济一体化的形势下，基础设施如电力、电信的建设，已经成为东盟和中国经济合作的重要平台。东盟国家巨大的电力缺口，以及在电信设备上的匮乏，使得中国电力和电信企业对东盟国家的投资方兴未艾，并由此极大地带动相关电力、电信设施的出口。在 2008 年 10 月举行的第五届中国—东盟博览会上，第二届中国—东盟电力合作与发展论坛、第三届中国—东盟电信周等活动成为博览会上的亮点，各东盟国家均表达了加强中国与东盟国际之间电力、电信合作的愿望。

一、掘电东盟

1. 电力缺口带动投资

近年来，东盟各国经济的高速发展，使得电力短缺日益突出，对电力设备的需求愈加旺盛。来自越南方面统计数字表明，为保障2008 年越南经济增长 8.5%～9%，越南全年用电量需求达 772 亿千瓦时，2008 年越南将新增功率为 2200 兆瓦的电力并入国家电网，越南电力集团继续向中国购电 34 亿千瓦时；柬埔寨国内电力工业由 24 个相互孤立的小电力系统构成，相互之间没有联网，年人均用电量 55 千瓦时，全国电气化率只有 15%，电力行业发展潜力大；印尼国家电力公司有关负责人认为，未来几年东盟电力需求将增加 1000 亿美元，其中电力设备、电工产品至少需要 1000 亿美元，市场潜力巨大。

中国与东盟国家之间的电力合作，能够极大地解决这一地区面临的“能源瓶颈”。中国—东盟工程院院长李怡章认为，东盟国家具有得天独厚的水能资源，但缺少技术和购买技术设备的资金，东盟与中国之间的电力合作潜力十分巨大。曾经多年从事电力水电资源开发研究的专家、广西水利电业集团总裁陈润秋表示，中国在水电装备和设计方面的竞争优势非常明显，同样标准的工程预算，只有欧美国家的 2/3，甚至 1/2。

凭借技术、设备和区位优势，以大型国企为投资主体，中国不断加大对东盟国家电力投资。以 2008 年为例，2008 年 3 月，中国最大的发电企业华能集团成功地从新加坡淡马锡控股手中购入新加坡电力企业——大士能源有限公司 100%的股权，其占有新加坡约 25%的电力市场份额；2008 年 6 月，中国重型机械总公司与柬埔寨在金边举行了承建达岱水电站项目签约仪式，该项目以 BOT（建设—经营—转让）的方式总投资 5.4 亿美元，是目前在柬埔寨投资规模最大的一个水电项目；2008 年 9 月，中国水电集团马来西亚分公司中标马来西亚沙捞越州巴贡水电站—斯米拉胶变电站—电解铝厂 275 千伏电线路工程，中标金额约为 1.26 亿美元。

中国电力企业正以投资入股、工程承包、合作开发等方式不断参与到东盟国家的电力建设中，通过在资源、运营、设计、建设、技术、人才和劳务等方面全方位的合作，极大地促进中国电力设施以及相关设备对东盟国家的出口。

2. 以电力投资带动出口

随着中国电力企业对东盟国家电力投资的不断加大，中国的电力设备正源源不断地出口到东盟国家。自 2005 年 7 月起，中国—东盟自由贸易区已进行了两个阶段的降税，东盟各国对中国产品的关税大幅度降低。随着降税效应逐步显现，双方贸易额增长还具有很大潜力，特别是对中国与东盟电力设备贸易十分有利。海关数据显示，2007 年中国对东盟电力设备出口额为 559928.1 万美元，比 2006 年增长 17.8%，预计今后中国电力设备出口仍将稳固增长。

中国出口东盟的电力设备，主要集中在发电设备、变电设备、输配电设备、电线电缆、开关装置、继电设备、保护设备等7个种类上。在第五届中国—东盟博览会上，境外知名参会采购企业如菲律宾国际电力公司、泰国电力局、澳门电力公司、新加坡能源有限公司等，与中国众多电力知名企业如中国国电集团、大唐电力、特变电工、南方电网、潍柴动力、宁波东方集团等的贸易成交金额高达8425.9万美元。

二、构筑中国—东盟信息交流平台

1. 电信合作空间广阔

目前，由于大多数东盟国家的电信基础设施发展程度不高，市场空间巨大，公众对电信业务的需求日益迫切，未来电信发展潜力很大，这些都为电信在该地区的发展提供了更广阔的市场空间。尤其是那些亟待改变国内ICT（信息与通讯技术）发展落后局面的国家，信息通信领域合作的日益加深必将有效带动其信息通信产业的发展，进而促进整个地区的社会经济发展。

在东盟十国中，马来西亚和菲律宾的电信行业相对发达，其中马来西亚移动电话普及率已超过90%，但中国运营商如果凭借更先进的技术和更优质的服务，在激烈的竞争中赢得一席之地并非不可能；菲律宾电信市场的发展也异常迅猛，而且已作出新的开放承诺，降低中国企业进入该国电信市场的门槛，中国企业可以此为契机，尝试在该国开拓下一代电信服务；越南政府也在促进其电信市场的逐步开放，而且越南正在私有化其国内电信运营商，如果越南政府减持运营商的股份，中国运营商可参与竞购，这不失为中国企业进入越南市场的捷径；老挝、缅甸和柬埔寨表现出加快信息化进程的强烈愿望，缅甸联邦邮电通讯部部长登佐在第三次中国—东盟电信部长论坛上指出，双方应该尽快推进信息高速公路项目的进展。

今后，中国和东盟的电信合作重点将集中在五大领域：

基础设施建设：其中最为重要的是积极推动中国—东盟信息高速公路建设项目，结合各国需要开发中国—东盟信息高速公路业务和应用。

普遍服务：研究制定电信普遍服务合作方案。加强农村以及边远地区通信合作和经验交流。研究农村电话与互联网等基础设施的建设方式及农村信息服务的推进方法。

网络与信息安全：促进中国—东盟计算机应急响应组织和安全应急处理合作，完成中国—东盟网络与信息安全应急处理合作框架。

相关贸易与投资：增进双方信息通信监管框架的了解，促进双方信息通信产品贸易量和贸易范围。

互联网在线应用与服务领域：加强电子政务、电子商务、企业信息化等方面的交流与合作等。

2. “先易后难”是寻求合作的原则

在中国与东盟政府间良好合作的基础上，中国电信设备商在东盟市场斩获颇丰。统计数据显示，越南进口的35%整机和56%的配件及耗材来自中国；马来西亚从中国进口的商品64%为电子电器类产品；中国是泰国通信设备和计算机及零部件的主要进口来源地之一。仅2007年，中国出口东盟的信息通信及IT产品达166.3亿美元，比2006年增加17%。目前，华为、中兴、上海贝尔阿尔卡特、TCL、海尔等一批知名信息通信企业相继进入东盟国家投资设厂。

致力于“走出去”的中国电信企业不妨本着“先易后难”的原则，以大湄公河次区域为突破口，逐步寻找适合自己的国际化之路。事实上，华为等国际化程度比较高的中国企业很早就进入东盟市场。1999年刚刚开启国际化进程的华为就为东盟各国提供了全方位的电信网络解决方案；2000年，上海贝尔阿尔卡特与老挝电信公司签定“老挝全国电信网络改造项目”合同；2001年，中国电信参与建设的中国—东南亚电缆已经投入商用；2002年，康佳公司开始在柬埔寨委托代理商销售手机。这些企业正是以东盟为起点，不断积累市场经验，走上可持续的国际化发展道路。

（来源：王沛. 进出口经理人杂志2008年12期）

中国—东盟通信合作：走过满意七年

中国与东盟国家在信息产业方面的互补性，既为双方开展互利合作奠定了良好基础，同时也为双方的合作提供了更为广阔的发展空间。

2001年11月在文莱举行的第五次中国与东盟领导人会议上，双方将信息通信确定为新世纪初中国—东盟五大重点合作领域之一。

由于目前大多数东盟国家的电信基础设施发展

程度不高，公众对电信业务的需求日益迫切，未来电信发展潜力很大，这些都为中国信息通信企业在该地区的发展提供了更广阔的市场空间；而对于一些市场尚待发展的东盟国家来说，与中国的合作使他们进一步加快了本国 ICT（Information and Communications Technology，简称 ICT）行业发展的步伐，尤其是那些亟待改善国内 ICT 发展落后局面的国家。

政府：三波对话力推区域一体化

2008 年 3 月，中国工业和信息化部副部长娄勤俭赴老挝万象参加大湄公河次区域信息高速公路一期工程竣工仪式，这个工程自 2004 年开始建设，由中国和东盟老挝、缅甸、柬埔寨、越南、泰国六个国家通过海缆和陆地光缆等方式共同建设。大湄公河次区域信息高速公路有力地提升了东盟大湄公河区域的国际经贸竞争力，加强了中国与东盟的双边贸易。中国—东盟双边贸易额从 2004 年的 1059 亿美元增长到了 2007 年的 2025 亿美元，几乎翻了一番。

到了 2005 年，中国和东盟的信息通信合作迎来了第二个高潮。这期间，《中国—东盟建立面向共同发展的信息通信领域伙伴关系的北京宣言》（以下简称《北京宣言》）成为贯穿至今的一个合作纽带。

2005 年 5 月，在北京首次举行的中国—东盟电信周期间，双方通过了《北京宣言》。此后，中国和东盟在信息通信领域的合作进一步加深，《北京宣言》成为中国与东盟此后信息通信合作的重要和主要依据。根据《北京宣言》的精神，中国和东盟在包括信息通信基础设计建设、普遍服务、网络与信息安全合作以及信息通信人力资源等领域开展广泛的合作。

此后，《北京宣言》不断得到双方的认可和强化。2007 年 1 月，第十次中国—东盟领导人会议于菲律宾宿务举行，双方签署了《落实〈中国—东盟面向共同发展的信息通信领域伙伴关系北京宣言〉的行动计划》。2007 年 10 月，《中国—东盟信息通信合作谅解备忘录》经双方信函确认，将有效期延长至 2012 年。

根据《北京宣言》的精神，政府电信高官间的交流也变得十分频繁：2005 年 9 月，在越南河内举行了首次中国—东盟、日本—东盟、韩国—东盟电信高官会；2006 年 9 月在文莱举行首次中国—东盟电信部长会议，原中国信息产业部奚国华副部长率团与会；2007 年 8 月，原中国信息产业部王旭东部长率团赴柬埔寨出席第二次中国—东盟电信部长会议；2008 年 8 月，中国工业和信息化部杨学山副部长赴印度尼西亚出席了第三次中国—东盟电信部长会议。

三届中国—东盟电信周成功举办将双方在信息通信领域的合作推向一个新的高度。2004 年 8 月，温家宝总理在第八次东亚领导人会议上倡议举办中国—东盟电信周。2005 年 5 月 12 至 18 日，首次中国—东盟电信周在中国北京、上海、深圳举行；2006 年 4 月 16 日至 21 日，第二次中国—东盟电信周在马来西亚槟城举行。2008 年 10 月，第三届中国—东盟电信周与第五届中国—东盟博览会在广西南宁同期举行，《中国—东盟电信普遍服务手册》和《中国—东盟电信监管机构关于网络安全问题的合作框架》等主要合作报告被审议。

在 2005 年《北京宣言》之后，双方政府高层的沟通频繁不断，政府间的深度合作成为民间企业广泛交流的良好基石，中国和东盟之间的信息通信合作除了信息通信设备的贸易和部署，也包括了农村通信、网络安全与应急、人力资源开发等领域。

2008 年 10 月，第三届中国—东盟电信周活动在广西南宁举行，中国工业和信息化部副部长娄勤俭在部长论坛上着重谈到，东盟国家与中国互为友好近邻，加快信息通信发展、提高信息化水平、改造提升传统产业、加速工业化进程是双方的共同愿望；加强中国与东盟在信息通信领域的合作，符合双方共同利益。“如何提高各国信息化水平、加速国家工业化进程”也成为此次东盟十国电信部长在本届部长论坛上着重提到的主题。

企业：从试探到全面深入

有了政府间良好的合作基础，中国设备商在东盟市场斩获颇丰。统计数据显示，越南进口的 35％整机和 56％的配件及耗材来自中国；马来西亚从中国进口的商品 64％为电子电器类产品；中国是泰国通信设备和计算机及零部件的主要进口来源地之一。仅 2007 年，中国出口东盟的信息通信及 IT 产品达 166.3 亿美元，比 2006 年增加 17％。

其中，华为和中兴是最早进入东盟市场的中国设备商。从 1999 年华为公司为东盟各国主流运营商提供全方位的电信网络解决方案，到今天东南亚市场已经成为华为、中兴等国产设备商的主要海外收入来源，中国设备商经历的是一个从试探到全面深入的过程。中国与东盟之间的广阔的信息通信合作领域由此被发掘并为双方政府所重视，中国企业在东盟市场找到了新的拓展空间，东盟诸国的信息通信基础设施、业务水平在中国企业的帮助下也开始得到长足的发展和进步，由于东盟各国电信渗透率低，大量的电信投资需求促使华为和中兴仍然在东盟市场深耕不断。

目前，华为、中兴、上海贝尔阿尔卡特、TCL、海尔等一批知名信息通信企业相继进入东盟国家投资设厂。

华为在大湄公河次区域共建立 3 个分支机构，已成为泰国、越南、柬埔寨、老挝等国电信解决方案和产品的主要提供商，并在吉隆坡设立地区总部，共有员工 7400 多人。

中兴已在新加坡设立区域总部，并在东盟各国都成立了办事处。承建了越南南部 13 省的 CDMA 网络，与菲律宾第二大固网运营商 Digtel 签订 10 亿美元交换网络建设合同，与印度尼西亚电信运营商 SMG 签署 2 亿美元 CDMA 合同，并承接缅甸移动电话系统改造工程。

上海贝尔阿尔卡特自 1998 年起就成为老挝最大电信设备提供商，在缅甸，其固网和移动网的市场份额分别跃升至 30%和 50%。

在此阶段，中国的电信运营商也开始“走出去”，将目标瞄准了周边国家。2005 年，中国移动成立对外投资办，谋求海外收购。2005 年中国移动首次尝试竞购巴基斯坦电信有限公司（PTLC）26%的股权，但最终被阿联酋电信以高出几乎一倍的价格抢走。2007 年，中国移动成功收购了巴基斯坦巴克泰尔（Paktel）公司 88.86%的股份。将 CNPK（Paktel）纳入移动的品牌后，中国移动通过这个国际品牌获得了更多的用户。东南亚地区将以巨大的增长潜力成为中国运营商走出去的首选。

夯实基础重在服务

七年间，中国和东盟在信息通信领域经历了试探、渐入佳境、全面合作的一个历程。

总结七年间中国和东盟双方在信息通信领域的合作不难看出，双方的合作内容主要集中在：信息通信基础设施建设、电信普遍服务、网络和信息安全、网络及信息化应用、通信标准合作等方面。

政府通过不间断的对话加强中国—东盟信息通信领域合作，促进中国—东盟 ICT 合作政策落实，加强中国—东盟在信息通信领域的伙伴关系，达到促进中国—东盟信息通信技术以及基础设施领域交流与合作，并引导、重点落实双方企业之间合作的效果。

2008 年，信息新技术在传统产业的推广与应用等方面成为双方合作的新热点——现在信息通信技术将更多地服务于传统产业。正如老挝邮电署署长在今年的中国—东盟通信部长论坛上指出的：信息通信技术是政治、安全、经济、社会、发展的一个支柱，同样在扶贫、就业、降低灾难风险方面发挥重要的作用。加快信息通信技术的推广应用，是当前本地区各国面临的一项共同任务。

（来源：谢丽容．通信产业报．2008—11—05）

东盟各国矿业简介

印尼采矿业前景

印尼矿产资源位居东盟国家第一位，拥有各种能源、矿产品及煤炭资源。目前勘探估计其中镍矿资源达 16.82 亿吨，储量 4.38 亿吨，产量为 172 万吨；锡矿资源达 62.76 万吨，储量 45.59 万吨，产量为 6.7 万吨；矾土资源达 5.8 亿吨，储量 7390 万吨，产量 108 万吨；铜资源 6900 万吨，储量 3270 万吨，产量 95 万吨；黄金原矿资源 4240 吨，储量 3445 吨，产量了 120 吨；黄金冲击矿资源 125 吨，储量 2867 吨；银资源 50.82 万吨，储量 1.36 万吨，产量 290 吨；铁矿石资源 1.65 亿吨，储量 470 万吨，产量仅 2 万吨；锰资源为 830 万吨，储量 90 万吨。

采矿业是相对资金集中的工业。目前印尼矿产资源法令规定国家所有的土地和水上天然资源都归国家所有，用于人民的利益和福利。2007 年报告显示，采矿业对印尼经济贡献明显增加，但是所占 GDP 比率仍仅为 2%。其中采矿业最主要还贡献给了政府，占 52%，其次来自国内供应者的购买和对印尼股东的分红各占 7%，对就业人员的补偿占 34%。

印尼在东盟地区无论是政治还是经济方面都相当重要，经评定为该地区最大的经济国，在东亚仅次于日本、中国、印度和韩国，居第 5 位。在矿产潜力方面在全球也仅次于智利、秘鲁、巴西和南非，但是基于策略潜力，印尼仅排列第 20 位。

目前投资者关注的主要问题是印尼政府机构之间以及中央和地方政府之间的配合协调问题。而且采矿业也经常因来自林业部可靠许可问题而延误进入林区，政府需要修改 1999 年 41 号第 38 章森林法，使法律更明确，既保护天然森林又能提供发展矿产资源的空间。

除了专用的新采矿法以外，印尼政府部门还需制订必要的采矿政策致力于主要矿业发展问题。主要包括协调国家和地区政府部门的作用；制订健康的土地使用选择；尊重正义；促进受益；共同加强环境保护以及制定矿业金融政权竞争机制。

未来印尼采矿业仍有广阔的发展前景，但是由于不良的观念及错误的信息，目前印尼采矿业仍处于困难时期。印尼采矿业界清醒地认识到，该国采矿业管理工作还存在许多缺点错误，而且还有大量尚未解决的问题需要政府做出明确的决定，其中包括林业及采矿业重叠的管理规定以及中央和地区政府有关冶炼和加工等方面的问题。

老挝全面发展矿产业

老挝具有较丰富的尚未开发的天然资源，该国地理位置优越，方便向周边国家和地区出口商品。由于老挝政府充分认识到矿业是经济发展的优势工业，因此将进一步鼓励促进当地和外国厂商投资该国矿业，而且将进一步对外开放并加强对采业的经营管理。

至今老挝最大也是最成功的采矿合资业是与澳大利亚奥克希亚那公司在该国车邦经营的黄金和铜矿开采。而且澳大利亚资源公司还在老挝经营富比亚黄金矿。与此同时，其他如中国、越南及澳大利亚一些中小公司也纷纷开始在老挝投资矿产业。

老挝经济主要依靠农业，但是近年来工业年增长率达13%。老挝政府为单一党派社会制度，1996年走向市场经济。随着体制结构的成功改革，政府积极鼓励外国直接投资。从而吸引了许多外商投资企业比如奥克希亚那、力拓和英国黄金等。近几年来老挝经济增长十分迅速。从2002年以来GDP平均年增长率达6.5%，尤其是近年高达7.3%，主要得益于矿业生产剧增。其中2006年来自奥克希亚那公司铜出口额了翻了一番，主要是受价格剧涨的支持，促使该国出口总额剧增51%。政府的目标是到2020年国情将达到至少发达国家水平。这就需要取得年人均收入达900美元。多方机构观察家认为，过去老挝曾认为难以达到的目标，目前看来很有可能实现，这主要是受老挝水电及采矿业的持续快速发展的影响。

在老挝采矿业中，奥克希亚那公司成为外国投资企业中的急先锋。该公司在车邦经营的铜和黄金生产中采用的是在亚洲最先进的湿法冶金技术。2006年车邦工程生产黄金173500盎司以及电解铜60300吨。生产的铜出口到泰国、越南、马来西亚和中国。

奥克希亚那公司目前正在考虑进一步扩大上述项目并新建一座黄金加工厂，尤其是最近发现老挝南部的车邦地区未来发展采矿潜力仍很大，比如在距离车邦工厂约7公里的顿城坎南部和北部又发现铜和黄金矿。奥克希亚那公司认为车邦其他地区仍有可能发现更大的铜和黄金矿。该公司仍在继续勘探寻找，为此也吸引了基于南非的英国黄金公司的极大兴趣并开始与奥克希亚那公司以50：50合资的谈判共同开发那里的资源。

泛澳大利亚资源公司在富比亚投资金矿于2005年投产，从而成为老挝的第二大矿业公司。富比亚位于越南北部约100公里，为明显的两类矿层，顶部为氧化黄金，而其下方经过渡到原生铜金矿。该矿为露天矿，顶部黄金储量约为30万盎司。在每年从10月份到转年4月份旱季期间每月可生产黄金3000盎司。2006年泛澳大利亚资源公司开始投资2.41亿美元开发富坎铜金矿。该矿资源总量达1.92亿吨品位为0.62%的铜以及每吨0.24克的黄金矿，储量总计1.44亿吨品位为0.56%的铜以及每吨0.25克的黄金矿。预计该矿可形成年产铜5万吨和黄金5万盎司的规模，估计2008年下半年可全部建成投产，随着进一步打井勘探，公司计划再投资4000万美元，把加工厂生产能力从目前的1200万吨扩大到2010年的1600万吨。

近几年来加拿大罗克斯资源公司以占60%的股份与老挝万象北部约180公里的法伦当地合作伙伴成立合资公司即第一太平老挝公司，共同开发法伦铅锌银矿，并已开始勘探钻井进行IP地球物理学调查，而且破例深井实验。在其他地区，澳大利亚阿戈纳特资源公司目前正在开发万象以北50公里处的世纪矿以及老挝南部地区的公河矿，前者为优先钻井开发中间石英矿脉中的大量黄金。在老挝南部澳大利亚奥得河资源公司与中国有色金属国际矿业公司合资开发博拉温高原矾土储量。

澳大利亚一些中小企业比如希尔安德黄金公司和合金资源公司也已向老挝政府申请开发矿产许可，来自中国和越南的公司也正在开发老挝南北部的铁矿石资源。老挝能源矿产部表示，中老政府间合资企业东方矿产发展公司已开始开发老挝琅南塔省铜矿资源。近两年来中老新领军矿业公司在博利坎克希亚省以及菲亚拉特矿业公司采金项目持续发展。同时，老挝与韩国政府间合资开发锡矿以及老挝与泰国政府间在万象省合资开发锌项目也顺利发展。

老挝能源矿产部统计，截至2006年底老挝来自澳大利亚、加拿大、中国、韩国、俄罗斯和泰国投资者采矿投资项目总计超过100个，并已小规模投产煤炭、宝石、黄金、白银、锡和锌以及一些工业矿物如重晶石、石灰石、粘土、石膏、砂石及卵石等。

马来西亚发展矿产业的机遇

近几年来马来西亚矿产工业对国家总体经济包括外汇收益、政府税收以及投资等的贡献继续发挥着重要作用。2006年马GDP增长率达5.9%，连续第四年增幅超过5%。近几年来马矿产业出口收入增长缓慢，但是矿产业出口收入占总出口额的比率仍从2000年的7.2%上升到2006年的9.7%。矿产业出口持续稳定增长。

在马来西亚矿产业算是劳动密集型产业，大约有4.3万工人直接从事该业，还有大量工人作为承包者从事采矿活动。统计资料显示，2006年马来西业锡矿产量达2398吨，比2005年下降16.1%，钛铁矿45649吨增长19.5%，铁矿石667082吨下降29.8%，黄金3489公斤下降12.9%，矾土91806吨剧增18.3倍。

马来西亚矿产业随着采矿土地的难以获得以及许多矿储量的趋于枯竭，近几年来矿产生产明显下降。其中2006年该国锡产量下降16%至2398吨，锡精矿进口量也下降48.6%至15979吨。位于槟城的巴特尔沃斯是马唯一的炼锡厂家，2006年马出口锡为19267吨。马来西亚主要冲击岩锡矿副产品为钛铁矿。2006年生产钛铁矿45649吨，而进口则增至137666吨。铁矿石产量也明显下降至667082吨。马铁矿石矿主要位于槟苏拉地区的9处，多数品位下降，储量减少。马生产的铁矿石主要用于国内钢铁工业和水泥业。由于国产不足，钢铁工业也从国外进口，进口的主要是块矿及球团矿。2006年马出口铁矿石仅137625吨，进口量则达235万吨。

2006年马黄金产量下降至3489公斤，产地主要是槟苏拉地区7个矿。受需求活跃以及价格高涨的刺激，2006年马矾土产量增至91806吨，生产主要来自于槟苏拉两座小矿，储量趋于下降。东马矾土资源仍具潜力，政府考虑将在东马兴建炼铝厂。2006年马出口矾土2.2万吨，进口量仅5641吨。

预计未来马来西亚非石油及天然气矿产业主要有黄金、锡、铁矿石和高岭土等，其开发及生产将继续下降，主要表现在槟苏拉地区矿品位及储量的锐减。内加拉银行估计，2007年马矿产业生产总计比2006年增长2.8%，主要是受石油天然气产量的增长，而非石油天然气矿产品则因缺乏勘探开发产量未增。马矿产及地质科学部对槟苏拉及东马地区进行勘探研究其非石油天然气矿产品发展潜力，并完成一些研究开发项目。

菲律宾采矿业持续快速增长

菲律宾采矿业在消沉20年之后得到恢复，大量外国投资者进入菲律宾开发矿产品。特别值得注意的是随着高级法院批准宪法的条例，使成为法规路障的菲律宾采矿条例最终消除。

菲律宾在对外国采矿投资者开放中特别是在资金和技术援助协定（FTAA）项下外国股本允许100%控股，吸引了许多国际矿业巨头返回菲律宾投资。这些主要投资者认为目前菲律宾法律框架明确，有适宜经营业务的气候以及政府的全力支持，菲律宾矿产业得以新生。国际矿业会议3次在菲律宾举行并在30个国家巡回展览演出，许多矿业公司已宣布将开发这个世界级的矿产储量。菲律宾采矿业也兑现了这些发展目标，其中2007年采矿业投资额达逾10亿美元。菲政府保守估计，到2011年投资额可达113亿美元，主要基于一些大项目开始投资发展，如Xstrata公司的坦帕坎铜项目、菲莱克斯/英美公司的博宛甘铜金矿、马尼拉矿产与英美合资的卡拉延项目、莱潘托公司在菲律宾本盖特的远东南亚项目、奥希那黄金公司的迪迪皮奥项目、本盖特公司的金项目以及阿特拉斯集团的卡门地下矿恢复开采项目等。

菲律宾矿产资源十分丰富，按单位面积分布来看，不少金属位居世界前列，如黄金排在第3位、铜第4位、镍第5位以及铬居第6位。根据未来矿产品发展潜力分析，菲也将一直排序高位。逾900万公顷的富矿至今尚未开发，只有占菲总土地面积2%约60万公顷覆盖被批准采矿和地产。在菲律宾全国就有12个区域显示强有力的矿产资源开发潜力，其中棉兰老地区占铜、黄金、矾土和镍矿储量的70%，但至今仍未得到广泛开发。棉兰老就坐落在金壶中，这一地区的开发只是时间早晚的问题。

菲律宾大量黄金和铜生产者分布于碧瑶和曼卡扬地区，苏里高和达沃地区亦有较丰富的铜和黄金储量。镍的生产者则主要集中在帕拉万和苏里高。在菲律宾所有的群岛近海均拥有黄金、镁和铬砂。在帕拉万群岛东西都还拥有锰矿结核。菲拥有约220万平方公里的近海域以及已开发的专用经济区。

统计资料显示，菲律宾采矿业产值2007年增长

39.4%，达955亿比索；增加值对GOP的贡献2007年续增31.9%，达996.2亿比索；矿产品出口（不包括从铜矿中摄萃取的黄金、非金属矿产加工产品以及钢铁）2007年增长78.6%，达25亿美元；直接就业人数从2006年的11000人增至2007年20218人；间接就业人数从2006年的44000人回升至2007年的80872人；采矿业工资及收入2007年增长51.3%，达121亿比索；税收及各种收费2007年增长49.3%，达112亿比索；投资流入2007年猛增66.7%，达14亿美元。

菲律宾采矿业得到政府的全力支持，特别是有利的法律保障以及大量的采矿资助。该国经济战略位置十分重要，距离中国、新加坡、日本及澳大利亚等主要市场不远，这些国家正在成为菲的主要贸易伙伴。菲作为群岛国，采矿项目更贴近于港口，船舶运输可提高经济效益降低成本。

菲律宾在发展矿产业中存在良好机遇的同时，也将面临严峻的挑战，尤其是采矿业从立项到建成投产以及充分利用目前有利机遇的能力都将面临挑战。其中地方政府在理解国家政策现场执行中扮演着重要角色。在与省市政府社团同盟业务交往中拥有适宜的出发点，特别是当社团同盟产生决议支持采矿业的恢复新生，以及直接向地方政府机构按比例支付矿业消费税时，有可能产生纠纷。

与此同时，菲律宾民族主义趋向于日益开放边境也影响着采矿业的环境。菲律宾采矿业大多路障得到解决，但仍有许多事情要做，才能保证采矿业持续健康增长。此外，目前国会商议认为有些国家鼓励投资政策尚不明确可能将影响到未来的尽力发展，所以一些议员提议需进一步修改采矿法，特别是促使大投资项目的发展。菲采矿业仍有许多方面需检查改进，但预计今后几年仍将明显恢复增长。

值得挑战的泰国矿产业

泰国矿产业增加值对GDP的贡献率达3.4%。从历史上来看，泰国矿产业以锡为主，但近20年来锡生产主要供国内消费。早在1985年底由于锡价剧跌，引起泰国锡矿大量关闭并导致生产和出口量持续下降，使泰国从一个锡主要出口国变成一个净进口国。1986年泰国工业矿物产值首次超过金属矿产品产值。随着工业矿物产值的持续增长，以及金属矿产品产值的减缓，2006年泰金属矿物产值所占矿产品总产值的比率下降到仅20%。从2003年以来随着国际金属市场需求的不断扩大以及价格的剧涨，泰国金属矿产品出口不断上升。锡再次成为最大的出口矿产品，2006年占矿产品总出口的份额达60%。此外，黄金和担出口份额分居第2位和第3位。

目前泰国总计生产有44类矿产品，年产值约400亿泰铢，70%矿产品产量供国内消费，其余30%出口。近10年来泰国金属矿产品生产亦趋于增加。2006年锌矿产值占金属矿产品总产值的比率达60%，为55亿泰铢，相比之下，锡矿产值仅5450万泰铢。

泰国矿产品资源和储量十分丰富，生产遍布全国，开采的矿却从2005年的723座下降至2006年底的662座。多数采掘的矿为工业矿物，达222座。泰国矿产资源部的勘察估计，全国矿产品证实储藏价值达19570亿泰铢，潜在储藏价值达109452230亿泰铢。黄金生产主要集中在泰国北方地区特别是彭世洛省。主要生产者为阿卡拉矿业公司开采曼谷北部280公里的恰特里金矿。近几年来该国矿产品90%的产量用于国内消费，国内市场年销售额达391亿泰铢，年加工矿石176785吨。

具发展潜力的越南矿产业

越南矿产工业仍处于发展阶段，但对于国家社会经济的发展却起着越来越重要的作用。至今越南已发现有70多种矿产品，分布于全国约5000座矿床和矿藏。经调查勘探越南大陆架及沿海地区蕴藏着较丰富的油气资源以及锡、黄金、钦和稀土储量。

越南铁矿石矿床总计有216座，主要集中在北部省比如安沛、高平、太原、河江和河静等。估计总储量达12亿吨，其中储量超过100万吨的矿床有13个，已勘探开发的仅6座，分别为太原省的槟柳寨矿和先博矿，高平省的源昌和纳龙矿，义静省的石溪矿以及老街矿。目前已开采的矿有槟柳寨矿、先博矿、源昌矿和纳龙矿，两个最大的矿即石溪矿和老街矿目前可再增加新投资。

越南矾土资源及矿床分布较为广泛，但是类型相对较为集中，主要分两种类型即沉积矿床和从玄武岩红土风化。其中前者主要分布在高平、凉山、河江、海阳和义安等省，其中凉山矾土储量较多、品位高，而且工业价值高。该省总计有36座矿床，主要为沉积类和洪积类。矾土的组成主要是有水铝石占60%～70%，勃姆石占20%～30%以及土石膏等，总储量估计达数亿吨。矾土矿床作为从玄武岩风化产品主要集中在达克拉克、林同、昆嵩和广义。越南矾土矿总面积达2万平方公里，但原矿通常品质较低。矾土矿产品主要含水铝矿、针铁矿、高岭土和钛铁矿。矾土矿床作为玄武岩风化产品储量相当大达40亿吨，预示储量达67亿吨。目前在达农地区有大量外国投资者对矾土开采和兴建氧化铝工厂具有极大兴趣，每个投资氧化铝项目年生产能力都达100万～200万吨。

越锡矿主要分布在4个区域：即北部的皮亚、三岛、中部的葵和以及南部的达寨。皮亚位于高平以西42公里以及河内以北340公里处，二氧化锡储量达13600吨以及三氧化钨储量达1500吨。三岛面积约1500平方公里，位于河内以北130公里，二氧化锡储量达13600吨，还含有钨、铋和铍，是一个很有发展前途的矿。葵和位于义静以西以及河内以南250公里处，锡石储量达36000吨以及锡储量为2065吨。达寨位于达拉特东北30公里处，矿产储量为40000吨的锡和20万吨的三氧化钨。

黄金是越南分布最为广泛的一种矿产品，拥有广泛的原生矿和其他各种形式的矿床，主要集中在贤良河边地区的巴兰矿和纳拜矿，沿着香江的沱江矿和马江断层矿，和平上升地块边远地区的金杯矿以及昆嵩上升地块的蓬苗矿、茶南矿和溪太矿等。基于金矿的生成和存在特点，矿床大致可分为3种类型。首先是黄金砂矿，常常是位于江河流域作为沉积矿而生成，储量分别在200～400公斤，品位为每立方米含金0.31～2.95克。至今已发现150座矿床及矿石存象，预计总资源可达5000公斤以及预示储量11000公斤。其次是原生金矿，主要是沿着矿化生成，例如石英黄金矿，主要分布在太原省的布岛，石英硫化黄金矿，分布于巴兰、茶米和蓬苗矿。黄金白银主要分布在纳拜和庆乡矿，每座矿平均级别各有不同从每吨几克到10克之间。复合铜矿是越南最主要的金矿产资源之一。至今已发现的复合金属有锑、铜、锡、铅和锌等。主要产地分布在锌琼铜复合矿，估计储量达35吨，品位为每吨铜平均含金0.46～0.55克。

（来源：吴海瀛．中国金属通报杂志2008年第43期）

纺织服装业投资东盟的原因及经济效应分析

东盟是个区域性国际组织，中国—东盟自由贸易区将是世界上人口最多的自由贸易区，也是迄今发展中国家组成的最大的自由贸易区。中国同东盟建立如此紧密的区域合作关系，为中国企业的对外投资提供了许多机遇。步入“后配额（配额是指对一种商品每年能够进口的数量所施加的限制——编者注）时代”以后，中国纺织企业遇到了新的严峻考验。为规避欧美的特保措施，化解出口压力，中国企业应借助中国—东盟自由贸易区建设的机遇，把中低端纺织服装产品的生产转移到东盟。

一、中国对东盟纺织服装业投资的原因分析

1．中国—东盟自由贸易区的建立给中国纺织业带来了巨大的商机。东盟国家人口基数大，增长快，对纺织品的需求量很大，自有生产明显不足，所需纺织品的90%依靠进口。由于其技术条件的差异，对经过一定加工、技术含量高的纺织品，例如布料、辅料、服装的需求量更大。随着中国—东盟自由贸易区建设步伐的不断加快，一系列优惠政策会陆续出台，商机之大不言而喻。近几年来，东盟国家政局基本稳定，随着中国在东南亚政治、经济地位的不断提高，中国与东盟各国领导人的多次会晤，双边的政治、经贸关系发展良好，为中国纺织企业“走出去”创造了优越的国际氛围，加上当地基础设施的完善、华人基础以及丰富的劳动力和自然资源，投资环境基础良好，为中国纺织企业进军东盟提供了多条宽畅的道路。

2．中国东部纺织品产业的结构调整带来的资本转移为中国企业投资东盟提供了物质基础。近年来，中国东部“民工荒”、“能源荒”、“土地荒”逐渐加剧，纺织品产业成本压力加大。相比而言，东盟部分国家纺织工业在资本、技术、信息和体制方面与中国存在着比较明显的差距，使得中国东部地区与东盟各国可实现优势互补。随着中国纺织业装备能力的提高和装备的高级化，大批传统纺织机械需要通过对外投资的方式转移出去，进入国际市场来盘活，东盟部分国家作为“资本与劳动力结合最有利”的地方，必为中国企业所重视。

3．通过东盟生产，再出口欧美等市场以绕过贸易壁垒。企业通过在泰国、菲律宾、柬埔寨、马来西亚、缅甸等国设厂，或完成产品的后续加工后出口到美国、欧盟等国，或在中国加工纺织品，再到东盟国家加工成服装，以使用东盟国家的配额出口到欧美等消费市场。这种贸易安排在开拓新的出口渠道时可以规避纺织品配额限制风险，享受着欧美等进口国低关税、普惠制等各种优惠措施。一定时间内美国和欧盟仍将中国视为非市场经济国家，中国产品出口到这些地区，一旦被起诉倾销将按非市

场经济国家的税率被征收反倾销税。而东盟中的新加坡、马来西亚、印尼、菲律宾、泰国、柬埔寨和文莱既是世界贸易组织成员，又是市场经济国家，中国企业在这些国家投资设厂，可避免国内企业为争夺出口市场而导致出口量激增、出口价格下降，被部分国家冠以商品倾销而遭受制裁，也可规避被认定为非市场经济国家所带来的市场风险。

4. 近两年来，中国纺织业面临着巨大的压力。进入2008年以后，中国传统和有比较优势的纺织行业开始遇到前所未有的困难。主要原因有以下几方面：首先，人民币汇率上升，出口退税率下调。由于纺织品附加值较低，人民币升值使企业的出口成本增加，更是削减了企业的出口利润。2008年以后，汇率进一步上升，导致中国纺织业面临更大压力。其次，新劳动法推出后的劳动力成本大幅增加；国家出口退税率下降；印染行业新准入标准等。纺织行业每年劳动力价格上涨在20%左右。新劳动法推出后，作为劳动力密集型行业，劳动力成本上涨非常明显。再次，纺织品企业自身存在的问题。纺织行业自主生产性不强，中国的纺织行业生产以大量的加工为主，缺乏自主创新。因此，中国纺织行业急需开发新的市场，以确保纺织业的支柱地位。

二、中国纺织服装业投资东盟的经济效应分析

1. 经济增长效应。主要有：(1) 获取低成本优势，缓解国内资源瓶颈。近年来，中国的劳动力成本随着经济的发展也在不断提高。这样中国靠廉价劳动力构筑起来的纺织品竞争优势也就不复存在。而东盟的四个新成员国，在生产纺织服装这种劳动密集型产品上具有明显的优势，中国纺织企业到这些国家投资可以充分利用其廉价劳动力资源，降低生产成本。(2) 中国纺织品的对外投资大多数是境外加工贸易，所需原材料、零部件、半成品大多可以从国内进口，增加了对国内产品的需求，促进了关联产业的发展。(3) 中国纺织企业在对外投资的过程中，国际竞争力增强，加深了对国际市场的了解，扩大了本企业在国际市场上的竞争力，从而会拉动对母公司产品的出口，从而带动相关产业的发展。

2. 产业结构升级效应。中国纺织服装业的产业结构还处于低级化的阶段，国内众多的中小型纺织服装企业小而散，在劳动密集型的生产工序上过度竞争，在世界市场上只能走低质低价的低端路线，部分企业为了生存，甚至采用不规范的出口竞争方式。即使是大型纺织服装企业，也大都缺乏核心技术、知名品牌等核心竞争力要素，更缺乏跨国经营、全球配置资源的能力。中国的纺织服装业的产业结构急需升级，尤其需要提高技术水平，创造自身的品牌，开拓纺织服装品在国外的营销渠道。通过把低端产品的生产转移到东盟，国内就可以把有限的资源投入到可以创造更多效益的高端产品的生产中去，同时加强研发工作，从而提高中国高端产品的国际竞争力和换汇能力。

3. 规模经济效应。中国纺织服装业投资东盟，不仅直接面向东盟市场，而且还面向其他国际市场。这种市场范围的扩大促进了企业生产的发展，使生产者可以不断扩大生产规模，降低成本，享受到规模经济的利益。

三、中国纺织服装企业投资东盟时应该注意的几个问题

1. 做好市场调研。东盟国家的投资环境差异性很大，东盟各国的投资体制、政策规定、资源条件、产业基础、配套条件、劳动力素质等各不相同，因此，中国纺织服装业投资东盟前应进行充分的市场调研，充分了解东盟各国的投资环境、产业政策、技术标准、市场准入规则等，并制定周密的投资计划，规避投资风险。

2. 投资多国化。东盟十国在地理位置上距离比较近，为了防止部分东盟国家政府因本国同类企业的不满与抗议，在对待中国纺织服装业投资的态度上发生不利的转变，以及防止出现欧美国家一制裁就全面堵死出口渠道的局面，应采取“把鸡蛋放在不同的篮子里”的经营方式。可以在新加坡和文莱这样非常自由的国家投资，然后再到一至两个邻近的东盟国家投资建厂，以多元化策略把出口风险降到最低。

3. 建立东盟各国和欧美对待中国纺织服装品的预警机制。在政府尚未建立这类预警机制时，由企业特别是大型企业建立相应的东盟各国及欧美国家对待中国纺织品、服装的预警机制。预警机制主要通过收集相关国家对纺织服装品的政策、法律、相关数据等信息，对这些信息进行综合分析。从而得出不同的预警级别，并相应处理。

4. 选择多种投资形式。中国纺织服装企业在东盟投资，并不一定要直接进行投资设厂，这是因为，一方面，直接投资的风险较大，另一方面，直接投资所需的资金也很大。除了独资与合资经营外，中国纺织企业还可以要求以设备或者技术出资

往东盟投资；同时经营过程中可以设法在当地融资，以减少使用自有资金。但同时应注意到采用合资方式不利于技术保密，因此，对于拥有独特技术优势的企业可考虑采取独资经营方式。

（来源：董磷茜，李翼恒. 华夏礼品网. http://news.hxgift.cn/Html/foreign_trade_college/policy/2008/12/31/128549_2.html. 2008—12—31）

东盟农业机械市场潜力巨大

近年来，中国积极发展与东盟十国经贸合作关系，在源远流长的历史交往和传统贸易的基础上，进出口贸易与合作地位得到前所未有的提升，呈现出加速发展的势头。同时，在世界粮价普遍上涨、全球高度重视粮食安全的形势下，国际农机市场需求大幅增长，中国农业机械进出口贸易也因此受益。

东盟已成中国农机出口重要市场

东盟十国是中国农业机械出口传统市场，纵观中国对东盟十国的农业机械出口发展历程，1997年出口农业机械1.66亿美元；受到东南亚金融危机的影响，1998年出口农业机械曾大幅下降24.3%；1999年出口农业机械强劲反弹，增速达52.3%，此后中国农机对东盟十国出口保持稳定快速增长，到2007年农机出口一举突破10亿美元，达13.43亿美元；2008年1～7月出口11.74亿美元，同比增长62.9%。

中国农机对东盟十国出口约占对全球市场出口的1/10，但是对这一地区出口增幅近年来高于对全球出口平均增幅，东盟十国将发展成为中国农机出口的重要市场，成为互惠互利、优势互补的合作伙伴。2007年中国农机对东盟十国出口额排序如下：对越南40969万美元、增长69.93%，占出口东盟农机比重30.51%；印度尼西亚34166万美元，增长43.44%，占比25.44%；泰国15301万美元，增长32.53%，占比11.4%；缅甸12580万美元，增长70.49%，占比9.37%；新加坡10922万美元，增长28.81%，占比8.13%；马来西亚9925万美元，增长32.7%，占比7.39%；菲律宾6798万美元，增长39.27%，占比5.06%；柬埔寨2236万美元，增长34.25%，占比1.67%；老挝1303万美元，增长31.78%，占比0.97%；文莱73万美元，增长430.28%，占比0.05%。从2007年中国农机对东盟十国出口额排序看，对越南、印度尼西亚、泰国、缅甸和新加坡的出口均超过上亿美元，居于出口前位；对文莱、老挝和柬埔寨的出口较少，有待开拓。

加工贸易和投资合作比重有望提高

2007年，中国农机对东盟十国出口以一般贸易方式为主，同时加工贸易、边境小额贸易和对外承包工程也保持少量份额。2007年一般贸易出口11.54亿美元，增长48.74%，占对其出口总额比重的85.92%；加工贸易出口9，100万美元，增长35.72%，占比6.78%；边境小额贸易出口3，341万美元，增长9.68%，占比2.49%；对外承包工程3，194万美元，增长559.26%，占比2.38%。随着自由贸易区建立与发展，今后加工贸易、投资合作等贸易方式的比重有望得到提高。

农机产品结构调整适合出口需求

改革开放30年来，中国农机产业积极调整产品结构，生产了门类齐全、适合中国农业需求和国际市场需求的小型农机产品，如小动力机械、小型农机具、小四轮拖拉机、手扶拖拉机、饲料加工、禽畜饲养和农副产品加工机械，以及适合农村运输条件的低速运输车等。进入21世纪后，为适应农村土地规模化经营方式需求，农机产品不断进行产品结构调整，一批技术含量高、综合性能强的大型农机产品，如联合收割机、大中马力拖拉机等相继投放市场，成为农机出口新一轮增长的引擎。2007年，中国农机对东盟国家主要出口产品和出口额为：低速农用车和挂车出口31712辆（79.6%）、1.61亿美元（135.5%）；拖拉机出口10380台（64.6%）、2443万美元（67.5%）；拖拉机零件出口27341吨（－16.8%）、5925万美元（9.9%）；收获机械（含割草机）5063万美元（78%）；畜禽饲养机械出口3553万美元（48.5%）；粮食加工机械出口1827万美元（－4.5%）；植物保护机械出口2769，817台（175.8%）、1439万美元（24.1%）；配套农机具出口724万美元（67.3%）；乳品加工机械及零件出口283万美元（107.5%）。

中国对东盟国家出口加速的同时还要重视做好这一市场的巩固和维护工作，产品售后服务体系的建立是提高中国农机产品美誉度的重要环节。出口企业在推广产品的同时要考虑将销售环节延伸到售后服务领域，政府和行业组织也应当对出口企业进行资源整合，为中小企业出口做好综合服务，既要防止售后服务不到位，又要避免资源浪费。

中国私营企业对东盟国家出口增长率居首位

中国对东盟国家出口以私营企业为主，企业数量、出口额和出口增长率都位于首位。2007年经营农机对东盟十国出口的企业3992家（增长25.18%），其中：私营企业2532家，出口6.25亿美元（增长53.82%）；国有企业724家出口3.73亿美元（增长40.6%）；三资企业584家，出口2.82亿美元（增长44.2%）；集体企业出口较少。2007年中国农机对东盟十国出口额居前的企业是：江苏江动集团进出口有限公司、广西南宁博升贸易有限公司、沈阳金杯进出口有限公司、广西钦州力顺机械有限公司、常州机械设备进出口有限公司、福州金飞鱼柴油机有限公司、山东潍柴进出口有限公司、广西桂花机械进出口有限责任公司、江苏牧羊集团有限公司和山东华盛农业药械股份有限公司。

出口企业将越来越多将为出口增添活力，但需要防止无序竞争带来的恶劣后果。政府和行业组织应具有制订相应法律法规和必要行规行约的前瞻性，为中国出口企业创造一个公平竞争与合作的良好环境。

目前中国企业开拓东盟市场面临更加有利的发展机遇。中国—东盟自由贸易区是由中国提出建立并开始谈判的第一个自由贸易区，中国与东盟的货物贸易降税计划启动后，将促使中国—东盟的双边贸易额进一步增长。中国农机出口增长幅度从2004年到2008年已经连续5年超过中国机电产品出口增长幅度，近年来在发展与东盟国家贸易与合作方面，更是具有天时、地利与人和的特殊优势，可以预见，中国农机与东盟国家的贸易与合作必将出现全新的发展。

（来源：张晓宁．中国贸易报．http://www.chinatradenews.com.cn/founder/html/2009—01/06/content_6741.htm.2009—01—06）

旅游医疗催“热”东南亚医疗器械市场

近年来，类似的这种被称为“旅游医疗”的新兴产业在亚洲特别是东南亚国家悄然兴起。该产业的崛起，也为医疗器械市场的繁荣带来了强劲动力。

靠“旅游医疗”脱贫致富

对于中国公众来说，“旅游医疗”已不是一个新鲜事物。近年来，有不少中国人自己办理旅游签证到国外接受面部拉皮、身材重塑、鼻子再造等整形手术。2008年上半年，瑞士开通中国公民赴瑞士医疗旅游的绿色通道，以方便中国人赴瑞士接受整形、运动康复、心血管手术等世界领先的医疗服务。

“旅游医疗”的最初兴起，是在加拿大与墨西哥这两个与美国接壤的国家。20世纪70年代，一些美国游客发现，同样的手术，在墨西哥或加拿大的医院做，至少比在美国医院做要便宜50%。于是，一些美国籍患者纷纷以旅游者的身份飞往墨西哥或加拿大做手术。由于这些美国人持旅游签证入境，故西方媒体幽默地称这一现象为“旅游医疗”。但真正将“旅游医疗”产业做大的是印度。

印度政府在20世纪90年代将“旅游医疗”列为国家鼓励发展的新产业。其在发展“旅游医疗”产业上具有其他亚洲国家无可比拟的优势：治疗费用比墨西哥、加拿大等国更为低廉；拥有发达的民营医疗系统；拥有数亿会讲英语的国民；生活费用很低。自20世纪90年代以来，大批西方游客像迁徙的候鸟一样从原来的目的地加拿大、墨西哥“掉头”飞向印度做手术或进行其他治疗。

一些东南亚国家看到印度在发展“旅游医疗”产业尝到“甜头”后，开始群起仿效。马来西亚、泰国与印度尼西亚是继印度之后将发展“旅游医疗”产业作为国家主要经济任务的国家。

20世纪80年代，泰国在亚洲还属于经济不发达的国家，全国居民中90%生活在落后的农村，工业基础薄弱。泰国政府在20世纪90年代末亚洲金融危机结束后，将发展低风险产业（包括“旅游医疗”）作为政府重点扶持的新产业。经过近10年的发展，泰国现已成为东南亚乃至亚洲的“旅游医疗”产业新中心。至2005年末，泰国共有400家医院通过了ISO9001验收并顺利成为能接待西方病人的“国际级定点医院”。2006年，西方病人到泰国进行观光和治疗的总人数多达140万人次，预期2010年将突破200万人次。

随着过去几年来印尼政府大力发展旅游经济及“旅游医疗”产业，该国不仅医疗卫生事业有了长足发展，而且国家获得了大笔外汇收入。

助推器械市场高速发展

以往，多数东南亚国家连绷带、止血带、一次性注射器、医用手套、外科器械、矫形器械、眼科手术器械、牙科器械等常用医疗器械都不能生产，更别说高端医疗器械（如X光机、CT、MRI等）了。东南亚原本就是西方国家倾销医疗器械的场所。由于近年来“旅游医疗”产业的崛起，其医疗器械市场日趋繁荣。

马来西亚、泰国和印尼等东南亚国家的医疗器械产业在“旅游医疗”经济的推动下已开始起步，他们已能生产一些基本医用产品，但大型诊断成像器械仍需从海外进口。仅印尼在过去几年进口西方的大型电子成像仪器的数量就翻了一番。东南亚地区仍将是西方发达国家推销其大型诊断成像仪器的市场。

近几年，每年都有数百万西方人到印度等国家做牙科手术、器官移植手术或其他手术，由此每年可为印度政府带来十几亿美元的外汇收入以及其他无形收入。大批西方游客的涌入也推动了当地工业的发展。如新加坡、泰国和马来西亚三国业已成为东南亚乃至亚洲的电子工业产业基地。企业界为抓住这一大商机，纷纷投资医院的硬件建设。为鼓励发展“旅游医疗”产业的发展，印度政府制订一系列优惠政策，包括为当地医院进口西方大型医疗器械产品减税，降低外国人来印度的旅游签证费用等。

相比之下，尚未将“旅游医疗”列为国家鼓励发展的产业的越南、老挝、柬埔寨，至今其医疗卫生事业落后于马来西亚、泰国等东盟邻国，更不要说医疗器械市场的繁荣了。目前，越南、老挝、柬埔寨三国仍依赖西方发达国家（尤其是日本）的政府赠款来购买少量医疗器械产品，但这很难从根本上解决本国医疗卫生事业所需的医疗器械。

西方经济学家认为，随着“旅游医疗”产业在亚洲地区的兴起，今后东南亚国家将形成新的经济“鸿沟”，即贫富差距进一步扩大，发展“旅游医疗”产业较早的新加坡、马来西亚、泰国和印尼等东南亚国家，其医疗卫生事业进一步与西方国家接轨，而越南、老挝、柬埔寨三国的医疗卫生事业将原地踏步。目前，发达国家已将新加坡、马来西亚、泰国和菲律宾等东南亚国家视为医疗器械新市场，而越南、老挝、柬埔寨等相对落后的东南亚国家仍被视为医疗器械市场的“处女地”。

2000年东南亚医疗器械市场总销售额仅4亿美元，而2007年已超过10亿美元，预计在2010年将达15亿美元以上。这一数字基本接近目前印度医疗器械市场总销售额，而东南亚国家人口不达印度的一半。在高速发展的“旅游医疗”产业的推动之下，东南亚地区无疑将成为国际医疗器械市场上一个新的增长亮点。

（来源：徐铮奎．中国医药报．2008—08—25）

中国工程机械在东盟市场前景广阔

近年来，中国积极发展与东盟十国的经贸合作关系，双边进出口贸易得到快速发展。同时，东盟十国经济加速发展以及重视基础设施建设的过程，也为中国工程与起重机械出口提供了难得的发展机遇。

海关统计数据显示，2007年中国工程与起重机械对东盟十国出口额为14.59亿美元、同比增长54.8%；进口额为1.6亿美元、同比减少20.6%。2008年上半年出口额为11.33亿美元、同比增长103.8%；进口额为9020万美元、同比增长31.3%。中国工程与起重机械对东盟十国进出口呈现快速发展态势。

东盟市场广阔

东盟十国是中国工程与起重机械的传统出口市场。纵观中国工程与起重机械对东盟十国的出口发展历程，1997年出口工程与起重机械额为1.56亿美元，受到东南亚金融危机的影响，经过了几年低迷徘徊阶段后，开始了快速发展，到2007年出口额为14.59亿美元，十年来增长了8倍多，保持稳定快速发展。2007年中国工程与起重机械对东盟十国出口市场比重与对北美、非洲和南美出口市场市场比重相近，均为10%左右。

2007年中国对东盟十国出口工程与起重机械总额为14.59亿美元，包括：

工程与起重机械各类	出口额	同比增长
起重机械及零件	3.64亿美元	141.1%
工程机械零件	2.58亿美元	33%
传输机械	2.36亿美元	14%
矿石、水泥机械及零件	1.87亿美元	80%
挖掘机	8109万美元	−3.6%
特种工程机械（车、船）	7196万美元	59.2%
钻探掘进机械	5901万美元	0.2%
叉车和堆垛机	4017万美元	45.7%
装载机	3695万美元	82.6%
推土机	3510万美元	313.7%

续表

工程与起重机械各类	出口额	同比增长
压路机	3407万美元	112.6%
汽车起重机和底盘	3407万美元	112.6%
平地、铲运机	1759万美元	81.5%
风动工具及零件	598万美元	−2.8%
摊铺机	116万美元	318.1%

在上述工程与起重机械出口商品中，2007年出口增长显著的商品主要有集装箱装卸桥、龙门式起重机、塔式起重机、履带式推土机、通用桥式起重机、履带式起重机、机动混凝土搅拌车、其他筑路机及平地机、混凝土泵、前铲装载机、非公路用货运机动自卸车、非自推进钻探或凿井机械、带胶轮的自推进起重机械、小于50吨全路面起重车、集装箱叉车等商品。2007年工程与起重机械对东盟十国的出口经营企业总数为3653家、同比增长26.01%。其中，588家三资企业出口额为6.59亿美元、同比增长45.22%；767家国有企业出口额为4.17亿美元、同比增长45.24%；2165家私营企业出口额为3.54亿美元、同比增长87.92%；集体企业出口较少。2007年中国工程与起重机械对东盟十国出口以一般贸易方式为主，同时进料加工贸易、对外承包工程和边境小额贸易也保持一定份额。2007年一般贸易项下出口额为9.07亿美元、同比增长54.8%，占2007年中国工程与起重机械对东盟十国出口总额比重的62.17%；进料加工贸易出口额为3.89亿美元、同比增长110.7%，占比26.67%；对外承包工程出口额为1.15亿美元、同比增长33.5%，占比7.88%；边境小额贸易出口额为0.19亿美元、同比增长45.2%，占比1.3%。

中国从东盟国家1997年进口额的5242万美元工程与起重机械，发展到2007年的15979万美元，十年来增长了205%。2007年工程与起重机械零部件进口增长较快，整机进口下降较多。

2008年上半年出口加速发展。

中国企业面临有利发展机遇

中国企业开拓东盟市场面临更加有利的发展机遇。中国—东盟自由贸易区是中国提出建立并开始谈判的第一个自由贸易区，根据中国和东盟双方签署的协议，自2005年7月1日起，中国与东盟全面启动降税进程，大幅降低关税，并将于2010年实现零关税。中国与东盟的货物贸易降税计划正式启动后，这无疑将促使中国—东盟的双边贸易额进一步的增长，中国企业开拓东盟市场将面临更加有利的发展机遇。

中国企业实力不断增强为开拓东盟市场提供了现实可能性。中国工程与起重机械行业涌现出一批具有自主品牌、产品研发能力的生产制造企业。这些企业开发生产出具备一定技术含量和性价比优势的产品，在满足国内市场需求的同时，积极开拓国际市场，创造出瞩目成绩。近年来在发展与东盟国家贸易与合作方面，更是具有天时、地利与人和的特殊优势，贸易与合作必将出现全新的局面。

要重视市场开拓与维护工作。中国企业应当做好开拓东盟国家市场的部署，要考虑各个国家的文化差异性，因地制宜地开展产品推广与宣传工作。特别是在国际知名品牌掌控的市场，更要下工夫考虑推广优质产品、经营知名品牌，逐步形成这一市场中国品牌号召力。

（来源：丁丁．在线国际商报．http://ibdaily.mofcom.gov.cn/show.asp@id=100000519．2008—08—19）

东南亚四国卷烟市场概览

亚太地区没有逃脱全球金融危机的影响，但是其卷烟市场仍比其他地区更具成长潜力。

尽管面临诸多挑战，亚太地区仍然是世界最有前途的卷烟市场。在当前金融危机使消费者更为谨慎消费的情况下，亚太卷烟市场的基本面仍然未变。在该地区的许多国家，可支配收入仍然保持着较高水平，而且人口也在快速增长。

菲律宾

菲律宾烟草行业受制于一部复杂的税收法规。这部法规支持市场上的既有品牌甚于新来者。于1997年开始实施的这部法规由基于产品档次、零售价格和进入市场的时间而确定的税收和关税征收办法组成。菲律宾税务部门对投放市场时间早于1996年的“老品牌”的征税，基于其1996年10月的最终零售价格；对1996年以来的“新品牌”则按目前的零售价格征收。

1998年进入菲律宾市场的英美烟草曾在法庭上挑战过这部法规，但是以失败而告终。菲律宾高级法院裁定，对烟草“新品牌”征收更高的税符合该国宪法规定。1997年以前进入菲律宾市场的烟草公司支持这部法规。需要指出的是，世界银行和国际货币基金组织建议菲律宾政府制定统一的税率以增加财政收入，改善收支状况。

2008年，只有菲莫国际及幸运烟草公司分别向菲律宾市场投放5支及10支装卷烟新产品。菲律宾目前的烟草税法将于2011年终止。尽管目前经济低迷，跨国烟草公司仍然继续在菲律宾增加投资。比如，菲莫国际正在扩大其在菲律宾的烟叶储存容量。

菲莫国际希望能把苏比克自由港——美国过去的一个海军基地——变成其亚太地区的烟叶集散中心。来自泰国和印度尼西亚的烟叶将被海运来加工，以供菲莫国际在菲律宾、马来西亚、印度尼西亚及其他亚洲国家的卷烟厂生产所需。这家公司表示，他们之所以选择苏比克，是因为较公司其他烟叶储存地区而言，它在价格和效率方面具有优势。

马来西亚

像泰国、巴西和加拿大一样，马来西亚政府最近迎合国内各界的要求，规定卷烟制造商必须在烟盒上印刷健康警示图片。马来西亚吸烟者将不得不面对被损坏的肺以及其他吸烟相关疾病的图片。2008年，没有印刷这些警示图片的卷烟将被清除出马来西亚市场。

非法卷烟贸易是马来西亚政府面对的头等问题。2004年11月，马来西亚政府采取税票和防伪油墨来帮助减少卷烟走私造成的税收流失，但迄今收效甚微。2004年，非法卷烟占有马来西亚14.4%的市场份额，2008年6至8月则增长至24.5%。

卷烟非法贸易由马来西亚与邻国之间的卷烟价格差所驱动。在东南亚，马来西亚的卷烟价格仅低于新加坡。2007年，马来西亚政府出人意料地把卷烟消费税从每千支120林吉特（1林吉特约合人民币1.88元），增加到每千支150林吉特，上调20%。这是马来西亚多年来第一次在国家预算执行期间上调烟草产品消费税。

2008年，马来西亚又一次上调卷烟税率。马来西亚政府希望在2009年的财政预算中把消费税率再提高9%至10%。马来西亚政府还计划设定最低卷烟零售价以减少吸烟者数量。最低价格将随着每次税率的调整而改变。值得一提的是，关于最低零售价格的争论，在2008年末引发了烟草巨头之间的一场价格战——主要集中在平价和超低价卷烟市场。

马来西亚烟草行业希望能受益于东南亚自由贸易协定。这项协定将于2010年生效。而当地一些烟草企业的经理担心，从邻国流入的低价进口卷烟将伤害马来西亚卷烟制造商，以及大量在烟草相关行业谋生的人。

泰国

泰国卷烟市场仍为泰国烟草专卖局控制。外国公司的烟草产品共计占有泰国25%的市场份额。尽管税法有利于泰国的专卖品牌，但外国公司产品的市场份额仍在稳步增长。随着东盟成员国之间关税的持续削减，烟草市场的竞争将日益加剧。同时，在过去20年中，泰国吸烟者数量已经下降了40%，降至2008年的1000万人。

泰国严厉的反烟政策使得泰国烟草专卖局的前景面临着挑战。为了保持利润率，泰国烟草专卖局正在努力压缩成本，提高产品分销效率，以及扩大相关业务。泰国烟草专卖局同时声称正在谋求加强跨国合作。在一定的努力之后，泰国似乎放弃了未来的烟草经营私有化之路。泰国烟草专卖局计划在首都之外建设新的工厂。到2011年，泰国烟草专卖局在曼谷的现有设施将变为本加凯蒂（Benjakitti）公园的一部分。

印度尼西亚

印度尼西亚是东南亚最大的烟草市场。2007年该国的卷烟销量为2310亿支。从销售额来看，印尼仍是最有希望的市场之一。正如JP摩根所言，印尼卷烟价格与快餐等消费品相比相对较低。例如，2007年，一包万宝路卷烟的价格为9000印尼卢比（合0.81美元），而一个麦香堡的价格为15900印尼卢比。

在印尼经营的烟草公司面临着一系列挑战。首先，丁香烟统治着印尼市场，在世界其他地区十分常见的白色卷烟在印尼的销量不足10%。丁香烟又叫“Kreteks”，这来自于其燃烧时发出的声音。

菲莫国际是印尼规模最大的跨国公司。2005年5月，这家公司斥资50亿美元收购了三宝麟烟草公司。这是印尼历史上最大一笔单项外国投资。

烟草行业是印尼吸纳就业人数最多的行业，也是印尼纳税最多的行业。印尼是世界上少数没有签署烟草控制框架公约的国家之一，其控烟法规较之邻国更为宽松。即便如此，2008年11月，立法者还是推出了一个控制烟草广告、促销、赞助和销售的法案供国会代表商讨。

（来源：烟草在线．http://www.tobaccochina.com/news_gj/roundup/wu/20094/200942085855_355279.shtml. 2009—04—21）

东盟国别行业专题分析

文　莱

文莱渔业发展概况及中文渔业合作的互补性

一、文莱基本情况

文莱达鲁萨兰国（简称文莱）位于加里曼丹岛的东北部，面积5765平方公里，距赤道线以北约440公里，与马来西亚沙捞越州相邻。文莱面向南中国海，有161公里长的海岸线，海域面积38600平方公里。文莱于1983年1月1日宣布200海里专属经济区。

文莱属热带气候，常年高温、多雨、潮湿。最低温度25℃，最高温度33℃，年平均气温28℃。年降雨量约3295毫米，平均湿度约75%。11月至次年3月刮东北风，4月至10月刮西南风。文莱处于南中国海台风带以外，未出现过龙卷风。

二、文莱渔业资源

文莱地处东南亚中心位置，海洋渔业区内有丰富的渔业资源。文海岸线沿岸覆盖有18418公顷的在东南亚保存最好的红树林，有大量的虾苗和鱼苗繁殖。文莱海域没有污染，又无台风、地震等自然灾害袭击，非常适宜开展海洋捕捞和鱼虾养殖。

文莱渔业局统计，文莱海域最大可捕捞量（MEY）约21300吨，其中沿岸资源3800吨，底层资源12500吨，浮游资源5000吨。文莱地处南中国海，各种渔业资源丰富。另外，文莱海域还是金枪鱼徊游的途径之路，有丰富的金枪鱼资源。

三、文莱渔业发展概况

自文莱将200海里的水域设定为专属经济区后，其渔业得到了迅速的发展。目前，渔业收入占文莱国内生产总值的0.5%。2005年文莱渔业总产量为17258吨，其中捕捞量为16060吨，水产养殖量为540吨，加工量为657吨。2005年文莱渔业捕捞、养殖和水产加工等总收入达到了8640万文元（约5400万美元）。文莱渔业局统计，文莱年均消费海产品17100吨，人均消费量为45公斤，居区域内诸国之首。目前文水产品需求约有50%的缺口，需要通过进口解决。

文莱渔业局估计，文莱国内的渔业年均增长率为17%，文莱的渔业发展潜力估计保持在每年两亿文莱元的水平。预期到2023年，文莱渔业产量可达4亿文元，可为1500多人提供就业机会。

文莱现有1226名全职渔民，4362名兼职渔民，大多为岸边手工作业或舢板作业。文莱全国有约25艘较小作业渔船，吨位在30～60吨，其中有拖网船14艘，围网船5艘，延绳钓船1艘，多数集中在20海里内作业。文莱渔港主要是摩拉渔港，有两个渔船码头，附近有制冰厂和加油码头为渔船服务。

海水养殖业是文莱渔业中发展较快的行业之一。由于文莱气候温和，海水无污染，比较适合发展海水养殖业。文莱利用水池养虾始于1994年，至今有13家企业投资养虾业，目前，文莱全国共有50个鱼虾养殖场，养殖著名的虎虾和蓝虾，总面积约230公顷。2005年文莱养虾业总产量394公吨，价值300万文元，除本地销售外，还出口到美国、台湾、日本、马来西亚和新加坡等地。随着全球市场对虾需求的增加，文莱工业及初级资源部已开始研究引进国外投资和技术，增加虾产量，目前已在都东县规划459公顷新地作为海水养殖专用。

文莱海产品加工业规模较小，目前有66家国内企业和一家合资企业从事海产品食品加工，都为中小型企业，产品主要是虾片和鱼干类，主要在本国销售。文莱海产品品质优良，符合区域内安全和清真食品要求，存在需求市场和巨大商机。

四、文莱渔业政策和相关规定

近年来，文莱政府积极实施经济多元化战略，以减少对石油、天然气的依赖。文莱工业与初级资源部已提出在10～15年内将非石油、天然气行业占GDP的比重从目前的43%增加到50%以上。渔业是文莱政府推行经济多元化的主要领域之一，也是文莱最具有发展潜力的产业之一，是文莱实施经济多元化战略的重要组成部分。

为实现国民经济多元化，促进渔业的发展，文莱政府制订了一系列的优惠政策来鼓励开发商业渔场和海水养殖场，鼓励外资与文莱本地公司开展渔业和海水养殖业合作，希望凭借得天独厚的地理位置，将文莱建成区域海产品加工中心和海产品批发及进出口中心。渔业是文莱政府促进发展的重点领域，相关投资项目和企业可以享受免出口税、销售税、个人所得税，薪工税和生产税等优惠待遇。作为主管部门，文莱渔业局不断推动海产品加工业的发展，积极鼓励包括在渔船靠岸港附近建设鱼类储存及批发中心和地区海产品进出口中心等产业发展的开发项目，还通过推展多项具体工程，促进渔业和水上生态旅游的发展。

对于渔业合作的海区，文莱渔业局规定文莱海域共划分为四个作业海区：

第一海区：0～3 海里（离岸）；

第二海区：3～20 海里；

第三海区：20～45 海里；

第四海区：45～200 海里。

文莱政府为保护近海渔业资源，规定引进的外国渔船只能在第三、第四海区作业，而且从 2008 年 1 月 1 日起实行临时性保护措施，禁止在第一海区（0～3 海里）区域内捕鱼。第三海区海深从几十米到近 200 米，第四海区为大海槽，深达上千米。

五、中文渔业合作的互补性

中国与东盟签署的《中国—东盟全面经济合作框架协议》下的《货物贸易协议》和《服务贸易协议》对加强中国与东盟各国的渔业合作具有重要意义。落实中国—东盟自由贸易区有关协议，促进中国—东盟自由贸易区顺利建成，加强与包括文莱在内的东盟各国渔业合作，兴办独资、合资、合作企业，将更快促进区域内渔业的发展，提高区域内水产品在国际市场上的竞争能力，加快中国—东盟自贸区建设进程。

中国南部和包括文莱在内的东盟各国在地域上属于一个自然地理综合体，海陆相连，交通十分便利，为渔业合作提供了基础。文莱与南中国海相接，有广阔的海域，蕴藏了丰富的鱼类和水产资源，南海海洋及其航线把中国与文莱联系起来。

1. 渔业资源的互补性

在渔业方面，文莱处于热带地区，而中国海域大部分地区处于温带，双方主要的水产品种类不同，存在较强的互补性。正是这种渔业资源上的互补性，使得中国和文莱的渔业合作成为可能。区域内海洋渔业资源丰富，为中国与文莱渔业合作提供了广阔基础。

2. 渔业技术的互补性

中文两国渔业发展的差异性和互补性，决定了双方贸易和合作领域的发展前景。从渔业资源开发角度来看，中国是一个人口大国，拥有丰富的人力资源和自然资源丰富，但人均资源拥有量相对稀缺，渔业资源相对有限，但中国沿海渔业捕捞和养殖技术相对成熟。文莱渔业、养殖业及热带生物资源都十分丰富，与中国在渔业捕捞、养殖、加工以及市场等方面具有明显的互补性，在渔业技术方面具有合作可能性。在合作方式上，文莱资源丰富，但经济技术水平不高，中文在资源开发和加工业领域可以展开各种类型的合作。

3. 经济发展水平与市场互补性

中国与文莱的经济发展水平不一致。从经济发展水平看，文莱是东南亚较富裕的国家，2006 年文莱人均 GDP 已达到 31000 美元。从产业结构看，文莱主要是以开采石油和天然气为主的产业结构，渔业生产不发达。文莱政府针对产业结构单纯的问题，提出要加大实施经济多元化战略，争取到 2023 年文莱渔业产值达 4 亿文元。中国在三次产业的层面上与文莱存在着一定互补，在与海洋捕捞和海水养殖有关的层面上可以提供各种技术服务，这给文莱在发展海洋产业方面提供了合作的领域和空间。而广阔的中国内地市场更可以使中国与文莱结成垂直贸易与合作的紧密伙伴关系。

六、对中国企业与文莱企业开展合作的具体建议

总体看，中国公司开拓与文莱渔业合作有很大发展潜力，本着合理开发利用、互惠互利的原则，应充分利用中文友好、文莱海域渔业资源丰富等有利因素，应鼓励中国渔业公司与文方展开更深层次的渔业合作。

文莱具有得天独厚的自然条件，沿海没有工业，沿海滩涂、浅湾未被污染，很适宜开展海水养殖。另外，利用当地近海良好的资源条件，还可以搞水产收购加工。通过企业与文莱渔业合作，可带动当地技术提升、增加就业，扩大出口，为当地实施经济多元化作出贡献，也为中资企业在区域内更广阔地开拓市场和利用资源奠定基础，是企业一种更长远和明智的发展战略选择。

对于准备前来文莱从事渔业合作的中国公司，特提出以下建议供参考：

1. 全面掌握情况，在合作经营活动中争取主动。某些企业海外经营项目不成功的教训，主要原因之一在于不完全了解当地情况，对问题和困难估计不够，应对措施不足，同时轻信代理，盲目决策。建议企业在开展业务和实施项目前进行深入的调研，以减少决策失误。

2. 遵守当地法律法规。企业应遵纪守法，避免不必要的纠纷。应派会外语懂业务的人员负责项目管理，出了问题要及时同中国驻外经商机构联络，直接同文莱政府主管部门联系。不能完全依赖代理，以免延误问题解决。

3. 尽量与当地有一定背景、实力和信誉的公司建立合作关系，掌握在当地打通关系的主动权。寻找有实力和有公关能力的合作伙伴十分重要。

4. 选准项目。认真做好可行性研究，将投资风险降到最小。

5. 充分重视外派人员尤其是一把手的选拔，避免由于用人不当带来的风险。中方人员应少而精，实行雇员本地化，注重回馈社会工作和企业社会形象。加强境外企业现代管理制度化建设，建立一套行之有效的约束激励机制。

（来源：中国食品商务网. http://www.21food.cn/html/news/10/146664—p2.html.2007—04—04）

文莱服务业在改革与合作中前行

自1929年在诗里亚打出第一口油井以来，文莱开始逐步发展成为富有国家。石油和天然气是文莱经济的主要支柱。近年来，文莱政府采取一系列有力措施，积极推进经济多元化。服务业被列为文莱推行经济多元化的重点领域之一。由于文莱积极参与国际合作，其服务业与外界的交流与合作层层深入，并发展迅猛。

为调整单一的经济结构，减少油气产业比重，从1994年起，文莱开始启动多元化发展战略，并开始多元化经济活动。服务领域的各行业也得到了不同程度的重视与发展。

为了挖掘新的经济动力，文莱把发展金融服务业视为重要举措，并于2000年成立文莱国际金融中心，为投资者提供金融增值服务，吸引国际金融机构。2006年，为推动经济多元化发展，文莱政府制定第九个“五年发展规划（2006～2010年）”和今后经济发展30年长远规划。为此，文莱政府一方面增加对基础设施和信息产业等的投入，改善招商引资环境，另一方面加大招商引资力度，积极鼓励发展中小企业和增加私人投资，努力实现服务业等领域新的突破。同时，文莱把宣传其港口建设等大型建设项目规划作为文莱双、多边交往与合作的一项内容，吸引国际社会支持和参与文莱经济多元化战略的实施。文莱在2007年开始实施的第九个“五年发展规划”里，对旅游业、服务业等经济多元化的重点领域，出台了一些鼓励措施。2008年，文莱积极发展服务业。文莱政府加紧推进了大摩拉岛深水集装箱码头的建设；努力改善旅游设施，扩大宣传，力求实现旅游业的高增长；大力发展伊斯兰金融和离岸金融业务。

自文莱实施经济多元化战略以来，由于采取一系列有力措施，文莱服务业占GDP的比重不断提高。文莱首相署文莱经济计划和发展局资料显示，2005年第二季度，批发零售业增长16.1%、餐饮酒店业增长6.6%、运输及通讯业增长14%。2007年，文莱建筑业和服务业的总产值占GDP的30%左右。除此之外，文莱服务业中的运输及通讯、银行保险等行业也有较高增长。

近年来，中国与文莱在服务业方面的交流与合作日益频繁，特别是中国—东盟博览会的成功举办和泛北部湾经济合作步伐的加快，双方服务业的联系更加紧密。

2006年中文双边服务业交流与合作势头良好。随着泛北部湾经济合作的发展，中国与文莱进一步开展港口与交通运输、服务贸易等方面的交流与合作。2007年中国与东盟各国签署了关于航空服务业开放的《中国—东盟全面经济合作框架协议服务贸易协定》。协定中，中国与包括文莱在内的东盟六国取消在航空运输、飞机维修、订票系统等航空服务领域的“市场准入限制”及“国民待遇限制”。其中，文莱等四国对中国民航企业“飞机维修和保养服务”、“航空器租赁”、“航空运输服务的销售和营销”等完全开放。2008年广西壮族自治区党委书记、自治区人大常委会主任郭声琨拜会文莱领导人时，双方就港口物流、旅游等重点领域的合作进行了深入的探讨并交换意见，达成共识，签署了合作备忘录。2008年5月，广东省外办负责人宴请文莱驻华大使时，双方十分重视服务业的交流与合作，都表示希望双方在服务业等领域加强交流与合作。

（来源：韦爱英，林达. 广西日报. 2008—12—05）

文莱农业发展情况简介

一、农业发展情况

文莱位于北纬5°，属热带雨林气候，传统农作物以水稻为主，也生产少量蔬菜和水果。二战以前，文莱水稻生产完全自给，并有部分出口。20世纪70年代以来，随着文莱石油、天然气产业的崛起和公共服务业的发展，当地很多农业人口弃农转行，传统农业受到很大冲击，农业发展总体水平落后，规模萎缩。

文莱经济目前仍以石油、天然气为支柱。根据文莱首相署经济计划发展局的资料，2007年文莱

GDP总值为188.6亿文元（约124亿美元），同比增长2.7%，其中石油、天然气行业的总额为127亿文元（约83.5亿美元），同比增长0.5%。近年来，文莱农业虽有较快增长，但2007年文莱农业收入总额1.99亿文元（约1.3亿美元），仅占国内生产总值的1%。文莱农业局统计数据显示，2007年国内主要农业产品中，蔬菜产量9793吨，自给率57.9%；水果产量4372吨，自给率23.4%；大米产量983吨，自给率3.2%；其他类粮食596吨，自给率5.2%。

2007年，文莱国内粮食消费，大米累计31241吨，其他粮食累计消费11500吨，大米在国内粮食市场中占主导地位。目前，文莱97%的进口大米来自泰国。政府对大米市场价格实行补贴和管制政策，国内市场上国产大米价格远高于进口泰米售价。价格对比情况参见下表。

表1：文莱国内市场大米价格情况

产地	进口泰国大米		国产大米	
类型	香米	普通米	糯米	普通米
价格（文元/公斤）	1.20	0.84	0.79	2.91

资料来源：文莱农业局

近年来，文莱国内大米产量虽有所增长，但远不能满足市场需求，具体水稻种植情况如下：

表2：近十年文莱水稻产量（单位：公吨）

	1998	1999	2000	2001	2002	2003	2004	2005	2006	2007
产量	135	199	299	350	372	547	621	851	895	983
进口量	30556	35731	24388	29701	29997	29609	30126	30210	30186	30259

资料来源：文莱农业局

表3：文莱水稻种植面积分布（2007年）

地区名称	农民数量（人）	水稻种植面积（公顷）	稻谷产量（公吨）	大米产量（公吨，按65%产出比例）	占比（%）
摩拉区	310.5	257	344.6	224.0	22.8
马来奕区	469.1	349	530.3	344.7	35.1
都东区	192.6	273	230.3	149.7	15.2
淡布隆区	382.4	354	406.9	264.5	26.9
合计	1,354.6	1,233	1,512.1	962.9	100.0

资料来源：文莱农业局

（三）经济多元化与农业扶持政策

从1994年起，文莱启动经济多元化发展战略，着眼于国家持久发展，积极鼓励和支持石油、天然气以外的经济发展，以调整单一经济结构，减少油气产业比重，实现经济的多元发展。

经过多年的努力，文莱非石油、天然气产业在GDP中的比重有所上升，2007年文莱非石油、天然气产业总额为61.6亿文元（约40.5亿美元），占文莱GDP总值的32.6%，增长率为5.1%，明显快于油气产业的增长。在非油气行业收入中，农牧渔业、制造业、运输、银行保险等行业有较高增长。

为调动农业种植积极性，文莱政府于2004年开始实施扶持计划，着力改善农业基础设施，提供半价化肥、杀虫剂以及咨询服务等。文莱农业局数据显示，在该政策支持下，文莱农户数量和稻田面积分别从2004年的214户、757公顷增加到2007年的549户、1355公顷。

二、文莱农业发展新动向

文莱对国内市场大米供应实行价格补贴政策，近期以来的全球粮食供应危机和国际市场粮食价格飙升对文莱冲击较大，高额粮价也加重了政府财政负担，粮食安全已成为文莱面临的重要社会经济问题，引起文莱高层高度关注。

文莱苏丹在2008年7月庆祝其62岁华诞之日发表讲话，呼吁加强国家粮食安全意识，提高国内稻米等农产品的自给率，强调要制定国家粮食安全战略和农业发展政策，确保国家粮食供应。

2008年8月，文莱苏丹任命原能源部长叶海亚为工业与初级资源部长，加大经济多元化推进力度。文莱工业与初级资源部农业局已提出到2010年将水稻自给率提高到20%的目标，开始着手制订短期、中期和长期农业发展规划，文莱财政部已增拨预算发展农业，并积极寻求国际合作。

（来源：中华人民共和国驻文莱经济商务参赞处网. http://ccn. mofcom. gov. cn/spbg/show. php@id=8712&ids=2. 2009—01—19）

柬埔寨

中国和柬埔寨农业合作现状及未来发展

在2008年柬埔寨换届选举中高票胜出的人民党于2008年9月底正式组成以洪森为首相的第四届政府。新一届政府继续执行上届政府的方针，实施

“四角战略”，仍将农业置于经济发展的优先领域，通过农业发展带动农工业发展，促进国家经济全面发展。

柬埔寨农业资源丰富，但农业发展滞后，有效资源尚未得到开发。农业发展是柬埔寨下届政府优先发展的领域，而中国在农业领域发展具有丰富的经验和技术力量，中国和柬埔寨农业合作有着较大的发展空间。

一、柬埔寨农业基本情况

柬埔寨地处热带，土地肥沃，气候条件适宜水稻、橡胶、甘蔗、热带水果及其他经济作物的生长；广阔的海域和河流，为水产养殖提供了良好的条件；日照充足，雨量充沛，天然绿地广阔，气候条件适宜畜牧业养殖发展。柬埔寨自然条件优越，土壤、空气、水质等都符合农作物的安全生产，工业污染很少，具有发展农业的较强的比较优势。

（一）柬埔寨农业现状分析

柬埔寨全国人口约1338万，85%为农业人口。全国有可耕地面积约670万公顷，目前实际耕种面积仅为约260万公顷。2007年柬埔寨农业领域产值25.21亿美元，占柬埔寨GDP的27.2%，其中稻谷占7.5%，其他作物占6.7%，畜牧占4.3%，渔业占6.5%，林业约占2.2%。2007年柬埔寨种植水稻面积为224.12万公顷，收获稻谷344.9万吨。水产品总产量为43.85万吨，淡水水产品为37.50万吨，海产品为6.35万吨。

水稻是柬埔寨最重要的粮食作物，产值占全国农业产值的70%以上。全国大约有一半的人口从事稻谷生产，有80%以上的耕地用于种植水稻。柬埔寨水稻按季节可分为雨季稻和旱季稻，雨季稻占种植总面积的85%左右，旱季稻只占15%左右。柬埔寨拥有种植水稻所需的良好生态和生产环境，工业污染很少。一些国家的农业发展机构或私营企业等在柬埔寨积极组织实施无公害大米的种植和加工，取得了很好的效益，大部分产品直接出口到欧美市场，少量进入金边和暹粒的酒店等高档市场。柬埔寨生产的稻谷大部分直接出运到越南和泰国。许多越南和泰国商人在收获季节来柬埔寨大量收购稻谷。但是，柬埔寨商业部对于每年运往越南和泰国稻谷的具体数量没有完全的统计。

柬埔寨水产资源丰富，洞里萨湖是东南亚最大的天然淡水渔场，湄公河、洞里萨河及其支流亦盛产淡水鱼，品种繁多；柬埔寨还有460公里的海岸线，海洋捕捞及海产养殖具有良好的自然条件。近年来，柬埔寨政府积极发展淡水养殖业，保护鱼类生存环境，控制污染，使水产业得到了可持续发展。但由于柬埔寨政府的财力和技术资源的限制，柬埔寨水产资源尚未得到有效地开发和利用，不论是捕捞和养殖手段都沿用其传统习惯和方式，尤其是海洋捕捞均以家庭式的小型机动船作业为主，尚无大型综合性捕捞船只。由于大自然赋予柬埔寨水产业得天独厚的资源，柬埔寨水产业的发展孕育着发展的良机。为促进柬埔寨水产业发展，柬埔寨政府正在亚洲开发银行（ADB）的资助下，与世界渔业机构（WORLD FISH）合作实施柬埔寨淡水研究和发展项目，还与东南亚水产发展中心（SEAFDEC）合作，帮助柬埔寨培训农村水产养殖人员。柬埔寨水产业的可持续发展将促进柬埔寨农业的发展。

畜禽养殖业是柬埔寨农业发展的重要组成部分，柬埔寨地处亚热带，气候条件好，植物生长茂密，目前，全国绿化覆盖面积超过60%，具有发展畜牧业生产的良好天然条件，畜禽养殖业是柬埔寨农业尚待开发的领域，如在该领域加大投入，实现农工商产业化生产，畜禽养殖业将会带动柬埔寨农业经济的快速发展。目前，柬埔寨市场每年还需从越南和泰国进口部分禽类食品。

橡胶业是柬埔寨农产品加工业发展战略的重要组成部分，近年不论是干胶出口，还是老橡胶树砍伐加工都为国家财政创造了可观的收入。随着柬埔寨经济的逐步发展和国际市场对橡胶的需求及其价格的攀升，柬埔寨已加大对该领域的开发力度。近年来，柬埔寨政府大力推动实施家庭种植橡胶树工程，成立橡胶种植户合作社，通过提供贷款鼓励农民种植橡胶树，无偿培训种植和管理，到目前为止，柬埔寨全国橡胶树种植面积达8.2万公顷，其中国营橡胶园种植面积3.95万公顷，私人公司橡胶园种植橡胶树0.45万公顷，其他约3.8万公顷属于家庭式种植。由于柬埔寨政府的重视和具体措施的实施，柬埔寨橡胶业已稳步发展，并取得可观的效益。柬埔寨政府制订较完善的鼓励和管理政策，积极争取外援和吸引外资，促进橡胶业的发展。

柬埔寨森林资源丰富，森林覆盖率占柬埔寨国土面积的62%，林业发展蕴藏着巨大的开发潜力。但由于多年无序滥伐，天然生态森林体系遭到严重威胁。由于法规法制不健全，加上过度采伐，生态环境遭受破坏。为保护环境和区域生态平衡，柬埔寨政府在2002年实施了森林禁采令，对原批准的从事林木砍伐的公司逐一清理。为保护柬埔寨森林资源，建立有效监管机制，柬埔寨农业部与FAO和

UNDP 及 SGS 公司合作，允许其对柬埔寨森林资源进行独立调查，其宗旨是对国际社会增加透明度，争取国际社会的理解和帮助。由于柬埔寨政府给予了足够的重视，柬埔寨林业资源的保护和开发取得了初步成果。

总体来看，柬埔寨农业发展潜力巨大，但由于社会经济基础薄弱，农业基础设施贫乏，农产品的生产、市场和销售都处于较落后的状态。农业生产主要依靠气候条件。农产品种植结构单一、产量低，许多农产品种植仍以原始耕作、种植、管理方式为主。如柬埔寨政府能加强水利基础设施建设，增加农业科技投入，让农民实施科学种田，提高种植和管理技术，增加农业机械比重，增强抵御自然灾害能力，柬埔寨农业将会在短期内有快速发展。

（二）柬埔寨吸引外资发展农业的优惠政策

在吸引外来投资农业产业上，柬埔寨政府将依据投资法对开发种植 1000 公顷以上的稻谷、500 公顷以上的经济作物、50 公顷以上的蔬菜种植项目；对畜牧业存栏在 1000 头以上、饲养 100 头以上的乳牛项目、饲养家禽 10000 只以上项目；以及占地 5 公顷以上的淡水养殖、占地 10 公顷以上的海水养殖项目均给予支持和优惠待遇。主要鼓励措施是：项目在实施后，从第一次获得盈利的年份算起，可免征盈利税的时间最长为 8 年。如连续亏损则被准许免征税。如果投资者将其盈利用于再投资，可免征其盈利税；政府只征收纯盈利税，税率为 9%；分配投资盈利，不管是转移到国外，还是在柬埔寨国内分配，均不征税；对投资项目需进口的建筑材料、生产资料、各种物资、半成品、原材料及所需零配件，均可获得 100%免征其关税及其他赋税。但该项目必须具备其产品的 80%供出口的投资项目。

根据柬埔寨埔寨宪法及其他相关法规的规定，用于投资的土地所有权，必须由柬埔寨籍的自然人或法人投资者所有。外来投资者可通过长期租赁的方式使用土地，最长租期为 70～99 年，期满可申请继续租赁。土地的使用记载土地上的其他所有权必须符合柬埔寨法律规定。目前，柬埔寨政府为有效管理土地使用，一般批准的农业投资项目均掌握 1 万公顷以内。

二、中国和柬埔寨农业合作的现状及问题

中国和柬埔寨双方政府领导人对两国间的农业合作极为重视，2000 年 11 月，时任中国国家主席江泽民访问柬埔寨时，曾签署并发表过《中柬农业合作谅解备忘录》；2002 年 11 月时任中国国务院总理朱镕基访问柬埔寨时，把农业合作确定为今后两国重点合作的三大领域之一。

（一）中国和柬埔寨农业合作的现状

近年来，中国企业与柬埔寨在农业领域合作的尝试很多，但是成功的案例很少，例如，中国海外经济合作公司、中国农垦集团、广西北海外经公司等企业曾先后在柬埔寨投入一定资金，探索农业综合开发，包括农作物、经济作物种植、家畜养殖等。湖南公司也在柬埔寨试种了中国优质杂交稻。另外，还有些公司来柬埔寨探讨种植木薯、橡胶、麻枫树、蓖麻、甘蔗、棉花、哈密瓜及热带水果等经济作物的可能性，但都处于探索阶段，无实质进展。据柬埔寨农业部统计，中国在柬埔寨从事农业开发的企业已有 15 家公司，2008 年到柬埔寨探索农业合作的中国企业呈明显增加的势头。

（二）中国和柬埔寨农业合作存在的问题

综合分析多年来中国企业在柬埔寨发展农业的具体情况，影响中国在柬埔寨开展农业领域合作的主要因素集中在：

1. 土地：由于柬埔寨中央和地方政府在土地产权管理上经常出现分歧，造成中国有关企业实施项目障碍重重；由于战后遗留问题、土地分配和产权问题，中国投资商经常会陷入土地产权纠纷中；有些企业在立项前对柬埔寨进行土地开发使用所产生的连带问题考虑不周，致使项目搁浅；

2. 基础设施：柬埔寨气候旱雨季分明，旱季时农作物完全依赖农业灌溉，而柬埔寨农业基础设施仍然非常落后，农田水利灌溉和供电条件差依然制约着农业发展；

3. 生产资料：农业生产数据完全依赖进口，价格高，柬埔寨农民收入低，多数农家买不起化肥；

4. 劳动力：柬埔寨农业劳动力水平不高，科学种田需从基础做起；

5. 当地政策：从事农业土地成片开发，将涉及残林、疏林等的清除，这又受到柬埔寨政府禁止砍伐森林相关规定的制约；

6. 资金：农业项目投入大，周期长，而中国企业缺少长远目标，后续资金投入跟不上，影响项目运作；

7. 管理：中国个别企业管理混乱、风险意识淡薄，部分外派人员素质不高等。

三、加强中柬农业合作的建议

农业是柬埔寨最具发展潜力的产业之一，也是

柬埔寨政府优先发展的领域。如果继续推行“四角战略”，实施第二阶段的计划，农业依然是其优先发展的领域，并且水利将从农业中分离出来，作为一个单独的优先发展领域。可以预计在未来的发展规划中，柬埔寨政府将继续加大对农业的投入，改善制约农业发展的基础条件，加强农业生产的深度和多元化，从而促进农业经济发展，增加农民的收入，增强市场供给。柬埔寨政府将从粗放型农业生产转变为集约型农业生产，通过集约化生产，并利用现有土地提高农业产量，这将是柬埔寨政府未来实现的发展目标。

中国经过几十年的农业改革实践，企业目前已经具备“走出去”的技术优势，不论是种植还是水产、畜牧业养殖均有较丰富的经验，可移植到柬埔寨来，利用中国的技术和人力资源与柬埔寨进行农业合作开发，潜力巨大。近年来，中国加大实施鼓励企业“走出去”战略的力度，企业开展海外农业合作的热情很高，但是面对柬埔寨这样落后的农业国家，开展农业合作还有很多实际的困难，需要国家在政策和资金上对投资农业的企业给予优惠和扶持。

由于农业项目投资周期长，见效慢，农业领域投资必须要从长计议。如果双方政府有关主管部门对存在的问题给予足够的关注，积极推动在该领域的合作，建立起长期有效的运行机制，相信定能迈出坚实的一步。为进一步推动中国和柬埔寨农业合作，中华人民共和国驻柬埔寨大使馆具体建议如下：

（一）以援助带动投资。柬埔寨政府财政困难，农业投入有限。在双方合作项目上，柬埔寨方无力承担基础设施建设的投入，只能用土地资源与中国合作。因此，建议中国有关部门给予中国企业一定的资金扶持，可考虑以无息贷款的方式解决项目前期启动资金，待企业形成自我发展后再转换为低息贷款；在项目真正形成自我发展进入稳步成熟期，国家逐步收回借贷，由企业自主经营，自负盈亏；同时，建议考虑将农业基础设施项目纳入优惠出口买方信贷支持的范围。

（二）引进中国先进的技术和管理，逐步改变柬埔寨落后的传统种植和管理方式。由于柬埔寨部分农业传统种植地区的耕地已私有化，从耕种、管理和收获均以家庭为单位，基本处在手工操作阶段，耕作方式落后，机械化程度低。如要改变其传统的种植和经营模式，须在柬埔寨开展农业技能的宣传、传授、培训和指导，并相应地建立示范基地，让柬埔寨广大农民接受先进的理念。中国可以采取“公司＋农户”的合作方式，进行以点带面的方式，例如由公司向农户无偿提供种籽和幼苗，公司对农户收获的农产品进行收购、加工和销售，形成一条龙的生产方式，有效地解决柬埔寨农民产销的顾虑，激发和促进农民种植的积极性。在项目运行成熟后，转向开发公司按市场机制独立运行，再进行集中成片租赁柬埔寨农户土地，使用当地培训过的劳力进行产业化生产，使柬埔寨农民感受到现代农业所带来的实惠。该方式可能较适宜象柬埔寨这样的欠发达农业国家。上述思路也是从柬埔寨近年发展种植经济作物得到的启迪。

（三）引导企业对柬埔寨农业多元化投资。柬埔寨优越的自然条件为农业种植提供了良好的条件，但是由于柬埔寨农产品加工能力有限，大部分农产品未经加工而直接出口。因此，应充分利用中国政府给予柬埔寨 418 种产品（主要是农产品）进口零关税优惠待遇，扩大中柬埔寨农产品贸易，同时，鼓励国内有实力的企业投资柬埔寨农副产品加工合作。目前柬埔寨没有规模化的农产品加工厂，仅有小规模的碾米厂、橡胶原胶加工厂、木薯加工厂等，许多产品得不到开发和深加工而白白浪费，宜引导中国企业投资该领域，以进入柬埔寨农产品市场和销售体系。同时，在稳步推进农作物种植、加工等方面合作的同时，建议中国农业企业积极探讨海洋捕捞及海产养殖、淡水养殖以及畜牧业等方面合作的可能性优势，将中柬埔寨农业合作向多元化方向发展。

（四）建议企业树立风险意识，逐步推进项目，并要严格依法经营。农业投资大、周期长，铺的摊子大，所以企业在柬埔寨这样落后的农业国家投资，应该在项目开展前做好市场调研，明确土地产权的归属，慎重选择投资伙伴，避免陷入纠纷，项目开始后也要谨慎推进，分阶段逐步实施合作计划。另外，企业应谨慎订立合同，遵照合同办事，严格依法经营，切实保证企业自身合法权益。

当前，面对全球性的粮食短缺问题，以及中国可耕土地逐年减少的现实，鼓励中国农业企业积极走出去打造“海外农场”，已经成为加强中国粮食安全的有效途径之一。从客观上分析，中柬埔寨双方都具有农业合作的比较优势，双方又都有发展农业合作的良好愿望，当前良好的中柬埔寨政治关系为双方在该领域的合作搭建了平台，中国相关企业如能抓住机遇，积极拓展在柬埔寨的农、林、渔和畜牧业的开发，中国政府在政策上和资金上给予倾斜和扶持，相信中国和柬埔寨农业合作定会结出硕果。

（来源：中华人民共和国驻柬埔寨大使馆经济商务参赞处网. http://cb.mofcom.gov.cn/aarticle/zwrenkou/200812/20081205944487.html. 2008—12—10）

柬埔寨现工业发展状况

由于历史原因柬工业的发展一直较缓慢，虽然2005年工业产值较2004年有所增加，但工业结构的组成无转变，仍属加工性工业。2005年柬工业产值占当年GDP的25.3%，约为15.7亿美元（2004年为26.2%，约为13.5亿美元），其中成衣和纺织占12.5%（2004年为13.5%），建筑占6.3%（2004年为6.1%），食品饮料烟草占2.6%（2004年为2.6%），其他工业占2.0%（2004年为2.0%），水电供应占0.5%（2004年为0.6%），纸张和印刷占0.6%（2004年为0.6%），化工和印刷材料占0.5%（2004年为0.5%），采矿及加工占0.4%（2004年为0.3%）。

虽然2005年柬工业总产值比2004年增长15.8%，但增长速度开始放缓（2004年18.7%），其原因为拉动柬工业增长的制衣业比2004年大幅下降（2004年增长24.15%）；建筑业虽有一定增长，但总量太小，拉动整体经济增长力量有限；其他领域企业状况虽有一定发展，但发展速度缓慢。2005年柬主要工业领域的现状如下：

一、在工矿能源部注册的企业

截至2005年底，隶属柬工矿能源部直接管理的较大型企业共483家（2004年为415家），其中食品、饮料及烟草类43家；纺织、制衣、针织、制鞋和箱包类374家（其中制衣厂345家）；木制家具类7家；纸业和纸制品类10家；化工油料、橡胶和塑料类20家；非金属矿业类11家；工业金属加工产品类17家；其他工业1家。2005年比2004年新增工厂77家，其中62家为制衣企业。由于各种原因2005年关闭工厂9家。2005年在上述企业就业人数为33.1万人，其中在制衣行业工作的工人为31.5万人，柬工业的主要成份为制衣加工业。

二、小手工业作坊是柬工业的重要补充

柬小手工业作坊在柬社会经济生活中发挥着重要作用，主要是小手工业作坊生产着百姓日常所需的生活必需品，例如传统食品加工、日常维修、建材五金加工修理等。这些手工作坊均系小本经营，基本是以家庭式为单位的生产方式，大多商家设备简陋，生产工艺落后，环保条件差，一般只有几个雇工。2005年，柬全国共拥有小手工业作坊28747间，从业人员为79447人，产值为6亿美元，约占柬当年GDP的10%。

三、电力生产情况

近年，柬电力生产有一定改善。2005年柬全国共销售电力为76439万千瓦时，其中金边市为65236万千瓦时，暹粒市为436万千瓦时，西哈努克市为2237万千瓦时，其他各省市总计为4604万千瓦时。柬三大主要城市的用电量就占全国供电量的94%，其中首都金边就占了85.3%。除首都金边外，柬全国其他各地区的电力供应相当落后，大部份地区无电力设施，电力供应主要限于大城市和主要省城，农村基本处在无电供应依靠焰油灯过日子的状况。未来柬电力发展蕴藏着巨大的潜力。

柬电力供应不足是制约柬工农业快速发展的主要因素，政府采取积极措施加快电力发展，首都金边的电力供应紧张已得到一定缓解，由于使用燃油发电，电价昂贵（每千瓦时1.6元人民币），影响投资者的积极性。为使柬经济可持续发展，柬政府正加大吸引外资力度，放宽投资水电建设政策，同时加快建设全国电网及变配电系统，提高全国供电能力。在该领域中，中资公司正以BOT、BOO或买方信贷方式积极参与，前景广阔。

四、自来水供应情况

2005年柬全国供应自来水7152.6万立方米，其中金边市生产自来水6203万立方米（比2004年增长9%），其他18个省会城市供应自来水仅为949.6万立方米（比2004年增长1%）。虽然柬政府实施吸引外来和民间资本投入清洁水供应设施建设，但成效缓慢。除首都金边外，其他大中城市居民人口生活清洁水供应率仅为37%。首都金边是全国清洁水供应最好的，年人均自来水供应为47.43立方米，包括工业用水在内。柬农村无自来水供应系统，百姓主要依靠井水或雨水解决日常用水。

为解决柬百姓清洁水供应问题，柬政府积极争取国际金融组织和友好国家帮助，正加快城镇水厂建设和农村打水井工程，争取在2010年前，使柬70%左右的人口使用上清洁水。中国已经无偿帮助柬在乡村打井1500口，在一定程度上帮助柬缓解部

分乡村人口用水困难。

柬战后经济重建已走过了15个年头，但工业发展一直较缓慢，制约柬工业快速发展的因素有：基础设施落后，投资成本高。投资项目所涉及的道路、水电供应和污水处理等配套公共设施，基本须企业自身解决，企业负担重，影响投资者的积极性；资源短缺，投资企业所需的一切物资和材料均须进口（除水电和沙石料外），水泥、汽柴油、钢材和电器件价格均高于邻国；柬高等教育正在恢复中发展，理工科人才缺乏，高素质人力资源匮乏；土地管理混乱，土地重叠产权引发的纠纷严重，法制环境相对滞后等。

上述综合因素，致使柬战后工业经济发展一直较缓慢，即便外资在柬每年投资均有一定程度的增长，但投资者大多选择短、平、快且风险小的项目，以求尽快收回投资。如制约着柬工业发展的上述因素得不到根本改善，柬工业在近期内要想求得快速发展是有一定难度的。

（来源：中国投资指南网. http://www.fdi.gov.cn/pub/FDI/dwtz/ggtzzc/yz/jpz/t20080319_90581.htm. 2008—08—03）

机遇与挑战并存的柬埔寨电信业

近10年来，由于外国援助和国家对IT业采取宽松的监管政策，柬埔寨信息产业得到逐步恢复和发展。2005年，柬埔寨移动通信用户数超过100万，年增长率达到36.9%，而柬埔寨的移动普及率在2005年仍只有7%左右。

随着柬埔寨经济的发展，其移动通信产业势必继续快速增长。目前，柬埔寨的IT业正积极寻找发展出路，2006年与韩国等国进行项目合作，以促进柬埔寨IT业的长足发展。

一、柬埔寨电信市场格局

柬埔寨邮电部集电信管理和电信运营于一身，主要运营固定电话网络，在全国范围内提供服务，市场由其控制。目前，柬埔寨固定电话运营商有邮电部和由邮电部控股（占51%的股份）与印尼Indosat合资经营的公司Camintel。邮电部和Camintel分别占有75%和25%的市场份额。

私人资本进入移动电话市场。早在1992年，柬埔寨就向私人资本开放移动电话运营市场，允许建立合资和外商独资电信运营公司。10年来，柬埔寨共建立了5家外资移动电话公司，分别是CamGSM（柬埔寨皇家集团与总部在卢森堡的全球移动通讯公司Millicom合资，二者分别占38.5%和6.5%的股份。该公司自1998年以来一直是柬埔寨最大移动电话运营商，拥有63%的移动市场份额。目前其GSM900网络覆盖柬埔寨所有省会城市，主要用户在金边），Camshin（泰国Sinawatra集团独资经营，为柬埔寨第二大移动电话运营商，占有26%的移动市场份额。1998年开始建设GSM1800网络，目前经营状况良好，用户增长迅速），Casacom（泰国Samart集团与马来西亚Telekom公司合资，二者分别占49%和51%的股份。目前为柬埔寨第三大移动电话运营商，提供GSM900移动服务，占有11%移动市场份额），CamTel（泰国正大集团独资。1992年10月开始运营柬埔寨第一个移动网络——模拟AMPS系统，由于其原有系统功能有限，目前其市场份额几乎为零。刚拿到GSM牌照，打算在2003年的某个时候开始运营。），还有一个是由韩国SK公司独资成立的公司，已于2002年7月拿到CDMA牌照，于2003年年中开始运营。

向私人企业提供互联网服务。柬埔寨也向私人资本完全开放数据通信业务，自1997年开始有外资公司提供互联网服务。目前，主要的互联网服务供应商是Bigbond，Telesurf，Camnet。Bigbond过去归属澳大利亚电信公司，现由柬埔寨OnLine公司独资经营，占有67%的市场份额，为柬埔寨第一大互联网服务供应商。

柬埔寨邮电部目前投入运营的电话基站建设资金以前是来自国外的援助金。为了应对私营运营商的挑战，柬埔寨邮电部打算成立柬埔寨电信公司。为此，柬埔寨邮电部将再次扩容其电话网络，提高其性能。

在基础设施方面，第一阶段更新连接泰国、越南两国的线路。同时，在金边和暹粒之间、金边和西哈努克市之间、金边与桔井之间铺设光纤通信线路。日本正研究如何对金边和西哈努克市之间的光纤通信线路提供资金援助。中国也将提供资金援助，建设柬埔寨国内几条光纤通信线路，主要是连接金边与桔井的光纤通信线路。

二、中柬电信合作机遇与挑战共存

中国电信企业在向柬埔寨电信市场扩张中具有一定的优势。首先表现为地域优势，中国目前同柬埔寨的政治经济交流日益密切，两国在文化上具有一定的相似性，这有利于中国电信运营商在短时间内熟悉目标市场；其次，中国电信运营商在周边国家具有一定的影响力，而且这些年来取得了举世瞩目的成就，这有助于消费者树立起对于中国电信运营商的信心；另外，中国电信运营商在同国内电信设备制造商合作方面具有非常大的优势，中国电信设备制造商生产的设备技术先进，具有一定的价格优势，二者的联手是对外扩张中非常重要的优势所在。

目前，柬埔寨市场对外高度开放，因此国外的电信运营商已经全面进入，展开了竞争。进入柬埔寨的国外电信公司都具有国际背景和国际运营经验，这些公司大多是中国周边国家和地区的电信公司，因此如果中国电信运营商能够进入柬埔寨电信市场，那么可以将柬埔寨作为跳板，为今后在中国周边国家和地区开展电信业务做准备。可以说，进入柬埔寨电信市场对中国电信运营商具有重要的战略意义。

要拓展柬埔寨市场，中国政府还需要同柬埔寨在电信领域展开更广泛的合作。以国际援助为例，日本政府是柬埔寨电信领域最大的资金援助国家，仅2004财年，日本政府就给柬埔寨政府无偿援助或低息贷款1.32亿美元，从1992年至今，日本政府共向柬埔寨提供资金8亿美元。这些援助为日本企业进入柬埔寨通信市场，并进一步发展创造了条件，NEC、富士通等日本公司已经在柬埔寨展开了大规模的经营活动。中国政府应通过多种方式为中国电信运营商“走出去”提供融资支持。

今后中国电信企业加强同政府合作，应主要集中在以下方面：积极响应政府号召，展开中国同东盟国家在信息领域的合作；通过政府获得国内外银行机构的资金支持；注重政府部门的协调作用，防止在对外开拓市场过程中的不正当竞争行为；争取获得国家的政策支持。

（来源：水沐．在线国际商报．http://ibdaily.mofcom.gov.cn/show.asp@id=100020110.2009—08—04）

印度尼西亚

印尼市场商机旺盛
中国企业掘金有望

印尼是东南亚的一个小国，虽然自然资源比较丰富，但是由于工业基础薄弱，科技水平较低，因此相当多的工业制成品都依赖进口。中国的机械、电子、化工、服装、塑料、医疗器械以及通讯器材等产品和成套设备，都十分适合印尼的市场需求，也比较符合印尼民众的消费水平。

一、橡塑胶加工机械需求较大

在印尼，橡塑胶制品是仅次于食品、服装等基本物资的重要生活必需品，是家电、交通、通讯及公共建设等行业不可或缺的材料。印尼对生产橡塑胶制品的橡塑胶加工机械需求迫切，而且需求量也非常大。

印尼政府鼓励橡塑胶加工机械的进口，目前没有规定任何配额限制，也没有任何特殊安全规定或检验手续。印尼的橡塑胶加工机械产品的进口税率为零，仅需缴纳10%的附加税。欧美日等橡塑胶加工机械生产国虽然看好印尼的市场前景，但由于其加工成本较高，竞争力受到削弱。而中国的橡塑胶加工机械产品由于生产成本低，定价也比较低廉，具有一定的竞争优势。多年来，中国企业经过努力，凭借价格等优势，已经在印尼的橡塑胶加工机械市场占据了一定的地位，跻身于印尼的十大供应国之列。

二、家电产品市场前景看好

中国家电产品品种较多，近年来正在逐步进入印尼市场，其产品中录音机、电视机以及影碟机等在印尼的普及程度可与当地合资生产的松下、三星等产品相比。印尼电子厂商公会统计，中国生产的电视机目前在印尼市场的占有率已达到20%，并且继续呈上扬之势。

中国的家电产品在印尼市场的价格较低，与日本和韩国的同类产品相比，一般价格低到30%～50%。以36厘米电视机为例，产品的进口关税为15%，再加上20%的消费税和10%的增值税，中国电视机在印尼市场的零售价一般为80万印尼盾，折合约为84美元。因此，中国的家电产品很受印尼普通民众的青睐。

三、缝纫机市场大有可为

由于成衣业的迅猛发展，印尼缝纫机市场的拓展空间极其广阔。印尼的缝纫机制造能力十分有限，每年都需要从国外大量购进缝纫机以扩大生产能力。目前，印尼工业缝纫机的主要进口来源地是中国、韩国、新加坡、日本等。在印尼国际贸易协会的排名榜上，工业缝纫机的市场占有率排名中，中国多年来均占据第一，平均单价为最低。

印尼的家庭缝纫机市场需求量也非常大，国内产销缺口率达50%左右。据印尼有关部门预测，2002年至2004年，印尼工业缝纫机的进口需求年均增长率达10%，家庭缝纫机的进口需求年均增长率更是高达15%。印尼的缝纫机市场需求很大，这正是中国企业提高产品档次、快速拓展印尼缝纫机产品市场的大好时机。

（来源：李钢．中国财经报第4版．2008—11—20）

印尼旅游业竞争力与中印（尼）旅游合作

印尼地处热带，是世界著名的“千岛之国”，除了拥有丰富的自然风景资源外，还拥有许多世界物质和非物质文化遗产以及多元民族文化，享有得天独厚的旅游资源，但由于经济发展水平不高、自然灾害、恐怖主义以及金融危机等因素的影响，其在国际上的旅游竞争力居于中下游水平。中国虽然是具有丰富多彩旅游资源的亚洲大国，但在国际上的旅游竞争力还排在印尼之后。进入21世纪后，中国加强了与印尼的经济合作，其中旅游合作成为重要的内容。中国与印尼于2000年7月签订《旅游合作谅解备忘录》，旨在通过两国的旅游业合作共同推动两国的旅游业发展以及旅游竞争力的提升。

一、印尼旅游业的发展状况

印尼是一个旅游资源极其丰富的国家，拥有丰富的海洋、火山与湖泊等自然环境和景观，以及独具特色的多元民族文化，使印尼在发展旅游业方面有着许多其他国家无法相比的优势。目前，旅游业已成为印尼国民经济的支柱产业。

印尼旅游业起步较晚，从20世纪70年代开始发展。进入20世纪90年代以后，印尼旅游业继续呈现勃勃生机。1997年以后，由于先后受到金融危机、政局动荡、恐怖爆炸事件、“非典”、海啸、地震等不利因素的影响，旅游业发展缓慢且十分不稳定，旅游人数和外汇收入呈波浪式发展。1997～2007年，旅游人数超过500万人次的年份是1997年、2000年、2001年、2002年、2004年、2005年、2007年，旅游外汇收入超过50亿美元的有1997年、1999年、2000年、2001年和2007年。（见表1）到印尼旅游的国外游客主要来自亚洲，特别是新加坡、马来西亚、日本。2006年来自亚洲的外国游客占印尼全部外国游客的73.17%，其中新加坡游客占印尼全部外国游客的23.0%，马来西亚游客占全部外国游客的14.35%，日本游客占8.89%。

表1　1996～2007年印尼旅游业的发展状况

年份＼项目	外国游客人数（万）	每人每次旅游支出（美元）	每人每天平均指出（美元）	平均停留天数	外汇收入（亿美元）
1996	503.4			10.50	63.08
1997	518.5			10.55	53.21
1998	460.6			9.18	43.31
1999	472.8			10.51	50.06
2000	506.4	1135.18	92.59	12.26	57.49
2001	515.4	1053.36	100.42	10.49	53.96
2002	503.3	893.26	91.29	9.79	43.06
2003	446.7	903.74	93.27	9.69	40.37
2004	532.1	901.66	95.17	9.47	47.98
2005	500.2	904.00	99.86	9.05	45.22
2006	487.1	913.09	100.48	9.09	44.48
2007	550.6	970.98	107.70	9.02	53.46

资料来源：印尼文化与旅游部．http://www.budpar.go.id/page.php@ic=621&id=180

印尼旅游业虽然从外汇收入和增加值方面看是不断增加的，但对国民经济的贡献（占GDP的比重以及占全部就业比重）仍然有限。2007年，印尼旅游业对国民经济的贡献分别为：旅游业增加值为101.7亿美元，占GDP的2.4%；就业人数198.1万人，占就业比重2%；旅游经济增加值为310.1亿美元，占GDP的7.5%；就业人数605.6万人，占就业比重6.2%。

二、印尼旅游业的竞争力评估

根据世界经济论坛（WEF）《2007年旅行与旅游竞争力报告》，印尼旅游竞争力指数位居世界第60位。2008年，印尼的旅游竞争力指数下降到世界第80位。

世界经济论坛对各国竞争力指数进行比较，得出相对竞争优势和相对竞争劣势。对于旅游竞争力指数位居前10的国家（地区），其中指标达到或超过前10名的列入竞争优势指标，低于前10名的指标列入竞争劣势指标。对于旅游竞争力指数位于11到50名的国家（地区），其中指标排名超过总指数排名的列入竞争优势指标，等于或低于总指数排名的列入竞争劣势指标。对于总体旅游竞争力指数居世界50位以后的国家，其指标在50名或50名之前的列入竞争优势指标，排在50名之后的指标列入竞争劣势指标。印尼属于第三类，即旅游竞争力指数居50位之后，所以指标位居世界前50的列入竞争优势指标，反之列入竞争劣势指标。

2007年世界经济论坛的评估结果显示，印尼具有相对优势的指标有：政策法规（如监管外资的法规、对外资所有权的限制）、旅游优先（包括政府对旅游业的优先政策、支出以及推广）、旅游价格竞争力（如住宿费用、机场税、燃油费低廉）、自然和文化旅游资源（如世界自然和文化遗产景点多、生物多样性）等方面，而在环境法规（包括法律清晰度、旅游可持续性）、安全（包括恐怖主义的威胁、警察可信度、交通事故）、健康与卫生（如卫生条件、流行病）、商业环境和基础设施（如公路铁路航空等交通设施和通讯设施）、以及人力资源等方面劣势明显，其中劣势指标占全部指标的56%，说明了印尼旅游业中劣势因素占主导地位，导致印尼旅游业不具有较强的竞争力。

2007年，印尼旅游竞争力相对优势指标包括：在政策法规方面，外资所有权的限制（居世界第12位）、监管外国直接投资的法规（第8位）、签证要求（第43位）、双边航空服务开放度（第30位）；在安全方面，恐怖主义导致的商业成本（第21位）、犯罪和暴力导致的商业成本（第28位）；在旅游优先方面，政府发展旅游的优先政策（第34位）、旅游业的政府支出（第12位）、为吸引游客所做的市场营销和推广成效（第15位）、旅游业的展览参与（第23位）；在航空设施方面，有效座位公里数（第24位）、航线数量（第33位）；在通讯设施方面，商业INTERNET的使用程度（第48位）；在旅游价格竞争力方面，机票税和机场费（第10位）、购买力平价（第24位）、税费负担（第11位）、燃油价格（第5位）；在人力资源方面，小学教育注册率（第1位）、教育系统的质量（第23位）、专门培训服务的便利度（第24位）、职员培训程度（第40位）、雇佣外国劳力的容易度（第14位）、HIV感染率（第25位）；在国家旅游形象方面，推广商务旅游的措施（第5位）；在自然与文化资源方面，世界遗产景点数（第30位）、国家自然保护区（第15位）。

另一方面，印尼旅游竞争力相对劣势指标包括：在政策法规方面，资产所有权（居世界第90位），在环境法规方面，环境法规的严厉度（第101位）、环境法规的清晰度和稳定性（第70位）、政府对可持续性旅游的优先考虑（第65位）；在安全方面，警察服务的可信度（第99位）；在健康与卫生方面，政府为减少流行病等健康危害所做的努力（第108位）、医师密度（第100位）、卫生条件的获取（第87位）、洁净水的获取（第84位）；在航空设施方面，航空设施的质量（第73位）、每千人的离境数（第83位）、机场密度（第95位）、国际航线网络（第64位）；在陆路交通方面，公路设施（第110位）、铁路设施（第64位）、港口设施（第97位）、国内交通网（第74位）；在旅游设施方面，旅馆房间数（第79位）、主要汽车租赁公司的参与度（第66位）、ATM机对信用卡的接受度（第76位）；在通讯设施方面，INTERNET的用户数量（第79位）、电话线路（第95位）；在人力资源方面，中学教育注册率（第91位）、招聘和解雇频率（第77位）、疟疾发病率（第89位）、结核病发病率（第96位）、预期寿命（第83位）；在国家旅游形象方面，旅游开放度（第57位）、对旅游者的态度（第54位）；在自然与文化资源方面，二氧化碳危害（第85位）、生态系统的商业关注（第109位）、疟疾和黄热病风险（第101位）。

三、中国与印尼之间的旅游合作

中国与印尼一样具有丰富的旅游资源，两国已经开始互为旅游目的国和客源国。虽然从目前看，双方之间的游客人数规模还比较小，但呈现不断增加的发展趋势。进入21世纪，两国政府开始重视双方之间的旅游合资，于2000年签订《旅游合作谅解备忘录》，并采取各种措施扩大两国之间的旅游合作。

（一）双方互为旅游客源的状况

随着两国经济的发展，两国政府对旅游合作的重视，中国与印尼之间互为客源的旅游人数不断增加。中国大陆到印尼的旅游人数不断增加，从2002年3.7万人次增加到2006年的14.7万人次，2007年1月到10月前往印尼的中国游客已经达到23万人次，印尼政府估计2008年的中国游客将达到30万人次。印尼从中国游客中得到的外汇收入也不断上升，从2002年的3618万美元上升到2006年的1.15亿美元（见表2）。与此同时，印尼到中国的游客人数同样不断增加，从1997年14.7万人次增加到2002年的27.5万人次、2005年的37.8万人次，都是位居中国旅游客源国的14位，多于中国到印尼的游客人数，这与中国旅游业发展较迟以及较迟开放出国旅游有关。从目前看，尽管中国前往印尼的游客人数规模不大，但前往印尼的中国游客将迅速增加，中国将成为印尼越来越重要的客源国。2007年中国游客首次成为印尼著名旅游景区巴厘岛的十大客源国（地区），2008年2月中国跃入巴厘岛的第二大国际游客来源国。

表2　2002～2006年中国游客在印尼的状况

	游客人数（人）	每人每次旅游支出（美元）	每次停留天数（天）	旅游收入（百万美元）
2002	36685	986.18	8.10	36.18
2003	40870	1115.60	10.44	45.59
2004	50856	875.68	9.53	44.53
2005	112164	654.73	6.46	34.52
2006	147245	779.24	7.29	114.74

资料来源：印尼中央统计局，http://www.bps.go.id/sector/tourism/table16.shtml; http://www.bps.go.id/sector/tourism/table17.shtml; http://www.bps.go.id/sector/tourism/table18.shtml; Department of Culture Tourism of Indonesia: Passenger Exit Survey, http://www.budpar.go.id/page.php@ic =621&id=180.

2. 两国之间的旅游合作机制

2000年7月10日，中华人民共和国国家旅游局与印度尼西亚共和国旅游艺术部签订《旅游合作谅解备忘录》，该备忘录中双方承诺：（1）双方将在平等互利的基础上积极发展两国在旅游领域的合作；（2）双方将鼓励两国政府旅游机构和旅游企业开展交往和业务联系；（3）双方将鼓励两国公民和居民到各自国家访问；（4）双方将进行合作，吸引第三国游客到双方国家旅游；（5）双方将根据各自国家的法律和规定，为两国政府旅游机构和旅游企业从事旅游促销活动相互提供便利；（6）双方将不定期地交换旅游信息和旅游统计资料；（7）双方认为，必要时举行双边旅游会晤以商讨两国旅游合作事宜和符合本谅解备忘录宗旨的合作程序、计划及建议项目。2001年11月，两国签署《关于中国公民赴印尼旅游实施方案的谅解备忘录》。《旅游合作谅解备忘录》和《旅游实施方案谅解备忘录》的签订，标志着两国的旅游合作开始走向制度化。

中国与印尼的旅游合作，除了通过双方的旅游协商机制来加强双方的旅游协商与合作。还可通过“10＋3”旅游部长会议机制来加强双方的旅游协商与合作。2002年，首次东盟十国与中国、日本、韩国的旅游部长会议在印尼召开，其后每年一次，至今已开展六次。每次旅游部长会议都对旅游合作的具体议题进行磋商，从而不断推进10＋3之间的旅游合作。目前，中国与东盟十国已经互为旅游目的地国家，也互为旅游客源国。

自2000年两国政府签订《旅游合作谅解备忘录》以来，两国已经就备忘录中的合作内容开展合作。双方鼓励两国政府旅游机构和旅游企业开展交往和业务联系，中国—东盟博览会成为两国旅游交往的重要平台。中国和印尼两国旅游部门积极参加和充分利用中国—东盟博览会的平台，通过设立旅游专题馆的形式互相推介各自的旅游产品。与此同时，两国旅游部门还到各自国家开展旅游宣传和推广活动。例如，福建省旅游局于2007年3月组团到印尼开展旅游促销活动，力图在旅游产品开发、宣传促销、客源组接等方面加强与印尼相关机构的沟通，做到资源共享、优势互补、信息互通、客源互动、利益共享。印尼方面已经把中国列入重点客源国，除了积极参加在中国举办的各种展览会外，还在广州设立“印尼文化中心”和“印尼旅游推广中心”

印尼政府继1991年首次举办“印度尼西亚观光年”后，2008年再次举办“2008印尼旅游年（Visit Indonesia Year 2008）”，为此印尼文化与旅游部将举办100项活动来吸引各国游客。为配合2008印度尼西亚旅游年，印度尼西亚文化与旅游部与中国工商银行展开合作，中国工商银行将向其信用卡用户提供印度尼西亚旅游年的信息，并在其网站上做宣传，而印尼文化与旅游部则会为其提供宣传资料，成为合作伙伴。印尼政府计划2008年吸引30万中国游客。与此同时，双方政府为两国旅游机构和旅游企业从事旅游促销活动以及两国公民和居民到各自国家访问相互提供便利。

为吸引更多的中国游客，印度尼西亚已于2005年8月起放宽中国公民赴印尼旅游的签证政策，给予中国游客落地签证的待遇，并大幅度降低签证费用。印度尼西亚文化旅游部于2008年4月1日与中国工商银行（印尼）有限公司签署合作备忘录。根据该文件，印尼文化旅游部将为中国工商银行信用卡持卡人在印尼旅游、入境签证及消费等方面提供更多的便利与优惠。苏西洛总统还下令，要印度尼西亚各个部门为中方提供便利，并督促各航空公司增设往返印中两国的航班。

2007年1月，中国—东盟签署《中国—东盟全面经济合作框架协议服务贸易协定》，各国就服务业开放提出具体的减让表，其中包括旅游业相关的市场开放和国民待遇。《服务贸易协定》的签署更大幅度地减少了两国的旅游合作制度障碍，从而有利于加快双方的旅游业合作和发展，共赢共利，共同提升旅游业的国际竞争力。

（来源：林梅．南洋问题研究杂志2008年第2期）

印尼电器和汽车工业持续发展

近年来，印尼电器工业的发展一直处于比较平稳的发展状态。印尼2008年钢铁消费需求可达750万吨，产量约为500万吨，消费缺口250万吨。其中电器工业和汽车工业是印尼消费钢铁最多的部门。

2005年印尼全国电器工业的生产总值达91亿美元，其中出口约为74亿美元。为发展电器工业，早在2006年印尼就开始努力改善投资环境，并计划到2009年新增国内外投资25亿美元和2010年实现电器产品出口创汇95亿美元。

印尼的电器被课以奢侈品销售税，影响到电器市场的发展，但印尼的电器工业也在政府所采取的一些措施中得到很大的实惠。为推动国内工业更快发展，印尼政府考虑给予32种工业免税或减税优惠。印尼工业部也定下指标，在2005年至2009年期间，电器工业每年增长11.5%。

印尼工业部实行以工业组合为基础的电器工业发展和巩固策略，推动工业部门的发展。2007年电器产品出口达到69.5亿美元。

2008年印尼电器市场上半年的销售价值同比增长16%。印尼国内外电器企业计划增加投资，仅2008年上半年，国内外电器企业的投资价值已达1.01亿美元，印尼市场对电器产品的需求量继续增加，出口的电器也增加。

印尼在汽车制造业基础、技术队伍、劳工、工资、地价等方面都有优势，为汽车工业的发展创造了有利的条件。随着东盟市场的近一步开放，印尼成为多用途汽车与小型卡车的制造中心。如今印尼是东南亚第三大汽车市场，排在泰国和马来西亚之后。

印尼的汽车工业有望继续保持良好的发展势头。2007年印尼全国汽车销量达43.2万辆，同比增长35.48%；2008年上半年印尼汽车累计销量为29万多辆，同比增长48%。

印尼汽车工业在迅速发展的同时也面临着一些严重的挑战：燃油价格的提高、电力的危机，以及环境问题，均需要审慎对待。

（来源：韦爱英，林达．广西日报．2008—09—08）

印尼眼镜市场潜力大

印尼工业部金属、机械、纺织及多种工业总司长安沙里·布卡里呼吁国内尽快研发眼镜工业，以便能赢得国内可达6万亿盾的眼镜市场，因为有大约8000万的印尼公民需要戴眼镜。

印度尼西亚有3200万人戴眼镜，眼镜除了由国内制造商供应之外，有一部分靠进口。一项调查结果显示，印尼国内至少有8000万人需要眼镜，而目前戴眼镜的仅3000多万人。2007年印尼市场只销售2.5万亿盾的眼镜。全国眼镜市场潜力可达6兆盾，截至2007年，眼镜市场才被开发42%。

通常每个戴眼镜者会买两副以上的眼镜，而且眼镜过了一段时间必须更换，眼镜的使用是有期限的，因此眼镜业的前景非常好，市场还很庞大。印尼国内眼镜制造商应注重提高产量与业绩，以满足国人需求。

印度尼西亚眼镜市场潜力如此之大，不但有利于国内制造商，同时也受到外国投资者的关注。目前印尼国产与舶来眼镜之间的竞争相当激烈。未来，工业部将与印尼眼镜商联合会合作，指导大众正确使用眼镜。

印尼工业部正在制订镜片与镜框标准。工业部也与眼镜商协会合作，提供这方面的人才培养机会及训练设备，旨在培养出有国际水准的折光学和眼镜制造人才。

工业部与眼镜商协会合作建立眼镜设计中心，该中心将对眼镜业的发展以及折光学眼镜制造人才的培养起到很大的作用。

目前，印度尼西亚眼镜商联合会的会员，包括镜框制造商、镜片制造商和眼镜店在内，已有3000多家。

（来源：广西新闻网—广西日报．http://www.gxnews.com.cn/staticpages/20080926/newgx48dc215f—1685101.shtml.2008—09—26）

印尼纺织业发展现状

印尼人口约2.2亿，发展纺织业、满足民生需要，一直是印尼政府高度重视的问题，纺织业成为印尼最早发展的工业。从20世纪60年代后期开始，印尼政局稳定，政府专注经济建设，开始对外开放，发展外向型经济，取得了国内生产总值年递增7%的发展速度，作为劳动密集型的纺织业也逐渐发展壮大，并渐成体系。由于印尼拥有众多廉价劳动力，许多国际服装著名品牌纷纷到印尼投资设厂，开展加工贸易，促进了印尼纺织服装业的发展，使之成为除石油、天然气外印尼最大的出口创汇产品。

一、印尼纺织业总体情况

印尼全国现有纺锭800万锭，各类大中型纺织服装企业约4000家，雇工人数达180万人，间接就业人口达500万人，年产值约120万亿印尼盾（约合1000亿元人民币），年创造工业附加值40万亿印尼盾。2006年印尼各类纺织服装产品出口额为94.6亿美元，2007年为106亿美元，同比增长12%。其中服装类占出口总额近一半，以原纤维、棉纱布、丝绸、纺织辅料为主，进口额约20亿美元。预计2010年印尼纺织服装出口将突破140亿美元。印尼纺织企业集中分布于西爪哇和中爪哇及雅加达周边地区，占88%，其高档织纱和成衣在国际市场上有一定竞争力。印尼不产棉花，主要从澳大利亚、美国进口，但富产石油、天然气，化纤生产相对发达。

目前，印尼纺织品主要出口美国、欧盟及日本。根据印尼纺织协会统计，2007年印尼出口至美国的纺织品总额为43.2亿美元，同比增长10%；出口至欧盟的纺织品总金额为16.5亿美元，同比下降12%；出口至日本的纺织品总金额为5.04亿美元，同比增长2.1%。

二、印尼纺织业面临的困难及政府有关应对措施

1997年亚洲金融危机爆发，印尼成为重灾区，陷入政治经济社会等多重危机，经济上连续三年负增长，纺织业也遭受重创，现仍面临困难：

（一）机器设备老旧

如今，印尼纺织机械设备落后、老化严重，机龄20年以上占20%，机龄10年以上的占60%，效率低下，缺乏竞争力。

（二）银行融资困难

虽然印尼央行已大幅降息（由12.75%降至8%），但银行业不愿对工业界降低贷款利率，致使纺织业难与国外厂商竞争。印尼纺织品出口信用贷款利率约为18%，较越南的7%、墨西哥的8%、印度的10.5%、巴基斯坦的11%及孟加拉的12%都高。

（三）生产成本提高

2005年10月，印尼政府调涨燃油价格125%；印尼国家电力公司每千瓦小时电费平均为8美分，孟加拉为3美分，越南为7美分，中国为7.6美分；据印尼劳工部统计，印尼劳工生产力世界排名第59，中国排名第31；印尼劳工工资每小时0.76美分，中国劳工工资每小时为0.55美分。印尼纺织协会呼吁政府尽快修改劳工法，以便在服务外包、解雇员工遣散费及最低工资等方面有合理的规定。

（四）纺织品走私问题严重，经常发生非法转运行为，扰乱正常的市场秩序。

印尼工业部主管纺织工业的总司长安沙里表示，鉴于纺织业为印尼重要的创汇产业且能吸纳大量就业人口，该部拟采取以下有关应对措施：

第一，更新机械设备。2007年印尼财政部从国家预算中拨出2550亿盾（约2800万美元），用于补助印尼纺织与成衣厂商购置设备所需支付的贷款利息。

第二，银行放宽融资。印尼政府正积极鼓励印尼商业银行能对工业界增加贷款，同时印尼纺织协会也请求政府恢复特别出口信用措施，以协助纺织业特殊信用需求。此项措施曾于20世纪90年代早期推出，因当时有几家公司滥用而遭到废止；

第三，降低生产成本。工业部除已促请银行业及社保基金（Jamsostek）提供贷款给纺织业更新设备外，还推广使用煤炭等替代能源，降低对燃油的依赖，降低生产成本。

第四，鼓励投资，为充分发挥出口潜力。印尼纺织业在未来3年内仍需投资51.9亿美元。2004年外国投资印尼纺织业的金额为1.655亿美元，而2006年已增加至4.18亿美元，猛增252%。2007年初印尼政府公布两项规定：提供奖励措施及免除纺织品生产所需的初级产品进口税。印尼政府目前也在积极探索更具支持性的财政、货币和劳工政策，从而吸引更多的外来投资。

三、中国与印尼企业可在纺织领域加强合作

印尼纺织业关乎其国计民生，社会影响面大，中国企业与印尼企业在纺织领域有互补合作的空间，中国企业应重视与印尼企业在纺织领域的合作，探索有效的合作方式：

（一）设立纺织企业工业园

目前，印尼政府为发展经济、减少失业，正着力发展实业，特别是劳动密集型产业。中国企业可

在印尼投资设厂，开辟专门的中国工业园区，利用中国企业先进的技术、管理经验及资金实力加强与印尼企业的合作，产品可直接销往世界各地。

（二）机械设备更新领域的合作

印尼纺织企业目前普遍面临设备老化问题，同时在资金方面又遇到困难，企业希望更新现有陈旧设备，提高生产效率。中国纺织工业门类齐全、设备先进且价格及维护成本低，易为印尼企业接受，中国有实力的纺织企业与商业银行可带资入股印尼纺织企业，参与设备更新改造，这样有利于双方优势互补，提高竞争优势。

（三）利用好印尼每年一届的“纺织机械展”这一平台

近几年来，印尼每年都举办一次大型的国际纺织机械展，规模和影响力越来越大，参与的国家也越来越多，中国有实力的纺织机械和纺织技术公司也积极参与，其规模和质量都是展会的一大亮点，使得越来越多的印尼纺织企业了解中国的技术和设备并建立了相互的合作关系。

（来源：中国行业经济信息网. http://www.21360.cn/Html/cygc/200805/454893. html. 2008—05—28)

老　挝

老挝已经成为中国矿山企业“走出去”的重要目标国

老挝是位于中南半岛北部的内陆国家，北面与中国相邻。由于拥有相对丰富而中国紧缺的钾盐、铜、铁和铝土矿等资源，加之地质工作程度较低，矿产资源发现潜力较大，以及地缘优势，该国近年来受到中国矿山企业的较多关注。

一、矿产资源条件

老挝的大地构造位置处于欧亚板块与印度板块缝合线东侧。在地史上，构造—岩浆活动强烈，形成较多样的矿产。目前已经发现矿产30多种，主要包括金、铜、锡、铁、铝、铅、锌、钾盐、宝石、煤和油气等。

金是老挝的重要矿产，2006年老挝金产量为6300公斤。金矿在老挝分布非常广泛，大小河流的冲击层中普遍有砂金产出。金矿类型主要有4种，即冲积型砂金矿、斑岩型与铜伴生的金矿、石英脉型金矿和卡林型微细粒金矿。金矿按地域主要集中分布于8个片区，即博乔省—琅南塔省片区、乌多姆赛省—琅勃拉邦省片区、川圹省—赛松本特区片区、华潘省片区、万象盆地西沿片区、玻里坎赛省片区、沙湾拿吉省片区、阿速坡省片区。斑岩型铜金矿和卡林型微细粒金矿应有很大的找矿前景。富开姆（Phu Kham）和赛奔（sepon）两铜金矿是目前老挝已知金矿资源的主要储藏地，其储量分别为8.3吨和37.3吨，两矿山的金矿资源量有较大的增长潜力。

铜是老挝的重要矿产之一，2006年老挝铜矿山产量为60803万吨。铜矿主要有3种类型：一种是第三系—侏罗系中的砂岩型铜矿，主要分布在老挝北部的南塔、乌多姆赛和丰沙里等省以及南部的占巴塞省、阿速坡省一带。该种类型铜矿分布广泛，南部普遍含金，有找到大中型矿床的可能，但找矿难度较大；第二种类型是矽卡岩型铜矿，分布广泛，铜品位较高，常与铅锌伴生，分布在有岩浆岩分布的地区，且在其接触带附近均有分布，估计有较人经济价值；第三种类型是斑岩型铜金矿，主要分布在沙耶武里省、万象省和川圹省—沙湾拿吉省—阿速坡省一带，矿床规模很大，一般与金共生，有较大的找矿前景。

目前，澳大利亚的公司找到了两个铜金属储量达100万吨、金储量60～100吨的大型铜金矿，一个是在赛松本特区的富开姆铜金矿，另一个是在沙湾拿吉省的赛奔铜金矿。在老挝沙武耶里省、赛松本特区、川圹省、玻里坎赛省、沙湾拿吉省和阿速坡省，还有找到大型铜矿和铜金矿的可能。

老挝锡储量6.5万～8万吨。主要分布在甘蒙省，与中国云南省的个旧和越南的高平属同一锡矿带。最重要的锡矿床位于南通河谷的锡石—硫化物矿，有矿石储量6.5万吨，含锡0.5%～7%，在该河谷及下游还产有砂锡矿。

老挝煤总储量不大，已知煤田主要分布在南部（沙拉湾）、中北部（万象北部）和北部（丰沙里）3个地区。煤质最好的是在沙拉湾北部的东北部地区，煤层产于上石炭统；中部万象北部的煤层产于上石炭统。该区有3组煤层，其中有一层7.5米厚，达到商业开采价值。老挝北部的煤主要产于上三叠统，煤炭质量很好，属于高变质煤和中变质煤，煤层厚不到1米。

铁矿主要分布在川圹、甘蒙、色贡、万象和赛松本等省区，其中赛松本特区的帕莱地区和川圹省的富诺安地区最为集中。

铅锌矿主要分布在中部和北部地区，包括万象省、琅南塔省、乌多姆塞省、琅勃拉邦省和川圹省等，多呈脉状分布在泥盆—二叠系碳酸盐岩中。

铝土矿主要分布在老挝南部菠萝芬高原及阿速坡省—色贡省之间的高原地带。该地区广泛覆盖喜马拉雅期玄武岩。玄武岩风化后，在高原低洼地形处堆积成优质三水型铝土矿。据老挝地质矿产局资料，矿石含氧化铝49.7%，矿石质量极好。该地区玄武岩风化物的分布面积约为5000平方公里。该铝土矿分布区属于越南南部大型铝土矿区的西延部分，属于同一个铝土矿成矿区。据估计老挝南部高原铝土矿储量应大于2亿吨，找矿潜力非常巨大。

老挝钾盐资源主要分布在万象平原、沙空那空盆地的西北部分，含盐面积2000平方公里。该国曾对其中965平方公里的地区进行过勘探，认为远景储量巨大。在万象东北104平方公里的范围内共施工31个孔，孔距一般2000～3000米，矿层埋深一般150米，厚16～100米，氯化钾平均品位15.7%. 总的看来，工程控制程度仍然偏低，有不少钻孔没有揭穿矿层。由于地处含钾盆地边缘，矿层变化较复杂，钻孔见矿的差异很大，资源情况尚未完全搞清，需进一步补做一些勘探工作。

二、矿业发展与投资趋势

老挝的矿业发展总体比较落后，由于经济和技术等方面的原因，许多矿产资源并没有得到有效的勘探和开发，到2002年，矿业对国内生产总值的贡献率仅为0.5%. 近几年来，由于政府政策的支持和外资大量引入，矿业得到了较快的发展，特别是铜、锌、金和银等矿产的开发，使矿业部门对国内生产总值的贡献率在2004年上升到1.5%（老挝官方向国际货币基金组织提交的报告）。

2006年生产的矿产主要有铜、金、银、锌、锡、煤、宝石、重晶石和石膏等。就产值而言，居前5位的依次是铜、金、石膏、锡和锌。

过去10年。老挝政府通过颁布实施《矿业法》、《矿产投资标准条例》和《老挝鼓励外国投资法》及相关政策，逐步规范矿业管理体制，使矿业投资环境得到较大改善。根据老挝的国家长期经济发展政策，矿业被政府确定为优先发展产业之一，在今后15年的老挝经济发展中将扮演特别重要的角色。

近年来，在政府政策的大力支持和外国矿业资本推动下，老挝矿业得到了较大发展，矿业活动趋热，矿业投资迅速增加，2004年至2006年间，矿业部门的项目由58个增加到了118个，其中外资项目由27个增加到33个。2006年统计数据显示，投资矿业部门的公司有66家，其中有33家为外国公司。118个矿业项目中有27个为地质普查项目；55个为勘探项目；36个为采矿项目。上述项目涉及矿产包括锑、铜、铁矿石、铅、锌、锡、锰、金、银、宝石（红宝石和蓝宝石）、石膏、重晶石、煤、钾盐、盐和石灰石等。外国投资商包括中国、澳大利亚、加拿大、韩国、俄罗斯、越南和泰国等公司。

三、老挝已经成为中国矿山企业“走出去”的重要选择地

老挝与中国相邻，又拥有相对丰富而中国紧缺的钾盐、铜、铁和铝土矿等资源，成为中国矿山企业“走出去”的选择地之一，目前已经有许多中国矿山企业参与老挝的矿产勘查和开发活动，其中影响最大的是万象平原钾盐的勘查和开发项目。

万象平原钾盐勘查是经中国、老挝两国政府批准由中国原国家发展计划委员会、财政部、国土资源部和云南省地矿局共同筹资实施的境外重大项目，目的在于实现优势互补、互惠互利开发矿产资源，发展两国经济。老挝政府曾多次表示欢迎中国去老挝勘探和开发钾盐资源。而中国钾资源长期紧缺，目前国内钾肥产量尚不及需求量的1/10，其余全部靠花费大量外汇从国外进口。中国周边的老挝万象盆地，经初步勘查证实，氯化钾蕴藏量相当可观，具有品位富、埋藏浅、外部条件好等独特优势。矿区开发建设的外部条件较好，供水、供电充足，只要投资建设好万象至泰国廊开30公里长的铁路，运输条件即可得到根本性改善。

2001年7月10日，中国赴老挝开展的《万象盆地钾盐开发勘查及可行性研究协议》，在老挝首都万象市签订。根据双方达成的协议，万象盆地钾盐开发勘查及可行性研究，将紧紧围绕最终建设年产100万吨氯化钾生产企业展开。在为期1年半的风险勘查阶段，争取控制首采储量1亿吨、工业储量2亿吨。年产1万吨优质氯化钾试验，将通过对国内和国际最先进盐化工采、选、加工工艺技术的集成和验证，为最终建成年产100万吨氯化钾大型生产企业提供成熟的工艺技术。双方确定，年产1万吨项目试验结束后，将并入后期项目继续生产经营，老挝负责为其办理相关手续；建设年产100万吨优质氯化钾企业后，中方享有资源优先开采权，由中方为主投资并控股。

云南省地矿局在老挝万象的钾盐项目已经取得重大成果，探明氯化钾资源量142亿吨，矿权转入云南中寮矿业公司进入开发阶段，已完成了年产5

万吨优质氯化钾商业性实验生产厂的项目设计和实验方案的编制。

除钾盐外，铝土矿、铜矿和铁矿也受到中国矿企较多的关注。特别值得重视的地区为老挝南部的波罗芬高原及阿速坡省—色贡省之间的高原地带。该地区属于越南南部大型铝土矿区的西延部分，前两年云南国际公司在这一地区进行过铝土矿勘探，并在很短时间内取得了4000多万吨铝土矿资源量，据此对比越南铝土矿发现，此处还有非常大的找矿潜力。该公司正在此地筹划一家氧化铝厂建设。

2005年“老挝波罗芬高原铝土矿资源潜力评价”正式启动，该项目由中国有色矿业集团有限公司控股的中色国际矿业股份公司与中南大学地学院共同承担，填补了老挝铝土矿研究的空白，对东南亚地区同类型铝土矿资源评价具有重要指导意义，为中国与老挝的矿业合作奠定了坚实基础。

老挝铜矿及锌矿的发现潜力也很大，云南铜业集团积极参与了这里的铜矿及锌矿的勘探和开发活动。2005年初，该公司取得了乌多姆塞省普亚卡铜矿、那莫县南坑铜矿、那刀铜矿、沙南笔铜矿、九寨铜矿、墨灯铜矿，丰沙里省约乌县新寨村铜矿等矿点的普查和勘探合同，另外还获得琅南塔省曼扎弯锑矿开采权。至此，云铜集团已在老挝投入资金1600多万元，取得老挝北部三省8个铜及其他有色金属矿山的探矿权。云铜集团是目前进入老挝进行矿业开发的所有中外公司中获探矿权最多的一家。

2006年8月16日，中色矿业集团有限公司与老挝政府代表签订合同，中色矿业集团有限公司在老挝华潘省获得88平方公里铜矿勘查权。合同期为5年，其中普查期2年，勘探期2年，可行性研究1年。这个项目也是该公司在老挝与其他公司合作控股赛松本纳勐铜矿（108平方公里）项目和占巴塞苏库玛铜矿（590平方公里）项目后的又一个铜矿勘查项目。

2006年底，秦皇岛通联集团与老挝中佩加工矿业进出口有限公司合作开发老挝华潘省铜矿项目正式签约。项目总投资450万美元，注册资本60万美元，其中中方占70%，老挝方占30%。该项目2006年10月已得到国家商务部正式批准。老挝华潘省相柯县铜矿储量大，品位高，地理位置优越，当地的水、电等基础设施及劳动力资源都非常有利于矿业开发。

另外，来自河北和天津的几家企业正在老挝进行铁矿的勘查与开发工作。老挝地矿局报告显示，截至2006年8月23日，中国企业在老挝投资勘探开发的各类矿业项目已达47个，约占整个老挝矿业项目开发的34%。其中2006年1～8月份，老挝政府批准给中国企业的勘查项目达21个，但获准开采的项目仅3个，其他项目均处在勘探阶段。

老挝已经成为中国矿山企业“走出去”的重要目标国之一，随着两国矿业合作的进一步发展，将会有更多中国矿业资本投向老挝矿业。

（来源：宋国明. 国土资源情报网. http://www.lrn.cn/bookscollection/magazines/maginfo/2008maginfo/qingbao200804/200809/t20080904_272279.htm. 2008—09—04）

透视老挝柬埔寨电信市场

老挝、柬埔寨同属于东盟成员国，共处中南半岛。长期以来，这两个国家一直处于贫穷落后的状态，国民经济发展缓慢，人均GDP很低，急需国际社会援助。在电信方面，老挝和柬埔寨的发展状况较东盟其他国家而言，也处于相对落后的水平，这也为其电信市场的增长提供了较大空间。

一、柬埔寨：外资不设防

1953年11月，柬埔寨宣布独立，从此走上独立自主、和平发展的道路。在20世纪60年代中期，在有关国家的帮助下，柬埔寨开始建设自己的工业设施，经济曾呈现蓬勃发展的势头；但从20世纪70年代初，美国发动印度支那战争的20多年间，柬埔寨连年战乱不断，直至1993年才在联合国的帮助下结束战乱实现和平，成立了战后第一届新的王国政府。

长期的动乱对柬埔寨国民经济造成巨大的破坏，也严重影响电信业的发展。1998年柬埔寨新政府成立后，国内局势开始稳定，为促进国内经济的发展，柬埔寨政府将全国市场向国外开放，外资可以投资于国内的任何行业，且在经营过程中的定价不受柬埔寨政府干预。

二、低起点与高开放

目前，柬埔寨电信市场的监管机构为柬埔寨邮电部（Ministry of Posts & Telecommunications, MPTC），该部负责制订电信政策、发放牌照、协调各运营商、调整电信资费等；该机构同时也是柬埔寨最大的固定电话运营商。

柬埔寨现行的主要电信政策是政府控制固定电话市场，移动通信和数据通信向外资全面开放，允许建立100%的外资电信企业；政府对运营牌照实施有限度的管理，外商可向政府购买运营牌照获得经营权，无普遍服务要求；对电信设备供应商无入网准入要求；2001年柬埔寨修改投资法，将技术先进的电信基础设施列入鼓励投资项目。

柬埔寨共有6家电信运营商，即柬埔寨邮电部（MPTC）和另外5家私人公司，MPTC还是电信行业的政策制定者和管制者。5家私人公司都有国外战略合作伙伴，大多来自东南亚地区，主要有泰国、印度尼西亚和马来西亚。柬埔寨的固定电话普及率很低，但移动业务发展迅速。此外，柬埔寨是世界上互联网服务价格最高的国家之一。

三、电信市场冷热不均　固定电话相对落后

柬埔寨固定电话的发展始终落后于移动电话。多年的战乱摧毁了原有的固定网络，国家建设资金的严重匮乏又阻碍了新的固定网络的发展。虽然近年来国际社会的援助使该国固定电话得到了较快的发展，但与移动电话相比，差距仍然很大。截至2006年底，柬固定电话用户仅为4万户左右，普及率只有0.28%，且增长速度缓慢，年增速不到5%。

柬埔寨固定业务市场主要有3家经营者，业务区域有所不同，其中MPTC的经营范围最大。在金边地区，用户可选择MPTC或Camshin和Camintel的WLL网；在各省提供业务的主要是Camintel，不过MPTC现在也开始在各省提供电话服务。总体而言，MPTC在固定电话市场仍占主导地位，另外两家市场占有率差异不大。

四、移动多网并存

柬埔寨共有4家移动运营商，Casacom、Mobi-Tel、CamShin和CamTel。各运营商采用的移动通信制式很不统一，这使得柬埔寨移动通信市场上既有落后的模拟通信，又有第二代的GSM和CDMA，还有新建的3G网络。

尽管如此，移动通信仍不失为柬埔寨电信市场中的亮点。1992年底，柬埔寨开始引入移动业务，采取单向收费的方式，以美元为结算单位。单向收费极大地促进了柬埔寨移动通信的发展，自从引入之后移动用户数量就迅速增长，到1993年超过了固定电话用户数，柬埔寨也因此成为世界上第一个移动用户数超过固定用户数的国家。截至2006年底，柬埔寨移动电话普及率已达到9%左右，用户约为130万，并且每年在以30%左右的速度增长。其中，预付费业务发展尤为抢眼，目前预付费用户占到总用户数的90%以上。移动通信的迅猛发展吸引了大部分的投资，这也成为导致固定电话业务发展疲软的重要原因之一。

五、互联网尚待发展

1997年BigPon开始提供本地互联网业务，成为柬埔寨首家提供公众互联网接入服务的运营商。在这之前已经有准ISP在提供电子邮件服务，如CamNet。截至2006年，柬埔寨互联网普及率仍然较低，仅为0.3%，且上网费用与临近国家相比高出很多。上网方式主要包括拨号、DSL、无线宽带和卫星终端。

柬埔寨第一家互联网网吧于1999年在金边开业。由于通信资费，特别是国际通信资费非常高，柬埔寨的网吧也在公开经营VoIP业务。虽然政府明确禁止经营，但VoIP业务仍存在一定的市场空间。

国际社会在柬埔寨的互联网发展过程中发挥着非常重要的作用。柬互联网业务的引入得益于加拿大的援助，国际互联的开展得益于澳大利亚，公众互联网的接入和互联网市场的培育则得益于一些国际组织和非政府组织。

六、老挝：实现稳定发展

老挝比邻中国、越南和柬埔寨，面积236800平方公里，多为山地和森林。老挝于1986年开始从计划经济向市场经济转型，并实行改革开放政策。老挝的第五个国民社会经济发展计划（2001～2005年）为老挝21世纪的前进方向和工业化、现代化提供了全面的操作平台。其整体目标是保证社会秩序和政治稳定，保持经济持续增长。截至2005年底，老挝共有人口570万，人均GDP从1975年的76美元上升到2005年的350美元，年平均增长率6%。

七、国有运营商占主导

在电信方面，老挝的行业主管部门是通信、交通、邮政和建筑部（MCTPC），该部负责制订电信政策。2001年，老挝第一部《电信法》生效实施。电信管制机构则是邮电管理局，该局负责电信市场的管制，包括无线电通信设备和频率许可证的发放等。

目前，老挝共有5家运营商，分别为LTC（老挝电信）、ETL、LAT、MLL（Millicom）和Sky-Tel，具体情况见后表。

除去SkyTel为新成立的公司以外，老挝的固定电话，GSM和互联网服务主要由其他四家承担，其中LTC占有其中将近50%的份额，在老挝电信市

场处于主导地位。

八、电信业务快速增长

在固定电话业务上，到目前为止，老挝的固定电话业务已经完全开放，现在共有固定电话运营商三家，分别为LTC、ETL和LAT。

随着移动用户的增多，固定电话数量开始出现负增长。截至2005年，老挝共有固定电话线路91340条，为三家运营商共同提供。

在移动通信方面，老挝的主要移动运营商有LTC、ETL和MLL三家。老挝的移动用户数1992年仅有290户，1997年增加到了5030户。自从那时起，老挝移动用户数明显增加，截至2005年底，移动用户总数已经超过59万。老挝的GSM网络主要应用于万象市和其他五个省市，其中80%的GSM移动用户集中在万象市。

在互联网服务方面，老挝的相关业务主要由两家基础运营商提供——LAT和ETL。其中，ETL占据38%的市场份额。此外还有5家互联网服务提供商，他们分别从LAT和ETL租用网络。截至2006年9月，老挝共有互联网用户25000户，普及率为0.4%。

（来源：张姗姗. 硅谷动力网. http://www.enet.com.cn/ediy/inforcenter/enet_z.jsp@articleid=20070612658086.2007—06—12）

马来西亚

马来西亚会展业解析

马来西亚拥有得天独厚的地理优势和丰富的天然资源。独立以来政治和社会协调发展，经济保持稳定增长，会展业也保持着良好的发展势头。会展业是会议业和展览业的总称，一般包括会议、展览和与之相关的商务旅游业，隶属于服务业，是经济发展到一定程度的必然产物，有着巨大市场发展前景。它通常以举办各种形式的会议和展览，包括大型国际博览会、展览会、交易会、运动会、招商会、经济研讨会等吸引商务游客，开拓产品市场、促进信息交流，并以此带动交通、住宿、商业、餐饮、购物等多项相关服务行业的发展。

一、马来西亚会展业的优势

（一）宽松的国际环境

马来西亚是君主立宪联邦制国家，多个党派长期联合执政，政治局势稳定，经济发展迅速。马来西亚绝大多数人信奉伊斯兰教，一向奉行中立、不结盟和大国平衡政策，现任伊斯兰会议组织主席国和不结盟运动主席国；与邻国的关系友好而务实，主张以东盟为外交基石积极推进东亚合作；作为英联邦成员，马来西亚与其他英联邦成员国交往十分频繁；重视与发展中国家和伊斯兰世界的团结与合作，同时也不排斥英美等发达国家。目前，马来西亚温和穆斯林国家形象已声名远扬。无论是西方还是中东，无论是发达国家还是发展中国家均以友好面对马来西亚。这种国际大环境为马来西亚举办各类国际展会提供了极好的平台。

（二）特有的地位优势

马来西亚是东盟第二贸易大国，对外贸易稳定增长。在全球最大贸易国排名中，马来西亚居第20位，是印度最大的东盟贸易国，也是中国第二大东盟贸易国。同时，东盟自由贸易区（AFTA）、10＋1、10＋3、东盟东部增长区等经贸合作机制的建立，为整合该区域的资源，促进区域内贸易和投资，加快该地区的经济发展起到了重大的推动作用。

在地理位置上，马来西亚是东盟的门户，处于东盟国家的战略中心地位。东盟这个拥有5亿多人口的经济体，在经历了1997年亚洲经济风暴之后，经济社会已全面复苏，经济增长明显加快。为尽快发展本国经济，东盟各国都在积极寻求和创造经贸合作的机会，这给马来西亚会展业提供很多主办亚洲区域和东盟国家各类展会的机会。

（三）多元文化和语言

马来西亚人口2600多万，是一个多种族、多元文化和多元语言的国家。三大民族中，马来人65.7%，华人25.4%，印度人7.6%，还有为数不多的巴基斯坦人、印尼人等。这样的民族结构使得马来西亚不但在文化和价值观念上是中西合璧的大舞台，语言上更是民族融合的典型代表。英国的殖民统治使英语在马来西亚社会生活中占据着很重要的位置。作为官方语言之一，英文是工商教育界的普遍交流工具，也是各民族之间交流的桥梁性语言。英语的广泛应用扫除了欧美国家参与该地区展会的语言障碍；马来西亚的国语马来语，是各类学校开设的启蒙语言，在各民族之间广泛使用，为周边使用马来语国家的参会参展创造了良好条件；占的华人在日常生活中还广泛使用汉语普通话，同时，中国南方的广东话、福建话、潮州话、闽南话等方言也极为流行，使中国人倍感亲切，中国已成为马来西亚各类国际展会的重要参与国。

（四）相对完善的基础设施

马来西亚拥有发达的交通网络，公路、铁路、机场、港口、码头分布合理，并拥有先进而完善的配套设施，交通优势十分明显。

马来西亚航空运输发达。目前，已有39个国家国际航空公司共95条国际航线通往马来西亚境内。其国内航空公司除了马航之外，还有Pelangi Air，Berjaya Air与Mofaz Air三家航空公司，提供定时的国内航线，飞往各城市与旅游胜地。马来西亚吉隆坡国际机场在2003年国际航空业协会（IATA）和国际飞机场委员会（ACI）对全球30个机场展开的调查报告中，被评为为全世界三大最佳机场之一。

作为半岛国家，马来西亚拥有众多港口，其中以巴生港最为有名。巴生港口处于世界最繁忙的商业船运路线——马六甲海峡的战略要位，是马来西亚最大规模及主要的装卸港口，每年可处理的集装箱量为600万标准箱。

吉隆坡也是马来西亚的铁路运输中心，纵贯马来半岛的铁路可以直达曼谷和新加坡。马来西亚的公路四通八达，从纵贯马来半岛西半部的高速公路，到各种长、短距离的路线，形成良好的道路交通网，为会展业的发展创造了良好的交通运输条件。

（五）美丽的自然环境

马来西亚是典型的热带风光国家，拥有众多岛屿、沙滩、洞穴、古老建筑和优美花园等旅游景点。众人所瞩目的世界第一高的双峰塔，风格独特的新行政中心PUTRA JAYA、亚洲最大的云顶娱乐城等吸引着众多商务游客。旅游业是其第三大经济支柱，马来西亚已成为国际重要旅游目的地国之一。

马来西亚旅游部积极推动的“马来西亚——亚洲魅力所在”活动，已经形成了一股推动商务旅游新动力。据旅游部统计，到马来西亚出席国际各类会展的海外人士，80%在会议结束后在当地观光，还有相当一部分前往马国内的海岛，包括槟城、浮罗交怡、登嘉楼，甚至东马等地旅游。2005年的1600多万的游客中，35%左右为参加各类展会而来的商务团体。这部分游客平均每人每天消费高达750～1340令吉（约200～350美元），比普通旅客高出3倍以上。参加展会者的事后消费收入是展会本身收入6倍以上。

会展业是一项需要长期培育的产业，只有在人力、财力、场地、品牌等方面平衡发展，才能带来持久效益。从这一点看来，马来西亚的会展业也面临着设施老化、市场单一、专业人才缺乏、国际品牌少等问题。面对经济全球化的趋势和会展贸易无疆界的冲击，马来西亚如何应对国际展览业发展突飞猛进的挑战，已引起政府许多业内人士的关注。相信马来西亚会展业会充分发挥优势，创造出更加美好的前景。

二、马来西亚会展业的特点

（一）起步较晚，发展速度较快

世界上第一个样品展览会于19世纪末在德国的莱比锡举办，到目前已经有一个多世纪的发展历史。马来西亚的会展业于20世纪50、60年代开始萌动，70年代仍处于起步阶段，80、90年代快速发展，进入21世纪后基本成熟。

2004年，马来西亚政府审批的涉及贸易的国际性展览为44个，2005年达到了64个。2006年马来西亚政府审批的国际性贸易展会已到达63个，另外还有55个国内展览。2005年，在马来西亚举办的110多场的国际国内展览会，平均每场启用面积7550平方米，较2004年平均每场6460平方米增长了16.8%。无论数目还是规模，增长趋势都十分明显。

（二）政府重视，措施比较得力

贸工部下属的马来西亚外贸发展局（Malaysia External Trade Development Corporation，简称MATRADE）是马来西亚全国性的贸易促进机构，主要负责涉及贸易展览和会议活动登记和管理工作，由该机构审批的展会占80%以上。此外，马来西亚旅游局、国防部等部门对某些专业有审批管理资格。

近年来，马政府实施一系列有助于刺激会展业发展的措施：

1. 对中小企业参加各类国际性会展，政府补贴50%费用

由于马来西亚90%以上的企业属中小型企业，MATRDE对中小企业参加各类国际展会的摊位租用、机票和住宿、货物运输、场地布置和广告宣传等方面的费用，给予50%返还。单个企业累计可享受的最高返还额可达10万令吉（约合3.65万美元）。

2. 对国内外展会设立认证支持系统

符合条件的各类展会均可以通过申请得到MATRADE的认证。认证一旦通过，即可在MATRADE

政府网站的主页列出展会名称，作为政府支持项目对外宣传，在公共场合的公告栏中进行展示，在会展广告等宣传品上印制“由 MATRADE 认证”字样等，加大对外宣传力度。

3. 采取商务旅游奖励措施，提升会展效果

MATRADE 与马来西亚马旅游局、皇家税务局、移民厅和州政府等相关部门，联合会展中心、专业会展组织、展览承包商、场地管理公司、旅游社同行协会、土著旅社协会及酒店协会等，对展会参与者提供包括费用减让、税收返还、购物折扣等优惠措施，鼓励商务旅游，提升会展效果。

（三）设施比较完备，具备举办大型展会的能力

马来西亚可用作会展的设施已初具规模，在全国初步形成了 5 大会展中心。按照面积排序，处于马来西亚北部佛罗交怡的国际展览中心（MIEC）面积最大，71400 平方米；坐落在首都吉隆坡的世界太子贸易中心（PWTC）其次，57000 平方米；吉隆坡郊区的绿野国际展览与会议中心（MIECC）位居第二，38000 平方米；位于马来西亚南部的马六甲国际贸易中心（MITC）名列第四，13900 平方米；2005 年新投入使用的吉隆坡会议中心（KLCC）最小，也有 9710 平方米。五大会展中心的总面积达到了 19 万平方米，对一个仅有 2600 多万人口的马来西亚来说，已经相当可观。

位于首都吉隆坡的三大办展地点太子世界贸易中心、绿野国际会展中心和吉隆坡会议中心是马来西亚各类展会举办最为频繁的地方，承担着马来西亚 80%以上的展会任务，大多数国际性会展活动均在这里举办。

（四）初步形成品牌效应，颇受企业欢迎

目前，由马来西亚主办的国际展会越来越多，知名品牌也逐渐形成。比较著名的展览有浮罗交怡海空展、亚洲防务展（全球第二大的国防展）及马来西亚国际家具展（区域最大的家具贸易展）、国际印刷包装机械展（已连续成功举办 18 届）、国际食品饮品展（以清真食品为着力点，成功举办 7 届）等。比较成功的展览还有国际旅游展、食品与酒店展、国际美容展、金属科技展、石油与天然气展、亚洲通讯与多媒体展等。

吉隆坡太子世贸中心展馆（PWTC）得到展会行业国际性组织的认可，成为国际展览联盟(Union of International Fairs 简称 UFI）会员级展馆。

（五）国内外市场同步拓展，初步形成全球网络体系

以较为完善的设施和重大展会为依托，马来西亚会展业全球网络逐渐形成。MATRADE 分别在中国（北京、上海、广州、香港），日本（东京、大阪）、韩国、越南、泰国、印尼、菲律宾、印度、新加坡、美国（纽约、洛杉矶、迈阿密）、巴西、智利、澳大利亚、德国、英国、法国、意大利、荷兰、匈牙利、俄罗斯、肯尼亚、阿拉伯联合酋长国、沙特阿拉伯、中国台北等国家和地区设立分支机构，为本国会展业提供宣传和招展服务。国内会展主办者也建立了多方位、多层次的招展体系，采用内部强强结合、境内外结合，设立长期驻外招展小组和名优展会海外分支机构等多种方式加大宣传和招展力度，国内外展览市场同步拓展，基本形成了良性循环系统。

（六）会展运作电子化，提升了会展档次

马来西亚互联网相当发达，对会展业的经营模式产生重大影响。近年来，会展业的电子商务已在马来西亚会展经济中全面兴起。几乎所有的展会场所和展会都有自己的固定网址并定期发布信息，通过网络报名、展示产品或进行招展服务。展览过程中涉及展馆、展品、活动、人员信息和数据搜集与传递等各个环节，电子商务都已经涉及。互联网的参与大大提高展会的效率，提升了马来西亚会展业的整体形象。

（来源：南博网. http://www.caexpo.com/publication/monthly/164.html. 2008—09—12）

马来西亚印刷业及其相关产业介绍

一、概述

印刷业或许是马来西亚的最古老的行业之一。政府每年核发的新的营业执照数据显示，印刷业还是马来西亚最大的五个工业制造部门之一。目前，马来西亚长期且大量存在的印刷行业的竞争激烈，尤其是从事普通印刷的印刷商们不得不面对艰难的价格竞争。

马来西亚作为一个对外国直接投资具有吸引力的目的地，这种状况并未阻止外国的资金流入马来西亚建立新的印刷厂。尽管来自第三世界国家如越南和中国的对全球投资来源的竞争在不断增强，但是马来西亚的熟练的劳动力对于较高附加值产品的加工制作（例如高端商业印件）而言有着特殊的吸引力，并且马来西亚政府的亲商政策业已营造一个有利于印刷业在激烈竞争中持续繁荣的环境。

一批受政策鼓励的外国投资项目被批准。2006

年约有26个有关造纸、印刷和出版的投资项目获得马来西亚工业发展管理局（MIDA）的批准。这些项目包括新建、扩建和产品多样化的项目，总投资额达6.88亿马元（含国内投资和国外投资），创造了1900个就业岗位。主要的外国直接投资者来自德国、新加坡、美国、日本和中国台湾。

马来西亚印刷业还向上游产业移动，并于2004年建起了自己的纸浆制造业。沙捞越邦政府引进一笔约42亿马元的国外投资，采用洋槐纤维（Acaciamangium）制取纸浆。同时一家马来西亚的全资造纸公司也在2004年开业，采用进口纸浆生产非涂布印刷纸和书写纸，但其目前还不能满足本地纸张需求。

印刷业及其他相关工业，包括小巧的CD碟片和食品包装的印刷，对这个国家的经济作出令人注目的贡献。食品包装业具备了发展实力，从而引导对更好的质量的包装的需求。此行业提高其出口收益的努力，使得对食品包装用印刷油墨的要求变得更高。亚洲食品零售业的商业环境也已经从适应家庭普通贮藏的经营方式，转换为适应超级市场和高级百货商店的经营方式。一个由弗罗斯特（Frost）与沙利文（Sullivan）主导的市场分析报告显示，间接凹印油墨、柔印油墨、凹印油墨以及丝印和金属板印刷两用油墨的需求量将有所增加。

二、印刷业对教育和社会的影响

过去几年间，印刷厂家增多对教育、知识和信息的沟通与传播的综合开发做出了很大贡献。面对无纸化现代数字传媒的竞争，以及马来西亚开始构建以知识为基础的经济社会环境，印刷业也随之发生了改变。

尽管由于网络的普及，除了教科书和练习册仍为印刷形式而非数字格式，与其他印刷出版物相同的内容几乎都能在网络上找到，但多数马来西亚人依然倾向于选择传统的纸质印刷制品。

马来西亚的印刷业正在逐渐变得更为专门化。一些印刷商如位于蒲种的保安印刷公司（Protect Print），就是世界上最初经认定的拥有高级安全管理系统的安全印刷商之一。其专门使用证券纸、防伪花纹和图案印刷安全文件，从而减少了对安全印刷品的进口需求。目前更多的这类印刷品都能在本地制作，“安全”现已作为马来西亚印刷业的一个特色来介绍。

印刷业在马来西亚被视为一个敏感的行业，这就是为什么外国公司参与印刷项目要受到限制的缘故。对于从事常规印刷业务的普通印刷商，如为外国投资则其批准受制于马来西亚对等（公平）条件的70%。政府通过国内安全部，根据1984年发布的《印刷厂和出版物法令》（The Printing presses and Publications Act），对印刷商年审、核发许可证。

三、印刷基材（承印物）

在现今的市场背景下，印刷活计（零件）非常复杂，所使用的基材各异。从新闻纸、铜版纸和铜版卡纸，到金属板、聚氯乙烯（PVC）及小型碟片，印刷商必须适应其客户的高标准要求。在包装业的竞争变得更加激烈的市场趋势下，依然坚守本行的印刷商必须不断更新添置高端印刷机，才能够承接某些种类基材的印刷业务，诸如可伸缩PVC、导向聚丙烯（OPP）、聚丙烯（PP）及其薄板、铝箔、层压纸（paper laminates）、玻璃纸、瓦楞纸板、聚酯（PET）、流延聚丙烯（CPP）、金属薄板和金属、以及透明和不透明的两种聚乙烯之类。这些基材要求采用不同种类的印刷油墨和相应的产品技术。

通常涉及广告的印件的要求更高，必须加以严格的质量控制。此市场现已大多移至高端，需采用更宽泛种类的基材和更多的特殊加工手段。这给那些资金有限的小型印刷商们带来了极大的压力，迫使他们添置或更新自己的机器。

由于生活方式的改变，如今的一些印刷活计是采用丝网印刷工艺，在用于食品和饮料包装的、喷注成型的塑料容器薄壁上进行印刷。广告及促销行业现已采用大型全彩色数字喷墨印刷机印刷船帆、旗帜（横幅）、广告牌和帷幕。其价格从不到100马元一件至几百、数千马元一件，其面积可大至覆盖整幢建筑物朝向路边的立面。而纪念品行业则流行采用热转印工艺，在T恤、钢笔、笔插、照片杯子、金属饰板（匾）、鼠标垫和智力拼图玩具上进行印刷。

纸张大体上仍然是大批量印刷的主要基材。所需纸张大部分从海外进口，主要是产自北美洲的新闻纸等，其价格对美元的波动非常敏感。马来西亚制作印件的劳动力成本更具竞争力，还是吸引了外国的订单。目前，随着信息和通讯技术的进步，从文字到图形任何形式的数据都能经由因特网即时传输，海外出版商宁愿外包他们的印刷活件给那些整体印件成本构成都具竞争力的国家。如今，大部分在马来西亚销售、以国外为基地的出版商的书籍都已在本地出版。

四、印刷机和印刷油墨

今天的技术提供了精度及速度来满足现在的客户的要求，这些客户更加懂得借助包装和印刷媒体塑造品牌形象。在马来西亚市场上有各种不同的轮转凹版印刷机，包括采用电脑的、高产能的、多色的和印刷PVC之类的。产业印刷设备包括丝网印刷机、凹版移印机、胶印机、专用高速丝印设备，其中又分为单色或多色、加装紫外线（UV）固化装置和CD印刷机构的。这些机器将油墨和色彩施加在包装箱（盒）上——采用卷筒或单张材料及其他包装耗材制作。另外更为常用的是海德堡、小森和曼·罗兰的单张纸胶印机（带有装订机构）和卷筒纸胶印机，用于印刷图书和杂志。

高端机械往往需付更高价钱，但它就是专门设计用于产出更好质量的印刷活件，来满足今天的客户具挑战性的要求。

根据所用的印刷基材（承印物）选择恰当的油墨种类，对于确保印件质量也是重要的。市场上有各种不同的油墨，包括凹印油墨、金属板印刷油墨、胶印油墨和水基柔印油墨，还有用于敏感商业文件如支票和凭证的高安全性油墨。为马来西亚本地印刷业生产印刷油墨的大公司有：东洋化学有限公司（Toyochem Sdn. Bhd），东洋油墨有限公司（Toyo Ink Sdn. Bhd），古伦印刷油墨公司（Gunung Printing Ind），科茨兄弟和IPI有限公司（Coates Brothers and IPI Sdn. Bhd）。

五、纸浆制造业

由于建立纸浆厂投资巨大、费用高昂，目前马来西亚本地仅有两家这种工厂，尽管马来西亚对于纸浆和纸张有着大量需求——该市场需求每年价值约10亿美元，但其中大多依靠进口。

有一项研究正在进行——试图利用油棕（Oil-Palm）种植园的废弃物制取纸浆，将其变废为宝。此项研究由马来西亚Sains大学和棕榈源公司（PalmSource）组建的一家合资企业实施。目前推出了一种经过鉴定的新技术，即新型纸张转换加工法（NEWPAPERTM）——采用空果壳（椰壳）（EFB）制取纸浆，然后将这种EFB纸浆出售给本地的造纸厂作为产品原料。Palmsource向这类小型纸浆厂提供工程技术和一揽子建造服务，预计开初需投资1500万马元，只需两年即可获得回报，并获得35%国内税收的返回，按每一小型纸浆厂1500万马元计，这一潜在的市场规模仅在马来西亚的价值即达62亿马元（约合16亿美元）。

六、英国印刷学会马来西亚分会

英国印刷学会（The Institute of Printing，United Kingdom. 简称IOP）。IOP是英国的一个印艺专业团体，内容涉及从设计到印刷，以及材料和设备供应直至最终产品。IOP设有几种不同学位（degree）的大学课程，并每年授予金、银、铜牌，以激励其成员把专业工作做得更为出色。学会制订了一个整体性的教育、培训和技术成就的标准。它还担负着改进印刷业教育标准的专业职能。

英国印刷学会马来西亚分会（IOP，Malaysiabranch）创立于1996年6月，随后在1997年2月经社会登记核准。该分会谋求塑造和提升马来西亚印刷业的品牌和专业化，在法人（社团）和个人水准两方面充当促进教育和研究的先锋。事实上其已经带动了马来西亚印刷业在专业化方面的进步。

随着专业化需求的增长，图形设计、制作、印刷和传输业需要获得更多的相关印刷技术知识，IOP为此举办了研讨会和传授有关印刷技术的教育培训课程。

其他各种协会如马来西亚纸张贸易商协会、PPPM协会、全国图书出版商协会，以及雕刻和分色协会，对此也给予了帮助，以保护各自的行业及其成员。

通过IOP和各个行业协会的共同努力，印刷行业开始每年举办一次“马来西亚国际印刷、纸包装机械展”（IPMEX，Malaysin）。该展会自1999年举行第一届，由Kaizer展会有限公司主办，专门针对马来西亚的印刷、包装和印艺（制版）业。“IPMEX2007”于同年8月10～13日在首都吉隆坡的Putra世界贸易中心举行。参展者来自瑞士、美国、意大利、德国、中国香港地区及中国台湾地区、印度、韩国、新加坡、日本、马来西亚、英国、中国、英格兰、加拿大、澳大利亚、比利时、巴西、捷克、丹麦、法国、印尼、西班牙、瑞典、泰国、奥地利、芬兰、荷兰、以色列、新西兰和越南。制造商和供应商相聚在这里展示他们的技术，其中包括：数字化广告技术、cutting-cdgc数字图像、数字计算（digital calcula-tion）及其印刷应用、创新信号（signage）和标签以及数字化自动控制整体计价方案等。

七、服务与品牌

在一个高度竞争的市场，对客户的服务质量是很重要的。马来西亚印刷商努力通过快捷而可靠的服务把自身与其他竞争对手区分开来。他们往往要在满足客户紧迫的期限和印刷材料要求方面展开竞争，而印刷质量通常由产品的比较相区别。

在市场上，品牌是一些精明的印刷商用于确立自身地位的策略。例如，有一家特殊的印刷公司——大拇指印刷（Thumberint）有限公司所用的标志语（tagline）是“以诚实和正直提供超群的印刷服务和质量”。客户喜欢与可信赖的、并能高效率地完成其印品的印刷商做生意。品牌的塑造是一项长期性的投资，但最终总会有所回报。

八、相关立法

马来西亚是一个提倡言论自由的国家，并将其作为一项原则写入国家宪法。管制印刷业的是1984年发布的《印刷厂和出版物法令》，其来源于1948年的《印刷法令》，该法令最初由英国殖民政府提出以限制共产主义者的宣传，后于1971年被修订，再后来就变成了现行的《印刷厂和出版物法令》。这项法令不许以任何方式削减（curtail）印刷业的成长，但允许政府控制某些有争议印刷品的出版，此类印刷品可能危害国家安全和社会治安利益。

面对全球化的长期性威胁，印刷业要发展就必须拓展自身的生存环境，而马来西亚政府则会采取保护本地印刷业的政策。它要求本地的印刷企业家努力寻求新的市场（包括国内和海外），把所有能获得的技术经验和最新的印刷技术引进这个国家。政府鼓励马来西亚的印刷企业家大胆出口其服务到海外，同时鼓励外国投资者分享这个国家的社会稳定的有利条件，到马来西亚建立专门从事出口业务的印刷厂。政府还鼓励外资参与主要面向国内市场的印刷工程项目，但限制外资比例只能占30%。

与印刷业相关的另一项法律，是1987年发布的《著作权法》。马来西亚的著作权保护同时给予在马来西亚出版的本国和外国的作品。对于外国出版商在本地出版的用于出口的书籍，此法律规定其著作权保护期限为50年。该《著作权法》还规定马来西亚的作家或出版商延伸适用国际法。由于影印机的使用，已在一定范围内影响了图书出版。政府最近进行了多次突袭行动，由贸易和工业部（MDTI）查抄侵权复制品及其有关设备。

1987年的《著作权法》还保护所有形式的计算机软件和其他的数字格式产品。近期实施的一连串成功的突袭，破获了由不同团伙生产的盗版VCD和DVD光碟制品。

九、前景

马来西亚印刷业的前景主要取决于马来西亚印刷企业家如何应对来自全球化的不断增加的威胁。经济全球化既带来威胁也带来机会，其中一个主要的推动作用就是迫使印刷业保有更高档印刷品的高水准专业技术。

制造商必须确保其产品符合印刷技术的最新趋势和发展水平（包括硬件设备和操作技术两方面）。马来西亚地区对高端印件的需求，使其能与跨国公司结成合作伙伴以取得技术转移和支持。为在这个竞争的环境中求得生存，大部分的普通印刷商必须升级他们的设备，以此与世界其他地区展开有力的竞争，或者借助更有成本效益的方式服务于一个特定的市场。

关于环境问题，如挥发性有机化合物（VOCs）的排放，已成为当前媒体的争论热点。印刷油墨和树脂（resin）制造厂商面临的一个重大课题，就是减少溶剂的使用，使用对环境更为友好的油墨——如水基柔印油墨、紫外线辐射方式和植物基油墨——其在很大程度上仍处于开发中。如在美国这样的国家，1994年就发布了《植物基印刷油墨法令》，以消除由于使用挥发性pectroleum基油墨对环境的危害。总体上印刷油墨业已在努力减少挥发性有机化合物，但事实上并非那么容易实现。美国的经验是看好植物基油墨，并已在1996年达到同一水准。现正在推行更新型油墨的转换，同时重点推进循环利用。尽管再生纸的成本高，但时至今日，可以说印刷行业发展重复利用纸制品的时代已经到来。

马来西亚印刷行业面临的第三个问题是来自于数字时代的威胁。在线图书出版日益流行，因其更为经济和更有效率，例如采用CD或是因特网出版一整套《大不列颠百科全书》就胜于采用印刷方式。世界上的大部分大型图书馆都在订购在线图书。目前从事研究工作查找信息是如此便利，只需以数字格式借助搜索引擎即可。以此推测到那时，图书以至整个印刷业都可能变成历史。届时新的战略将是找寻新的印刷生意及其特定的市场。

（选编自：王以俊编译．东南亚之窗杂志2008年第8期）

马来西亚洋麻产业概况

洋麻已在马来西亚“东海岸经济走廊计划”中

被推荐为一项农作物，这种纤维植物发展潜力很大。高达3米以上的洋麻，可作高蛋白动物饲料，其纤维和木芯可加工纸浆和纸张、汽车门装饰品的生物合成物、室内棚架材料和建筑材料；洋麻以往作纸浆代用品，是日本纸、墙纸和隔音纸的原料。洋麻还可作为一种环保型的新颖非木材，目前它可加工春、夏季节的衣料。

2010年马来西亚将降低烟草的进口税，本地烟草种植业竞争优势将降低。在东海岸经济走廊计划中，洋麻种植区的目标约为10000公顷。预计这将提高10000名烟农的收入，并制造更多的就业机会。烟草种植减少配额之后，马来西亚国家烟草局鼓励农民转种洋麻。与烟草相比，洋麻产业发展优势较大，耕种的成本较低，而且与烟草不同，洋麻不需要照料。引进洋麻有助于提高马来西亚农民的经济收入，减轻因烟草配额降低带来的损失。

马来西亚在“东海岸经济走廊计划”（ECER）中推广洋麻（Kenaf）后，该国首个洋麻收集中心于2008年5月正式成立，主要进行洋麻加工和销售。

Beris Lalang 洋麻收集、处理和行销中心由Symphony Advanced公司（SASB）在国家烟草局的监督管理下负责经营。SASB至今已投资高达100万马元，并将根据洋麻的供应情况追加投资，已计划在吉兰丹州和登嘉楼（丁加奴）州的洋麻园附近成立多个规模理想的收集、处理和行销中心。

目前Symphony Advanced公司的洋麻粉月产量达1000吨。计划2008年9月将产量增加到3000吨，在2009年提高到10000吨。该公司从2008年2月开始出口洋麻粉到日本和韩国等国。洋麻粉可加工合成物原料，全球的洋麻市场需求量很大。洋麻是一种环保型的工业植物和有机原料，且《京都议定书》认可其有利于降低全球暖化。原油价格的飙升已经使聚丙烯和聚乙烯价格随之上涨。在这样的情况下，采用洋麻作为替代品和合成物原料的需求将会增加。洋麻的全球价格在每吨700～1200马元波动。中国、孟加拉国、泰国和缅甸的洋麻产量占全球总产的95%。目前全球的洋麻年产量高达300万吨。

（来源：王忠田整理．世界热带农业信息杂志2008年第5期）

马来西亚家具产业现状分析

马来西亚目前是东盟第一大、亚洲第二大家具出口国，已跻身世界十大家具出口国行列，以出口中高档家具为主。统计数据显示，2005年马来西亚的家具业出口75亿林吉特，比2004年增长17.2%。预计到2010年，将达到100亿林吉特。

一直以来，马来西亚是东盟十国中与中国贸易量最大的国家。中国从2004年开始，成为马来西亚4大贸易伙伴。中国海关统计，2006年中马双边贸易总额为371.1亿美元，同比增长20.9%。其中中国对马来西亚出口135.4亿美元，同比增长27.6%；自马来西亚进口235.7亿美元，同比增长17.3%。中方逆差100.3亿美元。2007年7月17日，“中马两国家具行业合作发展对话暨马来西亚（青岛）国际家具产业园项目”对接仪式，在山东胶州市举行，标志着马来西亚家具产业群体正式向中国大陆转移，马来西亚（青岛）国际家具产业园将进入全面建设时期。中马都是家具产业发展迅速的国家，分析马来西亚家具产业向中国转移的原因，对中国家具行业制定发展战略具有重要意义。

一、马来西亚家具业所面临的挑战

（一）原材料短缺且价格不断上涨

马来西亚家具原料一直是以橡胶木为主，由于执法和资源控制力度的加强，橡胶木原木供应量一直在下滑，资源的短缺严重影响马来西亚家具业的发展。亚洲地区家具生产企业对橡胶木的大量需求，又导致马来西亚木材非法采伐事件大量发生，边境地区木材的非法贸易长期存在，加重了橡胶木短缺的局面。

在国家政策管理方面，马来西亚种植业与农产品部仍继续允许10%的橡胶木出口。马来西亚家具制造用橡胶木的60%需靠进口，对1500家马来西亚家具制造商来说，意味着需支付更多的费用。

胶合板是家具制造的主要用材之一。马来西亚木材委员会（MTC）预测，在未来一段时期内，全世界胶合板的价格还将继续保持在高位。截至2008年4月，马来西亚的胶合板价格在每立方米270～275美元；自2004年以来，马来西亚产热带防潮BB/CC级胶合板的价格，已上升44%～50%，印尼的胶合板价格也上升38%～42%。

俄罗斯加大出口锯材的力度，并把原木的海关从价税由6.5%调整至20%，直接刺激马来西亚阔叶木锯材及胶合板价格的上涨；此外，日本是马来西亚木材的最大进口国，该国的低利率、城市地价高涨及经济复苏，大大推动当地房产业的发展及对木制品需求的增加。这些因素也影响到马来西亚木制品原材料的价格，使其国内的家具制造企业不得不承受原材料价格上涨的压力。

（二）中国家具制造业的强烈竞争

中国家具出口在全球具有明显的竞争力，主要表现在：

1. 劳动力成本优势和技能优势突出。从家具行业工人的绝对工资看，中国工人的基本工资是每小时4元左右，而欧美国家是每小时12美元左右，即使在墨西哥、波兰等国家，家具行业工人的基本工资也远远高于中国。

从单位产品劳动力成本看，虽然近年来中国制造企业的劳动力成本上升较快，但由于机械化程度的提高，单位产品的劳动力成本呈逐年下降的趋势。以中国2005年的单位产品劳动力成本为例，仅相当于1998年的78%。

此外，中国悠久的家具制造历史，为该行业提供了大量技能熟练的技工，面对客户复杂的设计要求，企业的设计成本较低，综合生产成本优势明显。

2. 中国家具具备产业集群优势。现代家具的产业集群和专业化分工已逐步形成，大大提高中国家具制造的专业化程度，发挥产业规模优势，有利于家具企业快速应对市场的变化，降低企业生产成本；在一些区域，企业进行行业细分。正是因为中国家具业拥有这样的发展优势，中国在世界家具出口国排名名次上不断攀升，也使在20世纪90年代马来西亚家具的欧美传统买家，开始转向中国采购家具。这一变化在马来西亚和中国广东的家具展中明显可见。

3. 在1995年，中国的家具出口总值只有11亿美元，全球排名第10，2005年达到130亿美元，首次超越意大利，成为全球第一大家具出口国。2007年中国家具产品进出口贸易再创历史新高，突破200亿美元大关，成为世界家具生产大国。中国海关统计，2007中国家具年进出口总额达243.39亿美元，同比增长35.07%。其中，出口232.68亿美元，同比增长34.95%；进口10.71亿美元，同比增长37.75%。中国家具生产总值占全球生产总值的比重，从1995年的3%飙升至2005年的15%，超过三成的中国家具出口到海外。

（三）其他新兴家具出口国发展迅速

马来西亚的家具出口总值虽然从2004年的17亿美元（59.5亿林吉特）提高至2005年的20亿美元（75亿林吉特），排名也从全球第10上升至第9，但比起波兰、越南等新兴家具出口国，增长速度显得较为缓慢，家具出口增长幅度，仅与全球家具贸易额的年度增长率（8%～9%）相当。

2005年全球家具生产总值的2500亿美元中，7个家具大国贡献了56%的份额，新兴家具制造国贡献了30%的份额，其中的3%来自波兰。波兰是新兴的第二大家具生产国，波兰的优势在于家具生产水平接近欧洲，并且运输距离短，2005年的生产总值达75亿美元，有75%出口到海外，出口排名从1996年的第8上升至2005年的第4。越南木制产品在全球的市场份额也在逐渐提升，年出口增长率达30%～40%。2000年越南家具出口额仅2亿美元，而2006年出口额达到20亿美元。

（四）马来西亚家具在中国发展面临的竞争

在中国，政府宏观调控力度加大，央行进一步收紧银根，原材料价格及工资上涨，人民币升值等诸多因素影响下，使得中国家具出口形势不容乐观。广东已出现大批外销家具企业倒闭的现象，许多做出口产品的木制品企业开始转入国内市场的竞争。马来西亚家具进入中国市场也将是一个缓慢的过程。

二、马来西亚家具业所面临的机遇

（一）中国家具市场潜力巨大

随着中国居民收入的增加、经济的发展、人们对家具品牌意识的增强，中国家具的需求进入一个新的阶段。目前中国人均家具消费量不足100元，远低于世界平均200美元的水平。预计未来10年，中国家具消费量的平均复合增长率，将达到10%以上。潜力巨大的中国市场，为设计上乘、质量优良、高性价比的马来西亚家具提供了巨大机会，马来西亚家具产业群体正式开始向中国大陆转移，也正是看中了这一点。

2007年，中国为减少贸易盈余及保护环境，调整部分商品的出口退税政策：部分人造板和一次性木制品被取消出口退税；部分木制品的出口退税率进一步下调至5%；家具出口退税率下调至11%或9%。中国木制品制造商出口的盈利空间收窄，企业将面临更大压力。要想在出口市场取得更多的利润，企业需要加大投入，提高产品档次，为马来西亚家具资本的进入提供了良好的契机。

（二）良好的工业基础与先进的管理

国际市场的激烈竞争，使得马来西亚的家具制造商不断推出更具创意的产品，并更加重视宣传和品牌建立，以吸引顾客。虽然马来西亚家具产业在其国内的发展存在一定问题与瓶颈，在国外亦面临众多家具制造强国的竞争，但马来西亚家具制造商拥有管理政策稳定、基本设施先进、网络健全等优势，特别是在知识产权方面，各个国家家具的创新设计，可通过在马来西亚的登记而受到很好的保护，故其家具深受欧洲消费者的喜爱。

三、结语

马来西亚家具产业进入马来西亚（青岛）国际家具产业园，通过与中国企业在技术、市场、管理等方面的优势组合，不但有利于降低其家具生产成本，还将为其家具产业向中国转移奠定基础。中国家具企业可从中学习、总结经验，以提高自身的竞争力。

（来源：黄艳丽. 木材工水杂志 2008 年第 3 期）

缅　甸

缅甸采矿业

一、缅甸采矿业之矿业资源概况

（一）石油与天然气资源

缅甸有百余年石油开采历史，1853 年仁安羌油田的石油开始出口到欧洲，主要分布在缅甸中部和沿海地区。现陆上已开发油田 18 个，海上、陆上开发天然气田 3 个。

主要天然气田为 Yadana 和 Yetagun，已探明储量分别为 6.5 万亿和 3.2 万亿立方英尺。由韩国大宇、印度 ONGC Videsh 有限公司和印度 GAIL 有限公司在若开邦海上 A—1 区块和 A—3 区块发现了大型天然气田，预计储量达到 5.7 万亿至 10 万亿立方英尺。

1989 年以来，截至 2006 年 4 月 30 日，缅甸已与 24 个国际石油公司签订 39 份 43 个区块的产品分成合同，协议外资达 26.34 亿美元，是缅甸引进外资最多的行业。主要的投资方为韩国、印度、日本、马来西亚、泰国、印尼、法国和中国等。

（二）矿产资源

缅甸有大量的矿产资源，现已探明主要的矿藏有铜、铅、锌、银、金、铁、镍、宝石、玉石等，部分已得到大面积开采。

1. 铜矿：主要位于曼德勒以西 105 公里的望濑及望濑以东 11 公里处的礼勃东。产品品质较高并已进入国际市场。

2. 铅锌银矿：主要分布在掸邦东部高原的铅—锌—银矿带中。该矿带向北延伸到中国云南省，向南延伸到泰国，全长 2000 多公里。最大的矿床是掸邦北部的包德温矿。

3. 镍矿：主要分布在曼德勒以北，有达贡山镍矿和梅当镍矿。

4. 铁矿：主要分布在缅北克钦邦，克钦邦的帕敢铁矿属褐铁矿。

5. 金矿：缅甸金矿主要集中在缅中北部实皆地区，缅甸最大的国有金矿山 Kyaukpahto 金矿，位于实皆省东界近北端。曼德勒省中部有 Yamethin 金矿。

6. 玉石矿：主要分布在缅甸北部克钦邦的帕甘地区。

7. 宝石矿：主要分布在缅甸中部的抹谷地区和东部的勐秀地区。

1994 年缅颁布矿业法，允许外国对宝石、金属、工业矿产原料、石料进行勘查、勘测和生产。同年 10 月，缅甸政府宣布过去由缅甸国营部门垄断经营的金矿和铜矿向外资开放，并于 1995 年 9 月、1996 年 9 月和 1997 年 9 月先后三次将 40 块矿区对外招标。截至 2006 年 4 月 30 日，外国对缅甸的矿业投资项目达 58 个，投资协议金额为 5.3489 亿美元。加拿大的 Ivanhoe 公司 1994 年开始投资开发铜矿，1997 年开始生产铜金属，是较为成功的投资之一。

二、缅甸采矿业之能源业发展概况

（一）缅甸能源发展政策

缅甸能源部制定的 21 世纪缅甸能源业发展的政策如下：

1. 保持能源独立的政策；
2. 进一步提高新老能源资源的利用率；
3. 提高能源使用效率和进一步节约使用能源；
4. 进一步加大其他能源替代产品用于家庭能源消费。

（二）缅甸石油与天然气业管理机构简况

缅甸能源部是缅甸石油与天然气业的主管部门，能源部下设计划司、缅甸石油与天然气公司、缅甸石油化工公司和缅甸石油产品贸易公司。

（三）缅甸能源业发展的历史沿革

1. 缅甸石油的使用始于 10 世纪缅王执政时期，当时在缅甸中部的仁安羌最早发现石油并开始使用。1886 年缅甸成立 Burmah Oil Company 石油公司，从而开始了缅甸石油产业发展的新纪元。从那时候开始到第二次世界大战发生后的 1942 年，共有37家外国公司在缅甸从事过石油产业的投资开发。

2. 1938年，BOC公司在缅甸开发石油业时，该公司在缅甸的日产石油最高产量达23400桶。1963年，BOC公司收归国有，缅甸政府石油公司的专家和技术人员们经过多年的努力，又找到了曼、郸谬、缅昂和瑞郸达等新的油田。

3. 1971～1985年，缅甸新发现了勒班多、贝白、敏德基、陶夏彬、汤德彬、德玛、甘尼和耶德那等新的石油与天然气田。1984～1985年日产石油量最高达到了30683桶。

（四）缅甸能源的生产与使用情况

缅甸的森林覆盖率达其国土总面积的50%，老百姓所用传统燃料均为木柴和木炭。1991～1992年，缅甸全国最基本的燃料使用情况分别为：木柴与木炭占79.92%，石油与天然气的使用量仅占15.16%。2001～2002年，木柴与木炭的使用量下降至67.91%，石油与天然气的使用率突升至25.56%。

（五）1988年后期缅甸石油业发展简况

1988年以后缅甸石油公司改名为缅甸石油与天然气公司，1988年11月缅甸发布外国投资法后，缅甸石油与天然气公司开始邀请外国石油公司到缅甸开展互利合作，缅甸石油与天然气将缅甸的陆地石油和海上石油划分为陆地石油区块47块，莫塔玛海湾、德林达依省近海海域和若开近海海面的缅甸海域深海区25个区块后开始对外国投资者进行招商开发。经过一段时间的努力，缅甸发现陆地和近海地区的石油与天然气田，过去发现并已开采的石油与天然气田的产量也在提高。

（六）目前缅甸石油与天然气生产情况

1. 按照缅甸的地质构造情况，缅甸石油与天然气勘探前景看好，缅甸共有14个地质沉积盆地，其中，缅甸石油与天然气公司仅对位于缅甸中部地区、卑谬地区和伊江三角洲地区的盆地进行过广泛的勘探，缅甸尚有许多地方具有新发现石油与天然气的可能性。

2. 缅甸按照生产分成的基本原则与外国公司合作开发，共签署34项陆地区块合作协定，19项近海区块合作协定，目前正在执行的有11个协定的11个陆地区块和10个协定的11个近海区块。据此，从1988～1989年度至2001～2002年度止，外国投入到缅甸石油与天然气合作勘探开发项目的资金已达27.29484亿美元。

（七）缅甸近海海面国际合作天然气开发计划执行情况

缅甸石油与天然气公司与外国公司合作开发陆地石油区块中，除发现大储量的阿漂天然气田和良栋油田外，又发现近海的耶德贡和耶德那天然气田。这些油气田的开发情况如下：

1. 耶德那天然气田：法国的Total公司、美国的Unocal公司、泰国的PTTEPI公司和缅甸的石油与天然气公司正在合作开发M—6作业区内的耶德那天然气田。耶德那天然气田的储量为57000亿立方英尺，如果将在该区块内新发现的钻石和红宝石天然气田的储量也计算在内，其总储量将达65000亿立方英尺。耶德那天然气田开发计划中，用于生产的投资额达5.08亿美元，用于长约410.5公里的输气管道铺设工程投资额已达5.87亿美元，总投资额已达10.95亿美元。耶德那天然气田已于1998年7月开始向泰国卖气，每天卖给泰国的天然气量为5.25亿立方英尺。据有关的销售协定，卖气协定将长达30年。目前该天然气田的日生产量为6.5亿立方英尺，其中，1.25亿立方英尺的气主要用于国内。为了满足国内对天然气的需求，土瓦至棉格礼的直径为20英寸的输气管道已经铺设完毕，正通过这条管道向规模为日产水泥4000吨的棉格礼水泥厂和直通的天然气发电厂送气。目前，耶德那天然气田的天然气还在通过锡唐地区向仰光送气，锡唐地区的工厂及仰光地区的达格达天然气发电厂均因此受益。

2. 耶德贡天然气田：

马来西亚的petronas公司、日本的Nippon Oil公司、泰国的PTTEPI公司和缅甸的石油与天然气公司合作开采的耶德贡天然气田从1992年11月开始发现可供商业性开采的油气田，耶德贡天然气田的储量为41000亿立方英尺和油气冷凝（Condensate）8436万桶。耶德贡天然气田开发计划已分别投资开采约3.3亿美元，输气（包括一条长约170英里、直径24英寸的管道）约3.12亿美元，总投资已达约6.42亿美元。从2000年4月开始，耶德贡天然气田每天向泰国卖天然气2亿立方英尺，从2002年开始，每天向泰国卖天然气数提高至2.6亿立方英尺，2004年，这一数字增加至4亿立方英尺。同时，耶德贡天然气田每天还生产油气冷凝物约8500桶，过去一部分油气冷凝物用于出口，现随着缅甸对机油需求的增加，为了满足国内的需求，已不再向外出口，转由直接运至位于仰光的丁茵炼油厂进行加工后供国内需求。

3. 若开近海地区 A—1 作业区块：若开近海地区 A—1 区块由韩国大宇国际公司按照产品分成的合同方式进行开发，整个开发工程始于 2001 年，目前，可行性考察报告已经完成，钻井位置也已选好。2003 年 11 月已经开始试验井的钻井工作。据初步勘测，该区块的天然气储量可达 13400 亿到 47300 亿立方英尺。

4. 目前缅甸近海的天然气田日产原油约 8500 桶和天然气约 9.5 亿立方英尺，其中，每天向泰国出售天然气 7.85 亿立方英尺。缅甸从 1998 年开始成为天然气的输出国家，从 2000 年开始，缅甸已成为亚太地区通过天然气输送管道向国外出售天然气最多的一个国家。

（八）缅甸陆地石油勘探开采情况

1. 缅甸石油与天然气公司与外国公司合作，正在进一步扩大双方的合作范围。同时，依靠自己的财力，在缅甸较偏远的实阶省莫莱镇区茵多和洪马林镇区乌约河边的耶波密村开始实施陆地石油勘探计划。

2. 缅甸石油与天然气公司在以上陆地石油与天然气的开发项目中，每天生产原油约 12000 桶和天然气 1.4 亿多立方英尺。

（九）天然气输送管道铺设情况

缅甸石油与天然气公司一方面正在努力加大石油的勘探与开发工作力度，另一方面努力开展能源业基础设施—天然气输送管道的铺设工程实施。截至目前，已经铺设的陆地、近海（出口天然气所输送管道）、下缅甸、上缅甸直至皎色的天然气输送管道总长已达到了 1900.98 英里。

（十）炼油业及石化工业

1. 缅甸石化工业公司下属的 3 家炼油厂，分别为：丁茵炼油厂、稍埠炼油厂和丹布亚甘炼油厂，这几家炼油厂的生产能力正在逐年上升中。目前，缅甸石化公司下属的第三化肥厂（觉沙）已与日本新能源工业技术发展组织（NewEnergy and Industrial Technology Development Organization（NEDO）签定了一项协定，据该协定，日本 Nissho Iwai Chiyoda Corporation 公司将与缅方合作，对缅甸第三化肥厂的设备进行更新改造，以提高该厂的经济效益。待该化肥厂的改造工程完工后，计划将使工厂的生产能力提高至日产 500 多吨尿素。

2. 为满足缅甸全国对尿素化肥的需求，缅甸国营部门也在组织从国外进口尿素后由私商向外出售。同时，能源部正在努力使缅甸工商总会也参与进口尿素化肥之中。

3. 缅甸现有的炼油厂均在生产石蜡。

4. 1999 年，缅甸在第一炼油厂的厂区内首次建设了一家沥青厂。

5. 1998 年，缅甸在第一炼油厂的厂区内建起了第一座环保型的高附加值的二氧化碳厂。

（十一）机油的销售情况

1. 为满足国内市场对机油的需求，缅甸能源部一方面组织扩大生产机油，同时组织从国外进口原油和机油。缅甸石油贸易公司在全国共设有 4 个主要的储油贸易站，27 个分支加油站，11 个飞机加油站、14 个省邦级贸易官员办事处和 273 个遍及各邦省的加油站。目前，缅甸各邦省对机油和成品油的需求量在逐年上升中。

2. 为解决缅甸偏远边境地区对机油和成品油的需求，缅甸石油产品贸易公司正在大其力、景栋、果洞和勐拉地区实施一项特别计划，组织从缅甸的邻国——泰国和中国直接进口机油和成品油。同时，畜牧水产部根据一些私人出口商的情况，按照能源部的整体计划，允许这部分出口计划完成情况较好的私商从国外进口成品油进行销售，使部分私人进出口商们也在成品油的进口供应方面发挥了积极的作用。

（来源：南博网．http://www.caexpo.com/publication/monthly/178.html.2009—03—06）

缅甸蜂蜜产业

缅甸是一个多山国家，山地和丘陵面积大概 261228 平方英里。周边是中国、老挝、泰国、印度、孟加拉。东西最宽 931 公里，南北最宽 2040 公里。缅甸所有的河流从北到南，伊洛瓦底江及其支流构成了缅甸的江河体系，这些河流体系加上每年大量的降雨产生了肥沃的三角洲区域，大约有 23000 平方英里地区每年会有 4～5 个月的洪水，沿海的沼泽地区约 130 万英亩。缅甸有 3 个季节，雨季是从 6 月到 10 月，凉季从 11 月到 2 月，热季从 3 月到 5 月。缅甸有丰富的植物种类，95 个门，2350 个属和 4000 个种。其中的产蜂蜜的植物可以分成 3 类：农作物；园艺植物；野生植物和森林树木。

缅甸本地蜜蜂可以分成两类，一种是构筑开放式单巢的大蜜蜂（例如 Apis dorsata，Apis laboriosa）和小蜜蜂，一种是岩洞里构筑封闭式多巢的蜜蜂（例如 Apis cerana，Apis koschevrikovi，Apis muluensis，Apis nigrocincta）。在 5 种本地蜜蜂中，Apis dorsata，生活在平原地区的森林和红树林上，每个巢可产10公斤的蜂蜜。Apis loboriosa生活在山区的悬崖上，每个巢可产3.5公斤的蜂蜜。Apis florae，Apis andreniformis生活在农作物边树顶上，每个巢可产1.5公斤的蜂蜜。Melipona，Trigona生活在树洞、石缝里和地坑里，每个巢可产0.5公斤的蜂蜜。黑色的Apis cerana主要生活在高地区域，黄色的Apis cerana生活在平原地区，每个巢可产3公斤的蜂蜜。

从1979年到1982年，在联合国粮农组织的协助下，缅甸的养蜂业开始发展起来，并于1983年在缅甸畜牧水产部的资助下成立蜂业局，2007年该组织共423人被吸收到缅甸畜牧水产部的畜牧养殖和兽医局下。2005年又成立了缅甸养蜂协会，并推进到缅甸各邦省。蜂业局的职能是促进蜂蜜出口和推广养殖技术，防治疾病，帮助私人企业，提供农作物授粉服务，增加蜂农收入和提高蜂蜜产量。

缅甸养蜂业的现状如下：

蜂蜜产能1000公吨/年，本地蜜蜂种类的养殖户有20000个，种群有60000个，产量每年每个种群3公斤，欧洲种类的养殖户有230个，有31200个，产量每年每个种群50公斤。

缅甸蜂蜜的年产量如下：

年度	2006	2007	2008
产量（公吨）	440	850	1000

预计2009年会超过1000公吨。

其中蜂蜜出口量如下：

年度	2003	2004	2005	2006	2007	2008
出口量（公吨）	370	351	506	359	373	951

50%以上的蜂蜜通过边贸出口到中国。

蜜蜂的授粉面积如下：

年度	2006	2007	2008
面积（英亩）	335000	335100	350000

分布在耕地、森林、花园等处的蜂巢有助于作物和水果的生长，2008年度，分布在全国的38000个蜂群提供授粉服务总共350000英亩，提高服务产值75万美元，并生产出价值120万美元的蜂蜜，一共创造出200万美元的年收入。

目前缅甸养蜂业发展中所面临的问题如下：蜂巢设计如何合理、蜂巢和蜂蜜的如何快速运输、需要政府政策支持、提高培训和对外交流数量、寻求公平的市场价格、解决产量低、蜂箱的储藏难度大和再利用的问题、加强质量控制和对高含水量的控制。

在缅甸，养蜂业有着重要意义，不仅能够提供蜂蜜，而且可以能够为农作物授粉和保持生物多样性。缅甸养蜂局对养蜂业重视并且提出发展的指导原则：要求养蜂必须远离环境污染，远离高速公路和工厂；养蜂应该保持在距离牧场1～3公里以内的地方；而且牧场都必须具有天然的原生植被；不能使用化学产品治疗蜂类的疾病，不能导致环境污染，所用药品来自植物或者本土药材，保持疾病治疗纪录。2008年的中缅贸易额达到26.26亿美元，其中蜂蜜的贸易额不到60万美元，虽然是很小的贸易产品，但是可以看到缅甸的蜂蜜具有自己的特点，很重视其产品的天然性，无污染，对身体健康有益，同时价格低廉。

（来源：中国商品网. http://ccn.mofcom.gov.cn/spbg/show.php@id=8866&ids=2.2009—02—24）

缅甸珍珠产业简介

一、缅甸珍珠产业初始

缅甸珍珠养殖业始于1954年缅甸的丹老群岛。总部设在日本的南海珍珠公司与缅甸果洞的贸易公司组成合资公司开展珍珠养殖业。从1963年开始，国家政府组建人民珍珠渔业组具体负责珍珠养殖工作。1972年人民珍珠渔业组改组为人民珍珠渔业公司，并划归农林业部。1983年再次以人民珍珠公司的名义划归畜牧水产业部。1983年划归缅甸矿业部，并以珍珠养殖生产处的名义与盐业公司合并成立珍珠养殖产业公司。1989年单独成立缅甸珍珠公司，从那时起，缅甸珍珠养殖公司只负责养殖生产，销售业则由缅甸珠宝贸易公司负责。1989年4月1日改组为缅甸珍珠生产贸易公司，公司不仅开展珍珠养殖业，同时开展销售业务。原隶属于缅甸珠宝贸易公司的珍珠养殖销售处改组为缅甸珍珠生产贸易公司。

二、缅甸珍珠养殖产业历史背景

缅甸珍珠养殖基地最早选择在杜墨岛以南的勒素湾（Livock Bay）。由三位珍珠养殖专家组成的专家组于1954年4月29日来到杜墨岛开始养珠工作。1955年2月，果洞贸易联合企业（Kawthaung Trading Syndicate）改名为缅甸珍珠联合企业（Burma Pearl Syndicate）。经过认真考察后，于1954年开始了养珠业务。由于勒素岛涨潮引发泥沙增多，养珠基地于1955年搬迁至目前的珍珠岛。

三、国内外对缅甸珍珠产业投资情况

缅甸国家恢复法律与秩序委员会接管政权时期，随着市场经济制的实行，开始允许国内外公司与缅甸国营珍珠公司开展合资经营。缅甸国内公民私营公司尼努公司和东方珍珠公司分别于1992年和1994年投资珍珠产业。但由于缺乏国际上的先进技术，缅甸珍珠产业的发展步伐迟缓。

1997年，日本达撒基新周公司投资缅甸珍珠业，1998年，澳大利亚的太平洋公司和泰国的安达曼格拉公司与缅甸珍珠公司签署了合资养珠协定。

四、缅甸海水养珠业现状

2000年，缅甸人工育贝养珠业进展顺利，试养成功，2002年开始成功开展养珠插核。2001年，缅甸国营珍珠公司与国内私营公司——东方珍珠公司合作在珍珠岛上试育贝成功，2003年缅甸国营珍珠公司成功插核育贝80000余只，私营东方公司成功插核育贝60000多只。

在缅甸水域内，缅甸国营珍珠公司、国内的两家私人公司和三家外国投资公司均产珍珠，2006～2007财年，缅甸全国珍珠总产量为411000粒。

五、缅甸丹老群岛养珠公司

在缅甸海水水域的丹老群岛上从事养珠业的公司分别为：

国营：缅甸国家珍珠公司

私营：尼努公司、东方珍珠公司

外资：缅甸达沙格公司（日本）、缅甸太平洋公司（澳大利亚）、安达曼公司（泰国）。

六、缅甸珍珠市场情况

1983年，缅甸产养珠贝病害曾一度导致珍珠产量和质量有所下降。同时，其他国家和地区所产南海珍珠开始在香港举行拍卖会。1992年，缅甸国内私营公司开始投资珍珠养殖产业，但由于缅甸珍珠在养殖技术上没有突破而再次面临产量减少质量下降的情况，直接导致外国购买缅甸珍珠的数量减少。目前购买缅甸珍珠的外国客商仍然维持在较少的水平上，大部分缅甸珍珠的主要市场仍然依靠国内市场。

1999年，缅甸国营和私营养珠公司均前往香港参加珍珠交易会，销售收入70万美元。从此，缅甸珍珠重新在市场上受到欢迎，缅甸珍珠的光泽度因较其他同类珍珠优异而在市场上受到青睐。澳大利亚产银珍虽然颗粒更大，但光泽仍然比不上缅甸珍珠。缅甸产银珍珠由于泛粉红色、金珍珠色更深等特色均比同类珍珠质量更优异。

从1997年开始，外国公司投资缅甸养珠业，同时也带进了先进的养珠技术，使缅甸养珠技术有了更进一步的改进，缅甸珍珠质量因此向良好的方面发展。

从1963～1964财年度开始，缅甸每年均定期举办珠宝交易会，缅甸珍珠在交易会上的平均成交量约为300多万美元，1989～1990财年珍珠在年度珠宝交易会上的成交量一度创新高达500多万美元。1995年后期由于缅甸产珍珠质量下降和数量减少的原因，加之世界市场范围内珍珠销售价格下降，导致缅甸珍珠美元成交量下降。

珍珠交易会上的珍珠价格取决于珍珠质量的差异上，零售价一般较交易会的价格高，珍珠首饰的价格较珍珠颗粒的价格高。投资缅甸养珠业的日本Tasaki Shinju Co.，珍珠公司的“Myanmar White”品牌珍珠在加工为首饰后，一串珍珠项链的售价在6000到18000美元之间，一串珍珠手链的售价约为2200美元，一对珍珠耳坠的售价在1800美元以上。（珍珠计量单位：1莫米＝3.35克拉＝20.63耶迪）

（来源：中国商品网．http://ccn.mofcom.gov.cn/spbg/show.php@id=8038&ids=2.2008—09—03）

缅甸农业概况

一、基本情况

缅甸是一个农业国家，2006～2007财年，农业产值占GDP的比重高达36.98%，农作物主要有：稻米、豆类、油料作物、棉花、甘蔗、黄麻、橡胶和油棕等。农产品出口额占国家出口总额的14.5%，农业从业人员占全国劳动力总数的63%。缅甸农业的十大主要作物为：稻谷、甘蔗、长绒棉、玉米、花生、芝麻、向日葵、黑豆、绿豆和赤豆等。

十大主要农作物的发展计划：每英亩分别为：稻谷产量达100箩（每箩＝21.06公斤）、甘蔗产量

30吨、长绒棉400缅斤（1缅斤=1.5公斤、玉米80箩（1箩=25.13公斤）、花生50箩（1箩=11.33公斤）、芝麻20箩（1箩=24.69公斤）、葵花50箩（1箩=14.51公斤）、黑豆20箩（1箩=32.92公斤）、绿豆20箩（1箩=32.92公斤）、赤小豆25箩（1箩=32.92公斤）。

二、缅甸主要农作物种植生产情况统计

表1　缅甸稻米种植生产情况统计

财政年度	种植面积（单位：百万英亩）	产量（单位：箩）	总产量（单位：百万箩）
1996～1997	14.52	59.43	847
1998～1999	14.23	60.68	818
2001～1002	15.94	66.29	1050
2002～2003	16.03	66.32	1045
2003～2004	16.17	68.74	1109
2004～2005	16.95	70.52	1186
2005～2006	18.26	72.71	1327
2006～2007	20.08	74.28	1482

表2　缅甸豆类种植生产情况统计

财政年度	种植面积（单位：百万英亩）	每英亩产量（单位：箩）	总产量（单位：十万箩）
1996～1997	4.85	9.04	432
1998～1999	6.08	9.04	531
2001～2002	7.90	10.65	837
2002～2003	8.08	10.78	869
2003～2004	8.38	11.64	975
2004～2005	8.75	12.71	1112
2005～2006	9.41	13.42	1262
2006～2007	9.89	14.15	1399

表3　缅甸油料作物种植情况统计（单位：千英亩）

财政年度	花生	芝麻	葵花	油菜	花麻
1996～1997	1184	2829	308	44	116
1998～1999	1242	2963	848	74	140
2001～2002	1405	3416	1231	137	225
2002～2003	1435	3501	1137	147	231
2003～2004	1617	3578	1262	159	258

续表

财政年度	花生	芝麻	葵花	油菜	花麻
2004～2005	1691	3696	1275	166	276
2005～2006	1805	3306	1705	175	318
2006～2007	1867	3565	1516	185	299

表4　缅甸棉花种植生产情况统计

财政年度	种植面积（单位：十万英亩）	每英亩产量（单位：缅斤）	总产量（单位：十万缅斤）
1996～1997	8.24	139.63	1029
1998～1999	8.04	135.18	968
2001～2002	7.30	132.23	863
2002～2003	7.47	134.09	878
2003～2004	7.22	141.11	968
2004～2005	7.59	160.60	1192
2005～2006	8.20	176.78	1443
2006～2007	8.74	188.89	1643

表5　缅甸甘蔗种植生产情况统计

财政年度	种植面积（单位：十万英亩）	每英亩产量（单位：吨）	总产量（单位：十万吨）
1996～1997	2.04	19.69	40
1998～1999	3.11	17.61	53
2001～2002	4.02	17.94	70
2002～2003	3.67	17.99	63
2003～2004	3.73	18.77	68
2004～2005	3.61	20.85	72
2005～2006	3030	22.19	71
2006～2007	3.69	22.53	80

资料来源：缅甸农业水利部

（来源：中华人民共和国驻缅甸联邦大使馆经济商务参赞处网. http://mm.mofcom.gov.cn/aarticle/ztdy/200809/20080905791338.html. 2008—09—20）

菲律宾

服务外包业：菲律宾经济增长的新亮点

近年来，随着信息技术的发展以及经济全球化

进程的加快，服务外包业在全世界范围内悄然兴起，并被很多发展中国家视为朝阳产业。菲律宾则抓住这一商机，充分利用民众外语能力强和接近西方文化等优势，大力推动服务外包业的发展，并一跃成为全球仅次于印度的第二大外包服务国。

由于劳动力英语口语水平和整体受教育程度较高等因素，印度和菲律宾成了欧美银行和 IT 公司开展外包业务和呼叫中心的首选地。虽然印度相对菲律宾优势更大，但菲却在受益于全球外包业中出现的一种新趋势，即越来越多的公司希望将投资分流到印度以外的市场。

菲律宾广泛使用英语以及它与西方的历史渊源，都使菲律宾发展服务外包业具有优势和潜力。除拥有熟练英语和教育水平较高的劳动力外，成本低和拥有较好的电信基础设施也是菲律宾发展服务外包业的优势。菲律宾一个劳动力一年的成本约为5000～6000 美元，而北美的劳动力成本则为25000～30000 美元。菲律宾呼叫中心像雨后春笋一样层出不穷主要是因为菲律宾人说英语的口音与北美人的口音相似。

2007 年菲律宾服务外包业收入已从 2004 年的 15 亿美元上升到 50 亿美元，占整个国内生产总值 3%以上，直接为菲律宾解决 34 万人的就业问题。菲律宾服务外包业协会估计，2007～2008 财政年度，菲律宾服务外包业将为菲律宾带来约 70 亿美元收入，而到 2010 年，菲律宾的外包业收入则有望达到 130 亿美元，将占据全球服务外包市场 10%的份额，并将为 100 万菲律宾人提供就业机会。菲律宾政府最近曾向外界表示，服务外包业的继续高速增长将使菲经济不会陷入衰退。

正在世界蔓延的金融危机已经冲击到全球经济和商业的各个领域，服务外包业能否幸免无疑引起菲律宾乃至全球许多国家的关注。金融危机事实上将为菲带来更多的外包业务，更多的公司为了生存将不得不采用服务外包形式。摩根大通和美国国际集团等都将在菲拓展他们的信用卡等外包业务。

菲律宾服务外包业协会首席执行官奥斯卡·萨内斯指出，为应对金融危机，菲律宾外包业协会还将与菲律宾政府一起赴美国、欧洲和澳大利亚、新西兰等地吸引新的投资。菲律宾外包业的 85%业务为银行服务业，而且这些客户主要来自美国。除银行业外，建筑、食品、分销、高科技、重工业以及制药业等也很有开发潜力。在全球经济前景尚未十分明朗的情况下，菲律宾服务外包业却将继续保持 20%至 30%的高速增长，将继续成为菲律宾经济增长的新亮点。

（来源：中国服务贸易指南网. http://tradein-services. mofcom. gov. cn/i/2009—02—06/67985. shtml. 2009—02—06）

菲律宾建筑市场

目前，中国国内建筑市场的竞争日趋激烈，僧多粥少的局面越来越明显，为了寻求突围的途径，不少有实力的企业开始把眼光放在了海外市场。

一、菲律宾建筑市场概况

1. 菲律宾房地产市场整体向好，自从亚洲金融风暴以来，房地产市场已经沉寂了 10 年，从 2006 年左右开始重新起飞。目前首都马尼拉整个市场十分兴旺。市中心黄金地段的商品房每平方米售价 60000～71000 比索（小马尼拉区、PA SIG 区等地段），南郊别墅每平方米售价约为 45000～60000 比索（Sucat，A labang 等地段）（大致的货币比价是人民币∶比索=1∶6）。

2. 当地的劳动力资源十分便宜。政府公务员工资收入约为每月 8000～10000 比索，当地家佣每月工资 3000～5000 比索，出租车司机每月工资 7000 比索，工程师每月工资 30000 比索，一般建筑工人 350～499 比索一个工日（8 小时）。

3. 建筑材料的质量检测方面，均由第三方公司进行检测，费用计入措施费用。

4. 当地的建筑材料大量从中国进口。

5. 当地缺乏大型的施工设备，基本上要从国际市场进口，从中国进口的设备具有较高的性价比。塔吊等大型施工设备，要由当地的有资质的机构安装，由安全管理部门批准才可以使用。

6. 当地建筑工地在安全措施上面的投入远低于中国的建筑工地。

7. 工期进度上，因为没有中间验收的要求，装饰与结构可以流水进行。结构进行上部施工时，下面几个楼层就可以进行装饰施工。因此在工期估算上，与中国有所不同。

8. 马尼拉市面上的各种商品，不论是生活用品，还是建筑材料，普遍都比中国贵。

二、中国公司在当地开展业务的主要困难

1. 劳务问题

（1）政府对外来劳工有人数限制，菲律宾本身劳动力资源就很丰富，政府不允许太多的外来劳工

进入本地的劳务市场。一般而言，一个中国公司承包的工地只允许进20～30人的外来劳工。

(2) 政府的劳动法很严格，8小时工作制，超时工作要付加班工资。最低工资标准远高于中国的标准。

(3) 当地工人的工效大概要比中国低25%。

(4) 优秀的建筑工人比较难找，因为近期建筑市场繁荣，开工的工地比较多，工人选择的余地比较大。当地一般半个月发一次工资，工地有时每周发一次工资。如果有出价更高的工地，好的技术工人随时会流走。

(5) 优秀的工程师也比较难找，流动的范围更大，菲律宾工程师掌握熟练的英语，菲律宾使用美国的建筑标准，优秀的工程师随时可以跳槽去美国。

(6) 建筑工人的管理难度大，当地工人普遍使用土语（TAGALOG），有些人甚至不会讲英语只会讲土语（TAGALOG），必须使用当地的工头才可以管理。

(7) 建筑工人的成分复杂，其中有南部阿布萨耶夫游击队投降过来的士兵。

2. 法律问题

当地的法律非常健全，遇到辞退劳务分包队伍、要求工人加班、解雇工人等情况时，中国建筑企业在不熟悉当地法律的情况下，经常会卷入一些法律纠纷。

3. 治安问题

菲律宾南部三岛是反政府武装控制的地区，菲律宾北部相对秩序较好，菲律宾首都马尼拉，位于北部吕宋岛。当地五星级酒店、大型商场、超市都有保安人员配备重型枪械执勤，进出要执行严格的安检。

企业应尽量选择24小时有管理员的公寓楼作为宿舍。

三、中国公司在菲律宾开展工程承包业务的方法探讨

1. 资金问题

由于近期菲律宾建筑市场比较繁荣，开工项目比较多，很多资金实力不强的房地产开发商非常希望与中国建筑企业合作，由中国建筑企业向中国境内的银行申请出口信贷，由此来解决资金不足的问题。有条件申请卖方信贷的建筑企业想在菲律宾找到项目还是比较容易的。

为了保障资金安全，可以投保出口信用保险。这样做不仅可以提高资金安全系数，而且可以利用出口信用保险公司的资信调查系统，核实对方开发商的资信情况。

2. 管理人员的配备

(1) 要在当地顺利开展工作，必须配备一个精干的管理团队。仅靠空降一两个管理人员是很难在当地展开工作部署的。必须有一个分工明确、业务能力强、做事讲原则的管理团队。人才队伍的建设是海外承包项目能否成功的关键。

(2) 企业应确定一个合理的海外工作津贴标准。海外工作津贴标准如果过高，会增加公司的运营成本，但如果海外津贴标准没有吸引力，会增加延揽人才的难度。

(3) 管理团队的组成可以考虑中外结合，高层管理人员采用中方人员，中层干部中外混编，施工班组层面以菲方本地人员为主。中国建筑企业新进入当地建筑领域，对当地的资源不熟悉，所以应尽可能配备一名当地的工程师担任现场统筹管理。

(4) 当地人才的招聘可以通过菲律宾当地的招聘网站进行。如 www. jobstreet. com. ph，www. bestjobs. ph 等。

3. 项目部的组织与施工

(1) 项目部必须在国内设置采购人员，负责从国内采购具有价格比较优势或技术比较优势的材料、设备。

(2) 项目部必须配备多名懂建筑工程的英语翻译，解决中方与菲方人员的沟通问题。

(3) 项目部必须配备当地的工程师，并快速建立与当地的劳务供应商、材料供应商的关系。

(4) 项目部必须首先用好当地的施工队伍，适应当地的施工方法，然后再想办法与国内的施工方法进行结合改良，提高工效。

（来源：汪海东. 建筑经济杂志2008年6月增刊）

菲律宾承包工程市场

菲律宾承包工程市场主要依靠政府推动，而由于多年来财政赤字、外债规模居高不下，政府资金有限，与其他亚洲国家相比，菲律宾在基础设施建设方面投资最少，平均只占GDP的3.3%，基础设施落后已成为制约菲律宾社会经济发展的重要因素。

目前，菲律宾政府已经认识到基础设施建设的重要性，政府计划加大在此领域的投入力度，争取达到亚洲新兴工业化国家水平。

一、市场概况

受金融危机影响，菲律宾承包工程市场在1998年后的发展基本停滞。2004年后，随着菲律宾经济的恢复，政府逐渐开始重视国内基础设施的建设，承包工程市场在政府公共建设支出的推动下出现增长势头。2006年建筑业产值为2351亿比索（按当时汇率约合46亿美元），占当年GDP的3.9%，增长速度达到7.3%。

与其他亚洲国家相比，菲律宾在基础设施建设方面的投资最少，平均只占GDP的3.3%。为缩小与邻国差距，2006至2010年间，菲律宾政府计划每年基础设施投入将保持GDP的4%以上。2007年3月政府推出了包括交通建设、供水、电力和通信等领域在内的10大基础设施建设项目清单，预计到2010前这些领域的总投资将达到1.7万亿比索（约405亿美元）。交通设施将是其中最大的投资项目，预计将达到7430亿比索（约合177亿美元）。在关键交通项目的建设上，菲律宾政府将出资3720亿比索（约合88亿美元）修建4大交通大动脉。对其他项目，菲律宾政府将提供56%的建设资金，剩下44%依靠吸引外资和私人投资。

由于财政状况改善，政府还将加大高科技农业、体育、教育、政府办公设施等方面的投入。此外，服务业的迅速发展，写字楼、酒店、宾馆等需求也将随之增加。

随着菲律宾经济的不断发展，特别是政府对基础设施建设的重视和投资环境的改善，未来菲律宾承包工程市场将保持良好的发展势头，外资承包公司将面临较多的发展机会。

二、细分领域市场机会

菲律宾承包工程市场分为基础设施、工业建筑和民用建筑等三大类，细分市场可分为公路、铁路、桥梁、水运、空运、能源电力、水利、电信、非民用房屋建筑、住宅等10个。以下是从各市场的发展现状、政府发展目标及发展规划的角度对各个细分领域市场机会的分析。其中政府发展目标和规划源于《2004～2010年菲律宾发展中期规划》。根据这一规划，菲律宾决定加快基础设施建设，尤其是铁路和沿海公路建设，以吸引游客和外资、促进边远地区经济发展和消除贫困。

（一）公路

1. 发展现状

菲律宾陆上交通以公路为主，在已建成的20.2万公里的道路中，国家级公路只占15%，省级公路占13%，市镇级公路占11%，其余60%都是乡村土路。国家干道只有70%是沥青混凝土路面。菲全国有高速公路200公里，多数双向四车道，车速慢，质量差；其他道路路面窄，质量差，亟须改造。

用日本低息贷款修建的“泛菲公路”是菲律宾最长的公路，北起吕宋岛的拉奥市，南抵棉兰老岛的三宝颜市，全长1.3万公里。其他公路线大都集中在吕宋岛，以马尼拉和黎牙实比为中心，基本形成一个环状公路网。近年来在吕宋地区，正在进行几项公路修护工程，其中包括在马尼拉修建高速公路、对吕宋北部的高速公路段进行现代化改造。

2. 政府规划

（1）发展目标

菲律宾公路基础设施方面的发展目标是建立一个良好的公路网络，同时完善现有的公路体系，以加强国内各地区的经济贸易联系，促进地区平衡发展；推进完成大马尼拉疏堵工程，加强旅游景点的公路建设；加强现有道路的规范利用。

（2）发展规划

近年来，菲律宾得益于国内经济发展和财政改革，公共债务正在稳步下降，外国援助贷款不断增加，这使得政府有财力加强公路设施建设。根据菲律宾中期发展规划，菲律宾公路建设支出每年至少增加3%，但每年的实际支出增长率均超过6%。路桥维护费用也有所增加，政府计划将路桥维护预算从2005年的60.75亿比索（约合1.45亿美元）增加至2010年的135亿比索（约合3.21亿美元）。

表1 菲律宾中期发展规划中的公路规划

单位：亿比索

项目	总成本	前期	预算						
			2005	2006	2007	2008	2009	2010	后期
公路	3662	744	309	328	370	382	401	436	629
A. 外国援助项目	2315	610	173	224	243	232	178	207	448
a. 在建项目	1219	598	169	188	166	87	11	—	—
b. 新建项目	1096	12	4	35	80	145	167	207	448
B. 本国出资项目	1347	134	137	104	127	149	223	229	224

资料来源：菲律宾公共工程与公路部

公路建设方面的工程项目主要集中在以下方面：

一是作为建设连接全国的跨海道路网的重要组成部分，将新建和改扩建有关道路以及跨海滚装船设施。该路网位于维萨亚斯（Visayas），包括西部、中部和东部三条跨海道路。跨海道路网建成后，将充分发挥公路交通和海上滚装船（RORO）的作用，从吕宋岛（Luzon）通过维萨亚斯（Visayas）至棉南老岛（Mindanao）的时间缩短 10 小时，乘客费用减少 40%，货物运费减少 30%。

二是作为大马尼拉疏堵工程的重要组成部分，将采取以下举措：

发展南吕宋高速公路、Tagalog Arteria 高速公路连接马尼拉与八打雁（Batangas）地区。进行北吕宋高速公路和麦克阿瑟路的拓宽、改造工程，缓解马尼拉到中吕宋的交通拥挤问题。加强以下道路合理规划利用：R—10 路、McArthur 高速公路、Commonwealth 路、奎松路、Marcos 高速公路、Epifanio de los Santos Avenue（EDSA）、C—5 路。疏通以下道路交通瓶颈：马尼拉—甲米地高速公路、北吕宋高速公路、加宽麦克阿瑟高速公路、马科斯—安第保罗高速公路。

三是旅游景点的公路建设。包括宿务（Cebu）—葆荷（Bohol）—卡明锦（Camiguin）、克拉克—苏比克、克迪勒拉等沿线地区的公路建设。

（二）铁路

1. 发展现状

菲律宾目前铁路总里程约 2 万公里，主要集中于吕宋岛，以马尼拉为中心，北达圣费尔南多，南到黎牙实比。菲律宾各岛距离较短，地势起伏不平，限制了铁路网的发展。

近年来，菲律宾主要利用国际援助建设吕宋铁路和棉兰老岛铁路，同时积极鼓励私人资本和外国资本进入基础设施投资领域，包括北吕宋铁路、南吕宋铁路、吕宋南北铁路连接、棉兰老岛铁路等重大铁路项目。

2. 政府规划

（1）发展目标

加强吕宋岛铁路建设，为马尼拉和中吕宋、北吕宋之间的交通带来便捷，引导马尼拉居民向中吕宋，甚至北吕宋地区转移。修建南部铁路以连接马尼拉与八打雁（Batangas）地区，并将在沿线建设住宅，疏导马尼拉人口向南部转移，缓解马尼拉交通拥堵。

（2）发展规划

根据菲律宾 2007 年预算报告，菲律宾国家铁路公司只得到 295 万美元的预算资金，而且这些资金主要是铁路维护费用。菲律宾主要铁路项目主要依靠国际援助，北吕宋和南吕宋铁路项目主要依靠中国贷款，而吕宋南北铁路的连接主要依靠韩国贷款，其他一些铁路项目主要依靠日本等国的援助。此外，世界银行、亚洲银行、亚洲开发银行等国际机构对菲律宾也提供巨额援助。

（三）桥梁

1. 发展现状

菲律宾由于岛屿众多、河道密布，桥梁建设需求较大。目前菲律宾桥梁建设主要包含于公路铁路建设，如吕宋铁路、沿海公路、环城公路等建设项目中均包含桥梁建设项目。但由于菲律宾是千岛之国，而且经常遭遇台风袭击，单一桥梁建设需求也比较大，受限于财政约束，菲律宾许多桥梁建设项目需要国际援助。为此，菲律宾在桥梁建设方面专门设立总统桥梁计划，负责接受英国、西班牙、日本、奥地利等国际桥梁援助项目和中央政府预算项目。目前总统桥梁计划由公共工程和公路部实施，2005 年在该计划下有 304 座桥梁完工。

2. 政府规划

菲律宾桥梁建设主要服务于居民生活需求，缓解部分地区交通拥堵现状。

2007 年菲律宾主要桥梁项目是 Pangil 湾大桥。2007 年 7 月 11 日，菲律宾公共工程与公路部就 Pangil 湾大桥建设事宜与当地政府签署谅解备忘录，该桥造价 27 亿比索（约合 6429 万美元），将连接奥兰棉示和 Lnao del Norte 以及伊利甘。此外，由于 2007 年菲律宾比科尔地区遭受台风袭击，八座桥梁受损，当地政府计划利用日本和澳大利亚援助资金修复这些桥梁。

（四）水运

1. 发展现状

由于是海岛国家，菲律宾海运和港口设施显得十分重要。目前，菲律宾拥有 1400 个港口和码头，213 个渔港。许多港口需要扩建和升级，以容纳大吨位轮船和货物。

菲律宾主要的对外港口只有马尼拉、宿务、卡加延得奥罗、怡朗、三宝颜和达沃等六大港口，他们几乎承担着 80%的港口交通。其中马尼拉港是最大的港口，年货物吞吐量约为 1874 万吨，约占全国进口商品的 80%，出口商品的 15%；马尼拉国际集装箱码头是亚洲效率最高的五大码头之一。第二大港宿务位于菲律宾中部，承担国内外的船运业务。

2. 政府规划

(1) 发展目标

政府在水运方面的发展目标是：提升航运系统质量，提高船只安全系数，满足商业航运和海上救援、导航的需求。

(2) 发展规划

建设连接全国的跨海道路网。建造跨海滚装船设施，充分发挥海上滚装船（RORO）的作用。推进达沃湾发展工程，进一步完善服务于旅游业的交通需求。

（五）空运

1. 发展现状

菲律宾航空运输业比较发达，是东南亚地区唯一能在4小时内抵达东南亚任意首都城市的国家。目前，国际上最大的两家航空快递邮件公司，联合包裹快递公司与联邦快递公司都选择菲律宾为其在亚太的枢纽。菲律宾全国有机场288个，主要机场有首都马尼拉的尼诺·阿基诺国际机场、宿务市的马克丹国际机场和达沃机场等。国内航线遍及四十多个城市，全国各主要岛屿之间都有航班。国际航线较多，菲律宾与三十多个国家签订了国际航运协定，大多数航线每天或一星期都有多个航班从马尼拉飞往亚洲国家首都以及美国、欧洲与中东的主要城市。

菲律宾主要的岛屿和省会都有机场，但很多机场设施落后，许多省会只有土石跑道的简易机场，至少有9个国际机场需要修建和改造。目前菲律宾政府正抓紧对机场设备的更新升级，2007年4月克拉克机场装备上了进场引入雷达，每周起降50架次国际航班和50架次的货机航班，成为仅次于阿基诺国际机场的第二大机场。而Kalibo机场现已配备了导降系统，成为符合国际标准的机场。

2. 政府规划

(1) 发展目标

近期内进行航线机场建设的主要目标为服务于大马尼拉疏堵工程，将克拉克、苏比克地区建设成东南亚最有竞争力的服务业和物流业中心；进一步发展菲律宾的航空运输业，满足国内外对航线的需求。

(2) 发展规划

政府计划开辟Bicutan—Alabang航线支线以疏通交通瓶颈，缓解马尼拉地区的交通压力。

加强旅游景点服务的航线建设。包括修建Panglao机场和达沃机场、拉瓦格机场、巴拉盖地区的伊洛伊洛（Iloilo）机场和巴克洛德（Bacolod）机场、巴拉望地区的科隆机场。

（六）能源电力

1. 发展现状

菲律宾能源业主要包括石油、煤炭和电力工业，此外地热、水力资源也有所开发。由于菲律宾勘探开发能力有限，对国外能源依赖程度较高，全国石油消费60%以上依靠进口。

20世纪70年代石油危机后，菲律宾采取了各种措施发展国内能源，积极开发水利、地热等各种资源。但这些努力仍不能满足国内生产和生活的需要，2005年菲律宾每天消耗原油36.7万桶，而本国原油日产量只有2.35万桶左右，其余依靠进口。

2. 政府规划

(1) 发展目标

鉴于国内能源需求快速增长，菲律宾将采取措施确保能源安全。通过加大油气资源开发、发展可再生能源、稳步推进国际能源战略联盟、扩大天然气使用范围和节约能源，力争在2010年实现国家能源需求60%自给的目标。电力部门的改革目标是降低电价，包括解决国家电力公司亏损问题，鼓励私人部门参与电力生产。

(2) 发展规划

国家将推进能源自给计划。首先将加大石油和天然气的勘探开发力度，重整菲律宾国家石油公司。其次要发展可再生能源，包括地热能源、风能、太阳能、水电和生物能源。此外，还要加大天然气开发力度，与周边国家加强能源战略合作，比如与泰国合作，在苏比克地区建设能源储备设施；与俄罗斯加强在石油进口方面的合作；与中国、澳大利亚、印尼加强在煤炭进口方面的合作。

根据菲律宾能源部制定的中期能源发展规划，2004～2013年投资总额为14164.3亿比索（约合337.2亿美元）。其中，电力部门2007～2010年仅电厂建设和输电项目就有4560亿比索（约合108.6亿美元），占该期基础设施投资的22.6%。

（七）水利

1. 发展现状

菲律宾河流遍布全岛，虽然多半源短流急，不利航行，但水能资源丰富。菲律宾属于热带海洋性气候，高温多雨，湿度大，台风多，洪水灾害严重，因此菲律宾政府高度重视水利建设。除水力发电站的建设外，菲律宾还兴建了一系列防洪工程、供水工程和灌溉工程。

2. 政府规划

根据菲律宾中期基础设施发展规划，2007年将投资58.6亿比索（约合1.4亿美元）建设防洪设施，2008年达到75.7亿比索（约合1.8亿美元），2009年90.7亿比索（约合2.2亿美元），2010年基本与2009年持平。

2007年4月17日菲律宾国家经济发展署批准了479.3亿比索（约合11.4亿美元）的莱水库方案。建该水库的目的是向大马尼拉地区长期供水，解决大马尼拉地区目前存在的11.22亿升供水差额。

（八）电信

1. 发展现状

自1989年电信部门放松管制以来，菲律宾国内电信运营商发展迅速。目前菲律宾的通信基础设施发展良好，共有6个可用平台：固定电话、固定线路、移动电话、有线电视、无线电视与广播以及卫星通信系统。国内共有9家国际运营商、5家移动电话运营商、5家全国电话运营商与70家长途与本地电话运营商参与运作，电信业竞争异常激烈。

2. 政府规划

菲律宾政府计划加大对电信行业的投资，帮助相关运营商完成3G网络的建设；降低电信运营商进入门槛，促进行业竞争以降低服务费用；加大信息与通讯技术领域人力资源投入；加大对高速网络基础设施的投入，建设基于卫星的数字网络。

（九）住宅

1. 发展现状

尽管菲律宾国民收入近年有所增加，但是由于通货膨胀和建筑成本的提高，菲律宾房价增长迅速，住房需求并不旺盛。此外，在菲律宾，土地权、房产权、销售权都需要注册登记，注册登记程序复杂，再加上较高的交易成本（各种税费约占房屋实际价格的35%左右），菲律宾的住房需求有限。2006年菲律宾住房建筑新开工数量为63838个，同比下降7.72%，建筑面积为781万平方米，同比下降1.96%。

2. 政府规划

（1）发展目标

菲律宾政府希望通过发展住宅市场，满足居民不断增长的住房需求，缓解民族和宗教冲突。

（2）发展规划

据菲律宾住房部预测，2005～2010年菲律宾对住房的需求达375万套。在2010年前，菲律宾将完成114.5万套住房的建造，总价值为2170亿比索（约合52亿美元）。其中社会住房占68%，低成本住房32%。

国家将鼓励私营部门参与社会化住房的融资和建设，同时将强化住房管理部门的职能，计划将住房和城市发展委员会升级为住房和城市发展部，促进住房规划、建设和管理，为住房贷款提供便利，并在所有城市设立住房委员会。

（十）非住宅房屋建筑

1. 发展现状

2006年，菲律宾非住宅房屋建筑市场在商业建筑市场的带动下出现了快速增长势头，但工业建筑市场不太景气。2002～2005年，菲律宾非住宅建筑登记数量年均增长率不足5%，商业建筑登记数量年均增长3.44%，而2006年这两个数据则分别达到22.87%和43.72%；但菲律宾工业建筑市场增长缓慢，2006年工业建筑登记数量不但没有增长，反而下降14.07%。

非住宅房屋建筑增加主要是商业建筑和公共建筑增加带动。由于财政状况改善，菲律宾政府加大了高科技农业、体育、教育、政府办公设施等方面的投入；此外，服务业发展迅速，对写字楼、酒店、宾馆等的需求增加，这些因素导致了商业建筑和公共建筑建设的增加。但是由于菲律宾制造业发展缓慢，致使在经济较快增长的情况下工业建筑新开工数量不增反降。

2. 政府规划

由于基础设施落后，恐怖袭击时有发生，菲律宾旅游业的发展受到限制，落后于其他东盟国家。当前，菲律宾政府计划加强旅游业基础设施建设，在旅游胜地修建道路与宾馆，并且采取措施促进落后地区经济发展以安抚民意，从而减少恐怖袭击。

菲律宾政府还计划在北吕宋、中吕宋、南吕宋和棉兰老岛扩建当地医院以满足在马尼拉疏堵工程中搬迁而来的居民的医疗卫生服务需求，并且在南吕宋建设妇女医疗中心和扩建肾脏与移植研究院。

三、竞争分析

菲律宾国内承包企业以中小企业为主。中国承包企业的主要竞争对手是来自日本、韩国的承包商。中国企业在菲律宾承包工程市场业务呈现较好发展态势，并已在交通运输、房屋建筑和电子通讯等领域取得一定业绩。

（一）竞争态势

菲律宾政府统计，截止到2006年3月1日，菲律宾建筑商评审委员会共颁发3355个建筑商资格许可证，其中95%为原有建筑商，5%为新注册的建筑企业。从规模上来看，获得AAA或AA资信的大企业占总数的6.1%，资信为A或B的中等企业占总数的37.5%，小企业占总数的54%。按主要分类来看，综合工程公司占总数的59%，综合建筑公司占总数的31.5%，工程分包商占总数的4.3%，其余为特殊建筑商，占总数的5.2%。

在菲律宾有26家主要外国建筑企业，都属于AAA级大型企业，其中有18家独资企业，8家合资企业。按国籍来分，15家日本公司、5家韩国公司、4家中国公司、1家澳大利亚公司以及1家比利时公司。当地主要建筑企业有日本清水公司、菲律宾国家建筑公司、D. M. Consunji，Inc.、EEI Corporation、Screeders Builders Corporation 和 Fortune Star Construction & Development。

（二）中资企业在菲律宾的市场地位及发展前景

中国公司自1981年起在菲律宾开展承包工程和劳务合作业务。目前，中国企业在菲律宾承包工程市场业务呈现较好发展态势。2006年，中国企业在菲律宾新签承包工程合同额3.5亿美元，完成营业额1.9亿美元。

1. 市场表现

2006年中国对菲律宾承包工程新签合同39份，新签合同额3.5亿美元，完成营业额1.9亿美元；累计合同额26.6亿美元，累计完成营业额12.4亿美元。

从行业来看，中国企业在菲律宾的承包工程主要分布在交通运输建设、电子通讯、供排水、房屋建筑和电子工业等领域，其中交通运输建设、电子通讯和房屋建筑居主导地位。

表2 2006年中资承包企业在菲律宾市场的行业分布

单位：万美元

行业	交通运输建设	电子通讯	供排水	房屋建筑	电力工业	石油化工	制造及加工业	环保产业建设	其他
新签合同额	15449	8010	3704	3567	2848	173	70	0	935
完成合同额	8795	3454	408	2376	906	173	101	468	1857

资料来源：中国对外承包工程统计年报（2006年）

目前，中国在菲律宾开展承包工程业务企业主要有中国建筑工程总公司、中国路桥（集团）总公司等近30家公司，所承揽的工程项目基本上为亚行贷款或发达国家援助项目，涉及的领域主要是道路、桥梁、电力等基础设施建设。

在交通运输方面，中菲目前的合作主要是北吕宋铁路项目。2005年4月，胡锦涛主席对菲律宾进行国事访问期间，中国机械工业集团公司和菲律宾北吕宋铁路公司签订了北吕宋铁路工程合同。该工程总造价5.03亿美元，其中由中方向菲律宾方提供4.21亿美元工程贷款，是目前中国在菲律宾最大的一个贷款援建项目。该项目将分四期进行，第一期从卡卢坎市到克拉克国际机场，第二期是到苏比克湾的支线，第三期将连接卡卢坎市和MAKATI市的FORT BONIFACIO，第四期将延伸到圣菲律宾尔南多市。该项目竣工后，列车速度可达每小时一百二十公里，将成为马尼拉与吕宋岛北部之间有效的桥梁纽带，为北部提供便利铁路交通服务，对缓解公路交通、促进当地社会进步、提高当地人民生活水平具有积极的意义。2006年10月20日，北吕宋铁路（北铁）项目一期一段工程在马尼拉大区的卡卢坎市正式开工。

在电信设备市场方面，华为、中兴等中国厂商已经打入菲律宾市场。2005年，菲律宾电信运营商SunCellular将该公司投资额高达2亿美元的扩容项目交给华为，项目主要是增设700座移动通信基站。通过此次扩容，作为菲律宾第三大电信运营商的SunCellular可容纳用户的数量大幅提升，由之前的200万户增长到600万户。此外，菲律宾新锐运营商MTI也于2004年底选择中兴通讯作为其战略合作伙伴。中兴通讯承担了MTI在菲律宾首都马尼拉地区的CDMA20001X＋EV－DO网络的建设并全面服务于MTI。针对菲律宾市场的需求和MTI市场发展需求，中兴通讯在2004年底为MTI进行了全面的网络建设规划并为MTI订制了CDMA20001X＋EV－DO的独具特色的个性化解决方案。

四、在菲律宾承包工程需要注意的问题

外国企业进入菲律宾承包工程市场，需要办理诸多手续，而且相关法律法规也较多，中国企业在进入当地承包工程市场前需要认真研究。

（一）准入条件

首先，根据菲律宾法律，外国承包商要在菲律宾承包建筑工程，从事建筑业活动，必须到菲律宾证券交易委员会注册登记。然后向菲律宾建筑商资格评审委员会提交以下文件：外国建筑商特殊许可申请表、综合信息表、菲律宾证券委员会出具的公司注册证明、公司章程、公司对受托管理人员或常

驻外国代表的董事会决议、受托管理人员或常驻代表的有关工作证明、工作签证、授权菲律宾当地代理该公司处理有关法律程序的董事会决议、该国政府出具的并由所在地的菲律宾使馆证明公司资质证明原件及复印件、菲律宾招标企业出具的工程项目是由外国融资的证明、投标邀请函、母公司出具的背对背保证书、自述书、近6个月财务审计报告、资产负债表、银行账户、用于运输、建设的机动车注册证及发票、国内收入局出具的证明、工程技术人员有关证明、历史纪录（有关完工的大型建筑合同、工程项目发包人证明以及菲律宾使馆证明）等。

其次，根据菲律宾承包商执照法，建筑公司必须向菲律宾建筑商资格评审委员会申请承包商执照。执照分普通和特别两种，普通执照只颁发给那些至少60%资金由菲律宾国民投入并按照菲律宾法律设立经营的公司；特别执照只颁发给承包特定工程的合资企业、财团和外国承包商。

最后，外国承包商必须遵守1594号总统令关于政府工程招投标的规定和建筑行业职业安全与卫生规定。

（二）政策稳定性

政策不稳定是菲律宾政府运作的一大特点。菲律宾2003年底宣布2004年和2005年提高关税税率，特别是食品和农产品的关税税率；而菲律宾的投资政策也是缺乏稳定性，2006年菲律宾总统阿罗约在没有征询国家石油公司或能源部的意见情况下，签署556号政令，禁止菲律宾国家石油公司和其他政府机构把巴拉望岛附近的卡马戈—马拉姆帕亚油田交给马来西亚Mitra能源公司。阿罗约的政令于2006年8月11日颁发，追溯至2006年6月17日开始执行。

（三）其他应关注的问题

1. 付款方式

菲律宾商人很少使用信用证付款，除非在商品没有关税的情况下。由于菲律宾关税很高，特别是蔬菜、肉类加工品的关税税率很高，再加上菲律宾的外汇管理制度较松，可以自由汇入汇出外汇。为此，菲律宾商人在进口时，往往要求合作者同意使用D/P付款方式，或者货款的三分之一使用信用证，其余使用电汇方式付款。

2. 劳动力状况

根据世界银行数据，菲律宾人平均接受教育时间为11.5年，菲律宾初等教育完成率为90%，其中男性87%，女性94%；2002年菲律宾成年人识字率93%，青少年识字率为：男性94%、女性96%。在菲律宾3542万劳动力中，从事服务业的占43%，从事农业和工业的分别占32%和14.3%。

菲律宾对劳动力实施比较严格的管理。据世界银行有关人员分析，菲律宾就业法规比东亚、太平洋地区和高收入的经合组织国家都要严，雇用工人的法规比解雇工人的法规要严，从而造就一支比周边国家更规范的劳动力队伍。中国企业在当地开展业务时要严格遵守相关劳工政策。

中国对外承包工程企业进入菲律宾市场较日、美、韩等国较晚，在菲律宾承包工程市场中的份额较小。近年来中菲经贸合作关系不断增强，中国企业在当地承包工程市场也取得了一定成绩。随着阿罗约总统任职期间国内政治经济形势的好转，政府已经意识到了国内基础设施的薄弱状况并加大该领域的投资力度，中国承包企业将面临更多的发展机会。

（来源：中国服务贸易指南网．http://tradeinservices. mofcom. gov. cn/c/2009—03—12/69255. shtml. 2009—03—12）

新加坡

新加坡的服务贸易

一、新加坡服务业发展现状与趋势

新加坡既是世界有名的旅游国家、亚洲金融中心和亚洲美元市场中心之一，同时是东南亚最大的海港、重要的商业城市和转口贸易中心，还是世界第三大石油提炼中心，也是重要的物资集散中心。2005年新加坡GDP总值为1943.598亿新元（合1167.607亿美元），比2004年增长6.4%，人均GDP超过27500美元。对外贸易是其国民经济的重要支柱。据新加坡统计，2007年全年新加坡对外贸易进出口总额5617.5亿美元（8466.1亿新元），比2006年增长4.46%。其中，新加坡进口2627.4亿美元，增长4.5%；出口2990.0亿美元，增长4.42%。

新加坡政府比较重视本地制造业的作用，坚持制造业和服务业并重的政策，拥有比重较大、竞争力很强的制造业。电子电器、炼油、船舶修造是制造业的3大支柱。新加坡是世界第三大炼油基地和石化产品供应中心。新加坡的制造业基本属于高附加值的先进科技产业，拥有不少具有强劲国际竞争力的尖端科技产品，被称作高新产业制造中心和技术服务中心。新加坡政府决定将来力保制造业在本地经济中的比重不低于15%。

服务业的含义十分宽泛，其实除了制造加工业和农业，其余都可视为服务业，而服务业贸易是相对实物或货物贸易以外的其他任何贸易的总称。服务业方面，新加坡在金融（银行、保险、会计、律师、审计）、交通（快捷的空运、海运和高效的港口）、教育文化产业、娱乐业、健康保健业、商业、酒店餐饮等领域发展迅速，被公认为东南亚地区的金融中心、运输中心和国际贸易中心。服务业是新加坡经济的重要支柱之一，其中商业服务（包括对外贸易）、交通通讯、批发零售、金融服务等是服务业最主要的行业，相比较而言，新加坡在这些行业的优势较明显，仍具较大的发展潜力。

新加坡服务贸易增长速度很快，1996年到2007年平均增长率分别是9.5%。新加坡在服务贸易领域处于领先地位。2005年，新加坡的服务贸易出口额达到451亿美元，均列全球服务贸易出口国的第16位，2007年位列第13位。

从1960年到2007年，新加坡几大重点行业在GDP中的构成比例的变化，基本反映当地产业结构的变迁过程：制造业在早期工业立国的基础上，奠定了较好的发展势头，在GDP中的比重从早期的11.2%增加到当前的27%以上；建筑业的比重在基本完成城市基础设施建设之后从峰值跌落至当前的4%不到；独立初期由于没有什么工业所以商业的比重相对较高，而随着工业和服务业的不断壮大，商业在GDP中的比重基本维持在16%左右；而服务业中的交通与通讯、商务服务及金融服务的比重则从70年代后期开始大幅增加，单这三个服务行业在GDP中的比重就接近了40%，其中金融服务业在GDP中的比重从1960年的3.9%增加到2005年的10.9%，商务服务业则从7.2%增加到12.9%。

1. 服务业结构与发展规模

新加坡服务业主要包括批发零售业（含贸易服务业）、商务服务业、交通与通讯、金融服务业、膳宿业（酒店与宾馆）、其他共六大门类。

2005年服务业的GDP总值达到1219.01亿新元，占同期GDP总值的62%。

数据表明，批发与零售业、商务服务业、交通与通讯业、金融服务业是新加坡服务业的四大重头行业，其中批发零售业由于包括贸易在内，因此份额最大，商务服务业则包括不动产、法律、会计、咨询、IT服务等行业，交通与通讯行业包括水陆空交通及运输，也包括传统的邮政服务和新兴的电信服务业，金融服务业则包括银行、证券（股票、债券、期货）、保险、资产管理等门类，可以说正是依托这四大服务业的发展，新加坡才确立了其亚洲金融中心、航运中心、贸易中心的地位。

2004年新加坡主要行业的企业与机构数量分布，农林牧渔业、制造业与建筑业、服务业这一、二、三产业的企业数量分别为725家、40082家和175899家。

“商业”包括批发、零售、贸易和膳宿业，是机构数量最多的行业，共有84427家，占总数的38.9%，其次是金融服务业与商务服务业，55045家机构数占到总量的25.4%。

在解决就业方面，服务业同样起了支柱性的作用，2004年服务业解决了新加坡50%的就业人口，同期，制造业和建筑业的就业人数比重分别为17.3%和5.5%。

在服务业中，就业人数最多的是批发与零售业，2004年共有319700人致力于该行业的发展，其次是商务服务业，2004年的就业人数是25400，交通存储与通讯业的就业人数与商务服务业的相当，2004年为212500从业人数。

2. 近几年发展态势

2001年是新加坡服务业在GDP中的比重的巅峰期，为67%，2002年以后，制造业受化工、生物医药、半导体芯片产业的快速增长式发展的影响，在GDP中的比重略有增加，而服务业则因此相对下降，2002年到2005年服务业在GDP中所占的比重分别为65%、64.5%、62.4%和62.7%。而服务业中各个门类的年增幅也显示出个别行业的发展状态，2003年，膳宿业、金融服务业和商务服务业都呈负增长，服务业整体相对低迷，原因是受SARS的影响，尤其是膳宿业受影响最大，因为到新加坡旅游和商务公干的人数大大减少，一些金融和商务活动也因此延期或取消。2004年尽管在2003年产业整体疲软的基础上实现报复性增长，但是2005年又基本回落。根据最近几年服务业的结构变化可见，交通与通讯、批发与零售这两个行业一直呈增长发展态势，发展势头一直比较稳健，另外两个重头行业：金融和商务服务，尽管增势不甚强劲，但依然是重头行业。

新加坡良好的经济、社会发展条件以及优美的环境吸引了大量的境外投资，其中服务业向来是外商投资的重要领域。2003年，FDI投向新加坡交通与通讯、金融与保险、商务服务业、不动产（一般的，不动产在新加坡官方统计中包含在商务服务业中）四个服务行业的额度是当年制造业领域FDI总额的1.24倍，这还不包括其他诸如贸易等领域，是投向商业领域的2.95倍。清晰地显示了服务业受外资青睐的程度：仅金融与保险业的FDI额度就可与制造业比肩。不过，期间的数据来，制造业领域的FDI总额增长快于其他任何领域，更多的趋势分析因为数据不足而难以完成。

二、新加坡政府支持服务业发展的经验和做法

1959年以来，新加坡经济结构发生了根本性的变化，从一个以转口贸易为基础的畸形结构转变为一个以制造工业为中心，商业贸易、金融旅游、国际服务业等第全面发展的多元化经济结构。1985～1986年新加坡经济遭受严重衰退，新加坡政府提出了重点发展国际金融、国际通讯和国际服务贸易的产业战略调整新方向，并采取一系列措施，促进其服务业的发展：

享受新兴产业的优惠待遇。新加坡规定服务业可与制造业同等享受新兴产业的各种优惠待遇，凡固定资产投资在200万新元以上的服务业企业，或营业额在100万新元以上的咨询服务、技术指导服务等企业，所得税可减半，并规定对服务贸易出口收益只征收10%的所得税。

大力吸引外资。在吸引外资进入服务业方面，新加坡政府给予了许多优惠政策，比如，给外国跨国公司在新加坡设立区域性营运总厂提供优惠，只征收10%的公司所得税，且为期十年，并对这类公司的分配股利免征所得税，等等。为促进国际金融业务，新政府还对在新加坡进行的离岸金融业务的收入免征所得税。

通过一系列调整措施，新加坡服务业大为发展，国际性、区域性的服务中心迅速增多，外国银行在新的离岸金融业务大为扩展，旅游业也日益兴旺。

1. 新加坡政府部门更新观念

教育、医药、法律、金融、旅游、资讯科技和贸易这7个工作小组所提出的建议还有一个共同特点，就是要努力把新加坡发展成为各自领域的“区域枢纽”或“全球中心”。新观念、新做法包括“全心全意”把握时机大力开拓；必须准确定位，积极宣传新加坡；必须实行开放政策，营造有利于服务业发展的良好环境；必须大力培养本地人才和引进外来人才，支持服务业的持续发展。他们强烈呼吁政府检讨所有妨碍服务业发展的各项法规和政策，放宽包括媒体管制在内的有关政策，减少对申请旅游签证、求医看病准证、专业工作准证、学生就读准证等方面设置的诸多限制，简化有关手续。他们还建议政府在税务、土地和房屋使用、专业人士雇用和基础设施建设等方面给予优惠，并希望加强政府中行业主管部门的建设，加强对服务品质的监督和检查，保证服务质量。

新加坡的服务业包括教育、医药、金融、法律、资讯、旅游、物流和贸易服务等领域，对该国经济发展起着重要作用。目前新加坡服务业产值占国内生产总值的比例达到67%，吸纳的劳动力人数则占全国职工总数的74%。1986～1996年，该行业的年均增长率高达9.6%，比整体经济增长率高出0.3个百分点，服务出口额在全球位居第12位。由于相当一段时间里新加坡制造业和邻国的经济表现良好，新加坡服务业只满足于为本国制造业和邻国经济提供服务，最近几年在亚洲金融危机的冲击下，新加坡政府、私人企业和新加坡人都对服务业的发展抱着“非全心全意”的态度，导致服务业发展相对滞后。1996～2001年服务业虽然继续增长，但年均增长率只有5.1%，比80年代后期增速放慢了近50%，2001年的服务出口在全球的排名也跌至第15名，新加坡在全球服务出口市场所占份额也由原来的2.4%降至1.8%。

2. 新加坡服务业发展的远景目标

新加坡的远景目标是努力发展成为亚洲提供世界级服务的主要国家，力争到2012年，服务出口年均增长6.5%，对国内生产总值的贡献率提高0.4个百分点，创造20万个新的就业岗位。利用新加坡发展世界级制造业的经验来大力推动服务业的发展，使新加坡成为具有强有力的制造业和服务业“双引擎”。

为实现这个远景目标，新加坡必须建立起强大的服务业门类。

（1）彻底改造和重新定位现有服务业

贸易：使新加坡成为全球贸易中心。发展新的增长点，例如能源贸易和衍生贸易的风险管理；

物流：使新加坡成为领先的全球物流集聚中心和国际海事中心，吸引更多的海事辅助服务业，如船舶融资、海事保险、海事法和航海训练；

资讯：将新加坡重新定位为生活数字中心，使具有创新的和综合的资讯解决方案源源不断地产生、得到评测、商业化并被应用；

金融：使新加坡成为亚洲金融中心，包括理财、后台办公处理和风险管理；

旅游业：把新加坡建设成为旅游商业之都和旅游教育中心。

（2）开拓新的服务业

利用语言优势、能力和高专业标准建设新兴的服务业，如教育、健康保健和法律服务。

健康保健：把新加坡定位成一个临床医学中心和经济医疗中心，并着手国内市场开创以强化新加坡作为亚洲地区医疗中心的品牌形象；

教育：使新加坡成为一个全球性的校舍，向全世界提供多样化的、富有特色的高质量教育服务，包括高等教育、商业和专科学校、教育辅助服务、公司培训和高层经理培训；

法律服务：应把新加坡提升为一个地区性的非诉讼争端调解中心，以及地区法律培训和研究中心；

创意服务业：开发一个活跃的和可持续发展的创意服务业集群。创意服务业在美国占 GDP 的 7.8%，在英国也占 5%以上，而在新加坡仅占 GDP 的 2.8%。

3. 新加坡服务业发展战略

基本战略一：积极扩大需求

（1）合理刺激高档本地需求：外部采购、赞助和慈善事业；

（2）提升地区和全球需求：加强新加坡作为服务业中心的品牌营销活动，提高市场透明度以增强消费者信心，方便消费者进入；

基本战略二：消除法规障碍

（3）监管人不能同时是推进者；

（4）为服务业发展设立推进机构；

（5）定期修改影响服务业发展的法规；

基本战略三：扶持企业

（6）保持具有国际竞争力的税收水平；

（7）提供所使用的土地及其相应的基础设施；

（8）增加资金筹措渠道；

（9）开放政府内的知识产权；

基本战略四：开发人力资源

（10）增加大学学历的服务业专业人才培训；

（11）加强就业后的培训；

（12）修改对外国人的人力资源政策；

基本战略五：对推进机构的需求

（13）为整个服务业委任一个总体推进机构；

（14）成立部长级委员会，监测服务业引擎的发展。

三、新加坡服务贸易发展出口现状

2007 年，亚洲地区服务进、出口分别增长 17%和 19%，都仅快于世界平均水平 1 个百分点。运输、旅游和其他商业服务的出口增长率基本相同，但在进口方面，旅游支出的增长要低于运输和其他商业服务。在亚洲各经济体中，服务贸易发展情况存在着很大差别。以美元计价，日本和中国台湾的服务进出口增长疲弱，中国香港和新加坡的增长较为温和，而中国、澳大利亚和马来西亚的进出口增幅超过 20%。数据表明，2007 年印度是亚洲地区服务进口增长最强劲的国家，增幅达到 24%，但服务出口增长率为 15%，低于世界 18%的平均增长水平，这是自 1996 年以来首次出现的情况。

服务贸易在新加坡 GDP 中的比例在 1/3 左右，服务贸易领域中传统的有交通和旅游服务，20 世纪 90 年代末新蓬勃发展起来的有贸易相关（Trade-related）的服务、金融与保险服务、商务服务和技术服务四大领域，并且这四个领域的贸易额增长快速。

从服务业的进出口结构来看，出口方面，贸易相关、交通、旅游和金融是前三大行业领域，其次金融和商务服务比例相当，但总额只有前三大领域的 1/5 到 1/4。

新加坡服务贸易增长速度很快，1996 年到 2007 年平均增长率分别是 9.5%。新加坡在服务贸易领域处于领先地位。2005 年，新加坡的服务贸易出口额达到 451 亿美元，均列全球服务贸易出口国的第 16 位，2007 年位列第 13 位。新加坡服务贸易领域主要集中于通讯、金融、信息及技术等新兴服务业，其出口额约占服务贸易总出口额的 53%。在近十年间，只有新加坡的服务贸易总体上处于顺差状态，近几年基本维持在 10 亿美元以上，反映出这个经济体的服务贸易具备一定的竞争力。1996～2007 年，新加坡的 RCA 指数基本处于 0.87～0.99 的水平，是东盟五国中服务贸易的 RCA 指数整体水平最高的国家，表明新加坡的服务贸易国际竞争力较强。新加坡的运输服务显性比较优势指数自 1996 年以来都高于 1.2。从 1996～2005 年东盟五国 TSC 值的变化看，近十年来新加坡的贸易专门化指数 TSC 值除 2001 年外其他年份均为正，是服务贸易的净出口国，因而其服务贸易具有较强的出口竞争力。新加坡、马来西亚、泰国、印尼等航空公司纷纷与国际航空业的巨头结成战略联盟，相互开放航线，扩展第 5 航权。同时，各国还积极开放港口和海运业，加快引进港口跨国营运商的投资，加快港口营运的私有化。新加坡修改电信服务供应商和电信设备供应商执照的条例，部分取消外国公司申请设备供应商的条件。此外，各国政府还大力鼓励和扶持旅游业，开发新的旅游景点，增设新的旅游项目，发展会议旅游和海洋旅游，加强旅游专业化和提高旅游服务质量等。美国商务部的一份报告中称，新加坡外包产业的发展速度仅次于印度，正在以每年平均21.7%的速度增长。

四、新加坡政府促进服务贸易出口的政策、措施

虽然国土面积很小、资源匮乏，新加坡却充分利用其自身优势，在四十年来实现高速发展，2006年实现服务贸易出口570亿美元，在全球排名第13。除运输和金融服务外，新加坡政府也在努力开拓新的服务业出口。新加坡的亚洲乃至全球航运和金融中心的地位逐渐确立。2005年，运输服务出口179.0亿美元，金融服务出口37.0亿美元，分别占服务贸易出口的34.8%和7.2%。新加坡的运输和金融服务的发展与其地理优势有着密切的关系。马六甲海峡是东西商贸往来的必经之地，位于其东端的新加坡正好有着优质的深水港。

新加坡利用其自然条件的优势，发展以集装箱为载体的现代物流业。金融行业具有比较特殊的性质，一方面主要通过信息技术完成交易，对交通运输、物质材料的要求少，有可能快速增长；另一方面，又对通讯设施、市场监管、人才供应有着很高的要求。时区的特殊性为新加坡成为连接欧美金融市场的枢纽，实现全球24小时的不间断金融交易提供了可能。

新加坡政府利用得天独厚的地理条件，积极把握市场机遇，勇于创新，为服务贸易的发展提供强劲的动力。19世纪60年代，新加坡敏锐察觉市场发展方向，大力兴建集装箱专用泊位和码头。虽然国土面积不大，但新加坡充分发挥其在金融、网络信息基础设施、高技术和商务服务等方面的优势，完善物流产业链。

为实现该目标，新加坡推进自由港建设，并大力发展班轮航线，国际集装箱管理和调配、空港联运、船舶换装和修造，建设国际船舶燃料供应中心。2006年，新加坡的集装箱吞吐量达到2840万吨，与世界120多个国家和地区的600多个港口建立了业务联系。在高密度的航线保证下，新加坡的中转地位得到进一步加强，大部分集装箱在港堆存时间为3～5天，20%的堆存时间仅为1天。

另一方面，新加坡已经成为全球重要的金融市场之一。外汇、各种金融产品的交易活跃，也吸引了大量企业的融资活动。新加坡政府设立金融管理局 MonetaryAuthority of Singapore，MAS)，并适应全球金融业的发展，不断调整监管方式，从固定单一的监管向以风险管理为核心转变，为增强新加坡对金融企业的吸引力奠定了基础。

充分利用中国—东盟自贸区发展带来的机会，大力推动新加坡服务贸易出口。

在货物贸易和其他产业领域的投资不断增加，必然进一步增大对物流、金融、保险等服务的需求，会给双方的服务提供者带来新的机遇。

新加坡因为国土面积狭小，人口少，采取贸易立国政策，这种政策除了鼓励传统的转口贸易外，主要是为了促进新加坡日益膨胀那个的服务贸易。为此，新加坡政府逐步颁布一批鼓励扩大服务贸易出口的政策。

新加坡对获得地区总部地位的公司有如下奖励：(1) 对符合规定从国外获得的收益按15%征收所得税（一般企业所得税为22%），时间3年；(2) 如总部性质的公司在3年内满足新加坡规定的最低要求，该公司可继续享受2年的上述优惠；(3) 对达到地区总部最低要求的公司，可考虑给予更为优惠的一揽子奖励，包括更低的税率；(4) 对跨国公司全球总部，新政府给予更多的优惠，但新政府并未公布国际总部的具体条件及具体税率，希望获得国际总部待遇的公司需与新加坡经济发展局协商，根据不同条件和情况，新政府确定给予更特殊的待遇。对地区总部的最低要求包括：(1) 第一年末和第三年末实缴资本分别达20万和50万新元；(2) 到第一年末向集团在3个国家（新加坡除外）的相关机构提供了三项总部服务，相关机构包括集团所属的分公司、兄弟公司、合资公司、代表处或特许经营商等； (3) 优惠期内，有技能的雇员拥有(NTC2证书）比例需维持在75%以上；(4) 到第三年末增加聘用10名新加坡的专业人员；(5) 到第三年末5名公司最高层管理层人员的平均每人年薪至少达10万新元；(6) 第三年的年商业总开支新增加200万新元；(7) 前3年商业总开支累计增加至少300万新元。

新加坡政府鼓励跨国公司在新设立全球总部、地区总部，并制定总部奖励计划，实施若干优惠政策。总部奖励计划是新加坡政府向以新加坡为基地从事总部管理相关业务的公司提供的优惠奖励。目前在新加坡设立的各类跨国企业超过7000家，其中4000家以新加坡为基地管理区域业务。新加坡将总部分为两类，即：地区总部和国际总部。对总部的

奖励主要是提供优惠税率，减征公司所得税。符合以下条件的公司可申请获得部部奖励计划提供的相应优惠：（1）申请者或申请者所属的集团必须在本行业或产业有一定的影响力，股权、资产、雇员人数及商业份额有相当的规模。（2）申请者必须在集团组织结构中处于高级管理层的位置，自主管理和控制主要业务。（3）受雇负责总部运营的人员必须常驻新加坡，包括管理、专业、技术以及其他辅助人员。（4）申请者必须在新加坡从事较高程序的总部业务，如：战略性的商业计划和发展、知识产权管理、共享服务、技术支持服务、公司金融咨询服务、经济和投资研究分析、研发和测试等。

新加坡政府通过提供税务优惠，鼓励外国金融机构在新设立机构和提供高成长和高附加值金融服务。优惠政策如下：

1. 对金融运营总部的奖励。（1）对金融机构向新加坡以外的相关机构或公司提供总部服务所获得的收益，或通过金融运作所获得的收益，按10%收税；（2）对部分提供高附加値的服务收益，可减按5%收税。

2. 对金融财务中心的奖励该政策鼓励跨国公司以新加坡为基地从事金融财务管理活动。（1）对跨国公司向相关的公司提供金融财务服务所取得的收益按10%收税；（2）免除跨国公司向外国银行或相关公司支付贷款利息时的预扣税。

为吸引国际重要的船主将运营基地设在新加坡，将新加坡建设成为国际海运中心，新加坡政府向符合条件的航运公司提供以下优惠：

1. 该类航运公司所拥有的船只（无论是否在新加坡注册）运营所得收益均可豁免所得税，免税期为10年；2. 该类航运公司从附属公司、子公司等处获得的分红地可免税。享受免税的航运公司必须符合以下条件：（1）在新加坡注册；（2）拥有和经营一定规模的船队（至少4艘）；（3）每年在新加坡直接商业费用支出至少400万新元；（4）船队至少10%（或至少1艘）的船舶在新加坡注册。

新加坡政府向符合条件的贸易商颁发“全球贸易商地位”，拥有此地位的贸易商可享受以下优惠政策：企业所得税率为5%或10%，远低于正常22%的公司所得税率。全球贸易商计划是新加坡政府为鼓励国际贸易大公司将新加坡作为贸易基地从事进出口的一项措施。要求公司必须进在相关领域或相关商品的知名国际贸易商，并使用新加坡作为中枢进行区域或全球离岸贸易业务。

在新加坡从事研发的企业（主要是外商投资企业）可享受以下优惠：其从国外获得的知识产权使用费或利息可免税，免税期为5年，但免税的收益至少20%应作为进一步研发的费用，且研发所形成的知识产权应为本地公司拥有和管理。

（来源：中国商品网．http://ccn.mofcom.gov.cn/spbg/show.php@id=8607&ids=2.2008—12—26）

新加坡建筑业前景看好

新加坡是一个转口贸易国家，但建筑业也是新加坡国民经济的支柱产业。前几年，面对世界各国尤其是周边国家建筑业蓬勃发展的挑战，原料短缺、价格攀高和人手短缺等，是新加坡建筑商2006年以前遇到的棘手问题。2007年初，新加坡建筑商又面临了花岗岩和陆沙短缺的问题。2007年8月，新加坡从其他国家如越南、马来西亚和中国进口花岗岩碎石，同时通过开拓更多的原材料来源，使花岗岩价格下调到供应出现中断前的水平，介于每公吨23～29新元之间。在这之前，花岗岩碎石价格一度因短缺而飙升到每公吨70新元，陆沙供应后来也趋于稳定，价格回落。

新加坡政府为减缓建筑业所面临的压力而采取的措施以及大量外来投资的涌入，推动了建筑业的发展。2007年，随着不少大型项目如在新加坡从未出现过的大型综合度假胜地（IR）等项目的开工，有力地推动了新加坡建筑业的发展。

新加坡建设局2007年11月份发表的文告指出，2007年的建筑需求介于190亿至220亿新元之间，2008年和2009年估计也会处在这个高水平。

有报道说，现在新加坡建筑业工作多，建筑商少，因此，建筑承包的价格就比往年高了大约70%至100%。工程订单在2007年就增加了70%，2008年的工作量也很大，订单已差不多满了，订单额有可能进一步增加。

新加坡政府决定将把一些定于2008和2009年建设的公共工程，延后到2010年或以后进行，其总值至少有20亿新元。这将有助于减轻新加坡对建筑资源需求的压力，尤其是能减缓增长达20%～40%额外建筑工人的需求。延后建设的公共工程包括卫生部的全国戒瘾中心、樟宜监狱中心C座狱楼等。不过，为配合国家发展策略，适应经济持续蓬勃发展的需要，满足社会需求的基本公共建设工程如组屋建设等，将不受这项延后建设政策的影响。

另一方面，新加坡政府也将采取措施确保有足够的建筑工人供给。除加强建设局在外国劳工来源地的国外考核中心的考核能力，及扩大可接受的工地督工外国资格名单外，政府也放宽好几项人力政策，如豁免熟练外国工人需符合外国劳工配额的规定等，以使各个层面的外国劳工能更顺利地入境工作。新加坡建设局将密切注意人力供求状况，会在必要时进一步调整人力政策。业内人士认为，有多种因素表明2009年新加坡建筑业呈现乐观发展趋势，有关建筑业的工作量会更大。

（来源：云南新闻网. http://www. yn. chinanews. com. cn/html/dongmeng/20080213/48951. html. 2008—02—13）

新加坡：发展水务产业 拓展水务市场

近年来，无论在水资源发展管理模式方面，还是在宜居城市建设领域，新加坡的成功经验都获得了肯定，日益引起世界各国和地区的重视。2008年4月，新加坡成功地举办首届主题为“城市持续水供解决方案”的国际水资源周系列活动，为把自身努力打造成为世界水务中枢再次增添了浓墨重彩的一笔。此次活动，不仅参会代表层次高、人数多、界别广、规模盛大，主办机构还成功地创造了一个综合平台，把政策、商业、科技和环保组织代表都聚集在一起，使他们既有个别讨论空间，又有跨领域交流的机会，形成了本次新加坡国际水资源周的明显特色。

根据新加坡政府公共事业局的预定目标，希望本次系列活动能够打响新加坡国际水资源周的牌子，5年内使其成为全球水务业界最受瞩目的盛事。实际上，本次活动已经取得了预期效果。期间，新加坡成功举办了“水务领袖峰会”、“水资源大会”、“国际水博会”等多项有关水务的会议和论坛，还同时召开了“世界城市峰会”和“东亚宜居城市峰会”，吸引了近5000多人参加会议。

为了拉近参会代表、新加坡公众与水的距离，给会议注入轻松的元素，主办机构寓教于乐，别具一格地举办了水嘉年华会，安排有兴趣者免费试坐香蕉船、独木舟和龙舟，亲身体验有趣的水上活动。主办机构还特意从澳大利亚请来滑水高手，为观众呈现优美的滑水芭蕾舞、双人回旋和滑水小丑等花式滑水表演。

长期以来，新加坡一直在合理使用土地、扩大绿化面积等方面下功夫，尤其近年来在水务管理、水资源再生领域取得突破性进展，既解决自身缺水的现实困难和后顾之忧，而且也为应对全球性的水资源缺乏难题提供一个可行的新途径，使新加坡作为“花园城市”的形象更加深入人心。

事实上，新加坡虽然降水丰富，却一直面临着比较严峻的缺水状况，人均水资源只有211立方米，居世界倒数第二，超过50%的供水依赖进口。新加坡政府早就将水资源视为永久性的战略资源，积极通过科研开发等多种途径寻找新的水源。经过多年的努力，新加坡开源与节流并举，已成功发展了四大“水喉”战略，即：天然降水、进口水、新生水和淡化海水，有效地满足了国家经济发展和民众生活的需要。

调查显示，新加坡每年的“水量流失”只有5%，失水量很低，成为全球水源和废水管理模式最具效率的国家之一。2006年，新加坡特有的水源管理经验被列入联合国《人口发展报告》，成为供其他国家参考借鉴的典范。新加坡负责计划、管理和保护水资源的公共事业局，也被誉为世界最佳的水务管理机构之一，并在2007年荣获斯德哥尔摩工业水资源奖。权威的《国际水源发展学报》曾经刊文指出，新加坡的水资源在质与量、供求管理、公共与私人机构参与、效率与公平考量、国家战略利益与经济利益，以及在增加国内水供产量及外来水源方面，都成功地取得了平衡。

2006年新加坡政府确立目标，希望在2015年之前把新加坡发展成为世界水务中枢，拨款5亿新元资助环境及水源科技研究。政府采取鼓励措施，扶持本地展开多项大规模水务工程，如研发新生水，建造深隧道阴沟系统及滨海堤坝等工程。新加坡也在迅速向国际“水务中枢”的目标大步迈进，不仅已经成功地把缺水的劣势转变为优势，而且还有力地带动了水务产业的蓬勃发展。目前，新加坡当地水务业市场上有50多家国际和本地公司正在大显身手；新加坡国内的8家水务公司纷纷走出国门，在多个国家和地区拓展商机；优越的地理位置吸引了欧美、日本等世界众多水务业者以此为基地，开拓亚洲水务市场、进行水务新科技的实验项目。

值得一提的是，在国际水资源周期间，新加坡宣布成立水务政策研究院和宜居城市研发中心，确定以全球化趋势和城市化进程为研究方向，立足解决世界性的现实问题。这两个机构的设立，不但有助于新加坡推广自身在水务管理和城市建设方面的经验，也为世界各国和地区应对相同的挑战开辟了一个新渠道和新空间。

（来源：中金在线. http://news.cnfol.com/080704/101，1278，4383018，00.shtml. 2008—04—07）

新加坡的绿色地产

新加坡是一个地少人多的城市国家。新加坡城市很小，又是岛国，对外发展的空间很小，几乎没有任何资源，但是人口在不断增长，人们在收入增长的同时对改善住宅的要求也不断增长，国家经济发展对资源的要求也不断增长，有限的资源与持续发展之间的平衡是最大的挑战。新加坡的建筑业逐渐发展成为该国四大支柱产业之一，建筑业的发展带来了房地产的兴盛。眼下，全球性的经济危机虽已经让新加坡的地产业趋于疲软，但亘古不变的真理——“安居乐业”仍旧让新加坡地产业青春永驻、活力非凡。

国家基调为地产业埋下伏笔

新加坡致力于把国家打造成一个“富人的花园”，这或许是新加坡给自己最好的定位。新加坡位于马来半岛最南端，地理位置十分重要，号称“东方十字路口”。新加坡利用本国特殊的地理条件，扬长避短，引进和运用外国资金、技术和管理经验，使生产力水平得到了迅速提高，走出一条独特的成功的经济发展道路。一直以来，新加坡经济中心逐渐从加工制造业向旅游业和服务业转移。一座座摩天大楼拔地而起，一处处码头和赌场应运而生。大量的境外富人蜂拥而至，大批量的豪宅、写字楼和娱乐场所的需求一路飙升。这给新加坡地产业的成长打下了牢固的基础。

绿色的新加坡地产业

近年来，新加坡一直提倡新建楼房绿色证书计划，鼓励开发商建设绿色建筑。这项措施来源于2007年，当时，印尼等国限制对新加坡出口建筑材料，新加坡政府决定修改建筑管理法案，大力倡导建筑商采用钢、玻璃、复合材料等替代传统的水泥和花岗岩。新建的公共建筑都要改用绿色环保概念修建，建筑物将安装太阳能电池、可节约40%能源的照明系统、雨水搜集系统和避免室内温度较高的日照阴影系统等，并需取得绿色标章认证。新加坡政府表示，自2008年起，除了政府公共建筑外，政府组屋也将采取以上措施并将大力支持私人发展商开发绿色建筑相关技术。

新加坡地产的商业模式

近年来，新加坡地产逐渐走向国际，如果说新加坡房地产商从本国走向国际区域性运作，是出于国情和政策等多方面因素的考虑“被动”而为，那么在实际操作过程中体现出来的思路却呈现出清晰的脉络，一切均在“主动”性计划中有条不紊地开展。这一逻辑概括而言，就是两手抓的策略，一手抓新兴市场的土地资源，一手抓成熟市场的资金与技术资源。新加坡房地产商从本国市场上走出来，放眼国际的时候，他们首先想到的是亚太地区的新兴市场，主要包括中国和印度，近两年越南也开始受到重视。

“多点开花”和“迂回路线”是新加坡地产业海外行动的主要措施。对于新兴市场一线城市土地资源的争夺是新加坡房地产商布局策略中至关重要的一环。这一特点对于在其他新兴市场的实践同样适用。除了地域上的选择，在物业开发顺序方面，新加坡房地产商通常都会结合自己的长处。其中，中高档公寓和别墅成为其立足市场的主流。在进一步熟悉新兴市场环境和行业习惯之后，对于商业物业的开发将成为新加坡房地产商的下一个目标。总的来说，新加坡房地产商在对新兴市场土地资源的获取和利用上存在一些共同特点。在进入点的选择上，一线城市成为首选；在产品定位上，中高档住宅成为主流。但需要说明的是，商业物业的开发正在成为新加坡房地产商的下一个关注点。在成熟市场上，新加坡房地产商对商业物业开发的重视明显高于在新兴市场。从这个角度来看，新加坡房地产商对于成熟市场商业物业的开发抱有更高的热情。

除了对物业产品的偏好之外，新加坡近年来在成熟市场上对地产资本的操作，已经开始引领亚洲地区的风气之先。这种资本操作主要可以分为两个不同层次。

首先，利用私募基金在亚洲地产市场进行广泛投资，在不同国家和地区积累了丰富的投资经验。其次，新加坡房地产商对于REITS市场的关注程度也在升温。新加坡房地产商在成熟市场上的操作，正在实践一条由开发到投资逐步升级的道路。在这条道路上，新加坡房地产商基本上做到环环相扣。商业物业的开发经营与私募基金的操作为物业上市提供了物业基础和组合技术，而REITS为前期投资的退出和商业物业的套现提供了渠道。在这其中，新加坡房地产商对房地产金融本质的深入认识，是其不断向前的基础。

新加坡房地产商正是在不断发掘新兴市场良好的土地资源，不断积累成熟市场开发和投资经验，并不断努力使两者融合的过程中，实现了对区域性地产机会的全盘把握。

（来源：周杰．在线国际商报．http://ibdaily.mofcom.gov.cn/show.asp@id=100015918.2009—05—19）

新加坡大力发展创意产业

新加坡是一个自然资源严重匮乏的城市国家。在过去几十年里，依靠传统制造业和服务业，新加坡经济得到不断发展。但在知识经济日益盛行的今天，新加坡政府已认识到创新在经济发展中的重要性。因此，新加坡近年来大力发展潜力巨大的创意产业，以期创造“资源有限，创意无限”的奇迹。

创意产业在新加坡的发展

在新加坡，创意产业主要集中在艺术、设计和媒体等领域。新加坡政府看好创意产业的发展，计划在2012年之前将该产业占国内生产总值的比例翻一番，既从过去的3%左右增加到6%，使其与教育和医疗保健并驾齐驱，成为新加坡未来重点开拓的3个主要领域之一。

创意不但是创造艺术的必要元素，也能带来无限商机。1986年至2000年，创意产业在新加坡的年综合增长率为13.4%，高于同期国内生产总值10.6%的增长率。从事创意产业的公司有8000多家，从业者超过7万人。2002年，创意产业收入约48亿新元（1美元约合1.5新元），占新加坡国内生产总值的3%左右。

目前，新加坡的创意产业收入占到国内生产总值的3.8%，直接从事该行业的人员约9.1万人。

政府保障创意产业发展

从1998年起，新加坡政府将创意产业作为21世纪的战略产业，出台了《创意新加坡》计划和《创意产业发展战略》，加大了对文化领域的投入。2003年，新加坡经济检讨委员会确认创意产业的潜能，在新闻、通讯和艺术部内增设了专门负责协调创意产业发展的机构——创意产业司。

传媒、设计和艺术的创意产业开发、规划分别由新加坡新闻、通讯和艺术部下属的法定机构——国家艺术理事会、新加坡设计理事会和媒体发展管理局来分别组织实施。为此，新加坡采取了一系列推动创意产业发展的具体措施：在吸引全球各种资本来新加坡投资发展创意产业的同时，政府还致力于帮助在新加坡注册成立的各类创意公司，积极开拓海外市场。

新加坡还专门成立了创意产业行动委员会，由相关政府部门和社会团体组成。2003年至2008年，新加坡政府对创意产业投入2亿新元。在未来几年中，新加坡将注重包括传媒、设计和艺术的创意产业开发。

政府对创意社群组织的发展也十分重视，新加坡有500多个民间艺术表演团体，政府每年拨1000万新元给国家艺术理事会，采取演出补贴、剧场补贴等方式扶持这些艺术表演团体的发展。

创意产业发展关键在人才

要发展创意产业关键在于人才。新加坡非常重视创意产业人才的培养，把积极培养各类创意产业人才作为实现国家创意产业策略的重要支撑。在政府的积极推动下，新加坡许多理工学院及大专院校都增设了创意产业课程。

为促进创意产业发展，新闻、通讯和艺术部2006年曾举办一系列“追求创意，再创未来”活动，为创意产业提供宣传及交流平台。其举办的“创意社区计划节”、各类展览会、研讨会和表演等活动积极吸引创意产业人士、学生及一般公众参与。

在金融危机冲击下，以出口贸易为主导的新加坡经济受到严重影响。新加坡政府更加注重创意产业发展。2009年2月27日，首次由新加坡政府组织的大规模创意产业博览会已拉开帷幕，旨在为有志从事创意产业的人士提供就业及职业培训的机会，受到了新加坡民众的欢迎。

（来源：张永兴．新华网．http://news.xinhuanet.com/world/2009—04/28/content_11275831.htm.2009—04—28）

泰　国

泰国优势产业介绍

一、东南亚粮仓

泰国素有“东南亚粮仓”的美名，是亚洲唯一的粮食净出口国和世界上主要粮食出口国之一。泰国的大米出口量在世界上位居第一，木薯出口居全球之冠，出口的大米和木薯分别占到世界出口总量的25%和85%。此外，橡胶出口名列世界第一，玉米排名第四，鱼产品在亚洲仅次于日本。泰国80%的人口从事农业，因此，农业在泰国经济和社会结构中占具重要地位。在泰国十大出口商品中，农产品占6个，占出口总额的40%。目前，泰国已成为世界五大农产品出口国之一。

在泰国，牲畜的重要性仅次于农作物。政府引进了美国、瑞士、德国、丹麦和澳大利亚的优良牲畜品种，并采用杂交育种和人工授精的科学手段增加牛肉和奶制品产量。

泰国的渔业主要靠海上捕捞，占整个泰国渔业的90%以上，而淡水养鱼所占的比例还不到10%。目前政府大力发展淡水鱼养殖，大大小小的养鱼场已有近100个。

水产品、畜产品、水果、蔬菜及花卉植物等已日益成为泰国农业的支柱。在饲养业方面，鸡、鸭、肉、蛋等畜禽产品不仅能满足国内市场需求，而且出口量越来越大。泰国冻鸡、鸡蛋、冻虾等冷冻制品的出口已跻身于世界10大出口国之一。

泰国在水果罐头和蔬菜市场中也取得令人瞩目的成就，泰国菠萝罐头已占据世界市场的35%。泰国农作物包括水稻、橡胶、玉米。农业收入的60%来自农作物，其余来自水产养殖业、畜牧业、农产品粗加工和农业服务。

二、以出口为导向的工业

1. 工业发展概况

泰国现代工业在20世纪60年代早期才开始起步。二战后至50年代后期，主要有碾米厂、锯木厂、蔗糖厂、制冰厂、纺织和麻袋厂、卷烟厂，以及家庭作坊式的工业，如纺布、编篮等，以满足本地需要。这些工业都是在自由的市场机制下发展起来的，并得到政府的一些支持。

1954年泰国颁布了《1954年鼓励工业发展法案》，但这一法案直至1960年投资促进委员会（BOI）成立后才正式执行。1962年为促进一些行业的外商投资，泰国对该法进行修改，主要是关税保护、免税以及对原材料和机器的进口实行减税等。1972年，根据政府进口替代型经济向出口导向型经济的政策转变，施行了新的法律。

自1960年起，泰国经济以每年10%的速度增长，1979年制造业还只占国内生产总值的21%，到1998年已占国内生产总值的29.2%。到2006年，泰国国家统计局的调查数据显示，制造业解决了20%的劳动力的就业问题，并占整个出口的84%，成为国民经济的最大行业。

目前，在制造业出口商品方面，泰国的自动数据处理机和集成电路最为重要，这两项商品的出口占出口总额的19%。出口增长最快的商品为汽车及零配件，增长率达到44.3%。

2. 具体产业状况

（1）制造业

制造业已成为泰国比重最大的产业，也是主要出口产业之一。泰国工业化进程的一大特征是充分利用其丰富的农产品资源发展食品加工及其相关的制造业。这种以农业资源为基础的工业发展模式在过去20多年取得了显著成就，并将在今后发挥更大的作用。

（2）汽车业

汽车工业是泰国第一大支柱工业，拥有劳动力20万人。泰国汽车工业的发展始于20世纪60年代，目前泰国已成为东南亚汽车制造中心和东盟最大的汽车市场。

泰国工业部负责汽车产业的宏观控制和调整，其下设的泰国汽车工业协会负责具体产业政策和发展计划的制订。2002年泰国汽车工业协会经工业部批准，出台2002～2006年泰国汽车工业总体规划，主要内容是：到2006年，泰国国内汽车产量达到100万辆，产值超过125亿美元，其中40%出口；摩托车产量达到200万辆，产值超过25亿美元，其中20%出口；并发展相关设计、研发和零配件生产的配套产业。泰国政府希望到2010年，每年汽车产量可达至200万台，使该国汽车市场成为“亚洲底特律”。

A. 生产情况

目前，泰国有十多条汽车生产线，包括日本的丰田、铃木、尼桑、三菱、本田、马自达等，以及欧美的奔驰、宝马、福特、通用、沃尔沃等。同时，国内超过1000家的汽车零配件厂保证汽车生产规模不断扩大。

B. 销售情况

泰国国内的汽车需求主要是商用汽车，其中包括皮卡车、四轮驱动车、客车和小型巴士等。2006年，泰国国内汽车销量为703261辆，其中商用汽车销售量509644辆；轿车销售193617辆。

C. 出口情况

2006年泰国汽车及配件出口额为2943亿泰铢，约合77亿美元。其中，汽车整车（CBU）的出口是主流，为440705辆，占泰国国内汽车产量的31%；出口总价为1177亿泰铢，约合30亿美元，占汽车及零配件出口的74%，占泰国全年出口额约3%。其中向中国的出口额为5.85亿泰铢，约合1464万美元。

泰国出口的汽车零配件主要为OEM件，且出口数量呈逐年上升趋势。泰国国内汽车零配件生产企业除供应本地汽车制造企业外，还是国际品牌汽车制造企业的全球战略下的产业链环节，以OEM的形式向外输出产品。

D. 进口情况

泰国海关统计数据显示，2006年，泰国汽车及散件进口总额为2030.25亿泰铢，约合53亿美元。其中从中国进口10.7亿泰铢，约2675万美元。从进口产品结构看，80%以上为汽车零配件，其他进口产品还包括轿车、卡车和大客车，主要是弥补其国内生产的不足。总体而言，进口汽车仅占5%左右的市场份额。

泰国现行的汽车行业标准共有14个，由工业部技术标准局（TIS）制订，主要为安全标准和排放标准。产品质量上，汽车制造企业还应通过ISO、QS标准等认证。

（3）橡胶工业

早在1991年，泰国即成为世界最大的天然橡胶生产国和出口国。泰国目前有600多万人从事橡胶的生产、加工和贸易，占全国人口近。橡胶种植面积超过200万公顷，橡胶产品主要有烟片胶、20号标准胶、5号恒粘标准胶和浓缩胶乳等。国际橡胶研究组织ISRG的统计数据，泰国2003年天然橡胶产量为287.3万吨，2004年为282.3万吨。天然橡胶已成为泰国10大出口产品之一。

泰国生产的天然橡胶有90%被出口到世界上70多个国家和地区。2006年，各类橡胶的出口量依次为烟片胶（47%）、标准胶（34%）、胶乳（16%）、风胶（3%）。泰国国内共设有三个橡胶中心交易市场。

（4）纺织业

长期以来泰国纺织业为泰国的一大出口产业，每年为泰国创下巨额外汇收入。据泰国工业部工厂厅统计，泰国目前有纺织厂近5000家，90%工厂在曼谷及近郊。纺织业就业人口约有100多万人，其中成衣业占77.7%、人造纤维占1.4%、纺纱业占5.6%、织布业占5.5%、针织业占5.5%、染整业占4.3%。

泰国纺织品出口国前五名为美国、日本、英国、香港、阿拉伯联合大公国。

（5）采矿业

泰国的采矿业过去曾是国民经济的重要组成部分，但近几年地位日渐衰落。作为换汇大户的锡也因世界市场价格趋低受到很大冲击。另外，国内需求的不断增长也导致部分矿产品出口的下降，甚至短缺。在采矿业中前景乐观的首推石油开采。

（6）建筑业

今后几年建筑业的发展势头仍将持续，但不会再像前几年那样迅猛。由于建筑业的兴旺，建材市场出现短缺，如水泥、钢材等目前依靠进口以补充不足。为改善这种状况，政府积极鼓励建材工业的发展，供求形势有所缓和。目前发展较快的有水泥、陶瓷、卫生设备等。

三、面临开放压力的服务业

目前泰国主要的服务业有零售及批发业、运输业、建筑业和旅游业，产值占国内生产总值（GDP）的50%。近5年来，泰国国际收支中的服务账户年均可实现约50亿美元的顺差，2006年泰国服务账户顺差占到国内生产总值的4.75%，这主要来源于旅游业和国际客运业的收入。泰国服务业的就业人数占国家就业总人数的40%，服务业还吸引众多外国直接投资，如外资对金融业、零售及批发业的投资，预计服务业产值在泰国生产总值中的比重将随着经济的增长而增加。泰国服务业目前尚未全面开放，外资在泰国经营服务业和提供服务方面仍受各种措施和法规的限制，如各行业的外资持股比例规定、外资经营某类行业须获得泰国政府的准许等。泰国除对外资在泰国建立企业设置条件外，《外国人工作法（1979年）》还规定了禁止外籍人士在泰国从事的39项职业，如农业、牧业、美容美发及理发业、工程业、建筑业、设计业、导游业、旅行社、律师和法律服务业等。

目前泰国正面临着全面开放金融、运输及电讯业的重大压力，泰美自由贸易协议等即将签署，美国投资者为了在这些产业中能持股100%，要求取消各种限制并放宽禁止外籍人士在泰国从事39项职业的规定。重要的是，美国要求泰国开放许多行业的跨境服务，如电子银行及电子教育等，使美国能通过先进技术广泛地接近泰国消费者，而不必在泰国建立企业。

泰国服务业将加快调整步伐，以应对未来根据多边贸易体系及双边自由贸易协议而实施的服务业自由化，尤其是将与美国达成的自由贸易协议。政府部门也将加紧建立公平竞争的监管规定，包括修订《贸易竞争法（1999年）》等，以防止市场垄断、减少或限制竞争及促进自由公平的竞争，提高该法律的实施效率。同时，对“不合理市场支配力”和“企业并购”的标准作出明确规定，以免未来全面开放服务业自由化后造成外国公司垄断泰国服务业的局面，并确保消费者能从贸易自由化中受益，从自由公平竞争中获得廉价有效的服务。此外，泰政府将加快培育本土人才和提高教育水平以满足服务业的需求，增强泰国有竞争潜力行业人才的知识、技巧和专业知识，成为泰国与外国企业竞争的主要力量，并可通过对外输出技术劳工为国家创造外汇收入。

1. 金融服务业

（1）金融自由化

20世纪90年代以来，泰国政府实施一系列的金融自由化政策，以改善国内金融业的服务水平并提高其在国际上的竞争力。在银行和金融公司方面，中央银行取消对商业银行的各种定期存款利率的最高限，经中央银行批准的项目贷款的数额不受限制，允许外国金融机构在泰国设立分支机构，放宽对金融机构在其他企业中的所有权的限制等；在外汇方面，允许泰国自然人和法人在境内的商业银行开立外币账户，允许泰国的自然人和法人在不需要得到中央银行许可的情况下每年到国外投资500万美元，允许外国人在泰国境内的银行开立铢帐户并可自由提取并汇往国外等。此外，还取消黄金进口的配额限制，并设立外汇市场。外资企业可在外汇市场上采取多种方式集资，如发行股票、债券等。

（2）货币

自从1984年11月泰铢贬值以来，汇率基本保持稳定。同年，泰国将与美元单一货币挂钩的体制变为一揽子货币挂钩，但美元仍起主导作用。目前泰铢与美元的汇价在38～40铢比1美元的水平上波动。由于泰铢相对稳定并且能够立即兑换美元和日元，泰国与邻近各国的贸易和商业交易多选择泰铢为结算货币。泰国政府正努力促成“泰经济圈”的建立，从1991年底开始，泰国中央银行大幅度放宽本国的商人、金融家对印支各国的投资限制，对老挝、缅甸和柬埔寨的投资限定额由过去的20万泰铢扩大至50万泰铢。泰国中央银行的基本战略是促进泰国的货币——泰铢作为中立货币在印支三国的贸易结算中使用，与印支三国的中央银行协调，建立外汇管理系统，积极支持泰国的金融机构向印支各国发展。通过上述努力，将泰国培育成印度支那的金融中心。

（3）银行

泰国除中央银行（即泰国银行）以外现共有16家商业银行，其中资金雄厚、规模较大的有盘谷银行、农民银行、暹罗汇商银行、大成银行等。另外，泰国目前还有十几家外国银行的分支机构。

（4）证券市场

泰国证券交易所（SET）自20世纪70年代中期建立之后逐步走向规范化和国际化。进入20世纪80年代后期，泰国的证券市场有了较大的发展，成为世界上运行良好的证券市场之一，由此吸收了大量资金。泰国政府积极鼓励具备条件的泰国公司上市并给予上市公司优惠待遇，还将把上市作为给予投资优惠的条件。1992年5月16日，泰国颁布《证券及交易法》，并据此成立“证券及交易委员会”，管理有关证券市场的事务。

2. 旅游业

泰国旅游资源丰富，经过数十年发展，泰国旅游业已形成一定规模，目前旅游业的产值约占国民生产总值的10%左右。

（1）泰国旅游服务业管理体制

旅游业是泰国的支柱产业。随着旅游经济的发展，泰国政府对旅游业的管理也在不断加强，管理职能由单一的市场促销逐渐扩展到行业管理，从上到下形成了一套集权式的旅游管理体制。

旅游管理委员会是泰国的最高旅游管理机构，负责管理和监督旅游局的工作。旅游局的职责包括市场促销、投资引导、信息统计、教育培训、行业管理、景点开发、受理游客投诉等。泰国旅游局每年都要制定年度计划和发展战略，通过广泛的宣传，引导企业的投资方向和经营方式。同时，泰国旅游局对旅行社、饭店等旅游企业实行严格的管理，保证了旅游行业的服务质量。

（2）旅游鼓励措施

促进旅游业，泰国政府出台不少鼓励和扶持措施。对外，泰国内阁频频在旅游区和国外举行会议，旅游和体育部则常常在欧美和日本举办推广活动，吸引外国游客；对内，内阁还通过资助旅游计划，由国家出钱让公务员、教师和大学生免费在国内旅游。

（3）旅游服务业的壁垒

根据泰国1999年《外国人经商法》规定，从事旅行社、酒店以及与旅游相关的食品饮料销售的外国合资公司，外方持股比例不超过49%，并且须经泰国贸易发展厅厅长批准。同时，根据泰国《公司法》规定，在旅游服务业，合资公司泰国籍股东比例须占50%以上。根据泰国《导游法》规定，在泰国从事导游工作的人员，必须是泰国国籍，不允许外国导游从业人员单独进行导游活动。

3. 展览业

泰国展览会主要集中在以下行业和领域：(1) 机械电子，主要为汽车、汽车零部件、制冷设备等；(2) 纺织服装；(3) 农副产品，主要为大米、热带水果和蜂蜜等；(4) 服务业，主要为旅游业、教育和美容等。此外还有皮革、珠宝、家具、装饰材料、玩具等行业。

泰国展览会的硬件设施和服务水平都比较高。在曼谷有较多可以承办大型国际展览的场馆，其中最大的有三座，分别是诗丽吉会议中心、蒙通他尼展览中心和曼谷国际展览中心，每年有几十个国际性大型展览在这三个中心举办。

在泰国举办的各类展览平均每年约为400～500个。曼谷是泰国最主要的展览会举办地，占泰国展览会总数的90%以上。

泰国组团出展和到海外参展的目的地集中在美国、日本、欧盟和东盟等国家和地区。近几年来，中国来泰办展、参展和泰国到中国办展、参展的数量正逐年增加，2005年上半年达到60个以上。泰国政府在不断巩固已有市场的基础上，不断开拓新的市场。依据泰国商业部的计划，2005年重点开拓中国、俄罗斯、印度和中东等国家和地区。

(来源：安徽省商务厅网. http://anhui.mofcom.gov.cn/aarticle/sjdixiansw/200806/20080605621039.html.2008—06—24)

泰国电子电器业发展概况

泰国电子电器业发端于20世纪60年代，当时只有一些小型的家用电器和电子装备厂。20世纪70年代间，随着发达国家劳动密集型产业的转移，泰国电子电器业逐步发展起来。20世纪80年代后期，随着东亚新兴工业化经济体产业转移的推进，泰国电子电器业进入了高速发展期，成为泰国重要制造业部门。目前电子电器业在泰国经济中发挥着举足轻重的作用，电子电器产品已成为泰国第一大出口创汇产品，在泰国的出口总额中占有32%的比重。

一、泰国电子电器业生产状况

2006年泰国电子电器业的生产指数同比增长15%，其中电子产品产量增长22%，而电器产品产量下降4.44%。2006年电子产品产量仍保持增长，但是由于受到显示器和键盘产量出现负增长的影响，其增幅低于2005年39.49%的增幅。此外，电子电器业还面临着来自其他国家如印度等国的越来越激烈的竞争。

(一) 目前泰国生产的电器产品主要分为两大类：

(1) 音像视听产品 (AV Goods)：包括放像机、收音机、电视机及零部件、彩色电视显像管、音响及喇叭等。

(2) 家用电器产品 (White Goods)：包括空调机、冰箱、洗衣机、微波炉和电风扇等。

(二) 生产的电子产品则分为三大类：

(1) 通讯产品：包括电话机、传真机、卫星接收碟和电话机零部件等。

(2) 计算机产品：包括计算机及零部件和计算机外部设备及零部件，如硬盘驱动器、显示器、键盘和开关电源适配器等。

(3) 电子产品：包括微电路板、集成电路板封装、储存器 (内存)，以及印刷电路板、电容器、开关等。

(三) 电子产品。2006年泰国生产的电子产品如硬盘驱动器和集成电路板的产量分别增长27.6%和22.6% (见表1)。从2002年起，硬盘驱动器和集成电路板的产量呈持续上涨态势，2004～2006年期间的年均增幅分别达到42.3%和19.3%，体现了泰作为世界硬盘驱动器和集成电路板的主要生产基地之一的实力。不过，其他电子产品的产量在2006年却出现明显减少，如键盘、显示器和打印机的产量分别比2005年减少87.1%、37.6%和13.8%。

表1 泰国电子电器产品及产量

	产量		增长率 (%)		2004～2006年的年均增长率 (%)
	2005年	2006年	2005年	2006年	
电子产品					
集成电路板 (百万件)	11378	13954	15.5	22.6	19.3
显示器 (千件)	2210	1380	−50.5	−37.6	−25.3
键盘 (千件)	7454	958	−47.9	−87.1	−60.9
硬盘驱动器 (千件)	120707	153980	59.5	27.6	42.3

续表

	产量		增长率（%）		2004～2006年的年均增长率（%）
	2005年	2006年	2005年	2006年	
打印机（千台）	19241	16577	−9.5	−13.8	6.2
电器产品					
电视机（千件）	6916	6255	−0.4	−9.6	−1.3
电风扇（千件）	2438	2573	−5.4	5.5	−1.8
电饭锅（千件）	3455	3331	−5.6	−3.6	−2.9
冰箱（千件）	3686	3985	5.7	8.1	9.9
洗衣机（千件）	1727	1905	−4.6	10.3	5.6
空调机（千件）	2023	1681	14.8	−16.9	8.3

资料来源：泰国银行

（四）电器产品。2006年泰国的洗衣机、冰箱和电风扇的产量分别同比增长了10.3%、8.1%和5.5%，空调机、电视机和电饭锅的产量分别同比缩减了16.9%、9.6%和3.6%。2004～2006年期间泰国的电器产品产量因市场竞争日趋激烈而在总体上呈缓慢增长趋势，其主要竞争对手国为中国和越南等。

二、泰国电子电器产品出口情况

（一）电器产品出口情况。2006年泰国的电子电器产品出口总额为416.21亿美元，同比增长14.6%。其中电器产品的出口额为149.46亿美元，增长了9.9%（见表2），出口额最高的电器产品依次为收音机/电视机及零部件（出口额为34.63亿美元，增长10.2%）、空调机及零部件（出口额为22.89亿美元，增长4.0%）、冰箱/冷冻箱及零部件（出口额为946亿美元，增长15.2%）。出口高速增长的电器产品包括洗衣机/干衣机及零部件（出口额为5.67亿美元，增长27.8%）、压缩机（出口额为576亿美元，增长20.9%）、断路器（出口额为7亿美元，增长17.6%）、冰箱/冷冻箱及零部件（出口额为9.46亿美元，增长15.2%）。

表2　泰国2006年电子电器出口额

	百万美元				增长率（%）				占比（%）			
年份	2003	2004	2005	2006	2003	2004	2005	2006	2003	2004	2005	2006
电器产品	9725.3	13153.9	13598.2	14945.8	18.33	35.25	3.38	9.91	12.15	13.63	12.26	11.52
电子产品	17698.1	19289.9	22720.9	26675.6	13.29	8.99	17.79	17.41	22.11	19.98	20.48	20.56
合计	27423.4	32443.8	36319.1	41621.4	15.03	18.31	11.94	14.60	34.26	33.61	32.73	32.08

资料来源：泰国海关厅

（二）电子产品出口情况。2006年电子产品出口额为266.76亿美元，同比增长17.4%。过去三四年来，在世界电子产品市场增长良好的支持下，泰国已发展成为世界主要的电子产品生产基地之一，尤其是作为硬盘驱动器和集成电路板的生产基地，促使泰国电子产品的出口贸易呈连续大幅度增长态势。最大的出口电子产品是计算机及零部件，出口额达148.76亿美元，占电子产品出口总额的56%，同比增长9.5%，其次为集成电路板（出口额为70.29亿美元，增长18.1%），印制电路板（出口额为10.23亿美元，缩减20%）、半导体、晶体管和二极管（出口额为8，200万美元，增长4.3%），增幅最高的出口电子产品有计算机及零部件（出口额为148.76亿美元，增长25.6%），半导体、晶体管和二极管（出口额为9.93亿美元，增长20.3%）。

三、泰国电子电器产品主要出口市场

1997年经济危机发生后，美国、日本和新加坡成为泰国电子电器产品的主要出口市场，但近几年来对中国的出口呈持续增长态势，2003～2006年期间，出口到中国的电子产品年均增长44.1%（见表3）。从2005年起中国已成为仅次于美国的泰国第二大电子产品出口国。2006年在出口到中国的泰国电子产品中，集成电路板和印制电路板的出口额分别为6.544亿美元和1.622亿美元，增长56.6%和108%。此外，计算机及零部件的出口增长2.8%，达6.372亿美元。

在电器产品出口方面，虽然泰国的电器产品出口遭遇到竞争对手国的竞争，但从2006年以来仍能保持增长态势，2006年对美国、澳大利亚和荷兰的出口分别大幅增长13.0%、49.3%和42.3%，但对日本的出口仅略微增长了2.5%。

表3 泰国电子产品主要出口市场

出口市场		百万美元		增长率（%）		比率（%）	
		2005年	2006年	2005年	2006年	2005年	2006年
1.	美国	3444.3	4174.4	12.79	21.20	15.16	15.65
2.	中国	3275.8	3668.1	60.28	11.98	14.42	13.75
3.	日本	3069.7	3176.5	14.58	3.48	13.51	11.91
4.	中国香港	2305.3	3041.6	38.87	31.94	10.15	11.40
5.	新加坡	2841.6	2711.1	9.69	−4.59	12.51	10.16
6.	荷兰	1451.1	1689.1	4.61	16.40	6.39	6.33
7.	中国台湾	1048.7	1674.4	−2.69	59.66	4.62	6.28
8.	马来西亚	1468.8	1480.5	9.39	80	6.46	5.55
9.	韩国	619.7	717.5	33.82	15.78	2.73	2.69
10.	英国	502.3	609.4	−8.84	21.32	2.21	2.28
前10大市场的出口总额		20027.4	22942.5	18.86	14.56	88.15	86.01
其他		2693.6	3733.2	10.34	38.60	11.85	13.99
合计		22720.9	26675.6	17.79	17.41	100.00	100.00

资料来源：泰国海关厅

表4 泰国电器产品主要出口市场

出口市场		百万美元		增长率（%）		占比（%）	
		2005年	2006年	2005年	2006年	2005年	2006年
1.	美国	2599.3	2936.3	1.42	12.97	19.12	19.65
2.	日本	2514.9	2576.7	14.47	2.46	18.49	17.24
3.	新加坡	727.6	704.8	−7.41	−3.13	5.35	4.72
4.	中国香港	672.8	669.9	21.14	−．43	4.95	4.48
5.	中国	476.0	569.9	−7.95	19.73	3.50	3.81
6.	马来西亚	583.8	565.9	−2.33	−3.07	4.29	3.79
7.	澳大利亚	358.4	535.1	2.72	49.30	2.64	3.58
8.	荷兰	297.9	424.0	4.09	42.33	2.19	2.84
9.	阿拉伯联合酋长国	255.2	329.0	19.64	28.92	1.88	2.20
10.	印度	248.9	321.7	66.60	29.25	1.83	2.15
前10大市场的出口总额		8734.9	9633.3	6.35	10.29	64.24	64.45
其他		4863.3	5312.5	−1.56	9.24	35.76	35.55
合计		13598.2	14945.8	3.38	9.91	100.00	100.00

资料来源：泰国海关厅

出口到中国的泰国电器产品在近4年来呈波动起伏状态，2003年和2004年的出口分别增长74.1%和45.4%，出口额为3.56和5.17亿美元，2005年对中国市场的增长幅度为负8.0%，出口额为4.76亿美元，2006年对出口中国市场的年同比增幅为19.7%，出口额为5.70亿美元。最大的出口电器产品依次有开关电源控制板（出口额为7190万美元，增长49.8%），压缩机（出口额为5310万美元，增长39.0%）和电路保护或转换电子仪器（出口额为4890万美元，增长29.7%）。

四、泰国电子电器产品进口情况

自1999年以来，泰国进口电子电器产品及零部件以年均12.6%的速度增长，2006年泰国电子电器产品及零部件的进口额为108.28亿美元，同比增长9.7%（见表5）。在进口的电子产品中，进口额最高的电子产品为集成电路板，进口额为86.092亿美元，同比增长7.8%。其次为印制电路板，虽然进口额仅为10.14亿美元，但每年都有所增长，2003～2006年间的年均增幅为29.9%。

计算机及零部件方面的进口，2003～2006年的年均进口额为74.42亿美元（见表5）。2006年，计算机零部件的进口额为42.10亿美元，增长14.0%；计算机的进口额为18.95亿美元，增长2.1%。此外计算机磁带和磁盘的进口也出现显著增长，2003～2005年的进口增幅分别为42.1%、258.9%和954.8%，但2006年的进口增幅降至18.9%。其中，中国是泰国的最大进口来源地，2006年泰国从中国进口了20.83亿美元的计算机及零部件，占泰国进口总额的28%，同比增长为20.3%并呈持续增长趋势。

表5 泰国电子电器产品进口结构

产品	百万美元		增长率（%）		占比（%）	
	2005年	2006年	2005年	2006年	2005年	2006年
计算机及零部件	6673.4	7442.0	41.02	11.52	5.65	5.87
计算机	1855.8	1895.0	24.82	2.11	1.57	1.49
计算机磁带和磁盘	1124.4	1337.2	954.78	18.93	0.95	1.05
电子产品及零部件	9873.6	10827.8	12.61	9.66	8.35	8.54
印制电路板	840.7	1014.2	49.35	20.64	0.71	0.80
半导体、晶体管和二极管	826.0	868.5	0.05	5.15	0.70	0.68

续表

产品	百万美元		增长率（%）		占比（%）	
	2005年	2006年	2005年	2006年	2005年	2006年
集成电路板	7985.9	8609.2	9.97	7.81	6.76	6.79
音像录制设备	221.0	335.9	88.09	51.99	0.19	0.26
电器产品及零部件	1571.9	1979.6	20.09	25.94	1.33	1.56
空调机	141.5	155.5	43.22	9.89	0.12	0.12
热水器	149.0	156.0	23.34	4.70	0.13	0.12
麦克风	160.9	145.2	14.52	−9.76	0.14	0.11
放像机	84.2	88.0	13.48	4.51	0.07	0.07
洗衣机	48.2	43.6	−8.54	−9.54	0.04	0.03
电话机、电报机和电视机	731.9	1128.5	22.35	54.19	0.62	0.89
冰箱和冷冻箱	15.7	16.3	−9.77	3.82	0.01	0.01
其他电器产品	240.5	246.5	16.52	2.49	0.20	0.19

资料来源：泰国海关厅

电器产品进口情况。2006年电器产品进口总额为19.80亿美元，同比增长20%，进口量最大的产品包括收音机、电话机、传真机和电视机，进口额合计为11.29亿美元，同比增长54.2%，占电器产品进口总额的57%，其中从中国的进口额增长80.7%，达到3.007亿美元（见表6）。此外，泰国的空调机进口额为1.555亿美元，增长9.9%，其中从中国进口的空调机金额为5220万美元，增幅为60.6%。

表6　泰国从中国进口的电子电器产品结构

产品	百万美元		增长率（%）		占比（%）	
	2005年	2006年	2005年	2006年	2005年	2006年
进口总额	11,159.8	13,445.7	37.03	20.48	100.00	100.00
计算机及零部件	1,731.2	2,083.0	43.20	20.32	15.51	15.49
计算机	649.9	772.6	27.81	18.88	5.82	5.75
计算机零部件	996.5	1,181.5	44.15	18.56	8.93	8.79
计算机磁带和磁盘	84.8	128.9	831.87	52.00	0.76	0.96

续表

产品	百万美元		增长率（%）		占比（%）	
	2005年	2006年	2005年	2006年	2005年	2006年
电子产品及零部件	557.2	565.3	64.85	1.45	4.99	4.20
印制电路板	105.5	143.4	46.73	35.92	0.95	1.07
半导体、晶体管和二极管	78.7	111.5	22.20	41.68	0.71	0.83
集成电路板	367.6	303.8	83.34	−17.36	3.29	2.26
音像录制设备	5.4	6.6	315.38	22.22	0.05	0.05
其他原材料和半成品	9.4	16.8	1.08	78.72	0.08	0.12
电器产品	468.6	643.7	44.41	37.37	4.20	4.79
空调机	32.5	52.2	132.14	60.62	0.29	0.39
热水器	56.4	57.3	56.67	1.60	0.51	0.43
麦克风	69.8	71.9	14.43	3.01	0.63	0.53
录像机	52.9	54.0	51.14	2.08	0.47	0.40
洗衣机	15.8	20.3	−5.39	28.48	0.14	0.15
电话机、电报机和电视机	166.4	300.7	55.51	80.71	1.49	2.24
冰箱和冷冻箱	1.7	2.1	142.86	23.53	0.02	0.02
其他电器产品	73.0	85.2	34.94	16.71	0.65	0.63

资料来源：泰国海关厅

目前中国是泰国计算机及零部件的进口来源地之一。对于其他电子电器产品，虽然近三、四年来从中国进口的电子电器产品增长迅猛，但占电子电器产品进口总额的比重仍不大，即从中国进口的其他电子电器产品的金额为5.65亿美元，在泰国电子电器产品进口总额为108.28亿美元中仅占有5.2%的比重。2006年泰国电子电器产品的主要进口来源地包括日本、美国、中国台湾地区和马来西亚，进口额分别为30.34亿美元、14.79亿美元、14.09亿美元和10.60亿美元。

五、促进泰国电子业发展的原因

2006年促进泰国电子业发展的因素包括世界市场对电子产品的需求量随着各地区经济增长而增加，尤其是2006年全球的计算机销售量高达2.3亿台，同比增长10%，其他电子产品的零部件需求量也有所增长，尤其是消费电子产品（Consumer Electronic）在2006年的销售量增长30%，主要源于技术发展和新产品的发明，如无线设备、平面显示器、MP3随身听、数码照相机、游戏控制台和软件极大地推动了市场的扩大。

中国电子产品市场的增长也促进对包括泰国在内的电子产品的增长。过去以来，泰国的主要电子产品出口市场包括美国、日本和新加坡，但目前中国已成为仅次于美国的泰国第二大出口市场，尽管中国是世界最大的高科技产品生产和出口基地，但许多零部件如集成电路板的产量还不能满足国内市场的需求，因此需要从包括泰国在内的生产国进口这些产品。

六、泰国电子电器业吸收外资情况

泰国电子电器业的发展得益于外国投资的大量涌入，由于泰国劳动力成本低，基础设施较好，外国公司纷纷来泰投资设厂，把泰国作为他们的生产基地，产品主要用于出口。2006年获得泰国投资促进委员会批准的投资项目共有166项，投资总额为16.09亿美元。其中日本是获得最多电子电器产品投资优惠项目的国家，共为69项，投资额约为9.31亿美元，同时来自东盟其他成员国的投资项目为23项，投资额为2.46亿美元。与其他国家或地区相比，中国在泰国的电子电器业投资仍很少，2006年，来自中国的电子电器产品投资只有1个项目，为华立电子电能表有限公司（Holler Electronic Meter Co.，Ltd.），投资额为100万美元，主要用于生产电子电能表。

七、中泰合作前景

中泰双边贸易在电子电器行业方面具有互补性。根据泰国商业部的统计，在泰中双边贸易的前15大产品中，有多项是电子电器产品。2006年在泰国出口到中国的电子产品中，集成电路板和印制电路板的出口额分别为6.544亿美元和1.622亿美元，增长56.6%和108%。此外，计算机及零部件的出口也增长了2.8%，达6.372亿美元。以上数据表明，电子电器产品在中泰双边贸易中占有重要地位，随着两国电器化和电子行业的发展，两国在该领域的贸易必将会有更广阔的合作前景。

（来源：中华人民共和国驻泰国大使馆经济商务参赞处网. http://th.mofcom.gov.cn/aarticle/ztdy/200804/20080405457537.html.2008—04—01）

2009年泰国移动通信业：3G是影响未来成长的重要因素

移动通信业是泰国2009年经济危机中可望实现增长的行业之一。尽管其增长速度有所放缓，但与其他行业相比仍较为强劲。泰华农民研究中心对泰国移动通信业的两大部分即服务市场和手机市场进行了分析并总结如下：

服务市场：预期将受到经济放缓影响，因为消费者减少消费。不过，由于目前移动通信在人们的日常生活中发挥着重要的作用，预计移动通信服务使用量将不会呈现严重放缓。其中，声讯服务市场和新增号码的成长空间不大，因为目前号码总数已高达6100万个，手机普及率已达96.2%。虽然一些用户拥有多个手机号码，但从总体上看市场已更加接近饱和状态。与此同时，市场价格竞争也相当激烈，服务提供商仍采取网路内通话费低于网路外通话费的策略。该策略不像过去那样被经常采用，因为此举也使得用户对通话更加谨慎而导致通话量减少，从而促使经营商采取针对客户的特点提供多样化通话优惠的策略以增加通话量。

除声讯服务外，移动通信增值服务市场仍具有极大成长空间。虽然目前用户主要使用短信（SMS）和彩信（MMS）服务，但其他增值服务无论是手机新闻短信、彩铃、铃声以及互联网服务的使用量也趋向增长。虽然政府部门征收短信服务税政策包括税率、征收方式和服务范围等尚未明确，但此举不可避免会对服务提供商的市场营销计划及未来增值服务的使用量造成影响。目前增值服务市场也存在两个方面的局限性，一方面，在技术上第三代移动通信系统服务（3G）尚未开通，因此信息传输速度较慢，影响新项目的开发；另一方面，使用增值服务的用户数量不多，大部分用户仍以声讯通电为主，使用增值服务的用户大多为住在市区的学生和上班族，用户群体的局限性成为未来服务提供商面临的挑战。泰华农民研究中心预测，2009年移动通信服务的市场总值约为1660亿～1690亿泰铢，比2008年的1660亿泰铢）增长0%～2%，增幅低于2008年的4%。虽然增长率有可能为零，但也不至于像其他许多行业那样陷入萎缩。

手机市场：受经济危机的影响将比服务市场更为严重，因为手机属于奢侈品，在目前的经济状况下消费者可能会延迟更换手机。不过，仍有手机经营商调低售价以适应消费者购买力的下降，这也使消费者购买第二台手机的数量有所增加，与服务提供商的降价促销策略如出一辙。在低档手机市场，价格竞争仍然非常激烈，性价比高的国产品牌手机越来越受到欢迎，导致国产品牌的市场占有率可能提高到30％，国际品牌的市场份额则降至70％。在高档手机市场，虽然价格竞争可能不如低档市场那样激烈，但是手机的售价也趋向下跌，同时手机款式设计和使用功能成为竞争的关键因素，尤其是触摸屏和3G系统是2009年新推出的主要款式。泰华农民研究中心预计2009年泰国新手机销售量可达约880万～900万台，接近或略低于2008年的约900万台，但市场总值从2008年的350亿泰铢减少为300亿～315亿泰铢，缩减幅度也从2008年的5％扩大为10％～15％。

（来源：中华人民共和国驻清迈总领事馆经济商务室网. http://chiangmai.mofcom.gov.cn/aarticle/ztdy/200903/20090306089234.html. 2009—03—10）

2009年泰国计算机市场：削价竞争以期刺激销售量

目前，计算机已成为人们日常生活中的一种重要工具，个人计算机在家里或者办公室使用的数量增加，5年来个人计算机市场趋向年均增长13.6％。2009年个人计算机市场走势可能异于2008年，泰华农民研究中心预测，整个泰国个人计算机市场总销售量约为260万～280万台，比2008年的约258万台有所增加。但是由于经营商以价格策略来刺激销售量，预测每台售价仍趋向持续下降，使2009年个人计算机市场总值约为460亿～484亿泰铢，从2008年约为23.5％的增幅转为缩减约3％～8％。个人计算机销售量的增长主要来自笔记本电脑和微型笔记本电脑，这两种电脑的销售量均比2008年有所增加，因而可预测台式计算机的销售量将有所下降。

消费者因受经济危机影响而放缓消费，预计将对市场造成巨大影响，以及具有购买能力的部分消费者可能在2008年就购买了计算机，这可从2008年计算机尤其是笔记本电脑的销售量大幅增长中可见一斑，而2009年尚未有其他新的因素来刺激市场。至于泰国教育部大量购买计算机的项目，最快也要在2009年年底或者2010年年初实施，预计还来不及在2009年里对市场产生利好的影响。不过，因为泰国计算机数量对人口数量的比率不高，从而使计算机市场尚有发展的空间，尤其是外府地区民间教育机构在计算机方面的投资。预计将于2010年开始启用的第三代移动通信系统（3G）和微波存取全球互通技术（Worldwide International for Microwave Access：WiMax）可能有助于刺激应用上述新技术的笔记本电脑和微型笔记本电脑销售量，但是如果还不能明确启用时间，就可能无法刺激2009年的市场。

尚未明朗的个人计算机市场走势，预测将导致各经营商采取价格策略和非价格策略争夺市场份额，包括降低价格、免息分期付款、购买笔记本电脑赠送微型笔记本电脑等。激烈竞争不仅发生在同类型产品市场上，而且不同类型产品市场上也在争夺市场份额，如笔记本电脑与台式计算机、笔记本电脑和微型笔记本电脑。

除了企业竞争外，计算机还对提高教育质量和创造经济机会产生影响。目前泰国计算机数量仍处于较低水平，2008年计算机数量对人口数量的比率约13.7台对100人，而且集中在城市地区，从而导致大量农村人口缺乏接触到计算机的机会，政府部门应支持并提供和扩大农村人口使用计算机的机会，如采取税收措施鼓励民众更多地使用计算机，可以将购买计算机的费用在个人所得税中扣除，购买计算机捐献给社区或农村学校可以享受税收优惠，以及支持提高企业效率的投资尤其是信息技术方面的投资等。

（来源：中华人民共和国驻清迈总领事馆经济商务室网. http://chiangmai.mofcom.gov.cn/aarticle/ztdy/200904/20090406145632.html. 2009—04—02）

越　南

越南食品机械发展状况

一、越南食品机械基本情况

越南于2007年加入世贸组织，经济前景良好，2006年的经济增长率高达8.2％，仅次于中国。主要进口来源为中国台湾地区和中国大陆；越南作为农业大国，具有丰富的自然资源，政府鼓励利用本地资源，淘汰现有陈旧生产设备，引进先进的食品、水果、农副产品的加工、生产、包装、卫生、贮藏设备，进行深加工，提高产品出口附加值。

未来几年，越南计划全面发展农业、林业及渔业，使每年平均产出增长速度保持在4.5%～5%。同时，决定将发展经济的重点放在出口和加工、消费工业上，而食品和食品工业是其中很重要的一部分。虽然越南的进口越来越大，但目前越南已成为全球第二大大米出口国，每年出口值增长很快，其中增长的很大部分来自农产品、食品、消费品。

目前越南对食品工业、加工业及加工成套产业的发展要求越来越迫切。为此，越南需要引进加工工业的机械设备，相关配套产业上加大投入，尤其是在食品和食品加工行业上，政府鼓励利用本地资源开展各种农副产品的深加工，提高出口附加值。如越南盛产水果，年产量达到380多万吨，但越南水果加工技术落后，出口仍以鲜果为主，附加值低，运输过程中损耗较大。为解决这一问题，越南打算进口一批加工设备，投建一批水果加工厂，将加工能力从目前的10万吨/年提高到70万吨/年。

企业可考虑向越南输出生产技术和加工设备，或在越南投资建立水果加工厂，投入设备和技术，利用当地原料生产鲜果汁、罐头、糖果等系列产品。随着越南食品工业发展，对各种食品加工设备如：切片机、烘焙机械、搅拌机、灌装机及各种食品生产线、成套设备的需求量将日益增大。据悉，目前越南该类产品主要从日本、欧美进口，而中国的产品在价格及质量上则更具有竞争力。同时随着越南农产品出口份额的扩大，越南加工工业特别是包装印刷业急需投资和发展，以满足日益增长的国内外食品及食品加工业的发展需求。

二、中国企业可考虑开拓越南食品机械市场

目前越南市场对食品机如食品切片机、搅拌机、灌装机等成套加工设备需求日益旺盛。

尤其是水果加工设备方面，越南出产丰富的热带水果，年产量达380多万吨，但越南水果加工技术落后，出口仍以鲜果为主。因此，越南拟进口一批水果加工设备，将加工能力从目前的年产10万吨提高到年产70万吨。

越南消费者向来对中国食品加工、包装机械有很强的认知度。因此，中国企业可以考虑抓住机遇开拓越南市场，向该国出口食品加工机械和包装设备或在当地设厂生产。

（来源：南博网. http://info.caexpo.com/zixun/dongmmy/2008—07—29/50269.html.2008—07—29）

越南包装机械行业

随着越南市场竞争的日趋激烈，产品包装已然成为市场竞争的一种手段。因此，产品的包装问题引起了越南企业的重视，一些专门从事包装生产的企业应运而生。这些企业的生产设备主要来自中国、日本、韩国、德国和中国台湾地区，已经能生产塑料、橡胶、铝箔、松纸等材料的包装，产品质量较好，款式多样。目前已具备生产KRAFT卷筒纸、3～5层的纸板桶、各种尼龙包装材料（PE、PP、HDPE、农用PE薄膜、塑料箍桶绳）、各种复合塑料包装材料以及各种规格罐头盒等的能力。这些包装企业目前已为越南国内的各种包装业务提供服务，如粮食、食品、美容化妆品、农业化工原料、海产品、纺织品、药品、饮料、洗衣粉、洗浴液等的包装。除了越南本国的企业，许多外国在越南的企业也都使用越南国内生产的包装材料。

一、越南包装机械现状及商机

越南革新开放十几年，越南包装业的进展曾一度相对迟缓，就连许多出口商品的包装都比较简单、平淡。但近几年来越南包装工业有了很大的进展。

1. 越南包装机械现状

越南的包装企业可以生产KRAFT卷筒纸、3～5层的纸板桶、各种尼龙包装材料（PE、PP、HDPE、农用PE薄膜、塑料箍桶绳）、各种复合塑料包装材料、各种规格的罐头盒等。

现今，越南主要的包装企业有位于胡志明市的新进塑料包装公司（越南塑料包装的龙头企业，已获ISO9002认证，在河内市有分公司）；位于芹宜市的西部包装有限责任公司；位于胡志明市的美珠包装和印刷股份公司（越南金属包装企业中第一家获ISO9001认证的企业）。

越南的包装企业已经能为国内的各种包装业务服务，如粮食、食品、美容化妆品、农业化工原料、海产品、纺织品、药品、饮料、洗衣粉、洗浴液等。不但越南本国的企业，许多外国在越南的企业也都使用他们的包装材料。这也就恰恰印证越南包装机械的稳固发展。

2. 越南包装机械市场商机

随着越南经济的高速发展，需要包装的产品数量高速增加及出口产品的高速增长，高质量的包装需求也在不断的快速扩大，为包装设备和包装材料

企业创造了一个很好的机遇。虽然目前越南包装企业的生产设备和原料基本是从西方和日本进口，但是，中国产品具有距离近（导致运费低、交货快）、价格便宜、技术适用（尤其对于越南的非重点印刷企业）、培训、修理容易等特点。因此，越南的包装市场对中国包装机械企业而言是一个很好的机遇。

投资市场。越南目前国有或私营重点企业的包装设备是相当先进的。但一般的民用包装设备（尤其是各地方的包装品）的包装技术还未纯熟。由于种种原因，越南不会立即将全国包装设备的质量都提高到高端技术水平，因而只有从某些地方上加大改进，提高包装机械的质量。中国企业的投资重点应把握好，投向越南的非重点企业和各地方的中小企业，承担越南中小企业包装项目，或者出售设备和原材料等。在这方面中国企业的市场机会更多。越南经济正在高速发展，需要包装的产品同样在高速增加；越南的出口也在高速增长，需要高质量包装的出口商品也在快速增加。中国企业应该把握这些机遇。目前越南比较好的包装企业都在河内和胡志明市，中国包装企业的开拓重点应是越南中等城市（它们往往也是区域经济的中心）包装企业，如岘港、顺化、海防、芽庄、宜安、芹宜、大叻等城市的包装企业，而这些企业也将慢慢与世界先进的包装设备接轨。

二、未来包装机械产业的趋向

1. 高自动化

未来包装机械产业将配合产业自动化趋势，技术发展将朝着四个方向发展：一是机械功能多元化。工商业产品已趋向精致化、多元化，在大环境变化形势下，多元化、弹性化且具有多种切换功能的包装机种方能适应市场需求。二是结构设计标准化、模组化。充分利用原有机型模组化设计，可在短时间内转换新机型。三是控制智能化。目前包装机械厂家普遍使用PLC动力负载控制器，虽然PLC弹性很大，但仍未具有电脑（含软件）所拥有的强大功能。四是结构高精度化。结构设计及结构运动控制等事关包装机械性能的优劣，可通过马达、编码器及数字控制（NC）、动力负载控制（PLC）等高精密控制器来完成，并适度地做产品延伸，向高科技产业的包装设备方向研发。

2. 高生产率

包装机械厂商越来越注重开发快速、成本较低的包装设备，未来的发展趋势是设备更小型、更灵活机动、多用途、高效率的包装设备。此趋势还包括节约时间、降低成本，因此包装界所追求的是组合化、简洁化、可移动的包装设备。在包装机械自动化方面，自动化操作程序已得到广泛应用，如PLC设备、数据收集系统等。

目前，世界四大包装机械强国美、日、德、意均十分重视市场及用户要求，把提高机器转数、提高生产率作为设计追求的重要指标。提高生产率的一个主要途径是提高转速，但提高机器转速是一个复杂问题：速度越高，单件生产成本越低，可厂房使用面积也随之提高，故障率也随之提高，反会使效率降低，应寻求两者最优结合点：机器转速提高对其他元件的材质、可靠性、性能及寿命也会产生相关影响。一般而言，提高转速15%～20%就会带来一系列复杂问题。除了提高转速外，提高生产率还可从另外的渠道设法解决。

越南海产品每年出口创汇20亿美元，水果蔬菜出口每年创汇10亿美元，但水产品及水果蔬菜均缺乏包装及加工设备，越南珍贵木材较多，也缺乏木材加工设备。总的来说，越南制造业比较薄弱，机械设备大都靠进口，希望中国能为其提供高质量的各种加工机械。

（来源：南博网. http://info.caexpo.com/zixun/dongmmy/2008—07—29/50275.html.2008—07—29）

越南中成药市场

中越两国从古到今具有许多相似之处，从传统到现实，从人文到习惯，从发展阶段到历史进程，从市场需求到民众的需要等等，都存在诸多的相似性。同时，也正因为中越两国发展速度的差异性和进程的相似性，造就了中国中成药行业在越南市场上的巨大商机。

1. 中国中成药在越南的市场基础

中国中成药进入越南市场，是两国传统友谊的象征，也是中越两国人民友好共存的见证。在越法战争和越美战争期间，中国中成药，也是中国支援越南战胜帝国主义的重要物资。

代表传统医药和现代医药文明相互交流融合而产生的中国现代中成药及其整个行业，是对传统中医药的重大提升，在继承和发扬了传统医药的优势的基础上，把古老而又掺杂了许多落后元素的传统中医药，引向现代文明的快速发展轨道。因为传统医药的种种弊端，或因其本身因循守旧，抱残守缺，逐步远离现代社会，被现代社会所淡忘或遗弃的条件下，越南的传统东医药，也同样面临相似的尴尬境界。在中国中成药行业飞速发展的影响下，层出不穷的中成药产品通过多种方式进入越南市场医药，同样也受到越南民众的广泛追捧。在当今的越南医药市场上，当消费者谈到越南本国东医药，更多的人会告诉你是中医药，中成药。中成药，已经成为中国中医药及其产品在越南医药市场上的代名词。

2. 中国中成药在越南市场的现状

近些年来，随着越南市场对中成药需求的不断增加，越南政府也出台了许多鼓励发展中成药工业的优惠措施，越南本土的中成药工业从无到有，也得到了快速的发展，逐步发展壮大。现在，在越南知名的中成药工业企业就有宝龙中成药股份公司、河南药业股份公司、安拜药业股份公司等。但是，越南本土的中成药工业企业，由于成立时间短，存在许多不足，如企业生产品种单一，生产技术水平低，规模小，品牌知名度不高等问题，中成药专业生产厂至今还没有达到GMP认证条件，远远不能适宜快速增长的越南医药市场的需求。在这种情况下，越南医药市场所需要的中成药，通过多种渠道进口的比例高达60%。据越南有关部门对胡志明医药市场（胡志明市是越南最大的医药市场和中成药集散地）42个成品药店、46个中成药专业销售柜台、8个民族医药机构的抽样调查，共销售中成药品种大1800多个，超过60%是进口品种，大多数是来自中国大陆的中成药制药企业生产的中成药。其中，很多产品是通过非法渠道，或走私，非法进入越南市场。

近些年来，随着越南对医药市场的整顿和规范管理步伐的不断加快，中国中成药在越南市场上的许多弊端也逐步暴露出来，目前，最大的问题是没有通过正常渠道进入越南市场，属于非法走私和违法销售的产品，一旦遭到检查，一经发现，就当成假冒伪劣产品处理；其次，一些假冒伪劣产品打着中国正规生产企业的幌子，也随之进入越南市场，极大败坏了中国中成药行业或企业的声誉；第三，一些“三无”产品，也乘机打着中国中成药的旗号，非法进入越南市场，在越南消费者心中产生了不好的负面影响，第四，中国名牌优质中成药品种在越南医药市场的占有率很低，大多数都不见踪影不能满足越南市场的需要。

总的来说，目前在越南市场上，中国中成药现状是，一方面，越南民众从品种到数量都大量需要中国中成药产品，特别是中国优质传统的中成药名牌品种；另一方面，以此不相适应的是，通过正规或合法手续和渠道进入越南市场的中国中成药少之又少，中国优质名牌中成药品种更少，远远无法满足越南民众或医药市场的需要。这也是在越南市场上，假冒伪劣中成药能够长期占有市场份额的主要原因。

3. 中国中成药在越南市场的优惠待遇

越南是具有8000多万人口，经济正在不断腾飞的大市场。面对日益增长的医药市场和民众对医药产品消费的需求，越南国内有效供给不足，特别是对中成药的需求的供求缺口的不断增大的现状，越南政府对于中国中成药的进口和西药相比，官方采取了非常宽松和优惠的政策：越南是世界上全面承认《中国药典》一部和中成药的唯一的国家，只要是《中国药典》一部收载的中成药品种，在中国市场上销售五年以上，通过中国官方GMP认证的企业合法生产出品的中成药品种，到越南卫生部办理简单的注册登记手续以后，就可以通过合法的渠道进入越南市场销售，如果中国中成药生产企业在越南国内投资生产中成药，则还可以获得更多的优惠待遇和政策扶植。

但是，由于中国国内的中成药行业缺乏与越南有效快捷的沟通渠道，以及中国中成药行业缺乏开拓国家市场的经验、信息传递通道的受限、对越南给予中国的中成药行业的各种优惠政策了解不够全面等，这也是中国中成药通过正规合法渠道进入越南市场上为数不多的主要原因。

4. 中国中成药在越南市场的优势

中国中成药在越南市场上，除了越南官方给予的多种优惠条件以外，中国中成药自身的优势也逐步彰显，具有巨大的市场潜力。

首先，中成药源于中国传统中医药，传统中医药浩如烟海的典籍，丰富的民间用药，广大民众根深蒂固的中成药消费情结，巨大的中成药消费市场等，都是中国中成药行业持续发展，取之不尽用之不竭的源泉；

其次，中成药是中国特有的行业，也是具有独立知识产权的行业，面向国际医药市场，具有不可比拟的优势条件，也是中国走向世界的优势行业；

第三，中国中成药工业的生产和工艺技术，经过了多年的努力，已经达到或超过了世界水平，为中国中成药行业走向世界提供了坚实的基础；

第四，中国具有丰富的中药材资源，其中，大多数为家种药材，中药材种植业也是中国传统中医药的重要组成部分，是中国中药材稳定的商品来源或基地，很多优质中药材品种已经建立了GAP基地，保障了中成药工业稳定优质的原料来源；

另外，随着中国国际地位和中成药行业企业经济实力的不断增强，传统医药行业对国外医药行业以及整个国际主流医药贸易的影响力不断增加，国外消费中成药的人群和市场也将迅猛扩展，中国中成药产品在越南市场上广泛受到当地民众欢迎就是一个很好的例证。有关专家指出，中国中成药行业终将走向国际市场，成为中国强有力的出口资源。

（来源：中国商品网．http://ccn.mofcom.gov.cn/spbg/show.php@id=8950&ids=2.2009—03—11）

越南承包工程市场

近年来，越南经济高速增长，工业建设项目快速增加，导致水、电、道路以及其他基础服务设施需求日益增大。为保证经济的持续发展，越南政府加大了基础设施建设的投入力度。2006年越南承包工程市场规模为40.3亿美元。根据政府规划，从2007年到2020年期间，仅基础设施建设项目投资就需要1400亿美元，再加上工业和民用建筑领域的快速增长，未来越南承包工程市场将有相当大的发展潜力。

越南经多年战乱，交通、能源、水利、通信等基础设施落后，长期以来一直影响着其经济发展。越南政府已经注意到这一问题，并在近几年加大基础设施建设的投入力度，越南承包工程市场也因此得以迅速发展。目前，该国承包工程项目主要集中在交通运输、电力、通信、工业园区、民用设施等领域。

一、承包工程市场概况

为保证经济的可持续发展，政府在基础设施、工业发展和民用设施等领域制订了相应的发展规划。

在交通运输领域，根据越南交通基础设施投资总体规划，政府在2006～2010年计划投入315.65万亿盾（约197.3亿美元）发展交通基础设施。其中，国家财政拨款142.91万亿盾（约89.3亿美元），其他渠道筹集资金172.74万亿盾（约108亿美元）。2007年3月，越南计划投资部将2020年大型交通运输项目资金筹集方案报政府总理审批。据此方案，从目前到2020年越南交通基础设施建设需投资728亿美元。融资渠道为国内外私人投资、企业投资、国际金融组织提供的商业贷款、政府发行债券和官方发展援助基金（ODA）。

在电力领域，为缓解供需压力，越南政府从2002年开始实施电力发展规划，主要倾向于水电建设。按此规划，至2010年，越南将新建或扩建近40座电站，包括22座水电站，8座燃气电站，7座燃煤电站，总装机容量为1240万千瓦。为进一步落实国家电力发展规划，越南国家电力集团（电力垄断企业）从2007年开始计划投资兴建近4000个电力工程项目，包括58个电厂、897个110千伏～500千伏的电网工程和近3000个中低电压电网项目，总投资为39.04万亿盾（约24.4亿美元）。

为了进一步促进工业园区的建设与发展，带动国内经济的稳定增长，2007年8月越南批准8个新的工业园区建设项目。政府计划到2010年将工业园区的面积扩大到4.5万～5万公顷。

在住房领域，政府提出到2010年将城镇人均居住面积由目前的10平方米提高到15～20平方米，计划在2005年到2015年期间，每年居民住宅预算从2005年的3.98亿美元增长至2015年的6.03亿美元。

越南有关部门预测，从2007年到2020年期间，仅基础设施建设项目投资就需要1400亿美元，再加上工业和民用建筑领域的快速增长，未来越南承包工程市场将有相当大的发展潜力。

二、细分领域市场情况

越南承包工程市场主要工程项目分为基础设施、工业与民用设施建设等三大类，细分领域可分为公路、铁路、水运、空运、电力、电信、住房、工业园区等八类。以下是从各市场的发展状况、政府发展目标和规划的角度对细分领域市场进行分析。

（一）公路

1．发展现状

目前越南公路总长13万多公里（其中1.4万公里国道，1.5万公里省道，其余是连接各县乡的公路）。柏油路、水泥路约占10%。

2．政府规划

与公路建设有关的主要规划内容如下：

（1）将以河内市和胡志明市为中心的半径为50～80公里的公路建成高速公路或高等级公路，并在重点经济地区建设一批高速公路，如：内排—下龙高速公路，琅路—和乐高速公路，北江—惹桥(Cau Gie)—宁平高速公路，胡志明市—头顿高速公路，胡志明市—芹苴高速公路，胡志明市—油热（Dau Day）高速公路等。

（2）将中部横向国道改造为3级公路；将所有省道基本铺设柏油路面或水泥路面。

（3）在城市交通方面，完成河内空中有轨电车嘉林—甲八段的建设；完成胡志明市和兴—边和段有轨电车（其中和兴—平赵段为空中）的建设。

（4）在农村交通方面，改造县级公路达到5级或6级标准；改造乡级公路达到A级或B级农村公路标准；30%的农村公路实现柏油路面，其中平原地区50%的农村公路实现柏油路面；80%的农村公路可四季通车。

2007年，越南总理相继批准了胡志明市至2020年的交通运输发展规划及贯穿南北的胡志明大道总体规划。根据规划，越南将继续兴建北南高速公路；完成越南—中国“两廊一圈”高速公路建设；兴建油移（Dau Giay）—大叻（Da Lat）高速公路；继续改造升级1号国道部分路段；在西贡河上架设14座公路及铁路桥梁；兴建从胡志明市至受添的公路等。

根据越南交通基础设施投资总体规划，2006～2010年计划投入315.65万亿盾（约197.3亿美元）发展交通基础设施。其中，国家财政拨款142.91万亿盾（约89.3亿美元），其他渠道筹集资金172.74万亿盾（约108亿美元）。

（二）铁路

1. 发展现状

越南铁路有6条干线和一些支线，总长3220公里，干线全长2700公里。有410个机车头，其中150多个是蒸汽机车头。

在越南，汽车比火车快且准时已成为“常识”，几乎所有的旅游手册上，都建议游客采用长途汽车或飞机作为交通工具，以保证时间。“慢”成了越南铁路的瓶颈，严重地影响了越南旅游业乃至其他产业的发展。

2. 政府规划

（1）发展目标

为发展铁路运输业，越南调整原2001～2010年交通运输发展计划中关于铁路发展的整体规划。根据调整后的规划，到2020年越南铁路货运和客运量将分别占全国总运量的25%～30%和20%～25%，河内和胡志明市的城市铁路客运量将占两市客运量的20%。

（2）发展规划

从2007年到2010年期间，越南将优先升级和改造北—南和东—西铁路干线，将河内—海防铁路改造为电气化铁路；在建设河内和胡志明市城市铁路的同时，要兴建和完善火车站、机车和车厢修理厂；完成各条铁路线的升级和改造，以达到国家和本地区级技术标准；新建河内—荣市（Vinh）和西贡（Sai Gon）—芽庄（Nha Trang）的复线铁路，并将这两条铁路建成电气化铁路；沿北—南铁路干线另建一条北—南准轨（1.435M）复线高速客运铁路，将河内—胡志明市之间的运时缩短至10小时以内，并尽可能与国际联运铁路相连接。

预计至2020年越南铁路实现现代化约需投资160万亿越南盾（约合100亿美元）。其中，基础设施建设的投资需要98万亿越南盾（约合61亿美元），铁路运营的投资需要62.87万亿越南盾（约合39亿美元）。

（三）水运

1. 发展现状

越南水路总长约1.1万公里，内河水运有854艘拖船、28470艘货船、1355艘驳船，运输能力约163万吨。海运有610艘货船、6艘驳船，运输能力84万吨。港口和海港有金兰湾（Cam Ranh），岘港（Da Nang）、海防（Haiphong），胡志明市（Ho Chi Minh City），下龙湾（Ha Long），芽庄（Nha Trang），荣市（Vinh），头顿（Vung Tau），归仁（Cai Lan）等。

目前，越南缺少能容纳超过1600 TEU（Twenty-foot Equivalent Unit）集装箱轮船的深水设施，而作为全国70%的集装箱集散地的胡志明市的基础设施已近饱和。2007年越南已经加入了世贸组织，随着未来越南贸易量的不断增加，越南水运将面临巨大压力。

2. 政府规划

（1）发展目标

根据越南2001～2010年交通运输发展计划，在约169亿美元的交通运输领域总投资中，海运占到9.26%；河运占到2.42%。

其中，对于内河水路建设计划实现对红河平原地区和九龙江平原地区的各主要河道进行改造升级，使之可全天候通航；改造部分河运码头，使河内码头装卸能力达190万吨/年，宁平码头装卸能力也达190万吨/年。同时，对全国的海运港口进行改造和升级，到2010年各主要港口装卸能力将达：盖麟港1000万吨/年，海防港1000万吨/年，岘港港口群600万吨/年，容桔港150万吨/年，西贡港群2500万吨/年，市威—头顿港群2700万吨/年，芹苴港群400万吨/年；全国的海运港口装卸能力2亿吨/年。

（四）空运

1. 发展现状

目前越南全国共有大小机场90个，其中15个为民用机场，而民用机场中有3个为国际机场，分别是内排机场（河内市）、岘港机场（岘港市）和新山一机场（胡志明市）。越南原用客机大多为前苏联制造，现在正逐步由欧美机型所取代。

2. 政府规划

适应改革开放和经济快速发展，加速改善原有的航空业的硬件和软件设施，逐步提升整体空运能力和水平，推动航空业长期的发展。

根据2001～2010年交通运输发展计划，到2020年，越南将把胡志明市新山一机场建设成为国际航空中转站。

（五）电力

1. 发展现状

目前，越南全国共有近30座电厂，总发电能力近900万千瓦，可用功率845万千瓦，其中，水电占48%，常规热电占52%。

越南水电资源可开发潜力巨大。越南拥有丰富的水利资源，水电蕴藏量总计约300太瓦/年，其中北部地区为180太瓦/年（占总蕴藏量的60%），中部地区为80太瓦/年（占总蕴藏量的27%），南部地区为40太瓦/年（占总蕴藏量的13%）。可开发的水电装机容量近35000兆瓦，经济可开发的水电蕴藏量约83太瓦/年和20560兆瓦，水电资源可开发潜力巨大。

随着经济的快速发展，越南现有的供电设施已满足不了经济发展的需要。由于电力供应不足，2007年上半年越南当局不得不实施分区停电措施，严重影响了当地生产、生活秩序。据越南有关部门预测，从现在开始到2010年，越南的电力需求量将以每年15%的幅度上升，越南必须在2010年之前实现发电量翻倍的目标以满足未来用电需求。

2. 政府规划

为缓解供需压力，越南政府从2002年开始实施电力发展规划，主要倾向于水电建设。按此规划，至2010年，越南将新建或扩建近37座电站，总装机容量为1240万千瓦。其中，水电站22座，装机容量约400万千瓦；燃气电站8座，装机容量约520万千瓦；燃煤电站7座，装机容量约320万千瓦。至2010年，越南电力总装机容量将超过2000万千瓦。

（六）电信

1. 发展现状

20世纪90年代以来，越南成为发展中国家电信业增长较快的国家之一，电信市场显现出极强的发展潜力，被国际电信联盟列为继中国之后增长最快的电信市场。

虽然越南政府为扩展和实现电信系统的现代化付出了巨大努力，但与邻国相比仍有相当大的差距。以手机为例，尽管2006年越南新增手机用户300万，升幅高达70%，但在越南8400多万人口中，手机普及率还只有5%。因此越南政府鼓励新的运营商进入，提高行业竞争程度，加快行业发展。

2. 政府规划

根据《越南2010～2020年电信行业发展战略规划》，到2010年，电信行业年收入达60亿～70亿美元，年均增长率为20%～25%，网络用户为达到8～12人/百人，新的电信企业占40%～50%的市场份额。到2009年，越南电话普及率将超过总人口的50%。2008年移动电话用户将达到2000万，2010年将增至2500万。

（七）工业园区

1. 发展现状

近年来，越南政府大力推进重点工业区、出口加工区和高新技术区（统称工业园区）的开发建设，积极搭建企业发展平台，使之成为引进项目、扩大投资的重要载体，有效引导产业集群的加速成形，促成众多的经济增长点和增长极，为经济和社会注入了蓬勃的活力，工业园区已成为越南吸引外资并取得较佳效益的主要领域。

目前，越南工业园区产值占全国工业产值的近1/3，出口额占全国的1/5，吸引外资占全国吸引外资的1/3。工业园区的长足发展，已为越南经济注入了新的活力。截至2007年8月，越南全国共创建工业区150个，总地面积为3.23万公顷。其中，已投入运营的工业区有90个，总面积为1.98万公顷，其余工业区正在建设中。

2. 政府规划

为了进一步促进工业园区的建设与发展，带动国内经济的稳定增长，2007年8月越南批准建设8个新的工业园区，其中隆安省（Long An）石德（Thach Duc）工业区面积为256公顷，平福省（Binh Phuoc）明兴（Minh Hung）工业区面积为194公顷，平阳省（Binh Duong）越南香（Viet Huong）工业区面积为140公顷等。政府计划到2010年将工业园区的面积扩大到4.5万～5万公顷，2015年扩大到6.5万～7万公顷，到2020年达到8万公顷。

（八）民用建筑

1. 发展现状

越南房地产市场正处于发展阶段，市场潜力较大。越南房地产市场开发以建设新区项目为主，多数项目位于交通便利的城郊，土地存量充裕，尚有大量公有土地可开发。

目前越南城镇人均居住面积约为10平方米，随着城镇人口的膨胀，购房需求将不断增加，商品房开发潜力较大。同时写字楼的需求在不断增加。据越南方面统计，2005～2006年河内和胡志明市A类、B类写字楼出租率高达95%～100%，出租对象主要是外资企业和金融机构。旅游业和国际交往的快速发展导致高级酒店亦供不应求。每年赴越南的国外游客已达350万人次，此外，越南政府已多次组织召开亚欧首脑会议、APEC系列会议、东盟首脑会、中国—东盟首脑会等大型国际会议，各国代表团频繁来越南，四、五星级酒店入住率高达85%～90%，星级酒店长期供不应求。

2. 政府规划

为了满足国内不断增长的住房和商业性建筑需求，改善当地居住环境，越南政府提出到2010年将城镇人均居住面积由目前的10平方米提高到15～20平方米。为了达到该目标，越南政府计划在2005年到2015年期间，每年居民住宅预算从2005年的3.98亿美元增长至2015年的6.03亿美元。

2007～2010年，河内市将建设12个现代商贸中心，包括Hàng Da、Cửa Nam、Ngã Tư Sở、Châu Long、Thành Công、Thượng Đình、ền Lừ、chợ Hôm-Đức Viên、chợ Mơ、Trương Định、Metro II和Gia Thuỵ商贸中心。此外河内市同期内还将建设面积约200公顷的红河北会展中心，招商建设购物街和便利店等商业设施。

三、竞争分析

越南国内承包企业总体力量较弱，大型承包项目主要为外国承包商所承担。我国企业在越南承包工程起步较晚，但发展较快，目前越南已经成为我国在东南亚地区的主要承包工程市场。

（一）竞争态势

越南革新开放之初，国内建筑企业力量薄弱，无力独揽工程项目，只能同外国公司合作，以求分到部分技术含量低的工程。经过几年的发展，越南建筑企业开始在一些中小项目竞标中崭露头角。越南交通运输部、建设部、工业部、国防部等下属的建筑总公司利用政府的倾斜政策，承揽了不少路桥项目，并开始参与大型项目投标，对外国公司形成竞争压力。

（二）中资企业在越南的市场地位及发展前景

中国企业在越南开展承包工程业务始于1990年。经过10多年的市场开发，在各种有利因素的作用下，2002年后中国承包企业获得快速发展，在越南火电、水电、道路、桥梁、水泥、城市轨道交通等领域大项目中标率不断提高。目前，越南已经成为中国在东南亚地区的主要承包工程市场。

1. 市场表现

中国企业在越南开展承包工程业务始于1990年，其发展历程可分为三个阶段：

1990～1997年为初始阶段。此阶段，中国企业投标多，中标少。主要原因：一是两国关系正常化不久，双边政治和经贸合作尚未全面展开，政治环境不够理想；二是该国经济发展还很落后，建设项目不多；三是该国对中方设计、技术和施工能力信任度不够。1995年，中国对该国承包工程市场出现转机，中国海外工程公司通过国际招标赢得世界银行贷款的越南1号国道河内—若西段改扩建工程总承包权，获得我在越南的第一个承包工程项目。1997年，中国水利电力对外公司又中标清化省拜尚水坝工程。

1998～2001年为发展阶段。这一时期，越南逐步摆脱亚洲金融危机的影响，经济逐步复苏。1999～2001年连续三年，该国GDP年均增长在7%左右。为保持经济快速增长，越南大力改善投资环境，加大对基础设施建设的投入，承包工程市场也日趋活跃。同时，两国政治互信度提高，关系进一步改善，加之中国企业的实力也有所增强，大项目中标率明显提高。

2002年后为快速增长阶段，中国企业在越南火电、水电、道路、桥梁、水泥、城市轨道交通等领域的大项目投标中，中标率进一步提高，咨询设计业务也取得重要突破。目前，越南已经成为中国在东南亚地区的主要承包工程市场。

2006年，中国对越南承包工程新签合同额26.2亿美元，完成营业额5.5亿美元。中国企业在越南的承包工程主要分布在电子通讯、石油化工、房屋建筑、制造及加工业等领域，其中电子通讯居主导地位。在2006年完成合同额中，电子通讯、制造业及加工业、石油化工分别占有64%、15%、13%，合计共占全部完成额的92%。而从新签合同额来看，电子通讯、石油化工分别占有80%、11%，占全部新签合同额的91%。

表1 2006年中资承包企业在越南市场的行业分布

单位：万美元

行业	新签合同额	完成合同额
电子通讯	8327	1940
石油化工	45765	716
房屋建筑	57692	11248
制造及加工业	11556	13130
电力工业	76595	12806
交通运输建设	18256	7471
供排水	337	124
环保产业建设	0	707
矿山建设	0	1114
其他	43908	5946
合计	262436	55202

资料来源：中国对外承包工程统计年报（2006年）

2. 中资企业的竞争优势

中资企业在越南的竞争优势主要体现在以下几个方面：

第一，可承包工程业务领域广。中资企业专业领域齐全，在各个领域中国都能够参与国际竞争，特别是在各类房建、交通运输、水利电力、通信等领域更是具有一定的专业优势。

第二，成本低。由于工程项目大多属于劳动密集型，劳动力成本在整个工程费用中占较大比例。同时，中国企业承包的项目往往使用较多的越南当地廉价劳动力和相对性价比较高的原材料与设备，在很大程度上降低了整个工程的预算成本，使得中国企业在工程竞标过程中的报价比较具有竞争力。

第三，高质量的施工队伍。由于中国较早的实行了改革开放，鼓励我国企业走出去，从而造就了一批懂管理、有技术的专业承包工程施工队伍。高质量的施工队伍使得我国企业逐渐赢得了越南对中方的设计、技术和施工能力的信任。

3. 中资企业的发展前景

越南承包工程市场是一个快速发展的市场，越南政府积极吸引外资，鼓励外资进入越南承包工程市场。随着中越经贸合作关系的进一步加强和中国企业竞争实力的不断提高，未来中国企业在越南承包工程市场的发展前景广阔。

首先，中越两国经贸合作关系正在不断加强。1999年，中越两国领导人确定了“长期稳定、面向未来、睦邻友好、全面合作”16字方针，为两国关系在21世纪的新发展指明了前进的道路。进入21世纪以来，中越关系具备了新突破新发展的条件，已经从传统的“睦邻友好”的较低层次，提升到“睦邻友好、全面合作”的更高层面，这无疑会增加中国企业在越南开拓当地承包工程市场的信心。

其次，越南国内经济目前正处于连续快速发展期，GDP每年以平均7.5%的速度发展，带动了对基础设施、工业与民用建筑建设的巨大需求。目前，越南已经加入世界贸易组织，在越南共产党革新开放的政策指导下，其经济前景持续看好，这必将带来当地承包工程市场的快速发展。

中国企业已经在越南参加了很多工程的建设，涉及电力、道路、桥梁、石油等领域并取得了较好的经济效益。随着中越经贸合作的加强和越南承包工程市场规模快速增长，未来中国承包企业在越南将获得更多的发展机会。

四、在越南承包工程需要注意的问题

（一）参与项目投标应该注意的问题

在越南，中国企业参与当地项目的投标时，应尽量注意以下几个方面的问题：

首先，在了解当地项目时，需要调查承包工程项目的资信情况。对于一些大型项目，中国公司可通过中国对外承包商会或各地的商务厅向驻越南使馆经济商务参赞处来函咨询或查看驻越南使馆经商处网站了解相关信息。

其次，在需要当地代理进行相关业务拓展时，应该寻找资信较好的当地代理并按国际惯例支付其雇金。当地代理同上层有密切关系，在收集资料、提供信息和疏通关系方面可起重要作用。一般来说，越南的大型工程承包项目透明度较高，其国内主要报刊均会刊登招标信息，不可轻易相信一些所谓“代理”的发包项目。

此外，越南的大型项目如水电站、公路等的招标工作通常情况下都是聘请西方一些著名咨询公司评标，技术要求相当严格，中国企业在制作标书时应该尽量符合国际规范，注意招标答疑的细节问题。

（二）其他应关注的问题

1. 外资企业雇佣当地员工的有关规定

根据越南《投资法》和《劳动法》有关规定，

外资企业可以通过中介机构录用当地劳动力，并可根据生产需要及有关法律规定增减劳动力数量。劳资双方需签署劳动合同。合同内容应包括工作内容、工作地点、工作时间、休息时间、薪水、合同期限、劳动卫生、社会保障、保险等。

企业因变更生产经营而裁减已工作 12 个月以上的工人，应组织相关培训，以便被裁减人员寻找新的工作岗位。如无法安排培训，则应支付不低于两个月薪水的遣散费。若企业被并购，新的企业主应根据劳动合同继续履行相关义务。在劳动合同执行过程中，任何一方提出修改合同内容，应提前 3 天告知另一方。企业要求员工加班，应按照规定支付加班费。劳资双方出现纠纷时，由双方通过协商解决，如无法协商解决，则提交法院审理。

2. 法律健全程度

越南的法律体系尚不完善，无法可依的现象依然存在，使外商常常无所适从。此外，越南部分现行法律、法规的执行力度不够，随意性较大，如《外国投资法》规定，正在实施投资项目的外国人可申办与项目活动期限相符的多次有效入境签证，但实际上越南公安部门只允许办理 3 个月或最多不超过 6 个月的签证，而且对具体期限的适用范围无明确规定。

3. 自然环境与施工人员雇用

越南属热带雨林气候，雨季长达半年，施工条件较艰苦，当地基础设施差，施工设备和材料均需进口，在设备和材料入关办理清关手续时麻烦较多且运输困难，投标和施工时应充分估计到。

此外，越南熟练工人比较缺乏，一般劳务人员较多，故在当地承包工程项目时，项目技术人员可在中国聘请，到越南后必须办理工作证和临时居住证；一般劳务人员可在当地雇用，以降低成本。

中国企业自 2002 年后在越南工程承包市场获得快速发展，已经在电子通讯、石油化工、交通运输、房屋建筑、制造及加工业等领域取得了一定的成绩。随着越南经济的快速发展及中越经贸合作关系的进一步加强，中国承包工程企业在越南工程承包市场前景广阔。

（来源：中国服务贸易指南网. http://tradeinservices. mofcom. gov. cn/c/2009—03—13/69340. shtml. 2009—03—13）

商务资讯篇

中国—东盟博览会：“泛珠”企业进入东盟市场的商机

第五届泛珠三角区域合作与发展论坛期间，广西国际博览事务局局长郑军健表示，泛珠地区企业参加第六届中国—东盟博览会，将可以进一步开拓东盟市场，在区域经济合作中获得先机。

郑军健认为，泛珠地区企业参加第六届中国—东盟博览会，将获得4个方面的商机：

一是扩大对东盟市场的出口，一站式采购东盟国家商品。泛珠地区的电子信息、食品及包装机械、工程及建筑机械、电力设备、商用车以及建筑装饰材料等商品，在东盟市场有较大的优势，具有很强的竞争力。这些产品在历届博览会上广受东盟商家青睐。第六届博览会，泛珠地区企业可以继续扩大向东盟市场出口，并从东盟进口急需的能源和原材料及消费品。

二是吸引东盟资本，加快“走出去”步伐。本届博览会将邀请东盟和其他国家实力雄厚的大财团、投资商到会洽谈，组织中国对外投资、承包工程、基础设施建设等领域有实力的公司参展，促进泛珠地区企业“走出去”。随着中国—东盟自由贸易区投资协议即将签署，泛珠地区企业与东盟国家开展投资合作将更加便利。

三是促进与东盟国家的旅游合作。泛珠地区和东盟十国旅游资源丰富，特色鲜明，风光迷人。泛珠各方通过博览会“魅力之城”专题，可以推介本省区的旅游景点和旅游服务，整合旅游资源，共同开发旅游线路，吸引东盟游客到本省区观光。

四是获取多领域交流与合作的最权威信息。每届博览会围绕中国与东盟的重点合作领域确定重点主题，并举办一系列部长级高层次论坛。泛珠地区企业通过这一系列论坛，可以及时了解东盟各国的高层权威信息，在区域经济合作中获得先机。第六届中国—东盟博览会的重点主题是“海关与商界合作”，会期将举办中国—东盟海关与商界合作论坛、中国—东盟金融合作与发展领袖论坛、联合国商品共同基金亚太区圆桌会议、APEC投资论坛、中国—东盟电视节目交流论坛等十多个高层次论坛。

中国—东盟自由贸易区和泛珠区域合作都是以区域经济合作为主要内容的合作机制，两大区域之间在资源禀赋、产业结构等方面有很强的互补性。东盟十国有5亿人口，经济增长速度仅次于中国排世界第二，是世界上经济最活跃的地区之一。东盟是泛珠走向世界首先面对的国际市场和资源基地，泛珠为东盟国家进入中国市场提供了最快捷的通道。

中国—东盟博览会是十一国政府商务主管部门共同主办的国际性经贸交流盛会，面向全球开放。博览会自2004年以来，已成功举办了五届。泛珠各方积极参展参会，并取得了良好成效。据不完全统计，五届博览会，泛珠地区参展企业共使用展位数为3129个，总成交额达321728.3万美元。其中，福建泉工机械有限公司、江西江铃进出口有限公司、广东格兰仕集团有限公司、广西柳工机械股份有限公司、四川长虹电子集团有限公司、中国贵州茅台酒厂（集团）等著名企业连续参展。通过博览会，许多企业在东盟找到了自己的合作伙伴。

（来源：广西新闻网—广西日报. http://news.gxnews.com.cn/staticpages/20090617/newgx4a3838ab-2110436.shtml. 2009—06—17）

抢抓退税机遇　广西容县日用瓷旺销东南亚

广西容县日用瓷企业抢抓国家提高出口退税机遇，进一步开拓东南亚市场，促进产品出口。2009年1～5月上旬，全县日用瓷销售收入6200多万元，同比增长13.2%；其中销往东南亚市场的占销售收入的32.6%，同比增长28.3%。

为了有效应对国际金融危机影响，中国自2008年下半年以来大幅提高出口退税，容县日用瓷企业抓住这一机遇，根据东盟市场需求，研发多种科技含量高、绿色环保型的日用瓷产品销往东盟国家。广西南山瓷器有限公司投入6000多万元建设一条用天然气作燃料的日用陶瓷生产线，购进国内一流瓷器生产设备，所生产的仿古青瓷、高白瓷、镁质瓷等日用瓷器均为标准绿色环保产品，受到国内外客商的青睐。2009年1～5月上旬，“南瓷”公司产品销售收入2100多万元，其中出口东南亚等国外市场670万元，同比分别增长21%和206%。容县洁美瓷业有限公司生产的日用瓷盆和瓷碟具有高雅、坚硬、耐用的特点，非常适合东南亚市场需求。2009年以来，公司通过自营出口和边贸出口等渠道，加快产品出口速度，使产品出口东南亚的份额占销售总额的90%多，成为该县产品出口率最高的企业之一。

（来源：中新经贸合作网．http://www.csc.mofcom-mti.gov.cn/csweb/csc/info/Article.jsp@a_no=182294&col_no=133.2009—05—13）

主攻东盟市场　廉江电饭锅出口创逆市奇迹

“广东威王”获国家工商总局授予“中国驰名商标”称号，从而结束了廉江企业没有中国驰名商标的历史。2009年第一季度，廉江电饭锅出口460多万美元，同比增长320.7%，实现了逆市大跨越。

廉江是“中国电饭锅”之乡，在工商部门注册的电饭锅企业超过500家，从业人员超过30000人，电饭锅的生产能力占中国的30%，配件更是占全国的70%。在廉江经济技术开发区一公里半径范围内，电饭锅的每一个零配件都可以找到，完善的产业链，为企业大大地降低了生产成本。从珠三角转移到廉江产业转移园的17家电器企业，逆市上扬产销两旺，没有一家因金融风暴冲击而停产。

每年的中国—东盟博览会，都活跃着廉江家电人的身影。2004年，廉江的家电直接出口仅为15万美元。而当年首届中国—东盟博览会开幕后，一年一度的博览会不断刷新廉江家电的出口数字，到2008年直接出口近1000万美元，预计2009年将突破2000万美元。

2006年，在家电商会支持下，廉江质监部门联合广东省有关专家，重新制定了电饭锅配件的联盟标准，高于目前东盟使用的标准，为廉江电饭锅大规模进入东盟创造了条件。

廉江的电饭锅产业拥有1个中国驰名商标，两个中国名牌产品，6个国家免检产品，10家广东省著名商标，6个广东省名牌产品，在国内外市场赢得了发展的主动权。

（来源：中新经贸合作网．http://www.csc.mofcom-mti.gov.cn/csweb/csc/info/Article.jsp@a_no=181298&col_no=133.2009—05—05）

泉州鞋服企业进军东盟市场

业内人士认为，东盟市场将成为泉州鞋服企业打造国际品牌的第一站，以后会将成功扩张模式复制到中东、南美，甚至欧盟、北美等其他区域市场。

中国—东盟自贸区建设已进入了收尾阶段。从2010年1月1日起，中国、东盟双方各自将90%以上的产品关税降到零。这意味着中国与东盟10国除敏感产品外，其他产品都享受零关税待遇。

泉州一些在国内已有成功品牌运营经验的鞋企，在中国—东盟自贸区建成后，会加快在东盟市场进行品牌扩张的步伐。原因有两个，一是国内的鞋业市场经过众多品牌多年的布局，已趋于饱和，各品牌虽然拥有了自己的市场地位，但想要继续大比例扩大市场份额，已经很难，而东盟拥有数亿人口，其市场空间仍然很大，越早进入该市场争夺份额的品牌会得到越好的机会；二是实现零关税后，鞋品牌进入该市场成本将会大幅降低，比如产品出口给在东盟国家的经销商或者出货到当地的直营专卖店时，对经销商或者直营专卖店来说，不仅不需要缴纳关税，而且其他方面的费用也会降低。

在进入成本降低之后，泉州鞋业品牌无论与来自欧美的国际品牌，还是与东盟当地的品牌相比，都具有很大的竞争优势。

由于东盟市场的消费水平普遍较低，因此与欧美国际品牌相比，泉州品牌将具有很强的价格竞争力。而与东盟当地的品牌相比，在双方的成本差距缩小之后，泉州品牌拥有了中国国内市场多年的品牌运营经验，在当地市场的品牌推广与销售体系建设方面会有很大优势，而且资本实力也会比较雄厚。

泉州一些有实力的鞋服品牌其实早在几年前就已经启动了东盟市场的品牌扩张计划。目前在东盟国家开专卖店的泉州品牌有安踏、特步、鸿星尔克、亚礼得、361°等。

2008年，晋江组织了七匹狼、浔兴等10家企业到东盟考察，前往柬埔寨、泰国等国家考察投资环境，考察内容主要为拜访当地企业和走访当地工业区。

（来源：中新经贸合作网. http://www. csc. mofcom-mti. gov. cn/csweb/csc/info/Article. jsp @a _no=180568&col _ no=133. 2009—05—05）

中国企业对外投资首选东南亚

中国国际贸易促进委员会2009年4月22日发布的《2009年中国企业对外投资现状及意向调查报告》显示，东亚和东南亚（包含中国香港、澳门地区）是目前中国企业对外投资的首选之地，其次是北美洲、西欧和非洲。

报告显示，在进行过对外投资的企业中，超过60%的企业在东亚和东南亚有投资，这比2006年的45%有显著上升，说明这些地区对中国企业的吸引力有所增强。其中，受访企业的10%在越南有投资。

非洲上升为可以与西欧、北美相比的热点地区，22%的受访企业在非洲有投资。中国企业选择到拉丁美洲和大洋洲投资较少。根据对企业未来对外投资意向的调查，这些趋势基本保持不变。

调查报告显示，有超过50%的信息技术企业曾有对外投资，居所有行业之首；其次是建筑企业，超过40%；自然资源开发企业对外投资的比例超过了30%。从投资对象选择看，制造业是中国企业对外投资领域的首选，其次是贸易和自然资源的开采、运输和加工。

受金融危机影响，中国企业的对外投资意向有所减弱。超过半数的企业表示将减少对外投资的金额，仅有7%的企业表示会增加对外投资的金额。

中国贸促会副会长张伟表示，国外企业资产价值缩水，降低了跨国投资的并购成本；国外政府为刺激本国经济，积极改善投资环境吸引外国投资。中国企业需要及时了解国际投资环境的变化和潜在的商业，把握稍纵即逝的机会，提高海外投资风险防范能力，小心谨慎又坚决果断地“走出去”开展跨国投资和经营。

（来源：中新经贸合作网. http://www. csc. mofcom-mti. gov. cn/csweb/csc/info/Article. jsp @a _no=180210&col _ no=133. 2009—04—23）

中国纺织品出口：关注东盟新商机

当前，在中国纺织品出口形势较为严峻的情况下，中国纺织企业亟待加快推进市场多元化格局的建设和“走出去”发展战略，而东盟必将成为中国实施战略发展的重点地区。

中国纺织品出口市场近50%集中在欧美等发达国家和地区，过度的集中加大了中国纺织品出口的风险，特别是全球金融危机导致发达国家需求骤然下降，欧美对中国纺织品出口更加绷紧了防范的敏感神经，2009年1～2月中国纺织品出口急速下滑，出口形势异常严峻。在这种形势下，中国与东盟各国加强合作，无疑将为中国纺织出口多元化发展以及企业“走出去”创造了极其有利的条件。

2001年在文莱举行的第五次中国—东盟领导人会议正式宣布，中国和东盟用10年时间建立的自由贸易区，将于2010年如期建成，成为位居全球规模第三的自由贸易区，这对抑制全球金融危机蔓延具有积极而有效的作用。可以预见，作为地区经济一体化最主要的推动力，中国和东盟的紧密合作将以自由贸易区为先导，向更深层次发展，也将引导并带动其他国家投入地区合作。

中国—东盟自由贸易区的建设，必将进一步扩大中国与东盟各国纺织等贸易与合作的领域。中国与东盟的合作，是兼顾各方利益、平等互助的合作。2008年尽管受全球金融危机影响，中国与东盟的贸易额仍然达到2300多亿美元，比2007年增长了14%，占中国外贸总额的9%。中国与东盟的双向投资继续增长，截至2008年年底，投资额达到600亿元。中国—东盟自由贸易区将成为一个拥有近19亿消费者、经济总量达5.2万亿美元、进出口贸易总额达4.5万亿美元的自由贸易区。根据“中国—东盟自由贸易区优惠政策”，到2010年，中国自东盟进口的产品中，将有93%的产品实现零关税。

截至2009年4月，中国在东盟国家的投资增长迅速，累计投资额已达到60亿美元左右。中国将继续出台一些措施，鼓励中国企业到东盟地区投资，包括给予强有力的资金支持。与东盟国家相比，中国纺织品出口优势明显，虽然东盟部分国家将一些纺织品列为敏感产品进行保护，但正常降税程序启动后，中国纺织企业开拓东盟市场有着巨大空间。据了解，纺织品生产加工、销售网络转移是中国与东盟合作的重要方面。中国在柬埔寨、越南、老挝、泰国等东盟国家投资的纺织企业已不在少数，并有不少中国纺织企业在这一地区投资建厂并获得了良好的效益。

中国与东盟一直保持着纺织品贸易良好发展的

态势，近几年，中国从东盟进口最多的纺织品为棉纱、化纤等纺织原料和中间产品，而中国出口东盟国家纺织品、服装的品种较为广泛，针织服装和棉纱最多。总体上讲，在中国与东盟的纺织品贸易中，东盟仍处在产业链的上游，而中国相对处于下游，在服装贸易方面，中国对东盟有较强的出口优势；在纺织原料和中间产品上，双方均有较大的进出口量，双方贸易与加工具有良好的合作前景。

中国纺织企业"走出去"的意识和能力已显著提升，特别是金融危机仍在继续蔓延，只有加强国际间合作，寻求一切可以发展的机会，发展和壮大自己。目前，东盟作为新兴市场蕴藏着无限商机，具有明显优势的中国纺织企业应该把握当前机遇，加快或加大"走出去"的步伐。

（来源：中新经贸合作网. http://www.csc.mofcom-mti.gov.cn/csweb/csc/info/Article.jsp@a_no=179351&col_no=133. 2009—04—15）

中小企业开拓东盟市场

首届东盟—中国中小企业博览会将于2009年8月在越南胡志明市举行，之后该博览会还将在东盟十国巡回展出。

首届东盟—中国中小企业商品（越南）博览会由中国工业和信息化部中小企业对外合作协调中心、上海市经济团体联合会及越南工贸部主办，特设中国改革开放三十年中小企业发展历程和风采展馆、机械设备展馆、电子电器及通信器材展馆、轻纺化工展馆、服饰展馆、建筑材料及环保技术展馆等。

（来源：中新经贸合作网. http://www.csc.mofcom-mti.gov.cn/csweb/csc/info/Article.jsp@a_no=179025&col_no=133. 2009—04—13）

中国设立百亿美元基金　用于与东盟投资合作

2009年4月，中国外交部长杨洁篪在北京约见东盟十国驻华使节，向他们通报中国政府加强中国—东盟全面合作的设想和建议，包括中国决定设立规模100亿美元的"中国—东盟投资合作基金"，用于双方基础设施、能源资源、信息通信等领域重大投资合作项目。

为加强东盟一体化建设和区域合作，今后三至五年内，中国将向东盟提供150亿美元的信贷，其中包括17亿美元优惠贷款。

（来源：中华人民共和国驻印度尼西亚共和国大使馆经济商务参赞处网. http://id.mofcom.gov.cn/aarticle/ziranziyuan/huiyuan/200904/20090406167404.html. 2009—04—13）

中国工程机械在印度及东盟市场受欢迎

印度于2009年3月2日放松针对中国玩具的进口限制，允许进口经过全球安全机构认证的商品。

为进一步加快经济发展速度，东盟地区各国政府纷纷加速基础设施建设的升级改造和投资力度。随着区域经济一体化，各国间的陆路交通将逐渐联网。如连接马来西亚、越南等国的泛亚铁路已开始筹资。

经济学家预计，未来几年里东南亚地区在基础设施的恢复、酒店业的兴建和民用房屋的重建方面将创下罕见的规模。对工程机械的需求将更加旺盛。

工程机械属于生产增值型的昂贵耐用品，与欧美日同类产品相比，中国工程机械产品在性价比方面有很大的优势。通常购买一台欧美日生产的机械设备的价钱已接近中国同类设备整条生产线的价钱。"中国机械"这一品牌现已被越南的工程机械市场普遍接受，在当地相关行业享有较高的知名度。

（来源：中新经贸合作网. http://www.csc.mofcom-mti.gov.cn/csweb/csc/info/Article.jsp@a_no=176862&col_no=133. 2009—03—23）

东盟成为中国第四大贸易伙伴

虽然遭受全球金融危机的冲击，东盟与中国双边贸易仍保持了迅速增长的势头，东盟已成为中国第四大贸易伙伴。2008年，中国与东盟贸易额达2311.2亿美元，同比增长13.19%。作为中国与东盟重要的贸易桥梁之一，在广西南宁市举办的中国—东盟博览会起到了重要作用。在2008年10月举办的第五届中国—东盟博览会上，中国与东盟累计商品贸易成交总额达15.97亿美元，同比增长达12.18%。第六届中国—东盟博览会定于2009年10月20～24日在广西南宁举行，设国际标准展位4000个，拟设商品贸易、投资合作等专题，2009年的重点主题是海关与商界。

（来源：中华人民共和国驻菲律宾共和国大使馆经济商务参赞处网. http://ph.mofcom.gov.cn/aarticle/jmxw/200903/20090306093615.html. 2009—03—11）

东盟承诺反对贸易保护主义

据《国际财经时报》2009年3月2日报道，出席东盟峰会的各国领导人会后发表声明，承诺反对保护主义，加强合作应付全球金融危机。东盟国家领导人呼吁各国要对国际金融体系进行大刀阔斧的改革，以应对正在恶化的金融危机，并誓言反对保护主义，呼吁发达国家与发展中国家加强合作，恢复金融稳定，确保金融市场持续运作。此外，领导人们也重申，他们将在2015年建成类似欧盟的经济共同体。

（来源：中华人民共和国驻菲律宾共和国大使馆经济商务参赞处网. http://ph.mofcom.gov.cn/aarticle/jmxw/200903/20090306075710.html.2009—03—03）

2009年中国—东盟自贸区开始实施零关税

从2009年1月1日起，中国对原产于东盟十国的部分税目商品实施中国—东盟自由贸易协定税率，并实施第三步正常降税。降税后，实施协定税率的税目数约为6750个，相对于最惠国税率，平均优惠幅度约80%。2009年，中国关税总水平仍为9.8%，而对东盟平均关税降到2.8%。按照中国与东盟协议，到2010年1月1日双方超过90%的产品贸易关税将降为零。这将是世界上拥有消费者最多的自由贸易区，也是被称为“未来世界第3大经济体”的自贸区。

据中国商务部公布的数据显示，2008年东盟为中国的第四大贸易伙伴，贸易总额2311.2亿美元，占全年外贸总额9%，同比增长13.9%。

（来源：中华人民共和国驻印度尼西亚共和国大使馆经济商务参赞处网. http://id.mofcom.gov.cn/aarticle/ziranziyuan/huiyuan/200901/20090106012688.html.2009—01—20）

东盟成云南企业最大投资地

云南省商务厅2008年12月25日通报，截至2008年12月20日，云南省经国家商务部批准在东盟国家设立投资企业173家，投资金额达12.76亿美元，东盟成为云南省海外最大投资地。

2008年云南企业对东盟国家投资金额已达12.76亿美元，占云南全省海外投资总额的90%，占中国对东盟国家投资金额的10%。此外，2008年云南企业对东盟国家的投资很有特点，一方面是水电矿产资源类开发居投资首位，2008年云南省对资源类的投资高达10.17亿美元。另一方面，大项目占投资主导地位，2008年云南省投资上500万美元的大项目有46个，投资金额11.39亿美元。

从云南“走出去”的这些投资企业，民营企业占据首位，140家民营企业占到云南省海外投资企业总数的80%。与云南接壤的缅甸、老挝、越南3国成为云南企业投资主要集中地，云南省在缅甸、老挝和越南共投资开办企业152家，总投资11.52亿美元，占东盟投资总额的90%。云南省商务厅厅长孙小虹表示，尽管受到国际金融危机影响，云南省开放型经济中的一些业务出现下滑，但云南省对外开放的重点——东南亚、南亚国家在此次危机中所受影响相对较小，云南省与这些国家开展经贸往来还有进一步拓展的空间。

（来源：中华人民共和国驻清迈总领事馆经济商务室网. http://chiangmai.mofcom.gov.cn/aarticle/jmxw/200812/20081205976570.html@791165013=1731252172.2008—12—26）

《东盟宪章》正式生效

2008年12月15日，《东盟宪章》生效仪式在印度尼西亚首都雅加达东盟秘书处举行，标志着《东盟宪章》正式生效。印度尼西亚总统苏西洛、东盟秘书长素林以及东盟10个成员国的9位外交部长和1位交通部长出席了仪式。

《东盟宪章》是东盟成立40多年来第一份具有普遍法律意义的文件，首次明确写入了建立东盟共同体的战略目标，就东盟发展目标、原则、地位以及框架等作出了明确规定。同时，《东盟宪章》赋予了东盟法人地位，对各成员国都具有约束力。它的签署是东盟在机制化和法制化建设上的重要举措，是建立东盟共同体的重要法律保障，是东盟的一个重要里程碑。

（来源：中华人民共和国驻文莱达鲁萨兰国大使馆经济商务参赞处网. http://bn.mofcom.gov.cn/aarticle/jmxw/200812/20081205959743.html.2008—12—18）

中国—东盟将携手推动交通发展

2008年11月，第七次中国—东盟交通部长会议在菲律宾首都马尼拉圆满结束。会上，中国交通部副部长高宏峰就进一步加强中国与东盟的交通合作提出了四项倡议，获得会议一致通过并被纳入部长联合声明。四项倡议为：第一、以项目为主，以港口合作为起点，采取多种合作方式，加快建设公路、铁路、航空和港口项目，稳步实施《中国—东盟交通合作发展战略规划》。第二，循序渐进，逐步推动综合各种运输方式的多式联运，建立运转高效、运输便利的跨境运输网络和服务体系，建立本地区开放、高效、统一的运输服务体系。第三，加强海事安全与保安合作，保障海上贸易运输的高效运转。第四，中方将继续开展人力资源开发合作，为东盟国家举办各类培训或研讨班。自第六次中国—东盟交通部长会议以来，中国—东盟交通合作在基础设施建设、促进运输便利化、海运、航空、人力资源培训等方面已经取得实质性进展。

（中华人民共和国驻菲律宾共和国大使馆经济商务参赞处网．http://ph.mofcom.gov.cn/aarticle/jmxw/200811/20081105884574.html. 2008—11—11）

文莱政府扩大受价格管制商品的范围

文莱政府将食用油列入价格管制商品清单。目前该清单还包括大米、糖、婴儿奶粉、汽车、汽油和香烟等商品。其中，获得政府补贴的商品包括大米、汽油和糖，设定销售最高限价的商品包括婴儿奶粉、汽车、香烟和食油。由于文莱市场90%以上商品需要进口，政府希望通过对部分商品采取价格管制的方式来平抑物价，减轻通货膨胀压力。据报道，文莱经济计划与发展局已成立专门物价监管部门，全面监督国内物价。

（来源：中华人民共和国驻文莱达鲁萨兰国大使馆经济商务参赞处网．http://bn.mofcom.gov.cn/aarticle/jmxw/200906/20090606309391.html. 2009—06—06）

文莱启动2009～2014年电子政府发展计划

2009年5月，文莱首相署宣布启动五年电子政府发展计划。计划是在2009年近6个月来对30个政府部门的电子政务执行情况进行充分调查研究的基础上制订的，重点将扩大电子政府的实施范围，并通过使用手机网络等技术，有效加强政府与商业部门及大众之间的互动服务，电子护照、网上汽车驾照更新等也将成为电子政务服务项目之一。文莱首相署负责人表示，缺少大量通讯工程方面的专才，是推动发展计划顺利实施所面临的主要挑战之一。

（来源：中华人民共和国驻文莱达鲁萨兰国大使馆经济商务参赞处网．http://bn.mofcom.gov.cn/aarticle/jmxw/200906/20090606291654.html. 2009—06—01）

中国与文莱签署农业合作谅解备忘录

应中国农业部邀请，文莱工业与初级资源部长叶海亚于2009年5月4～8日率团对中国进行工作访问。4日文莱工业与初级资源部在北京与中国农业部签署两国农业合作谅解备忘录。访华期间，代表团将访问湖南省和广西壮族自治区，参观考察当地农业科研机构、农业基础设施以及水稻、蔬菜、水果种植加工基地。

（来源：中华人民共和国驻文莱达鲁萨兰国大使馆经济商务参赞处网．http://bn.mofcom.gov.cn/aarticle/jmxw/200905/20090506220017.html. 2009—05—05）

文莱宣布取消中国奶制品进口禁令

2009年4月，文莱卫生部宣布，鉴于中国国家质量监督检验检疫总局已对牛奶及奶制品三聚氰胺污染问题采取了有效监管措施，文莱决定取消禁止进口和销售中国产牛奶和奶制品禁令。根据文卫生部公告，所有2009年2月10日以后生产的中国奶制品将被允许在文莱国内市场上销售。

（来源：中华人民共和国驻文莱达鲁萨兰国大使馆经济商务参赞处网．http://bn.mofcom.gov.cn/aarticle/jmxw/200904/20090406187563.html. 2009—04—21）

文莱正式签署2010年上海世博会参展合同

文莱确认在上海世博会期间租赁1000平米参展面积，并将参加网上世博会展馆。文莱驻华大使、文莱展区总代表张慈祥女士表示，文莱正在积极策划参展主题，并围绕“城市，让生活更美好”，展示文莱的教育体系、多元化经济和环保。

（来源：中华人民共和国驻文莱达鲁萨兰国大使馆经济商务参赞处网．http://bn.mofcom.gov.cn/aarticle/jmxw/200904/20090406141912.html. 2009—04—01）

文莱拟在大摩拉岛兴建铝器烧炼厂

文莱经济发展局计划投资180万美元在大摩拉岛兴建铝器烧炼厂。该计划面临的问题是电力供应，因铝器烧炼厂需要大量的电力来进行生产。工厂将提供超出1000个就业机会。大摩拉岛计划是文莱经济发展局主要的发展工程，文莱经济发展局正在寻求更多建厂项目。

（来源：中华人民共和国驻文莱达鲁萨兰国大使馆经济商务参赞处网. http://bn.mofcom.gov.cn/aarticle/jmxw/200903/20090306126442.html. 2009—03—25）

文莱将淡布隆县列为水电开发潜力区

文莱政府把淡布隆县作为开发水电的潜力地区，据估计每年潜在发电量为300吉瓦小时。文莱计划开发水电并把其作为新能源的一部分使国家能源来源多样化。

文莱能源官员表示，尽管经济投入很多，对环境也有影响，但认为水电开发对未来能源需要仍然值得考虑。

太阳能也是文莱考虑使用的可转换能源之一。一个太阳能项目已经定在诗里亚进行，该座光电子发电装置装机为1.2兆瓦，预计将在2010年发电。

（来源：中华人民共和国驻文莱达鲁萨兰国大使馆经济商务参赞处网. http://bn.mofcom.gov.cn/aarticle/jmxw/200903/20090306126391.html. 2009—03—25）

文莱预测2009年旅游业可取得7%增长

尽管受到国际金融危机影响，在文莱政府大力推动下，2009年文旅游业仍可保持增长势头。文莱旅游业近三年来持续保持两位数增长，2008年1～9月从文莱国际机场入境游客数量已超过2007年全年规模。文莱旅游局预计2009年仍可实现7%以上增长速度。韩国游客包机旅游可能会受到金融危机的影响，而中国旅客目前是文旅游业发展的主要客源之一，近年来仅次于马来西亚，一直排在来文莱外国游客量第二位。文莱可采取适当行销策划，促成中文之间包机旅游。

（来源：中华人民共和国驻文莱达鲁萨兰国大使馆经济商务参赞处网. http://bn.mofcom.gov.cn/aarticle/jmxw/200902/20090206033548.html. 2009—02—09）

文莱计划未来五年内新建1.2万套独立住房

2009年2月，文莱发展部宣布，根据2007～2012年国家发展规划，文莱将在未来五年内新建超过1.2万套经济适用独立住房，用于满足国内需求。项目是文莱国家住房计划（RPN）及无住房本土公民安置计划（STKRJ）的一部分，希望优化可用土地资源，在更短时间内提供更多质量可靠住房。

文莱发展部计划建造1万套住房，文莱经济发展理事会通过国际招标方式建造2000套住房。

在上个5年国家发展规划期间，文莱已根据无住房本土公民安置计划（STKRJ）划拨了1400个地块并建成住房530套。在2007～2012年国家发展规划中，政府为该计划将批准新修建2263套住房，分别位于Sungai Buloh区（227套），Tanah Jambu区（339套），Katok B区（908套），Mumong区（113套），Lugu区（676套）等5个地区。STKRJ计划由发展部公共工程局负责规划和实施，由国家发展计划基金提供财政支持。

（来源：中华人民共和国驻文莱达鲁萨兰国大使馆经济商务参赞处网. http://bn.mofcom.gov.cn/aarticle/sqfb/200810/20081005830796.html. 2008—10—15）

柬埔寨首次发布企业普查报告

柬国家统计学院发布的企业普查临时报告显示，目前，柬全国共有37.51万家企业，其中金边最多，有5.58万家，约占全国14%；磅湛省4.38万家，约占11.7%，其后依次为干拉省、茶胶省和波罗勉省，上述五个省市位于柬南部平原地区，汇集了全国50%以上的企业。企业数目最少的省是白马省，仅有789家，占总数的0.2%。柬企业密度为每平方公里2.1家，金边密度最高，达每平方公里192.4家，密度最低的是蒙多基里省，仅为每平方公里0.1家。

柬国家统计学院为计划部直属，在获得日本JICA的援助下，自2009年2月9日展开普查，首次制订了2009年企业名录，普查包括柬境内经营的所有企业，但不包括农林渔领域的企业在内。

按照柬统计法规定，政府必须在10年内进行至少一次的经济普查或者企业调查。

（来源：中华人民共和国驻柬埔寨王国大使馆经济商务参赞处网．http://cb.mofcom.gov.cn/aarticle/jmxw/xmpx/200906/20090606324350.html@3075492398=3207900214.2009—06—11）

柬埔寨政府鼓励发展农产品加工业

2009年3月9日，柬埔寨洪森首相在农林渔业部年度工作总结会闭幕式上表示，政府鼓励发展农业，将继续出台相关政策，推动农业生产、加工和出口工作。提及粮食出口，他强调有关部门和私人企业要认识到农产品加工业的重要性和潜力，应通过科学、先进的加工手段，提高产品的品质、市场价格和竞争力，从而促进大米等农产品的出口。

2009年，柬埔寨全国稻谷种植面积达261万公顷，预计平均每公顷产量2.74万吨，总产量715万吨，比2008年增产57万吨。除去内需，约314万吨稻谷（合201万吨大米）可供出口。

（来源：中华人民共和国驻柬埔寨王国大使馆经济商务参赞处网．http://cb.mofcom.gov.cn/aarticle/jmxw/xmpx/200904/20090406161494.html.2009—04—10）

柬埔寨首相洪森呼吁外商加大在柬埔寨投资

2009年1月19日，柬埔寨首相洪森出席一家韩国公司在暹粒投资兴建的高尔夫球场启用剪彩仪式并发表讲话，明确表示政府应积极支持使外来投资计划成功落实。同时，呼吁各国投资商继续加大在柬埔寨投资，参与柬埔寨经济发展。

该韩国公司计划投资4.5亿美元，打造包括高尔夫球场、酒店、游乐园和赛马场在内的综合娱乐区，2011年规划蓝图设计完成后开始施工。此外，该公司在柬埔寨项目还涉及电缆、娱乐园、银行、通讯及自来水等多项投资。

（来源：中华人民共和国驻柬埔寨王国大使馆经济商务参赞处网．http://cb.mofcom.gov.cn/aarticle/jmxw/xmpx/200901/20090106014843.html.2009—01—21）

柬埔寨举行第四届进出口暨“一省一产品”展览会

第四届柬埔寨进出口暨“一省一产品”展览会将于2009年12月15～18日在金边梦迪安中心举行。该展会由柬埔寨商业部和各省市商业厅联合主办，是目前柬埔寨规模最大的商品展之一，为柬埔寨和其贸易伙伴提供了有效的贸易投资交流平台。柬埔寨商业部诚邀各国企业和个人参展与会。

（来源：中华人民共和国驻柬埔寨王国大使馆经济商务参赞处网．http://cb.mofcom.gov.cn/aarticle/sqfb/ziranziyuan/200906/20090606331111.html.2009—06—15）

柬埔寨华商看好云南旅游市场

云南具有独具魅力的自然和人文旅游资源，且客源量大，政策优惠，旅游市场发展空间十分广阔。柬埔寨华商理事总会副会长杜瑞通表示，云南省与柬埔寨在旅游领域有巨大的合作空间，可共同促进云南旅游业二次创业的发展。

杜瑞通表示，柬埔寨有吴哥窟，每年吸引着数以万计的游客。而云南山川秀美、气候宜人、民族众多，拥有得天独厚的旅游资源，这是双方合作、实现资源共享的平台。

据了解，2003年正式开通昆明至柬埔寨暹粒的直飞航线后，云南游客八十分钟即可到达吴哥，极大地节约了时间和资金成本，经昆明到柬埔寨的中国游客也逐渐增多。

（来源：南博网．http://info.caexpo.com/zixun/jingjqj/2009—06—08/61546.html.2009—06—08）

柬埔寨电影业急需投资扶持

柬埔寨官员2009年1月表示，柬埔寨电影业遭遇困境，大批影院关闭，电影产量锐减，急需投资扶持。

自2001年以来，柬埔寨全国13家电影院有11家关闭，大多变成了娱乐场所和旅馆。目前，只剩下首都金边的两家电影院仍在运营。2007年柬埔寨国产电影数量为37部，2008年减至25部。

为振兴电影业，柬埔寨文化部门计划吸引外资兴建一个综合性的电影中心，集影院、餐厅和商场为一体。

此外，文化部门官员还表示，柬埔寨电影从业人员的素质也有待提高，这同样需要吸引外资对电影从业人员进行培训，提高电影制作水平，从而拍出高质量的影片。

（来源：南博网．http://info.caexpo.com/zixun/jingjqj/2009—01—12/56458.html.2009—01—12）

印尼钢铁产品缺乏竞争力　需求缺口大

印尼国内目前约有300家钢铁企业，从业人员20万人，年产能约600万吨，出口约180万吨（主要为特种钢），年人均钢铁消费量32公斤。国有企业克拉卡陶钢铁公司年产能约500万吨，占印尼钢铁产量的大半。印尼国内市场年钢铁需求量800万吨，需求缺口约200万吨，每年从日本、韩国、俄罗斯、印度、中国等国进口钢材以弥补需求不足。2007年印尼进口钢材700万吨。由于预计2009年印尼政府将限制钢铁进口，许多印尼钢铁进口商大量进口囤积钢铁产品，以期在限制进口后能高价抛售，2008年印尼国内进口钢铁量达到1000万吨。印尼中央统计局统计，印尼2008年进口的钢铁产品中，72%为钢卷、钢坯、生铁和废钢，进口额为82.9亿美元，28%为热轧板卷（HRC）、热轧镀层板（HRP）、冷轧板卷（CRC）、线材、螺纹钢、管材，进口额约33.5亿美元。

印尼钢材的主要用途：电站等项目大量用各种管材，桥梁等基础设施主要用线材、螺纹钢和角钢，汽车工业所需的各种钢铁板材，造船所需的特种钢板。另外印尼还需要用钢铁板材制造各种日常生活用品，小至铁钉等。

目前，印尼钢铁产品缺乏竞争力，无法与国外产品竞争，主要原因是：

（一）大部分钢铁企业规模小，技术落后，设备陈旧，难以形成规模效应。以克拉卡托钢铁公司为例，其大部分的生产设备多为20世纪七八十年代的设备。在过去的十年中，印尼的钢铁企业未能进行设备更新改造，生产能力和技术水平未能得到提升。

（二）目前印尼商业银行的贷款利率为美元4%～8%，印尼盾11%～20%。较高的贷款利率使得印尼钢铁企业负担沉重，技术更新缓慢，创新能力差。

（三）产品品种较为单一。印尼钢铁企业的产品主要为热轧板卷，冷轧板卷。

（四）部分企业经营不善，资产需要进行拍卖重组，但目前重组工作尚未完成。

（五）印尼的部分钢铁生产原料不能自给，需通过进口来补充，新投资的供国内钢铁生产用的铁矿石和煤炭基地近期内不能投产。目前印尼每年仍需从国外进口200万吨铁矿砂。虽然印尼国内自然资源丰富，生产钢铁的原材料也多有分布，但由于印尼自身的体制等方面的原因，目前还不能完全自给。

印尼钢铁产品生产成本高的情况近期内不会有明显改善，国产钢铁和进口产品的价格差也不会明显缩小。

金融危机发生以来，印尼国内市场需求疲软，企业资金周转困难，原材料价格上涨。2009年第一季度，印尼钢铁消费量同比下降25%。国内钢铁企业产品严重积压。目前印尼钢铁企业产量只达到其最大产能的40%。印尼最大的国有钢铁企业克拉卡陶钢铁已有部分工厂停产。

（来源：山东省商务厅网. http://www.shandongbusiness.gov.cn/index/content/sid/69696.html. 2009—06—22）

印尼需动用储备糖以满足消费

2009年6月11日，印尼精制糖协会主席亚敏（Yamin Rahman）在雅加达糖业座谈会上表示，截至2009年5月31日，印尼5家精制糖厂产量达61.36万吨，达到全年预期产量150万吨的41%。

亚敏表示，2009年印尼糖消费量达485万吨，其中包括270万吨食用糖和215万吨的工业用糖。

印尼全国的糖类来源包括58家糖厂生产的290万吨白糖，5家精制糖厂生产的150万吨精制糖以及37.9万吨进口精致糖，总共约470万吨。但仍然不能满足2009年印尼年国内的消费需要，还有15万吨的缺口要调用2008年的储备糖。截至2008年12月底，印尼剩余储备糖100.8万吨。

（来源：中国—印尼经贸合作网. http://www.cic.mofcom.gov.cn/ciweb/cic/info/Article.jsp@a_no=185208&col_no=458. 2009—06—12）

印尼2010年液化石油气进口量将增加24%

印度尼西亚国家石油公司（Pertamina）预计2010年的液化石油气的进口量将比2009年增加24%，从115.2万吨增加到142.8万吨。

由于印尼国内的需求量不断增加，液化石油气的进口量预计在2011年将继续增加到176.7万吨。

Pertamina公司贸易和市场销售经理阿赫马德·菲萨尔在议会举行的一次听证会上说，印尼政府制订的把煤油改成液化石油气的计划导致了国内液化石油气的需求量大幅增加。

2009年，印尼国内液化石油气的需求量预计将达到307万吨，其中Pertamina公司将供应99.97万吨，在印尼作业的私营公司Medco能源公司、雪佛龙公司和赫斯公司将供应91.88万吨，剩余的115.2万吨将从国外进口。

2010年，Pertamina公司预计国内液化石油气消费量将达到356万吨，其中Pertamina公司将供应106.7万吨，私营公司将供应106.8万吨，其余142.8万吨将从国外进口。

2011年，印尼国内液化石油气的需求量将达到379万吨，其中Pertamina公司将供应4042万吨，私营公司将供应106.8万吨，其余176.7万吨将从国外进口。

（来源：中国—印尼经贸合作网. http://www.cic.mofcom.gov.cn/ciweb/cic/info/Article.jsp@a_no=185197&col_no=458.2009—06—12）

印尼鲜牛奶七成以上依赖进口

印尼国内生产的鲜牛奶只能满足该国需求的26.5%，其余73.5%的牛奶只能依赖进口，每年需求缺口达142万吨。

印尼农业部官员拉赫曼表示，目前该国鲜牛奶年产量仅为63.68万吨，这一数字将以7.3%的速度增长。

印尼目前共有奶牛约38.23万头，其中96.7%分布在爪哇岛，政府希望这些奶牛到2010年可以提供该国牛奶需求的40%，到2014年达到50%。

印尼2007年的人均牛奶消费量为每年9.7升，低于马来西亚的27升、越南的11.2升和菲律宾的11升。

（来源：南博网. http://info.caexpo.com/zixun/jingjqj/2009—06—01/61273.html.2009—06—01）

印尼加强与中国的直接双向投资合作关系

印尼与中国一样有着庞大的国内市场。印尼贸易部长冯慧兰对中国和东盟的合作前景非常乐观，表示在应对金融危机方面，印尼与中国一样需要拿出储备金投入基础设施建设，也需要促进国外的投资。

在有关各方的积极推动下，近年来中国与印尼经贸文化合作关系快速发展。2005年建立战略伙伴关系以来，两国交流和合作不断扩大，2008年双方贸易额已达到315亿美元。而作为与印尼经贸关系最为密切的省份之一，广东与印尼的双边贸易总额到2010年有望增至一百亿美元。

2008年广东省委书记汪洋到访印尼后，双方建立了战略性合作关系，并从多个方面相互推动合作。比如，广东方面推荐中国企业到印尼投资小家电、家庭用品等方面。印尼则可提供广东所需要的食品以及石油、天然气、煤炭等矿产资源。

（来源：南博网. http://wcm.caexpo.com/wcm/jiansuo.shtml@method=sou&pageMethod=next¤tPage=5.2009—05—25）

印尼政府酝酿铁路振兴计划

印尼政府将组建一家新的公司，负责开发和维护铁路设施，同时在未来三年里拨款19万亿盾（约16亿美元）振兴铁路运输。

印尼交通部铁路运输总司长英德拉宛在印尼铁路论坛上表示，目前国营铁路公司掌管着铁路和铁路运输。私营公司涉足铁路运输服务均依赖于国营铁路公司且仅占很小份额。政府要组建的新公司将独立于国营铁路公司之外，主要负责管理铁路设施。这将有助于创造公平的竞争环境，为开放铁路系统铺平道路。

印尼铁路运输较为落后，在运输总量中所占的比重相当低。2008年铁路运输仅占全国客运总量的7%、货运总量的0.67%。英德拉宛表示，政府希望通过铁路振兴计划，提高铁路运输份额，到2015年，铁路运输在客运总量的比重能上升至20%；并扩大铁路货运在苏门答腊岛和加里曼丹岛资源类商品运输及爪哇岛消费类商品运输中的比重。为此可能需要每年投资12至15万亿盾（10亿至12.5亿美元）。计划中三年内拨款19万亿盾将先行对铁道和机车进行更新改造，但这些资金是远远不够的，需要私营部门的积极参与。

（来源：中华人民共和国驻印度尼西亚共和国大使馆经济商务参赞处网. http://id.mofcom.gov.cn/aarticle/ziranziyuan/jians/200904/20090406198531.html.2009—04—24）

投资者视印尼为亚太地区第三最乐观市场

2009年一季度，印尼资本市场被评为亚太地区第三最乐观的市场，仅次于印度和中国。在全球经济危机使世界大多数股市陷入混乱之际，这一调查结果，强化了印尼资本市场作为更强大的亚太地区资本市场之一的地位。

（来源：中华人民共和国驻印度尼西亚共和国大使馆经济商务参赞处网. http://id.mofcom.gov.cn/aarticle/ziranziyuan/huiyuan/200904/20090406193059.html. 2009—04—22）

印尼2009年将出现化肥短缺现象

印尼国营企业国务部林业、纸张、印刷厂和出版农用工业方面负责人阿古斯·帕克帕汗2009年2月19日表示，印尼2009年的尿素化肥供应量预计将达到730多万吨，但其国内需求大约为800多万吨，缺口70多万吨；氨肥的供应量将达到105多万吨，国内需求为215万吨，缺口达109多万吨；碳磷钾复合肥的供应量将达到154多万吨，需求大约为365万吨，缺口210多万吨。

为解决缺口问题，印尼国营企业国务部采取各种防范措施，包括优先满足化肥生产的原料供应，提高化肥工厂的劳动效率和生产能力，提高化肥的销售价格，以及对化肥生产工艺进行革新等。

印尼政府将对6家尿素化肥工厂进行技术革新，计划将其生产能力从每年805万吨提高到每年1098万吨。此外，印尼国营企业国务部还将建设5家新的碳磷钾复合肥工厂，以将该国碳磷钾复合肥工厂的生产能力从204万吨提高到304万吨。同时，该部门还准备与约旦磷酸盐公司相关方面进行合作，在印尼建设磷酸盐和硫酸工厂。

（来源：南博网. http://info.caexpo.com/zixun/jingjqj/2009—03—02/58020.html. 2009—03—02）

印尼发布5类服装进口新措施

印尼贸易部规定，自2008年12月5日起两年内，成衣等5类商品进口必须由正式注册的贸易企业（登记进口商）负责，并经由国际机场或位于雅加达、三宝垄、泗水、棉兰和望加锡的5个指定的大型海港通关，进口还须附有进口港的证明。一般进口商可向贸易部申请成为登记进口商。登记进口商需每3个月向印尼贸易部报告其进口实施情况。

（来源：中华人民共和国驻印度尼西亚共和国大使馆经济商务参赞处网. http://id.mofcom.gov.cn/aarticle/ziranziyuan/shehui/200902/20090206036012.html. 2009—02—10）

印尼开放棕榈种植园给中国企业带来机遇

棕榈油是极具商业、营养和社会价值的油品。压榨出棕榈油的油棕是世界上生产效率最高的产油植物，每公顷可产油5吨，比同面积的花生高出5倍，比大豆高出9倍。除了食用，棕榈油还是人造奶油、肥皂、化妆品以及生物燃油的原料。

近年来，印尼大力发展棕榈种植，从1999年的390万公顷，增加到2009年的640万公顷，预计2015年将达到900万公顷，届时将超过马来西亚成为世界上最大的棕榈油生产国。目前，这一产业对印尼GDP的贡献率达到10.48%。印尼棕榈油棕开发的目标是消除贫困，提供就业机会，增加小农户收入，目前已经为350万人创造了就业机会。

印尼全国的种植园，有15%来自马来西亚、英国、德国、新加坡等国的资本开发，天津聚龙集团是第一家进入印尼开发棕榈种植园的中国企业。

中国已经是棕榈油消费大国，全年消费棕榈油560万吨，占全球消费量的15%。由于棕榈种植的最佳地理位置在赤道南北5°，所以中国的棕榈油全部依靠进口。目前中国已经成为印尼棕榈油的出口大国，而且逐年递增，中国的进口量占到印尼总出口量的17%。

席卷全球的经济危机对印尼的棕榈油价格也产生较大影响。2009年上半年，印尼政府对小农户的政策保护价是每公斤2800印尼盾，现在降到每公斤1000到1300印尼盾。

（来源：南博网. http://info.caexpo.com/zixun/touzjh/2009—01—04/56146.html. 2009—01—04）

中国进出口公司获印尼火电项目

2008年12月，印度尼西亚国电公司（PLN）与中国进出口公司签订火电厂建设合同，在中爪哇的Cilacap建设装机66万千瓦燃煤电厂。

作为印尼快速增加装机1000万千瓦计划的部分，中国公司2006年就被该国授予建设合同，在西爪哇建设装机60万千瓦燃煤电厂。

印尼方面表示，Cilacap项目需要2.182亿美元。印尼国电公司和中国公司将寻求项目的支持者。

印尼方面负责人表示PLN将借款7.72亿美元完成东爪哇63万千瓦项目和西爪哇105万项目。

印尼是东南亚最大经济体，一直非常希望外资进入支持其经济发展，特别是急需现金建设发电厂，而中国则侧重经济规模和在本地区的影响。

印尼国内电力需求年增长率在10%左右。印尼国电公司有装机2500万千瓦，但多数电厂老化，故发电量不能达到额定指标。

（来源：南博网. http://info.caexpo.com/zixun/jingjqj/2008—12—26/55984.html.2008—12—26）

中国“新希望集团”在印尼投资兴建畜禽饲料厂

来自中国四川的“新希望集团”投资5000万美元，在印尼万丹省西冷县巴拉拉查地区兴建畜禽饲料厂，已于2008年11月投入生产，产品全部供应印尼市场。

印尼畜禽饲料业联合会主席布迪亚托表示，新希望选择在印尼投资，是看中了印尼畜禽饲料业的市场商机。目前印尼畜禽饲料年需求量为800万吨，来自欧盟及马来西亚的投资商正准备在印尼投资畜禽饲养，随着外国投资者的加入，畜禽饲料的市场需求还将上升。

（来源：中华人民共和国驻印度尼西亚共和国大使馆经济商务参赞处网. http://id.mofcom.gov.cn/aarticle/ziranziyuan/jjfz/200812/20081205938286.html.2008—12—08）

印尼2010年将成为世界最大海藻生产国

印尼定下2010年成为世界最大海藻生产国的目标，而且准备成为最著名的海藻商品工业国。2007年，印尼海藻产量达9.4万吨，目前最大海藻生产地区为南苏拉威西，巴厘、松巴哇和爪哇—马都拉产量紧随其后。

（来源：中华人民共和国驻印度尼西亚共和国大使馆经济商务参赞处网. http://id.mofcom.gov.cn/aarticle/ziranziyuan/jjfz/200810/20081005830894.html.2008—10—15）

低价手机占印尼市场85%份额

印尼国际资料公司（IDC）信息研究专家阿沙迪表示，2008年第二季度印尼手机销售总数达564万部，同比增长74.9%，其中85%为价格在100万盾（110美元）以下的手机。中国生产的手机价格低廉，却配备移动电视和双卡功能，销路较好。

（来源：中华人民共和国驻印度尼西亚共和国大使馆经济商务参赞处网. http://id.mofcom.gov.cn/aarticle/ziranziyuan/baoxian/200809/20080905777435.html.2008—09—11）

中企与印尼企业进行畜牧业合作

印尼Barelang Livestock Centre公司（简称BLC公司）将与来自中国的家畜生产商——兰州三源和现代农业股份有限公司进行合作，每年出口100万头山羊和绵羊到沙特阿拉伯，并拟投资5000万美元，建立合资饲养企业。兰州三源公司为世界知名畜牧企业，拥有45万平方公里畜牧场，并已获得中国伊斯兰教学会的认证和国际伊斯兰会议组织的认可，向中东国家出口山羊和绵羊。

（来源：中华人民共和国驻印度尼西亚共和国大使馆经济商务参赞处网. http://id.mofcom.gov.cn/aarticle/ziranziyuan/jjfz/200808/20080805731315.html.2008—08—19）

印尼每年需进口1万头奶牛满足国内牛奶需求

2008年7月，印尼全国牛奶委员会促请政府每年进口1万头奶牛来满足印尼国内50%的牛奶需求。印尼目前牛奶市场的供应75%依靠进口，只有25%为国内生产。

根据统计资料，印尼国内牛奶需求每日达到500万公升，而印尼国内每日只能生产120万公升，需要弥补380万公升，为此需要有21.1万头乳牛。

（来源：中华人民共和国驻印度尼西亚共和国大使馆经济商务参赞处网. http://id.mofcom.gov.cn/aarticle/ziranziyuan/jjfz/200807/20080705676607.html.2008—07—21）

老挝政府制订向工业化国家销售碳减排指标来获取本国森林保护资金的项目方案

老挝农林部办公厅主任波通·布侯透露，老挝有关部门正在制订向工业化国家销售碳减排指标的项目草案，预计2012年完成项目方案后提交政府批准实施。鉴于工业化国家在建设进程中向大气中排放了超量的碳，因此有责任投入资金来保护和发展森林资源，通过森林的功能吸收和平衡大气中的碳含量，达到减少人类生产活动对大气损害的目的；而老挝森林覆盖率达40%以上，林区资源丰富，但由于政府缺乏管理资金，使每年大量的刀耕火种和非法砍伐造成林区资源的严重破坏。上述项目符合当前全球碳指标交易计划。但老方当前要解决两个问题：一是要有一个权威和具有资格的组织对老挝森林资源进行测量，并发放证明书，凭证就能上市交易；二是尽快制止刀耕火种和非法伐木，否则将面对违规罚款。

（来源：中华人民共和国驻老挝人民民主共和国大使馆经济商务参赞处网. http://la.mofcom.gov.cn/aarticle/jmxw/200907/20090706428370.html@2673035822=3207900214.2009—07—27）

老挝国会通过新投资促进法，外国投资者将可依法购买宅基地

2009年7月8日老挝六届国会七次会议表决通过，国会主席通邢正式宣布批准老挝新修订的投资促进法。据媒体报道，新投资促进法在三方面有突破：（1）在老挝投资超过30万美元的外国投资者可依法购买宅基地；（2）原国内投资法和国外投资法合并为一个统一的投资促进法，国内外投资者将享受同一标准的免税等优惠政策，政策将更加公平、透明，投资环境将进一步改善；（3）新法律将继续完善"一个窗口对外"的便利审批程序和措施，以减少环节，加快程序，增强服务意识、提高服务水平。

（来源：中华人民共和国驻老挝人民民主共和国大使馆经济商务参赞处网. http://la.mofcom.gov.cn/aarticle/jmxw/200907/20090706413394.html@3864152622—3207900214.2009—07—16）

老挝、越南和泰国东西经济走廊过境运输便利化开始实施

2009年6月11日，依据GMS（大湄公河次区域经济合作）跨境运输协定，在亚行的帮助下，老挝、越南、泰国三国交通部长和亚行、世行机构代表齐聚老挝沙湾拿吉省老泰友谊二桥参加东西经济走廊过境运输便利化启动仪式。这标志着湄公河次区域东西经济走廊交通运输便利化正式开始实施。按协议，上述三国将允许每年总数为1200辆的运输车（每个国家各400辆）自由过境，对过境货物实行"一站式"海关检查，不需要装卸货物及转换车辆等便利化措施，减少物流管理成本和风险。

（来源：中华人民共和国驻老挝人民民主共和国大使馆经济商务参赞处网. http://la.mofcom.gov.cn/aarticle/jmxw/200906/200906063412 70.html.2009—06—17）

老挝600景点等待开发

2009年6月，老挝在中国昆明进出口商品交易会上举行了政策介绍及项目推介会。老挝计划投资部、投资促进司副司长马农通表示，老挝将重点开发旅游产业，并希望与云南省合作，学习云南省的旅游业经验。

目前，中国对老挝的投资主要集中在矿产、农业等方面。特别是农业，在老挝与云南省接壤的省份中，中国的投资已经占到了80%～90%。马农通表示，希望中国在农业方面能够进一步加大投资。

除了农业，目前老挝正在大力发展旅游业。云南是旅游大省，在旅游开发上有着丰富的经验，特别是生态旅游和文化旅游，不仅做出了特色，而且已经形成了规模。马农通表示，目前老挝有大约600个景点等待开发，老方希望与云南合作，共同开发。

会上老挝还对大湄公河水电开发、建筑建材以及一些服务业项目进行了推介。到场的部分云南企业则对进出口和物流等项目进行了现场咨询。

（来源：新浪网. http://news.sina.com.cn/c/2009—06—07/102215748806s.shtml.2009—06—07）

云南建材企业抓机遇闯老挝

2009年3月2日下午，100多名云南建材界的企业经营者齐聚昆明茶花宾馆，准备前往老挝万象考察建材市场。据统计，昆明企业目前在东盟国家中投资最多的国家首属老挝，已经有20多家企业在老挝发展。

老挝万象文华公司是云南省一家在老挝万象成立的企业，投资了位于昆曼公路老挝段距中国磨憨口岸18公里、距离泰国口岸200公里的老挝那堆国际口岸保税货仓。从2003年至2008年，由磨憨进入老挝的货车从2880辆已增至6500辆，其中建材类货车最多，由182辆至2008年的1800辆，剧增了10倍。文华公司决定在万象开设云南乃至中国在老挝的第一家建材专业市场，得到万象市政府大力支持，投资150万美元的云南人建成的商城，第一期招商完成只用了10多天，来自全国特别是沿海从事建材专业企业的云南分销商前往万象实地考察商务。该商城也得到老挝国家媒体关注并报道。

（来源：南博网. http://info.caexpo.com/zixun/jingjqj/2009—03—24/58837.html.2009—03—24）

云南与老挝开展电力贸易合作

云南电网公司与老挝国家电力公司（EDL）在老挝万象正式签署《云南电网公司与老挝国家电力公司关于老挝北部115千伏送电项目EPC合同》，这是云南电网公司继通过110千伏和220千伏线路向越南北部送电后，与GMS（大湄公河次区域经济合作）国家的又一次电力贸易合作。

此次与老挝国家电力公司签署的合同是云南电网公司在GMS国家电网外经贸建设项目中的第一个EPC（工程总承包）项目，涉及项目实施中的设计、采购及供应、施工建设等各个环节，该项目也开启了云南电网公司对外项目承包的全新模式。

（来源：南博网. http://info.caexpo.com/zixun/jingjqj/2008—12—29/56057.html.2008—12—29）

老挝为中国中央空调出口带来巨大机会

老挝国内对于中央空调产品的消费市场非常狭小，根本无法吸引国际企业的注意。但是由于中国与老挝在地理和政治上的特殊关系，老挝国内大型项目的建设为中国中央空调产品出口带来一定的机会。

一、东西经济走廊工业贸易区建设

根据第32号老挝总理授权令，2008年2月24日，老挝政府和太平洋溪流（PacificaStreamsDevelopmentCompany）发展公司签署老挝东西经济走廊工业贸易区建设协议。

在协议中，协议双方将合作开发建设位于沙湾拿吉省凯山丰威汉县浓登村沿9号公路10公里处面积为211公顷的老挝东西经济走廊工业贸易区。按规划，该工业贸易区将建成集工业项目、贸易项目和服务项目，如棉纺厂、制鞋厂、制衣厂、塑料厂、电子配件厂、零售店、商贸中心、学校、医院、宾馆等在内的综合性工贸区。

二、钻石新城项目建设

2008年10月下旬，老韩合资20亿美元建设琅勃拉帮钻石新城项目MOU签字仪式在古都琅省举行。该项目位于世界文化遗产琅省古城外，占地3000公顷，新城建设内容包括一个五星级酒店、若干别墅群、公寓楼、公园等，具有商住旅游、金融贸易、园艺休闲功能的新型城市，同时还将建一座绕城的跨湄公河大桥，修一条通往沙耶武里省洪沙县的公路；土地特许经营期限为50年，期满可延长20年；完成项目可研报告后将同老政府签订投资许可合同。

大型房地产项目建设需要大量的空调产品与其配套，这为中国中央空调对老挝的出口带来机会。但是由于韩国企业参与建设，我国企业出口面临一定的竞争。

另外，老挝近几年利用自身丰富的旅游资源优势，大力发展旅游业。旅游业的发展带动国家经济的发展，旅游收入已经成为老挝国家财政重要的收入之一。旅游业的发展会带动酒店业、度假村等相关项目的投资和建设，有利于中央空调市场容量的扩大，为我国中央空调对老挝出口带来机会。

（来源：南博网. http://info.caexpo.com/zixun/jingjqj/2008—12—29/56058.html.2008—12—29）

中国和老挝合作开展药用植物研究

2008年10月，中国科学院昆明植物研究所与老挝传统药物研究中心在云南省昆明市签订科技合作协议。根据协议，双方将对共同感兴趣的药用植物开展植物化学研究，还将在以往合作基础上联合对老挝境内药物植物资源进行野外考察，确定老挝境内药用植物名录，同时开展有关类群的分类与生物地理研究，并将为运行中的中国西南野生生物种质资源库开展种质资源采集和交换工作。

中科院昆明植物研究所党委书记、副所长孙航研究员介绍，中国和老挝同属于世界植物多样性丰富和热点地区，都有着巨大的研究潜力。云南省是中国植物多样性最丰富的地区之一，有药用植物资源6000余种，是植物化学、生物多样性与生物地理学和野生植物种质资源保存研究的重要研究中心。近年来，在中国—东盟战略伙伴关系的推动下，研究所积极开展同东南亚各国的对外科技合作研究，先后前往越南、老挝等地开展野外联合考察工作，取得了较为丰富的成果。

老挝传统药物研究中心（The Traditional Medicine Research Center，Ministry of Health，LAOS）主任Bounhong Southavong博士一行两人于10月25日到中科院昆明植物研究所进行为期6天的访问。期间，Southavong代表老方祝贺植物研究所成立70周年，并与该所正式签署《中国科学院昆明植物研究所与老挝传统药物研究中心科技合作协议》。

Southavong表示，中国和老挝是山水相连的友好邻邦。老挝有着丰富的生物资源，而昆明植物研究所有着很高的研究技术和平台，因此可以整合双方的长处，协力开展两国药用植物多样性研究，为两国人民的健康造福。(完)

(来源：新华网. http://www. yn. xinhuanet. com/newscenter/2008—10/29/content _ 14772871. htm. 2008—10—29)

马来西亚废除上市公司30%土著股权限制

马来西亚首相兼财政部长纳吉2009年6月30日在“2009投资大马大会”上宣布一系列放宽资金市场的新措施，其中最大的突破当属撤销已执行38年的土著股权政策。根据原政策，所有上市公司必须有不小于30%的股权归当地土著所有，而这项政策一直被国内外投资者视为是阻碍马来西亚发展的绊脚石。

其他重要措施还包括：减少外资委员会的管理职能，减少审批增加投资便利性；开放基金管理，外资可拥有本地基金管理公司100%股权；将外资持有本地信托公司和股票经纪公司股权的限制由现在的49%提高到70%；成立“国家股权公司”等。

(来源：中华人民共和国驻马来西亚大使馆经济商务参赞处. http://my. mofcom. gov. cn/aarticle/sqfb/200907/20090706394447. html @ 2573027886 = 32079002142. 2009—07—13)

马来西亚央行欲将人民币资产纳入其外汇储备

据《华尔街日报》2009年6月22日报道，马来西亚央行(Bank Negara Malaysia)可能准备将人民币资产包括在其外汇储备中，这将是中国推动人民币作为替代储备货币的具有象征性意义的一步。

报道称，中国证监会6月12日表示，已批准马来西亚央行成为合格的境外机构投资者(QFII)，这一资格使马来西亚央行可以投资于中国交易所买卖的股票和债券，包括财政部发行的债券。

报道称，QFII限额的批准正值中马两国央行加强合作，讨论如何以本币而非美元开展贸易和投资。2月份，中马签订了一份货币互换协议，协议全面实施后，将增加人民币在马来西亚和林吉特在中国的使用。

(文章来源：广西新闻网东盟频道. http://dm. gxnews. com. cn/staticpages/20090624/newgx4a41ea64—2122647. shtml. 2009—06—24)

中马企业合作携手推动马来西亚农机化发展

2009年6月5日上午，中马农机合作项目签约仪式在广东省农业厅隆重举行。广东省农业机械研究所、大马工业规格及研究有限公司、马中农业机器(马)有限公司三方企业代表签署了合作备忘录。

根据备忘录，三方企业将合作共同推动马来西亚的农业机械化发展，由大马工业规格及研究有限公司负责机械鉴定研究计划工作，广东省农业机械研究所提供农业机械技术研发工作，马中农业机器(马)有限公司具体负责商业化研究产品。马来西亚科技创新部部长Dr. Ongkili、广东省农业厅厅长谢悦新等领导及代表见证了签约仪式。

在签订合作备忘录之前，马来西亚已多次组织前往广东省农业机械研究所参观考察。2009年2月8日下午，Dr. Ongkili等一行15人首次来到广东省农业机械研究所，了解农机所为马来西亚棕榈园运输棕榈果专门开发的运输车的结构原理和技术参数。同年4月18日下午，马来西亚国际贸易及工业部副部长Mr Dato'Jacob Dungau Sagan在马来西亚工业发展局广州办事处投资领事Mr Cheong Siew Hong的陪同下，来到广东省农业机械研究所参观访问。多次的沟通交流加深了双方感情，加强相互间的交流，为这次合作奠定了良好的基础。

(来源：南博网. http://info. caexpo. com/zixun/jingjqj/2009—06—16/61888. html. 2009—06—16)

马来西亚进一步开放金融业

马来西亚首相兼财政部长纳吉2009年4月27日宣布开放金融业措施，除商业银行外，外资在马国现有的投资银行、回教银行、保险公司及回教保险公司的持股顶限，可从目前的49%提高至70%。

政府2009年将发出两张注资至少10亿美元的新回教银行执照，以及两张新的家庭回教保险执照；并将于2011年发出另外三张新的商业银行执照。

金融业是马国经济的重要组成部分，2008年占GDP总额的11%并取得8.8%的增长率。

(来源：中华人民共和国驻新加坡共和国大使馆经济商务参赞处网. http://sg. mofcom. gov. cn/aarticle/zhengt/200904/20090406206696. html. 2009—04—28)

马来西亚调整经济政策惠及华商

马来西亚总理兼财政部长纳吉布2009年4月22日在该国行政中心普特拉贾亚宣布，从当日起开放国内27个服务领域项目，同时撤销30%的土著（即马来人）股权限制。

马来西亚新开放的服务领域包括保健及社会、旅游、交通、商业服务和电脑业等。外国投资者在投资这些项目时，不再需要与当地土著合资，给予土著30%的股权。

马来西亚政府决定撤销30%土著股权限制并宣布对金融业开放的新措施，是对长久以来实施的经济政策进行的重要调整。这些调整体现出马来西亚政府希望通过改革，以吸引更多的投资、创造更多就业、发展本国经济的决心，这些新政也将为当地华商提供更宽松的经营空间。

（来源：南博网．http://info.caexpo.com/zixun/jingjqj/2009—04—28/59927.html.2009—04—28）

马来西亚寻求生物产业合作伙伴

马来西亚政府推出30亿美元的医药健康领域企业资金资助项目，生物产业界将从中受益。此外，在马来西亚政府宣布的总计160亿美元的经济刺激一揽子计划中，也包括对生物技术产业的刺激方案。这些巨额现金注入将有助于马来西亚生物产业加强与印度、特别是中国的联系。马来西亚生物产业界视印度和中国为进入西方市场的平台和跳板。

截至2009年4月，有97家企业获得这项政策优惠待遇，其中绝大多数为中小创业企业，包括38家生物医药企业，33家农业生物技术企业，23家工业生物技术企业和3家生物信息技术企业。印度班加罗尔两家企业，小分子多肽药物开发公司Aurigene和再生医学公司Stempeutics，受这项优惠政策吸引，有分支机构入驻马来西亚。

（来源：南博网．http://info.caexpo.com/zixun/jingjqj/2009—04—20/59623.html.2009—04—20）

中国刺激经济措施为马来西亚提供商机

嘉兴（马来西亚）投资说明会暨中马经贸合作研讨会2009年4月10日在此间举行。马来西亚中国经济贸易总商会会长杨天陪在致辞时表示，中国政府宣布2009年GDP增长将保持在百分之八的水平和经济刺激计划，实在难能可贵。这也意味着给马来西亚带来新的商机。

据统计，2008年中马贸易额达到535亿美元，比上年增长15.2%，马来西亚成为中国在东盟国家中最大的贸易伙伴。

杨天陪表示，在全球经济不景气的大背景下，马中经贸仍能看好，双边贸易正常平稳发展，主要基于以下几点。

双方经济互补性强、中国扩大内需，带来无限商机、中国东盟自由贸易区的建立、马中友好密切关系营造良好的经贸合作环境。

近年来，马来西亚推出多个经济开发区，杨天陪也希望中国企业能前来马来西亚投资。

（来源：南博网．http://info.caexpo.com/zixun/zhengcfg/2009—04—14/59447.html.2009—04—14）

马来西亚欲借义乌市场走向世界

马来商会和义乌市国际商会签订的谅解备忘录表明，今后马来商会和义乌市国际商会将实现资源互补，可借助对方的渠道采购和销售产品。

马来西亚商品可以先到义乌，通过义乌公共型保税仓库转口到欧美和亚非拉国家，这样不需要进口关税。义乌市外经贸局局长、义乌市国际商会会长楼章能介绍，义乌要建成一个国际小商品的贸易、展示、销售中心，欢迎更多、更优质的产品通过义乌这个市场销往全世界。

目前已有28个国家和地区在义乌设立产品展销中心。如果将来公共型保税仓库满足不了需求，义务还将考虑建设保税物流园区，以使转口贸易快速发展。

马来西亚的清真食品、制药、鞋子等深受中东地区和非洲消费者喜欢，义乌市场与这些地区贸易紧密，马来西亚方面可以把产品先放置在义乌展示，然后销往世界各地。

（来源：南博网．http://info.caexpo.com/zixun/zhengcfg/2009—04—14/59449.html.2009—04—14）

马来西亚地理优势可成为中国进军海外桥头堡

马来西亚交通部长拿督斯里翁诗杰2009年3月31日在吉隆坡出席中国东风天龙货车推介仪式上表示，马来西亚虽然人口不多，但具明显地理优势，可以成为中国商品进军东南亚及西亚市场的桥头堡，中国的汽车等产品和科技产品登陆马来西亚后可很快打入东南亚十国及西亚的市场。马来西亚位于东南亚中心位置，在国际回教金融组织中占有重要地位，中国产品经由马来西亚向外辐射将可出口到更多国家。

（来源：中华人民共和国驻马来西亚大使馆经济商务参赞处网．http://my.mofcom.gov.cn/aarticle/sqfb/200904/20090406144775.html.2009—04—02）

马来西亚葡萄酒消费倍增　市场潜力巨大

Asiaeuro 葡萄酒烈酒公司主席 Datuk Adrian Loh 在接受访谈时表示，当地精品葡萄酒销售涨幅达两位数，与威士忌、白兰地等烈酒相比，葡萄酒消费量更高。由于很多年轻人在国外学习时，受到西式生活方式影响，因此更喜欢饮用葡萄酒。此外，还有人认为饮用葡萄酒对健康有益。

最新研究表明，一些白兰地、威士忌、啤酒饮用者的口味逐渐转向葡萄酒，还有一些葡萄酒爱好者因经济紧张开始购买较便宜的葡萄酒。

马来西亚至少 95％的葡萄酒用于消费而不是投资。当地市场 40％～50％的葡萄酒从澳洲进口，其他进口酒按照市场份额依次为法国酒、智利酒、欧洲及南美葡萄酒。

马来西亚的葡萄酒投资仍处于起步阶段，很多人并未意识到葡萄酒投资的潜力与价值，目前，英国市场对高档葡萄酒的投资较高，法国拉菲庄、奥比昂、拉图、木桐以及玛歌庄葡萄酒都是很好的投资产品。”

（来源：南博网．http://info.caexpo.com/zixun/jingjqj/2009—02—17/57483.html.2009—02—17）

马来西亚在华寻求信息通信技术合作机会

马来西亚与中国在能源、旅游、化工原料等方面已进行了多年广泛的合作。为了应对金融危机，寻找投资机会，全国性信息通信技术（ICT）发展计划在北京、上海两地设立的代表处，积极寻求与中国在通信技术及多媒体科技等新兴领域的全新合作。

由马来西亚科学技术和革新部副部长法迪拉·优素福（Haji Fadillah Yusof）率领的 MSC 马来西亚全球代表团在上海举行推介活动，这令 MSC 马来西亚在上海工商界的影响力得到了进一步增强。

法迪拉认为中国和马来西亚可以在 ICT 产业中开辟新的合作机会。传统上，马来西亚主要向中国出口石油、棕榈油、石化产品以及橡胶。而 ICT 则是马来西亚可以广泛开展合作的又一主要行业，可以通过提供 ICT 解决方案进行合作，也可以在马来西亚与中国 ICT 企业之间进行合作。

法迪拉认为这两方面都会出现新的投资机会，同时希望马来西亚在这里设立的机构有助于激发中国企业赴马来西亚探索投资机会的浓厚兴趣，并推广在马来西亚拥有丰富经验的联合投资市场，例如东南亚以及中东地区。

法迪拉表示，通过 MSC 马来西亚，中国工商界可直接与马来西亚 ICT 行业建立联系，2000 多家 MSC 马来西亚认证企业将以各种解决方案与服务来推动中国企业进一步发展。MSC 马来西亚的管理机构——多媒体开发公司（MDEC）首席执行官巴德力尚姆（DATO'BADLISHAM GHAZALI）表示，除了在中国帮助马来西亚通信及多媒体技术企业寻找投资合作机会，马来西亚也非常欢迎中国高科技企业进入马来西亚投资及技术开发，推动整个亚洲地区的通信技术发展水平。

早在 2004 年，MSC 马来西亚就在大连设立代表处，开始探索中国市场。此后，MSC 马来西亚认证企业在全中国承接了众多的 ICT 工程项目。至 2008 年底，MSC 马来西亚向中国提供的各种项目的出口总额已达 3.33 亿美元（约合 12 亿马币）。

（来源：南博网．http://info.caexpo.com/zixun/jingjqj/2008—12—12/55390.html.2008—12—12）

2009～2010 年计划到缅甸的游客数达 100 万

据缅甸饭店与旅游部的消息说，2008 年到缅甸的外国游客接近 20 万人，但 2009～2010 年计划入缅甸游客数将达 100 万人。目前缅甸旅游业主管部门和旅游业企业家们都在努力提升缅甸旅游业的档次，希望振兴缅甸的旅游业。同时，为了满足旅游业发展的需要，还将在现有基础上扩大酒店建设投资规模。

截止 2009 年 8 月底，缅甸全国共有酒店总数 652 个，客房总数 26610 间。近年到缅甸的外国游客数分别为：2006 年 20 多万，2007 年 24797 人，2008 年 193319 人。

（来源：中华人民共和国驻缅甸联邦大使馆经济商务参赞处网．http://mm.mofcom.gov.cn/aarticle/jmxw/200908/20090806437932.html@492128814＝3207900214.2009—08—04）

缅甸将发行新的纸辅币

《缅甸时报周刊》2009年7月31日报道：从中央银行获知，为了方便商业流通，仰光缅甸经济银行分行和经常与顾客接触的下属营业部门从2009年8月3日起开始发行和兑换新的纸辅币。中央银行一位负责人说：仰光市区内20家缅甸经济银行分行从8月3日起都将开始发行兑换新辅币，每周两天。缅甸经济银行同时还开展以同等面值新币兑换10元、20元、50元、100元、200元旧币业务。近几年在缅甸市场流通的200元面额以下辅币破旧不堪，也非常短缺，而中央银行一直没有回收和印发新的辅币，严重影响了国内商业流通，也给当地人民生产生活带来极大不便。

（来源：中华人民共和国驻曼德勒总领事馆经济商务室. http://mandalay.mofcom.gov.cn/aarticle/jmxw/200907/20090706433326.html@961825326=3207900214.2009—07—31）

缅甸延长边贸出口许可证期限

缅甸《新闻周刊》2009年7月29日报道：据悉，边境贸易管理部门从2009年7月15日起对边贸出口许可证的期限由一个月延长至三个月。过去边贸进出口商人申请许可证，出口许可证只有一个月期限，进口许可证是三个月。现在出口许可证期限延长，将为出口商人带来很多便利。

（来源：中华人民共和国驻曼德勒总领事馆经济商务室网. http://mandalay.mofcom.gov.cn/aarticle/jmxw/200907/20090706424233.html@2689878574=3207900214.2009—07—28）

中国成为对缅甸最大投资国

2009年7月20日《缅甸时报》（周刊）报道，据7月14日缅甸官方统计显示，中国成为2008～2009财年对缅甸的最大投资国。

中央统计局数据显示，2008～2009财年中国对缅甸投资达8.56亿美元，该财年缅甸吸引外国直接投资总额为9.85亿美元。

中国大部分投资来自中国有色矿业集团，该集团2008年与缅甸矿业部签署了在缅甸联合开发镍矿及产品分成合同。俄罗斯、越南、泰国分别以9400万美元、2000万美元及1500万美元的投资额列该年度对缅甸投资第二至四位。

（来源：中华人民共和国驻缅甸联邦大使馆经济商务参赞处网. http://mm.mofcom.gov.cn/aarticle/jmxw/200907/20090706411299.html@1918192174=3207900214.2009—07—21）

缅甸企业家代表团到中国寻找商机

2009年5月29日，在中缅甸边境的云南省保山市举办的首届中缅甸贸易合作洽谈会上，缅甸派出企业家代表团前来参会，并期待与中国加强旅游、食品及水电方面的合作。

中方针对性地组织了食品生产加工、建筑建材生产经营、针纺织品及日用百货经营、工程机械及农机具销售、矿产品开发以及药品和医疗器械经营等领域的28家相关企业参与了洽谈。

缅甸和中国的贸易具有很强的互补性，洽谈会为中国和缅甸的企业家搭建了一个交流合作的平台，通过面对面的交流，了解了各自企业界的需求和合作意愿，目前已与缅甸经贸考察团签署了8个合作协议。

（来源：南博网. http://info.caexpo.com/zixun/jingjqj/2009—06—01/61290.html.2009—06—01）

缅甸扩大棉花种植面积

2009～2010年度，缅甸全国长绒棉6号种植面积将达50万英亩。这种品种抗虫害，不分季节，且产量高，故在缅甸全国范围内逐年扩大种植面积。2006～2007年度长绒棉6号种植面积仅为648英亩，2007～2008年度扩大至21449英亩，2008～2009年度达到了260399英亩。

（来源：南博网. http://info.caexpo.com/zixun/jingjqj/2009—02—18/57551.html.2009—02—18）

缅甸木材家具在中国具有市场潜力

2004年以来，通过一年一度的中国—东盟博览会，缅甸木材家具在中国的家具市场占据了重要地位。缅甸海关总署统计，仅2007年1～6月，缅甸对中国的林产品出口总额就达到了2313.1万美元。

中国人对古香古色的红木家具有特殊的偏好。改革开放30年来，随着经济的飞速发展，人民生活水平有了很大提高，高档次的木材家具开始走进寻常百姓之家，极大地刺激了中国木材家具市场的发展。古韵悠长、文化内涵丰富、极具收藏价值且具有较大升值空间的红木家具，如黄花梨、紫檀、鸡翅木、南榆木等家具备受消费者青睐。

从2007年起，中国政府对木制家具进口实施零关税政策。这一举措再次激发了中国红木家具市场的进口需求。2007年1～10月，中国从东盟国家进口木材家具总额达9.06亿美元，同比增长15.08%；其中红木家具进口额为1.6亿美元，同比增长254.97%。仅2007年一年，红木家具总体平均涨幅超过50%。

专家预测，今后10年，中国红木家具市场的进口需求量将以每年10%～15%的速度递增，作为中国在东南亚的重要贸易伙伴，同时也是世界木材家具出口大国的缅甸，将在中国家具市场大有作为。

（来源：南博网．http://info.caexpo.com/zixun/jingjqj/2009—02—11/57296.html.2009—02—11）

缅甸解禁中国奶粉

为了更加有效地开展对奶粉及奶制品是否含三聚氰胺的检验工作，2008年10月25日，缅甸政府成立了以卫生部副部长为组长，由卫生部和第一工业部专家和技术人员组成的奶粉及奶制品安全检查工作组。

工作组对所有在缅甸市场进行销售、分装的外国奶粉以及国内生产的奶粉及奶制品进行了检验。按照国际标准，暂时确定一岁以下婴儿奶粉三聚氰胺含量不超过0.001‰（1 part per million），儿童、成人奶粉及奶制品三聚氰胺含量不超过0.0025‰（2.5 part per million），即为安全食品。

工作组依照这个标准进行检验后，于2008年11月21日发布该工作组第2008/1号通知，公布128种无害奶粉及奶制品（名单中包含之前被禁止销售的5种中国奶粉，自该日起，中国奶粉经销商已开始正常经营）。

自通知发布之日起，缅甸政府在发放奶粉及奶制品进口许可时，该工作组将继续按国际标准进行检验，只对无害奶粉及奶制品发放许可。

（来源：中华人民共和国驻缅甸联邦大使馆经济商务参赞处网．http://mm.mofcom.gov.cn/aarticle/ztdy/200811/20081105912332.html.2008—11—05）

缅甸对用于边境地区发展建设的四种建材免征关税

缅甸商务部网站公布：用于掸邦北部木姐、九谷、南坎，掸邦东部大其力及克伦邦妙瓦底等边境地区的发展建设所需的水泥、钢筋、钉子和度锌瓦等四种建材免交关税，

从事出口贸易获得收入者，根据当地“和发委”出具的用于本地建设的证明，可以免税进口上述四种建材。

商务部边贸司官员表示，此规定以前就有，一般是到第二个财年结束前有效。但目前是在没宣布取消此规定以前一直有效。此规定由财税部负责实施。

（来源：中华人民共和国驻缅甸联邦大使馆经济商务参赞处网．http://mm.mofcom.gov.cn/aarticle/ddfg/haiguan/200810/20081005847794.html.2008—10—23）

中国产苹果热销仰光市场

中国产Taw kyut苹果每年8月初至次年3月主导仰光苹果市场，因价格合理，保存时间长，深受苹果零售商和消费者欢迎。每年4～8月，来自泰国的富士苹果在仰光市场占主导地位，尽管外形好看味道也好，但在价格上不具有优势。22公斤装每箱75～100个的泰国富士苹果，售价35000缅甸币，而28公斤装每箱180～250个的中国苹果，售价仅17000～21000缅甸币。中国苹果入市后，市场苹果价格普遍下降，总体销量上升。中国产Taw kyut苹果刚入市时呈现绿色，逐渐变成棕红色，最后变成红色，能完好保存7到10天。

（来源：中华人民共和国驻缅甸联邦大使馆经济商务参赞处网．http://mm.mofcom.gov.cn/aarticle/ztdy/200809/20080905795823.html.2008—09—23）

菲律宾政府拟明年推出2000亿比索经济刺激计划

据菲律宾《马尼拉旗帜报》7月30日报道，菲律宾社会经济发展部部长雷克多表示将向内阁提出2010年2000亿比索（约合42亿美元）的经济刺激计划（ERP），主要用于基础设施建设和加强社会保障体系，支持经济增长。雷克多表示，菲律宾经济将在明年复苏，但幅度有限。菲律宾发展和预算协调委员会预测，菲律宾2010年国内生产总值将增长

2.6%～3.6%，比先前预测的4.3%～5.3%有所下降。2008年底，菲律宾政府推出第一批经济刺激计划，总额为3300亿比索（约合63亿美元）。

（来源：中华人民共和国驻菲律宾共和国大使馆经济商务参赞处. http://ph.mofcom.gov.cn/aarticle/jmxw/200907/20090706429969.html@1029130798=3207900214.2009—07—30）

菲律宾可再生能源将吸引更多新投资

菲律宾能源部预计，未来20年菲律宾可再生能源领域将吸引高达270亿美元的新投资。

能源部预测，各种可再生能源，如地热、水力、风能、太阳能、海洋和生物能等发电总量将达到24000兆瓦。

预计吕宋地区将吸引161.4亿美元投资，可再生能源发电量将达到8072.3兆瓦；维萨亚地区将吸引投资49亿美元，发电量可达到2442.6兆瓦；棉兰老岛将获投资59.3亿美元，发电量达2963.6兆瓦。

菲律宾政府表示，菲律宾所具有的地热储量可产生1000万千瓦电力能源，而太阳能和生物能可产生电能235.7兆瓦。

（来源：中华人民共和国驻宿务总领事馆经济商务室网. http://cebu.mofcom.gov.cn/aarticle/jmxw/200906/20090606327816.html.2009—06—12）

菲律宾海藻养殖仍为盈利产业

菲律宾海藻养殖仍是一个收益颇丰的产业，年国内外市场份额达1500万美元。

市场对海藻的需求一直在上升，尤其是中国这个大市场，每年大概需要8万吨干海藻，年增长率达10%～14%。

（来源：中华人民共和国驻宿务总领事馆经济商务室网. http://cebu.mofcom.gov.cn/aarticle/jmxw/200906/20090606315107.html.2009—06—09）

菲律宾欲对食糖进口实施逐步减税政策

菲律宾政府准备在业内反对声浪和兑现对东盟的承诺之间寻求平衡，即对食糖进口实施逐步减税政策。根据对东盟自由贸易区承诺，菲律宾已将食糖进口税从38%减低至28%，2010年后应降至0%～5%。但食糖业内人士要求政府将该产品提升至高敏感产品，2010年中国—东盟自由贸易区建成后仍享受保护政策。

（来源：中华人民共和国驻菲律宾共和国大使馆经济商务参赞处网. http://ph.mofcom.gov.cn/aarticle/jmxw/200905/20090506274414.html.2009—05—25）

菲律宾颁布2009年投资指南

2009年5月，阿罗约总统签署第299号令，正式颁布菲律宾2009年投资指南。该指南每年更新一次，根据当年情况对优先投资和限制投资项目进行调整。阿罗约表示，2009年的投资指南旨在吸引更多投资，保持和提高国家可持续竞争力，确保菲律宾人就业。列入常规投资清单（Regular List）的行业有：出口，农业，渔业，基础设施，工程产品，旅游，服务外包，创造性行业，策略性行业，特殊许可的研究与开发等。列入临时投资清单（Contingency List）鼓励类的行业为能保持、增加投资或创造就业的活动，限制类的行业有10种，包括银行及金融机构，零售，服务（列入常规单的除外），小型矿业，因安全、国防、卫生、道德风险而限制的活动，外国人参与的中小企业，非农基本消费品，保健品等。

（来源：中华人民共和国驻菲律宾共和国大使馆经济商务参赞处网. http://ph.mofcom.gov.cn/aarticle/jmxw/200905/20090506227906.html.2009—05—07）

菲律宾期待中国中部企业将菲律宾作为投资海外首选地

2009年4月，菲律宾副总统诺力·德·卡斯特罗在合肥举办的第四届中国中部投资贸易博览会高峰论坛上表示，菲律宾正在进一步改善经商环境，期待吸引更多的中国中部企业将菲律宾作为投资海外的首选地。

2008年第四季度，在美国市场急剧萎缩的情况下，菲律宾创下了国内生产总值4.5%的客观增幅，这表明菲律宾的宏观经济情况非常稳定。在供应方面，由于化肥和燃料价格下调，十分有利于农业、渔业、交通、信息和存储各个领域的进一步发展。

（来源：中华人民共和国驻宿务总领事馆经济商务室网. http://cebu.mofcom.gov.cn/aarticle/jmxw/200904/20090406209851.html.2009—04—29）

菲律宾生物燃料业将吸引外来投资 11 亿美元

菲律宾生物燃料业将吸引外来投资 11 亿美元，已有 12 家外国公司表示有意投资。菲律宾能源部长雷耶斯表示，2009 年 2 月份开始实施的《菲律宾生物能源法》是吸引外来投资菲律宾生物燃料业的驱动力。根据该法，从 2009 年 2 月起柴油中需添加 2%的生物柴油，菲律宾生物柴油需求量将从 2009 年的 1.33 亿升增加到 2014 年的 1.6 亿升；如添加比例从 2011 年起增加到 5%，生物柴油需求量将从今年的 2.08 亿升增加到 2014 年的 5.36 亿升。菲律宾目前已建 11 座生物燃料厂，外来投资建厂纷至沓来；菲律宾能源部今后的主要任务是改善“参与规则”以加速行业投资。

（来源：中华人民共和国驻菲律宾共和国大使馆经济商务参赞处网. http://ph.mofcom.gov.cn/aarticle/jmxw/200904/20090406142995.html. 2009—04—01）

中国公司拟在菲律宾设木薯加工厂

中国广西国家农业公司和菲律宾 YUCA 公司开始合资投资木薯加工。合资公司将在菲律宾东纳卯省 7 个市种植面积 8200 公顷的木薯，投资额达 15 亿比索。

（来源：中华人民共和国驻宿务总领事馆经济商务室网. http://cebu.mofcom.gov.cn/aarticle/jmxw/200903/20090306089864.html. 2009—03—10）

菲律宾软饮料大举进军海外市场

尽管受经济危机影响，菲律宾 Zest-O 饮料公司仍计划向中国和越南扩张。公司总裁蔡其仁向媒体介绍，公司正在商谈在北京建厂事宜，如果顺利，将把 RC 可乐和果汁饮料销往中国。与此同时，Zest-O 公司也考虑在越南和印尼建厂计划。2007 年，Zest-O 公司取得许可在迪拜建立了饮料制造厂。

（来源：中华人民共和国驻菲律宾共和国大使馆经济商务参赞处网. http://ph.mofcom.gov.cn/aarticle/jmxw/200903/20090306090975.html. 2009—03—10）

菲律宾将投资 1.1 亿美元修建公路以连接农场和市场

2009 年 3 月，菲律宾农业部长黄严辉宣布，将启动在全国范围内修建连接农场和市场的全长 2000 公里的公路项目，项目总额 53 亿比索（约合 1.1 亿美元），将动用 5.3 万名人力，计划将使全国粮食产区和贫困地区的 21.2 万农民受益。超过半数的公路将集中在中部地区（567.6 公里）和棉兰老岛（536.94 公里）等粮食产区。此外，北吕宋“农业矩形”地带将修建 420.8 公里的公路，在大马尼拉环城带也将修建 366.8 公里公路。工程是菲律宾政府 2008 年 12 月宣布的总额 3300 亿比索的经济刺激计划的一部分。

（来源：中华人民共和国驻菲律宾共和国大使馆经济商务参赞处网. http://ph.mofcom.gov.cn/aarticle/jmxw/200903/20090306083454.html. 2009—03—06）

菲律宾农业部吸引外资投向菲律宾高价值作物和渔业

2009 年 3 月，菲律宾农业部长黄严辉在分别会见韩国和泰国商务团组时表示，希望外界对菲律宾高价值作物和渔业方面进行投资。黄严辉在介绍情况时表示，高价值作物包括香蕉、菠萝、芒果、椰子和生物能源作物如木薯、甘蔗和甜高粱；外来投资可参与其扩大种植、基础设施建设、收获和加工；在渔业领域，希望外来投资介入海藻养殖、高价值鱼如石斑鱼、罗非鱼、国王蟹的养殖。

（来源：中华人民共和国驻菲律宾共和国大使馆经济商务参赞处网. http://ph.mofcom.gov.cn/aarticle/jmxw/200903/20090306075736.html. 2009—03—03）

菲律宾欲进一步加强与广西的农业合作

2008 年 10 月 23 日，正在南宁出席第五届中国—东盟博览会的菲律宾众议长诺格拉雷斯与广西壮族自治区书记郭声琨进行了会谈，双方同意进一步加强在农业贸易和投资方面的合作。郭声琨书记表示，中国对加强与菲律宾的贸易和投资信心很大，广西将鼓励向菲律宾投资，鉴于双方气候相近，可在农作物种植方面开展合作，广西此前已有意在菲律宾开发木薯淀粉。诺格拉礼斯表示，希望中国继续帮助菲律宾，特别是帮助开发南岛资源。

（来源：中华人民共和国驻菲律宾共和国大使馆经济商务参赞处网. http://ph.mofcom.gov.cn/aarticle/jmxw/200810/20081005850400.html. 2008—10—24）

新加坡四川携手开拓东盟市场

2009年6月10日，新加坡国际企业发展局与四川省商务厅在蓉联合举办新加坡—四川省贸易交流会。新加坡国际企业发展局副局长蔡特鑫表示，加快川新合作的前提是双方找到互补领域。

四川省商务厅2009年4月组织50余家企业参加“东盟行”，并到新加坡推销“四川造”。不到两个月，新加坡方面就如约来川采购。2009年6月10日来川的20家新加坡企业在会上对接30多家川猪、川茶、川果特色农产品企业。

新加坡是四川省在东盟的第一大进口来源地和第三大出口市场，约占四川省对东盟进口总额的一半，是四川省推进与东盟地区经贸交流合作的重点市场和方向。蔡特鑫表示，2010年将是中国—东盟自由贸易区实行零关税政策开局之年，如何利用新加坡作为开放门户，走进以东盟、印度为中心的南亚市场，将成川新经贸合作的新内容。

四川与东盟经贸日渐升温，也让新加坡的物流企业看到商机。参会的新方物流企业代表说，在过去的川新贸易中其只负责采购，如今希望扮演重要角色的企业正谋划在川建物流基地，提供物流解决方案。转变的原因，一方面，四川南向开放的迫切需求需要大量物流服务，四川西部物流中心建设加快；另一方面，沿海跨国公司向内地迁移的步伐加快，这些物流企业必须寻找新的货物贸易资源。

（来源：中新经贸合作网. http://www.csc.mofcom-mti.gov.cn/csweb/csc/info/Article.jsp@a_no=185068&col_no=133.2009—06—11）

中国企业走向东盟可借鉴新加坡先进经验

在新加坡的中资企业已经超过2000家，其中151家在本地挂牌上市，双边经贸发展拥有坚实的基础和潜力。

调查显示，中国企业在走出去的过程中，存在着一些问题，主要是：缺乏自主创新能力是中国企业通往国外市场最大的阻力；企业规模太小，难以和国际跨国巨头相抗衡；市场竞争手段简单而且落后，缺乏品牌意识；企业管理水平落后，没有形成适应国际化战略的管理模式。

在这方面新加坡的企业确实有许多的先进经验值得中国企业学习。

新加坡对国有企业并没有什么特殊的优惠或保护政策，而在一开始就将国有企业放到市场中竞争，强调国有企业必须市场化运作，并对国有企业有明确的盈利要求，对其经营者的考核也主要考核利润指标。国有企业一旦不能赢利，或盈利能力变差，政府就会果断将其卖掉。这种明确的态度及果断的做法，使新加坡国有企业的盈利动机很强。

新加坡国有企业经营者的选拔完全市场化运作，强调要从国际人才市场上选拔人才，同时，薪酬水平同样也与国际接轨，保证了国有企业能够获得高素质的管理者，并保证经营者有足够的积极性。

另一方面，经过多年的发展，新加坡已在东盟建立了完备的商业网络。随着东盟经济一体化进程，完备商业网络的形成是必然的结果，使东盟各国的生产活动将不再孤立地进行，而成为区域经济一体化生产体系的有机组成部分。

（来源：中新经贸合作网. http://www.csc.mofcom-mti.gov.cn/csweb/csc/info/Article.jsp@a_no=184783&col_no=133.2009—06—09）

广西与台湾合作开拓东盟　商机无限

“两岸产业高峰会议——2009桂台经贸合作论坛”期间，广西、台湾、东盟这三个词频繁出现，广西与台湾如何携手抢占东盟市场的话题多次被提起。

东盟十国不仅是台湾产品主要出口国，也是台湾厂商重要海外生产基地，目前，东盟已超过美国成为台湾第三大贸易伙伴。

东盟市场巨大，2010年中国—东盟自由贸易区建成后，贸易区内国家的产品可以免关税地自由移动，资源运用的效率大增，贸易更为热络。

广西是华南经济圈、西南经济圈与东盟经济圈的结合部，是西部最便捷的出海口和对外开放的窗口，是连接粤港澳、西部地区与东盟的重要通道，在承接产业转移方面具有天然优势，是台湾开拓西部市场的重要结合点，是台湾与东盟进行产业合作的起跳板。这在广西与台湾高层多次对话中已成共识。

随着中国—东盟博览会长期在南宁举办和泛北部湾经济合作的兴起，特别是广西北部湾经济区的开放开发，使广西成为商机汇集的平台，在多区域合作中的战略地位和作用进一步凸显。

台湾产业界已经展现出对进入广西投资的兴趣，近年来，许多台商先后踏上八桂大地投资兴业，其中有台泥、润泰、富士康等著名企业。同时，广西也予以积极回应，围绕泛北部湾经济建设开发的战略布局，整合涉台招商力量，启动“台商百企入桂”活动。截至目前，广西已成为台湾在大陆投资最多的地区之一，投资总额在全国排名第七，西部第一。

在台湾，投资广西、投资广西北部湾经济区，已经成为台湾商界谈论最多的话题之一。参展中国—东盟博览会使台商认识到广西将成为商机会集的平台，更希望借广西开拓新商机。广西壮族自治区相关部门就此召开专题研讨会，研究台湾组团参加“中国—东盟博览会”期间重要活动的相关事宜，并就如何进一步拓展桂台经贸合作进行了深入探讨。

旅游业是广西与台湾合作的“龙头”。从2009年1月1日起，广西开通南宁至越南河内的直达国际列车，广西凭祥口岸也恢复了异地办理边境旅游出入境手续，为中国和东盟地区加强经贸交流与合作创造了良好条件。5月20日广西与台湾实现直航，广西旅游局和旅游企业以此为契机，将旅游大篷车首次驶入台湾，展开针对台湾地区的旅游营销，大力拓展台湾和东盟旅游市场。

随着海峡两岸（广西·玉林）农业合作试验区批准设立，农业也成为广西与台湾合作的新亮点。由于纬度上的一致，广西和台湾的农业条件很相似，专家建议，在以后的农业合作方面，台湾和大陆最重要的是技术上的合作。台湾有很多科研单位，能推出很多新的产品，台湾和广西可以在技术、营销、土地、人力等方面进行合作，共同开发香港、韩国及东盟大市场。

（来源：广西新闻网—广西日报. http://news.gxnews.com.cn/staticpages/20090525/newgx4a19d876-2067617.shtml.2009—05—25）

广西友谊关工业园加工区开工　面向东盟市场

广东设立跨省工业园区进行产业集群转移。2009年5月19日下午，两广合作新的平台——位于崇左市凭祥夏石镇的广西凭祥边境经济合作区友谊关工业园（广东）加工区正式开工建设，根据总体规划，加工区的固定资产总投资约75亿元，建成后预计将实现工业产值155亿元，可安排30000～50000人就业，是广东在外省投资规模最大的工业园区。

广西友谊关工业园加工区设家电产业园区、家具产业园区和配套服务中心，集生产、贸易、物流、会展于一体，总体规划用地1.2万亩，根据总体规划，加工区的固定资产总投资约75亿元，其中家电产业园区总投资约20亿元，家具产业园区总投资约40亿元，配套服务中心总投资约15亿元。

园区合作方广东省商业联合会表示，有关方面计划通过5～7年的努力，把园区建设成为广西重要的家电和家具出口基地。届时家电产业园预计每年可生产各类家电产品2000万件，总产值约45亿元；家具产业园预计每年可生产各类家具2000万件，总产值110亿元；配套服务中心预计每年营业额可达30亿元，税利1.5亿元。“两区一心”预计总共实现工业产值155亿元，营业额30亿元，税利约8亿元，出口创汇约7亿美元。

家电产业园的招商工作已基本完成，首期800亩的入园企业已全部落实，家具产业园区的招商工作开始启动。

广西友谊关工业园加工区坐落在中国与越南及东盟国家最大最便捷的陆路大通道旁，距离广西区府南宁和越南首都河内均约160公里车程，工业园有区域、交通、市场和资源优势，又能享受国家多项税收优惠和政策扶持的政策叠加优势。

广东家具业一年对木材需求量6000万立方米，然而本地提供的原料不足400立方米，其余需由外地购入，凸现出广东家具行业的矛盾：一方面家具业是广东优势产业，所向披靡，然而另一方面却面临着断炊的困境，原材料告急，因此贴近东南亚原材料地也是此次广东家具业转移的最重要因素。

金融危机使广东省部分出口产品受阻，根据早先有关数据显示，广东家电产业主销欧洲美国和日本，其中美国市场约占四成份额，欧盟约占两成，日本超过一成，广东家电业对欧美日等发达市场依赖度过高，此次，将以此工业园为桥头堡，作为广东家电行业进入东盟市场的桥头堡。

（来源：中新经贸合作网. http://www.csc.mofcom-mti.gov.cn/csweb/csc/info/Article.jsp@a_no=183010&col_no=133.2009—05—20）

新加坡努力拓展与福建的经贸合作

为拓展与福建的经贸合作，新加坡航空、新加坡交易所、星雅集团、裕廊国际、星展银行等100多家新加坡国际知名企业在2009年5月18日开幕的第十一届海峡两岸经贸交易会上亮相，参加“非常新加坡品牌展”。

“非常新加坡品牌展”是新加坡首次在中国展

会上举办的大规模的国家专馆，展馆面积达5000平方米，参展行业涵盖食品医药、家具家电、陶瓷、服装、石材、机械、电子、化工、教育、旅游、金融、酒店等。其中，有在国际上享有高知名度的新加坡航空、裕廊国际、星展银行、新加坡证券交易所等，也有已在福建打响品牌的日月谷温泉度假村、富都婚纱摄影等新加坡在华投资企业，还有在新加坡家喻户晓、福建百姓正慢慢熟悉的美珍香（思美香）、龙标燕窝、维他麦等新加坡名牌食品。

展会期间，还举办中新自由贸易协定说明会，及新加坡金融、贸易、投资、仲裁、旅游、教育等方面的产品和服务推介会。

新加坡是距离福建最近的东南亚国家之一。新加坡在福建投资项目累计已达1328个，合同外资40.16亿美元，实际到资25.75亿美元。

（来源：中新经贸合作网. http://www.csc.mofcom-mti.gov.cn/csweb/csc/info/Article.jsp@a_no=182723&col_no=133. 2009—05—18）

中新自由贸易协定推动广州企业进入新加坡及东盟市场

2009年4月29日，广州市外经贸局联合新加坡国际企业发展局、新加坡经济发展局共同主办"新加坡—广州商贸推介会"，旨在抓住《中国—新加坡自由贸易协定》（以下简称《协定》）生效机遇，实现双方互利合作。

会上，新加坡国际企业发展局、新加坡经济发展局官员介绍了新中两国经济贸易情况及合作机遇，并对两国签署的自由贸易协定进行了解读。

新加坡国际企业发展局进出口与转口部高级处长曾昭祁说："根据《协定》，2010年到2012年三年间，两国将加速取消《东盟—中国自由贸易协定》下的正常产品的关税，包括电子产品、食品、石油化工产品等。"

据了解，新加坡是广州在东盟中的重要贸易合作伙伴，2008年广州与新加坡贸易额为17.72亿美元，占广州与东盟贸易额的23.66%，其中出口9.26亿美元，进口8.46亿美元，也是广州在东盟贸易额前5位的贸易伙伴中唯一实现贸易顺差的国家。

《协定》正式生效后，新加坡对中国进口产品零关税的优势开始显现。广州市外经贸局提供的数据显示，2009年3月份，广州与新加坡贸易总额增长3.02%，而同期广州与东盟贸易总额下降1.4%；广州与新加坡出口增幅达22.41%，而同期广州对东盟出口下降4.1%。

中国—新加坡自由贸易区谈判启动于2006年8月，经过8轮磋商，双方于2008年9月圆满结束谈判。《中国—新加坡自由贸易协定》于2009年1月1日正式生效，涵盖了货物贸易、服务贸易、人员流动、海关程序等诸多领域，是一份内容全面的自由贸易协定。双方在中国—东盟自贸区的基础上，进一步加快了贸易自由化进程，拓展了双边自由贸易关系与经贸合作的深度与广度。

（文章来源：广西新闻网东盟频道. http://dm.gxnews.com.cn/staticpages/20090429/newgx49f7bedc-2024984.shtml. 2009—04—29）

青岛啤酒将在泰国投资建厂

泰国工业区总裁蒙塔表示，中国青岛啤酒公司有意在泰国投资建厂，于2009年6月已派出人员赴泰国对建厂选址等问题进行实地考察，预计投资额达1.8亿铢，工厂占地面积将达9.6万平方米。

此次是中国青岛啤酒首次在泰国建啤酒生产厂，中方持股40%，年产能约10万吨，主要原料为水、小麦及泰国食米。

（来源：中华人民共和国驻泰国王国大使馆经济商务参赞处网. http://th.mofcom.gov.cn/aarticle/jmxw/200906/20090606353033.html@2213034325=1731252172. 2009—06—23）

为进一步吸引外资　泰国设一站式服务中心

泰国投资促进委员会（BOI）宣布成立一站式服务中心（One Start One Stop Service Center）以吸引更多外资。外商期盼扩大开放服务业市场。

泰国投促会也向外商宣布设立一站式服务中心，这个中心由总理办公室直接督导，投资相关部门官员将共同为外商提供咨询服务。

（来源：中华人民共和国驻清迈总领事馆经济商务室网. http://chiangmai.mofcom.gov.cn/aarticle/jmxw/200906/20090606353867.html@1543845973=1731252172. 2009—06—23）

泰国抗病毒草药创造商机并扩大出口市场

目前，除了研发可预防和治疗病毒感染性疾病的疫苗和抗生素外，替代医疗（Alternative Medicine）尤其是服用抗病毒草药已成为了另一种值得关注的治疗选择。多种泰国草药如穿心莲、蕺菜（鱼腥草）、山香和山苦瓜具有抵抗病毒的功能，其用途可分为如下两大类：

人体用草药：适用于替代医疗或预防性医疗。当前，国内外消费者日益重视服用能抵抗病毒的泰国草药，支持因素是健康保健意识的兴起及目前病毒感染性疾病的蔓延，导致消费者更加注重自己的身体，以减少染上病毒感染性疾病的机会。

动物体用草药：在饲料中添加抗病毒泰国草药的需求增长迅速，尤其是泰国是世界肉类出口大国之一，在贸易伙伴国的卫生标准特别是抗生素残留物规定严格的情况下，泰国的畜牧饲养企业应寻找在预防和治疗动物疾病方面可取代抗生素的药物，以避免饲养中出现的损失。为此，目前转向使用草药的畜牧饲养企业日益增多，因为泰国草药有助于减少抗生素的使用量，并有利于增加泰国草药的价值。

至于抗病毒泰国草药的需求趋势，关键取决于其研发工作。泰国华农民研究中心认为，研发商业性的抗病毒泰国草药是泰国减少从国外进口抗生素和草药制品的良机，还可推动泰国草药进军国际市场。其主要市场战略包括控制产品质量，制定提取提炼物的标准，支持抗病毒草药的研究，鼓励民众种植抗病毒草药以供家庭使用，推广种植抗病毒草药以供应给加工厂，凸显抗病毒泰国草药的卖点，以及支持农民在动物饲料中添加草药。

泰国草药的商业性研发尤其是进军国际市场仍存在着巨大的市场商机，泰国经营商必须积极发展生产技术、市场战略以及了解相关法律规定，若能得到政府部门的全力支持，泰国的抗病毒泰国草药将可在国际贸易舞台上大有作为。

（来源：中华人民共和国驻清迈总领事馆经济商务室网．http://chiangmai.mofcom.gov.cn/aarticle/ztdy/200906/20090606353880.html@1999976533=1731252172.2009—06—23）

举办商品展　泰国商业部助民企打进中印市场

2009年6月，泰国商业部促进出口厅长拉清表示，已带领国内民间企业前往中国与印度，参加当地商品展，促销泰国水果和时尚商品，拉升泰国商品的出口业绩。中国与印度市场的消费力高，拥有庞大人口，受全球经济危机的影响较低。

印度举办的商品展中，泰国参展的商品包括银饰品、珠宝、成衣、皮包、零食、礼品及纪念品等。此外，促进出口厅还在场内开设泰国食品专柜，广受参观者欢迎。此次商品展的进场人数超过50万人次，泰国商品的场内交易额约422万铢。

泰国商品展是在中国的一间日资百货公司内举行，该公司在中国共有13家分店。该公司去年的泰国商品销售达1400万铢，泰国水果占600万铢。展出的商品还包括茉莉香米、水果干、新鲜水果、以及杯子等。

该公司去年也曾举办泰国商品促销活动，促使泰国水果的销售大幅提高156%，最受欢迎的是榴莲、山竹、橘子及香蕉，整个活动的总销售额达150万铢。预测2009年该活动的销售额将继续增加。

拉清指出，商业部还准备在中国的莲花超市（Lotus）、家乐福（Carrefour）等大型超市中举行促销活动。

（来源：广西新闻网东盟频道．http://dm.gxnews.com.cn/staticpages/20090609/newgx4a2e25dc-2097354.shtml.2009—06—09）

泰国工业订单量增加　为中国汽车业发展带来新商机

2009年5月，泰国工业部公布，经调查发现国内不少制造加工行业出现复苏迹象，订单增加，工厂员工大量被解雇现象已有所缓解。

泰国工业院的数据显示，硬盘等电子产品生产制造以及食品行业第三季度的海外订单已经开始增加，并促使部分工厂开始减少裁员，以应对工厂生产需求。但多数工厂的产能利用率仍维持在55%左右，与正常情况下90%的利用率还有一定差距。

泰国汽车工业院表示，由于中国汽车工业发展迅速，给泰国的橡胶出口和汽车配件加工业带来商机，泰国促投委员会正积极邀请中国企业赴泰国投资橡胶加工业，泰国内的轮胎生产厂也有望扩大对华出口。

（来源：广西新闻网东盟频道．http://dm.gxnews.com.cn/staticpages/20090515/newgx4a0d34b9-2051941.shtml.2009—05—15）

吸引投资　泰国BOI放宽三类行业的促投申请条件

2009年4月，泰国促进投资委员会（BOI）表示，已调整造船及维修、太阳能电池生产和研发、科技及创新技术（STI）等三类行业申请促进投资优惠的规定，以适应市场变化，吸引更多投资者。

根据调整后的规定，造船及维修行业的投资地区不再受限制，但企业必须在正式运营两年内获得ISO4000认证。太阳能电池生产厂所享受的优惠措施目前也扩大适用范围至所有与该行业相关的企业，如生产太阳能电池原料的企业等。STI项目企业则可以申请其他优惠措施。此外，BOI还将延长进口模具关税豁免期限至2012年底。

（来源：中华人民共和国驻泰国王国大使馆经济商务参赞处网. http://th.mofcom.gov.cn/aarticle/jmxw/200904/20090406192092.html@133445973=1731252172.2009—04—22）

泰国国内汽车市场需求不减

泰国起亚汽车（KIA）公司董事经理萨提表示，于2009年3月26日至4月6日举办的曼谷国际汽车展销会中，各种汽车的总订购量超过15000辆。

在经济严重放缓的局势下，这个数字已完全超过之前所预期的水平，证明泰国国内汽车市场的需求量仍处于高位。

（来源：中华人民共和国驻清迈总领事馆经济商务室网. http://chiangmai.mofcom.gov.cn/aarticle/jmxw/200904/20090406162219.html@3492690005=1731252172.2009—04—10）

泰国推出纳米科技新发明

泰国科技部长甘雅女士2009年3月10日向新闻媒体展示新研制成功的防蚊药水和鱼露粉，这些都是采用纳米技术研发出来的新产品，并在3月12～14日举办的NAC2009国家科技展览会上正式亮相。

科技部长甘雅女士向新闻媒体展示和讲解采用纳米技术研制而成的防蚊药水，指该药水是用香茅草香精、薄荷香精和甜根草香精等3种泰国传统药材植物，采用纳米技术生产而成。防蚊功效可长达5小时。而目前市面上出售的防蚊药水功效一般只有1个多小时。此外该防蚊药水还不含任何化学成分，对身体没有任何危害。

此外甘雅女士还向大家展示了采用纳米技术生产的鱼露粉，鱼露粉加水之后的颜色和味道与新鲜鱼露根本上没有区别。但是鱼露粉在运输和出口方面更加方便。目前已经有多家鱼露生产厂家有意购买该专利。

（来源：中华人民共和国驻清迈总领事馆经济商务室网. http://chiangmai.mofcom.gov.cn/aarticle/jmxw/200903/20090306092573.html@673921109=1731252172.2009—03—11）

促进投资　泰国总理府设置投资服务中心

为了减少全球经济危机的冲击，泰国准备在总理府设置一个专门的投资服务中心，并安排各相关机构的人员协助投资者。

除了促进投资外，泰国总理阿披实也表示，未来泰国政府会提供约8000个村子自给自足基金(Self—Sufficiency Funds)，鼓励村民参加计划，推广自足经济。

（来源：中华人民共和国驻清迈总领事馆经济商务室网. http://chiangmai.mofcom.gov.cn/aarticle/jmxw/200903/20090306087057.html@4230690901=1731252172.2009—03—09）

泰国商业部拟向外资开放39个行业

2009年2月，泰国商业部准备重新制订外商法的受管制行业名单，考虑向外资开放部分行业，最多达到39个。如果行业已做好准备，将立即允许外资进入，否则将制订缓冲期。针对一些特别工作单位、或法例监管的行业，将取消相关的管制。

商业部企业发展厅厅长卡尼梭表示，将召开会议重新研究外商法的受管制行业名单，考虑向外资开放部分行业，促进外资进入投资。

泰国财经研究院的分析报告显示，目前共有17个行业已做好准备，可以开放外资进入，包括工程服务、建筑、中介或代理、零售、批发、广告制作、酒店、食品及饮料销售、计算机服务、仓库及内部运输管理、商业顾问服务、教育（学校）、娱乐行业、拍卖、植物品种改良及繁殖、农产品销售、以及当铺业。

卡尼梭表示，厅方额外要求财经研究院分析5个行业，是否适合开放外资进入。加上20个行业设有特别工作单位、或法例监管，扣除3个重复的行业后，厅方将研究向外资开放39个行业。强调将顾及国家利益、企业的能力等。

（来源：中华人民共和国驻清迈总领事馆经济商务室网. http://chiangmai.mofcom.gov.cn/aarticle/jmxw/200902/20090206066281.html@3240769621=1731252172.2009—02—26）

越南批准第三阶段国家贸易促进计划

2009年8月，越南工贸部日前发布第3798号决定，批准总额为372.9亿越盾（约合207万美元）的2009年第三阶段国家贸易促进计划。

据越工贸部贸易促进局表示，上述贸促计划包括38个具体项目，涉及19个执行单位。该局称，前两个阶段的贸促计划进展较顺利。此次贸促计划涵盖面更广，促进力度更大，甚至包括组织国外进口商到越南寻找客户和市场，在越南组织出口行业交易会、展览会和商务论坛等活动。

新的贸易促进计划将有助于推动出口和发展内地市场。

（来源：中华人民共和国驻越大使馆经济商务参赞处网. http://vn. mofcom. gov. cn/aarticle/sqfb/200908/20090806436275. html@2336901678＝3207900214. 2009—08—03）

中越跨境经济合作区建设“蓝图”初步确定

2009年8月，由中国商务部国际经济贸易合作研究院编制的《中国凭祥——越南同登跨境经济合作区可行性研究》，获得中越双方代表以及专家组评审通过，这标志着凭祥——同登跨境经济合作区建设“跨”出重要一步。

这份报告初步界定了跨境经济合作区的内涵，即在中越两国相邻的边境地区划定一个特殊区域，赋予财政、税收、投资、贸易以及其他配套产业方面的特殊优惠政策，进行海关特殊监管，吸引人流、物流、资金流、技术流在这一区域内聚集和互动，充分利用两种资源、两种市场，实现区域发展和繁荣，进而通过产业辐射效应带动周边地区经济发展。

报告还提出，要以建设凭祥——同登跨境经济合作区为契机，整合目前凭祥已有的各类特殊经济区域，形成统一的管理模式，并赋予一揽子的特殊优惠政策，将跨境经济合作区建设成为发展迅速、政策最优、经济规模大、经济效益良好的区域性国际进出口加工中心、国际商贸基地和国际物流中心。

凭祥——同登跨境经济合作区是2008年6月中越两国政府经济贸易合作委员会第六次会议同意研究探讨的合同项目，也是联合国开发计划署援华项目。初步构想是，在中国广西凭祥市的浦寨边贸区与越南谅山省同登的新清口岸区交界处，各划出8.5平方公里的土地，建设一个总面积为17平方公里的跨境经济合作区。

凭祥——同登跨境经济合作区建设将分“两步走”：第一阶段2009～2010年，为申报准备阶段；2011～2015年为对接及运行阶段。

广西壮族自治区商务厅的统计数据显示：2008年，广西与越南的贸易额达31.23亿美元，约占广西与泛北部湾国家贸易额的82%。越南在东盟各国中连续10年成为广西第一大贸易伙伴。

2009年中越双方边境省还计划推进广西东兴—越南芒街、广西龙邦—越南茶岭等跨境经济合作区建设。

（来源：广西新闻网东盟频道. http://dm. gx-news. com. cn/staticpages/20090802/newgx4a7517d3-2195621. shtml. 2009—08—02）

越南颁布检查确定进口商品原产地的新规定

2009年7月24日，越南海关总局决定颁布检查确定进口商品原产地的规程。该规程自2009年8月1日起生效执行。

根据规定：（1）就某一时期对社会安全、公众健康或环境卫生构成威胁的进口商品的原产地检查，根据当时越南国家管理机关和各国际组织的有关通报实施；（2）对于涉及适用反倾销税、反补贴税、自卫措施、配额限制和数量限制的进口商品的原产地检查，根据越南工贸部等国家职能部门的具体通报实施；（3）对不属于须呈交商品原产地证书（C/O）类别的进口商品，海关只检查报关单上登记的原产地；反之，海关在初步检查原产地证书后，根据商品风险程度详细检查进口商品的档案；（4）对于出口商品，报关人员对商品的原产地负有责任。海关对商品原产地产生疑问时，可要求报关人员提供必要的凭证予以证明，并可建议有关组织对商品的原产地进行确定；（5）海关总局和分局答复有关申诉的期限分别是5天和3天，如需外国原产地证发放机构协助处理的，其期限根据已签署的具体协定执行；（6）为确保对进口商品原产地检查的快速统一，海关须完善商品原产地的数据资料，以便向企业和本系统内各单位提供有关信息。

（来源：中华人民共和国驻越南社会主义共和国大使馆经济商务参赞处网. http://vn. mofcom. gov. cn/aarticle/sqfb/200907/20090706428409. html@2924956206＝3207900214. 2009—07—29）

越南保健品市场潜力大

随着人民生活不断改善，越南对保健品的需求明显增加。20世纪90年代，保健品才开始进入越南市场，最初主要从美国进口，之后陆续从中国、韩国、比利时等国进口，其国内产量很小，品种也较单一。目前，越南市场上已有1500余种保健品，其国内保健品生产企业也已超过百家。2005～2008年是越南保健品生产高速发展时期。越南卫生部食品卫生安全局统计，期间共有700余家企业为1000余种保健品申请销售许可，其中约50%为越国内产品。

越南发展保健品生产有许多便利条件，特别在原材料方面。越南有丰富的中草药、动植物、矿物质、昆虫和水产品资源，可作为保健品生产原材料。但这些资源分布零散，开发和利用缺乏战略规划，存在过度开发问题，人工培育也跟不上。因此，越南保健品原材料约54%仍需进口。法律保障方面，越南尚未制定针对保健品生产和管理的法律法规，目前管理依据仅限于卫生部出台的相关通知，这样不利于产业的长远发展。

（来源：中华人民共和国驻越南社会主义共和国大使馆经济商务参赞处网. http://vn.mofcom.gov.cn/aarticle/sqfb/200907/20090706428372.html@3965078062=3207900214.2009—07—29）

越南对进口合金钢征收10%关税

2009年7月，越南财政部发布第93号通知，对进口合金钢征收10%的进口关税。

2009年年初至7月，上万吨从中国进口的含硼卷钢以机器制造原料合金钢报关，享受0%的优惠进口税率，而实际上这些钢材大部分用于工程建筑。按规定，建材钢的进口关税为12%。为此，越南财政部专门下发第93号通知，将合金钢的进口税率上调至10%，企业只有在提供进口钢材为机器制造原料合金钢的鉴定证明后才能享受0%的关税。

（来源：中华人民共和国驻越南社会主义共和国大使馆经济商务参赞处网. http://vn.mofcom.gov.cn/aarticle/sqfb/200907/20090706428366.html@3478473262=3207900214.2009—07—29）

越南拟采取措施促进对中国出口

2009年7月24日，越南工贸部和越南北部越中边境7省代表在河内举行会议，研商促进对中国出口的措施。

越南工贸部部长武辉煌表示，为促进对中国出口，工贸部将与有关部门配合，研究地方提出的各项建议，向政府提议制定边贸和边境经济区的对华出口特殊机制；统一规划各类型边境口岸，使之与中方相对应；集中力量投资建设贸易、交通等各项基础设施；加强北部边境各省的贸易促进工作，及时向国内企业提供中国的贸易政策信息；工贸部还将配合财政部、央行为口岸建设提供资金，改善边贸结算的方式和效果。武辉煌表示，中国是越南重要的出口市场，具有很大的开发潜力，越南应通过有效的机制促进对中国出口。

（来源：中华人民共和国驻越南社会主义共和国大使馆经济商务参赞处网. http://vn.mofcom.gov.cn/aarticle/sqfb/200907/20090706422803.html@2002012718=3207900214.2009—07—29）

越南将举办“2009越中国际贸易交易会”

由越南工贸部贸易促进局主办的“2009越南—中国国际贸易交易会”将先后于2009年10月6～11日、11月2～7日分别在越南的广宁省芒街市和老街省老街市举行。

本届交易会旨在促进越南与中国的经济贸易、投资和文化交流，展览规模达到400个展位，展出领域包括服装纺织业、家用品、木制产品、室内外装修产品和手工艺品、农产品和加工食品、工业机械及其设备、建筑产品和建材、以及旅游、贸易和金融服务等。

交易会期间还将召开越中贸易、旅游和投资促进国际研讨会，组织开幕式、合作合同签订仪式和越中两国文化交流及演出等系列活动。

（来源：中华人民共和国驻越南社会主义共和国大使馆经济商务参赞处网. http://vn.mofcom.gov.cn/aarticle/sqfb/200907/20090706392142.html@1766869550=3207900214.2009—07—10）

越南将举办第五届国际汽车—摩托车工业展

“第五届越南国际汽车—摩托车工业及零配件技术展览会（AUTOTECH 2009）”和“第五届越南汽车展览会”将分别在越南河内和胡志明市举行，时间分别为2009年10月16～19日和11月20～25日。

上述展会均为越南汽车、摩托车领域最具影响力的专业盛会，经过前四届展会的发展，成为越南汽车、摩托车及汽配领域的标志性品牌展会，同时也是国外汽车厂商开拓越南市场的最佳平台，届时将有20个国家和地区的著名汽车厂商及汽配工业制造者参与。其中，AUTOTECH 2009展的参展范围包括交通工具、运输行业、机械车辆保险行业和零配件工业行业等；越南汽车展的展品范围是越南汽车生产企业协会成员的汽车整车、汽车零部件、汽车维护及保养用品、汽车美容产品及设备、汽车维修服务设备和汽车摩托车用石油化工产品等。

（来源：中华人民共和国驻越南社会主义共和国大使馆经济商务参赞处网．http://vn.mofcom.gov.cn/aarticle/sqfb/200907/20090706391646.html@3595586094＝3207900214.2009—07—10）

越南逾百家企业将参加2009年的中国—东盟博览会

2009年7月，越南工贸部表示约120家越南企业参加2009年10月在中国广西举办的第六届中国—东盟博览会（CA Expo 2009），并通过143个展位集中介绍越南的农林渔产品、加工食品、木制品和手工艺品、旅游和商贸服务、消费品、用品、医疗设备和药品。

目前中国是越南最大进口国和第三大出口国。2008年越对华出口46亿美元，比2007年增长44%。2009年前5个月，越对华出口16亿美元，同比下降近2%。越对华出口有潜力的主要商品为水产品、蔬菜水果、腰果、大米、电线电缆和仿古木制品。

2009年1～5月，越对东盟市场出口36.8亿美元，同比下降11%。出口商品主要为原油、大米、水产品、电子零部件和电脑，其中比重最大的是大米和原油。

（来源：中华人民共和国驻越南社会主义共和国大使馆经济商务参赞处网．http://vn.mofcom.gov.cn/aarticle/sqfb/200907/20090706381549.html@2858371630＝3207900214.2009—07—06）

越南鼓励外商投资建设南北高速公路

2009年7月，越南交通运输部基本完成南北高速公路项目建设规划。根据规划，该项目全长1811公里，起点位于河内市法云（PHAP VAN），终点在隆安省茶和（CHA VA），比现有1号国道短77公里。

根据规划，越方拟将该项目分为16个路段，分3阶段实施，总投资约312.9万亿盾（约合172.2亿美元）。其中，第一阶段（至2010年）拟建设4个路段共222公里，投资额为53.1万亿盾（约合29.2亿美元）；第二阶段（2011～2020年）拟建设8个路段共1082公里，投资额为185万亿盾（约合102亿美元）；第三阶段（2020年后）拟建设2个路段共507公里，同时扩建法云—转桥（CAU GIE）段高速公路，投资额为74.6万亿盾（约合41亿美元）。

该项目所有路段都已列入鼓励外商投资目录，鼓励外商按BOT、BT、BOO、PPP等方式投资建设。

（来源：中华人民共和国驻越南社会主义共和国大使馆经济商务参赞处网．http://vn.mofcom.gov.cn/aarticle/sqfb/200907/20090706374698.html@56511022＝3207900214.2009—07—02）

越南拟调整建筑玻璃进口税率

2009年6月，越南政府常务副总理阮生雄责成财政部会同建设部和越南玻璃协会研究调整建筑玻璃进口税率，以保护国内生产。同时，阮生雄还要求建设部根据现行产品质量法规，尽快颁布玻璃产品目录和质量管理办法；工贸部指导越南玻璃协会依法落实对玻璃产品运用“自卫措施”。

（来源：中国—东盟博览会官方网站．http://www.caexpo.org/gb/cafta/t20090626_83379.html.2009—06—15）

越南颁布边贸互市点进出口贸易新规定

2009年6月，越南工贸部下发第13号通知（13/2009/TT—BCT），对通过边贸互市点及边境通道开展进出口贸易作出新规定。

根据新规定，对于配备有海关、边防、检疫等国家管理职能部门和技术设备的边贸互市点及边境通道，允许开展农产品、饲料加工原料、金属和废旧金属等现行规定允许商品的进出口贸易。如通过上述地点进出口香烟原料、化工原料、烟煤、焦煤、各类化肥等商品，须持有工贸部的批准文件并经当地省人民委员会主席批准。

对于有关管理职能部门设置不全的边贸互市点和边境通道，按现行规定只允许边境居民进行商品买卖和互换活动。

（来源：广西新闻网东盟频道. http://dm.gxnews.com.cn/staticpages/20090612/newgx4a31d8cd-2102644.shtml.2009—06—12）

越南公布吸引外资最多的10个行业

2009年6月，越南计划投资部对越南吸收外商直接投资（FDI）情况进行分析，并公布了吸收外资最多的10个行业。

截至2009年5月底，越南吸引外资有效项目10192个。其中吸收外资最多的10个行业分别是：加工制造业（6457个项目，协议额840亿美元）、科技专业（协议额为49.2亿美元）、通信传媒（527个项目，协议额45亿美元）、农林渔业（476个项目，协议额30亿美元）、建筑业（439个项目，协议额88亿美元）、房地产经营（281个项目、协议额320亿美元）及运输仓储、酒店和餐饮业、批发零售和修理、休闲娱乐。

在87个对越投资的国家和地区中，台湾、韩国、马来西亚和日本分列对越投资四大来源地。

（来源：中华人民共和国驻越南社会主义共和国大使馆经济商务参赞处网. http://vn.mofcom.gov.cn/aarticle/jmxw/200906/20090606322351.html@725956693=1731252172.2009—06—11）

越南将建5000个3G信号基站

越南电力信息通讯公司和河内通讯股份公司将在3年内投资6万亿盾建5000个3G信号基站，以便为客户提供完整的3G业务。目前越南电力信息通讯公司和河内通讯股份公司成立了3G项目指导委员会。预计，最迟于2010年一季度即能为客户提供同步、完整、最先进的3G业务。

（来源：中国—东盟博览会官方网站. http://www.caexpo.org/gb/cafta/t20090626_83350.html.2009—06—09）

越南吸引外资的四大优势

日本贸易促进组织（JETRO）对亚洲30个城市和地区2008年的投资费用进行调查后认为，越南在工资、电话费、工业用地租金和水电费等四个方面比中国、泰国、马来西亚和印度尼西亚等更有竞争优势。

该组织同时表示，投资成本低是越南吸引外资的优势，但还必须提高劳动力素质，减少官僚作风，改革行政手续，提高法律透明度。

（来源：中华人民共和国驻越南社会主义共和国大使馆经济商务参赞处网. http://vn.mofcom.gov.cn/aarticle/jmxw/200906/20090606312949.html@1699559509=1731252172.2009—06—08）

越南跻身全球10大最具吸引力的软件加工国和地区行列

2009年6月，AT Kearney咨询公司公布的全球50大最具吸引力的软件加工国和地区排名报告，越南的名次由上次的第19名跃升9位，首次挤身全球10大最具吸引力的软件加工国和地区行列。本次排名的前10名中，共有7个亚洲国家和地区，印度仍雄居榜首，其后依次为中国、马来西亚、泰国、印尼、埃及、约旦和越南。

（来源：中华人民共和国驻胡志明市总领事馆经济商务室网. http://hochiminh.mofcom.gov.cn/aarticle/jmxw/200906/20090606295616.html@2269002581=3492859852.2009—06—02）

中资企业承建越南首都首个城轨项目

2009年5月22日，中国中铁六局集团有限公司与越南交通运输部铁路局在河内签署越南城市轨道河内至河东段项目EPC总承包合同。这是越南首个城市轻轨项目，将作为今后河内市发展轻轨的示范线。

该项目全长13.08公里，总投资为5.53亿美元，全部采用中国技术标准和设备，其中总承包合同额4.36亿美元，使用中国政府提供的12亿人民币优惠贷款和2.5亿美元优惠买方信贷。

项目于2009年6月底7月初正式动工，工期为24个月，建成后将大大缓解河内市日益严重的交通压力。

（来源：中华人民共和国驻越南社会主义共和国大使馆经济商务参赞处网. http://vn.mofcom.gov.cn/aarticle/jmxw/200905/20090506274393.html@519845973=1731252172.2009—05—25）

越南海防市重点发展沿海经济五大领域

越南海防市2009年4月28日通过“2015～

2020年阶段海防市沿海经济发展方案”决定。海防市将集中力量优先发展沿海经济五大领域：发展港口码头交通体系，港口服务和海上运输；发展沿海经济区、工业区和都市区；发展船舶制造和维修工业；发展沿海旅游业；发展水产经济。

海防市发展沿海经济措施包括：加快沿海地区基本调查和规划；利用所有的投资资源；扩大国际合作，区域合作和其他方式的合作；培养科技人才；加强国家管理职能；促进经济和国防结合等。

（来源：广西壮族自治区商务厅东盟合作一处网．http://dm1c.guangxi.mofcom.gov.cn/aarticle/ztfenxi/tjxm/200905/20090506239653.html.2009—05—12）

2011年越南将建设岘港至容桔高速公路

2009年2月24日，世界银行（WB）和日本国际合作组织（JICA）组成的工作组与越南岘港市人民委员会领导举行工作会议，研究推进岘港（Da Nang）至容桔（Dung Quat）高速公路项目建设计划。

按世界银行工作组的报告，越南岘港至容桔高速公路全长132.2公里（里），路宽度为25.5米，设计时速为100公里，总投资额为24.8亿美元，由世界银行提供优惠贷款，计划于2011年施工。

（来源：中华人民共和国驻越南社会主义共和国大使馆经济商务参赞处网．http://vn.mofcom.gov.cn/aarticle/jmxw/200902/20090206068196.html@3590667093=1731252172.2009—03—10）

越南制订今后两年吸引外资的主要措施

2009年3月，越南计划投资部起草的2006～2008年越南吸引外资和外资管理情况及2009～2010年拟采取的基本措施报告，准备向政府提交。

越南计划投资部在报告中指出，从中长期看，越南吸引外资的形势乐观。虽然2009年和2010年两年吸收外资额将会比2008年大幅下降，但仍处于较高水平，预计每年吸收外资约200亿美元，使2006～2010年吸收外资总额达到1350亿美元，超出该阶段计划的2.4倍。

2009～2010年期间越南将采取“三松五紧”的措施以促进外商投资。“三松”是指：优先吸引供水、排水、环境卫生、北南高速公路网、中越“两廊”高速公路网、北南高速铁路等项目的投资；尽早开放文化、医疗、教育、电信、航海、航空等投资领域；制定促进对大集团、多国家和欧盟、美国、日本等重点国家的引资计划。“五紧”为：限制对技术落后、破坏环境项目的许可；严格审查使用土地较多的项目；考虑规定投资与土地面积比值；政府重新审视目前规定的全面分级审批的主张；全面监督协调和公布至2010年基础设施规划并以此作为吸收外资的基础。

（来源：中华人民共和国驻越南社会主义共和国大使馆经济商务参赞处网．http://vn.mofcom.gov.cn/aarticle/jmxw/200902/20090206054417.html@285490005=1731252172.2009—03—10）

越南拟于2015年兴建首个核电厂

越南拟于2015年在宁顺省动工兴建首个核电厂，有关部门正着手进行各项准备工作。

根据越南政府制定的和平利用原子能战略，越南将于2020年建成并投入运行总功率为4000兆瓦的首个核电厂。越工贸部已起草完成核电厂建设投资报告并呈政府审批，预计年内向国会提交可行性研究报告。

（来源：广西新闻网东盟频道．http://dm.gxnews.com.cn/staticpages/20090213/newgx49950595-1904375.shtml.2009—02—13）

越南扶持发展重点机械行业

2009年2月，根据越南政府总理颁布的第10号决定，在2009～2015年间扶持发展重点机械生产项目。

在上述期间，投资重点机械生产项目可自越南发展银行最高获得投资额85%（不含流动资金）的国家信贷。若需要自国外贷款，政府将研究后根据具体项目进行担保。企业投资重点机械产品的生产或购买重点机械设备可获准采用指定标或直接授标形式。各经济成份的组织和个人购买重点机械产品可自越南发展银行获得国家信贷。本国企业制造重点机械产品可在技术转让、购买专利和软件、聘请国外专家和人员培训等方面获得国家资金扶持。国家还将部分出资帮助企业建立重点机械产品检验室。

越南政府资助8类重点机械产品的生产即：投资制造油气钻井平台、投资制造100匹马力以上的柴油机、生产组装火车机车和车厢、生产钢坯和铸造高度合金钢坯、投资制造重型加工机床、农业和加工工业机械、生产水电火电和水泥设备、生产组装建筑机械和大型电力设备项目。

（来源：中华人民共和国驻越南社会主义共和国大使馆经济商务参赞处网. http://vn.mofcom.gov.cn/aarticle/jmxw/200902/20090206029409.html@117652309=1731252172.2009—02—05）

越南规定15类商品和服务由国家调控价格

2008年11月，越南财政部规定由国家调控价格的15类商品和服务。

根据越南财政部有关文件通知，这15类商品及服务包括：成品油、原油，水泥，建筑钢材，液化气，化肥，植物保护药，兽药，盐，奶，食糖，稻谷，籼米，预防类药品，铁路客运硬座服务费以及部分饲料等。

（来源：中华人民共和国驻越南社会主义共和国大使馆经济商务参赞处网. http://vn.mofcom.gov.cn/aarticle/jmxw/200811/20081105903755.html@50412373=3492859852.2008—11—20）

越南吸引260多家外商企业投资旅游业

2008年9月，越南文化体育与旅游部部长黄俊英表示，越南共有超过260家外资企业投资旅游业。

其中最大的外资投资项目是位于巴地—头顿市，总投资为42亿美元，由加拿大Asian Coast Development集团投资，这是至今外商投资越南旅游业的最大项目。

越南政府继续鼓励外商投资旅游业及基础设施建设，如交通系统、高级酒店和车站等。

越南旅游总局统计，截至2008年6月，越南有9350家酒店，客房18.48万间，高级酒店276家，其中五星级酒店25家，四星级酒店85家，三星级酒店166家。

预计到2010年，越南还将无法满足游客对高级酒店客房的需求。

（来源：中华人民共和国驻越南社会主义共和国大使馆经济商务参赞处网. http://vn.mofcom.gov.cn/aarticle/jmxw/200809/20080905786192.html@3976805205=3492859852.2008—09—17）

政策法规篇

东盟十国对外国投资合作的法规和政策

文莱对外国投资合作的法规和政策

一、对外贸易的法规和政策规定

1. 贸易主管部门

文莱贸易政策的制定和实施主要由文莱工业与初级资源部负责，财政部、经济发展理事会等其他有关部门参与。

文莱工业与初级资源部主要职责是：鼓励和支持当地企业及外国投资者开展商品生产和服务，保障国家食品安全和就业，推动经济持续、多元化发展。该部下辖5个执行局：农业局、森林局、渔业局、工业发展局和旅游局。

2. 贸易法规体系

文莱与贸易相关的主要法律包括海关法、消费法以及一系列涉及食品安全和清真要求的法规。2001年和2006年分别颁布证券法和银行法。具体包括：

表1 文莱截至2007年与贸易相关的主要法规

法规名称	主要内容
海关法及相关规定（2006）	有关海关规定。包括特别关税、关税返还、对违反规定的处罚等
进口商品估价规定（2001）	根据世贸规则明确海关估价
①东盟通用特别关税条例（2005） ②中国—东盟全面经济合作框架协议下东盟—中国早期收获计划商品关税条例（2005） ③中国—东盟全面经济合作框架协议下海关货物贸易协议（2006）	实施有关东盟贸易协议
公司法（1957）	公司注册法规等
证券法（2001）	政府间金融往来、为经营商及有关个人在管理和交易证券方面提供建议
银行法（2006）	银行执照
投资促进法（2001）	投资领域
清真肉类法	规范清真肉类产品的进口和市场供应
商标法2000	商标
公共卫生(食品)条例(2001)及公共卫生(食品)法(2002)	食品安全

资料来源：文莱工业与初级资源部

3. 贸易管理相关规定

文莱实行自由贸易政策，除少数商品受许可证、配额等限制外，其余商品均放开经营。

【进口管理】出于环境、健康、安全和宗教方面的考虑，文莱海关对少数商品实行进口许可管理。

植物、农作物和牲畜须由农业局签发进口许可证（植物不能带土），军火由皇家警察局发证，印刷品由皇家警察局、宗教部和内务部发证，木材由森林局发证，大米、食糖、盐由信息技术和国家仓库发证，二手车由皇家海关发证，电话装置、无线电设备由通讯局发证，药品由卫生部发证，鲜、冷冻的鸡肉和牛肉由宗教部、卫生部和农业局发证。除以上有关部门发放进口许可证外，机动车、农产品、药品及与药品相关的产品进口还须提供相关的原产地证书和检验证明。

禁止进口商品包括：鸦片、海洛因、吗啡、淫秽品、印有钞票式样的印刷品、烟花爆竹（从2008年起允许指定经营商进口）等。

酒精饮料进口受到严格限制。

【出口限制】除了对石油天然气出口控制外，对动物、植物、木材、大米、食糖、食盐、文物、军火等少数物品实行出口许可证管理，其他商品出口管制很少。

4. 进出口商品检验检疫

文莱公共卫生（食品）条例规定所有食品，无论是进口产品还是本地产品，都要安全可靠，具有良好品质，符合伊斯兰教清真食品的要求，尤其对肉类的进口实行严格的清真检验。对于某些动植物产品，如牛肉、家禽，需提交卫生检疫证书。进口食用油不能有异味、不含任何矿物油，动物脂肪需来自在屠宰时身体健康的牲畜并适合人类食用，动物脂肪和食用油须是单一形式，不能将两种或多种脂肪和食用油混合。脂肪和食用油的包装标签上不得有“多不饱和的”字眼或相似字眼。非食用的动物脂肪须出具消毒证明。进口活动物必须有兽医证明。

大豆奶应是从优质大豆中提取的液体食品，可包括糖、无害的植物物质，除了允许的稳定剂、氧化剂和化学防腐剂外，不得含有其他的物质，并且其蛋白质含量不少于2%等。

此外，该条例对食品添加剂、包装以及肉类产品、渔类产品、调味品、动物脂肪和油、奶产品、冰淇淋、糖与干果、水果、茶、咖啡、无酒饮料、香料、粮食等，都规定了相应的技术标准。对食品的生产日期、保质期、食品容器及农药最大残留量、稳定剂、氧化剂、防腐剂等都有明确的规定。

5. 海关管理规章制度

【管理制度】2006年新《海关条例》对特别关税、关税返还、处罚方式等做了规定。

【关税税率】对东盟成员国产品的关税税率大部分在0%～5%之间。对食品类及大部分建筑材料和工业机械免征进口税，电器类商品及香水、化妆品、地毯、珠宝、水晶灯、丝绸、运动器材等征5%的进口税，汽车征收20%的进口税，烟和酒精饮料有特别税率。

对其他国家的极少部分商品的进口关税略高于对东盟成员国的关税。

二、对外国投资的市场准入的规定

1. 投资主管部门

文莱主管国内投资和外国投资的政府部门为工业与初级资源部和经济发展理事会。

2. 投资行业规定

【禁止的行业】包括武器、毒品及与伊斯兰教义相悖的行业等。

【限制的行业】林业不对外资开放。

【鼓励的行业】包括化工、制药、制铝、建筑材料及金融业等行业。

2001投资促进法将部分产业纳入先锋行业，投资享受税收优惠，以吸引外来投资。

3. 投资方式规定

为保护民族资本，法律规定，外资与本地公司或商人合资的企业，文方须占51%以上股份。不涉及国家食品安全且产品全部出口的工业，外国人可100%所有权。

1999年文莱政府放宽外国投资者在渔业领域的投资，基本政策是：合资经营，文方股权不少于30%；只能在文莱渔业局批准权限和海域范围内捕鱼；准予使用挂文莱国旗的渔船捕捞的鱼必须在文莱上岸；养殖活动只限于文莱渔业局所限制的品种。

外资并购文莱企业的案例极少，具体操作时应向有关主管部门充分咨询过户手续及审批期限，必要时可寻求中国驻文莱使馆经商处协助。

三、文莱对外国投资的优惠

1. 优惠政策框架

文莱政府于1975年颁布投资促进法，2001年在该法基础上颁布新的投资促进法令，延长了对部分鼓励投资产业的税收优惠期。

2. 行业鼓励政策

根据投资促进法，在以下产业投资享受税收优惠：

（1）先锋产业，即有限责任公司达到以下要求：①符合公众的利益；②该产业文莱未达到饱和程度；③具有良好的发展前景，产品应具有该产业的领先性，可以获得先锋产业资格证书，并享受以下优惠：免收所得税；免30%的公司税；免公司进口机器、设备、零部件、配件及建筑构件的进口税；免原材料进口税；为生产先锋产品而进口的原材料免征进口税；可以结转亏损和津贴。

表2 文莱先锋产业的免税期
（从生产日开始计算）

注册资本金额	免税期
50万～250万文元	5年
250万以上	8年
高科技园区内	11年
免税期延长	每次3年，总共不超过11年
（高新区）免税期延长	每次5年，总共不超过20年

资料来源：文莱经济发展局

先锋产品包括：航空食品、搅拌混凝土、制药、铝材板、轧钢设备、化工、造船、纸巾、纺织品、听装、瓶装和其他包装食品、家具、玻璃、陶瓷、胶合板、塑料及合成材料、肥料和杀虫剂、玩具、工业用气体、金属板材、工业电气设备、供水设备、宰杀、加工清真食品、废品处理工业、非金属矿产品的制造。

（2）先锋服务公司，即符合公众利益，并从事以下经营活动的公司：涉及实验、顾问和研发的工程技术服务；计算机信息服务和其他相关服务；工业设计的开发和生产；休闲和娱乐的服务；出版；教育产业；医疗服务；有关农业技术的服务；有关提供仓储设备的服务；组织展览和会议的服务；金融服务；商业顾问、管理和职业服务；风险资本基金业务；物流

运作和管理；运作管理私人博物馆；部长指定的其他服务和业务，可享受免所得税以及可结转亏损和补贴待遇。免税期8年，可延长，但不超过11年。

3. 地区鼓励政策

文莱政府在国内共划出10个工业区以吸引外国投资。其中双溪岭工业区（Sungai Liang Industrial Site）为最主要的工业区，规划面积283公顷，主要用于油、气下游和高科技产业。

表3 文莱十个工业区

编号	工业区名称	规划面积（公顷）	主要用途
1	Serasa	83	制造业及服务
2	Kampong Salar	40	家具、仓储及冷藏
3	Lambak Kanan (East)	74	高科技产业
4	Lambak Kanan (West)	45	食品加工
5	Beribi I&II	47	制造业及服务
6	Serambangun	40	制造业及服务
7	Sungai Liang（双溪工业区）	283	石油下游产业，高科技
8	Sungai Bera	50	制造业及服务
9	Pekan Belait	38	制造业及服务
10	Batu Apoi	5	制造业及服务

资料来源：文莱工业与初级资源部

四、与投资合作相关的主要法律

与投资相关的法律包括《合同法》、《土地法》以及《投资促进法》。

文莱工业与初级资源部负责有关投资合作政策的制订和实施，查询网址：www. brubeimipr. gov. bn。

（来源：选编自商务部国际贸易经济合作研究院、商务部投资促进事务局、中国驻文莱大使馆经济商务参赞处共同主编.《对外投资合作国别（地区）指南——文莱》. 2009年版第31—41页）

柬埔寨对外国投资合作的法规和政策

一、对外贸易的法规和政策规定

1. 贸易主管部门

柬埔寨商业部为柬埔寨贸易主管部门。

2. 贸易法规体系

柬埔寨与贸易相关的法律法规主要包括《进出口商品关税管理法》、《关于制衣行业原产地证书、商业发票、出口许可证核发的规定》、《关于商业公司贸易行为的规定》、《关于实施装运前检验服务的规定》、《加入世界贸易组织法》、《关于风险管理的次法令》、《关于成立海关与税收署风险管理办公室的规定》等。

《海关法》和《原产地规则法》即将颁布。

3. 贸易管理相关规定

商业部负责出口审批和免税进口核准手续。在多数情况下，进口货物无需许可证。但部分产品需要获得相关政府部门特别出口授权或许可后方可出口。

【作为最不发达国家享受的出口优惠】作为最不发达国家，欧、美、日等28个国家给予柬普惠制待遇。美国给予柬较宽松的配额和进口关税，欧盟在“除军火外所有商品倡议”下，给予柬除军火外几乎所有产品零关税的待遇。

【出口商品当地含量及原产地原则】柬埔寨目前无当地含量要求，即不限制使用进口原材料、零部件（对健康、环境或社会有害的原材料、零部件除外）。

在柬埔寨，出口商应重视普惠制的原产地规则要求。普惠制下出口至美国的产品，原产地规则对当地含量的最低要求为35％（符合条件的东盟成员国，即柬埔寨、泰国、印尼和菲律宾，在原产地规则要求中视为同一国家）。在“除军火外所有商品倡议”下，原产地规则要求出口产品至少有40％的含量出自出口国。

【出口优惠、限制】根据投资法修正法，由柬埔寨投资委员会批准的出口型合格投资项目可享受免税期或特别折旧。其出口产品增值税享受退税或贷记出口产品的原材料。

禁止或严格限制出口的产品包括文物、麻醉品和有毒物质、原木、贵重金属和宝石、武器等。半成品或成品木材制品、橡胶、生皮或熟皮、鱼类（生鲜、冷冻或切片）及动物活体需交纳10％出口税。

服装出口需向商业部缴纳管理费。普惠制下服装出口至美国或欧盟的，需获得出口许可证。

【免税进口】根据投资法修正法，由柬埔寨投资委员会批准的出口型合格投资项目可免税进口生产设备、建筑材料、原材料和生产投入附件。为取得生产用原材料免税进口批件，进口公司应每年向柬埔寨投资委员会申报拟进口材料的数量和价值。

4. 进出口商品检验检疫

财经部海关与关税署、商业部进出口检验与反欺诈局联合负责进出口商品检验。检验地点为工厂或进出口港口。目前，柬埔寨全部进出口货物均接受检验，政府正计划逐年降低检验比率。价值5000美元或以上的进口货物，在出口国进行装运前检验。检验报告和其他装船前检验文件将被递交柬埔寨海关，货物抵达柬埔寨后，货主凭检验单据到海关交纳税款并提出货物。

5. 海关管理规章制度

【管理制度】柬埔寨政府近年来不断改进海关管理制度，致力于实现简洁、高效、透明和可预测的海关管理。

2006年，柬埔寨起草完成并通过《关于通过风险管理实施贸易便利化的次法令》，准备实施基于贸易商档案数据的风险管理系统，即通过利用电脑系统分析贸易商档案数据、商品和/或原产地进行海关监管。为此，柬政府还采用了计算机化海关清关综合系统——自动海关数据系统。

此外，为简化海关程序，政府决定推行使用“海关一站式服务系统”，并计划在西哈努克港安装自动海关数据系统终端。柬政府希望藉此减轻贸易活动的行政负担，并减少腐败滋生的机会。

【关税税率】除天然橡胶、宝石、半成品或成品木材、海产品、沙石等5类产品外，一般出口货物不需缴纳关税。

所有货物在进入柬埔寨时均应缴纳进口税，投资法或其他特殊法规规定享受免税待遇的除外。进口关税主要由四种汇率组成：7％、15％、35％和50％。部分进口产品税率见下表：

表1　柬埔寨主要商品的税率

货物类别	关税	特别税	增值税
布类	35％	—	10％
服装	35％	—	10％
童装、运动装	7％	—	10％
窗帘、床罩	7％	—	10％
伞	7％	—	10％
卷烟	50％	10％	10％
啤酒	35％	10％	10％
葡萄酒、烈酒类	35％	33.33％	10％
饮料	35％	10％	10％
罐头	35％	—	10％
水果	7％	—	10％
茶叶	7％	—	10％
肉类（鲜、冻）	35％	—	10％
鱼类	15％	—	10％
药品	—	—	10％
学生文具	—	—	10％
玩具类	7％	—	10％
游戏机类	50％	—	10％

续表

货物类别	关税	特别税	增值税
古董、艺术品	—	—	10%
家电类	15%	—	10%
125cc以下摩托车	15%	5%	10%
125cc及以上摩托车	15%	45%	10%
贵金属（金、银）	30%	—	10%
钻石	50%	—	10%
农具	—	—	10%
其他五金制品	15%	—	10%
塑料制品	7%	—	10%
发电机	15%	—	10%
纸类	7%	—	10%
水泥	7%	—	10%
钢铁	7%	—	10%
玻璃	7%	—	10%
铝材	7%	—	10%
化肥	—	—	10%
汽油、柴油	30%	—	10%
机油、润滑油	30%	—	10%

资料来源：柬埔寨海关

在东盟自由贸易协定的共同有效关税体制下，从东盟其他国家成员国进口、满足原产地规则规定的产品可享受较低的关税税率。按照整体关税减让时间表规定，到2010年，除少数特例商品外，柬埔寨关税税率降至0%～5%。

二、对外国投资的市场准入的规定

1. 投资主管部门

柬埔寨发展理事会是唯一负责重建、发展和投资监管事务的一站式服务机构，由柬埔寨重建和发展委员会和柬埔寨投资委员会组成。该机构负责对全部重建、发展工作和投资项目活动进行评估和决策，批准投资人注册申请的合格投资项目，并颁发最终注册证书。

但对于下列条件的投资项目，需提交内阁办公厅批准：（1）投资额超过5000万美元；（2）涉及政治敏感问题；（3）矿产及自然资源的勘探与开发；（4）可能对环境产生不利影响；（5）基础设施项目，包括BOT、BOOT、BOO和BLT项目；（6）长期开发战略。

2. 投资行业规定

柬埔寨政府视外国直接投资为经济发展的主要动力。柬无专门的外商投资法，对外资与内资基本给予同等待遇，其政策主要体现在《投资法》及其《修正法》等相关法律规定中。

【鼓励投资的领域】《投资法》十二条规定，柬政府鼓励投资的重点领域包括：创新和高科技产业；创造就业机会；出口导向型；旅游业；农工业及加工业；基础设施及能源；各省及农村发展；环境保护；在依法设立的特别开发区投资。投资优惠包括免征全部或部分关税和赋税。

【限制投资的领域】《投资法修正法实施细则》列出了禁止柬埔寨和外籍实体从事的投资活动，包括：神经及麻醉物质生产及加工；使用国际规则或世界卫生组织禁止使用、影响公众健康及环境的化学物质生产有毒化学品、农药、杀虫剂及其他产品；使用外国进口废料加工发电；森林法禁止的森林开发业务；法律禁止的其他投资活动。

此外，该细则还列出了“不享受投资优惠的投资活动”和“可享受免缴关税，但不享受免缴利润税的特定投资活动”。

【对外国公民的限制】《投资法》对土地所有权和使用作出规定：（1）用于投资活动的土地，其所有权须由柬埔寨籍自然人、或柬埔寨籍自然人或法人直接持有51%以上股份的法人所有；（2）允许投资人以特许、无限期长期租赁和可续期短期租赁等方式使用土地。投资人有权拥有地上不动产和私人财产，并以之作为抵押品。

3. 投资方式规定

【外国直接投资】在柬进行投资活动比较宽松，不受国籍限制（土地法有关土地产权的规定除外）。除禁止或限制外国人介入的领域外，外国投资人可以个人、合伙、公司等商业组织形式在商业部注册并取得相关营业许可，即可自由实施投资项目。但拟享受投资优惠的项目，需向柬埔寨发展理事会申请投资注册并获得最终注册证书后方可实施。获投资许可的投资项目称为“合格投资项目”。

【合资企业】合格投资项目可以合资企业形式设立。合资企业可由柬埔寨实体、柬埔寨及外籍实体或外籍实体组成。王国政府机构亦可作为合资方。股东国籍或持股比例不受限制，但合资企业拥有或拟拥有柬埔寨王国土地或土地权益的除外。在此情况下，非柬埔寨籍实体的自然人或法人合计最高持股比倒不得超过49%。

【合格投资项目合并】两个或以上投资人，或投资人与其他自然人或法人约定合并组成新实体，且新实体拟实施投资人合格投资项目，并享受合格投资项目最终注册证书规定投资优惠及投资保障的，新实体需向投资委员会书面申请注册为投资人，并申请将合格投资项目最终注册证书转让新实体。

【收购合格投资项目】投资人或其他自然人或法人收购合格投资项目所有权，且拟享受合格投资项目最终注册证书规定投资优惠及投资保障的，应向投资委员会提出收购申请，将合格投资项目最终注册证书转让新实体。收购人为未注册自然人或法人的，需先申请注册为投资人。

投资人股份转让造成受让方取得投资人控制权的，投资人须向投资委员会提出转让申请，并提供受让人名称和地址。

三、柬埔寨对外国投资的优惠

1. 优惠政策框架

柬埔寨政府给予外资与内资基本同等的待遇，《投资法》及其修正法为外国投资提供了保障和相对优惠的税收、土地租赁政策。此外，外国投资同样可享受美、欧、日等28个国家/地区给予柬的普惠制待遇（GSP）。

【投资保障】柬政府对投资者提供的投资保障包括：（1）对外资与内资基本给予同等待遇，所有的投资者，不分国籍和种族，在法律面前一律平等；（2）柬政府不实行损害投资者财产的国有化政策；（3）已获批准的投资项目，柬政府不对其产品价格和服务价格进行管制；（4）不实行外汇管制，允许投资者从银行系统购买外汇转往国外，用以清算其与投资活动有关的财政债务。

【投资优惠】经柬埔寨发展理事会批准的合格投资项目可取得的投资优惠包括：（1）免征投资生产企业的生产设备、建筑材料、零配件和原材料等的进口关税；（2）企业投资后可享受3～8年的免税期（经济特区最长可达9年），免税期后按税法交纳税率为9%的利润税；（3）利润用于再投资，免征利润税；分配红利不征税；（4）产品出口，免征出口税。

2. 行业鼓励政策

柬埔寨行业鼓励政策主要体现在农业和旅游业两个方面。

【农业】在吸引外商投资农业产业上，柬埔寨政府依据投资法对开发种植1000公顷以上的稻谷、500公顷以上的经济作物、50公顷以上的蔬菜种植项目；对畜牧业存栏在1000头以上、饲养100头以上的乳牛项目、饲养家禽10000只以上项目；以及占地5公顷以上的淡水养殖、占地10公顷以上的海水养殖项目均给予支持和优惠待遇。主要鼓励措施是：（1）项目在实施后，从第一次获得盈利的年份算起，可免征盈利税的时间最长为8年。如连续亏损则被准许免征税。如果投资者将其盈利用于再投资，可免征其盈利税；（2）政府只征收纯盈利税，税率为9%；（3）分配投资盈利，不管是转移到国外，还是在柬国内分配，均不征税；（4）对投资项目需进口的建筑材料、生产资料、各种物资、半成品、原材料及所需零配件，均可获得100%免征其关税及他赋税，但该项目必须是产品的80%供出口的投资项目。

【旅游业】自第一届王国政府提出优先发展旅游业的战略以来，柬埔寨旅游业的经济功能受到了充分重视，为旅游业的产业化发展奠定了良好基础。十多年来，旅游业成为柬国民经济的主要增长点和支柱产业。目前全国大多数省市都把发展旅游业作为首要工作之一，将旅游产业定位于“优先发展行业”、“支柱产业”、“特色产业”来加快发展。据统计，2004～2007年柬国内外私人投资资金中用于旅游业建设的资金就达11.069亿美元，用于基础设施建设的资金达14.44亿美元。2006～2010年国际援助资金中，用于旅游业的为3000万美元，用于基础设施建设的为88000万美元。在2008～2010年公共投资计划资金中，旅游业投资3247万美元。

3. 特别经济区政策

2005年12月，《关于特别经济区设立和管理的148号次法令》颁布，特别经济区体制在柬埔寨开始施行。柬埔寨发展理事会下设的柬埔寨特别经济区委员会是负责特别经济区开发、管理和监督的一站式服务机构，特别经济区管委会是在特别经济区现场执行一站式服务机制的国家行政管理单位，由柬埔寨特别经济区委员会设立，并在各特别经济区常驻。至2008年底，斯登豪、曼哈顿、柴柴、欧宁、金边和西哈努克等六个特别经济区已获政府正式批准，另有五家也已取得特别经济区委员会许可。

特别经济区法令规定特别经济区委员会应向全部特别经济区提供优惠政策；《投资法修正法》规定，位于特别经济区的合格投资项目有权享受与其他合格投资项目相同的法定优惠政策和待遇。经济区开发商和区内投资企业可享受的优惠投资政策见表2。

表 2　柬埔寨特别经济区享受的优惠政策

受益人	优惠政策
经济区开发商	1. 利润税免税期最长可达 9 年 2. 经济区内基础设施建设使用设备和建材进口免征进口税和其他赋税 3. 经济区开发商可根据《土地法》取得国家土地特许，在边境地区或独立区域设立特别经济区，并将土地租赁给投资企业
区内投资企业	1. 与其他合格投资项目同等享受关税和税收优惠 2. 产品出口国外市场的，免征增值税。产品进入国内市场的，应根据数量缴纳相应增值税
全体	1. 经济区开发商、投资人或外籍雇员有权将税后投资收入和工资转账至境外银行 2. 外国人非歧视性待遇、不实行国有化政策、不设定价格

资料来源：柬埔寨发展理事会

四、与投资合作相关的主要法律

《投资法》制约所有柬埔寨人和外国人在柬埔寨境内的投资活动，对投资主管部门、投资程序、投资保障、鼓励政策、土地所有权及其使用、劳动力使用、纠纷解决等作出明确的规定。

《投资法修正法》是对《投资法》的补充和修正。在投资申请、投资项目购进与合并、合资经营、税收、土地所有权及其使用、劳动力、惩罚等方面给出相关定义，并作出明确规定。

《关于柬埔寨发展理事会组织与运作法令》规定了柬埔寨投资主管部门——柬埔寨发展理事会的组织结构、职权任务和运作方式。

《关于特别经济区设立和管理的第 148 号法令》，规定了建立经济特区的法律程序，经济特区的管理框架与任务、对经济特区的鼓励措施、对出口加工生产区的特别措施、劳动力管理与使用、职业培训、侵权与纠纷的解决。

《商业管理与商业注册法》，对商业公司的成立、组织、运作、解散、转让和变更做出了规定，对公司的类型进行了划分。

《商业合同法》，规定了所有类型合同的成立、履行、解释和执行。它也进一步详细地描述了某些类型的合同，比如销售合同、租赁合同、借贷合同、个人财产抵押和担保。

［来源：选编自商务部国际贸易经济合作研究院、商务部投资促进事务局、中国驻柬埔寨大使馆经济商务参赞处共同主编《对外投资合作国别（地区）指南——柬埔寨》. 2009 年版第 33—48 页］

印度尼西亚对外国投资合作的法规和政策

一、对外贸易的法规和政策规定

1. 贸易主管部门

印尼主管贸易的政府部门是贸易部，其职能包括制定外贸政策，参与外贸法规的制定，划分进出口产品管理类别，进口许可证的申请管理，指定进口商和分派配额等事务。

2. 贸易法规体系

印尼与贸易有关的法律主要包括《贸易法》、《海关法》、《建立世界贸易组织法》、《产业法》等。与贸易相关的其他法律还涉及《国库法》、《禁止垄断行为》和《不正当贸易竞争法》等。

3. 贸易管理相关规定

除少数商品受许可证、配额等限制外，大部分商品均放开经营。2007 年底，印尼贸易部宣布进出口单一窗口制度，大大简化了管理程序。

【进口管理】印尼政府在实施进口管理时，主要采用配额和许可证两种形式。适用配额管理的主要是酒精饮料及包含酒精的直接原材料，其进口配额只发放给经批准的国内企业。适用许可证管理的产品包括工业用盐、乙烯和丙烯、爆炸物、机动车、废物废品、危险物品，获得上述产品进口许可的企业只能将其用于自己的生产。其中，氟氯化碳、溴化甲烷、危险物品、酒精饮料及包含酒精的直接原材料、工业用盐、乙烯和丙烯、爆炸物及其直接原材料、废物废品、旧衣服等九类进口产品主要适用自动许可管理；丁香、纺织品、钢铁、合成润滑油、糖类、农用手工工具等六类产品主要适用非自动许可管理。

【出口限制】出口货物必须持有商业企业注册号/商业企业准字或由技术部根据有关法律签发的商业许可，以及企业注册证。出口货物分为四类：受管制的出口货物、受监视的出口货物、严禁出口的货物和免检出口货物。受管制的出口货物包括咖啡、藤、林业产品、钻石和棒状铅。受监视的出口货物包括奶牛与水牛、鳄鱼皮（蓝湿皮）、野生动植物、拿破仑幼鱼、拿破仑鱼、棕榈仁、石油与天然气、纯金/银、钢/铁废料（特指源自巴淡岛的）、不锈钢、铜、黄铜和铝废料。严禁出口的货物包括幼鱼与金龙鱼等，未加工藤以及原料来自天然森林未加工藤的半成品，圆木头，列车铁轨或木轨以及锯木，天然砂、海砂，水泥土、上层土（包括表面土），白铅矿石及其化合物、粉，含有砷、金属或其化合物以及主要含有白铅的残留物，宝石（除钻石），未加工符合质量标准的橡胶，原皮，受国家保护野生动植物，铁制品废料（源自巴淡岛的除外）和古董。除以上受管制、监视和严禁的出口货物外，其余均属免检的出口货物。

4. 进出口商品检验检疫

【卫生与植物卫生措施】印尼所有进口食品必须注册，进口商必须向印尼药品食品管理局申请注册号，并由其进行检测。检测过程繁琐且费用昂贵，每项检测费用从5万印尼盾（约合6美元）到250万印尼盾（约合300美元）不等，每一件产品的检测费用在100万印尼盾（约合120美元）到1000万印尼盾（约合1200美元）之间。此外，印尼药品食品管理局在测试过程中要求提供极其详细的产品配料和加工工艺情况说明，这可能侵害商业秘密。这些规定加重了出口商的负担。

2007年11月，印尼针对新鲜球茎蔬菜采取更为严格的检验检疫措施和技术要求，以提高印尼新鲜植物产品的国际竞争力。此次颁布的植物产品进口检验检疫要求是印尼政府自2007年第二次针对进口植物产品的修改规定，重点对以球茎形式进口的新鲜蔬菜的检验检疫和技术两方面提出要求。在检验检疫方面，该规定扩大证书要求范围，除了需具备与2005年法规相同的原产国权威机构签发的证书外，经转运的产品还须被提供转运国授权的证书。在技术要求方面，该规定加严了原产国无虫害地区的调查及对植物性检疫虫害进行风险分析。上述规定在一定程度上提高了中国植物产品的出口门槛。

5. 海关管理相关规定

【管理制度】印尼关税制度的基本法律是1973年颁布的《海关法》。现行的进口关税税率由印尼财政部于1988年制定。自1988年起，财政部每年以部长令的方式发布一揽子“放松工业和经济管制”计划，其中包括对进口关税税率的调整。印尼进口产品的关税分为一般关税和优惠关税两种。印尼关税制度的执行机构是财政部下属的关税总局。

【关税税率】根据WTO对各成员2006年进口关税水平的统计，2006年印尼的简单平均进口关税税率为9.5%。其中，工业品的简单平均税率为9.2%，农产品为11.4%。印尼对超过99%的进口产品征收从价税，但对大米和糖类等进口产品征收从量税。

根据《中国—东盟全面经济合作框架协议货物贸易协议》，自2007年起，印尼对自中国进口的产品关税降至8%。在2010年前. 中国与印尼将逐步削减进口关税，对绝大多数进口产品实行零关税。

二、对外国投资的市场准入的规定

1. 投资主管部门

印尼主管国内投资和外国投资的政府部门分别是：投资协调委员会、财政部、能矿部。他们的职责分工是：印尼投资协调委员会负责促进外商投资，管理工业及服务部门的投资活动，但不包括金融服务部门；印尼财政部负责管理金融服务部门的投资活动，包括银行和保险部门；印尼能矿部负责批准能源项目，而与矿业有关的项目则由能矿部的下属机构负责。

2. 投资行业规定

【鼓励、限制、禁止投资的领域】根据2007年第25号《投资法》，国内外投资者可自由投资任何营业部门，除非已为法令所限制与禁止。法令限制与禁止投资的部门包括生产武器、火药、爆炸工具与战争设备的部门。另外，根据该法规定，基于健康、道德、文化、环境、国家安全和其他国家利益的标准，政府可依据总统令对国内与国外投资者规定禁止行业。相关禁止行业或有条件开放行业的标准及必要条件，均由总统令确定。

2007年7月4日，印尼颁布第25号《投资法》的衍生规定，即《2007年关于有条件的封闭式和开放式投资行业的标准与条件的第76号总统决定》和《2007年关于有条件的封闭式和开放式行业名单的第77号总统决定》。根据这两个决定，25个行业被宣布为禁止投资行业，仅能由政府从事经营，禁止外商投资的行业主要包括无线电广播与电视广播、公路设备、经营机动车辆定期检验、含酒精饮料工业、糖精工业和黑锡金属工业等。另外，有43个行业鼓励中小型企业投资，36个行业为有条件开放的投资行业。

2007年7月5日，印尼出台新的电信投资法案，该法案规定外资对手机公司的所有权从95%下降到65%，对固线电话公司的控股比例降为49%。外资对印尼航空公司的所有权比例上限为49%。为了限制外资对战略性行业的控股比例，外资对机场和海港的所有权上限为49%。该法案不影响现有的合资项目。该法案从2007年7月4日起生效，有效期为三年。

3. 投资方式规定

【合资企业】根据：2007年第25号《投资法》及相关规定，在规定范围内，外国投资者可与印尼的个人、公司成立合资企业。

【独资企业】依照印尼《投资法》的规定，外国直接投资可以设立独资企业，但须参照《非鼓励投资目录》规定，属于没有被该《目录》禁止或限制外资持股比例的行业。

【股票收购】外国投资者可以通过公开市场操作，购买上市公司的股票，但受到投资法律关于对外资开放行业相关规定的限制。

三、印尼对外国投资的优惠

1. 税收政策

根据2007年印尼《有关所规定的企业或所规定的地区之投资方面所得税优惠的第1号政府条例》，印尼政府对有限公司和合作社形式的新投资或扩充投资提供所得税优惠。提供的所得税优惠包括：(1) 企业所得税税率为30%（根据新《所得税法》，2010年后为25%），可以在6年之内付清，即每年支付5%；(2) 加速偿还和折旧；(3) 在分红利时，外资企业所缴纳的所得税税率是10%，或者根据现行的有关避免双重征税协议，采用较低的税率缴税；(4) 给予5年以上的亏损补偿期，但最多不超过10年。上述所得税优惠，由财政部长颁发，并且每年给予评估。

2. 投资促进政策

自2007年1月1日起，印尼政府对6种战略物资豁免增值税，即原装或拆散属机器和工厂工具的资本物资（不包括零部件），禽畜鱼饲料或制造饲料的原材料，农产品，农业、林业、畜牧业和渔业的苗或种子，通过水管疏导的饮用水，以及电力（供家庭用户6600瓦以上者例外）。

2007年2月，为吸引外商进入印尼，与当地企业合作从事渔类加工业，印尼政府准备采取多项税收措施，具体包括免除国内加工鱼产品的出口税，减轻渔业加工机械进口税，减免收入税及增值税，在综合经济开发区和东部地区投资的企业还可获得土地建设税减免优惠。

2007年8月，印尼中央与地方政府实行投资审批一站式服务。实行一站式服务之后，每个部门都派代表到投资统筹机构办事处，以便加快办理审批手续。依据2007年第25号《投资法》第30条第7款，需要中央政府审批的投资领域包括对环保有高破坏风险的天然资源投资，跨省级地区的投资，与国防战略和国家安全有关的投资。

四、与投资合作相关的主要法律

主要法律有：《投资法》、《公司法》、《所得税法》、《劳动法》、《知识产权法》、《破产法》、《贸易法》、《海关法》等。

[来源：选编自商务部国际贸易经济合作研究院、商务部投资促进事务局、中国驻印度尼西亚大使馆经济商务参赞处共同主编.《对外投资合作国别（地区）指南——印度尼西亚》. 2009年版第25—33页]

老挝对外国投资合作的法规和政策

一、对外贸易的法规和政策规定

1. 贸易主管部门

老挝贸易主管部门为老挝工业与贸易部（下设省市工业与贸易厅、县工业与贸易办公室），主要职责是制订、实施有关法律法规，发展与各国、地区及世界的经济贸易联系与合作，管理进出口、边贸及过境贸易，管理市场、商品及价格，对商会或经济咨询机构进行指导以及企业与产品原产地证明管理等。

2. 贸易管理法律体系

老挝与贸易相关的主要法律有《投资促进管理法》、《关税法》、《企业法》、《进出口管理令》、《进口关税统一与税率制度商品目录条例》等。

3. 贸易管理相关规定

老挝所有经济实体享有经营对外经济贸易的同等权利，除少数商品受禁止和许可证限制外，其余商品均可进出口。

【禁止进口商品】枪支、弹药、战争用武器及车辆；鸦片、大麻；危险性杀虫剂；不良性游戏；淫秽刊物等5类商品禁止进口。

【禁止出口商品】枪支、弹药、战争用武器及车辆；鸦片、大麻；法律禁止出口的动物及其制品；原木、锯材、自然林出产的沉香木；自然采摘的石斛花和龙血树；藤条；硝石；古董、佛像、古代圣物等9类商品禁止出口。

【进口许可证管理商品】活动物、鱼、水生物；食用肉及其制品；奶制品；稻谷、大米；食用粮食、蔬菜及其制品；饮料、酒、醋；养殖饲料；水泥及其制品；燃油；天然气；损害臭氧层化学物品及其制品；生物化学制品；药品及医疗器械；化肥；部分化妆品；杀虫剂、毒鼠药、细菌；锯材；原木及树苗；书籍、课本；未加工宝石；银块、金条；钢材；车辆及其配件（自行车及手扶犁田机除外）；游戏机；爆炸物等25类商品进口许可证。

【出口许可证管理商品】活动物（含鱼及水生物）；稻谷、大米；虫胶、树脂、林产品；矿产品；木及其制品；未加工宝石；金条、银块等7类商品出口需许可证。

4. 进出口商品检验检疫

老挝对各类动植物产品的进口有检疫要求，要求对进口产品的特征及进口商的相关信息进行检查。

【动物检疫】根据老挝动物检疫规定，活动物、鲜冻肉及肉罐头等进口商须向农林部动物检疫司申请动物检疫许可证。商品入境时由驻口岸的动物检疫员查验产地国签发的动物检疫证和老挝农林部签发的检疫许可证。

【植物检疫】老挝农林部负责植物检疫工作。进口植物及其产品须在老挝的边境口岸接受驻口岸检查员检查，并出示产品原产国有关机构签发的植物检疫证。

5. 海关管理相关规定

【管理制度】老挝政府于1994年12月颁布实施《统一制度和进口关税商品目录条令》，2005年5月颁布实施《关税法》及2001年10月颁布实施《商品进出口管理法令》等法律法规，对海关管理作了系列规定。其中《关税法》对进出口商品限制、禁止种类，报关，纳税，仓储，提货，出关，关税文件管理及报关复核等作了相关规定。

【关税税率】老挝关税分自主关税、协定关税、优惠关税、减让关税和零关税等五种不同的税率。详情可参看《统一制度和进口关税商品目录条令》及有关关税调整通知等文件。

【报关流程】货物进入仓库→过磅→做仓库临时报关单→打货物临时报关单→报海关审核→报海关领导签字→打税单上税→海关检验货物→付仓库费→海关作记录、进关。

【报关所需材料】老挝投资部批文、企业投资许可证、企业申请报告、企业营业执照（复印件）、企业税务登记（复印件）和货物发文清单（含数量、价格、重量、规格等）。

二、对外国投资的市场准入的规定

1. 投资主管部门

老挝计划投资部负责对老挝投资的审批工作（下设省/直辖市计划投资厅）。

2. 投资行业规定

除危及国家稳定，严重影响环境、人民身体健康和民族文化的行业和领域外，老挝政府鼓励外国公司及个人进行各行业各领域投资。

3. 投资方式规定

外国投资者可以按照“协议联台经营”、与老挝投资者成立“混合企业”和“外国独资企业”等三种方式到老挝投资。

“协议联合经营”是指老挝投资法人与外方在不成立新法人的基础上联合经营。

“混合企业”是指由外国投资者和老挝投资者依照老挝法律成立、注册并共同经营、共同拥有所有权的企业。外国投资者所持股份不得低于注册资金的30%。

“外国独资企业”是指由外国投资者独立在老挝成立的企业，形式可以是新法人或者分公司。

三、老挝对外国投资的优惠

1. 优惠政策框架

老挝对外国投资给予税收、制度、措施、提供信息服务及便利方面的优惠政策。

2. 行业鼓励政策

老挝鼓励外国投资的行业有：（1）出口商品生产；（2）农林、农林加工和手工业；（3）加工、使用先进工艺和技术、研究科学和发展、生态环境和生物保护；（4）人力资源开发、劳动者素质提高、医疗保健；（5）基础设施建设；（6）重要工业用原料及设备生产；（7）旅游及过境服务。

税收优惠政策方面：（1）进口用于在老挝国内销售的原材料、半成品和成品可享受减征或免征进口关税、消费税和营业税，即进口经有关部门证明并批准的原材料可免征进口关税和营业税、进口老挝国内有但数量不足的半成品5年内可按最高正常税率减半征收进口关税和营业税、进口经有关部门证明并批准的老挝国内有但数量不足或质量不达标的配件可按照东盟统一关税目录中的税率征收配件关税及消费税；（2）进口的原材料、半成品和成品在加工后销往国外的，可享受免征进口和出口的关税、消费税和营业税；（3）经老挝计划投资部批准进口的设备、机器配件可免征进口关税、消费税和营业税；（4）经老挝计划投资部或相关部门批准进口的老挝国内没有或有但不达标的固定资产可免征第一次进口关税、消费税和营业税；（5）经老挝计划投资部或相关部门批准进口的车辆（如载重车、推土机、货车、35座以上客车及某些专业车辆等）可免征进口关税、消费税和营业税。

3. 地区鼓励政策

老挝政府根据不同地区的实际情况给予投资优惠政策：（1）一类地区，指没有经济基础设施的山区、高原和平原。免征7年利润税，7年后按10%征收利润税；（2）二类地区，指有部分经济基础设施的山区、高原和平原。免征5年利润税，之后3年按7.5%征收利润税，再之后按15%征收利润税；（3）三类地区，指有经济基础设施的山区、高原和平原。免征2年利润税，之后2年按10%征收利润税，再之后按20%征收利润税。免征利润税时间按企业开始投资经营之日起算；如果是林木种植项目，从企业获得利润之日起算。

此外，企业还可以获得如下4项优惠：（1）在免征或减征利润税期间，企业还可以获得免征最低税的优惠；（2）利润用于拓展获批业务者，将获得免征年度利润税；（3）对直接用于生产车辆配件、设备，老挝国内没有或不足的原材料，用于加工出口的半成品等进口可免征进口关税和赋税；（4）出口产品免征关税。对用来进口替代的加工或组装的进口原料及半成品可以获得减征关税和赋税的优惠；经济特区、工业区、边境贸易区以及某些特殊经济区按照各区的专门法律法规执行。

四、与投资合作相关的主要法律

《民法》规定了老挝的自然人之间、法人之间以及自然人与法人之间的财产关系，为私有财产提供保护。

《企业法》规定了企业成立、组织、运作、解散、转让和变更，划分企业类型，规范企业章程。

［来源：选编自商务部国际贸易经济合作研究院、商务部投资促进事务局、中国驻老挝大使馆经济商务参赞处共同主编.《对外投资合作国别（地区）指南——老挝》. 2009年版第13—18页］

马来西亚对外国投资合作的法规和政策

一、马来西亚对外贸易的法规和政策规定

1. 贸易主管部门

马来西亚主管对外贸易的政府部门是国际贸易和工业部（http://www.miti.gov.my），主要职责是：负责制定投资、工业发展及外贸等有关政策；拟定工业发展战略；促进多双边贸易合作；规划和协调中小企业发展；促进和提升私人企业界和土著的管理和经营能力。

2. 贸易法规体系

马来西亚主要对外贸易法律有《海关法》、《海关进口管制条例》、《海关出口管制条例》、《海关估价规定》、《植物检疫法》、《保护植物新品种法》、《反补贴和反倾销法》、《反补贴和反倾销实施条例》、《2006年保障措施法》、《外汇管理法令》等。

3. 贸易管理相关规定

马来西亚实行自由开放的对外贸易政策，部分商品的进出口会受到许可证或其他限制。

【进口管理】1998年马来西亚海关禁止进口令规定了四类不同级别的限制进口。第一类是14种禁止进口品，包括含有冰片、附子成分的中成药，45种植物药以及13种动物及矿物质药。第二类是需要许可证的进口产品，主要涉及卫生、检验检疫、安全、环境保护等领域。包括禽类和牛肉（还必须符合清真认证）、蛋、大米、糖、水泥熟料、烟花、录音录像带、爆炸物、木材、安全头盔、钻石、碾米机、彩色复印机、一些电信设备、武器、军火以及糖精。目前大约有27%的税目产品需要进口许可证。第三类是临时进口限制品，包括牛奶、咖啡、谷类粉、部分电线电缆以及部分钢铁产品。第四类是符合一定特别条件后方可进口的产品，包括动物、动物产品、植物及植物产品、香烟、土壤、动物肥料、防弹背心、电子设备、安全带及仿制武器。

为了保护敏感产业或战略产业，马来西亚对部分商品实施非自动进口许可管理，主要涉及建筑设备、农业、矿业和机动车辆部门。如所有重型建筑设备进口须经国际贸易和工业部批准，且只有在马来西亚当地企业无法生产的情况下方可进口。

马来西亚海关负责发放进口许可证，国际贸易

及工业部及其他部门负责进口许可证的日常管理工作。

【出口管理】马来西亚规定，除以色列外，大部分商品可以自由出口至任何国家。但是，部分商品需获得政府部门的出口许可，其中包括：短缺物品、敏感或战略性或危险性产品，以及受国家公约控制或禁止进出口的野生保护物种。此外，马来西亚《1988年海关令（禁止出口）》规定了对三类商品的出口管理措施：第一类为绝对禁止出口，包括禁止出口海龟蛋和藤条；禁止向海地出口石油、石油产品和武器及相关产品。第二类为需要出口许可证方可出口；第三类为需要视情况出口。大多数第二和第三类商品为初级产品，如牲畜及其产品、谷类、矿物/有害废弃物；第三类还包括武器、军火及古董等。

国际贸易与工业部及国内贸易与消费者事务部负责大部分商品出口许可证的管理。

4. 进出口商品检验检疫

马来西亚要求所有肉类、加工肉制品、禽肉、蛋和蛋制品必须来自经农业部兽医服务局检验和批准的工厂，所有进口产品必须获得兽医服务局颁发的进口许可证。

所有肉类、加工肉制品、禽肉、蛋和蛋制品必须通过网教中心的清真认证，牛、羊、家禽的屠宰场以及肉蛋加工设备必须获得穆斯林发展部的检验和批准。

5. 海关管理规章制度

【管理制度】马来西亚关税有两种归类系统：一种用于东盟内部贸易，税则号为6位数字；另一种用于与其他国家贸易。国际贸易及工业部下属关税特别顾问委员会负责对关税进行评审，每年在政府预算中公布。

【关税水平】马来西亚关税99.3%是从价税，0.7%是从量税、混合税和选择关税。2005年，马来西亚最惠国关税简单平均关税税率约8.1%。

二、马来西亚对外国投资的市场准入的规定

1. 投资主管部门

马来西亚主管工业领域投资的政府部门是贸工部下属的马来西亚工业发展局（http://www.mida.gov.my），主要职责是：制定工业发展规划；促进制造业和服务业领域的国内外投资；审批工业执照、外籍员工职位以及企业税务优惠；协助企业落实和执行投资项目。

马来西亚其他行业投资由马来西亚外资委员会（FIC）及有关政府部门负责，FIC负责审批外资持股比例，而政府部门则负责其业务有关事宜的审批。

2. 投资行业规定

【限制的行业】外商投资下述行业会在股权方面受到严格限制：金融、保险、法律服务、电信、直销及分销、房地产开发、基础设施建设、汽车制造及组装等。一般外资持股比例不能超过50%或30%。

【鼓励的行业】马来西亚政府鼓励外国投资进入其出口导向型的生产企业和高科技领域。

马来西亚比较适合外国投资的主要产业包括：（1）原材料产品领域，包括棕油、橡胶以及农渔业；（2）石油化工行业；（3）电子电器业；（4）机械制造业；（5）清真食品业；（6）IT类高科技产业；（7）生物科技业；（8）产品出口至东盟其他国家的制造加工业。

3. 投资方式规定

【直接投资】外商可直接在马来西亚投资设立各类企业，开展业务。直接投资包括现金投入、设备入股、技术合作以及特许权等。

【跨国并购】马来西亚允许外资收购本地注册企业股份，并购当地企业，但某些领域，尤其是服务业的外资股权会限制较多。一般而言，在制造业、采矿业、超级多媒体地位公司、伊斯兰银行等领域，外资可获得100%股份；但如果设立或收购上市公司，须保留30%股份予当地土著。

【股权收购】马来西亚股票市场向外国投资者开放，允许外国企业或投资者收购本地企业上市，但须获得马来西亚外资委员会（FIC）同意。外国投资者在吉隆坡股票交易所购买上市公司的股票，其购买量占上市公司股份5%以下的，不需向证券委员会报告；购买量达到或超过上市公司股份5%，投资者应通知上市公司秘书，由其向证券委员会报告；购买量达到或超过上市公司股份33.3%，需要获得证券委员会的许可，同时还须向公司其他股东公布收购情况。

三、马来西亚对外国投资的优惠

1. 优惠政策框架

外国投资在马来西亚享受最惠国待遇，政府主管部门通过个案核准形式批准其享有的优惠政策，这些政策一般以直接或间接的减税形式体现。包括：

【新兴产业地位】获得新兴产业地位称号的公

司可获准部分减免所得税，即可仅就其法定所得的30%缴纳所得税。免税期为五年。

【投资税赋抵减】获得投资税赋抵减奖励的公司，自符合规定的第一笔资本支出起五年内，所发生符合规定资本支出的60%，可享受投资税赋抵减。

2. 行业鼓励政策

【清真食品加工及认证】包括：凡生产清真食品的公司，自符合规定的第一笔资本支出之日起五年内所发生符合规定资本支出的100%可享受投资税赋抵减。

【多媒体超级走廊公司】为了成为全球信息与通讯技术产业的中心，马来西亚政府于1996年创建了信息与通讯技术计划，即多媒体超级走廊。所有取得多媒体超级走廊地位的公司都可享受马来西亚政府提供的一系列财税、金融鼓励政策及保障，主要包括：提供世界级的硬件及资讯基础设施；无限制地聘请国内外知识型雇员；公司所有权自由化；长达10年的税收豁免政策或五年的财税津贴等。

【鼓励发展生物科技】马来西亚2007年财政预算报告宣布了一系列新举措，鼓励在生物科技领域的投资，推动生物科技的发展。投资鼓励政策包括：第一，生物科技公司从首年盈利开始，免交10年所得税；第二，从第11年开始缴纳20%的所得税，优惠期仍为10年；第三，在生物科技领域进行投资的个人和公司，将减去与其原始资本投资相等的税收，并获得前期的融资支持；第四，生物科技公司在进行兼并或收购时，可免征印花税，并免交5年的不动产收益税；第五，用于生物科技研究的建筑物可获得有关的工业建筑物津贴。

3. 地区鼓励政策

2007年10月，马来西亚宣布了投资伊斯干达特区的优惠措施，实施区域为特区的首个中心地区（即Node 1），国内外投资者均可享受该优惠措施。主要内容是：特区鼓励创意、教育服务、金融咨询、保健、物流和旅游这6个领域，特区首个中心点主要发展休闲、住宅、金融和高端工业园等。财务优惠措施包括：对于具有特区地位的公司而言，在2015年前开业的特区地位公司，可免税10年；非国民预扣的服务税和权利金可获10年豁免。对于发展商而言，2015估税年前，在区内第一中心出售土地所获得的法定收入可免税；2020估税年前，商业建筑物租赁或买卖收入免税；非国民的服务税、利息及权利金豁免预扣税直至2015年12月31日。对于产业发展管理人而言，提供管理、监督或行销服务的产业发展管理人，法定收入可免税直至2020年估税年；提供相关服务的非国民，可免预扣税直至2015年12月31日。非财务优惠措施包括：豁免遵守外国投资委员会条例。享有宽松的外汇管理，其中包括：向国民支付或收取外币；向境内银行及非国民借贷任何数额的外币；可用外币在境内及境外投资；可将出口收入保留在境内；聘请外国专门人才无限制，境外专业人才可进口或购买免税汽车自用。

四、与投资合作相关的主要法律

《合同法》规定了合同的订立、撤销、履行、代理等内容，是马来西亚民商法律的基础。

《公司法》对公司登记成立、股份债券、抵押登记、公司管理、股份公司、公司账目与审计以及公司清盘作出了详细规定，还明确了投资公司、外国公司的概念。

《工业协调法》规定了从事制造业的公司，如果投资超过250万马币，或其全职雇员超过75人，必须向贸工部（MITI）申请工业执照；工业执照需每年申请更新。

《投资促进法》是马来西亚工业投资促进方面最重要的法律，投资优惠措施以直接或间接税赋减免形式出现，直接税激励指对一定时期内所得税进行部分或全部减免，间接税激励则以免除进口税、销售税或消费税的形式出现。

《劳资关系法》调整资方、劳工和工会之间的关系，预防与解决劳资争端。

在马来西亚办理投资合作相关手续，需向当地律师、专门秘书或代理机构以及相关咨询机构寻求帮助，有关政策事项也可与中国驻当地使馆经参商处/经商室联系。

［来源：选编自商务部国际贸易经济合作研究院、商务部投资促进事务局、中国驻马来西亚大使馆经济商务参赞处共同主编.《对外投资合作国别（地区）指南——马来西亚》. 2009年版第29—39页］

缅甸对外国投资合作的法规和政策

一、对外贸易的法规和政策规定

1. 贸易主管部门

缅甸贸易主管部门为缅甸商务部，负责办理批准颁发进出口营业执照、签发进出口许可证，管理举办国内外展览会、办理边境贸易许可、研究缅甸对外经济贸易问题、制订和颁布各种法令法规等。下设贸易司和边贸司，边贸司在各边境口岸设有边境贸易办公室，负责办理边境贸易各种事务。缅甸私商从事对外贸易须向进出口贸易注册办公室领取营业执照，申领进出口许可证，在国家政策许可范围内自由从事对外贸易活动。

2. 贸易法规体系

现行与贸易管理相关的法律和规定有：《缅甸联邦进出口贸易（临时）管理法》（1947 年）、《缅甸联邦贸易部关于进出口商必须遵守和了解的有关规定》（1989 年）、《缅甸联邦进出口贸易实施细则》（1992 年）、《缅甸联邦进出口贸易修正法》（1992 年）、《缅甸联邦关于边境贸易的规定》（1991 年）等。

3. 贸易管理的相关规定

1988 年以来，缅甸政府实行市场经济，允许私人从事对外贸易，对外贸易实行许可证管理制度。1989 年 3 月 31 日，政府颁布《国营企业法》，宣布实行市场经济，并逐步对外开放。军政府放宽了对外贸的限制，允许外商投资，农民可自由经营农产品，私人可经营进出口贸易，并开放了同邻国的边境贸易。

自 2006 年以来，在中缅边境地区出口的木材及矿产品贸易，需获得缅甸商务部、林业部木材公司出具的证明及中国驻缅甸使馆经商参处的证明。

4. 进出口商品检验检疫

缅甸进出口检验检疫工作由农业部主管。《缅甸植物检疫对外投资合作国别（地区）指南法》（1993 年）规定禁止有害生物通过各种方法进入缅甸；切实有效抵制有害生物；对准备运往国外的植物、植物产品，必要时给予消毒、灭菌处理，并发给植物检疫证书。无论是从国外进口的货物，还是旅客自己携带的物品入境时，都必须接受缅甸农业服务公司的检查、检疫。

《缅甸植物细菌防疫法》（1993 年）规定不论任何人未取得进口许可证，不准从国外进口植物、植物产品、细菌、有益生物和土壤。必要时对即将运往国外的植物或植物产品进行杀虫和灭菌工作，发给无菌证书。根据接收国的需要，规定进行检验的方法。

《缅甸联邦对从事进出口贸易的最新规定》对进出口需要申报进行植物检疫的商品作了详细规定。

5. 海关管理规章制度

《缅甸海关进出口程序》（1991 年）对禁止进出口的物品作了详细规定，《缅甸海关计征制度及通关程序》对进出口关税、通关程序做了详细规定。与海关管理相关的法规还有：《海洋关税法》（1978 年）、《陆地海关法》（1924 年）、《关税法》（1953 年）、《国家治安建设委员会 1989 年第 4 号令》、《商业税法》（1990 年）、《进出口管制暂行条例》（1947 年）、《外汇管制法》（1974 年）。

二、对外国投资的市场准入的规定

1. 投资主管部门

缅甸投资委（Myanmar Investment Committee）是主管投资的部门。其主要职能：根据《缅甸联邦外国投资法》、《缅甸联邦公民投资法》的规定，投资委对申报项目的资信情况、项目

核算、工业技术等进行审批、核准并颁发项目许可证，在项目实施过程中提供必要帮助、监督和指导，同时也受理许可证协定时限的延长、缩短或变更的申请等。

缅甸投资委员会由相关经济部门领导组成，自 2007 年以来，由畜牧水产部长貌貌登准将兼任投资委主席，国家计划与经济发展部副部长都迎佐上校兼任秘书长，商务部长、交通部长、建设部副部长为投资委员会成员。国家计划与经济发展部下属的投资和公司管理局主管公司设立及变更登记、投资建议分析及报批、对投资项目的监督等习常事务。

2. 投资行业规定

缅甸政府欢迎外国企业到缅甸投资，其允许投资的范围广泛，包括农业、畜牧水产业、林业、矿业、能源、电力、制造业、建筑业、交通运输业和贸易等。

【农业】缅甸是农业大国，闲置土地和农村劳动力众多，逾 60%的人口在农村，热带、亚热带地区的农产品均可以开发种植。缅甸政府欢迎外国公司来缅甸进行农业资源开发投资及农产品种植、加工。农业部是缅甸从事农业开发、发展的职能部门。外资来缅甸进行农业投资的程序是通过农业部上报。农业投资没有控股的任何限制，外国公司可以通过合资、独资形式与缅甸开展合作，作为合资公司外资最低要占到 35%的份额。投资时间不分长短，多年生、一年生植物种植均可。土地可以出租，租赁期限可长达 30 年，期满后根据要求还可以 5～10 年续租。农业部有 5000 英亩的审批权，超过 5000 英亩要通过农业部上报。可垦荒地的年租金为

15美元/英亩，农民的熟地不属出租范围。

【畜牧水产业】缅甸有长达3200公里的海岸线，与之相连的是22.9万平方公里的大陆架以及48.6万平方公里的专属经济区。缅甸领海的渔业开采还相对较少。缅甸的渔业可分为淡水渔业和海水渔业。淡水渔业可以依靠广阔的河流和大量降雨来实现。同时，很多地方也利用池塘、湖泊和水库进行渔业养殖。按照联合国关于海洋法会议制定的相关条款，考虑到与邻国共同分享盈余的渔业资源，缅甸渔业部从1989～1990年开始批准渔业合作捕捞项目以及合资公司的建设。缅甸渔业的发展潜力巨大，可以说具备了成为渔业大国的基本条件。这里也可以成为外国投资者出口海外的工厂所在地。

【林业】缅甸有丰富的林业资源。缅甸林业部行使林业的管理职能，主要从事植树造林、林产品生产加工等。植树造林属于林业司管理；林产品加工方面由林业部下属的林业公司管理；伐木要在保持生态平衡的基础上实行可持续发展，需要经过上报、审批的过程。

缅甸政府鼓励外国公司来缅建立林产品加工厂，但是要与缅甸国家木材公司合作。缅甸政府非常鼓励外国公司来缅甸植树造林，尤其十分欢迎进行柚木、硬木等珍贵林木种植。缅甸十分欢迎外国企业到缅甸开展竹类、林木资源方面的开发与合作。1993年始，缅甸政府规定木材须经林业部下属的国家木材公司通过招标方式才能出口，并限制原木出口。缅甸外国投资法规定，外资可独资或与缅甸国营和私营木材公司合资进行林业开发合作。合作公司中，外资占股份49%，缅方占51%，外资以机械设备和技术入股，利润按股比分成，缅甸政府保证年供应1.2万吨柚木和杂木；独资公司中，缅甸政府以土地、原材料入股，享有25%的利润股。

【矿业】缅甸矿产资源丰富，重要的矿产有铜、金、铅、锌、银、锡、钨、锑、铬、镍。缅甸的矿产储量在亚洲国家中处于领先地位，但资源很少得以开发利用。缅甸矿业部的政策目标就是尽快提高目前矿物产量，以满足国内日益增长的对矿石和金属制品的需求，同时扩大出口。根据缅甸政府规定，外资企业有意向与缅甸开展矿业合作，需按程序直接与缅甸矿业部接洽，提出申请并取得相关许可证后才能视为合法。缅甸矿业部负责矿产资源开发与合作，下设矿业司、地质调查与矿产勘探司、第一矿业公司、第二矿业公司、第三矿业公司、珠宝公司、珍珠公司、盐业公司8个公司。

缅甸对外资开发矿产的程序是：提出项目建议—勘探—实验—提交可行性研究报告—提交项目建议书—缅方安排与有关矿业公司合作。合同期限根据不同的矿种，由双方谈判确定；每个项目都有具体的地域划分。截至2008年底，以上程序不适用珠宝矿，缅甸珠宝矿不允许外国公司实验、开采，只允许加工。

【石油和天然气】缅甸外国投资法颁布以来，缅甸能源部邀请了许多外国石油公司来缅甸和缅甸石油天然气公司合作，以产品分成合同方式（PSC）开采原油和天然气。缅甸共与13个国家44家公司签订了60份不同种类的合同，共涉及56个海上和陆上区块。目前，有23份合同正在24个海上及陆上石油区块执行。

【电力】缅甸在水力发电方面的潜力巨大，伊洛瓦底江、锡唐、萨尔温江以及亲敦江通过水力发电可以生产5000万千瓦的电力。截止2007年底，缅甸全国电力装机总容量为190.44万千瓦，其中水电站共有28座，装机容量74.6万千瓦。自实行市场经济体制以来，全国对电力的需求不断增加，缅甸政府鼓励外国投资者在缅甸投资水力发电厂项目。

【制造业】缅甸制造业尚未发展起来。缅甸外国投资法和公民投资法鼓励发展劳动密集型产业，如纺织厂、制鞋厂、电子零件厂等。此外，为了促进工业的进一步发展，缅甸政府也鼓励建立劳动密集型产业。

3. 投资方式规定

【投资方式】根据外国投资法规定，外商投资活动可以通过外商独资的形式来实现，也可以与缅甸的个人、私有企业、合作社或者国有企业组成合资公司来完成。在所有的合资公司里，外商至少要占到本公司35%以上的股份。酒店以及房地产项目可以采取BOT（建造、运营和转让体系）方式，而自然资源的开发和开采则可以采用PSC（产品分成合同）方式。

【外商投资的最低标准】缅甸投资委公布的外商投资的最低金额是：生产制造业为50万美金，服务业为30万美金，投资可以是货物也可以是现金的形式。目前，由投资委根据投资数额来决定投资时间的长短。

【土地利用】根据现行的缅甸土地法，任何外国的个人和公司不得拥有土地，但可以长期租用土地用于其投资活动。

三、缅甸对外国投资的优惠

1. 优惠政策框架

为引进更多外资，外国投资法提供了很多激励和担保措施。按照外国投资法批准的企业将享受3年免税期，其中包括企业开始商业运营的当年。如果企业申请，而且投资委认为项目符合国家利益，也可将免税期延长。此外，投资委也可能批准以下一项或几项减免措施：

（1）任何生产性或服务性的企业，从开业的第一年起，连续三年免征所得税。如果对国家有贡献，根据投资项目的效益，还可继续适当地减免税收；

（2）企业将所得利润在一年内进行再投资，对其所得的经营利润，给予减免税收；

（3）为加强所得税的管理，委员会可按原值比例，从利润中扣除机械、设备、建筑场地及企业设施折旧费后进行征收；

（4）凡是商品生产企业，其产品远销国外所得利润的50%减征所得税；

（5）投资者有义务向国家支付来自国外受聘于企业的外国人的所得税，此项税收可从应征税收中扣除；

（6）上述外国人的收入按照国内公民支付所得税的税率征收；

（7）如属国内确需的有关科研项目和开发性项目的费用支出，允许从应征的税收中扣除；

（8）每个企业在享受上述第一款减免所得税后，连续两年内确实出现亏损，从亏损的当年起，连续三年予以接转和抵消；

（9）企业在开办期间，确因需要而进口的机器、设备、仪器、机器零部件、备件和用于业务的材料，可减免关税或其他国内税或两种税收同时减免；

（10）企业建成前3年，因用于生产而进口的原材料，可减免关税或其他国税，或两种税收同时减免。

外国投资法提供主权担保，保证投资委承认的合法企业在批准期间或延长期间（如有）将不会被国有化。投资法同时保证，允许所有扣除应缴税款之后的资金收益可以返回投资人本国。

2. 经济特区鼓励政策

缅甸政府正在起草经济特区法，目前尚未正式通过。

四、缅甸与投资合作相关的主要法律

缅甸与投资合作相关的主要法律有：《缅甸联邦外国投资法》、《缅甸联邦外国投资法实施细则》、《缅甸联邦外国投资委员会1989年第一号令》、《缅甸联邦贸易部关于国内外合资企业的规定》、《外国对缅甸联邦投资程序及优惠政策》、《缅甸联邦公民投资法》、《缅甸联邦公民投资法实施细则》、《缅甸允许私人投资的经济项目》等。

［来源：选编自商务部国际贸易经济合作研究院、商务部投资促进事务局、中国驻缅甸大使馆经济商务参赞处共同主编.《对外投资合作国别（地区）指南——缅甸》. 2009年版第35—50页］

菲律宾对外国投资合作的法规和政策

一、对外贸易的法规和政策规定

1. 贸易主管部门

贸工部（DTI）是菲律宾的外贸政策制定及管理部门。它成立于1898年6月，其前身为菲律宾商务部。

【主要职能】制定综合的工业发展战略，制定鼓励政策促进出口；创造有利于促进投资贸易和工业发展的环境；促进竞争和公平贸易；负责双边和多边贸易合作的谈判；支持中小企业的发展。

【日常事务】定期进行回顾和评估国家出口状况、问题和前景；确定影响出口发展的主要问题及问题所存在的领域；监督有关部门制定和实施质量控制原则，保证出口商品的质量管理；向国会建议有利于出口发展的立法；组织国际贸易展览会；为国内外进出口商提供信息服务；整理进出口贸易数据库；对本国的消费者和贸易商进行培训；审批各种贸易商会成立的申请；审批外资企业在菲律宾投资设厂；颁发进出口许可证。

贸易工业部下设的产品标准化局主要负责产品技术标准和法规的管理和实施；进口服务署主要负责特定产品进口法规的实施以及发起和指导反倾销、反补贴及保障措施的初步调查。

菲律宾关税委员会主要负责关税政策的制定，包括关税的减让、变更、退还，负责反倾销和反补贴的公众听证会和磋商以及保障措施的调查工作。

菲律宾财政部下设的关税局主要负责关税法律的具体实施和进出口关税、进口产品增值税及其他附加税的征收。

其他贸易管理机关还有：海关总署、国家经济发展署、中央银行、贸工部的工业局、投资署、环境管理署、卫生部、技术转让署、食品和医药品

局、危险药品局、渔业和水产资源局、国家肉类检疫委员会、计划工业局、能源管理署和服装纺织品出口局等。

2. 贸易法规体系

菲律宾是世界贸易组织（WTO）和亚太经合组织（APEC）成员，也是东南亚国家联盟（ASEAN）的成员国，实行多边的、自由的、外向型的贸易政策，同时对国内幼稚产业适当进行保护。菲政府对其贸易政策不断进行调整并出台了系列出口鼓励措施。

菲律宾管理进出口贸易相关法律主要包括：《海关法》、《出口发展法》、《反倾销法》、《反补贴法》、《保障措施法》等。

3. 贸易管理相关规定

【进口商品管理】菲律宾对进口商品分为三类：自由进口商品；限制进口商品；禁止进口商品。

禁止进口商品包括：枪支弹药；不道德的印刷品、底片、电影、相片、艺术品；用来违法堕胎的物品及宣传广告；用来赌博的装备及用具；含金、银或其他贵重金属或合金制成的物品；假冒劣质的食品或药品；鸦片或其他麻醉品及其合成品；合成盐或成品盐；鸦片吸管及配件；有关菲律宾法律禁止进口的物品及配件。

限制进口产品必须经过菲律宾政府机构如农业部、食品药品局核发的进口许可证才能进口，主要涉及汽车、拖拉机、小汽车、柴油机、汽油机、摩托车、耐用消费品、新闻出版和印刷设备、水泥、与健康及公共安全有关的产品等130多种，约占进口商品的4%。

【出口商品管理】菲律宾政府对出口贸易采取鼓励政策，主要包括简化进口手续并免征出口附加税，进口商品再出口可享受增值税退税、外汇资助和使用出口加工区的低成本设施等。

4. 进出口商品检验检疫

菲律宾是《关税与贸易总协定》东京回合中《技术贸易壁垒协议》的签约国。该技术协议要求在采用标准程序和建立争端解决审议程序时公开，目的是确保政府机构遵守这些规定。菲律宾产品质量局是负责产品质量标准的机构，它通过质量管理认证的手段来促进产品质量的提高，对进口商品粘贴合格标志来管理进口商品。适用的标准是ISO 9000和ISO14000。

【工业品】有28种产品要在当地进行产品标准检验，包括：照明用品、电线电缆、卫生洁具、家用电器、气胎和水泥等。至于其他产品，海关通常接受产品质量证明或原产国标准证明。产品生产者应依据本国或普遍国际标准进行生产，其产品上要附有产品标准质量标志。

【民生、健康、安全和财产的商品】菲贸工部要求出具产品标准许可和产品标准局的证明。这些产品包括：医用氧气、消费品、电器和防火设备、建筑材料等。非公制的度量衡用品、仪器、仪表的进口由产品标准局事先发放许可。

【环保的要求和规定】菲律宾环境和自然资源部主要负责实施政府的环境保护政策。进口商要符合环保的要求和规定。

【食品健康和安全规定】食品方面，如成分、添加剂、非酒精饮料及混合物、糖果类、咖啡、茶、点心、乳制品、蔬菜、水果、肉类等必须符合食品法典委员会（Codex Alimentarius Commission）和世界动物卫生组织（OIE）制定的标准；新鲜、冷冻鱼类产品必须取得菲律宾农业部1999年颁布的《195号行政法规》中规定的国际健康证和卫生植物检疫证；如果进口来自有害虫区的蔬菜和水果，则应具有消毒证明；化妆品、医药在生产时必须取得生产许可证，并提供国际认证机构的临床试验报告。对于危险品的进口，必须依照菲卫生部标准进行标签、销售和扩散。规定中的危险品包括刺激物和腐蚀性、易燃和放射性物质。

【植物及植物产品】目前，植物及植物产品如要进入菲市场须办理如下检疫手续：出口商将发票和箱单传给菲律宾进口商，进口商凭出口商的发票和箱单向菲农业部农作物局植物检疫处（BPI）申请进口许可证，该证会注明每种产品离岸前的要求。进口商将该证交给出口商，出口商提请出口国检疫部门对产品进行离岸检疫并出具检疫证明。出口商将检疫证明和其他运输单据一起以适当渠道转交菲律宾进口商。在货物到达菲律宾港口后，进口商提供给菲检疫部门进口许可证和出口国的检疫证明。菲检疫部门根据进口许可证和检疫证明进行复验，合格后方可入关。

【动物、动物产品及其副产品】菲律宾农业部动物产业局是负责动物、动物产品及其副产品进出口检疫的政府部门。动物产业局对不同动物的进出口有不同的进出口程序和检疫规定。

5. 海关管理规章制度

菲律宾进出口关税的主要法律是《菲律宾关税与海关法》，进口关税税率由菲关税委员会确定公布，出口关税的税率由海关总署确定，并由海关通过有授权的菲中央银行征收。

菲律宾对大部分进口产品征收从价关税，但对酒精饮料、烟花爆竹、烟草制品、手表、矿物燃料、卡通、糖精、扑克等产品征收从量关税。根据《税收法》，海关对汽车、烟草、汽油、酒精以及其他非必要商品征收进口消费税。进口产品还应向菲律宾海关当局缴纳12%的增值税，征税基础为海关估价价值加上所征关税和消费税。

菲律宾还对进口货物征收印花税，该税一般用于提货单、接货单、汇票，其他交易单、保险单、抵押契据、委托书及其他文件。

【进口关税】菲关税与海关法将应税进口商品分为21类，进口关税税率一般为3%～30%

表1　菲律宾进口关税税率

税率	项目
3%	国内缺乏或不能生产的原材料，如天然石墨、粘土、金属矿砂、精矿、煤炭等矿产品及无机化学品等
10%	国内能生产的原材料，如大理石、石油、棉花及制品等
20%	零配件如小五金工具、各种方式切割的木材、汽车、摩托车零配件等
30%	制成品如部分农产品、各类服装、烟酒、汽车、摩托车整车等

资料来源：菲律宾海关署

另外，菲律宾对部分农产品实行关税与配额并用的措施，对配额内的产品征收正常关税，对配额外的商品则征收高关税。如活动物及其产品、新鲜蔬菜等。

菲律宾将于2010年对东盟成员国实现全部产品零关税。

【出口关税】菲律宾对以下出口商品征收关税，且关税税率均为20%。圆木、木材、饰面用薄板和胶合板；金属矿砂及其精矿、金、矿渣水泥、硅酸盐水泥；船用燃料油、石油沥青；银；未加工的ABACA（一种产纤维的植物，产于菲律宾）；香蕉、椰子及椰子产品、菠萝及其成品、糖及糖制品、烟草、小虾和对虾。

【出口退税】《菲律宾关税和海关法》规定，用于从事对外贸易或沿海贸易的船舶推进器燃料油，可退还不超过99%的已征关税或给予税收抵免；用进口原材料生产或制造的产品（包括包装、标签等）出口时，对所用原材料进口时征收的关税将予以退还或给予税收抵免；财政部根据海关总署的建议可发布允许对本法规定的商品实行部分退税的法规规章。退税将由海关总署在收到一套正确、完整的文件后60天内支付。

二、对外国投资的市场准入的规定

1. 投资主管部门

贸工部是负责投资政策实施和协调、促进投资便利化的主要职能部门。贸工部下设的投资署负责投资政策包括外资政策的实施和管理。

2. 投资行业规定

菲律宾政府将所有投资领域分为三类，即优先投资领域、限制投资领域和禁止投资领域。对于优先投资领域，菲律宾政府每年制定一个《投资优先计划》，列出政府鼓励投资的领域和可以享受的优惠条件，引导内外资向国家指定行业投资。在这些投资领域，外资可以享有100%的股权，并对那些高度优先项目提供广泛的优惠条件，包括减免所得税、免除进口设备及零部件的进口关税、免除进口码头税、免除出口税费等财政优惠，以及无限制使用托运设备、简化进出口通关程序等非财政优惠。

目前的“投资优先计划”中鼓励投资的领域包括：医疗和健康产品及服务、电子服务、汽车零部件生产、能源开发和利用、造船和航运、珠宝生产、时装生产、基础设施发展包括商务园区、大众住房以及与铁路有关的大容量交通设施；农业、渔业的生产和加工、信息与通讯技术、旅游。

菲律宾国家经济发展署通常会公布限制外资项目清单，该清单每两年更新一次。包括工程、医药等52个领域禁止外国人投资（部分领域为规模限制，如小规模零售业禁止外国人投资）。部分领域外国人权益不得超过25%，绝大多数领域外国人权益不得超过40%。

限制外资项目清单详见菲律宾国家经济发展署网站：

www. neda. gov. ph/references/files2007/thR-FlNL _ E0584 _ paper. pdf。

3. 投资方式规定

对于绝大多数公司，菲律宾公民须拥有至少60%的股份以及表决权，不少于60%的董事会成员是菲律宾公民。如果公司不能满足上述关于菲律宾公民所占比例的要求，则必须满足以下条件：①经投资署批准，属于先进项目，菲律宾公民无法承担，且至少70%的产品用于出口。②从注册之日起30年内，必须成为菲律宾本国企业，但是产品100%出口的公司无须满足该要求。③公司涉及的先进项目领域不属于宪法或其他法律规定应由菲律宾公民所有或控制的领域。

三、菲律宾对外国投资的优惠

1. 优惠政策框架

【财政优惠政策】

(1) 免所得税

新注册的优先项目企业将免除6年的所得税，传统企业免交4年所得税。扩建和升级改造项目免税期为3年，如项目位于欠发达地区，免税期为6年。

新注册企业如满足任一下列条件，还将多享有1年免税奖励：①本地生产的原材料至少占总原材料的50%；②进口和本地年产的固定设备价值与工人的比例不超过每人1万美元；③营业前3年，年外汇存款或收入达到50万美元以上。

(2) 可征税收入中减去人工费用。

(3) 减免用于制造、加工或生产出口商品的原材料的赋税。

(4) 可征税收入中减去必要和主要的基建费用。

(5) 进口设备的相关材料和零部件减免关税。

(6) 减免码头费用以及出口关税。

(7) 自投资署注册起免除4～6年地方营业税。

【非财政优惠措施】

(1) 简化海关手续；

(2) 托运设备的非限制使用：托运到菲的设备贴上可出口的标签；

(3) 进入保税工厂系统：

(4) 雇用外国公民：外国公民可在注册企业从事管理、技术和咨询岗位5年时间，经投资署批准，期限还可延长。总裁、总经理、财务主管或者与之相当的职位可居留更长时间。

2. 行业鼓励政策

菲律宾投资署每年根据《2004～2010年菲律宾中期发展规划》制定一份“投资优先计划”表，列出菲律宾政府鼓励投资的项目，列入该表的项目可享受财政和非财政优惠措施。最新的“投资优先计划”于2009年5月由阿罗约总统签署299号备忘令发布，该计划的特点是突出了保障就业，除延续2008年计划明确的14个鼓励投资的领域（包括农业和渔业、基础设施建设、旅游业、研发活动、机械设备和钢铁制造、战略性投资、植树造林、采矿、印刷出版、石油、固体废物处理、净水工程、残疾人辅助设施和出口促进活动）以外，特别提出了一个“应急计划”，对受到全球金融危机影响而仍能保持或扩大投资和保障员工就业的企业，以及上马新项目的中小企业，提供税收和其他优惠，但该“应急计划”也有一些排除在外的领域，包括：银行及金融机构，零售业，服务业，小型矿业，因安全、国防、卫生、道德风险而限制的活动，外国人参与的中小企业，非农基本消费品，保健品等。另外，棉兰老岛穆斯林自治区提供特殊清单，符合要求的企业也可以享受投资优惠措施。该计划详情可以查询菲律宾投资署网站：www. boi. gov. ph。需要注意的是，这些领域中有一些是限制或禁止外国投资的领域。

【经济特区鼓励政策】菲律宾经济区主要由PEZA所辖的96个各类经济区和独立经营的菲弗德克工业区、苏比克、卡加延、三宝颜、克拉克自由港等组成。这些经济特区的优惠政策包括：

(1) 企业可获得4年所得税免缴期，最长可延至8年。所得税免缴期结束后，可选择缴纳5%的“毛收入税”（GROSS INCOME TAX），以代替所有国家（中央）和地方税，其中3%上缴中央政府，2%上缴地方财政；

(2) 进口资本货物（设备）、散件、配件、原材料、种畜或繁殖用基因物质，免征进口关税及其他税费。同类物品如在菲国内采购，可享受税收信贷（TAX CREDIT），即先按规定缴纳各项税费，待产品出口后再返还（包括进口关税部分的折算征收、返还）；

(3) 经批准，允许企业生产产品的30%在菲律宾国内销售，但须根据国内税法纳税；

(4) 免缴码头税费和出口税费；

(5) 给予初始投资在15万美元以上的投资者及其配偶和未成年子女（21岁以下）在经济区内永久居留的身份，他们可以自由出入经济区，而不需向其他部门另行申请；

(6) 简化进出口程序：

(7) 允许聘用外籍雇员，为外国经理人员和技术人员办理2年的可延续工作签证，但外籍雇员数量不能超过企业总雇员的5%；

(8) 企业用于员工技术培训和提高管理能力的费用的一半可以从上缴中央政府的3%税收中扣除；

此外，是否给予E. O. 226规定的其他优惠待遇，由PEZA自行决定。

四、与投资合作相关的主要法律

菲律宾有数个涉及投资的重要法律，目前有关方面正在推动将所有促进投资的法律合并成一部法律，进一步规范各部门出台财政或非财政激励政策。

【《1987年综合投资法典》】共和国第226号法令，共和国第7918号法令进行了修正。该法典为国内外企业提供一系列国家优先发展领域的综合激励措施。企业需参与“投资优先计划”所列的领域且享受这些优惠措施。如果企业未参与列入“投资优先计划”的领域，在满足以下任一条件后也能享受这些优惠措施：

（1）50%以上的产品出口（菲律宾公民所有的企业）；

（2）70%以上的产品出口（外商持股40%以上的企业）。

【《1991年外国投资法》】共和国第7042号法令，共和国第8179号法令进行了修正。外国公司被允许在菲律宾从事未列入《外国投资限制清单》的行业。在《外国投资限制清单》中列举了禁止和限制外国投资的领域，主要包括两部分：

清单A为宪法或其他法律规定禁止和限制外国投资的领域；

清单B为外商所有权受法律限制的领域，包括与国防、执法、公众卫生、道德、保护中小企业等相关的领域。

【《1995年经济特区法案》】共和国第7916号法令，共和国第8748号法令进行了修正。该法案于1995年通过，旨在通过发展经济特区促进经济增长。菲律宾经济特区署（PEZA）负责该法的实施和给予经济特区内的合格企业优惠政策。经济特区分为工业园区、出口加工区、自由贸易区、旅游经济区、IT园区、农业经济区等各类经济园区。

每个经济特区都朝着政府干预最小化、独立自由区域的目标发展。经济特区不需政府提供特别帮助，自我管理经济、金融、工业及旅游发展，同时与周边区域建立起相应的联系。

【《1992年基地转型及发展法案》】共和国第7227号法令。根据该法案成立了基地转型发展委员会、苏比克湾管理署（SBMA）以及苏比克经济特区和自由港区（SSEFZ）。在苏比克经济特区和自由港区注册的企业将享受各种投资优惠，包括一流的商业、居住和旅游设施。

【《地区总部、地区生产总部和地区仓储中心相关法案》】共和国第8756号法令。该法案明确了关于在菲律宾设立跨国公司地区总部（RHQs）、地区生产总部（ROHQs）和地区仓储中心（RWs）的规定和指南。地区总部是指跨国公司在菲律宾设立、但并不从菲律宾获取收入的分支机构。地区生产总部指跨国公司在菲律宾设立、可以通过提供服务而获取收入的分支机构。

【《投资者租赁法案》】共和国第7652号法令。该法案允许外国投资者在菲律宾租用商业用地最长不超过75年（过去规定为50年）。根据该法，任何到菲律宾投资的外国投资者在遵守菲律宾法律和下列条件的情况下，可租赁私人土地：（1）土地租赁合同期限为50年，仅可一次性延长25年；（2）租赁的土地仅做投资用途；（3）租赁合同应符合《综合土地改革法》和《地方政府法案》。

【《1994年出口发展法案》】共和第7844号法令。该法案向出口商提供优惠政策，鼓励增加在出口方面的投入，包括：（1）设立出口发展委员会；（2）鼓励私营部门参与出口推介活动，包括建立世界水准的菲律宾贸易中心；（3）设立私营部门为主导的融资中心，直接为促进出口服务；（4）为出口商提供财政激励政策。

《出口发展法案》在相关政府部门如投资署和菲律宾经济区管委会给予优惠政策的同时，还给予其他的优惠政策。

【《BOT法》】共和国第7718号法令。明确了私营企业参与一般由政府负责的基础设施建设和有关服务的政策和规定。

［来源：选编自商务部国际贸易经济合作研究院、商务部投资促进事务局、中国驻菲律宾大使馆经济商务参赞处共同主编.《对外投资合作国别（地区）指南——菲律宾》. 2009年版第16—28页］

新加坡对外国投资合作的法规和政策

一、对外贸易的法规和政策规定

1. 贸易主管部门

新加坡国际企业发展局（International Enterprise Singapore，简称企发局或IE Singapore），是隶属于新加坡贸易工业部的法定机构，是新加坡对外贸易主管部门，其前身是成立于1983年的新加坡贸易发展局（贸发局）。企发局下设贸易促进部，并分设商务合作伙伴策划署和出口促进署，主要职责是宣传新加坡作为国际企业都会的形象以及提升以新加坡为基地公司的出口能力。

2. 贸易法规体系

新加坡与贸易相关的主要法律有《商品对外贸易法》、《进出口管理办法》、《商品服务税法》、《竞争法》、《海关法》、《商务争端法》、《自由贸易区法》、《商船运输法》、《禁止化学武器法》、《战略物资管制法》等。

3. 贸易管理相关规定

【开展进出口和转运业务的基本条件】(1) 必须在新加坡组建一家公司并向会计与企业管理局注册(查询网址 http://www.licences.business.gov.sg,通过在线商业注册服务注册公司)。(2) 注册公司后,需向新加坡关税局免费申请中央注册号码。中央注册号码将允许您通过贸易网系统提交进出口和转运准证申请。

贸易交换网(TradeXchange)系统是新加坡全国范围内的贸易电子信息交换系统,能让公共和私营部门在此平台上交换电子贸易数据和信息。一般情况下,在新加坡开展进出口或转运业务必须在贸易交换网上获得相关业务准证。(查询网址 http://www.tradexchange.gov.sg)

【货物的进口】货物进口到新加坡前,进口商需通过贸易交换网向新加坡关税局提交准证申请。如符合有关规定,新加坡关税局将签发新加坡进口证书和交货确认书给进口商,以保证货物真正进口到新加坡,没有被转移或出口到被禁止的目的地。一般情况下,所有进口货物都要交纳消费税。如果进口货物是受管制的货物,必须向相关主管部门提交准证申请并获得批准。

表 1 新加坡进口管制物品及主管机构一览表

项目	主管机构
投币式或盘片操作游戏机,包括弹球桌、射击游戏机和影像放映游戏机	公共娱乐执照组(PELU)
动物、禽类及其产品	农粮与兽医局(AVA)
武器与爆炸物	武器与爆炸物执照署(A&E)
石棉制品	污化管制处(PCD)
具防攻击功能的衣物,包括防弹背心	武器与爆炸物执照署(A&E)
电池(普通),碱性、炭锌和汞氧化物	污化管制处(PCD
预录的盒式磁盘、卡式磁带、音频光盘	媒体发展管理局(MDA)

续表

项目	主管机构
化学品: 毒性及危险性化学品 有毒及易制度化学品 杀虫剂	污化管制处(PCD) 国家机构、化学武器公约(NA,CWC) 污化管制处(PCD)
香口胶 香口胶(牙科用) 香口胶(药用)	违禁品,新加坡关税局(Singapore Customs) 化妆品控制单位(CCU) 管制支援单位(RSU)
氟氯碳化合物(CFCs)	污化管制处(PCD)
打火机 气枪或左轮手枪形状	违禁品,武器与爆炸物执照署(A&E)
化妆品与美容产品(除了由 RSU 管制的皮肤与面部药性美容液或膏)	化妆品控制单位(CCU)
柴油或汽油	污化管制处(PCD)
来自黎巴嫩未经加工的钻石	未经加工的钻石(KPCS)
违禁品,新加坡关税局(Singapore Customs)	新加坡关税局(Singapore Customs)
胶卷,影片/录像/激光光盘	媒体发展管理局(MDA)
爆竹	违禁品,武器与爆炸物执照署(A&E)
鱼类与渔业产品	农粮与兽医局(AVA)
易燃物质	新加坡民防部队(SCDF)
食品(不包括新鲜或冷冻蔬菜及水果)	农粮与兽医局(AVA)
水果(新鲜或冷藏)	农粮与兽医局(AVA)
水果机/吃角子老虎机	新加坡警察部队执照署(SPF)
人参	农粮与兽医局(AVA)
唱片	媒体发展管理局(MDA)
手铐	武器与爆炸物执照署(A&E)
哈龙(Halons)	污化管制处(PCD)
染发剂与护发品: 毒性 无毒性	管制支援单位(RSU) 化妆品控制单位(CCU)
头盔: 工业安全型 钢质	职业安全健康处(OSHD) 武器与爆炸物执照署(A&E)

续表

项目	主管机构
人类病原体	生物安全组（BSB）
工业安全项目（安全带、安全挽具、救生绳索、安全绳、救生网）	职业安全健康处（OSHD）
放射性器材	放射防护中心（CRP）
任何媒介的录制与翻录器材(CD、CD-ROM、VCD、DVD、DVD-ROM)	新加坡关税局（Singapore Customs）
动物与禽类的肉与肉制品	农粮与兽医局（AVA）
药物、药剂、药制品	管制支援单位（RSU）
兽医用药剂	农粮与兽医局（AVA）
奶粉以及马来半岛、沙巴、沙捞越生产的新鲜、去脂、巴氏杀毒牛奶	农粮与兽医局（AVA）
硝化纤维素	武器与爆炸物执照署（A&E）
有机肥料	农粮与兽医局（AVA）
石油	新加坡民防部队（SCDF）
带泥土或不带泥土的植物、花及种子	农粮与兽医局（AVA）
罂粟种子（kaskas）	中央肃毒局（CNB）
易制毒化学品	中央肃毒局（CNB）
出版物	媒体发展管理局（MDA）
放射性物质	放射防护中心（CRP）
犀牛角及处理后该产品的废料和粉末	违禁品，农粮与兽医局（AVA）
米（不包括米糠）	新加坡国际企业发展局（IE Singapore）
阴离子表面活性剂	污化管制处（PCD）
餐桌用品与厨房器皿(陶瓷、晶质玻璃)	农粮与兽医局（AVA）
磁带（预录）	媒体发展管理局（MDA）
通信设备	新女E坡资讯通信发展管理局（IDA）
木材与术料	农粮与兽医局（AVA）
玩具手枪、气枪、左轮手枪	武器与爆炸物执照署（A&E）
玩具对讲机	新加坡资讯通信发展管理局（IDA）
蔬菜（新鲜、冷藏）	农粮与兽医局（AVA）

续表

项目	主管机构
废铝酸电池及任何废铅、镉或汞制电池	污化管制处（PCD）
部分从朝鲜进口或转口的货物	违禁品，新加坡关税局(Singapore Customs)
部分从伊朗进口或转口的货物	违禁品，新加坡关税局(Singapore Customs)

资料来源：新加坡海关

【货物的出口】非受管制货物通过海运或空运出口，必须在出口之后3天内，通过贸易交换网提交准证申请。受管制货物，或非受管制货物通过公路和铁路出口的，需要在出口之前通过贸易交换网提交准证申请。出口受管制货物还必须事先取得相关主管机构的批准或许可。

表2　新加坡出口管制物品及主管机构一览表

项目	主管机构
动物	农粮与兽医局（AVA）
武器与爆炸物	武器与爆炸物执照署(A&E) 新加坡关税局（Singapore Customs）
具防攻击功能的衣物，包括防弹背心	武器与爆炸物执照署(A&E) 新加坡关税局（Singapore Customs）
化学品： 有毒及易制度化学品 杀虫剂	国家机构、化学武器公约（NA，CWC） 新加坡关税局（Singapore Customs） 污化管制处（PCD）
氟氯碳化合物（CFCs）	污化管制处（PCD）
未经加工的钻石	新加坡关税局（Singapore Customs）
鱼类与渔业产品	农粮与兽医局（AVA）
人参	农粮与兽医局（AVA）
手铐	武器与爆炸物执照署(A&E)
哈龙（Halons）	污化管制处（PCD）
钢质头盔	武器与爆炸物执照署(A&E)

续表

项目	主管机构
放射性器材	放射防护中心（CRP） 新加坡关税局（Singapore Customs）
肉类与肉类制品	农粮与兽医局（AVA）
军事设备、其他军用品	新加坡关税局（Singapore Customs）
易制毒化学品	中央肃毒局（CNB） 新加坡关税局（Singapore Customs）
放射性物质	放射防护中心（CRP） 新加坡关税局（Singapore Customs）
犀牛角及处理后该产品的废料和粉末	违禁品，农粮与兽医局（AVA）
米（不包括米糠）	新加坡国际企业发展局（IE Singapore）
橡胶	新加坡国际企业发展局（IE Singapore）
出口欧盟或美国的新加坡生产纺织品和服装	新加坡关税局（Singapore Customs）
木材与木料	农粮与兽医局（AVA）
玩具手枪、气枪、左轮手枪	武器与爆炸物执照署（A&E）
废铅酸电池及任何废铅、镉或汞制电池	污化管制处（PCD）
出口到阿富汗、科特迪瓦、刚果民主共和国、伊拉克、利比里亚、卢旺达、塞拉利昂、索马里、苏丹各类武器和相关物品及零件	违禁品，新加坡关税局（Singapore Customs）
出口或转口到朝鲜坦克、装甲车、大口径炮、战斗机、战斗直升机、军舰、导弹或导弹系统及设备零件 任何与核项目、弹道飞弹等联合国列名项目相关的材料、设备、技术等；奢侈品	违禁品，新加坡关税局（Singapore Customs）

续表

项目	主管机构
出口或转口到伊朗 任何与核项目、弹道飞弹等联合国列名项目相关的材料、设备、技术等	违禁品，新加坡关税局（Singapore Customs）

资料来源：新加坡海关

【货物的转运】所有从一个自由贸易区转运至另一个自由贸易区的货物，或在同一个自由贸易区内转运受主管部门管制的货物，必须事先通过贸易交换网取得有效的转运准证才能将货物装载到运输工具上。

4. 进出口商品检验检疫

新加坡对进口商品检验检疫的标准和程序十分严格。负责进口食品、动植物检验检疫的部门是农粮兽医局（Agri-Food and Veterinary Authority，简称农粮局或 AVA），负责进口药品、化妆品等商品检验的部门是卫生科学局（Health science Authority，简称 HSA）。

【农产品和食品检验】农产品和食品的进口商须向 AVA 申请执照，只有获得 AVA 进口执照的贸易商才能在新加坡从事农产品和食品进口业务。AVA 有完整的一套食品安全计划，对肉、鱼、新鲜水果和蔬菜、蛋、加工食品等商品的进口来源、包装运输、检验程序、检验标准有不同的要求和详尽的规定（查询网址：http://www.ava.gov.sg）。

【动物检疫】只有获得 AVA 执照的进口商才可以在新加坡从事商业用途的动物进口。每次进口动物须向 AVA 申请许可，并提前获得海关清关许可。所有进口动物需符合 AVA 的兽医标准（查询网址：http://www.ava.gov.sg）。

【植物检疫】进口植物及植物产品需出示原产国有关机构签发的植物检疫证书并获得 AVA 的进口许可。所有进口植物及植物产品必须符合 AVA 规定的健康标准，除另有规定外，植物及植物产品进口后必须接受 AVA 检查。受 CITES 保护的濒临绝种植物，必须备有 CITES 的许可证方可进口。

【药品、化妆品检验】根据《药品法》、《有毒物质法》、《滥用药物法令》，新加坡所有从事药品进口、批发、零售以及出口的经营者需向 HSA 取得相关许可方可开展业务。进口药品和化妆品前，需向 HSA 如实申报其成分、疗效等相关信息，获得批准后方可进口。HSA 对进口相关产品进行抽检，一旦与申报不符，即取消其经营相关产品的资格。

5. 海关管理规章制度

新加坡《海关法》规定，进口商品分为应税货物和非应税货物，应税货物包括石油、酒类、烟类和机动车辆等 4 大类商品，非应税货物为上述 4 大类商品之外的所有商品。应税货物和非应税货物进口到新加坡都要征收 7%消费税，应税货物除征收消费税外，还需征收国内货物税和关税。

2008 年 10 月中新签署的自由贸易协议中，新加坡对从中国进口的应税货物税率给予了优惠安排。

表 3　新加坡应纳税商品及关税/国内货物税一览表

商品名称	国内货物税
酒类商品	S$48～70 per liter
烟草类商品	S$181～352 per kgm
石油类商品	S$3.7～7.1 per dal
机动车	20%
带引擎的摩托车、自行车	12%

资料来源：新加坡海关

二、对外国投资的市场准入的规定

1. 投资主管部门

新加坡负责投资的主管部门是经济发展局（EDB 简称经发局），成立于 1961 年，是隶属新加坡贸工部的法定机构，也是专门负责吸引外资的机构，具体制订和实施各种吸引外资的优惠政策并提供高效的行政服务。其远景目标是将新加坡打造成为具有强烈吸引力的全球商业与投资枢纽。

2. 投资行业规定

新加坡对外资准入政策宽松，除国防相关行业及个别特殊行业外，对外资的运作基本没有限制。此外，新加坡政府还制定了特许国际贸易计划、商业总部奖励、营业总部奖励、跨国营业总部奖励等多项计划以鼓励外资进入。

根据新加坡政府公布的 2010 年长期战略发展计划，电子、石油化工、生命科学、工程、物流等 9 个部门被列为奖励投资领域。

3. 投资方式规定

外资进入新加坡无方式限制。除金融、保险、证券等特殊领域需向主管部门报备外，绝大多数产业领域对外资的股权比例等无限制性措施。

三、新加坡对外国投资的优惠

1. 优惠政策框架

新加坡优惠政策的主要依据是《公司所得税法案》和《经济扩展案》（Economic Expansion Incentives）以及每年政府财政预算案涉及得一些优惠政策。

新加坡采取的优惠政策主要是为了鼓励投资、出口、增加就业机会、鼓励研发和高新技术产品得生产以及使整个经济更具有活力的生活经营活动。如对涉及特殊产业和服务（如高技术、高附加值产业）、大型跨国公司、研发机构、区域总部、国际船运以及出口企业等给予一定期限的减、免税优惠或资金扶持等。

2. 行业鼓励政策

【先锋企业奖励】享有先锋企业（包括制造业和服务业）称号的公司，自生产之日起，其从事先锋活动取得的所得司享受免征 5～10 年所得税的优惠待遇。先锋企业由新加坡政府部门界定。通常情况下，从事新加坡目前还未大规模开展而且经济发展需要的生产或服务的企业，或从事良好发展前景的生产或服务的企业可以申请“先锋企业”资格。

【发展和扩展奖励】从政府规定之日起，一定基数以上的公司所得可享受最低为 5%的公司所得税率，为期 10 年，最长可延长到 20 年。此项政策主要是为鼓励企业不断增加在高新技术和高附加值领域的投资并提升设备和营运水平。曾享受过先锋企业奖励的企业以及其他符合条件的企业均可申请享受此项优惠。

【服务出口企业奖励】从政府规定之日起，向非新加坡居民或在新加坡没有常设机构的公司或个人提供与海外项目有关的符合条件的服务的公司，其符合条件的服务收入的 90%可享受 10 年的免征所得税待遇，最长可延长到 20 年。

【区域/国际总部计划】将区域总部（RHQ）或国际总部（IHQ）设在新加坡的跨国公司，可适用较低的企业所得税税率。区域总部为 15%，期限为 3～5 年；国际总部为 10%或更低，期限为 5～20 年。此项政策主要是为鼓励跨国公司将区域或国际总部设立在新加坡。具体优惠企业可与新加坡企业发展局（EBD）进行商谈，企业发展局可根据公司规模和对新加坡贡献为企业量身定做优惠配套。

【国际船运企业优惠】拥有或运营新加坡船只或外国船只的国际航运公司，可以申请 10 年免征企业所得税的优惠，最长期限可延长到 30 年。申请企业应具备以下条件：是新加坡居民公司；拥有并运营一定规模的船队；在新加坡的运营成本每年超过 400 万新元；至少 10%的船队（或最少一只船）在新加坡注册。此类优惠项目由新加坡海运管理局

（MPA）负责评估。

【金融和财务中心奖励】此项政策是为鼓励跨国企业在新加坡设立金融和财务中心（FTC），从事财务、融资和其他金融服务业务。金融和财务中心从事符合条件的活动取得的收入可申请享受10%的企业所得税优惠税率，为期10年，最长可延长到20年。

【研发业务优惠】为鼓励企业加大研发力度，新加坡政府规定，自2009估税年度起，企业在新加坡发生的研发费用可享受150%的扣除，并对从事研发业务的企业每年给予一定金额的研发资金补助。

【国际贸易商优惠】为鼓励全球贸易商在新加坡开展国际贸易业务，对政府批准的"全球贸易商"给予5～10年的企业所得税优惠，税率减低为5%或10%。此项优惠项目由新加坡国际企业发展局（IES）负责评估。

此外，新加坡还对部分金融业务、海外保险业务、风险投资、海事企业等行业给予一定的所得税优惠或资金扶持。

［来源：选编自商务部国际贸易经济合作研究院、商务部投资促进事务局、中国驻新加坡大使馆经济商务参赞处共同主编.《对外投资合作国别（地区）指南——新加坡》. 2009年版第29—45页］

泰国对外国投资合作的法规和政策

一、对外贸易的法规和政策规定

1. 贸易主管部门

泰国主管贸易的政府部门是商业部（Ministry of Commerce），其主要职责分为两部分，对内负责促进企业发展、推动国内商品贸易和服务贸易发展、监管商品价格、维护消费者权益和保护知识产权等；对外负责参与WTO和各类多双边贸易谈判、推动进出口贸易良性发展等。泰国商业部主管对外业务的部门有贸易谈判厅、出口促进厅和国际贸易厅等，主管国内业务的部门有商业发展厅、国内贸易厅、知识产权厅和灾祸保险厅等。

2. 贸易法规体系

泰国与贸易相关的主要法律有1960年《出口商品促进法》、1979年《出口和进口商品法》、1973年《部分商品出口管理条例》、1979年《出口商品标准法》、1999年《反倾销和反补贴法》、2000年《海关法》等。

3. 贸易管理相关规定

【进口管理】泰国对多数商品实行自由进口政策，任何开具信用证的进口商均可从事进口业务。泰国仅对部分产品实施禁止进口、关税配额和进口许可证等管理措施。禁止进口产品主要涉及公共健康、国家安全等的产品；关税配额产品包括桂圆等23种农产品，但关税配额措施不适用于从东盟成员国的进口；进口许可分为一般产品许可和特殊产品许可，并规定进口许可的产品必须得到泰国商业部批准后才能到港。

【出口管理】泰国除通过出口登记、许可证、配额、出口税、出口禁令或其他限制措施加以控制的产品外，大部分产品可以自由出口，受出口管制的产品目前有45种，其中征收出口税的有大米、皮毛皮革、柚木与其他木材、橡胶、钢渣或铁渣、动物皮革等。

【贸易壁垒】泰国对WTO成员方的平均关税是14.6%，非WTO成员方的平均关税是16.8%。

（1）关税高峰。泰国现对大量的进口产品征收超过30%的关税，包括农产品、汽车和汽车零部件、酒精饮料、纤维和一些电子产品。如丝织品、羊毛织物、棉纺织品及其他一些纤维织物的进口关税多为60%，摩托车及一些特殊用途车的进口关税达到或超过80%、大米52%、奶制品216%。

（2）关税升级。泰国对绝大多数工业原材料和必需品，如医疗设备征收零关税；对有选择的一些原材料、电子零配件以及用于国际运输的交通工具征收1%的关税；一些化工原料，如氯化铵、氯化钙、氯化镁等氯化物的关税也仅为1%；对初级产品和资本货物大部分征收5%的关税；对中间产品一般征收10%的关税；对成品一般征收20%的关税；对需要保护的特殊产品征收30%的关税。

（3）关税配额。根据WTO《农业协定》，泰国对23种农产品实行关税配额管理，分别是桂圆、椰肉、牛奶、土豆、洋葱、大蒜、椰子、咖啡、茶、干辣椒、玉米、大米、大豆、洋葱籽、豆油、椰子油、速溶咖啡、土烟丝、生丝等。这些产品在配额内实行低关税，在配额外实行高关税，如大蒜进口配额仅64.6吨，配额内关税为27%，配额外关税高达57%。

（4）进口限制。泰国规定26种产品需要进口许可，包括原材料、石油、工业原料、纺织品、医药品及农产品。泰国禁止进口二手摩托车及其零件和游戏机。产品进口必须满足规定的要求，如缴纳特别费用、需要原产地证明等。进口食品、医药产品、矿产品、武器弹药、艺术品，需要相关部长的特别许可。泰国要求在食品进口登记中提供关于食品生产工艺及组成成分的详细产品经营信息。泰国卫生部食品药品管理局规定所有食品、药品及部分医疗设备的进口均须符合进口许可证的管理。食品进口许可证每三年换一次，每次均需要重新认证，文件送达食品药品管理局后还需重新收费、药品进口许可证每年更换一次，同样需要缴纳有关费用。

（5）技术性贸易壁垒。泰国对10个领域的60种产品实行强制性认证，包括农产品、建筑原料、消费品、电子设备及附件、PVC管、医疗设备、LPG气体容器、表层涂料及交通工具等。泰国卫生部食品药品管理局规定，所有进口食品、药品及部分医疗设备要符合标准、检测、标签和认证要求。进口上述产品必须附有泰文说明产品名称、重量或容量、生产和失效日期的标签，并经泰国卫生部食品药品管理局批准。

（6）政府采购。泰国不是WTO《政府采购协定》的签署国。在政府采购招标中，泰国对外国投标企业设置一系列限制，使外国企业无法投标或难以中标。如泰国常在招标文件中规定非泰国产品不得参与投标；政府采购部门对投标资格的规定不确定，有权在任何时候接受或拒绝部分或所有投标，甚至可以在招标过程中修改技术要求；投标者对招标结论没有申诉权利等。根据2000年5月泰国颁布的《对销贸易法》，对金额超过3亿泰铢的政府采购合同，外国中标企业须易货回购价值不低于合同金额50%的泰国产品，该规定大大提高了外国中标企业的经营成本。

4. 进出口商品检验检疫

泰国负责商品质量监督、检验和标准认证的管理部门主要是卫生部下属的食品与药品监督管理局（Food and Drug Administration，简称FDA）及农业合作部下属的国家农业食品和食品标准局（National Bureau of Agriculture Commodity and Food Standards，简称ACFS）。

FDA行使职责依据的国内法规和国际协议主要有：泰国1967年《药品法》、1975年《精神类物质法》、1979年《食品法》、1979年《麻醉品法》、1988年《医疗器械法》、1990年《防止滥用挥发性物质法》、1992年《化妆品法》、1992年《危险物质法》和1971年《关于精神类物质的国际公约》、1988年联合国《关于反对非法买卖麻醉品和精神类物质的协定》等。FDA根据相关法律法规对商品的市场准入进行控制，审核发放各类商品相应的卫生证明、GMP证明、HACCP证明和自由销售证明等。进口商必须申请进口许可证后才能进口食品，指定的食品储藏室必须经FDA检验后才能使用，进口许可证要每三年更新一次；对于特别控制的食品，进口商必须到FDA注册，获得批准才能进口。

ACFS的主要职责是制定初级农产品、食品和加工农产品的标准，发放许可证明，对有关产品的认证机构及企业进行认证等，此外，还协助和参与技术问题、非关税措施及国际标准等方面的对外谈判，其主要工作目标是发展泰国农产品和食品标准体系使其适应国际标准，以扩大泰国农产品和食品的出口额。ACFS自成立以来，共制定公布了22项植物食品标准、10项动物产品标准、3项鱼类食品标准和20项其他标准。

5. 海关管理规章制度

《海关法》是泰国实施海关管理的根本法律制度。目前，泰国海关进出口商品代码和关税管理体系是根据1987年修订的海关关税法令（Customs Tariff Decree 1987）制定的。泰国政府根据管理需要会对商品代码分类和海关关税进行不定期调整，有关法令和公告可在泰国海关厅网站上查询，网址为：www.igtf.customs.go.th/igtf/en/main.frame.jsp。

在泰国，大部分进口商品都需要缴纳两部分税，一是海关关税，二是增值税（VAT）。关税计税方法一般为按价计税，也有部分商品按照特定单位税率的方式征税。一般情况下，进口商品关税额计算公式为商品到岸价（CIF）乘以该项商品的进口税率，绝大部分商品的进口关税在0%～80%之间；增值税的计算公式为进口商品缴纳关税和消费税（部分商品需缴纳）后的总价值乘以7%。

表1 泰国主要进口商品的关税税率

商品名称	HS编码	一般关税税率
原油	2709	25%
集成电路	8542	35%
打字机等办公机器的零部件	8473	40%
摩托车零部件	8708	60%
光盘、磁带、记忆卡等未录制内容的固体媒体存储介质（胶卷除外）	8523	60%

续表

成品油	2710	部分采用30%的税率按价计税，部分采用特定单位税率2.91铢/升
天然气和其他气体燃料	2711	采用特定单位税率0.001铢/千克
未加工的精铜和铜合金	7403	6%
自动数据处理设备	8471	40%
未加工的金、金粉	7108	35%

泰国给予东盟成员国和与其签订多双边贸易协定的国家地区不同程度的关税减让，具体商品的关税税率和减让情况均可以通过HS税号或商品名称在海关网站上查询，网址为：www. igtf. customs. go. th/igtf/en/main. frame. jsp。

二、对外国投资的市场准入的规定

1. 投资主管部门

泰国主管投资促进的部门是投资促进委员会（Board of Investment，简称BOI），负责根据1977年颁布的《投资促进法》及1991年第二次修正和2001年第三次修正的版本制定投资政策。投资促进委员会办公厅（Office of the Board of Investment）是隶属于泰国工业部的国家厅级单位，负责审核和批准享受泰国投资优惠政策的项目、提供投资咨询和服务等。

2. 投资行业规定

根据泰国1999年颁布的《外籍人经商法》，限制外国人投资的行业有以下三类：

（1）因特殊理由禁止外国人投资的业务：报业、广播电台、电视台；种稻、旱地种植、果园种植；牧业；林业、原木加工；在泰领海、泰经济特区的捕鱼；泰药材炮制；涉及泰国古董或具有历史价值之文物的经营和拍卖；佛像、钵盂制作或铸造；土地交易等。

（2）涉及国家安全稳定或对艺术文化、风俗习惯、民间手工业、自然资源、生态环境造成不良影响的投资业务，须经商业部长根据内阁的决定批准后外国投资者方可从事的行业：生产、销售、修理军用设备及装备；国内陆上、水上、空中等运输业，包括国内航空业；涉及泰国传统工艺品的古董、艺术品买卖；木雕制造；养蚕、泰丝生产、泰绸织造、泰绸花纹印制；泰国民族乐器制造；金器、银器、乌银镶嵌器、镶石金器、漆器制造；蔗糖生产；海盐、矿盐生产；石盐生产；采矿业、石头爆破或碎石加工等。

（3）本国人对外国人未具竞争能力的投资业务，须经商业部商业注册厅长根据外籍人经商营业委员会决定批准后可以从事的行业：碾米业、米粉和其他植物粉加工；水产养殖业；营造林木的开发与经营；胶合板、饰面板、刨木板、硬木板制造；石灰生产；会计、法律、建筑、工程服务业；宣传广告业；旅店业；旅游业；植物新品种开发和品种改良等。

外籍法人符合以下两个条件，可以从事第二类中规定的行业：一是泰籍人或按照本法规定的非外国法人所持的股份不少于外国法人公司资本的40%（除非有适当原因，商业部长根据内阁的决议可以放宽上述持股比例，但最低不得低于25%）；二是泰国人所占的董事职位不少于2/5。

对属于本法所规定的需得到允许的行业，外籍法人在泰国开始商业经营的最低投资额不得少于300万泰铢。其他行业最低不少于200万泰铢。最低投资额对在泰国注册的法人来说是指注册资本，对未在泰国注册的外国投资者或法人来说是指来泰经商所汇入的外汇。如果外籍人属于《投资促进法》、《工业机构条例》或其他有关法律规定受鼓励的投资者，则可以从事第二、三类中规定的行业。

在泰国投资获得优惠投资的企业，投资额在一千万泰铢以上（不包括土地费和流动资金），必须要获得ISO 9000国际质量标准或其他相等的国际标准。

以下行业的泰籍投资者的持股比例不得低于51%：农业、畜牧业、渔业、勘探与采矿业和1999年颁布的《外籍人经商法》附录第一类行业中的服务行业。

3. 投资方式规定

【股权投资】外籍人对泰开展投资经营活动的方式可分为以下两类，一是按照泰国法律在泰注册为某种法人实体，具体形式有合伙企业、有限公司和大众有限公司等；二是成立合资公司（Joint Venture），通常指一些自然人或法人根据协议为从事某项商业活动而组建的实体，根据泰国《民商法典》，合资公司不是法人实体，但是根据《税法典》，合资公司在缴纳企业所得税时被视为单一实体。

【上市】泰国法律规定，只有公众有限公司才有资格申请登记加入证券交易市场。根据1992年颁布的《公众有限公司法》的有关规定，有限公司可以转为公众有限公司。泰国没有关于外资公司在泰上市的特殊限制，在泰注册成立的大众有限公司，符合泰国证券交易委员会（Securities Exchange Commission，简称 SEC）和股票交易所（Stock Exchange of Thailand，简称 SET）的有关规定，即可申请上市。

【收购】泰国没有关于跨国并购的专门法律法规，规范收购行为的法律法规是《公众有限公司法》和 1992 年颁布的《证券交易法》。收购行为通常有股票收购、兼并和资产收购。收购上市公司，必须符合《证券交易法》和泰国证券交易委员会的有关规定，当收购量达到上市公司股份的 25%，收购者必须正式提出股权收购。有关法律法规可查询泰国证券交易委员会网站，网址 www. sec. or. th/laws _ notification/file _ dw _ en/SEC _ eng. pdf。

4. 外汇管理

自 1991 年 4 月 1 日起，泰国充分放宽了对外汇交易的管制。

【资金进入】非本国居民：过境的个人通常可以自由携带外汇和可流通的票据。

本国居民：对携带入境的外汇和流通票据的数量没有限制。但所有的外汇和票据须在收到或进入泰国 7 天内存入一家商业银行的外汇账户上。

投资者：对进入泰国的外汇如投资基金、离岸贷款等没有限制，但这些外汇须在收到或进入泰国 7 天内兑换成泰铢，或存入一家授权银行的外汇账户上。

【资金汇出】投资基金、分红和利润以及贷款的偿还和支付利息，在所有适用税务清算之后，可以自由汇出。同样，本票和汇票也可以自由汇出境外。

【商业交易中的外汇汇兑】泰国居民的外汇账户，对以下情况，允许泰国个人和法人保留外汇：在泰国授权银行开立的账户，存入从国外或从曼谷离岸业务机构借来的外汇。存款人须提交证据，证明在存款日期三个月内，要向国外的个人、授权银行、泰国进出口银行或泰国工业金融公司偿付外汇。但存款人的存款不能超过上述偿付数额。外汇存款票据和银币不能超过 2000 美元/天。每一个法人所有账户的日到期余额不得超过 500 万美元，个人不得超过 50 万美元。

（1）非本国居民的外汇账户。非本国居民可以在泰国授权银行开立并保留外汇账户。存款须来自海外资金。上述账户的余额可以不受限制地转移。

（2）非本国居民的银行账户。非本国居民可以在泰国任意一家授权银行开立账户。可以自由提取包括出售境外外汇所得的收入或非本国居民外汇账户上的外汇、其他非本国居民泰铢账户上转移过来的数额、本国居民与非本国居民间偿付债务的款项等。

（3）进口。进口商可为进口支付而自由购买或从自己的外汇账户上提取外汇。进口商无须得到泰国银行的许可，但在进口货物或交易价值超过 50 万泰铢时则须提交 F. T. 2 表格以及货物提单给客户。

（4）出口。出口可不受任何外汇管制。但出口收入或交易超过 50 万泰铢以上时须自出口之日 120 天内收到外汇并交予一家授权银行或在收到外汇 7 天内将其存入授权银行的外汇账户。

（5）无形交易。在提交支持性文件给授权银行后，非本国居民的汇款可以用于非资本项目，如服务费、利息、红利、利润和税费。居民的旅行支出或教育费用也可自由使用外汇。无形交易的收入须交授权银行或在收到收入 7 日内存入一家授权银行的外汇账户。

居民可以在泰国内持有或交易黄金珠宝、金币、金条。

5. 工厂许可

泰国目前实施的是 1992 年修订后的《工厂法》，该法明确规定了工厂建设、运行、扩建和安全的有关要求。由工业部工业建设厅（Department of Industrial Works，Ministry of Industry）根据该法负责管理，对于工厂建设项目的管理控制程度通常取决于环境保护的需要，例如对排放造成污染的产业控制就更加严格。根据该法，工厂被分为三类：

第一类，不需要政府许可就可以建设运行；

第二类，开始建设运行前需要事先告知政府有关部门，业主在收到工业部确认的回执后即可开始建设；

第三类，工厂建设前需要向工业部工业建设厅申请许可证。

在工厂试运行前和正式开工生产之前，业主要至少提前 15 天告知有关政府部门。

许可证的有效期为自项目运营起至第五年年底结束，如果工厂转让、出租或者停产，则在新业主取得许可证之日原许可证作废，或者在停产之日原许可证作废。业主在许可证到期前可以申请延期。

三、泰国对外国投资的优惠

1. 优惠政策框架

BOI向投资者提供两种形式的优惠政策：一是税务上的优惠权益，主要包括免缴或减免法人所得税及红利税、免缴或减免机器进口税、减免必需的原材料进口税、免缴出口产品所需要的原材料进口税等；二是非税务上的优惠权益，主要包括允许引进专家技术人员、允许获得土地所有权、允许汇出外汇以及其他保障和保护措施等。

非税务优惠适用于所有获BOI批准的项目，税务优惠则根据项目所在地和所属行业等不同情况享受相应的优惠。一般来说，位于受到特别鼓励投资区域的项目、生产出口型的项目或者属于泰国政府鼓励支持产业范畴内的项目均可以获得更大程度的优惠。

此外，为鼓励外商投资，BOI还放宽了对外商持股比例的限制，对于工业企业投资，无论工厂设在何处，允许外商持人部分或全部股份，如果有适当理由，BOI可规定外商在某些受鼓励的行业持股比例的限额。

2. 行业鼓励政策

BOI将鼓励投资的行业分为七大类，分别是：农业及农产品加工业、矿业、陶瓷及基础金属工业、轻工业、金属产品、机械设备和运输设备制造业、电子与电器国内工业、化工产品、造纸及塑胶和服务业及公用事业。

每个大类下还细分为许多小类，BOI对一些重点鼓励投资的行业都规定了特别的优惠条件，其中，农产品加工业、人才及科技发展业、公共事业、基础设施、环境保护等属于特别重视的项目。

3. 地区鼓励政策

BOI根据全国76个府的收入和基础设施等经济发展因素，将其划分为三个区域：

第一区共6个府，分别是曼谷、北榄、龙仔厝、巴吞他尼、暖武里和佛统。

第二区共12个府，分别是夜功、叻丕、北碧、素攀、大城、红统、北标、坤西育、北柳、春武里、罗勇和普吉。

第三区为其他58个府，分为两组，即36个府一组和22个低收入府一组。

BOI对各区域分别给予了不同程度的鼓励投资政策。

4. 泰国工业园的鼓励政策

泰国工业部下设有工业园管理机构（Industrial Estate Authority of Thailand，简称IEAT），负责发展工业园区和科技园区等工业地产。2007年，IEAT第四次修改《工业园机构条例》，以提高工业园内投资者的竞争能力。

根据《工业园机构条例》，泰国的工业园分为两类：一是一般工业区；二是自由经营区（原出口加工区）。在一般工业区投资的外国投资者，不必向BOI提交申请，就可以获得工业园内的土地所有权和引进外国技术人员、专家来泰工作的权利。此外IEAT还向工业园内的投资者提供便利设施和一条龙服务，如运输服务、仓库、培训中心和医疗服务等。在自由经营区的投资者，还可以享有更多的优惠政策，如无条件向国外出口产品，享受更大的进口物件和原材料便利，除BOI鼓励投资政策提供的优惠条件外，还可以享受更多的税务优惠。

目前，泰国IEAT独立开发的工业区有10个，IEAT与合作者联合开发的工业区共有28个，此外还有很多私人投资者开发的工业区。

四、与投资者合作相关的法律

（1）《民商法典》，明确了自然人、团体和法人之间的民事关系，对法人的设立、组织、经营、变更等行为作出了规定。查询网址：

www.samuiforsale.com/Civil_Code_text_english_I.html

（2）《外籍人经商法》，规定外籍人在泰经商行为的根本法律。查询网址：

www.dbd.go.th/mainsite/index.php id=791&L=1

（3）《税法典》，规定泰国税种、税率和计算方式等税务相关问题的根本法律。查询网址：

www.rd.go.th/publish/37693.0.html

（4）《投资促进法》（以及历次修改公告），明确了外商在泰投资可以享受的各项优惠权益。查询网址：

www.boi.go.th/chinese/about/law_and_regulations.asp

（5）《劳动保护法》，明确了雇主和雇员的权利及义务。查询网址：

www.mol.go.th/download/laborlaw/labourprotection1998_en.pdf

（6）《外籍人工作法》，规定外籍人在泰工作的根本法律。查询网址：

eng.mol.go.th/law_labour.html

（7）《海关法》，规定了商品进出泰国关境的原则和方式，明确了进出口经营者和海关管理机构的权利义务等。查询网址：

www.customs.go.th/law/lawl7.htm。

［来源：选编自商务部国际贸易经济合作研究院、商务部投资促进事务局、中国驻泰国大使馆经济商务参赞处共同主编.《对外投资合作国别（地区）指南——泰国》.2009 年版第 25—44 页］

越南对外国投资合作的法规和政策

一、对外贸易的法规和政策规定

1. 贸易主管部门

越南主管贸易的部门是工贸部，设有 36 个司局和研究院，负责全国工业生产（包括机械、冶金、电力、能源、油气、矿产及食品、日用消费品等行业生产）、国内贸易、对外贸易、WTO 事务、中国—东盟自贸区谈判等。

2. 贸易法规体系

越南主要贸易法律法规包括：《民法》、《贸易法》、《电子交易法》、《海关法》、《进出口税法》、《知识产权法》、《信息技术法》、《反倾销法》、《反补贴法》、《企业法》、《会计法》、《统计法》等。

3. 贸易管理相关规定

【进口管理】根据加入 WTO 的承诺，越南逐步取消进口配额限制，基本按照市场原则管理。禁止进口的商品主要包括：武器、弹药、毒品、有毒化学品、军事技术设备、麻醉剂、部分儿童玩具、颓废和反动的文化品、爆竹、烟草制品、二手消费品、右舵驾驶机动车、二手物资、低于 30 马力的二手内燃机、含有石棉的产品和材料、各类专用密码及各种密码软件等。

【出口管理】关于出口，越南主要采取出口禁令、出口关税、数量限制等措施进行管理。禁止出口的商品主要包括：武器、弹药、爆炸物和军事装备器材、毒品、有毒化学品、古玩、伐自国内天然林的圆木、锯材、来源为国内天然林的木材、木炭、野生动物和珍稀动物、用于保护国家秘密的专用密码和密码软件等。

4. 进出口商品检验检疫

越南进出口商品检验检疫工作根据不同商品种类由不同部门负责，食品和药品检验由卫生部负责，动植物和其他农产品检验由农业与农村发展部负责，具体规定可在网上查询，网址请参照附录越南政府部门一览表。

5. 海关管理规章制度

【管理制度】越南现行关税制度包括四种税率：普通税率、最意国税率、东盟自由贸易区税率及中国—东盟自由贸易区框架下特别优惠税率。普通税率比最惠国税率高 50%，适用于未与越南建立正常贸易关系国家的进口产品。原产于中国的商品享受最惠国税率，其中属于越南海关税则 1～8 章的商品适用于“早期收获”税率。

【关税税率】越南部分商品进口税率见下表：

商品名称	关税税率	商品名称	关税税率
香烟	45%	纺织原料	5%～30%
皮革原料	0%	成衣	35%
皮革制品	30%	鞋	35%
木材原料	5%～10%	玻璃	3%～5%
纸浆	1%	钢材	0%～10%
纸张	5%～30%	发动机	5%～25%
农机	5%～15%	汽车（5 座）	83%

资料来源：越南海关

二、对外国投资的市场准入的规定

1. 投资主管部门

越南主管投资的政府部门是计划投资部，设有 26 个司局和研究院，主要负责对全国“计划和投资”的管理，为制定全国经济社会发展规划和经济管理政策提供综合参考，负责管理国内外投资，负责管理工业区和出口加工区建设，牵头管理对官方发展援助（ODA）的使用，负责管理部分项目的招投标等。

2. 投资行业规定

【禁止投资项目】

（1）危害国防、国家安全和公共利益的项目；

（2）危害越南文化历史遗迹、道德和风俗的项目；

（3）危害人民身体健康、破坏资源和环境的项目；

（4）处理从国外输入越南的有毒废弃物、生产有毒化学品或使用国际条约禁用毒素的项目。

【限制投资项目】

（1）对国防、国家安全、社会秩序有影响的项目；

（2）财政、金融项目；

（3）影响大众健康的项目；

（4）文化、通信、报纸、出版等项目；

（5）娱乐项目；

（6）房地产项目；

（7）自然资源的考察、寻找、勘探、开采及生态环境项目；

（8）教育和培训项目；

（9）法律规定的其他项目。

【鼓励投资项目】

（1）新材料、新能源的生产；高科技产品的生产；生物技术；信息技术：机械制造；

（2）种植、养殖；农林水产品加工；制盐；培育新的植物和畜禽种子；

（3）应用高科技、现代技术；保护生态环境；研究、发展、创造高技术；

（4）劳动密集型；

（5）基础设施项目；

（6）发展教育、培训、医疗、体育和民族文化事业的项目；

（7）传统手工艺项目；

（8）其他需鼓励的生产和服务项目。

3. 投资方式规定

根据越南《投资法》，外国投资者可选择投资领域、投资形式、筹集资金方式、投资地点和规模、投资伙伴及投资项目活动期限。外国投资者可登记注册经营一个或多个行业；根据法律规定成立企业；自主决定已登记注册的投资经营活动。

【直接投资】直接投资方式包括：外商独资企业；成立与当地投资商合资的企业；按 BCC、BOT、BTO 和 BT 合同方式进行投资；通过购买股份或融资方式参与投资活动管理；通过合并、并购当地企业的方式投资；其他直接投资方式。

【间接投资】间接投资方式包括：购买股份、股票、债券和其他有价证券；通过证券投资基金进行投资；通过其他中介金融机构进行投资；通过对当地企业和个人的股份、股票、债券和其他有价证券进行买卖的方式投资。间接投资的手续根据证券法和其他相关法律的规定办理。

【外资并购】越南正在对隶属于 70 多家集团和总公司的 1600 多家国企进行改革，包括银行、航空、通信、造船、汽车、电力、水泥、交通等重要行业，鼓励外商参与，允许外商购买股份和参与管理，仅保留 554 家与国防、安全等有关的国有全资企业。外商可通购买上市企业的股票，或购买股份制企业的股权等方式进行并购。

三、越南对外国投资的优惠

1. 优惠政策框架

2006 年 7 月 1 日，越南出台新的《投资法》，对国内和外商投资实行统一管理，取消先行实施的《外国投资法》的诸多限制，进一步开放市场。取消的限制包括：要求优先购买、使用国内商品和服务，或必须购买国内某一生产厂家的产品和服务；要求商品或服务出口必须达到一定比例；限制出口商品和服务的种类、数量和价值；要求商品进口数量和价值与商品出口数量和价值相当或必须通过自身出口来平衡进口所需外汇；要求商品生产要达到一定的国产化比例；要求研发工作要达到一定水平或价值；要求在国内外某具体地点提供商品及服务；要求总部设在某具体地点等。

2. 行业鼓励政策

越南鼓励外商直接投资发展高新技术产业，尤其是鼓励到高新技术开发区投资设立企业。

越南规定进驻高技术园区的条件，包括：高科技产品的销售额占营业收入的 70%以上；生产技术需达到先进程度；产品可以出口或替代同类进口产品；产品质量达到 ISO 9000 标准；人均产值达 40000 美元以上等。为加快人才培养，越南还规定：至少 40%的企业员工拥有高等学历，并在国外研究机构或现代化生产一线受过业务培训；100%的中层干部和工人应得到业务和技术培训，其中至少 5%的员工需经过国外现代生产线操作培训；科研经费的支出不得低于年营业收入的 2%；对于法定资金超过 1000 万美元的项目，科研和培训经费至少每年 20 万美元，人均营业收入需达到 70000 美元（法定资金超过 3000 万美元，员工超过 1000 人的企业除外）等。

越南对该类投资项目提供如下优惠政策：

（1）外商投资高新技术产业的项目可长期享受 10%的企业所得税（园区外高科技项目为 15%，一般性生产项目为 20%～25%），并从盈利之时起，享受 4 年免税和随后 9 年减半征税的优惠政策。

（2）在高新技术企业工作的越南籍员工与外籍员工在缴纳个人所得税方面享受同等纳税标准。

（3）外国投资者和越国内投资者享受统一的租地价格；投资者可以土地使用权价值及与该土地使用面积相关联的财产作抵押，依法向在越南经营的金融机构贷款；对高新技术研发和高科技人才培训的项目，可根据政府规定免缴土地使用租金。

（4）在出入境和居留方面，外籍员工及其家属可申请签发与其工作期限相等的多次入境签证；越政府依据有关法律规定为外籍员工在居留，租房购房等方面提供便利条件。

(5) 高新技术项目：投资者根据其他投资优惠政策法规文件的规定享受最高的优惠政策待遇。

3. 地区鼓励政策

越南的工业区、出口加工区对外资企业实行优惠税收政策。这些优惠的税收政策，不仅有力地促进了越南吸收外资的工作，而且增大了越南工业区和出口加工区的发展后劲。

【工业区】工业区内的外资企业按以下规定缴税：

(1) 进出口税

①生产性企业和服务性企业均免征出口税。

②生产性企业进口构成企业固定资产的各种机械设备、专用运输车免征进口税；对用于生产出口商品的物资，原料，零配件和其他原料可暂不缴进口税，企业出1∶3成品时，再按进出口税法补缴进口税。

③服务性企业按进口税法缴税。

(2) 企业所得税

①产品出口80%以上的生产性企业从盈利之年起免税4年，接着4年按纯利润的5%缴税，此后每年按纯利润的10%缴税。

②出口50%～80%的生产性企业从盈利之年起免税2年，接着3年按纯利润的7.5%缴税，以后每年按纯利润的15%缴税。

③50%以下的生产性企业从盈利之年起免税1年，随后2年按纯利润的10%缴税，以后每年按纯利润的20%缴税。

④服务性企业从盈利之年起免税1年，随后2年按纯利润的10%缴税，以后每年按纯利润的20%缴税。

【出口加工区】出口加工区内的外资企业按以下规定缴税：

(1) 进出口税

①生产性企业和服务性企业均免征出口税。

②生产性企业和服务性企业进口构成企业固定资产的各种机械设备、专用运输车辆和各类物资，原料免征进口税。

(2) 企业所得税

①产品出口80%以上的生产性企业从盈利之年起免税4年，随后4年按纯利润的5%缴税，以后每年按纯利润的10%缴税。

②服务性企业从盈利之年起免税2年，随后3年按纯利润的7.5%缴税，以后每年按纯利润的15%缴税。

越南《劳动法》规定劳务合同应包括工种、工作时间、工作场所、休息时间薪资、合同期限、劳动安全、劳动卫生、社会保险等内容。

四、与投资合作相关的主要法律

《民法》规定越南的自然人之间、法人之间以及自然人与法人之间的财产关系，为私有财产提供保护。

《投资法》规定外商在越南投资的项目审批、权利、义务、税收、政策优惠等。

《海关法》规定商品进出越南的原则和方式，以及海关机构和进行商品外贸活动的人的权利和义务等。

［来源：选编自商务部国际贸易经济合作研究院、商务部投资促进事务局、中国驻越南大使馆经济商务参赞处共同主编.《对外投资合作国别（地区）指南——越南》. 2009年版第21—29页］

企业案例篇

宝钢东南亚市场定位

在新加坡著名商务区——新达城一幢摩天大楼的第40层，有一家在当地名声颇响的中资公司——宝钢新加坡贸易有限公司，2009年年初公司位居新加坡大企业1000强中的第296位，以营业额从2006～2008年连续三年每年增长一亿多美元的业绩，2009年年初获得“发展最快的50家企业”称号。新加坡国际发展局一位高级官员用这样的语言来评价：新加坡是全球贸易中心之一，如果没有宝钢新加坡公司的存在，对于新加坡会是一个缺憾。

明确的市场定位

宝钢新加坡贸易有限公司（以下简称宝新公司）成立于1997年2月，正当1997年下半年宝新公司准备全力开拓业务的时候，亚洲金融危机突然爆发，使当地对钢铁产品的需求急剧下降。以经济快速发展中的印尼为例，1998年的钢材消费量不到1996年的一半。但开张仅半年，只有3个人的宝新公司，还是在控制好贸易风险的前提下，敢于开展市场业务，完成了44000吨钢材，2000万美元的贸易额。

东南亚钢材市场竞争激烈，是日本、韩国及中国台湾地区钢铁企业的传统市场，这些企业不但在这一地区建有相当规模的钢材厂，而且密布大量的剪切中心，为当地的日资和韩资的家电、汽车制造等下游企业配套，在泰国的20家剪切中心中，13家是日资企业。同时，这一地区离中国很近，运输便利，中国国内一些大钢铁企业在这里的销量也在快速增长。

面对这样的市场格局和竞争态势，又受制于宝钢出口产品的资源有限，宝新公司审时度势，把自己定位在市场的参与者和补充者。采取不与强手正面较量，并不意味着无所作为，而是转用循序渐进、重点突破、步步为营的策略，为宝新公司将来在这一地区的战略发展打下扎实的市场基础。宝新公司将东南亚和南业市场细分为传统市场、新兴市场、潜力市场三个部分，分别采取不同对策进行开拓，十多年来业务面已覆盖东盟十国和南亚的印度、巴基斯坦；并在泰国、越南和印度设立了贸易代表处。

根据当地市场需求的特点，宝新公司将马口铁、汽车板、压力容器钢、石油天然气用钢和家电用钢作为主打产品，积极发展重点用户、长期用户和战略用户，开利、菲利普、松下、雀巢、印度TATA汽车厂等知名企业已成为宝新公司的长期客户和战略客户，并打破了日本、欧洲一些公司的含铬抗腐蚀油井管产品在当地市场的垄断；东南亚制罐行业所用的马口铁，宝钢产品已占据了举足轻重的市场份额。在“挤进”传统市场的同时，宝新公司抓住近年印度、越南经济高速发展的机遇，积极开发新用户，寻找市场新需求。2007年在印度的销售量近22万吨，其中10万吨为X70管线钢，在越南的销售量为15万吨，2007年新兴市场的销售量已占宝新公司销售总量的三分之一。

安全的经营之道

宝新公司经营的东南亚和南亚地区，除新加坡外，都是发展中国家，经济比较落后，法律环境欠完善，客户实力和抗市场波动能力较弱，因此，在积极拓展业务的同时，控制经营风险，实现安全收汇，可以说是关系到宝新公司生存和发展的头等大事。

宝新公司实行全员全过程风险控制，从对客户的信誉度、经营情况、资金流情况的了解，到收款方式的选择、信用证的审核和再担保，从制单过程的把关、财务结算，到物流过程的控制，流程的每一个环节都严密而细致。同时，建立用户信用评级制度，做好客户细分的基础工作。公司成立11年来，贸易量和贸易额年均增长率分别达到30%和36%，目前的年贸易额已是成立时的近30倍，由于抵御经营风险的意识强，控制风险的措施得力，没有发生过一笔坏账，所有货款都实现安全收回。

既不能错失市场机会，又必须确保收汇安全，有时这确实是一个两难的选择，可一旦做好了就会是一个鱼与熊掌兼得的结果。2008年上半年，宝新公司接到了越南一家气瓶制造商一个12000吨热轧卷的大订单，不料此时越南金融危机突然爆发，当地银行出具的信用证的信用度大打折扣，若贸然执行合同，必然会带来巨大的收汇风险；如果违约不执行合同，不但失去了一单大生意，还会损坏宝钢的市场信誉。宝新公司在充分掌握客户订单饱满，确实急需这批钢材投料的基础上，经过反复权衡利害得失，最终决定执行合同，但同时要求对方开出外资银行信用证，并由新加坡银行再担保。最终，这笔生意顺利做成，不但解了客户燃眉之急，也获得了可观的经济效益，并赢得了市场美誉。

（来源：中华商务网. http://www. chinaccm. com/60/6004/600419/news/20090210/092220. asp. 2009—02—10）

TNT公司投资东南亚—中国—欧洲速递市场

为满足东南亚、中国和欧洲快速增长的货物速递业务需求，TNT（全球领先的快递邮政服务供应商，为企业和个人客户提供全方位得快递和邮政服务，总部位于荷兰阿姆斯特丹）将于2008～2013年投资1亿欧元建设自己的网络和基础设施。2008年4月11日，TNT开通了“列日—新加坡—上海”新货运航线。

目前，高科技、机械设备以及保健行业的客户在东南亚、中国和欧洲之间运递高值货物的需求快速增长，TNT公司将通过满足由这部分客户带动的运递需求，巩固其市场领导地位。

自2007年起，TNT公司就改变了其在欧洲航空枢纽（在列日）和上海之间每周飞行四次的B747—400 ERF货机的航线。自2004年4月11日起，东行的航空业务中增加了新加坡一站。TNT公司的第二架B747-400ERF目前已专飞阿联酋。TNT公司还建立了亚洲公路网，为新加坡、马来西亚、泰国、越南和中国的120多个城市提供限日公路速递服务。该公路网还将连接TNT华宇物流的中国国内公路网。

TNT公司综合的、多国家的、多式联运的解决方案以及一站式服务，为客户运递重件、高值货物并提供客户定制解决方案。TNT从东南亚各大城市到中国的货运时间平均为48小时，到欧洲则只需1天。

将新加坡作为TNT公司在东南亚的运输枢纽，TNT公司在欧洲、东南亚和中国之间的衔接则会进一步增强，便于开发这些区域巨大的贸易流。根据TNT公司的一项研究，大中华区是东南亚最大的贸易伙伴之一，其航空快递业务量占总量的24%，其次是欧洲和东南亚，分别占20%和11%。在东南亚的航空贸易中，高科技领域的贸易额占总贸易额的76%。

（来源：中华人民共和国邮政局网. http://www. chinapost. gov. cn/folder11/folder37/2008/05/2008－05－126794. html. 2008—05—12）

东风汽车拓展东南亚市场的应对策略

在对海外第一大市场俄罗斯出口受阻后，加大对汽车工业基础薄弱的区域出口或许成为中国自主品牌新的方向。

2008年，东风汽车集团股份有限公司（以下简称东风集团）应菲律宾总统之约，将中低档车型出口到该国市场。业内认为此举是中国车企与东盟合作又一很好的范例，并能带动中国自主品牌加大对以越南、菲律宾为主的东盟市场的出口份额。

在对俄罗斯出口受阻后，众多自主品牌将目光投向了另一块中国传统出口区域地——东盟市场。中国机电进出口商会汽车分会统计数据显示，2008年1～9月份，中国对该市场的汽车出口同比增长147.6%，成为汽车出口增幅的佼佼者。

冲击二手车市

2008年，菲律宾总统阿罗约在邀请东风集团出口菲律宾中低档汽车时，用了“尽快”一词，足以体现其心情的紧迫，其原因就在于二手车在菲律宾市场泛滥成灾。

菲律宾汽车工业整体实力薄弱，主要依靠进口来满足国内市场需求。菲律宾的进口政策并不是很严格，对于汽车环保要求也相对宽松，进口的廉价二手车一度成为市场的主流。

与来到菲律宾进行汽车投资的主要外资一样，这些二手车同样出自日本。在菲律宾，买一辆使用过3～5年的日本二手车，价格远远低于菲律宾国产的新车，消费水平不高的菲律宾人更愿意买进口二手车，致使菲律宾汽车制造业发展缓慢。大量进口二手车影响目前投资的收益率，阻碍投资者对本地汽车业的信心，菲律宾本地汽车业的大量日本投资也受到日本旧车进口的直接影响。

菲律宾政府为鼓励发展汽车工业，采取限制旧车进口的措施，并且减免部分新车购买税，鼓励国产汽车出口等政策。虽然在2007年取得了新车销量破11万的成绩，但与1996年16.2万辆的峰值还存在较大差距。不仅是菲律宾，包括马来西亚在内的多数东南亚国家都存在着大量进口二手车的现象，而其政府又不会对这种现象坐视不理，为中国中低档车型出口提供了机会。

灵活布局东南亚

东风集团曾表示，出口的车型主要为商用车型。但对于事态的进展，东风集团方面未予表态。对于海外市场，东风商用车正在经历着从机遇型转向战略型，从贸易型转向事业型的出口模式转变。对于以商品输出为主的东南亚市场，东风商用车制定了灵活的运作方式。东风商用企划王卫华介绍，东南亚市场的模式将以马来西亚培育成品牌自主、网络可控、销量持续增长的战略市场，并以此为核心向周边市场辐射。

2008年年初，东风商用车分批向越南出口570辆东风天龙和东风大力神。由此，东风商用车海外事业部拉开了在东南亚市场的战略布局。

在此次产品设计方面，东风商用还专门根据越南客户的需求进行了相应的改进和调整，产品性能更加贴近市场。由于近些年中国商用车开始向高端市场迈进，东风天龙等高端车型已超过了韩国现代和大宇品牌，在越南市场优势地位越来越明显。

此次对菲律宾出口乍看上去是机遇型出口，但东风汽车公司副总经理、商用车公司总经理童东城却表示，已有计划向菲律宾出口整车，下一步公司将与菲律宾华人商会进行进一步洽谈，加快双方更深入合作。

需防金融风险

东盟为中国自主品牌出口带来新机会，同时带来的还有风险。通常情况下，中国汽车出口在网络服务、产品的成熟度以及认证方面都需要倍加注意。

除了以上常规项目外，2008年又有其特殊性。受金融危机的冲击，银行是东盟地区影响中国汽车出口最大的变数。

由于东盟国家多是英联邦国家，市场信用体系完备，该地区汽车消费多是贷款，金融危机必将波及银行体系，同时，中国汽车出口对应当地经销商，大部分结算是通过银行信用证，如果银行出了问题，信用体制就需要重新整理，这同样会给中国汽车出口造成损失。

东风商用车对此也早有应对。东风集团原来对大单较多的越南市场采取80%通过银行信用证交易。但在2008年为了规避金融风险，东风采取分批发货、分批收款的方式，将风险分散。但对于其他不熟悉或信用评级不良的地区和经销商，则基本采用T/T结算，也就是先收钱再寄单证，保证资金及时回流。

（来源：中国行业研究网. http://www.chinairn.com/doc/70290/366408.html. 2008—11—10）

方正电子成功拓展东南亚印刷市场

方正电子市场部

方正电子市场部

东南亚印刷市场较之发达国家和中国的印刷市场而言，技术稍显落后，但却是一个蕴含着无限潜力、发展前景广阔的市场。一直以来，东南亚印艺市场被国际二手设备提供商所垄断，他们采取回收发达国家已使用过的硬件设备，捆绑软件的方式销往东南亚市场。方正电子在这一市场的深入拓展，改变了因二手销售市场导致技术落后的局面，用独立自主的软件开发能力，自主品牌的硬件产品，及强大的产品研发能力和技术服务力量，在东南亚市场开拓出一片天地。

2007年10月25日，方正电子自主品牌硬件设备——方正雕龙CTP问世，标志着方正电子从软件开发商、系统集成商、系统服务商向软件与设备开发商、系统集成与服务商转变。2007年末，方正电子初步确定2008年国际业务将重点关注东南亚地区的市场。泰国BJC Graphic Systems公司成功代理方正雕龙CTP。

挖掘东南亚市场需求　提供针对性解决方案

方正电子在东南亚市场长期以来一直局限在被动提供产品和市场信息的状态中，存在很多已经在国际其他地区打开市场的核心软件产品和最新研发的产品不能够及时地送达当地代理商的情况。在调整海外市场发展思路后，方正电子的销售人员针对东南亚市场的特点，采取了行之有效的方法进行市场拓展。

海外市场拓展不同于国内，应克服三个障碍。一是语言的差异。其他海外市场以英语交流为主，而在东南亚市场，英语对于双方而言都不是母语，交流存在一定的困难；二是文化差异。开拓东南亚市场，还应充分了解当地的风土民情和实际情况，如市场特点、产品采购习惯等；三是地域空间的差异。由于地域空间的差异，东南亚海外市场的拓展在前期只能通过邮件、电话等方式沟通，在一定程度上影响了开拓力度。

方正电子克服了这三方面的困难，与东南亚代理商通过邮件进行了充分的沟通，于2008年7月初有针对性地邀请了东南亚地区的代理商来到北京方正大厦参加“方正英文独立产品及解决方案的推广订货会”，洽谈业务合作。此次“推广订货会”实际上是方正电子对代理商进行的一次系统的培训，对方正电子现有产品进行全面详细的介绍，以及针对代理的需求安排方正的专家有针对性地进行培训并取得了很好的效果。

东南亚各国的代理商通过对方正的实地考察以及接受的系统培训，对方正电子的技术实力和服务都有了切身的感受。在这次代理商会议上，方正电子与东南亚代理商成功签订了多套订单。在此期间，代理商们也对方正新推出的EagleCTP设备和DocuDefend防复印软件表现出浓厚兴趣。

看重技术与服务支持

对于东南亚代理商而言，整套印刷系统的采购中，软件所占采购成本相对较小，作用却是关键的。方正雕龙CTP使用的畅流在市场使用中积累了宝贵的经验，其稳定性、功能性已得到市场的广泛认同，加之强大的服务团队，方正能够给代理商提供完善、及时、可靠的售后支持。

方正会针对每一个代理商的需求，以及当地市场情况提出一套系统的解决方案，在产品实现销售后建立起用户档案，不断了解并更新用户需求，及时提供最新信息和服务，尽早将新技术推向当地市场，通过产品的差异性给代理商带来更多的商机。

泰国BJC Graphic Systems公司正是通过与方正销售人员的前期沟通和后期到方正的拜访参会，作出了代理方正雕龙CTP的决定。该公司是泰国市场销售、分销系统以及服务提供领域的领头军，同时在亚洲也设有数家有影响力的生产运营点。

目前，方正电子在海外市场的拓展工作正在持续地进行。方正雕龙CTP在东南亚市场的成功销售为方正硬件设备在海外市场的拓展开了一个好头。方正电子自主研发、代表印刷技术领先发展方向的产品将会不断走出国门，在更广阔的市场中展现实力。

（来源：方正集团网．http://www.founder.com/show—66—13493.html.2008—09—16）

缝机企业开拓东南亚市场初见成效

近年来，随着东南亚地区服装产业不断地发展，该地区已经成为世界服装产业的重要生产基地，而其巨大的缝制机械市场商机也吸引了众多中国国内缝机企业的关注，成为企业开拓海外市场的必争之地。目前，已有不少缝机企业成功地开拓了东南亚地区市场。借鉴它们的成功经验，对其他欲进军海外市场的缝机企业来说，可以达到事半功倍的效果。

近年来，随着世界劳动力成本、原材料价格的上升，以及东南亚地区各国服装产业的不断发展，许多跨国服装公司将生产重心转移到生产成本更低的东南亚地区国家，致使大量的国际服装生产订单流入越南、印度尼西亚等国市场，并且这一现象还有不断发展的趋势，这也为中国缝制机械行业企业提供了巨大的商机。

而中国缝制设备近年来在产品技术、质量乃至国际竞争力等方面都有了较大的发展与提高，许多国内缝机企业在巩固国内市场份额的同时，也跃跃欲试准备到国际市场上一展身手，因此市场潜力巨大的东南亚地区缝制设备市场成为了中国众多缝机企业开拓海外市场的重要突破口和必争之地。截至2007年，以飞跃、杰克等为代表的部分行业骨干企业已经成功地打入了东南亚地区市场并赢得了当地采购商的广泛认可，在交出了一份出色的市场业绩的同时，也积累了大量开拓东南亚缝制设备市场的经验。

尽管这些缝机企业成功开拓东南亚地区市场的经历有所不同，但它们都是通过不断摸索东南亚市场的特点，提高自身产品的适应性等方法来赢得东南亚客商的青睐。

针对市场　开发适应多样化需求的产品

作为世界缝制机械制造大国，中国的缝制设备产量占世界缝制设备总产量的70%以上，而中国缝制设备产品凭借成熟的技术、稳定的质量和优惠的价格深受世界各国采购商的青睐，并在国际市场上取得了一定的市场份额。

中国出口的缝制设备产品以物美价廉的传统低端机型为主，这使中国缝纫机产品在以发展中国家为主的东南亚市场深受欢迎，产品畅销东南亚各国缝机市场。但这并不意味着中国缝机企业可以采取低价竞争的手段来扩大市场份额，因为这不但会最终导致企业有销量却无利润，也会造成国内同行之间的恶性竞争。中国缝机企业只有充分发挥自身产品优势，开发出适合东南亚市场的、价廉物美的产品，才能真正在东南亚市场上站稳脚跟。

随着东南亚服装产业发展迅猛，各类服装企业生产的服装产品种类日益丰富，这就要求缝机企业加快产品结构调整，确立自己企业的产品定位，树立超前开发新产品的意识，以适应当地服装机械市场多样化的需要。国际上流行的“小批量、多品种”的生产模式是一种有效提高企业赢利水平的生产模式，所以只要中国缝机生产企业开发出适应“小批量、多品种”的服装生产要求的缝制设备产品，企业就能满足当地服装机械市场的多样化需求，并获得市场的认可和接受。

狠抓质量　以客户满意为最高标准

出口产品的质量不仅关系到一个产品能否成功进入市场，更关系着一个企业，乃至国家产品的整体水平和形象。

缝制设备产品属于工业类消费品，作为缝制机械行业的下游行业企业，服装企业对缝制设备产品的质量要求比一般产品更高。而随着缝制机械产业升级步伐的加快以及中国国内企业与国际同行交流日益频繁，越来越多的缝机企业认识到质量管理的重要性。

打造品牌　促企业实现长远发展

品牌是一个企业的无形资产。中国缝制机械产品要走向世界一定要有自己的名牌，这已经成为行业共识。虽然中国缝制机械行业内已形成了一批名牌，但在国际市场上这些国内名牌的影响力还远远不够，无法与国外知名缝机品牌相抗衡。

长期以来，东南亚各国的缝制机械市场一直被日本、德国等缝制机械制造强国的产品所占据，而高端产品市场更达到了垄断的地步，中国缝制设备产品要进军东南亚市场，企业只有通过各种手段不断加强和完善品牌建设，提升品牌核心竞争力，才能改变这种对自己不利的局面，因此各缝机企业一定要树立名牌意识，加大广告宣传力度。

虽然贴牌生产的产品能够返销国际市场获得不错的利润，但这种生产方式多是为他人作嫁衣，只能作为企业发展的过渡阶段，而从长远发展来考虑，中国缝制机械企业一定要拥有自己的品牌，甚至是名牌，这样企业才具备长远发展的核心竞争力。

强化服务　售后服务是关键

售后服务已经成为企业决胜市场竞争的关键。在中国缝制机械行业中，售后服务的滞后已经严重制约了中国缝制设备产品，尤其是附加值较高的机电一体化产品的出口。相对于国内市场来说，中国缝制设备产品远销东南亚后，一旦出现故障，维修工作难以及时到位，如果企业不加强售后服务力量，在最短的时间内为当地客户解决困难，那么很可能因此而失去已有的客户和市场。有条件的缝机企业应充分利用国家的有关政策，在海外市场设立有效的维修售后服务网络，以加强和改善售后服务。

随着中国国内缝机企业实力的提升和完善，进一步参与国际市场竞争及打造品牌国际竞争力已成为眼下国内缝制设备企业的首要任务。现阶段中国缝制机械产业基本完成初步积累，参与国际竞争是中国缝机企业自身的发展需求，同时也是中国缝制设备行业必然发展趋势。走国际化道路、参与国际竞争、打造全球范围内有影响力的品牌将成为中国缝制设备产业由大向强发展及中国缝企实现国际化的重要支撑。

后　记

目前，中国缝制机械行业的国际化进程仍处于初级发展阶段，部分中国缝制机械行业骨干企业已在全力打造全球知名品牌，以实现品牌国际化，提高自身国际竞争力。对于行业内的大多数企业而言，如何迅速加强自有品牌的国际竞争力成为一个全球性品牌；如何在高档次、高附加值的高端产品市场实现全面突破；如何更好地实现国际化、把市场的蛋糕做大等都是现阶段中国缝机企业必须要考虑和面对的问题。

与国内市场相比，国际缝制机械市场的容量和潜力更大。虽然中国是当今缝制设备生产和出口第一大国，但中国生产的缝制设备产品是以科技含量较低的中低端产品为主，产品主要销往南美、东南亚等地区的发展中国家市场，设备出口总体价格不高，即使出口销量较大，但利润却并不丰厚，这便造成了中国工业缝纫机出口“看起来很美”的局面。

造成这种局面的原因主要有两个方面：一方面，由于目前国内生产缝制机械的企业较多，大家都想在国际市场分得一杯羹，这就导致了国产缝制设备产品出口竞争激烈。此外，再加上中国缝机企业的整体研发实力较弱，出口产品在核心技术、质量稳定性得不到保障，因此也限制了中国缝制机械产品向国际高端产品市场的进一步拓展。而另一方面，近年来国内原材料、能源等价格上涨，致使企业生产成本不断增加，产品销售利润微薄，使中国缝机企业在竞争中处于劣势，直接威胁企业的生存和发展。

要改变这种不利局面，总结起来方法不外乎：提高产品科技附加值、提高自主创新能力、加强品牌建设等，可能任何一位缝机企业的管理者都能想到，但真正执行起来就不是那么得心应手了。在国内、国际缝制机械市场竞争中，部分缝机企业企图通过价格战，以压制竞争对手，来提高利润率和市场占有率，但这样做只能害人害己，最终受害的还将是中国缝制机械产业。国内缝制机械行业和企业只有努力挣脱这种以价格战为主的恶性竞争泥潭，才能把自己放在一个更高的平台上取得更大的成绩，实现中国缝制机械产业由“大”变“强”的发展。

（来源：中华纺织网. http://www.texindex.com.cn/Articles/2007－8－10/102458.html. 2007—08—10）

夏普东南亚市场“统霸计划”解密

2008 年 9 月 11 日，夏普电子印度尼西亚（SEID）分部举行了夏普电视印度尼西亚工厂累计产量突破 1000 万台的纪念仪式以及 2007 年 10 月开工建设的新公司办公楼启用仪式。该公司社长入江史浩宣布，除年内将冰箱生产线产能扩充 2 倍以外，夏普洗衣机印度尼西亚工厂投资建设计划也已明确。

夏普电视印尼市场的成功之路

1969 年 Yasonta 公司（由福建福清旅居印尼爱国华侨姚春桂先生创办；1994 年与日本夏普合资成立 SYI—夏普 Yasonta 印度尼西亚彩电 TV、冰箱生产公司、SYA—夏普 Yasonta ANTARUNUSA 家电营销公司）开始从夏普新加坡公司进口黑白电视，夏普电视首次进入印度尼西亚国内市场。

1971 年 3 月该公司已建成月产能力 1500 台 20 英寸黑白电视机的印尼工厂生产线；1975 年夏普印度尼西亚工厂开始生产彩色电视机产品；1999 年夏普电视则首度摘取印度尼西亚市场份额桂冠；2001 年 12 月累计产量达到 300 万台，2005 年 4 月则达到 700 万台；2008 年累计产量突破 1000 万台大关。

随着 3 条彩电生产线全部投产，夏普印度尼西亚工厂显像管电视的月产能力目前已达到 13 万台。电视生产线生产工人总数则达到 700 人，约占全公司职员总数的 19%。

2009 财政年度（2008 年 4 月～2009 年 3 月）夏普电视印度尼西亚市场销售目标是 150 万台。目前夏普电视印度尼西亚总体市场份额达到 30%，高居市场首位；其中液晶电视市场占有率约为 15%，市场排名在二、三位。

目前 21 英寸显像管电视为夏普印尼工厂的主要产品，售价为 15000 日元（约合人民币 960 元）左右。自 2006 年 11 月开始夏普印尼工厂开始生产小于 42 英寸液晶电视以来，32 英寸液晶电视已成为夏普印尼液晶电视的主导产品。夏普业已成为印度尼西亚彩电的代名词；而印度尼西亚市场则成为夏普主要海外市场，起到辐射东南亚市场的关键作用。

投资 400 亿印尼卢比（印尼盾）建洗衣机生产线

2008 年夏普印尼总投资额达到 1400 亿印尼卢比。其中 1000 亿印尼卢比用于投建一条新的冰箱生产线，以扩大产能满足不断增长的市场需求。夏普印度尼西亚工厂电冰箱产能则有望从目前的年产 70 万台增加到 140 万台。

另外 400 亿印尼卢比则用于改造 2008 年 2 月以来市场前景黯淡的音频产品生产厂房、设备，重新导入洗衣机生产线。

夏普印尼分部2008年销售额预计为3.8兆印尼卢比，同期增长1.3倍，以超过行业平均增长率1.2～1.25倍的水平保持高倍速增长，其中电视机产品销售占比达到40%以上。

夏普印尼分部2009年的销售额目标设定为4兆印尼卢比，以总体市场份额超过25%作为奋斗目标。

充满希望的国度

出席1000万台纪念仪式的夏普总社海外营业本部藤本登副本部长表示在家电行业拓展海外新兴市场的运动中，韩国阵营先拔头筹而日本阵营落后一筹，因此夏普今后将强化海外市场拓展战略，在国际市场上与韩国同行竞争。

在VISTA组合（越南、印度尼西亚、南非、土耳其、阿根廷）5个国家里面，拥有丰富人口资源的印度尼西亚市场潜力巨大。夏普以享有“印度尼西亚家电（电视）大王”、“白色家电（冰箱）大王称号”、市场份额高居首位而自豪，从夏普总社赋予印度尼西亚市场的战略地位以及投资动向来看，印度尼西亚无愧为一个令国际家电业“充满希望、令人期待”的国家。

4年内统霸菲律宾家电市场

继公布印尼战略之后，2008年10月初夏普公司公布“菲律宾市场统霸计划”。一方面，夏普公司宣布将于年内相继推出液晶显示器（LCD）电视、空气清洁器、厨房电器、太阳电池等最新产品；另一方面，制订以其统霸菲律宾彩电市场的显像管电视为左翼，以深受菲律宾家庭主妇喜爱的洗衣机产品为右翼的“左右夹攻”战略，确保实现4年销售增幅50%以上，全品类家电产品统霸菲律宾市场的战略目标。

52英寸、65英寸两款厚度仅2厘米的AQUOS系列新款超薄液晶电视、采用了防过敏物质的活性等离子空气净化技术的新款空气清洁器、新款ヘルシオherushio过热水蒸气烤炉、含硅量仅为同类产品十分之一的新型太阳能电池等4类新款家电产品，组成了夏普“菲律宾市场统霸计划”首战的豪华阵营。

夏普依托新产品，为物价上升、经济发展速度减缓，消费市场萎缩的菲律宾市场注入新鲜活力；而夏普在菲律宾4年销售翻4倍。

夏普AQUOS液晶电视综合运用了各项尖端技术的日本产最新款液晶面板，由夏普马来西亚工厂组装，辗转进口至菲律宾市场，又使其贴上“进口产品”的标签。这对于菲律宾家电市场追高买涨的高端消费群体而言，有着巨大的吸引力。

夏普菲律宾公司采取高端路线锁定菲律宾市场高端消费群体，同时牢牢把持菲律宾市场中低端消费群体。基于此，显像管电视、全自动洗衣机仍未失2007年末商战主力的位置。据奥中社长透露，菲律宾市场显像管电视的年度需求约在100万台以上，远远高于液晶电视12万台的年度需求量。

充满期待的2012年

正如夏普公司将印度尼西亚称之为“充满希望的国度”，而对于夏普菲律宾市场而言，2012年则是充满期待的一年。

2007年度夏普菲律宾市场销售额约为25亿比索，2008年度则预计销售量增长5%，销售额同期增长8%达到27亿比索。夏普公司正是希望保持每年销售量增长50%，销售额增长8%～10%的速率，2012年实现销售额达到40亿比索，显像管电视、洗衣机保持市场龙头地位，液晶电视、空调、冰箱、太阳能电池等全品类家电产品夺取市场第一名的位子。

2008年10月6日夏普总社发布了2009财年净利润同期下降41%，较年初目标减少600亿日元的业绩预测。但是，收益减少的主要原因是由于美国市场停滞不前及日本国内手机销售情况未能达到预期。正是由于如此，夏普公司制定了转战中国、印度、东南亚等新兴国市场的海外拓展战略，因此，菲律宾市场并没有包括在销售额调降的“大名单”中。相反，菲律宾市场业已成为夏普为摆脱美日市场下降压力而主攻的海外市场之一。因此，2012年“统霸计划”不仅未被削弱，反而得到了进一步的加强。

夏普在菲律宾首都地区大马尼拉市的显像管电视、洗衣机、DVD播放器等影音产品的生产工厂，顺理成章地成为夏普“新兴国市场攻略”的受益者。目前，夏普菲律宾工厂的产能分别为电视机20万台、洗衣机25万台、DVD播放器等影音产品2万台，仅能满足菲律宾国内市场销售。但是，在该公司将本年度菲律宾工厂用于引进新的生产模具的设备投资及新产品的开发投资等追加至200万美元之后，届时菲律宾工厂不仅能大大满足国内市场需求，而且还能够实现洗衣机出口5000台左右以及其他产品必要时出口支援周边国市场的可能。但是，对于夏普公司来说，统霸菲律宾市场才是其最终的目标；而完成统霸大业的方式并不局限于生产本土化方面。因此，不排除夏普公司将缩小菲律宾工厂投资的可能。因为，随着夏普印度尼西亚、马来西亚等工厂的产能的提升，将能够完全满足菲律宾市场“统霸计划”的要求。通过国别市场战略与国别投资战略的高度融合，从而谋取市场效益及投资效益高匹配高协同，获得海外市场利益的最大化。

（来源：中关村在线. http://www.chinavalue.net/Article/Archive/2008/10/13/138234.html. 2008—10—13）

台塑集团在越南建亚洲第二大钢铁厂

2008年，台塑集团投资170亿美元在越南距离首都河内400多公里处的奇英县建立一家钢铁厂。这成为台湾“经营之神”王永庆晚年干的最冒险的一笔大买卖。2008年，王永庆于美国东部时间10月15日上午在美国过世，享年92岁。

这个地方所属的河静省，是越南最贫困的地区之一，也是越南最早的革命老区，有“越共故乡”之称。

然而这里拥有近5亿吨的铁矿石储量，过去几年间韩国浦项、印度塔塔集团等多家世界钢铁巨头的考察团都来过这里，然后被眼前落后的基础设施一一吓退。从这里开车到最近的大城市河内，需要8小时，离最近的荣市机场将近100公里。周边公路上随处可见牛车、马车，大型机械设备很难运送。而若要改善当地交通，钢铁巨头们必须投巨资修建一座深水码头和至少一条铁路。

但王永庆一口认定这里是台塑的希望所在。经过多次实地考察，他准备在这里大干一场。台塑集团决定投资170亿美元在越南中部的河静省修建一座亚洲第二、世界第六大的钢铁厂，在三期工程全部完工后，产量将达到3000万吨，超过目前宝钢和浦项的产量。

直到2008年6月29日工程开工前一周，91岁高龄的王永庆仍坚持要亲自前往现场主持开工仪式。最后，台塑高层集体以当地交通不便、禽流感、霍乱爆发为由，劝说他放弃了此次越南之行。

这丝毫没有降低该工程在越南受到的礼遇。2008年7月6日，越南总理阮晋勇亲自出席台塑炼钢厂的开工典礼。

投资越南有利润空间

这是一个对钢铁极度渴望的国家。从造船、摩托车，到大街上拔地而起的高楼，都在呼喊钢铁，一如1992年的中国。

但拥有丰富铁矿石储量的越南，一直以来因为没有自己的钢铁工业而备受煎熬。

20世纪50年代，越南曾在中国援助下在河内建立过一个钢铁厂，后来在越战中毁于美军的轰炸。此后，越南只有一些小型轧钢厂，满足国内一些低级别用钢需求。

随着20世纪90年代的革新运动和经济起飞，越南用钢量急剧上升。据越南钢铁协会预测，到2010年，越南大约需要1000万到1100万吨钢材，到2025年，约需要2400万到2500万吨。

为弥补缺口，越南每年要从中国等地进口大量钢材。2007年以来，由于中国宏观调控，钢材产品出口关税大幅提高，越南的钢坯进口价格也上涨到1100美元/吨。

由于钢铁作为资本、技术密集产业的高门槛，不仅越南，整个东盟地区截至2008年都未能建立起一家大型钢铁厂。为尽快提高本国钢铁工业的产量，寻求外国投资成为越南努力的方向。

浦项、米塔尔、塔塔等钢铁巨头纷至沓来。但由于越南铁矿蕴藏地的基础设施大多十分落后，修建钢厂附带成本极高，钢铁巨头们一个个来看过，又一个个地离去。

转机发生在2008年上半年。此时，在台塑集团主要原料进口地中东，大批炼油、乙烯工厂在如火如荼地上马。仅在沙特阿拉伯，就有近600座石化厂即将竣工，这相当于台塑产量的10倍。坐拥原料优势的中东产油国，石化生产成本仅为东亚国家的三分之一。王永庆开始意识到，到海外资源产地寻求新的投资产业，是台塑的出路所在。

当2008年上半年越南股市、楼市双双崩盘，部分外资撤出越南时，已多次赴越南实地考察的王永庆决心下注。2008年6月12日，越南政府给台塑在奇英县的炼钢厂一期工程颁发投资执照。

该钢厂占地2000公顷，相当于1/4个高雄市。台塑将持有该项目95%的股份，台湾达丰钢铁公司持股5%。台塑承诺，该工厂将引进世界最先进的炼铁、炼钢、轧铁的技术及一贯化设备。一期工程投资80亿美元，预计2011年完工，各式钢品年产量达到750万吨。如果最后的三期项目都得到批准，总产量将超过3000万吨，在亚洲仅次于中国2008年6月30日组建的河北钢铁集团。

钢厂预计将雇佣40000名到50000名工人。由于奇英县当地人口稀少，这些劳工可能将从中国等地输入。

作为基建配套，台塑同时在附近投资兴建一座可停靠 30 万吨级轮船的深水港，设计吞吐量将跻身世界港口 20 强。

这是越南有史以来最大的外商投资项目，占该国 2008 年上半年吸引外资总量的一半。

“双就近”：台塑集团投资越南具有明显的区位优势

“对于台塑这样一家未涉足过钢铁领域的石化企业来说，敢如此大手笔地投资越南钢铁业，这反映了世界钢铁业的新趋势。”过去几年，铁矿石价格飞涨及新兴国家用钢量快速增长，吸引了众多世界钢铁巨头到新兴国家就地开矿建厂。对于铁矿石资源匮乏而国内市场日趋饱和的东亚钢铁企业来说，这一趋势尤为明显。

2005 年 6 月，韩国浦项制铁投资 120 亿美元在印度奥里萨邦开工建设一家年产 1200 万吨的钢厂。浦项还在墨西哥等地考察多时，筹备在当地建厂。就连一直以来担心核心技术外流的日本新日铁，也于 2008 年 3 月宣布在巴西建设一家年产 1000 万吨的钢厂。

这些项目的特点是“双就近”——就近铁矿石产区，就近钢铁消费市场。既降低物流成本，又减轻环保压力。东亚国家人口密度大，大型钢铁项目对环境压力巨大，故有中国首钢的搬迁。

在国际需求的刺激下，作为世界第一大钢铁生产和出口国的中国，2004～2007 年钢材出口年均增长 2000 多万吨，成为满足国际市场新增用钢的主力。但中国产钢主要依赖进口铁矿石，宝钢、武钢对进口铁矿石依赖度超过 90%。在 2008 年的铁矿石谈判中，从澳大利亚进口的铁矿石涨价 96%。这助推中国国内钢铁价格上涨，成为 CPI 大幅上涨的重要因素。

2007 年以来，中国采取降低出口退税、提高钢铁产品出口关税、推行出口许可证制度等措施，试抑制钢材出口和铁矿石价格。

中国钢材出口放缓加剧国际钢铁市场的供需失衡，导致钢价居高不下。2008 年 7 月，由于中东产油国建筑市场火爆，阿联酋的螺纹钢价格在一周内暴涨 10%，达到 1700 美元/吨。国际钢材价格疯涨使中方在铁矿石谈判桌上的被动地位得不到任何改善。

中国钢铁业界也试通过并购掌握海外的铁矿石资源。宝钢、中钢等厂家在澳大利亚等地收购了不少矿山。但澳大利亚的优质铁矿已被三大铁矿石供应商垄断殆尽，中资难以插足。且由于对方把持当地基础设施，中方往往要另起炉灶新建铁路和港口，导致开发成本居高不下，铁矿石困境仍然未见化解。

中国钢铁业错失在东南亚的发展良机

事实上，中国钢铁业已不止一次收到来自东南亚国家的邀请。就在 2006 年，柬埔寨曾邀请数家中国钢铁企业赴当地考察，希望中资依托当地铁矿资源建设大型钢厂，但未见回应。

多年来，中国钢铁企业在铁矿石丰富的越南、柬埔寨、印尼等国，一直“只开矿不建厂”。

中国现有钢铁企业以国企为主，国企机制之下，多数厂家以“稳”字当头，投资策略偏保守，不太愿意冒险。

在吸取经验教训之后，一些中国钢铁巨头最近开始尝试迈开新的步伐。宝钢和巴西淡水河谷 2007 年签署了协议，双方合资在巴西建设一家年产量 500 万吨板坯的钢铁厂，中钢也正在印度建设一家 500 万吨的钢厂。

（来源：中国钢结构协会. http://www.cncscs.org/view.asp? id=1240. 2008—08—21）

江苏凤凰画材集团在越南的生存状况

2008 年越南股市、楼市双双出现大股下跌，给越南经济及区域经济造成剧烈动荡。而江苏凤凰画材集团总经理陈伟宏却认为越南经济困难对企业影响不大，企业生产一切正常，完全有能力应对。为规避贸易壁垒，凤凰画材 2006 年在越南胡志明市开办了一家油画布加工企业，专门供应美国市场。此次越南因通货膨胀而引发经济困难，陈伟宏的电话就没消停过，大多是询问他在越南的企业有无受到冲击。他的回答，让所有人都感到意外。

作为江苏凤凰画材越南公司的总经理，邹彬几乎每月要到越南的工厂转一圈。对越南公司 2008 年的状况，他当时分析说，劳动力成本的上涨和货币贬值的差价基本相抵，而且还略有盈余，特别是公司原材料从中国进口，更消除了越南原材料大幅上涨的因素。公司赚的是美元，付的工资是越南盾，而且工厂的原材料从国内购买，所以货币危机对这样两头在外的企业的影响几乎为零。

邹彬对越南物价上涨感受最深的是入住酒店的价格。他说，2006 年年初他入住胡志明市一家五星级酒店时每日房价是 55 美元，而 2008 年越南经济困难时入住的价格涨到了 120 美元。服务业的通胀同样也体现在制造业上，劳动力、原材料以及各类生产要素的价格上涨，令众多外商投资企业损失惨重，有的已难以为继。事实上，从 2007 年开始，越南已出现了通胀迹象，江苏凤凰画材越南公司及时调整策略，原材料改为全部从中国进口。所以，对凤凰画材而言，通胀最主要体现在劳动力成本的提高上。

越南的成本价格“洼地效应”（就是用比较优势吸引外来资源向本地区汇聚、流动），吸引大量低端的劳动密集型产业进入，劳动力价格也由此不断推高，甚至和国内一样出现了“民工荒”。邹彬说，2006 年，开办企业时职工月工资约 80 万越南盾，相当于人民币 400 元，但现在熟练工已经上升到 700～800 元人民币，高级技工的工资已达到 1000 多元。

事实上，越南公司已成为凤凰画材的利润增长点。陈伟宏坦陈，2008 年，画材行业因受到反倾销高税率影响，中国境内的画布企业生存压力非常大。而其在越南的公司，销售裂变式增长，投资当年销售 200 多万美元，2008 年 1～9 月已达到 1000 多万美元。原因在于越南劳动力成本要比珠三角地区低 30%左右，并且越南实行的 3～4 年免税、5～7 年减半的税收政策，除了成本上的优势外，欧美对越南的反倾销诉讼比对国内更加放松。

陈伟宏当时认为，越南 2008 年的经济危机主要由通货膨胀引发，经济发展的主调没变，危机不会对越南长期经济走势影响太大。对准备进入越南的企业来说，当地货币贬值更让企业可以低价收购当地资产，加快企业在当地的布局步伐，因而经济危机对企业来说更是机遇。他同时表示，走出去的企业一要胆大，但同时也要心细，具备必要的风险防范意识才能在外面走得安稳。

（来源：中越快网. http://www.vn163.cn/art/tz/200806/197.html. 2008—06—30）

海尔在危机中抓机遇开拓东南亚市场

1998 年爆发的亚洲金融危机几乎重洗了亚洲家电市场的分布格局，海尔不仅出口未受东南亚金融危机的影响，而且在危机中抓机遇，使海尔品牌在东南亚地区迅速赢得了声誉。

1999 年 2 月 25 日，香港《远东经济评论》刊登了《华尔街日报》资深记者亨尼·森德题为《贸易风》的文章，文章认为，“中国这个亚洲金融危机期间唯一没有出现货币贬值的亚洲生产国可能会发现自己实际上比危机前更具有竞争力。一个原因是，中国将越来越能依靠质量而不仅仅是低价来进行竞争。以中国的家用电器生产商海尔集团为例，该公司日益提高的产品质量令日本同行刮目相看。截至 2000 年末，海尔集团已在东南亚各国首都树起了巨大的广告牌。日本贸易官员当时认识到这种变化，担心这是日本长期独霸东南亚市场的地位受到动摇的前奏。”

亨尼·森德在《贸易风》一文中对海尔客观的评述，成功地预见了海尔在东南亚的崛起，至 2000 年末海尔已经依靠超前的战略眼光和优质的产品质量与日本、韩国等雄居东南亚市场的“老牌劲旅”形成分庭抗礼之势。

至 2000 年时，海尔品牌就已在东南亚地区享有较高声誉，海尔品牌的冰箱、冷柜、空调、洗衣机、小家电等产品以其个性化的设计、优越的性能、品牌的美誉越来越受到东南亚地区消费者的喜爱，同时为了满足东南亚地区消费者对海尔产品的需求，也为提高海尔产品在当地的竞争力，实现本土化经营的战略目标，从 1996 年至 2000 年不到 5 年的时间里，海尔已在菲律宾、越南、孟加拉、印度尼西亚、马来西亚等地建立了 5 个工厂，生产的冰箱、洗衣机等产品已覆盖整个东南亚市场，截止到 2000 年东南亚市场销售已占海尔集团海外出口的 16%。

海尔的东南亚市场战略

针对东南亚市场，海尔以不同产品、不同方式分别进入，使海尔品牌在短时间内声誉有了较大的提升。

在家电强国日本市场，海尔以缝隙战略，迅速打开市场，其中 BCD-91（小双门冰箱）、“立式窗机”空调以其独有的外观和性能设计填补日本家电市场空白，占据较大市场份额，创造了一块海尔独享的市场；截止到 2000 年海尔洗衣机出口日本占据中国洗衣机出口日本市场的 90%。在强手如林的日本市场，海尔产品能争得一席之地，充分证明了海尔依靠个性化的设计、过硬的产品质量，使企业具备了较强的国际竞争力。

在菲律宾，海尔冰箱、洗衣机、空调等多类家电全面进入大马尼拉地区、吕宋岛等省份，市场份额不断扩大。

在越南，海尔的无氟冰箱、全自动洗衣机，供不应求。

在孟加拉，海尔的冰箱、空调、洗衣机等产品在从1999～2000年不到一年的时间里，声誉迅速上升，截至2000底已与日本、韩国等诸品牌并驾齐驱。

在马来西亚和印尼，海尔的产品均享有较高声誉。

海尔的东南亚拓展脚步

随着海尔产品在东南亚地区市场份额的不断扩大，为了进一步提升海尔产品的竞争力，1996年至2000年，海尔相继在东南亚地区建立了5个工厂，大大加快了在东南亚地区实施本土化经营的步伐。

1996年，海尔在菲律宾马尼拉建立了菲律宾海尔，生产电冰箱等产品，至2000年末海尔品牌已在菲律宾树立了高质量的品牌形象，产品已覆盖整个菲律宾地区，是当地一个非常有声誉的家电品牌。

1996年6月，在印尼雅加达，印尼海尔公司成立，主要生产电冰箱、冷柜等家电产品，该厂特点是通过带料加工带动整机出口，市场启动较快，品牌树立迅速，截至2000年海尔产品黑、白、米色家电均已出口印尼，是海尔出口东南亚地区产品最多、品种最全的地区。

1998年8月，海尔在马来西亚雪兰莪州建立了HMW industries SDN. BHD，主要生产滚筒和波轮洗衣机。海尔集团本着“先有市场，后建工厂”的建厂原则，在成功打开马来西亚市场的同时，建立了HMW公司，并整套输出海尔优良的洗衣机技术和先进的“OEC”管理，使合资工厂高效稳定的运行。截止到2000年底，海尔冰箱、空调、VCD、吸尘器、电熨斗等产品已占据了马来西亚高达16.8%的市场份额。

2000年8月，海尔在越南胡志明市建立了越南海尔，主要生产200升左右的大冰箱，到2000年底，越南海尔生产的无氟冰箱、全自动洗衣机在越南市场供不应求。

2000年5月，海尔在孟加拉达卡建立了Hayes&Haier Appliance Corp. Ltd，生产冰箱、空调等产品，不到一年的时间，海尔在孟加拉市场品牌声誉提升迅速，200升左右的冰箱、（窗式）空调、全自动洗衣机等产品在孟加拉供不应求，市场份额、声誉已与日本、韩国持平。与海尔合建孟加拉海尔的H公司，是孟加拉最大的家电经销商，也是孟加拉国内最大的电信公司。

从1997年至1998年底的东南亚金融危机期间，海尔集团抓住机遇，在马来西亚、泰国、孟加拉、菲律宾等城市建立了大量的户外广告，并产生了巨大的效果。

（来源：人民网. http://www.people.com.cn/GB/channel3/23/20001222/358951.html. 2000—12—22）

云南999电池股份有限公司败退老挝市场

短短时间内，云南名牌产品“999”牌电池在邻国老挝市场的表现就从高峰跌入低谷，曾高达数千万只的出口量降低了约3%。导致这一令人心痛结果的既非“999”牌电池质量出现问题，也不是市场被发达国家的强劲竞争对手吞食，而仅仅是“999”这一商标在老挝被抢先注册，阻断了其通向老挝市场的出口之路。

云南999电池股份有限公司（以下简称999公司）是国家机电产品出口基地、国家自营进出口权生产企业，主要生产R20S、R14S、R6P等型的“999”牌电池。公司年产能力近5亿只，产品远销越南、缅甸、泰国、老挝、柬埔寨等东南亚国家，出口电池数约占总产量的1/4。据勐腊海关统计，自2001年到2003年，这家企业通过西双版纳勐腊海关出口到老挝的电池达7251.42万只，出口创汇415.9万美元。“999”电池在老挝市场成了声名鹊起的抢手货。

自2004年以来，999公司的出口额突然大幅下降。999公司董事长李志忠说，这主要是因为老挝勐赛地区新建了一家电池厂，生产的电池同样使用“999”商标。一时间，老挝市场上出现了两种“999”电池。到2004年下半年，老挝政府为此发文要求严格控制中国“999”牌电池的进入。勐腊海关提供的情况显示，老挝政府财政部海关司曾致电老挝南塔省、波乔省、乌多姆赛处和丰沙里海关，要求各省海关与本省贸易厅相互配合，严格控制中国“999”牌电池的进入，严禁（不具备进出口手续的）零售商从中国进口“999”牌电池产品，一经发现即采取强制罚没措施；对于已在老挝国内市场销售的“999”牌电池产品，交由各省贸易厅研究处理。此举使云南999公司对老挝的产品出口遭受致命打击，不得不退出老挝市场。

老挝的电池市场是999公司最主要的海外市场，由于越南、缅甸等国近年来对“999”牌电池采取了提高关税、限制进口等措施，999公司对这两国的出口日渐萎缩。老挝的此次动作，几乎将999公司的出口之路完全堵死。据勐腊海关统计，2003年经勐腊口岸出口至老挝的“999”牌电池为2866万只，2004年前8个月的出口量是1150万只，而2004年8月之后，出口量几乎为零。

在老挝勐赛地区，有非云南999电池股份有限公司“999”牌电池的大型广告牌，其商标与云南所产的“999”牌电池完全一样。而从2004年下半年开始投产的老挝新建电池厂的设备和原料，均由云南某企业从勐腊口岸申报出口。据此，999公司认为自己产品的商标权受到侵犯，向勐腊海关提出知识产权保护申请。

在维权过程中，999公司发现老挝新建的电池厂家早已在当地对“999”商标进行了注册并申请过知识产权备案，而进入老挝市场多年的云南999公司从未在老挝进行商标注册。

由于考虑欠周全，999公司确实没有在老挝注册商标并申请知识产权备案。此前999公司在越南、缅甸等国都注册了商标，唯独在老挝没有，主要999公司是认为老挝经济发展滞后，技术水平有限，没有能力生产电池，没有注册的必要，而现在恰恰是对老挝的出口出了问题。

999公司已聘请律师，希望通过司法途径解决问题，如果没有两国政府间的协商对话，此事难以得到圆满解决。有关专家也认为999公司维权之路“非常艰难”。

云南省知识产权局副局长杨新民表示，在得知此事后，云南省知识产权局立即与国家知识产权局、地方工商局、海关以及企业取得了联系，约请相关部门分别从中、老两国的法律法规、商标注册等方面入手进行研究，希望摸清事件缘由及背景，以便制订解决方案。但是，从掌握情况分析，999公司维权的主要途径均被封死。

和以往中国企业遇到的知识产权纠纷和商标权纠纷不同的是，之前中方企业碰上的对手基本上是发达国家的企业，而999公司的遭遇则发出一个信号：随着中国企业“走出去”步伐的加快，更多的发展中国家也将成为中方企业进行知识产权和商标保护的重点地区。与此相印证的是，老挝所在的东南亚地区由于与中国经济发展存在着梯度差，向来是中国企业和云南企业产品出口的重要市场。如果应对措施不当，丧失市场并非危言耸听。

（来源：新华网．http://www.xinhuanet.com/chinanews/2005－06/25/content_4511344.htm．2005—06—25）

经商实务篇

中国公民赴东盟十国签证须知

文莱签证须知

目前文莱驻华使馆不办个人旅游签证，可办团体旅游签证，每团不少于5人，其中一人为导游。如个人办商务、探亲签证，需提供文方邀请信及文移民局批准函。自2003年4月起，签证申请人还需提供健康证明。官方代表团则仅凭文方政府邀请信办理签证。

文莱驻华使馆地址：北京朝阳区建国门外大街齐家园外交公寓3号别墅。

一、商务签证

1. 签证规则及条件

签证官有权要求任何申请人面谈或补充其他材料，申请人需无条件配合。

2. 因公护照申请商务签证：

（1）所需时间：需提前一周申请签证。

（2）要求项目：照会或公函上应注明访问目的和停留时间；提供邀请函原件及护照复印件两份；申请人无论持何种护照，均需提供照片两张并填写签证申请表两张；3人以上填名单表一份。

（3）签证情况：文方发给3个月有效的一次入境签证。

（4）注意事项：公函上国名须写全称“文莱达鲁萨兰国”。

3. 签证资料

（1）2寸彩色证件近照2张（白底）。

（2）有效期9个月以上的护照原件、同时应提供两张护照（含首页）复印件。

（3）往返飞机票原件和复印件。

（4）文莱公司的邀请函：列明被邀请人的姓名、国籍、护照号码、出生日期、职位、赴文的目的以及拟在文莱停留天数。

（5）国内公司的英文派遣函：列明被派遣人的姓名、国籍、护照号码、出生日期、职位、赴文的目的以及在文期间的具体地址。

（6）申请人必须提供本人身份证复印件及申请人本人所出具的英文委托书。

（7）填写个人资料表。

二、其他签证

1. 短期签证

先由文莱的担保人向文移民局申请批准函，凭文方邀请信、批准函及往返机票到文莱驻华使馆申请签证。申请时需填写申请表一张、交相片一张。

2. 工作签证

雇主先向文莱劳工局申请配额，向文政府交纳1800文元的保证金，再向文莱移民局申请批准函。当事人凭批准函和本人的健康证明到文莱驻华使馆申请工作签证。

3. 落地（旅游）签证

来不及事先办妥签证的中国公民，可申办落地签证，具体手续为：由文莱担保人向文政府移民局申请批准函，将批准函原件邮寄或传真给拟来文莱的中国公民，中国公民抵达文莱国际机场后凭该批准函原件或传真件、护照和回程机票在移民局机场柜台办理落地签证，签证费20文元。

4. 过境签证

持有前往第三国有效签证和联程机票（亚洲航空除外）的中国公民，可在文莱机场移民局柜台办理在文停留不超过72小时的过境签证。

（来源：中华人民共和国外交部网．http://www.fmprc.gov.cn/chn/pds/gjhdq/gj/yz/1206_33/1206x3/t162779.htm.2004—09—29）

柬埔寨签证须知

一、签证入境

中国公民赴柬须事先向柬埔寨驻华使领馆申请签证，目前柬方在中国上海、广州、重庆、昆明和香港设有总领馆。

赴柬签证有效期一般为三个月，入境时柬埔寨移民局在护照上盖有带停留期的入境章。根据移民局规定，外国人入境后，如果签证过期，每天罚款5美元。根据来柬目的，一般分为旅游签证和商务签证。外国人亦可在柬埔寨金边国际机场申办落地签证。

旅游签证（E签证）一般允许在柬停留一个月，且停留期不能超过签证有效期，可申请延期，但不能改变签证种类。商务签证（T签证）一般允许在柬停留一至三个月，入境后可通过当地旅行社向柬埔寨移民局申请半年或一年的长期居留签证。

入境时须填写入、出境卡、海关申报单，不得携带违禁品入境，不得随身携带大量美钞出境（一般可携带3000美元以下）。

二、签证类别

（一）短期商务访问签证

柬方发给两个月有效一次入境签证，有时也发两次入境签证。

申请签证所需的材料：

1. 照会或公函上应注明访问目的及停留时间。

2. 提供邀请函，内容包括邀请者的姓名、电话号码。

3. 持因公普通护照者，需填写签证申请表格4张，交照片4张（持外交、公务护照者免填表格、免交照片）。

4. 使领馆有权在个别情况下要求申请人提供其他资料。

（二）过境签证

凡经柬赴第三国者，持联程机票，不出机场且停留不超过24小时，可免办签证。否则，应申办过境签证。柬方发给两个月有效过境签证。

（三）旅游签证

1. 签证种类：1个月1次往返。

2. 最长停留时间：30天。

3. 所需资料：提供有效期在半年以上的护照原件及2张2寸白底彩照。

（四）商务签证

1. 有效期限：1个月1次往返。

2. 最长停留时间：30天。

3. 所需资料：提供有效期在半年以上护照原件及2张2寸白底彩照。

（五）落地签证

前往越南和柬埔寨，在办理越南签证后，柬埔寨可以办理落地签证（不超过1个月时间内）。东盟国家间只要办理一个国家的一般领事馆签证后，对散客而言，其他东盟国家就可以做落地签证。

三、申请签证的材料

申请人必须按签证类别的不同，准备相应的资料，使领馆签证处可能会要求申请人提供其他需要补充的任何材料的原件或复印件。

全部材料备齐递交后同样有被拒签的可能。

（来源：中华人民共和国外交部网. http://www.fmprc.gov.cn/chn/pds/gjhdq/gj/yz/1206_14/1206x3/t275465.htm.2006—10—10）

印度尼西亚签证须知

一、访问签证条例

（一）访问签证是签发给为下述目的而访问印尼的外国公民：

1. 政府官方访问，包括政府对政府的访问、个人对政府的访问、国际组织对印尼政府的访问或国外私人组织、个体对印尼政府的访问；

2. 旅游访问，包括不同的旅游活动，如：旅游特定的地方；前来开发特定的旅游资源；管理或带领旅游团队来印尼旅游等；

3. 社会文化访问，包括社会文化活动，如：拜访印尼的亲属或亲戚；拜访相关的社团组织；教育、艺术或体育组织之间的互换访问；

4. 商务访问，可以从事下述商业活动：

讨论业务范围内的一些问题；

现场考察并进行商品的进出口业务；

外国公司和印尼本地公司商讨关于产品和资金问题；

和潜在的印尼合作伙伴商讨投资范围内的产品的市场前景；

参加国际演出或展览；

发表演说或受相关机构、组织、部门的邀请，参加社会、文化或政府领域的非商务性的研讨会；

参加设立于印尼的总部或办事处会议；

受相关机构、组织、部门的邀请，参加新闻报道等；

为了提高产品的设计和质量水平、前来进行咨询、指导、或培训和技术革新，或更进一步的产品市场方面的工作；

检查印尼的分公司业务；

处理特殊情况；

进行售后服务；

安装维修设备：

研讨会上发表演讲；

非永久性的建筑工作；

举办表演、展览；

医疗方面的活动；

举行专业体育活动；

在位于印尼水域、领海、大陆架或印尼经济专属区内的船只上从事一些安装方面的工作；

为外国雇员进行设备或仪器操作示范。

（二）对于那些缘于特殊目的或目标而需要经常访问印尼的外国公民，可以签发多次往返签证

1. 签证申请表格；

2. 中方、印尼方担保信（印尼方担保人可以是印尼境内的个人、公司、团体、组织机构或政府机关）；

3. 有效护照的复印件；2 寸彩色正面免冠护照相片 2 张；交付签证及传真费；

4. 根据不同签证类型所需提供的其他资料。

二、有效期

自签发之日起 90 天内有效，如果外国公民在签证的有效期内没有使用该签证，则必须申请新的签证。

（一）落地过境签证的有效期

1. 自准入印尼之日起 14 天内有效；

2. 在印尼逗留期间，有效的落地过境签证其效力等同于过境许可；

3. 在 14 天的有效期内，如果由于不可抗拒的原因导致外国公民不能继续行程，移民分局可以签发一个保持过境状态的许可证，其有效期为自落地过境签证失效之日起 14 天内有效，但持落地过境签证的外国公民，自进入印尼国境之日起，最长逗留时间不得超过 60 天。

（二）访问签证的有效期

自准入印尼之日起 60 天内有效。可以延期；

在印尼逗留期间、外国公民所持的有效访问签证与访问许可等效。

（来源：中华人民共和国外交部网. http://www. fmprc. gov. cn/chn/wjb/zzjg/yzs/gjlb/1333/1333x3/t274088. htm. 2006—09—28）

老挝签证须知

一、签证、海关

持外交、公务、普通公务护照前往老挝免办签证。持因私普通护照须办签证，一次入出境的商务、旅行签证可在老挝停留 30 天（签证期满可到老挝移民局申请延期），过境签证停留期 7 天。申请签证可到北京老挝驻华大使馆或老挝驻昆明总领事馆申请。获取签证进入老挝后，必须按所申请的签证种类从事相应的活动，否则将被视为非法活动并予处罚。老挝海关限每人携带 5000 美元现金或同等币值现钞出境，超出 5000 美元的须得到老挝外汇管理局的许可，否则将视情节轻重处以 50％的罚款或全部没收。

老挝签证分为旅游签证、商业签证和参观者签证 3 种。

二、旅游签证

想去老挝旅行的外国人必须向老挝大使馆申请签证。

一般情况下可以获得 1 份为期 15 天的单式签证，该签证可以再延长 15 天时间。

以前办理旅游签证时间一般为 10～20 天，现在两三天就可以批。以前外国旅游者跨省游览必须事先申请通行证，现在旅游者可以到老挝全国各地游览。

办理此签证需 3 张照片。

三、商业签证

打算在老挝进行市场调研的商务人员应先申请一份单式签证，接着再申办一张为期 3 个月的商业签证（也叫多式签证），该签证可再延长 3 个月。

一旦外国投资者的工厂建成和动工，外商则可获得 1 份 6 个月到 1 年的签证。

办理商业签证时，还需要一封将与老挝合作的公司的邀请信，以及 3 张照片。

四、参观者签证

需要办理为期 30 天的单式签证，如果需要可以再延长 30 天。

申请时需要一封老挝朋友或亲戚的担保书，此人将向老挝内务部移民局提交适当文件，老挝外交部将通知使馆是否给予签证。

申请人需向在老挝的担保人提供申请人的姓名、出生日期、地址、护照号码，以及与护照照片相同大小的 6 张照片。

办理参观者签证所需材料：护照原件、1 张护照照片、签证申请表 1 份（可以通过传真索取后复印）；

办理时间：3 个工作日；

签证逗留期限：15 天，可以在老挝续签。

（来源：中华人民共和国外交部网. http://www.fmprc.gov.cn/chn/pds/gjhdq/gj/yz/1206_17/1206x3/t275463.htm.2006—10—10）

马来西亚签证须知

中国公民赴马来西亚应在境外办妥签证，未办妥签证，从泰国或新加坡入境的中国旅游散客，可在入境口岸申办口岸签证。中国赴马的旅行团可以办理口岸团体签证，但马方接待旅行社必须事先获得马移民总局授权并已经备案。为鼓励旅游，经第三国飞抵马彭亨州刁曼岛的旅客，如能出示有效回程机票可以申请落地签证。

一、签证种类

（一）普通签证

发给以旅游、探亲访友和商务活动为目的的中国公民。有效期 3 个月，停留期 30 天。普通签证不能延期，除非因健康原因、航班问题而不能及时回国，可凭有关医院和航空公司出具证明信函到移民局延期签证。

（二）工作和学生签证

在马来西亚工作或学习需由马公司或学校首先向移民局申请，获准后，由马移民局通知申请人所在地区的使领馆颁发普通签证。有关人员来马后，再到移民厅换成相应种类的长期签证。就读马大学的，长期签证通常由学校到移民局总部申请，就读高中及以下学校的，由自己向所在州的移民厅申请办理。

（三）探亲签证

来马探亲最长可停留 6 个月。一般由在马工作、学习、居住的亲属事先向马移民局申请，亦可持普通签证到马后再更换探亲签证。申请此类签证要求提供的文件较多，如亲属关系证明、在马工作、学习及收入证明等。

（四）旅游签证

适用人群：到马来西亚旅游的个人或团体；

停留期限：14 天；

要求：申请表、护照照片（3 月内近照）1 张，至少 6 个月的护照有效期，团体还要交 1 份团员名单及行程安排，个人需有以马来西亚为目的地的机票作证明，并是本人申请。

（五）落地签证

适用人群：在指定机场和出口处到达的旅游团；

停留期限：14 天；

要求：旅行团人数大于两人（包括两人）且有第三国签证，此外，要有马来西亚地接旅行社向吉隆坡移民局总部提交表格并负责旅行团全程旅游。

二、签证办理

办理单位：马来西亚驻华大使馆、马来西亚驻各地总领事馆；

护照要求：有效期需超过 6 个月，并至少有 1 页空白签证页；

办理时间：原则上为 3 个工作日内；

办理所需资料：护照及复印件、护照照片两张，并在照片后签名、填写签证申请表、机票预订单及复印件等。

以上文字材料，需翻译成英文或马来语，用 A4 纸打印或复印。

签证有效期：3 个月。

（来源：中华人民共和国外交部网. http://www.fmprc.gov.cn/chn/wjb/zzjg/yzs/gjlb/1256/1256x3/t275332.htm.2006—10—09）

缅甸签证须知

中国公民进入缅甸，持外交、公务护照可免办签证。凡持因公普通护照和因私护照来缅甸都需办理有效签证。缅甸驻北京大使馆和驻云南昆明的总领馆及驻香港总领馆受理办理签证的业务。目前中国云南省已经与缅甸在旅游方面实现了互免签证，旅游者可以到当地的旅行社办理通行证。目前缅甸较常用的签证种类为旅游签证和商务签证。

一、签证

缅甸签发之签证，有旅游、商务、长期商务多次签证等多种，而旅游签证又分个人（FIT）和团体（GROUP）两种，其差别是，个人签证在入海关时须以官价兑换300美金的缅币，团体客人则须由旅行社按行程先汇团费入缅；至于商务签证须有缅甸注册之公司提出邀请函（保证书）方可申请，多次签证则签给有投资事实者。

办理旅游签证进入缅甸可停留28天。因公或商务来缅可申办商务签证，停留期限不等。逾期滞留每超1日罚款3美金。凡停留超过1个月的，离境时，需在移民局或机场移民局处办理离境手续(DEPARTURE FORM)。旅游签证不能办理延期。

在缅停留超过3个月需办理外侨证，延期签证需交费，分1个月、3个月和1年。

旅缅华侨持中国护照出境前需在缅移民局办理回缅签证（RE-ENTRY VISA）。

二、商务签证

凡持商务签证在缅长期经商，需办理以下手续：

（一）劳动卡（LABOUR CARD）

根据缅甸政府规定，外国人在缅甸长期经商若需办理签证延期，首先要办理劳动卡。办理劳动卡需要以一个当地合法注册登记的公司雇员身份到缅甸劳动部办理劳动卡，需提供相片并交费。

（二）办理签证延期（VISA EXTENSION）、**逗留许可**（STAY PERMIT）

办理劳动卡后，办理签证延期及逗留许可同样要当地合法注册登记公司出具证明，到缅甸商务部办理手续，然后再到缅甸移民局办理签证延期及逗留许可，一般一次可延期3个月到1年不等，签证逾期，每日罚款3美元，也需提供相片并交费。

（三）办理外侨登记证（F. R. C.）

凡到缅甸后居住时间超过3个月者，均需提前到缅甸移民局办理外侨登记证，需提供相片并交费。超期未办者将被罚款。凡到缅甸后1个月内申请办理外侨证的外籍经商者只需交纳9美元，超过1个月后换取者需交18美元。

（四）离境表（DEPARTURE FORM）

凡到缅甸居住超过1个月者，离境前需到缅甸移民局办理离境表。长居住者，需向移民局交回外侨登记证，并领到2张离境表，其中1张离开时交机场移民局，另1张下一次回缅甸时，再到移民局换回原有的外侨登记证。回到缅甸1个月内换证交6美元，超过1个月需交12美元。

（五）办理往返签证

往返签证有多次往返签证和一次往返签证。多次往返签证有效期一般有3个月、半年和1年。一次往返签证有效期一般为1个月。

在缅注册的外资合资公司董事可申请6个月或1年有效期的多次往返签证。一般外国经商人员可申请3个月有效期的多次往返签证。多次往返签证不分有效期长短，收费均为180美元。一次性往返签证收费54美元。

三、旅游证

持旅游证来缅只能陆路来陆路返，持证者可在缅逗留28天，只能在规定的地区旅游。

（来源：中华人民共和国外交部网. http://www.fmprc.gov.cn/chn/pds/gjhdq/gj/yz/1206_23/1206x3/t274267.htm. 2006—09—29）

菲律宾签证须知

由菲方授权的旅行社接待的中国旅游团，可在阿基诺、苏比克、克拉克、佬渥、宿务、达沃和三宝颜国际机场申请停留期为7至14天的落地签证。

持香港特区护照、BNO护照、澳门特区护照或澳葡护照来菲者，7天之内免签。

持台湾“护照”、香港DI（Document of Identity)、CI（Certificates of Identity）或旅行证来菲者，应申请菲方签证。

菲律宾的签证根据投资法可分为申请签证、特殊法律规定的相应签证、投资人签证三大类，在三大类签证类型中又分为若干小类，具体规定如下：

一、根据投资法可申请签证类型

（一）短期访问或观光签证

一般来说，外国游客只要出示回程票即可进入菲律宾境内，而无需在驻外大使馆或领事馆申请签证（根据第408号《行政命令》称为无签证入境权)。上述游客一般允许停留21天（香港特别行政区护照只能滞留7天）。

如果游客持香港身份证进入菲律宾，进境前需要申请观光护照。

游客在驻外菲律宾大使馆或领事馆申请的临时访问签证有效期一般为59天，但中华人民共和国与香港特别行政区护照持有人允许的逗留时间要稍短。

希望延长停留时间的外国人必须获得移民局的批准。

（二）工作授权签证

1. 入境前雇聘签证

入境前雇聘签证属于工作授权签证，在公司中将担任行政、技术、管理或高度机密职务1年以上5年以下的外国人可以根据《申请菲律宾移民法》第9（g）节的规定申请入境前雇聘签证。[以下简称9（g）签证]

申请要求：

（1）请求人单位的邀请函；

（2）填好并经过公证的申请表；

（3）2×2照片，贴在申请表上；

（4）如果是股份有限公司，要提供公司章程，议事程序，请求人的证券交易委员会注册证书；如果是独资经营公司，要提交贸工部商号注册证书与填好并被贸工部受理的商号注册证书申请表；

（5）劳动与就业部颁发的外国人就业许可证（AEP）；

（6）申请人的所得税申报表与纳税证明；

（7）为申请人的服务而签订的合同或协议，包括服务期限、会收到的准确补偿与其他福利；

（8）申请人的履历；

（9）请求人对申请者的担保；

（10）人力资源主任、人事官员关于请求人要聘用的外籍人数的证明；

（11）注明有准入身份与最新停留时间的申请人护照副件；

（12）其他有助于评估申请的证明资料；

（13）注明申请人是否有配偶与未满21岁的未婚子女陪同；

（14）受抚养的配偶与子女的结婚证或出生证明；

（15）配偶与未满21岁的未婚子女的护照副件；

申请签证程序：

（1）在劳动就业部领取外国人就业许可证时，申请公司必须提供足够证据证明该工作在菲律宾没人愿意从事或没人能够胜任，且该外国人的任职将有益公众利益，否则移民局不会批准9（g）签证申请。

（2）外国人已经获得外国人就业许可证，如果仍未获得9（g）签证的申请，他可以申请有效期为3个月的临时工作证。

（3）申请9（g）签证的整个过程大约要两到八周。在投资署与菲律宾经济区署注册的公司以及世界前1000强公司工作的申请人的申请优先。

（4）9（g）签证在外国人就业许可证与劳动合同的期限（取两者中较短者）内一直有效。

（5）发给家属的9（g）签证与申请人的签证有效期相同。

2. 条约商人签证

条约商人签证属于工作授权签证的一种。

申请条件：

如果外国投资者是与菲律宾达成互惠协定（条约商人或投资商方面）的国家的公民，则有权以条约商人或条约投资商的身份进入菲律宾。目前只有美国、日本与德国的国民有权获得该签证。

3. 其他工作授权方式签证

作为正常就业或商业签证的补充，临时访问者或游客可申请特种工作证（SWP）或临时工作证（PPW）。

（1）特种工作证

①申请条件

使用观光签证进入菲律宾打算从事职务或经商的外国人，可以申请特种工作证（SWP）。符合申请特种工作证的人有：

只在限定的时间内竞赛的职业运动员；

入境提供临时性特种服务、具有特殊与突出才能，但没有入境内雇佣合同的外国人；

参加有观众买票的演出的艺人与其他演员（含：主要进行非竞争性临时服务或进行非竞争性培训、可分类为临时工人或实习生的外国人；获得授权寻找隐藏的宝藏的外国人；要在菲律宾拍摄的电影与电视制作人员；在菲律宾从业的外国记者）。

②申请要求

请求人公司的邀请函；

护照与有效签证的复印件；

个人履历；

公司的证券交易委员会注册证书，公司章程与议事程序复印件；

请求人公司的担保；

公司的所得税申报表；

经核准无误、注明了准确的工资的合同副件。

（2）临时工作证

①申请条件

已由雇主提出申请、与当地实体签订了合同，希望申请正常工作签证［如符合《菲律宾移民法》第9（d）与9（g）节规定的条约商人与入境前雇聘签证］的外国人，在尚未签发正常工作签证时，可以申请临时工作证。

②申请要求

请求人公司的邀请函；

护照与有效签证的复印件；

个人履历；

盖有“已收讫”印章的正常工作签证（即条约商人与入境前雇聘签订）申请复印件；

公司的证券交易委员会注册证书，公司章程与议事程序复印件；

请求人公司的担保；

公司的所得税申报表；

雇佣合同、由劳动就业部颁发的就业证书和外国人就业许可证（AEP）。

（3）根据《菲律宾移民法》第47（a）（2）节申请特种非移民签证

司法大臣（以前是总统）出于公众利益或国家政策方面的考虑而批准后，即可签发本签证。

例如，涉及公众利益的行业有从事石油勘探、发电、基础设施与在菲律宾经济区署与投资署注册的公司。

二、特种多次入境签证

1. 符合条件者

（1）在获得菲律宾中央银行许可并依照第1034号《总统令》经营的外国银行境外单位工作的外国员工；

（2）菲律宾政府根据第8756号《共和国法案》正式认可的地区总部或地区经营总部的外籍员工，指批准作为非移民入境的公司主管人员，如果有受抚养的配偶与未满21岁的未婚子女随同，应颁发此证。多次出境签证的有效期为1～3年，可以再延长相同时间，免予外侨登记。

2. 要求

（1）延长外国银行境外银行单位的外籍人员的特种多次入境签证，需提供：

外国银行或境外银行单位的邀请函；

填好并经过公证的通用申请表；

贴在申请表上的2×2照片；

如果申请人已在国内，提供盖有移民局准入印章的护照的复印件；

证券交易委员会注册证书；

中央银行颁发给外国银行经营境外银行单位的授权证复印件；

注明准确工资与委任聘用时间的雇佣合同复印件；

外国银行负责官员的宣誓证明（证明内容包含：申请人是该银行的员工，将任职设立在菲律宾的境外银行单位；外国银行将以外币支付在菲律宾工作的申请人的工资）。

（2）更改跨国公司地区总部或地区经营总部外籍员工的身份，需提供：

请求人公司申请书的原件；

填好并经过公认的通用申请表；

贴在申请表上的2×2照片；

如果申请人已在国内，提供盖有移民局准入印章和显示有效居留期的护照复印件；

注明准确工资与委任聘用时间的雇佣合同复印件；

申请人的所得税申报表与缴纳凭证；

证券交易委员会证明其在过去的一年汇入了最少50000美元的汇款的证明；

宣誓证明：经营执照仍然有效适用、自录用起，该员工最少已获得相当于12000美元的工资收入。

3. 申请时间

申请上述签证的办理时间为3天。

三、投资人签证

（一）特种投资常驻签证

特种投资常驻签证属于投资人签证的一种。特种投资常驻签证（SIRV）授予持证人多次入境居留的权利，直到结束投资。特种投资常驻签证由移民局与投资署联合签发。

1. 申请特种投资常驻签证时，投资人需汇至少75000美元到菲律宾国内，并投资在相应的经济活动中。

特种投资常驻签证持证人可带配偶和21岁以下的未婚子女，而无需增加存款。如果申请人有家属随同，应提交家属在菲律宾出生的证明或经过距申请人在国外居住处最近的菲律宾大使馆、领事馆鉴定的出生证或者户口簿。

2. 申请程序

填好并经过公证的申请表，贴近照；

安全调查，由申请人国家或居住地有资格提供申请人犯罪记录的中央政府机构提供，并交菲律宾大使馆或国家调查局（NBI）国际刑警组织认证，注明申请人没有犯罪记录；

国家情报协调署（NICA）应在收到移民局背书后的5个工作日内签发初始安全调查，并在批准试用签证后3个月内签发一份更加详细的涵盖菲律宾武装部队与菲律宾国家警察的证明。如果存在不良记录，特种投资常驻签证将可能被撤销；

提出申请后的6个月内上述调查应持续有效；

健康证明，由卫生部（DOH）、任何一家政府医院或卫生机构、或者申请人国家内得到许可和公认的医疗中心、实验室或类似部门签发，证明申请人身体与精神健康；

提出申请后的6个月内上述证明应持续有效；

经宣誓的开户银行证明，由菲律宾公认的开户银行的正式授权官员按规定的格式出具，证明申请者在上述银行汇入外汇和折算成菲律宾比索及其金额，如果汇款是通过非公认的代理银行汇入，汇款总额应立即转至公认的银行；

根据有关法律法规的规定，只有获得移民局授权的银行才能充当开户银行（菲律宾地产银行与菲律宾发展银行）；

在任何情况下，存款不得在提出申请1年以前汇入；

菲律宾比索定期存款证明的复印件（定期为30天以上）；

定期存款证明的原件应交开户银行保管；

经申请人祖国国内的菲律宾领事馆、大使馆或申请人祖国在菲律宾的大使馆鉴定的出生证明、户籍、户口簿；

必要时，提供结婚证。结婚证应经申请人祖国国内的菲律宾领事馆、大使馆或申请人祖国在菲律宾的大使馆认证。

4. 在菲律宾大使馆、领事馆提出申请的程序

申请人向菲律宾大使馆、领事馆提交申请表与其他资料。

大使馆、领事馆批复申请资料并交给投资署评估。

投资署审查资料。如资料完整，批准申请并由外交部领事办公室回传相关驻外菲律宾大使馆、领事馆，签发试用期为6个月的试用多次入境签证。

5. 在投资署提交申请的程序

申请人向投资署提交申请表以及包括护照原件在内的其他资料；

投资署评估提交的资料；

如果资料完整，投资署批准申请资料，并交移民局签发试用期为6个月的试用多次入境签证；

修改不确定停留期的签证时须提交投资证明。

6. 办理时间：10个工作日。

（二）旅游项目与旅游业投资者特种投资常驻签证

旅游项目与旅游业投资者特种投资常驻签证是特种投资常驻签证的另外一种形式，适用与旅游相关的项目和旅游公司。

外国投资者投资由旅游部确定的合格旅游相关项目或旅游公司，且投资额最少达到50000美元，有权申请特种投资常驻签证。

（三）特种苏比克投资签证

在苏比克自由港（SBF）持续投资达到250000美元的投资者可以申请苏比克自由港的永久性居留签证。只要签证的持有人保持投资，该签证将持续有效。

（四）特种克拉克投资签证

在克拉克经济特区持续投资，且投资额保持250000美元的投资者可以申请该签证。只要签证的持有人保持投资，该签证将持续有效。

四、签证涉及部门具体要求

（一）移民局的要求

移民局申请表；

经签名的保证书；

替补信息表，指定替补与替补培训课程；

护照（复印件）；

秘书的证明（对于由选举产生的官员）；

担保（如有家属）；

组织图；

申请者的履历。

（二）菲律宾经济区署的要求

公司到菲律宾经济区的邀请函；

申请人护照的复印件；

秘书出具的证明、就业证明或雇聘服务合同；

申请人的履历。

（三）司法部的要求

司法部（DOJ）申请表；

移民局、菲律宾经济区署注册证书及其条款；

护照（复印件）；

秘书的证明（对于由选举产生的官员）或雇佣合同（对于非选举产生的）；

原担保证明；

如果有配偶随同，须出示结婚证；

如果有子女随同，须出示他们的出生证明；

（四）办理程序

申请人的雇主在相应的政府机构（如移民局、

非律宾经济区署，农业部）申请聘用外国人的授权；

相应的政府机构在提交给司法部（DOJ）的申请上背书；

司法部（DOJ）批准申请，并将转交给移民局执行。

（来源：中华人民共和国外交部网. http://www.fmprc.gov.cn/chn/pds/gjhdq/gj/yz/1206_9/1206x3/t162782.htm.2004—09—29）

新加坡签证须知

新加坡驻华使领馆包括驻北京大使馆、驻上海总领馆、驻厦门总领馆（及厦门总领馆驻广州领事办公室）和驻香港总领馆。

一、商务签证

申请商务签证需提供以下材料，若有必要使馆有权要求申请者提供其他材料。

1. 申请者的护照有效期至少6个月（从出国日期开始计算）并至少有1张空白签证页。

2. 每个申请者需用英文填写一份14表格（原件），申请者须附两张2寸彩色近照（1张贴在14表格上，另一张供扫描用），照片必须符合下列要求：3个月内的近照，照片尺寸为35毫米（宽），45毫米（长），无白边；正面免冠（按特殊宗教或风俗要求戴帽或配饰者，帽子和配饰不得遮盖申请者面部特征），面部尺寸为25毫米（宽），35毫米（长）；白色背景。

3. 由新加坡注册公司用英文填写完整的介绍信（即V39A表格）原件一份。介绍信上必须注有新加坡注册公司的地址、电话和传真号码。

4. 填写完整的V52表格原件一份，需注明申请者的姓名，所在公司及访问目的、日期，该表格须由新加坡注册公司签发。

5. 由新加坡会计与企业管制局（www.acra.gov.sg）出具的新加坡公司的最新商业注册简况的打印件，该简况内容的打印日期距递交日期不得超过6个月。

6. 如本人不能亲自到使馆申请签证，则需出具委托书，委托书中须注明被委托人的姓名及身份证号码（中英文均可）。

7. 由新加坡政府机构、大学邀请或是出席在新加坡召开的展览会、大型会议等的申请者，无需出具39A表格、V52表格和商业注册简况，申请者只需递交该机构或组织签发给申请者的邀请函。

8. 签证办理过程需要3个工作日。

二、观光签证

申请观光签证需本人亲自到使馆办理，以下情况除外：

未满16岁的申请者可由父母代办，但必须出具能证明其关系的出生公证书或户口本（原件及复印件）；申请者如已退休，可委托他人办理（需出具注明被委托人的姓名及身份证号码的委托书）；如申请人由新加坡公民或永久居民作担保，请参照第5条办理。

申请观光签证须提供以下材料，必要时使馆有权要求申请人提供其他材料：

1. 申请者护照有效期至少6个月（从出国日期开始计算）并至少有一张空白签证页。

2. 一份用英文填写的14表格（表格第1、2页每一项都要填写，第3页必须由申请者本人签字并注明申请日期）。申请者须附两张2寸彩色近照，请将一张彩照粘贴在14表格上而另一张彩照是供扫描。照片必须符合下列要求：3个月内的近照，照片尺寸为35毫米（宽），45毫米（长），无白边；正面免冠（按特殊宗教或风俗要求戴帽或配饰者，帽子和配饰不得遮盖申请者面部特征），面部尺寸为25毫米（宽），35毫米（长），白色背景。

3. 申请者公司出具的同意其休假并说明申请者在该公司任职时间、职务及工资的信函。信函所用信笺需注明公司的名称、地址、电话号码及传真号码。信笺需加盖公章。

4. 申请人如没有工作，需提供户口本原件和复印件各一份。原件被审查后将退还给申请人。申请人还可提供相关文件以证明其如期返回中国，如银行存款证明有足够的资金。

5. 如申请人由在华的新加坡公民或新加坡永久居民作担保，则无需按上第3、4条规定办理。但需担保人亲自到使馆递交申请，并提供填好的V39A表格及担保人身份证复印件。

6. 观光签证自签发之日起一般5周内有效。签证持有人可在5周之内多次进出新加坡。由新加坡移民和关卡局官员决定每次停留天数，最多不超过30天。

7. 签证办理过程为三个工作日。

8. 申请人有可能在申请被批准前要求缴纳人民币5100元/每人的担保金。使馆将在受理申请的第二个工作日通知申请人交纳担保金。申请人需在申请表左上方注明其家庭号码或手机号码。

三、入境签证

适用于直接向移民与海关局或新加坡人力部提出并得到批准的申请，包括以下类型：

已获得移民与海关局批准的新加坡永久居民通知书的人士。

原则上已经移民与已获海关局或新加坡人力部批准即将发给各类准证的人士。如工作许可证，受雇准证，学生准证，长期社交访问准证，职业人士访问准证。

已获移民与海关局批准并通知他们在新加坡驻厦门总领事馆领取签证的人士。

持中国护照及联程国际机票，并有第三国入境签证者，过境新加坡 72 小时之内，可免办签证。

四、担保金交纳须知

被要求交纳担保金的申请者将在其递交申请表的第二个工作日由使馆通知其办理交纳手续。

申请者需领取一份四联的进账单（送款单上需填写本人姓名、存款日期、身份证号码及联系电话）到中国银行总行一层 16～18 号柜台存入担保金人民币 5100 元后，持经银行盖章的进账单首联和第三联（回单和收账通知）和填写完整并有申请者亲自签名的担保函到使馆再次办理签证。上述手续办理完毕后于第二个工作日领取签证。

观光签证到期后，不得继续在新加坡停留；

不可以在新加坡谋求长期居留；

不可打工（有偿或无偿）、经商或参与其他专业活动及不利于新加坡安全的活动；

不可吸毒、走私或贩卖毒品；

违反上述规定者将被没收担保金人民币 5100 元。

五、担保金退款须知

进入新加坡时，旅游者应主动出示护照及旅游签证卡。在离境时新加坡边防检查站官员会收回签证卡并在护照上加盖出境章。如签证卡未被收回，旅游者应主动交给边防检查站官员。

担保金只有在新加坡驻华使馆收到移民与关卡局的通知后方能退还。申请者在离开新加坡后 1 个月可打电话咨询，得到确认后可预约领取担保金的时间。领取担保金的时间为每月的 5 日至 25 日。

申请者在指定时间到使馆领取现金支票，再到中国银行总行一层 19～24 号柜台兑现。

若申请者不能亲自办理担保金退还手续，申请者可出具委托书，并附上被委托人身份证复印件。被委托人凭委托书、申请者护照复印件及担保金收据到使馆办理手续。

若申请者在签证有效期内未前往新加坡，本人需持护照、签证卡、收据及本人写的解释信到使馆，确认后方能预约时间领取担保金。

若收据遗失，申请者必须提交公安局丢失证明或相关公证书予以证明。

若未交回签证卡或使馆未得到移民与关卡局退款授权，申请人将担保金收据、护照首页及有入境、离境章的签证页复印，并送交到本使馆。大使馆在接到退款申请后致函移民与关卡局查询。这需要两个月以上的时间。

（来源：中华人民共和国外交部网. http://www.fmprc.gov.cn/chn/pds/gjhdq/gj/yz/1206_35/1206x3/t162789.htm.2004—09—29）

泰国签证须知

自 2008 年 2 月 25 日起，携带超过 2 万美元或等值货币出入泰国境时需向泰海关申报。

一、旅游签证

填写旅游签证申请表一式一份，申请表必须本人签名，2 寸近照 1 张，申请者本人单位或街道办事处的英文担保信原件（内容包括：申请者姓名、赴泰目的、在泰停留期、该信必须担保申请者按期返回中国，使用印有该单位抬头的信纸打印，并附有该单位的地址及电话，此信还必须加盖单位公章，负责人签字及签字人的姓名和职务），出示已经确认的往返机票，并递交该票的复印件一份，护照和护照复印件一份。此签证可以在泰国停留 60 天。（小孩未满 16 周岁需提供中英文的关系公证书原件及复印件）。

二、非移民签证

凡赴泰为联系业务、出席会议、参加培训和进行学术交流不超过 90 天者需办此类签证。申请者需递交如下材料：

填写签证申请表一式四份，申请表必须本人签名，2 寸近照 4 张；

泰国有关部门单位负责人署名的邀请信原件，

并注明申请人在泰居留的时间和邀请单位的营业执照复印件（含公司股东登记证），上述材料均需另外加盖公司印章，并由公司法人代表签名方有效，署名法人代表需提供其身份证复印件，身份证复印件亦须本人亲笔签名；

申请者的工作单位致泰国驻上海总领事馆的英文照会信原件，确认申请人为本单位人员及其赴泰目的；在泰停留时间，保证其在照会信注明的期限内离泰，该英文照会必须加盖公章并有负责人署名，出示已经确认的往返机票，并递交该票的复印件1份，护照和护照复印件1份。

三、过境签证

凡目的地是第三国仅从泰国过境者，或者从第三国经泰国返回中国者需办此类签证。在申请过境签证时，需递交如下材料：

填写过境签证申请表一式三份，申请表必须本人签名，2寸近照3张，前往第三国的有效签证或者入该国国境不需要国境签证的证明；

出示已经确认的机票，该机票必须注明飞往泰国和第三国的日期或者从第三国途经泰国回中国的日期，并递交该机票的复印件1份，护照和护照复印件1份，银行存款证明或者可兑付票证（旅行支票，信用卡等），其所有金额足以满足申请者在泰国所需，并递交复印件1份。

备注：签证申请需要两个工作日，且护照有效期在半年以上。

（来源：中华人民共和国外交部网. http://www.fmprc.gov.cn/chn/pds/gjhdq/gj/yz/1206_30/1206x3/t457427.htm.2008—05—23）

越南签证须知

根据1992年3月15日中越关于互免签证的协定，中国公民持有效外交、公务、因公普通护照及其使用同一本护照的偕行人入境、出境或者过境越南时免办签证，停留期为30天，如需要延期，须由越方接待单位提出申请，在越南公安部出入境管理局办理。

中国公民持有效普通护照入境、出境或过境越南须事先办理签证。越南驻华大使馆、越南驻广州总领事馆及越南驻昆明总领事馆都可为中国公民签发赴越签证。签证种类分为旅游、商务两种，中国公民可本人前往使领馆办理，或委托旅游公司代办。

中国公民赴越南，持外交、公务与因公普通护照免签证。持因私护照需向越南驻华大使馆申请签证。

探亲人士可申请单程或多程签证。单程入境签证通常停留期不超过3个月，但个别情况可再延期3个月。多程签证有效期则可达1年，并可再延期1年。

在越南单程或双程过境者，经申请可获有效期最多为15天的过境签证。在越南领土逗留不超过72小时，不离开过境者住区的过境者，免除过境签证。

赴越南持有国家合作与投资委员会发给的投资许可证或经营许可证的外国人，则可获多次出入境有效签证，期限自3个月至1年，依在越南的工作性质而定。申请来越南探讨贸易投资可能性，而没有越南有关单位邀请或接待的，以及留学、治病、旅游、探亲等的，当事人可委托越南各组织（越境工商会、投资咨询劳务公司、有经营国际旅游许可证的公司）或者在越南常住的亲属（父母、夫妻、子女、亲兄弟），向内务部出入境管理局申请入境许可，至少在入境前15天申请。

想到越南旅游的外国人，必须按照要求和统一式样，填报入境签证申请书3份，并附上3张近照。1份附有相片的申请书寄到就近的越南驻外国领事馆，其余2份及相片，游客随身携带，入越南境时交给当地的旅游机关。

暂住越南外国人的签证需要延期，应由本人或越南主管机关，向所在地出入境管理处或管理局书面申请，附上护照和越南常住证。

如签证期满，而暂住期限未满，签证无需延期。如签证和暂住也已期满，需要再住的只需办理暂住延期。暂住证可以延期，每次不超过12个月。

入境越南的外国人向口岸公安站出示护照或代护照证件和出入境证后，立即获发暂住证。在口岸签发的暂住证有效期与入境许可证有效期相适应，自签发之日起不超过12个月。

商务签证可通过越南的某个贸易公司提出申请，旅游签证则可在驻任何国家的越南大使馆或泰国和越南各旅行社办签证（越南已授权国外旅游机构代办赴越旅游签证业务）。

用传真办签证，要提供姓名、出生日期、地点、籍贯、家庭地址、职业、护照号码、逗留时间和入境地点。河内发出的签证可允许在越南境内任意活动，胡志明市发出的签证则只许在胡志明市内活动。

（来源：中华人民共和国外交部网. http://www.fmprc.gov.cn/chn/wjb/zzjg/yzs/gjlb/1338/1338x3/t162828.htm.2004—09—29）

东盟十国税制概述

文莱税制概述

文莱现行税制中的主要税种有：公司所得税、石油税等，尚未开征个人所得税、增值税。

一、主要税种概况

1. 公司所得税

（1）纳税人

公司所得税的纳税人分为居民公司和非居民公司。居民公司是指，在文莱组建的或者在文莱从事经营活动，并且其控制和管理实际上是由其公司董事会负责执行的公司。

（2）征税对象、税率

非居民公司就文莱境内发生的所得缴税。居民公司则就来源于文莱境内和境外的从事经营活动所获取的所得、利息、财产运营的收入和来自文莱国内公司的股息缴税。公司所得税的税率为30%。

文莱政府对于居民公司支付给非居民个人或者非居民公司的利息，征收20%的预提税。

（3）应纳税所得额和应纳税额的计算

①折旧：工业用的建筑物（直线折旧法）和机械、设备（余额递减折旧法），按照规定的折旧率计提折旧。

②亏损结转：亏损额可以向后结转，期限为6年。亏损额向前结转时，期限为1年。

③费用扣除：与非居民公司、外国关联企业之间的费用，如果是适当的合理的，可以扣除。2001年6月1日以后，允许公司对在海外贸易机构的维持运营费用或者贸易会、展览会费用、开发出口市场费用和特定的广告费用、研究和开发费用、为获得技术和特许产品的认可而支付的评审费用进行扣除。

④税款的缴纳：公司所得税按照日历年度缴纳。公司提交的所得税申报表由所得税征税员审核，税款核定通常在每年的2月进行。公司通常在收到核定税款通知书后的30日之内缴纳税款。

2. 其他主要税种

（1）石油税

石油资源开采企业的所得税，按照所得税法中有关石油资源开采企业的特殊规定征收。

（2）印花税

文莱政府对各种书立凭证课征印花税。税率根据书立凭证性质不同而有别。

二、主要税收优惠

1. 外国投资、融资的优惠政策

（1）新兴产业的投资

按照文莱政府经济发展规划的要求，投资于新兴产业的外国投资企业，可以根据投资额的标准，在5年之内免缴公司所得税和用于生产的原材料的进口关税。符合一定条件的，免税期限可以继续延长。

（2）外国融资

对于经文莱政府许可的非居民个人提供的外国贷款的利息，免征预提税。

2. 企业扩大生产的鼓励政策

扩大生产企业获得文莱政府的认可，满足新增固定资本支出的一定标准，就可以享受5年以内的免税待遇。

（来源：秦皇岛市国家税务局网. http://www.he-n-tax. gov. cn/qhdgsww/gszt/ssxdzt/200811/t20081112_151430. htm. 2008—11—12）

柬埔寨税制概述

柬埔寨现行税制中的主要税种有：公司所得税、个人所得税、增值税、特定商品和服务税、土地和房屋的租赁税、印花税等。

一、主要税种

1. 公司所得税

（1）纳税人

柬埔寨公司所得税的纳税人分为居民公司和“永久性常设机构”。居民公司是指在柬埔寨组建和管理或者其主要经营场所在柬埔寨境内的公司。“永久性常设机构”是指外国公司的分支机构或者居民代理人通过非居民人员在柬埔寨境内从事经营活动的场所。此外，对于有外国投资的公司纳税人还有一些特殊的规定。

（2）征税对象、税率

公司所得税的征税对象是营业利润和规定的消极所得。营业利润包括资本利得，消极所得包括利息、特许权使用费、租金等。公司和常设机构的标准税率为20%，政府鼓励的投资企业可以享受9%

的优惠税率，从事石油、天然气和特定矿产资源开发公司的税率为30%。

保险企业应以纳税年度所接收的保险金总额的5%缴纳公司所得税。

关于预提所得税。柬埔寨对于支付给非居民的利息、股息、租金、特许权使用费、技术管理服务费等按照14%的税率征收预提所得税；对于银行支付的定期储蓄存款利息、活期储蓄存款利息分别按照6%、4%的税率征收预提所得税。

（3）应纳税所得额和应纳税额的计算

①折旧：有形资产的折旧率与折旧方法包括：楼房及其附属建筑物部分的折旧率为5%，使用直线折旧法；计算机、电子信息系统、软件与数据处理设备等的折旧率为50%，使用余额递减折旧法；汽车与办公用具设备等的折旧率为25%，使用余额递减折旧法；其他有形资产的折旧率为20%，使用余额递减折旧法；对于合格投资项目的有形资产实行特别再折旧，即购买资产以后第一年可以按照该资产成本加提折旧40%。无形资产的折旧率按照其规定年限使用直线折旧法摊销。自然资源的折耗有特别规定。

②亏损结转。亏损额可以向后结转，期限为5年，不允许向前结转。

③其他扣除。利息扣除不能超过当年实现的利息收入，不能扣除的部分可以结转到下一年度扣除。

2. 个人所得税

（1）纳税人

个人所得税的纳税人分为居民个人和非居民个人。一个人在12个月中居住在柬埔寨的时间超过182天，即被视为柬埔寨居民。

（2）征税对象、税率

柬埔寨的个人所得税的征税对象主要是工资、薪金收入。柬埔寨居民个人要就其来自柬埔寨境内、境外的工资收入纳税，非居民个人仅就其来源于柬埔寨境内的工资收入纳税。

应税工资分为现金工资和附加福利工资，两者适用不同的税率。

现金工资包括工资、奖金、加班补助等。附加福利工资包括教育补助（与雇用有关的教育除外）、住宿补助、特定保险的补助、社会福利等。

可以免税的工资包括得到认可的国际组织、外交机构的雇员的工资等。柬埔寨的国会议员不缴纳工资、薪金所得税。

工资、薪金所得税税率表

	级数	月应纳税所得额	税率（%）
现金工资	1	500000瑞尔以下的部分	0
	2	超过500000瑞尔至1250000瑞尔的部分	10
	3	超过1250000瑞尔至8500000瑞尔的部分	15
	4	超过8500000瑞尔至12500000瑞尔的部分	20
	5	超过12500000瑞尔的部分	25
附加福利工资	附加福利工资部分的税款由雇主缴纳，税率为福利工资的市场价值的20%。		

非居民个人的工资所得税税率为20%。

3. 其他主要税种

（1）增值税

在柬埔寨境内提供货物或者劳务的企业和个人有缴纳增值税的义务。增值税的税率为10%，出口货物和劳务适用零税率。

提供下列劳务免征增值税：公共邮电业的服务、医疗卫生业的服务、国有公共运输业和电力事业、保险业和特定的金融服务。

（2）最低税

不属于公司所得税和增值税的纳税人有缴纳最低税的义务。最低税的计税依据为提供服务和货物者的营业收入，税率为1%。

（3）特定商品和服务税

特定商品和服务税对进口商品或者特定商品和服务征收，税率从0至33.33%不等。

（4）土地和房屋的租赁税

从事土地、建筑物租赁等事业者有缴纳土地和房屋的租赁税的义务。土地和房屋的租赁税以从事土地、房屋租赁者取得的租赁费为计税依据，税率为10%。

（5）印花税

印花税是对特定的正式文书、特定的广告等征收的，税额根据广告等所设置的场所、使用的照明和国家语言的不同而定。

（6）未使用土地税

未使用土地税对城市和指定地域的土地上没有从事建设的、或者有建筑物没有使用的以及特定的开发地的未使用土地征收，税额于每年6月30日由未使用土地评价委员会决定，按照每平方米土地的市场价格的2%计算，1200平方米以内的土地免税。应税土地的所有者必须在每年的9月30日以前缴纳未使用土地税。

(7) 注册税

柬埔寨对企业的设立、合并或者撤销等有关特定文书、特定资产转让的有关文书征收注册税，税额按照转让价格的4%计算。

(8) 运输工具税

运输工具税是对卡车、船舶等特定运输工具注册时的法定手续费征收的。

二、主要税收优惠

1. 投资鼓励政策

根据2005年9月颁布的《柬埔寨王国投资法修正法实施细则》规定，柬埔寨政府对符合政府鼓励投资项目的企业给予如下的税收优惠：

(1) 投资企业获利之后，免征3年公司所得税；之后，根据投资行业的不同，投资企业还可以追加2～5年的免税期。

(2) 符合规定的投资企业可以免征进口生产设备、原材料的关税。

2. 再投资优惠政策

柬埔寨政府对于符合政府鼓励的投资项目且取得的利润在柬境内进行再投资的企业，给予加速折旧税收优惠。

(来源：秦皇岛市国家税务局网. http://www.he-n-tax. gov. cn/qhdgsww/gszt/ssxdzt/200902/t20090216_175925. htm. 2009—02—16)

印度尼西亚税制概述

印度尼西亚现行税制中的主要税种有：公司所得税、个人所得税、增值税、奢侈品销售税、土地和建筑物税、离境税、印花税、娱乐税、电台与电视税、道路税、狗税、机动车税、自行车税、广告税、外国人税和发展税等。

一、主要税种

1. 公司所得税

(1) 纳税人

印度尼西亚公司所得税的纳税人，包括设在本国的公司和外国公司设在本国的分支机构及常设机构。石油、天然气和采矿公司按照合同的规定纳税。

(2) 课税对象、税率

本国公司应就来源于全世界的所得纳税。外国公司设在印度尼西亚的分支机构和常设机构就其在印度尼西亚所从事经营活动取得的有关所得纳税。除特殊规定外，资本利得视为普通所得征税。

1995年公司所得税的税率如下：

① 一般公司按以下税率征税：

单位：印尼盾

级数	应纳税所得额	税率(%)
1	25000000以下的部分	10
2	超过25000000至50000000的部分	15
3	超过50000000的部	30

②按照产品分成合同进行经营活动的石油天然气公司按以下税率征税：

合同在1984年1月1日以前生效的公司税率为45%。

合同在1984年1月1日以后，1994年12月31日以前生效的公司税率为35%。

合同在1995年1月1日以后生效的公司税率为30%。

税后所得还要缴纳20%的预提税。这样上述三类合同的实际税负分别为56%、48%和44%。

③按照作业合同进行生产经营活动的采矿公司按以下税率征税：

合同在1985年以前生效的公司税率(%)表如下：

年数	金矿	煤矿
开始生产经营的第一个5年	35	35
开始生产经营的第二个5年	40	35
此后	45	45

合同在1985年以后，1994年12月31日以前生效的公司税率为35%；

合同在此后生效的公司税率为30%。

资本利得按照一般公司所得税税率征税。但对出售上市股票的收入征收0.1%的预提税(发起股东为5.1%)。对出售土地和建筑物的收入按出售价格的5%征税。对在地方银行定期存款的利息按15%的税率征税，并实行源泉扣缴。

外国公司设在印度尼西亚的分支机构和常设机

构除按公司所得税税率纳税外，税后所得还要缴纳20%的预提税（有协定的国家按协定规定的税率纳税），如果税后所得用于在印尼再投资，则可免缴20%的预提税。在印度尼西亚没有常设机构的外国公司来源于印尼的所得，仅就规定的几种类型的所得缴纳预提税，税率为20%。

（3）应纳税所得额的计算和应纳税额的计算

折旧：除建筑物外固定资产的折旧可以使用直线法和余额递减法。选择一种方法后，必须始终使用这一方法。建筑物只能采用直线折旧法，永久性建筑折旧期限为20年，非永久性建筑折旧期限为10年。

股息：居民公司之间取得的股息免税。其他公司之间的股息按一般公司所得纳税。

亏损结转：亏损一般可以向以后年度结转5年，有些农业和采矿公司可以结转8年。有些经营项目和位于偏远地区的公司，亏损可以向以后年度结转10年。亏损不能向以前年度结转。

关联实体交易：关联实体的交易应遵循公平独立原则，如果税务当局认为关联实体没有按照公平独立原则进行交易，就要对其所得进行调整。关联实体主要是指，一纳税实体对另一纳税实体直接或间接拥有25%以上的所有权。

资本利得：资本利得是指资产的销售价格和账面净值之间的差额。资本损失作为费用处理。

税款的缴纳：公司所得税税款按月预缴。预缴额是上年公司缴纳的全部公司税额减去第三方代扣代缴的数额除以12。支付给公司的股息、利息、租金、特许权使用费和服务费要求代扣公司所得税。年终应缴与全年预缴税款的差额必须在公司向税务当局提交公司税申报表之前缴清。公司的所得税申报表必须在公司的资产负债表日之后3个月内提交税务当局。滞纳税款要处以罚金，罚金按每月2%计算，最高不超过滞纳税款的48%。如果被认为是偷税则罚金更高。

2. 个人所得税

（1）纳税人

印度尼西亚个人所得税的纳税人为居民和非居民个人。个人在12个月中居住在印尼的时间超过183天，则被视为印尼居民。

（2）课税对象、税率

居民个人就其来源于全世界的所得纳税，非居民个人就其来源于印尼的所得纳税。

个人在一个纳税期内的应纳税所得按照与公司税相同的税率征税。配偶双方除工薪以外的所得一般要合并纳税，并提交联合纳税申报表。非居民个人按20%的税率征税。

以下项目可以扣除：职业培训费用，按全年工薪收入的5%扣除，但最高不得超过64.8万印尼盾；缴纳给政府批准的退休和养老基金款项。

每个纳税人每年的免税额为172.8万印尼盾，配偶的免税额为86.4万印尼盾，每个被扶养人的免税额为86.4万印尼盾，但享受此待遇的被抚养人不得超过3个。

一次性获得的所得，如抚恤金、奖金、退伍金等，按15%的税率扣税。

资本利得一般按普通所得征税。但出售土地和建筑物按售价的5%征税。在印尼的证券公司出售的股票按0.1%的税率征税，发起股税率为5.1%。

3. 其他主要税种

（1）增值税

出口商品的税率为0，其他商品和劳务为10%。

下列项目的进项税额不能抵扣：不是以直接销售为目的购进的商品，在登记为缴纳增值税的企业之前购买的商品，购置的某些车辆，购买商品所开的增值税发票不完整，免增值税的商品和劳务，简化的增值税发票中注明的增值税纳税额，纳税通知书中注明的增值税额，税务审计发现的增值税申报表中未注明的增值税额。

免征增值税的项目主要有：经加工的商品（如农产品等），金融、保险、租赁和证券业务，社会、健康、宗教和教育服务等，公共交通、邮电服务、电台和电视广播等，旅馆和饭店业，提供劳动力，电力、自来水。

主要优惠项目有：进口用于动力和地热工程的设备，购买用于出口的商品，进口用于救援和采矿的物资，临时进口用于石油和天然气工业的设备，石油和地热开采公司在开始生产之前的钻探成本。

（2）奢侈品销售税

这种税主要是对某些进口或国内生产的奢侈品征收的。根据政府确定的奢侈品的类型，税率分别为10%、20%、35%。出口奢侈品税率为零。

（3）土地和建筑物税

这种税按照土地和建筑物的市场价格征收，税率为5%。

（4）印花税

印花税对特定的商事凭证征税，税率分为两档，即1000印尼盾和2000印尼盾，商事凭证包括收据、合同、委托书等。

(5) 离境税

居民离开印尼要缴纳这种税。乘飞机税额为25万印尼盾，如果是雇主代为缴纳，则这笔税款就作为预缴的公司税。乘船税额为10万印尼盾。

(6) 货物税

货物税的征税对象为特定产品，如卷烟、雪茄烟、烈性酒等。

地方政府开征的税种包括：娱乐税、电台和电视税、道路税、狗税、机动车税、自行车税、广告税、外国人税和发展税（对餐饮业和旅馆业征收）等。

二、主要税收优惠

印尼政府对东部的一些省份和一些产业给予税收优惠，主要有：亏损结转的年限扩大到10年；允许加速折旧；降低股息税负。另外，对资本品、原材料及特定投资项目给予减免关税的优惠。

（来源：江苏省国家税务局网．http://www.js-n-tax.gov.cn/Page/NewsDetail.aspx? NewsID＝112659.2007—04—15）

老挝税制概述

老挝现行税制中的主要税种有：公司所得税、个人所得税、营业税、消费税、最低税及土地和其他财产租赁税等。

一、主要税种概况

1. 公司所得税

(1) 纳税人

公司所得税的纳税人分为老挝国内的法人企业、个体事业经营者和外国投资企业。(2) 征税对象、税率

公司所得税的征税对象是来源于老挝境内和境外的企业净所得。老挝的国内法人企业适用35%的税率。外国投资企业适用税率为10%、15%和20%（详见后述税收优惠政策）。

个体事业经营者适用下列的超额累进税率。

个体事业经营者适用的税率表

级数	全年应纳税所得额	税率(%)
1	36万基普以下的部分	0
2	超过36万基普至150万基普的部分	10
3	超过150万基普至300万基普的部分	15
4	超过300万基普至600万基普的部分	20

续表

级数	全年应纳税所得额	税率(%)
5	超过600万基普至1200万基普的部分	25
6	超过1200万基普至2400万基普的部分	30
7	超过2400万基普至3600万基普的部分	35
8	超过3600万基普至6000万基普的部分	40
9	超过6000万基普的部分	45

(3) 应纳税所得额和应纳税额的计算

①折旧。有形资产按照税法第三十四条的规定计提折旧，如，为工业服务的建筑物折旧年限20年，折旧率为5%，陆路运输工具折旧年限5年，折旧率为20%。土地不作为折旧资产。折旧方法可以在直线折旧法和余额递减折旧法中任选其一。

②亏损结转。亏损额可以向后结转，期限为3年，不允许向前结转。

2. 个人所得税

(1) 纳税人

个人所得税的纳税人包括老挝公民和外国人。外国人在老挝取得的工资、薪金所得应当在老挝缴纳个人所得税。

(2) 征税对象、税率

个人所得税的征税项目有工薪所得、不动产租赁所得、特许权使用费所得、红利所得等。工薪所得包括工资、加班费、补贴、董事费等，还有税法和政令规定的实物报酬和补助等。一次性补助金、退休金补贴、存款利息、公债利息、彩票奖收入、科研和发明创造成果的奖金等是免税所得。外国人的工薪所得一律适用10%的税率。老挝公民和移居老挝的外国人的工薪所得适用下列超额累进税率：

老挝公民和移居老挝的外国人适用的税率表

级数	月应纳税所得额	税率(%)
1	30000基普以下的部分	0
2	超过30000基普至基普的部分	5
3	超过125000基普至250000基普的部分	10
4	超过250000基普至500000基普的部分	15
5	超过500000基普至1000000基普的部分	20
6	超过1000000基普至2000000基普的部分	25
7	超过2000000基普至3000000基普的部分	30
8	超过3000000基普至5000000基普的部分	35
9	超过5000000基普的部分	40

不动产租赁所得、红利所得等的税率为10%，特许权使用费所得的税率为5%。

3. 其他主要税种

（1）最低税

老挝境内开展经营的个人和企业都必须按照年度总营业收入的0.25%缴纳最低税。一般贸易和服务业者（包括从事自由职业者）必须按照年度总营业收入的1%缴纳最低税。按照《鼓励外国投资法》的规定，在认可的免税期间，外国投资企业免征最低税。

（2）营业税

营业税对进口和国内出售的商品货物和普通服务业征收。进口和国内出售的商品货物具体分为64大类，税率有3%、5%和10%。普通服务业是指提供劳务以收取服务费为报酬的行业如：邮电通信业、运输业、建筑业、修理业、市场管理承包业，出售土地使用权的开发业；宾馆、餐饮、旅游业；文艺表演、体育业；娱乐业、医疗业，以提供劳务并收取报酬的各种行业的代理或委托业。服务业具体分为37大类，税率有3%、5%和10%。

特定的商品和服务可以免征营业税，它们包括进口的种子、农药、用于科研的原料、设备等，还包括教育事业、慈善事业、国际运输以及与该运输业直接相关的服务业等。

（3）消费税

消费税是对税法规定的特定商品和服务征收，应税商品和服务有如下10大类：

①燃油类（汽油、柴油等），税率在5%～24%之间。

②酒及含酒精的饮料，税率为50%、60%。

③汽水及保健饮料，税率为30%。

④卷烟包括雪茄，税率为50%。

⑤香水及化妆品，税率为20%。

⑥骨牌及其类似品、烟花等，税率为70%。

⑦轿车、巴士、面包车、摩托车等，税率在15%～104%之间。

⑧电器类（冰箱、彩电等），税率为12%。

⑨台球、乒乓球、游戏机等，税率为10%。

⑩服务类：台球、保龄球及彩票业税率为10%，舞厅、卡拉OK厅税率为15%。

（4）土地和其他财产租赁税

租赁土地和其他财产者，一律按照租赁收入的25%的税率缴纳土地和其他财产租赁税。租赁房屋者，按照租赁收入的25%、30%两档税率缴税，或者依据房屋类型、租赁对象的不同，按照月每平方米计算税额纳税。

二、主要税收优惠

根据2004年11月15日颁布的《鼓励外国投资法》，老挝政府鼓励外国投资企业投资如下行业和地区，并给予各种税收优惠政策。

1. 鼓励外资企业投资的行业项目

（1）出口商品生产。

（2）农林业、农林业和手工业产品加工。

（3）利用先进技术的加工制造业，科学研究与开发项目，环境保护和生物多样性项目。

（4）有关人力资源和劳动力技能开发以及公民医疗保健方面的项目。

（5）基础设施建设项目。

（6）服务于重要工业生产的原料和设备生产项目。

（7）旅游工业和过境服务发展项目。

2. 鼓励外资企业投资的三类地区

（1）一类地区：尚无基础设施提供给投资者的山区、高原和平原地区。

（2）二类地区：有基础设施，并可以接受部分投资的山区、高原和平原地区。

（3）三类地区：已接受过投资、且基础设施较好的山区、高原和平原地区。

3. 税收优惠政策

投资上述行业和地区的外资企业可以享受如下税收优惠政策：

（1）在一类地区投资，可在7年内免征公司所得税，之后可按10%的税率缴纳公司所得税。

（2）在二类地区投资，可在5年内免征公司所得税，之后3年内可按15%的一半税率缴纳公司所得税，此后将按15%的税率缴纳公司所得税。

（3）在三类地区投资，可在2年内免征公司所得税，之后2年内可按20%的一半税率缴纳公司所得税，此后将按20%的税率缴纳公司所得税。

公司所得税免征时间从外资企业经营之日起计算。植树造林项目免征公司所得税的时间从企业赢利之日起计算。

除上述优惠政策外，外资企业还可以享受如下税收优惠：

（1）在减免公司所得税期间，可免缴最低税。

（2）经批准，用于扩大再生产项目的投资可免缴公司所得税。

（3）直接用于生产的材料、零配件、交通工具，老挝国内没有或者有但不足的原料，用于加工或装配出口产品所进口的半成品可以免征进口关税和进口环节其他税款。

(4)出口产品可以免征出口关税。

(来源:秦皇岛市国家税务局网. http://www.he-n-tax. gov. cn/qhdgsww/gszt/ssxdzt/200805/t20080530_108888. htm. 2008—05—30)

马来西亚税制概述

马来西亚实行中央政府一级征税制度,税收立法权和征收权均集中在中央政府。

马来西亚现行税制中的主要税种有:公司所得税、个人所得税、不动产利得税、石油所得税、销售税、合同税、暴利税、服务税、关税等。

一、主要税种

1. 公司所得税

(1)纳税人

纳税人为居民公司和非居民公司。马来西亚税法规定,居民公司指公司董事会每年在马来西亚召开,公司董事在马来西亚境内掌管公司业务的法人,居民公司就来自全世界的所得(经营和非经营所得)纳税,非居民公司仅就来自马来西亚的所得纳税。

(2)征税对象和税率

法人所得大致分为4种:经营所得;股息、利息所得;租赁费、使用费、佣金所得;其他利得和收益所得。

2006年居民公司采用20%和28%的比例税率,实行申报纳税制度。不超过50万林吉特的应纳税所得额适用税率为20%,超过50万林吉特的应纳税所得额适用税率为28%。

非居民公司实行预提税制度。预提税税率为10%至15%。非居民公司来自马来西亚的利息和特许权使用费缴纳预提税,但是,非居民公司为马来西亚中央政府、州政府、地方当局或法定实体提供信贷收取的利息不征预提税。1983年以后,马来西亚加强了对建筑行业非居民承包商的预提税征收,按照承包合同,对非居民承包商的预提税税率为20%(包括法人税15%,个人所得税5%)。

(3)应纳税所得额和应纳税额的计算

对经营所得的扣除项目,马来西亚税法采取实务操作上的判断标准:①所得税法或其他法律没有特别规定不列支的项目;②与经营活动有关的支出项目;③为创造所得发生的支出项目;④不属于资本性的支出项目。

税务上的扣除项目主要包括:

①折旧。税务机关依法认可的折旧资产有:工业用建筑、机械及设备。部分地区对机械设备购进时的期初折旧采用20%的折旧率,而进口重型机械设备则按10%计提折旧。机械设备在使用过程中按每年10%至20%的比率提取折旧。加速折旧适用于计算机、通信技术设备、环保设备和资源再生设备。

②亏损处理。经营亏损在当期从其他经营所得以及投资或资产所得中扣除。不足扣除的经营亏损可以往以后年度无期限结转,但只能冲抵经营所得。

③向外国子公司的支付。对国外子公司支付的使用费、管理服务费和利息费用经申请可以从公司所得税中扣除,但必须使用公平交易价格(即向非关联公司间的交易价格)。

④税额扣除。通常不允许从应纳税所得额中扣除,但是,一些间接税如销售税和服务税可以从应纳税所得额中扣除。

2. 个人所得税

(1)纳税人

纳税人为居民和非居民。居民就来自全世界的所得纳税,非居民只对来自马来西亚境内的所得纳税。马来西亚个人所得税法规定,居民的4种认定标准为:该年在马来西亚居住时间超过182天;该年在马来西亚居住时间不足182天,但该年前一年或后一年的持续居住时间超过182天;该年居住时间超过90天,包括该年在内的4年中有3年是居民或居住90天以上;既使该年不在马来西亚居住,最近3年或者以后年度被认定为居民。不符合上述4个标准则判定为非居民。

(2)征税对象和税率

马来西亚居民就来自马来西亚的所得、派生所得和国外汇往马来西亚的所得缴纳个人所得税。

2006年个人所得税采用19%至28%的5级累进税率,实行申报纳税制度。个人所得税起征点为5万林吉特。

2006年马来西亚个人所得税、工薪所得税税率表

级数	全年应纳税所得额	税率(%)
1	不超过5万林吉特的部分	0
2	超过5万至7万林吉特的部分	19
3	超过7万至10万林吉特的部分	24
4	超过10万至15万林吉特的部分	27
5	超过15万至25万林吉特的部分	27
6	超过25万林吉特的部分	28

居民取得的利息按照5%的比例税率缴纳利息税。一年期存款利息免税。特种国债及证券利息免税。马来西亚的商业银行及其他金融机构支付给非居民的利息免税。

对非居民的全部应纳税所得额适用28%的比例税率。

(3) 应纳税所得额和应纳税额的计算

居民扣除项目有10个：①基础扣除：8000林吉特。②配偶扣除：3000林吉特。③抚养扣除：(未满18岁的子女) 每人1000林吉特。④人寿保险扣除及雇员退休公积金扣除：最高限额5000林吉特。⑤教育及医疗保险扣除：最高限额3000林吉特。⑥医疗费扣除：纳税人双亲最高限额为5000林吉特，纳税人、配偶或者子女每人5000林吉特，只限于重大疾病的治疗费用。⑦残疾人扣除：纳税人5000林吉特，配偶2500林吉特，子女5000林吉特。购买残疾人辅助器具的费用最高至5000林吉特。⑧税额返还：对应纳税所得达不到35000林吉特的居民给予350林吉特的税额返还。⑨书籍扣除：500林吉特。⑩教育费扣除：5000林吉特。

3. 其他税

(1) 不动产利得税

纳税人为转让不动产的个人和法人（不论居民或者非居民），出售马来西亚境内的土地和土地上的权利产生的利得要缴纳不动产利得税。转让收益按照转让价格减去购进成本和转让费用的公式计算。转让损失可与不动产利得相抵。税率取决于不动产在转让日以前的持有期限。见下表：

马来西亚不动产利得税率表

转让资产前持有期限	个人（%）	法人（%）
不超过2年	30	30
不超过3年	20	20
不超过4年	15	15
超过5年	0	5

(2) 销售税

销售税对所有进口商品和在马来西亚生产的商品从价征税，但是有多种免税规定，出口商品已纳销售税款可以退还。销售税税率为5%至25%。

(3) 服务税

服务税按照5%的税率对法定劳务和商品征税。

(4) 暴利税

对价值超过每吨2000林吉特的天然椰油、天然椰果，从量征收暴利税。

(5) 合同税

合同税按照0.25%的税率对每位在建筑工业发展委员会注册的承包商所订立的合同金额超过50万林吉特的合同文本征税。

(6) 石油所得税

石油所得税对在马来西亚境内经营石油所得按照38%的税率征税。

二、主要税收优惠

鼓励国内投资与资本性投资的措施：新兴企业（包括制造业、农业、饭店、旅游及其他产业）投产5年内，70%的法定所得免纳所得税；对从事资本密集型和高技术投资的企业可以按照逐案审查原则给予全部免税，免税期设定在最初5年；其他免税项目包括纳入国家重点战略的森林种植计划、多媒体高级通道、以及电子芯片的生产等。

再投资优惠：对再投资生产重型机械和普通机械、设备的公司给予再投资优惠。再投资减免额为5年内进行再投资所产生增量收入的70%；对利用椰油生物资源和再投资生产附加值产品的企业，其利润给予全额免税优惠，优惠期10年；对从事产业扩张计划、产业现代化、自动化以及制造工艺多样化的企业，给予再投资扣除的优惠，再投资扣除额为在15年内发生的用于上述目的的机械设备、厂房的资本性支出的60%。

促进出口的优惠措施：对制造业、农业、饭店、旅游以及服务部门为促进产品出口而产生的费用，采取双倍扣除等优惠措施。

技术与职业培训扣除：对经批准的培训雇员项目发生的费用允许双倍扣除；培训费用双倍扣除的规定同样适用于中小型制造业公司。

（来源：安徽省芜湖市地方税务局网. http://61. 191. 29. 222/wuhu/dsfw/bszn/zcqqy/1214792494702086.htm.2008—07—01）

缅甸税制概述

缅甸现行税制的主要税种有：所得税、商业税、财产税、消费税、关税、机动车税、印花税等。

一、所得税法简介

1. 基本规定

(1) 划分标准

外国人或外国企业所得税是按“居民外国人”和“非居民外国人”进行划分，具体标准如下：

——如果外国人在纳税年度内，居住在缅甸的时间不少于183天，则可作为居民外国人；按照缅甸公司法或其他现行法律设立的公司，其股东全部或部分为外国人或外国机构，可成为居民外国人；全部或部分合作伙伴由外国人组成的协会（而非公司），如果其业务的监控、管理和决策完全在缅甸境内进行并实施，应视为居民外国人；

——非居民外国人是指并非缅甸居民的外国人，因此，外国公司在缅甸的分公司是“非居民”，因为它是在缅甸以外设立的；

但上述分类与按《缅甸联邦外国投资法》设立的企业无关。

（2）纳税年度

所得税纳税年度是以财政年度为基础，从当年的4月1日起到次年的3月31日止。在财政年度中，有收入的年份称为“所得税年”，下一年则为“评估年”。收入的资料应在所得税年度的6月31日或之前报送税收办公室，但如果业务终止了，有关资料应在终止之日起的一个月内提交。资本收益的资料应在处置有关资产后的一个月内提交。不合理的收益将以罚代税（最高为10%）。

（3）税源

居民外国人或企业的所得税收入，无论来源于缅甸或国外均应纳税。非居民外国人或企业收入来源于缅甸境内，应按非居民所规定的税率纳税。主要来源分为：职业收入、业务收入、其他收入、财产收益和未申明收入。

（4）所得税的计算

在计算一项业务的净利润时，应扣除为此产生的费用，如：合理的业务开支、业务损失的抵偿、固定资产的折旧费、向慈善机构捐献的减免（不得超过总收入的25%）等，但以下费用不得扣除：资本消耗、个人花费、与业务不相称的花费，除职业服务外，支付给并非公司或合作社的任何协会成员的费用等。在“职业、财产和其他收入”项下的收入，也按上述方法计算，但与财产收入有关的折旧费不能扣除。

2. 免征所得税

根据《所得税法》，对以下收入免征所得税：

（1）宗教或慈善机构的收入，并且该收入只能用于宗教或慈善事业；

（2）政府当局的收入（如发展委员会）；

（3）与存款（储蓄）有关的任何收入；

（4）抚恤金收入；

（5）死亡或受伤补偿；

（6）人寿保险收入；

（7）除资本收益和企业收入（如业务、职业或假期）之外的非定期或一次性收入；

（8）来源于协会或公司、工厂等个人的分利或分红收入。

3. 主要税率

（1）个人所得税

个人所得税

纳税人或收入的类型	税率
1. 工资、薪金	20%
经特别许可参与国家主办项目、企业或任何事业的外国人	10%
为MFIL企业工作的外国人	10%
为非MFIL企业工作的外国人	15%
国民赚取外汇收入	10%
2. 外国人其他收入	>35%或5%～40%
3. 资本收益　　居民	10%
非居民	40%

（2）公司所得税

公司所得税

纳税人或收入的类型	税率
在缅甸依照《缅甸公司法》组建的公司	30%
依照MFIL运作的企业	30%
经特别许可参与国家主办项目、企业或任何事业的外国组织	30%
非居民外国组织如外国公司 分支机构	>35%或5%～40%
居民公司资本收益	10%
非居民公司资本收益	40%

（3）预扣税税率：雇主发工资时替政府预扣的所得税，具体如下：

预提税

纳税人或收入的类型	居民税率%	非居民税率%
利息	0	15
许可证、商标、专利等使用费	15	20
支付给外国承包人的费用	2.5	3
根据政府合同支付的费用	3	3.5

二、商业税法简介

1. 商业税是根据《商业税法》规定对生产产品或进口商品五种服务征收的营业税，其税率如下：

商业税税率

按收入征收的项目	税率
贸易收入（缅元）	5%
贸易收入（美元）	8%
运输	8%
娱乐	15%～30%
酒店、餐馆、寄宿	10%
销售食品和饮料	10%
旅游	5%
机动车清洗和加油	10%
保险（人身保险除外）	5%
美容、美发、健身等	5%
印刷	5%

2.《商业税法》对下列行为给予免税或减税的优惠：

（1）政府可对任何商品、服务和被评估人给予免税或减税；

（2）政府可确定无须征税的销售和服务收入的金额；

（3）任何有关的新建企业，为新建项目安装而使用的进口的商品可免税或减税，并给予企业不超过 3 年的免税或减税；

（4）给予在本国生产并供出口的任何商品免税或减税。

三、关税法简介

1. 新的《关税法》共四章，将商品按统一代码（H. S）分成 6062 个税目，具体税率如下：

第一章进口税：由 24 个税率组成，税率范围为 0～40 克。

第二章特许税：免税或最高为 10 元。

第三章出口税：一般商品出口不计税，但以下商品须计税：大米及其制品，按每吨 100 缅元计征；豆类及其他作物、油籽饼、生皮和皮，5%；竹，5%。

第四章边境出口税：0%～15%。

因缅甸已被列为最不发达国家之一，故可享有普惠制（GSP）税率。

2. 缅甸财税部部长有权根据《关税法》的规定，确定对进口或出口商品的免税或减税。为鼓励发展出口导向型项目，对以下进口业务给予免税待遇：

（1）为复出口而进口的原材料；

（2）以切割、制作和包装方式（C. M. P）进口而复出口的商品；

（3）为出口而进口的包装材料。

3. 退税与保税：如果进口商品能在海关监管的指定仓库内存放，则无须支付进口关税和其他税收，即使征税后，如能在两年内将所进口的商品复出口，则可退还已征关税的 7/8。

四、主要税收优惠

缅甸联邦投资委员会将依法确定给予外国投资项目的税收减免，以吸引外国投资者，其具体规定如下：

1. 任何从事生产或服务性行业的单位，从投产或启用之年算起，连续三年免征所得税。如有需要，可依实际情况，经批准可延长减免所得税的期限；

2. 若将利润作为积累且在一年内再投资，可减免所得税；

3. 机器、设备、建筑物及其他资产可按 MIC 同意的比例加快折旧；

4. 如果企业生产产品是供出口的，其产品销售国外所得利润的 50%免征所得税；

5. 投资者有义务向缅甸政府支付外籍受聘人员所得税，该项所得税可从应征税中扣除；

6. 外国人的收入可按缅甸公民支付所得税税率计征；

7. 如属国内确需的科研项目和开发性项目的费用支出，允许从应征的税收中扣除；

8. 企业在享受减免所得税优惠后，连续两年亏损者，可从亏损当年算起，连续三年予以结转和抵消；

9. 企业开办期间确需进口的机器、设备、仪器、零部件、备件和有关材料可减免关税或国内税或两种税同时减免；

10. 企业建成后的最初3年，因用于生产而进口的原材料，减免征收关税或国内税，或两者都予减免。

（来源：南博网. http://info.caexpo.com/zixun/cafta/2008－04－29/12642.html.2008—04—29）

菲律宾税制概述

菲律宾现行税制中的主要税种有：公司税、个人所得税、增值税、社会保障税、附加福利税等。

一、主要税种概况

1. 公司所得税

1997年菲律宾通过税改法案，对国内收入法典进行了重大修正，该法案已于1998年1月1日生效执行。该法案包括征收附加福利税、最低公司所得税，以及对外币储蓄取得的所得征税。

（1）纳税人

根据菲律宾法律建立或者组建的公司，或者在菲律宾从事贸易或者经营的公司，是公司所得税的税收居民。

（2）征税对象、税率

对于外国居民公司，仅就其菲律宾来源的所得缴纳公司所得税，其征税方法与国内公司相同。对于外国非居民公司，其来源于菲律宾境内的所得，在一般情况下其征税方法也与国内企业相同。

对于国内公司来说，其所有来源的净所得适用35％的公司所得税税率（自2009年1月1日起，税率将减为30％）。自其开始经营的第四个应纳税年度起，就总所得征收2％的最低公司所得税(MCIT)。对于私立教育机构和非营利医院，其从事与教育、医疗无关的贸易、经营所得不超过其总所得50％的，其净应纳税所得适用10％的税率；对于其非相关活动超过所有来源所得50％的，税率为35％；对于其所有财产和收入实际上直接完全用于教育目的的非营利教育机构，免予征税。

对于外国居民公司的征税，一般适用国内公司相同的税率。对于外国非居民公司，其来源于菲律宾境内的毛收入，通常按照35％的税率征税。但是其再保险的保险费收入免予征税；其外国贷款利息的税率为20％；其从国内公司取得的股息，如果该外国公司的所在国对该项股息免予征税，或者视为已征税按照20％给予抵免，则该项股息在菲律宾适用15％的最终预提税；如果股息的收款人是与菲律宾签订协定的国家的居民，则可以适用较低的协定税率。

关于预提所得税。对于公司和从事经营的个人向非居民支付的一些类型的所得，被要求扣除适当的税收。对于支付给非居民外国公司的款项，预提税率为32％；对于支付给不在菲律宾从事贸易或者经营的非居民外国人的款项，其预提税率为25％，有税收协定的除外。按照规定，对于菲律宾国民向非居民船舶所有者支付的租金和包租费，适用4.5％的最终预提税；对于菲律宾国民向非居民飞机、机械和设备的所有者支付的租金，适用7.5％的最终预提税。

关于非适当留存收益税。对于公司为了逃税的目的不向股东分配留存收益，就其非适当留存收益额，征收10％的非适当留存收益税。公有公司、银行和非银行金融中介机构和保险公司除外。

（3）应纳税所得额和应纳税额的计算

①存货计价：通常按照成本计价，或者按照成本与市价孰低法计价。在税收上不允许使用后进先出法。

②折旧方法：尽管企业可以选择任何合理的方法计算折旧，但是通常是按照直线法计算折旧。

③资本利得：销售不同的资本财产取得的资本利得，其适用的税率不同。所发生的资本亏损仅可以在资本利得中扣除。

④亏损结转：对于企业任何应纳税年度发生的净经营亏损，允许向后结转3年。

2. 个人所得税

（1）纳税人

菲律宾对其居民公民的境内外所得征税。对于非居民公民，以及无论是否是菲律宾居民的外国人，只就其在菲律宾境内来源的所得征税。非居民外国个人来到菲律宾，在一个日历年度内停留超过183天，将被视为在菲律宾从事贸易和经营的非居民外国人，否则，该个人不被视为在菲律宾从事贸易和经营的非居民外国人。

（2）征税对象、税率

对于居民外国人和从事经营的非居民外国人取得的报酬，以及任何受雇或者从事专业劳务的个人，无论公民或者居民外国人，其税率如下：

菲律宾个人所得税税率表

级数	应纳税所得额	税率（%）
1	不超过 10000 比索的部分	5
2	超过 10000 比索至 30000 比索	10
3	超过 30000 比索至 70000 比索	15
4	超过 70000 比索至 140000 比索	20
5	超过 140000 比索至 250000 比索	25
6	超过 250000 比索至 500000 比索	30
7	超过 500000 比索的部分	32

（3）应纳税所得额和应纳税额的计算

对于从事经营或者专业服务的个人，其下列经营费用，可以从总所得中扣除：①在该纳税年度发生的与其贸易、经营或者专业活动有关发生的正常费用，包括原材料、物品和直接劳动。②实际提供个人服务取得的工资和其他形式的报酬，包括附加福利的货币价值以及经营或者专业活动所发生的履行费用。③经营租赁费。④在纳税人从事贸易、经营或者专业活动的有关纳税年度所支付或者发生的利息，减去一定百分比的利息所得。⑤不超过规定限额的招待费。⑥各种税收。⑦亏损、坏账和折旧。⑧一定限额的慈善和其他赠与。⑨研究和开发费用。

对于居民外国人，以及在某些条件下，在菲律宾从事贸易和经营的非居民外国人，可以享受个人免税待遇。单身者所允许的个人免税额为 20000 菲律宾比索；户主 25000 菲律宾比索；已婚者 32000 菲律宾比索。对于已婚者的每个未成年子女（不超过 4 个），允许额外扣除 8000 菲律宾比索。对于年总所得不超过 250000 菲律宾比索的家庭，允许扣除不超过 2400 菲律宾比索的健康或者住院保险的保险金款项。

3. 其他主要税种

（1）社会保障税

在 2002 年度，每个纳税人应支付的年社会保障和健康缴款最多为 7500 菲律宾比索。

（2）附加福利税（Fringe benefits tax）

对于雇主向其管理和监督层的雇员提供的附加福利，就其附加福利的货币价值，征收 32%的最终附加福利税。所谓附加福利，包括：住房、家政服务人员、交通工具、国外旅费、休假费等等。该税按季由雇主支付，是最终税收，可以作为附加福利费用扣除。适用附加福利税的附加福利，不再计入雇员的应纳税所得额。

（3）增值税

增值税适用于提供服务、进口产品、销售、易货贸易、调换、租赁货物或者资产（有形资产或者无形资产）。自 2006 年 2 月 1 日起，增值税税率为 12%。其税基是所售货物或者资产的总售价或者提供服务收到的总收入。对于进口货物，其税基为海关部门在确定关税时所使用的价值，加上关税、消费税（如果有的话），以及其他附加。如果海关部门采取按照容积或者数量确定价值，其增值税的税基为到岸成本。办理增值税税务登记的标准为年销售额 150 万菲律宾比索以上。此外，对于政府合同的款项适用 5%的最终预提增值税。某些交易适用零税率或者免征增值税。

二、主要税收优惠

对于先进企业或位于不发达地区的企业，以及位于不发达地区的非先进企业和产品出口企业，在公司所得税方面，可以享受定期免税或者按照减低税率纳税。对于位于不发达地区的先进企业，自开始商业经营或者目标经营之日（以其两者中的较早者为准）起，6 年内全额免除公司所得税；对于位于不发达地区的先进企业，免税期为 4 年；对于扩大出口型企业，免税期为 3 年。如果符合以上各条件，所享有的免税期最长不超过 8 年。对于设在 National Capital Region（NCR）和 Metro Manila 的企业新建项目和延期项目，不再享受免税期。

对于进口育种材料和遗传材料，享受 10 年免除关税和一切税收。

（来源：秦皇岛市国家税务局网．http://www.he-n-tax.gov.cn/qhdgsww/gszt/ssxdzt/200901/t20090112_170210.htm.2009—01—12）

新加坡税制概述

新加坡现行税制中的主要税种有：公司所得税、个人所得税、商品和劳务税、社会保障税、遗产税、外国工人税、财产税、印花税等。

一、主要税种概况

1. 公司所得税

（1）纳税人

公司所得税的纳税人分为居民公司和非居民公司两类。居民公司是指在新加坡组建或在新加坡从事经营活动，并且其控制和管理是在新加坡的公司。一般情况下，公司的控制和管理是由公司董事负责执行，因此，如果一个公司的董事会主要在新加坡举行，通常这个公司就被认为是居民公司。

（2）征税对象、税率

居民公司和在新加坡有常设机构的非居民公司要就其来源于新加坡和在新加坡收到的来源于新加坡以外的收入纳税，没有常设机构的非居民公司仅就来源于新加坡的所得纳税。

如果非居民公司从事的生产经营活动中的一部分是在新加坡进行的，其所获得的利润中与其在新加坡以外的地方从事这种经营活动没有直接联系的部分，就被视为来自于新加坡的所得。

2005年公司所得税税率为20%。

股息和利息的预提税税率一般为15%，适用税收协定的按协定规定预提。

新加坡对公司资本利得不征税，同时资本损失也不能抵补。

（3）应纳税所得额的计算

应纳税所得额在100000新加坡元以下的部分，可以扣除52500新加坡元。

①折旧的计算。新加坡的税收折旧一般要求采用直线法，年度基本折旧率如下：

建筑物3%；

重型设备7.5%；

建筑设备12.5%；

办公家具和设备10%～15%；

客运车辆25%。

②加速折旧：

对符合规定的资本支出；

可在三年期内折旧，每年扣除率33.3%；

计算机和指定的自动化仪器100%。

③计算应税所得时应包括股息。对股息的征税实行抵免制，即：股东的股息所得在公司环节已交纳了20%的公司所得税，因而股东在交纳所得税时，其股息所得可以少交20%的所得税。

一般情况下，任何经营亏损都可无限期向后结转。

新加坡的收入法和各种双边税收协定都含有专门条款，规定相互关联的经济实体之间的交易应遵守公平独立的定价原则。税务当局有权取消、修改或调整关联实体之间出于避税的目的，而不是纯商业上的原因确定的价格。

税务局向纳税人发出纳税通知书后，纳税人必须在一个月内按纳税通知书中注明的税款纳税，而不论其是否有异议。如果纳税人没有按期纳税，将被处以应纳税款的5%的罚款。此后，滞纳期每增加一个月罚款就增加1%，最高罚款为滞纳税款的12%。

2. 个人所得税

（1）纳税人

个人所得税的纳税人分为居民个人和非居民个人两类。居民个人一般是指居住在新加坡的个人。在一个纳税年度中，居留在或受雇于新加坡的时间超过183天的个人，在这个纳税年度中也被视为居民个人。

（2）征税对象、税率

一般情况下，居民个人与非居民个人都要就其来源于新加坡的收入纳税，在新加坡收到的来源于新加坡以外的收入免税。

当非居民从事的生产经营活动中的一部分是在新加坡进行的，其所获得的利润中与其在新加坡以外的地方从事这种经营活动没有直接联系的部分，就被视为来自于新加坡的所得。

新加坡对个人资本利得不征税，同时资本损失也不能抵补。

如果非居民个人的所在国与新加坡订有税收协定，这种非居民个人就可根据税收协定的规定申请相应的减免税。

2004年度居民个人所得税税率表：

级数	全年应纳税所得额	税率（%）
1	超过20000新加坡元至30000新加坡元的部分	4
2	超过30000新加坡元至40000新加坡元的部分	6
3	超过40000新加坡元至80000新加坡元的部分	9
4	超过80000新加坡元至160000新加坡元的部分	15
5	超过160000新加坡元至320000新加坡元的部分	19
6	超过320000新加坡元的部分	22

一般情况下非居民个人收入按20%的比例税率纳税；适用税收协定的，按协定的规定纳税。

非居民个人受雇用收入可按15%的税率纳税。

（3）应纳税所得额和应纳税额的计算

在计算应纳税所得额时，与个人从事经营活动和专门职业有关的支出原则上都可以扣除。大部分固定资产的折旧（除土地和非工业建筑外）按照规定的比例扣除。

新加坡居民个人每年可以享受 3000 新加坡元的免税额，另外还有其他根据不同家庭情况而制定的名目繁多的扣除项目，如一个残疾儿童可以扣除 3500 新加坡元。

个人所得税征税年度是日历年度。每个纳税人都必须在每年的 4 月 15 日之前向税务当局提交上一年度的纳税申报表。

3. 其他主要税种

（1）商品和劳务税

新加坡对所有提供的商品和劳务都征这种税，税率为 5%。这种税类似于增值税，登过记的纳税人在计算应纳税款的时候可以扣除进项税额。进行商品和劳务交易的纳税人，其应税营业额在 100 万新加坡元以上的，就要求进行商品和劳务税的纳税登记。免税项目包括人身保险、某些金融交易、住宅财产交易等。出口商品和劳务适用 0 税率。

（2）社会保障税

社会保障税对雇主和雇员征收，一般情况下，雇主按照普通货币工资总额 13%的税率缴纳社会保障税，雇员按收到的普通货币工资 20%的税率纳税。

（3）遗产税

新加坡的遗产税对死者在新加坡的不动产和动产征收。税率为：遗产价值不超过 1000 万元的部分，5%；超过 1000 万元的部分，10%。死时居住在新加坡的人其动产不论在何处都要交纳遗产税。

死者拥有的住宅财产如果其价值不超过 300 万新加坡元可以免交遗产税，其他财产的免税额为 50 万新加坡元。

（4）外国工人税

某些行业的雇主每月要为雇用每一名外国工人缴纳这种税，税额最高不超过 470 新加坡元。

（5）财产税

财产税对所有住房、土地、建筑物及工商业财产征收，税基为财产的年度价值，税率为 10%。工商业财产有一定的免征额。

（6）印花税

印花税对与证券和不动产有关的书面文件征收，不同类型及所列价值不同的文件，税率也不同。

二、主要的税收优惠

新加坡采取的税收优惠政策主要是为了鼓励投资、出口、增加就业机会、高新技术产品的生产以及使整个经济更加具有活力的生产经营活动。例如，对具有新技术开发性质的产业给予 5 至 15 年的免税期；出口产品的生产可以享受最高达所获利润的 90%的免税待遇，期限为 3 至 15 年；对计算机软件和信息服务、农业技术服务，医药研究、试验室和检测服务等生产和服务公司用于研究和开发的支出允许双倍扣除。

在涉外税收方面，居民公司来源于国外的收入在汇到新加坡时应该纳税，但有税收协定的，可以根据协定的规定得到抵免。另外，对于居民来源于与新加坡没有税收协定的某些国家的特定项目所得也可以得到新加坡提供的单方减免税优惠。这些所得包括：提供专业技术、咨询获得的所得，以及税法规定的金融等服务业所获得的所得。

在东盟国家取得的所得也可以获得对应的单方税收减免。汇到新加坡的股息可以得到相应的抵免。

（来源：秦皇岛市国家税务局网. http://www.he-n-tax. gov. cn/qhdgsww/gszt/ssxdzt/200902/t20090216_175926. htm. 2009—02—16）

泰国税制概述

泰国实行中央和地方两级课税制度。现行税制中的主要税种包括国税：公司所得税、个人所得税、增值税、特别营业税；地方税：土地房产税、地方发展税、广告税等。

一、主要税种

1. 公司所得税

公司所得税的纳税人为依法设立的公司、法人有限责任合作企业、合资企业，取得经营收入的基金或协会以及居民公司和非居民公司。

公司所得税标准税率为 30%。对于特定上市公司如泰国股票交易公司（SET）和替代投资市场（MAI）——由 SET 新设的交易委员会，设置优惠税率如下：对 2001 年 9 月 6 日以前在 SET 上市的公司净利润至 3 亿泰铢的部分按 25%征收，超过 3 亿泰铢的部分按 30%征收；对 2001 年 9 月 6 日以后在 SET 和 MAI 上市的公司分别按 25%和 20%的税率征收。

针对资本金不超过 500 万泰铢的中小企业，优惠税率设置如下：净利润不超过 1 亿泰铢的部分按

15%的税率征收，对超过1亿至3亿泰铢的部分按25%的税率征收，对超过3亿泰铢的部分按30%的税率征收。

泰国居民公司实行居住地原则。按泰国法律注册的公司为居民公司。在海外注册的公司只要在泰国经营业务即为泰国居民。管理与控制地没有明确规定。“在泰国经营业务”是很宽泛的概念，根据避免双重征税协定的规定，导致一个外国公司在泰国产生所得或利得的雇员、代表处等的存在均包含在其中。

2. 个人所得税

2006年泰国个人所得税税率表

级数	全年应缴纳所得税	税率（%）
1	不超过100000泰铢的部分	0
2	超过100000至500000泰铢的部分	10
3	超过500000至1000000泰铢的部分	20
4	超过1000000至4000000泰铢的部分	30
5	超过4000000泰铢的部分	37

个人所得税采用申报纳税制度。个人所得税采用0至37%的5挡累进税率征收。在泰国居住180天以上为居民，不满180天为非居民。居民的国外来源所得汇往泰国时要征税，非居民则免税。工薪所得采用预提税制度。泰国没有个人经营扣除的规定。

泰国没有经营费用扣除的规定。对非经营费用的扣除规定如下：对慈善机构的捐赠不超过应纳税所得额10%的部分给予扣除；纳税人或其配偶向泰国保险公司缴纳的人寿保险费每人最多可扣除5万泰铢，但是，如果配偶没有经济来源，该配偶最多可扣除1万泰铢；向泰国法定基金的捐赠最多可扣除30万泰铢；在泰国购买或建造居住用房屋所发生的按揭贷款利息最多可扣除5万泰铢；向泰国保险基金的捐赠也可扣除。

自2003年1月1日起，销售纳税人主要居所的收入免征个人所得税，但是，当该纳税人在其住所居住1年以上并在销售其住所之前1年以内购买了新住所时，则免税额等于其购买的房产价值，但不能超出其新居价值。

个人扣除项目的规定如下：工薪所得扣除额为工薪所得的40%，扣除限额为6万泰铢；纳税人和其配偶的个人扣除额各自为3万泰铢，每个子女扣除额为1.5万泰铢，对在政府认可的教育机构就读的子女额外增加2000泰铢；在泰国居住的非居民可享受子女和配偶扣除。

此外，社会保障税是与个人所得税紧密相连的税种，从2004年1月1日起，泰国要求所有雇主按每个雇员工资的5%向社会保障基金缴纳社会保障税（每人每月的最大限额为750泰铢）。政府雇员的社会保障税已降至工资额的2.75%（每人每月的最大限额为412泰铢）。

3. 增值税

增值税不论居民或非居民均负有纳税义务。增值税税率为10%，至2007年9月临时按7%的优惠税率征收。出口产品实行零税率。另外，有一些免税商品、劳务，比如，基本生活用品、教育、卫生、利息、不动产租赁和销售。

4. 特别营业税和都市税

特别营业税对特定业务的收入总额征税。其中重要的项目如银行和其他金融机构的利息和外汇收入、人寿保险佣金、以及不动产交易等，税率为3%。都市税作为特别营业税的附加税征收，税率为10%。

5. 其他主要地方税种

地方政府作为征税主体征收的税称为地方税，地方税有土地房产税、地方发展税、广告税。土地房产税对应纳税租赁收入按12.5%的税率征收；广告税根据广告大小税率不同，每年最低为200泰铢；地方发展税对地方权力部门评估的土地评估价按0.25%至0.95%的税率征收。如财产缴纳土地房产税时则不适用此税。

二、税收鼓励措施

鼓励进口措施包括：对进口机械设备、原材料减免进口税；免征公司税3至8年；对营业权、特许权使用费、或汇往海外的资金免征预提税最多至5年；在税收优惠期内免除适用对象企业的股息应纳税所得额。

鼓励出口措施包括：对再出口的商品免征进口税；对减除运费和保费以外的上一年度出口收入增额的5%，允许从法人应纳税所得额中扣除。

鼓励特区投资企业的措施：在正常的所得税优惠期过后，或未设税收优惠期自取得收入之日起，对法人所得减半征收；允许从法人应纳税所得额中双倍扣除水电费和交通费。

经授权在泰国从事国际金融业务的商业银行拥有以下特权：对国际金融机构业务收入按10%征收公司所得税；向境外贷款时，支付给外国存款人或债权人的利息免征预提税。

为吸引外国公司在泰国设立地区经营总部（ROH），对符合规定条件的ROH设置了一些税收鼓励措施，如ROH向子公司和分支机构提供行政管理服务、技术援助、研发及培训收取的服务费按10%征收公司所得税，还有其他相关减免税规定。

（来源：秦皇岛市国家税务局网. http://www.he-n-tax. gov. cn/qhdgsww/gszt/ssxdzt/200811/t20081112_151431. htm. 2008—11—12）

越南税制概述

越南是以间接税为主的国家，现行税制中的主要税种有：公司所得税、个人所得税、增值税、特别销售税、社会保障税、健康保险、进出口税、生产特许权使用费、财产税和预提税。

一、主要税种概况

1. 公司所得税

（1）纳税人

越南公司税的纳税人分为居民公司和非居民公司。公司所得税法对常设机构作了规定。外国对越南投资必须得到有关当局批准且取得营业执照，而取得公司所得税纳税人身份是获得批准的手续之一。居民纳税人身份与外汇管制和税收协定相关。

（2）征税对象、税率

居民公司应当就其来源于全世界的经营所得纳税，非居民公司仅就来源于越南的经营所得纳税。

从2004年1月1日起，外国投资公司、国内公司、外国公司的分支机构以及不受《外国投资法》管辖的外国承包商适用的标准公司所得税税率为28%。建设—经营—移交（BOT）企业的标准税率为10%。

国内外石油、天然气企业的标准税率为50%，优惠税率最低为32%。

符合政府规定条件（见税收鼓励政策）的外国投资公司和国内公司，优惠税率为20%、15%和10%。

外国企业的分支机构目前已允许在越南开业，但有许多限制条件。外国银行、烟草公司和法律公司等分支机构取得的利润，按照28%的税率纳税。

（3）应纳税所得额和应纳税额的计算

存货估价。对存货的估价目前没有专门规定。存货的税务处理采用会计处理方法，遵循《越南会计标准》。

资本利得。取得资本利得应当缴纳公司所得税。根据资产的属性，某些销售收入还应当缴纳增值税。外国投资者转让在越南注册公司的权益取得的利得，按照28%的标准税率纳税。

公司间股息。公司间股息目前不征税。外国所得。按照国内税法的规定，取得外国所得在缴纳公司所得税之前可以享受税收抵免。

折旧的扣除。从2004年1月1日起，税收折旧应与会计折旧区别对待。在计算公司所得税时，超过规定折旧率的部分不能扣除。对各类资产（包括无形资产在内）规定了最长和最短使用年限。一般采用直线折旧法计算，在特殊情况下也可采取双倍余额递减折旧法和生产折旧法。现行折旧率如下：

越南公司税折旧率表

资产种类	折旧率（%）
建筑物	2～4
办公设备	10～20
汽车	10～16.66
机器和设备	3.33～6.66

2. 个人所得税

（1）纳税人

越南个人所得税纳税人分为居民纳税人和非居民纳税人。外国人12个月中在越南居住和工作的时间满183天，则为居民纳税人，按累进税率纳税；在越南居住和工作不满183天，则为非居民纳税人，按单一税率纳税。

（2）征税对象、税率

居民纳税人应当就来源于全世界的所得纳税。非居民外国人仅就来源于越南的所得纳税，第一年适用25%的税率，以后年度适用居民外国人的税率。与越南签订了避免双重征税协定国家的居民个人纳税人，如果是越南的非居民纳税人并符合一定条件，则可以免缴个人所得税。

从2004年7月1日起，对居民外国人取得定期所得，征收个人所得税的应纳税所得额、税率如下（所得按月计算）：

越南居民外国人个人所得税税率表

级数	每月应纳税所得额	税率（%）
1	800万越南盾以下	0
2	超过800万至2000万越南盾	10
3	超过2000万至5000万越南盾	20
4	超过5000万至8000万越南盾	30
5	超过8000万越南盾以上	40

对不定期所得，应就每笔交易所得按照以下税率纳税：

越南不定期所得个人所得税税率表

级数	每月应纳税所得额	税率（%）
1	200万越南盾以下	0
2	200万至400万越南盾	5
3	400万至1000万越南盾	10
4	1000万至2000万越南盾	15
5	2000万至3000万越南盾	20
6	3000万越南盾以上	30

技术转让费按照每次5%的税率纳税（低于200万越南盾的所得无须纳税）。

博彩所得按照每次10%的税率纳税（低于1250万越南盾的所得无须纳税）。

海外赠与按照5%的税率纳税（低于200万越南盾的赠与无须纳税）。

（3）应纳税所得额和应纳税额的计算

①雇员毛所得的计算。个人取得的各种形式的所得都应纳税。经常性所得包括：工资、薪金、董事费、津贴、奖金，雇主提供的住房、电、水也应纳税。但如果实际住房费用低于雇员毛收入的15%，则只按毛收入的15%纳税。

一般情况下非现金福利都应当纳税，但是以下由雇主提供的费用除外：外籍儿童的学费、外国人的搬家费、雇员的教育或者培训费。

不定期所得（如海外赠与、博彩奖金、技术转让费、工业设计费、版税、技术研讨或者科学研究费）应当分别就每笔交易按照与固定所得不同的税率纳税。经营所得缴纳公司所得税而非个人所得税。

②资本利得和投资所得。按照税法规定，某些资本利得和投资所得暂时免税，包括银行存贷款利息、购买债券或者股票取得的利润、证券投资所得和证券买卖所得。

③经营性费用的扣除。经营性所得及费用的计算，按照公司所得税而非个人所得税的规定执行。非经营性费用不能扣除。

④个人补贴。某些类型的补贴无须纳税，如艰苦工作补贴、夜班补贴、固定的餐费补贴等。无个人扣除。

⑤净营业亏损的扣除。亏损可以向后结转5年，不允许向前结转。

⑥支付给外国子公司费用的扣除。支付给外国子公司的特许权使用费和服务费没有特殊限制规定，但是技术转让法规在特许权使用费率和其他技术转让费方面有一些限制。债务和权益的限制比例为70∶30。

⑦已缴纳的特别销售税，在计算公司所得税时可以扣除。

——在计算公司所得税时以下费用不允许扣除：

罚款。由于自然灾害或者偷盗等引起的财产损失。无论什么原因引起生产混乱而造成的损失。超过财政部规定的折旧率部分。超过总支出百分比限制（10%）的各类支出。

3. 其他主要税种

（1）增值税

增值税是对商品和服务的增值额征税。在越南设立的本国和外国的所有经营机构都应当缴纳增值税。从2004年1月1日起，根据商品和服务的种类，增值税税率分别为0、5%、10%（标准税率），此外还有许多税收减免措施。制造类和加工类产品的出口和出口劳务，实行零税率。进口增值税的优惠政策从2004年1月1日起取消。

（2）特别销售税

特别销售税只对部分商品和服务征收，如酒类、进口汽车、汽油、香烟、扑克、迪斯科舞厅、按摩、卡拉OK、赌场、高尔夫球俱乐部、经营赌博和彩票的娱乐场所等。对于商品，只在生产或者进口环节征收特别销售税，税率为15%至100%。从2004年1月1日起，缴纳特别销售税的商品也应当纳税增值税。因自然灾害引起的损失以及汽车组装商，可以暂时免缴特别销售税。

（3）社会保障税

雇主和雇员分别按照雇员工资的15%和5%按月缴纳社会保障税。外国人免缴社会保障税。

（4）健康保险

健康保险由雇主和雇员分别按照雇员工资的

2%和1%缴纳。外国人免缴健康保险。

雇员缴纳的社会保障税和健康保险可以在计算个人所得税时扣除。

(5) 进出口税

一般商品的进口税税率是0到50%。但是对某些产品，如酒和烟，税率高达100%。对外国投资中作为资本投入的商品和来料加工再出口的商品，给予免税。由于越南加入了东南亚国家联盟，该国的关税到2006年之前必须降至5%以内，所以政府正在修改税率。在与东南亚国家联盟的成员国开展进出口贸易时，部分产品已实行修改后的新税率。

出口税只对出口自然资源征收，税率为0到45%。

(6) 生产特许权使用费

生产特许权使用费以自然资源税的形式，对开采石油、天然气、其他矿产品、森林、鱼类和矿泉水等自然资源的产业征收，税基为产品价值，税率为0到40%。

(7) 预提税

1998年12月31日之后签订的贷款协定，其利息应缴纳10%的预提税。但外国政府或政府性机构提供的海外贷款，按照双边税收协定的规定，可以免缴预提税。

知识产权按10%的税率纳税。

外国承包商应缴纳的增值税和公司所得税由承包方按应税流转额的一定比例预缴，转包额除外。根据合同的性质不同，预缴的比例不同。公司所得税和增值税的预提税税率都为1%至10%，预缴的增值税可以在增值税申报表中作进项抵扣。

增值税和公司所得税的预缴比例如下：

企业活动	增值税预缴比率(%)	公司所得税预缴比率(%)
贸易(包括提供水、食品、粮食，以及石化物资)	1	1
服务	5或10	5
建筑及安装(不提供材料、机器和设备)、设计、监理、勘探	2.5	2
建筑及安装(提供材料、机器和设备)	1.5	2
其他制造和运输	2.5或1.5	2
利息	免税	10
特许权使用费	免税	10

公司所得税和增值税的预提和缴纳义务由合同中的越南方承担。

越南获得跨境租赁而向境外租赁者支付的租金应缴纳预提税，由5%的公司预提税和5%的增值税预提税组成，共计10%。

二、主要税收优惠

越南政府规定，符合某些条件的企业和在鼓励投资的行业或者地区进行投资的企业，其公司所得税可以享受10%、15%和20%的优惠税率，优惠期为开始经营年度起10年之内或在整个项目存续期间。优惠期满后，税率调整回标准税率(28%)。

外国投资者还可以享受免税期，即从企业开始赢利(冲抵亏损之前)起的一定时期内可以免缴公司税，并且在以后的一定时期内减半征税。免税期的长短直接与该项目适用的税率有关，最长可以达到8年。

位于出口加工区、工业区和高技术区的外国投资企业和建设——经营——移交项目，如果符合一定条件，还可以享受其他税收优惠。

(来源：安徽省芜湖市地方税务局网. http://61.191.29.222/wuhu/dsfw/bszn/zcqqy/1214792496524415.htm. 2008—07—01)

中国—东盟检验检疫

文莱检验检疫

一、文莱的检验检疫机构

文莱检验检疫工作主要由工业及初级产品部负责。

文莱工业及初级产品部的宗旨是致力于多元化的、竞争的和可持续发展的经济建设；主要任务是通过发展、促进贸易和工业竞争，促使企业家保持强劲动力，以加速经济的可持续发展和多元化。

进出口农产品主管部门，即农业司和渔业司负责文莱农产品(动植物)和渔业产品的出入境检验检疫工作。

二、植物及其产品的进口

所有植物及其产品，包括蔬菜和水果，根据《农业有害生物和植物法(1984年修订版)》第43章第24节第(I)、第(F)款的要求进行管理。

在入境口岸的检验检疫：

申请人必须在入境口岸申报检疫。

进口商必须在入境口岸申请检验检疫，并提供以下单证：

1. 农业司签发的入境许可证；

2. 出口国家的植物检疫证书；

3. 所有的蔬菜水果必须进行适当的包装，加贴标签，标签上必须标明入境许可证上所注的成分信息。

三、植物及其产品的出口

植物及其产品的出口商需提供以下单证：

1. 农业司植物检疫机构所签发的植检证书；

2. 进口国主管部门签发的进境许可证。

四、动物及其产品的进口

（一）进口法规

进口动物的生产商要遵守文莱法律第47章第91节和92节《动物检疫及疫情防控规定》。

1. 禁止进口的产品；

2. 需要处理及查验的动物的定义；

3. 进口产品的检验规定。

（二）活动物的进境要求

进境活动物及其产品必须在出入境口岸申报出入境检疫，并需提供以下单证：

1. 文莱农业司的进境许可证；

2. 出口国官方兽医在货物装运前7天内签发的兽医证书；

3. 其他相关证书。

（三）对水牛、家畜、山羊和其他养殖户和屠宰户的熏蒸要求

申请人必须：

1. 根据公司法注册；

2. 在农业司注册；

3. 有证据证明财务状况良好，能够完成进口交易；

4. 有容纳动物的适当设施；

5. 如果是准备进行屠宰的动物，要有适当的屠宰设施；

6. 能够为动物提供充足的喂养条件；

7. 有运输动物的适当条件。

五、动物及其产品的过境运输

申请人（法人或自然人）必须具备以下条件：

1. 文莱农业部的许可证；

2. 货物原产国签发的健康证书；

3. 目的国的进口许可证或相关证明；

4. 当地海关的许可；

5. 配合农业司的抽查检验。

注：Halal（清真食品）产品的过境运输由海关管辖，委员会负责进口许可。

六、鱼类的进出口和过境运输

按《渔业法》及其条例的61章规定由渔业司进行管理。

进口鱼类产品的要求是：

1. 进口许可证，由渔业司签发；

2. 原产地证；

3. 货物健康证；

4. 入境口岸检验检疫。

出口鱼类产品的要求是：

1. 出口许可证，由渔业司签发；

2. 原产地证；

3. 货物健康证。

在文莱，有8个官方的动植物及其产品的检疫点，如下表所示：

地区	位置	口岸类别
BRUNEI-MUARA	INTERNATIONAL AIRPORT	空港
	MUARA PORT	海港
	SERASA FERRY TERMINAL	海港
	KUALA LURAH	陆地
	PUTAT	海港
BELAIT	SUNGAI TUJOH	陆地
TEMBURONG	IMMIGRATION LABU	陆地
	IMMIGRATION PUNI	陆地

七、联系方式

关于文莱进出口动植物及其产品检疫要求的查询，可与以下机构联系：

动物检疫单位和植物检疫单位

农业的总部，工业及初级产品部农业司

电话号码：+6732380144

传　真：+6732382226

电子邮箱：info@agriculture. gov. bn

工业及初级产品部渔业司

BB 3510，文莱

电话号码：+6732383067/+6732382963

传　真：+6732382069

电子邮件：fishlicensing@brunet. bn

（来源：谢柱军编著.《中国与东盟检验检疫报检通关业务》. 广西民族出版社 2007 年版）

柬埔寨检验检疫

一、动植物检验检疫

2004 年 10 月起，柬埔寨成为 WTO 的新成员。对《实施卫生与植物卫生措施协定》，柬埔寨要求工作组给予其过渡期，时间为入世到 2008 年 1 月 1 日，使柬埔寨获得并使用技术援助，以全面实施协定规定的义务。

（一）动植物、林业、野生动植物和渔产品检验的相关法律法规

1. 质量管理和产品安全及服务法（Reach Kram No. NS/RKM/0600/001/01，21. 07. 00 颁布）；

2. 林业法（Reach Kram No. NS/RKM/0802/016，31. 08. 02 颁布）；

3. 渔业法（Reach Kram No. NS/RKM/0506/011，21. 05. 06 颁布）；

4. 次法令第 64 号《关于柬埔寨全境国际边境检验办公室，双边国境核查点，边境地区核查点和海港核查点的决定及其管理》（2001 年 7 月 9 日）；

5. 次法令第 69 号《关于农业原料的标准和管理》（1998 年 10 月 28 日）；

6. 次法令第 15 号《植物卫生检验》（2003 年 3 月 13 日）；

7. 次法令第 16 号《动物和动物源性产品的检验》（2003 年 3 月 13 日）；

8. 次法令第 21 号《通过风险管理便利贸易》（2006 年 3 月 1 日）。

国际法：CITES 濒危野生动植物物种国际贸易公约。

（二）职能和组织机构设置

农林渔业部（MAFF）负责柬埔寨的动植物检验检疫工作，职能如下：

1. 控制农业生产中使用的原料的质量，制定使用方法和使用指南；

2. 开展植物卫生检验和 IPPC 规定的其他职责；

3. 保护公众健康，防止与动物和动物产品的直接或间接接触引起疾病跨境传染；

4. 控制牲畜的进出口；

5. 控制农业投入，即化肥、农业、种子、兽药，饲料和饲料添加剂。

（三）农林渔业部实施出入境检验检疫的负责机构如下：

1. DAALI：农艺和农地改进司；

2. DAHP：动物卫生和生产司；

3. DAL：农业立法司。

（四）高级部际协调组

高级部际协调组由柬埔寨王国政府负责海关和税收司（CED）的代表主持，成员包括海关和税收司，柬埔寨进出口检验和反欺诈司（CamControl），商务部（MOC）的其他部门，卫生部（MOH），农林渔业部（MAFF），工业部，矿业能源部（MIME）和所有其他部门的高级代表。

MOC，MOH，MAFF 和 MIME 全面负责在不同的时间制定具体商品或产品的政策，并由柬埔寨王国政府审定颁布。这些部门负责确保这些产品满足国际义务，符合国家有关相关法律法规，并对实现这些目标进行风险管理。这些机构为这些商品建立明确的以风险为基础的筛选标准。

（五）检验过程时的进口要求

1. 植物和植物产品

需要进行植物检疫（PQ）的进口货物应满足下列要求：

（1）必须附有出口国植物检疫主管机构签发的植物卫生证书，并适用 1951 年国际植物保护公约规定的模式；

（2）必须没有植物检疫性病虫害或柬埔寨王国的其他危险病虫害，否则在投入市场之前必须经过检疫处理；

（3）植物卫生措施可以适用于柬埔寨出口的特定进口国要求的货物。

2. 货物

需检疫的植物原料为：

（1）没有经过非疫病认证的植物、植物部分、植物产品、农产品；

（2）包装材料或者木箱，托盘或其他运输和储存工具；

（3）土壤或附着于根或植物部分的土壤；

（4）活的或死的昆虫或有益组织；

（5）非植物源性但可能为昆虫提供生活环境的其他物体。

（来源：谢柱军编著.《中国与东盟检验检疫报检通关业务》. 广西民族出版社 2007 年版）

印度尼西亚检验检疫

印尼的检验检疫机构包括卫生检疫机构和动植物检疫机构。其中，印尼农业部农业检疫局属于印尼农业部管辖，为农业部的二层机构。

农业检疫局的主要工作是对动植物进行检疫，对出入境动物及动物产品、植物和植物产品及其国内运输过程的生物安全进行监管。

其主要职能为：

1. 制订动植物检疫、动物及动物产品、植物及植物产品以及国内运输的生物安全保障政策；

2. 制订动植物检疫技术和方法；

3. 建立检疫信息系统和信息服务；

4. 对动植物实施检疫措施，对动物及动物产品、植物和植物产品及其国内运输过程实施生物安全监管；

5. 组织实施各种管理措施。

一、印尼实施动植物检疫的宗旨

1. 保护植物、动物和人类；

2. 促进出口（出口认证）；

3. 保护生物安全。

二、根据国际标准和法规制定的检疫措施

卫生和植物卫生检疫（SPS 协定）

1. 卫生检疫。

（动物和动物产品）OIE 国际兽医组织

2. 植物检疫。

（植物和植物产品）IPPC 国际植物保护公约

3. 食品法典。

（1）生物；

（2）化学；

（3）物理；

（4）Halal（清真食品）。

（来源：谢柱军编著.《中国与东盟检验检疫报检通关业务》. 广西民族出版社 2007 年版）

老挝检验检疫

老挝政府把出入境检验检疫工作摆在比较突出的位置，特别是对食品安全工作非常重视。

一、出入境检验检疫法律法规概况

宪法第 25 条（2003 年 5 月 28 日）规定了健康保护的通则，这为食品安全和相关活动提供了法律依据。

议会制定的法律条款也为食品安全提供了法律依据：

1. 国会于 2000 年 3 月 23 日通过了《药品和医疗产品法》（No. 01/NA），并于 2000 年 3 月由国家元首颁布实施；

2.《食品法》（No. 04/04）于 2004 年 5 月 15 日由国会通过，于 2004 年 6 月 14 日由国家元首 37 号令颁布实施；

3.《农业法》（No. 198/98）于 1998 年 10 月 10 日由国会通过，于 1998 年 11 月 6 日由国家元首 105 号令颁布实施；

4.《卫生、疾病预防与健康法》（No. 04/01）于 2001 年 4 月 10 日由国会通过，于 2001 年 4 月 23 日由国家元首 49 号令颁布实施；

5.《环境保护法》（No. 02/99）于 1999 年 4 月 3 日由国会通过，于 1999 年 4 月 26 日由国家元首 9 号令颁布实施；

6.《水与水资源法》（No. 02/96）于 1996 年 10 月 11 日由国会通过，于 1996 年 11 月 2 日由国家元首 126 号令颁布实施；

7.《加工工业法》（No. 01/99）于 1999 年 4 月 3 日由国会通过，于 1999 年 4 月 26 日由国家元首 10 号令颁布实施；

8.《商业法》（No. 05/94）于 1994 年 7 月 18 日由国会通过，于 1994 年 8 月 13 日由国家元首 42 号令颁布实施。

二、药品法规

为执行《药品和医疗产品法》制订了一系列医药条例，如：

1.《药品零售条例》；

2.《药品捐赠条例》；

3.《化妆品质量保证条例》；

4.《药品注册条例》；

5.《药品及医疗产品广告管理条例》；

6.《药品生产条例》；

7.《禁止药品列表》；

8.《关于 50 项进口药品的全息图标签的说明》；

9.《国家药品列表》；

10.《良好药品规范指数》；

11.《批发规范指数》。

三、食品法规

基于《食品法》，目前老挝正在制订足够的适当条例来执行食品法通则，如：

1.《瓶装饮用水条例》；

2.《安全食品生产和进出口条例》；

3.《饮用水和家庭用水标准决议》。

四、相关农业法律文本

《农业法》为农业活动和生产提供了全面的法律框架。根据通则（第一章），农业的定义包括耕地、饲养动物、水产养殖和用于国际或国内工业加工的原材料。该法涉及的范围比较广，强调了推广农业、保护土地和环境。

五、相关工业加工法律文本

《工业加工法》涵盖所有货物，包括食品。食品饮料的加工活动列入了工业加工活动列表。该法的目标是规范产品加工（指经过工业处理和经济运营的产品）。工业商务部的职责是领导实施《工业加工法》，并与其他部委和机构进行协调。

六、相关卫生法律文本

为解决制造假冒伪劣药品的问题，加强利益相关者之间的合作与协调，老挝于2006年8月中旬召开第6次全国食品药品大会。来自各省卫生主管部门、各省医院、中心医院，及卫生部所有司局和其他部委的代表参加了此次会议的与会者。会议决议发展如下战略框架。

1. 药品问题

（1）提高检查员的知识水平，完善坚持设备和工具，在全国范围内加强食药监督网络建设；

（2）对医药业单位定期检查；

（3）依照所有相关法律，严格执行对违法者的制裁和惩罚；

（4）严禁非注册药的分销；

（5）在所有医院推广良好医院药品规范；

（6）在各省建立实验室网络；

（7）改善和评定现有法律法规；

（8）提高入境卫生检疫人员的知识水平；

（9）其他。

2. 食品问题

（1）改善和评定食品生产法、食品进出口法和罐装饮用水法；

（2）加强执行食品法律法规；

（3）严格执行对违法者的制裁和惩罚；

（4）改善食品安全管理的组织和运转体系；

（5）应用HACCP和GMP标准，提高食品工业水平；

（6）改善全国食品实验室网络；

（7）为食品问题的监测和检验提供所有必要的工具和预算；

（8）其他。

七、出入境检验检疫的最新动态

在大湄公河次区域合作（GMS）的框架下，老挝人民民主共和国通过并同意在泰国春梅和老挝Wang Tao执行《初步实施“柬埔寨，中国，老挝，缅甸，泰国和越南政府之间的关于跨境货物和人员运输便利化协议”及“三个附件”的备忘录》。其中，三个附件分别为：

附件1：《单一窗口检验（SWI）和“一站式”检验（SSI）程序》

附件2：《开放边境点程序》

附件3：《Chong Mek—Wang Tao跨境点优先跨境通关的易腐货物清单 List Of Perishable Goods for priority Border Crossing Clearance for the Cross—Border Movement through the Chong Mek—Wang Tao border crossing Points》

（来源：谢柱军编著.《中国与东盟检验检疫报检通关业务》.广西民族出版社2007年版）

马来西亚检验检疫

马来西亚对检疫工作非常重视，因为农业是马来西亚第三大支柱产业，从检疫的角度来看，检疫的重要性主要包括食品安全，也是为了保护马来西亚的自然资源。有一部很特别的检疫法律是控制一种真菌的进口。这种真菌存在普遍于南美洲，应防止它进入东南亚地区，危害相关产业。

马来西亚的体系：关于动植物、水产品都是由马来西亚农业产业部负责。农业与农机部也是马来西亚唯一一个负责农产品方面的部门。

马来西亚的检验检疫执法是由农业部下属的农业司负责，目前主要的法律法规有1976年《植物检疫法》，主要控制植物上的有害生物；1981年的植物检疫管理办法；1985年的《渔业法》，这是渔业司的法律依据，其包括马来西亚的水生动物的保护；还有《关于进出口渔业产品管理办法》，控制植物、植物产品成长媒介等。此外，马来西亚有不同的州，每个州都有自己的法律。甚至兽医司也有自己的相关法律。马来西亚东部的法律法规依据是

1962年制定的沙巴动物条例。《农业法》于1974年颁布，主要是对生产厂商及农药的分销进行管理，而且是进行有机生产，以保证不危害人类。

目前马来西亚没有口蹄疫或者说大部分区域都是非疫区，例如疯牛病等。依据《动物法》，这些疾病得到很好的控制。马来西亚检验检疫的法律法规除了《植物检疫法》以外，还有《海关令》、《野生物种公约》等。尽管有诸多的法规，但是还存在一些濒临灭种的物种被非法走私的现象。

目前，为打击这些走私行为，马来西亚兽医司设有检疫与出口管理处，主要是针对进出口鸟类运输进行检验检疫。

马来西亚设有很多检查站，但其目前的法规在控制走私方面存在一定的挑战。

进出口家禽家畜的入境点和检疫站数量

入境点	马来半岛	Sabah	沙捞越
空港	2	4	4
海港	4	3	2
内陆/内河	10	8	7
检疫站	5	5	3

进出口活鱼的入境点和检疫站数量

入境点	马来半岛	Sabah	沙捞越
空港	5	3	3
海港	6	3	4
内陆/内河	2	3	—
检疫站	* 7 premises	1	1

进出口植物及植物产品的检疫站数量

入境点	马来半岛	Sabah	沙捞越
空港	12	4	4
海港	26	7	4
内陆/内河	11	1	4
邮政	3	1	1
检疫站	1	1	3

2006年12月，中国与马来西亚的第二次SPS磋商会议在吉隆坡召开。中马双方就市场转入检疫处理、法规程序等进行交流。中国已接受7种马来西亚水果进口。马来西亚也在考虑中国水果对马来西亚出口的问题。

（来源：谢柱军编著.《中国与东盟检验检疫报检通关业务》. 广西民族出版社2007年版）

缅甸检验检疫

缅甸是WTO成员，遵守有关的法律和法规以符合国际标准的要求和SPS措施。为此，诸如调查、诊断和现有病虫害名单和病虫害风险分析是实施SPS措施的基本前提条件。

虽然检验检疫问题是最重要的技术要求之一，但是不应该成为中国与东盟之间的技术性贸易壁垒。因此，中国与东盟为了相互利益协调检疫措施是十分必要的。在缅甸，直接与贸易密切相关的主要三个方面：农业和林业；动物卫生和畜牧业；渔业的检疫措施。

一、农业

缅甸是一个农业国家，缅甸的经济主要依靠农业。缅甸国土总面积为6800万公顷，其中耕地面积占1000万公顷。种植的主要农作物有水稻、芝麻、落花生、豆类、葵花籽、棉花。

过去，缅甸向周边国家和一些西方国家出口的主要农产品是大米。1980年前，由缅甸应用研究处负责签发植物卫生证书。1979年缅甸在联合国粮农组织和联合国开发署的技术协助下开始建立植物保护处，负责签发植物卫生证书。

二、植物保护处（PPD）的职责

植物保护处（简称植保处）是缅甸农业与灌溉部下属的缅甸农业服务局的一个处。植保处有3个方面的职责：

1. 综合病虫害管理（IPM）；
2. 植物检疫（PQ）；
3. 农业分析实验室（PAL）。

1989年以来，植保处的植物检疫科负责植物检疫程序。由于1914年颁布的“昆虫与病虫害法”不再适用，缅甸联邦政府于1993年6月16日颁布《植物疫病检疫法》。

三、检验检疫和农业管理体系

缅甸位于东盟的北部，是从海上进入中国、印度和孟加拉国的入口处。由于地理位置的缘故，缅甸位于东盟地区防预检疫性有害生物的最前沿，已开始在延毗邻国家的边境建立检疫站。目前，缅甸在边境地区设有8个检疫站、两个国际机场。

缅甸设立检验检疫站情况一览表

序号	入境/站	州/区	边境	时间
1	Muse	Northern 州	东北部是中国	1996 年 7 月
2	Tachilate	Eastern Shan 州	东部是泰国	1996 年 7 月
3	Kawthaung	Taninthayi 区	南部是泰国	1996 年 7 月
4	Tamu	Sagaing 区	西北部是印度	1996 年 7 月
5	Maungdaw	Rachine 区	西部是孟加拉国	1996 年 7 月
6	Lwegye	Kachin 州	东北部是中国	1999 年 3 月
7	Myawaddy	Kayin 州	东南部是泰国	1999 年 3 月
8	Reed	Chin 州	西北部是印度	2006 年 3 月
9	仰光国际机场	仰光处		1995 年 8 月
10	Mandalay 国际机场	Mandalay 处		2001 年 9 月

缅甸与中国接壤的 Muse 区检疫办设立于 1996 年，2000 年前可以签发出口植物和植物产品的植物卫生证书。2005 后，恢复签发植物卫生证书。

1. 有害生物监测计划

自 2006 年以来，缅甸按照 WTO 的要求对一些重要的经济作物开展有害生物监测计划。在澳大利亚的项目资助下和 CLMV 国家一起进行标本采集、有害生物和疫病识别以及数据搜集等工作。

2. 检疫证书

植保处依照植物病虫害检疫法负责签发植物卫生证书和进口证书。植物卫生证书由仰光的总部、塔木和缪斯（MUSE）办事处签发。

3. 植物检疫

最近缅甸根据 WTO 的要求已经开始采用电子证书用于植物检疫，开始采用国际植物卫生措施标准（ISPMs）第 15 条关于木质包装材料的标准，用于出口到欧洲国家和韩国的一些集装箱检验。目前，缅甸需要建立出口作物生产的非疫区，同时，需要在大湄公河流域和周边国家引入一站式检验的相关程序。

4. 植物检疫活动

出口商品的植物卫生证书、从国外进口的植物和植物产品的进口证书由植保处的植物检疫科签发。缅甸农业服务局植保处对负责进出口商品的管理的人员进行教育培训。

5. 通过因特网和网站查询植物卫生信息

植保处可以登陆因特网，但是目前网站尚未开通。未来植物卫生信息必须向有关部门提供。目前通过电子邮件提出要求可以得到植物卫生信息的回复。缅甸拟建立广泛区域的国家植物卫生数据库网络以连接植保处总部和各边境检验口岸、国际机场和港口。

四、进出口证书行政管理程序

1. 进口

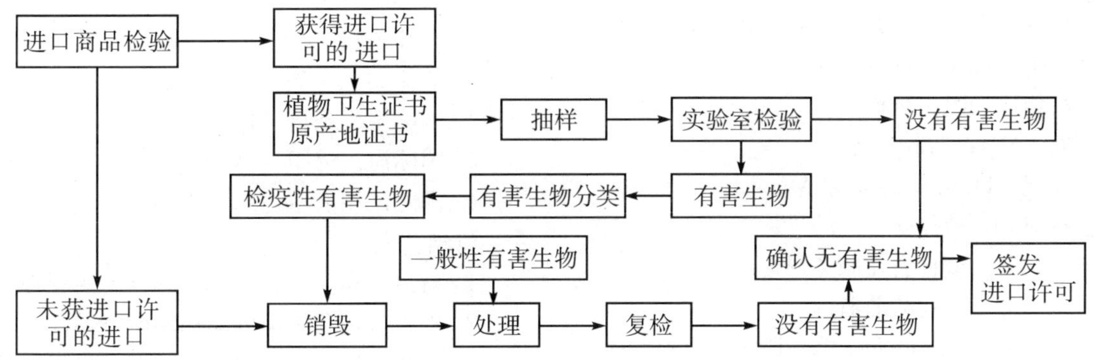

2. 农产品和林业产品的出口

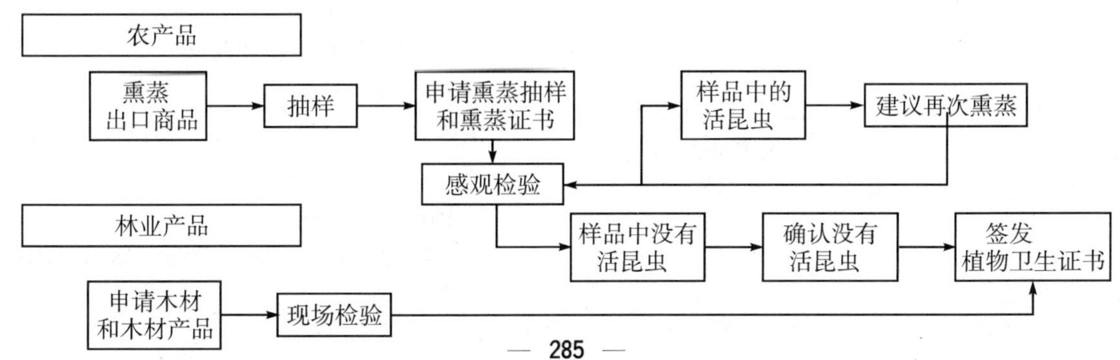

五、现行法律法规

主要有1914年发布的《昆虫和有害生物法》以及1993年颁布的《植物病害检疫法》。1993年6月16日缅甸联邦政府颁布了新的植物病虫害检疫法《植物病害检疫法》，该法经联合国粮农组织审议，由新西兰项目资助的法律专家确认符合WTO/SPS的国际标准。

六、国际合作

植保处是缅甸的国家植物保护组织（NPPO)。缅甸是国际植保公约（IPPC）的签字国，植保处按照国际植物卫生措施国际标准尽最大努力落实WTO/SPS措施。

植保处的农药分析实验室（PAL）分析食品安全和卫生相关的农药残留、毒素和重金属。植保处的植物检疫科负责检验和签发植物卫生证书、植物和植物产品的进口证书。

签发植物卫生证书和进口证书的电子证书由新西兰国际开发署（NZAID）技术援助项目于2002年12月启动，继东盟能力评估项目下的国际植物措施标准制定项目后开始。NZAID还为2000～2003年的植物卫生能力开发领域提供技术援助。新西兰资助行的湄公河流域植物卫生能力建设项目第二期正在进行中。

澳大利亚国际开发署资助的卫生和植物卫生能力建设项目（2005～2007年）已完成。澳大利亚资助的澳大利亚—东盟开发合作项目（AADCP）加强东盟植物卫生项目正在进行。

国家植物保护组织名称

负责人：Myo Myint（先生）

副总经理：Deputy General Manager

办公室地址：植保处

缅甸农业服务局

农业与灌溉部

Bayintnaung Road，West Gyogone，

Insein P. O 11011，仰光，缅甸

电　话：95—1—644214，95—1—640975，

95—1—640344

传　真：95—1—644019

电子邮件：ppmas. moai@mptmail. net. mm

（来源：谢柱军编著.《中国与东盟检验检疫报检通关业务》. 广西民族出版社2007年版）

菲律宾检验检疫

菲律宾的检验检疫工作由不同的部门主管。商品检验工作由商务部主管。卫生检疫和动植物检疫工作分别由卫生部和农业部负责。

一、卫生检疫

菲律宾的卫生检疫工作由菲律宾公共卫生部检疫局主管。

（一）卫生部检疫局的历史沿革

1.1902年设置于美国公共卫生与海洋医院之下。

2.1947年转交菲律宾政府卫生和公共福利部负责整个菲律宾群岛的检疫工作。

3. 自1951年授权实施国际卫生条例。

4. 曾经称为国家检疫办公室（1987年）和检疫和国际卫生检测局（2000年）。

5. 提供最有力的保障防范传染性疫病的传入和传播：

（1）传染病的爆发和复发；

（2）国际关注的公共卫生突发事件对旅行和贸易的影响降到最低。

（二）与卫生检疫有关的国内和国际法律、国际组织

1. 共和国法123（1957年)；

2. 共和国法9271（2004年)；

3. 菲律宾卫生法；

4. 国际卫生条例（IHR)；

5. 国际海洋组织（IMO)；

6. 国际民用航空组织（ICAO)。

管辖范围：

1. 与卫生安全有关的口岸和空港的管理；

2. 检查入境和出境的船舶和航空器；

3. 监测卫生条件、货物、旅客、机组和船上工作人员以及所有携带的物品；

4. 签发检疫证书和卫生单据等。

（三）卫生检疫的组织结构

1. 行政管理处

主要职能：预算、会计、供应、维护、记录、人力资源。

2. 国际卫生检测处

主要职能：监测、媒介控制（如啮齿动物、蚊子、熏蒸)、研究。

3. 医疗服务处

主要职能：免疫、体检、实验室检查、隔离（隔离区）、HACCP。

4. 口岸和空港卫生服务处

主要职能：空港服务、海港服务、卫生教育和普及（岛屿之间船舶卫生）。

职责：

（1）国际运输工具的检验（远洋船舶和航空器）；

（2）提供疫病预防措施（接种免疫）；

（3）外国人为了移民和通关目的的体检；

（4）传染病预防，媒介控制，口岸卫生；

（5）卫生教育和普及；

（6）食品安全（GMP—HACCP）。

（四）口岸和港口的检疫活动

对所有国际航班和传播入境的旅客进行检查（如：卫生健康申报表，通过温度扫描仪检查发热情况）。

和机场当局、航空公司、运输公司及其他各有关方面（如：国外合作伙伴、媒体和其他卫生组织）协作配合。

卫生教育和普及工作（如：健康预警、旅行咨询、登上交通工具前后的注意事项等）。

（五）信息网络

1. 菲律宾卫生部检疫局的网址：www.quarantine.doh.gov.ph

2. 菲律宾卫生部的网址：www.doh.gov.ph

二、植物检疫

菲律宾植物检疫工作由菲律宾农业部植物产业局（Bureau of Plant Industry Quarantine）负责。菲律宾主要植物检疫法规有：1965 年 6 月 16 日共和国 1296 条例、1978 年第 1433 号总统令颁布的《植物检疫法》、1981 年菲律宾农业部植物产业局第 1 号行政条例。

第 1 号行政条例是对植物检疫法的细化，是指导菲律宾植物检疫工作的主要法规之一，共有 16 条，分别对条例所涉入的定义、有可能隐匿植物有害生物的植物及其产品和其他材料的进口、潜在的有害动物进口、商品运输、疫区、运输工具的入境与通关、植物检疫费用、加班、植物检疫官员的权利和义务、协作单位、免责条款、罚则等进行了具体的规定。以下是主要的几个方面的规定：

（一）定义

1. 植物，指活的植物及其某个部位，包括种子、插条、根茎、种球和谷粒、接穗、叶片、根、幼芽和其他繁殖材料。

2. 植物产品，指所有来自植物的产品，无论是天然状态还是已加工的状态，它们有可能携带植物有害生物。

3. 潜在的有害动物，指对农作物有害的动物，如昆虫、猴子、啮齿类动物、蝙蝠、雀科动物、兔子、蜗牛和其他可能危害农作物的动物。

4. 植物有害生物，指任何能够对植物及其产品造成危害的或潜在危害的植物、动物和病源体。

（二）有可能隐匿植物有害生物的植物及其产品和其他材料的进口

菲律宾也对进境植物及其产品实行检疫许可制度。要求“进口许可证”的进口货物有：

1. 活植物；

2. 苗木（包括用于繁殖材料的营养部分）；

3. 用于栽种的种子和坚果；

4. 根据特殊的检疫规定，已宣布为禁止进口或限制进口的新鲜水果、蔬菜和其他植物产品，已知它们是某些有害生物的寄主或它们来自受限制的地区；

5. 纯培养的真菌、细菌、病毒、线虫和其他植物致病材料；

6. 蘑菇（包括菌丝）；

7. 作为豆料根瘤菌种的藻类、根瘤菌；

8. 用于分离生物体的土壤和植物材料；其他植物。

感染有害生物的进口植物、植物产品和其他材料应当进行货物的检疫处理、销毁或退货，由此而产生的费用由进口商承担。

禁止入境的包装物应当在植物检疫机关的监督下转移并销毁，由引此产生的费用由进口商承担。收费标准是：10 公斤以下 10 比索，每增加 1 公斤加收 20 分钱。

（三）潜在的有害动物进口

一般情况下，对农作物有害的动物，如昆虫、猴子、啮齿类动物、蝙蝠、雀科动物、兔子、蜗牛和其他可能危害农作物的动物是不允许进口的。但如有合理要求需要限量进口时，应向农业产业局局长提交检疫申请表（BPI“Q”No.5），经局长批准后签发进口许可证（BPI“Q”No.6），一份正本四份副本，其中，正本交入境口岸植物检疫官，第一联副本交原产国发运人，第二联副本由植物产业局直接交入境口岸海关，第三联副本用于存档，第四联副本交港务部门。申请许可证，要交纳相当于货物发票金额的保证金，保证金的最低金额是 100 比索。

（四）植物检疫证单

菲律宾植物检疫证单共有 10 种，分别为 BPI “Q” 格式 1 至 10，其中 BPI 代表菲律宾植物产业局，Q 代表检疫。格式 1、3、5、7、8、10 为申请表，格式 2、4、6 为许可证，格式 9 为转口植物检疫证书。BPI “Q” 格式 10 用于出口，其余申请表用于进口。除了不受限制的植物及其产品之外，其余所有的植物及其产品的进出境均需要提供植物检疫证书。

（五）收费

植物产业局每签发一份许可证收费 5 比索或 50 比索，视不同格式的许可证而定。禁止进境物和走私物品的销毁费用是：20 公斤以下的，至少收取 20 比索销毁费用；超过 20 公斤的，至少每 20 公斤收取 20 比索。

法律规定检疫官员和熏蒸人员的加班费为每小时 9 比索，工人或辅助人员的加班费为每小时 7 比索。午餐补贴为每餐 14 比索。在马尼拉和其他城市的交通补贴为每人每次 14 比索，省内的以当地通常补贴为准。检疫官员需要使用交通工具时，可以租用，货主凭发票支付交通费。住宿补贴每夜最高不超过 5 比索。同时，法律还规定货主可以依据公平的原则或通过签订协议获得植物检疫官员的额外服务，支付相应的报酬。

加班时间为双休日、节假日和工作日内的非工作时间。

免交植物检疫及相关费用的物货或物品是：政府机构、国有公司或国有控股公司的进出口货物、向经注册的赈灾组织或社会服务发展部批准成立的慈善机构的捐献物品、国外政府驻菲使馆、国家经济发展局为经济发展而提出的经总统宣布豁免的。但是，植物检疫人员的加班费不能免收。

（六）入境口岸

菲律宾规定，因研究需要引进的植物、种质交换、DNA 组合有机物等，要从规定的口岸进境，具体是 MALATE、马尼拉的 P. Q. S. 植物检疫机构中心。其他植物和植物产品，可以从任何口岸出入境。

（七）具体植物及其产品的检疫要求

菲律宾的禁止进境物品清单是动态的，由农业主管部门进行调整。对于具体的物品而言，主要有以下规定：

1. 植物；
2. 球茎、块茎；
3. 种子；
4. 水果、蔬菜；
5. 切花/观赏枝条；
6. 木材、树皮（禁止干的、未经加工的竹子进境）；
7. 包装物（不允许用草包装商品）；
8. 土壤；
9. 谷物；
10. 其他。

允许进口的谷物都需要提供植物检疫证书方能进境。

（来源：谢柱军编著.《中国与东盟检验检疫报检通关业务》. 广西民族出版社 2007 年版）

新加坡检验检疫

新加坡的检验检疫机构主要是兽医局（AVA）及其下设的植物卫生中心、兽医公共卫生中心等。新加坡兽医局负责进出口检验检疫的管理，确保充足的安全食品的供应，保护动植物的卫生，促进新加坡的农业贸易。

一、兽医局主要履行以下职责：

1. 动植物和食品来源的检验和认可、审批；
2. 动植物和食品的进出口审批和检验；
3. 动物和植物的检疫；
4. 风险评估和食品安全、动物卫生和植物卫生标准的制定；
5. 食物携带的危害物质以及动植物疫病和病虫害的监测；
6. 提供动植物疫病、食品病毒和污染物的诊断和分析服务；
7. 推动良好农业和制造规范以及食品工业的食品安全保障体系；
8. 通过签发卫生证书和各种出口质量保证计划的管理促进贸易。

二、法律法规

1. 动物和禽类法

（1）目的：动物卫生和福利；

（2）活动物、动物产品和兽医生物产品的进出口；

（3）动物检疫；

（4）疫病控制；

（5）兽医和兽医中心的执照许可管理；
（6）动物福利和虐待。
2. 植物控制法
（1）目的：食品安全和植物卫生；
（2）新鲜水果蔬菜的进口和转运；
（3）植物和植物产品的进出口；
（4）农业病虫害的控制；
（5）新加坡农业用农药的注册；
（6）新加坡植物养殖用农药的管理。
3. 饲料法
（1）目的：动物和禽类饲料的控制；
（2）动物饲料的进口；
（3）动物饲料的生产；
（4）禁止在动物饲料中使用特定药品。
4. 肉类和鱼类法
（1）目的：食品安全；
（2）肉类和水产品的进出口；
（3）食用肉类的屠宰；
（4）肉类和鱼类产品的生产；
（5）肉类和鱼类产品的冷藏；
（6）肉类产品的运输；
（7）批发的肉类和鱼类产品。
5. 食品销售法
（1）目的：食品安全和公平贸易；
（2）加工食品和食品用具的进口；
（3）添加剂的使用；
（4）允许和禁止使用的食品成分；
（5）食品标识，包括日期标注；
（6）加工食品的生产。
6. 动物、植物和食品的进口
（1）动物卫生、植物卫生和食品安全；
（2）以源头风险和产品风险为依据；
（3）可能要求对源头的认可；
（4）可能要求卫生证书；
（5）进口检验和抽样查验；
（6）有些动物需要隔离检疫（如：狗、猫、马、野生动物、昆虫）。
7. 动物、植物和食品的出口
（1）动物卫生、植物卫生和食品安全；
（2）必要时签发卫生证书；
（3）出口检验和抽样查验；
（4）出口计划，基于质量保障（观赏鱼、观赏植物、木质包装材料）。

三、兽医局的下属机构

1. 动植物卫生中心
（1）为国家检测计划提供支持的实验室诊断以预防重要的动植物疫病传入新加坡；
（2）三级动物生物安全实验室；
（3）植物隔离设施；
（4）专业的兽医、微生物学家、分子生物学家和实验室技术人员；
（5）获得 ISO/IEC17025“校准和检测实验室能力通用要求”的认可；
（6）水生动物卫生；
（7）细菌；
（8）病理；
（9）动植物病毒；
（10）植物真菌；
（11）线虫；
（12）昆虫学。
2. 兽医公共卫生中心
（1）农业食品兽医局的食品分析实验室；
（2）检测疫病、食物中毒和变质生物、有害化学成分、毒素和经济欺诈；
（3）国际认可的程序和标准以及一流的技术；
（4）获得 ISO/IEC17025（校准和检测实验室能力通用要求）的认可；
（5）化学污染；
（6）营养成分，食品添加剂和防腐剂；
（7）药物残留；
（8）食品微生物；
（9）食物寄生虫；
（10）食品感观质量；
（11）食物毒素；
（12）分子生物学和转寄因分析。
（来源：谢柱军编著.《中国与东盟检验检疫报检通关业务》. 广西民族出版社 2007 年版）

泰国检验检疫

在检验检疫方面，泰国非常重视食品安全问题，已建立较为严密的食品安全体系，成立了专门的农产品与食品管理机构对全国农产品与食品的生产、进出口进行管理，进行农产品与食品认证。

一、国家政策

1. 发展食品安全控制体系；
2. 制订符合国际标准的农产品与食品标准。

二、食品安全有关的部门

主要部门是农业与合作部，其他相关部门有卫生部、工业部、商务部、财政部，各部委根据有关法律法规共同负责食品安全控制。

三、食品安全有关的检验检疫法规

1.《食品法》(1979)；

2.《工业产品标准法》(1968)；

3.《进出口商品管理法》(1979)；

4.《渔业法》(1947)；

5.《危险品法》(1992)；

6.《植物多样性保护法》(1999)；

7.《对泰出口或经泰国转口动物及动物胴体的部级法规》(2001)；

8.《动物流行病法》(1956)；

9.《动物饲料质量控制法》(1982)。

食物供应链中每一环节都有食品安全的责任，供应链如下图所示。

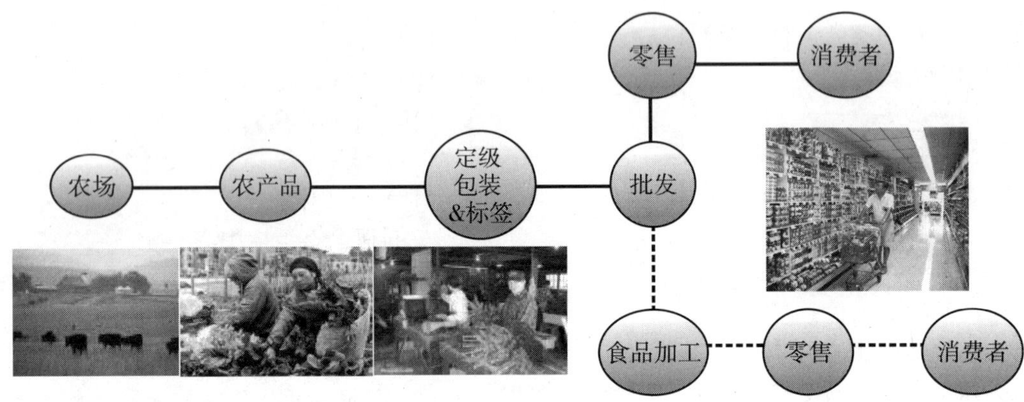

四、食品安全在泰国的发展历史

1. 农产品与食品被认为是一种工业产品，其标准由工业部（TISI）制定；

2. 食品出口飙升要求政府各部门的管理应统一、协调；

3. 2001 年，在农业部内成立了 ACFS（农产品与食品标准司），管理农产品与食品的生产标准。

五、农产品与食品标准制定原则

泰国政府在制定农产品与食品标准时遵循以下准则：

1. 以科学为基础，保证食品供应的质量与安全；

2. 食品安全应建立在风险评估的基础上；

3. 适当时，与国际标准相一致；

4. 透明度、公众听证。

六、产品与食品的认证标志

为了保障食品安全，泰国积极开展农产品与食品认证。

Ministry of Agriculture and Cooperatives
Food Safety
AC XX-XX-XXXX-XXXX-XXX

不同商品的检验与认证所对应的有关主管部门：

部门

• 制定标准	—ACFS 局
• 农作物	—农业司
• 对虾，虾与海产品	—渔业司
• 禽类，猪和牛	—畜牧开发司
• 实验室检测	—农业司
	—渔业司
	—畜牧开发司
	—政府所有的中心实验室
	—药物科学司
	—经认证的私人公司
• 食品加工	—农业司
GMP/HACCP/FD	—渔业司
	—畜牧开发司
	—食药局
	—经认证的私人公司

出口认证

• 一般来讲，检验检疫与认证应符合进口国的要求

• 由政府主管部门认证

• 相互承认安排（MRA），事先认可的生产企业或生产区域

未来的工作

·农产品与食品标准将为强制性

·每一个食物链都有连续性的管理

·面对国内消费者进行的产品检疫

·政府具有咨询与执法的作用

检验与认证工作由民间机构实施，政府对其进行认可。

（来源：谢柱军编著.《中国与东盟检验检疫报检通关业务》.广西民族出版社2007年版）

越南检验检疫

越南政府一直高度重视进口产品质量的检验，从而为企业创造最佳的条件。

一、商品检验和质量管理

为了与东盟成员和世界上其他国家在产品质量以及国内和进出口商品的质量管理达到协调发展，越南由科技部标准与质量管理局负责管理全国的标准和质量工作，制定了以下法律法规和机构体系：

1. 商品检验和质量管理的法律法规

（1）发布了标准化法和技术法规；

（2）正在起草产品质量法。越南政府指定科技部负责统一管理国内市场流通以及进出口货物的质量和标识；负责协调其他相关部门组织对口岸货物和市场的产品质量进行检验和检测；

（3）发布由专门的管理部门负责特殊商品的产品质量国家管理职责分工的法规；

（4）政府发布了与东盟成员国协调一致的法定质量检验的国内和进口产品目录，检验的依据是与国际标准相协调的越南国家标准；

（5）发布相关部门适用的进口商品检验的规章；

（6）有关部门正在制定各自职责范围内的特定商品的技术法规。

2. 检验机构体系

（1）中央政府层级：目前几乎所有技术性的部门都设置了质量管理司，如：

①邮政电信和信息技术质量管理司（隶属邮政和电信部）；

②产品质量控制司（隶属科技部标准和质量局）；

③越南注册司，道路建设检验和质量管理司（隶属交通部）；

④国家渔业检验质量保证和兽医司（隶属农业部）；

⑤食品安全管理司，药物管理司，卫生和艾滋病预防司（隶属卫生部）；

⑥植物保护司，兽医司（隶属农业和农村发展部）；

⑦建设质量控制和管理局（隶属建设部）；

⑧考试司（隶属教育和培训部）。

（2）省级口岸：由相关部门负责对进口产品进行质量控制工作。

3. 进口产品控制

进口产品质量控制采取了以下方式：

（1）采用标准声明；

（2）产品合格声明；

（3）产品合格认证。

属于前文提到的《法检目录》的进口产品：须在口岸提供由指定的国内机构和批准的国外机构签发的产品合格证书。

对于双边或多边互认协议中规定的相互承认检验/检测结果的：

（1）中国和越南已经承诺对摩托车零件的质量检验开展试点；

（2）根据东盟电工和电子产品互认协议2006年4月第一和第三季度越南获得了新加坡、马来西亚、印尼和菲律宾的互认；

（3）根据最近在一些口岸进行的质量检验审批，越南海关和有关国家同行同意在一些口岸开展通关和质量检验一站式服务为进出口企业创造了有利的条件。这一质量检验的成功经验值得广泛推广。

4. 关于WTO/TBT协议的执行

为了适应加入WTO的需要，越南成立了TBT办公室并已开始运作。TBT办公室在发展进口产品技术标准与WTO规则相吻合方面提供建议，在技术标准、食品安全和卫生标准上实施新的管理方式，以适应全球经济一体化和进口产品关税减免方面的需要。

越南的TBT办公室实际上就是TBT咨询点，由总理批准成立。2005年5月26日，越南总理已审定了关于TBT协议的444/Q—TTg项目，形成114/2005/Q—TTg决议。在此协议下，成立了TBT咨询点，建立了TBT通报机制，并在全国64个省12个部委建立相应的组织机构系统。

二、检疫工作

越南的检疫工作分别由农业农村发展部、卫生部、渔业部等部门负责。

1. 植物检疫工作

与植物检疫有关的法规有：《越南社会主义共和国植物检疫和植物保护法》和《越南社会主义共和国植物检疫条例》。

《越南社会主义共和国植物检疫和植物保护法》颁布于2001年7月25日，自2002年1月1日起施行，共有7章45条，规定的内容分别为总则、植物有害生物的防治、植物检疫、农业管理、国家植物检疫和植物保护管理机构、奖励和惩处、条款施行等。

《越南社会主义共和国植物检疫条例》对植物检疫工作进行了更为详细的规定，共分为6章33条，内容分别为：总则、入境植物检疫、出境植物检疫、境内植物检疫、检疫物的熏蒸和除害处理等。

越南规定，货主及其代理人应于属植物检疫范围内的货物及随身携带和托运的行李入境24小时内向最近的植物检疫机关申报，同时为检疫人员提供查验、取样的便利条件，如：打开、关闭运输工具、仓库、货物包装及提供人力等。植物检疫机关应在接到货主报检后24小时内，查验、复查货物并开具植物检疫单，特殊情况下超过24小时才能完成工作的，应向货主通报有关情况。

法律规定，越南海关有责任配合植物检疫机关对货物进行查验、检疫、监督管理等工作。有关货物的货主或其代理人办完植物检疫手续后，才能办理海关手续，反映植物检疫工作内容的植物检疫证书，应随海关申报单一起向海关报关。各有关单位（港务、海关、邮电、公安、边 防部队、市场管理等）在自己的职权范围内，有责任配合植物检疫机关查验、截留、没收、扣留违反植物检疫规定的货物。

法律赋予越南农业与农村发展部确定并颁布越南实施植物检疫对象名录和越南植物检疫范围的权利。

2. 卫生检疫工作

越南的卫生检疫工作由卫生部负责。卫生部在全国各出入境口岸均设有卫生检疫机构，按照《国际卫生检疫条例》和越南的国内卫生检疫法规行使卫生检疫的职权。

3. 动物检疫工作

越南的动物检疫工作由农业与农村发展部负责。此项工作由其下属机构动物检疫局负责。渔业检疫属于另一个部门管理。

（来源：谢柱军编著.《中国与东盟检验检疫报检通关业务》. 广西民族出版社2007年版）

中国—东盟博览会出入境检验检疫服务指南

为了办好中国—东盟博览会，方便各国客商和有关人士出入境检验检疫，根据《中华人民共和国进出口商品检验法》、《中华人民共和国进出境动植物检疫法》、《中华人民共和国国境卫生检疫法》和《中华人民共和国食品卫生法》的规定，以及国家质量监督检验检疫总局（以下简称：国家质检总局）专为中国—东盟博览会批准的便利措施，制订本服务指南。

一、广西出入境检验检疫局机构设置

中国—东盟博览会期间，广西出入境检验检疫局在各主要口岸设置中国—东盟博览会入境参展物检验检疫专用通道、参会人员礼遇通道和专用通道，实行优先检验检疫，优先通关。主要航空口岸有南宁、桂林、北海；海港口岸有北海、防城港；边境陆路口岸有凭祥、东兴。中国—东盟博览会秘书处委托中国外运广西公司全权办理参展物出入境检验检疫有关事宜。

二、入境参展物检验检疫方式和工作流程

（一）检验检疫方式

广西出入境检验检疫局对参展物实行“口岸查验，展出地集中检验检疫监管”的方式。

广西出入境检验检疫局在南宁国际会展中心专门设立有中国—东盟博览会检验检疫现场办公室（以下简称“检验检疫现场办公室”），负责会展现场的咨询、报检和检验检疫监管工作，并在会展期间实行24小时电话值班制度。

（二）参展物出入境检验检疫工作流程（见下图）

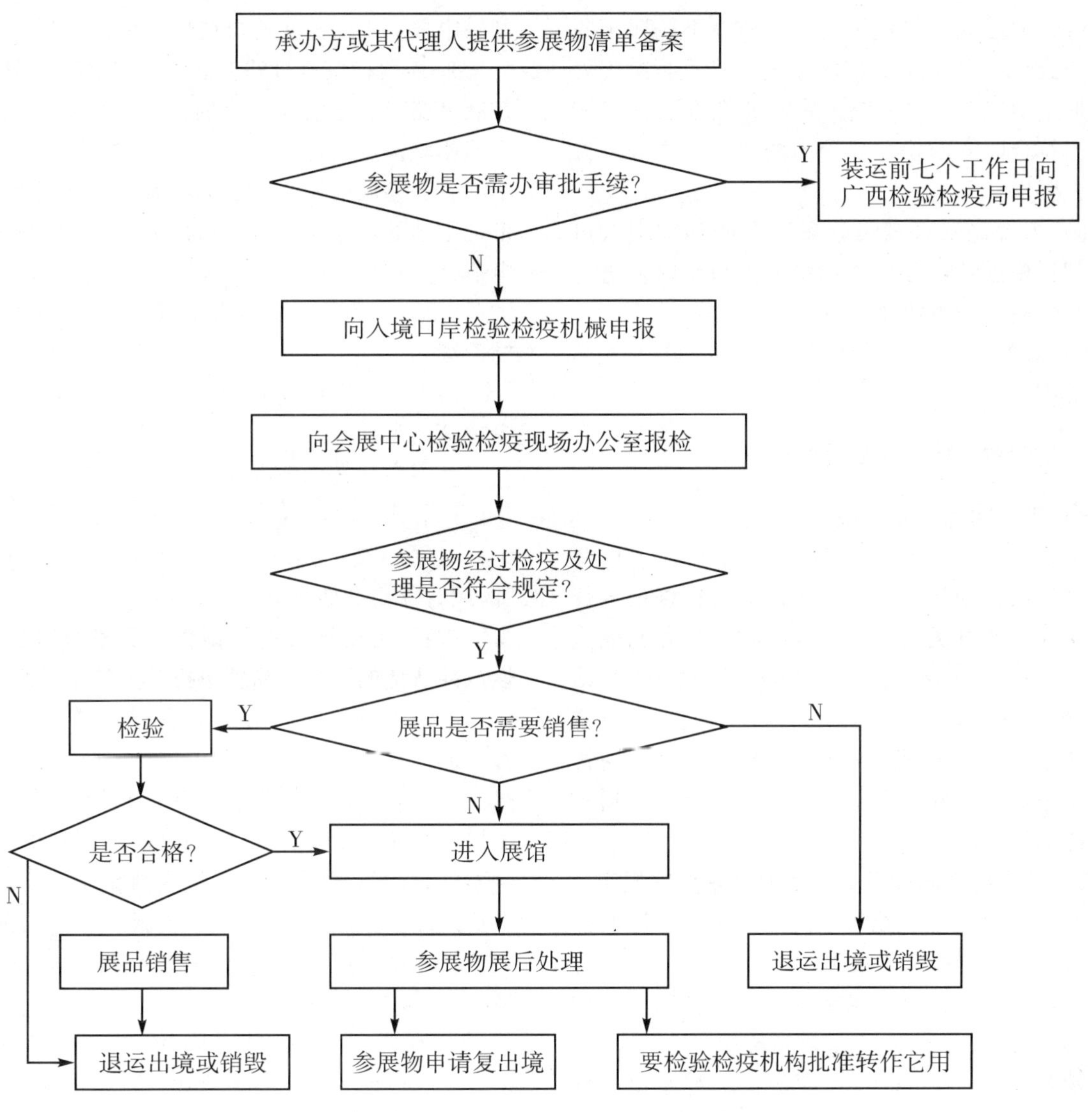

三、入境参展物的报检管理

（一）参展物主要是指展品、礼品及样品等，需由参展商或其代理人在入境时向口岸检验检疫机构申报，提交参展物清单及有关参展物的证明文件，提单/运单等，并注明是否展后销售。

（二）入境口岸检验检疫机构根据参展物的性质，实施感观检查或检疫处理后，予以放行。必要时，出具通关单或有关检验检疫证单。

（三）参展物运达展出地点后由参展商或其代理人，向检验检疫现场办公室申请办理报检手续。

（四）对非销售的展品可免予检验，涉及放射性检测的重金属矿、石材产品等除外。

（五）展品为动植物及其产品的，报检时必须附有输出国官方出具的动物检疫证书或植物检疫证书。属于需要办理检疫审批的，还须提交国家质检总局或者广西出入境检验检疫局签发的《中华人民共和国进境动植物检疫许可证》，或农业、林业部门签发的检疫审批单。

（六）需要展后销售的预包装食品、化妆品，报检时应申请品质、安全卫生、标签等项目的检验，报检时需提供下列材料：

1. 标签样张和翻译件；

2. 当标签中有特别强调某一内容，如获奖、获证、法定产区等内容时，应提供相应的证明材料；

3. 化妆品还应提供成份配比等相关材料。

已获得国家质检总局签发的《进出口食品/化妆品标签审核证书》的预包装食品、化妆品，可免于提交上述材料，报检时只需出示证书原件并提交1份复印件即可。

（七）展品为微生物、生物制品和血液及其制品等特殊物品的，报检时须持有广西出入境检验检疫局签发的入境《特殊物品卫生检疫审批单》。

（八）进境参展物使用木质包装的，应当在输出国家或者地区政府检疫主管部门监督下按照国际植物保护公约（以下简称IPPC）的要求进行除害处理，并加施IPPC专用标识。除害处理方法和专用标识应当符合国家质检总局公布的检疫除害处理方法和标识要求。

（九）为提高通关速度，参展商或其代理人可提前办理报检手续，参展物运抵入境口岸时，进行必要的查验后，即可快速放行。

（十）参展物一律免收检验、检疫、除害处理和监管费用。

四、中国对入境参展物品的有关规定

（一）下列物品禁止入境

动植物病原体（包括菌种、毒种等）、害虫及其他有害生物；动物尸体、土壤；动植物疫情流行的国家和地区的有关动植物、动植物产品和其他检疫物，其目录可参阅国家质检总局在网站WWW.AQSIQ.GOV.CN上《动植物检疫》栏目公布的《禁止从动物疫情流行国家/地区输入的动物及其产品一览表》和《中华人民共和国进境植物检疫禁止进境物名录》。

（二）参展的动植物及其产品检疫审批的规定

1.以下参展的动植物及其产品入境前由广西检验检疫局负责办理检疫审批手续

动物及其产品：（1）观赏鱼；（2）食用性动物产品；（3）蚕茧；未经加工的养殖珍珠。

植物及其产品：（1）果蔬类：新鲜水果、番茄、茄子、辣椒果实：（2）粮谷类：大麦、黑麦、燕麦、高粱等及其加工产品，如麦芽等：（3）豆类：绿豆、豌豆、赤豆、蚕豆、鹰嘴豆等：（4）薯类：马铃薯、木薯、甘薯等；（5）饲料类：麦麸、豆饼、豆粕等。

2.以下参展的植物种子、种苗及其他繁殖材料，入境前由广西农业或林业行政主管部门审批

栽培或野生的可供繁殖的植物全株或部分，如植株、苗木（含试管苗）、果实、种子、砧木、接穗、插条、叶片、芽体、块根、块茎、鳞茎、球茎、花粉、细胞培养材料等。

3.以下参展物不需要办理检疫审批手续

动物产品：蓝湿（干）皮、已鞣制皮、净洗羽绒、洗净毛、碳化毛、条毛、贝壳类、水产品、蜂产品、蛋制品（不含鲜蛋）、奶制品（鲜奶除外）、熟制肉类产品（如香肠、火腿、肉类罐头、使用高温炼制的动物油脂）；

除上述以外的动物产品，向广西出入境检验检疫局申报，由国家质检总局检疫审批。

4.需要检疫审批的参展物，参展商或其代理人在展品交付装运前至少提前7个工作日，向广西出入境检验检疫局提出申请，申办时须提交参展物清单和有关参展证明文件。因特殊情况未能事先办理审批手续的，在入境时可向广西出入境检验检疫局申请补办。

（三）下列特殊物品报检前须办理卫生检疫审批手续

微生物、生物制品、血液及其制品、人体组织等特殊物品。

参展商或其代理人在展品交付装运前至少提前7个工作日，向广西出入境检验检疫局提出申请，申办时须提交中国政府省级以上主管部门签发的《医用特殊物品准入境证明》。

（四）需要进行展后销售，而未获得我国强制性产品认证的下列展品须申报备案核准手续

电线电缆、电路开关及保护或连接用电器装置、低压电器、小功率电动机、电动工具、电焊机、家用和类似用途设备、音视频设备类、信息技术设备、照明设备、电信终端设备、机动车辆及安全附件、汽车零部件、机动车辆轮胎、安全玻璃、农机产品、乳胶制品、医疗器械产品、消防产品、安全技术防范产品、装饰装修产品、玩具、无线局域网产品。

有关详细产品目录和信息，可查阅网站http：//www.cnca.gov.com/，国家质检总局、国家认监委2001年第33号、2002年第60号、2004年第6号、62号、2005年第137号、198号、2006年第103号公告和国家认监委2005年3号公告等。

参展商或其代理人在展品交付装运前至少提前7个工作日，向广西出入境检验检疫局提出申请，由国家认监委备案核准。申报时须提供有关参展证明、生产厂家产品合格证书、生产国官方认可的检测机构出具的安全检测合格证书以及生产厂家对该展品在使用过程中的安全问题负责的自我申明等。申报的数量不应超出展览用途。因特殊情况未能事先办理备案核准手续的，在入境时可向广西出入境检验检疫局申请补办。

需要申报汽车产品的，由广西检验检疫局请示国家认监委，经同意后方可予以报检。

五、参展物的展后处理

（一）参展物展后处理的基本要求

展后需在中国境内销售的展品，须由参展商或

其代理人填写《入境货物报检单》，并补齐相关的手续，随附入境时检验检疫机构签发的相关证单，经检验检疫合格后方可销售；参展后复出境的参展物，应填写《出境货物报检单》，并附上入境时检验检疫机构签发的相关证单，检验检疫机构依法出具通关单。

（二）动植物及其产品的展后处理

展览结束后，参展的动植物及其产品一般应退回参展国或作销毁处理。参展商或代理人要求保留的，必须经广西出入境检验检疫局批准，并按规定进行检验检疫。经检验检疫合格的，准许保留使用；经检验检疫不合格的，作除害或销毁处理。

（三）预包装食品、化妆品的展后处理

需要展后销售的预包装食品、化妆品，应当在入境报检时申请进行品质、安全卫生、标签等项目的检验，经检验合格者方可销售，不合格者不准销售，展后作退运出境、销毁或技术处理。

（四）列入我国强制性产品认证展品的展后处理

列入我国强制性产品认证（“3C”认证）管理的入境参展物，对已获得“3C”认证并加施“3C”认证标志及已经办理备案核准手续的展品可以在展后进行销售；未获得“3C”认证资格或未经办理备案核准手续的，不准在中国境内销售，展后一律作退运出境或销毁处理。

六、人员出入境检验检疫流程

（一）入境检验检疫：旅客入境时按规定申报→测量体温→现场检疫查验→查验携带物品→合格放行。

（二）出境检验检疫：旅客出境时按规定申报→测量体温→现场检疫查验→合格放行。

如果有发热、寒战、咳嗽、呼吸困难、腹泻、呕吐等体征或症状之一的旅客，以及患有传染性疾病、精神病的旅客，在出入境时，须主动口头向检疫官员申报，并接受检验检疫。

七、人员携带物入境检验检疫管理规定

携带的参展物品按入境参展物的规定执行。广西出入境检验检疫局将在各出入境口岸公告栏和中国—东盟博览会秘书处的网站（http：//www.caexpo.org）上公布人员携带物出入境检验检疫的有关信息。根据国家质检总局第56号公告《出入境人员携带物管理办法》的规定：

（一）禁止携带入境的物品

1. 人类血液及其制品（除人血清白蛋白以外）；

2. 水果、辣椒、茄子、西红柿；

3. 动物尸体及标本；

4. 土壤；

5. 动植物病原体、害虫及其他有害生物；

6. 活动物（伴侣犬、猫除外）及动物精液、受精卵、胚胎等遗传物质；

7. 蛋、皮张、鬃毛类、蹄骨角类，油脂类，动物肉类（含脏器类）及其制品，鲜奶、奶酪、黄油、奶油、乳清粉，蚕蛹、蚕卵，动物血液及其制品，水生动物产品；

8. 转基因生物材料；

9. 废旧服装。

如您携带了上述物品，请主动交由检验检疫官员处理。

（二）允许携带入境但须向检验检疫机关申报，并接受检疫的物品

1. 种子、苗木及其他繁殖材料、烟叶、粮谷、豆类（入境前须事先办理检疫审批手续）；

2. 鲜花、切花、干花；

3. 植物性样品、展品、标本；

4. 干果、干菜、腌制蔬菜、冷冻蔬菜；

5. 藤、柳、草、木制品；

6. 犬、猫等宠物（每人限带一只，须持有狂犬病免疫证书及出发地所在国或者地区官方检疫机构出具的检疫证书，入境后须在检验检疫机构指定的地点隔离检疫30天）；

7. 特需进口的人类血液及其制品、微生物、人体组织及生物制品（入境前须事先办理检疫审批手续）。

如您携带了上述物品，请主动向检验检疫机关口头申报并接受检疫。

八、法律责任及解释

（一）对不如实申报或逃避检验检疫监管的，或造成疫情疫病扩散等严重后果的，检验检疫机构依据有关法律法规追究其法律责任。检验检疫工作人员应严格履行职责，违法、失职的依法给予行政处分，构成犯罪的追究刑事责任。

（二）本服务指南由广西出入境检验检疫局负责解释。

广西出入境检验检疫局
二○○八年四月二日

（来源：广西出入境检验检疫局网．http：//caexpo. gxciq. gov. cn/article/2008－8－6/240－1. htm. 2008—8—20）

在东盟十国开展投资合作的手续

在文莱开展投资合作的手续

一、在文莱投资注册企业需要办理的手续

1. 设立企业的形式

在文莱可以设立以下几种形式的企业：独资经营企业、合资或合伙经营企业、公司（私人或公共）及外国公司的子公司。

【独资与合伙经营企业】可以是个人、当地企业及外国公司的分支机构，具体规定包括：(1) 合作伙伴不超过20个；(2) 主管部门批准后，将签发企业名称证书，并征收30文币；(3) 外国人申请必须事先获得移民局、经济规划和发展局及劳工局的许可。

【公司（私人或公共)】可以是以股票或担保或股票及担保承担的有限责任企业，或无限责任企业。具体规定包括：(1) 必须有至少2名及不超过50名股东；(2) 股东可以是非文莱公民或居民；(3) 股东转让股份的权力有限制，禁止任何公众股票招募；(4) 子公司可以持有其母公司股票；(5) 合伙协议必须填写公司注册人及公司名称，同时提供其他标准表格的企业文件；(6) 主管部门批准后，将签发企业证书，并征收2文币；(7) 注册费用取决于公司股票资本授权规模；(8) 没有企业最低股本限制。私营企业还有以下要求：①指定当地注册的会计师；②逐年准备资产负债表。

所有企业必须注册名称，名称须经注册师的确认。每个名称征税5文元。

2. 注册企业的受理机构

在文莱注册企业，需向文莱工业与初级资源部企业登记处申请。

3. 注册企业的主要程序

注册私人有限公司程序如下：

(1) 按照指定格式（Form A）向文莱总检查长署企业注册部门提出申请，审核公司名称是否符合要求；(2) 公司名称获对外投资合作国别（地区）指南得批准后，30天内向公司注册处提供公司合作协议、章程、董事名单、情况说明、所有股东及董事的身份证或护照复印件等规定文件。注册费按照公司资本股金计收。最低档为资本金不超过2.5万文元的，按300文元征收；最高档为资本金达到1.5亿文元的，按3.5万文元征收注册费。

外国公司的子公司注册须提供以下材料：(1) 有关章程企业等证明文件副本；(2) 董事会名单及详细情况；(3) 主管部门批准后，将签发证书，并征收25文币；(4) 没有最低股本要求。并完成以下工作：(1) 指定在当地注册的会计师；(2) 准备年度财务表、资产负债表及董事会报告；(3) 准备分支机构账目；(4) 每年提交账务报表；(5) 逐年向公司注册处提交申报表。

二、承揽工程项目的程序

1. 获取信息

政府各部门在其公告栏刊登招标公告，并同时在每周的政府公报上刊登。此外，各主要报刊也定期发布招标信息。

2. 招标投标

按照有关规定，政府投资项目一律采用招标方式。大型项目的招标要经过漫长和严密的法律程序；自筹资金承建项目，可通过议标方式进行。

文莱政府工程项目均无预付款，支付方式一般采用按工程进度支付，滞后3个月左右，因此承包商须垫资承包。政府项目一般不存在工程款拖欠现象。

按惯例，项目标的在500万文元以下的项目一般会发标给第一标即最低标，而500万文元以上得项目则不一定是第一标中标，还要考虑其他因素。

3. 许可手续

在文莱承包工程的主管部门是发展部。承包商承揽当地工程需要到该部门申请承包建筑工程许可证，并接受该机构对承包工程的审查和项目监督。

三、申请专利和注册商标

1. 申请专利

文莱总检查长署（Attomey General's Chambers）负责商标、专利、工业设计等的注册。在英国、马来西亚和新加坡申请的专利，在文莱注册后前3年有效。在文莱申请注册的专利，有效期为7年，可延长至14年。

文莱对版权保护尚无特别立法，但在需要时可适用英国的相关法律。

2. 注册商标

商标注册登记事务由文莱法律部管理，所有在

文莱没有注册的外国企业必须通过文莱专利代理申请商标注册。一经注册，商标7年有效，可延长至14年。

四、企业在文莱报税的相关手续

1. 报税时间

报税时间根据企业最初注册时间每年申报一次，最长逾期不能超过规定时间的3个月。通过会计师事务所到税务部门上报。

2. 报税渠道

通过会计师事务所到税务部门上报。

3. 报税手续及报税资料

文莱税收较少，报税手续比较简单，相关资料可向当地会计师事务所咨询。

五、赴文莱工作准证的办理

1. 主管部门

文莱负责外国人工作许可管理的部门是内务部劳工局。

2. 工作许可制度

外国人赴文莱工作，必须获得当地劳动部门签发的工作许可。

3. 申请程序

在引进劳工的问题上，文莱对外宣称实施的是开放的政策，但为了确保劳工的流入不影响本地人的生活习惯和价值观，实际操作中实行一事一批、个案处理。基本操作程序是：

(1) 由需要输入劳务的本地公司将公司经营情况、所需劳务的数量、国别及申请理由上报到劳工局。

(2) 由劳工局、移民局等相关部门组成的审查委员会审批后下达劳务输入配额。

(3) 申请单位获得配额后须在政府认可的银行开设专门账户，按输入劳务的数量存入相应的劳务保证金（按法规要求此数额应相当于回到派出国的机票款），东盟国家劳务每人600文元，东盟以外国家（包括中国）每人1800文元。

(4) 申请单位获取配额后直接招工或委托招工，招工时应出示的文件包括：劳工局配额批准函、已交纳保证金的证明。

(5) 申请单位到移民局申领劳务人员工作签证后，劳务人员到文莱使馆申办签证。

(6) 劳务人员抵达文莱后接受文莱卫生部的体检，体检通过后办理为期1年或2年的工作准证。卫生部将疟疾、肺结核、艾滋病、性病、乙肝、羊癫疯、精神病和毒瘾等疾病列为“不适合工作”病症，除疟疾患者外，其他患者均需遣返。

(7) 劳工工作准证到期须回国或申请工作准证延期。

根据上述流程，从申请到获得配额一般需3个月或更长的时间。

另外，专业人士短期到文莱可以办理有效期3个月（可以延续3次，最长1年）的专业工作签证，由雇佣公司持申请信函和护照、执业证书等到移民局申请，此手续办理较快，但现已停办。

建筑公司申请劳工时须出示有关项目的清单，如不能证明项目能超过1年，则只能得到1年的配额，如此后再获得新的项目，则可以申请延续配额的有效期。

文莱业主办理保证金的方法：

(1) 业主在拿到劳工局的配额通知后即向政府指定的银行存入保证金，项目结束外籍劳工都回国后，政府退还保函，业主可以获得全额退款。这种方法只有在输入人数较少时或政府有强制要求时使用，它要占用业主一定数额的资金，而且退还保证金的时间较长。

(2) 业主在拿到劳工局的配额通知后即向保险公司按比例交纳少量金额，申请一份担保函，凭此担保函到银行办理银行保函，交给政府抵押用。项目执行完毕外籍劳工都回国后，政府取消银行保函即可。实际上业主并没有付出多少费用就可以拿到一大笔银行保函，节约了资金，也减少了风险。如果劳务人员出了问题，需要扣除保证金，也由银行负责。

4. 提供资料

提供的资料包括：(1) 雇主或赞助人的申请函；(2) 工作准证申请表；(3) 签证申请表；(4) 护照复印件或有效旅行文件；(5) 雇主的劳工执照；(6) 劳工局表格Form500。

［来源：选编自商务部国际贸易经济合作研究院、商务部投资促进事务局、中国驻文莱大使馆经济商务参赞处共同主编.《对外投资合作国别（地区）指南——文莱》. 2009年版第43—47页］

在柬埔寨开展投资合作的手续

一、在柬埔寨投资注册企业需要办理的手续

任何在柬埔寨从事商业活动的企业都必须进行

注册，否则将被以非法从事商业活动罪论处。

1. 设立企业的形式

在柬埔寨进行经济贸易活动环境比较宽松，经商标准比较低，可以个人、合伙、公司等各种商业组织形式注册。

2. 注册企业的受理机构

柬商业部负责管理“工商登记簿”，企业应在设立前向柬商业部商业注册局或商业部指定的工商登记处进行注册。

在柬埔寨设立分支机构或代表处的企业也应到商业部商业注册局注册。

在柬从事投资的企业或个人如需获得投资优惠，则还应首先向柬埔寨发展委员会（CDC）提交投资申请，获得有条件注册证书后再进行注册。

3. 注册企业的主要程序

【注册申请】企业的一位董事或股东应亲自前往主管部门填写注册登记表，提出申请。柬商业注册局可为注册者提供公司章程蓝本。注册应提交的文件包括：注册登记申请表、公司章程、文件属实证明、在指定刊物上发布广告的申请、全部董事或股东的身份证或护照复印件和照片、董事无犯罪记录证明、股权分配决定（如有自然人参与）、办公地点以及其他商业部要求的文件。

【注册审批】主管部门受理注册申请后，将颁发标有注册号的注册证书。该证书自颁发之日超1个月内为临时证书，在此期间，登记员发现申报材料有误的，可提出异议并吊销注册号。注册审批时间视情况而定，一般为1周。注册费用视公司的形式和规模而定。

【注册时效】注册证书从注册之日起，有效期3年。企业应在注册证书到期前30天再次申请换发新的证书。若企业延误申请新的证书，则将被视为违法，其原有证书作废，企业必须重新申请注册并缴纳有关费用。

【开立银行账户】注册的公司应在柬埔寨境内银行开立1个或以上银行账户。

二、承揽工程项目的程序

1. 获取信息

国家项目由各主管部门发布信息；各省及主要城市也发布本地区的项目信息。此外，各主要报刊也定期发布招标信息。

2. 招标投标

柬埔寨国家投资项目或国际组织贷款和援助项目，一律采用招标方式。

招投标基本程序包括：

（1）准备阶段：设计及其费用估算；向银行提交设计及其费用估算，征求银行意见并获得批准；招标文件准备；向银行提交招标文件，征求意见并获得批准。

（2）资格预选阶段：邀请参加资格预选（在报纸上登广告）；评估委员会对资格预选进行评估；资格预选评估报财政部批准；资格预选评估报银行批准；向承包商通知资格预选结果；确定符合资格预选条件的承包商。

（3）招标及评标阶段：发标；承包商准备投标；开标；评标委员会评标；评标结果和授标建议报财经部批准；评标结果和授标建议报银行批准；签署合同。

（4）选择决选名单阶段：邀请说明取费率；顾问或监理准备说明取费率；向项目执行部提交取费说明；评估委员会对取费说明进行评估；公司决选名单报财经部批准；公司决选名单报银行批准。

（5）方案准备阶段：邀请决选名单中的公司提出方案；决选名单中的公司准备方案；提交方案。

（6）技术和财政评估阶段：评估委员会对技术方案进行评估；技术方案报财经部批准；技术方案报银行批准；请决选名单中的公司公开财政方案；评估委员会对财政方案进行评估；按技术方案和财政方案综合最高分的授标建议报财经部批准；按技术方案和财政方案综合最高分的授标建议报银行批准；签署合同。

3. 许可手续

在柬埔寨承包工程需要提供公司资质证明、母国出具的对外承包工程权证书、柬商业部注册证书及银行提供履约保函，还要经过招标资审，且要通过评标并中标。

三、申请专利和注册商标

1. 申请专利

柬埔寨《专利、实用新型与工业设计法》规定工业矿产能源部为申请专利、注册实用新型和工业设计的主管部门，发明人应向其提交申请并缴纳相关费用。

为管理专利和专利申请，专利权所有人每年需提前向专利登记处缴纳年费。专利登记处授予或驳回专利申请之前，专利申请人可转为申请实用新型证书。

专利登记处授予或驳回实用新型证书申请之前，专利申请人可转为申请专利。

工业设计注册有效期5年。注册后可连续延期两次，每次5年。

2. 注册商标

柬埔寨商业部知识产权局是负责商标事务的主管部门，企业申请商标需向知识产权局提交申请。企业申请商标需提交以下文件：注册申请书、由公证人律师认证的授权书、15份商标范本。商标权的期限10年，期满可以延续，每次10年，同时每5年应向知识产权局报告使用情况，否则商标将被取消。

柬埔寨是世界知识产权组成员，并于1999年加入《巴黎公约》。如申请人的申请材料中能够证明其已在《巴黎公约》任一成员国提交该商标全境或区域注册申请的，可取得商标注册的优先权。

四、企业在柬埔寨报税的相关手续

1. 报税时间

企业完成商业注册后，需在1个月之内到财经部税务司进行税务登记。税务登记后，企业按月报税，于每月15日前将税务月报表呈交税务局，并按额缴税。每年初呈交上一年度税务年报表。

2. 报税渠道

企业可自行或通过会计师事务所、律师事务所等中介进行报税。

3. 报税资料

每月提供税务月报表（企业注册资本、当月营业额、当月利润）、年初提供上一年度税务年报表（企业注册资本、年营业额、年利润）。

五、赴柬埔寨工作准证的办理

1. 主管部门

柬埔寨劳工部负责外国人工作许可管理。

2. 工作许可制度

外国劳工必须持有劳工部颁发的工作许可证，该工作许可证的有效期为1年，可以延期，但延期不得超过居留许可证确定的期限。外国人的工作合同每次期限不超过2年。工作合同可以用外文，但应附有一份柬文。工作合同应明确规定符合劳动法的主要雇佣条件。外国人在合同工作期满后要在柬继续工作应重新报批。

3. 申请程序

根据劳工法的规定：需要雇佣外国专业技术和管理人员的企业，必须在每年11月底前向劳工部申请下一年度雇佣外劳的指标，每个企业所雇佣的外劳不得超过企业职工总数的10%。未申请年度用工指标，将不被允许雇佣外劳。

4. 提供资料

包括：（1）雇主预先获得在柬工作的合法就业证；（2）雇主的聘用证书；（3）有效护照；（4）有效签证；（5）健康证明。

［来源：选编自商务部国际贸易经济合作研究院、商务部投资促进事务局、中国驻柬埔寨大使馆经济商务参赞处共同主编.《对外投资合作国别（地区）指南——柬埔寨》. 2009年版第49—54页］

在印度尼西亚开展投资合作的手续

在印尼投资合作需办理相关手续，可向印尼投资协调委员会等官方机构咨询，也可向律师、投资顾问、咨询机构和中国驻印尼使领馆经商处等部门咨询。

一、在印尼投资注册企业需要办理的手续

1. 设立企业的形式

在印尼，投资设立企业的形式包括有限责任公司和代表处两种。

2. 企业注册的受理机构

设立有限责任公司和代表处均需得到印尼投资协调委员会（BKPM）批准。外国投资可以在印尼雅加达由投资协调委员会（BKPM）批准，也可以由其在印尼各地和驻国外的代表机构批准。但是，外资欲在保税区内投资项目，投资者必须经过各保税区管理机构向投资协调委员会（BKPM）递交其投资申请。

3. 企业注册的主要程序

投资者在印尼投资前，首先应查阅《非鼓励投资目录》（DNI），该目录包含了对国外投资者禁止和限制经营的业务范围；如在印尼进行资金投资，投资者必须专门查阅《资金投资技术指南》（PTP-PM），该《指南》中的一些章节列明了允许投资的具体经营范围，资金投资的申请和运作行为，必须按有关规定操作。

若投资申请得到批准，投资协调委员会（BK-PM）主席、印尼政府海外代表机构首席代表、或地区投资协调委员会（BKPMD）主席颁布投资批准证书。从收到申请到颁布投资批准证书全过程，最多只需10个工作日。在颁布投资批准证书后，外国投资公司即可按照有限责任公司的有关条款，以章程公证的形式，依法成立。

在印尼投资注册主要程序如下：

外国直接投资（PMA）申请程序及其执行准字

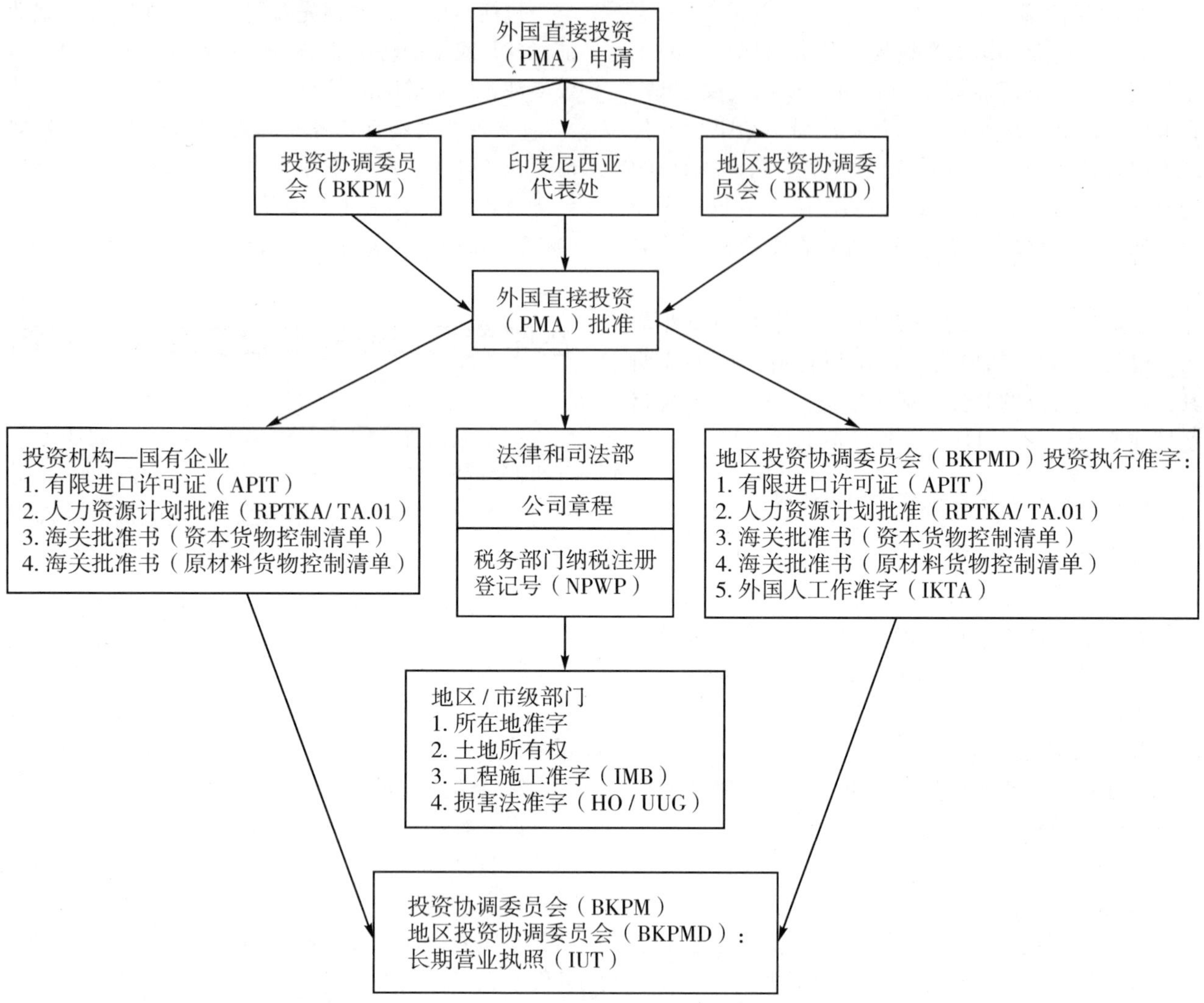

图 1　外国直接投资（PMA）申请程序及其执行准则

二、承揽工程项目的程序

1. 获取信息

印尼的承包工程项目主要分为四类，即国际金融机构援助项目，如世界银行、亚洲开发银行、欧洲复兴开发银行等提供资金的项目；外国资金援助的印尼政府项目；外国和本国资金投资的政府项目；私人资金项目。前三类项目由印尼国家计委或公共工程部、能矿部、交通部和国家电力公司等具体实施项目部门对外发布项目招标信息。私人项目则多通过商业关系寻求合作伙伴。以上信息，大多可通过印尼当地报纸、电视、网络等途径获得。

2. 投标方式

根据印尼国家法律和国际金融组织项目要求规定，由国际金融组织贷款或援助项目，一律采用招标方式；而使用某一国家特定贷款项目，一般采用在援助国国际公司中公开招标形式，但也可通过两国政府协商确定项目实施公司；印尼政府自筹资金项目的招标形式比较灵活，视情可进行国际招标或只在印尼公司中招标；私人项目则由项目业主自行决定议标或招标。

3. 办理许可

在印尼承包工程的主管部门是公共工程部。中标的外国公司必须在印尼成立有限责任公司或代表处并取得印尼公共工程部颁发的承包工程准字，方可与项目业主签约。从事承包工程业务的外国公司，其印尼合作伙伴必须是具有“A”级资格的印尼承包商或印尼承包商联合会成员。进行工程业务咨询的公司，印尼合作伙伴必须是具有“A”级资格的印尼咨询商协会成员。“A”级资格的承包商是指有价值1亿盾的设备，至少有3名工程师，一年至少有10亿盾营业额的工程承包商。

三、申请专利和注册商标

1. 专利申请

按照印尼专利法规定，专利申请要由发明人或者申请人提出，申请专利需以印尼文书面向印尼知识产权理事会提出。专利代理人必须是知识产权理事会注册的知识产权法律顾问。专利申请文件包括：申请日期、申请人地址、发明人姓名及国籍、专利代理人姓名及地址（通过专利代理人提出申请时）、特别授权专利代理人、专利请求书、申请发明专利名称、权利要求书、专利说明书、该专利照片、专利摘要。专利申请相关的费用包括申请费、专利公告费、专利转让记录和公告费、专利许可登记和公告费、强制许可申请费及专利年费。

2. 注册商标

按印尼《商标法》规定，商标注册申请应以印尼文书面向知识产权理事会提出。申请书应当包括以下内容：申请日期、申请人的姓名、国籍和住所、代理人的姓名和住所、商标的颜色、国家名称和首次提出商标注册申请的日期。商标注册可以个人提出，也可集体提出，还可由单位提出。相关费用包括：提出商标注册申请及续展申请、提出商标目录复印件申请、商标权转让登记、改变注册商标持有人姓名及地址、商标许可协议登记、提出商标注册申请异议、提出商标注册申请及复审等。

四、企业在印尼报税的相关手续

1. 报税时间

除根据印尼政府从1月1日到12月31日财政年度报税外，企业也可使用会计年度报税，企业纳税通过月度分期付款的方式来进行。

2. 报税渠道

企业自行到税务部门报税。

3. 报税手续

纳税年度期间应当由纳税人本人每月缴纳分期支付税款的数额，应当等于根据前一纳税年度的《年度所税申报表》到期应付的税款，并且扣除下列所得税：已按规定扣缴的所得税和已征收的所得税；在境外已付或到期应付，并且属于规定的可抵免的所得税。在提交前一年纳税年度《年度所得税申报表》的到期日前，纳税人本人应立即缴纳的分期支付税款的数额，就当等于年度最后月份的分期支付税款的数额。如果在前纳税年度期间签发了前一纳税年度的税收查定，就应当以有关的税收查定为基础重新计算分期支付税款的数额，并且应当自前一纳税年度的最后月份起生效。

五、赴印尼工作准证的办理

1. 主管部门

印尼负责外国人工作许可管理的是移民局。

2. 工作许可制度

外国人在印尼工作，必须向印尼大使馆申请工作签证，以及通过雇主办妥印尼劳工部工作准证，并在抵达印尼后规定时间内办理临时居留等相关手续。

3. 申请程序

印尼雇主向投资协调委员会（BKPM）申请人力资源计划（RPTKA），并向印尼劳工部申请TA.01推荐表，以TA.01表格推荐为基础，移民局局长将向印尼驻外机构发出指示，允许为有关外国人签发限期居留证（VITAS）后，便到印尼相关移民局办理临时居留证（KITAS）和工作准字。

4. 提供资料

护照或旅行证件的有效期必须在18个月以上；一封海外或印尼担保人的推荐信；由外国投资公司（PMA）或国内投资公司（PMDN）雇用的申请人、作为海外技术援助专家的外国申请人必须附上行业主管部门和人力资源部、投资协调委员会（BKPM）的推荐信和使用外国人的人力资源计划（RPTKA）批准书；入境费（签证费）：限期居留签证每人40美元，限期居留准字每人125000印尼盾。

［来源：选编自商务部国际贸易经济合作研究院、商务部投资促进事务局、中国驻印度尼西亚大使馆经济商务参赞处共同主编.《对外投资合作国别（地区）指南——印度尼西亚》.2009年版第35—40页］

在老挝开展投资合作的手续

一、在老挝投资注册企业需要办理的手续

1. 设立企业的形式

可以设立私营企业、股份企业和公司三种。

私营企业指的是个人拥有全部所有权，以个人名义开展经营并无限制承担企业一切债务的企业形式。

股份企业指的是两个或几个以上个人在协议的基础上共同出资、共同经营、共负盈亏的企业形式。股份企业分为一般股份企业和有限股份企业两种。一般股份企业指的是股东以相互信任为基础共同经营并无限制共同承担债务的企业形式；有限股份企业指的是对债务负有限责任，即“债务有限股东”的企业形式。

公司指的是以资金入股，各股价值相同，股东按照八股比率来承担公司债务的企业形式。公司分为有限公司（含一人有限公司）和大众公司两种。有限公司指的是两个或两个以上但不超过三十个股东持股的公司形式。只有一个人持股的有限公司叫“一人有限公司”；大众公司指的是由至少九个股东成立并可以自由转让股份和对外公开销售股份的公司形式。

2. 注册企业的受理机构

企业注册由老挝工业贸易部（或省/直辖市工业贸易厅）企业注册办公室受理。

3. 注册企业的主要程序

（1）向老挝计划投资部（或省/直辖市计划投资厅）申请外国投资许可证；

（2）获得外国投资许可证2日内向老挝工业贸易部（或省/直辖市工业贸易厅）企业注册办公室递交企业注册申请材料（含：企业注册申请书、企业名称许可证、投资许可证、成立协议、企业章程及授权书等）；

（3）递交申请后10个工作日获得批复（如未获批准将有书面说明）。

为便于外国投资者到老挝投资，老挝政府在计划投资部投资促进管理局及省/直辖市设立“一站式”服务办公室，受理外国投资并负责办理企业投资、注册的相关手续。

二、承揽工程项目的程序

1. 获取信息

国家筹资的项目由各主管部门发布信息；各省及主要城市也设有市政基础设施管理部门，负责发布本地区的发展战略与项目信息。一般而言，招标项目均在主要报刊上发布招标信息。

2. 招标投标

一般而言，老挝国家投资或国际组织贷款和援助项目，多数采用招标方式；自筹资金承建项目或国别援助项目可通过议标方式进行。

3. 许可手续

在老挝承包重大工程项目，一般是通过项目业主向老挝总理府报批，获批后即可签订工程承包协议并进行施工，监理单位可由施工单位推荐由项目业主最终决定。

三、申请专利和注册商标

1. 申请专利

老挝国家科技署是负责包括专利在内的一切知识产权事务的主管部门，下设省/市科技厅，企业或个人申请专利须向其提交申请。

2. 注册商标

在老挝注册商标需到其主管部门国家科技与环境署提交商标注册申请、授权书、商标样本、商标使用规定、优先使用权证明、缴费单等文件，受理后60日内获批。

四、企业在老挝报税的相关手续

1. 报税时间

报税时间是12月31日前，但利润税按季度缴纳，个人所得税逐月缴纳。

2. 报税渠道

根据老挝法律，企业按规定直接向所在税务登记部门缴纳。

3. 报税手续

根据老挝的法律，企业在老挝的纳税手续是企业自己到所在税务登记部门申报并缴纳。

4. 报税资料

企业在老挝纳税需要提供的相关材料包括：税务报表、发票、外国投资许可证、企业营业执照、企业经营许可证等。

五、赴老挝工作准证的办理

1. 主管部门

老挝负责外国人工作许可管理的部门是老挝劳动社会福利部外国工作人员管理司。

2. 工作许可制度

外国人赴老挝工作，必须获得当地劳动部门签发的工作许可，并在老挝驻申请所在国大使馆或领事馆办理B 2商务签证。

3. 申请程序

工作许可证由在老挝的雇主（公司或个人）向所在地劳动主管部门提出申请，经审核后，14个工作日内发放工作许可证。

4. 提供资料

申请工作许可证需携带聘用单位的聘用许可证明；一张一寸照片、含 B 2 商务签证的护照和办证费用（120 美元/人/年）。

［来源：选编自商务部国际贸易经济合作研究院、商务部投资促进事务局、中国驻老挝大使馆经济商务参赞处共同主编《对外投资合作国别（地区）指南——老挝》. 2009 年版第 19—20 页］

在马来西亚开展投资合作的手续

在马来西亚办理投资合作相关手续，需向当地律师、专门秘书或代理机构以及相关咨询机构寻求帮助，有关政策事项也可与中国驻当地使馆经参商处/经商室联系。

一、在马来西亚注册企业需要办理的于续

1. 设立企业的形式

在马来西亚，外商投资设立企业的形式主要包括公司代表处（办事处）、分公司、有限责任公司和股份有限公司四种。

2. 注册企业的受理机构

中国企业在马来西亚设立代表处（办事处）、分公司、有限责任公司或股份有限公司，均须到马来西亚公司注册委员会（简称 SSM）或通过互联网络（http：//www. ssm. gov. my）提交申请，进行注册登记。

3. 注册企业的主要程序

【注册申请】申请企业填写有关申请表格，向马来西亚公司注册委员会提出申请。

【注册审查】公司注册官员审查拟议中的公司名称是否被使用，如未被使用，则该名称为申请者保留 3 个月。

【提交材料】3 个月之内，申请者依据不同的企业形式相应地向注册官提供不同的文件，具体需提供的文件清单可咨询专业秘书公司或律师事务所。

【批准申请】公司注册官审查申请材料，批准公司注册，并发出同意公司注册文书以及公司代码(主要供缴纳税务使用)。

【开设银行账户】公司注册完毕后，可凭有关文件到马来西亚当地银行开设公司银行账号。

二、承揽工程项目的程序

1. 获取信息

马来西亚大型工程项目从可行性研究、设计到最后实施需要较长过程，工程公司应从各种渠道获取工程前期信息，密切跟踪，适时介入。一般来说，政府出资项目由政府主管部门发布信息，私人项目通过主要报刊定期发布招标及项目信息。

2. 招标投标

在马来西亚，由世界银行、亚洲开发银行和其他外来资金参与的项目均按国际标准公开招标。政府财政拨款的工程项目，一般把招标对象限定在拥有 A 级资格的马来西亚本地公司，外国公司需从中分包或合作。私人发展项目招标对象限制较少，但最大的风险是支付保障问题，要慎重选择有实力有信誉的业主。在马来西亚，无论是哪类项目，均存在议标的情况。

3. 许可手续

在马来西亚主管承包工程的政府部门是建筑业发展局（CIDB）。承包商与当地发展商签订承包合同后，需要向该局申请办理施工许可证，并由其查验承包公司资质和监督审查项目进展情况。一般情况下，承包公司还需申请的许可有机械设备使用许可（机械管理部门）和工人现场驻地和设备材料堆放许可（市政管理部门）。

三、申请专利和注册商标

1. 申请专利

马来西亚的专利管理机构是马来西亚专利委员会，委员会主席由国内贸易及消费者事务部秘书长担任，企业申请专利须向该委员会的专利特许处申请。

2. 注册商标

马来西亚的商标分为商品商标和服务商标两类。外国商标必须在马来西亚登记才能获得合法保护，外国商标登记必须由马来西亚商标代理人进行。马来西亚受理商标申请的机构是马来西亚商标委员会。

四、企业在马来西亚报税的相关手续

1. 报税时间

在马来西亚，个人必须于每年 4 月 30 日前呈报前一年度的个人税务；企业必须于企业财政年度结束后的七个月内向税务机关报税。

2. 报税渠道

马来西亚企业可以指派内部有专业资格的人员到税务机关报税，也可委托有税务代理执照的会计师向税务机关报税。

3. 报税手续

根据法律规定，在马来西亚报税的基本程序是企业按照成立时领取的报税编号向税务机关索取有关报税表格，填写有关呈报内容，缴纳税务。

4. 报税资料

企业在马来西亚报税需要提供的资料包括：企业报税编号、企业基本资料（股份及董事会构成等）、企业银行账户、企业财政年报、派发股息情况以及企业资产损益表等。

根据规定，企业每月须向税务机关缴纳自行估计的税务，到财政年度结束时再统一报税，多缴退还，少缴补足。但是如果少缴的税务超过30%，则要罚款10%。如果个别月份利润增长发生变化，需要单独报告说明。

五、赴马来西亚工作准证的办理

1. 主管部门

负责具体办理外国人工作准证的管理部门是马来西亚内政部移民局（http：//www. imi. gov. my）。

2. 工作许可制度

外国人赴马来西亚工作，必须获得马来西亚内政部移民部门签发的工作许可，赴马前事先办理好工作准证。

3. 申请程序

（1）制造业公司外籍管理人员职位。由外资公司向马来西亚工业发展局提出申请，工业发展局视公司投资额核定名额，再交由其内部“一站式”服务部门统筹审批。外籍管理人员期限一般为5年，期满后可再延长5年。

（2）制造业公司雇佣外籍劳务。由雇主向马来西亚工业发展局提交申请，由其内部“一站式”服务部门统筹处理。外籍劳务的基本雇用期为3年，表现良好可再延长2年。

（3）制造业以外其他领域雇佣外籍劳务。由雇主向内政部外籍劳工处提交申请。政府对外籍劳工实行个案批准制度，并附带一定条件；雇主必须在尝试雇用本国公民未果后，才可以考虑雇佣外籍劳工。

4. 提供资料

公司申请信函（申请职位及说明、工作时间、每月工资等）；已缴纳印花税的雇佣合同；公司注册文件；护照原件及复印件、学历证明或技术等级证书复印件及英文翻译件；申请人个人简历；标准护照照片；相关申请表格（一般为Form DP11）。

需要资料及有关费用要求详情请查阅马来西亚内政部移民局官方网站：http：//www. imi. gov. my/eng/perkhidmatan。

办理工作准证过程中应该注意：根据马来西亚法律规定，雇主应该亲自向政府提出雇用外籍员工的申请，但由于马来西亚外籍人士办理工作准证手续比较复杂，建议中国企业办理前向当地有经验的人力资源顾问公司咨询，请其提供有关协助。还需注意：最好亲自申请，但必须了解员工情况，熟知程序；合理控制办理准证费用；和移民局官员交涉时注意掌握技巧；委托马政府认可并批准的中介代理。

［来源：选编自商务部国际贸易经济合作研究院、商务部投资促进事务局、中国驻马来西亚大使馆经济商务参赞处共同主编《对外投资合作国别（地区）指南——马来西亚》. 2009年版第41—44页］

在缅甸开展投资合作的手续

一、在缅甸投资注册企业需要办理的手续

1. 设立企业的形式

根据外国投资法规定，外国投资可独资或合资或成立股份有限公司，如果成立合资经营企业，外资比例不得低于总投资的35%。

2. 注册企业的受理机构

企业注册的受理机构为缅甸投资委员会。

3. 企业注册的主要程序

（1）根据《缅甸联邦外国投资法》要求，向缅甸投资委员会（MIC）提交申请表（FORM1），申请表应含以下文件：

①企业财务状况表（近几年账务审计情况）；

②开户银行推荐信；

③项目经济可行性报告；

④根据合作性质，如果项目属外商独资，则须提供一份拟与主管部门签署的草本合同；如果项目属合资项目，则须提供一份拟与合作公司签署的草本合同。准备必需的协议草案，如：合资协议；租

赁协议；独资项目协议（由有关主管部门代表签字）；

⑤若该项目是以有限公司的名义经营的，应提交按《缅甸公司法》起草的《公司备忘录》或《公司章程》；

⑥按《缅甸联邦外国投资法》第十章26款规定提交税务减免申请函。

（2）由投资和公司管理指导委员会（DICA）对所提交项目建议书进行详细研究。并从以下几方面进行审查：

①实施项目是否符合被推选条件；

②文件是否齐全一致；

③经济可行性和项目的商业期限；

④技术适用性；

⑤市场状况；

⑥提供就业机会；

⑦项目实施对环境影响。

（3）投资和公司管理指导委员会（DICA）向政府代理公司或投资者及其代表咨询有关技术问题，并将所件提交MIC；

（4）如果所需提交的文件资料齐全，约在2个月内完成报批手续。

二、承揽工程项目的程序

1. 获取信息

一般情况下，缅甸政府各部门及下属司局或直属企业可直接对外发布工程项目招标信息，省级政府亦有部分自筹资金项目对外招标，但市以下级政府对外招标项目数量极少。缅甸主流媒体（缅甸新光报、镜报等）也会定期发布一些项目招标信息。中国企业一般通过直接联系有关政府部门或通过缅方合作伙伴介绍等方式获取项目信息。

2. 备案及协调制度

按照《商务部关于加强我国驻外使（领）馆经商参处（室）管理对外投资合作工作的指导意见》（商合发［2008］270号）、《对外承包工程项目投（议）标协调办法》以及《对外承包工程项目投（议）标协调办法实施细则》等有关文件规定，中国企业在缅甸承揽工程项目须由驻缅经商机构出具推荐函的（详见商合发［2008］270号），须按照有关规定在驻缅经商机构对有关项目信息进行备案，并接受经商机构的指导和协调。

3. 投标方式及流程

缅甸政府规定，承包工程项目原则上采用公开招标的形式，但由政府部门自筹资金且金额在10万美元以上的项目，必须有3家以上的承包商进行投标。

通常，发标部门对各投标方的技术细节与价格进行比较，形成授标意见后报请国家采购委员会审批。国家采购委员会一般要与竞标企业再进行一轮价格谈判，之后或维持发标部门的意见，或做出新的授标决定。根据采购委员会的意见，发标部门须上报国家贸易委员会审批，批准后再报内阁批准通过，最后进入实施阶段。

三、申请专利和注册商标

1. 申请专利

专利注册与商标注册类似，也采用注册登记制度，在缅甸农业灌溉部设在各省、邦的注册局办理。依照现行规定，外国人不能直接提出专利注册申请，需以合法注册的缅甸公司的名义或者缅甸当地代理人的个人名义提出申请。注册成功后，需要在报纸上发布公示，时间一周。公示期间如没有人提出异议，登记注册即可生效。专利权受到侵犯时，可参照商标权的有关规定提起民事诉讼。

2. 注册商标

在商标所有权问题上，缅甸坚持“在先使用”和“先到先得”的原则，并不强制要求商标注册，商标所有人自商标首次使用之日起即获得商标专用权。但是商标注册可以使商标持有人在刑事或者民事诉讼中取得表面证据，从而对抗侵权人。根据缅甸《注册法》（Registration Act）和注册检察长第13号令（Direction N0.13 of the Inspector General of Registration）的规定。可以通过发布商标商号所有权声明的方式实现商标注册。注册一旦完成便是永久性的，不需要续展。如果商标持有人的名称、地址、商标的图案、使用商标的商品/服务等事项发生重要变更，那就需要重新进行注册。

缅甸农业灌溉部主管全国的商标注册。中国企业在缅甸办理商标注册时，需要提交以下文件：授权书、企业法人的营业执照以及商标注册证书。上述文件需要办理（中英文）公证，并经中国外交部、缅甸驻中国使馆或总领馆认证。所有的文件必须真实有效，如果文件中所指的地址、法人名称等事项发生了变更，需要标注说明。此外，声明文件中还需说明：商标所有人正在以销售为目的在制造或销售的商品上使用商标；该商标是由商标所有人创造出来的；该商标不是对他人商标的假冒或模仿；据商标所有人所知，到目前为止，没有人在类似商品上使用该商标。

商标所有权声明在缅甸农业灌溉部注册后，通常要在当地的报刊上发布商标警示公告。如果是国际性商标，还应当在当地英文报刊上刊登公告。公告内容包括商标的名字、式样、细节说明、商标持有人的姓名、地址以及对侵犯商标权的简短警告。

依照缅甸《特定救济法》（Specific Relief Act）的规定，一旦商标专用权受到侵犯，可以向法院提起民事诉讼。授权法院对侵权人发出永久的、要求停止侵权的禁令，并可要求侵权人赔偿由此给商标持有人造成的损失。除民事诉讼外，根据缅甸《刑法》（Penal Code）的规定，还可以对使用假冒商标、制造工具假冒商标、销售假冒商标的商品的侵权人处以刑事处罚，包括处以罚款、处以3年徒刑，并处没收和销毁侵权物品和商品等。

四、企业在缅甸报税的相关手续

1. 报税时间和渠道

根据《缅甸税务法》（1992年）、《缅甸国内税收实施细则》（1987年）规定，企业可以在取得收益之年年底算起三个月内，凭可靠的证明向各省/邦税务人员申请交纳所得税，纳税人的收入按从当年的4月1日起至次年3月31日止的财政年度来计算。税款一般在下一个年度按照上一个年度的收入进行估算，作出估算后，既可每个月也可每个季度交纳一次税。

纳税人如果想离开缅甸，必须向移民局提交一份完税证明。

2. 报税手续和资料

中国在缅纳税的企业需聘请缅甸当地注册的会计师协助整理账务，中方同意签字后，由该会计师代交缅方税务机关，待税务官核定税款后即通知公司签字交税。目前缅方对纳税管理不严，上税的多少，很大程度上取决于当事人的关系。

五、赴缅甸工作准证的办理

外国人到缅甸工作，不需要办理工作许可，缅甸未制订外国人在缅工作许可制度。

［来源：选编自商务部国际贸易经济合作研究院、商务部投资促进事务局、中国驻缅甸大使馆经济商务参赞处共同主编．《对外投资合作国别（地区）指南——缅甸》．2009年版第51—54页］

在菲律宾开展投资合作的手续

一、在菲律宾投资注册企业需要办理的手续

1. 设立企业的形式

根据菲律宾《1991年外国投资法》及其他相关法律，外国人在菲可设立的企业形式包括：

【个人独资企业】由个人全部出资、独享收益并承担全部责任的企业形式，须向菲律宾贸工部申请设立。

【合伙企业】由两名以上合伙人建立，具有区别于其合伙人的独立人格，可以为有限责任或无限责任，在菲律宾证券交易委员会申请设立，要求每名合伙人至少出资3000比索。

【公司】根据《公司法典》，由5～15名发起人设立，向菲律宾证券交易委员会申请注册，实缴资本至少为5000比索。

【分公司】外国公司的延伸机构，不是独立法人，可以在菲境内取得收入，注册时须向菲境内汇入20万美元资本。

【代表处】代表母公司在菲境内从事信息发布、联络、促销、质量控制之类的活动，不在菲境内取得收入，注册时须向菲境内汇入3万美元资本。

2. 注册企业的受理机构

（1）证券交易委员会（SEC）负责注册法人企业（5人以上）和合伙企业（3人以上）；

（2）贸工部（DTI）负责注册商业名称（有效期5年）和注册独资企业（以个人名义办公司）；

（3）投资署（BOI）负责注册优先投资计划下的享受优惠企业；

（4）菲律宾经济区署（PEZA）、苏比克湾管理署、克拉克发展署、卡加延经济区署、菲弗德克工业署和三宝颜经济区署负责注册其他享受优惠的投资促进代理机构；

（5）菲律宾中央银行（BSP）负责外国投资注册（以资本回收和利润汇出为目的）；

（6）纳税人还应到对其营业所在地有管辖权的BIR地区税务办公室（RDO）注册；

（7）在社会保险系统（SSS）取得雇主社会保险号，在菲律宾健康保险公司。（PHIC）取得政府保健保险系统成员资格。

另外，在SEC和DTI注册之后应取得公司所在

地的市长批准。

3. 注册企业的主要程序

【在 SEC 的注册】

（1）投资人向 SEC 递交申请；

（2）SEC 审核申请；

（3）如果申请批准，投资人支付登记费（相当于实收资本的 1/1000），并递交相关文件。

SEC 审批和评估文件，如果用“快速”流程，时间为 1 周。

如果批准，SEC 发给注册证明。

【在 DTI 的注册】

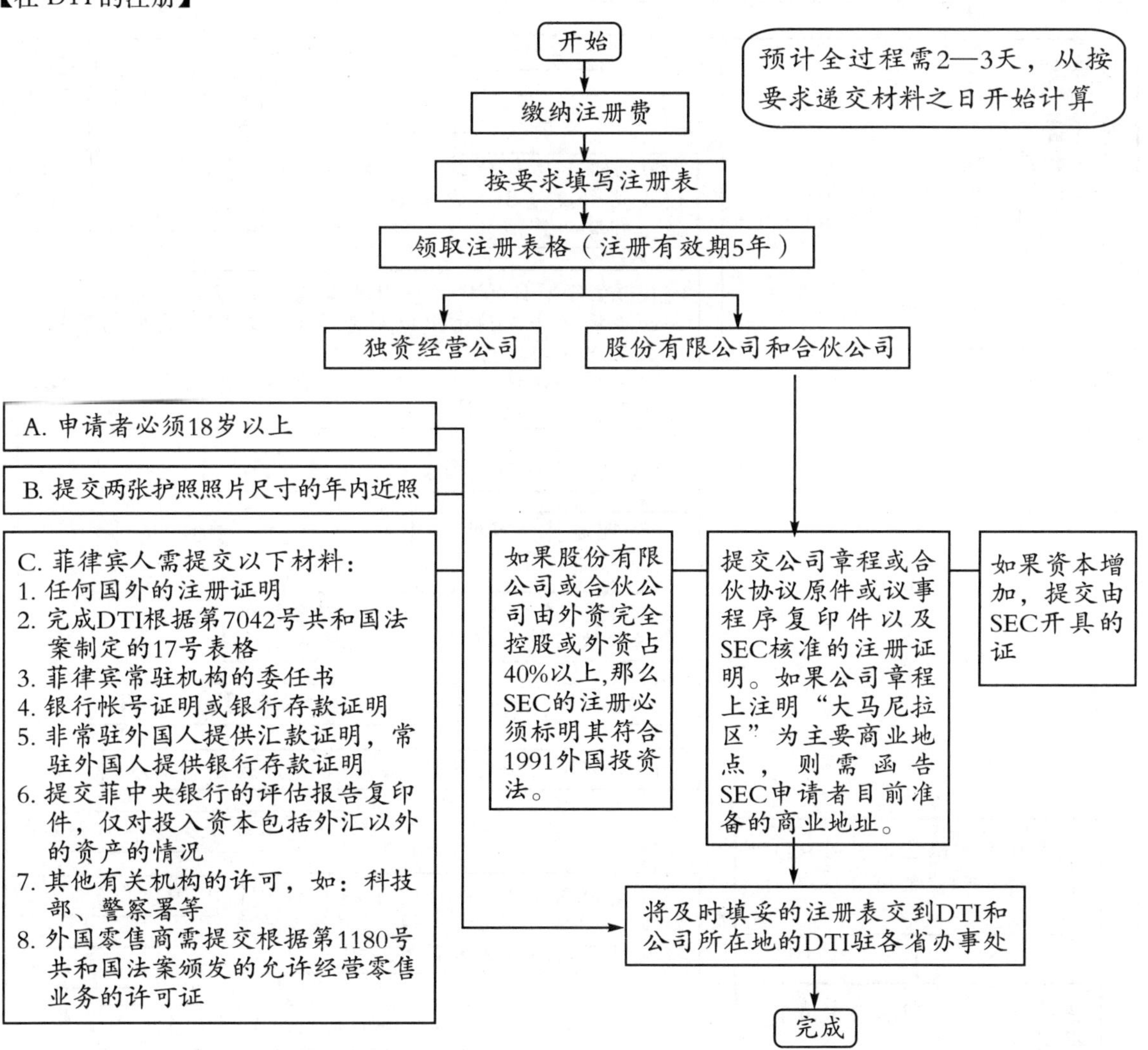

【投资署（BOI）注册】

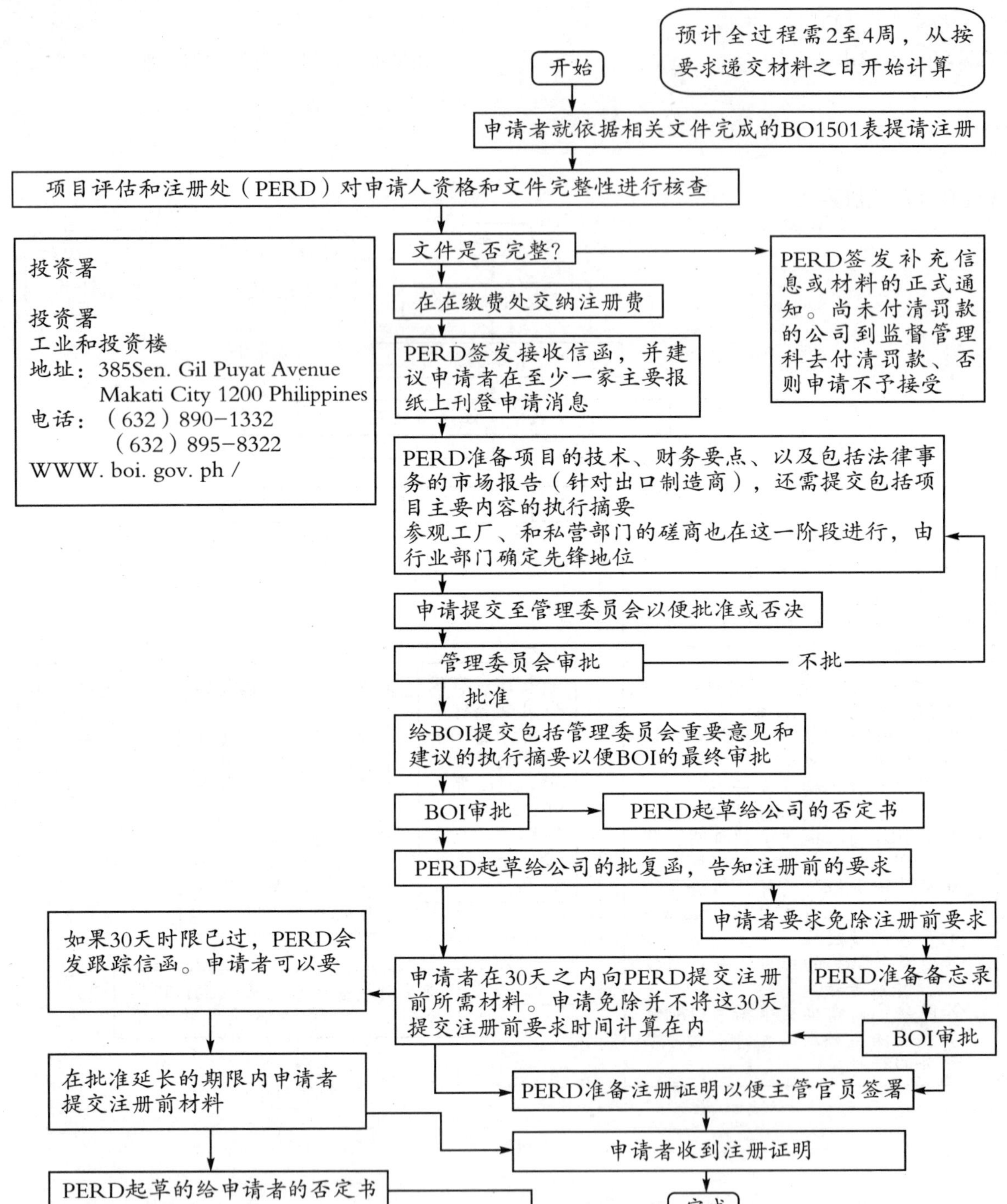

预计全过程需2至4周，从按要求递交材料之日开始计算
开始
申请者就依据相关文件完成的BO1501表提请注册
项目评估和注册处（PERD）对申请人资格和文件完整性进行核查
投资署
投资署
工业和投资楼
地址：385Sen. Gil Puyat Avenue
Makati City 1200 Philippines
电话：（632）890-1332
（632）895-8322
WWW. boi. gov. ph /
文件是否完整?
PERD签发补充信息或材料的正式通知。尚未付清罚款的公司到监督管理科去付清罚款、否则申请不予接受
在在缴费处交纳注册费
PERD签发接收信函，并建议申请者在至少一家主要报纸上刊登申请消息
PERD准备项目的技术、财务要点、以及包括法律事务的市场报告（针对出口制造商），还需提交包括项目主要内容的执行摘要
参观工厂、和私营部门的磋商也在这一阶段进行，由行业部门确定先锋地位
申请提交至管理委员会以便批准或否决
管理委员会审批
不批
批准
给BOI提交包括管理委员会重要意见和建议的执行摘要以便BOI的最终审批
BOI审批
PERD起草给公司的否定书
PERD起草给公司的批复函，告知注册前的要求
申请者要求免除注册前要求
如果30天时限已过，PERD会发跟踪信函。申请者可以要
申请者在30天之内向PERD提交注册前所需材料。申请免除并不将这30天提交注册前要求时间计算在内
PERD准备备忘录
BOI审批
在批准延长的期限内申请者提交注册前材料
PERD准备注册证明以便主管官员签署
申请者收到注册证明
PERD起草的给申请者的否定书
完成

【在菲律宾经济区署（PEZA）的注册】

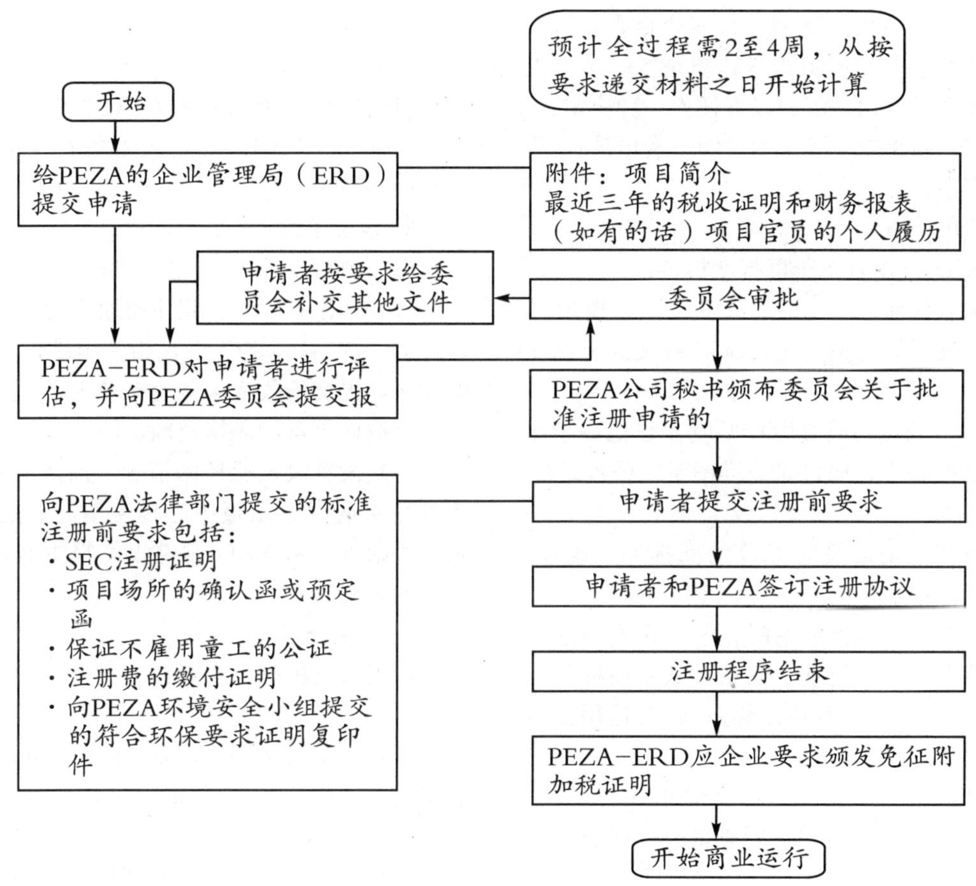

二、承揽工程项目的程序

1. 获取信息

在菲律宾可以通过以下几个途径获取工程招标信息：

（1）菲政府主管部门或企业（业主）在当地媒体上发布招标邀请信息；

（2）业主直接邀请；

（3）业主通过驻菲使馆经商处、中资企业（菲律宾）协会承包分会发布信息。

2. 招标投标

菲律宾政府工程承包项目根据业务性质分属不同部门管理，如公造部负责路桥项目，灌溉局主管水利灌溉项目等，但政府项目若使用的是菲政府资金，则只能由本地企业或外资不超过25%的合资企业承揽。而通讯、电力、房地产等项目多为私人经营，对外资一般没有限制。

工程项目招投标一般需要经历以下程序，业主或融资方还会有各自具体的要求：

（1）招标信息发布；

（2）企业报名，递交意向书；

（3）资格预审；

（4）编制发售招标文件；

（5）投标预备会；

（6）投标；

（7）开标、评标、定标。

三、申请专利和注册商标

1. 申请专利

专利的申请需要向知识产权办公室（IPO）的专利局（BOP）提出，在提出申请时必须提交以下材料：

（1）专利申请请求书；

（2）申请人姓名、地址和签名；

（3）对申请专利的发明或实用新型作出说明，必要时应当有附图；

（4）申请费用；

（5）申请人要求优先权的，应当在申请的时候提出书面声明，写明在外国提出申请的申请日和受理该申请的国家。

在一项发明或实用新型专利被最终批准之前，BOP还要对该发明或实用新型进行实质审查，审查通过后，BOP将会把审查报告送达申请人。申请人在收到报告2个月之内，可做以下任何一种决定：

（1）将实用新型申请转换为发明专利申请；

（2）撤销申请；

（3）修改申请；

（4）请求BOP出具注册可行性报告；

（5）不采取任何行动（但如果申请符合BOP的所有要求，且已付清有关费用，BOP将视为自动注册）。

经IPO注册的发明或实用新型应在登记后半年内，在IPO的公报上按照目录或样图予以公告。

2. 注册商标

商标注册的申请需要向IPO的商标局（BOT）提出，主要步骤如下：

（1）提出申请：提出申请时，要交送商标注册申请书；申请人姓名、地址、联系方式；商标图样（指定颜色的，应当交送着色图样）；将要运用该商标的货物或服务清单。

（2）查证：

BOT将对商标注册申请进行查证，看是否有类似或相同的商标注册申请。

（3）实质审查：当商标注册申请符合所有要求时，即通过实质审查，商标才被核准；否则，申请将被拒绝。

（4）提出异议：对初步审定的商标，IPO将在公报上予以公告，任何人均可提出异议。

（5）核准注册：自公告之日起30天内，无异议或经裁定异议不能成立的，始予核准注册，发给注册证书，并在IPO的公报上予以公告。

四、企业在菲律宾报税的相关手续

外国投资者在菲律宾注册企业后、开始经营活动前，应到国内税务局（BIR）取得税收证明号（TIN）。具体程序为：携带证券交易委员会颁发的企业登记证明（或在菲经商证明）和市长许可证（或申请市长许可证的文件），前往对其营业所在地有管辖权的BIR地区税务办公室（RDO），填写1903号BIR表格，到RDO指定银行缴纳500比索的年检费用，向RDO支付15比索的办证费和15比索的印花税，RDO将签发税务登记证明（2303号表格）。相关详情可以查询菲律宾国内税务局网站：www.bir.gov.ph/reginfo/regtin.htm。

1. 报税时间

前一年所得税（Income Tax）的报税截止时间是当年的4月15日。

2. 报税渠道

可通过地区办公室授权代理银行（Authorized Agent Bank，AAB）或收入采集官（Revenue Collection Officer）等。

3. 报税手续

（1）填写3份1702号表格；

（2）如果有收入：到注册地临近的AAB，提交填好的1702号表格及收入相关附件；在没有AAB的地区，提交给收入采集官表格和相关材料；从相关地点取回盖章的表格及确认件。

（3）没有收入返还的情况：向注册地的地区收入办公室或税收填报中心提交填写好的1702表格及相关附件；从RDO或税收填报中心取回盖章和确认的表格。

4. 报税资料

申报所得税时，企业或合伙者需要提交以下资料：

（1）不需交纳预提税（withholding Tax）的，提交收入证明，并填写BIR表2304（如果满足减免条件）；

（2）税收减免的，填报BIR表2307（如果满足相关条件）；

（3）税收减免备忘录（如果满足相关条件）；

（4）国外税收减免（如果满足相关条件）；

（5）如果税收返还有调整，返还前期返还税收；

（6）账户信息表格（Account Information Form，AIF）和独立的注册会计师（CPA）和/或经审计的财务报告；

（7）上一年税收应返还数额（如果满足相关条件）。

五、赴菲律宾工作准证的办理

1. 主管部门

菲律宾劳动和就业部、移民局。

2. 工作许可制度

外国人在菲律宾需获得工作签证（签证代码为9G），菲律宾外籍劳务就业签证分以下类别：

（1）多次往返特别签证：签发给离岸银行和地区总部的执行官。有效期1年，每次可续延1年。持有此签证者免移民局注册和费用、免（除税收检查以外的）任何政府机构的安全检查；

（2）经商签证：由美国、德国或日本拥有，并在菲有真实投资的企业可以为其外国雇员申请此签证。外籍雇员必须是来自与公司主要投资者相同国家的高级管理者或执行官；

（3）特别非移民签证：由总统通过有关政府部门签发给石油勘探公司、出口加工区企业和投资署注册企业。有效期 1 年，每次可延 1 年；

（4）预先安排就业签证：外籍人将要到在菲公司担任执行官或高级技术职务时可申请此签证。签证有效期与就业合同有关，但不能超过 2 年，可以年度延续，但总延续期不超过 3 年。在个别案例中，延续期可以不超过 5 年。申请者必须先获得劳工部的外侨就业许可；

（5）苏比克自由港工作签证：拥有经菲劳工部确认为苏比克自由港内菲籍人没有的高级技术和管理技能的外籍人可以向苏比克管理署申请此工作签证。签证有效期 2 年，可以延 2 年。

3. 申请程序

主要有以下的两个步骤：

到菲律宾劳动和就业部（Department of Labor and Employing，DOLE）申办劳工许可证（AEP — Alien Employment Permit）；

到菲律宾移民局（Bureau of Immigration）申办 9G 签证，并办理 I-CARD 身份证。

4. 提供资料

需要提交以下材料：公司在菲律宾证券交易委员会（SEC）注册文件；公司有效营业执照；

公司最近一年的税务报表或近期经过审计的财务报告，新公司提供在税务局的登记证明；

申办人的护照原件；

个人简历；

个人税号；

两寸照片 8 张，1 寸照片 6 张；

申办人和用人单位的劳动合同。

办理工作签证程序较繁琐，周期较长，外国员工多通过中介或代理办理，需注意甄别中介资质和诚信，比较代理费用。

［来源：选编自商务部国际贸易经济合作研究院、商务部投资促进事务局、中国驻菲律宾大使馆经济商务参赞处共同主编《对外投资合作国别（地区）指南——菲律宾》. 2009 年版第 29—38 页］

在新加坡开展投资合作的手续

在新加坡投资合作办理相关手续，需向新加坡法律事务所、公司秘书事务所或会计师事务所寻求咨询和帮助，具体事项请与中国驻新加坡大使馆商务处、中资企业（新加坡）协会联系。

一、在新加坡投资注册企业需要办理的手续

按照新加坡《公司法令》的有关规定，注册成立的公司应该是一个商业实体。要组建公司，必须按照《公司法令》得规定注册。要组建有限责任合伙公司，必须按照《有限责任合伙法令 2005》的规定注册。

1. 设立企业的形式

在新加坡投资设立企业的形式主要有：公司代表处或办事处、分公司、私人有限公司、股份有限公司和有限责任公司。

2. 注册企业的受理机构

会计与企业管理局（ACRA）是《公司法令》、《有限责任合伙法令 2005》的执行机构，负责监管新加坡的公司、商业机构、有限责任合伙以及公共会计师。

新加坡国际企业发展局（IE Singapore）负责为制造业、贸易、贸易物流及与贸易有关的服务业注册代表处。

3. 注册企业的主要程序

在新加坡注册不同的企业形式，需到不同的机构申请。

【注册公司】可以通过在线商业注册服务（Online Business Licensing Service）注册公司和申请所需的许可证，网址为：http://www. licences. business. gov. sg；也可以通过专业事务所或服务事务所代为注册。

【注册外国公司或分支机构】需聘请专业人士帮助准备所需文件并在企业与会计管理局网站 http://www. acra. gov. sg 通过 Bizfile 申请注册。

【注册代表处或办事处】只需从新加坡国际企业发展局的网站下载注册表格或上网 http://www. roms. iesingapore. gov. sg 注册。

【注意事项】

（1）在注册公司之前，需要确定公司商业活动的性质。

可通过会计与企业管理局网站 http://www. acra. gov. sg 的 SSIC Search 在线查找商业活动的相应新加坡标准产业分类（SSIC）代码。

（2）公司在进行某些范围的商业活动前，还需要获得许可证。如公众娱乐、食品商店、广告等。

（3）一家公司可以有一名董事，该董事必须是新加坡公民、新加坡永久居民或者持有就业准证/原则同意书/家属准证。

（4）外国公司必须在新加坡有两位本地代理人代表公司。代理人必须是新加坡公民、新加坡永久居民或者持有就业准证/原则同意书/家属准证。外国人也可作为外国公司在本地的代理人，需向人力部（MOM）工作准证署申请就业准证或原则同意书。

二、承揽工程项目的程序

新加坡建设局（BCA）是新加坡国家发展部属下的法定机构，也是新加坡对建筑业的管理机构。它对整个新加坡建筑业行使行业管理职能，代表政府健全和完善市场机制，保证市场秩序，提供相关服务，培育和发展健康、统一、完善的市场。

在新加坡有注册资质等级的建筑施工企业共2518家，建筑业从业人数近20万人。这些施工企业绝大部分是私人企业，具有大型企业少、中小型企业多的金字塔形结构特点。上述企业按资产规模、技术资质和企业信誉分为A1～C3七个等级，不同等级可承包不同规模、不同类型的项目。其中，A1是最高等级的公司，它们多是资金、技术、管理密集型企业，以项目总承包为主，不限制标的金额，目前共有31家企业。其次为A2等级，共24家，此类企业投标金额上限为一亿新元。其余均为中小型企业及各类专业分包公司，如：打桩、预应力张拉、砼、电器安装、门窗安装等，投标限额从5000万新元至75万新元不等。

1. 获取信息

新加坡所有公共工程项目的招标均由各主管部门负责对外公开发布消息，可通过新加坡政府电子政务网站查询项目信息，网站地址：http://www.gebiz. gov. sg。

2. 许可手续

建筑公司首先在商业注册局（RCA）完成公司注册，之后到新加坡建设局（BCA）申领资质等级，个人公司或合伙制的企业，首次只能申请C1和L1资质等级。

三、申请专利和注册商标

1. 申请专利

在新加坡规范专利授予的主要法律是专利法（Patents Act）。

新加坡知识产权局（IPOS）是负责专利事务的主管部门，企业申请专利需向专利登记处（Registry of Patents）提交专利申请。专利申请中应当包含发明的相关信息，包括发明以及它如何操作的说明或披露。在现行法律下，专利有效期是自申请之日起20年，该期限不得被延长。

2. 注册商标

新加坡保护商标的主要法律是商标法（Trademarks Act）。

商标注册可通过新加坡知识产权局网站（http://www. ipos. gov. sg）或直接到新加坡知识产权局注册。物品及服务基本上分为45个类别。

新加坡知识产权局会对商标的“特征性”进行审查。如果新加坡知识产权局没有提出反对，且该商标符合注册标准，其注册过程通常需要一到二年。

商标被登记，一般有10年的保护期，并且在支付了更新费后可以不断延续。

四、企业在新加坡报税的相关手续

1. 报税时间

新加坡的所得税（包括个人所得税和企业所得税）的申报为年度申报。个人所得税的申报是每年的4月15日之前申报上一年度的个人所得税；2009年估税年度及以后估税年度，企业所得税申报的截止日期为每年的10月31日。

新加坡消费税按季度申报，季度终了后的一个月内要完成申报。纳税义务人也可向税务机关申请每一个月或每六个月申报一次。无论是每一个月申报还是每六个月申报，申报时间均为相关期间结束后的一个月内。

2. 报税渠道

新加坡的个人所得税可通过网络或电话进行电子申报（e-filing），也可进行纸质申报（paper-filing）。通过网络申报个人所得税可登录 http://www. mytax. iras. gov. sg，网上填写提交申报资料；通过电话申报个人所得税，可拨打1800－356 8322进行申报。

新加坡企业所得税的申报也分电子申报和纸质申报。电子申报可通过登录 http://www. mytax. iras. gov. sg，网上填报资料；纸质申报可从税务局网站上下载申报表或致电1800－356 8622索取申报表，填好后邮寄到税务机关。

新加坡税务局规定，消费税必须通过税务局网站（http://www.iras.gov.sg）进行电子申报。

3. 报税手续

新加坡个人所得税申报手续为：纳税人在规定时间内进行纳税申报后，税务机关会向纳税人出具缴税通知（Notice of Assessment），纳税人须在接到缴税通知后一个月内缴纳税款，否则税务机关会对欠交税款征收罚款。

新加坡的企业所得税申报手续为：纳税人在财年结束后三个月内向税务机关报送预估应税收入表（ECI），即便纳税人没有应税收入，也要进行零申报，此为预申报；税务机关在每年3月份会向纳税人寄送有编号的申报表C，纳税人收到申报表后，按照要求填好，通过电子申报或邮寄等方式报送给税务机关；税务机关会对纳税人报送的申报资料进行审核，并向纳税人寄出缴税通知书（Notice of Assessment），纳税人应在收到缴税通知后一个月内，通过银行转账等方式缴纳税款，否则税务机关会对欠交的税款征收罚款。

如果纳税人在4月底未收到税务局寄出的有编号的申报表C，可从税务局网站上下载或致电1800—356 8322索取。

4. 报税资料

个人所得税申报资料为个人所得税纳税申报表（表B或B1），若税务机关对个人申报的数据有疑问，会要求纳税人提交相关支持材料；企业所得税的申报资料为申报表C、审计报告，以及税款计算表和相关支持文件；消费税的报税资料为消费税申报表，此外，纳税人需按照要求保存经营及账目记录、税务发票，以及进出口等相关文件，以备税务机关检查。

五、赴新加坡工作准证的办理

1. 主管部门

新加坡负责外国人工作许可管理的部门是新加坡人力部（Ministry of Manpower）。

2. 工作许可制度

工作准证系统由三个部分构成：就业准证——适用于高技术和管理人才，主要针对受过良好教育，拥有较高文凭，在新加坡企业中担任行政、管理、财务等较高职位，月薪在2500新元以上的外籍人员；S准证——新加坡政府为弥补国内技术工人不足，从2004年7月1日起，推出S准证以促进引进中等技术水平的外籍工人。持S准证在新务工的外籍劳工需要满足最低月薪1800新元、拥有大专学历和相关工作经验等条件；工作准证适用于技能比较低的外籍劳工，月薪低于1800新元。

3. 申请程序

雇主或由雇主委托的中介公司可通过互联网向新加坡人力部提出拟聘用外籍劳工的准证申请，人力部签发工作准证预核准通知书后，外籍劳工凭该通知可入境新加坡。

［来源：选编自商务部国际贸易经济合作研究院、商务部投资促进事务局、中国驻新加坡大使馆经济商务参赞处共同主编．《对外投资合作国别（地区）指南——新加坡》．2009年版第47—51页］

在泰国开展投资合作的手续

一、在泰国投资注册企业需要办理的手续

1. 设立企业的形式

在泰国，投资设立企业的形式包括合资/合伙企业（两合公司）、私营有限责任公司、公众有限责任公司、合营/合作企业、外国公司分支机构（分公司）、外国公司代表处、跨国公司地区代表处。

【合资/合伙企业】根据责任制的不同，泰国主要分为三种不同的合资/合伙形式：

（1）未注册的普通合资/合伙企业的所有合伙人共同承担法律责任，合资的偿还债务责任没有上限。此类合资/合伙企业不是一个合法的实体，并只作为私人个体来收税。

（2）已注册的普通合资/合伙企业是一个法律实体，在商业注册部门进行登记后即拥有一个单独的、清楚的、对所有合伙人相对独立的法人身份。已注册的普通合资/合伙企业作为一个公司实体进行征税。

（3）有限责任合资企业是一个或多个合伙人的个人偿还债务责任以他们各自的投入金额作为上限，以及一个或多个合伙人对所有债务共同承担连带的法律责任的合伙企业。有限责任合资企业作为公司实体来征税。

【私营有限责任公司】泰国的私营有限责任公司与通常所说的公司相似。公司可能完全由外国人拥有。然而，在那些泰国国家政策规定中有所保留和保护的商业行业和领域，外资所占的比例通常不能超过49%。

公司股东的债务偿还责任以其被认可的注册资本份额作为上限。然而，如果在公司的合股备忘录

或公司章程条款中有所规定，董事会成员的偿还责任也可能没有上限。依据公司的契约宪章以及法律规定，有限责任公司由其董事会进行管理。

虽然法律对于私营有限责任公司没有设定其最低资本的下限，但要求其注册资本必须能满足公司目标的实现。所有的公司股份都必须得到认购，并且至少25%的认购股份必须付清。可以发放普通和优先两种股份，但所有的股份都要有投票权。泰国法律禁止发放没有票面价值的股票；并且规定股票的票面价值在5铢或5铢以上才允许发售。

泰国公司法有一些特点可能不被外国经商者所熟悉。其中就有禁止发售库存股票（债券股票）；并且要求私营有限责任公司的股份持有者在任何时间都不能少于7位。另外，对于无投票权的股份，无论是普通还是优先股，都不允许发售；原始授权资本股份必须要全额认购。

【公众有限责任公司】公众有限责任公司的设立程序与设立私营有限责任公司程序很相似。1992年的公众有限责任公司法案中的条款规定，私营有限责任公司可转化为公众有限责任公司。公众有限责任公司与私营有限责任公司最主要的区别在于，私营有限责任公司禁止向公众发售其公司股票。其他区别在下表中列出：

私营有限责任公司和公众有限责任公司比较

	私营有限责任公司	公众有限责任公司
作为公司发起者的自然人最低	3人	15人
最低持股人数	3人	15人
发行计划书的公众认购股份	不允许	允许
发行计划书的公众认购债券	在特殊条款下允许	允许
每百万注册资本的注册费用（泰铢）	5500	2000

【合营/合作公司】通常情况下合营/合作公司指的是一定数量的人（自然人和/或者法人）签署一份联合备忘录/协议来共同运作一项事业。在民法和商法典中还未将其认定为一个法律实体。然而，在税收法典中将合营/合作公司的收入纳入公司税收之下并将其归类为一个独立实体。

【外国公司的分支机构/分公司】在外国法律下成立的公司可在泰国设立其分支机构。在泰国，外国分支机构只允许维持与其业务相关的账目往来。然而，预先将机构的收入组成向泰国税务部门进行澄清尤为重要，因为泰国税务部门可能将外国总部机构从泰国国内市场资源直接赚取的利润纳入泰国税收范围之内。

作为批准外国公司分支机构的外资营业执照的条件之一，外资公司必须注入泰国的注册资本最低不能少于300万泰铢。但是，如果内阁法案有特殊规定，这个数目也可有所变化。分支机构存在期限可为无限期，直至其自行解散之日。

【外国公司代表处】一个外国法人实体可在泰国设立其代表处来运作有限度的、无利润收入的相关运营活动。这些运营活动的限制如下：

为公司总部开发在本地市场的产品及服务资源，对其总部生产的产品质量及数量进行监控；

对其公司总部直接销售给本地分销商和消费者的产品提供相关的、全方位的建议和售后服务；

提供和散发其公司总部新产品和服务的信息资料；

向公司总部汇报本地业务发展及活动情况；

外国公司代表处的最低注册资本与外国公司分支机构一致。

【跨国公司地区代表处】一个跨国公司可在泰国设立其地区代表处来运作有限度的、无利润收入的相关运营活动。这些运营活动的限制如下：

为本区域内公司相关的业务活动进行联系、合作及监督；

为公司相关的分支机构和子公司提供如下服务，包括顾问建议及管理服务、培训及人力资源发展、财务管理、市场监控及促销、产品的研发和发展。

跨国公司地区代表处所有发生的费用均必须来自跨国公司总部。跨国公司地区代表处的最低注册资本与外国公司分支机构一致。

2. 企业注册受理机构

在泰国注册上述不同的企业形式，特别是设立有限公司等均需到泰国商业部商业发展厅企业注册处进行申请。

3. 企业注册的主要程序

【有限公司注册程序】

（1）公司名称登记和核准。在建立一个有限公司之前，首先要将选定的公司名称进行注册登记并通过商业注册厅的审核。登记的公司名称不能与其他公司的名称相似或相同。一些专门的名称不允许登记且必须遵守泰国商业部商业发展厅的公司名称登记准则。批准后的登记公司名称有效注册期为30天，不能延期。

起草一份联合备忘录（公司章程），其内容包括：已批准之公司登记名称、公司的详细注册地址、公司目标和经营范围、公司7个发起者的名字等个人详细资料。股东的股份认购情况以及公司经批准后的注册资本数据。资本信息必须包括股份数量及每股面值，资本可以分期投入，但总额应明确。

法律上没有明确规定最低资本金额，但要求投入资本应能满足业务运作和发展的需要。公司章程的登记费用为注册资本的万分之五，最低下限为500泰铢，最高上限为25000泰铢。

（2）召开法定会议。一旦公司股份架构确定后，在法律和公司宪章的批准下组织全体股东召开法定会议，选举出公司董事会，批准公司发起人的交易和支出，任命审计师。第一次投入的资本不应低于资本总额的25%。

（3）注册。在法定会议召开后3个月之内，公司董事会必须向商业注册厅提交公司注册申请。注册费用为注册资本的5/1000，最低下限为5000泰铢，最高上限为250000泰铢。

（4）税务登记。在公司正式成立开始营业后60天之内，必须向税收部门申请公司纳税登记卡和企业代码（税号），缴纳所得税。经营者如果年收益超过600000泰铢，必须在其销售额达到600000泰铢之日起30天内申请产品增值附加税（VAT）的登记，成为增值税纳税人。

【分支机构、代表处和地区办公室】外国公司如希望通过设立分支机构、代表处和地区办公室在泰国开展业务，必须提交相关的文件资料。这些文件资料必须由其公司总部提供并得到公证部门的公证或泰国在其本地的大使馆或领事部门的证明和批准。

二、承揽工程项目的程序

1. 获取信息

泰国政府项目信息通常通过下列渠道获得：

（1）政府公告。泰国各政府部门都会定期发布各自项目招标公告，投标人可派人到各部门索取投标资料；

（2）政府各部门网站。政府各部门会同时在其各自网站上发布招标信息，投标人可从网站上查找；

（3）报纸公告。某些大型项目——特别是国外资金的大型基础设施项目，主管部门通常会在泰英文报上发布公告；

（4）邀请投标。某些大型项目——特别是国外资金的大型基础设施项目，主管部门通常会通过商会、大使馆等渠道向各自所在国的承包商发出投标信息。

2. 招标投标

泰国政府项目的招标和投标方式视项目情况而定，通常采用的方式：一是直接投标，通常适用于一般规模项目，有资格的投标人在购买标书后直接进行商务投标。二是资格预审＋投标，通常适用于大型项目，尤其是资金来自国外的大型基础设施项目通常采用此方法。投标人须根据标书要求先进行资格预审，通过者方可有资格参加商务投标。资格审查通常分为一般性资审和技术性资审。一般性资审是投标公司背景、以往业绩、财务状况、人员和设备情况等；技术性资审是投标公司必须根据项目的特性提出具体的施工技术方案，甚至设计或设计扩充方案等。超大型项目通常都要进行一般性资审和技术性资审，而某些国内预算项目则可能只要求一般性资审。三是特别招标/议标，国家预算的小项目（通常不超过1亿泰铢）有可能采用议标特别聘雇的方式招标，而国家预算的国外项目如驻外使领馆等也通常采用议标聘雇的方式招标。

泰国所有政府项目在招标前都必须完成预算，确定项目的中间价，上述前两种招标中若项目的中间价大于1亿泰铢，商务投标就必须采用电子竞标（E-Auction）的方式进行。

3. 许可手续

泰国承包公司（泰国法人）可在政府各部门进行资质申请，相关部门会根据申请人的公司

情况审批其资质。最高资质为一级，其次为二级、三级等。必须具有各级资质的承包公司方能有资格参加相应的国家预算（非外资）项目的投标，而招标人在招标文件规定（Terms of Reference——简称TOR）中通常会规定投标人必须具备的资质等级。泰国没有国家统一的资质注册，在不同部门（如内政部、交通部、农合部等）注册的资质只适用于该部门，不能相互替代。但是参加某些大型基础设施项目——特别是建设资金来源为外资的项目投标的外国承包商、或投标联营体中的外国承包商不受此规定限制。

三、申请专利和注册商标

1. 申请专利

【专利申请的程序】专利申请者在发明或设计

一个产品后，可根据其产品性质特点（如发明的复杂性和先进性）和需要来申请合适的专利保护种类。选择的种类有：专利（Patent）、次要专利（petty Patent）和专利保护（Patent Protection）。申请的种类不同，需要的申请费用和手续也相应不同。

在具备专利申请条件后，申请程序如下：

填写专利申请表格（含费用），申请文件包括：专利申请表格、专利发明的法律规定描述、主张的权利、摘要、图纸（如有）、其他文件（如有，例如书面委托协议、雇佣合同、代理人权利及法人证明等）。

如填写的申请文件有明显错误，专利审批官员会通知申请人或其代理人在自通知之日起 90 天之内进行修改，同时视情况加收申请费用。如逾期不能完成修改则其申请作废。

将专利申请进行公示，期限为 90 天。公示费用为 500 泰铢，必须在通知后 60 天内缴纳。

如果申请的是发明专利，申请者须在公示之日起 5 年内请求对专利进行审核检查，并缴纳费用。之后，专利审核官员将进行审核是否符合条件与法律，并要求缴纳注册费用及保证金，最后发放发明专利证书。

如果申请的是产品设计专利，则不需要进行审核申请。专利审核官员将在公示后 90 天后对提交的文件进行审核，并要求缴纳注册费用及保证金，最后发放产品设计专利证书。

【专利期限】发明的专利从申请日起有效期为 20 年，产品设计专利从申请日起有效期 10 年，法庭审议专利期间不计算在内。

在专利的有效期内，专利所有者是唯一具有使用专利发明和设计、生产和销售产品的权利人。在专利通过前，任何有关该专利的侵权案都不被视为违法。专利所有人可以将其专利授权给其他人所有或使用，但受以下条件限制：专利人不得附加任何条件或限制，或引起不良竞争；在专利的有效期过后，专利所有者不得要求被授权人付费。任何与以上相悖的授权都无效。任何协定或许可必须以书面的形式，并进行正式注册。

【专利的取消】尽管专利已获批准，任何对此有质疑的人或检察官都可上诉法庭对其提出质疑，取消其专利权。

还没有在泰国获准专利的国外专利，不受专利法的保护。但国外专利的持有者或发明、设计权的享有者可与泰国机构合作进入泰国的商务领域，同时通过在特许协定上的契约义务得到相同的保护。由于国外专利、发明和设计不受专利法的保护，泰国不受理因第三机构生产销售外国专利的持有人的产品而未付相关费用，或在泰国申请已在其他国家申请的专利而引起的纠纷。

2. 注册商标

1991 年颁布的商标法对商标注册和商标保护进行了规定。该法定义商标为用于说明商品所属的符号。商标必须是唯一的，不能与已注册的商标相同或相似。

【注册程序】

（1）查询。申请前查询的作用是找出类似或相同并对申请有影响的已申请/注册的商标。查询后再分类为最多 10 项指定物品或服务，总共有 45 类。

（2）申请。商标申请由所有者或其代理负责申请，需填写由商标注册署办公室发给的正式申请表。所有者或代理人必须在泰国有确切的地址，以便商标注册署办公室与其联系。提交申请后，商标注册署审查员会对申请进行审查。如申请合乎商标法条例及没有抵触其他注册或已申请注册的商标，商标注册署会发出公告许可证及列明商标获准注册所须遵办的条件。

如商标注册署办公室认为该商标可注册，且在正式公布后 90 天内，没有收到反对意见，则该商标可以获得正式注册。

【商标注册期限】如在公告日期起 2 个月内没有人提出反对，申请人便可申领注册证书。由申请日至发出证书需时大约 12 到 15 个月。商标有效期十年。商标所有人必须在商标到期 90 天之前提出延长申请，再续期十年。

实际还未使用过的商标也可注册。但无权对第三者申请使用此商标的行为提出诉讼。

【处罚】商标所有人是该商标的唯一合法使用者，对侵权者可依法起诉。

【服务标志、证书标志以及集体标志】自 1992 年 2 月，服务标志、证书标志以及集体标志也被视为受商标法各款规定约束和保护的商标之中。

四、企业在泰国报税的相关手续

泰国的税务条例规定了有关所得税的征收细节。概括起来，泰国的所得税可分为公司所得税、增值税（或特定行业营利税）及个人所得税三大类。在此主要介绍公司所得税得的报税相关情况。

泰国财政部是泰国负责财政和税收管理的主管部门，下辖财政政策办公室、总审计长厅、财政厅、海关厅、国货税厅、税务厅、国债管理办公室等8个厅和政府彩票办公室、烟草专卖局、住房银行、泰国进出品银行、扑克牌厂、资产管理公司等16个国有企业。其中负责税收征收管理的主要是税务厅、国货税厅，以及负责关税征收的海关厅。税务厅主要负责征收所得税、增值税、特种行业税以及印花税，国货税厅征收特定商品消费税，海关厅负责进出口关税的征收。地方政府负责财产税以及地方税的征收。泰国税务厅负责税收征管的最高管理机关，主要征收和管理以下税种：个人所得税、法人所得税、增值税、特别营业税、印花税和石油所得税。税务厅实行厅长负责制，并设4个副厅长。税务厅的组织机构在全国分为两个部分，即中央税收管理和各府税收管理机构。

各府的税收管理包括府税务办公室和曼谷以外的区税务办公室。府以下的税务管理机构由府尹或区行政长官直接管理。

1. 报税时间

公司所得税款征收期以半年为基准，第一次在年度会计期间的前半期，法人应从当年会计年度前半期截止日起2个月内填写报表申报纳税；第二次在当年会计年度后半期终了日起150天内填写报表申报纳税。雇主须从其雇员薪金中扣除个人所得税。除新成立公司外，会计年度一般定为12个月。报税单必须和公司财务报表一并提交给有关部门。

公司纳税人在会计年度的第八个月底前缴付50%的预估年税。纳税人没有按期缴付或者少缴超过25%者，将被罚款，罚款额一般为少缴税款的20%。

个人所得税须在获取收入的第2年的3月底之前进行申报，并缴纳及返还。

2. 报税渠道

泰政府对于报税方式和渠道无硬性规定。但是，泰国的公司所得税申报比较复杂，计算比较繁琐，因此公司一般都聘请专业的会计师事务所来准备申报材料，帮助企业处理申报工作。

3. 报税手续

企业在申报期限之内自行或委托有资格的会计师填写报税表格，准备所需相关材料，然后呈递至当地（府、县）税务部门，缴纳税金。

4. 报税资料

公司报税所需文件有：填写申报税务表格；经过有资格的审计师确认的公司的账簿（收支明细表）、损益表、资产负债表以及其他一些要求出具的相关文件。

五、赴泰国工作准证的办理

1. 主管部门

泰国劳工部就业厅是外籍人在泰工作许可的归口管理部门，下属外籍人工作许可证管理局直接管理外籍人在泰工作许可申请的受理与审批。劳工部会同泰国投资促进委员会、泰国移民局在首都设立境外投资者“一站式服务”窗口；取得当地投资促进优惠政策的企业，其外籍人在申请材料完备的前提下，可在3年小时内办妥工作许可证。泰国的外国人就业法规定所有在泰国工作的外国人都必须首先取得工作许可证，如获得泰国投资促进委员会批准的项目，其外籍雇员可在30天内办理申请，并允许其在办理工作证期间工作。申请工作证必须持有非移民签证。

2. 工作许可证制度

泰国于1973年开始实施《外国人工作法》。该法要求所有在泰国工作的外国人在该国工作前都需取得上作许可。该法于1978年进行了修订，对工作许可证的签发、延期程序，以及有可能禁止外国人从事的工作种类作了规定。

【豁免】该法规定从事下述职业的外国人可以不必有工作许可证：外交使节团成员；领事团成员；联合国及其特别机构的成员国代表和官员；从国外来为上述人员工作的私人服务人员；执行泰国政府与他国或国际机构协议项下公务的人员；为教育、文化、艺术或体育事业而进入泰国的外国人员；经泰国政府特别批准来泰国履行义务或执行任务的外国人。

【特别例外】尽管大多数外国人必须申请工作许可证，而且必须在许可证签发后才可开始工作，《外国人工作法》为下列情况提供了特别的待遇：

（1）紧急和重要的工作

根据移民法，对暂时进入泰国执行任何紧急和重要事件而且在泰停留时间不超过15天的人，可以不必取得工作许可证。但是这些人必须提交由本人签字并由其雇主背书的书面报告，并经移民局局长或其指定的委托人同意。享有此项待遇的外国人可凭任何一种签证进入泰国。所谓“紧急、重要的工作”法律上并没有明确的规定，是否给予工作证的豁免完全由管理机关决定。

（2）投资促进

根据《投资促进法》，试图在泰国得到工作许可的外国人必须在收到投资促进委员会的任职通知后30天内提交工作许可申请。这类人可以在政府处理其申请期间从事经授权的工作。

3. 申请程序

该法要求在泰国工作的外国人必须在开始工作前获得工作许可。该法第八章规定，在开始工作前雇主可代其填写申请表格。但是根据《移民法》，只有当该外国人根据移民法进入泰国后方给予发放工作许可证，而且必须由本人亲自领取。

工作许可开始的有效期限仅仅是根据移民法该外国人的非移民签证所允许他在泰国居留的时间。因此工作许可将根据签证的延期和更新而进行更新。对于持有泰国居留证的外国人，工作许可证可每年更新。劳工厅具体负责办理更新事宜，原则上工作许可的初始有效期限为一年。工作许可证必须在其到期以前更新，否则将自动失效。

4. 提供资料

申请工作许可需备齐如下文件：

（1）对于非永久性居留，要有一本非移民签证的有效护照；

（2）对于永久居留，需一本有效护照、居留证以及外国人身份证；

（3）申请人的学历证明和原雇主的推荐信（详细说明该申请人过去的职务、职责、表现、工作地点及期限）。如果文件是英文，须附有泰文译文并经泰国大使馆或泰国外交部认证。

（4）近期体检证明；

（5）三张5×6厘米照片；

（6）如申请表非本人填写，须附有符合规定格式的有效的委托书及10铢税票；

（7）填写申请表“工作描述”一栏时，须详细说明申请者将从事何工作，该工作涉及何人以及工作中所需何种设备原料等；

（8）根据该法，如果申请的工作须依照一些特别的法律审批发放执照（证件），则还须附有该执照（证件）的复印件一份（如教师证、医生行医证、新闻记者证等）；

（9）如申请人已和泰国人结婚，须提交下列各项文件的原件及复印件：结婚证明、配偶身份证、子女出生证明（如有）、户口登记表以及申请人护照复印件（每页都要）；

（10）如申请的工作不在曼谷，则申请表应在相关府的劳工厅填写，如没有这样的机构，就在该府市政厅填写；

（11）其他需要的证明。

［来源：选编自商务部国际贸易经济合作研究院、商务部投资促进事务局、中国驻泰国大使馆经济商务参赞处共同主编．《对外投资合作国别（地区）指南——泰国》．2009年版第45—55页］

在越南开展投资合作的手续

一、在越南投资注册企业需要办理的手续

1. 设立企业的形式

在越南，投资设立企业的形式包括：贸易公司、有限责任公司、股份公司等。

2. 注册企业的受理机构

在越南，所有投资企业都要到项目所在地的省级计划投资厅办理投资登记手续，而后根据项目规模和性质，由所在省市政府或计划投资部或政府总理分级审批。

投资金额在3000亿越盾（约台1800万美元）以下，不属于限制投资领域的外资项目，投资商在省（直辖市）级计划投资厅办理投资登记手续。所在省（直辖市）政府自收齐符合要求的投资登记资料之日起15天内，颁发投资许可证。

投资金额在3000亿越盾（约合1800万美元）以上和属于限制投资的项目须通过审查后才能颁发投资证书。审查期限自收齐符合要求的资料之日起不超过30天；必要时，可以延长期限，但不超过45天。对于国家重大项目，由国会决定项目投资立项，政府总理负责审查并颁发投资许可证。

3. 注册企业的主要程序

【外国独资企业】

（1）申请书：成立公司之前，创办者必须向省、中央直辖市人民委员会或公司设立办公地点所在地相当一级行政单位递交成立公司申请书。

（2）经营登记：公司必须在省、中央直辖市经济仲裁组织或同级的行政单位进行经营登记。

（3）成立公告：根据相关法律法规，在越南投资的外资企业成立后，必须在中央或地方报纸必须连登三期公告

【代表处】按照越南法律规定，企业只要根据中国法律规定已登记进行合法经营，即可获得在越南成立代表处的许可证。需要注意的是，外国企业在越南成立的分公司不能进一步设立代表处。

【分公司】成立分公司要把材料寄到越南贸易部。企业申请获得成立分公司许可证所需的文件包括：

（1）企业申请成立分公司的申请表（按越南贸

易部和旅游总局统一规定的格式)。

(2) 营业执照副本。

(3) 越南国内公证机关或越南驻中国大使馆、领事馆证明的营业执照的越文译本，并经中国权威公证办事处签字盖章。

二、承揽工程项目的程序

1. 获取信息

越南计划投资部通过报刊、网站等渠道公布全国范围的投标信息。中国企业可订购由计划投资部主办的《投标报》或通过该部网站(请见附录)获取项目招标信息。

2. 招标投标

根据越南《投标法》规定，越南国家投资项目或国际组织贷款项目，一律采用招标方式。大型项目的招标需过较长时间的审批；自筹资金项目可通过议标方式进行。

越南对项目审批采取分级管理办法，具体包括：对于由政府总理审批的项目：总理批准投标计划；批准或委托批准承包商评选结果；批准或委托批准投标过程中产生的相关情况并处理违法行为。对属于国家秘密的项目、为国家利益而紧急实施的项目、涉及能源安全的项目，由总理批准或委托批准投标计划和承包商评选结果。

对于由部长、部级机关领导、中央其他机关领导、中央直属各省市人委会主席审批的项目：由该部门行政首长负责批准投标计划；批准或委托批准招标标书、承包商评选结果。

对于由省以下各级地方政府行政首长审批的项目：由该部门行政首长负责审批授权范围内的招投标内容；对于本部门审批权限范围内的项目，可批准项目招投标计划，批准或授权批准标书、承包商评选结果等。

3. 优惠政策

【优惠政策享受对象】越南《投标法》规定，在国际投标中享受政策优惠的对象包括：(1) 根据越南《企业法》和《投资法》在越南成立和经营的企业。

(2) 承包联合体中含有上述规定企业，且其实施的合同价值占合同总价值的50%以上，则该联合体可享受政策优惠。

(3) 对于商品供应项目，承包商所供应的商品其国内价值占30%以上的，该承包商可享受政策优惠。

【优惠政策具体实施办法】

(1) 对于设计咨询项目：享受优惠的承包商，其标书综合分数可增加7.5%。如果该项目为高技术项目，则承包商的技术分可增加7.5%。

(2) 对于建造和安装项目，不在政策优惠享受之列的承包商，若其标书出现错误并进行修改后，其评标价需加上参加投标价格的7.5%。

(3) 对于商品采购项目，不在政策优惠享受之列的承包商，其评标价需加上相当于商品进口税费总额的价格。不需交纳进口税费的商品除外。

【进出口管理】越南《投标法》规定，除国家禁止进出口的商品外，承包商可进口或暂进再出用于实施项目的商品。对于许可证管理的进口商品或专业商品，承包商得到工贸部或有关行业管理部委批准后方可进口。进口手续如下：

(1) 进口施工设备：承包商中标后，可在海关直接办理施工设备进口手续。

(2) 从国外租借施工设备：在实施项目过程中，承包商可免税从国外租借有关施工设备。项目完成后，承包商需再出口所租借的设备。如果在越南处理租借的施工设备，需按越南关于进口二手设备有关规定办理手续。

(3) 承包商可免税暂进口施工设备，项目完成后，需进行再出口；承包商可暂出口施工成套设备中的损耗部件，在国外修复或更换后再进口。可直接在海关办理暂进再出或暂出再进手续。

三、商标注册

【概述】以自然人或者法人直接向越南国家知识产权局提出申请，允许多类申请，商品分类实行尼斯协定分为45类。

商标专用权从申请日起算，有效期10年，在期满前6个月申请续展注册，每次续展注册的有效期为10年。

注册商标必须使用。如果在注册后连续5年未使用，有可能会被申请撤销。

商标申请或注册商标均可转让。注册商标的转让必须登记，才有法律效力。

商标申请的转让只有在注册后才能登记。只有注册商标才能许可。许可合同必须登记。

【申请资料】包括：

(1) 以法人申请，附《营业执照》或有效登记证明复印件1份；以自然人申请附个人身份证明文件1份。

(2) 申请人签署的经公证的授权书一份(申请时可先递交委托书复印件，3个月内提交原件)。

（3）商标的描述：商标含义，非英文单词的英文翻译或者音译。

（4）申请人名义，地址中英文。

（5）商标图样。

（6）需要保护的类别和商品/服务名称。

（7）优先权声明（如需要）。

【程序和时间】

（1）越南国家知识产权局收到注册商标申请后，进行形式审查（3个月左右）。合格者发出注册受理通知书，给予申请号，申请日期；不合格者发出驳回通知书要求补正或者更正。

（2）形式审查结束后，进入实质审查阶段（9个月左右），审查商标是否具有显著性以及是否存在禁止注册的情况。如通过，颁发注册证，并予以登报公布；不通过，则先发出准备驳回的通知，给申请人2个月的时间做出答复或修改申请（如，缩小商品范围）。如仍不能通过，则发出驳回通知书，申请人可以在3个月内对此向国家知识产权局作出上诉，再之后可以向法院提出上诉。

整个顺利的注册过程，大约需要12个月。

四、企业在越南报税的相关手续

1. 报税时间

外资企业的计税年度为公历1月1日至12月31日。外资企业可建议越南财政部准予采用其12个月会计年度制，以便于计算和缴纳企业所得税。

2. 报税方式

企业所得税应税利润，为企业在计税年度中，企业收入总额与支出总额之差额，加上企业其他副业所得的利润后，扣除可转入下一年度的亏损额。外资企业可将经税务机关确认为慈善、人道等目的，向越南组织与个人提供捐助的合理开支，一并计入其总支出。

经营过程中，外资企业在向税务机关应税决算后，出现亏损的，可将其亏损额结转入下年度，该亏损额可从应税收入中扣除。亏损结转期不超过5年。

五、赴越南工作准证的办理

1. 主管部门

越南主管部门：越南公安部所属出入境管理机关、各省（直辖市）劳动部门。

2. 工作许可制度

在越工作3个月以上外籍劳务人员须办理由越南省（直辖市）劳动部门颁发的劳动证，劳动证有效期根据合同期定，但不超过3年，依用工单位的要求，劳动证可延长。

3. 申请程序

【居留规定】外国人须申报入境目的、时间及居留地址，入境活动应与申报相符。外国人不得在禁区内居留；外国人在越南公安部所属出入境管理机关办理长期居留手续；越南公安部所属出入境管理机关将为获准在越南居留1年以上的外国人颁发长期居留证。居留证有效期为1～3年。持证人出入境免签证：长期居留越南的外国人须每3年一次定期向越南公安部所属出入境管理机关报告；签证、签证加注、签证变更、居留证及居留许可延期申请将在受理之日起5个工作日内完成。

【工作许可】越南企业、机关、组织及个人雇佣外籍劳务人员均须签署劳动合同。劳动合同内容应包括：工种、工作时间、工作场所、休息时间、薪资、合同期限、劳动安全、劳动卫生、劳动保险。劳动合同包括书面合同和口头协议两种。外籍劳动者在获得劳动许可证后，用人单位有责任将劳资双方签署的劳动合同复印件呈交给劳动许可证颁发机关，但外籍劳动者系由外方选派到越南工作除外。

【社会保险】工作时间超过3个月和无期限合同，须办理强制性社会保险。

劳工因工受伤残，雇主须支付医疗费，如未投保，亦按社会保险条件支付赔偿。

4. 提供资料

（1）就业申请书；

（2）本国职能部门颁发的司法履历，如已在越6个月以上的，需增加由越所在地司法厅发的司法历履；

（3）体检表；

（4）大学毕业或以上学历证书、工艺技术证等专门技术证书的复印件。如劳工属于具有传统工艺或管理经验的人才，需有该国职能部门的证明；

（5）交纳3张近1年内照的彩照（3厘米×4厘米，免冠、正面、不戴眼镜）。

所提交的材料须公认证，并译成越文。须有复印件与原件、翻译件与原件相符公认证。

［来源：选编自商务部国际贸易经济合作研究院、商务部投资促进事务局、中国驻越南大使馆经济商务参赞处共同主编．《对外投资合作国别（地区）指南——越南》．2009年版第30—35页］

区域合作篇

中国—东盟自由贸易区

概述

建立中国—东盟自由贸易区的设想于2000年在新加坡召开的中国与东盟领导人会议期间提出。领导人会晤期间，针对东盟方面关注中国加入WTO对东盟的影响，朱镕基总理提议就中国—东盟之间建立自由贸易区的可行性进行研究。随即成立的中国—东盟经济合作专家组经过研究，向领导人提出了建立中国—东盟紧密经济伙伴关系的建议，其中包括建立中国—东盟自由贸易区，该建议被双方领导人采纳。

到2000年，中国与东盟之间的贸易额达到395亿美元，东盟在中国的商品贸易市场上的份额提高到8.3%，为中国的第五大贸易伙伴，中国在东盟的对外贸易中的份额提高到3.9%，为东盟的第六大贸易伙伴。中国和东盟共有17亿人口，目前国内生产总值为2万亿美元，对外贸易额1.7万亿美元。据全球贸易分析模型（GTAP）计算，如果在中国与东盟之间建立自由贸易区，可以使东盟向中国的投资增加48%，使东盟的GDP增加0.9个百分点；使中国向东盟的出口增加55%，使中国的GDP增加0.2个百分点。中国—东盟自由贸易区不仅可以增加区内贸易，而且会促进外部对区内的投资以及区内本身的投资，从发展区内的角度来看，中国对东盟国家的投资会大大增加。

中国—东盟自由贸易区，是中国与东盟共同协议构建的所有货物贸易取消关税和非关税壁垒，实现涵盖众多部门的服务贸易自由化，建立开放和竞争的投资机制，便利和促进中国与东盟相互投资的贸易区，即指在中国与东盟十国之间构建的自由贸易区，即“10+1”。“CAFTA”是中国—东盟自由贸易区China—ASEAN Free Trade Area的英文简称。

中国—东盟自由贸易区的建设将会参考东盟自由贸易区的方式。东盟自由贸易区计划始于1992年，原计划用15年时间完成。自由贸易区的建设是通过落实“共同有效优惠关税”计划（CEPT）进行的。建立东盟自由贸易区的时间表一再提前，开放的项目一再扩大。1994年，东盟决定把CEPT完成的时间由15年缩短为10年，即从2008年提前到2003年，规定被列入“暂时排除项目单”的商品2000年到期失效，并使CEPT扩展到未加工的农产品。1998年东盟决定把实施CEPT的时间再提前一年，即到2002年，6个老成员国承诺到2000年把85%的CEPT关税降到0%～5%，2000年把CEPT关税比例提高到90%，2002年提高到100%。新成员中，越南到2003年、老挝和缅甸到2005年实现目标。东盟还制定了“东盟投资区”建设计划，规定东盟老成员到2003年，新成员到2010年完成计划目标。东盟自由贸易区的建设既包括关税减让，也包括非关税削减。为了扫除削减非关税障碍，东盟制定“流转商品便利化框架协议”、“相互承认安排框架协议”等。

中国和东盟之间存在很强的互补性，同时也存在一些相互竞争性很强的产品，因此，在如何安排“敏感产品”的开放，如何保护弱势产品，即如何达到双方互利双赢，还有不少难题需要解决。尤其近几年来，东盟因为金融危机的影响经济陷入困境，经济增长放慢，外资流入减少，使新竞争性产品能力的形成缓慢。而中国避免了金融危机，经济继续保持增长，外资继续大量流入，形成了许多新的具有竞争性的产品，中国与东盟之间出现了新的竞争不平衡的局面，东盟对中国竞争的担心增加。最终东盟还是同意与中国建立自由贸易区，根本原因在于东盟不仅看到了竞争压力的一面，同时也看到了机会的一面。一个拥有13亿人口、经济持续发展的一个大市场，对东盟来说意义是非常重大的。

中国和东盟宣布建立自由贸易区有利于东亚合作进程，成为加快东亚一体化的一个有利因素。从积极的方面来说，可以设想它将可能起到三个方面的效应：一是中国和东盟先行在一个大的范围内建成自由贸易区，把其他国家吸引进来；二是激励其他国家采取更积极的步骤加快与东盟建立自由贸易区；三是推动整个东亚地区自由贸易区建设的步伐，从而激励东亚领导人及早对“东亚合作展望小组”关于建立东亚自由贸易区的建议做出决定，提出落实规划并开始实施进程。

提 出

2000年9月，在新加坡举行的第四次东盟与中国（10+1）领导人会议上，中国国务院总理朱镕基提出建立中国—东盟自由贸易区的建议，得到东盟有关领导人的积极响应。2001年11月，在文莱举行的东盟首脑会议期间，中国和十个东盟成员国宣布在未来10年内建成中国—东盟自由贸易区的目标。2002年11月4日，第六次东盟与中国领导人会议在柬埔寨首都金边举行。中国国务院总理朱镕基和东盟十国领导人签署了《中国与东盟全面经济合作框架协议》，宣布2010年建成中国—东盟自由贸易区，启动中国—东盟自由贸易区的进程。

目 标

第一，用10年的时间完成所有关税和非关税的削减，消除双方之间存在的关税及非关税壁垒。第二，建立一个综合框架，包含市场一体化的一系列措施，如投资促进、贸易便利化以及和谐的贸易及投资规则与标准。

重要性

建立中国—东盟自由贸易区，是中国和东盟合作历程中历史性的一步。它充分反映了双方领导人加强睦邻友好关系的良好愿望，也体现了中国和东盟之间不断加强的经济联系，是中国与东盟关系发展中新的里程碑。建成后的中国—东盟自由贸易区，将会创造一个拥有18亿消费者、近2万亿美元国内生产总值、1.2万亿美元贸易总量的经济区。按人口算，其将是世界上最大的自由贸易区；从经济规模上看，其将是仅次于欧盟和北美自由贸易区的全球第三大自由贸易区。由中国和东盟十国共创的世界第三大自由贸易区，是发展中国家组成的最大的自由贸易区。

内容框架

由于中国和东盟成员国经济发展水平差距巨大，所处的经济发展阶段各不相同，合作的目标和承受的能力也不尽相同，加上实行的社会制度有所不同，因此，考虑到各国的实际情况，为了兼顾各成员国的利益，中国—东盟自由贸易区关税减让的时间表安排是一个复杂的过程，自由贸易区合作的领域也不仅限于货物贸易自由化，还将扩大到其他领域。中国—东盟自由贸易区的内容可大致概括为以下几方面：

第一，货物贸易关税的减让，分正常类和敏感类。中国—东盟自由贸易区目前存在两个关税时间表：一是中国加入WTO后，关税将按WTO的规则逐渐降低，而在2007年之前，东盟七个成员国（新加坡、马来西亚、印尼、菲律宾、文莱、泰国和缅甸）是WTO成员国，中国与东盟WTO成员国于2003年7月1日实行WTO最惠国关税率。《中国—东盟全面经济合作框架协议》规定中国与非WTO东盟成员国也于2003年7月1日实施WTO最惠国关税率。二是根据《中国—东盟全面经济合作框架协议》的规定，2010年中国和原东盟六国建立自由贸易区，而与东盟新成员国建成的时间是2015年。

中国—东盟自由贸易区的货物贸易关税减让分为正常类和敏感类。

正常类：经各方同意各自实施的最惠国关税税率依照特定的减让表和税率逐步削减或取消，对于中国与原东盟六国，实施期从2005年1月1日到2010年，对于东盟新成员国，实施期从2005年1月1日到2015年。

敏感类：一方根据自身安排纳入敏感类的产品，应依照相互同意的最终税率和最终时间削减或取消，而敏感产品的数量应在各缔约方相互同意的基础上设定一个上限。

由于各成员国经济发展情况不同，中国与东盟各国有不同的关税减让时间表。泰国率先提出与中国进行果蔬零关税贸易，双方已同意于2003年10月1日起将双方的果蔬关税减至0%。越南也提出提前享受果蔬的零关税待遇。同样，其他东盟国家也会根据本国与中国经济的发展情况提出不同的关税减让方案。

第二，早期收获。中国—东盟自由贸易区的关税减让也根据双方的具体情况，分行业制定减税时间表。《中国—东盟全面经济合作框架协议》对中国—东盟自由贸易区的“早期收获”作了规定，产品范围包括活动物、肉及食用杂碎、鱼、乳品、其他动物产品、活树、食用蔬菜、食用水果及坚果。关税减让时间最迟在2004年初开始下调农产品的关税，并于2006年取消全部农产品关税。

第三，逐步取消非关税壁垒（措施），简化和协调关税程序，但仍保留各自对非成员国的贸易保护政策。非关税壁垒（措施）包括但不限于对任何产品的进口或者对任何产品的出口或出口销售采取的数量限制或禁止，缺乏科学依据的动植物卫生检疫措施以及技术性贸易壁垒。

第四，实施有效的贸易便捷化措施，包括但不限于简化海关程序和制定相互认证安排。

第五，逐步实现涵盖众多部门的服务贸易自由化。

第六，中国—东盟自由贸易区对东盟新成员国给予特殊和差别待遇及灵活性。2001年，中国宣布向老挝、柬埔寨和缅甸提供特殊优惠关税待遇，给予非WTO东盟成员国享受WTO最惠国关税税率，以增加从这些国家的商品进口量。2002年11月，中国还宣布免除老挝、柬埔寨、缅甸等国家的全部或部分债务。为推进建立中国—东盟自由贸易区，双方已经落实一些具体的合作项目，中方出资500万美元资助湄公河通航问题，中方愿以援助的方式承建昆明—曼谷公路老挝境内三分之一路段。中方对建设泛亚铁路继续持积极的态度，表示只要东盟最后确定选线方案，中方将尽快启动境内相关线路的修建或改造。

第七，建立中国—东盟自由贸易区，除货物贸易自由化外，中国与东盟的合作还扩大到金融、旅游、投资、农业、人力资源开发、中小企业、产业合作、知识产权、环境保护、林业及其产品、能源及次区域开发等领域。在2001年东盟和中国“10＋1”首脑会议上，双方领导人确定了中国与东盟在新世纪重点加强五个领域的合作：农业、信息及通讯技术、人力资源开发、投资和湄公河流域开发。

农业合作。农业在中国与东盟国家中均占有十分重要的地位，双方在农业技术、农作物品种、农产品加工、农产品市场等方面存在十分明显的互补性。双方签署了《中国与东盟农业中长期合作谅解备忘录》，双方在农业方面的技术培训与合作开展顺利。

金融合作。1997年东南亚金融危机后，中国与东盟有关国家签订了《清迈倡议》。2001年12月和2002年3月、6月，中国分别同泰国、日本、韩国签署了双边货币互换协议。中国与其他东盟国家也就双边货币互换协议开始接触。中国与东盟举办各种研讨会和培训班，以加强金融方面的合作。

投资合作。加强投资领域的合作，创造透明、自由和竞争的投资机制，提供投资保护，便利和促进中国—东盟自由贸易区的投资。

信息技术合作。中国积极支持并参加“电子东盟”建设，将加大对东盟人员信息技术的培训力度，积极参加东盟国家信息通讯基础设施的建设。中国与东盟将签署《中国与东盟信息产业中长期合作谅解备忘录》。中方举办多期培训班，为东盟培训信息技术方面的人才。

人力资源开发合作。自宣布加强中国与东盟在人力资源开发方面的合作以来，中方向中国—东盟合作基金出资500万美元，举办了通讯技术与管理、人员交流、地震学、社会保障、农药管理、商务信息网、农业技术、交通管理技术、艾滋病实验室、媒体等研讨会和培训班，效果良好。

旅游合作。中国和东盟都积极发展旅游业。目前，东盟十国均已成为中国公民出国旅游目的地国。中国还与泰国、新加坡、菲律宾、越南、缅甸等东盟国家分别签署了政府旅游合作协定或旅游合作谅解备忘录。2002年1月23～25日，第一次东盟和中、日、韩“10＋3”旅游部长会议在印尼日惹召开，标志着在“10＋3”框架下的旅游合作正式启动。

非传统安全领域的合作。中国与东盟除了加强以经济为重点的合作外，还拓展非传统安全领域的合作，如打击跨国犯罪、禁毒、防治艾滋病、环境保护、打击恐怖主义等领域。中国已与缅甸、泰国、越南、柬埔寨、老挝和联合国禁毒署共同建立了六国七方禁毒合作机制，与东盟签署了《东盟和中国禁毒合作行动计划》，与缅甸、老挝、泰国举行了四国禁毒合作部长会议，在禁毒技术和人员培训、替代种植等方面，中国给予了东盟北部国家大力支持。在打击跨国犯罪方面，中国提出中国与东盟目前可重点建立高效的情报交流机制，并加强执法人员的交流和培训。2002年5月，中方在东盟地区论坛上提交了《关于加强非传统安全领域合作的中方立场文件》。2002年11月，在柬埔寨金边召开的东盟与中国“10＋1”首脑会议上，将反对恐怖主义与地区安全纳入中国与东盟合作议题。

2003年上半年，面对SARS的挑战，中国与东盟国家加强了合作。双方于2003年4月26日在马来西亚吉隆坡召开的东盟和中国、日本、韩国“10＋3”卫生部长会议，4月29日在泰国曼谷召开的东盟和中国首脑特别会议上，分别发表了《东盟与中、日、韩卫生部长会议关于SARS的联合声明》和《中华人民共和国与东盟国家领导人特别会议联合声明》，双方决定就防治SARS和重振地区经济与信心进一步加强合作。SARS的挑战使中国—东盟自由贸易区的合作进一步扩大到医疗卫生以及应对突发事件等领域。

第八，中国—东盟自由贸易区的标准将以东盟自由贸易区为基础，与WTO倡导的贸易自由化宗旨和目标相一致（如便利和促进对与贸易有关的知识产权进行有效和充分的保护），同时，它在市场开放程度上比WTO更进一步。

此外，中国—东盟自由贸易区的谈判内容还包括原产地原则，配额外税率的处理，补贴、反补贴措施及反倾销措施的各项规定等。

发展进程

1997年12月，中国和东盟领导人在首次东盟—中国领导人非正式会议上确定了建立睦邻互信伙伴关系的方针。为扩大双方的经贸交往，中国国务院总理朱镕基1999年在马尼拉召开的第三次中国—东盟领导人会议上提出，中国愿加强与东盟自由贸易区的联系，这一提议得到东盟国家的积极回应。2000年11月，中国国务院总理朱镕基在新加坡举行的第四次中国—东盟领导人会议上首次提出建立中国—东盟自由贸易区的构想，并建议在中国—东盟经济贸易合作联合委员会框架下成立中国—东盟经济合作专家组，就中国与东盟建立自由贸易关系的可行性进行研究。

2001年3月，中国—东盟经济合作专家组在中国—东盟经济贸易合作联合委员会框架下正式成立。专家组围绕中国加入世界贸易组织的影响及中国与东盟建立自由贸易关系两个议题进行了充分研究后，建议中国和东盟用10年时间建立自由贸易区。这一建议经过中国—东盟高官会和经济部长会议的认可后，于2001年11月在文莱举行的第五次中国—东盟领导人会议上正式宣布。

2002年11月，第六次中国—东盟领导人会议在柬埔寨首都金边举行，中国国务院总理朱镕基和东盟十国领导人签署了《中国—东盟全面经济合作框架协议》，决定到2010年建成中国—东盟自由贸易区。这标志着中国—东盟建立自由贸易区的进程正式启动。

1995～2002年，中国与东盟双边贸易额年均增长15%。

2003年，中国与东盟双边贸易额达到了历史性的782亿美元。比2002年增长42.9%。

2004年1月1日，中国—东盟自由贸易区早期收获计划实施，下调农产品的关税，到2006年，约600项农产品的关税降为零。

2004年10月30日，第十次东盟首脑会议举行，在中国总理温家宝和东盟十国领导人见证下，中国与东盟签署了《中国—东盟全面经济合作框架协议货物贸易协议》，中国商务部部长薄熙来与东盟十国经济部长共同签署了《中国—东盟全面经济合作框架协议争端解决机制》。这标志着中国—东盟建设自由贸易区进程的全面启动进入实质性执行阶段。东盟并在协议中承认中国的市场经济地位。

2007年11月20日，国务院总理温家宝在新加坡出席第十一次中国与东盟领导人会议。

2005年4月，中国国家主席胡锦涛访问文莱、印尼和菲律宾时提出，到2010年，中国和东盟双边贸易额达到2000亿美元。

2005年7月20日，中国—东盟自由贸易区《中国—东盟全面经济合作框架协议货物贸易协议》降税计划开始实施，中国和东盟的7000种产品在大幅降低关税、免配额以及其他市场准入条件进一步改善的情况下，更加顺畅地进入对方市场，这有利于东盟国家的产品扩大对中国市场出口，也有助于中国企业以更低成本从东盟进口原材料、零部件和设备。

2005年7月中国—东盟自贸区《中国—东盟全面经济合作框架协议货物贸易协议》实施以来，中国对东盟各国已减免了5375种产品的关税，平均税率从9.9%降到5.8%。同时，东盟各国对中国的平均关税也有不同程度的降低。

2006年，中国与东盟贸易额达1608.4亿美元，同比增长23.4%，其中中国进口895.3亿美元，增长19.4%；出口713.1亿美元，增长28.8%。

2007年1月14日，中国与东盟十国签署了中国—东盟自贸区《中国—东盟全面经济合作框架协议服务贸易协议》。这是中国—东盟经贸合作领域的又一重大成果，标志着中国—东盟自贸区建设向前迈出关键的一步。

2007年7月1日，中国—东盟自由贸易区《中国—东盟全面经济合作框架协议服务贸易协议》开始正式实施。

2007年1～7月，双边贸易额达1097.7亿美元，同比增长27.5%，其中中国进口587.7亿美元，增长22.4%；出口510.0亿美元，增长34.0%。

截至2008年8月，双边贸易额已提前3年突破2000亿美元，约7000种税目商品开始实施全面降税，双方签署了《服务贸易协议》，60多个服务部门相互作出了高于 WTO 水平的市场开放承诺，自由贸易区投资谈判取得了积极进展。

2008 年，中国自东盟进口受惠货物 61 亿美元，为企业优惠税款 32 亿元人民币。同时，中国企业申领了 18.4 万份中国—东盟自由贸易区优惠原产地证，向东盟出口受惠货物 51 亿美元。随着自由贸易区宣传力度加大和税率进一步降低，双方企业将享受到更多的优惠。

2009 年 8 月 15 日，第八次中国—东盟经贸部长会议在泰国曼谷举行，中国商务部部长陈德铭与东盟十国的经贸部长共同签署了中国—东盟自贸区《投资协议》。《投资协议》的签署标志着双方成功地完成了中国—东盟自贸区协议的主要谈判，中国—东盟自贸区将如期在 2010 年全面建成。

到 2010 年，中国—东盟自由贸易区建成后，东盟对中国的出口将增长 48%，中国对东盟的出口将增长 55%，对东盟和中国国内生产总值的增长贡献将分别达到 0.9%（约合 54 亿美元）和 0.3%（约合 22 亿美元）。

（来源：国际商报、新华网、广西壮族自治区人民政府门户网站综合整理）

大湄公河次区域合作

背景

大湄公河次区域经济合作（GREAT MEKONG SUBREGION COOPERATION，简称 GMS）是由亚洲开发银行于 1992 年根据银行成立时制订的宗旨，和其章程中关于促进银行发展中国家成员间合作的授权，并为贯彻银行于 1991 年通过的中期发展框架性计划，经与湄公河沿岸中、柬、老、泰、缅、越等六国进行一系列磋商后发起的项目。1991～1995 年间亚洲开发银行根据六国政府的要求，进行了两次比较大规模的大湄公河次区域经济合作可行性研究（称为“可行性研究第一阶段”和“可行性研究第二阶段”）。这两次研究得到中、柬、老、泰、缅、越等六国政府的全力支持和配合。最后框架性报告得出大湄公河次区域经济合作是大势所趋，人心所向的结论，这为未来直至今天的合作奠定了坚实的基础。

大湄公河次区域的范围以及依据：亚行把促进亚太地区发展中国家之间的合作定名为区域经济合作，为此在亚太区域经济合作框架下的中、柬、老、缅、泰、越之间的合作定名为次区域经济合作。除柬、老、缅、泰、越之外，中国指的是中国云南省。大湄公河次区域的界定有以下八个方面的理由：

1. 共同拥有湄公河。湄公河在六国的经济生活中占有重要地位。六国都需要在湄公河开发利用方面加强合作；

2. 六国除泰国外均属转型经济；

3. 六国都推进对外开放；

4. 六国都是资源富集地区，在合理使用低廉劳动力来进行开发方面各国相互间有巨大互补关系；

5. 各国边贸日趋繁荣；

6. 基础设施极为落后，其中中国云南省和老挝无出海口；

7. 六国发展资金极度匮缺；

8. 六国文化背景极为相似。

大湄公河次区域经济合作部长级会议：大湄公河次区域经济合作项目启动后，为保证相关的投融资计划与亚行按成员国组成董事会决定重大投融资事项的体制相衔接并讨论和决定大湄公河次区域经济合作的重大问题，大湄公河次区域经济合作部长级会议应运而生。

2008 年 3 月 31 日，大湄公河次区域经济合作第三次领导人会议在老挝首都万象开幕。中国国务院总理温家宝、柬埔寨首相洪森、缅甸总理登盛、泰国总理沙马、越南总理阮晋勇、老挝总理波松以及亚行行长黑田东彦出席会议。这是温家宝（右三）同与会领导人和亚行行长合影。

地理态势

大湄公河次区域涉及澜沧江—湄公河流域内的中国、缅甸、老挝、泰国、柬埔寨、越南，面积 256.86 万平方公里，总人口约 3.2 亿，连接中国和东南亚、南亚地区，地理位置十分重要。

贯穿大湄公河次区域的澜沧江—湄公河是亚洲一条重要的国际河流，中国境内段称为澜沧江，中国境外段称为湄公河。澜沧江—湄公河发源于中国青藏高原唐古拉山，自北向南流经中国青海、西藏、云南三省区和缅甸、老挝、泰国、柬埔寨、越南五国，于越南胡志明市附近注入南中国海，全长4880公里。

大湄公河次区域涵盖多种气候类型，兼具多种地理特征，蕴藏丰富的水资源、生物资源和矿产资源，经济潜能和开发前景巨大。次区域内居住着多个民族，建筑、风情、服饰、宗教习俗各不相同。次区域各国还拥有不少名胜古迹，包括中国的丽江古城、缅甸的仰光大金塔、老挝的琅勃拉邦古都、柬埔寨的吴哥窟、泰国的大王宫和越南的下龙湾等。

大湄公河次区域拥有丰富的生物多样性资源、农业资源、水能资源、矿产资源、土地资源、人力资源、人文资源和旅游资源，区位优势特别明显，在资源和市场方面具有较强的互补性，充满着巨大的贸易和投资机会，具有极大的发展潜力。深入而言，大湄公河次区域腹地涉及东南亚和南亚的许多国家和地区，约拥有20亿人口，是当今世界经济最具活力的地区之一，也是世界重要的战略物资补给地，有望成为21世纪世界和亚洲新兴的巨大市场。

合作目标

加强经济联系，消除贫困，促进发展。

主要机制

亚洲开发银行大湄公河次区域合作（GREAT MEKONG SUBREGION COOPERATION，简称GMS）

亚洲开发银行大湄公河次区域合作项目自1992年起开始实施，经过初期规划、项目选择，现已进入项目实施阶段。亚洲开发银行大湄公河次区域合作范围，包括湄公河流域老挝、缅甸、柬埔寨、泰国、越南五国和中国云南省，涉及7个合作领域，即：交通、能源、电讯、环境、旅游、人力资源开发以及贸易与投资。该合作机制分为两个层次，其一是部长级会议，自1992年起每年一次。其二是司局级高官会议和各领域的论坛（交通、能源、电讯）和工作组会议（环境、旅游、贸易与投资），每年分别举行会议，并向部长级会议报告。

亚洲开发银行大湄公河次区域合作是湄公河开发三个国际合作机制中起步较早，并取得实质性进展的机制。自1992年起至2005年，亚洲开发银行为湄公河流域国家的基础设施建设累计提供贷款7.7亿美元，帮助融资2.3亿美元，已经在运输和能源领域完成9个项目。截至2001年，亚洲开发银行共向大湄公河次区域开发项目提供32个、累计2500万美元的技术援助。亚行除向湄公河开发项目提供技术援助外，还利用自身的影响和担保作用，呼吁西方发达国家尤其是私人投资者为这些备选项目提供融资。湄公河沿岸各国政府也十分重视亚洲开发银行大湄公河次区域合作项目。

东盟—湄公河流域开发合作（ASEAN—MEKONG BASIN DEVELOPMENT COOPERATION，简称AMBDC）

东盟—湄公河流域开发合作于1996年6月在马来西亚首都吉隆坡举行首次部长级会议。根据会议通过的框架协定，部长级会议将至少每年举行一次，两次部长级会议期间由成员国选派司局级官员举行指导委员会会议，为部长级会议做准备并提供政策建议。同时确定基础设施建设、投资贸易、农业、矿产资源开发、工业及中小企业发展、旅游、人力资源开发和科学技术等八大合作领域。东盟—湄公河流域开发合作第一次部长级会议确定由东盟7国加湄公河沿岸国老挝、缅甸、柬埔寨和中国为该合作机制的核心国。随着老挝、缅甸和柬埔寨三国相继加入东盟，日本和韩国也应邀加入东盟—湄公河流域开发合作之后，东盟—湄公河流域开发合作组织核心实际上就是东盟10国加中、日、韩3国的区域合作格局。

东盟—湄公河流域开发合作第一次部长级会议开过后不久，受亚洲金融危机的影响，部长级会议因此中断，从1997年起至1999年连续三年没有举行。直到2000年，随着亚洲各国逐渐摆脱金融危机的阴影，第二届东盟—湄公河流域开发合作部长级会议于2000年7月初在越南首都河内召开，会议根据日本和韩国政府的申请，讨论了吸收日韩为东盟—湄公河流域开发合作核心成员的问题。东盟—湄公河流域开发合作第三届部长会议于2001年10月8～9日在泰国清莱举行。此后，东盟—湄公河流域开发合作的主席国将在各核心成员之间轮任。

湄公河委员会（MEKONG RIVER COMMISSION，简称MRC）

新湄公河委员会（MRC）是在1957年成立的湄公河下游调查协调委员会（老湄公河委员会）的基础上产生的。1995年4月，湄公河下游泰国、老挝、柬埔寨和越南四国在泰国清莱签署了《湄公河流域可持续发展合作协定》，承认“湄公河流域和相关的自然资源及环境，是沿岸所有国家争取经济和社会富足以及提高本国人民生活水平的具有巨大价值的自然资产。”四个国家决定在湄公河流域开发和管理的一切领域，包括河流资源、河上航运、洪水控制、渔业、农业、发电及环境保护等所有可能产生跨越国界影响的领域进行合作。

依照协定建立的新湄公河委员会（MEKONG RIVER COMMISSION），取代原来的湄公河临时委员会。新湄公河委员会的职责范围并不限于调查和协调湄公河下游水资源的综合开发，而是根据可持续发展思想，强调对整个湄公河的水和相关资源以及全流域的综合开发制定计划并实施管理。新湄公河委员会由三个常设机构组成：即理事会、联合委员会和秘书处。理事会由每个成员国派一名级别不低于司长级官员组成，每年至少举行两次会议。秘书处负责为联合委员会和理事会提供技术和行政服务，其工作在首席执行官（CEO）的领导下进行，而首席执行官的任免则由理事会决定。湄公河委员会各成员国还成立了本国负责该国的湄公河开发和协调任务的机构。新湄公河委员会自成立之日起，就邀请上游的两个国家中国和缅甸加入该组织，并于1996年开始与两国定期举行对话会，迄今已举行过6次对话会。

（来源：云南电子政务门户网站：http://www.ynnic.gov.cn/yunnan，china/76844872044118016/2005 0625/379410/.html.2005—06—25）

领导人会议

2002年11月3日，大湄公河次区域经济合作首次领导人会议在柬埔寨金边举行（下图）。朱镕基总理出席会议并就加强次区域合作的重要性等问题作了主旨发言。会议批准了《次区域发展未来十年战略框架》，并决定其后每三年在成员国轮流举办一次领导人会议。会后，有关国家签署了《大湄公河次区域便利运输协定》谅解备忘录、《大湄公河次区域便利运输协定》中方加入书和《大湄公河次区域政府间电力贸易协定》。

2002年11月3日，大湄公河次区域经济合作首次领导人会议在柬埔寨多边举行

2005年7月4日至5日，大湄公河次区域经济合作第二次领导人会议在中国昆明举行，温家宝总理主持会议，并在会议开幕式上发表了讲话。会议围绕“加强伙伴关系，实现共同繁荣”的主题，进行深入讨论并达成广泛共识，确立了以“相互尊重、平等协商、注重实效、循序渐进”为主要内容的合作指导原则，并发表了《昆明宣言》。与会六国领导人还签署了便利客货运输、动物疫病防控、信息高速公路建设和电力贸易等多项合作文件，批准了贸易投资便利化行动框架和生物多样性保护走廊建设等多项合作倡议。

2008年3月30日至31日，大湄公河次区域经济合作第三次领导人会议在老挝万象举行，六国领导人围绕“加强联系性、提升竞争力”的主题，就加强基础设施互联互通，贸易运输便利化，构建伙伴关系、促进经贸投资，开发人力资源、增强竞争力，可持续的环境管理，次区域合作与发展伙伴关系等六大方面的合作构想交换意见。温家宝总理在会上就加强次区域合作阐述中方倡议主张。与会各国领导人签署了《领导人宣言》，指出了大湄公河次区域经济合作面临的机遇与挑战以及未来行动的方向，提出2008～2012年大湄公河次区域经济合作发展行动计划。与会领导人还签署了《实施次区域跨国电力贸易路线图谅解备忘录》以及《经济走廊可持续与均衡发展谅解备忘录》等一系列合作文件。

进 展

最近16年来，大湄公河次区域已经成为世界上发展最快和东亚一体化速度最快的地区之一，年平均经济增长速度超过6%，在基础设施建设和经贸领域均取得显著的突破和进展。

GMS经济走廊的发展分为三个阶段：交通走廊建设阶段、物流走廊建设阶段、经济走廊建设阶段。2007年沿南北、东西、南部走廊城市间的铁路、公路、水运等基础设施建设已初具规模，交通状况等得到明显改善。

大湄公河次区域经济合作以项目为主导，根据区域内成员的实际需要提供资金和技术支持。2008年3月21日，合作重点项目之一的昆明—曼谷公路（昆曼公路）中国路段全线贯通。作为连接东南亚、南亚国家的4条陆路通道之一，昆曼公路对于完善区域路网结构，优化地区投资环境，促进区域经济交流，推动各国经济社会全面发展具有重要意义。

自合作机制启动以来，各国围绕基础设施建

设、跨境贸易与投资、私营部门参与、人力资源开发、环境保护和自然资源可持续利用五大战略重点加强合作，取得显著成果。

截至2007年底，在次区域经济合作框架内，在交通、能源、电信、环境、农业、人力资源开发、旅游、贸易便利化与投资九大领域共开展180个合作项目，其中投资项目达34个，总投资达98.7亿美元，技术援助项目146个，涉及资金1.66亿美元。

大湄公河次区域其他各国都是中国的友好邻邦，与中国的传统友谊源远流长。中国历来重视参与大湄公河次区域经济合作，不断推进与次区域各国的睦邻友好关系。自2005年大湄公河次区域经济合作第二次领导人会议以来，中国政府进一步大力推进次区域经济合作，并在各种协调机制中发挥着积极作用，取得丰硕的成果。

中国与大湄公河次区域其他国家之间双边贸易持续保持良好发展势头，贸易结构逐步改善，双边投资额也有较快增长。中国在次区域其他五国积极开展的劳务承包和设计咨询的合同额和营业额逐年上升。中国还以合作或独资等方式参与柬埔寨、泰国、越南的经贸合作区开发建设，促进了当地的经济发展。在交通、能源、电信、环境、农业、人力资源开发、旅游、贸易便利化与投资等领域，中国援建南北经济走廊老挝段、建设中国南方电网220千伏、110千伏送电通道项目、援建了柬老缅三国境内信息高速公路工程、率先提出并大力推动生物多样性保护走廊项目、艾滋病防控试点项目，并积极落实大湄公河次区域经济合作旅游发展战略。中国与次区域其他各国合作不断拓展和深化。

中国签署《大湄公河次区域便利货物及人员跨境运输协定》及其附件和议定书；积极参与泛亚铁路合作，组织开展泛亚铁路境内和境外段调研；利用中国政府对外援助资金，先后完成柬埔寨和缅甸境内路段的勘探工作；与泛亚铁路东、中、西3个方案相对应的中国境内段项目均列入中国的《中长期铁路网规划》和《铁路“十一五”规划》。

在贸易投资和农业领域，中国制订并已开始正式实施《贸易投资便利化战略行动框架》中国行动计划；2007年4月中国主办首届大湄公河次区域经济合作农业部长会议，而由中国政府牵头组织建设和管理的“大湄公河次区域农业信息网”也于当月开通运行，为次区域各国农业信息交流提供一个重要平台。

2008年3月，在老挝万象召开的“大湄公河次区域经济合作第三次领导人峰会”上，《2008年至2012年GMS发展万象行动计划》被六国领导人核准通过。《2008—2012大湄公河次区域合作万象行动计划》共包括运输、能源、通讯、农业、环境、旅游、人力资源开发、贸易便利化和投资9个领域数百个项目，投资额近200亿美元，资金来源包括亚行、日本、韩国、澳大利亚、法国以及欧佩克（OPEC）等。涉及中国的项目有昆明—海防运输走廊，缅甸—云南输电线路，南宁、桂林国际机场改造，以及金四角（中国、缅甸、老挝、泰国）南北经济走廊，广西—越南北部旅游区等数十个；涉及旅游的项目有东西经济走廊等次区域内旅游基础设施的联合规划、开发，以及旅游资源共同促销等。目前，三条南北经济走廊、一条东西经济走廊和两条南部经济走廊所涉及的几十个边境检查站已开始逐步实行一站式联检，简化签证程序，对部分货物过境实行免检，允许一国车辆在他国营运等，使得跨境客货运输更加便利，次区域内陆国家货物可以直达东部港口。

来自大湄公河次区域（GMS）六个成员国中国、柬埔寨、老挝、缅甸、泰国、越南和亚洲开发银行的高级官员2008年6月6日在云南省省会昆明达成“昆明共识”，提出加强东西、南北及南部经济走廊合作，突出交通走廊转型为经济走廊。这标志着GMS合作在向更深、更广的领域发展的道路上迈上了一个新的台阶。

“昆明共识”中包含两个重要文件，即GMS南北经济走廊发展战略行动计划要点和GMS经济走廊论坛的职权范围。同时，GMS经济走廊论坛正式成立。

由商务部、云南省和亚洲开发银行共同主办的大湄公河次区域经济走廊活动周暨大湄公河次区域经济走廊贸易物流高层论坛2009年6月6日在云南昆明开幕。此次活动周紧紧围绕“发展经济走廊物流，提高本地区贸易流”的主题，以“GMS贸易物流高层论坛”为核心内容，通过贸易、交通和海关等物流相关领域政府高官、专家学者与工商界人士的对话，找出本地区物流发展的重点和难点，进一步了解物流企业的需求与关切，为促进物流发展献计献策。各方表示，将物流确定为此区域合作的新的着力点，将有利于带动基础设施的建设和完善，改善贸易环境，增加本地区的贸易流，为应对金融危机作出实质性共献。

国际关注

在国际政治多极化、世界经济全球化和区域化迅速发展的推动下，澜沧江—湄公河次区域国际合作成为亚太地区经济、贸易及投资的新热点。自亚洲开发银行倡导大湄公河次区域合作以来，西方发达国家以及东盟对该地区合作都高度重视，纷纷参与到该区域合作中来。

日本一直是湄公河开发的重要捐助国，20世纪80年代末，日本在向东南亚大举推出直接投资的同时，也对湄公河流域进行大量调查研究。日本外务省先后主导并召开“印支综合开发论坛”，日本经团联海外咨询企业协会对澜沧江—湄公河全流域经济、社会、投资、贸易、产业进行大量研究，形成日本参与湄公河开发合作的一整套计划。同时，日本还积极要求参加东盟—湄公河流域开发合作机制，并已获准成为该合作机制的核心国。20世纪70年代以前，美国曾较多地参与湄公河的开发。越战结束后，美国的直接参与有所减少，主要是通过国际机构和跨国公司发挥影响。欧洲及其他西方国家大部分是通过官方的开发援助和直接投资，捐助开发和研究等方式参与澜沧江—湄公河的开发合作。如澳大利亚、新西兰、瑞典等国积极参与湄公河开发，以官方开发援助和人力资源开发为主。英法等国在多极化的推动下，重点的投资、捐助和合作主要集中在原旧殖民地国家。欧盟及其他欧洲国家以亚欧首脑会议为契机，对湄公河开发也有一定兴趣，已在“共同合作湄公河开发计划”方面达成共识，表示积极支持开发合作。

东盟近年来也越来越重视湄公河流域开发合作。1995年，第五次东盟首脑会确定东盟走向21世纪的战略发展目标，决定加快东盟经济政治一体化的进程，并将“东盟自由贸易区”计划从2008年提早到2003年实现。为实现十国“大东盟”计划，东盟积极地介入湄公河开发计划，考虑到东盟的几个新盟员是该地区经济较不发达的国家，经济、社会、政治、法律制度及历史文化背景与原东盟成员国之间有较大差异和距离，考虑到这一地区与中国的密切关系，1996年6月在吉隆坡召开东盟—湄公河流域开发合作第一次部长级会议，通过《东盟—湄公河流域开发合作基本框架》，以提高湄公河流域国家的经济水平，加速将湄公河沿岸国如老挝、缅甸和柬埔寨纳入东盟的轨道；同时，也将“东盟—湄公河流域开发合作”作为东盟与中国经济合作关系的重要组成部分。

2008泛北部湾经济合作论坛

2008年7月30日，嘉宾在论坛上发言

2008泛北部湾经济合作论坛是在世界经济发展不平衡性不确定性因素加剧，泛北部湾经济合作不断取得新的进展和中国政府批准实施《广西北部湾经济区发展规划》，批准设立广西钦州保税港区的背景下召开的。面对全球经济的不确定性，没有一个国家能够独自应对这种挑战，加强合作、形成合力比任何时候更为重要。泛北部湾经济合作论坛为深入推进东亚合作带来了新兴的机遇，对于区域各方在新形势下强化合作意识、探索合作途径、明确合作重点、确立合作目标、建立合作机制发挥了积极的促进作用。

时 间

2008年7月30日～31日

宗 旨

本届论坛以共建中国—东盟新增长极为宗旨，围绕泛北部湾经济合作的展望与推进，广西北部湾经济区的开放开发与泛北部湾经济合作等问题，深入展开研讨，积极推动建立中国—东盟“10＋1”框架下的泛北部湾次区域合作机制，不断丰富和拓展中国—东盟全面合作关系。

主 题

共建中国—东盟新增长极——沟通、合作、繁荣

主要议题

议题一：世界经济发展不平衡不确定性背景下的泛北部湾经济合作

议题二：泛北部湾次区域合作的重点难点和趋势

议题三：广西北部湾经济区开放开发与泛北部湾经济合作

组织机构

主办单位：

国家发展和改革委员会

交通运输部

商务部

中国人民银行

海关总署

国家旅游局

国务院发展研究中心

人民日报社

国家开发银行

亚洲开发银行

广西壮族自治区人民政府

特点

与前两届论坛相比，2008泛北部湾经济合作论坛呈现出6大特点：

1. 本届论坛主办单位更具广泛性和代表性。除亚洲开发银行和中国交通运输部、商务部、中国人民银行、国家旅游局、国务院发展研究中心、人民日报社、国家开发银行、广西壮族自治区人民政府等继续参与论坛主办外，中国国家发展改革委、海关总署、海南省人民政府首次参与论坛主办，进一步增强了论坛的广泛性和代表性，体现了论坛的巨大影响力。

2. 本届论坛主题和议题的设计更具针对性。在继续沿用前两届论坛主题“共建中国—东盟新增长极”的基础上，根据世界经济发展和区域合作的新形势，本届论坛的副题确定为“沟通、合作、繁荣”。在三个议题中，“世界经济发展不平衡不确定性背景下的泛北部湾经济合作”这个议题，把目光从“泛北合作”本身，放大到“泛北合作”的背景和环境，更加全面和客观地审视“泛北合作”，在世界经济发展的大格局中思考和研究推动“泛北合作”；“泛北部湾次区域合作的重点难点和趋势”这个议题是在过去两届论坛对“泛北合作”的机制、路径、港口合作、旅游合作、金融合作、产业合作等探讨的基础上，进一步研究哪些是重点、哪些是难点，方向和趋势是什么，更具战略性；“广西北部湾经济区开放开发与泛北部湾经济合作”议题是重点探讨广西北部湾经济区上升为中国国家战略，中国国务院批准实施《广西北部湾经济区发展规划》，批准设立钦州保税港区之后，如何把广西北部湾经济区打造成“泛北合作”的平台和基点，为区域合作创造新的机遇，共建、共享、共赢。这三个具体议题，既保持了论坛研讨的连贯性和延续性，又体现了认识研究的深入和发展。

3. 本届论坛的国际化程度更强。与前两届论坛相比，不仅有中国与东盟的政府部门、研究机构、企业代表以及东盟秘书处、亚洲开发银行等区域性国家组织，世界500强企业代表、世界著名专家学者参与论坛研讨，还吸引了联合国贸发会议、世界银行、欧洲国际政治经济中心、欧美等国家驻华外交机构代表以及日本、韩国、东盟各国的媒体前来参会或报道，论坛的国际化程度越来越强。

4. 出席本届论坛的嘉宾层次更高。本届论坛，高水准、高层次的嘉宾明显多于往届。其中，部级以上的重要嘉宾达29位，比上届论坛多了10位。此外，与会嘉宾还有诺贝尔经济学奖获得者两人，国际组织代表9人，欧洲及东盟驻华外交官员30人，世界500强企业、中国100强企业、金融机构的代表也明显多于往届。

5. 本届论坛活动安排更丰富。今年的泛北部湾经济合作论坛在北海举行，论坛举办期间，北海市政府将设宴招待与会来宾，并安排海上帆板表演、空中跳伞表演、海上焰火表演和大型文艺晚会，使本届论坛活动显得更丰富多彩。

6. 本届论坛的成果更突出。在中国—东盟领导人会议上，中国国务院总理温家宝多次倡议成立泛北部湾合作联合专家组，作为启动“泛北合作”的重要措施，以加强合作研究，指导合作进程。今年1月4日，“泛北合作”中方专家小组成立。在中国商务部的大力推动下和东盟秘书处、亚洲开发银行的大力支持和有关各方的共同努力下，“泛北合作”联合专家组将在本届论坛上正式成立并召开第一次工作会议，会议的讨论成果也将在论坛上发布。这将是“泛北合作”论坛举办以来所取得的标志性重大成果，也将是本届论坛的最大亮点。

论坛成果

1. 与会的国家各部委表示将继续支持泛北部湾经济合作和广西北部湾经济开放开发；

2. 与会的393名嘉宾和近200名记者对论坛的议题所取得的共识表示满意；

3. 论坛的组织、接待、安全等方面工作让与会各方满意；

4. 中国银行同意拿出50亿元参与北部湾产业基金的设立。

活 动 篇

中国—东盟博览会

概 况

中国—东盟博览会是由中国国务院总理温家宝倡议，由中国和东盟十国经贸主管部门及东盟秘书处共同主办，广西壮族自治区人民政府承办的国家级、国际性经贸交流盛会，每年在广西南宁举办。博览会以“促进中国—东盟自由贸易区建设、共享合作与发展机遇”为宗旨，涵盖商品贸易、投资合作和服务贸易三大内容，是中国与东盟扩大商贸合作的新平台。

截至目前，中国—东盟博览会已成功举办五届，为推动中国与东盟经贸关系的发展发挥了重要作用。

2005 年，中国—东盟博览会被评为中国十大知名品牌展会，博览会常设机构——中国—东盟博览会秘书处荣获中国会展业特别贡献奖。

2006 年，中国—东盟博览会荣获“2006 年中国十大最具影响力的政府主导型展会”称号。

2007 年，中国—东盟博览会获得“2007 年中国十大最具影响力的国家级品牌展会”称号。

2008 年，中国—东盟博览会在第六届中国会展节事财富论坛上被评为“2008 年度十大会展”。

第六届中国—东盟博览会将于 2009 年 10 月 20～24 日在广西南宁举办。

中国—东盟博览会是目前我国境内唯一由多国政府共办且长期在一地举办的展会。

中国—东盟博览会以展览为中心，同时开展多领域多层次的交流活动，搭建了中国与东盟交流合作的平台。

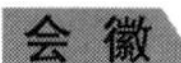

会徽

凝 聚

作者的设计灵感源自“10＋1”概念。

十一条彩带分别代表着美丽的中国和旖旎的东盟十国。

合作的平台凝聚人心、汇聚人气。中国与东盟十国的朋友相聚在南宁，以中国—东盟博览会为平台，通过广泛深入的交流与合作，实现优势互补、共同发展的美好愿望。

凝聚产生力量。中国—东盟博览会将是国际盛会，我们带着美好的期盼与憧憬，与东盟各国朋友携手并肩，抒写梦想，挥洒欢乐，分享荣耀！

绽 放

美丽的花瓣，像无数双欢迎的手臂。这不仅体现了中华民族好客的传统，也表达了广西各族人民待客的诚意。

盛开的朱槿，标志着中国—东盟博览会这个盛大聚会的开放与包容，寓意发展空间永无止境。

同时，作者巧妙地运用了现代艺术手法，将南宁的市花朱槿与广西标志性建筑——南宁国际会展中心有机地结合起来，传递出中国—东盟博览会举办地的信息，表达了广西 5049 万（截至 2008 年末）人民，将作为十几亿中国人的代表，向世界敞开博大的胸怀！

繁　荣

繁花似锦。11片花瓣间铺满了光荣与梦想，预示着中国与东盟十国人民互利合作、共享繁荣美好的未来。

作者将中国传统的书法绘画艺术与现代设计手段相融合，缤纷的色调，流畅的线条，演绎着一个区域的活力、变革与发展，弹奏出这片热土的激越情怀。

东盟十国中多数国家毗邻海洋，中国—东盟博览会举办地——广西亦具沿海优势。因此，会徽以蓝色为主色调，意在体现中国—东盟博览会将奏响和平进步的人类赞歌，弘扬"10＋1"各国人民的民族智慧！

会歌

中国—东盟博览会会歌——"相聚到永久"。

中国—东盟博览会会歌"相聚到永久"综合性强，兼具传统与时尚感，易于传唱。歌名和歌词内容切合博览会主题，尤其是"相聚"和"永久"，既概括了博览会的内容、特点，又涵盖了人们友谊、合作、发展、繁荣的美好愿望。

会歌歌词：

再大的城市也装不下
双眼的眺望　梦想的宽广
共同的梦想才能拥有
不熄的信念和力量
再高的山峰不能阻挡
坚强的拥抱　超越的渴望
广阔的天空才能书写
腾飞的希望和辉煌
相聚到永久
风雨并肩走
共患难　我们手牵手
永远是朋友
相聚到永久
风雨并肩走
看东方我们同声唱
我们永远是朋友

吉祥物

吉祥物"合合"以独产于广西的珍稀动物"白头叶猴"为创作原型。"合合"形象活泼、可爱，富有人情味，构思新颖，用笔灵动洗练，用色单纯明快。"合合"寓意"合作、融合"，反映了中国—东盟博览会"合作与发展"的宗旨。"合合"又是"和平、和气"之"和"的谐音，体现了中国与东盟建立和平与繁荣的战略合作伙伴关系的内涵。它不仅具备中国文化和广西的特色文化底蕴，同时兼容东盟国家等不同的文化背景，充分体现了中国—东盟博览会的主题。

缘起

2003年10月8日，中国国务院总理温家宝在第七次中国与东盟"10＋1"领导人会议上倡议，从2004年起每年在中国南宁举办中国—东盟博览会，同期举办中国—东盟商务与投资峰会。这一倡议得到了东盟各国领导人的积极响应，并写入了会后发表的主席声明。

背景

纵观世界经济的发展形势，区域经济一体化与经济全球化已成为当今世界经济发展的两大潮流。中国同东盟领导人审时度势，高瞻远瞩地作出了建立中国—东盟自由贸易区的重大战略决策。

2002年11月，在柬埔寨金边召开的第六次中国—东盟"10＋1"领导人会议上，中国与东盟领导人签署了《中国与东盟全面经济合作框架协定》，共同启动了中国—东盟自由贸易区的建设进程。

根据《中国与东盟全面经济合作框架协议》，2004年1月1日，中国—东盟自由贸易区的先期成果"早期收获计划"开始实施。

2004年11月，中国和东盟签署了《中国—东盟全面经济合作框架协议货物贸易协议》和《中国—东盟全面经济合作框架协议争端解决机制协议》，标志着中国—东盟自由贸易区建设进入了全面启动的实施阶段。

2005年7月，《中国—东盟全面经济合作框架协议货物贸易协议》实施，中国与东盟对7000种商品互相开始降税。自2007年起，又进行了第二阶段降税。中国降低了5375种产品的关税，对东盟的平均关税由8.1%下降为5.8%。东盟各国对中国的平均关税也有不同程度的降低。到2010年，中国和东盟老成员国的绝大多数产品关税将降为零，中国—东盟自由贸易区将正式建成。中国与东盟四个新成员国（柬埔寨、老挝、缅甸、越南）则在2015年将双方绝大多数产品的关税降为零。

2007年7月，中国—东盟自由贸易区《中国—东盟全面经济合作框架协议服务贸易协议》实施，标志着中国—东盟自由贸易区的建设向前迈出了关键的一步，为如期全面建成自贸区奠定了更为坚实的基础。

中国—东盟自由贸易区建成后，将成为一个涵盖18.5亿人口、3万亿美元国内生产总值、2.5万亿美元贸易总额的世界第三大自由贸易区，也是人口最多的自由贸易区、发展中国家之间最大的自由贸易区。

中国—东盟博览会以中国—东盟自由贸易区为依托。自贸区建设的成果为博览会持续发展提供了内在的市场动力。同时，博览会为企业分享自贸区建设成果，进一步开拓市场，提供了难得的好平台。

定位

中国—东盟博览会以促进中国—东盟自由贸易区建设，共享合作与发展机遇为宗旨，围绕《中国与东盟全面经济合作框架协议》以双向互利为原则，以自由贸易区内的经贸合作为重点，面向全球开放，为各国商家共同发展提供新的机遇。

内容

商品贸易、投资合作、服务贸易、高层论坛、文化交流

特色

1. 进口与出口相结合，以进口为特色，强调对东盟市场开放，做东盟商品进入中国的桥梁。

2. 投资与引资相结合，以中国企业“走出去”为特色，做中国企业投资东盟的平台。

3. 商品贸易与服务贸易相结合，以旅游服务和中小企业技术创新成果转让为切入点，培育中国与东盟经贸合作的新增长点。

4. 展会结合，相得益彰。中国—东盟商务与投资峰会和中国—东盟博览会同期举办，二者有机结合，相互促进。“两会”期间，既有实实在在的经贸活动，又有政府、企业、专家学者的相互对话与交流。

5. 经贸盛会与外交舞台。中国—东盟博览会既是一次经贸盛会，又是一次多边国际活动，充分体现了中国与东盟睦邻友好、建立面向和平与繁荣的战略合作伙伴关系的宗旨和意图，务实地推动了中国与东盟国家区域经济合作的深入发展。

6. 经贸活动与文化交流相结合。中国—东盟博览会期间同时举办“风情东南亚”晚会、“南宁国际民歌艺术节”开幕晚会、“中华情”晚会、高尔夫名人赛、“网球之友”名人赛、时装节、美食节等，五彩纷呈的文化体育活动穿插其间。

组织机构

主办单位：
中国商务部
文莱工业和初级资源部
柬埔寨商业部
印度尼西亚贸易部
老挝工业贸易部
马来西亚国际贸易和工业部
缅甸商务部
菲律宾贸易和工业部
新加坡贸易和工业部
泰国商业部
越南工业贸易部
东盟秘书处

承办单位：
广西壮族自治区人民政府

协办方：
中国科学技术部
中国交通运输部
中国国家旅游局
中国国际贸易促进委员会
香港贸易发展局

国内外支持商协会：
文莱中华商会
文中友协
柬埔寨总商会（又名金边总商会）
柬埔寨成衣厂商协会
柬埔寨中国商会
柬埔寨港澳侨商总会
印尼工商会馆中国委员会
印尼中华总商会
印尼—中国经济社会与文化合作协会
老挝国家工商会
马来西亚中国经济贸易总商会

马来西亚制造商联合会
马中友好协会
马来西亚中华工商联合会
缅甸联邦工商会
缅甸林木产品商协会
缅甸豆类商协会
缅甸渔业协会
缅甸工业联合会
菲华商联总会
新加坡中华总商会
新加坡工商联合总会
新加坡制造商联合会
新加坡中国商会
新加坡中小企业工会
泰国中华总商会
泰国工商总会
泰中商务委员会
越南工商会
中国纺织品进出口商会
中国轻工工艺进出口商会
中国五矿化工进出口商会
中国食品土畜进出口商会
中国机电产品进出口商会
中国医药保健品进出口商会
中国对外承包工程商会
中国食品和包装机械工业协会

常设机构

中国—东盟博览会秘书处

主要负责：

中国—东盟博览会的总体规划和重大活动的组织实施；

统筹和组织实施中国—东盟博览会境内外招商招展，展会的展区规划、现场管理与服务；

展馆租赁、展位经营、广告赞助以及中国—东盟博览会专有品牌资源的管理和经营；

中国—东盟博览会的整体形象设计和宣传推介工作等。

中国—东盟博览会秘书处内设综合协调部、研究发展部、招商招展部、展览管理部、对外联络部、宣传推介部、会议接待部、经营开发部、人力资源部、财务会计部等十个职能部。

历届出席领导

第一届·2004年11月3～6日
中共中央政治局委员、国务院副总理吴仪
柬埔寨首相洪森
老挝总理本扬
缅甸总理梭温
泰国副总理披尼
越南副总理范家谦

第二届·2005年10月19～22日
中共中央政治局常委、国家副主席曾庆红
老挝国家副主席朱马里
柬埔寨首相洪森
缅甸总理梭温
泰国第一副总理颂奇
越南常务副总理阮晋勇

第三届·2006年10月31日～11月3日
中共中央政治局常委、国务院总理温家宝
东盟轮值主席国菲律宾总统阿罗约
文莱苏丹哈桑纳尔
柬埔寨首相洪森
印度尼西亚总统苏西洛
老挝总理波松
马来西亚总理巴达维
缅甸总理梭温
新加坡总理李显龙
泰国总理素拉育
越南总理阮晋勇

第四届·2007年10月28～31日
中共中央政治局委员、国务院副总理曾培炎
文莱王储穆赫塔迪·比拉
柬埔寨首相洪森
老挝总理波松
越南总理阮晋勇

第五届·2008年10月22～25日
中国国务院副总理王岐山
中国全国人大常委会副委员长顾秀莲
中国全国政协副主席李兆焯
柬埔寨首相洪森
柬埔寨副首相贺南洪
缅甸总理登盛
老挝国家副主席本扬
菲律宾众议长普罗斯培·诺格拉雷斯
越南副总理黄忠海
文莱公主玛斯娜

主题

中国—东盟博览会从第四届开始，每届选择一个重点合作领域作为主题，以推动中国—东盟合作的更快发展。第四届中国—东盟博览会的主题为：港口合作；第五届中国—东盟博览会的主题为：信息通信合作；第六届中国—东盟博览会的主题将定为：海关和商界合作。

成果与述评

五届中国—东盟博览会吸引国内外企业踊跃参会，参展参会企业及客商人数稳步增长，贸易成交额和经济合作项目签约额逐年提高，东盟国家参展参会积极性不断增强，展会专业性明显提升，取得了显著的经贸成效。

成果

项目	第一届	第二届	第三届	第四届	第五届	合计
总展位数（个）	2,506	3,300（+31.8%）	3,663（+11%）	3,400（−7%）	3,300	16,169
东盟展位数（个）	626	696（+11.2%）	837（+20.3%）	1,124（+35%）	1,154	4,437
东盟展位占比	25%	21%（−4%）	23%（+2%）	33%（+10%）	35%	27.4%
参展企业总数（家）	1,505	2,000	2,000	1,908（−4.6%）	2,100	9,513
其中：东盟企业数（家）	275	330（+20%）	356（+7.9%）	667（+87.4%）	670	2,298
参展参会客商人数（人）	18,000	25,000（+38.9%）	38,900（+55.6%）	41,600（+7%）	36,500（+9%）	160,000
境外采购商人数（人）	4,000	6,000（+50%）	7,000（+16.7%）	7,500（+6.3%）	7,650（2%）	32,150
贸易成交（亿美元）	10.8	11.5（+6.5%）	12.7（+10.4%）	14.2（12.1%）	15.97（12.18%）	65.17
国际合作项目签约额（亿美元）	49.68	52.9（+6.5%）	58.5（+10.6%）	61.5（5.3%）	63.64（+3.41%）	286.22
国内合作项目签约额（亿元）	485.4	501.8（+3.4%）	553.7（+10.3%）	582.1（5.1%）	612.01（+5.13%）	2,735.01

述评

金桥通十国　五载筑同心

金秋十月，相聚南宁；金桥飞架，五载同心。

经过中国和东盟各国的共同努力，2008 年 10 月 25 日下午，第五届中国—东盟博览会和第五届中国—东盟商务与投资峰会在广西南宁圆满落下帷幕。

5 年来，“11 国搭台，18 亿人唱戏，60 亿人喝彩”的精彩大戏——中国—东盟博览会，正像它的主题词一样，从“江河共融”到“合作印鉴”，从“珠联璧合”到“同舟共济”，再到如今的“五载同心”，不断地向世界递交了一份份“10+1>11”的完美答卷。

构筑抵御金融风暴的“轴心动力”

2008 年以来，以美国次贷危机为发端的国际金融风暴正以越来越汹涌的态势在全球扩散。然而，良好的“危机免疫力”、巨大的市场潜力以及中国—东盟自由贸易区建设带来的对外贸易发展和东盟内部贸易的发展，让中国—东盟自由贸易区拥有了抵御金融风暴的“轴心动力”。

10年前的亚洲金融危机的惨烈景象还恍若隔世，曾饱尝苦果的东盟国家和在危机中主动承担起大国责任的中国，一方不断调整自身的经济结构，谨慎对待外来资本，加强对“热钱”的监管；另一方则通过宏观调控，逐步实现了产业的转型和升级，不断扩大内需。这样的组合，自然而然地提升了本地区对金融危机的“免疫力”。

随着中国—东盟自由贸易区《货物贸易协议》、《服务贸易协议》的相继签署，东盟已成为中国第四大贸易伙伴，中国和东盟的双边贸易已成为我国外贸的一个新的增长极。2008年上半年，中国与东盟双方贸易额达1158亿美元，比去年同期增长25.8%，超过中美贸易12.6%、中日贸易17.9%的增速。2007年中国与东盟双方贸易额达到2025亿美元，提前三年实现了2000亿美元的目标，自2004年来的三年间年均增长24.1%。中国—东盟自由贸易区这个18亿人口的巨大市场潜力，无疑都会成为中国和东盟双方稳定的出口目的地。

东盟国家领导人在第五届中国—东盟商务与投资峰会上纷纷表示，在当前世界经济发展不确定因素增加的情况下，东盟各国通过中国—东盟博览会发展与中国的经贸合作，具有特别重要的意义。

中国—东盟自由贸易区建设的“标杆”作用和宝贵经验，不仅推动了中国和东盟国家与其他国家双边贸易的深入，还促进了东盟国家内部关系的发展，横亘在国家之间的壁垒正逐渐被打破。法国马恩河谷省议会副主席罗蒙·加尼尔表示，法国企业参加了食品类的对接会、投资项目对接会等活动，效果很好。明年，他们将组织更大规模的企业代表团参加中国—东盟博览会。

形成促进相互合作的重要平台

截至2008年10月25日16时，第五届中国—东盟博览会累计交易总额达15.97亿美元，同比增长12.18%；各方共签订国际经济合作项目136个，总投资额63.64亿美元，比上届增长3.4%；签订国内经济合作项目216个，总投资额612.01亿元，比上届增长5.1%。这些振奋人心的成绩，让我们看到，随着越来越多的客商前来参展参会，中国—东盟博览会已成为促进相互合作的重要平台，越来越多的企业从这里找到了商机。

五年来，中国—东盟博览会和中国—东盟商务与投资峰会共有32位国家领导人、800多位部长级贵宾出席，参展参会客商12.6万人，贸易成交额65.2亿美元，国际投资合作签约额286.24亿美元、国内合作项目签约2815.01亿元。

2008年的主题国柬埔寨不仅派出了创历年参会人数之最的500多人的特大代表团，柬埔寨首相洪森还亲自率团参会参展。柬埔寨嘉华银行主席方侨生表示，第五届博览会，每个参展商都看到了博览会带来的成果，将会有越来越多的客商参与其中。

在第五届博览会上，东盟十国均有合作项目在大会上进行签约。其中，东盟各国签订投资项目58个，总投资额35.54亿美元，比上届增长39.48%；贸易成交额达3亿美元，与上届持平。印度尼西亚一家企业在第五届博览会上就签署了向中国出口6100多万美元食品的订单，成为第五届博览会单笔成交额最大的东盟对中国的出口合同。江淮汽车签署了6000万美元的汽车出口合同，成为第五届博览会最大的出口合同之一。第五届博览会国内贸易额明显增长，达到5.3亿元，比去年翻两番。

随着《广西北部湾经济区发展规划》的批准实施，良好的地理位置、国家的优惠政策，广西正吸引世界各地的目光。印尼金光集团在文本钦州投资的林浆纸一体化项目，计划总投资400多亿元。2008年10月22日，美中商贸总会和钦州市又签下投资额约15亿元的合作项目，决定在钦州打造一个具有北美特色的商贸城。而2008年10月23日在广西南宁举行的亚欧会议投资促进机构圆桌会议通过的《南宁倡议》中，更是提出要在南宁设立“亚欧投资促进中心”。泛北部湾经济合作联合专家组第二次会议则通过了《泛北部湾经济合作联合专家组行动方案》。这表明，广西将成为全球投资机构关注的热点区域。

携手迈向中国—东盟自由贸易区

2004年1月1日，中国—东盟自由贸易区框架下的“早期收获计划”正式实施；2005年7月，中国—东盟自由贸易区《货物贸易协议》实施，降税计划开始启动，7000多种产品逐年削减关税；2007年7月1日，《服务贸易协议》开始实施。回顾5年来中国—东盟自由贸易区的建设历程，真可谓“稳步推进，成果显著”。

“继续就《中国—东盟自贸区投资协议》加强沟通协商，力争早日结束谈判并签署协议，确保如期建成中国—东盟自贸区。”中国国务院副总理王岐山在第五届中国—东盟商务与投资峰会上发表演讲时如此表示。显然，中国—东盟自由贸易区的尽快建成，将使中国与东盟的双边贸易快速增长，并使该地区产生“吸金效应”。

除了展览内容紧扣中国—东盟自由贸易区降税计划，98%的展品都是降税商品以及东盟展位再创新高等特点，第五届博览会还同期举行了多达16个的专业论坛并发布多个宣言，有力地推进了中国—东盟自贸区建设。尤其是2008年新增的2008中国—东盟青年企业家论坛、中国—东盟信息通信工商论坛等7场高规格论坛活动，以及已经落户广西的中国—东盟青少年培养基地、中国—东盟妇女培训中心等中国与东盟合作机制，更显示了博览会以其独特的“展会结合”的优势，在全球第三大自由贸易区的建设中起到了“加速器”的作用。

广西壮族自治区主席马飚表示，中国—东盟博览会及中国—东盟商务与投资峰会取得了显著成效，在更宽领域、更深层次推动中国与东盟交流合作的“南宁渠道”已初步形成。随着中国 东盟自由贸易区建成脚步的日益临近，中国和东盟国家之间的人员、信息和资金等要素的流动将更加顺畅和活跃，中国—东盟博览会也将会被赋予新的内涵和意义。

第五届展会上交相辉映的商品贸易、投资合作、先进技术、“魅力之城”四大专题，为与会各方提供了更好的经贸配对的商机。这次在当前全球金融市场动荡加剧、经济增长不确定因素明显增多的特殊背景下举行的盛会，结下了丰厚的硕果，更凸显了中国和东盟国家相互合作的重要性。

正如广西壮族自治区党委书记郭声琨所言，当今时代是一个全球化的时代，我们必须具有世界眼光，加强相互合作，才能一起去迎接挑战，一起去拥抱美好的明天。

（来源：庞革平，富子梅，谢建伟. 人民网. http://world. people. com. cn/GB/41214/8232577. html. 2008—10—26）

中国—东盟商务与投资峰会

概　况

背景

2003年10月8日，中国国务院总理温家宝在第七次中国与东盟（10+1）领导人会议上倡议，从2004年起每年举办一次中国—东盟商务与投资峰会。

这一倡议，作为中国推动中国—东盟自由贸易区建设的一项实际行动。得到了东盟国家领导人的积极响应，并写入会后发表的主席声明。

中国—东盟商务与投资峰会与中国—东盟博览会同期举办，已成功举办五届。

会徽

十一道彩色弧线的组合，仿佛一双充满力量的翅膀，象征着中国与东盟十国的诚挚协作，共谋发展；仿佛两张充满希望的风帆，象征着中国与东盟各国在商务与投资峰会这一东风的强劲助推下，迎接着新的机遇与挑战；它又像天边绚丽夺目的彩虹，昭示了饱含激情的澎湃商机与热力四射的光明前景。

宗旨

中国—东盟商务与投资峰会以推动中国与东盟国家全面经济合作与中国—东盟自由贸易区建设为目标，为中国和东盟十国的政府官员、企业界和学术界人士建立起宣传经贸政策与推介合作项目、开展多向互动与信息交流的合作平台，为各国采购商、生产商和投资商提供更多的商业机会，向各国政府表达商界意愿，促进政策制定与经贸合作，推动中国与东盟经济合作的全面发展。

组织机构

主办机构：

中华人民共和国商务部

中国国际贸易促进委员会

中国广西壮族自治区人民政府

协办机构：

东盟工商会

中国—东盟商务理事会

东盟十国国家工商会

承办机构：
中国—东盟商务与投资峰会秘书处

常设机构：
名称：中国—东盟商务与投资峰会秘书处
地址：中国广西南宁市东葛路3号
邮编：530022

网址：http：//www.cabiforum.org
邮箱：cabi@cabiforum.org
境内联系电话：0771—2801173 2809149
传真：0771—2809149
境外联系电话：86－771－2800607 2618812
传真：86－771－2800607

历届概况

	时间	主题	出席领导
第一届中国—东盟商务与投资峰会	2004年11月3日至4日	促进互利合作谋求共同发展	中国国务院副总理吴仪、柬埔寨首相洪森、老挝总理本南、缅甸总理梭温、泰国副总理比尼、越南国家副总理范家谦发表了精彩演讲，东盟秘书长王景荣。
第二届中国—东盟商务与投资峰会	2005年10月19日至20日	中国与东盟国家市场的开放及开发	缅甸总理梭温、老挝国家副主席朱马利·赛雅贡、泰国第一副总理颂奇、越南常务副总理阮晋勇，中国商务部部长薄熙来、中国贸促会会长万季飞、广西壮族自治区党委书记曹伯纯、广西壮族自治区主席陆兵、东盟秘书处秘书长王景荣等。
第三届中国—东盟商务与投资峰会	2006年10月31日至11月3日	共同的需要，共同的未来	中国国务院总理温家宝、菲律宾总统阿罗约、文莱苏丹博尔基亚、柬埔寨首相洪森、印度尼西亚总统苏西洛、老挝总理波松、马来西亚总理巴达维、缅甸总理梭温、新加坡总理李显龙、泰国总理素拉育、越南总理阮晋勇。
第四届中国—东盟商务与投资峰会	2007年10月28日至10月31日	创新合作——加快提升区域增长力	中国国务院副总理曾培炎、文莱王储穆赫塔迪·比拉、柬埔寨首相洪森、老挝总理波松、越南总理阮晋勇和东盟秘书长王景荣。

第五届中国—东盟商务与投资峰会

时间

2008年10月22日至10月25日

主题

广阔的视野，积极的行动

出席领导

中国国务院副总理王岐山、柬埔寨首相洪森、缅甸总理登盛、老挝国家副主席本扬、菲律宾众议长普罗斯培·诺格拉雷斯、越南副总理黄忠海、联合国贸发会议秘书长素帕猜。

领导发言

王岐山在第五届中国—东盟商务与投资峰会开幕式上的演讲

10月22日，第五届中国—东盟博览会在广西南宁开幕。图为国务院副总理王岐山宣布第五届中国—东盟博览会开幕。

尊敬的各位嘉宾，女士们，先生们，朋友们：

我代表中国政府，对莅临会议的东盟国家领导人和各位嘉宾表示热烈的欢迎！

中国与东盟各国政府高度重视发展友好关系和互利合作。自2004年首次举办中国—东盟博览会和商务与投资峰会以来，双方积极推进中国—东盟自由贸易区建设，先后签署并实施货物贸易协议、服务贸易协议，不断降低关税水平和扩大市场准入，深化大湄公河、东盟东部增长区等次区域经济合作，推动贸易和投资更加便利化。中国与东盟贸易额由2004年的1059亿美元增加到2007年的2025亿美元，提前三年实现双方领导人提出的2000亿美元的贸易目标。今年1～9月，双方贸易额达1804亿美元，比去年同期增长23%，已互为第四大贸易伙伴。相互投资不断扩大，东盟对华投资已形成相当规模，中国企业对东盟投资快速增长。东盟十国都已成为中国公民的旅游目的国，人员往来更加频繁。双方各领域合作呈现出平等互信、互利共赢的良好发展态势。

中国和东盟各国同处于经济快速发展的阶段，山水相连，文化相通，经济互补，加强合作不仅具有牢固的基础，而且具有巨大的潜力。当前，国际经济不确定不稳定因素明显增多，美国金融危机继续蔓延，国际金融市场动荡加剧，世界经济增长明显减缓，对亚洲地区已产生重大影响。面对这样前所未有的挑战，加快推进中国与东盟合作具有特别重要的意义。为此，我愿就加强中国—东盟经贸合作提出以下建议：

（一）深化贸易和投资合作。进一步深化双方货物贸易、服务贸易合作。继续就《中国—东盟自贸区投资协议》加强沟通协商，力争早日结束谈判并签署协议，确保如期建成中国—东盟自贸区。中国政府将鼓励和支持企业进一步加大对东盟国家的投资，推动在东盟国家建立经济贸易合作区。

（二）加强次区域合作。中方积极支持东盟经济一体化建设，与有关国家共同推动大湄公河次区域由交通走廊向经济走廊转型，探讨开展泛北部湾经济合作。中国政府将支持加快北部湾经济区开放开发，使之成为中国—东盟合作新的增长极。

（三）完善合作机制。进一步发挥现有沟通与合作机制的作用，继续办好中国—东盟博览会和商务与投资峰会，推动多层次、多领域交流对话。鼓励中介机构为企业合作提供服务，特别是支持中小企业开展更有效的合作。

（四）共同应对挑战。顺应经济全球化的潮流，加强区域经济合作，有利于抓住发展机遇，应对重大挑战。中方将继续以负责任的态度，与东盟各国加强在金融、能源、环保、粮食安全等领域的协调与合作，共同促进本地区经济金融稳定健康发展。

女士们，先生们，朋友们！

对中国来说，今年是极不平凡的一年。在国际形势发生复杂变化和国内出现突发性困难的情况下，我们继续保持经济较快增长和金融安全稳定，夺取了汶川特大地震抗震救灾重大胜利，成功举办北京奥运会、残奥会，圆满完成神舟七号载人航天飞行任务。这充分显示出中国改革开放30年奠定的坚实国力基础。总的看，中国经济发展的基本面没有改变，正朝着宏观调控的预期方向发展。今年前三季度，国内生产总值同比增长9.9%，近几个月物价涨幅逐步回落。当前，最重要的是把自己的事情办好。中国政府已经并将继续采取措施应对外部冲击，努力保持经济稳定、金融稳定、资本市场稳定。我们有信心、有条件、有能力战胜各种困难和挑战。

中国的发展将为世界各国特别是周边国家带来更多机遇。我们将坚定不移地走中国特色社会主义道路，深入贯彻落实科学发展观，加快转变经济发展方式，灵活审慎地调整宏观经济政策，着力扩大国内需求特别是消费需求，努力实现发展的速度与结构、质量、效益相统一，促进国民经济持续平稳较快发展。中国将继续推进改革开放，实施互利共赢的开放战略，推动贸易和投资自由化、便利化，反对任何形式的保护主义。我们将始终不渝走和平发展道路，坚持与邻为善、以邻为伴，加强同周边国家的睦邻友好和务实合作，努力以自身的发展促进本地区的共同发展。

广西作为中国—东盟博览会和商务与投资峰会的举办地，在推动中国与东盟合作中具有独特的优势和重要的作用。希望中国和东盟国家各界朋友充分运用这个平台，加强交流，增进了解，努力达成更多的合作成果，为不断扩大中国与东盟经贸合作，巩固和发展战略伙伴关系作出新贡献。

祝本届中国—东盟博览会和商务与投资峰会圆满成功！

谢谢大家。

会议论坛

第三次中国—东盟电信周

第五届中国—东盟博览会的重点主题是“信息通信合作”。围绕这一重点主题，中国工业和信息化部在会期主办了第三次中国—东盟电信周。

中国—东盟电信周是中国国务院总理温家宝2004年11月在老挝万象举行的第八次中国—东盟“10+1”领导人会议上倡议举办的。第一次和第二次中国—东盟电信周分别于2005年5月和2006年4月在中国（北京、上海、深圳）和马来西亚（槟城）举办。

2007年11月，温家宝在第十一次中国—东盟“10+1”领导人会议上倡议，2008年在中国举办第三次中国—东盟电信周。

第三次中国—东盟电信周于2008年10月22～26日在广西南宁举行。中国和东盟各国信息通信主管部门的部长和商界、企业界精英以及国际知名专家学者齐聚南宁，围绕“构建区域信息交流平台，深化中国—东盟信息通信领域合作”这一主题，纵论区域内信息与通信发展大计，提供前沿资讯，共创发展与合作商机。

本次中国—东盟电信周期间，举行了中国—东盟电信部长论坛、中国—东盟信息通信工商论坛、中国—东盟无线电频谱管理研讨会。举办了信息通信展和低成本计算机展。与会代表参观了南宁城市应急联动中心、中国电信广西分公司、中国移动广西分公司。通过系列论坛及活动，进步加深了中国与东盟各国在信息通信领域的相互了解，加强了双方在信息通信领域的合作，巩固了双方在信息通信领域的伙伴关系，促进了双方信息通信产业的发展。

（一）中国—东盟电信周部长论坛

2008年10月22日，中国—东盟电信周部长论坛在南宁荔园山庄国际会议中心举行。中国和东盟国家信息主管部门的部长出席了论坛。

中国工业和信息化部副部长娄勤俭致开幕词，印度尼西亚通信和信息技术部副部长阿什温·萨松高代表东盟电信部长会议主席国印度尼西亚致辞，广西壮族自治区副主席林念修致欢迎辞，中国工业和信息化部国际合作司司长陈因主持论坛开幕式。

2008年10月22日，2008中国—东盟电信周部长论坛在广西南宁召开

与会双方就进一步推动中国与东盟信息通信领域合作达成一致，并围绕本届电信周的主题在信息通信基础设施、农村通信、网络与信息安全、人力资源开发等方面深入交换了意见，取得积极成果。

文莱交通部部长佩欣·达图·阿布·巴卡尔·阿蓬，柬埔寨邮电部无线电管理局副局长桑巴斯·纳里斯，老挝总理府部长、国家邮政电信署署长坎銮·西拉空，马来西亚能源、供水及通讯部秘书长哈里姆·曼，缅甸邮电通讯部部长登佐，新加坡教育兼新闻、通讯及艺术部高级政务部长吕德耀，泰国信息与通讯技术部部长秘书塞拉乌·皮帕农莲，越南通讯传媒部副部长陈德来出席论坛并作主旨发言。

论坛听取了双方高官就《中国—东盟电信普遍服务手册》、《中国—东盟电信监管机构关于网络安全问题的合作框架》的工作汇报，敦促尽快完善相关文本和具体工作，就进一步巩固中国—东盟面向共同发展的信息通信领域合作伙伴关系提出了几点建议：继续加强双方政府、企业及研究机构间的交流，促进务实合作；加强网络与信息安全合作；深入开展普遍服务和农村通信合作，逐步缩小数字鸿沟；积极开展无线电频率管理方面的交流与合作。最终，部长们通过了论坛报告，就进一步推动中国—东盟信息通信领域合作达成一致。

（二）中国—东盟信息通信工商论坛

2008年10月23日，中国—东盟信息通信工商论坛在南宁沃顿国际大酒店举行。

中国工业和信息化部副部长娄勤俭、广西壮族自治区副主席陈章良出席论坛并致辞，印度尼西亚通信和信息技术部副部长阿什温·萨松高委托代表致辞。

来自中国和东盟的主要运营商、设备厂商以及产业链相关企业代表参加论坛，其中包括信息通信领域的世界500强企业以及华为、中兴、中国移动、中国电信、中国联通等国内知名企业。

本次论坛旨在构筑中国和东盟信息交流平台、深化信息通讯领域合作。与会各方就促进信息化应用、建设安全高效的信息通讯网络、创新技术与产品以及本地区信息通讯发展所面临的机遇和挑战进行了卓有成效的探讨。

2008 中国—东盟电信周信息通信工商论坛的成功举办，对今后中国与东盟信息通信业的合作产生积极而重要的影响。信息通信领域的合作是中国与东盟双方合作的重点领域，目前越南进口的 35％整机和 56％的配件及耗材来自中国，马来西亚从中国进口的商品 64％为电子电器类产品，中国是泰国通信设备和计算机及零部件的主要进口来源地之一。仅 2007 年一年，我国出口东盟的信息通信及 IT 产品达到 166.3 亿美元，比 2006 年增加了 17％。

（三）中国—东盟无线电频谱管理研讨会

2008 年 10 月 23 日，中国—东盟无线电频谱管理研讨会在南宁举行。此次研讨会的主题是“加强无线电频谱管理合作，推动无线电业务发展”。

中国工业和信息化部副部长娄勤俭、广西壮族自治区副主席林念修出席研讨会并致辞。来自东盟秘书处、亚太电信组织（APT）、柬埔寨、印度尼西亚、老挝、泰国、越南等东盟成员国信息通信主管部门、无线电频谱主管部门及相关单位的专家参加了研讨会。

在加强边境无线电管理、组织无线电监测，建立无线电频谱数据库、维护边境电波秩序等方面做出了不懈努力。同时，广西积极开展对外合作，协助成功举办了中国与印尼、越南等国家的 7 次边境无线电频谱协调会谈等。此次研讨会的举行，必将进一步促进中国与东盟各国在无线电频谱管理领域的相互了解和合作，巩同利加深中国与东盟各国在信息通信领域面向共同发展的伙伴关系，对深化广西与东盟各国无线电频谱管理交流与合作将起到积极的推动作用。

研讨会上，中国工业和信息化部无线电管理局局长张胜利简要介绍了我国无线电管理的基本情况；与会各国代表也踊跃发言，相互介绍了各国在无线电频谱管理领域的先进经验和相关案例。专家们围绕促进区域无线电频谱规划合作、无线电通信与减灾、区域无线电频谱监测和干扰查找合作、世界和区域性国际组织合作及区域无线电频谱管理人力资源开发等议题展开了广泛讨论和深入交流。

作为 2008 年第三次中国—东盟电信周的重要组成部分，无线电频谱管理研讨会为东盟各国加强无线电频谱管理领域的交流与合作提供了很好的环境和平台。通过此次研讨会，东盟各成员国充分认识到无线电频谱管理在区域经济与社会发展中，特别是信息通信发展中的重要作用，为促进中国与东盟在国际组织中的相互协作打下了良好基础。

（来源：中国—东盟博览会发展报告编委会主编.《中国—东盟博览会发展报告》.2009 年版第 132—137 页）

亚欧会议投资促进机构圆桌会议

2008 年 10 月 22 日下午，由中国商务部主办的亚欧会议投资促进机构圆桌会议在广西南宁开幕。本次会议作为第七次亚欧领导人会议的活动之一，由中国商务部主办，商务部投资促进事务局和广西壮族自治区人民政府承办。来自亚欧会议 22 个国家的 110 多位代表出席会议。

2008 年 10 月 22 日，亚欧会议投资机构圆桌会议在广西南宁开幕

本次会议是首次将“10＋1”以外的国际会议及合作机制引入中国—东盟博览会，将中国—东盟博览会的影响力扩大到欧盟。会议围绕“促进投资，共同发展”的主题，针对亚欧各国当前面临的次贷危机等世界经济新情况，就成员国之间有效的投资促进网络与合作机制、投资促进的成功经验和做法、区域经济合作与投资促进、重点领域投资等议题进行深入探讨，产生了共识，增进了合作的信心。

联合国贸发会议秘书长素帕猜、中国商务部副部长高虎城、广西壮族自治区副主席陈武出席开幕式并致辞。

本次会议取得以下成果：

1. 一致通过《南宁倡议》。会议致通过了《亚欧会议投资促进机构圆桌会议关于成立亚欧投资促进中心的倡议书（南宁倡议）》，建议建立亚欧投资促进中心，以便充分利用中国—东盟自由贸易区业已形成的投资环境，发挥中国—东盟博览会已经形成的投资促进平台作用，发挥中同东盟博览会秘书处明确的硬件和软件设施的作用，更好发挥“亚欧投资在线”在投资领域中的信息平台作用，落实亚欧《投资促进行动计划》，有针对性地实施区域投资促进计划，推动建立更加完善、合理的多边投资环境，创造更多的投资机会，实现本区域内的政治、经济和社会的和谐发展。该倡议得到亚欧与会代表的高度认同，WAIPA（世界投资促进机构协会）副主席艾曼努尔·欧·奈科、西班牙代表、匈牙利代表、蒙古代表、爱尔兰代表、芬兰代表、韩国代表均对亚欧投资促进中心建立的重要性和可行性、所涉及的领域、目标以及运作模式等问题提出了中肯的意见，瑞典代表甚至认为建立此中心应当从一个更高层面的战略角度来考虑，使各国可通过这一中心进行战略性想法的互换，互相把前瞻性的想法提供给各方进行参考，并认为如广西政府具体负责这个平台的运营和维护工作，将是个很大的保障。

2. 对世界经济形势进行了深入探讨。在会议致辞中，高虎城副部长指出，美国次贷危机引发的金融危机正在向全球蔓延，要避免跨国投资热给面临困境的世界经济雪上加霜。联合国贸发会议秘书长素帕猜博士指出，在这样一个经济动荡的情况下，金融危机以及不断扩大的经济衰退对于全球以及政府来说都带来了很大的挑战，建议在亚欧各成员间搭建沟通的桥梁，培育更加开放的区域投资环境。与会代表达成共识，在世界经济不确定、不稳定因素增加的情况下，必须建立有效的投资促进网络，创造更多的投资机会。

3. 对亚欧投资合作现状进行了分析概括。联合国贸发会议秘书长素帕猜博士指出，对外投资将会在2008年放缓大概10%左右，尤其是2007年对外投资达到一个新高以后，出现了一种倒退。联合国贸发会议投资和企业司代理司长詹晓宁先生介绍了世界投资和经济的走向，认为各国政策对外资仍然是积极的，尽管金融危机对各个国家金融政策产生了影响，各国监管的体制将会进一步收紧和加强，但投资的发展从长期来说仍然是很乐观的。与会代表对亚欧投资合作普遍持积极态度。

4. 对亚欧投资促进经验进行了广泛交流。世界投资促进机构协会（WAIPA）副主席艾曼努尔·欧·奈科先生介绍世界投资促进的发展情况，总结了WAIPA的做法和一些投资促进机构和投资局的成功的经验；中国商务部投资促进局副局长张迎新着重总结了中国的经验。会议认为，投资促进机构和相关国际组织应当帮助跨国企业来到新兴的经济体和发展中心来进行投资促进的工作，提高吸引外资的数量，促进投资。

5. 对各国投资环境进行了推介。中国、蒙古以及东盟等亚洲国家的代表，瑞典、法国、罗马尼亚、西班牙等欧洲国家的代表分别介绍了其国家优化投资环境、促进投资合作政策和经验。与会代表一致认为，亚欧各国在投资环境优化和吸引外来投资方面有很多很好的做法和经验，要加强交流，相互借鉴。

（来源：中国—东盟博览会发展报告编委会主编.《中国—东盟博览会发展报告》.2009年版第138—140页）

中国—东盟新闻部长会议

为推动中国与东盟面向和平与繁荣的战略伙伴关系的发展，加强中国与东盟各国在新闻领域的交流与合作，由中国国务院新闻办公室和印度尼西亚通讯和信息部共同主办、广西壮族自治区人民政府承办的中国—东盟新闻部长会议于2008年10月16日在广西南宁召开。中国和东盟十国新闻部长或代表、东盟秘书处代表，以及中国政府有关部门、中国中央媒体和广西地方媒体的代表出席了会议。

这次会议是在中国与东盟开展具体领域合作的综合协调机制下举办的，会议主题为“深化新闻领域交流，促进中国—东盟合作”。

印度尼西亚通讯和信息部部长穆罕默德·努赫，文莱首相府能源部长穆罕默德，广西壮族自治区主席马飚，中国国务院新闻办公室副主任钱小芊在会上致辞。

柬埔寨新闻部大臣乔干纳烈，老挝新闻和文化部部长蒙乔·沃拉奔，马来西亚新闻部部长达图·艾哈迈德·沙比利·契克，缅甸联邦宣传部部长吴觉山，菲律宾新闻署署长科拉多·林考科，新加坡教育兼新闻、通讯及艺术部部长李文献，泰国信息及通讯技术产业部公共关系司司长帕切恩·坎弗，越南新闻通信部部长黎尹合，东盟秘书处资源发展局局长安尼斯，中国国务院新闻办公室主任王晨，中国国家广电总局副局长田进，人民日报社副总编辑米博华，广西壮族自治区党委常委、宣传部部长沈北海等分别在会上作主旨发言。

王晨在题为《加强交流沟通 促进合作发展》的演讲中称，在中国与东盟各国友好合作关系发展进程中，新闻交流与媒体合作起着重要的推动作用。中国与东盟的交流合作在很大程度上都可以在新闻领域的交流中反映和体现，同时新闻领域的交流合作又对中国与东盟关系的发展有着重要的影响。他说，中国与东盟关系能有今天的大好局面，是中国与东盟各国政府及广大人民共同努力的结果，也凝聚着各位新闻官员和新闻工作者的智慧和贡献。但是，同中国与东盟快速发展和不断深化的政治、经济和文化关系相比，中国与东盟的媒体关系的发展与之还不相称。同时，作为发展中国家和地区，中国与东盟在当今世界信息传播格局中仍然处于弱势地位。为此他提出四点建议：把新闻交流和媒体合作放在更重要的位置，并积极发挥政府部门的推动作用；不断拓展渠道，提高新闻交流和媒体合作的水平；在作为媒体的互联网领域开展合作；在国际舆论中，努力争取话语权，以维护双方的共同利益。王晨认为，中国与东盟关系的发展正面临新的历史机遇，相信通过此次新闻部长会议，一定能够推动双方新闻交流与媒体合作，从而为中国与东盟媒体业的共同繁荣、为推动双方自由贸易区的建成和战略合作伙伴关系的发展作出应自的新的贡献。

2008年10月16日，中国—东盟新闻部长会议在广西南宁召开

马飚在致辞中说，近年来，广西与东盟新闻媒体间交流频繁，促进了广西与东盟全方位、多领域的合作与发展。由广西承办的中国—东盟博览会搭建起了中国与东盟合作交流的重要平台，深化了中国与东盟多领域的交流与合作，推动了中国—东盟自由贸易区建设，同时也带动了广西开放合作和经济社会加快发展，这些成效的取得，与中国和东盟新闻界的大力宣传、积极推动密不可分，中国和东盟各国新闻媒体在其中发挥了不可替代的作用，作出了重要贡献。

在介绍广西近年来良好的发展态势及投资环境时，马飚表示，全面开放开发、迅速崛起的广西北部湾经济区，将给广西与东盟合作带来良好机遇，提供广阔的发展空间。而广西与东盟的密切合作、共同发展，需要新闻媒体的积极参与和大力支持。他热切希望广大新闻媒体朋友进一步关注、支持和推介广西，共同开创更加美好的明天。

会上，中国国务院新闻办公室和东盟国家新闻主管部门签署了《中国与东盟新闻媒体合作谅解备忘录》，并宣读了南宁会议共同主席声明。

（来源：中国—东盟博览会发展报告编委会主编.《中国—东盟博览会发展报告》.2009年版第141—142页）

中国—东盟智库战略对话

2008年10月20～21日，中国—东盟智库战略对话国际研讨会在南宁明园饭店举行。会议由中国社会科学院国际研究学部、东盟智库网络、广西社会科学院、广西国际博览事务局联合主办，广西社会科学院承办。会议主题为“中国和东南亚：应对挑战，扩大合作”，会议共分为东亚的战略趋势、中国与东南亚的政治发展、中国与东南亚的经济发展、中国与东南亚关系、中国—东盟区域制度的作用及其与欧美的关系、广西在次区域经济合作和一体化中的角色、东亚一体化的前景等七个主要议程。

2008年10月20日～21日，中国—东盟智库战略对话国际研讨会在广西南宁举行

中国—东盟智库战略对话作为第五届中国—东盟博览会系列活动之一，旨在扩大中国与东盟政府决策咨询机构间的对话和交流，围绕东亚地区特别是中国与东南亚的政治、经济发展态势，中国—东盟的关系与区域合作发展的热点问题进行研讨，并提出战略性政策性建议，推动东亚地区以及中国—东盟合作的深入发展。

这是一次中国与东盟智库的峰会，来自中国、印度尼西亚、马来西亚、新加坡、菲律宾、泰国、越南、德国等国家的高层专家、学者参加了会议。广西壮族自治区人大常委会副主任邵博文，自治区副主席陈武，自治区政协副主席李达球、蒋济雄出席会议。广西壮族自治区副主席陈武、中国社会科学院国际研究学部主任张蕴岭、印度尼西亚战略与国际问题研究中心副主席尤素夫·瓦南迪、德国阿登纳基金会驻京代表沃夫冈·迈耶、广西社会科学院院长吕余生在开幕式上致辞。

中国社会科学院政治学研究所副所长房宁博士、中国社会科学院世界经济与政治研究所副所长王逸舟博士、中国社会科学院亚洲太平洋研究所副所长韩锋教授、中国社会科学院经济研究所宏观室主任张晓晶博士、中国现代国际关系研究院亚非所副所长翟崑博士、厦门大学东南亚研究中心副主任廖少廉教授、复旦大学国际问题研究院副院长任晓博士、广西社会科学院副院长古小松博士、广西社会科学院东南亚研究所副所长刘建文副研究员、马来西亚战略与国际研究所主席首席执行官丹斯里·穆罕默德·杰哈尔·哈桑（TanSriMohamed Jawhar Hassan）先生、印度尼西亚战略与国际问题研究中心执行主任哈迪·苏萨斯托（Hadi Soesastro）博士、菲律宾战略与研究发展研究所所长卡罗莱纳·哈南德兹（Carolina G. Hernandez）博士、越南中央经济管理研究院副院长武志诚（VoTri Thanh）博士、泰国发展研究院高级研究员差隆波·素桑甘（Chalongphob Sussangkarn）博士、泰国朱拉隆功大学苏奇·布本甘（Suchit Bunbornkarn）教授、德国基民盟/基社盟议会党团高级外交政策顾问海因里希·克莱福特（Heinrich Kreft）博士、德国国际与安全事务研究所资深研究员塞巴斯蒂安·贝尔斯克（Sebastian bersick）博士等专家在会上就相关专题作了发言。

关于当前的经济形势与中国—东盟合作，与会专家提出：不应轻视国际金融危机对东亚地区经济的影响，应该加强合作，采取有效应对措施，防止金融危机扩散，防止经济大幅度下滑，中国—东盟之间的经济合作空间很大，目前应该加大中国向东盟投资的力度，这也有利于中国的产业结构调整。中国—东盟自由贸易区建设中的投资开放协定应该尽快签署，以推动投资的发展。

关于东亚地区的合作，专家们认为提升中国—东盟合作的水平十分重要。为此，专家们提出了一些政策性建议：第一，应该把如何定位和协调东亚合作的多个进程提到议事日程，拿到领导会议上进行讨论，推动达成共识，其中最重要的是如何定位和发展“10＋3”与“东亚峰会”两个机制。东盟方面的一些专家提出，“10＋3”要务实，要有新进展。“东亚峰会”应主要发挥战略对话合作的功能，加强领导人会议功能，不要搞复杂的机制。第二，要在东亚合作机制下，启动拉动经济增长的共同行动计划。中国经济的稳定增长对于东业经济和整个亚太地区的经济都很重要，中国要加快向东国家，尤其是向东盟新成员国家的投资。第三，东亚金融合作的步伐要加快，尽快建立东亚地区合作基金，并使其开始运转，在这方面，中国应该起领导作用。

关于中国—东盟博览会和泛北部湾合作，专家们建议：中国—东盟博览会是中国—东盟合作的大平台，要在提升博览会的国际化水平上下功夫，增加它的国际吸引力，使其有可持续性，使双方受益。泛北部湾合作要务实，见成效，可以先从港口物流通关便利化、改善基础设施网络入手，尽快打开合作局面，不必全面铺开，要分步实施，逐步发展。要让东盟有更多的了解，使他们感到能从中受益，从而提高各国参与的积极性。

（来源：中国—东盟博览会发展报告编委会主编.《中国—东盟博览会发展报告》.2009 年版第 143—145 页）

中国—东盟青年企业家论坛

中国—东盟青年企业家论坛于 2008 年 10 月 21～25 日在广西南宁举行。该论坛由共青团中央、中华全国青年联合会主办，共青团广西区委、广西青年联合会承办，由文莱文化青年和体育部、柬埔寨教育青年体育部、印度尼西亚青年体育部、老挝人民革命青年团、马来西亚青年体育部、缅甸社会福利与救济安置部、菲律宾全国青年委员会、新加坡全国青年理事会、泰国社会发展与人类保障部、越南胡志明共青团中央等东盟十国政府青年机构协作支持。共青团中央书记处书记卢雍政，广西壮族自治区党委常委、宣传部部长沈北海出席开幕式并致辞。来自中国、文莱、柬埔寨、印度尼西亚、老挝、马来西亚、缅甸、菲律宾、新加坡、泰国、越南等十国青年企业家在论坛上就中国—东盟青年企业家加强交流与合作、构建合作平台等方面的问题进行了探讨。

广西壮族自治区副主席、全国青联副主席陈章良，自治区政协副主席李达球、蒋济雄等领导也分别出席了论坛的相关活动。

2008 年 10 月 21～25 日，中国—东盟青年企业家论坛在广西南宁举行

论坛开幕式上还举行了中国—东盟青年企业家协会中方秘书处揭牌仪式，论坛还讨论通过了《中国—东盟青年企业家论坛南宁宣言》。该宣言认为，青年是社会变革、经济和工业发展、科技创新的积极推动者，是中国与东盟发展、繁荣和经济全面发展的重要力量，能够利用全球化、贸易和投资自由化以及信息和通信科技所带来的机会。我们应鼓励中国和东盟青年特别是青年企业家加强伙伴关系并巩固联系，确保他们获得实现潜力的机会，使他们的能力和视野更有利于促进本地区及地区外的和平、合作与繁荣。

在拓展和深化中国—东盟青年合作伙伴关系上，宣言称，双方将致力于加强 2000 年《联合国千年峰会宣言》、1995 年《世界青年行动纲领》以及 2004 年《中国—东盟青年合作北京宣言》中明确的青年发展优先领域的合作，进一步深化中国和东盟青年特别是青年企业家之间业已存在的友好交流与合作关系。

宣言进一步明确将通过以下目标和各项战略加强共同行动：一是希望中国和东盟的青年企业家及其相关机构之间建立稳固的联系，在友好与和睦的氛围中为了东亚地区的发展和繁荣而共同努力。中国和东盟将致力于尽快建立中国—东盟青年企业家协会，认为中国—东盟青年企业家协会中方秘书处的成立是迈向这一目标的重要步骤。二是在中国—东盟青年企业家协会及其秘书处的框架下，中国和东盟青年企业家将联合开展以下优先领域的活动：(1) 通过定期、有重点的交流机制，促进中国和东盟青年企业家之间的了解、交流与合作；(2) 改善政府与青年企业家之间的沟通，鼓励投资于青年的公私合作关系，为青年就业和自主创业创造良好的环境；(3) 为青年企业家获得贷款、市场和商业发展机会，包括机构、机制和架构的建立，创造条件；(4) 合作为青年开展培训，传授商业发展和企业经营技巧，大力提高青年的创业能力，鼓励青年自主创业，促进青年企业家的发展。三是为实现共同的目标，进一步深化中国和东盟青年企业家之间的交流与合作，中国—东盟青年企业家论坛争取每年举办一次。四是中国和东盟鼓励和欢迎国际社会的合作伙伴，包括相关的区域和国际组织以及商业和私营机构，合作解决共同关注的问题。

论坛期间还举办了第三届中国—东盟青年艺术品创作大赛暨名家作品展等活动，并组织东盟青年企业家到柳州市、桂林市进行交流考察。在柳州举行的柳州市工业产品暨重大投资项目介绍会，得到了东盟企业家一致好评，部分东盟企业家就具体的合作事宜进行了深入的洽谈。

（来源：中国—东盟博览会发展报告编委会主编.《中国—东盟博览会发展报告》.2009 年版第 146－148 页）

第二届中国—东盟社会发展与减贫论坛

由中国国务院扶贫办、广西壮族自治区人民政府主办的第二届中国—东盟社会发展与减贫论坛（以下简称“减贫论坛”）于 2008 年 11 月 4～6 日在广西南宁举行。

本次论坛旨在配合中国—东盟经贸合作战略，推动中国—东盟关系务实发展，建立中国—东盟经济、社会协调发展交流平台，积极参与推进和谐世界建设，推动第二届东盟与中日韩（10＋3）区域扶贫高层研讨会倡议的“中国—东盟扶贫部长级会晤机制、区域扶贫论坛机制、反贫困专题互访机制”的形成与发展，反映中国社会发展与减贫的政策与成就，发挥中国在东盟地区社会发展和减贫领域的重要作用。会议的主题为：应对粮价攀升和自然灾害对减贫进程影响的措施和经验。

中国国务院扶贫办副主任郑文凯，中国国务院扶贫办国际合作与社会扶贫司司长张磊、广西壮族自治区副主席高雄，菲律宾国家反贫困委员会副秘书长凯瑟琳·美·桑托斯以及文莱、柬埔寨、老挝、马来西亚、缅甸、菲律宾、新加坡、泰国、越南等东盟九国与中国的减贫与社会发展政策制定者、理论研究者、发展实践者以及各类组织机构的 100 多名代表出席了论坛，论坛开幕式由郑文凯主持，商务部中国国际经济技术交流中心副主任王伟黎、广西壮族自治区副主席高雄以及东盟国家轮值主席国新加坡社区发展、青年及体育部公共关怀和社会支持司副司长Cecilia Lim分别在开幕式上致辞。

2008年11月4日～6日，第二届中国—东盟社会发展与减贫论坛在广西南宁举行

在论坛举行的国别演讲中，郑文凯作了主旨发言，向与会者介绍了中国扶贫开发的主要成就、面临的挑战以及进一步推进扶贫开发事业的初步设想。

东盟十国以及东盟秘书处的代表也在会上作了演讲。他们高度赞扬了中国对加强东盟各国之间发展与减贫合作所作的卓有成效的贡献，介绍了各自国家发展与减贫情况，同时表达了要继续加强与中国在发展与减贫领域合作的愿望。

论坛期间还举行了两个平行会议。第一个平行会议以“应对粮价攀升对贫困影响的措施和经验”为主题。参加人员包括各国政策制定者、发展实践者和有关国际机构的代表，大家围绕社会发展与减贫主题，通过交流经验、分析问题，对东盟与中国减贫和社会发展领域政府间协作的框架及成效进行了评估，探讨了各国和国际组织开展新型合作的途径。第二个平行会议以“应对自然灾害对减贫进程影响的措施和经验”为主题：参加人员包括各国学术界代表、企业家和非政府组织的代表，大家明确了学术机构、企业和非政府组织在减贫和社会发展进程中所取得的成效、存在的问题以及面临的挑战，还提出了进一步推动政府部门与学术机构、企业和非政府组织开展减贫与社会发展高效协作的建议。

中国国务院扶贫办国际合作与社会扶贫司司长张磊、东盟国家代表、中国国内主管扶贫工作的高级官员、社会发展和减贫领域的专家学者、著名企业家以及东盟秘书处代表出席了2008年11月5日的闭幕式。

闭幕式通过了《第二届中国—东盟社会发展与减贫论坛倡议》，从“挑战与背景”、“各方职责”、“推动合作”和“后续行动”四个部分反映了中国和东盟各国减贫和社会发展的实际状况，希望经过各国的协力推动，区域内各种力量的积极参与，国际发展援助机构及发达国家的大力支持，构建起防范经济风险和自然灾害的区域协作框架。提出加强各国减贫部门的交流和互访，加强本区域经济风险的监测，加大市场监管力度，尽快建立应对全球市场粮食价格波动、维护本区域粮食安全、保障贫困人口基本需要以及改善本区域农业生产结构、提高农民收入的合作机制，完善应急与危机管理体系，共同抵御重大经济风险、应对区域性自然灾害。同时倡导和积极参与针对贫困人口应急救灾能力建设的减贫项目，动员、增加减贫和社会发展项目的投入，协调建立和完善减贫与国际贸易体系改善相结合、减贫与环境保护相结合的国际援助框架。

根据倡议提出的后续行动规划，中国与东盟国家还建立了中国—东盟社会发展与减贫论坛机制，决定每年确定个主题，并针对这一主题的理论知识、研究方法、政策信息等方面进行集中研讨。

在闭幕式上，中国国务院扶贫办国际合作与社会扶贫司司长张磊作了总结发言。他说，本次论坛是在全球社会经济发展中出现了一系列新的问题和挑战，广大发展中国家贫困群体面临着更大的冲击，直接影响了发展中国家实现千年发展目标的进程。论坛选择了粮食市场和自然灾害作为研讨主题，具有重要的现实意义。经过与会各方代表的主旨发言、专题演讲以及自由讨论，论坛在各方面都取得了显著的成效，一是进一步加深了中国—东盟各国相互之间对各自减贫和社会发展战略与模式的认识，为优化新时期各国减贫与社会发展战略、提高发展的质量与效益产生了积极影响。二是进一步加深了有关各方对国际粮食市场波动对减贫与社会发展影响的认识，从多方面提出了消除发展中国家粮食危机的对策。三是进一步分析了自然灾害与贫困的关系，提出了完善综合管理自然风险战略框架的政策建议。四是进一步增强了中国和东盟各国在消除经济危机和自然灾害领域加强区域国际合作的需求，提出了针对性的建议。张磊呼吁有关各方能够优化各自社会经济发展的模式，增加应对社会、经济和自然风险的投入，完善应对各类风险的体制机制，加强国际发展合作，为发展中国家通过有效消除各类风险带来的负面效应从而优化减贫和社会发展战略体系作出更大的贡献。

与会代表还于2008年11月6日赴广西平果县

实地考察了扶贫开发工作情况。

（来源：中国—东盟博览会发展报告编委会主编．《中国—东盟博览会发展报告》．2009 年版第 149—151 页）

第二届中国—东盟妇女高层论坛

由全国妇联举办，中国—东盟协会、广西壮族自治区妇联协办的第二届中国—东盟妇女高层论坛，于 2008 年 10 月 20～30 日在广西南宁举办。这是 2006 年以来全国妇联第三次在广西举办中国—东盟友好交流活动。来自中国、文莱、柬埔寨、印度尼西亚、老挝、马来西亚、缅甸、菲律宾、新加坡、泰国、越南等十一国的 120 多位嘉宾欢聚一堂，以“为妇女营造和谐的发展环境”为主题，针对中国和东盟国家妇女面临的机遇与挑战，围绕共同关心的问题，交流经验，集思广益，共谋进一步提高妇女地位，促进性别平等、妇女事业的策略。

2008 年 10 月 20～23 日，第二届中国—东盟妇女高层会议在广西南宁举行

中国第十届人大常委会副委员长、全国妇联主席、中国—东盟协会会长顾秀莲，文莱公主玛斯娜，国务院妇女儿童工作委员会副主任、全国妇联党组书记、副主席、书记处第一书记黄晴宜，全国妇联党组副书记孟晓驷，外交部副部长武大伟，中国—东盟协会副会长王运泽，广西壮族自治区人大常委会副主任刘新文，自治区副主席李康，自治区政协副主席、自治区妇联主席蒋培兰以及文莱文化、青年及体育部部长艾哈迈德·朱玛特，柬埔寨妇女事务部副部长张素瑞，印度尼西亚妇女事务国务部部长梅伍迪亚·哈塔·斯瓦索诺，老挝妇联主席西赛·乐迪蒙颂，马来西亚妇女、家庭与社会发展部部长拿督黄燕燕，缅甸妇联联秘、社会福利司司长金塔梅，菲律宾全国妇女地位委员会主席董丽真，新加坡青年、体育及社区发展部政务部长于符喜泉，泰国社会发展和人类安全部巡视员西蕾来·阿育旺萨娜，越共中央委员会候补委员、越南妇联常务副主席邓氏玉盛等东盟各国高官出席了开幕式。

在开幕式后举行的第一次全体会议上，中国以及东盟各国政府负责妇女事务的部长级高官相继介绍了本国妇女的新成就、新做法、新经验。

本次论坛还举行部长圆桌会，与会各国部长就“拓展中国—东盟妇女交流与务实合作”和“性别与减灾”两个议题展开讨论，国务院妇女儿童工作委员会副主任、全国妇联党组书记、副主席、书记处第一书记黄晴宜出席会议并发言。各国与会代表回顾了中国—东盟妇女领域交流与合作的积极成果，着重探讨了女性在面对自然灾害时该如何应对，一致认为应加强对妇女儿童的教育与培训，以提高他们应付灾害的能力，有效减少伤害。

在论坛的第二次全体会议上，专家代表们围绕“就业领域中的妇女权利”和“妇女与教育、培训及人力资源开发”的议题展开了热烈讨论，提出多项建设性建议，国际劳工组织社会性别与女工问题高级专家娜琳·哈斯佩尔斯强调各国须制定强制性的规定，以消除存在于入学、就业、工资等方面存在的歧视女性现象；中国教育部党组成员、经检组长田淑兰表示中国将重点在加强性别平等宣传、提高女童接受教育的质量、扫除女性文盲、加强对妇女生活、职业技能培训等方面开展工作，切实有效地保障女性权利、促进男女平等。

全国妇联党组副书记孟晓驷，广西壮族自治区政协副主席、自治区妇联主席蒋培兰出席闭幕式。闭幕式上，通过并宣读了经参会各国充分对话和协商的《第二届中国—东盟高层论坛南宁宣言》。

2008 年 10 月 23 日，各国与会代表参观考察了中国—东盟妇女培训中心、广西民族大学、广西现代农业示范中心，并在示范中心东盟园种下了象征中国—东盟妇女友谊的桂花树。

（来源：中国—东盟博览会发展报告编委会主编．《中国—东盟博览会发展报告》．2009 年版第 152—154 页）

中国—东盟港口合作高官会议第一次会议

2008 年 10 月 19～20 日，由中国交通运输部、广西壮族自治区人民政府共同主办的中国—东盟港口合作高官会议第一次会议在广西桂林举行。中国交通运输部国际合作司司长局成志、广西壮族自治区政协副主席梁春禄、东盟十国代表以及中方专家等60多人参加了会议。

2008年10月19～20日，中国—东盟港口合作高官会第一次会议在广西桂林举行

本次会议旨在贯彻2007年10月在广西南宁举办的中国—东盟港口发展与合作论坛上各国交通部部长达成的《南宁共识》以及第六次中国—东盟交通部长会议中关于建立中国—东盟港口合作机制的决议，落实建立中国与东盟国家港口长效合作机制的倡议，全力推进中国与东盟在交通领域的合作，为中国和东盟高级官员提供交流合作的平台。

在为期一天半的高官会上，东盟各国和中国官员向与会代表介绍了各国港口发展与规划、建设与经营的情况及合作取得的进展，并就中国—东盟港口合作规划提出意见和建议。同时，会议还就由中国交通运输部草拟的《中国—东盟港口合作机制高官会议职责范围》进行深入讨论并达成如下共识：

1. 中国—东盟港口合作机制高官会议的目标是通过有效开展合作活动，促进中国与东盟各国港口发展，满足经济发展需要。

2. 中国—东盟港口合作机制高官会议的合作形式包括相互交流港口发展政策与现状，互相借鉴和学习先进的管理方法；加强港口政策对话并促进项目合作；在开发和实施的优先项目中鼓励私营部门参与，支持公私营部门间合作，并积极寻求包括政府投资、国际金融组织和其他金融机构资助以及优惠贷款等在内的资金来源。

3. 来自中国和东盟国家负责港口政策和管理的高级政府官员和行业专家以及东盟秘书处的代表将参加中国—东盟港口合作机制高官会议，同时邀请与港口合作相关的私营企业、科研机构组织和协会的代表列席。

4. 中国—东盟港口合作机制高官会议每两年分别在中国或东盟国家举行，必要时可另外召开附加会议；会议将由中国和东盟轮值主席国共同主持。

5. 各次港口合作机制高官会议的成果均形成会议纪要提交中国—东盟交通部门高官会和中国—东盟交通部长会议审定和发布实施。

此外，会议议定将于2009年在中国举办中国—东盟港口合作规划研讨会，详细制定全面有效的港口发展与合作规划，确定重点和优先发展的港口项目，为中国—东盟港口发展与合作指明目标和方向。

中国—东盟港口合作高官会第一次会议的成功举办，加深了对中国和东盟各国港口的发展政策和现状的认识和理解，确定了港口合作联合工作机制的各项具体内容，为中国和东盟国家的港口发展与合作搭建了良好的沟通和交流平台，较好地落实了2007年中国—东盟港口发展与合作论坛上各国交通部长达成的《南宁共识》以及第六次中国—东盟交通部长会议中关于建立中国—东盟港口合作机制的决议，对进一步拓展和深化中国与东盟国家港口合作起到积极的推动作用。本次会议标志着中国与东盟国家港口合作从共识走向实践迈出了坚实的一步。

（来源：中国—东盟博览会发展报告编委会主编.《中国—东盟博览会发展报告》.2009年版第155－156页）

2008中国—东盟电力合作与发展论坛

2008年10月21日，2008中国—东盟合作与发展论坛在广西南宁隆重开幕。中国电力企业联合会理事长赵希正，印度尼西亚国家电力公司总经理艾迪·威迪奥、泰国国家电力局局长松巴、广西壮族自治区人大常委会副主任覃瑞祥、自治区副主席林念修以及商务部、中国—东盟商务理事会、东盟秘书处等方面的有关负责人出席论坛。十多个国家和地区的附近300名电力行业管理精英、业界专家、学者和技术人员参会。

此次论坛由中国电力企业联合会、中国国际贸易促进委员会电力行业委员会和中国—东盟博览会秘书处共同主办，是第五届中国—东盟博览会的重要论坛之一。

中国电力企业联合会理事长赵希正发表了题为《加强交流、合作共赢，促进世界电力工业的共同发展》的主旨演讲。中国—东盟商务理事会中方秘书处常务副秘书长、东盟合作领域资深专家许宁宁，东盟工程院院长李怡章等就中国—东盟自由贸易投资策略、区域经贸、产业合作的机遇与挑战等发表了精彩演讲。中国机电产品进出口商会和中国

2008 年 10 月 21 日，2008 中国—东盟电力合作与发展论坛在广西南宁开幕

对外工程承包商会领导也对中国电力企业与东盟国家进行经贸往来给予了政策性指导和相关经验介绍。

为使与会代表更好地了解中国电力企业“走出去”的现状，加强与会代表间的沟通、互动，此次论坛继续开设电力高峰对话会环节。中国国家电网公司总经理助理刘肇绍、中国南方电网有限责任公司副总经理王久玲、中国大唐集团公司总经济师吴静、中国华电集团公司总工程师张涛、中国电力投资集团公司总经理张晓鲁、国家核电技术有限公司总工程师王俊、浙江省能源集团有限公司副总经理柯吉欣、印尼国家电力公司副总裁 Bambang Hermawanto 等，在“中国电力‘走出去’经验及服务东盟电力市场的优势和策略”主题下，着重对如何有效利用东盟资源、合理开发东盟市场，如何规避风险、规范竞争等问题进行了深入探讨。中国华能集团公司、中国长江三峡工程开发总公司、广东省粤电集团有限公司也派代表参与了对话。这种面对面的交流和对话，使代表们互相分享了中国电力行业“走出去”的成功经验。对话过程气氛热烈、精彩纷呈，成为整个电力论坛活动的一大亮点。

印度尼西亚国家电力公司、马来西亚国家能源部、日立金属香港公司等国家和地区代表还就中国—东盟电力合作、市场发展、商务环境和投资机会等进行了介绍。论坛邀请了澜沧江—大湄公河次区域经济合作协调小组办公室负责人对大湄公河次区域电力现状及规划问题进行了探讨。中国社科院亚太研究所研究员陆建人特别就中国—东盟自由贸易区的进展、前景与挑战发表了演讲。

与本届论坛同期举办的中国—东盟博览会电力专题展区，共有 100 余家电力企业参展。展览对当前中国电力技术与设备进行了全面展示，使电力同行及时了解当前电力产业的新技术、新产品，为中国和东盟各国电力同行们提供一个交流合作的平台。为促进中国和东盟各国电力产业的合作与发展，也为东盟各国电力企业开拓市场、获取供求信息、研发新技术和新产品，提供了良好契机。

在当前全球经济和区域经济趋于一体化的形势下，电力作为中国与全球第三大经济贸易区深层次合作与发展的基础产业，将对中国和东盟经济稳定发展提供产业支撑。本届中国—东盟电力合作与发展论坛再次成功举办，体现了中国与东盟电力合作与发展的主题和宗旨。论坛安排充实紧凑，内容丰富多彩，形式新颖独特，获得了与会代表的认可和欢迎。论坛对进一步拓展和加深中国—东盟电力合作起到了十分积极的推动作用。

（来源：中国—东盟博览会发展报告编委会主编.《中国—东盟博览会发展报告》.2009 年版第 157—158 页）

第五届中国—东盟自由贸易区法律事务论坛

2008 年 10 月 23～24 日，第五届中国—东盟自由贸易区法律事务论坛在南宁国际会展中心开幕。

本次论坛由中国—东盟博览会秘书处、法制日报社、广西法官协会、广西社会新阶层知识界人士联谊会和新加坡国际仲裁中心共同主办，主题为“携手服务、促进发展”。

2008 年 10 月 23～24 日，第五届中国—东盟自由贸易区法律事务论坛在广西南宁举行

来自越南、柬埔寨、新加坡等东盟国家相关法律机构代表及香港地区律师出席本次论坛，其中越南派出了由法学家协会副会长陈大兴为团长的九人代表团代表参会，柬埔寨王国派出秘书长 Ly Tayseng 代表本国律师协会参会。中国法院官员和法官、司法机构、商协会负责人、律师、著名法律专

家参会。本次论坛共有120名代表出席。

会议开幕式由广西壮族自治区政协常委、中国—东盟自由贸易区法律事务论坛组委会主任张树国主持，自治区副主席高雄出席开幕式并致辞。开幕式上，广西壮族自治区高级人民法院副院长伍载阳、中国—东盟博览会秘书处副秘书长农融、广西壮族自治区党委统战部副部长戴珍和、法制日报社副社长周秉健、新加坡国际仲裁中心主簿官闵耐鸥先生分别致辞。组委会特别邀请了中国社会科学院研究所研究员、著名东盟事务研究专家陆建人教授和西南政法大学国际经济贸易法学院院长、著名国际法研究专家唐青阳教授等知名专家到会演讲。

在为期两天的会议中，中外专家共7人发表了主题演讲，中外与会代表围绕“自贸区不同国家经贸、投资重要法律政策解读”“自贸区双边、多边经贸与投资纠纷法律适用”“广西北部湾经济区投资、经贸、环保等法规政策解读”“建立自贸区成员国合法律服务机制探讨”“非公经济在自贸区建设中的作用与机遇”五大议题，从不同角度开展了法律界与企业界的积极讨论和广泛交流。

论坛期见，组委会分别与越南、新加坡、柬埔寨以及会前与泰国、缅甸、马来西亚等国家有关机构，就成立“中国—东盟联合中介与法律服务中心”、在南宁组建中国—东盟国际职业培训基地等重要问题达成基本共识，与柬埔寨律师协会初步达成通过论坛组委会协调中、柬两国律师相互派遣与接收律师见习计划。本次论坛促成中国律师为国内投资东盟国家法律服务项目3个，为东盟国家投资中国广西、云南法律服务项目2个，东盟律师为中国企业投资东盟国家法律服务项目2个和中国律师为国内通过东盟国家转出口法律服务项目1个。会议期间共接待博览会参展商、采购商、专业观众义务法律咨询300多人次，内容涉及投资、服务、法律适用等多方面。

2008年适逢法律事务论坛伴随中国—东盟博览会成功举办五周年，组委会特别制作了《辉煌五年》DVD，以资纪念。本次论坛共收到论文23篇，涉及中国—东盟自由贸易区法制建设、争端解决机制运行，东盟各国商贸与投资政策解读和法律适用、广西北部湾经济区开发涉及的国际法运用、土地资源合理利用、多元化主体投资、博览会知识产权保护以及中国—东盟联合法律服务建设等重要内容，组委会经评审，采用本届专业论文19篇与历届论坛回顾合编的形式编撰了《第五届中国—东盟自由贸易区法律事务论坛论文集》。

主办单位法制日报社在会议当天对本届论坛进行报道，会议期间网上直播，会后进行了专题报道；同时，组委会通过指挥中心，协调安排了国内主流媒体、广西电视台和其他平面主流媒体、网络媒体对会议进行了全方位报道。

经过连续五年的成功举办，中国—东盟自由贸易区法律事务论坛已经成为中外各界获知自由贸易区法律、政策的窗口，成为各界法律交流的平台，成为联合中介与法律服务的桥梁，通过各中外共同主办单位的共同努力，必将在自由贸易区法制建设与法律服务领域的交流与合作过程中发挥更多作用，必将会为广西经济社会又好又快发展发挥更加重要的作用。

中国—东盟自由贸易区法律事务论坛是中国—东盟博览会秘书处最早批准的系列活动之一，由中外相关机构共同主办，每年伴随博览会定期举行，目前已经成功举办了五届。

（来源：中国—东盟博览会发展报告编委会主编.《中国—东盟博览会发展报告》.2009年版第159—160页）

2008海外华商相聚中国—东盟博览会暨印尼广西企业家交流会

2008年10月23日，2008海外华商相聚中国—东盟博览会暨印尼广西企业家交流会在广西南宁举行。交流会主题为“加强对话、扩大市场、互惠共赢”。来自世界各地的海外华商和印度尼西亚、广西企业家代表共约150人相聚中国东盟博览会，共同商讨区域经济合作，谋求共同发展。

会议由广西壮族自治区侨务办公室主任、广西海外交流协会会长李汉金主持，自治区政协副主席李彬，国务院侨办经济科技司副司长、中国海外交流协会科技部副部长张健青出席并致辞。

2008年10月23日，2008海外华商相聚中国—东盟博览会暨印尼广西企业家交流会在广西南宁举行

李彬代表广西壮族自治区党委、自治区人民政府，向出席交流会的各位嘉宾表示热烈欢迎，向长期以来关心支持广西发展的国务院侨办和广大华商、企业家表示衷心的感谢。他在介绍近年来广西经济社会发展情况时说，广西是中国南部的一个边疆省区，是我国经济增长最快、富有活力、富有潜力的地区之一。广西具有区位优势、资源优势和政策优势，我们正在采取措施，努力把这些优势转化为产业优势和经济优势。目前，广西正在面临前所未有的重大历史机遇，正进入科学发展、加快发展、跨越发展的重要历史时期。今年，国家先后批准实施《广西北部湾经济区发展规划》和设立广西钦州保税港区。广西这一新的发展机遇，为印尼和广西的经贸合作提供了一个非常广阔的发展空间。印尼是海外华人最多的国家，也是全球五个最具潜力的国家之一，在东盟国家中有着重要的地位。近年来，印尼和中国在经贸、文化等领域的合作都取得了迅速发展。希望能通过此次活动，增进印尼与广西企业间的相互了解，共同推进互利交流，扩大双方市场，达到互惠共赢。李彬诚挚地欢迎印尼企业家和广大海外华商朋友来广西投资、考察、合作，全面拓展广西和印尼乃至东盟的经贸往来和交流合作。

张健青在致辞中说，中国海外交流协会以“增进友好情谊，发展合作交流”为宗旨，长期致力于促进海内外经济贸易、科学技术、文化教育、新闻传播、旅游观光、体育卫生、社会福利等领域的合作与交流。为海外华侨华人事业发展服务和来华投资创业服务。我们始终把为侨服务和为国家和地方的经济发展大局服务作为协会工作的出发点和落脚点，会同国家有关部门和地方政府联合举办了一系列对外经济技术合作活动，取得了积极成效。为促进华侨华人事业的发展，参与包括广西在内的中国中西部地区建设发挥了积极作用。张健青希望海外华商充分借助交流会这一平台，发现商机，抓住商机，与广西在更广泛的领域加强经贸往来和交流合作，促进共同发展。

印尼中小企业商会（印尼）总主席章生耀在会上说，近年来，广西作为中国与东盟的“桥头堡”作用越来越明显，广西的发展前景和发展势头也十分强劲。在推进中国—东盟自由贸易区和泛北部湾合作中，广西将使印尼企业在区域合作中赢得更多的发展资源和发展空间，获得更多的市场、资金和技术，对印尼经济具有极大的推动作用。他希望能积极参与并带动更多印尼企业“走进来”，投身广西北部湾经济区开放开发。同时也希望广西企业家多多“走出去”，双方共同抓住机遇，进一步扩大合作，努力实现互利共赢。

广西民营企业家商会会长林伟以及企业家代表在会上也作了发言。

交流会还举行了项目签约仪式，共签订了7个投资采购项目，意向总投资额达2.3亿美元，项目涉及商会战略合作、人才培训、物流仓储市场开发、有色金属加工、电子科技产业合作等领域。

2008海外华商相聚中国—东盟博览会系列活动内容丰富，精彩纷呈，以商会友，以歌舞传情，酒会、交流会、文艺晚会、文学研讨会，相得益彰，各有特色，各具重点，各有特点。“一个剧目四出大戏”共襄国际盛会，是此次海外华商相聚中国—东盟博览会系列活动的最大特点和亮点。

本次交流会的主要成果：

1. 围绕广西实施“走出去”战略的部署，推动印度尼西亚与广西中小企业在更广范围、更深领域的交流合作。这次交流会为印度尼西亚与广西企业家面对面交流，推介项目，做强做大自身产业，探讨如何建立合作机制提供了一个有效的平台。会上，广西民营企业商会、印度尼西亚中小企业商会签订了合作框架协议，本着“优势互补、务实合作、互惠双赢、共同发展”的原则，达成了三点共识：

一是积极推动资源整合。充分发挥各自的资源、资金、市场、产业、技术、信息等优势，促进资源优化配置，充分发挥两国民营企业在推进中国—东盟自由贸易区发展进程中的积极作用。

二是积极推动投资与产业合作。支持双方企业以多种形式开展多领域的合作，引导企业通过市场互补、资源整合等方式，突破地域局限，联手开展经济、技术、信息、劳务、旅游和现代服务业等领域的合作。

三是积极推动合作机制创新。以中国—东盟博览会为平台，为双方企业家营造多种形式的联系、沟通、合作渠道，并根据需要，组织双方代表定期或不定期地进行走访和会晤，推进两地企业跨区域协作。

2. 本次交流会采取了国务院侨办、自治区侨办、市政府或市侨办三级纵向联动，横向联合自治区经贸委的方式，建立了侨务活动纵向、横向互动的长效机制。

3. 海外华商为广西的对外合作交往献计献策。风生水起的广西北部湾经济区吸引海外华商纷至沓来，他们关注广西的发展、关心广西的发展、支持广西的发展，看好广西的发展，也期待在广西有所发展，为此，纷纷为广西发展建言献策。马来西亚广西总会会长孔庆庶表示需要了解中国的法律。马来西亚柔佛新山广西会馆会长杨荣元则期待更多的广西企业走出去，有更多的广西产品现身马来西亚。印度尼西亚华人企业家姚子莺就当前广西制糖企业落后印度尼西亚献策。

4. 宣传了广西浓郁的壮乡少数民族文化。“山水情”八桂挚友文艺晚会通过歌舞的形式充分展现了广西壮乡的文化特色；世界华文文学国际学术研习会通过研讨文学作品的形式介绍了壮乡文化，让海外的客人加深了对壮乡的了解，扩大了对壮乡文化的宣传。这样高规格、高层次与东盟国家、与世界各国的文化交流，为壮乡文化流传世界建立了有效渠道。

（来源：中国—东盟博览会发展报告编委会主编.《中国—东盟博览会发展报告》.2009 年版第 161—164 页）

中国—东盟农资商会成立大会

2008 年 10 月 21 日，中国—东盟农资商会成立大会在广西南宁举行。会上举行了商会揭牌仪式，并随即召开第一次会员代表大会和一届一次理事会。当天下午，刚刚揭牌成立的中国—东盟农资商会和中国—东盟博览会秘书处共同举办了主题为“中国—东盟农资行业合作现状与前景”的第一届年会。

2008 年 10 月 21 日，中国—东盟农资商会成立大会在广西南宁举行

中华全国供销合作总社理事会副主任赵显人，广西壮族自治区副主席陈章良，广西壮族自治区政协副主席梁春禄，韩国农业协同组合中央会常务金一君，越南合作社联盟计划与促进部部长阮文年，中华全国供销合作总社社团管理部部长陈文宝，中国民政部授权代表、广西壮族自治区民政厅厅长陈利丹出席了成立大会；出席成立大会的还有来自马来西亚、韩国、越南、缅甸合作社的代表成员，东盟国家的企业家代表，以及中国各省自治区直辖市供销社的主任、农资企业会员代表、广西各有关部门负责人等 200 多人。会议由广西壮族自治区供销合作联社理事会主任刘小凤主持。中外 20 多家媒体记者到会采访。

中国民政部授权代表、广西壮族自治区民政厅厅长陈利丹在成立大会上宣读了《关于中国—东盟农资商会成立登记的批复》。广西壮族自治区副主席陈章良在会上致词；中华全国供销合作总社理事会副主任赵显人发表讲话，韩国农业协同组合中央会常务金一君致贺词；越南合作社联盟计划与促进部部长阮文年代表越南合作社联盟祝贺商会成立并赠送礼品。赵显人和陈章良为中国—东盟农资商会揭牌。

中国—东盟农资商会第一次会员大会通过了商会工作报告、章程、会员管理办法及理事会选举办法等文件，并选举产生了第一届理事会。

中国—东盟农资商会一届一次理事会选举产生了第一届理事会常务理事及其执行机构。

在 2008 年 10 月 21 日下午召开的第一届年会上，广西壮族自治区政协副主席梁春禄出席并致辞。越南合作社联盟计划与促进部部长阮文年，文莱东盟东部增长区商协会会长、文莱马来企业商联合会经济顾问 Ismail Damit（易斯麦），广西社会科学院东南亚研究所副所长刘建文，中国农业生产资料集团公司副总裁郭雁民，台湾—东盟投资贸易协会会长冯定国，广西壮族自治区供销合作联社理事会主任刘小凤，南宁（中国—东盟）商品交易所副总裁邹建中分别发表了演讲。

与会代表达成了以下共识：商会是依托中国—东盟博览会平台派生的民间组织，将来亦将依托中国—东盟博览会开展系列的经贸活动，既为办好中国—东盟博览会作出贡献，又充分利用中国—东盟博览会资源来实现商会的宗旨和目标；商会应通过采取商业运作的方式，建立全球性整合的网上交易平台，全力提升物流水平，发挥沟通协调功能，推动中国—东盟农资共同市场建设，让会员达成合作发展的共识，寻求合作的最佳切入点、最佳方式和最佳途径，最终实现互利共赢；商会应通过加强农资领域的市场调研和科技开发来提高农业生产的技术含量，提高农民的施用水平，提高化肥、农药等农资产品的利用率，减少资源浪费、降低成本，减轻农民负担。

成立中国—东盟农资商会，是中华全国供销合作总社加强对东盟合作的重要内容，是中国—东盟博览会的一项重要成果。商会的成立，标志着农资行业领域合作进入了一个新的发展阶段，为中国—东盟合作社领域的交流与合作，为中国—东盟农资行业的联合发展，为中国供销合作社系统拓展对外合作空间搭建了平台，丰富了中国—东盟博览会的内容，扩大了博览会的影响力，为提高中国—东盟博览会的实效作出了贡献。

（来源：中国—东盟博览会发展报告编委会主编．《中国—东盟博览会发展报告》．2009 年版第 165—166 页）

中国—东盟国际口腔医学交流与合作论坛

2008 年 11 月 8 日，中国—东盟国际口腔医学交流与合作论坛在广西南宁隆重开幕。本次论坛由中国卫生部、广西壮族自治区人民政府主办，广西医科大学口腔医学院承办。

老挝卫生部部长本梅·达拉洛，广西壮族自治区副主席李康，中国卫生部疾病预防控制局副局长孔灵芝，中国工程院院士、上海交通大学口腔医学院名誉院长邱蔚六教授出席论坛。中国、文莱、柬埔寨、印度尼西亚、马来西亚、缅甸、菲律宾、新加坡、越南等国家卫生部官员、口腔（或牙）医学会会长，以及美国、荷兰、日本等国家以及中国香港、澳门、台湾地区的 54 所兄弟口腔医学院校的口腔学者 162 人参加论坛。

2008 年 11 月 8 日，2008 中国—东盟国际口腔医学交流与合作论坛在广西南宁开幕

广西壮族自治区副主席李康、中国卫生部疾病预防控制局副局长孔灵芝、老挝卫生部部长本梅·达拉洛、中华口腔医学会会长王兴分别在开幕式上致辞。开幕式由广西壮族自治区卫生厅厅长李国坚主持，广西医科大学口腔医学院院长周诺致欢迎辞。

在论坛上，中华口腔医学会会长王兴作了题为《21 世纪中国口腔医学的发展趋势》、柬埔寨卫生部疾病控制司口腔卫生处主任哈克·西坦作了题为《柬埔寨口腔卫生保健体系》、印度尼西亚牙医学会会长 Dr Zaura Kiawarina Anggraeniz 作了题为《印度尼西亚口腔保健体系》、马来西亚医学会会长作了题为《马来西亚口腔卫生保健体系和展望》、缅甸牙医学会会长 Prof Thein Tut 作了题为《缅甸牙医学的现状与未来》、菲律宾牙医学会会长 Dr Leo Gerald De Castro 作了题为《菲律宾牙医学的现状与未来》、新加坡卫生部首席牙科官员 Dr Patrick Tseng 作了题为《新加坡口腔保健的未来》、越南牙—口腔医学会会长 Prof Tran van Truong 作了题为《促进东盟国家之间的口腔教育与口腔公共卫生的合作与发展》的主题发言。

11 月 9 日上午，中外口腔医学专家 13 人在论坛上作专题演讲，分别阐述各自国家口腔医疗保健预防体系，探讨中国与东盟国家在口腔医学领域的交流与合作的内容、方向和重点，积极探索和推动中国与东盟国家之间口腔健康教育和医疗的合作机制建设，不断丰富和拓展中国与东盟全面合作关系。

本次论坛是至今口腔医学会议中级别最高的一次盛会，也是中国—东盟各国口腔医学界第一次在中国举行的盛会。中国与东盟国家卫生部负责人和医学领域的专家学者达成共识，以科学教育为先导，逐步向经济合作、医疗电子科技产品、医疗仪器研发和贸易等方面发展，相互促进，相互发展，不断拓宽合作领域。

本次论坛拓展了中国和东盟国家在科学研究、文化、教育等领域建立广泛的合作关系，为中国与东盟国家在科学研究、医学教育、学术交流、技术合作、口腔医疗仪器设备贸易等方面提供了一个良好的平台。

参加本次论坛的不仅有口腔专家学者，还有口腔医疗器械生产、销售的商家，对科学研究的成果转化、新产品研发等均有极大的促进作用，有利于把广西南宁建设成为中国和东盟国家在口腔医学信息、科研成果发布、医疗电子科技产品、医疗仪器研发和贸易等信息交流中心，成为中国和东盟国家在口腔医学领域的交流中心，对进一步推动中国与东盟国家口腔临床医学产业、医学科学研究的合作与发展具有重要意义。

（来源：中国—东盟博览会发展报告编委会主编.《中国—东盟博览会发展报告》.2009年版第167—168页）

中国—东盟自由贸易区地方法官研讨会

2008年10月8～12日，中国—东盟自由贸易区地方法官研讨会在广西南宁举行。文莱、柬埔寨、印度尼西亚、老挝、缅甸、新加坡、泰国、越南等东盟十国法官及司法官员，以及国内著名专家学者和广西300多名法官参加了研讨会。

研讨会由中国广西壮族自治区高级人民法院、广西法官协会主办。会议围绕“司法与和谐发展的中国—东盟自由贸易区”主题，进行了大会主题发言、自由讨论互动、参观考察观摩法庭庭审等一系列活动，是一次中国广西法官与东盟各国法官汇聚一堂、增进交流与友谊的盛会。

2008年10月8～12日，中国—东盟自由贸易区地方法官研讨会在广西南宁举行

2008年10月8日下午，广西壮族自治区党委副书记、秘书长陈际瓦以及最高人民法院委派领导在南宁荔园山庄国际会议中心会见并宴请应邀前来参会的东盟十国司法官员。

2008年10月9日，中国—东盟自由贸易区地方法官研讨会在南宁国际会展中心隆重开幕，最高人民法院委派领导参加开幕式。广西壮族自治区党委常委、政法委书记彭祖意出席开幕式并讲话，自治区人大常委会副主任莫永清、覃瑞祥，自治区政协副主席蒋济雄，自治区高级人民法院长罗殿龙出席会议。自治区高级人民法院党组副书记、常务副院长蒋浦主持开幕式。

文莱高等法院代理首席大法官哈雅蒂女士，泰国最高法院副院长绍槽·素哈罗钠，新加坡最高法院大法官、新加坡法律服务委员会委员李兆坚，印度尼西亚最高法院副监督首席法官佐科先，柬埔寨司法部副国务秘书长邦·霍恩，泰国最高法院院长秘书长、曼谷知识产权中心和国际贸易法庭法官维差·阿里彦努塔卡，越南河内市人民法院院长阮山，老挝最高人民法院法官孔吉·杨确，缅甸曼德勒省法院法官乌哈文，广西壮族自治区高级人民法院副院长伍载阳、戴红兵，广西社科院副院长古小松，中国政法大学教授赵旭东，武汉大学法学院教授兼广西大学法学院名誉院长孟勤国等在研讨会上作了精彩的专题发言。研讨会共收到中国及东盟各国法官、学者论文共20篇。

本次研讨会取得以下成果：

1. 形成了广泛的认识。经过两天的会议，研讨会的中外法官、学者结合中国—东盟自由贸易区建设的法学理论和实践问题，立足广西法院为中国—东盟自由贸易区建设提供有力司法保障的实践，围绕“司法与和谐发展的中国—东盟自由贸易区”这一主题，深入探讨了民商事审判与中国—东盟自由贸易区、中国—东盟自由贸易区中的知识产权司法保护、法官培训与交流等问题，大家认识到：随着中国—东盟在各个领域的交流与合作的全面深化，双方人员往来的增加，相互投资的快速增长，跨国合作项目不断扩大，由于各国发展水平不一，在拓宽合作的过程中将难免会有摩擦和争端，必将带来诸多的法律事务问题。如何创造有利于地区稳定和经济发展的法治环境，如何通过法律途径解决经贸纠纷等问题在中国—东盟自由贸易区发展中日益显示其重要作用，必须建立有效、透明、公平和高效的法律司法体系，推动不同形式争议解决方式，促进中国—东盟自由贸易区经济和谐发展，积极开展区域法律合作与交流已成为各国共同的需要和选择。

2. 加强了友谊与交流。中国—东盟自由贸易区地方法官研讨会旨在进一步发展和加强广西与东盟各国地方法院、司法界的友好互信。东盟十国对中国—东盟自由贸易区地方法官研讨会表示了极大的关注和热情，参会人员规格高，此次研讨会共有9名部级以上官员参会，与会的中外法官、学者从不同角度和层面，对司法与和谐发展的深刻内涵以及司法在区域一体化进程中的重要作用、面临的挑战，对中国及东盟国家的经贸法律制度、司法交流与合作等共同感兴趣的问题进行了深入研讨，进一步加深了对法治建设在中国—东盟自由贸易区和谐发展、繁荣稳定中重要作用的认识，增进了各国法律文化间的相互理解和信任，加强了广西法官与东盟各国法官的友谊，地方法官研讨会为携手促进中国与东盟各国的法治建设和经济发展搭建了一个开放的平台。

3. 分享了实践经验。本次研讨会上，中国广西法官与东盟各同法官，从理论结合实践的角度，对民商事审判在中国—东盟自由贸易区中的作用及应把握的原则，如何完善知识产权法律制度，增强知识产权司法保护力度，如何培养精通双方法律及司法运作的高级法律人才，提出了很多创新性观点和对策建议，对双方的实务都是一个很好的借鉴和启示。

4. 宣传了广西的经济社会建设和法治建设。地方法官研讨会“司法与和谐发展的中国—东盟自由贸易区”主题契合广西“两会”主旨，集中展示了广西经济社会建设和法治建设的成就和美好前景。通过研讨活动和随后的交流、参观考察等活动，与会的东盟国家司法界人士不仅了解了广西各级法院认真履行宪法和法律赋予的职责，全面加强各项审判和执行工作的基本情况，对于广西的经济发展、工业基础、营商环境、投资机遇和未来发展道路加深了认识，大家也期待进一步推动务实合作，共同推进中国—东盟自由贸易区建设。

本次中国—东盟自由贸易区地方法官研讨会受到中外媒体的高度关注，中央电视台第一套、第四套、第十二频道、新闻频道都作了专题报道。中国中央人民广播电台、凤凰卫视、广西电视台、中新社、新华社、法制日报、广西日报以及新华网、人民网等50家媒体分别对论坛进行了采访和专门报道。

（来源：中国—东盟博览会发展报告编委会主编.《中国—东盟博览会发展报告》.2009年版第169—171页）

大 事 记

2008 年 7～12 月

7 月

1 日　中国国家主席胡锦涛在人民大会堂会见了泰国总理沙马。胡锦涛表示，中方珍惜中泰传统友谊，重视发展中泰关系，坚持中泰睦邻友好与长期合作是中国政府坚定不移的方针。我们愿与泰方一道，按照《中泰战略性合作共同行动计划》确定的目标，拓展和深化两国战略性合作，为实现互利双赢、共同发展而共同努力。沙马表示，北京奥运会是亚洲人民和世界人民的盛事，泰国反对将奥运会政治化。泰方将与中方共同努力，深化各领域合作，推动两国关系继续向前发展。

4 日　中国国务院总理温家宝在昆明分别会见了前来出席大湄公河次区域经济合作第二次领导人会议的越南总理潘文凯、老挝总理本南、缅甸总理梭温和柬埔寨首相洪森，同他们就双边关系深入交换了意见。此前，温家宝在北京同正式访问中国的时任泰国总理他信进行了会谈。六国领导人均强调高度重视发展双边睦邻友好关系，愿共同努力，不断加强在各领域的互利合作。

19 日　中国国家主席胡锦涛与柬埔寨王国国王诺罗敦·西哈莫尼互致贺电，庆祝两国建交 50 周年。

20 日　中国—东盟自由贸易区正式步入降税进程。根据《中国—东盟全面经济合作框架协议货物贸易协议》，7000 多种产品将开始全面降税，5 年内它们中的大部分的关税将降至零。

21 日　缅甸向东盟递交了该国对《东盟宪章》的批准书，从而使批准这一宪章的东盟成员国数量达到 7 个。

22 日　第 41 届东盟外长会议在新加坡举行，东盟 10 国外长将在会上评估缅甸赈灾情况和各国批准《东盟宪章》的进程，并讨论东盟人权机构的职权范围和地区局势等。

22 日　为期一天的东盟与中日韩外长会议及东亚峰会外长非正式磋商在新加坡举行，与会者就近期地区及国际问题交换了意见，并对东亚一些有助于地区和平与安全的积极发展表示欢迎。

23 日　中国—东盟外长会议在新加坡举行，中国外交部长杨洁篪和东盟十国外长出席。

23 日　朝鲜半岛核问题六方外长非正式会晤在新加坡举行。各方在会晤中也表达了各自的关切，一致认为，解决这些关切需要继续坚持六方会谈进程。

24 日　第 15 届东盟地区论坛在新加坡举行，来自所有东盟地区论坛参与国的外长或代表及东盟秘书长素林出席了论坛。会议期间，与会者对东盟地区论坛所取得的显著进步、在加强政治与安全对话、合作以及亚太地区建立信心方面所发挥的作用表示满意。中国外长杨洁篪表示，中国致力于维护亚太地区的和平与稳定，主张坚持多边主义、实现共同安全，坚持互利合作、实现共同繁荣，坚持包容精神、共建和谐世界。

7 月 26 日～8 月 1 日　首届“中国—东盟教育交流周”在贵阳开幕。

30～31 日　“2008 泛北部湾经济合作论坛”在中国广西北海市举行。围绕“共建中国—东盟新增长极——沟通、合作、繁荣”论坛主题和“世界经济发展不平衡不确定性背景下的泛北部湾经济合作”、“泛北部湾次区域合作的重点难点和趋势”、“广西北部湾经济区开放开发与泛北部湾经济合作”等三个议题，40 多位嘉宾在论坛上致辞或演讲。

8 月

1 日　2008 中国—东盟（南宁）国际教育展览会暨第 12 届国际学生用品交易会在南宁国际会展中心开幕。

2 日　东盟十国外长在马尼拉举行仪式，欢迎新加坡正式接替菲律宾担任东盟轮值主席国。菲律宾担任东盟轮值主席国期间，主办了2008年1月的第12届东盟峰会和第2届东亚峰会、第40届东盟外长会议和第14届东盟地区论坛等相关的部长级会议。

4日 中国农业银行与新加坡交易所签订谅解备忘录，双方将就公司上市问题建立信息交流渠道，促进中资企业在新加坡交易所上市。

7日 中国国家主席胡锦涛在人民大会堂会见了老挝国家主席朱马利，这是胡锦涛主席会见的第一位前来参加2008北京奥运会开幕式以及相关活动的外国领导人。

7日 中国国家副主席习近平在北京人民大会堂会见前来出席北京奥运会开幕式的新加坡内阁资政李光耀。

8日 中国国务院总理温家宝在北京人民大会堂会见缅甸总理登盛，欢迎他前来出席北京奥运会开幕式和相关活动。

8日 中国国务院总理温家宝在北京人民大会堂会见泰国总理沙马，欢迎他前来出席北京奥运会开幕式和相关活动。

9日 中国国家主席胡锦涛在北京人民大会堂会见前来出席北京奥运会开幕式的菲律宾总统阿罗约。

9日 中国国务院副总理李克强在北京人民大会堂会见前来出席北京奥运会开幕式的老挝常务副总理宋萨瓦。

11日 中国国家主席胡锦涛在北京人民大会堂会见前来参加北京奥运会开幕式和相关活动的柬埔寨国王西哈莫尼。

11日 中国全国政协主席贾庆林会见了前来出席北京奥运会开幕式的柬埔寨太皇诺罗敦·西哈努克。

15日 中国国家主席胡锦涛在人民大会堂会见了前来观看北京奥运会比赛的新加坡总统纳丹。

15日 中国国务院副总理李克强在人民大会堂会见了前来参加北京奥运会相关活动的泰国副总理沙南。

20～22日 第29届东盟议会联盟会议在新加坡举行，新加坡总理李显龙在开幕式上呼吁东盟成员国议会尽快批准《东盟宪章》，为促进东盟一体化发挥更大作用。

21日 中共中央政治局委员、全国政协副主席王刚会见了前来观看北京奥运会比赛并出席闭幕式的泰国上议院第一副议长尼空一行。

24日 中国国家副主席习近平在人民大会堂分别会见来华出席北京奥运会闭幕式及相关活动的印度尼西亚副总统卡拉。习近平表示，印尼是东盟重要成员，目前还是安理会非常任理事国，中方高度重视与印尼的关系。中国和印尼是战略伙伴，中方愿同印尼方共同努力，不断推进两国战略合作，造福两国人民，为本地区和世界的和平与发展作出新的贡献。

25日 中国国务委员兼国防部长梁光烈在八一大楼会见了来访的缅甸国防工业主任丁埃。

26～29日 第40届东盟经济部长会议在新加坡举行，东盟10个成员国和包括中国在内的6个对话伙伴国的经济部长率团与会，会议讨论了东盟经济一体化、东盟与对话伙伴国自贸区谈判等问题。

27日 第七次中国与东盟经济部长磋商会在新加坡举行。双方就全球与地区性问题、特别是与中国和东盟广泛经济合作框架协议相关的商品贸易协议和中国—东盟投资协议等问题进行了磋商。

29日 东盟—湄公河流域开发合作第10次部长级会议在新加坡举行，与会部长们就东盟—湄公河流域开发合作进展情况进行了探讨。

31日 截止到2008年8月31日，中国对缅甸投资共有28个项目获得批准，协议总金额达13.31亿美元，在外国对缅甸投资的排名中由原来的第6位跃居第4位，占外国投资总额的8.54%。

9月

1日 中共中央政治局委员、中央书记处书记、中组部部长李源潮在人民大会堂会见了以越共中央委员、中央组织部副部长陈留海为团长的越南党政干部考察团。

1日 中国银联与新加坡星展银行签署战略合作备忘录，双方将全面开展零售银行业务的合作。据介绍，通过星展银行的商户网络，中国银联卡基本覆盖了新加坡中高端百货商场。加上此前与当地其他银行的合作，银联卡已经可以在新加坡几乎所有的ATM取款，并可在约20%的商家刷卡消费。

2日 中国全国人大常委会委员长吴邦国、全国政协主席贾庆林分别在人民大会堂会见了柬埔寨参议院主席谢辛。吴邦国说，中国全国人大与柬埔寨立法机构有良好的合作基础，希望双方进一步加强交流与合作，保持高层互访势头，开展各专门委员会之间的友好往来，为促进两国关系发展作出新贡献。贾庆林在会见谢辛时说，我们愿意与柬方共同努力，扎实推进中柬关系向多领域、深层次、全方位发展。贾庆林对去2007年9月谢辛以人民党主席名义发表声明，反对“台独”分裂活动表示感谢。谢辛说，希望加强与中方立法机构的交流，学习借鉴中国治国理政和民主法制建设经验。他重申，柬埔寨将坚定奉行一个中国政策，坚决反对“台独”分裂活动。

20日　中国国务委员兼国防部长梁光烈在北京会见了来访的泰国国防部次长威奈一行。

28日　中国国务院总理温家宝在天津会见了来华出席“夏季达沃斯”论坛的新加坡国务资政吴作栋。温家宝说，中国改革开放以来，中新合作一直走在时代的前列。建设天津生态城是两国共同应对全球气候变化、实现可持续发展的一个创举，具有重要的示范作用。希望双方加强协作，确保项目取得成功。中方愿与新方加强在人才培养方面的合作，促进双边关系取得更大发展。吴作栋说，新方愿进一步加强两国在教育人才培训等领域的合作，推动新中友好合作深入发展。

10月

11日　中国—马来西亚投资贸易洽谈会在西宁城南国际展览中心举行，参加2008中国（青海）国际清真食品及用品展览会的马来西亚参展商和中国青海省企业就项目合作和产品开发等进行了广泛的推介交流。据了解，马来西亚是本届展会最大的参展代表团，共设有4个特装展区、21个展位，展示了包括咖啡、饮料、果酱、制药、服饰等在内的100多种马来西亚特色产品。

13～16日　中国—东盟新闻部长会议在广西南宁举行，10位东盟部长出席会议。共有约90名代表参加，其中外方代表约45人，包括东盟10国新闻部长及东盟秘书处代表，中方代表约45人。

15日　印度尼西亚经济统筹部长兼财政部长斯里·穆尔亚尼·因德拉瓦蒂表示，作为“清迈倡议”参与国，印尼将加入东盟与中、日、韩协助多边机构设立“危机基金”的行动计划。

16日　中国国务委员兼国防部长梁光烈在北京会见了来访的菲律宾空军司令卡敦戈格一行。

18～21日　中国交通运输部、东盟国家代表、中方专家等人员齐聚广西南宁，在中国—东盟港口合作高官会第一次会议上共商中国—东盟港口合作大计。

20～21日　中国—东盟智库战略对话在南宁举办。有40多名来自中国和东盟各国的智库知名专家出席。

20～23日　中国—东盟妇女高层论坛在广西南宁举办，论坛邀请了文莱玛斯娜公主以及东盟各国负责妇女事务的政府机构主要负责人、中方女性国家领导人、省部级女领导、全国妇联及五省、区妇联领导、中国东盟协会领导、专家学者等出席。

21日　第二届中国—东盟电力合作与发展论坛开幕。本届论坛以“中国—东盟电力合作与发展”为主题，重点分析中国和东盟地区的电力工业发展趋势，探讨中国和东盟国家的电力合作前景，介绍中国和东盟国家拟在建项目信息，促进中国和东盟电力企业在资源、运营、设计、建设、技术、装备、人才和劳务等领域的友好合作。

21日　首部记载中国—东盟博览会发展历程的史料丛书《中国—东盟博览会发展报告》正式出版发行。国务院原副总理、中国—东盟博览会组委会首任名誉主任吴仪同志为本书撰写特稿。《中国—东盟博览会发展报告》系统总结了筹办工作经验，明确了博览会的发展方向。

21日　中国国务院副总理王岐山在广西南宁分别会见了前来出席第五届中国—东盟博览会、商务与投资峰会的柬埔寨首相洪森、缅甸总理登盛、越南副总理黄忠海和老挝国家副主席本扬，就双边关系及共同关心的问题交换了意见。

21日　中国—东盟农资商会在南宁召开成立大会，举行商会网站开通和揭牌仪式，并将商会总部设在南宁。

21日　中共中央对外联络部部长王家瑞在北京会见了老挝人民革命党中央政治局委员、中联部部长通伦。双方积极评价中老关系，并就进一步加强中老两党在各领域的友好交流与合作以及共同关心的地区和国际问题广泛交换了意见。

21～25日　2008年中国—东盟青年企业家论坛在广西南宁举行。论坛发表了中国—东盟青年企业家《南宁宣言》，为服务广西北部湾经济区建设搭建一个新的合作发展平台。为使中国与东盟青年企业家交流与合作日常化、长效化，中国—东盟青年企业家协会将设在南宁。

22日　中国国家主席胡锦涛在人民大会堂会见来华进行正式访问并出席第七届亚欧首脑会议的越南总理阮晋勇。胡锦涛指出，当前和今后一个时期，两国政府应着重在以下方面推进双边关系发展。一、坚持中越关系发展大方向不动摇。二、坚持增进战略互信。三、坚持加强全面合作。关于南海问题，胡锦涛指出，双方应始终以两国关系大局和两国发展大计为重，着眼长远，着眼全局，正确看待和妥善处理南海问题，努力寻求在南海加强合作的途径和方式，使南海成为和平、合作、友好之海。阮晋勇积极评价双方为陆地边界勘界立碑作出的重要努力，希望双方继续从两国关系大局出发，尽早达成共识。越方坚持通过谈判寻求南海问题和平、长久解决，希望在相互信任、相互尊重、相互理解的基础上缩小分歧，解决出现的问题。

22 日 中国国务院总理温家宝在人民大会堂同越南政府总理阮晋勇举行会谈。会谈结束后，两国总理共同出席了经贸、卫生检疫、民间交往等领域双边合作文件签字仪式。

22 日 第五届中国—东盟博览会在广西南宁开幕，中国国务院副总理王岐山出席开幕式，柬埔寨首相洪森、缅甸总理登盛、菲律宾众议长诺格拉雷斯、越南副总理黄忠海、老挝国家副主席本扬、联合国贸发会议秘书长素帕猜出席会议并发表演讲。来自中国和东盟国家的政府官员、商协会代表、企业负责人、专家学者等 1200 人参加会议。

22 日 第五届中国—东盟商务与投资峰会在广西南宁开幕。中国国务院副总理王岐山出席开幕式并发表讲话，他指出，加强中国与东盟合作具有牢固基础和巨大潜力，双方应当进一步深化各领域合作，共同促进本地区经济金融稳定健康发展。

22 日 中共中央政治局常委、国务院副总理李克强在钓鱼台国宾馆会见了越南总理阮晋勇。

22 日 中共中央政治局委员、国务院副总理王岐山在南宁分别会见了出席第五届中国—东盟博览会、商务与投资峰会的文莱公主玛斯娜和菲律宾众议长诺格拉雷斯。

22 日 亚欧会议投资促进机构圆桌会议在广西南宁开幕。这是首次在中国—东盟博览会上引入区域外的合作机制，体现了博览会的开放性。此次圆桌会议旨在为亚欧会议成员投资促进机构提供交流与对话平台，为企业提供投资政策环境咨询和信息共享，并最终推动双向投资促进，带动区域经济发展与繁荣。

22～26 日 第三次中国—东盟电信周在广西南宁举办。本次中国—东盟电信周的主题是“构筑信息区域交流平台，深化中国—东盟信息通信领域的合作”，主要内容包括中国东盟电信部长论坛、信息通信工商论坛和无线电频谱管理论坛，以及通信技术和低成本计算机展览。

23 日 第五届中国—东盟自由贸易区法律事务论坛在广西国际会展中心开幕。来自国内外 150 名专家学者将就论坛主题展开深入探讨，共谋中国、东盟法律事业发展大计。

23 日 中国国家主席胡锦涛在北京人民大会堂会见来华出席第七届亚欧首脑会议的文莱苏丹哈桑纳尔。胡锦涛指出，中方愿同文方一道，加强交通、通信、能源、农业、基础设施建设、旅游等领域合作。努力推动中文关系不断迈上新台阶。

23 日 中国国家主席胡锦涛在北京人民大会堂会见来华出席第七届亚欧首脑会议的印度尼西亚总统苏西洛。

23 日 中国国家主席胡锦涛在北京人民大会堂会见来华进行正式访问并出席第七届亚欧首脑会议的新加坡总理李显龙。胡锦涛表示，天津生态城已开始建设，希望双方共同努力，使其成为中新合作的又一典范工程。李显龙表示，两国刚刚签署了自由贸易协定，这将有力推动中新关系，也将推进东亚区域合作。

23 日 中国全国人大常委会委员长吴邦国在人民大会堂分别会见了越南总理阮晋勇和新加坡总理李显龙。各方就积极推进经贸、科技、文化等各领域合作进行了广泛交流。

23 日 中国和新加坡在北京签署《中华人民共和国政府和新加坡共和国政府自由贸易协定》。在中国—东盟自由贸易区的基础上，双方进一步加快贸易自由化进程，拓展经贸合作的深度与广度。

23 日 中国国务院总理温家宝在北京人民大会堂与前来出席亚欧首脑会议并对中国进行正式访问的新加坡总理李显龙举行会谈。温家宝希望充分发挥双边合作机制的作用，实施、规划好重点合作项目；切实履行中新自贸协定，扩大贸易和投资，促进彼此经济增长；加强人才交流和培训，为合作提供人力资源保障；密切在多边领域的协作，推动区域合作不断深化。李显龙说，新中生态城建设进一步拓展了两国合作，新中自贸协定的签署充分显示了双方合作程度以及进一步深化互利合作的意愿，有利于促进新中经贸合作。

23 日 菲律宾总统阿罗约抵达北京，前来出席在北京举行的第七届亚欧首脑会议。

23 日 中国银联与越南外贸银行宣布开通外贸银行 ATM 机和特约商户受理银联卡业务。外贸银行是越南拥有 ATM 机数量最多的银行。

23 日 中国与新加坡在北京签署了《中华人民共和国政府和新加坡共和国政府自由贸易协定》（简称《协定》）。同时，双方还签署了《中华人民共和国政府和新加坡共和国政府关于双边劳务合作的谅解备忘录》。《协定》涵盖了货物贸易、服务贸易、人员流动、海关程序等诸多领域，是一份内容全面的自由贸易协定。根据《协定》，新方承诺在2009年1月1日取消全部自华进口产品关税；中方承诺将在2012年1月1日前对97.1%的自新进口产品实现零关税。双方还在医疗、教育、会计等服务贸易领域做出了高于WTO的承诺。

23～26日 菲律宾首都马尼拉举行“中华世界展”，展览涉及中国地理知识、传统文化以及服装、汽车和机电产品等多个方面。

24日 中国国务院总理温家宝在人民大会堂会见泰国总理颂猜。

24日 中国国务院总理温家宝在北京人民大会堂会见前来出席第七届亚欧首脑会议的柬埔寨首相洪森。温家宝表示，中方坚定致力于发展中柬睦邻友好。2008年是两国建交50周年和“中柬友好年”。中方愿以此为契机，与柬方共同努力，加强交往与合作，推动中柬关系迈上新台阶，造福两国人民。中方将一如既往支持柬埔寨发展经济，愿扎实推进双方重点合作项目，在大湄公河次区域合作框架内与柬方加强交通、通讯等基础设施建设的合作。

25日 全国政协主席贾庆林在北京人民大会堂会见出席亚欧首脑会议的老挝总理波松。

25日 中国—东盟博览会组委会、中国—东盟商务与投资峰会组委会在广西南宁召开新闻发布会，宣布第五届中国—东盟博览会胜利闭幕，并向新闻媒体介绍第五届中国—东盟博览会和中国—东盟商务与投资峰会的基本情况和主要成果。

26日 中共中央政治局常委、国务院副总理李克强在成都会见前来出席第九届中国西部国际博览会的老挝总理波松。

27日 中国全国人大常委会委员长吴邦国在人民大会堂分别会见了越南祖国阵线中央委员会主席黄担和新加坡内阁资政李光耀。分别与黄担、李光耀就双边关系交换了看法及就双方互利合作达成共识，双方还就共同关心的国际金融形势深入交换意见。

29日 中共中央政治局常委、中央政法委书记周永康在河内会见了越南政府总理阮晋勇，并与越共中央政治局委员、中央书记处常务书记张晋创举行会谈。

11月

2日 中共中央政治局委员、国务院副总理张德江在南京会见前来出席第四届世界城市论坛的菲律宾副总统德卡斯特罗。

3日 中共中央政治局常委、中央政法委书记周永康在雅加达先后会见了印尼副总统优素夫·卡拉和国会议长阿贡·拉克索诺。

3日 新加坡国际能源周在新加坡莱佛士城市会议中心开幕。这是新加坡第一次举办国际能源周，该活动由新加坡能源市场管理局和能源研究所共同主办。

3日 第五届中国—马来西亚联合商务理事会会议在大连召开，中马双方理事代表60余人出席会议。据介绍，第五届中国—马来西亚联合商务理事会会议召开期间，还将举办中国（大连）—马来西亚商务与投资论坛、中马企业家洽谈会等活动，共同商讨促进中马双方的经济贸易合作。中国—马来西亚联合商务理事会由双方于2002年4月24日共同签署成立，是在中国—东盟商务理事会的框架下组建起来的双边经贸合作机制。每年轮流于两国各城市召开理事会议研究下一步的合作重点。

4日 中共中央政治局常委、中央政法委书记周永康在雅加达会见印度尼西亚总统苏西洛。

4日 中国国务委员、公安部部长孟建柱在人民大会堂与来访的柬埔寨副首相兼内政大臣萨肯举行了会谈。会谈后，双方签署了《中华人民共和国政府和柬埔寨王国政府关于禁止非法贩运和滥用麻醉药品、精神药物和易制毒化学品的合作谅解备忘录》。

4～6日 第二届中国—东盟社会发展与减贫论坛在广西南宁举行。本次论坛主题为“粮食、灾害与减贫”，具体内容包括：粮食价格不断攀升对贫困人口的影响以及各国的应对经验；自然灾害对减贫进程的挑战和各国的应对经验；各国及相关方共同减缓粮价攀升、自然灾害对贫困影响的合作。

9日 中共中央政治局常委、中央政法委书记周永康在斯里巴加湾会见文莱外交与贸易大臣穆罕默德·博尔基亚亲王。

15日 中国全国人大常委会副委员长、全国妇联主席陈至立与柬埔寨王国政府副首相、全国妇女和平发展协会主席梅森安女士举行会谈。

15～17日 应新加坡总检察署总检察长温长明的邀请，中国首席大检察官、最高人民检察院检察长曹建明率中国检察代表团访问了新加坡。双方表示将进一步加强交流与合作。

12月

1日　柬埔寨国王西哈莫尼在金边会见了正在柬埔寨访问的中国国务委员、公安部部长孟建柱。

1日　中共中央政治局常委、全国政协主席贾庆林在万象会见老挝人民革命党中央政治局委员、总理波松。

1日　中国国家副主席习近平在人民大会堂会见了来访的越南人民军总参谋长阮克研一行。习近平说，中方愿意与越方共同努力，继续扩大和深化各领域的务实合作，妥善处理存在的分歧和问题，扎实推进两国全面战略合作伙伴关系发展。阮克研说，越方将发展越中全面战略合作伙伴关系作为对外政策的首要。越方将坚定支持一个中国政策。

1日　中国国务委员兼国防部长梁光烈在八一大楼会见了缅甸国家和平与发展委员会委员、总参谋长瑞曼。

1～2日　应老挝人民革命党中央政治局委员、老挝建国阵线中央委员会主席西沙瓦·乔本潘的邀请，中共中央政治局常委、中国全国政协主席贾庆林对老挝进行了正式友好访问，这是中国全国政协主席第一次访问老挝。

2日　中国外交部长杨洁篪在香港分别会见了菲律宾总统阿罗约和新加坡内阁资政李光耀。就加强中菲、中新双边关系交换了意见。

3日　中国全国政协主席贾庆林在金边分别会见了柬埔寨首相洪森、国会主席韩桑林。双方进行了亲切友好的交谈，并就深化两国友好合作达成广泛共识。

4日　中国全国政协主席贾庆林在金边出席中柬建交50周年庆祝大会并发表题为“巩固传统友谊共创美好未来”的演讲。

4日　中国全国政协主席贾庆林在金边与柬埔寨参议院主席谢辛举行会谈。双方希望积极推动经贸、旅游、文化、教育等各领域的交流合作，推进在东盟框架内的柬中合作，密切在国际和地区事务中的沟通协调。

4日　中国外交部长杨洁篪在缅甸首都内比都与缅甸外长吴年温举行会谈。双方一致同意，两国外交部保持经常性沟通和磋商，就双边关系及共同关心的问题及时交换意见；在经贸领域积极推进双方已商定的合作项目，拓展合作的新方式和新领域，提升合作水平；中方支持缅灾后重建工作，双方将密切配合，进一步落实中方有关援助款项；加强合作，共同打击贩毒等边境违法犯罪活动。

5日　中国全国政协主席贾庆林在柬埔寨暹粒出席了中国援助修复柬埔寨周萨神殿工程竣工剪彩仪式并发表致辞。周萨神殿保护工程，是中国政府第一次派遣专业队伍实施的文化遗产保护国际合作项目。修缮后的周萨神殿基本恢复了原有建筑的风貌和特点。中国政府还将承担吴哥古迹保护二期项目的修复工作。

9日　中国银联与新加坡大华银行在新加坡发行“银联标准白金信用卡”。这是中国银联首次与新加坡发卡银行在当地联合发行信用卡。据中国银联介绍，这种信用卡主要面向经常到访中国的新加坡人，为他们赴中国公务、商旅和留学提供便捷的支付服务。该卡使用新元记账，不仅可在新加坡刷卡消费和提取现金，更借助中国银联的广泛网络，可在中国境内逾百万银联联网商户、160多万台收款机（POS）和15万台自动柜员机（ATM）上使用。除此之外，该卡还可以在开通银联卡受理的其他国家和地区使用。

10日　中共中央政治局常委、全国政协主席贾庆林会见在人民大会堂了以中央常委、中央日常工作小组组长、国会第二副主席赛冲为团长的柬埔寨人民党代表团。

11日　中国图书展销会日前分别在越南、柬埔寨举行。这是我国首次正式在越南、柬埔寨举办中国图书展销会，是总署多元推动出版文化产品和服务“走出去”的具体体现，对开拓东盟图书市场具有重要意义。

11日　老挝人民革命党中央总书记、国家主席朱马利·赛雅贡在万象会见了中国全国人大常委会副委员长陈至立。朱马利表示，老中关系正处于全面、深入、蓬勃发展的新时期，各领域、各层次合作成果喜人，给两国人民带来实实在在的利益。老挝党、政府和人民将一如既往地坚定奉行一个中国政策，反对任何形式的“台独”、“藏独”分裂活动。陈至立说，中方愿与老方共同努力，推动中老长期稳定、睦邻友好、彼此信赖的全面合作关系不断迈上新台阶。中国全国人大愿加强与老挝国会的友好交流与合作，为发展两国关系发挥积极作用。

同日，老挝总理波松与陈至立也进行了会见。

12日　在中国外交部的大力支持下，中国政府与菲律宾政府已就菲律宾在成都设立总领事馆达成协议。根据协议，中国同意菲律宾在四川省成都市设立总领事馆，领区范围为四川省。

15日　《东盟宪章》正式生效，东盟成员国外长聚首印度尼西亚首都雅加达，共同庆祝这一历史性文件正式生效。《东盟宪章》的正式生效标志着东盟共同体建设和一体化进程进入新的发展阶段。

15日　柬埔寨国王西哈莫尼在金边会见了中国全国人大常委会副委员长陈至立。西哈莫尼盛赞中国改革开放30年来所取得的成就，并高度评价两国关系的发展。柬埔寨王室长期致力于推动柬中友好，柬方愿与中方一道努力，推动双边关系不断向前发展。

16日　东盟成员国在新加坡签署了促进贸易、鼓励投资和进一步开放服务业的三项东盟经济协议，以促进东盟成员国之间的贸易和投资，并希望通过东盟这个单一市场和生产基地，吸引更多海外投资到东盟来。

18～21日　第5届马来西亚中国进出口商品展暨投资洽谈会在马来西亚首都吉隆坡举行。本届展会面积7000平方米，约320个标准展位，有来自9个国家和地区的203家企业参展。

19日　广西壮族自治区人民政府发布消息称，中国广西南宁至越南河内（嘉林）的旅客列车将于2009年1月1日起正式开行。这趟车开设之后，南宁将成为北京以外，中国第二个开设始发站国际列车的城市。

22日　中国全国人大常委会委员长吴邦国和中国全国政协主席贾庆林在人民大会堂分别会见了印尼地方代表理事会主席吉南亚尔。

22日　中国国务院副总理李克强在雅加达会见了印尼总统苏西洛。同日，李克强在雅加达会见了印尼工商界代表，出席了印尼工商界欢迎午宴并发表演讲。

22日　中国—印尼第三次能源论坛在雅加达举行。中国国务院副总理李克强出席论坛并发表了题为“加强能源合作，实现互利共赢”的致辞。李克强和卡拉共同主持论坛开幕仪式并出席中印尼企业关于石油、天然气、电力、煤炭、可再生能源等方面8个项目签字仪式。印尼能源部长及社会各界人士约300人出席了此次论坛。

22日　中国国务院副总理李克强在雅加达与印尼副总统卡拉举行会谈。会谈后，李克强与卡拉副总统共同出席了中印尼有关文化、体育、青少年交流、能源合作以及中国向印尼提供优惠出口信贷等协议签字仪式。

23日　中国全国人大常委会副委员长、全国妇联主席陈至立在人民大会堂会见了以越南妇联主席阮氏清和为团长的越南妇女代表团。双方就加强两国妇女及妇女组织的交流，推动两国妇女事业进步交换了意见。

28日　中国—越南（深圳—海防）经济贸易合作区举行奠基仪式。中国—越南（深圳—海防）经贸合作区项目位于海防市安阳县境内，占地800公顷。

29日　越南总理阮晋勇在河内会见了出席中越政府边界谈判代表团团长会晤的中国外交部副部长武大伟。阮晋勇说，两国陆地边界勘界立碑工作已经取得重大进展，希望两国政府代表团共同努力，如期完成陆地边界全线勘界立碑工作，把两国领导人的共识落到实处。武大伟表示，在两国领导人的关心指导下，经双方共同努力，两国陆地勘界工作接近完成。双方应继续努力，推动两国全面战略合作伙伴关系深入发展。

29日　中国与新加坡正式签署自由贸易协定。从2009年1月1日起，新加坡取消全部自华进口产品关税；中方也将在2012年1月1日前对97.1%的自新加坡进口产品实现零关税。此外，双方还在医疗、教育、会计等服务贸易领域作出了高于WTO的承诺。

30日　中国政府首次任命中国驻东南亚国家联盟大使一职。在中国—东盟战略伙伴关系深入发展，东盟共同体建设快速推进的新形势下，此举充分体现了中方对推进中国—东盟在各个领域合作的政治意愿，体现了中方对东盟共同体建设和一体化进程的坚定支持，相信必将对推动中国与东盟在各领域的友好交流与互利合作产生积极影响。

2009年1～6月

1月

6日　文莱苏丹哈桑纳尔会见正在文莱进行友好访问的全国人大常委会副委员长周铁农。周铁农转达了胡锦涛主席和温家宝总理对哈桑纳尔的亲切问候和良好祝愿。周铁农表示，建交18年来，中文关系全面快速发展。双方政治互信不断加深，各领域合作日益扩大，在国际和地区事务中保持密切协调与配合。哈桑纳尔欢迎周铁农访文，请他转达对胡主席和温总理的亲切问候。哈桑纳尔希望进一步加强双边高层往来，强调文政府坚持一个中国政策，并表示愿继续推进两国在经贸等各领域的友好合作。

7日　中国—东盟博览会5周年书画艺术展在广西南宁国际会展中心隆重开幕。作为中国—东盟博览会5周年系列活动之一，书画艺术展展示反映了中国与东盟国家5年来借助中国—东盟博览会这一平台，围绕“合作共赢”的主题开展文化交流的成就。

2月

20日　全国政协主席贾庆林在京会见了柬埔寨国王诺罗敦·西哈莫尼。贾庆林欢迎西哈莫尼来华，高度评价柬埔寨王室对中柬关系发展作出的卓越贡献。西哈莫尼回顾了西哈努克太皇同中国领导人的亲密交往和友谊，感谢中国对柬埔寨长期以来的宝贵支持和无私援助，表示柬方愿与中方一道，为推动两国关系深入发展作出不懈努力。

23日　中越双方在广西凭祥友谊关口岸举行仪式，共同庆祝陆地边界勘界立碑圆满结束。伫立在中越两国边境的第1116号界碑和1117号界碑，准确地标示了两国陆地边界条约规定的边界线位置，这段界线还经过两国公路的接合点“零公里”。中国国务委员戴秉国和越南副总理兼外交部长范家谦分别代表两国政府出席仪式并致辞。

28日　第14届东盟峰会首脑会议在泰国华欣开幕。东盟峰会从2月26日开始，到3月1日结束，会议着重讨论了《东盟宪章》后续问题、应对全球金融危机、维护人权、能源安全等问题。十国领导人将签署《东盟共同体2009—2015年路线图宣言》，东盟政治与安全蓝图、社会与文化蓝图，以及《东盟一体化第二阶段行动计划》等重要文件。

3月

1日　第14届东盟峰会在泰国海滨城市华欣闭幕。会上通过了《东盟共同体2009—2015年路线图宣言》等一系列重要文件，其中包括建设东盟经济共同体、东盟政治安全共同体和东盟社会文化共同体三方面内容，在推进东盟共同体建设方面又迈进一大步。

18日　缅甸国家和平与发展委员会主席、国防军总司令兼国防部长丹瑞大将在缅甸首都内比都会见了正在缅甸进行正式友好访问的中央军委委员、中国人民解放军总参谋长陈炳德上将一行。

23日　在马来西亚访问的中国全国人大常委会副委员长兼秘书长李建国分别会见了马来西亚副总理纳吉布、上议院议长哈米德和下议院副议长万·朱奈迪。

25日　中国外交部长杨洁篪在曼谷同泰国外长甲西举行会谈。双方就共同推进中泰关系及东亚合作等交换了意见，达成广泛共识。

25日　泰国总理阿披实在曼谷会见了到访的中国外长杨洁篪。双方希望进一步拓展两国合作领域，加强合作。

25日　应缅甸政府邀请，中共中央政治局常委李长春抵达仰光，开始对缅甸进行正式友好访问。

26日　中共中央政治局常委李长春在内比都会见了缅甸政府总理登盛。双方就进一步拓宽双边经贸及各方面合作交流了意见。

4月

8日　中国国家副主席习近平在人民大会堂会见了来访的泰国公主诗琳通。双方就推动两国战略合作交流了意见。

8日　中国国务委员兼国防部长梁光烈在八一大楼会见了来访的越南国防部副部长阮文得一行。双方希望进一步推动两国两军关系发展。

9日　第六届中国—东盟博览会筹备会议在广西钦州举行，会议重点通报了第六届中国—东盟博览会筹备工作各项情况。会议指出，尽管受到国际金融危机的影响，2008年中国与东盟双边贸易额仍保持快速增长，达到2311.2亿美元，同比增长13.9%。

10日　原计划于泰国旅游胜地帕塔亚开幕的东盟与对话国系列峰会因泰国大批反政府示威者的突袭而被迫无限期延期。

11日　泰国政府宣布因国内局势原因决定推迟原定于当日上午开始举行的东亚领导人系列会议后，已抵达泰国帕塔亚的与会各国领导人陆续启程回国。泰国总理阿披实专程前往机场为中国国务院总理温家宝送行，双方举行了简短会晤。

14日　“中国—东盟国家工会领导人研讨会”开幕。中共中央政治局委员、全国人大常委会副委员长、中华全国总工会主席王兆国出席开幕式时指出，在当前国际金融危机的背景下，中国工会与东盟各国工会间需要进一步加强对话交流，开展务实合作，以更好地应对共同挑战。

16日　中共中央书记处书记、中央纪委副书记何勇在北京会见了由委员会常委、办公厅主任武进战率领的越南中央防治腐败指导委员会代表团。

17日　中国国务院总理温家宝在海南省三亚会见了出席博鳌亚洲论坛2009年年会的缅甸总理登盛。温家宝表示，中方真诚希望缅甸政局稳定、经济发展、实现民族和解。登盛表示将认真落实双方达成的各项协议，推进两国互利合作，希望中方继续参与缅甸经济建设项目。

17日　中国国务院总理温家宝在海南省三亚会见了出席博鳌亚洲论坛2009年年会的越南总理阮晋勇。温家宝表示，2010年是中越建交60周年。双方决定举办“中越友好年”活动，使两国人民的传统友谊代代相传。中方支持两国企业在基础设施、制造业、能源、矿产等领域加强合作，鼓励两国地方省市开展交流和务实合作。

24～27 日　泰国商业部副部长阿隆功率领官员和企业家前往访问中国，加强泰国和中国云南省的经贸合作关系。同时向华商说明泰政府已取消使用紧急事态法，重建当地投资者和游客信心，促使当地企业及民众恢复来泰投资和旅游，并鼓励泰国企业前往当地投资。

29 日　全国政协主席贾庆林在人民大会堂会见了来访的马来西亚前总理马哈蒂尔。贾庆林欢迎马哈蒂尔访华，高度评价他任总理期间为发展中马关系作出的积极贡献。他表示，中方高度重视发展与马来西亚的友好合作关系，愿与马方共同努力，推动中马关系不断迈上新台阶。

30 日　全国政协主席贾庆林在人民大会堂会见了越南政府副总理兼教育培训部部长阮善仁。贾庆林说，中越关系正站在新的历史起点上。希望双方以 2010 年共同举办“中越友好年”为契机，增进友谊，扩大合作，推动中越全面战略合作伙伴关系取得更大发展。阮善仁表示，越方高度重视发展对华关系，愿进一步加强两国在教育、文化、科技等领域的交流与合作，丰富越中全面战略合作伙伴关系内涵。

5 月

3 日　东盟十国与中日韩（10＋3）三国财长在巴厘岛发表联合公报宣布，规模为 1200 亿美元的亚洲区域外汇储备库将在 2009 年年底前正式成立并运作。

5 日　《中国—东盟博览会发展报告》、《中国—东盟商务与投资峰会发展报告》、《第一至第五届中国—东盟博览会　中国—东盟商务与投资峰会绩效评估及财务审计报告》出版首发仪式在南宁举行。这标志着首套反映五届中国—东盟博览会、中国—东盟商务与投资峰会全貌的发展报告及绩效评估和财务审计报告正式面世。

6 日　中国国务院副总理回良玉在中南海紫光阁会见了来访的老挝副总理宋萨瓦·伦萨瓦一行。回良玉说，中老两国是山水相连的友好邻邦，两国人民有着深厚的传统友谊。中方愿与老方加强合作，抓紧制订《中老经济合作规划》，不断拓展合作领域，进一步实现互利共赢。宋萨瓦表示，此次率团访华并与中方共同主持召开两国经贸技术合作委员会第四次会议，取得了圆满成功。老方愿与中方共同努力，继续推动两国睦邻友好与全面合作不断迈上新台阶。

7～8 日　以防控甲型 H_1N_1 流感、商讨合作计划与战略为主题的东盟与中日韩卫生部长特别会议在泰国首都曼谷开幕，中国卫生部长陈竺率团与会。在为期两天的会议中，各国卫生部长和高级官员评估甲型 H_1N_1 流感在世界范围和与会各国的传播情况，讨论并完善当前各国采取的防控措施，探讨东盟与中日韩在对抗新流感问题上的合作战略和举措，达成各国卫生部长在对抗甲型 H_1N_1 流感方面的联合声明。

11 日　中共中央政治局常委、国家副主席习近平在北京会见了以越南中央书记处书记、中央民运部部长何氏洁为团长的越南共产党代表团。习近平积极评价中越两党两国关系，并强调，中国党和政府一贯重视维护和发展中越全面战略合作伙伴关系。中方愿以中越建交 60 周年为契机，与越方一道不断充实和深化双边关系内涵，增进战略互信，深化互利合作，促进共同发展，推动中越友好再迈新台阶。何氏洁高度评价中国共产党领导的改革开放事业所取得的伟大成就。她说，维护和发展越中传统友谊，是越南党和人民的坚定信念。越方愿通过不断深化各领域的友好合作，共同推进两党两国关系和人类进步事业不断向前发展。

13 日　泰国外交部长甲西·披龙耶宣布，泰国政府决定把东南亚国家联盟（东盟）与对话国系列峰会从原计划的 2009 年 6 月中旬推迟到 2009 年 10 月下旬举行。

15 日　中国与老挝第一个高电压等级合作项目——115 千伏老挝那磨至中老边境线输变电工程正式开工建设，建成后将为双方电力合作打下坚实基础。这是中国南方电网公司所属云南电网公司在大湄公河次区域电网外经贸建设项目中的第一个 EPC（工程总承包）项目，也是云南电网公司继对越送电和缅甸瑞丽江电力进口之后，利用次区域电力合作契机进一步优化电力资源配置的共赢举措。

31 日　中国国家主席胡锦涛和马来西亚最高元首米詹互致贺电，热烈祝贺两国建交 35 周年。当日，国务院总理温家宝和马来西亚总理纳吉布，外交部长杨洁篪和马来西亚外交部长阿尼法也分别互致了贺电。

6 月

1 日　中共中央政治局常委、国家副主席习近平在北京会见了由柬埔寨奉辛比克党主席拉斯梅率领的柬埔寨奉辛比克党代表团。

3 日　中国国务院总理温家宝在人民大会堂与马来西亚总理纳吉布举行会谈。温家宝说，在新形势下中马要坚持和平共处五项原则，照顾彼此核心利益，继续相互帮助，共同发展。纳吉布说，完全赞同温家宝总理对发展两国关系的主张，愿在互惠互利基础上，加强双方在经济、金融、资源、能源、基础设施建设等领域的合作，积极落实《中马战略性合作共同行动计划》。

3 日　泰国总理阿披实经东盟与中日韩（10＋3）和东亚峰会领导人授权，在曼谷发表《10＋3 合作应对全球经济和金融危机联合新闻声明》和《东亚峰会关于全球经济和金融危机联合新闻声明》。

3日 第六届中国—东盟博览会推介会在泰国清迈帝国酒店举行。

4日 中国国家主席胡锦涛在人民大会堂会见了马来西亚总理纳吉布。胡锦涛表示，中国愿以中马建交35周年和双方签署战略性合作共同行动计划为契机，全面拓展和提升两国在双边和多边领域的务实合作，努力开创中马关系更加美好的未来。纳吉布完全赞同胡锦涛对于双边关系的积极评价，表示马方愿与中方一道，推进双边关系和地区合作，共同应对国际金融危机。

4日 中国国务院副总理回良玉与来访的马来西亚总理纳吉布共同出席了中马商务论坛开幕式。回良玉在开幕式上发表讲话，代表中国政府对中马商务论坛在中马建交35周年之际召开表示祝贺。

4日 国务院副总理李克强会见来访的马来西亚总理纳吉布并共同出席庆祝中马建交35周年招待会。

5日 由泰国总理府、泰国商务部和泰国农业部举办的“2009泰国农产品中国巡展”在天津拉开帷幕。中泰两国官员、企业家代表170多人参加了当天的巡展开幕活动，并出席了“泰国农业经济论坛暨农产品经贸合作洽谈会”，签署了价值约17亿元人民币的农产品进出口合作备忘录。“2009泰国农产品中国巡展”活动于2009年6月至9月期间在天津、北京、西安、大连、沈阳5座城市相继举办。

6日 第17届中国昆明进出口商品交易会、第二届南亚国家商品展、第七届东盟华商投资西南项目推介会暨亚太华商论坛项目签约仪式在昆明国际会展中心金色大厅举行。全国人大常委会副委员长蒋树声，老挝人民民主共和国常务副总理宋沙瓦·凌沙瓦出席了开幕式。与此同时，会展期间还举办了GMS经济走廊活动周系列活动以及中国—南亚商务论坛、亚太华商论坛、云南生物产业发展论坛、2009科技成果化发展（云南）论坛、大湄公河次区域电子商务研讨会等活动。

9日 首届东盟与中日韩（10＋3）武装部队非传统安全论坛在解放军石家庄陆军指挥学院开幕，来自东盟与中日韩等国33名代表参加此次论坛。本届为期3天的论坛旨在加强对非传统安全问题研究、增进互信、扩大共识、促进东盟与中日韩武装部队共同应对非传统安全威胁的挑战。

11日 中国国务院副总理李克强在人民大会堂会见了泰国外长格实。李克强表示，中方高度重视发展与泰国的友好关系，视泰国为真正的朋友和可信赖的合作伙伴，愿与泰方深化合作，共谋发展，造福两国人民，为本地区的稳定与繁荣不断作出新贡献。在当前国际金融危机仍在蔓延的形势下，中方愿与泰方携手合作，共同应对挑战，共创发展机遇，实现共同发展。

16日 中国国家副主席习近平在人民大会堂与来访的缅甸联邦国家和平与发展委员会副主席貌埃举行会谈。习近平表示，经贸关系是两国关系的重要组成部分。近年来，中缅经贸合作取得长足发展，为两国人民带来实实在在的利益。面对国际金融危机的挑战，中缅应携手努力，加快推进重点项目合作，以此带动经济增长，为两国发展注入新的活力。貌埃说，缅中两国2010年将迎来建交60周年，缅方愿以此为契机，进一步弘扬缅中友好传统，深化两国在各领域合作，推动缅中关系再上新的台阶。貌埃重申，缅方坚定支持中国在台湾、西藏等问题上的原则立场。

16日 中国国务院总理温家宝在中南海紫光阁分别会见了缅甸国家和平与发展委员会副主席貌埃，以及汤加、密克罗尼西亚联邦、斐济、纽埃等太平洋岛国议会联合访华代表团。双方进行了亲切会谈。

24日 中国国务院总理温家宝在北京人民大会堂东大厅举行仪式，欢迎泰国总理阿披实访华。温家宝建议双方就双边关系和重大国际问题保持密切沟通与协调，维护本地区和平与稳定；认真落实《关于扩大和深化双边经济贸易合作的协定》，共同克服国际金融危机的影响。特别要采取有效措施，保持贸易稳定发展。阿披实说，在当前国际金融危机情况下，泰方愿进一步深化同中方的经贸合作，特别是农业、旅游、文化、教育、检验检疫等领域合作。阿披实对新中国成立60周年表示热烈祝贺并重申，泰国坚持奉行一个中国原则。

24～26日 第十五次中国—东盟高官磋商会在南京举行。本次会议讨论了中国与东盟关系进展，探究了当前全球金融危机形势下，如何加强双方各领域务实合作。

26日 中国国家主席胡锦涛在人民大会堂会见了泰国总理阿披实。胡锦涛表示，泰国是中国在东南亚值得信赖的好朋友、好伙伴，中方高度重视中泰关系，愿同泰方携手努力，推动中泰关系更加深入地向前发展。2010年我们将迎来中泰建交35周年，希望双方认真规划好有关庆祝活动，使“中泰一家亲”更加深入人心，建立在传统友谊和共同利益基础上的中泰睦邻友好合作关系一定会迎来更加美好的未来。阿披实表示，泰中两国交往密切，泰国人民珍视同中国的传统友谊，赞赏中国的发展成就。2010是两国建交35周年，泰方愿以此为契机，同中方一道，推动泰中友好关系在业已良好的基础上进一步向前发展。

数据统计篇

2008 年 1～12 月我国对东盟国家贸易统计

金额单位：亿美元

	进出口		出口		进口		贸易平衡	
	金额	增长	金额	增长	金额	增长	2008 年	2007 年
东盟合计	2311.17	14.00%	1141.42	20.90%	1169.74	7.90%	－28.32	－139.83
文莱	2.18	－39.10%	1.3	15.00%	0.89	－639.00%	0.41	－1.33
柬埔寨	11.33	21.30%	10.94	24.00%	0.39	－23.80%	10.56	8.32
印度尼西亚	315.21	25.70%	171.92	35.60%	143.3	15.60%	28.62	2.79
老挝	4.16	57.50%	2.68	50.70%	1.47	71.50%	1.21	0.92
缅甸	26.26	26.40%	19.78	16.40%	6.48	71.20%	13.31	13.22
马来西亚	534.69	15.20%	213.75	20.80%	320.94	11.80%	－107.19	－109.98
菲律宾	285.8	－6.70%	90.78	21.10%	195.02	－15.60%	－104.24	－156.2
新加坡	524.36	10.50%	323	7.90%	201.35	14.90%	121.65	122.71
泰国	412.53	18.90%	156.05	29.80%	256.47	13.20%	－100.42	－106.91
越南	194.64	28.80%	151.22	27.20%	43.43	34.60%	107.79	86.65

注：占总值比中的“增长”为同比增减点数

来源：中华人民共和国商务部亚洲司. http://yzs.mofcom.gov.cn/aarticle/g/date/i/200902/20090206029293.html?140595246＝2488118326.2009－02－05

中国对文莱进出口商品构成表（2008 年）

单位：美元

商品构成	进口	出口	2008 年比 2007 年增减（%）	
			出口	进口
总　值	88,884,918	130,542,756	－63.88	15.37
第 1 类　活动物；动物产品	6,909	1,355,793	－77.56	138.06
01 章　活动物	—	—	—	—
02 章　肉及食用杂碎	—	1,289,867	—	147.78
03 章　鱼、甲壳动物、软体动物及其他水生无脊椎动物	6,909	35,100	－77.56	253.37
04 章　乳品；蛋品；天然蜂蜜；其他食用动物产品	—	13,600	—	－65.14

商品构成	进口	出口	2008年比2007年增减（%）	
			出口	进口
05章　其他动物产品	—	17,226	—	—
第2类　植物产品	—	2,563,671	—	33.63
06章　活树及其他活植物；鳞茎、根及类似品；插花及装饰用簇叶	—	61,754	—	16.97
07章　食用蔬菜、根及块茎	—	1,786,031	—	40
08章　食用水果及坚果；甜瓜或柑桔属水果的果皮	—	416,478	—	57.43
09章　咖啡、茶、马黛茶及调味香料	—	297,498	—	−6.23
10章　谷物	—	—	—	—
11章　制粉工业产品；麦芽；淀粉；菊粉；面筋	—	—	—	—
12章　含油子仁及果实；杂项子仁及果实；工业用或药用植物；稻草、秸秆及饲料	—	—	—	—
13章　虫胶；树胶、树脂及其他植物液、汁	—	1,910	—	−64.17
14章　编结用植物材料；其他植物产品	—	—	—	—
第3类　动、植物油、脂及其分解产品；精制的食用油脂；动、植物蜡	—	23,267	—	−66.72
15章　动、植物油、脂及其分解产品；精制的食用油脂；动、植物蜡	—	23,267	—	−66.72
第4类　食品；饮料、酒及醋；烟草、烟草及烟草代用品的制品	890	3,107,348	−19.09	13.03
16章　肉、鱼、甲壳动物、软体动物及其他水生无脊椎动物的制品	—	523,878	—	16.43
17章　糖及糖食	—	9,762	—	−80.44
18章　可可及可可制品	—	20,804	—	−51.44
19章　谷物、粮食粉、淀粉或乳的制品；糕饼点心	—	356,029	—	53.62
20章　蔬菜、水果、坚果或植物其他部分的制品	—	1,502,941	—	24.28
21章　杂项食品	890	419,273	—	−0.76
22章　饮料、酒及醋	—	13,137	—	−65.3
23章　食品工业的残渣及废料；配制的动物饲料	—	261,524	—	−14.26
24章　烟草、烟草及烟草代用品的制品	—	—	—	—
第5类　矿产品	85,647,945	2,649,991	−64.91	−17.61
25章　盐；硫磺；泥土及石料；石膏料、石灰及水泥	—	2,069,046	—	−2.27
26章　矿砂、矿渣及矿灰	493,886	—	−5	—
27章　矿物燃料、矿物油及其蒸馏产品；沥青物质；矿物蜡	85,154,059	580,945	−65.04	−47.15
第6类　化学工业及其相关工业的产品	—	3,408,296	—	−0.33
28章　无机化学品；贵金属、稀土金属、放射性元素及其同位素的有机及无机化合物	—	153,547	—	−65.84

商品构成	进口	出口	2008年比2007年增减（%）	
			出口	进口
29章　有机化学品	—	2,174,742	—	27.81
30章　药品	—	56,333	—	74.83
31章　肥料	—	1,990	—	−98.99
32章　鞣料浸膏及染料浸膏；鞣酸及其衍生物；染料、颜料及其他着色料；油漆及清漆；油灰及其他类似胶粘剂；墨水、油墨	—	155,781	—	140.9
33章　精油及香膏；芳香料制品及化妆盥洗品	—	22,255	—	632.8
34章　肥皂、有机表面活性剂、洗涤剂、润滑剂、人造蜡、调制蜡、光洁剂、蜡烛及类似品、塑型用膏、“牙科用蜡”及牙科用熟石膏制剂	—	274,600	—	−25.59
35章　蛋白类物质；改性淀粉；胶；酶	—	24,891	—	−90.26
36章　炸药；烟火制品；火柴；引火合金；易燃材料制品	—	208,195	—	5.45
37章　照相及电影用品	—	—	—	—
38章　杂项化学产品	—	335,962	—	135.61
第7类　塑料及其制品；橡胶及其制品	38,212	5,895,258	−36.03	31.1
39章　塑料及其制品	38,212	2,424,241	−36.03	27.78
40章　橡胶及其制品	—	3,471,017	—	33.52
第8类　生皮、皮革、毛皮及其制品；鞍具及挽具；旅行用品、手提包及类似品；动物肠线（蚕胶丝除外）制品	—	1,272,095	—	361.18
41章　生皮（毛皮除外）及皮革	—	—	—	—
42章　皮革制品；鞍具及挽具；旅行用品、手提包及类似容器；动物肠线（蚕胶丝除外）制品	—	1,272,095	—	392.31
43章　毛皮、人造毛皮及其制品	—	—	—	—
第9类　木及木制品；木炭；软木及软木制品；稻草、秸秆、针茅或其他编结材料制品；篮筐及柳条编结品	11,679	1,603,878	−15.6	54.95
44章　木及木制品；木炭	11,679	786,249	−15.6	−15.27
45章　软木及软木制品	—	—	—	—
46章　稻草、秸秆、针茅或其他编结材料制品；篮筐及柳条编结品	—	817,629	—	708.63
第10类　木浆及其他纤维状纤维素浆；纸及纸板的废碎品；纸、纸板及其制品	2,959,531	1,419,521	87.69	136.46
47章　木浆及其他纤维状纤维素浆；纸及纸板的废碎品	2,958,716	—	87.65	—
48章　纸及纸板；纸浆、纸或纸板制品	815	873,571	—	174.36
49章　书籍、报纸、印刷图画及其他印刷品；手稿、打字稿及设计图纸	—	545,950	—	93.66
第11类　纺织原料及纺织制品	—	11,298,275	—	−2.78
50章　蚕丝	—	175,279	—	−26.25
51章　羊毛、动物细毛或粗毛；马毛纱线及其机织物	—	—	—	—

商品构成	进口	出口	2008年比2007年增减（%）	
			出口	进口
52章　棉花	—	263,108	—	124.08
53章　其他植物纺织纤维；纸纱线及其机织物	—	—	—	—
54章　化学纤维长丝	—	2,339,544	—	74
55章　化学纤维短纤	—	626,685	—	433.82
56章　絮胎、毡呢及无纺织物；特种纱线；线、绳、索、缆及其制品	—	44,097	—	−43.82
57章　地毯及纺织材料的其他铺地制品	—	535,117	—	−10.44
58章　特种机织物；簇绒织物；花边；装饰毯；装饰带；刺绣品	—	213,863	—	52.77
59章　浸渍、涂布、包覆或层压的纺织物；工业用纺织制品	—	449,160	—	1,121.54
60章　针织物及钩编织物	—	2,697,653	—	−52.85
61章　针织或钩编的服装及衣着附件	—	2,359,905	—	25.5
62章　非针织或非钩编的服装及衣着附件		824,728	—	18.22
63章　其他纺织制成品；成套物品；旧衣着及旧纺织品；碎织物	—	769,136	—	17.96
第12类　鞋、帽、伞、杖、鞭及其零件；已加工的羽毛及其制品；人造花；人发制品	—	651,345	—	33.96
64章　鞋靴、护腿和类似品及其零件	—	341,051	—	26.46
65章　帽类及其零件	—	80,120	—	31.25
66章　雨伞、阳伞、手杖、鞭子、马鞭及其零件	—	129,933	—	41.43
67章　已加工羽毛、羽绒及其制品；人造花；人发制品	—	100,241	—	57.57
第13类　石料、石膏、水泥、石棉、云母及类似材料的制品；陶瓷产品；玻璃及其制品	943	9,842,136	—	37.34
68章　石料、石膏、水泥、石棉、云母及类似材料的制品	—	1,082,870	—	−4.75
69章　陶瓷产品	943	6,506,448	—	33.05
70章　玻璃及其制品	—	2,252,818	—	97.71
第14类　天然或养殖珍珠、宝石或半宝石、贵金属、包贵金属及其制品；仿首饰；硬币	—	43,893	—	−94.42
71章　天然或养殖珍珠、宝石或半宝石、贵金属、包贵金属及其制品；仿首饰；硬币	—	43,893	—	−94.42
第15类　贱金属及其制品	180,265	40,416,543	100,047.22	22.99
72章　钢铁	32	26,846,275	—	32.8
73章　钢铁制品	1,093	9,276,105	507.22	14.47
74章　铜及其制品	179,140	239,514	—	−11.32
75章　镍及其制品	—	—	—	—
76章　铝及其制品	—	3,109,165	—	−11.78

商品构成	进口	出口	2008年比2007年增减（%）	
			出口	进口
78章　铅及其制品	—	—	—	—
79章　锌及其制品	—	—	—	—
80章　锡及其制品	—	7,381	—	152.34
81章　其他贱金属、金属陶瓷及其制品	—	—	—	—
82章　贱金属工具、器具、利口器、餐匙、餐叉及其零件	—	427,775	—	36.94
83章　贱金属杂项制品	—	510,328	—	22.12
第16类　机器、机械器具、电气设备及其零件；录音机及放声机、电视图像、声音的录制和重放设备及其零件、附件	13,779	31,556,729	－95.33	10.8
84章　核反应堆、锅炉、机械器具及零件	7,263	12,128,974	－97.5	24.27
85章　电机、电气设备及其零件；录音机及放声机、电视图像、声音的录制和重放设备及其零件、附件	6,516	19,427,755	39.86	3.78
第17类　车辆、航空器、船舶及有关运输设备	—	5,470,798	—	－41.22
86章　铁道及电车道机车、车辆及其零件；铁道及电车道轨道固定装置及其零件、附件；各种机械（包括电动机械）交通信号设备	—	—	—	—
87章　车辆及其零件、附件，但铁道及电车道车辆除外	—	4,494,679	—	－45.15
88章　航空器、航天器及其零件	—	51,172	—	377.57
89章　船舶及浮动结构体	—	924,947	—	41.6
第18类　光学、照相、电影、计量、检验、医疗或外科用仪器及设备、精密仪器及设备；钟表；乐器；上述物品的零件、附件	24,765	501,236	229.15	41.4
90章　光学、照相、电影、计量、检验、医疗或外科用仪器及设备、精密仪器及设备；上述物品的零件、附件	24,765	449,536	229.15	39.04
91章　钟表及其零件	—	27,794	—	788.84
92章　乐器及其零件、附件	—	23,906	—	－14.74
第19类　武器、弹药及其零件、附件	—	—	—	—
93章　武器、弹药及其零件、附件	—	—	—	—
第20类　杂项制品	—	7,462,245	—	99.95
94章　家具；寝具、褥垫、弹簧床垫、软坐垫及类似的填充制品；未列名灯具及照明装置；发光标志、发光名牌及类似品；活动房屋	—	5,903,409	—	100.45
95章　玩具、游戏品、运动用品及其零件、附件	—	1,156,970	—	142.02
96章　杂项制品	—	401,866	—	30.08
第21类　艺术品、收藏品及古物	—	438	—	－79.91
97章　艺术品、收藏品及古物	—	438	—	－79.91
第22类　特殊交易品及未分类商品	—	—	—	—
98章　特殊交易品及未分类商品	—	—	—	—

数据来源：海关总署—海关统计资讯网 www.hgtj.cn

中国对柬埔寨进出口商品构成表（2008 年）

单位：美元

商品构成	进口	出口	2008 年比 2007 年增减（%）	
			出口	进口
总　值	38,828,183	1,095,543,284	−23.96	23.99
第 1 类　活动物；动物产品	3,268,528	144,873	48.62	22,188.15
01 章　活动物	2,416,320	104,058	135.16	—
02 章　肉及食用杂碎	—	—	—	—
03 章　鱼、甲壳动物、软体动物及其他水生无脊椎动物	852,208	—	−27.27	—
04 章　乳品；蛋品；天然蜂蜜；其他食用动物产品	—		—	—
05 章　其他动物产品	—	40,815	—	—
第 2 类　植物产品	6,366	4,137,533	−89.47	221.34
06 章　活树及其他活植物；鳞茎、根及类似品；插花及装饰用簇叶	—	8,056	—	124.59
07 章　食用蔬菜、根及块茎	—	9,503	—	−91.85
08 章　食用水果及坚果；甜瓜或柑桔属水果的果皮	—	589,038	—	312.02
09 章　咖啡、茶、马黛茶及调味香料	—	35,350	—	—
10 章　谷物	200	—	—	—
11 章　制粉工业产品；麦芽；淀粉；菊粉；面筋	—	3,492,771	—	337.56
12 章　含油子仁及果实；杂项子仁及果实；工业用或药用植物；稻草、秸秆及饲料	6,166	2,815	−88.2	−98.76
13 章　虫胶；树胶、树脂及其他植物液、汁	—	—	—	—
14 章　编结用植物材料；其他植物产品	—	—	—	—
第 3 类　动、植物油、脂及其分解产品；精制的食用油脂；动、植物蜡	—	45,507	—	−28.22
15 章　动、植物油、脂及其分解产品；精制的食用油脂；动、植物蜡	—	45,507	—	−28.22
第 4 类　食品；饮料、酒及醋；烟草、烟草及烟草代用品的制品	13,552	19,197,591	−88.42	3.59
16 章　肉、鱼、甲壳动物、软体动物及其他水生无脊椎动物的制品	—	533,910	—	171.62
17 章　糖及糖食	—	1,049,185	—	4.27
18 章　可可及可可制品	—	—	—	—
19 章　谷物、粮食粉、淀粉或乳的制品；糕饼点心	—	294,487	—	−11.75
20 章　蔬菜、水果、坚果或植物其他部分的制品	9,634	349,459	−47.27	−69.05
21 章　杂项食品	—	351,863	—	−31.19
22 章　饮料、酒及醋	3,918	12,016,119	—	46.09
23 章　食品工业的残渣及废料；配制的动物饲料	—	64,550	—	758.38
24 章　烟草、烟草及烟草代用品的制品	—	4,538,018	—	−36.29
第 5 类　矿产品	25,781	16,192,340	121.22	308.96

商品构成	进口	出口	2008年比2007年增减（%）	
			出口	进口
25章　盐；硫磺；泥土及石料；石膏料、石灰及水泥	25,781	229,776	227.34	−66.54
26章　矿砂、矿渣及矿灰	—	289,780	—	1,515.27
27章　矿物燃料、矿物油及其蒸馏产品；沥青物质；矿物蜡	—	15,672,784	—	381.54
第6类　化学工业及其相关工业的产品	129,617	21,929,542	−93.05	14.55
28章　无机化学品；贵金属、稀土金属、放射性元素及其同位素的有机及无机化合物	47	1,239,628	—	6.14
29章　有机化学品	—	2,816,035	—	−7.68
30章　药品	—	9,476,840	—	10.98
31章　肥料	—	405,365	—	47.45
32章　鞣料浸膏及染料浸膏；鞣酸及其衍生物；染料、颜料及其他着色料；油漆及清漆；油灰及其他类似胶粘剂；墨水、油墨	—	705,722	—	9.59
33章　精油及香膏；芳香料制品及化妆盥洗品	129,570	2,583,697	−93.03	3.57
34章　肥皂、有机表面活性剂、洗涤剂、润滑剂、人造蜡、调制蜡、光洁剂、蜡烛及类似品、塑型用膏、“牙科用蜡”及牙科用熟石膏制剂	—	530,564	—	−30.88
35章　蛋白类物质；改性淀粉；胶；酶	—	951,988	—	65.18
36章　炸药；烟火制品；火柴；引火合金；易燃材料制品	—	630,167	—	89.62
37章　照相及电影用品	—	284,617	—	−16.38
38章　杂项化学产品	—	2,304,919	—	140.72
第7类　塑料及其制品；橡胶及其制品	11,518,092	15,367,826	4.4	16.79
39章　塑料及其制品	22,705	9,638,018	22.39	9.92
40章　橡胶及其制品	11,495,387	5,729,808	4.37	30.5
第8类　生皮、皮革、毛皮及其制品；鞍具及挽具；旅行用品、手提包及类似品；动物肠线（蚕胶丝除外）制品	13,030	6,342,248	389.85	136.33
41章　生皮（毛皮除外）及皮革	13,030	763,761	502.4	−62.35
42章　皮革制品；鞍具及挽具；旅行用品、手提包及类似容器；动物肠线（蚕胶丝除外）制品	—	5,399,619	—	1,068.39
43章　毛皮、人造毛皮及其制品	—	178,868	—	−7.22
第9类　木及木制品；木炭；软木及软木制品；稻草、秸秆、针茅或其他编结材料制品；篮筐及柳条编结品	10,733,413	1,104,280	−55.42	65.02
44章　木及木制品；木炭	10,733,413	1,103,818	−55.42	65.07
45章　软木及软木制品	—	—	—	—
46章　稻草、秸秆、针茅或其他编结材料制品；篮筐及柳条编结品	—	462	—	—
第10类　木浆及其他纤维状纤维素浆；纸及纸板的废碎品；纸、纸板及其制品	—	9,615,323	—	11.39
47章　木浆及其他纤维状纤维素浆；纸及纸板的废碎品	—	103,489	—	317.33
48章　纸及纸板；纸浆、纸或纸板制品	—	9,026,325	—	8.82

商品构成	进口	出口	2008 年比 2007 年增减（%）	
			出口	进口
49 章　书籍、报纸、印刷图画及其他印刷品；手稿、打字稿及设计图纸	—	485,509	—	55.18
第 11 类　纺织原料及纺织制品	12,158,666	597,333,139	8.31	12.65
50 章　蚕丝	—	1,027,711	—	56.71
51 章　羊毛、动物细毛或粗毛；马毛纱线及其机织物	—	6,018,580	—	87.99
52 章　棉花	486,913	142,168,888	−89.81	11.66
53 章　其他植物纺织纤维；纸纱线及其机织物	—	6,136,361	—	91.37
54 章　化学纤维长丝	17,785	24,597,142	−84.89	−6.79
55 章　化学纤维短纤	811	50,130,884	−88.69	−0.78
56 章　絮胎、毡呢及无纺织物；特种纱线；线、绳、索、缆及其制品	9,249	5,667,143	−7.41	58.46
57 章　地毯及纺织材料的其他铺地制品	—	354,662	—	0.43
58 章　特种机织物；簇绒织物；花边；装饰毯；装饰带；刺绣品	2,952	22,110,674	−82.56	−15.51
59 章　浸渍、涂布、包覆或层压的纺织物；工业用纺织制品	8,703	1,961,072	—	−20.3
60 章　针织物及钩编织物	87,406	287,723,422	−77.42	14.1
61 章　针织或钩编的服装及衣着附件	8,028,401	45,288,183	119.41	48.39
62 章　非针织或非钩编的服装及衣着附件	2,304,870	1,847,794	185.89	2.6
63 章　其他纺织制成品；成套物品；旧衣着及旧纺织品；碎织物	1,211,576	2,300,623	−10.41	20.86
第 12 类　鞋、帽、伞、杖、鞭及其零件；已加工的羽毛及其制品；人造花；人发制品	474,155	6,014,184	58.3	17.89
64 章　鞋靴、护腿和类似品及其零件	351,106	4,613,989	22.01	7.03
65 章　帽类及其零件	262	856,864	−41.12	49.17
66 章　雨伞、阳伞、手杖、鞭子、马鞭及其零件	50	401,141	—	340.98
67 章　已加工羽毛、羽绒及其制品；人造花；人发制品	122,737	142,190	983.67	13.56
第 13 类　石料、石膏、水泥、石棉、云母及类似材料的制品；陶瓷产品；玻璃及其制品	12,662	51,177,997	367.23	39.15
68 章　石料、石膏、水泥、石棉、云母及类似材料的制品	1,588	4,945,405	—	41.11
69 章　陶瓷产品	10,770	38,541,528	297.42	32.41
70 章　玻璃及其制品	304	7,691,064	—	84.54
第 14 类　天然或养殖珍珠、宝石或半宝石、贵金属、包贵金属及其制品；仿首饰；硬币	—	329,957	—	71.72
71 章　大然或养殖珍珠、宝石或半宝石、贵金属、包贵金属及其制品；仿首饰；硬币	—	329,957	—	71.72
第 15 类　贱金属及其制品	102,709	68,605,811	—	65.16
72 章　钢铁	99,827	32,573,395	—	125.51
73 章　钢铁制品	442	21,818,011	—	18.87

商品构成	进口	出口	2008年比2007年增减（%）	
			出口	进口
74章　铜及其制品	100	517,051	—	−18.43
75章　镍及其制品	—	—	—	—
76章　铝及其制品	—	8,171,309	—	159.69
78章　铅及其制品	—	—	—	—
79章　锌及其制品	—	38,742	—	102.2
80章　锡及其制品	—	—	—	—
81章　其他贱金属、金属陶瓷及其制品	—	63	—	—
82章　贱金属工具、器具、利口器、餐匙、餐叉及其零件	—	2,755,995	—	14.71
83章　贱金属杂项制品	2,340	2,731,245	—	7.57
第16类　机器、机械器具、电气设备及其零件；录音机及放声机、电视图像、声音的录制和重放设备及其零件、附件	28,498	207,580,892	237.85	47.64
84章　核反应堆、锅炉、机械器具及零件	8,698	94,410,833	—	42.72
85章　电机、电气设备及其零件；录音机及放声机、电视图像、声音的录制和重放设备及其零件、附件	19,800	113,170,059	134.74	52
第17类　车辆、航空器、船舶及有关运输设备	—	49,921,321	—	1.5
86章　铁道及电车道机车、车辆及其零件；铁道及电车道轨道固定装置及其零件、附件；各种机械（包括电动机械）交通信号设备	—	7,853	—	−92.14
87章　车辆及其零件、附件，但铁道及电车道车辆除外	—	27,852,810	—	28.59
88章　航空器、航天器及其零件	—	—	—	—
89章　船舶及浮动结构体	—	22,060,658	—	−19.56
第18类　光学、照相、电影、计量、检验、医疗或外科用仪器及设备、精密仪器及设备；钟表；乐器；上述物品的零件、附件	617	3,859,906	−15.71	97.54
90章　光学、照相、电影、计量、检验、医疗或外科用仪器及设备、精密仪器及设备；上述物品的零件、附件	617	3,822,768	−15.71	98.15
91章　钟表及其零件	—	20,283	—	−11.26
92章　乐器及其零件、附件	—	16,855	—	810.1
第19类　武器、弹药及其零件、附件	—	286,000	—	160
93章　武器、弹药及其零件、附件	—	286,000	—	160
第20类　杂项制品	342,497	13,673,900	138.64	45.89
94章　家具；寝具、褥垫、弹簧床垫、软坐垫及类似的填充制品；未列名灯具及照明装置；发光标志、发光名牌及类似品；活动房屋	337,037	6,883,603	292.22	89.43
95章　玩具、游戏品、运动用品及其零件、附件	276	695,976	—	86.77
96章　杂项制品	5,184	6,094,321	−91	13.57
第21类　艺术品、收藏品及古物	—	—	—	—
97章　艺术品、收藏品及古物	—	—	—	—
第22类　特殊交易品及未分类商品	—	2,683,114	—	612.49
98章　特殊交易品及未分类商品	—	2,683,114	—	612.49

数据来源：海关总署—海关统计资讯网 www.hgtj.cn

中国对印度尼西亚进出口商品构成表（2008 年）

单位：美元

商品构成	进口	出口	2008 年比 2007 年增减（%）	
			出口	进口
总　值	14,322,934,795	17,193,114,300	14.91	35.43
第 1 类　活动物；动物产品	54,412,740	39,290,883	18.68	111.94
01 章　活动物	470,763	—	13.28	—
02 章　肉及食用杂碎	—	76,411	—	144.06
03 章　鱼、甲壳动物、软体动物及其他水生无脊椎动物	49,897,654	22,230,111	24.5	196.66
04 章　乳品；蛋品；天然蜂蜜；其他食用动物产品	471,972	3,009,648	－60.66	－14.57
05 章　其他动物产品	3,572,351	13,974,713	－14	86.55
第 2 类　植物产品	122,704,099	475,518,946	13.96	－25.16
06 章　活树及其他活植物；鳞茎、根及类似品；插花及装饰用簇叶	700,017	171,726	588.15	－21.34
07 章　食用蔬菜、根及块茎	21,707,638	178,750,840	－9.86	－25.14
08 章　食用水果及坚果；甜瓜或柑桔属水果的果皮	17,219,505	196,318,741	14.89	40.81
09 章　咖啡、茶、马黛茶及调味香料	5,024,610	14,493,096	26.96	－27.85
10 章　谷物	—	23,356,974	—	－86.78
11 章　制粉工业产品；麦芽；淀粉；菊粉；面筋	3,005,913	42,879,391	94.72	－9.38
12 章　含油子仁及果实；杂项子仁及果实；工业用或药用植物；稻草、秸秆及饲料	50,055,534	8,476,518	41.66	43.14
13 章　虫胶；树胶、树脂及其他植物液、汁	2,096,982	11,010,850	－9.53	58.08
14 章　编结用植物材料；其他植物产品	22,893,900	60,810	－9.67	18.32
第 3 类　动、植物油、脂及其分解产品；精制的食用油脂；动、植物蜡	2,375,521,482	2,743,823	48.74	75.05
15 章　动、植物油、脂及其分解产品；精制的食用油脂；动、植物蜡	2,375,521,482	2,743,823	48.74	75.05
第 4 类　食品；饮料、酒及醋；烟草、烟草及烟草代用品的制品	69,619,164	279,062,472	37.58	32.49
16 章　肉、鱼、甲壳动物、软体动物及其他水生无脊椎动物的制品	2,720,033	12,691,767	45.81	－22.74
17 章　糖及糖食	1,955,292	20,886,594	107	－5.7
18 章　可可及可可制品	45,869,043	1,576,969	20.76	161.07
19 章　谷物、粮食粉、淀粉或乳的制品；糕饼点心	7,153,220	11,301,597	141.16	43.25
20 章　蔬菜、水果、坚果或植物其他部分的制品	2,668,155	42,385,815	66.78	43.16
21 章　杂项食品	4,218,697	42,456,195	127.25	95.37
22 章　饮料、酒及醋	61,263	4,568,444	151.1	－31.56
23 章　食品工业的残渣及废料；配制的动物饲料	2,035,024	16,763,774	－16.08	59.71
24 章　烟草、烟草及烟草代用品的制品	2,938,437	126,431,317	212.97	33.02
第 5 类　矿产品	5,269,214,291	1,025,275,996	14.86	－14.72

商品构成	进口	出口	2008年比2007年增减（%）	
			出口	进口
25章 盐；硫磺；泥土及石料；石膏料、石灰及水泥	25,971,496	124,242,713	－1.48	474.61
26章 矿砂、矿渣及矿灰	2,663,945,157	372,063	27.83	12.72
27章 矿物燃料、矿物油及其蒸馏产品；沥青物质；矿物蜡	2,579,297,638	900,661,220	4.12	－23.7
第6类 化学工业及其相关工业的产品	704,274,732	1,674,401,783	－20.18	40
28章 无机化学品；贵金属、稀土金属、放射性元素及其同位素的有机及无机化合物	59,563,219	420,235,517	95.01	60.8
29章 有机化学品	410,986,843	537,555,604	－38.27	36.11
30章 药品	4,944,359	16,364,029	286.25	17.46
31章 肥料	51,740	205,312,993	－55.06	56.97
32章 鞣料浸膏及染料浸膏；鞣酸及其衍生物；染料、颜料及其他着色料；油漆及清漆；油灰及其他类似胶粘剂；墨水、油墨	34,698,403	187,114,851	2.94	18.66
33章 精油及香膏；芳香料制品及化妆盥洗品	3,840,704	30,068,325	27.3	25.64
34章 肥皂、有机表面活性剂、洗涤剂、润滑剂、人造蜡、调制蜡、光洁剂、蜡烛及类似品、塑型用膏、“牙科用蜡”及牙科用熟石膏制剂	31,633,272	24,623,129	－8.8	36.84
35章 蛋白类物质；改性淀粉；胶；酶	2,003,393	38,685,000	－75.08	36.01
36章 炸药；烟火制品；火柴；引火合金；易燃材料制品	—	10,992,243	—	45.84
37章 照相及电影用品	15,924	23,431,648	－80.91	23.07
38章 杂项化学产品	156,536,875	180,018,444	49.06	28.24
第7类 塑料及其制品；橡胶及其制品	1,242,835,119	422,442,169	33.34	31.99
39章 塑料及其制品	158,999,022	306,903,488	25	28.56
40章 橡胶及其制品	1,083,836,097	115,538,681	34.66	42.07
第8类 生皮、皮革、毛皮及其制品；鞍具及挽具；旅行用品、手提包及类似品；动物肠线（蚕胶丝除外）制品	77,601,539	54,153,808	39.6	55.17
41章 生皮（毛皮除外）及皮革	73,191,300	9,540,354	39.17	－51.54
42章 皮革制品；鞍具及挽具；旅行用品、手提包及类似容器；动物肠线（蚕胶丝除外）制品	4,392,786	43,526,759	47.82	192.94
43章 毛皮、人造毛皮及其制品	17,453	1,086,695	－32.58	205.91
第9类 木及木制品；木炭；软木及软木制品；稻草、秸秆、针茅或其他编结材料制品；篮筐及柳条编结品	196,589,474	69,825,765	－22.77	－4.02
44章 木及木制品；木炭	196,288,299	53,795,796	－22.81	－20.58
45章 软木及软木制品	1,900	52,751	—	－1.86
46章 稻草、秸秆、针茅或其他编结材料制品；篮筐及柳条编结品	299,275	15,977,218	15.72	222.14
第10类 木浆及其他纤维状纤维素浆；纸及纸板的废碎品；纸、纸板及其制品	1,068,410,612	101,409,268	15.02	14.17
47章 木浆及其他纤维状纤维素浆；纸及纸板的废碎品	868,038,851	2,989,022	21.07	198.89
48章 纸及纸板；纸浆、纸或纸板制品	200,173,102	94,169,677	－5.5	13.34

商品构成	进口	出口	2008年比2007年增减（%）	
			出口	进口
49章　书籍、报纸、印刷图画及其他印刷品；手稿、打字稿及设计图纸	198,659	4,250,569	72.39	—10.22
第11类　纺织原料及纺织制品	231,960,024	1,834,801,093	3.29	27.78
50章　蚕丝	69,870	13,952,369	39.3	1.49
51章　羊毛、动物细毛或粗毛；马毛纱线及其机织物	101,163	44,520,158	—88.36	6.28
52章　棉花	64,240,435	412,511,654	—20.08	5.22
53章　其他植物纺织纤维；纸纱线及其机织物	2,913,678	24,600,014	—24.95	37.89
54章　化学纤维长丝	47,766,380	200,312,713	—5.03	32.3
55章　化学纤维短纤	65,263,872	198,298,926	14.44	12.03
56章　絮胎、毡呢及无纺织物；特种纱线；线、绳、索、缆及其制品	3,046,881	51,382,989	—12.36	53.03
57章　地毯及纺织材料的其他铺地制品	4,463	9,571,969	—72.19	132.51
58章　特种机织物；簇绒织物；花边；装饰毯；装饰带；刺绣品	2,301,787	111,501,021	234.5	37.8
59章　浸渍、涂布、包覆或层压的纺织物；工业用纺织制品	9,172,116	183,449,798	32.62	54.2
60章　针织物及钩编织物	7,860,477	227,173,425	31.86	62.27
61章　针织或钩编的服装及衣着附件	14,114,650	265,067,247	73.61	41.89
62章　非针织或非钩编的服装及衣着附件	12,208,244	54,142,281	117.83	12.75
63章　其他纺织制成品；成套物品；旧衣着及旧纺织品；碎织物	2,896,008	38,316,529	125.83	29.7
第12类　鞋、帽、伞、杖、鞭及其零件；已加工的羽毛及其制品；人造花；人发制品	82,654,836	172,776,549	70.94	21.95
64章　鞋靴、护腿和类似品及其零件	77,944,483	109,990,508	73.84	38.87
65章　帽类及其零件	174,159	15,041,194	—33.72	15.83
66章　雨伞、阳伞、手杖、鞭子、马鞭及其零件	66,658	34,525,205	49.31	—10.19
67章　已加工羽毛、羽绒及其制品；人造花；人发制品	4,469,536	13,219,642	39.26	19.65
第13类　石料、石膏、水泥、石棉、云母及类似材料的制品；陶瓷产品；玻璃及其制品	19,593,782	282,202,677	—10.93	46.66
68章　石料、石膏、水泥、石棉、云母及类似材料的制品	3,612,033	52,960,457	—11.18	34.36
69章　陶瓷产品	3,958,396	111,354,630	29.97	28.37
70章　玻璃及其制品	12,023,353	117,887,590	—19.23	77.92
第14类　天然或养殖珍珠、宝石或半宝石、贵金属、包贵金属及其制品；仿首饰；硬币	3,713,616	3,667,739	486.78	47.36
71章　天然或养殖珍珠、宝石或半宝石、贵金属、包贵金属及其制品；仿首饰；硬币	3,713,616	3,667,739	486.78	47.36
第15类　贱金属及其制品	492,100,750	2,372,361,936	22.33	30.08
72章　钢铁	24,404,228	961,215,610	81	15.89
73章　钢铁制品	10,709,467	739,659,336	—56.2	69.61

商品构成	进口	出口	2008年比2007年增减（%）	
			出口	进口
74章　铜及其制品	299,190,126	57,605,475	1.36	10.73
75章　镍及其制品	74,473,985	3,489,594	12,891.54	4.38
76章　铝及其制品	6,434,112	350,660,786	−26.6	38.7
78章　铅及其制品	—	4,680,704	—	−76.8
79章　锌及其制品	171,905	4,587,234	—	−59.34
80章　锡及其制品	74,088,933	1,266	28.73	408.43
81章　其他贱金属、金属陶瓷及其制品	205,065	11,819,484	675.59	131.99
82章　贱金属工具、器具、利口器、餐匙、餐叉及其零件	396,292	89,046,929	23.8	22.74
83章　贱金属杂项制品	2,026,637	149,595,518	17.56	6.12
第16类　机器、机械器具、电气设备及其零件；录音机及放声机、电视图像、声音的录制和重放设备及其零件、附件	2,178,893,145	6,686,247,123	1.78	65.65
84章　核反应堆、锅炉、机械器具及零件	940,974,623	3,591,084,944	−6.17	79.61
85章　电机、电气设备及其零件；录音机及放声机、电视图像、声音的录制和重放设备及其零件、附件	1,237,918,522	3,095,162,179	8.78	51.95
第17类　车辆、航空器、船舶及有关运输设备	36,166,698	894,117,328	−48.85	42.34
86章　铁道及电车道机车、车辆及其零件；铁道及电车道轨道固定装置及其零件、附件；各种机械（包括电动机械）交通信号设备	843	43,805,941	0	84.23
87章　车辆及其零件、附件，但铁道及电车道车辆除外	36,165,855	711,577,501	−44.37	42.56
88章　航空器、航天器及其零件	—	1,330,275	—	−95.88
89章　船舶及浮动结构体	—	137,403,611	—	88.34
第18类　光学、照相、电影、计量、检验、医疗或外科用仪器及设备、精密仪器及设备；钟表；乐器；上述物品的零件、附件	67,636,319	451,557,977	−22.74	20.15
90章　光学、照相、电影、计量、检验、医疗或外科用仪器及设备、精密仪器及设备；上述物品的零件、附件	55,479,759	407,009,126	−26.95	22.6
91章　钟表及其零件	392,485	6,327,836	943.9	−64.97
92章　乐器及其零件、附件	11,764,075	38,221,015	1.77	48.27
第19类　武器、弹药及其零件、附件	—	1,819	—	−74.86
93章　武器、弹药及其零件、附件	—	1,819	—	−74.86
第20类　杂项制品	28,933,258	350,601,339	16.89	32.04
94章　家具；寝具、褥垫、弹簧床垫、软坐垫及类似的填充制品；未列名灯具及照明装置；发光标志、发光名牌及类似品；活动房屋	9,310,688	171,895,134	36.55	59.81
95章　玩具、游戏品、运动用品及其零件、附件	12,898,757	62,558,167	5.55	12.7
96章　杂项制品	6,723,813	116,148,038	17.66	13.36
第21类　艺术品、收藏品及古物	99,115	126,287	−40.14	8.62
97章　艺术品、收藏品及古物	99,115	126,287	−40.14	8.62
第22类　特殊交易品及未分类商品	—	527,520	—	−95.76
98章　特殊交易品及未分类商品	—	527,520	—	−95.76

数据来源：海关总署—海关统计资讯网 www.hgtj.cn

中国对老挝进出口商品构成表（2008 年）

单位：美元

商品构成	进口	出口	2008 年比 2007 年增减（%）	
			出口	进口
总　值	134,258,761	268,113,530	56.26	50.68
第 1 类　活动物；动物产品	772,331	32,741	－42.11	－4.37
01 章　活动物	772,331	32,741	－39.43	－4.37
02 章　肉及食用杂碎	—	—	—	—
03 章　鱼及其他水生无脊椎动物	—	—	—	—
04 章　乳；蛋；蜂蜜；其他食用动物	—	—	—	—
05 章　其他动物产品	—	—	—	—
第 2 类　植物产品	13,528,183	1,516,765	61.08	191.39
06 章　活植物；茎、根；插花及簇叶	—	50,320	—	284.77
07 章　食用蔬菜、根及块茎	852,208	537,200	167.9	91.97
08 章　食用水果及坚果；甜瓜等水果	1,431,511	861,502	127.62	488.74
09 章　咖啡、茶、马黛茶及调味香料	65,128	—	391.53	—
10 章　谷物	5,537,581	30,000	58.76	—
11 章　制粉工业产品；麦芽；淀粉等	413,310	—	1,269.12	—
12 章　油籽；子仁；工业用或药用植物	4,885,565	37,743	39.63	－31.8
13 章　虫胶；树胶、树脂及其他植物液、汁	286,416	—	－13.09	—
14 章　编结用植物材料；其他植物产品	56,464	—	31.12	—
第 3 类　动、植物油、脂及其分解产品；精制的食用油脂；动、植物蜡	—	—	—	—
15 章　动、植物油、脂；蜡；精制食	—	—	—	—
第 4 类　食品；饮料、酒及醋；烟草、烟草及烟草代用品的制品	—	761,459	—	37.47
16 章　肉、鱼、及其他水生无脊椎动物的制品	—	—	—	—
17 章　糖及糖食	—	—	—	—
18 章　可可及可可制品	—	—	—	—
19 章　谷物、粮食粉、淀粉或乳的制品	—	23,758	—	—
20 章　蔬菜、水果等或植物其他部分的制品	—	—	—	—
21 章　杂项食品	—	—	—	—
22 章　饮料、酒及醋	—	277,174	—	—
23 章　食品工业的残渣及废料；配制的动物饲料	—	14,400	—	－67.48
24 章　烟草、烟草及烟草代用品的制品	—	446,127	—	－10.41
第 5 类　矿产品	36,523,413	2,391,740	329.56	20.71
25 章　盐；硫磺；泥土及石料；石膏料、石灰及水泥	175,745	302,397	29.13	－35.01
26 章　矿砂、矿渣及矿灰	35,504,132	—	341.36	—

商品构成	进口	出口	2008年比2007年增减（%）	
			出口	进口
27章　矿物燃料、矿物油及其蒸馏产品；沥青物质；矿物蜡	843,536	2,089,343	161.72	37.81
第6类　化学工业及其相关工业的产品	2,490,185	7,649,635	－6.47	42.91
28章　无机化学品；贵金属、稀土金属、放射性元素及其同位素的有机及无机化合物	—	285,518	—	38.28
29章　有机化学品	—	328,503	—	－50.48
30章　药品	—	608,978	—	53.38
31章　肥料	—	3,419,697	—	98.38
32章　鞣料浸膏及染料浸膏；鞣酸及其衍生物；染料、颜料及其他着色料；油漆及清漆；油灰及其他类似胶粘剂；墨水、油墨	—	151,539	—	－5.75
33章　精油及香膏；芳香料制品及化妆盥洗品	2,490,185	15,710	－6.47	－91.43
34章　肥皂、有机表面活性剂、洗涤剂、润滑剂、人造蜡、调制蜡、光洁剂、蜡烛及类似品、塑型用膏、“牙科用蜡”及牙科用熟石膏制剂	—	1,087,212	—	24.17
35章　蛋白类物质；改性淀粉；胶；酶	—	41,602	—	720.39
36章　炸药；烟火制品；火柴；引火合金；易燃材料制品	—	1,144,173	—	16.14
37章　照相及电影用品	—	12,749	—	－20.79
38章　杂项化学产品	—	553,954	—	306.37
第7类　塑料及其制品；橡胶及其制品	12,606,246	4,627,965	－3.27	37.14
39章　塑料及其制品	1,192	1,469,282	－61.98	230.95
40章　橡胶及其制品	12,605,054	3,158,683	－3.25	7.78
第8类　生皮、皮革、毛皮及其制品；鞍具及挽具；旅行用品、手提包及类似品；动物肠线（蚕胶丝除外）制品	—	122,248	—	－69.39
41章　生皮（毛皮除外）及皮革	—	—	—	—
42章　皮革制品；鞍具及挽具；旅行用品、手提包及类似容器；动物肠线（蚕胶丝除外）制品	—	122,248	—	－56.2
43章　毛皮、人造毛皮及其制品	—	—	—	—
第9类　木及木制品；木炭；软木及软木制品；稻草、秸秆、针茅或其他编结材料制品；篮筐及柳条编结品	44,020,427	341,406	33.56	319.82
44章　木及木制品；木炭	44,016,809	341,406	33.55	319.82
45章　软木及软木制品	—	—	—	—
46章　稻草、秸秆、针茅或其他编结材料制品；篮筐及柳条编结品	3,618	—	—	—
第10类　木浆及其他纤维状纤维素浆；纸及纸板的废碎品；纸、纸板及其制品	20	387,450	－77.01	－1.42
47章　木浆及其他纤维状纤维素浆；纸及纸板的废碎品	—	83,381	—	—
48章　纸及纸板；纸浆、纸或纸板制品	—	251,065	—	－29.94
49章　书籍、报纸、印刷图画及其他印刷品；手稿、打字稿及设计图纸	20	53,004	—	52.85

商品构成	进口	出口	2008年比2007年增减（%）	
			出口	进口
第11类 纺织原料及纺织制品	2,539,515	3,003,770	1,968.11	−43.84
50章 蚕丝	—	281,312	—	−7.36
51章 羊毛、动物细毛或粗毛；马毛纱线及其机织物	—	—	—	—
52章 棉花	70,069	1,101,954	—	49.23
53章 其他植物纺织纤维；纸纱线及其机织物	—	31,264	—	1,867.53
54章 化学纤维长丝	9,613	67,169	−27.61	−92
55章 化学纤维短纤	8,866	253,065	228.49	104.31
56章 絮胎、毡呢及无纺织物；特种纱线；线、绳、索、缆及其制品	36	149,038	−79.07	145.52
57章 地毯及纺织材料的其他铺地制品	—	16,963	—	−83.42
58章 特种机织物；簇绒织物；花边；装饰毯；装饰带；刺绣品	2,105	172,524	−33.68	814.08
59章 浸渍、涂布、包覆或层压的纺织物；工业用纺织制品	12,350	29,611	34.46	10.3
60章 针织物及钩编织物	45,741	234,350	152.89	−38.54
61章 针织或钩编的服装及衣着附件	2,031,348	122,224	6,387.65	−81.93
62章 非针织或非钩编的服装及衣着附件	359,387	415,787	700.67	−63.4
63章 其他纺织制成品；成套物品；旧衣着及旧纺织品；碎织物	—	128,509	—	−86.31
第12类 鞋、帽、伞、杖、鞭及其零件；已加工的羽毛及其制品；人造花；人发制品	—	593,697	—	180.5
64章 鞋靴、护腿和类似品及其零件	—	451,054	—	368.4
65章 帽类及其零件	—	83,370	—	137.22
66章 雨伞、阳伞、手杖、鞭子、马鞭及其零件	—	58,263	—	−26.92
67章 已加工羽毛、羽绒及其制品；人造花；人发制品	—	1,010	—	106.54
第13类 石料、石膏、水泥、石棉、云母及类似材料的制品；陶瓷产品；玻璃及其制品	—	1,651,731	—	28.34
68章 石料、石膏、水泥、石棉、云母及类似材料的制品	—	860,960	—	44.18
69章 陶瓷产品	—	653,600	—	32.82
70章 玻璃及其制品	—	137,171	—	−30.62
第14类 天然或养殖珍珠、宝石或半宝石、贵金属、包贵金属及其制品；仿首饰；硬币	26,500	—	—	—
71章 天然或养殖珍珠、宝石或半宝石、贵金属、包贵金属及其制品；仿首饰；硬币	26,500	—	—	—
第15类 贱金属及其制品	20,684,821	47,748,098	15.81	219.3
72章 钢铁	—	11,034,927	—	62.81
73章 钢铁制品	—	22,282,950	—	455.87
74章 铜及其制品	19,329,531	595,952	9.08	—
75章 镍及其制品	—	—	—	—

商品构成	进口	出口	2008年比2007年增减（%）	
			出口	进口
76章　铝及其制品	—	11,437,149	—	234.92
78章　铅及其制品	1,134,640	13,744	—	258.01
79章　锌及其制品	—	185,724	—	−63.89
80章　锡及其制品	—	—	—	—
81章　其他贱金属、金属陶瓷及其制品	210,000	1,887,500	—	—
82章　贱金属工具、器具、利口器、餐匙、餐叉及其零件	—	132,772	—	−6.37
83章　贱金属杂项制品	10,650	177,380	−45.2	91.25
第16类　机器、机械器具、电气设备及其零件；录音机及放声机、电视图像、声音的录制和重放设备及其零件、附件	3,114	135,813,701	−71.65	108.76
84章　核反应堆、锅炉、机械器具及零件	—	66,854,710	—	63.24
85章　电机、电气设备及其零件；录音机及放声机、电视图像、声音的录制和重放设备及其零件、附件	3,114	68,958,991	−66.02	186.1
第17类　车辆、航空器、船舶及有关运输设备	—	52,768,895	—	12.55
86章　铁道及电车道机车、车辆及其零件；铁道及电车道轨道固定装置及其零件、附件；各种机械（包括电动机械）交通信号设备	—	3,179	—	−90.7
87章　车辆及其零件、附件，但铁道及电车道车辆除外	—	37,446,008	—	15.9
88章　航空器、航天器及其零件	—	15,298,968	—	5.22
89章　船舶及浮动结构体	—	20,740	—	—
第18类　光学、照相、电影、计量、检验、医疗或外科用仪器及设备、精密仪器及设备；钟表；乐器；上述物品的零件、附件	—	4,456,925	—	−71.46
90章　光学、照相、电影、计量、检验、医疗或外科用仪器及设备、精密仪器及设备；上述物品的零件、附件	—	4,456,925	—	−71.46
91章　钟表及其零件	—	—	—	—
92章　乐器及其零件、附件	—	—	—	—
第19类　武器、弹药及其零件、附件	—	—	—	—
93章　武器、弹药及其零件、附件	—	—	—	—
第20类　杂项制品	1,064,006	3,295,913	3.24	80.83
94章　家具；寝具、褥垫、弹簧床垫、软坐垫及类似的填充制品；未列名灯具及照明装置；发光标志、发光名牌及类似品；活动房屋	1,064,006	2,958,034	3.26	258.86
95章　玩具、游戏品、运动用品及其零件、附件	—	68,852	—	—
96章　杂项制品	—	269,027	—	−73.05
第21类　艺术品、收藏品及古物	—	—	—	—
97章　艺术品、收藏品及古物	—	—	—	—
第22类　特殊交易品及未分类商品	—	949,391	—	−93.13
98章　特殊交易品及未分类商品	—	949,391	—	−93.13

数据来源：海关总署—海关统计资讯网 www.hgtj.cn

中国对马来西亚进出口商品构成表（2008年）

单位：美元

商品构成	进口	出口	2008年比2007年增减（%）	
			出口	进口
总　值	32,101,396,273	21,455,168,798	11.76	20.91
第1类　活动物；动物产品	32,101,396,273	99,866,731	64.93	37.89
01章　活动物	44,079,883	220,460	−91.67	−66.98
02章　肉及食用杂碎	4,070	42,962,333	—	68.83
03章　鱼及其他水生无脊椎动物	—	46,264,877	65.69	16.45
04章　乳；蛋；蜂蜜；其他食用动物	42,536,771	5,103,196	128.56	25.72
05章　其他动物产品	1,512,128	5,315,865	−92.14	110.81
第2类　植物产品	26,914	537,817,705	79.29	−7.7
06章　活植物；茎、根；插花及簇叶	11,885,981	2,390,864	117.8	−3.79
07章　食用蔬菜、根及块茎	172,667	231,863,702	−90.81	−7.73
08章　食用水果及坚果；甜瓜等水果	1,095	170,601,718	276.21	56.33
09章　咖啡、茶、马黛茶及调味香料	4,386,988	75,785,187	69.25	27.49
10章　谷物	6,034,672	4,593,658	—	−95.77
11章　制粉工业产品；麦芽；淀粉等	486	18,635,969	−53.41	4.73
12章　油籽；子仁；工业用或药用植物	263,463	26,739,206	−60.86	20.73
13章　虫胶；树胶、树脂及其他植物液、汁	25,254	5,867,808	251	−47.48
14章　编结用植物材料；其他植物产品	46,146	1,339,593	−17.9	116.89
第3类　动、植物油、脂及其分解产品；精制的食用油脂；动、植物蜡	955,210	16,990,951	33.51	7.89
15章　动、植物油、脂；蜡；精制食	3,873,449,415	16,990,951	33.51	7.89
第4类　食品；饮料、酒及醋；烟草、烟草及烟草代用品的制品	3,873,449,415	513,524,004	69.96	41
16章　肉、鱼、及其他水生无脊椎动物的制品	115,791,534	270,945,740	56.26	69.82
17章　糖及糖食	331,739	23,930,068	71.04	22.2
18章　可可及可可制品	7,848,600	1,773,059	60.87	3.74
19章　谷物、粮食粉、淀粉或乳的制品	48,244,272	19,718,660	413.15	46.42
20章　蔬菜、水果等或植物其他部分的制品	30,494,328	109,010,206	110.86	13.44
21章　杂项食品	666,493	30,469,847	82.37	21.23
22章　饮料、酒及醋	17,930,233	10,414,354	6.03	23.02
23章　食品工业的残渣及废料；配制的动物饲料	2,711,465	28,068,799	−62.04	28.28
24章　烟草、烟草及烟草代用品的制品	5,576,731	19,193,271	244,687.32	4.69
第5类　矿产品	1,987,673	279,416,391	39.42	118.32
25章　盐；硫磺；泥土及石料；石膏料、石灰及水泥	1,910,617,238	60,517,770	68.91	128.03
26章　矿砂、矿渣及矿灰	8,990,861	567,228	92.96	−48.21

商品构成	进口	出口	2008年比2007年增减（%）	
			出口	进口
27章　矿物燃料、矿物油及其蒸馏产品；沥青物质；矿物蜡	183,649,713	218,331,393	35.28	117.57
第6类　化学工业及其相关工业的产品	1,717,976,664	1,217,167,759	11.53	37.63
28章　无机化学品；贵金属、稀土金属、放射性元素及其同位素的有机及无机化合物	1,213,221,720	274,308,840	88.16	38.14
29章　有机化学品	97,013,957	412,721,581	－2.9	38.1
30章　药品	632,368,656	32,631,352	763.75	46.02
31章　肥料	660,178	171,033,594	580.44	74.47
32章　鞣料浸膏及染料浸膏；鞣酸及其衍生物；染料、颜料及其他着色料；油漆及清漆；油灰及其他类似胶粘剂；墨水、油墨	138,742	52,116,420	－1.39	－12.28
33章　精油及香膏；芳香料制品及化妆盥洗品	44,130,368	37,814,953	－7.99	12.95
34章　肥皂、有机表面活性剂、洗涤剂、润滑剂、人造蜡、调制蜡、光洁剂、蜡烛及类似品、塑型用膏、“牙科用蜡”及牙科用熟石膏制剂	1,212,632	48,731,964	41.87	46.47
35章　蛋白类物质；改性淀粉；胶；酶	101,637,304	46,802,184	－14.7	81.31
36章　炸药；烟火制品；火柴；引火合金；易燃材料制品	10,658,763	1,437,635	—	－2.69
37章　照相及电影用品	1	18,073,959	－3.91	62.4
38章　杂项化学产品	1,915,715	121,495,277	28.04	19.09
第7类　塑料及其制品；橡胶及其制品	323,485,404	562,471,521	16.15	62.48
39章　塑料及其制品	2,910,722,749	450,854,079	8.03	71.69
40章　橡胶及其制品	1,165,446,961	111,617,442	22.28	33.54
第8类　生皮、皮革、毛皮及其制品；鞍具及挽具；旅行用品、手提包及类似品；动物肠线（蚕胶丝除外）制品	1,745,275,788	221,208,577	46.14	261.57
41章　生皮（毛皮除外）及皮革	2,655,906	5,988,772	25.19	－43
42章　皮革制品；鞍具及挽具；旅行用品、手提包及类似容器；动物肠线（蚕胶丝除外）制品	1,411,165	215,100,359	81.85	333.13
43章　毛皮、人造毛皮及其制品	1,244,549	119,446	－96.67	－88.19
第9类　木及木制品；木炭；软木及软木制品；稻草、秸秆、针茅或其他编结材料制品；篮筐及柳条编结品	192	215,639,201	－19.32	100.2
44章　木及木制品；木炭	353,974,117	55,950,182	－19.31	－2.57
45章　软木及软木制品	353,971,658	95,629	—	140.39
46章　稻草、秸秆、针茅或其他编结材料制品；篮筐及柳条编结品	—	159,593,390	－97.39	217.62
第10类　木浆及其他纤维状纤维素浆；纸及纸板的废碎品；纸、纸板及其制品	2,459	193,240,892	13.66	7.33
47章　木浆及其他纤维状纤维素浆；纸及纸板的废碎品	35,966,114	—	－69.53	—
48章　纸及纸板；纸浆、纸或纸板制品	325,326	176,886,504	11.84	4.08
49章　书籍、报纸、印刷图画及其他印刷品；手稿、打字稿及设计图纸	33,176,544	16,354,388	170.75	61.9

商品构成	进口	出口	2008年比2007年增减（%）	
			出口	进口
第11类　纺织原料及纺织制品	2,464,244	2,023,342,464	−8.55	20.74
50章　蚕丝	137,882,947	23,128,952	—	98.25
51章　羊毛、动物细毛或粗毛；马毛纱线及其机织物	4,320	5,738,509	21.75	−23.37
52章　棉花	6,208,315	101,752,951	8.78	62.1
53章　其他植物纺织纤维；纸纱线及其机织物	23,509,451	1,273,844	87.53	−31.83
54章　化学纤维长丝	2,069,784	169,332,673	−24.11	8.97
55章　化学纤维短纤	31,619,465	79,380,209	−15.17	3.23
56章　絮胎、毡呢及无纺织物；特种纱线；线、绳、索、缆及其制品	39,182,629	40,209,096	−33.36	70.73
57章　地毯及纺织材料的其他铺地制品	7,569,890	27,095,362	−7.15	25.27
58章　特种机织物；簇绒织物；花边；装饰毯；装饰带；刺绣品	359,400	140,440,301	−50.26	71.77
59章　浸渍、涂布、包覆或层压的纺织物；工业用纺织制品	421,059	59,239,960	−12.66	59.7
60章　针织物及钩编织物	4,872,886	64,017,390	0.29	24.51
61章　针织或钩编的服装及衣着附件	6,481,288	968,027,083	77.43	15.87
62章　非针织或非钩编的服装及衣着附件	6,385,999	241,766,572	105.53	−0.59
63章　其他纺织制成品；成套物品；旧衣着及旧纺织品；碎织物	4,646,185	101,939,562	−1.39	55.5
第12类　鞋、帽、伞、杖、鞭及其零件；已加工的羽毛及其制品；人造花；人发制品	4,552,276	347,144,069	620.92	61.93
64章　鞋靴、护腿和类似品及其零件	3,752,038	283,662,678	776.6	78.58
65章　帽类及其零件	3,471,783	10,683,125	205.65	42.35
66章　雨伞、阳伞、手杖、鞭子、马鞭及其零件	243,741	30,598,874	−2.75	27.38
67章　已加工羽毛、羽绒及其制品；人造花；人发制品	35,792	22,199,392	−90.8	−7.52
第13类　石料、石膏、水泥、石棉、云母及类似材料的制品；陶瓷产品；玻璃及其制品	722	450,242,072	21.63	104.19
68章　石料、石膏、水泥、石棉、云母及类似材料的制品	83,272,738	82,742,553	−12.15	100.59
69章　陶瓷产品	2,758,388	145,684,592	19.42	73.79
70章　玻璃及其制品	9,996,075	221,814,927	23.81	132.46
第14类　天然或养殖珍珠、宝石或半宝石、贵金属、包贵金属及其制品；仿首饰；硬币	70,518,275	11,060,683	75.52	−45.66
71章　天然或养殖珍珠、宝石或半宝石、贵金属、包贵金属及其制品；仿首饰；硬币	17,004,504	11,060,683	75.52	−45.66
第15类　贱金属及其制品	17,004,504	1,996,890,873	−14.91	22.54
72章　钢铁	738,823,193	783,430,180	−12.48	19.81
73章　钢铁制品	120,853,261	630,963,013	−4.53	47.11
74章　铜及其制品	58,861,552	99,236,203	−8.24	−4.39
75章　镍及其制品	352,419,027	949,680	80.94	5.4

商品构成	进口	出口	2008年比2007年增减（%）	
			出口	进口
76章　铝及其制品	253,346	253,543,555	−28.55	12.1
78章　铅及其制品	164,373,985	1,576,184	75.85	−48.77
79章　锌及其制品	128,205	2,428,461	−96.68	−94.57
80章　锡及其制品	87,079	1,776,192	−47.17	−50.33
81章　其他贱金属、金属陶瓷及其制品	16,633,221	8,235,115	−83.78	70.36
82章　贱金属工具、器具、利口器、餐匙、餐叉及其零件	482,440	96,175,198	27.33	29.61
83章　贱金属杂项制品	4,352,511	118,577,092	48.74	38.66
第16类　机器、机械器具、电气设备及其零件；录音机及放声机、电视图像、声音的录制和重放设备及其零件、附件	20,378,566	9,644,623,182	7.04	8.16
84章　核反应堆、锅炉、机械器具及零件	19,977,684,781	4,478,067,320	39.21	7.66
85章　电机、电气设备及其零件；录音机及放声机、电视图像、声音的录制和重放设备及其零件、附件	2,757,382,976	5,166,555,862	3.22	8.6
第17类　车辆、航空器、船舶及有关运输设备	17,220,301,805	765,967,065	52.21	75.65
86章　铁道及电车道机车、车辆及其零件；铁道及电车道轨道固定装置及其零件、附件；各种机械（包括电动机械）交通信号设备	79,376,312	24,841,793	49.53	132.29
87章　车辆及其零件、附件，但铁道及电车道车辆除外	481,891	433,361,276	52.21	36.49
88章　航空器、航天器及其零件	78,836,783	881,669	196.38	−21.46
89章　船舶及浮动结构体	56,481	306,882,327	−91.93	187.46
第18类　光学、照相、电影、计量、检验、医疗或外科用仪器及设备、精密仪器及设备；钟表；乐器；上述物品的零件、附件	1,157	1,669,697,595	31.83	8.94
90章　光学、照相、电影、计量、检验、医疗或外科用仪器及设备、精密仪器及设备；上述物品的零件、附件	528,887,706	1,638,209,866	31.93	8.3
91章　钟表及其零件	519,889,921	18,481,680	119.41	46.28
92章　乐器及其零件、附件	7,551,684	13,006,049	−60.58	76.27
第19类　武器、弹药及其零件、附件	1,446,101	46,575	—	108.49
93章　武器、弹药及其零件、附件	—	46,575	—	108.49
第20类　杂项制品	—	683,669,875	−1.35	93.4
94章　家具；寝具、褥垫、弹簧床垫、软坐垫及类似的填充制品；未列名灯具及照明装置；发光标志、发光名牌及类似品；活动房屋	28,816,629	435,608,881	−20.61	105.05
95章　玩具、游戏品、运动用品及其零件、附件	11,728,819	140,919,266	27.62	78.27
96章　杂项制品	8,947,954	107,141,728	9.61	72.74
第21类　艺术品、收藏品及古物	8,139,856	585,199	2,946.39	165.1
97章　艺术品、收藏品及古物	64,157	585,199	2,946.39	165.1
第22类　特殊交易品及未分类商品	64,157	4,555,414	−17.29	138.54
98章　特殊交易品及未分类商品	33,466,611	4,555,414	−17.29	138.54

数据来源：海关总署—海关统计资讯网 www.hgtj.cn

中国对缅甸进出口商品构成表（2008 年）

单位：美元

商品构成	进口	出口	2008 年比 2007 年增减（%）	
			出口	进口
总　值	647,548,911	1,977,766,301	71.25	16.33
第 1 类　活动物；动物产品	48,128,261	11,962,121	161.06	−9.87
01 章　活动物	160,000	223,677	114,185.71	2,627.44
02 章　肉及食用杂碎	—	3,000	—	−92.83
03 章　鱼、甲壳动物、软体动物及其他水生无脊椎动物	46,915,583	400	160.72	−98.72
04 章　乳品；蛋品；天然蜂蜜；其他食用动物产品	74,120	8,921,799	−3.34	−18.01
05 章　其他动物产品	978,558	2,813,245	168.93	21.8
第 2 类　植物产品	162,678,895	13,345,265	223.96	−10.32
06 章　活树及其他活植物；鳞茎、根及类似品；插花及装饰用簇叶	13,531	46,413	−90.33	−86.59
07 章　食用蔬菜、根及块茎	52,045,553	180,672	312.77	−94.37
08 章　食用水果及坚果；甜瓜或柑桔属水果的果皮	20,959,274	756,966	240.72	47.73
09 章　咖啡、茶、马黛茶及调味香料	727,993	2,028,504	81.62	70.23
10 章　谷物	4,762,385	4,990,592	135.21	330.61
11 章　制粉工业产品；麦芽；淀粉；菊粉；面筋	—	4,762,007	—	−36.51
12 章　含油子仁及果实；杂项子仁及果实；工业用或药用植物；稻草、秸秆及饲料	81,415,781	238,211	205.24	−73.9
13 章　虫胶；树胶、树脂及其他植物液、汁	8,517	341,900	—	606.96
14 章　编结用植物材料；其他植物产品	2,745,861	—	24.18	—
第 3 类　动、植物油、脂及其分解产品；精制的食用油脂；动、植物蜡	157	17,736	−99.74	−95.13
15 章　动、植物油、脂及其分解产品；精制的食用油脂；动、植物蜡	157	17,736	−99.74	−95.13
第 4 类　食品；饮料、酒及醋；烟草、烟草及烟草代用品的制品	8,549,067	35,432,655	65.49	−8.41
16 章　肉、鱼、甲壳动物、软体动物及其他水生无脊椎动物的制品	60,128	—	29.64	—
17 章　糖及糖食	3,879,423	1,774,540	10,579.17	−40.41
18 章　可可及可可制品	—	—	—	—
19 章　谷物、粮食粉、淀粉或乳的制品；糕饼点心	150	1,341,165	−83.87	−79.28
20 章　蔬菜、水果、坚果或植物其他部分的制品	—	232,752	—	−80.02
21 章　杂项食品	—	9,423,205	—	183.94
22 章　饮料、酒及醋	—	14,750,343	—	0.7
23 章　食品工业的残渣及废料；配制的动物饲料	4,609,366	518,396	−9.3	−21.84
24 章　烟草、烟草及烟草代用品的制品	—	7,392,254	—	−21.56
第 5 类　矿产品	74,081,371	93,553,889	67.95	−15.48

商品构成	进口	出口	2008年比2007年增减（%）	
			出口	进口
25章 盐；硫磺；泥土及石料；石膏料、石灰及水泥	5,920,415	13,080,313	18.76	22.2
26章 矿砂、矿渣及矿灰	67,921,025	2,057	74.67	—
27章 矿物燃料、矿物油及其蒸馏产品；沥青物质；矿物蜡	239,931	80,471,519	0.15	−19.52
第6类 化学工业及其相关工业的产品	3,758,122	136,470,430	11.76	−4.02
28章 无机化学品；贵金属、稀土金属、放射性元素及其同位素的有机及无机化合物	—	21,837,507	—	−9.24
29章 有机化学品	—	41,687,348	—	−15.5
30章 药品	—	18,099,527	—	16.8
31章 肥料	—	9,444,913	—	−43.43
32章 鞣料浸膏及染料浸膏；鞣酸及其衍生物；染料、颜料及其他着色料；油漆及清漆；油灰及其他类似胶粘剂；墨水、油墨	582,541	3,687,114	58.41	−48.93
33章 精油及香膏；芳香料制品及化妆盥洗品	2,603,770	1,745,854	51.71	−12.3
34章 肥皂、有机表面活性剂、洗涤剂、润滑剂、人造蜡、调制蜡、光洁剂、蜡烛及类似品、塑型用膏、“牙科用蜡”及牙科用熟石膏制剂	—	17,098,530	—	136.71
35章 蛋白类物质；改性淀粉；胶；酶	—	3,963,835	—	62.82
36章 炸药；烟火制品；火柴；引火合金；易燃材料制品	—	3,616,101	—	0.87
37章 照相及电影用品	—	1,164,768	—	1.83
38章 杂项化学产品	571,811	14,124,933	−3.54	8.68
第7类 塑料及其制品；橡胶及其制品	57,587,817	79,459,034	119.85	8.15
39章 塑料及其制品	5,862	31,464,781	539.96	7.38
40章 橡胶及其制品	57,581,955	47,994,253	119.84	8.66
第8类 生皮、皮革、毛皮及其制品；鞍具及挽具；旅行用品、手提包及类似品；动物肠线（蚕胶丝除外）制品	90,824	2,774,985	21.43	−6.41
41章 生皮（毛皮除外）及皮革	81,754	25,615	9.3	−97.46
42章 皮革制品；鞍具及挽具；旅行用品、手提包及类似容器；动物肠线（蚕胶丝除外）制品	9,070	1,156,909	—	57.77
43章 毛皮、人造毛皮及其制品	—	1,592,461	—	30.11
第9类 木及木制品；木炭；软木及软木制品；稻草、秸秆、针茅或其他编结材料制品；篮筐及柳条编结品	239,558,758	1,851,073	23.08	21.52
44章 木及木制品；木炭	239,554,384	1,833,605	23.09	20.37
45章 软木及软木制品	—	—	—	—
46章 稻草、秸秆、针茅或其他编结材料制品；篮筐及柳条编结品	4,374	17,468	−74.16	—
第10类 木浆及其他纤维状纤维素浆；纸及纸板的废碎品；纸、纸板及其制品	5,817,837	14,564,547	263.59	−19.3
47章 木浆及其他纤维状纤维素浆；纸及纸板的废碎品	5,817,827	9,770	267.53	−73.25
48章 纸及纸板；纸浆、纸或纸板制品	—	13,954,606	—	27.72

商品构成	进口	出口	2008年比2007年增减（%）	
			出口	进口
49章　书籍、报纸、印刷图画及其他印刷品；手稿、打字稿及设计图纸	10	600,171	—	−91.53
第11类　纺织原料及纺织制品	891,524	263,964,551	50.51	8.77
50章　蚕丝	—	1,306,130	—	−2.4
51章　羊毛、动物细毛或粗毛；马毛纱线及其机织物	—	5,264,274	—	−39.71
52章　棉花	1,174	68,388,433	55.91	5.79
53章　其他植物纺织纤维；纸纱线及其机织物	501,159	1,732,133	231.02	6.89
54章　化学纤维长丝	—	26,211,998	—	39.19
55章　化学纤维短纤	—	91,293,335	—	−0.5
56章　絮胎、毡呢及无纺织物；特种纱线；线、绳、索、缆及其制品	57,631	6,579,275	−37.43	30.48
57章　地毯及纺织材料的其他铺地制品	—	3,267,304	—	217.91
58章　特种机织物；簇绒织物；花边；装饰毯；装饰带；刺绣品	11,068	12,234,376	—	0.12
59章　浸渍、涂布、包覆或层压的纺织物；工业用纺织制品	4,916	14,359,677	—	60.97
60章　针织物及钩编织物	—	10,079,823	—	−17.81
61章　针织或钩编的服装及衣着附件	14,076	5,169,400	252.78	234.91
62章　非针织或非钩编的服装及衣着附件	207,572	3,925,512	−25.1	121.23
63章　其他纺织制成品；成套物品；旧衣着及旧纺织品；碎织物	93,928	14,152,881	47.8	9.05
第12类　鞋、帽、伞、杖、鞭及其零件；已加工的羽毛及其制品；人造花；人发制品	638,241	17,347,767	771.18	28.25
64章　鞋靴、护腿和类似品及其零件	12,517	14,876,007	—	15.52
65章　帽类及其零件	13	1,011,914	—	1,004.99
66章　雨伞、阳伞、手杖、鞭子、马鞭及其零件	—	818,537	—	63.04
67章　已加工羽毛、羽绒及其制品；人造花；人发制品	625,711	641,309	754.07	1,052.02
第13类　石料、石膏、水泥、石棉、云母及类似材料的制品；陶瓷产品；玻璃及其制品	207,743	20,189,810	−34.41	6.61
68章　石料、石膏、水泥、石棉、云母及类似材料的制品	201,629	2,657,066	−36.34	0.8
69章　陶瓷产品	5,806	9,127,676	—	−9.66
70章　玻璃及其制品	308	8,405,068	—	35.61
第14类　天然或养殖珍珠、宝石或半宝石、贵金属、包贵金属及其制品；仿首饰；硬币	18,887,568	329,096	51.99	663.55
71章　天然或养殖珍珠、宝石或半宝石、贵金属、包贵金属及其制品；仿首饰；硬币	18,887,568	329,096	51.99	663.55
第15类　贱金属及其制品	8,113,530	316,827,897	209.34	−4.91
72章　钢铁	—	112,939,370	—	−27.23
73章　钢铁制品	16	132,114,947	−97.71	5.64

商品构成	进口	出口	2008年比2007年增减（%）	
			出口	进口
74章　铜及其制品	7,984,811	1,485,640	9,286.28	76.26
75章　镍及其制品	—	52,093	—	5.79
76章　铝及其制品	—	50,470,214	—	51.81
78章　铅及其制品	128,675	3,686	−81.75	305.5
79章　锌及其制品	—	6,169,060	—	−4.63
80章　锡及其制品	—	139,090	—	37.53
81章　其他贱金属、金属陶瓷及其制品	—	70,958	—	1,643.44
82章　贱金属工具、器具、利口器、餐匙、餐叉及其零件	—	7,160,794	—	11.6
83章　贱金属杂项制品	28	6,222,045	−99.96	7.35
第16类　机器、机械器具、电气设备及其零件；录音机及放声机、电视图像、声音的录制和重放设备及其零件、附件	10,869,646	644,539,340	10.46	39.42
84章　核反应堆、锅炉、机械器具及零件	716,839	395,530,207	88,617.70	42.27
85章　电机、电气设备及其零件；录音机及放声机、电视图像、声音的录制和重放设备及其零件、附件	10,152,807	249,009,133	3.19	35.12
第17类　车辆、航空器、船舶及有关运输设备	4,630	271,054,172	—	59.81
86章　铁道及电车道机车、车辆及其零件；铁道及电车道轨道固定装置及其零件、附件；各种机械（包括电动机械）交通信号设备	—	24,985,695	—	1,615.10
87章　车辆及其零件、附件，但铁道及电车道车辆除外	—	221,253,090	—	43.46
88章　航空器、航天器及其零件	—	529,689	—	485.73
89章　船舶及浮动结构体	4,630	24,285,698	—	75.6
第18类　光学、照相、电影、计量、检验、医疗或外科用仪器及设备、精密仪器及设备；钟表；乐器；上述物品的零件、附件	7,373,795	30,492,099	−8.4	66.95
90章　光学、照相、电影、计量、检验、医疗或外科用仪器及设备、精密仪器及设备；上述物品的零件、附件	7,373,565	30,124,479	−8.41	67.6
91章　钟表及其零件	—	259,027	—	21.17
92章　乐器及其零件、附件	230	108,593	53.33	42.31
第19类　武器、弹药及其零件、附件	—	—	—	—
93章　武器、弹药及其零件、附件	—	—	—	—
第20类　杂项制品	310,805	23,539,556	−7.98	14.1
94章　家具；寝具、褥垫、弹簧床垫、软坐垫及类似的填充制品；未列名灯具及照明装置；发光标志、发光名牌及类似品；活动房屋	306,113	5,895,269	−9.1	29.42
95章　玩具、游戏品、运动用品及其零件、附件	—	2,451,845	—	−5.34
96章　杂项制品	4,692	15,192,442	372.51	12.67
第21类　艺术品、收藏品及古物	—	—	—	—
97章　艺术品、收藏品及古物	—	—	—	—
第22类　特殊交易品及未分类商品	320	50,278	—	−98.97
98章　特殊交易品及未分类商品	320	50,278	—	−98.97

数据来源：海关总署—海关统计资讯网 www.hgtj.cn

中国对菲律宾进出口商品构成表（2008 年）

单位：美元

商品构成	进口	出口	2008 年比 2007 年增减（%）	
			出口	进口
总　值	19,504,743,994	9,132,231,065	－15.63	21.3
第 1 类　活动物；动物产品	6,820,533	75,856,403	162.33	25.44
01 章　活动物	—	84,589	—	—
02 章　肉及食用杂碎	—	765,845	—	－39.22
03 章　鱼及其他水生无脊椎动物	5,847,481	43,996,975	255.57	16.2
04 章　乳；蛋；蜂蜜；其他食用动物	1,135	4,020,971	—	－60.95
05 章　其他动物产品	971,917	26,988,023	2.01	144.21
第 2 类　植物产品	144,158,697	230,650,549	21.04	－19.45
06 章　活植物；茎、根；插花及簇叶	85	404,522	－99.69	162.56
07 章　食用蔬菜、根及块茎	—	49,695,827	—	－0.16
08 章　食用水果及坚果；甜瓜等水果	136,443,492	102,352,516	23.26	36.09
09 章　咖啡、茶、马黛茶及调味香料	77,972	1,468,238	4,692.38	－51.45
10 章　谷物	11,949	11,616,156	－93.1	－86.35
11 章　制粉工业产品；麦芽；淀粉等	34,314	39,856,486	－65.69	－17.85
12 章　油籽；子仁；工业用或药用植物	4,139,653	20,576,959	－22.19	4.01
13 章　虫胶；树胶、树脂及其他植物液、汁	3,184,388	4,663,221	29.71	－2.18
14 章　编结用植物材料；其他植物产品	266,844	16,624	83.18	－28.16
第 3 类　动、植物油、脂及其分解产品；精制的食用油脂；动、植物蜡	46,204,531	1,298,564	214.19	42.06
15 章　动、植物油、脂；蜡；精制食	46,204,531	1,298,564	214.19	42.06
第 4 类　食品；饮料、酒及醋；烟草、烟草及烟草代用品的制品	16,566,328	234,012,266	68.48	23.33
16 章　肉、鱼、及其他水生无脊椎动物的制品	2,645,720	19,385,429	5.92	－13.67
17 章　糖及糖食	15,403	28,956,580	－98.18	6.77
18 章　可可及可可制品	26,776	4,745,934	－94.72	79.2
19 章　谷物、粮食粉、淀粉或乳的制品	2,551,121	12,565,863	158.64	6.68
20 章　蔬菜、水果等或植物其他部分的制品	7,792,573	62,688,599	198.49	22.75
21 章　杂项食品	2,866,446	37,273,943	41.26	59.51
22 章　饮料、酒及醋	225,966	11,619,212	30.18	31.25
23 章　食品工业的残渣及废料；配制的动物饲料	442,323	11,097,282	143	63.08
24 章　烟草、烟草及烟草代用品的制品	—	45,679,424	—	28.15
第 5 类　矿产品	615,776,183	352,716,715	－40.53	58.61
25 章　盐；硫磺；泥土及石料；石膏料、石灰及水泥	3,253,507	29,414,136	45.96	225.63
26 章　矿砂、矿渣及矿灰	447,885,968	795,400	－49.09	0.48

商品构成	进口	出口	2008年比2007年增减（%）	
			出口	进口
27章 矿物燃料、矿物油及其蒸馏产品；沥青物质；矿物蜡	164,636,708	322,507,179	7.28	51.73
第6类 化学工业及其相关工业的产品	119,220,839	766,417,401	56.76	50.82
28章 无机化学品；贵金属、稀土金属、放射性元素及其同位素的有机及无机化合物	6,496,565	185,925,719	16.99	56.53
29章 有机化学品	38,939,115	120,374,651	216.24	19.52
30章 药品	18,129	27,371,139	—	36.85
31章 肥料	1,124,839	185,234,055	89.25	61.16
32章 鞣料浸膏及染料浸膏；鞣酸及其衍生物；染料、颜料及其他着色料；油漆及清漆；油灰及其他类似胶粘剂；墨水、油墨	527,506	30,652,227	−35.8	3.72
33章 精油及香膏；芳香料制品及化妆盥洗品	819,971	18,446,651	105.2	29.57
34章 肥皂、有机表面活性剂、洗涤剂、润滑剂、人造蜡、调制蜡、光洁剂、蜡烛及类似品、塑型用膏、“牙科用蜡”及牙科用熟石膏制剂	7,194,051	32,995,887	16.26	77.92
35章 蛋白类物质；改性淀粉；胶；酶	417,738	24,660,304	−23.63	58.37
36章 炸药；烟火制品；火柴；引火合金；易燃材料制品	27,475	3,481,384	—	7.25
37章 照相及电影用品	170	13,846,313	−97.5	74.04
38章 杂项化学产品	63,655,280	123,429,071	28.27	90.95
第7类 塑料及其制品；橡胶及其制品	199,520,231	395,957,517	49.03	19.66
39章 塑料及其制品	172,751,402	302,937,983	51.89	22.53
40章 橡胶及其制品	26,768,829	93,019,534	32.92	11.18
第8类 生皮、皮革、毛皮及其制品；鞍具及挽具；旅行用品、手提包及类似品；动物肠线（蚕胶丝除外）制品	4,441,031	68,755,013	71.8	52.71
41章 生皮（毛皮除外）及皮革	3,946,190	1,536,891	58.54	−48.67
42章 皮革制品；鞍具及挽具；旅行用品、手提包及类似容器；动物肠线（蚕胶丝除外）制品	494,841	66,906,741	415.98	59.66
43章 毛皮、人造毛皮及其制品	—	311,381	—	152.04
第9类 木及木制品；木炭；软木及软木制品；稻草、秸秆、针茅或其他编结材料制品；篮筐及柳条编结品	22,913,073	30,022,872	26.48	23.33
44章 木及木制品；木炭	22,447,643	23,627,523	30.37	13.33
45章 软木及软木制品	228,546	200,790	6.67	−1.54
46章 稻草、秸秆、针茅或其他编结材料制品；篮筐及柳条编结品	236,884	6,194,559	−65.3	88.23
第10类 木浆及其他纤维状纤维素浆；纸及纸板的废碎品；纸、纸板及其制品	15,147,530	104,437,112	64.05	35.44
47章 木浆及其他纤维状纤维素浆；纸及纸板的废碎品	12,592,441	680,360	110.01	41.3
48章 纸及纸板；纸浆、纸或纸板制品	2,488,357	92,218,826	−21.49	34.1
49章 书籍、报纸、印刷图画及其他印刷品；手稿、打字稿及设计图纸	66,732	11,537,926	−1.48	46.85

商品构成	进口	出口	2008年比2007年增减（%）	
			出口	进口
第11类　纺织原料及纺织制品	59,938,010	885,786,259	22.38	16.91
50章　蚕丝	—	1,633,005	—	−16.55
51章　羊毛、动物细毛或粗毛；马毛纱线及其机织物	33,920	18,186,663	−91.14	−11.19
52章　棉花	1,262,464	103,353,382	−48	−0.36
53章　其他植物纺织纤维；纸纱线及其机织物	4,256,922	4,100,207	27.24	−32.22
54章　化学纤维长丝	32,438,635	94,033,391	31.45	35.68
55章　化学纤维短纤	3,567,157	78,843,058	−13.49	−13.6
56章　絮胎、毡呢及无纺织物；特种纱线；线、绳、索、缆及其制品	1,352,072	17,065,544	137.84	50.1
57章　地毯及纺织材料的其他铺地制品	2,461	8,515,615	—	83.96
58章　特种机织物；簇绒织物；花边；装饰毯；装饰带；刺绣品	2,729,016	60,964,956	−14.41	65.3
59章　浸渍、涂布、包覆或层压的纺织物；工业用纺织制品	280,159	64,549,746	−0.74	33.73
60章　针织物及钩编织物	1,326,998	109,616,159	−6.3	11.18
61章　针织或钩编的服装及衣着附件	4,491,841	208,276,293	6.45	26.33
62章　非针织或非钩编的服装及衣着附件	5,851,042	46,528,444	80.71	−7.44
63章　其他纺织制成品；成套物品；旧衣着及旧纺织品；碎织物	2,345,323	70,119,796	112.46	40.12
第12类　鞋、帽、伞、杖、鞭及其零件；已加工的羽毛及其制品；人造花；人发制品	447,301	171,166,925	69.52	6.64
64章　鞋靴、护腿和类似品及其零件	162,000	107,307,273	−18.79	7.17
65章　帽类及其零件	254,507	8,922,276	412.46	42.27
66章　雨伞、阳伞、手杖、鞭子、马鞭及其零件	30,144	51,318,804	471.88	0.62
67章　已加工羽毛、羽绒及其制品；人造花；人发制品	650	3,618,572	−93.12	16.6
第13类　石料、石膏、水泥、石棉、云母及类似材料的制品；陶瓷产品；玻璃及其制品	21,909,981	202,842,306	216.93	40.09
68章　石料、石膏、水泥、石棉、云母及类似材料的制品	715,311	30,623,169	−1.77	25.54
69章　陶瓷产品	142,526	89,291,045	15.01	37.11
70章　玻璃及其制品	21,052,144	82,928,092	247.34	50.01
第14类　天然或养殖珍珠、宝石或半宝石、贵金属、包贵金属及其制品；仿首饰；硬币	1,947,798	4,357,832	−17.77	33.5
71章　天然或养殖珍珠、宝石或半宝石、贵金属、包贵金属及其制品；仿首饰；硬币	1,947,798	4,357,832	−17.77	33.5
第15类　贱金属及其制品	498,062,435	1,336,092,327	−51.58	17.53
72章　钢铁	50,832,979	699,147,914	−60.67	10.25
73章　钢铁制品	12,601,751	373,646,669	13.75	30.24
74章　铜及其制品	348,251,993	25,795,324	−49.5	11.03
75章　镍及其制品	—	257,831	—	16.03

商品构成	进口	出口	2008年比2007年增减（%）	
			出口	进口
76章　铝及其制品	80,220,908	132,787,779	—57.97	19.49
78章　铅及其制品	2,797,842	74,161	1.08	—86.77
79章　锌及其制品	848	1,482,328	—	5.66
80章　锡及其制品	198,391	56,088	—73.3	—91.56
81章　其他贱金属、金属陶瓷及其制品	29,862	7,021,129	359.2	39.57
82章　贱金属工具、器具、利口器、餐匙、餐叉及其零件	1,918,717	37,016,623	—28.28	23.79
83章　贱金属杂项制品	1,209,144	58,806,481	—31.48	34.78
第16类　机器、机械器具、电气设备及其零件；录音机及放声机、电视图像、声音的录制和重放设备及其零件、附件	17,527,133,769	3,480,065,027	—13.98	20.66
84章　核反应堆、锅炉、机械器具及零件	3,173,457,044	1,052,799,049	14.59	37.64
85章　电机、电气设备及其零件；录音机及放声机、电视图像、声音的录制和重放设备及其零件、附件	14,353,676,725	2,427,265,978	—18.48	14.53
第17类　车辆、航空器、船舶及有关运输设备	9,477,124	353,185,748	2.57	41.04
86章　铁道及电车道机车、车辆及其零件；铁道及电车道轨道固定装置及其零件、附件；各种机械（包括电动机械）交通信号设备	—	6,116,127	—	55.06
87章　车辆及其零件、附件，但铁道及电车道车辆除外	9,120,553	253,892,298	—1.25	14.64
88章　航空器、航天器及其零件	356,571	64,162,354	11,889.61	2,006.76
89章　船舶及浮动结构体	—	29,014,969	—	32.15
第18类　光学、照相、电影、计量、检验、医疗或外科用仪器及设备、精密仪器及设备；钟表；乐器；上述物品的零件、附件	149,674,096	154,901,040	52.36	—36.87
90章　光学、照相、电影、计量、检验、医疗或外科用仪器及设备、精密仪器及设备；上述物品的零件、附件	147,900,507	141,612,093	53.57	—39.21
91章　钟表及其零件	1,762,869	5,922,704	—7.74	10.21
92章　乐器及其零件、附件	10,720	7,366,243	—38.32	4.98
第19类　武器、弹药及其零件、附件	—	91,173	—	0.2
93章　武器、弹药及其零件、附件	—	91,173	—	0.2
第20类　杂项制品	45,360,279	280,473,960	—63.67	42.1
94章　家具；寝具、褥垫、弹簧床垫、软坐垫及类似的填充制品；未列名灯具及照明装置；发光标志、发光名牌及类似品；活动房屋	8,911,062	112,641,431	66.67	38.55
95章　玩具、游戏品、运动用品及其零件、附件	35,697,792	99,370,694	—70.06	59.77
96章　杂项制品	751,425	68,461,835	148.68	27.06
第21类　艺术品、收藏品及古物	15,582	167,094	79.85	342.22
97章　艺术品、收藏品及古物	15,582	167,094	79.85	342.22
第22类　特殊交易品及未分类商品	8,643	2,976,962	—92.87	27.27
98章　特殊交易品及未分类商品	8,643	2,976,962	—92.87	27.27

数据来源：海关总署—海关统计资讯网 www.hgtj.cn

中国对新加坡进出口商品构成表（2008 年）

单位：美元

商品构成	进口	出口	2008 年比 2007 年增减（%）	
			出口	进口
总　值	20,171,264,550	32,305,805,355	14.93	7.88
第 1 类　活动物；动物产品	20,171,264,550	32,305,805,355	14.93	7.88
01 章　活动物	5,861,957	32,986,408	7.67	5.36
02 章　肉及食用杂碎	26,505	253,738	26,405	−25.06
03 章　鱼及其他水生无脊椎动物	—	6,628,680	—	25.46
04 章　乳；蛋；蜂蜜；其他食用动物	4,637,708	11,339,982	8.1	−10.72
05 章　其他动物产品	1,182,606	11,332,808	75.92	−5.3
第 2 类　植物产品	15,138	3,431,200	−96.86	237.12
06 章　活植物；茎、根；插花及簇叶	4,722,590	154,615,253	53.77	30.71
07 章　食用蔬菜、根及块茎	39,360	4,969,795	94.35	16.09
08 章　食用水果及坚果；甜瓜等水果	—	53,764,393	—	33.48
09 章　咖啡、茶、马黛茶及调味香料	—	45,792,935	—	34.28
10 章　谷物	2,796,017	18,643,635	128.81	−1.04
11 章　制粉工业产品；麦芽；淀粉等	—	765,905	—	12.61
12 章　油籽；子仁；工业用或药用植物	129,611	6,866,285	−12.08	65.49
13 章　虫胶；树胶、树脂及其他植物液、汁	16,607	17,923,646	−70.73	37.65
14 章　编结用植物材料；其他植物产品	1,440,280	5,339,450	−0.6	188.67
第 3 类　动、植物油、脂及其分解产品；精制的食用油脂；动、植物蜡	300,715	549,209	74.01	−49.33
15 章　动、植物油、脂；蜡；精制食	7,767,613	26,520,256	5.8	118.57
第 4 类　食品；饮料、酒及醋；烟草、烟草及烟草代用品的制品	7,767,613	26,520,256	5.8	118.57
16 章　肉、鱼、及其他水生无脊椎动物的制品	241,640,144	208,899,726	29.98	18.71
17 章　糖及糖食	149,724	43,632,457	221.15	42.39
18 章　可可及可可制品	995,013	8,134,412	57.58	−36.22
19 章　谷物、粮食粉、淀粉或乳的制品	20,501,324	1,658,804	−0.83	−15.89
20 章　蔬菜、水果等或植物其他部分的制品	177,184,880	19,861,386	36.23	37.48
21 章　杂项食品	263,458	42,248,123	−40.02	39.18
22 章　饮料、酒及醋	2,912,272	41,850,664	−12.18	18.89
23 章　食品工业的残渣及废料；配制的动物饲料	51,800	26,736,339	90.88	7.24
24 章　烟草、烟草及烟草代用品的制品	1,783,462	4,396,142	−5.22	20.51
第 5 类　矿产品	37,798,211	20,381,399	31.14	−7.49
25 章　盐；硫磺；泥土及石料；石膏料、石灰及水泥	4,341,664,373	1,702,464,185	134.96	−25.82
26 章　矿砂、矿渣及矿灰	9,623,208	27,431,849	168.59	10.08

商品构成	进口	出口	2008年比2007年增减（%）	
			出口	进口
27章　矿物燃料、矿物油及其蒸馏产品；沥青物质；矿物蜡	7,536,604	446,778	288.46	382.97
第6类　化学工业及其相关工业的产品	4,324,504,561	1,674,585,558	134.73	−26.23
28章　无机化学品；贵金属、稀土金属、放射性元素及其同位素的有机及无机化合物	1,721,750,853	1,071,418,513	−0.83	39.91
29章　有机化学品	81,173,607	101,365,252	51.82	35.59
30章　药品	1,048,882,658	550,820,608	−8.26	66.93
31章　肥料	4,174,589	23,190,368	0.39	5.92
32章　鞣料浸膏及染料浸膏；鞣酸及其衍生物；染料、颜料及其他着色料；油漆及清漆；油灰及其他类似胶粘剂；墨水、油墨	620,637	3,905,873	568.63	159.61
33章　精油及香膏；芳香料制品及化妆盥洗品	69,325,212	83,384,602	−3.03	41.01
34章　肥皂、有机表面活性剂、洗涤剂、润滑剂、人造蜡、调制蜡、光洁剂、蜡烛及类似品、塑型用膏、“牙科用蜡”及牙科用熟石膏制剂	21,896,835	86,331,484	19.39	21.9
35章　蛋白类物质；改性淀粉；胶；酶	73,074,767	24,439,445	−2.43	7.01
36章　炸药；烟火制品；火柴；引火合金；易燃材料制品	18,031,885	35,400,450	−22.19	34.99
37章　照相及电影用品	4,103	610,050	—	−31.71
38章　杂项化学产品	2,636,455	36,168,310	−9.73	−7.1
第7类　塑料及其制品；橡胶及其制品	401,930,105	125,802,071	16.7	5.88
39章　塑料及其制品	2,145,728,281	529,135,820	−0.33	39.18
40章　橡胶及其制品	2,095,343,028	414,785,943	−0.2	48.62
第8类　生皮、皮革、毛皮及其制品；鞍具及挽具；旅行用品、手提包及类似品；动物肠线（蚕胶丝除外）制品	50,385,253	114,349,877	−5.74	13.12
41章　生皮（毛皮除外）及皮革	10,061,553	228,887,631	−63.41	138.3
42章　皮革制品；鞍具及挽具；旅行用品、手提包及类似容器；动物肠线（蚕胶丝除外）制品	9,880,351	1,344,888	−63.7	−87.44
43章　毛皮、人造毛皮及其制品	181,202	227,404,715	−34.26	166.74
第9类　木及木制品；木炭；软木及软木制品；稻草、秸秆、针茅或其他编结材料制品；篮筐及柳条编结品	—	138,028	—	51.55
44章　木及木制品；木炭	456,784	331,740,843	−56.95	126.16
45章　软木及软木制品	456,711	85,589,939	−56.32	−2.67
46章　稻草、秸秆、针茅或其他编结材料制品；篮筐及柳条编结品	—	88,196	—	36.57
第10类　木浆及其他纤维状纤维素浆；纸及纸板的废碎品；纸、纸板及其制品	73	246,062,708	−99.4	319.32
47章　木浆及其他纤维状纤维素浆；纸及纸板的废碎品	45,063,258	131,540,263	−8.5	24.65
48章　纸及纸板；纸浆、纸或纸板制品	904,744	3,798	−9.38	−64.71
49章　书籍、报纸、印刷图画及其他印刷品；手稿、打字稿及设计图纸	19,303,703	113,104,724	−36.27	19.69

商品构成	进口	出口	2008年比2007年增减（%）	
			出口	进口
第11类　纺织原料及纺织制品	24,854,811	18,431,741	38.4	67.27
50章　蚕丝	34,275,855	1,979,685,679	—18.32	—45.58
51章　羊毛、动物细毛或粗毛；马毛纱线及其机织物	6,818	22,852,020	—98.08	27.69
52章　棉花	262,540	7,434,615	—52.8	64.03
53章　其他植物纺织纤维；纸纱线及其机织物	287,731	80,193,175	—66.53	35.58
54章　化学纤维长丝	129,432	705,915	225.71	—82.72
55章　化学纤维短纤	25,463,979	56,464,382	—19.84	—31.63
56章　絮胎、毡呢及无纺织物；特种纱线；线、绳、索、缆及其制品	1,246,585	34,838,279	69.52	—23.66
57章　地毯及纺织材料的其他铺地制品	1,624,443	20,403,542	160.54	8.72
58章　特种机织物；簇绒织物；花边；装饰毯；装饰带；刺绣品	123,008	32,561,552	217.78	86.54
59章　浸渍、涂布、包覆或层压的纺织物；工业用纺织制品	428,968	119,808,967	—16.32	—7.78
60章　针织物及钩编织物	2,433,886	29,999,349	—20.55	64.74
61章　针织或钩编的服装及衣着附件	822,136	47,058,102	—54.82	2.67
62章　非针织或非钩编的服装及衣着附件	261,215	1,040,912,552	—50.29	—57.63
63章　其他纺织制成品；成套物品；旧衣着及旧纺织品；碎织物	327,797	375,995,656	—27.71	—41.25
第12类　鞋、帽、伞、杖、鞭及其零件；已加工的羽毛及其制品；人造花；人发制品	857,317	110,457,573	39.68	14.34
64章　鞋靴、护腿和类似品及其零件	224,182	289,118,752	—69.31	98.78
65章　帽类及其零件	88,636	217,290,447	—44.46	107.06
66章　雨伞、阳伞、手杖、鞭子、马鞭及其零件	25,493	6,921,019	—56.32	7.03
67章　已加工羽毛、羽绒及其制品；人造花；人发制品	1,512	10,318,778	—48.09	4.62
第13类　石料、石膏、水泥、石棉、云母及类似材料的制品；陶瓷产品；玻璃及其制品	108,541	54,588,508	—78.7	125.81
68章　石料、石膏、水泥、石棉、云母及类似材料的制品	26,826,642	371,918,854	—7.01	34.9
69章　陶瓷产品	1,652,158	73,854,559	18.59	37.63
70章　玻璃及其制品	4,282,904	160,002,748	—20.85	7.34
第14类　天然或养殖珍珠、宝石或半宝石、贵金属、包贵金属及其制品；仿首饰；硬币	20,891,580	138,061,547	—5.24	89.2
71章　天然或养殖珍珠、宝石或半宝石、贵金属、包贵金属及其制品；仿首饰；硬币	33,831,047	110,474,980	18.11	21.87
第15类　贱金属及其制品	33,831,047	110,474,980	18.11	21.87
72章　钢铁	557,678,212	3,030,009,398	20.43	13.85
73章　钢铁制品	29,799,994	1,386,410,548	—0.27	33.77
74章　铜及其制品	167,666,909	1,060,790,120	41.53	24.31
75章　镍及其制品	119,151,587	75,637,114	14.48	—14.95

商品构成	进口	出口	2008年比2007年增减（%）	
			出口	进口
76章　铝及其制品	10,057,036	13,928,914	—0.59	—19.42
78章　铅及其制品	49,395,791	273,122,460	15.7	55.51
79章　锌及其制品	724,119	13,878,431	—54.46	—90.01
80章　锡及其制品	582,074	20,521,933	—85.26	—86.86
81章　其他贱金属、金属陶瓷及其制品	29,871,317	3,552,404	66.21	—91.39
82章　贱金属工具、器具、利口器、餐匙、餐叉及其零件	1,079,244	23,654,557	7.91	39.8
83章　贱金属杂项制品	140,054,611	72,478,238	14.24	10.81
第16类　机器、机械器具、电气设备及其零件；录音机及放声机、电视图像、声音的录制和重放设备及其零件、附件	9,295,530	86,034,679	—13.46	20.9
84章　核反应堆、锅炉、机械器具及零件	10,249,170,286	16,214,495,979	—0.97	7.35
85章　电机、电气设备及其零件；录音机及放声机、电视图像、声音的录制和重放设备及其零件、附件	3,805,323,928	5,956,760,514	6.49	23.2
第17类　车辆、航空器、船舶及有关运输设备	6,443,846,358	10,257,735,465	—4.91	—0.11
86章　铁道及电车道机车、车辆及其零件；铁道及电车道轨道固定装置及其零件、附件；各种机械（包括电动机械）交通信号设备	55,412,685	4,620,909,545	8.69	54.81
87章　车辆及其零件、附件，但铁道及电车道车辆除外	937,598	421,308,851	1,598.12	26.37
88章　航空器、航天器及其零件	48,807,911	228,534,232	10.14	29.36
89章　船舶及浮动结构体	4,922,068	31,300,995	18.48	77.21
第18类　光学、照相、电影、计量、检验、医疗或外科用仪器及设备、精密仪器及设备；钟表；乐器；上述物品的零件、附件	745,108	3,939,765,467	—69.71	60.33
90章　光学、照相、电影、计量、检验、医疗或外科用仪器及设备、精密仪器及设备；上述物品的零件、附件	525,176,607	555,730,257	21.92	9.45
91章　钟表及其零件	496,291,469	524,809,213	24.15	10.55
92章　乐器及其零件、附件	28,884,885	20,255,071	—6.31	—7.52
第19类　武器、弹药及其零件、附件	253	10,665,973	—99.85	—4.1
93章　武器、弹药及其零件、附件	—	13,987	—	11.38
第20类　杂项制品	—	13,987	—	11.38
94章　家具；寝具、褥垫、弹簧床垫、软坐垫及类似的填充制品；未列名灯具及照明装置；发光标志、发光名牌及类似品；活动房屋	8,482,653	655,108,614	—58.82	101.04
95章　玩具、游戏品、运动用品及其零件、附件	7,180,838	384,218,672	27.13	79.24
96章　杂项制品	839,709	208,590,640	—93.91	180.31
第21类　艺术品、收藏品及古物	462,106	62,299,302	—59.79	67.95
97章　艺术品、收藏品及古物	228,785	1,907,628	179.37	76.84
第22类　特殊交易品及未分类商品	228,785	1,907,628	179.37	76.84
98章　特殊交易品及未分类商品	155,240,190	58,222,784	31.39	—31.35

数据来源：海关总署—海关统计资讯网 www.hgtj.cn

中国对泰国进出口商品构成表（2008 年）

单位：美元

商品构成	进口	出口	2008 年比 2007 年增减（%）	
			出口	进口
总　值	25,656,736,974	15,636,354,387	13.2	29.95
第 1 类　活动物；动物产品	119,318,574	90,748,327	19.27	33.8
01 章　活动物	453,822	35,815	−11.97	72.11
02 章　肉及食用杂碎	—	74,924	—	−37.82
03 章　鱼及其他水生无脊椎动物	114,036,959	47,554,325	19.75	79.32
04 章　乳；蛋；蜂蜜；其他食用动物	1,630,799	12,820,949	12.74	−43.1
05 章　其他动物产品	3,196,994	30,262,314	15.9	62.45
第 2 类　植物产品	911,124,580	338,899,062	−13.54	48.95
06 章　活植物；茎、根；插花及簇叶	17,288,384	3,837,109	26.08	71.06
07 章　食用蔬菜、根及块茎	253,290,994	133,584,944	−44.43	86.1
08 章　食用水果及坚果；甜瓜等水果	305,465,867	118,866,662	21.25	54.45
09 章　咖啡、茶、马黛茶及调味香料	432,771	13,884,673	12.62	29.03
10 章　谷物	180,222,671	1,084,401	−13.9	−32.16
11 章　制粉工业产品；麦芽；淀粉等	140,591,704	24,784,014	21.24	−35.19
12 章　油籽；子仁；工业用或药用植物	11,871,241	34,793,453	97.23	80.33
13 章　虫胶；树胶、树脂及其他植物液、汁	1,786,444	7,744,404	177.21	19.27
14 章　编结用植物材料；其他植物产品	174,504	319,402	240.33	101.86
第 3 类　动、植物油、脂及其分解产品；精制的食用油脂；动、植物蜡	42,713,907	8,057,358	356.77	57.15
15 章　动、植物油、脂；蜡；精制食	42,713,907	8,057,358	356.77	57.15
第 4 类　食品；饮料、酒及醋；烟草、烟草及烟草代用品的制品	66,332,799	267,129,241	−50.56	36.18
16 章　肉、鱼、及其他水生无脊椎动物的制品	2,855,646	70,707,707	−30.98	230.45
17 章　糖及糖食	19,642,576	11,354,777	−66.05	68.72
18 章　可可及可可制品	121,698	3,440,907	−3.47	174.29
19 章　谷物、粮食粉、淀粉或乳的制品	14,842,010	18,742,036	101.04	41.24
20 章　蔬菜、水果等或植物其他部分的制品	8,455,495	108,215,057	124.56	3.23
21 章　杂项食品	13,061,448	19,305,067	30.58	−2.48
22 章　饮料、酒及醋	384,459	3,303,697	46.27	46.38
23 章　食品工业的残渣及废料；配制的动物饲料	6,590,333	27,358,325	−86.86	15.85
24 章　烟草、烟草及烟草代用品的制品	379,134	4,701,668	−23.87	56.08
第 5 类　矿产品	2,162,216,744	252,683,399	46.57	35.6
25 章　盐；硫磺；泥土及石料；石膏料、石灰及水泥	8,688,088	54,952,313	133.3	62.23
26 章　矿砂、矿渣及矿灰	350,269,499	7,785,627	128.87	628.18

商品构成	进口	出口	2008年比2007年增减（%）	
			出口	进口
27章　矿物燃料、矿物油及其蒸馏产品；沥青物质；矿物蜡	1,803,259,157	189,945,459	36.78	25.46
第6类　化学工业及其相关工业的产品	1,041,438,100	1,881,171,663	−35.13	38.78
28章　无机化学品；贵金属、稀土金属、放射性元素及其同位素的有机及无机化合物	14,643,521	506,360,122	3.1	56.77
29章　有机化学品	778,575,210	530,717,479	−42.53	42.9
30章　药品	5,639,915	24,580,273	9.9	43.37
31章　肥料	90,200	238,826,238	11,508.75	34.66
32章　鞣料浸膏及染料浸膏；鞣酸及其衍生物；染料、颜料及其他着色料；油漆及清漆；油灰及其他类似胶粘剂；墨水、油墨	53,085,145	132,458,430	33.14	18.88
33章　精油及香膏；芳香料制品及化妆盥洗品	21,616,334	28,752,035	9.95	20.6
34章　肥皂、有机表面活性剂、洗涤剂、润滑剂、人造蜡、调制蜡、光洁剂、蜡烛及类似品、塑型用膏、“牙科用蜡”及牙科用熟石膏制剂	41,105,583	38,178,894	85.58	35.91
35章　蛋白类物质；改性淀粉；胶；酶	49,726,169	40,210,070	−8.71	50.4
36章　炸药；烟火制品；火柴；引火合金；易燃材料制品	5,124,738	9,857,676	134.7	−12.92
37章　照相及电影用品	914,659	25,725,322	47.19	35.89
38章　杂项化学产品	70,916,626	305,505,124	−23.22	24.06
第7类　塑料及其制品；橡胶及其制品	4,558,241,427	422,551,019	26.73	20.99
39章　塑料及其制品	1,777,416,924	328,050,058	9.63	28.31
40章　橡胶及其制品	2,780,824,503	94,500,961	40.76	0.98
第8类　生皮、皮革、毛皮及其制品；鞍具及挽具；旅行用品、手提包及类似品；动物肠线（蚕胶丝除外）制品	187,547,059	60,736,870	22.15	59.71
41章　生皮（毛皮除外）及皮革	183,762,503	8,382,424	21.23	−39.44
42章　皮革制品；鞍具及挽具；旅行用品、手提包及类似容器；动物肠线（蚕胶丝除外）制品	3,763,990	51,616,420	92.82	113.79
43章　毛皮、人造毛皮及其制品	20,566	738,026	—	1,617.94
第9类　木及木制品；木炭；软木及软木制品；稻草、秸秆、针茅或其他编结材料制品；篮筐及柳条编结品	303,261,513	102,533,079	10.54	15.93
44章　木及木制品；木炭	303,235,895	78,111,884	10.54	4.19
45章　软木及软木制品	—	20,816	—	156.48
46章　稻草、秸秆、针茅或其他编结材料制品；篮筐及柳条编结品	25,618	24,400,379	3	81.24
第10类　木浆及其他纤维状纤维素浆；纸及纸板的废碎品；纸、纸板及其制品	181,196,090	159,341,408	−14.14	18.46
47章　木浆及其他纤维状纤维素浆；纸及纸板的废碎品	63,972,281	4,207,529	−40.78	−0.97
48章　纸及纸板；纸浆、纸或纸板制品	116,555,350	144,950,283	13.82	20.68
49章　书籍、报纸、印刷图画及其他印刷品；手稿、打字稿及设计图纸	668,459	10,183,596	9.23	0.33

商品构成	进口	出口	2008年比2007年增减（%）	
			出口	进口
第11类　纺织原料及纺织制品	367,256,108	1,134,570,933	4.46	39.44
50章　蚕丝	62,054	12,202,460	−88.15	42.85
51章　羊毛、动物细毛或粗毛；马毛纱线及其机织物	1,794,320	20,238,099	−37.63	37.12
52章　棉花	57,712,682	215,161,576	2.23	22.7
53章　其他植物纺织纤维；纸纱线及其机织物	8,288,497	6,404,529	−0.4	−2.74
54章　化学纤维长丝	101,042,470	115,186,495	12.16	32.08
55章　化学纤维短纤	63,987,241	174,010,896	−23.28	27.2
56章　絮胎、毡呢及无纺织物；特种纱线；线、绳、索、缆及其制品	28,083,736	39,294,009	24.86	62.51
57章　地毯及纺织材料的其他铺地制品	15,361,561	6,057,012	44.53	99.78
58章　特种机织物；簇绒织物；花边；装饰毯；装饰带；刺绣品	14,231,450	87,393,248	5.24	69.81
59章　浸渍、涂布、包覆或层压的纺织物；工业用纺织制品	12,867,146	145,450,945	−25.03	36.26
60章　针织物及钩编织物	25,879,346	83,092,431	3.6	16.12
61章　针织或钩编的服装及衣着附件	22,848,718	170,724,495	65.96	95.22
62章　非针织或非钩编的服装及衣着附件	7,896,054	24,482,886	126.8	29.93
63章　其他纺织制成品；成套物品；旧衣着及旧纺织品；碎织物	7,200,833	34,871,852	86.13	64.99
第12类　鞋、帽、伞、杖、鞭及其零件；已加工的羽毛及其制品；人造花；人发制品	32,634,172	122,883,341	54.05	31.33
64章　鞋靴、护腿和类似品及其零件	32,406,395	83,752,877	53.82	43.06
65章　帽类及其零件	124,408	3,028,082	78.47	52.35
66章　雨伞、阳伞、手杖、鞭子、马鞭及其零件	5,205	28,897,240	419.98	6.64
67章　已加工羽毛、羽绒及其制品；人造花；人发制品	98,164	7,205,142	118.51	21.26
第13类　石料、石膏、水泥、石棉、云母及类似材料的制品；陶瓷产品；玻璃及其制品	121,957,474	295,319,639	23.38	33.69
68章　石料、石膏、水泥、石棉、云母及类似材料的制品	8,347,656	53,704,983	22.93	15.77
69章　陶瓷产品	13,264,826	118,745,656	31.45	45.94
70章　玻璃及其制品	100,344,992	122,869,000	22.42	31.92
第14类　天然或养殖珍珠、宝石或半宝石、贵金属、包贵金属及其制品；仿首饰；硬币	71,426,004	174,481,503	6.93	15.56
71章　天然或养殖珍珠、宝石或半宝石、贵金属、包贵金属及其制品；仿首饰；硬币	71,426,004	174,481,503	6.93	15.56
第15类　贱金属及其制品	223,223,423	2,605,505,592	−41.58	27.94
72章　钢铁	64,379,635	1,419,446,174	−33.53	26.03
73章　钢铁制品	82,470,654	459,208,860	30.61	65.76
74章　铜及其制品	29,237,559	192,491,960	−75.54	64.45
75章　镍及其制品	126,445	15,291,601	1,192.50	28.18

商品构成	进口	出口	2008年比2007年增减（%）	
			出口	进口
76章　铝及其制品	13,349,265	258,403,520	3.37	14.78
78章　铅及其制品	293	63,390,502	−79.71	−42.35
79章　锌及其制品	12,049,777	7,329,215	−19.03	−44.26
80章　锡及其制品	12,278,689	51,707	−78.86	−98.68
81章　其他贱金属、金属陶瓷及其制品	177,825	31,957,408	−8.43	11.98
82章　贱金属工具、器具、利口器、餐匙、餐叉及其零件	3,682,257	68,698,305	−59.68	31.83
83章　贱金属杂项制品	5,471,024	89,236,340	−25.17	25.03
第16类　机器、机械器具、电气设备及其零件；录音机及放声机、电视图像、声音的录制和重放设备及其零件、附件	14,816,694,863	6,286,686,060	16.97	19.57
84章　核反应堆、锅炉、机械器具及零件	8,840,644,789	3,296,789,507	24.91	21.29
85章　电机、电气设备及其零件；录音机及放声机、电视图像、声音的录制和重放设备及其零件、附件	5,976,050,074	2,989,896,553	6.92	17.73
第17类　车辆、航空器、船舶及有关运输设备	44,195,850	418,769,147	−14.07	56.11
86章　铁道及电车道机车、车辆及其零件；铁道及电车道轨道固定装置及其零件、附件；各种机械（包括电动机械）交通信号设备	2,329	59,424,494	—	120.02
87章　车辆及其零件、附件，但铁道及电车道车辆除外	42,693,754	324,847,824	−16.3	39.8
88章　航空器、航天器及其零件	459,861	7,474,091	176.54	91.47
89章　船舶及浮动结构体	1,039,906	27,022,738	303.1	442.98
第18类　光学、照相、电影、计量、检验、医疗或外科用仪器及设备、精密仪器及设备；钟表；乐器；上述物品的零件、附件	368,020,863	707,068,138	−4.28	108.73
90章　光学、照相、电影、计量、检验、医疗或外科用仪器及设备、精密仪器及设备；上述物品的零件、附件	318,025,178	684,566,133	−8.52	115.2
91章　钟表及其零件	48,559,857	13,621,748	34.13	−4.07
92章　乐器及其零件、附件	1,435,828	8,880,257	119.09	37.75
第19类　武器、弹药及其零件、附件	—	44,189	—	1,272.33
93章　武器、弹药及其零件、附件	—	44,189	—	1,272.33
第20类　杂项制品	37,624,903	306,389,732	35.61	52.24
94章　家具；寝具、褥垫、弹簧床垫、软坐垫及类似的填充制品；未列名灯具及照明装置；发光标志、发光名牌及类似品；活动房屋	7,203,050	166,753,953	40.12	79.67
95章　玩具、游戏品、运动用品及其零件、附件	25,660,443	66,824,773	36.79	22.2
96章　杂项制品	4,761,410	72,811,006	23.87	35.43
第21类　艺术品、收藏品及古物	287,521	139,236	−55.73	12.05
97章　艺术品、收藏品及古物	287,521	139,236	−55.73	12.05
第22类　特殊交易品及未分类商品	25,000	645,451	8.33	−72.86
98章　特殊交易品及未分类商品	25,000	645,451	8.33	−72.86

数据来源：海关总署—海关统计资讯网 www.hgtj.cn

中国对越南进出口商品构成表（2008 年）

单位：美元

商品构成	进口	出口	2008 年比 2007 年增减（%）	
			出口	进口
总　值	4,336,317,470	15,122,132,632	34.41	27.13
第 1 类　活动物；动物产品	31,605,236	19,672,090	1.66	−33.75
01 章　活动物	3,706,824	480	54.96	−43.53
02 章　肉及食用杂碎	—	5,392,150	—	−70.97
03 章　鱼及其他水生无脊椎动物	27,197,498	4,738,622	−4.39	93.77
04 章　乳；蛋；蜂蜜；其他食用动物	—	5,114,289	—	−3.35
05 章　其他动物产品	700,914	4,426,549	180.29	30.88
第 2 类　植物产品	425,991,724	467,516,023	7.3	43.75
06 章　活植物；茎、根；插花及簇叶	237,071	483,381	151.01	65.11
07 章　食用蔬菜、根及块茎	116,359,854	130,594,673	−35.4	99.69
08 章　食用水果及坚果；甜瓜等水果	219,172,815	178,545,880	95.47	191.57
09 章　咖啡、茶、马黛茶及调味香料	35,025,650	7,033,593	27.93	124.1
10 章　谷物	392,761	11,495,718	−94.55	−82.66
11 章　制粉工业产品；麦芽；淀粉等	53,327,983	44,489,075	−20.86	−0.66
12 章　油籽；子仁；工业用或药用植物	600,607	94,207,174	−67.03	13.23
13 章　虫胶；树胶、树脂及其他植物液、汁	203,767	461,724	15.44	−14.57
14 章　编结用植物材料；其他植物产品	671,216	204,805	−1.46	−43.94
第 3 类　动、植物油、脂及其分解产品；精制的食用油脂；动、植物蜡	13,840,768	41,860,624	4.77	588.7
15 章　动、植物油、脂；蜡；精制食	13,840,768	41,860,624	4.77	588.7
第 4 类　食品；饮料、酒及醋；烟草、烟草及烟草代用品的制品	5,081,995	157,481,832	−58.04	74.67
16 章　肉、鱼、及其他水生无脊椎动物的制品	175,515	16,982,000	−97.78	103.09
17 章　糖及糖食	260,481	17,249,423	251.82	91.89
18 章　可可及可可制品	33,745	592,069	−58.04	−12.89
19 章　谷物、粮食粉、淀粉或乳的制品	919,535	3,325,834	140.44	45.08
20 章　蔬菜、水果等或植物其他部分的制品	731,844	18,091,298	24.11	78.35
21 章　杂项食品	726,502	14,979,443	1.02	51.53
22 章　饮料、酒及醋	24,166	2,569,218	622.67	65.28
23 章　食品工业的残渣及废料；配制的动物饲料	2,210,207	66,653,270	−6.08	68.9
24 章　烟草、烟草及烟草代用品的制品	—	17,039,277	—	93.88
第 5 类　矿产品	2,062,768,699	1,015,287,169	43.3	25.72
25 章　盐；硫磺；泥土及石料；石膏料、石灰及水泥	4,322,135	24,875,510	−23.61	83.12
26 章　矿砂、矿渣及矿灰	261,318,328	2,443,767	10.03	362.62

商品构成	进口	出口	2008年比2007年增减（%）	
			出口	进口
27章　矿物燃料、矿物油及其蒸馏产品；沥青物质；矿物蜡	1,797,128,236	987,967,892	50.23	24.51
第6类　化学工业及其相关工业的产品	39,483,702	1,418,258,415	37.22	15.53
28章　无机化学品；贵金属、稀土金属、放射性元素及其同位素的有机及无机化合物	4,107,625	271,947,024	−30.4	28.29
29章　有机化学品	1,494,641	289,919,483	223.07	31.02
30章　药品	1,384	27,482,884	−81.06	24.63
31章　肥料	346,127	383,266,171	801.7	−0.08
32章　鞣料浸膏及染料浸膏；鞣酸及其衍生物；染料、颜料及其他着色料；油漆及清漆；油灰及其他类似胶粘剂；墨水、油墨	403,851	117,497,518	−36.21	−1.79
33章　精油及香膏；芳香料制品及化妆盥洗品	1,533,150	17,070,866	−61.74	71.55
34章　肥皂、有机表面活性剂、洗涤剂、润滑剂、人造蜡、调制蜡、光洁剂、蜡烛及类似品、塑型用膏、“牙科用蜡”及牙科用熟石膏制剂	2,834,770	21,339,632	81.09	23.53
35章　蛋白类物质；改性淀粉；胶；酶	6,709,101	48,800,690	−6.45	38.94
36章　炸药；烟火制品；火柴；引火合金；易燃材料制品	—	293,501	—	−35.85
37章　照相及电影用品	22,937	17,217,579	388.13	14.75
38章　杂项化学产品	22,030,116	223,423,067	145.28	16.81
第7类　塑料及其制品；橡胶及其制品	216,935,989	376,275,066	−26.35	32.53
39章　塑料及其制品	26,010,403	296,907,373	23.6	35.29
40章　橡胶及其制品	190,925,586	79,367,693	−30.19	23.15
第8类　生皮、皮革、毛皮及其制品；鞍具及挽具；旅行用品、手提包及类似品；动物肠线（蚕胶丝除外）制品	102,590,403	75,814,882	74.98	−0.24
41章　生皮（毛皮除外）及皮革	90,096,193	24,153,752	70.52	−52.18
42章　皮革制品；鞍具及挽具；旅行用品、手提包及类似容器；动物肠线（蚕胶丝除外）制品	12,434,486	42,977,902	115.7	230.85
43章　毛皮、人造毛皮及其制品	59,724	8,683,228	101.19	−30.51
第9类　木及木制品；木炭；软木及软木制品；稻草、秸秆、针茅或其他编结材料制品；篮筐及柳条编结品	173,185,709	106,361,962	−28.95	4.85
44章　木及木制品；木炭	172,151,108	104,835,606	−29.06	4.7
45章　软木及软木制品	—	51,754	—	−49.43
46章　稻草、秸秆、针茅或其他编结材料制品；篮筐及柳条编结品	1,034,601	1,474,602	−5.14	22.37
第10类　木浆及其他纤维状纤维素浆；纸及纸板的废碎品；纸、纸板及其制品	2,401,285	105,125,220	−17.5	18
47章　木浆及其他纤维状纤维素浆；纸及纸板的废碎品	—	997,877	—	355.09
48章　纸及纸板；纸浆、纸或纸板制品	2,269,395	94,203,350	−18.92	13.03
49章　书籍、报纸、印刷图画及其他印刷品；手稿、打字稿及设计图纸	131,890	9,923,993	86.26	79.66

商品构成	进口	出口	2008年比2007年增减（%）	
			出口	进口
第11类　纺织原料及纺织制品	187,879,222	2,466,529,546	85.9	39.45
50章　蚕丝	92,296	19,687,860	−84.86	25.71
51章　羊毛、动物细毛或粗毛；马毛纱线及其机织物	2,032,832	68,690,592	3.57	28.05
52章　棉花	78,939,592	445,526,103	254.51	19.94
53章　其他植物纺织纤维；纸纱线及其机织物	9,574,679	22,920,718	11.52	19.03
54章　化学纤维长丝	24,488,222	312,079,566	43.22	30.38
55章　化学纤维短纤	15,870,247	416,560,545	37.45	37.11
56章　絮胎、毡呢及无纺织物；特种纱线；线、绳、索、缆及其制品	1,720,034	56,867,087	29.18	28.33
57章　地毯及纺织材料的其他铺地制品	2,520	4,026,448	69.13	6.82
58章　特种机织物；簇绒织物；花边；装饰毯；装饰带；刺绣品	1,418,580	89,216,060	−56.86	31.16
59章　浸渍、涂布、包覆或层压的纺织物；工业用纺织制品	4,556,449	136,275,676	86.98	39.11
60章　针织物及钩编织物	3,403,285	434,550,470	−11.34	26.78
61章　针织或钩编的服装及衣着附件	10,818,593	289,624,581	45.75	151.66
62章　非针织或非钩编的服装及衣着附件	28,464,100	123,878,346	76.16	80.49
63章　其他纺织制成品；成套物品；旧衣着及旧纺织品；碎织物	6,497,793	46,625,494	43.78	86.66
第12类　鞋、帽、伞、杖、鞭及其零件；已加工的羽毛及其制品；人造花；人发制品	155,013,463	72,534,156	64.47	32.38
64章　鞋靴、护腿和类似品及其零件	153,495,531	67,813,801	65.55	31.55
65章　帽类及其零件	1,468,444	1,984,658	21.5	7.58
66章　雨伞、阳伞、手杖、鞭子、马鞭及其零件	3,419	1,256,065	727.85	74.77
67章　已加工羽毛、羽绒及其制品；人造花；人发制品	46,069	1,479,632	−85.73	117.39
第13类　石料、石膏、水泥、石棉、云母及类似材料的制品；陶瓷产品；玻璃及其制品	63,267,758	224,430,474	898.69	35.31
68章　石料、石膏、水泥、石棉、云母及类似材料的制品	135,613	67,332,430	−45.99	50.09
69章　陶瓷产品	3,010,419	83,933,507	29.97	32.02
70章　玻璃及其制品	60,121,726	73,164,537	1,495.72	27.42
第14类　天然或养殖珍珠、宝石或半宝石、贵金属、包贵金属及其制品；仿首饰；硬币	11,450	715,811	−88.75	59.69
71章　天然或养殖珍珠、宝石或半宝石、贵金属、包贵金属及其制品；仿首饰；硬币	11,450	715,811	−88.75	59.69
第15类　贱金属及其制品	48,436,377	2,823,867,353	10.27	−3.54
72章　钢铁	11,449,062	2,064,603,376	−49.9	−10.66
73章　钢铁制品	8,300,787	437,267,941	54.63	26.34
74章　铜及其制品	19,660,142	26,780,759	71.39	2.06
75章　镍及其制品	—	5,206,997	—	−30.29

商品构成	进口	出口	2008年比2007年增减（%）	
			出口	进口
76章　铝及其制品	6,204,744	171,787,529	224.14	40.03
78章　铅及其制品	59,708	9,021,094	−16.08	−19.61
79章　锌及其制品	—	1,694,309	—	−89.68
80章　锡及其制品	3,554	32,900	10,669.70	−99.49
81章　其他贱金属、金属陶瓷及其制品	590,960	2,994,435	13,209.91	25.12
82章　贱金属工具、器具、利口器、餐匙、餐叉及其零件	1,525,754	41,720,370	58.27	26.77
83章　贱金属杂项制品	641,666	62,757,643	30.32	39.91
第16类　机器、机械器具、电气设备及其零件；录音机及放声机、电视图像、声音的录制和重放设备及其零件、附件	717,912,917	4,429,458,694	78.35	46.07
84章　核反应堆、锅炉、机械器具及零件	336,573,741	2,537,962,460	90.85	50.42
85章　电机、电气设备及其零件；录音机及放声机、电视图像、声音的录制和重放设备及其零件、附件	381,339,176	1,891,496,234	68.6	40.62
第17类　车辆、航空器、船舶及有关运输设备	5,564,951	942,666,689	69.61	37.97
86章　铁道及电车道机车、车辆及其零件；铁道及电车道轨道固定装置及其零件、附件；各种机械（包括电动机械）交通信号设备	—	15,607,741	—	−16.62
87章　车辆及其零件、附件，但铁道及电车道车辆除外	5,504,771	849,634,795	68.11	33.26
88章　航空器、航天器及其零件	—	62,958	—	10.99
89章　船舶及浮动结构体	60,180	77,361,195	—	188.07
第18类　光学、照相、电影、计量、检验、医疗或外科用仪器及设备、精密仪器及设备；钟表；乐器；上述物品的零件、附件	29,468,343	173,268,111	127.05	126.19
90章　光学、照相、电影、计量、检验、医疗或外科用仪器及设备、精密仪器及设备；上述物品的零件、附件	29,439,877	169,228,822	128.27	132.13
91章　钟表及其零件	2,141	738,582	−14.43	6.52
92章　乐器及其零件、附件	26,325	3,300,707	−66.86	9.85
第19类　武器、弹药及其零件、附件	—	128,088	—	−36.88
93章　武器、弹药及其零件、附件	—	128,088	—	−36.88
第20类　杂项制品	54,762,995	196,309,716	35.9	34.82
94章　家具；寝具、褥垫、弹簧床垫、软坐垫及类似的填充制品；未列名灯具及照明装置；发光标志、发光名牌及类似品；活动房屋	40,617,534	110,150,794	34.17	40.87
95章　玩具、游戏品、运动用品及其零件、附件	11,400,650	22,586,039	65.89	17.74
96章　杂项制品	2,744,811	63,572,883	−12.91	31.81
第21类　艺术品、收藏品及古物	114,484	160,799	912.51	1,416.83
97章　艺术品、收藏品及古物	114,484	160,799	912.51	1,416.83
第22类　特殊交易品及未分类商品	—	8,409,912	—	210.89
98章　特殊交易品及未分类商品	—	8,409,912	—	210.89

数据来源：海关总署—海关统计资讯网 www.hgtj.cn

印尼对外贸易年度和月度表（2008 年）

金额单位：百万美元

时间	总额	同比%	出口	同比%	进口	同比%	差额	同比%
2001 年	87,283	−8.9	56,321	−9.3	30,962	−8	25,359	−10.9
2002 年	88,448	1.3	57,159	1.5	31,289	1.1	25,870	2
2003 年	93,609	5.8	61,058	6.8	32,551	4	28,508	10.2
2004 年	118,109	26.2	71,585	17.2	46,525	42.9	25,060	−12.1
2005 年	143,361	21.4	85,660	19.7	57,701	24	27,959	11.6
2006 年	161,864	12.9	100,799	17.7	61,065	5.8	39,733	42.1
2007 年	188,574	16.5	114,101	13.2	74,473	22	39,627	−0.3
2008 年	266,218	41.2	137,020	20.1	129,197	73.5	7,823	−80.3
其中：1 月	20,800	52.9	11,192	34.5	9,608	81.8	1,584	−47.9
2 月	20,388	58.6	10,546	28.7	9,843	111.1	703	−80.1
3 月	22,286	51.5	12,009	32.5	10,277	82	1,732	−49.3
4 月	22,568	55	10,922	22.5	11,647	106.4	−725	−122.2
5 月	24,574	51.1	12,910	31.6	11,664	80.7	1,246	−62.8
6 月	24,929	60.1	12,818	34.1	12,111	101.3	708	−80
7 月	25,398	54.9	12,528	24.8	12,870	102.3	−342	−109.3
8 月	24,793	50.1	12,467	29.9	12,326	78.2	141	−94.7
9 月	23,573	44.6	12,277	29	11,296	66.3	981	−64
10 月	21,522	29.7	10,790	4.7	10,732	70.7	57	−98.6
11 月	18,747	7.6	9,666	−1.8	9,081	19.9	584	−74.3
12 月	16,639	−6.4	8,896	−18.7	7,742	13.2	1,154	−71.9

数据来源：中华人民共和国商务部亚洲司网．http://yzs.mofcom.gov.cn/g/g.html? 3842162592=408739276

印尼对主要贸易伙伴出口额（2008 年）

金额单位：百万美元

国家和地区	金额	同比%	占比%
总值	137,020	20.1	100
日本	27,744	17.4	20.3
美国	13,037	12.3	9.5
新加坡	12,862	22.5	9.4
中国	11,637	20.3	8.5
韩国	9,117	20.2	6.7
印度	7,163	44.9	5.2
马来西亚	6,433	26.2	4.7
澳大利亚	4,111	21.1	3
荷兰	3,926	42.8	2.9
泰国	3,661	19.9	2.7
台湾省	3,155	21.5	2.3
德国	2,465	6.4	1.8
菲律宾	2,054	10.8	1.5
意大利	1,901	37.7	1.4
香港	1,809	7.2	1.3

数据来源：中华人民共和国商务部亚洲司网．http://yzs.mofcom.gov.cn/g/g.html? 3842162592=408739276

印尼自主要贸易伙伴进口额（2008年）

金额单位：百万美元

国家和地区	金额	同比%	占比%
总值	129,197	73.5	100
新加坡	21,789	121.4	16.9
中国	15,247	78.2	11.8
日本	15,128	131.8	11.7
马来西亚	8,922	39.2	6.9
美国	7,880	64.6	6.1
韩国	6,920	116.5	5.4
泰国	6,334	47.8	4.9
沙特阿拉伯	4,805	42.5	3.7
澳大利亚	3,998	33.1	3.1
德国	3,069	54.8	2.4
印度	2,902	80.3	2.3
台湾省	2,850	90.6	2.2
文莱达鲁萨兰国	2,417	29.6	1.9
香港	2,368	435	1.8
加拿大	1,872	77.3	1.5

数据来源：中华人民共和国商务部亚洲司网．http://yzs.mofcom.gov.cn/g/g.html?3842162592=408739276

印尼贸易差额主要来源（2008年）

金额单位：百万美元

国家和地区	2008年	上年同期	同比%
总值	7,823	39,627	−80.3
主要逆差来源			
新加坡	−8,927	662	—
沙特阿拉伯	−3,613	−2,429	48.8
中国	−3,611	1,118	—
泰国	−2,673	−1,233	116.8
马来西亚	−2,490	−1,316	89.2
文莱	−2,357	−1,821	29.4
科威特	−1,720	−1,576	9.1
加拿大	−1,226	−505	142.8
俄罗斯	−983	−102	866.1
瑞典	−897	−663	35.2
主要顺差来源			
日本	12,616	17,106	−26.3
美国	5,157	6,827	−24.5
印度	4,261	3,334	27.8
荷兰	3,324	2,245	48
韩国	2,197	4,386	−49.9

数据来源：中华人民共和国商务部亚洲司网．http://yzs.mofcom.gov.cn/g/g.html?3842162592=408739276

马来西亚对外贸易年度和月度表（2008 年）

金额单位：百万美元

时间	总额	同比%	出口	同比%	进口	同比%	差额	同比%
2001 年	162,068	－10.1	88,202	－10.1	73,866	－10.1	14,336	－10.4
2002 年	173,241	6.9	93,370	5.9	79,870	8.1	13,500	－5.8
2003 年	180,205	4	100,113	7.2	80,093	0.3	20,020	48.3
2004 年	231,154	28.3	125,857	25.7	105,297	31.5	20,560	2.7
2005 年	255,606	10.6	140,979	12	114,626	8.9	26,353	28.2
2006 年	292,068	14.3	160,845	14.1	131,223	14.5	29,622	12.4
2007 年	323,376	10.7	176,311	9.6	147,065	12.1	29,245	－1.3
2008 年	356,844	10.3	199,759	13.3	157,086	6.8	42,673	45.9
其中：1 月	29,509	17	16,243	18.6	13,266	15	2,977	37.3
2 月	26,400	22.6	14,613	24.3	11,787	20.6	2,826	42.5
3 月	29,950	14.3	16,231	15.6	13,719	12.7	2,512	34.4
4 月	31,410	24.9	17,653	31.4	13,757	17.3	3,896	128.4
5 月	33,203	23.6	19,010	30.1	14,193	15.7	4,817	105.3
6 月	31,858	22.5	17,902	25.4	13,955	19	3,947	54.8
7 月	34,542	27.7	19,489	32.7	15,052	21.7	4,437	91.3
8 月	32,024	12.7	17,905	15.8	14,119	9.1	3,786	49.7
9 月	31,933	14.4	18,108	16	13,825	12.4	4,283	29.6
10 月	27,616	－7.9	15,172	－6.7	12,444	－9.3	2,728	7.1
11 月	25,686	－12.4	14,448	－10.9	11,238	－14.3	3,211	3.7
12 月	22,715	－23.5	12,983	－20.1	9,732	－27.5	3,252	15.1

数据来源：中华人民共和国商务部亚洲司网．http://yzs.mofcom.gov.cn/g/g.html?3842162592＝408739276

马来西亚对主要贸易伙伴出口额（2008 年）

金额单位：百万美元

国家和地区	金额	同比%	占比%
总值	199,759	13.3	100
新加坡	29,451	14.2	14.7
美国	24,942	－9.3	12.5
日本	21,496	33.5	10.8
中国	19,070	23.4	9.6
泰国	9,583	9.7	4.8
香港	8,540	4.8	4.3
韩国	7,810	16.5	3.9
印度	7,423	26.1	3.7
澳大利亚	7,354	23.8	3.7
荷兰	7,040	2.3	3.5
印度尼西亚	6,250	20.8	3.1
台湾省	4,899	2.2	2.5
德国	4,618	6.9	2.3
阿联酋	3,756	27.4	1.9
菲律宾	2,936	15.1	1.5

数据来源：中华人民共和国商务部亚洲司网．http://yzs.mofcom.gov.cn/g/g.html?3842162592＝408739276

马来西亚自主要贸易伙伴进口额（2008 年）

金额单位：百万美元

国家和地区	金额	同比%	占比%
总值	157,086	6.8	100
中国	20,109	6.3	12.8
日本	19,616	2.7	12.5
新加坡	17,313	2.6	11
美国	16,974	6.6	10.8
泰国	8,813	12	5.6
台湾省	7,579	−9.3	4.8
韩国	7,301	0.7	4.7
印度尼西亚	7,278	16.7	4.6
德国	6,753	−0.9	4.3
香港	4,121	−3.6	2.6
澳大利亚	3,531	18.8	2.3
印度	3,109	50.8	2
阿联酋	2,525	95.2	1.6
越南	2,333	26.8	1.5
英国	2,305	8.9	1.5

数据来源：中华人民共和国商务部亚洲司网．http://yzs.mofcom.gov.cn/g/g.html?3842162592=408739276

马来西亚贸易差额主要来源（2008 年）

金额单位：百万美元

国家和地区	2008 年	上年同期	同比%
总值	42,673	29,245	45.9
主要逆差来源			
台湾省	−2,679	−3,560	−24.7
德国	−2,135	−2,497	−14.5
马来半岛	−1,606	−1,426	12.6
沙特阿拉伯	−1,220	−1,261	−3.3
爱尔兰	−1,075	−343	213.6
中国	−1,039	−3,458	−70
印度尼西亚	−1,028	−1,063	−3.3
瑞士	−649	−1,254	−48.3
阿曼	−642	−317	102.5
意大利	−504	−210	139.4
主要顺差来源			
新加坡	12,138	8,907	36.3
美国	7,968	11,586	−31.2
荷兰	5,925	5,926	0
香港	4,419	3,875	14.1
印度	4,314	3,826	12.8

数据来源：中华人民共和国商务部亚洲司网．http://yzs.mofcom.gov.cn/g/g.html?3842162592=408739276

新加坡对外贸易年度和月度表（2008 年）

金额单位：百万美元

时间	总额	同比%	出口	同比%	进口	同比%	差额	同比%
2001 年	237,635	－12.7	121,691	－11.6	115,943	－13.8	5,748	76.4
2002 年	241,578	1.7	125,156	2.8	116,422	0.4	8,734	52
2003 年	296,517	22.7	160,116	27.9	136,401	17.2	23,715	171.5
2004 年	372,510	25.6	198,791	24.2	173,719	27.4	25,072	5.7
2005 年	429,755	15.4	229,681	15.5	200,075	15.2	29,606	18.1
2006 年	510,816	18.9	271,916	18.4	238,900	19.4	33,016	11.5
2007 年	562,651	10.1	299,404	10.1	263,247	10.2	36,157	9.5
2008 年 1～12 月	657,891	16.9	338,143	12.9	319,748	21.5	18,395	－49.1
其中：1 月	56,584	28.2	29,707	22.3	26,876	35.3	2,831	－36.1
2 月	49,116	29.2	25,647	27.9	23,469	30.6	2,178	4.6
3 月	56,662	22	28,917	14.9	27,745	30.3	1,173	－69.8
4 月	60,314	34.6	30,919	29.3	29,395	40.7	1,524	－49.5
5 月	57,536	28.8	29,616	25.4	27,920	32.7	1,696	－34.4
6 月	60,164	28.5	30,801	24.6	29,363	33	1,438	－45.5
7 月	64,966	34.5	33,231	28.5	31,735	41.4	1,496	－56.3
8 月	56,929	19.7	29,775	16.7	27,154	23.2	2,621	－24.8
9 月	59,004	24.9	30,233	17.8	28,771	33.4	1,462	－64.3
10 月	52,536	－1.2	26,452	－5.2	26,083	3.2	369	－86
11 月	44,138	－14.3	22,571	－15.5	21,567	－13	1,004	－47.7
12 月	39,900	－20.2	20,284	－21.9	19,615	－18.3	669	－65.9

数据来源：中华人民共和国商务部亚洲司网．http://yzs.mofcom.gov.cn/g/g.html? 3842162592=408739276

新加坡对主要贸易伙伴出口额（2008 年）

金额单位：百万美元

国家和地区	金额	同比%	占比%
总值	338,143	12.9	100
马来西亚	40,903	5.9	12.1
印度尼西亚	35,718	21.2	10.6
香港	35,098	12	10.4
中国	31,102	7.5	9.2
美国	23,683	－9.6	7
日本	16,651	15.7	4.9
澳大利亚	13,875	24	4.1
泰国	13,186	6.4	3.9
韩国	12,284	15.8	3.6
印度	11,953	19.6	3.5
台湾省	9,509	3.9	2.8
越南	8,735	34.1	2.6
菲律宾	7,295	19	2.2
荷兰	7,230	26.2	2.1
德国	6,656	12	2

数据来源：中华人民共和国商务部亚洲司网．http://yzs.mofcom.gov.cn/g/g.html? 3842162592=408739276

新加坡自主要贸易伙伴进口额（2008年）

金额单位：百万美元

国家和地区	金额	同比%	占比%
总值	319,748	21.5	100
马来西亚	38,209	11	12
美国	37,424	15.8	11.7
中国	33,703	5.7	10.5
日本	25,939	20.4	8.1
韩国	18,008	40.5	5.6
印度尼西亚	17,590	20	5.5
台湾省	16,465	6.3	5.2
沙特阿拉伯	14,691	66.6	4.6
泰国	11,285	32.8	3.5
德国	9,231	13.5	2.9
印度	8,479	44.4	2.7
法国	7,887	27.6	2.5
卡塔尔	7,655	82.7	2.4
科威特	6,570	29.1	2.1
阿联酋	6,308	37.3	2

数据来源：中华人民共和国商务部亚洲司网．http://yzs.mofcom.gov.cn/g/g.html?3842162592=408739276

新加坡贸易差额主要来源（2008年）

金额单位：百万美元

国家和地区	2008年	上年同期	同比%
总值	18,395	36,157	−49.1
主要顺差来源			
香港	31,621	27,489	15
印度尼西亚	18,127	14,810	22.4
澳大利亚	9,292	8,027	15.8
巴拿马	6,503	3,843	69.2
越南	6,353	4,374	45.3
印度	3,474	4,124	−15.8
荷兰	3,085	2,793	10.4
马来西亚	2,694	4,181	−35.6
利比里亚	2,629	1,769	48.6
菲律宾	2,377	318	647
主要逆差来源			
沙特阿拉伯	−13,759	−7,978	72.5
美国	−13,741	−6,111	124.9
日本	−9,288	−7,157	29.8
卡塔尔	−7,367	−3,939	87
台湾省	−6,956	−6,345	9.6

数据来源：中华人民共和国商务部亚洲司网．http://yzs.mofcom.gov.cn/g/g.html?3842162592=408739276

泰国对外贸易年度和月度表（2008 年）

金额单位：百万美元

时间	总额	同比%	出口	同比%	进口	同比%	差额	同比%
2001 年	126,861	−2.6	64,909	−5.3	61,952	0.3	2,957	−56.4
2002 年	133,207	5	68,594	5.7	64,614	4.3	3,980	34.6
2003 年	155,949	17.1	80,253	17	75,679	17.1	4,573	14.9
2004 年	192,295	23.3	97,098	21	95,197	25.8	1,901	−58.4
2005 年	227,961	18.5	109,848	13.1	118,112	24.1	−8,264	—
2006 年	259,273	13.7	130,621	18.9	128,652	8.9	1,969	—
2007 年	314,822	21.4	163,119	24.9	151,703	17.9	11,416	479.9
2008 年 1～12 月	358,430	13.9	177,846	9	180,583	19	−2,737	—
1 月	32,046	55.2	15,752	48.6	16,294	62.3	−541	—
2 月	28,546	25.8	13,966	18.8	14,580	33.3	−614	—
3 月	30,615	17.3	15,457	10.3	15,158	25.5	300	−84.5
4 月	29,240	26.2	13,880	20.2	15,360	32.1	−1,479	1,840.20
5 月	29,462	11.4	15,491	15.5	13,971	7.2	1,520	302.6
6 月	31,166	17.9	15,990	17.9	15,176	18	814	15.4
7 月	35,169	32.3	17,189	29	17,980	35.6	−790	—
8 月	32,463	14.3	15,952	10.1	16,512	18.6	−560	—
9 月	31,729	20.3	16,062	13.2	15,667	28.6	395	−80.3
10 月	30,713	2.9	15,004	−4.2	15,709	10.8	−705	—
11 月	24,411	−18.1	11,553	−26.8	12,858	−8.2	−1,305	—
12 月	22,868	−19.3	11,549	−21.9	11,320	−16.5	229	−81.2

数据来源：中华人民共和国商务部亚洲司网．http://yzs.mofcom.gov.cn/g/g.html?3842162592=408739276

泰国对主要贸易伙伴出口额（2008 年）

金额单位：百万美元

国家和地区	金额	同比%	占比%
总值	177,846	9	100
美国	20,286	−1.5	11.4
日本	20,085	4.1	11.3
中国	16,216	1.9	9.1
新加坡	10,088	−1.3	5.7
香港	10,061	9.4	5.7
马来西亚	9,885	18.3	5.6
澳大利亚	7,987	30.2	4.5
印度尼西亚	6,332	24.1	3.6
越南	5,028	23.2	2.8
荷兰	4,188	2.8	2.4
英国	3,970	4.3	2.2
韩国	3,666	15.4	2.1
菲律宾	3,508	12.9	2
印度	3,394	19.1	1.9
德国	3,200	3.9	1.8

数据来源：中华人民共和国商务部亚洲司网．http://yzs.mofcom.gov.cn/g/g.html?3842162592=408739276

泰国自主要贸易伙伴进口额（2008 年）

金额单位：百万美元

国家和地区	金额	同比%	占比%
总值	180,583	19	100
日本	33,766	9.8	18.7
中国	20,271	15.2	11.2
美国	11,532	12.1	6.4
阿联酋	11,274	52.2	6.2
马来西亚	9,810	5	5.4
沙特阿拉伯	7,324	47.4	4.1
新加坡	7,157	5.1	4
韩国	6,901	20.6	3.8
台湾省	6,266	0.9	3.5
印度尼西亚	5,516	27.5	3.1
澳大利亚	5,199	26.1	2.9
德国	4,559	7.3	2.5
瑞士	3,948	144	2.2
缅甸	3,394	37.3	1.9
卡塔尔	2,917	32.8	1.6

数据来源：中华人民共和国商务部亚洲司网．http://yzs.mofcom.gov.cn/g/g.html?3842162592=408739276

泰国贸易差额主要来源（2008 年）

金额单位：百万美元

国家和地区	2008 年	上年同期	同比%
总值	−2,737	11,416	—
主要逆差来源			
日本	−13,681	−11,474	19.2
阿联酋	−8,487	−5,065	67.6
沙特阿拉伯	−5,387	−3,502	53.8
中国	−4,055	−1,672	142.5
台湾省	−3,556	−2,657	33.8
韩国	−3,235	−2,545	27.1
卡塔尔	−2,613	−1,965	32.9
也门	−2,589	−1,325	95.3
泰国	−2,188	−2,092	4.6
阿曼	−2,113	−2,523	−16.2
主要顺差来源			
美国	8,754	10,305	−15.1
香港	8,091	7,632	6
越南	3,569	2,877	24.1
荷兰	3,064	3,125	−2
新加坡	2,931	3,412	−14.1

数据来源：中华人民共和国商务部亚洲司网．http://yzs.mofcom.gov.cn/g/g.html?3842162592=408739276

文　献

重要讲话

2009年1月28日，中国国务院总理温家宝在瑞士达沃斯举行的世界经济论坛2009年年会上发表题为《坚定信心加强合作推动世界经济新一轮增长》的特别致辞。全文如下：

坚定信心　加强合作　推动世界经济新一轮增长

——在世界经济论坛2009年年会上的特别致辞

（2009年1月28日　瑞士·达沃斯）

尊敬的施瓦布主席，女士们，先生们：

很高兴出席世界经济论坛2009年年会，并发表特别致辞。首先，我要感谢施瓦布主席的盛情邀请和周到安排。本届年会意义特殊，在历史罕见的国际金融危机之中，各国政要、企业家和专家学者聚集在这里，围绕“重塑危机后的世界”这一主题，共同探讨维护国际金融稳定、促进世界经济增长的举措，探索全球综合治理之道，既有重要的现实意义，也体现了会议举办者的远见卓识。各方面热切期盼从这里听到富有智慧的声音，凝聚战胜危机的力量。我们有责任向世界传递信心、勇气和希望。我预祝本届年会取得成功！

我们正在经历的这场国际金融危机，使世界经济陷入上世纪大萧条以来最困难的境地。各国和国际社会纷纷采取积极应对措施，对提振信心、缓解危机、防止金融体系崩溃和世界经济深度衰退起到了重要作用。这场危机的原因是多方面的。主要是：有关经济体宏观经济政策不当、长期低储蓄高消费的发展模式难以为继；金融机构片面追逐利润而过度扩张；金融及评级机构缺乏自律，导致风险信息和资产定价失真；金融监管能力与金融创新不匹配，金融衍生品风险不断积聚和扩散。“吃一堑，长一智”。我们必须从中认真吸取教训，正确处理储蓄与消费的关系，金融创新与金融监管的关系，虚拟经济与实体经济的关系，从根本上找到化解危机之策。

坦率地说，这场危机对中国经济也造成较大冲击，我们正面临严峻挑战。主要是：外部需求明显收缩，部分行业产能过剩，企业生产经营困难，城镇失业人员增多，经济增长下行的压力明显加大。

中国作为一个负责任的大国，在危机中采取了积极负责的态度。我们把扩大国内有效需求特别是消费需求作为促进经济增长的基本立足点。及时调整宏观经济政策取向，果断实施积极的财政政策和适度宽松的货币政策，迅速出台扩大国内需求的十项措施，陆续制定和实施一系列政策，形成了系统完整的促进经济平稳较快发展的一揽子计划。一是大规模增加政府支出和实施结构性减税。中国政府推出了总额达4万亿元的两年计划，规模相当于2007年中国GDP的16%，主要投向保障性安居工程、农村民生工程、铁路交通等基础设施、生态环保等方面的建设和地震灾后恢复重建，既有“十一五”规划内加快实施的项目，也有根据发展需要新增的项目。这个计划经过了科学论证，在资金保证上作了周密安排，其中中央政府计划投资1.18万亿元，并带动地方和社会资金参与建设。中国政府还推出了大规模的减税计划，主要是全面实施增值税转型，出台中小企业、房地产交易相关税收优惠政策等措施，取消和停征100项行政事业性收费，一年可减轻企业和居民负担约5000亿元。二是大幅度降息和增加银行体系流动性。中央银行连续五次下调金融机构存贷款利率，其中一年期存、贷款基准利率累计分别下调1.89和2.16个百分点，大幅度减轻企业财务负担。连续四次下调存款准备金率，大型金融机构累计下调2个百分点，中小型金融机构累计下调4个百分点，共释放流动性约8000亿元，使商业银行可用资金大幅增加。出台一系列金融促进经济增长的政策措施，扩大贷款总量，优化信贷结构，加大对“三农”、中小企业等方面的金融支持。三是大范围实施产业调整振兴规划。我们抓住机遇全面推进产业结构调整和优化升级，制定汽车、钢铁等重点产业的调整和振兴规划，既着眼于解决企业当前存在的困难，又致力于产业的长远发展。采取有力措施，推进企业兼并重组，淘汰落后产能，发展先进生产力，提高产业集中度和资源配置效率。我们鼓励企业技术进步和技术改造，支持企业广泛应用新技术、新工艺、新设备、新材料，调整产品结构，开发适销对路产品，提高生产经营水平。我们不断完善和落实金融支持政策，健全信用担保体系，放宽市场准入，支持中小企业发展。四是大力推进科技创新和技术改造。加快实施国家中长期科学和技术发展规划，特别是16个重大专项，突破一批核心技术和关键共性技术，为中国经济在更高水平上实现可持续发展提供科技支撑。推动发展高新技术产业群，创造新的社会需求，培育新的经济增长点。五是大幅度提高社会保障水平。我们加快完善社会保障体系，继续提高企业退休人员基本养老金，提高失业保险金和工伤保险金标准，提高城乡低保、农村五保等保障水平，提高优抚对象抚恤和生活补助标准。今年中央财政用于社会保障和就业的资金投入增幅将大大高于财政收入增速。我们积极推进医药卫生体制改革，力争用三年时间基本建成覆盖全国城乡的基本医疗卫生制度，初步实现人人享有基本医疗卫生服务，预计三年内各级政府将为此投入8500亿元。我们坚持优先发展教育，正在制定《国家中长期教育改革和发展规划纲要》，今年将进一步提高农村义务教育公用经费标准，加大对家庭经济困难学生的资助，提高中小学教师待遇，继续促进教育公平和优化教育结构。我们实施更加积极的就业政策，特别是出台了促进高校毕业生和农民工就业的各项政策措施，进一步开辟公益性就业岗位，千方百计减缓金融危机对就业的影响。总的看，这些重大政策措施，注重标本兼治、远近结合，综合协调、相互促进，把扩大国内需求、调整振兴产业、推进科技创新、加强社会保障结合起来，把增加投资和刺激消费结合起来，把克服当前困难和促进长远发展结合起来，把拉动经济增长和改善民生结合起来，对于动员全社会力量共同应对危机，起到了关键性作用。

当前中国经济形势总体上是好的。经过努力，在战胜两场突如其来的特大自然灾害的同时，2008年中国经济保持了平稳较快发展。国内生产总值增长9%，居民消费价格基本稳定；粮食连续五年丰收，总产量达到5.28亿吨；城镇新增就业1113万人，城乡居民收入持续增加；金融体系稳健运行，银行体系流动性和信贷资产质量保持在较好水平。作为一个发展中大国，中国把自己的事情办好，有利于提振对世界经济增长的信心，有利于减缓国际金融危机扩散蔓延趋势，有利于增加中国的进口和对外投资，拉动世界经济增长，给其他国家提供更多发展机遇和就业机会。中国经济保持平稳较快发展，对维护国际金融稳定和促进世界经济增长作出了重要贡献。

女士们，先生们：

中国经济能不能继续保持平稳较快发展？有些人可能会有疑虑。我可以给大家一个肯定的回答：我们对此充满信心。我们的信心来自哪里？信心来自中国经济发展的基本面没有改变。由于我们正确判断形势、及时果断调整宏观经济政策，中国经济仍然保持了平稳较快发展。我们制定并实施的既应对当前困难又着眼长远发展的一揽子计划，开始见到效果，今年将发挥更大作用。信心来自中国经济发展的长期趋势没有改变。我们仍处于重要战略机遇期，在工业化和城镇化快速推进中，基础设施建设、产业结构和消费结构升级、环境保护和生态建设、社会事业发展，蕴藏着巨大的需求和增长潜力，它将有力支撑中国经济在较长时间内继续保持较高速度增长。信心来自中国经济发展的优势没有改变。经过30年改革开放，我们建立了良好的物质、技术和体制基础。劳动力资源丰富、素质较高、成本较低；国家财政收支状况良好，金融体系稳健，社会资金充裕；我们有集中力量办大事的制度优势、和谐安定的社会环境。更为重要的是，我们树立了以人为本、全面协调可持续发展的科学发展理念，始终坚持改革开放，始终奉行互利共赢的开放战略，找到了一条符合中国国情、顺应时代潮流的正确发展道路；我们的人民拥有坚韧不拔、自强不息、百折不挠的精神与意志，正是这些优秀品质，使历史悠久的中国在逆境中焕发更加强劲的生命力。同时，中国经济发展的外部环境没有根本改变，求和平、谋发展、促合作是当今世界发展不可阻挡的潮流，国际分工格局调整中蕴藏着新的机遇。我们完全有信心、有条件、有能力继续保持经济平稳较快发展，继续为世界经济发展做出积极贡献。

女士们，先生们：

国际金融危机是一场全球性的挑战，战胜这场危机要靠信心、合作和责任。坚定信心是战胜危机的力量源泉。信念的力量，远比想象的更为强大。国际社会和各国的当务之急，是继续采取一切必要的措施，尽快恢复市场信心。在经济困难面前，各国对世界经济发展的前景有信心，国家领导人和各国人民对自己的国家有信心，企业对投资有信心，个人对消费有信心，比什么都重要。务实合作是战胜危机的有效途径。在经济全球化条件下，大家的命运已紧紧联系在一起，谁也离不开谁。金融危机检验着国际社会加强合作的诚意和水平，考验着我们的智慧。只有加强合作，携手努力，同舟共济，才能有效应对危机。承担责任是战胜危机不可或缺的重要基础。各国政府坚定、勇敢、负责地承担起责任，对于稳定金融秩序、防止危机对实体经济影响加深，十分重要。政治家要有远见卓识，既要对自己的国家和人民负责，也要对国际社会负责。当前，应当抓紧落实20国集团领导人金融市场和世界经济峰会以来达成的广泛共识，不仅要采取更加积极有效的措施渡过当前难关，而且要努力推动建立公正、合理、健康、稳定的世界经济新秩序。为此，我提出以下意见。

一是深化国际经贸合作，推进多边贸易体制健康发展。历史经验告诉我们，越是危机关头越要坚持开放与合作。贸易保护主义不仅会加大危机的严重程度，还会使危机持续更长时间，是损人不利己的行为。要积极推进贸易投资自由化便利化。中国坚定地支持推动多哈回合谈判早日达成平衡的结果，建立公平、开放的多边贸易体制。作为多边贸易体制的重要补充，积极推进区域经济一体化进程。

二是推动国际金融体系改革，加快建立国际金融新秩序。这场危机充分暴露了现有国际金融体系和治理结构的缺陷。要加快主要国际金融组织治理结构改革，建立合理的全球金融救助机制，增强履行职责的能力。增加发展中国家在国际金融组织中的发言权和代表性，积极发挥其在维护国际和地区金融稳定等方面的作用。鼓励区域货币金融合作，充分发挥地区资金救助机制作用。稳步推进国际货币体系多元化。

三是加强国际金融监管合作，防范金融风险积聚和扩散。各国金融当局应加强信息交流与沟通，加大对全球资本流动的监测力度，防范金融风险跨境传递。扩大国际金融体系监管的覆盖面，特别要增强对主要储备货币国家的监督，建立及时高效的危机早期预警系统。制定合理有效的金融监管标准，完善会计准则、资本充足要求等各类监督制度。加强对金融机构和中介组织的监管，增强金融市场和各类金融产品透明度。

四是切实保护发展中国家利益，促进世界经济共同发展。国际社会特别是发达国家要承担应尽的责任和义务，尽量减少国际金融危机对发展中国家造成的损害，帮助发展中国家保持金融稳定和经济增长。国际金融组织应该通过放宽贷款条件等措施，及时救助有需要的发展中国家。积极推进国际减贫进程，特别要加大对最不发达国家和地区的援助力度，增强他们的自我发展能力。

五是协同应对全球性问题挑战，建设人类共有的美好家园。面对气候变暖、环境恶化、疫病和自然灾害、能源资源和粮食安全、恐怖主义蔓延等关系人类生存和发展的问题，任何国家都无法置身事外，也难以单独应对，国际社会必须加强合作，共同应对这些挑战。

这里，我再次重申，中国将始终不渝地谋求和平的发展、开放的发展、合作的发展。中国愿意继续与国际社会一道，积极维护国际金融稳定、促进世界经济发展，积极应对各种全球性风险和挑战，为实现世界的和谐与可持续发展贡献自己的力量！

女士们，先生们！严冬终将过去，春天就要来临。让我们坚定信心，加强合作，共同推动世界经济新一轮增长！

谢谢大家！

（来源：中华人民共和国外交部网站. http://www.fmprc.gov.cn/chn/pds/ziliao/zyjh/t534345.htm. 2009—01—29）

2008年12月22日，中国—印尼第三次能源论坛在雅加达举行。中国国务院副总理李克强出席论坛并发表致辞。全文如下：

加强能源合作　实现互利共赢

——在中国—印尼第三次能源论坛上的致辞

（2008年12月22日　雅加达）

尊敬的优素福·卡拉副总统，

女士们，先生们，朋友们：

很高兴在访问印度尼西亚共和国期间，参加中国—印尼第三次能源论坛。我谨代表中国政府对论坛的召开表示热烈的祝贺，向各位嘉宾长期以来为发展两国能源合作做出的努力表示衷心的感谢！

能源是经济社会发展的重要物质基础，能源问题与经济金融形势密切相关。近来，国际金融危机愈演愈烈，迅速从局部发展到全球，从发达国家传导到新兴市场国家和发展中国家，从金融领域扩散到实体经济，形势十分严峻。与此同时，世界能源市场剧烈波动，能源特别是石油的价格由大涨转为大落，各国能源发展面临复杂形势。中国既是能源生产大国，也是能源消费大国，印尼能源资源十分丰富，两国能源经济存在较强的互补性。在当前形势下，进一步加强双边能源合作，对于共同应对国际金融危机带来的挑战、促进两国经济和能源稳定发展，具有重要的现实意义。

受到国际金融危机迅速蔓延和世界经济增长明显减速的影响，中国经济下行压力加大，企业经营困难增加。针对这种情况，中国政府及时对宏观经济政策作出调整，实施积极的财政政策和适度宽松的货币政策，采取一系列扩大内需、促进经济增长的措施，增加政府投资，带动社会投入，刺激居民消费，努力保持经济平稳较快发展。同时，我们立足当前、着眼长远，把促进经济增长与调整经济结构、转变发展方式结合起来，把扩大内需与保护生态环境、推动能源产业更好发展结合起来，努力构筑稳定、经济、清洁、安全的能源供应体系，以能源的可持续发展支持经济社会的可持续发展。

我们高度重视推动节能减排、提高能源效率。中国节能环保产业刚刚起步，发展潜力很大。增加这方面的投入，对于改善环境质量、培育新的经济增长点都具有重要作用。我们将继续加强节能减排和生态环境建设，推进重点节能工程，实施循环经济重大示范项目，并将其作为下一步政府投资的重点。深入开展全民节能行动，进一步强化水和大气污染治理，积极防治能源生产和消费中产生的环境污染和生态破坏，控制温室气体排放，推进资源节约型、环境友好型社会建设。

我们高度重视调整能源结构，提高能源保障能力。从长远看，随着经济持续发展和工业化、城镇化进程加快，中国的能源需求还会增加。我们把能源建设作为经济建设的重要任务，将进一步推进大型煤炭基地建设，加强石油天然气勘探开发，积极发展电力，加快发展可再生能源，有序开工建设一批现代化煤炭矿井、大型核电项目、油气管网、城乡电网等重大工程，保证能源的长期稳定供应。中国能源资源开发潜力较大，有条件在开展国际合作的同时，通过立足国内、多元发展、优化结构、提高效率，满足经济社会发展和人民生活对能源的需求。

我们高度重视用改革的办法解决能源发展中存在的问题。最近，中国实施了成品油价格形成机制改革，较大幅度地降低了成品油价格；同时，公布了成品油税费改革的方案，在清理和取消交通收费的前提下，提高成品油消费税的税额。这项重大改革旨在理顺价格、在更大程度上发挥市场配置资源的基础性作用，规范税费、促进能源节约和环境保护。我们将继续深化能源等资源性产品价格改革，加快建立能够反映市场供求关系、资源稀缺程度和环境损害成本的资源要素价格形成机制。同时，深化能源企业改革，完善能源市场体系，加强能源立法，为能源可持续发展提供制度保障。

女士们，先生们！

中国和印尼同为人口众多、地域辽阔的发展中大国，都肩负着发展经济、改善民生的共同任务，有着广泛的共同利益。近年来，两国战略伙伴关系不断深化，贸易投资合作明显增强，各领域交流日益扩大，为两国人民带来了实实在在的利益。中国珍视两国友好，愿同印尼在相互尊重、平等互利的基础上，加强政治对话，制定和落实战略伙伴关系行动计划，拓展各领域务实合作，推动两国关系不断向前发展。

随着两国经济的快速增长和经贸合作的持续扩大，能源合作也呈现出良好的态势。石油、天然气、煤炭等贸易额稳步上升，油气资源合作勘探开发取得进展，中国公司参与投资建设的1000万千瓦燃煤电站等项目开始实施。能源合作的不断加深，为印尼能源发展提供了必要的资金、技术和人才，也为中国能源供应提供了有益的补充。

在新的形势下，深化和拓展中国印尼能源合作，有利于扩大双边经贸往来规模，增强经济增长的拉动力量；有利于增加双方能源开发投资，增强能源市场抵御风险的能力；有利于提高各自能源保障水平，增强经济可持续发展能力；有利于发挥两国在能源领域的优势，实现互利共赢。在此，我提几点建议：

第一，加强战略对话。双方应本着互信、互助、互惠、互利的原则，从促进两国共同发展、长远发展的战略高度，从维护本地区和全球发展的战略高度，看待和深化能源合作。中方愿与印尼密切相关政府部门之间的磋商，开展能源战略研究与对话，沟通协调能源政策，完善能源合作机制，为进一步发展两国能源合作创造良好环境。

第二，扩大投资贸易。中国在能源工程建设、运行管理、设备制造以及技术、资金等方面具备较强的市场竞争力，印尼在能源资源开发利用和市场拓展方面具有较大的空间。深化双方能源投资合作，是促进投资与贸易、生产与销售相结合的有效途径，能够使合作取得更好的实际效果。中国政府鼓励有实力的企业到印尼参与能源项目投资建设，支持企业创新投资合作方式，支持签订长期供货合同，扩大能源贸易规模，并愿提供必要的政策优惠。同时，欢迎印尼能源企业赴华开展能源业务。

第三，开拓合作领域。在继续加强现有合作的同时，双方应进一步拓展新的合作领域。包括：加大资源勘探开发合作力度，延伸能源开发下游的产业链条，发展风能、生物质能等可再生能源，推进能源清洁利用，加强技术交流和人才培训等。还可共同开展第三国能源勘探开发、南海海上油气开发等合作。双方在其他资源开发利用方面的合作，也有待开拓。

女士们，先生们！

能源问题是全球性问题，离开了国际合作，一个国家很难获得有效的能源安全保障。在当前形势下，国际社会应当加强协调合作，继续采取有效措施，稳定金融市场，维护经济增长，促进能源市场健康发展。深入开展能源对话与合作，兼顾能源生产国和消费国利益，实现能源供应全球化和多元化，维护合理的能源价格，确保国际能源通道的安全和畅通，共同营造能源发展的良好国际环境。加强能源科技、人才、管理等方面的交流与合作，共同提高能源开发与节约的能力和水平。发达国家有义务也有能力在能源领域加大对发展中国家的技术支持和资金援助，并切实按照“巴厘路线图”兑现温室气体减排承诺，促进全球经济社会可持续发展。中国作为一个负责任的发展中大国，愿进一步加强国际能源合作，维护国际能源安全稳定和应对气候变化。

女士们，先生们！

自2006年中国—印尼第二次能源论坛以来，两国能源合作取得可喜成果。这次能源论坛上，双方还将签署多项合作协议。中国和印尼两国经济社会发展方兴未艾，能源互利合作大有可为。我相信，在两国政府、企业和社会各界人士的共同努力下，双方的能源合作一定会取得更多的成果，双边的经贸往来一定会迈出更大的步伐，中国印尼战略伙伴关系一定会达到更高的水平。

谢谢大家！

（来源：新华网. http://news. xinhuanet. com/newscenter/2008－12/25/content _ 10555086. htm. 2008—12—25）

2008年12月4日，中国全国政协主席贾庆林在中柬建交50周年庆祝大会上发表题为《巩固传统友谊　共创美好未来》的演讲。全文如下：

巩固传统友谊　共创美好未来

——在中柬建交50周年庆祝大会上的演讲

（2008年12月4日）

尊敬的柬埔寨王国参议院主席、谢辛亲王阁下，女士们，先生们，朋友们：

今年是中柬建交50周年。我有机会在这样一个重要时刻访问柬埔寨，并出席中柬建交50周年庆祝大会，感到十分高兴。今天在座的有许多青少年、学生代表，你们象征着青春与活力，代表着中柬友好的希望与未来。首先，我要向在座各位并通过你们，向柬埔寨各界朋友，向热情友好的柬埔寨人民，致以崇高的敬意和诚挚的问候！

柬埔寨是有着悠久历史和灿烂文化的文明古国。勤劳智慧的柬埔寨人民创造了举世闻名的吴哥古迹，铸就了东方文明乃至世界文明的瑰宝。近代以来，柬埔寨人民为争取国家独立和民族解放，进行了艰苦卓绝的斗争，最终实现了国家安定、民族和解与经济发展。当前，柬埔寨正处于良好发展阶段。我们高兴地看到，在西哈莫尼国王陛下领导下，在政府、参议院和国会的共同努力下，柬埔寨政局稳定、民族和睦、经济发展、民生改善，呈现出一派欣欣向荣的景象。我们为柬埔寨人民取得的巨大成就和进步，感到由衷的高兴。

柬埔寨是中国的传统友好邻邦，中柬友谊源远流长。早在两千多年前，两国人民就开始了友好交往。在中国的典藏史籍中，柬埔寨素有“富贵真腊”之称。公元1296年，中国元朝人周达观在吴哥居留长达11个月，回国后撰写了《真腊风土记》一书。这是世界上第一部也是仅存的一部全面反映吴哥王朝昌盛时代的史料。中国明朝时，伟大的航海家郑和七下西洋，多次经停真腊。真腊人民在斯雷山托古都城修建了三保公庙，作为纪念。新中国成立以来，中柬两国人民的友谊不断加深，两国关系不断发展。1955年，周恩来总理与西哈努克太皇陛下在万隆会议上初次结识，奏响了中柬睦邻友好的序曲。从那时起，西哈努克太皇陛下与毛泽东、周恩来、刘少奇、朱德、邓小平等中国老一辈领导人密切往来，建立了深厚的个人友谊。2000年，江泽民主席应西哈努克太皇陛下邀请访问柬埔寨，金边数十万群众夹道欢迎，两位国家元首走出汽车向群众挥手致意，传为一段佳话。进入新世纪以来，胡锦涛主席同西哈莫尼国王陛下多次会面，就发展中柬友好关系达成重要共识，进一步深化了中柬友谊。

经过两国领导人的精心培育和两国人民的共同努力，中柬关系目前已进入构建全面合作伙伴关系的新的发展阶段。两国政治上高度互信，高层交往频繁，经贸合作成果丰硕，在国防、安全、文教、卫生、体育、旅游等领域的合作日益广泛。今年1至9月，双边贸易额达到9.1亿美元，同比增长40%；中国企业在柬直接投资也有大幅增长。柬埔寨已成为中国企业在海外进行直接投资的首选目的地之一。特别令人感动的是，今年中国南方部分地区严重低温雨雪冰冻灾害、四川汶川特大地震灾害发生后，西哈努克太皇陛下两次捐出善款，柬埔寨政府和人民第一时间表示慰问，并以各种形式提供宝贵支持和无私帮助。在中国举办北京奥运会时，西哈努克太皇陛下、西哈莫尼国王陛下亲赴北京出席开幕式，与中国人民共襄盛举。洪森首相连续五年出席中国—东盟博览会，积极支持中国—东盟关系的发展。这些都充分体现了柬埔寨王室、参议院、国会、政府和人民对中国人民的深厚友情和对中柬关系的高度重视，我们对此表示赞赏和感谢。中国政府高度重视发展对柬关系，愿与柬方共同努力，进一步推动中柬全面合作伙伴关系长期健康发展，使两国人民永做好朋友、好兄弟、好邻居、好伙伴。

女士们，先生们，朋友们！

今年是中国改革开放30周年。1978年，中国共产党召开具有重大历史意义的十一届三中全会，开启了改革开放历史新时期。从那时以来，中国共产党人和中国人民以往无前的进取精神和波澜壮阔的创新实践，成功实现了从高度集中的计划经济体制到充满活力的社会主义市场经济体制、从封闭半封闭到全方位开放的伟大历史转折，在广袤的中国大地上描绘了气势恢宏的壮丽画卷，在中华民族的发展史册中写下了光彩夺目的辉煌篇章。

——改革开放极大地解放和发展了社会生产力，使中国经济从一度濒于崩溃的边缘发展到总量跃居世界前列。1978年到2007年，中国经济年均增长9.8%，经济总量从2165亿美元增长到3.28万亿美元，进出口总额从206亿美元增长到2.17万亿美元。依靠改革开放积累的雄厚物质和技术基础，我们建设了三峡大坝、青藏铁路等重大工程，获得了载人航天工程、首次月球探测工程等的重大成功，夺取了四川汶川特大地震抗震救灾斗争的重大胜利，成功举办了北京奥运会和残奥会。

——改革开放极大地改善了城乡居民生活，使中国人民稳定地走上了富裕安康的广阔道路。1978年到2007年，中国人均国民收入从190美元增长到2360美元，农村绝对贫困人口从2.5亿减少到1500万，人民生活实现了从温饱不足到总体小康的历史性跨越。基本建立了覆盖城乡居民的社会保障体系，医疗、就业等民生问题逐步得到解决。

——改革开放极大地提高了全民族的文明素质，使中国人民的精神面貌发生了深刻变化。中国特色社会主义法律体系基本形成，依法治国基本方略切实贯彻。基本普及九年义务教育、基本扫除青壮年文盲的目标如期实现，高等教育进入大众化阶段，文化事业和文化产业快速发展。改革开放从根本上改变了中国过去那种沉闷僵化、停滞不前的状况，调动了亿万人民的积极性，激发了全社会的蓬勃朝气、创新精神和创造活力。

——改革开放极大地增强了中国与世界的联系，使中华民族大踏步赶上了时代前进的潮流。1978年到2007年，中国国内生产总值占全球的比重由1%上升到6%，中国经济对世界经济增长的贡献率超过10%，对国际贸易增长的贡献率超过12%，中国经济已经成为世界经济的重要组成部分。我们坚持独立自主的和平外交政策，广泛开展双边和多边外交，积极推动在反恐、环保、禁毒、重大疾病预防等领域的国际交流与合作，在国际事务中发挥着越来越重要的作用。今天，一个面向现代化、面向世界、面向未来的社会主义中国巍然屹立在世界东方，中华民族的伟大复兴展现出灿烂的前景。

事实雄辩地证明，改革开放是决定当代中国命运的关键抉择，是发展中国特色社会主义、实现中华民族伟大复兴的必由之路。改革开放的伟大实践启示我们：对于中国这样一个十几亿人口的发展中大国，要摆脱贫困、加快实现现代化，必须坚持把发展作为党执政兴国的第一要务，牢牢扭住经济建设这个中心，不断解放和发展社会生产力；必须坚持以人为本，尊重人民主体地位、发挥人民首创精神，实现好、维护好、发展好最广大人民的根本利益；必须坚持全面协调可持续发展，全面推进经济建设、政治建设、文化建设、社会建设和生态文明建设，实现经济社会永续发展；必须坚持统筹兼顾，正确认识和妥善处理中国特色社会主义事业中的重大关系，充分调动各方面积极性。改革开放以来我们取得一切成绩和进步的根本原因，归结起来就是：开辟了中国特色社会主义道路，形成了中国特色社会主义理论体系。

总结历史是为了更好地开辟未来。我们在看到成绩的同时，也清醒地认识到：中国仍然是世界上最大的发展中国家，中国基本实现现代化，实现全体中国人民共同富裕，还有很长的路要走。我们将高举中国特色社会主义伟大旗帜，以邓小平理论和“三个代表”重要思想为指导，深入贯彻落实科学发展观，继续解放思想，坚持改革开放，推动科学发展，促进社会和谐，为夺取全面建设小康社会新胜利而奋斗。我们将高举和平、发展、合作旗帜，始终不渝走和平发展道路，始终不渝奉行互利共赢的开放战略，继续为推动世界的持久和平和共同繁荣而奋斗。

女士们，先生们，朋友们！

当今世界正在发生复杂深刻的变化。世界多极化和经济全球化深入发展，追求和平、合作、发展成为各国人民的普遍愿望。与此同时，不安定、不稳定因素也在增加，环境、能源、粮食等全球性问题日益突出。特别是去年下半年爆发的美国次贷危机逐步演变成国际金融危机，已从局部发展到全球，从发达国家蔓延到新兴经济体和发展中国家，从金融领域扩散到实体经济领域，波及范围之广、影响程度之深、冲击强度之大，为上个世纪 30 年代以来所罕见。全面化解和战胜这场危机，是国际社会共同的责任。世界各国应该增强信心、加强协调、密切合作。

国际金融危机使中国经济发展也受到了影响。中国政府根据形势变化及时调整政策，加强宏观调控，采取了降低银行存款准备金率、下调存贷款利率、减轻企业税负等一系列措施。最近，中国政府决定，实行积极的财政政策和适度宽松的货币政策，确定了进一步扩大内需、促进经济增长的十项措施，加快民生工程、基础设施、生态环境建设和灾后重建，提高城乡居民特别是低收入群体的收入水平。从今年第四季度到 2010 年底，中国仅这些项目的建设就将投资近 4 万亿元人民币。中国政府将继续采取有效措施，加强宏观调控的预见性、针对性、有效性，着力扩大内需特别是消费需求，下大气力转变经济发展方式、调整经济结构，加强农业基础地位、实现农民增收，坚持深化改革、扩大开放，实现经济平稳较快增长，为促进世界经济稳定发挥建设性作用。中国经济平稳较快发展本身就是对维护国际金融稳定、促进世界经济发展的重要贡献。作为国际社会负责任的成员，中国愿继续本着负责任的态度，参与提升国际市场信心、维护国际金融稳定、促进世界经济发展的国际合作，支持国际金融组织根据国际金融市场变化增加融资能力，加大对受这场金融危机影响的发展中国家的支持。

中国与柬埔寨地缘相近、文化相通、经济互补，既是友好近邻，也是合作伙伴。面对国际金融危机带来的挑战，中国和柬埔寨携手合作，相互支持，化挑战为机遇，推动中柬关系向全方位、多领域、深层次的方向发展，具有重要的现实意义和长远的战略意义，符合两国人民的共同愿望，也有利于本地区的和平、稳定与发展。为此，我愿提出以下建议：

第一，巩固传统友谊，增进相互信任。两国领导人共同缔造和精心培育的传统友谊是两国人民的宝贵财富，在新时期更应该进一步发扬光大。双方应加强高层互访，增进战略互信，扩大共识，促进合作，推动两国关系在新形势下不断向前发展。双方应进一步扩大两国政府、政党之间的友好交往，加强中国全国人大、全国政协同柬埔寨参议院、国会的相互交流，促进学术机构、民间组织和地方省市往来，形成政府为主、民间为辅、相辅相成、共同促进的良好局面。

第二，推进经贸合作，实现共同发展。经贸合作日益成为双方关系不断发展的基础和动力。双方应在相互尊重的基础上，挖掘合作潜力，加强优势互补，实现互利共赢。进一步发挥两国经贸合作委员会的统筹、规划和协调作用，全面提高合作效率和水平。优化进出口产品结构，开拓双边贸易的新途径，推动双边贸易持续增长，争取提前实现 2010 年两国贸易达到 10 亿美元的目标。中方将继续采取积极措施扩大从柬埔寨进口，愿意为柬埔寨企业在华举办或参加贸促活动、扩大对华出口提供便利。中方愿继续向柬方提供力所能及的帮助，将稳步推进援助项目，确保质量，抓好重点项目以及后续工作落实。中方支持两国企业开展形式多样、长期互利的合作，鼓励有实力、有信誉的中国企业加强与柬方在基础设施建设、矿产和油气资源开发、机械电子、农业、纺织品加工等重点领域合作，将资源与市场结合起来，寻找双方利益的交汇点与合作的结合点，努力取得新进展。

第三，深化人文交流，促进世代友好。充分利用现有机制，加强双方在文化、教育、卫生、体育、旅游、人才培训等方面的交流与合作，为两国关系全面发展搭台唱戏，架桥铺路。利用多种形式，积极开展两国传统友好的宣传，增进两国人民特别是青少年的相互了解，使中柬友好的种子在两国人民的心中生根开花。中国政府愿在原有基础上增加政府奖学金名额，扩大人才培养合作，支持文化、艺术、体育团组互访，鼓励中国游客赴柬旅游观光。

第四，加强多边协调，维护共同利益。双方应通过外交磋商、多边接触等形式，就重大国际和地区问题及时交换意见，加强在联合国等国际机构中的协调与配合。共同推进中国与东盟面向和平与繁荣的战略伙伴关系，加快中国—东盟自由贸易区建设。加强在东盟—中日韩、东亚峰会、大湄公河次区域经济合作、东盟地区论坛、亚欧会议、世界贸易组织等机制中的沟通与配合，维护双方共同利益，为本地区和世界的和平、稳定与发展作出贡献。

女士们，先生们，朋友们！

在即将结束今天演讲的时候，我不禁想起，西哈努克太皇陛下在亲自谱写的一首赞颂中柬友谊的歌曲中写道：我们亲如一家，亲密团结，我们的前途充满光明。这是中柬友好的生动写照，更是中柬两国人民的共同心声。抚今追昔，我们有理由相信，在中柬两国领导人的关怀和支持下，在两国各界人士的大力推动下，中柬友好必将世代相传，中柬关系必将迎来更加美好的明天。让我们并肩携手，共同努力，不断谱写中柬友好合作的新篇章，使中柬友好之花永远绽放在两国人民心中！

谢谢大家。

（来源：新华网. http://news. xinhuanet. com/world/2008－12/05/content _ 10458026. htm. 2008—12—05）

2008 年 3 月 31 日，中国国务院总理温家宝出席了在万象举行的大湄公河次区域经济合作第三次领导人会议并发表了题为《合作的纽带 共同的家园》的讲话。全文如下：

合作的纽带　共同的家园

——在大湄公河次区域经济合作第三次领导人会议上的讲话

（2008 年 3 月 31 日　老挝万象）

尊敬的波松总理，各位同事：

我很高兴来到美丽的万象，出席大湄公河次区域经济合作第三次领导人会议，与大家共话友谊，再促发展。老挝政府为此次会议做了周到安排，我谨代表中方表示衷心感谢。

进入二十一世纪，大湄公河次区域经济合作不断迈上新台阶。2002 年在柬埔寨举行的首次领导人会议批准了《次区域发展未来十年战略框架》，决定将次区域合作机制提升到领导人层次。2005 年六国领导人聚首中国昆明，确立了“相互尊重、平等协商、注重实效、循序渐进”的合作指导原则，并通过了一系列重要的合作文件。三年来，各国积极落实会议成果，在交通走廊建设、生态环境保护、人力资源开发等领域又取得了可喜进展，有力地促进了次区域经济社会发展，给当地人民带来了实实在在的好处。与 16 年前相比，次区域内贸易总额和吸引外国直接投资额均有大幅度增长，各国自主发展能力明显提高，国与国之间关系更为紧密、融洽，构建次区域大家庭的理想日益深入人心。

中国一直是次区域合作的积极参与者。三年来，我们资助了南北经济走廊及大湄公河次区域信息高速公路一期工程的建设，制定了落实《大湄公河次区域贸易投资便利化战略行动框架》的国家计划，并从 2006 年 1 月 1 日起对柬埔寨 83 项、老挝 91 项和缅甸 87 项输华产品实行了单方面零关税待遇。中国还举办了首届大湄公河次区域农业部长会议，建成开通了大湄公河次区域农业信息网，推动举办了大湄公河次区域公共卫生论坛，并在电信、农业、卫生、能源、贸易投资等领域为各国提供了 400 多人次的培训。这些行动不仅推动湄公河次区域合作走向深入，也为促进各国发展作出了贡献。

各位同事，

当前，经济全球化深入发展，科技进步日新月异，区域合作方兴未艾。我们所在的次区域总体保持稳定，经济一体化进程不断加快，正处于历史上最好的发展时期。但应该看到，与东亚其他地区相比，次区域贫困人口众多、基础设施薄弱、资金缺口较大等问题较为突出，实现发展与繁荣依然任重而道远。近来，国际政治、经济形势出现诸多不确定因素。特别是石油、粮食价格不断走高，美国次级贷潜在风险蔓延，美元持续贬值等，都不可避免地给次区域经济合作带来新的压力和挑战。在此背景下，次区域国家应该增强忧患意识，加强团结，密切合作，增强自身抵抗风险的能力，坚持走共同发展与繁荣的道路。

这次领导人会议以“加强联系性、提升竞争力”为主题，抓住了当前次区域合作的关键，反映了各国的共同愿望，顺应了当代发展潮流。加强联系性，提升竞争力应该成为我们下一阶段合作的中心。为此，我认为各国应该从以下几方面作出努力：

——始终以诚相待，加强沟通，增进互信。真正做到彼此心相连，情相容，力相合，巩固稳定、和谐、共赢的次区域合作环境。

——加快交通、电力、通讯领域建设，逐步实现各国基础设施的互联互通和网络化，为提升次区域合作水平提供有力的支撑。

——统筹次区域合作规划和国别发展两个大局，兼顾人才、政策、产业、融资等各方面需求，利用好域内和域外两种资源，协调推进各领域合作。

——妥善处理经济效益与保护环境的关系，合理开发利用资源，重视生态保护和节能减排，实现次区域合作的可持续发展。

我相信，只要我们坚持互利共赢的合作思想，深化各领域各层次的互联互通，协调推进，注重实效，就一定能够推动次区域合作再上新台阶，更多地造福于域内人民。

关于下一阶段的合作内容，我愿提出以下建议和倡议：

一、关于基础设施建设

加快交通走廊建设，尽早形成四通八达的公路交通网。中国愿与泰国、亚行密切合作，加快昆曼公路跨湄公河大桥建设，争取在 2011 年前实现南北走廊的全线贯通。

加强泛亚铁路合作，打通次区域铁路连接。中国愿出资 2000 万元人民币对泛亚铁路东线缺失段（巴登至禄宁）进行工程可行性研究，愿与各方一道探讨建设融资的可行性，并提供技术、管理和设备支持，争取使东线早日贯通。

制定次区域电信发展战略，推动信息高速公路建设。中方愿主办首届大湄公河次区域电信部长会议，对此进行研讨。

大力发展电力联网与贸易，形成次区域统一的电力市场。中国愿继续牵头做好次区域电力信息数据库、电力合作门户网站和次区域电力规划等工作。

二、关于运输贸易便利化

全面落实《大湄公河次区域便利客货跨境运输协定》及其 20 个附件和议定书，并尽快启动中老磨憨—磨丁口岸、中缅瑞丽—木姐口岸实施《协定》谅解备忘录的谈判。通过深化运输贸易便利化带动贸易投资的发展。中方倡议成立“大湄公河次区域经济走廊论坛”，吸引走廊沿线城市和企业的积极参与，带动沿走廊的贸易、投资和产业合作，形成以交通走廊为核心的经济增长带，将交通走廊真正转化为经济走廊。

三、关于促进农村发展

加快推广以沼气为主的生物质能源开发利用，改善农村生态环境，中方愿为次区域国家建设1500户农村户用沼气。加强跨境动物疫病联防联控能力，建立、完善边境动物疫病防控体系和预警体系，实现有关信息的共享和及时交换。中国还愿以中老“农村通信实验网”项目为示范，与各国交流和分享适用技术，在次区域建设农村通信示范工程。我们应花大力气推动广大农村地区的发展，使农民也能分享次区域合作的成果，更快地脱贫致富。

四、关于卫生合作

重点加强边境地区传染病的联防联控，以应对日益严峻的形势。为此，中国将于2009年举办大湄公河次区域第二届公共卫生论坛，并愿把与老挝、缅甸、越南等国的卫生合作项目扩展至次区域更多国家。

五、关于保护生态环境

高度重视气候变化给次区域合作带来的影响，加强各国适应气候变化的能力建设。继续深化次区域环境合作，执行好“生物多样性保护走廊”项目，并以此为框架开展生态恢复与扶贫、森林生态系统与生物多样性保护等合作。中国将加强三江源国家级自然保护区生态保护与建设工程，保护好湄公河发源地，并更多照顾下游国家的利益与关切。我们愿与各国一道，相互帮助，协力推进，共同呵护我们赖以生存的次区域家园。

六、关于人力资源开发

加强次区域人力资源开发合作机制，精心设计出更多更好的、符合各国需要的培训项目。今后三年，中国将把在大湄公河次区域经济合作框架下为各国提供的培训人次翻一番，增至1000人次。中国还将于2008年向次区域国家增加200个中国政府奖学金名额，供学生们到中国云南省、贵州省和广西壮族自治区的高等学校学习。

七、关于鼓励非政府力量参与合作

加强政府与工商界之间的伙伴关系，充分听取工商界意见，调动他们参与次区域合作的积极性。建议把领导人与工商代表对话会作为每次领导人会议的固定配套活动。

青年人代表次区域合作的未来。为使各国青年人有更多机会相互交流，共同进步，中方愿继续举办“澜沧江—湄公河青年友好交流项目”，并将该项目纳入大湄公河次区域经济合作的框架。

八、关于拓宽融资渠道

希望亚行进一步发挥融资带头作用，鼓励发展伙伴进一步加强资金支持，欢迎更多的国家和国际组织加入发展伙伴行列，为下一阶段合作拥有更强有力的资金支持。中方将继续为次区域合作提供力所能及的支持，并愿与各方一道，不断探索新的融资模式。

各位同事，

经过30年的改革开放，中国的现代化建设事业取得了重大成就，经济实力大幅提升，人民生活显著改善。同时，中国人口多、底子薄、发展不均衡，人均收入在世界上处于较低水平，仍然是一个发展中国家。我们将继续积极推进改革开放，加强和改善宏观调控，坚持以人为本，推动科学发展，促进社会和谐，实现国民经济又好又快发展。当前的主要任务是，采取有效措施，在保持经济平稳较快发展的同时，抑制物价过快上涨，防止出现明显通货膨胀。中国政府有信心，在今后五年中使经济有一个大的发展，改革有一个大的推进，社会公平正义有一个大的进步，人民生活水平有一个大的提高。

中国将始终不渝走和平发展道路，通过维护和平来发展自己，又通过自身的发展来促进和平。中国将坚持奉行互利共赢的开放战略，在开放中实现自身发展，以自身发展带动各国共同发展。事实已经并将继续证明，中国的发展不仅符合自身的根本利益，也有利于促进世界的和平与发展。

中国与次区域各国山水相连，友好往来源远流长。在新的历史时期，中国与次区域各国密切合作，相互依存，双方的前途和命运更加紧密地联系在一起，形成了你中有我、我中有你的大家庭。中国将坚持奉行“与邻为善、以邻为伴”的周边外交方针，巩固与次区域各国的传统友谊，加强同次区域各国的睦邻友好和务实合作，积极推动次区域经济社会发展。中国愿与次区域其他各国一道，为使我们共同的家园变得更加和谐与繁荣作出不懈努力。

谢谢大家！

（来源：中华人民共和国外交部网. http://www.fmprc.gov.cn/chn/pds/ziliao/zyjh/t419796.htm. 2008—03—31）

中国—东盟自由贸易区重要文献

东亚峰会关于全球经济和金融危机联合新闻声明

一、泰王国总理阿披实作为东盟主席和东亚峰会协调人，经东亚峰会国家领导人授权发表《东亚峰会关于全球经济和金融危机联合新闻声明》。根据2005年东亚峰会《吉隆坡宣言》，领导人一致认为世界正面临前所未有的全球性衰退，并呼吁采取政策措施加以应对，重点应放在恢复金融稳定、经济增长和发展上。

二、考虑到亚洲作为向世界开放的增长中心正发挥着重要作用，他们认为有必要采取适当和一致措施，应对金融危机和世界经济下滑所带来的影响，并增强经济增长潜力和扩大需求。他们对东亚峰会参与国所采取的财政和货币刺激措施以及其他政策措施表示赞赏，决心进一步采取适当行动，支持经济增长和就业，减少贫困，重振信心，并支持中长期宏观经济和金融稳定。他们还一致认为，若无稳定的金融体系在经济增长中发挥作用，仅靠一揽子刺激方案不可能达到预期效果。

三、他们强调应坚决反对贸易保护主义和扭曲措施以及避免出现新壁垒的至关重要性。他们一致认为，在迄今取得进展的基础上，世贸组织多哈回合谈判达成及时、雄心勃勃和平衡的结果非常必要，这将有助于为全球经济复苏注入信心、提供帮助。他们还一致认为，进一步推动区域经济合作、贸易便利化和自由化，有助于东亚峰会地区成为一个更具吸引力的市场和投资目的地。为此，他们注意到“东亚全面经济伙伴关系”（CEPEA）倡议能够进一步促进区内贸易。他们期望将“东亚全面经济伙伴关系”第二阶段研究政策建议提交第四届东亚峰会。作为进一步的承诺，他们保证要把贸易扭曲对财政刺激措施和产业支持政策的影响减小到最低程度，赞成与其他国家一道为此继续努力。

四、认识到此次全球金融动荡和经济放缓凸显国家间前所未有的国际关联性及对东亚峰会参与国所带来的压力，他们一致认为有必要进一步加强地区金融合作和一体化框架。他们赞赏10+3合作框架下的清迈倡议所取得的进展，包括努力加快多边化进程，以及亚洲债券市场倡议在发展和深化本地区金融市场方面的作用。

五、他们一致认为东盟引领的其他亚洲和亚太地区组织及论坛磋商机制，将对保护本地区免受未来地区与全球经济、金融危机影响作出贡献。

六、他们支持2009年4月2日伦敦峰会达成的共识，包括恢复信心、经济增长和就业，反对贸易保护主义，促进全球贸易与投资，加强金融监管以重建信任，改革国际金融机构以体现新兴和发展中国家更大的发言权和代表性，另外注资1.1万亿美元以加强全球金融流动性，并特别支持新兴和发展中国家的发展。为此，他们表示愿致力于支持二十国集团引领下的全球性努力，即到2010年年底提高全球产量四个百分点，并加快向“绿色经济”转变。

七、他们强调开展国际合作、制定具体措施以减轻危机影响的重要性，包括社会安全网络项目和援助中小企业等。

八、他们表达了提高增长潜力和扩大需求的决心，包括加速基础设施改造、采取扩大内需的政策和措施、援助私营部门尤其是中小企业、加强人力资源开发，以及推进包括东盟一体化在内的区域合作，实现贸易和投资便利化，促进次区域发展和人员交流。

九、他们同意支持出口信贷机构、国际金融机构和私人银行向包括中小企业在内的商业组织提供充足的金融支持，以确保贸易和投资在本地区的流动。他们还欢迎出口信贷机构加强再保险、能力建设和信息交换等领域的合作。

十、他们重申地区金融合作的重要性，尤其要提高东亚峰会参与国金融部门的能力，包括加强金融监管。他们赞赏东亚峰会国家金融官员为推进该议程所做的努力，注意到《东亚峰会国家金融部门能力建设需求评估报告》可为当前开展的能力建设工作提供基础。2009年10月第四届东亚峰会将对此进行审议。

十一、为推动次区域发展，他们鼓励东盟·东亚经济研究中心、亚洲开发银行和东盟秘书处共同努力，尽快准备一份清晰连贯的综合性计划，以协调、加快、提升和扩充各项次区域倡议，并推动私营部门的参与。此外，他们要求东盟·东亚经济研究中心就刺激本地区经济增长、深化地区一体化和加强东亚伙伴关系提出政策建议。

二OO九年六月三日在泰国曼谷发表。

（来源：中华人民共和国外交部网. http://www.mfa.gov.cn/chn/gxh/zlb/smgg/t566095.htm. 2009—06—03）

中华人民共和国政府和新加坡共和国政府自由贸易协定

（2008年10月23日　中国·北京）

序言

中华人民共和国政府和新加坡共和国政府（“双方”）：

认识到双方长期的友谊、牢固的经济关系和紧密的文化联系，以及两国间的特殊关系；

忆及于2004年5月举行的第一次双边合作联合委员会会议上，时任中国副总理吴仪和时任新加坡副总理李显龙同意考虑签署双边自由贸易协定（“中新自贸协定”）；

忆及于2005年9月举行的第二次双边合作联合委员会会议上，双方同意考虑中方的建议，成立专家组评估中新自贸协定将如何产生双赢的结果和互惠的收益；

忆及于2005年10月举行的会议上，中国总理温家宝和新加坡总理李显龙一致认为，从长期看，中新自贸协定将惠及两国及本地区，并同意成立联合专家组进行全面研究；两国联合研究于2006年4月启动，以期推动中新自贸协定谈判尽快适时启动；

忆及在联合专家组顺利完成研究，表明中新自贸协定从长期看将惠及双方之后，在2006年8月举行的第三次双边合作联合委员会会上，时任中国副总理吴仪和新加坡副总理黄根成宣布启动中新自贸协定谈判，中国总理温家宝和新加坡副总理黄根成在当日晚些时候重申了此项决定；

忆及联合专家组的报告认为，中新自贸协定将加强两国紧密的经济政治联系，并将为中国—东盟自由贸易区建设注入新的活力，推动区域经济一体化；

期待通过深化经济一体化并加速经济发展与合作，加强和提高双方的经济、贸易和投资合作，惠及双方消费者和生产者；

强调需要通过促进贸易和投资，增加经济和社会利益，提高两国人民的生活水平；

致力于便利和加强区域经济合作和一体化；

重申双方将在世界贸易组织和《中华人民共和国与东南亚国家联盟全面经济合作框架协议》基础上进行承诺的愿望；以及致力于推动和加快中国—东盟自由贸易区的建设进程；

协议如下：

第一章　初始条款

第一条　自由贸易区的建立

双方在与GATT1994第二十四条及GATS第五条相一致的基础上，建立自由贸易区。

第二条　目标

本协定的目标是：

一、在与GATT1994第二十四条相一致的基础上，发展货物贸易，推动货物贸易自由化；

二、在与GATS第五条相一致的基础上，发展服务贸易，推动服务贸易自由化，包括促进专业互认；

三、建立透明、可预期和便利的投资体制，为投资者提供更稳定的政策框架；

四、鉴于近来区域和国际的发展趋势，推动经济合作，探索新的合作领域，进一步加强双边合作；

五、提升互惠的经济关系，鼓励在双方专业组织和学术机构间开展更多合作；

六、加强在其他具体部门的双边合作，包括卫生与植物卫生措施，技术性贸易壁垒和海关合作；以及

七、提高各自制造业和服务业的效率和竞争力，拓展双边贸易和投资，包括共同探索在非缔约方的商业和经济机会。

第二章　总定义

第三条　总定义

一、除非另有规定，就本协定而言：

（一）东盟是指东南亚国家联盟；

（二）关税是指与货物进口有关的任何税和费用，但不包括：

1. 与国内税收相当的任何收费，包括与一方承担的WTO义务相符的国产税、对货物和服务所征的税；

2. 下列情况的各种费用：

(1) 相当于所提供服务的约计成本；及

(2) 不构成对国内货物的直接或间接保护或为了财政目的的进口税；以及

3. 其他在进口时根据GATT1994第三条第二款征收的、与第五条（国内征税和规制的国民待遇）一致的关税和费用；

（三）日是指日历日，包括周末和节假日；

（四）GATS是指作为《WTO协定》组成部分的《服务贸易总协定》；

（五）GATT1994是指作为《WTO协定》组成部分的《1994年关税与贸易总协定》；

（六）货物和产品应当被理解为具有相同含义，除非协定另有要求；

（七）另一方的原产货物是指根据第四章（原产地规则）被视为另一方原产的货物；

（八）其他关税和费用是指GATT1994第二条第一款第（二）项规定的关税和费用；

（九）WTO是指世界贸易组织；

（十）《WTO协定》是指1994年4月15日订立的《马拉喀什建立世界贸易组织协定》。

二、在本协定中，除另有说明，任何一处使用的单数包括复数，反之亦然。

第三章　货物贸易

第四条　范围

除非另有规定，本章适用于双方之间的货物贸易。

第五条　国内税收和规制的国民待遇

各方应当根据GATT1994第三条，给予另一方的货物国民待遇。为此，GATT1994第三条经必要修改后应当并入本协定，成为本协定的一部分。

第六条　关税

一、本协定项下实施减税或零关税的税目为2004年11月29日签订的《中华人民共和国与东南亚国家联盟全面经济合作框架协议货物贸易协议》（《中国—东盟自由贸易区货物贸易协议》）第三条第二款第（一）项规定的正常产品，参见其附件一。对于新加坡，本协定也包括《中国—东盟自由贸易区货物贸易协议》第三条第二款第（二）项规定的敏感产品，参见其附件二。

二、除非本协定另有规定，各方应当根据第一款及附件一（关税减让表）所列关税减让计划，在本协定生效之日取消其对另一方原产货物的关税。

三、除非本协定另有规定，任何一方不得对另一方的原产货物提高任何现有关税，或新增任何关税。

第七条　加速取消关税

一、应一方要求，双方应当通过磋商，考虑加速取消附件一（关税减让表）中所列原产货物的关税。

二、双方就加速取消原产货物关税达成的协议应当取代双方关税减让表中规定的该货物的税率，并应在根据各自适用的法律程序经批准后生效。

三、一方可随时单方面加速取消其关税减让表所列的针对另一方原产货物的关税。有意采取此举的一方应当在新的关税税率生效前，尽早通知另一方。

第八条　数量限制和非关税措施

一、除非WTO纪律允许，各方不应在任何时候保留任何数量限制措施。

二、除非根据其WTO权利和义务或根据本协定其他条款，一方不得对自另一方进口的任何货物或向另一方出口的任何货物采取或维持任何非关税措施。

三、各方应当确保其第一款允许的非关税措施的透明，以及此类措施的制定、批准或实施不能着眼于给双边贸易造成不必要的障碍，或导致这样的结果。

第九条　国营贸易企业

本协定的任何规定不得阻碍一方根据GATT1994第十七条维持或建立一个国营贸易企业。

第四章　原产地规则

第十条　定义

就本章而言：

（一）水产养殖是指对从卵、鱼苗、鱼虫和鱼卵等胚胎开始，对包括鱼、软体动物、甲壳动物、其他水生无脊椎动物及水生植物在内的水生生物的养殖。通过有序畜养、喂养或防止食肉动物掠食等方式，对饲养或生长过程加以干预，以提高产量；

（二）可互换材料是指为商业目的可互换的货物或材料，其性质实质相同，仅靠视觉检查无法加以区分；

（三）公认的会计原则是指缔约一方记录收入、支出、成本、资产及负债、信息披露以及编制财务报表方面公认的会计准则。上述准则既包括普遍适用的概括性指导原则，也包括详细的标准、惯例及程序；

（四）材料是指组分、零件、部件、半组装件及/或实际上已构成另一货物一部分或已用于另一货物生产过程的货物；

（五）非原产材料是指未满足本章规定的货物；

（六）原产材料或原产货物是指根据本章规定具备原产资格的货物；

（七）生产商是指从事货物生产的人；

（八）产品特定原产地规则是指明确规定材料经过税则归类改变或特定的制造或加工工序，或者满足从价百分比标准或上述任何一标准的混合体的规则；

（九）生产是指获得货物的方法，包括货物的种植、开采、收获、饲养、养殖、提取、采集、收集、捕获、捕捞、诱捕、狩猎、制造、生产、加工或装配；

（十）“使用的”是指在产品的生产过程中花费的或消耗的。

第十一条　原产地标准

在本协定中，从缔约一方进口的符合以下任何一项原产地要求的产品，应当视为原产货物，并应享受优惠关税减让待遇：

（一）第十二条（完全获得产品）明确规定的完全获得或生产的产品；

（二）符合第十三条（区域价值成分）、第十四条（累积规则）或第十五条（特定产品规则）规定，不是在出口缔约方境内完全获得或生产的产品。

第十二条　完全获得产品

在本协定中，下列产品应视为在一方完全获得或生产：

（一）在其境内收获、采摘或收集的植物及植物产品；

（二）在其境内出生并饲养的活动物；

（三）在其境内从上述第（二）项活动物中获得的产品；

（四）在其境内狩猎、诱捕、捕捞、水产养殖、收集或捕获所得的产品；

（五）从其领陆、领水、海床或海床底土开采或提取的除上述第（一）至（四）项以外的矿物或其他天然生成物质；

（六）在该方领水以外的水域、海床或海床底土获得的产品，只要按照国际法的规定，该方有权开发上述水域、海床及海床底土；

（七）在该方注册或有权悬挂该方国旗的船只在公海捕捞获得的鱼类及其他海产品；

（八）在一方注册或有权悬挂该方国旗的加工船上完全采用上述第（七）项的产品进行加工及/或生产所得的产品；

（九）在该方收集的既不能用于原用途，也不能恢复或修复，仅适于弃置或回收部分原材料，或者仅适于再生用途的物品；

（十）完全采用上述第（一）至（九）项所列产品在一方生产或获得的产品。

第十三条　区域价值成分

一、货物的区域价值成分应当依据下列方法计算：

$$RVC=\frac{V-VNM}{V}\times 100$$

其中：

RVC：是指以百分比表示的区域价值成分；

V：是指按照《关于实施 1994 年关税与贸易总协定第七条的协定》规定，在离岸价格（FOB）基础上调整的货物价格；以及

VNM：应为：

1. 材料进口时的到岸价格（CIF）；或者

2. 最早确定的在进行制造或加工的一方境内为不明原产地材料支付的价格。

二、除附件二（产品特定原产地规则）所列的货物应当符合第十五条（产品特定原产地规则）规定的产品特定规则外，该区域价值成分比例不得少于 40%。

三、在根据本条第一款计算货物的区域价值成分时，在货物的生产过程中生产商所使用的非原产材料的价值，不应包括随后在该货物生产过程中为生产原产材料而使用的非原产材料的价值。

四、如货物的生产商在其所在一方境内获得非原产材料，该材料的价格不应包括将其从供应商的仓库运抵生产商厂址的过程中所产生的运费、保险费、包装费及任何其他费用。

第十四条　原产地累积规则

如一方的原产货物或材料在另一方境内构成另一货物一部分，则所构成的货物或材料应当视为原产于后一方境内。

第十五条　产品特定原产地规则

在一方经过实质性改变的产品，应当视为该方的原产货物。符合附件二（产品特定原产地规则）所列产品特定规则的产品，应当视为在一方经过实质性改变的货物。

第十六条　微小含量

根据附件二（产品特定原产地规则）的规定，一项货物虽未满足税则归类改变要求，但仍应视为原产货物，只要：

（一）在该产品生产过程中使用的、未满足附件二（产品特定原产地规则）所列的税则归类改变或任何其他条件的所有非原产材料的价值，不超过该产品离岸价格

（FOB）的10%；并且

（二）该产品满足本章中所规定的原产产品的其他要求。

但是，在计算该产品所适用的任何价值成分的非原产材料价值时，应当把上述非原产材料的价值包括在内。

第十七条　微小加工或处理

一、下列操作本身不应视为赋予产品原产资格的充分加工或处理：

（一）为确保货物在运输或贮藏过程中完好无损而进行的保藏处理；

（二）包装的拆解和组装；

（三）洗涤、清洁、除尘、除去氧化物、除油、除漆或去除其他涂层；

（四）纺织品的熨烫或压平；

（五）简单的上漆及磨光处理；

（六）谷物及大米的去壳、部分或完全漂白、抛光及上光；

（七）食糖上色或加工成糖块的工序；

（八）水果、坚果及蔬菜的去皮、去核及去壳；

（九）削尖、简单研磨或简单切割；

（十）过滤、筛选、挑选、分类、分级、匹配（包括成套物品的组合）；

（十一）简单的装瓶、装罐、装袋、装箱、装盒、固定于纸板或木板及其他任何简单的包装处理；

（十二）在产品或其包装上粘贴或印刷标志、标签、标识及其他类似的用于区别的标记；

（十三）对产品（无论是否为不同种类）进行简单混合；

（十四）简单地把物品零部件组装成完整品或将产品拆解成零部件；

（十五）仅为方便港口装卸所进行的处理；

（十六）第一至十五项中的两项以上处理的组合；以及

（十七）动物屠宰。

二、在本条中：

（一）简单通常是指既不需要专门的技能也不需要专门生产或装配的机械、仪器或设备的行为；

（二）简单混合通常是指既不需要专门的技能也不需要专门生产或装配的机械、仪器或设备的行为。但是，简单混合不包括化学反应。

第十八条　直接运输

一、本协定中规定的优惠关税待遇，应当适用于满足本章要求，并在双方之间直接运输的货物。

二、就第一款而言，下列情况应当视为从出口缔约方向进口缔约方直接运输：

（一）货物运输未经非缔约方境内；

（二）货物运输途中经过一个或多个非缔约方境内，不论是否在这些非缔约方转换运输工具或临时贮藏未超过3个月，只要：

1. 货物在其境内未进入贸易或商业领域；

2. 除装卸或使货物保持良好状态所需的其他处理外，货物在其境内未经任何处理；并且

3. 过境运输是由于地理原因或仅基于运输需要；

三、为符合上述第二款第（二）项的规定，进口商应当向进口缔约方海关报验非缔约方海关文件或任何其他文件加以证明。

第十九条　包装处理

一、一方对产品及其包装分别计征关税时，也可针对从另一方进口的产品，单独确定该包装的原产地。

二、在上述第一款不适用的情况下，应当把包装与产品视为一个整体。在确定产品原产地时，应当把运输或贮藏所需的包装与产品一并考虑，而不应将其视为从非缔约方进口。

第二十条　附件、备件及工具

与货物一同报验的附件、备件、工具及指导性或其他介绍说明性材料，如进口缔约方将其与货物一并归类和征收关税，在确定该货物的原产地时，应当忽略不计。

第二十一条　可互换材料

在确定货物是否为原产货物时，任何可互换材料应当通过下列方法加以区分：

（一）货物的物理分离；或者

（二）出口缔约方公认会计原则承认的库存管理方法。

第二十二条　中性成分

除另有规定的以外，在确定货物的原产地时，不应考虑在产品制造过程中使用的动力及燃料、厂房及设备、机器及工具的原产地，以及未留在货物或未构成货物一部分的材料的原产地。

第五章　海关程序

第二十三条　适用范围

本章的适用限定在各方国内法律所允许和各方海关当局的能力和资源所及范围之内。

第二十四条　总则

一、双方认识到，简化海关程序和提高货物通关速度，可促进双边贸易。

二、双方的海关程序均应尽可能遵循世界海关组织所规定的标准及其推荐的做法。

第二十五条　透明度

一、各方应当确保在互联网上或以印刷品形式，迅速公布各自管辖海关事务的法律、法规、指引、程序和行政裁定。

二、各方应当指定、设立和保持一个或多个咨询点，处理海关事务相关人士的咨询，并且在互联网上公布与此类咨询程序有关的信息。

三、为进一步确定，不应在本条或本协定的其他部分，要求任何一方公布执法程序及内部操作指引，包括进行风险分析及风险目标锁定方法。

第二十六条　风险管理

一、双方在其海关操作中采用的风险管理方法，应当

基于已识别的货物风险，以将查验操作集中于高风险货物，便利低风险货物通关。

二、双方应当相互交流各自海关风险管理技术实践上的良好经验。

第二十七条　原产地证书

一、为在另一方获得优惠关税待遇，应当由出口缔约方授权机构签发原产地证书。

二、各方应当将签发原产地证书的授权机构的名称、地址通知另一方海关，并提供签证机构所使用的印章样本。上述名称、地址或印章的变化应当立即通知另一方海关。

三、根据第四章（原产地规则）的规定，当出口货物可视为原产于一方时，原产地证书应当在货物出口前或出口时签发。出口人或生产商应当提交签发原产地证书的书面申请，并随附相关证明文件，以证明出口货物符合原产地证书的签发要求。

四、原产地证书，根据附件三（原产地证书格式）所列的格式，应当用英文填制并正确署名和盖章，可涵括同一批货物的一项或多项商品。一份原产地证书适用于进入一方境内的一批进口货物，原产地证书应当自签发之日起12个月内有效。

五、由于非主观故意的差错、疏忽或其他合理原因，没有在货物出口时签发原产地证书的，原产地证书可以在货物装运之日起1年内补发，并注明“补发”字样。

六、原产地证书被盗、遗失或损毁时，如果出口商或生产商确信此前签发的原产地证书正本未被使用，则出口商或生产商可以在原证书的有效期内，向出口缔约方授权机构书面申请签发经核准的原产地证书副本。经核准的原产地证书副本上，应当注明“原产地证书正本（编号日期）经核准的真实副本”字样。

第二十八条　申明获得优惠待遇

一、除非本章另有规定，各方均应要求申明享受优惠关税待遇的进口商：

（一）根据其法律、法规，在进口前或进口时对货物的原产资格进行书面申报；

（二）持有原产地证书；

（三）应进口缔约方海关要求，提供原产地证书正本及与进口货物相关的其他文件；并且

（四）当进口商有理由相信作为申报依据的原产地证书上含有不准确的信息时，应当立即更正申报并补缴所欠税款。

二、如果进口商不遵守本章的规定，一方可以拒绝给予进口货物本协定项下的优惠关税待遇。

三、各方应当规定：

（一）只要货物原产地不存在疑问，当发现原产地证书内容与为办理产品进口手续而向进口缔约方海关报验的单证有微小差异时，只要原产地证书与所报验的货物相符，原产地证书仍应有效；以及

（二）当多项货物按同一份原产地证书进行申报时，如果发现其中一项货物有问题，不应影响或延误该原产地证书中所列的其他货物享受优惠关税待遇和通关。

四、进口时不能提供原产地证书的，应进口商请求，进口缔约方可以对货物征收非优惠关税或征收与收取与税收等额的保证金。在此情况下，只要满足第一款的规定，进口商可自货物进口之日起1年内要求退还多征收税款或已收取的保证金。

第二十九条　原产地核查

一、原产地证书是自出口缔约方进口的货物享受优惠关税待遇的基础。必要时，进口缔约方可以通过以下方式进行核查：

（一）书面要求进口商提供补充信息；

（二）书面要求出口缔约方境内的出口商或生产商提供补充信息；

（三）要求出口缔约方主管机构对货物原产地进行核查；或者

（四）双方海关共同商定的其他程序。

二、只有在有理由怀疑原产地文件、有关货物的原产地资格，且所涉关税金额值得提出要求的情况下，方可启动第一款项下的核查程序。

三、向出口缔约方主管机构提出的核查请求应当说明原因，并将已获得的证明核查活动合理性的任何文件及信息，提供给被请求方的主管机构。

四、出口缔约方的主管机构在其国内法律和惯例允许的范围内，应当在任何核查行动中全力予以配合。

五、进行核查的一方应当通过其主管机构，将核查结果通知另一方。

第三十条　原产地证书的免除

各方应当规定，在下列情况下，无需提交原产地证书：

（一）商业进口货物价值不超过600美元或该方币值等额，或者缔约一方规定的更高货值，但可以要求其进口时所随附的发票上含有该货物符合原产货物条件的声明；或者

（二）非商业进口货物价值不超过600美元或该方币值等额，或者缔约一方规定的更高货值；

只要该项进口不属于为规避原产地证书要求而实施或者安排的一次或多次进口的一部分。

第三十一条　记录保存要求

一、各方应当要求生产商和进出口商保存原产地文件至少3年。

二、各方应当要求其授权机构保存原产地证书的副本及其他证明文件至少3年。

三、所保存的记录根据各方国内法律及惯例，可以包括电子记录。

第三十二条　预裁定

一、应出口商、进口商或其他任何人在货物进口前至少3个月所提出的申请，各方应当就该项申请涉及的货物作出预裁定。如果符合原产地规定，进口缔约方应当在收到申请60日内就货物的原产地作出预裁定。向中国海关

申请预裁定的申请人，必须在中国海关注册。

二、依据第一款规定作出的预裁定应适用于进口缔约方。各方的海关应当规定，预裁定自其作出之日起至少2年内有效，或其有效期根据各自的国内法予以确定。

三、在下列情况下，进口缔约方海关可以更改或撤销预裁定：

（一）如果该预裁定所依据的事实有误；

（二）如果预裁定所依据的事实或实际情形发生了变化；

（三）为与本章已经修改的规定保持一致；或者

（四）为与其司法判决或其国内法律的变化保持一致。

四、各方应当规定，任何预裁定的更改或撤销，应自作出预裁定更改或撤销决定之日起或该决定明确规定的晚于决定之日的日期起生效，并且不应适用于更改或撤销决定生效之前进口的货物，除非此预裁定的对象未依照预裁定的条款和规定执行。

第三十三条　处罚

各方应当根据其国内立法，对违反与本章有关的法律、法规的行为实施惩罚措施。

第三十四条　复议和申诉

对于根据本协定所作出的与优惠待遇资格相关的决定或预裁定，各方应当规定，其境内的进口商可以根据其国内法律及法规，申请行政复议6或司法审查。

第三十五条　保密

一、本协定的任何规定不得解释为要求一方提供或允许获得一经披露就会妨碍法律实施、违背公众利益、或者损害特定企业、公众或私人的合法商业利益的机密信息。

二、各方应当依据其国内法，对依据本章所收集的信息予以保密，包括对原产地证书进行核查所得到的信息，并且不得披露可能损害信息提供人的竞争地位的信息。

三、根据第三十一条（记录保存要求）的规定，双方互相交换的信息应予保密，且只能用于对原产地证书的确认。

第三十六条　第三方发票

由驻在非缔约方的公司或者在出口缔约方为该公司代销的出口商开具发票的，只要产品符合第四章（原产地规则）的要求，进口缔约方对原产地证书应当予以接受。

第六章　贸易救济

第三十七条　定义

就本章而言：

（一）国内产业是指相对于某一进口产品而言，其同类产品或直接竞争产品的全体生产者，或者占国内同类产品或直接竞争产品大部分产量的生产者；

（二）《保障措施协定》是指作为《WTO协定》组成部分的《保障措施协定》；

（三）严重损害是指一国内产业状况遭受全面重大减损；

（四）严重损害威胁是指建立在事实基础上的，而非仅凭指控、推测或极小的可能性断定的，明显面临的严重损害。

第三十八条　总则

一、双方同意并重申其根据WTO《关于实施1994年关税与贸易总协定第六条的协定》、WTO《补贴与反补贴措施协定》、GATT1994第十九条及《保障措施协定》享有的权利义务。

二、双方同意以透明的方式实施根据本章所采取的行动。

第三十九条　合作和磋商

一、各方应当指定一个或多个联系点，并将该联系点的详细信息提供给另一方。双方应当将联系点详细信息的修改情况及时通知对方。

二、一方可要求与另一方就本章在操作中出现的问题进行磋商。除非双方另行商定，此磋商应在该要求提出后45天内通过相关联系点进行。

第四十条　反倾销措施

一、双方同意不以武断或保护主义的方式实施根据WTO《关于实施1994年关税与贸易总协定第六条的协定》所采取的行动。

二、双方同意，在一方产业以适当文件形式提交的关于对来自另一方的产品发起反倾销调查的申请被接受后，接受以适当文件形式提交申请的一方应将接受申请事项尽快通知另一方的相关联系点。

第四十一条　补贴与反补贴措施

任何一方不得对以另一方境内为目的地的任何货物实施或维持任何形式的出口补贴。

第四十二条　全球保障措施

一、当一方根据GATT1994第十九条和《保障措施协定》采取措施时，如果原产于另一方的产品的进口并未造成损害，则可将其排除在该措施之外。

二、一方应将发起保障措施调查的行动及理由通知另一方的相关联系点。

第四十三条　双边保障措施

一、一方有权在某一产品的过渡期内针对该产品启动双边保障措施。某一产品的过渡期始于本协定生效之日，终止于该产品关税取消完成之日后5年。

二、如果一方因履行本协定下的关税减免义务，导致自另一方进口至其境内的某原产产品的绝对数量增加，或相对于国内生产量相对增加，并对其生产同类或直接竞争产品的国内产业造成严重损害或严重损害威胁，则该方有权采取双边保障措施，在过渡期内将该产品的适用关税税率提高到采取双边保障措施时该产品适用的WTO最惠国税率。

三、在实施双边保障措施时，除《保障措施协定》第五条所列的数量限制措施及第九、十三、十四条以外，双方应适用《保障措施协定》中关于实施保障措施的规则。为此，《保障措施协定》的所有其他条款应在必要修正后纳入本协定，成为本协定的一部分。

四、尽管有上述规定，只要原产于一方的产品在进口国的份额不超过所涉产品进口总量的3%，即不得对该产品实施保障措施。

五、保障措施最初实施期限不应超过3年，最多可延长1年。不仅限于实施期限，该保障措施还应于该产品的过渡期届满之日终止。

六、当措施终止时，该产品所适用的税率为未实施该措施本应适用的税率。

七、实施第一款所规定措施的一方，经与另一方磋商，应依照《保障措施协定》第八条向另一方提供双方达成一致的贸易自由化补偿。减让的形式应实质上等同于该措施所导致的贸易影响或者所增加的关税负担。如果双方按第三款规定进行的磋商在45天内未能就补偿达成协议，被采取措施的原产产品一方，可以对原产于另一方的产品采取与该措施的贸易影响实质相等的行动。采取此行动的一方应仅在达到实质等同的影响所必需的最短时间内实施行动，而且无论何种情况，该行动只能在第一款所规定措施的实施期内采取。

八、当一方实施双边保障措施时，不得同时依据上述第四十二条（全球保障措施）的规定诉诸WTO保障措施。

第七章　技术性贸易壁垒，卫生与植物卫生措施

第四十四条　定义

一、WTO《实施卫生与植物卫生措施协定》（“SPS协定”）附件A与WTO《技术性贸易壁垒协定》（“TBT协定”）附件一的定义适用于本章。

二、本章附件中的定义仅适用于对应的附件。

三、就本章而言：

（一）SPS是指卫生与植物卫生措施；

（二）TBT是指技术性贸易壁垒。

第四十五条　目标

本章的目标是：

（一）促进双方履行SPS协定与TBT协定，以避免对双边贸易造成不必要的障碍，促进和便利双边贸易，同时保护人类、动物及植物的生命与健康或实现其他合法目标[7]；

（二）通过建立沟通与合作的框架，加强对双方管理体制的了解，以迅速、高效的方式解决双边贸易中产生的相关问题，增加双边贸易的机遇。

第四十六条　范围

本章适用于一方直接或间接影响双方之间贸易的全部卫生与植物卫生措施，全部技术法规、标准与合格评定程序。

第四十七条　主管机构与联系点

一、双方主管机构是指负责本章实施的机构，联系点是负责双方之间信息交流的部门，详细信息见附件四（技术性贸易壁垒和卫生与植物卫生措施联系点）。

二、对于主管机关机构及联系点的架构、组织和内设部门的任何重大变化，双方应相互通报。

第四十八条　重申

双方重申在SPS协定与TBT协定下存在的权利和义务。

第四十九条　区域化

一、双方同意按照SPS协定第六条要求，积极、妥善地解决两国关注的进出口农产品检疫问题。

二、出口缔约方可以要求进口缔约方对其国内部分地区或全部地区作为有害生物或疫病非疫区进行认可。进口缔约方应积极考虑出口缔约方的请求，在进行评估后，可同意依据第一款规定对出口缔约方的有害生物或疫病非疫区进行承认。确定为有害生物或疫病非疫区后，进口缔约方应允许来自出口缔约方有害生物或疫病非疫区的农产品根据其SPS要求进入其市场。

三、如果进口缔约方认为出口缔约方境内生产向其出口农产品的非疫区存在某一疫病或有害生物爆发的风险时，可对该非疫区的地位提出重新确认要求。进口缔约方也可要求出口缔约方采取具体的根除与控制措施来保持非疫区地位，确保出口缔约方动植物及其产品满足进口缔约方SPS要求。

四、双方本协定下达成的关于区域化的任何协议或安排应按第五十八条（关于附件的最终条款）的要求列入附件。

第五十条　信息交流与合作

一、双方应在有共同利益的SPS与TBT相关领域加强信息交流与合作，如：

（一）动植物及其产品的检验检疫；

（二）产品质量与安全的控制；

（三）农产品食品企业注册批准程序与时限；

（四）技术法规、标准与合格评定程序；以及

（五）分享SPS与TBT咨询点实施透明度原则的经验。

二、应要求，各方应积极考虑另一方提出的对现有标准、技术法规与合格评定程序合作内容进行补充的提议。此类合作应以双方同意的条款和条件为基础，包括但不限于与标准、技术法规与合格评定程序的制定或适用有关的建议与技术合作。

三、在采取对双方产生影响的SPS和TBT措施时，双方应加强在经验和专业知识方面的合作和沟通。

第五十一条　国际标准

一、只要有关国际标准已经存在或即将拟就，双方应当使用国际标准或其相关部分，作为技术法规和相关合格评定程序的基础，除非这些国际标准或其相关部分无法有效、恰当地实现法定目标。

二、在适当的情况下，双方应在国际标准化机构互相合作，以确保这些组织制定的、可能成为技术法规基础的国际标准能够便利贸易，不对国际贸易造成不必要的障碍。

三、在适当的情况下，双方在WTO技术性贸易壁垒委员会和WTO卫生与植物卫生措施委员会及其他相关国

际或区域论坛讨论国际标准和相关议题时，应当加强沟通和协调。

第五十二条　合格评定程序

一、双方认识到彼此的合格评定法律体系制度存在差异，双方同意依照TBT协定的规定，探讨合格评定程序互认的可能性。

二、双方应就合格评定程序（包括检测、检验、认证、认可以及计量）开展信息交流，以推动承认对方的合格评定程序。

三、一方应积极考虑另一方提出的、通过互认协议或安排对在另一方境内进行的合格评定程序予以承认的请求。

四、双方在本协定下达成的任何关于合格评定互认协议或安排应按第五十八条（关于附件的最终条款）的要求列入附件。

第五十三条　等效性

一、双方应积极考虑承认对方与本章目标、SPS协定与TBT协定一致的技术法规和SPS措施的等效性。

二、本协定下双方可能达成的任何关于技术法规和SPS措施等效性的协议或安排应按照五十八条（关于附件的最终条款）的要求列入附件。

第五十四条　透明度

一、双方应依照SPS协定和TBT协定的规定，通过SPS和TBT询点向另一方通报其与货物贸易有关的技术法规和SPS措施的任何制订及修订情况。对于任何通报，除非出于健康、安全、环境保护或国家安全问题或面临发生此类问题的威胁等考虑而采取更紧急的行动，各方应给予另一方至少60天的评议期，供其提交书面评议。

二、双方应通过电子或其他形式，向另一方提供最新的技术法规以及在技术法规中被引用或被用来判定符合这些技术法规的相关合格评定程序。各方应使另一方知晓在技术法规中被引用或被用来判定符合这些技术法规的相关标准。

第五十五条　联合工作组

一、双方同意设立卫生与植物卫生措施和技术性贸易壁垒联合工作组，工作组由双方主管部门的代表组成。

二、工作组应由来自双方的联合主席协调和主持。

三、双方应自本协定生效之日起1年内设立工作组。除双方另有约定，工作组应每年举行一次会议，与根据第一百一十一条（执行和审议）建立的自由贸易区联合委员会会议一并召开。

四、工作组的职能包括：

（一）管理和监督本章的实施；

（二）解决本章和附件实施中产生的问题和争端；

（三）审议本章的文本和附件，在必要时增加辅助性的文件和附件；

（四）在适当的情况下，便利双方境内的认可与合格评定机构在具体领域的合作；

（五）确保双方相关管理部门以适当的方式就中国—新加坡自由贸易区联合研究报告中确定的优先议题开展磋商谈判，特别是在电子电器设备合格评定互认、区域化、电信设备合格评定互认、等效性等方面；

（六）在合适的情况下，加强在标准化、技术法规和合格评定程序领域等非官方、区域性和多边论坛活动中的信息交流；以及

（七）在合适的情况下，向自由贸易区联合委员会报告本章的实施情况。

五、应另一方要求，一方应积极考虑另一方提出的在本章项下具体部门进一步加强合作的建议。

第五十六条　保密

一、在一方根据本协定向另一方提供信息，并将该信息指定为机密的情况下，另一方应当对该信息保密。这些信息只能被用于规定的目的，且在没有信息提供方的特别准许时，不得对外披露。

二、本章不应被理解为要求任何一方提供或者允许获取可导致以下情形的信息：

（一）与核心安全利益相冲突；

（二）与国内法律法规和管理条例决定的公共利益相对立；

（三）违背包括但不限于有关保护个人隐私或者金融机构金融事务和个人客户账户的任何国内法律法规与管理规定；

（四）阻碍法律的实施；或者

（五）损害特定的公有或私有企业的合法商业利益。

第五十七条　管理职权的保留

一、任何一方保留在其法律下解释和执行其技术法规和SPS措施的所有权力。

二、本章不应：

（一）阻止一方根据其国际权利和义务采取或者维持技术法规和SPS措施，以适应本国特殊国情；

（二）阻止一方采取技术法规和SPS措施，以确保其进出口产品质量，或保护人类、动物或植物的生命或健康，保护环境，防止欺诈行为或者其他合法目标[8]；

（三）限制一方当认为某产品不符合其技术法规和SPS措施时采取所有适当措施的权力。这些措施包括从市场收回产品，禁止投放市场，限制自由流通，进行产品召回，启动法律程序，或其他包括通过禁止进口防止类似问题再次发生的措施。如果一方采取这种措施，应在15个工作日内通知对方，并说明理由；

（四）迫使一方等效认可另一方的标准、技术法规或者SPS措施；或者

（五）影响任一方作为TBT协定或者SPS协定成员的权利和义务。

第五十八条　关于附件的最终条款

一、应一方要求，双方可在签署本协定后着手商讨制定符合双方利益的附件的可能性。

二、当一方出现或可能出现安全、健康、消费者或环境保护或国家安全的紧急问题时，可以立即全部或者部分

暂停任何附件的实施。在这种情况下，该方应当立即将紧急情况的性质、涵盖的产品、暂停的目的和原因告知对方。

三、就本章而言，任何附件都应规定以下细节内容，包括但不限于：

（一）每一方指定的管理机构；

（二）详细的实施安排；以及

（三）生效和/或终止的规定。

第八章　服务贸易

第五十九条　定义

就本章而言：

（一）商业存在是指以提供服务为目的，在一方境内建立的任何类型的商业或专业机构，包括：

1. 设立、收购或经营法人，或者

2. 设立或经营分支机构或代表处；

（二）直接税是指对总收入、总资本或对收入或资本的构成项目征收的所有税款，包括对财产转让收益、不动产、遗产和赠与、企业支付的工资或薪金总额以及资本增值所征收的税款；

（三）法人是指根据适用法律，以适当方式设立或组建的任何法律实体，无论是否以营利为目的，无论属私营所有还是政府所有，包括任何公司、分支机构、信托、合伙企业、合资企业、个人独资企业或协会；

（四）另一方的法人是指：

1. 根据该另一方的法律设立或组建的、并在该另一方境内从事实质性业务活动的法人；或

2. 对于通过商业存在提供服务的情况：

（1）由该另一方自然人拥有或控制的法人；或

（2）由第（四）项第 1 目确认的该另一方的法人拥有或控制的法人；

（五）法人：

1. 由一方的人所“拥有”，如该方的人实际拥有的股本超过 50％；

2. 由一方的人所“控制”，如这些人拥有任命其大多数董事或以其他方式合法指导其活动的权力；

3. 与另一人具有“附属”关系，如该法人控制该另一人，或为该另一人所控制；或该法人和该另一人为同一人所控制；

（六）措施是指一方采取的法律、法规、规则、程序、决定、行政行为或任何其他形式的措施；

（七）一方的措施是指：

1. 中央、地区或地方政府和主管机关所采取的措施；以及

2. 由中央、地区或地方政府或主管机关授权行使权力的非政府机构所采取的措施；

（八）一方影响服务贸易的措施是指包括以下内容的措施：

1. 服务的购买、支付或使用；

2. 与服务提供有关的、要求向公众普遍提供的服务的获得和使用；

3. 一方的人为在境内提供服务的存在，包括商业存在；

（九）服务的垄断提供者是指一方在形式上或事实上授权或确定的，在该方境内有关服务市场提供独家服务的任何人，而不论此人的公私性质；

（十）一方的自然人是指一方法律规定的该方的公民或永久居民。在中方关于外国永久居民待遇的国内法颁布以前，双方对于对方久居民的义务将仅限于 GATS 项下的义务范畴；

（十一）人是指自然人或法人；

（十二）资格程序是指与管理资格要求相关的行政程序；

（十三）资格要求是指服务提供者为获得证书或许可需要达到的实质要求；

（十四）服务部门是指：

1. 对于具体承诺，是指附件五（服务贸易具体承诺减让表）一方减让表中列明的一项服务的一个、多个或所有分部门；或

2. 在其他情况下，是指该服务部门的全部，包括其所有的分部门；

（十五）服务包括任何部门的任何服务，但在行使政府职权时提供的服务除外；

（十六）服务消费者是指接受或使用服务的任何人；

（十七）另一方的服务：

1. 指自或在该另一方境内提供的服务，对于海运服务，则指由一艘根据该另一方的法律进行注册的船只提供的服务，或由经营和/或使用全部或部分船只提供服务的该另一方的人提供的服务；或

2. 对于通过商业存在或自然人存在所提供的服务，指由该另一方服务提供者所提供的服务；

（十八）行使政府职权时提供的服务是指既不以商业为基础，也不与一个或多个服务提供者竞争的服务；

（十九）服务提供者指提供服务的任何人；

（二十）服务的提供包括服务的生产、分销、营销、销售和交付；

（二十一）服务贸易定义为：

1. 自一方境内向另一方境内提供服务（“跨境交付”模式）；

2. 在一方境内向另一方消费者提供服务（“境外消费”模式）；

3. 一方服务提供者通过在另一方境内以商业存在方式提供服务（“商业存在”模式）；或

4. 一方服务提供者通过在另一方境内以自然人存在方式提供服务（“自然人流动”模式）。

第六十条　范围

一、本章适用于一方影响服务贸易的措施。

二、本协定不适用于：

（一）在各方境内行使政府职权时提供的服务；或

（二）规范政府机构为政府目的进行服务采购的法规或要求，只要该服务采购不以商业转售或为商业销售提供服务为目的。

三、本章不适用于一方提供的补贴或补助，不适用于接收或持续接收此类补贴或补助的任何条件，但以下除外：

（一）本协定另有规定；或者

（二）GATS第十五条下可能形成的纪律，为将其并入本协定，可对这些纪律进行审议。

四、除第五款规定的情形外，本协定，包括其争端解决程序，不适用于影响以下方面的措施：

（一）航权，无论以何种形式给予；或者

（二）与航权的行使直接有关的服务。

五、本章适用于影响以下方面的措施：

（一）航空器的修理和保养服务；

（二）空运服务的销售和营销；以及

（三）计算机订座系统（“CRS”）服务。

第六十一条　市场准入

一、对于通过第五十九条（定义）第（二十一）项确认的服务提供方式实现的市场准入，一方对另一方的服务和服务提供者给予的待遇，在条款、限制和条件方面，不得低于其在具体承诺减让表中所同意和列明的内容。

二、在承诺市场准入的部门，除非减让表中另有规定，一方不得在其全部或部分境内维持或采取下列措施：

（一）以数量配额、垄断、专营服务提供者或经济需求测试要求的形式，限制服务提供者的数量；

（二）以数量配额或经济需求测试要求的形式，限制服务交易或资产的总值；

（三）以配额或经济需求测试要求的形式，限制经营者数量或以指定数量单位表示的服务产出总量；

（四）以数量配额或经济需求测试要求的形式，限制特定服务部门或服务提供者可雇佣的、提供具体服务所必需且直接有关的自然人总数；

（五）限制或要求服务提供者通过特定类型法律实体或合营企业提供服务的措施；以及

（六）以限制外国股权最高百分比或限制单个或总体外国投资总额的方式限制外国资本的参与。

第六十二条　国民待遇

一、对于列入承诺减让表的部门，一方应当依据其承诺减让表所列条件和资格，对影响服务提供的所有措施，给予另一方服务和服务提供者的待遇，不得低于其给予本国同类服务和服务提供者的待遇。

二、一方可通过对另一方服务或服务提供者给予与其本国同类服务或服务提供者形式上相同或不同的待遇，满足第一款的要求。

三、如果一方给予另一方同类服务或服务提供者在形式上相同或不同的待遇，改变了竞争条件，使其本国服务或服务提供者处于有利地位，则此类待遇应当被视为低于其给予本国同类服务和服务提供者的待遇。

第六十三条　附加承诺

对于没有列入第六十一条（市场准入）和第六十二条（国民待遇）下减让表的影响服务贸易的措施，可包括但不限于资格、标准或许可事项的措施，双方可进行承诺谈判，并将承诺纳入减让表。

第六十四条　具体承诺减让表

一、各方应当在各自减让表中列出其根据本协议第六十一条（市场准入）、第六十二条（国民待遇）和第六十三条（附加承诺）做出的具体承诺。对于做出承诺的部门，其具体承诺减让表应当列明：

（一）承诺部门；

（二）市场准入的条款、限制和条件；

（三）国民待遇的条件和资格；

（四）与附加承诺有关的承诺；以及

（五）若需要，此类承诺的实施时间。

二、与第六十一条（市场准入）和第六十二条（国民待遇）不一致的措施应当列入与第六十一条（市场准入）和第六十二条（国民待遇）有关的栏目。

三、双方具体承诺减让表作为附件五（服务贸易具体承诺减让表）附于本协定之后，成为协定的一部分。

四、根据2007年1月14日签署的《中华人民共和国与东南亚国家联盟成员国全面经济合作框架协议服务贸易协议》第二十三条第二款的规定，一俟中国和东盟之间达成服务贸易第二批具体承诺，双方应将承诺纳入本协定，并对双方生效。

第六十五条　国内规制

一、对于第六十一条（市场准入）、第六十二条（国民待遇）、第六十三条（附加承诺）和第六十四条（具体承诺减让表）下做出具体承诺的部门，各方应当保证影响该部门的所有普遍适用的措施将以合理、客观和公正的方式实施。

二、（一）各方应当保留或尽快设立司法、仲裁或行政庭或程序，在受到影响的服务提供者请求时，对影响服务贸易的行政决定尽快进行审议，并在请求被证明合理的情况下提供适当的救济。如此类程序并不独立于做出有关行政决定的机构，则该方应当保证此类程序确实提供了客观和公正的审查。

（二）第（一）项的规定不得解释为要求一方设立与其宪法结构或其法律制度的性质不一致的法庭或程序。

三、对于在本协定项下做出具体承诺的服务，如提供此种服务需要得到批准，则主管机关应当：

（一）在申请不完整的情况下，应申请人要求，指明所有为完成该项申请所需补充的信息，并在合理的时间内为申请人修正不足提供机会；

（二）应申请人要求，提供有关申请审批的进展情况，不得有不当延误；并且

（三）在申请被终止或否决时，尽可能以书面形式尽快通知申请人做出此决定的原因。申请人可自行决定重新提交申请。

四、为确保与资格要求、程序、技术标准和许可要求相关的各项措施不构成不必要的服务贸易壁垒，双方应当按照GATS第六条第四款，共同审议有关此类措施纪律的谈判结果，以将这些措施纳入本协定。双方注意到此类纪律旨在特别确保如下要求：

（一）依据客观、透明的标准，例如提供服务的能力；

（二）不得超过为保证服务质量所必需的负担；以及

（三）涉及许可程序时，这些程序本身不对服务提供构成限制。

五、（一）对于第六十一条（市场准入）、第六十二条（国民待遇）、第六十三条（附加承诺）和第六十四条（具体承诺减让表）下做出具体承诺的部门，在本条第四款提及的纪律被纳入本协定之前，该方不得实施下列使本协定项下义务失效或减损的许可要求、资格要求或技术标准：

1. 不符合本条第四款第（一）项、第（二）项或第（三）项中所概述的标准的；以及

2. 该方对这些部门做出具体承诺时不可能合理预期的。

（二）在确定一方是否符合第本条五款第（一）项下的义务时，应当考虑该方所使用的有关国际组织14国际标准。

六、在就专业服务做出具体承诺的部门，各方应具有充分的程序，以证明另一方专业人员的能力。

第六十六条　承认

一、为使服务提供者达到获得授权、许可或证书的全部或部分标准或指标，并根据第三款要求，一方可承认或鼓励其相关主管部门承认在另一方获得的教育或经历、符合的要求、或授予的许可或证书。承认可通过相关标准和指标的协调或其他方式实现，或通过双方或相关主管部门之间达成协议或安排，也可自动给予。

二、属第一款所指类型的协定或安排参加方的一方，无论此类协定或安排已经存在还是在未来订立，均应当在另一方要求下为该方提供充分机会，通过谈判加入此类协定或安排，或与其谈判类似的协定或安排。如一方自动给予承认，则应当向另一方提供充分的机会证明，在另一方获得的教育、经历、许可或证书以及符合的要求，均会得到承认。

三、一方给予承认的方式，在适用服务提供者获得授权、许可或证明的标准或指标时，不得在各国之间构成歧视，或构成对服务贸易的变相限制。

第六十七条　承认合作

一、双方应确保其相关主管机构尽快启动下列领域的等效性互认谈判：

（一）会计工作经验和资格；

（二）审计工作经验和资格；以及

（三）会计和审计准则。

二、在协定生效后，双方应启动建筑师互认安排的谈判，以承认获得的资格或经历、要求、或授予的许可或证书，以尽快达成此项安排，并探索将互认扩展到其他建筑和工程领域的可能性。

第六十八条　承认合作联合委员会

一、为有效实施第六十七条（承认合作），应建立承认合作联合委员会（“委员会”），包括建立一个会计和审计工作小组。委员会的职能是：

（一）审议和讨论有效实施第六十七条（承认合作）的事项；

（二）确定并推荐促进双方合作的领域和方式；并且

（三）讨论与实施第六十七条（承认合作）有关的其他事项。

二、应任何一方或自由贸易区联合委员会的要求，委员会和会计和审计工作小组应在共同接受的时间和地点召开会议。

第六十九条　垄断和专营服务提供者

一、各方应确保其境内的任何垄断服务提供者在有关市场提供垄断服务时，不以与其具体承诺不一致的方式行事。

二、如一方垄断提供者直接或通过附属公司参与其垄断权范围之外且受该方具体承诺约束的服务提供的竞争，则该方应确保该提供者在其境内不滥用其垄断地位，以与该承诺不一致的方式行事。

三、如一方有理由认为另一方垄断服务提供者以与第一款和第二款不一致的方式行事，则该方可要求设立、保留或授权该垄断服务提供者的另一方提供有关程序的具体信息。

四、本条规定也应当适用于此类专营服务提供者，如果一方在形式上或事实上：

（一）授权或设立少数几个服务提供者；并且

（二）实质性阻止与这些服务提供者在其境内的竞争。

第七十条　商业惯例

一、双方认识到，除属第六十九条（垄断和专营服务提供者）范围内的商业惯例外，服务提供者的某些商业惯例会抑制竞争，从而限制服务贸易。

二、在另一方请求下，一方应进行磋商，以期取消第一款所指的商业惯例。被请求方对此类请求应给予充分和积极的考虑，并应通过提供与所涉事项有关的、可公开获得的非机密信息进行合作。在遵守其国内法律并在就请求方保障其机密性达成令人满意的协议的前提下，被请求方还应向请求方提供其他可获得的信息。

第七十一条　保障措施

双方注意到根据GATS第十条在非歧视原则基础上进行的紧急保障措施问题的多边谈判。一旦该多边谈判结束，双方应当进行审议，过适当修改本协定，纳入多边谈判的成果。

第七十二条　支付与转移

一、除第一百零七条（保障国际收支平衡的措施）中规定的情况外，一方不得对与其具体承诺有关的经常项目交易实施国际转移和支付限制。

二、本协定的任何规定不得影响双方作为国际货币基

金组织成员在《国际货币基金协定》项下的权利和义务，包括采取符合《国际货币基金协定》的汇兑行动，但是，除非根据第一百零七条（保障国际收支平衡的措施）或国际货币基金组织的要求，一方不得对任何资本交易设置与其有关此类交易的具体承诺不一致的限制。

第七十三条　透明度

GATS第三条，经必要修改后，纳入本协定并构成协定的一部分。

第七十四条　机密信息的披露

本章的任何规定不得要求任何一方提供一经披露即妨碍执法或违背公共利益或损害特定公私企业合法商业利益的机密信息。

第七十五条　利益的拒绝

一方可对下列情况拒绝给予本协定项下的利益：

（一）对于一项服务的提供，如确定该服务提供来自于一非缔约方的境内，或在一非缔约方境内；

（二）在提供海运服务的情况下，如确定该服务是：

1. 由一艘根据一非缔约方的法律进行注册的船只提供的，及

2. 由一经营和/或使用全部或部分船只的非缔约方的人提供的；

（三）对于一个具有法人资格的服务提供者，如确定其不是另一方的服务提供者。

第七十六条　杂项条款

GATS附件，即《关于提供服务的自然人流动的附件》、《关于空运服务的附件》、《关于金融服务的附件》和《关于电信服务的附件》，经必要调整后纳入本协定，并构成协定的一部分。

第九章　自然人移动

第七十七条　定义

就本章而言，

（一）商务访问者是指任何一方的自然人，其为：

1. 作为自然人服务销售人员，作为一方服务提供者的销售代表，寻求临时进入另一方境内，代表该服务提供者进行服务销售谈判，而不是向公众直接销售或直接提供服务；或

2. (1) 自然人作为一方投资者，在另一方境内进行投资或已设立投资；或

(2) 一方投资者（包括在另一方境内进行投资或已设立投资的一方法人）适当授权的代表，

寻求临时进入另一方境内，设立、扩大、监督和处置该投资者的投资；或

3. 自然人作为商品销售人员，寻求临时进入另一方境内进行商品销售谈判，而不是向公众直接销售；

（二）合同服务提供者是指一方自然人，其：

1. 为一方服务提供者或企业（无论是公司还是合伙）的雇佣人员，为履行其雇主与另一方境内服务消费者的服务合同，临时进入另一方境内提供服务；

2. 受雇于一方的公司或合伙，该公司或合伙在其提供服务的另一方境内无商业存在；

3. 报酬由雇主支付；并且

4. 满足另一方国内法律法规规定的在该方境内提供此类服务的任何其他条件；

（三）高级管理人员是指一组织内部的自然人，负责该组织的主要管理，广泛行使决策权，仅接受较高管理层、董事会或企业股东的总体监督和指导。高级管理人员不直接从事实际服务提供，不直接参与投资的运营；

（四）移民手续是指赋予另一方自然人入境、居留或在境内工作权利的签证、许可、通行证、其他文件或者电子授权；

（五）移民措施是指影响外国公民入境和居留的任何法律、法规、政策或程序；

（六）公司内部流动人员是指第（三）、（七）和（八）项定义的高级管理人员、经理或专家，是第八章（服务贸易）定义的在另一方境内有商业存在的一方服务提供者或投资者的雇员；

（七）经理是指一组织内部的自然人，负责该组织、部门或分部门的主要管理，监督和控制其他负责监管、业务和管理的雇员的工作，有权雇佣、解雇或行使其他人事职能（例如提升或休假批准），在日常经营中行使决策权。为进一步明确，经理不包括主要职责为提供服务的雇员；

（八）专家是指一组织内部的自然人，掌握有关高级别技术专长的知识，拥有与该组织的服务、研究工具、技术或管理有关的专门知识；

（九）临时入境是指商务访问者、公司内部流动人员或合同服务提供者的入境，旨在从事与他们各自业务明确相关的活动，而非永久居留。此外，对于商务访问者，其薪金和任何相关报酬应当全部由在其母国雇佣该商务访问者的服务提供者或法人支付。

第七十八条　目标

本章的目标是，在认识到有必要保证边界安全和保护国内劳动力的同时，为临时入境建立透明的标准和简化的程序。这体现了双方的优惠贸易关系和便利自然人临时入境的共同愿望。

第七十九条　范围

一、本章适用于一方自然人进入另一方境内的相关措施，只要该自然人为：

（一）商务访问者；

（二）合同服务提供者；或者

（三）公司内部流动人员。

二、本章、第八章（服务贸易）或第十章（投资）不适用于与公民身份、国籍、永久居留或者永久雇佣有关的措施。

三、本章、第八章（服务贸易）或第十章（投资）的任何规定不得阻碍一方对另一方自然人进入或在其境内临时居留采取任何管理措施，包括为保护其领土完整及为确保自然人跨境有序流动而采取的必要措施，只要此类措施的实施

并未致使另一方在本协定项下获得的利益丧失或减损[15]。

第八十条　快速申请程序

各方应当快速处理另一方自然人的移民手续申请，包括进一步的移民手续要求或相关的延期，以避免不当影响或延误本协定项下货物贸易、服务贸易或投资活动的开展。各方应当直接通知或通过申请人授权的代表或其未来雇主通知申请人临时入境的申请审批结果，包括居留时间和其他条件信息。

第八十一条　准予临时入境的一般原则

一、双方可就第五十九条（定义）规定的自然人临时入境做出承诺。

二、此类承诺和承诺的条件应在附件六（自然人临时入境承诺）中列出。

三、对于一方在第一款和第二款项下做出的承诺，只要该自然人符合所有相关的移民措施，该方应依据承诺准予其临时入境。

四、对于附件六（自然人临时入境承诺）关于临时入境的承诺，除非列明，任何一方不得：

（一）要求劳动力测试证明和其他有类似作用的程序要求；

（二）对临时入境设置或维持任何数量限制；或者

（三）要求将劳动力市场测试、经济需求测试或其他有类似作用的程序作为临时入境的条件。

五、各方应当将受理自然人临时入境申请所收费用，限制在受理服务所需的约计成本水平。

六、根据本章准予的临时入境，不能取代准予临时入境一方境内有效的具体法律法规对就业或进行活动所需要求的规定。

第八十二条　透明度

在调整或修改影响自然人临时入境的移民措施时，各方应确保及时公布有关调整或修改，并使另一方自然人可以通过电子途径或其他方式了解。

第八十三条　联系点

各方应当指定联系点，以便利沟通，促进本章有效实施。联系点应当负责答复另一方关于自然人移动相关规定的咨询，以及有关本章涵盖的任何事项的询问，并向对方提供该联系点的详细信息。双方应及时通知对方联系点变更的任何详细信息。联系点应确定在促进双方自然人移动方面进一步合作的领域和方式，并提出建议。

第十章　投资

第八十四条　投资

一、依照《中华人民共和国与东南亚国家联盟全面经济合作框架协议》第五条进行的中国与东盟之间的投资协议（《中国—东盟投资协议》）完成后，除非协议另有规定，其条款经必要修改后应纳入本协定，成为本协定的一部分。

二、认识到《中国—东盟投资协议》谈判正在进行，双方同意共同推动协议尽早达成。

三、为了进一步确定，《中国—东盟投资协议》中与双方无关的任何权利、义务、限制或者例外不在本协定下适用。尽管有第一百一十二条（与其他协定的关系），如果《中国—东盟投资协议》与本协定不一致，本协定的条款优先适用。

四、本协定生效后的任何时候，应任何一方请求，双方应为鼓励和便利双方之间的投资进行磋商。

第十一章　经济合作

第八十五条　目标

一、本章的目标是：

（一）鉴于近来区域和国际的发展趋势，进一步加强双边合作；

（二）重申双边合作中已有的安排；以及

（三）探索双方之间新的合作领域。

二、合作领域包括但不限于：

（一）贸易投资促进；

（二）参与中国的区域发展；

（三）旅游合作；

（四）人力资源开发；

（五）促进中国企业“走出去”。

第八十六条　贸易投资促进

一、认识到加强贸易和投资对各自经济发展的重要性，双方应寻求加强在贸易和投资促进方面的合作。

二、为实现以上目标，各方应鼓励和便利包括以下内容在内的行动：

（一）促进和扩展双方贸易投资的政策对话；

（二）就重要的经贸问题交换观点，就解决与双方贸易投资有关的共同问题举行磋商；

（三）根据双方的互补优势共同确定极具合作潜力的优先领域，并且探索在这些领域的合作方式；

（四）支持两国工商界之间的交流和对话；以及

（五）加强双方之间的经济合作，包括在第三国的经济合作。

三、双方应通过现有的国家层面的机制，包括双边合作联合委员会、投资促进委员会、中国商务部与新加坡贸工部对话和省级工商理事会，引导和协调在贸易和投资促进方面的合作。双方应不断加强政府间的机制，并为此探索新的合作形式。

四、双方注意到，半官方和非官方组织参与贸易投资促进对双方经济合作具有积极作用。双方同意尽可能支持这些组织加强贸易投资促进活动。

五、双方注意到促进双方工商界在更广领域开展交流和合作的重要性，将鼓励商业促进行为，加强双方相关企业间的交流和联系。

第八十七条　参与中国的区域发展

一、认识到参与中国的区域发展是双边合作的重要支柱之一，以旗舰项目苏州工业园区为范例，双方应继续紧密工作，拓展和深化在该领域的合作。

二、注意到中国—新加坡天津生态城重点项目是双边区域发展合作中的另一重要举措，双方同意紧密合作，争取将其建设成为可持续发展的典型，同时加强在环境保护和资源能源节约等领域的合作。

三、双方重申双边省级工商理事会是支持中国区域发展的重要机制。双方同意加强现有合作，通过这些理事会寻找新的合作领域。

四、双方还将与在中国和新加坡的各商会一起努力，鼓励更多企业参与中国的区域贸易展会。

五、双方原则同意任何商业合作都应以商业利益为主导，政府只应发挥促进作用。

第八十八条　旅游合作

一、认识到加强旅游和人员流动对各自经济的发展的重要性，双方应通过诸如中国国家旅游局和新加坡旅游局高级别双边会议等论坛和例行对话机制，探讨加强旅游促进和交流方面的合作。

二、双方应继续加强在旅游领域的合作。双方还注意到扩展和加深旅游合作，特别是促进教育旅游和学生交流的重要性。

三、双方应真诚合作，通过探索为旅游者提供更多便利的方法和措施来发展旅游业。这将进一步加深双方人民之间的相互理解和友好交流。

第八十九条　人力资源开发

一、双方认识到人力资源发展是双边关系的重要支柱之一，注意到人力资源开发是一种双向交流。

二、根据2005年9月在第二次中新经贸合作联合委员会上签署的《面向21世纪的中国—新加坡人力资源合作伙伴关系谅解备忘录》，双方应根据如下原则，加强和探索在该领域新的合作方式：

（一）增加交流，让官员了解在彼此国家发生的变化以及正在形成的良好经验；

（二）考虑彼此的现实需要，扩展交流的形式和领域，以及

（三）探索共同向第三国提供技术支持的合作。

第九十条　促进中国企业“走出去”

一、认识到促进中国企业“走出去”是双边合作的重要支柱之一，双方应加强在该领域的合作。

二、双方应寻找更多促进工商业交流的方式，提高中国企业利用新加坡作为有效区域平台优势的意识，并发掘在第三国市场的合作机会。

三、双方同意任何商业合作都应以商业利益为主导，政府的角色是提高企业利用这些机会的能力，提供商业研讨和网络会议以便利交流。

四、双方应不断通过中国商务部和新加坡贸工部对话、投资促进委员会和双边合作联合委员会等平台寻找新的合作途径。

第十二章　争端解决

第九十一条　定义

除另有规定外，就本章而言：

（一）起诉方指依据第九十四条（磋商）提出磋商请求的一方；

（二）被诉方指依据第九十四条（磋商）被要求磋商的一方。

第九十二条　范围

一、本章应适用于本协定（包括附件及其内容）项下的争端。

二、双方一致同意后，可制定关于争端解决的特别或附加规则与程序，适用于本章。

三、除本协定规定或双方另有约定，本章应适用于避免或解决本协定项下与双方权利义务有关的争端。

四、涉及一方的中央或地方政府或主管部门采取影响遵守本协定的措施时，可援引本章。

五、在满足第六款的前提下，本章任何规定不得影响各方诉诸其参加的任何其他条约所规定的争端解决程序的权利。

六、一旦根据本章或其他双方都是缔约方的条约启动了争端解决程序，对于本协定或该条约涉及的特定权利和义务，起诉方选定的争端解决机构应获得对本争端的排他性管辖权。

七、如果双方明确同意将特定争端诉诸一个以上的争端解决机构，第五款和第六款将不再适用。

八、就第五款到第七款而言，如起诉方按照本章或者双方参加的任何其他条约的规定，要求设立争端解决的专家小组或仲裁庭，或者已将争议提交给一个争端解决专家小组或仲裁庭时，应认为其已选定争端解决机构。

第九十三条　联络办公室

一、就本章而言，各方应：

（一）指定负责本章所有联络事务的办公室；

（二）负责该指定办公室的运作和费用；并且

（三）在完成使本协定生效的国内程序之日起30日内，通知另一方该指定联络办公室的位置和地址。

二、除本章另有规定，依据本章规定提交给一方指定联络办公室的请求和文件应被视为提交给该方的请求和文件。

第九十四条　磋商

一、由于被诉方未履行其在本协定项下的义务，导致：

（一）起诉方依据本协定直接或间接获得的任何利益正在丧失或减损；或者

（二）本协定旨在达成的目标正在受到阻碍，起诉方据此基于影响本协定实施和适用而提出磋商要求，被诉方应对磋商给予适当的考虑和充分的机会。

二、磋商请求应以书面形式提出，并说明争议所涉及的具体措施，起诉所指控的事实和法律基础（包括被认为所违反的本协定条款和其他相关规定）。起诉方应向被诉方递交此请求，被诉方收到后应当告知起诉方。

三、如一方提出磋商请求，另一方应当在接到请求之日起7日内做出书面答复，并在接到请求之日起30日内

为达成双方满意的解决方案而善意地举行磋商。如被诉方未在7日内做出书面答复，或未在30日内举行磋商，起诉方可直接要求设立第九十六条（仲裁庭的设立）所规定的仲裁庭。

四、双方应努力通过磋商达成双方满意的解决方案。为此，双方应：

（一）提供充足信息，以充分审议所涉措施如何影响本协定的实施与适用；以及

（二）对磋商过程中交换的另一方指明的机密信息，予以保密。

五、磋商应当保密且不得影响任何一方在后续或其他程序中的权利。

六、在紧急情况下，包括涉及易腐货物，双方应当在被诉方收到要求之日起10日内进行磋商。如自被诉方收到要求之日起20日内未能达成解决方案，起诉方可直接要求设立第九十六条（仲裁庭的设立）规定的仲裁庭。

七、在紧急情况下，包括涉及易腐货物，争端双方和仲裁庭应尽最大可能加快程序的进行。

第九十五条　调停或调解

一、双方可随时同意进行调停或调解。调停和调解可随时开始或终止。

二、如争端双方同意，在根据第九十六条（仲裁庭的设立）设立仲裁庭解决争端的同时，调停和调解可以由双方同意的任何个人或机构继续进行。

三、调停和调解的程序以及双方在其中的立场应当保密，且不影响任何一方在后续及其他程序中的权利。

第九十六条　仲裁庭的设立

一、如果第九十四条（磋商）项下的磋商未能在收到磋商请求之日起60日内解决争端；涉及易腐货物的，未能在收到磋商请求之日起20日内解决争端，起诉方可书面要求被诉方设立本条项下的仲裁庭。

二、设立仲裁庭的要求应说明设立的原因，包括：

（一）指明争议所涉及的具体措施；以及

（二）足以清楚说明问题的起诉的事实和法律基础（包括被认为所违反的本协定条款以及其他相关规定）。

第九十七条　仲裁庭的组成

一、除非双方另有约定，仲裁庭应当由三人组成。

二、起诉方应自被诉方收到根据第九十六条（仲裁庭的设立）的规定设立仲裁庭的要求之日起20日内，指定一名仲裁员。被诉方应自收到根据第九十六条（仲裁庭的设立）的规定设立仲裁庭的要求之日起30日内，指定一名仲裁员。如任何一方未能在规定时间内指定仲裁员，则另一方指定的仲裁员应当担任仲裁庭的独任仲裁员。

三、一旦起诉方和被诉方根据第二款指定了各自的仲裁员，双方应当尽可能同意指定第三名仲裁员，并由其担任首席仲裁员。如根据第二款指定产生最后一名仲裁员之日起30日内，双方未能就首席仲裁员的指定达成共识，双方应当请求WTO总干事指定，并应接受该项指定。如果WTO总干事为争端一方的公民，则应由非争端方公民担任的副总干事或其下职位最高的官员指定首席仲裁员。

四、仲裁庭组成的时间应当是依据第三款指定首席仲裁员的日期；如果仅有独任仲裁员，则是自收到依据第九十六条（仲裁庭的设立）提出设立仲裁庭要求后的第30日。

五、如依据本条指定的仲裁员辞职或者无法履行职责，应以指定原仲裁员相同的方式指定继任仲裁员，继任仲裁员应享有原仲裁员的所有权力和职责。在指定继任仲裁员期间，仲裁庭的工作应中止。

六、仲裁庭仲裁员或首席仲裁员应当具备法律、国际贸易、本协定项下其他事项或者国际贸易协定争端解决的专业知识或经验；并依据客观性、可靠性、良好判断力和独立性进行严格挑选。首席仲裁员应不是任何一方公民，不在任何一方境内拥有常住场所，并不受雇于任何一方。

七、依据本章规定为某事项设立的仲裁庭因任何理由无法审理时，应按照本条的规定重新指定仲裁庭。

第九十八条　仲裁庭的职能

一、仲裁庭的职能是对争端作出客观评估，包括对案件事实、本协定的适用性以及与本协定的一致性作出审查。如仲裁庭认定某项措施与本协定的规定不一致，应建议被诉方采取行动，使该措施与本协定的规定相一致。除提出建议外，仲裁庭可向被诉方提供如何执行建议的方法。在裁决和建议中，仲裁庭不得增加或减少本协定规定的权利和义务。

二、除非双方在仲裁庭设立后20日内另行商定，仲裁庭职能应表述为：

“根据本协定的有关规定，审查由（争端一方的名字）提出设立仲裁庭的事项……根据本协定的规定作出裁定、决定和建议。”

仲裁庭应当就双方引用的本协定的相关规定进行阐述。

三、根据上述第九十六条（仲裁庭的设立）设立的仲裁庭：

（一）应定期与双方磋商，为达成双方满意的解决方案提供机会；

（二）应依据本协议以及适用于双方的国际法规则作出裁决；并且

（三）应在裁决中说明做出裁决的法律、事实和理由。

四、仲裁庭的裁定是终局的，对双方具有约束力。

五、仲裁庭应协商一致做出裁决。如仲裁庭不能协商一致，则应当依照多数意见做出裁决。

六、除第九十六条（仲裁庭的设立）第二款和第九十九条（仲裁庭的程序）规定的事项外，仲裁庭应当通过与双方进行磋商，规定与双方表达观点的权利及审议相关的程序。

第九十九条　仲裁庭的程序

一、仲裁庭不应公开审理。双方只有在被仲裁庭邀请后方能出席。

二、仲裁庭实质性会议的地点应由争端双方协商决

定，如未能达成合意，则第一次实质性会议应在被诉方的首都举行，第二次会议应在起诉方的首都举行。

三、与双方磋商后，仲裁庭应尽可能在仲裁庭组成后15日内确定仲裁程序时间表。在确定仲裁程序时间表时，应给予双方充分的时间准备其应提交的文件。仲裁庭可设立双方提交书面文件明确的最后期限，双方应当遵守最后期限的规定。

四、仲裁庭审议和收到的文件应当保密。本条款不得阻止双方公开发表自己的立场或向公众散发文件；争端一方提交给仲裁庭并明确要求保密的文件，另一方应当予以保密。当一方向仲裁庭提交保密文件后，其应在另一方要求下提供一份可以向社会公开的该保密文件的非保密摘要。

五、除非仲裁庭与争端双方协商后决定采用其他规则和程序，附件七（仲裁程序的步骤和规则）规定的审理规则和程序应当适用。

六、仲裁庭应根据所获得的信息和双方的陈述，在双方不在场的情况下起草仲裁庭报告。仲裁庭的审议应当保密。裁决报告中的仲裁的个人意见应以匿名方式体现。

七、根据双方提交的文件、口头答辩和获得的任何信息，仲裁庭应向双方提交一份报告草案，其中应包括对争端的事实说明部分和双方的论点以及仲裁庭的判定和结论。仲裁庭应在作出最终报告前，给双方提供充分机会审查报告草案的全部内容，并应当在最终报告中反映双方的评论。

八、仲裁庭应自组成之日起120日内向双方提交最终报告。在紧急情况下，包括涉及易腐货物，仲裁庭应力争自组成之日起60日内向双方提交最终报告。如果仲裁庭认为在120日内，或在紧急情况下60日内不能提交最终报告，则应书面告知双方迟延的原因和预计完成的期限。任何迟延不得超过自仲裁庭组成之日起180日。

九、仲裁庭的最终报告应在向双方提交后10日内成为公开文件。

第一百条　程序的中止和终止

一、争端双方一致同意后，仲裁庭可在任何时间中止工作，中止期限自双方达成此一致时起不超过12个月。在中止期间，根据任何一方的请求仲裁庭可恢复仲裁程序。如仲裁庭工作中止12个月以上，除非双方另行商定，设立仲裁庭的授权应终止。

二、在仲裁庭向双方提交最终报告前，如双方达成共同满意的解决方案，可同意终止依据本协定组成的仲裁庭的仲裁程序。

三、仲裁庭做出裁决之前，可在仲裁的任何阶段建议双方友好地解决争端。

第一百零一条　执行

一、被诉方应告知起诉方对执行仲裁庭建议和裁决的意向。

二、如果立即执行仲裁庭的建议和裁决不可行，被诉方应有一个合理期限执行仲裁庭的建议和裁决。该合理期限应由争端双方共同决定。如果自仲裁庭提交最终报告之日起30日内双方未能就该合理期限达成一致，如果可能，任何一方可将此事项提交原仲裁庭。原仲裁庭在与双方协商后，应在该事项提交后30日内确定合理期限。如果仲裁庭认为无法在该期限内提供报告，则应当书面通知双方延迟的原因并在不迟于该事项提交后45日内提交报告。

三、如果对于在第二款所指的合理时间内为执行仲裁庭建议所采取的措施是否存在，或是否与本协定相一致存在分歧，则此争议应在可能的情况下提交原仲裁庭。仲裁庭应当自该事项提交后60日内向双方提供报告。如果仲裁庭认为无法在该期限内提供报告，则应当书面通知双方延迟的原因并在不迟于该事项提交后75日内提交报告。

第一百零二条　补偿、减让或优惠的中止

一、补偿、中止减让或优惠属于在仲裁庭的建议和裁决未能在合理时间内被执行时可获得的临时措施。但是，并不提倡通过补偿、中止减让或优惠等临时措施来完全执行仲裁庭建议，并使某一措施与本协定保持一致。补偿是自愿的；如果给予，应符合本协定的规定。

二、如被诉方未在按第一百零一条（执行）第二款确定的合理期限内，使与本协定不一致的措施符合仲裁庭的建议，应要求，被诉方应当与起诉方进行谈判，以期就必要的补偿调整达成双方满意的协议。

三、如自提出补偿调整的磋商之日起20日内双方未能达成一致，起诉方可以要求原仲裁庭，对未能按仲裁庭的建议使该项措施与本协定保持一致的一方，决定任何合理水平的减让或优惠的中止。仲裁庭应当自该事项提交后30日内向双方提供报告。如果仲裁庭认为无法在该期限内提供报告，则应当书面通知双方延迟的原因并在不迟于该事项提交后45日内提交报告。补偿或优惠在仲裁过程中不应中止。

四、任何减让或优惠的中止，都应当严格限制在未能使与本协定不符的措施符合仲裁庭建议的一方依据本协定所享有的减让或优惠。

五、在考虑中止何种减让或优惠时：

（一）起诉方应首先寻求对与被仲裁庭认定有违反义务或造成利益丧失或减损情形的部门相同的部门中止减让或优惠；并且

（二）如果起诉方认为在相同部门中止减让或优惠不可行或无效，可寻求在其他部门中止减让或优惠。

六、中止减让或优惠应是临时的，且只能维持至不符合本协定的措施被取消，或必须执行仲裁庭裁定的一方已执行，或双方已达成满意的解决方案。

第一百零三条　语言

一、本章规定的所有程序应以英文进行。

二、依据本章规定的所有程序而需要提交使用的文件应当为英文。如果依据本章规定的程序提交的某一原始文件为非英文，提交方应当提供其英文翻译。

第一百零四条　费用

一、各方应承担其所指定的仲裁员的费用、自身费用和法律费用。

二、首席仲裁员的费用和其他与仲裁程序相关的费用应由双方平均负担。

第十三章　例外

第一百零五条　一般例外

一、就第三章（货物贸易）、第四章（原产地规则）、第五章（海关程序）、第六章（贸易救济）、第七章（技术性贸易壁垒和卫生与植物卫生措施）而言，GATT1994第二十条及其解释性说明经必要修改后并入本协定，成为本协定的一部分。

二、就第八章（服务贸易）而言，在遵守关于此类措施的实施不得给对方构成任意或不合理歧视的手段，或构成对服务贸易的变相限制的前提下，本协定的任何规定不得解释为阻止一方采取或实施以下措施：

（一）为保护公共道德或维护公共秩序所必需；

（二）为保护人类、动物或植物的生命或健康所必需；

（三）为保证与本协议的规定不相抵触的法律或法规得到遵守，包括：

1. 防止欺骗和欺诈行为或处理服务合同违约而产生的影响；

2. 保护与个人信息处理和传播有关的个人隐私及保护个人记录和账户的机密性；

3. 安全；

（四）与第六十二条（国民待遇）不一致，如果差别待遇是为了确保对另一方的服务或服务提供者公平或有效地[17]课征或收取直接税。

第一百零六条　安全例外

本协定的任何规定不得解释为：

（一）要求任何一方提供其认为如披露则会违背其基本安全利益的任何信息；或者

（二）阻止任何一方采取其认为对保护其基本国家安全利益所必需的任何行动：

1. 与直接或间接为军事机关提供供应的交易有关；

2. 与裂变和聚变物质或衍生此类物质的物质有关；

3. 在战时或国际关系中的其他紧急情况下；或者

4. 为保护关键的公共基础设施，包括重要通信设施免受故意破坏，防止这些设施丧失或降低功能；或者

（三）阻止一方为履行其根据《联合国宪章》规定的维护国际和平与安全的义务而采取的任何行动。

第一百零七条　保障国际收支平衡的措施

一、如发生严重国际收支平衡问题和外部金融困难或受其威胁，一方可以：

（一）就货物贸易而言，根据GATT1994及WTO《关于1994年关税与贸易总协定国际收支条款的谅解》采取限制进口措施；

（二）就服务贸易而言，针对其已做出的具体承诺，采取或维持对服务贸易的限制，包括针对与该承诺有关的交易的支付或资金转移的限制。双方认识到，在经济发展或经济转型的过程中，一方的收支平衡的压力可能使采取限制措施成为必要，特别是确保维持一定的财政储备充足水平以实施其经济发展或经济转型的计划。

二、第一款涉及的限制：

（一）应与《国际货币基金协定》的规定相一致；

（二）应避免对另一方的商业、经济及金融利益造成不必要的损害；

（三）应不得超过应对第一款所指情况所必需的限度；

（四）应属临时性的，并应当随第一款所指情况的改善而逐步取消。

三、在确定此类限制的范围时，双方可优先考虑对其经济发展更为关键的经济部门，但不得为保护某一特定部门而采取或维持此类限制。

四、根据第一款采取或维持的任何限制及其变更，应迅速通知另一方。

第十四章　总条款和最后条款

第一百零八条　适用范围

本协定适用于：

（一）对于中国，2001年12月11日加入WTO时所指的中华人民共和国关税领土；为此目的，对于中国，本协定中“境内”是指中华人民共和国关税领土；

（二）对于新加坡，它的领陆、内水、领海，以及在其领海之外的、根据其国内法并符合国际法已确定的或将确定的任何海洋区域，新加坡在其内可行使关于海洋、海床、底土和自然资源的权利。

第一百零九条　国家、地区和地方政府

在履行本协定项下的义务和承诺时，各方应保证其境内的地区、地方政府和主管机构，以及行使中央、州、地区或地方政府或主管机关的授权的非政府机构遵守这些义务和承诺。

第一百一十条　联系点

各方应当指定一个联系点，以便利双方就本协定所涉任何问题进行沟通。应一方的请求，另一方的联系点应便利与请求方的沟通。

第一百一十一条　执行和审议

一、双方应建立自由贸易区联合委员会，由各自的部长或其指派的官员共同主持，监督本协定的实施，并审议本协定。

二、自由贸易区联合委员会可根据双方共同确定的职权范围和组织结构，设立特别委员会和常任委员会，或者工作组，并授予其职责。

二、自由贸易区联合委员会将

（一）监督和审议本协定的总体执行；

（二）审议本协定运行和实施过程中的具体事项；

（三）研究和提出合适的建议措施，解决本协定任一部分在实施和适用过程中出现的任何问题；

（四）在一方的请求下，考虑尚未被本协定涵盖的进一步减让或者其他议题；

（五）促进避免和解决由本协定产生的争端，包括采用根据第十二章（争端解决）的条款而进行的磋商；

（六）在完成各方必要的国内法律程序后，考虑和采纳对本协定及其承诺的修改；

（七）适时对本协定进行解释；

（八）考虑进一步实现本协定目标的方法，以及/或者

（九）采取双方同意的其他措施。

四、除非各方另有约定，自由贸易区联合委员会将：

（一）在本协定生效后1年内举行会议，之后每年定期在两国轮流举办；并且

（二）在一方提出要求后的30日内，在另一方或双方同意的其他地点举行特别会议。

五、一方对另一方在自由贸易区联合委员会上提供的机密信息，应采取同样保密方式。

六、自由贸易区联合委员会若认为必要，可将涉及本协定的任何问题提交更高级别进行考虑和决策。

第一百一十二条　与其他协定的关系

一、双方确认根据《WTO协定》或共同缔结的任何其他多边或双边协定而彼此承担的既存权利和义务。

二、若本协定与双方参加的任何其他协定不一致，双方应当立即进行磋商，以期达成双方满意的解决方案。

第一百一十三条　附件

本协定的附件构成本协定的完整组成部分。

第一百一十四条　修改

本协定可通过双方书面协议进行修改。

第一百一十五条　生效、存续和终止

一、本协定应在双方交换书面通知确认已完成本协定生效所必需的各自国内程序后第30日生效。双方应完成各自的国内程序并向对方发出书面通知，以使本协定能于2009年1月1日生效。

二、一方可书面通知对方终止本协定，终止通知发出6个月后生效。

三、在第二款通知发出后30日内，任何一方可就将本协定有关条款终止延迟至第二款规定时间之后请求磋商，磋商应在磋商请求发出30日内举行。

下列代表经各自政府授权签署本协定，以昭信守。

本协定于二〇〇八年十月二十三日在北京签订。本协定一式两份，以中文和英文写成。两种文本同等作准。

——————————

中华人民共和国政府代表

——————————

新加坡共和国政府代表

注：

1. 为进一步明确，对于中方，《中国—东盟自由贸易区货物贸易协议》第三条第二款第二项规定的敏感产品将继续由该协议支配，参见其附件二。

2. 这里的植物是指所有的植物，包括果实、花、蔬菜、树木、海藻、真菌及活植物。

3. 第（二）及第（三）项所指的动物包含所有的动物，包括哺乳动物、鸟、鱼、甲壳动物、软体动物、爬行动物、细菌及病毒。

4. 产品是指从活动物获得的未经进一步加工的产品，包括乳、蛋、天然蜂蜜、毛发、羊毛、精液及粪便。

5. 这里是指所有的废碎料，包括在该国制造、加工或消耗过程中产生的废碎料，废机器、废弃的包装，以及所有不能再作原用途而仅适于弃置或作原材料回收用的产品。所述的制造或加工作业应包括各种类型的加工，不仅包括工业或化学业，也包括采矿业、农业、建筑业、精炼、焚化和污水处理。

6. 就新加坡而言，其行政复议层级可以包括对海关当局进行监管的部级机构。

7. 按WTOTBT协定第22条的理解。

8. 按WTOTBT协定第22条的理解。

9. 本章的附件包括行业附件。

10. 如该服务不是由法人直接提供，而是通过分支机构或代表处等其他形式的商业存在提供，则该服务提供者（即该法人）仍应通过该存在被给予在本章项下给予服务提供者的待遇。此待遇应给予提供该服务的上述存在，但不需给予该服务提供者位于服务提供地境外的其他任何部分。

11. 如一方就通过第五十九条第（二十一）项第1目所指的方式提供服务做出市场准入承诺，且如果资本的跨境流动是该服务本身必需的部分，则该方由此已承诺允许此种资本跨境流动。如一方就通过第五十九条（第二十一）项第3目所指的方式提供服务做出市场准入承诺，则该方由此已承诺允许有关的资本转移进入其境内。

12. 第二款第（三）项不涵盖缔约一方限制服务提供投入的措施。

13. 根据本条承担的具体承诺不得解释为要求任何一方对由于有关服务或服务提供者的外国特性而产生的任何固有的竞争劣势做出补偿。

14. “有关国际组织”指成员资格对本协定缔约双方相关机构开放的国际机构。

15. 仅是要求一方自然人持有签证而不要求非缔约方的自然人持有签证的情况不应被视为对本协定项下货物贸易、服务贸易或投资活动的利益丧失或减损。

16. 公共秩序例外仅可在某一根本社会利益面临真正的、足够严重的威胁时被援引。

17. 旨在保证公平或有效地课征和收取直接税的措施包括一方根据其税收制度所采取的以下措施：

（1）认识到非居民的纳税义务由源自或位于该方境内的应征税项目确定的事实，而对非居民服务提供者实施；或

（2）为确保在该方境内的课税或征税而对非居民实施；或

（3）为防止避税或逃税而对非居民或居民实施，包括保证实施的措施；或

（4）对在另一方境内或自另一方境内提供的服务的消

费者实施的措施，以确保针对此类消费者，就源自该方境内的来源课征或收取税款；或

(5) 区分按世界范围应征税项目纳税的服务提供者与其他服务提供者，认识到两者之间税基的不同性质；或

(6) 为保障该方的课税基础而确定、分配或分摊居民或分支机构，或有关联的人员之间，或同一人的分支机构之间收入、利润、收益、亏损、抵扣或信用。

第（四）项和本脚注中的税收用语或概念，根据采取该措施一方国内法律中的税收定义和概念，或相当的或类似的定义和概念确定。

（来源：中国服务贸易指南网. http://tradeinservices.mofcom.gov.cn/b/2008－10－23/59029.shtml. 2008—10—23）

中越联合声明

一、应中华人民共和国国务院总理温家宝邀请，越南社会主义共和国政府总理阮晋勇于2008年10月20日至25日对中国进行正式访问并出席第七届亚欧首脑会议。访问期间，温家宝总理与阮晋勇总理举行会谈，中共中央总书记、国家主席胡锦涛，全国人民代表大会常务委员会委员长吴邦国分别会见了阮晋勇总理。除北京外，阮晋勇总理还赴海南省访问。

两国领导人在坦诚友好和相互理解的气氛中，就双边关系及共同关心的国际和地区问题深入交换了意见，就丰富中越全面战略合作伙伴关系的内涵达成重要共识。双方一致认为，访问取得了圆满成功，为推动中越睦邻友好与全面合作关系不断发展到新高度作出了贡献，这符合两国人民的根本利益，也有利于本地区和世界的和平、稳定与发展。

二、越方高度评价兄弟的中国人民改革开放30年来取得的辉煌成就，认为中国成功举办北京奥运会和残奥会、圆满完成神舟七号载人航天飞行和成功主办第七届亚欧首脑会议，使中国的国际地位和威望进一步提高，表示坚信中国人民一定能在建设中国特色社会主义事业中取得新的更大成就，胜利实现全面建设小康社会的奋斗目标。

中方高度评价越南人民在革新开放、实现国家工业化和现代化、改善人民生活水平的事业中取得的巨大成就，祝贺越南成功融入国际社会并担任联合国安理会非常任理事国，表示相信越南人民将胜利实现建设民富国强、社会公平、民主、文明的社会主义国家的目标。

三、双方满意地看到，中越睦邻友好合作关系取得了重要进展，双方政治互信不断增强，经贸合作成果丰硕，各部门和各地方的交流与合作日益扩大，存在问题逐步得到妥善解决。双方一致认为，在当前国际政治经济形势复杂多变的背景下，拓展和深化中越全面战略合作伙伴关系，符合两党两国和两国人民的根本利益，有利于本地区和世界的和平、稳定与发展。

四、双方就落实中越全面战略合作伙伴关系的措施达成重要共识。双方同意，保持两党两国高层密切接触，通过双边互访、热线通话、多边场合会晤等灵活多样的形式，及时就两国关系的重大问题交换意见；进一步发挥中越双边合作指导委员会的作用，统筹规划和全面推进两国各领域合作；完善各部门合作机制，落实好外交、国防、公安、安全等部门的合作协议；扩大科技、文化、教育、卫生、旅游等领域的务实合作，加强两国青少年、群众团体和民间组织的友好交往，做好对中越全面战略合作伙伴关系重要意义和具体内涵的宣传教育，使两国人民的友谊世代相传。双方同意举办形式多样的活动，隆重庆祝两国建交60周年。

五、双方同意进一步深化经贸合作，争取2010年双边贸易额达到250亿美元。双方责成中越经贸合作委员会：（一）推动落实双方正在商签的《中越经贸合作五年发展规划》；（二）为两国企业在对方国家投资创造便利；（三）尽快成立经贸合作工作组，就两国经贸合作有关具体事项相互通报情况、交换意见并就存在问题探讨解决措施；（四）在打击走私、假冒商品和商业欺诈等方面加强信息沟通、协调管理，保障边境贸易活动健康发展。

两国政府将加强指导并提供政策扶持，推动两国企业按照市场规则落实和执行业已签订的合作项目协议和经济合同，以增强双方合作信心；继续商定大型合作项目，鼓励两国大型企业在基础设施建设、交通、电力、住宅建设、设计咨询、化工、配套工业、造船等领域扩大长期互利合作。双方同意，继续落实关于开展“两廊一圈”合作的谅解备忘录，认真研究跨境经贸旅游区的有关设想，密切两国边境省份之间的关系。

双方同意加强两国经济专家之间的经验交流，为应对国际经济形势变化提出政策建议。

六、双方对陆地边界勘界工作基本完成表示满意，同意进一步密切配合，积极解决剩余问题，确保如期实现今年内完成陆地边界全线勘界立碑工作的目标，早日签署勘界议定书和新的边界管理制度协定，把两国陆地边界建成长期友好、和平稳定、互利合作的边界。双方同意在双方商定的一对口岸举行结束全线勘界立碑工作的庆祝仪式。

双方重申继续密切配合，落实好《北部湾划界协定》和《北部湾渔业合作协定》，做好北部湾共同渔区联合检查和渔业资源联合调查及海军联合巡逻工作，推动北部湾跨界油气构造勘采合作取得实质进展。稳步推进北部湾湾口外海域划界谈判并积极商谈该海域的共同开发问题，早日启动该海域共同考察。

双方就维护南海和平稳定坦诚友好地交换了意见，重申恪守两国高层共识及《南海各方行为宣言》精神，保持海上问题谈判机制，按照包括1982年《联合国海洋法公约》在内的国际法所确认的法律制度和原则，寻求双方均能接受的基本和长久的解决办法，同时积极研究和商谈共同开发问题，以便找到适合的模式和区域。在此过程中，双方将共同努力维护南海局势稳定，均不采取使争端复杂化或扩大化的行动。双方同意，本着先易后难的原则，加强在海洋科研、环境保护、气象水文预报、油气勘采、海

上搜救、军舰互访、建立两国军队直接信息交流机制等领域的合作。

七、越方重申坚定奉行一个中国政策，支持中国统一大业，坚决反对任何形式的“台独”分裂活动。越南不同台湾发展任何官方关系。中方对越方上述立场表示赞赏。

八、双方就共同关心的国际和地区问题交换了意见并达成共识，对两国在联合国、世界贸易组织、亚太经合组织、亚欧会议、中国—东盟、东盟—中日韩等国际和地区事务中的密切协调与配合表示满意，同意加强在多边领域的合作，为推动建设持久和平、共同繁荣的世界作出积极贡献。

九、访问期间，双方签署了两国政府关于建立领导人热线的协定和边境卫生检疫协议以及中国向越南提供出口买方信贷的贷款总协议、关于在海防建立中国越南经济贸易合作区的合作协议、中国海洋石油总公司与越南国家油气集团战略合作协议等8份合作文件。

十、阮晋勇总理对温家宝总理以及中国共产党、中国政府和人民所给予的隆重、热情、友好的接待表示衷心感谢，邀请温家宝总理再次访问越南。温家宝总理对此表示感谢。

2008年10月25日于北京

（来源：新华网. http://news.xinhuanet.com/newscenter/2008—10/25/content_10250414_1.htm.2008—10—25）

附　　录

中国驻东盟各国大使馆

（名称/大使/地址/电话/电子邮箱/网址）

驻文莱达鲁萨兰国大使馆/佟晓玲（女）（Tong Xiaoling）/NO.1，3，5 SIMPANG 462，KAMPUNG SUNGAI HANCHING BARU，JALAN MUARA，BC 2115，BANDAR SERI BEGAWAN，BRUNEI DARUSSALAM/00673－2－334163，00673－2－335710（传真）/EMBPROC @ BRUNET. BN，BN @ MOFCOM. GOV. CN/http：//bn. china-embassy. org

驻柬埔寨王国大使馆/张金凤（女）（Zhang Jinfeng）/No. 156，Blvd Mao Tsetung，Phnom Penh，Cambodia/00855－12810928，00855－12901923，00855－23－364738（传真）/chinaemb _ kh @ mfa. gov. cn/http：//kh. china-embassy. org

驻印度尼西亚共和国大使馆/章启月（女）（Zhang Qiyue）/JL. MEGA KUNINGAN NO. 2 JAKARTA SELATAN 12950 INDONESIA/0062—21—5761037，5761038（传真）/administrative@chnemb. or. id/http：//id. china-embassy. org

驻老挝人民民主共和国大使馆/潘广学（Pan Guangxue）/WAT NAK ROAD，SISATTANAK，VIENTIANE，LAO P. D. R. /00856－21－315100，00856－21－315104（传真）/CHINAEMB _ LA@MFA. GOV. CON

驻马来西亚大使馆/刘健（Liu Jian）/229，JALAN AMPANG，50450 KUALA LUMPUR，MALAYSIA，50450（邮编）/00603－21428495，21416732　00603－21414552，21453924（传真）/CHINAEMBMY@MFA. GOV. CN　/http：//my. china-embassy. org/chn/

驻缅甸联邦大使馆/叶大波（Ye Dabo）/NO. 1 PYIDAUNGSU YEIKTHA ROAD，YANGON，UNION OF MYANMAR/0095－1－221280，221281；0095－1－227019（传真）/chinaemb _ mm @ mfa. gov. cn/http：//mm. china-embassy. org

驻菲律宾共和国大使馆/刘建超（Liu Jianchao）/4896 Pasay Road，Dasmarinas Village，Makati，Metro Manila，the Philippines/（0063－2）8443148，8437715（总机）8452465（传真）/chinaemb _ ph @ mfa. gov. cn/http：//ph. china-embassy. org

驻新加坡共和国大使馆/张小康（女）（Zhang Xiaokang）/东陵路 150 号新加坡 247969 邮区，247969（邮编）/（0065）64180252，67344737；64793250（传真）/chinaemb _ sg@mfa. gov. cn/http：//www. chinaembassy. org. sg

驻泰王国大使馆/管木（Guan Mu）/57 RACHADAPISAKE ROAD HUAY KWANG，BANGKOK 10310，THAILAND/0066－2－2457044，0066－2－2468247（传真）/chinaemb _ th@mfa. gov. cn/http：//www. chinaembassy. or. th

驻越南社会主义共和国大使馆/孙国祥（Sun Guoxiang）/46 HOANG DIEU ROAD，HANOI，VIETNAM，P. O. BOX 13（信箱）/00844－8453736，00844－8232826（传真）/chinaemb _ vn @ mfa. gov. cn/http：//vn. china-embassy. org

（来源：中华人民共和国外交部网站. http://www.fmprc. gov. cn/chn/pds/wjb/zwjg/zwsg/yz/）

东盟各国驻中国外交机构

（名称/大使/地址/电话/电子邮箱）

文莱达鲁萨兰国驻华大使馆/张慈祥（H. E. Mrs. Magdalene Teo）/北京市朝阳区亮马桥北街 1 号 North Street 1，Liang Ma Qiao，Chaoyang District/（010）65329773，65329776 65324093；65324097（传真）

柬埔寨王国大使馆/凯·西索达（H. E. Mrs. Khek M. Caimealy）/北京市东直门外大街 9 号　No. 9，Dongzhimenwai Dajie/（010）65321889；65323507（传真）/cambassy@public2. bta. net. cn

印度尼西亚共和国驻华大使馆/苏德加（H. E. Mr. Sudrajat）/北京市朝阳区东直门外大街4号 No. 4，Dong Zhi Men Wai Da Jie，Chaoyang District/（010）65325486－88，65325489；65325368，65325782（传真 Fax）/set. indonesia. kbri@deplu. go. id

老挝人民民主共和国大使馆/维吉·欣达翁（H. E. Mr. Vichit Xindavong）/北京市三里屯东4街11号 No. 11，Dong Si Jie，San Li Tun/（010）65321224；65326748（传真）

马来西亚大使馆/赛义德·诺尔扎曼（H. E. Dato' Syed Norulzaman）/北京市朝阳区亮马桥北街2号，100600（邮编）No. 2，Liang Ma Qiao Bei Jie，Chaoyang District，100600/（010）65322531；65325032（传真）/mwbjing@kln. gov. my

缅甸联邦大使馆/吴登伦（U Thein Lwin）/北京市东直门外大街6号 No. 6，Dong Zhi Men Wai Da Jie，Chaoyang District/（010）65320359，65320360；（010）65320408（传真）/info@myanmarembassy. com

菲律宾共和国驻华大使馆/索尼娅·布蕾迪（H. E. Ms. Sonia Cataumber Brady）/北京市建国门外秀水北街23号，100600，23 Xiu Shui Bei Jie，Jian Guo Men Wai，100600/（010）65321872；65323761（传真）/Philemb _ beijing@yahoo. com

新加坡共和国大使馆/陈燮荣（H. E. Mr. Chin Siat Yoon）/北京市朝阳区建国门外秀水北街1号，100600（邮编）No. 1 Xiu Shui Bei Jie，Jian Guo Men Wai，Chao Yang District，100600/（010）65321115，65329405（传真）

泰王国大使馆/马纳塔（H. E. Mr. Rathakit Manathat）/北京市光华路40号，100600 №40，Guang Hua Lu/（010）65321749；65321748（传真）/thaibej@public. bta. net. cn

越南社会主义共和国大使馆/阮文诗（H. E. Mr. Tran Van Luat）北京市建国门外光华路32号 №32，Guang Hua Lu，Jian Guo Men Wai/（010）65321155；65325720（传真）

（来源：中华人民共和国外交部网站）

中国驻东盟各国总领馆

（名称/总领事/地址/电话/电子邮箱）

驻古晋总领馆（马来西亚）/谢福根（Xie Fugen）/马来西亚沙捞越州古晋市道刚花园 lot3716－3719/006082－240344，006082－238344（传真）/ZHICUN@TM. NET. MY

驻曼德勒总领馆（缅甸）/唐英（Tang Ying）/YADANAR LANE，YANGYI AUNG ROAD/00952－34457，00952－35944（传真）/chinaconsul _ man _ mm@mfa. gov. cn/http：//mandalay. china-consulate. org

驻宿务总领馆（菲律宾）/何时敬（He Shijing）/Cebu Fil-Chinese Volunteers Fire Brigade Building，Don Julio Llorente Street，Barangay Capitol Site，Cebu City 6000，Philippines/0063－32－2563422，2563455；2563499（传真）chinaconsul _ cb _ ph@mail. mfa. gov. cn/http：//cebu. china-consulate. org

驻宋卡总领馆（泰国）/吴仰禹（Wu Yangyu）/NO. 9，SADAO ROAD，AMPUR MUANG，SONGKHLA，90000（邮编）/0066－74－322034；323772（传真）/chinaconsul _ skh _ th@mfa. gov. cn

驻清迈总领馆（泰国）/祝伟敏（Zhu Weimin）/泰国清迈昌罗路111号（No. 111，CHANGLO ROAD，CHIANGMAI 50000，THAILAND）/（6653）282419，（6653）274614（传真）

驻胡志明市总领事馆（越南）/许明亮（Xu Mingliang）/39 NGUYEN THI MINH KHAI STREET，DISTRICT 1，HO CHI MINH CITY，VIETNAM/00848－8292457，00848－8295009（传真）/chinaconsul _ hcm _ vn@mfa. gov. cn

（来源：中华人民共和国外交部网站. http://www.fmprc. gov. cn/chn/pds/wjb/zwjg/zwzlg/yz/）

东盟国家贸促机构与商协会通讯录

国家	机构名称	地址	电话、传真	电邮、网址
文莱	文莱国家工商会	No. 1，Block D，Beribi Industrial Complex 1，Kg. Beribi BE 1119 Negara Brunei Darussalam	Tel：00673－2433750 Fax：00673－2422751，2237843	E-mail：sybas@brunet. bn
	文莱斯市中华总商会	72 Jalan Robert 2/3/4 Floor，Bandar Seri Begawan BS8811，Brunei Darussalam	Tel：00673－2235495 Fax：00673－2235492	E-mail：ccc@brunet. bn

国家	机构名称	地址	电话、传真	电邮、网址
柬埔寨	商业部	20A，borlevard Norodom	Tel：0085523—210365 Fax：0085523—217353	
	中国商会	金边市106街19号（捷运旅游集团大厦2楼）	Tel：023—986937	sinocam@hotmail. com
	柬埔寨金边总商会	no. 7B the corner of Road no. 81 — 109，sangkat boeung Raing，khan daun penh，phnom phenh	Tel：00855—23—212265 Fax：00855—23—212270	
印尼	印尼中华总商会	23rd Fl.，Tower A Landmark Building Tower，Jl. Jend. Sudirman Kav. 1，Jakarta 12190，Indonesia	Tel：0062—21—5209393 Fax：0062—21—5202680	
	印尼工商会	Menara Kadin Indonesia 29th Floor-Jl. H. R. Rasuna Said X — 5Kav. 2 — 3，Jakarta 12950	Tel：0062—21—5274485，9165535 Fax：0062—21—5274486	E-mail：inquiry @ kadinnet. com http：//www. kadinnet. com
	印中商务理事会	Gedung Pusat Niaga Lt. 4，Arena PRJ Kemayoran，Gedung Pusat Niaga Lt. 4，Arena PRJ Kemayoran，	Tel：62 21 3910947 Fax：62 21 6678353，6612338	
	印尼工贸部出口促进局	ITC Building，Jl. Abdul Muis No. 8，Jakarta 10180，Indonesia	Tel：0062—21—3800654 Fax：0062—21—38558850	E-mail：kabpen@dprin. go. id； E-mail：kabpen@nafed. go. id http：//www. nafed. go. id
老挝	老挝国内外投资促进管理局	LuangPrabang Road，Vientiane，Laos	Tel：00856—21—217005 Fax：00856—21—215491	E-mail：fimc@laotel. com http：//www. invest. laopdr. org
	老挝工商会	Rue Ponexay Post Box 4596 Vieentiane	Tel：00856—21—414383 Fax：00856—21—414383	
马来西亚	国际贸易及工业部	Block 10，Kompleks Pejabat—Pejabat Kerajaan，Jalan Duta，50622 Kuala Lumpur	Tel：00603—62033022 Fax：00603—62012337	http：//www. miti. gov. my
	马来西亚中华工商联合会	Lot 6. 05 & 6. 06，6th Floor，Menara Promet，Jalan Sultan Ismail，50250 Kuala Lumpur	Tel：00603—21452503，21452653 Fax：00603—21452562，21457819	E-mail：acccim @ acccim. org. my http：//www. acccim. com. my
	马来西亚中国经济贸易总商会	No. 10 — 11，13th Floor，Sun Complex，Jln Bukit Bintang，55100 Kuala Lumpur	Tel：00603—21411278 Fax：00603—21411406	E-mail：sino@tm. net. my http：//www. malaysia-china. com. my
	马来西亚国家工商会	37，Jln Kia Peng，50450 Kuala Lumpur	Tel：00603—21419600 Fax：00603—21413775	E-mail：enquiry@nccim. org. my http：//www. nccim. org. my
缅甸	缅甸中国企业商会商务中心	Room 0305，Business Suite，Sedona Hotel，Yangon，Myanmar	Tel：0095—1—666900—7904 Fax：0095—1—666900—7904	E-mail：dongbobo @ myanmar. com. mm
	缅甸联邦商业和工业联合会	504 — 506，Merchant St.，Kyauktada TSP，. Yangon，Myanmar	Tel：00：95—1—246495，243151 Fax：0095—1—248177	E-mail：umcci @ mptmail. net. mm http：//www. umfcci. com. mm
	缅甸华商商会	No. 1 — 5，Shwe Dagon Pagoda Road，Latha Tsp.，Yangon	Tel：0095—1—246076	

国家	机构名称	地址	电话、传真	电邮、网址
菲律宾	菲律宾工商联合会	G/F，Philippine International Convention Center，East Wing，Secretariat Building，CCP Complex，Roxas Blvd.，Pasay City，Metro Manila，Philippines.	Tel：0063—2—8338591，8338595 Fax：0063—2—8338895	
	菲律宾中华总商会	1122 Soler St.，Manila，Philippines.	Tel：00632—7114141，2327231 Fax：00632—7436366	
	菲华工商总会	6th Floor Birch Tree Plaza Bldg.，825 Muelle de la Industria，Binondo，Manila，Philippines	Tel：00632—2444991，2444996 Fax：0063—2—2444997，2416475	http：//www.cfbc.com.ph
	菲华商联总会	6th Floor，Federation Center，Muelle De Binondo St. Manila，Philippines	Tel：0063—2—2419201 Fax：0063—2—2422361，2422347	E-mail：secretariat@ffcccii，com.ph http：//www.ffcccii.com.ph
新加坡	新加坡中华总商会	47 Hill Street ＃09—00，Singapore 179365	Tel：0065—63378381 Fax：0065—63390605	http：//www.sccci.org.sg
	新加坡中小企业协会	ASME Secretariat 167 Jalan Bukit Merah Tower 4，＃03—13 Singapore 150167	Tel：0065—6513 0388 Fax：0065 6513 0399	E-mail：sme@asme.org.sg
	新加坡贸易与工业部	100 High Street ＃09—01 The Treasury，Singapore179434	Tel：0065—62259911 Fax：0065 63327260	http：//www.mti.gov.sg/
	新加坡中国商会	6001 Beach Road ＃11—01 Golden Mile Tower，Singapore 199589	Tel：0065—62213900 Fax：0065—62251558	http：//www.scbworld.com
	新加坡工商联合总会	19 Tanglin Shopping Centre，Singapore 247909	Tel：0065—68276828 Fax：0065—68276807	http：//www.sbf.org.sg
	新加坡国际商会	6 Raffles Quay ＃10—01 Singapore 048580	Tel：0065—6224 1255 Fax：0065—6224 2785	E-mail：general@sicc.com.sg http：//www.sicc.com.sg/
	新加坡制造商联合会	The Enterprise ＃02—02，No.1 Science Centre Road，Singapore 609077	Tel：（65）68263000 Fax：（65）68228323	http：//www.smafederation.org.sg
泰国	泰国中华总商会	No.889 Thai C.C.Tower，9th Floor，Sathorn Road. Bangkok 10120，Thailand	02—6758574—84 02—2123917 02—2123916	
	泰国贸易院	150 Rajbopit Rd.，Bangkok 10200	Tel：02—2211827 02—2332069 02—2253995	Bot@bkk.a—net.net.th
	泰国工商总会	464/11 Nakornchaisri Rd.，Dusit，Bangkok 10300	02—2792914 02—2430484	
	泰华进出口商会	No.1249/143 Gems Tower 16Fl.，Charoenkrung Rd.，Bangrak，Bangkok 10500	02—2677662 02—2677670	
	泰中促进投资贸易商会	16th Asok Tower BLDG.，219/53 Sukhumvit 21 Rd.，Bangkok 10110	02—2600181 02—2611155 02—3921888 02—2611156	
	泰国商会	150 Rajbopit Rd.，Bangkok 10200，P.O.Box 2—146	02—6221860—77 02—2253372	
	泰国华人青年商会	138/6 10th Fl.，Jewellery Center BLDG.，Nares Rd.，Bangrak，Bangkok	02—2673456 02—2672034	

国家	机构名称	地址	电话、传真	电邮、网址
越南	越南工商会	9 Dao Duy Anh Str.，Hanoi，Vietnam	Tel：0084—4—5742017 Fax：0084—4—5742020	http：//www. vcci. com. vn
	越南科技联合总会	53 Nguyen Du Str.，Hanoi	Tel：0084—4—9438108 Fax：0084—4—8227593	Email：vanphonglhh@yahoo. com http：//www. vusta. org. vn
	越南工业财产协会	100B Ngoc Ha Street，Ba Dinh，Hanoi	Tel：0084—4—7332266 Fax：0084—4—7340645	Email：Vipa@fpt. vn
	越南标准及消费者协会	14 ngo 22 pho Ton Tat Tung，Hanoi	Tel：0084—4—8527769 Fax：0084—4—8527769	Email：Vanatas@fpt. vn
	青年企业协会	64 Ba Trieu，Hanoi	Tel：0084—4—9437527	Email：Dnt@hn. vnn. vn
	越南银行协会	193 Ba Trieu Str.，Hanoi	Tel：0084—4—8218679 Fax：0084—4—8218732	

（资料来源：中华人民共和国驻各国大使馆经济商务参赞处）

中国—东盟自由贸易区部分关税削减时间表

起始时间	关税税率	覆盖关税条目	参与的国家
2000 年	对所有东盟成员国 0～5%	85%的 CEPT 条目	原东盟 6 国
2002 年 1 月 1 日	对所有东盟成员国 0～5%	全部 CEPT 条目	原东盟 6 国
2003 年 7 月 1 日	WTO 最惠国关税税率	全部	中国与东盟 10 国
2003 年 10 月 1 日	中国与泰国果蔬关税降至 0	中泰水果蔬菜	中国、泰国
2004 年 1 月 1 日	农产品关税开始下调	农产品	中国与东盟 10 国
2005 年 1 月	对所有成员开始削减关税	全部	中国与东盟 10 国
2006 年	农产品关税降至 0	农产品	中国与东盟 10 国
2010 年	对所有东盟成员国 0	全部减税产品	原东盟 6 国
2010 年	关税降至 0	全部产品（部分敏感产品除外）	中国与原东盟 6 国
2015 年	对所有东盟成员国 0	全部产品（部分敏感产品除外）	东盟新成员国
2015 年	对中国—东盟自由贸易区成员国关税降至 0	全部产品（部分敏感产品除外）	东盟新成员国
2018 年	对东盟自由贸易区和中国—东盟自由贸易区所有成员国 0	剩余的部分敏感产品	东盟新成员国

（来源：2002 年 11 月签署的《中国与东盟全面经济合作框架协议》）

中国和东盟各国的主要港口及国际航空港

国家	主要港口	国际航空港（机场）
中国	海港：大连、营口、秦皇岛、天津、烟台、青岛、日照、连云港、上海、宁波、厦门、汕头、广州、湛江、北海、钦州、防城、海口、香港、澳门、基隆、高雄 河港：重庆、万州、武汉、武汉、芜湖、南京、扬州、常州、张家港、南通、广州、梧州、贵港	北京首都、广州白云、上海浦东、上海虹桥、深圳宝安、昆明巫家坝、成都双流、西安咸阳、厦门高崎、重庆江北、天津滨海、大连周水子、杭州萧山、福州长乐、南京禄口、沈阳桃仙、桂林两江、南宁吴圩、哈尔滨阎家岗
文莱	海港：穆阿拉、斯里巴加湾、马来亦、卢穆	斯里巴加湾
柬埔寨	海港：西哈努克	金边、暹粒

国家	主要港口	国际航空港（机场）
印度尼西亚	海港：丹戎不碌、泗水（丹戎佩拉）、三宝垄、勿拉湾	巴厘岛登帕萨、雅加达苏加诺—哈达
老挝	河港：沙湾拿吉	琅勃拉邦、万象瓦岱、巴色
马来西亚	海港：巴生港、槟城、关丹、新山、纳闽（拉布安）、哥打基纳巴卢。 河港：古晋	吉隆坡、槟城、兰卡威、哥打基纳巴卢、古晋
缅甸	海港：仰光 河港：勃生	仰光敏加拉洞、曼德勒
菲律宾	海港：宿务、马尼拉、怡朗、三宝颜	马尼拉阿基诺、宿务马克丹、达沃、苏比克、克拉克、拉瓦格
新加坡	海港：新加坡	新加坡樟宜
泰国	海港：宋卡、普吉 河港：曼谷	曼谷素旺那普、清迈、普吉、合艾
越南	海港：海防、岘港、金兰湾、广宁、炉门、归仁、义安、芽庄、西贡	河内内排、岘港、胡志明市新山一

（来源：《中国—东盟自由贸易区与广西》）

东盟国家的主要报纸

国家	本国文报纸	华文报纸	英文（其他语文）报纸
文莱	《婆罗洲公报》、《文莱灯塔》	《文莱美里日报》、《文莱诗华日报》	《婆罗洲公报》
柬埔寨	《柬埔寨之光报》、《人民报》、《和平岛报》、《柬埔寨日报》、《柬埔寨时报》	《华商日报》、《柬华日报》、《星洲日报》、《大众日报》、《新时代日报》	《柬埔寨日报》、《金边邮报》、《柬埔寨时报》
印度尼西亚	《罗盘报》、《专业之声报》、《印尼媒体报》、《共和国日报》、《革新之声报》、《印尼商报》、《华文邮报》	《印度尼西亚日报》、《华文邮报》、《国际日报》、《商报》、《新生日报》、《和平日报》、《龙阳日报》、《广告日报》、《世界日报》、《千岛日报》	《雅加达邮报》、《印尼观察家报》
老挝	《人民报》、《新万象报》、《人民军报》、《青年报》	《VINTIANETIMES》（英文报）、《LERENOVATEUR》（法文报）	
马来西亚	《马来西亚使者报》、《每日新闻》、《祖国报》	《南洋商报》、《星洲日报》、《中国报》等	《新海峡时报》、《星报》、《马来邮报》
缅甸	《缅甸之光》、《镜报》、《首都报》、《曼德勒报》、《雅德那崩报》	《缅甸华报》	《缅甸新光》
菲律宾	《消息报》、《菲律宾快报》	《世界日报》、《商报》、《菲华时报》、《联合日报》、《环球日报》	《马尼拉公报》、《菲律宾星报》、《菲律宾询问日报》、《自由报》、《马尼拉时报》、《马尼拉纪事报》
新加坡	《每日新闻》、《泰米尔日报》	《联合早报》、《联合晚报》、《新明日报》	《海峡时报》、《商业时报》、《新报》
泰国	《泰叻报》、《民意报》、《每日新闻》、《国家报》、《沙炎叻报》、《经理报》等	《新中原报》、《中华日报》、《星暹日报》、《亚洲日报》、《京华中原日报》、《世界日报》等	《曼谷邮报》、《民族报》等
越南	《人民报》、《人民军队报》、《大团结报》、《西贡解放日报》	《西贡解放日报》	《西贡时报》

（来源：据新华网相关资料整理）

中国及东盟各国主要通讯社、电台、电视台

国家	通讯社	电台	电视台
中国	新华通讯社（简称新华社，1931年11月7日创建）、中国新闻社（简称中新社，1952年10月1日成立）	中央人民广播电台（中华人民共和国国家广播电台，诞生于1940年12月30日）、中国国际广播电台（中国唯一使用外语以及汉语普通话和方言向全世界广播的国家广播电台，创建于1941年12月3日）	中央电视台（中华人民共和国国家电视台，1958年5月1日试播，1958年9月2日正式播出，英文简称CCTV）
文莱	文莱新闻社（唯一官方新闻机构，创建于1959年）	文莱广播电台（创建于1957年5月，拥有两个广播网，一个用马来语和方言，一个用英语、华语和廓尔喀语广播）	文莱广播电视台（创建于1957年5月，从1975年起开设彩色电视频道，播放马来文和英文节目）
柬埔寨	柬新社（AKP）（成立于1980年，为柬唯一的官方通讯社）	F—103国家台	国家电视台（建台于1984年，以柬语广播为主）；仙女台第11频道（私营）；第9频道（私营）；第5频道（军队开办）；首都第3频道（官方开办）；巴戎台（私营，每日有中文新闻报道）。此外，有3家有线电视台：柬埔寨有线电视台、金边有线电视台、微波无线电视台。
印度尼西亚	安塔拉通讯社（国营，1937年成立）印尼民族通讯社（私营，1967年成立）	印度尼西亚共和国广播电台（国营，1945年9月11日成立）	印度尼西亚共和国电视台（1962年8月17日正式运营），鹰记电视台，太阳电视台，教育电视台，美都电视台
老挝	巴特寮通讯社（1968年1月成立，国营）	老挝国家广播电台（用老挝语广播，对外用越、柬、法、英、泰语广播）、老挝人民军广播电台	老挝国家电视台（建于1983年12月），每天播放老挝语节目5小时左右
马来西亚	马来西亚国家新闻社（简称马新社，半官方）	马来西亚广播电台（官办，建于1946年，拥有6个广播网，用马来语、英语、华语和泰米尔语广播）、马来西亚之声电台（建于1963年，用马来语、阿拉伯语、英语、印尼语、缅甸语、他加禄语和泰语等8种语言对外广播）	马来西亚电视台（官方，建于1963年），第三电视台（TV3）、城市电视台（METRO VISION）、国民电视台（NTV）、ASTRO卫星有线电视频道、2004年1月新开播了8TV电视台
缅甸	缅甸通讯社	缅甸之声（建于1937年）	缅甸电视台（建于1980年），妙瓦底电视台（创办于1995年3月27日）
菲律宾	菲律宾通讯社（官方通讯社，成立于1973年3月1日）	菲律宾广播局	人民电视台
新加坡		新加坡广播电台（1936年开播，拥有12个国内电台和3个国际电台）	新加坡电视机构（拥有并经营2个频道，一个播送华文节目，另一个播送英文节目，每天播送24小时）、有线电视网（1995年开通）、1995年开通卫星电视。
泰国	泰国通讯社	泰国国家广播电台	泰国国家电视台
越南	越南通讯社（国家通讯社，1945年创立，1976年合并越南南方解放通讯社）	越南之声广播电台（成立于1954年）	越南中央电视台（成立于1971年）

（来源：中国网、新华网有关资料）

中国—东盟博览会参展物主要入境口岸局一览

名称	简介	地址	邮编	电话	传真
桂林检验检疫局	桂林检验检疫局成立于1999年10月。下设办公室、检务科、检验检疫1科、2科、3科、两江机场办事处、旅检1科、2科等12个科室。	桂林市漓江路25号	541004	0773—5813528	0773—5845585
东兴检验检疫局	东兴检验检疫局成立于1999年10月，下设办公室、检务科、检验检疫科、旅检科、货场办事处、垌中办事处、江山办事处等11个科室。	东兴市新华路北段	538100	0770—7685017	0770—7682477
凭祥检验检疫局	凭祥检验检疫局成立于1999年10月。下设办公室、检务科、检验检疫科、友谊关办事处、浦寨办事处、爱店办事处等10个科室。	凭祥市南大路1支9号	532600	0771—8522935	0771—8521560
北海检验检疫局	北海检验检疫局成立于1999年10月。下设办公室、检务科、检验检疫1科、2科、3科、机场办事处、铁山港办事处、烟花爆竹检测中心等13个科室。	北海市广东南路康宁大	536000	0779—3206192 0779—3206191	0779—3206199
防城港检验检疫局	防城港检验检疫局成立于1999年10月。下设办公室、检务科、检验检疫1、2、3、4科、铁山港办事处等11个科室。	防城港市兴港大道31号	538001	0770—2822966	0770—2821830

（来源：广西出入境检验检疫局网. http://caexpo. gxciq. gov. cn/list/31/index. htm. 2008—07—31）

东南亚国家联盟

成立日期

1967年8月8日

宗 旨

《东南亚国家联盟成立宣言》确定的宗旨和目标是：（1）以平等与协作精神，共同努力促进本地区经济增长、社会进步和文化发展；（2）遵循正义、国家关系准则和《联合国宪章》，促进本地区和平与稳定；（3）促进经济、社会、文化、技术和科学等问题的合作与相互支援；（4）在教育、职业和技术及行政训练和研究设施方面互相支援；（5）在充分利用农业和工业、扩大贸易、改善交通运输、提高人民生活水平方面进行更有效的合作；（6）促进对东南亚问题的研究；（7）同具有相似宗旨和目标的国际和地区组织保持紧密和互利的合作，探寻与其更紧密的合作途径。

成 员

10个：印度尼西亚、马来西亚、菲律宾、新加坡、泰国、文莱、越南、老挝、缅甸、柬埔寨。总面积444万平方公里，人口5.84亿，GDP达15062亿美元（东盟秘书处2009年6月统计）。

主要负责人

首脑会议是东盟最高决策机构，由东盟各国轮流担任主席国，负责召集。现任主席国为泰国，2008年7月接任，2009年12月届满，下届主席国为越南。东盟秘书长由东盟各国轮流推荐资深人士担任，任期5年。素林·披苏旺（Surin Pitsuwan，泰国前外长）于2008年1月接任东盟秘书长。东盟秘书长向东盟首脑会议负责。

总 部

东盟秘书处设在印度尼西亚首都雅加达（70A Jl. Sisingamangaraja，Jakarta 12110，Indonesia）。网址：http://www. aseansec. org/。

出版物

东盟拥有众多定期或不定期发行的出版物，如《东盟年度报告》、《东盟商务通讯》等。

组织机构

2008年12月，《东盟宪章》正式生效。根据宪章，东盟调整了组织机构，主要包括（1）首脑会议：就东盟发展的重大问题和发展方向做出决策，每年举行两次；（2）东盟协调理事会：由东盟各国外长组成，是综合协调机构，每年举行两次会议；（3）东盟共同体理事会：包括东盟政治安全共同体理事会、东盟经济共同体理事会和东盟社会文化共同体理事会，协调其下设各领域的工作，每年至少举行两次会议，由担任东盟主席的成员国相关部长担任主席；（4）东盟领域部长机制：在各自相关领域加强合作，支持东盟一体化和共同体建设；（5）东盟秘书长和东盟秘书处：负责协调落实东盟的协议和决定，监督和落实进程；（6）常驻东盟代表委员会：由东盟成员国指派的大使级常驻东盟代表组成，代表各自国家与东盟秘书处和东盟领域部长机制进行协调；（7）东盟国家秘书处：是东盟在各成员国的联络点；（8）东盟政府间人权委员会：负责促进和保护人权与基本自由的相关事务（将于2009年10月东盟峰会期间正式成立）；（9）东盟基金会：与东盟相关机构合作，支持东盟共同体建设；（10）与东盟相关的实体：包括各种民间和半官方机构。

主要活动

自1976年以来共举行了14次首脑会议。

2003年10月在印度尼西亚巴厘岛举行的第九届东盟首脑会议发表了《东盟协调一致第二宣言》（亦称《第二巴厘宣言》），宣布将于2020年建成东盟共同体，其三大支柱分别是"东盟安全共同体"、"东盟经济共同体"和"东盟社会与文化共同体"。

2004年11月在老挝万象举行的第十届东盟首脑会议通过了为期6年的《万象行动计划》（VAP）以进一步推进一体化建设，并决定建立"东盟发展基金"以保障落实。会议还决定起草《东盟宪章》以加强东盟机制建设。

2005年12月在马来西亚吉隆坡举行的第十一届东盟首脑会议签署了《关于制定〈东盟宪章〉的吉隆坡宣言》，会议责成部长们成立高级别工作组负责起草宪章，决定进一步加大《东盟一体化倡议》等有关计划的落实力度。

2007年1月在菲律宾宿务举行的第十二届东盟首脑会议签署《关于加速于2015年建立东盟共同体的宿务宣言》，决定提前5年实现东盟政治安全、经济和社会文化三个共同体。会议还签署《关于〈东盟宪章〉的吉隆坡宣言》，会议责成部长们成立高级别工作组负责起草宪章，决定进一步加大《东盟一体化倡议》等有关计划的落实力度。

2007年1月在菲律宾宿务举行的第十二届东盟首脑会议签署《关于加速于2015年建立东盟共同体的宿务宣言》，决定提前5年实现东盟政治安全、经济和社会文化三个共同体。会议还签署《关于〈东盟宪章〉蓝图的宿务宣言》、《关于建设一个关爱和共享的共同体的宿务宣言》、《东盟反恐公约》和《保障与提倡海外劳工权利宣言》等一系列文件。

2007年11月在新加坡举行的第十三届东盟首脑会议就推进东盟政治、政治安全、社会文化三大共同体建设进行了探讨。会议签署《东盟宪章》、《东盟经济共同体蓝图宣言》、《东盟环境可持续性宣言》和《东盟关于第十三次〈联合国气候变化框架公约〉缔约方会议和第三次〈京都议定书〉缔约方会议的宣言》。

2009年2月在泰国曼谷举行的第十四届东盟首脑会议重点是落实《东盟宪章》和合作应对全球金融危机。各国领导人签署《东盟政治安全共同体蓝图》、《东盟社会文化共同体蓝图》、《东盟共同体2009－2015年路线图宣言》，发表《关于全球经济和金融危机的新闻公报》、《东盟地区食品安全声明》和《关于东盟实现千年发展目标的联合宣言》、第二份《东盟一体化倡议工作计划》，并见证签署《东盟货物贸易协定》、《东盟全面投资协定》和《东盟石油安全协定》。

对外关系

东盟积极开展多方位外交。1994年7月，东盟倡导成立东盟地区论坛（ARF），主要就亚太地区政治和安全问题交换意见。1994年10月，东盟倡议召开亚欧会议（ASEM），促进东亚和欧盟的政治对话与经济合作。1999年9月，在东盟的倡议下，东亚—拉美合作论坛（FEALAC）成立。此外，自1978年始，东盟国家每年与其对话伙伴（时为美国、日本、澳大利亚、新西兰、加拿大、欧盟，后相继增加韩国、中国、俄罗斯和印度）举行对话会议，就重大的国际政治和经济问题交换意见。目前已有28个非东盟国家任命驻东盟大使。

2009年与海湾合作委员会举行了首次外长级会议。中国—东盟自贸区、韩国—东盟自贸区将于2010年建成，日本—东盟自贸区将于2012年建成。东盟与澳大利亚和新西兰共同签署建立自贸区协定，与印度签署货物贸易协定。此外，东盟与欧盟、美国、加拿大、巴基斯坦自贸区的谈判也在进行中。

（来源：中华人民共和国外交部网. http://www.fmprc.gov.cn/chn/pds/gjhdq/gjhdqzz/lhg_14/. 2009—07—24）

索引

说明

一、本索引是《中国—东盟商务年鉴·2009》的内容分析索引。
二、本索引按照汉语拼音字母（同音字按声调）顺序排列。类目、分目作索引款目用黑体字排印，其余款目用宋体字排印。图表、图片在其款目后分别注明“表”、“图”。
三、索引款目后的数字表示内容所在的页码，数字后的拉丁字母（a、b）表示栏别（即版面的1、2栏）。
四、空两字起排的款目为上一主题的“附见”。同一主题的“参见”，只标页码。内容有交叉的款目，为便于读者检索，在本索引中重复出现。

A

B

C

D

E

F

G

H

J

K

L

M

N

P

T

X

Y

Z

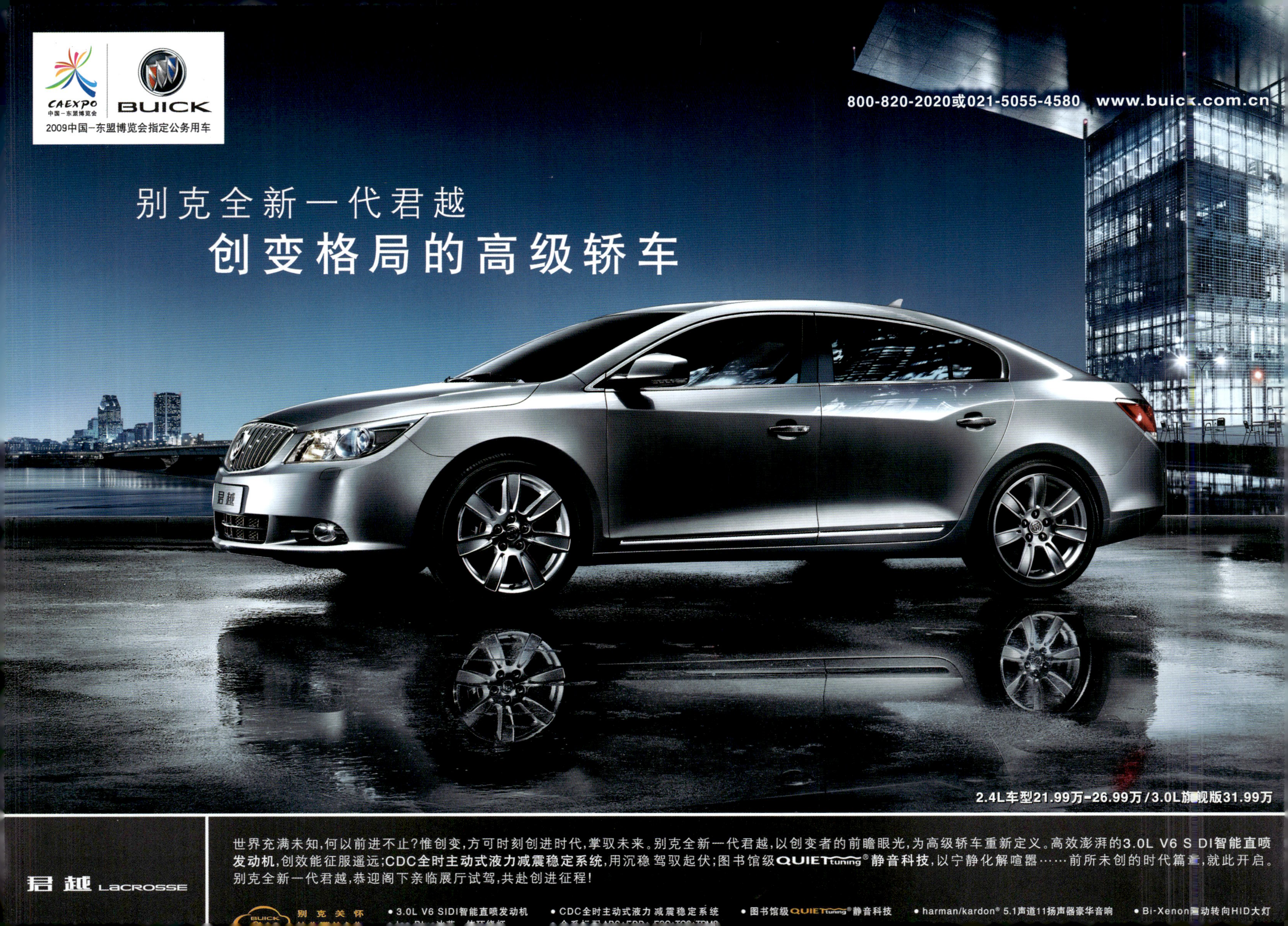
CAEXPO
中国－东盟博览会
BUICK
2009中国－东盟博览会指定公务用车
800-820-2020或021-5055-4580 www.buick.com.cn
别克全新一代君越
创变格局的高级轿车
2.4L车型21.99万-26.99万/3.0L旗舰版31.99万
君越 LaCROSSE
世界充满未知,何以前进不止?惟创变,方可时刻创进时代,掌驭未来。别克全新一代君越,以创变者的前瞻眼光,为高级轿车重新定义。高效澎湃的3.0L V6 SIDI智能直喷发动机,创效能征服遥远;CDC全时主动式液力减震稳定系统,用沉稳驾驭起伏;图书馆级QUIET tuning®静音科技,以宁静化解喧嚣……前所未创的时代篇章,就此开启。别克全新一代君越,恭迎阁下亲临展厅试驾,共赴创进征程!
别克关怀
• 3.0L V6 SIDI智能直喷发动机
• CDC全时主动式液力减震稳定系统
• 图书馆级QUIET tuning®静音科技
• harman/kardon® 5.1声道11扬声器豪华音响
• Bi-Xenon随动转向HID大灯

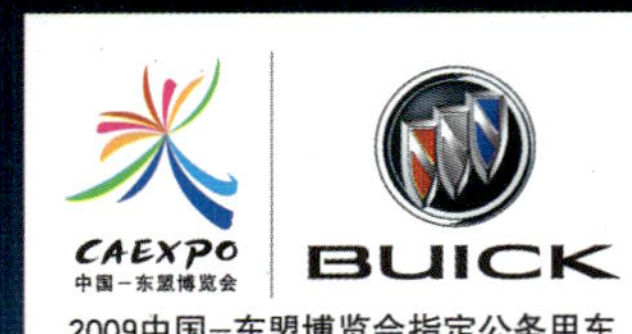

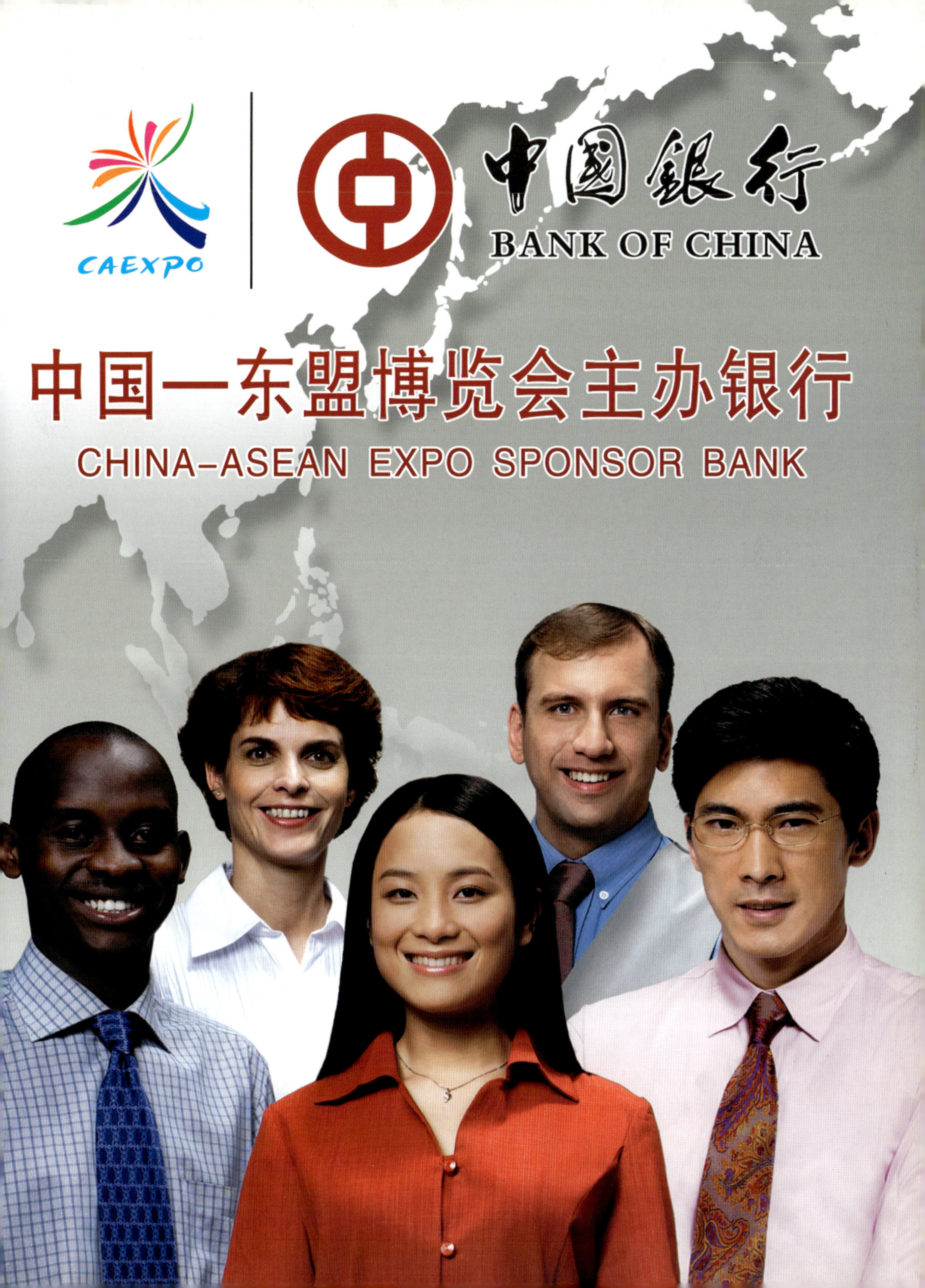

CAEXPO
中国银行
BANK OF CHINA
中国—东盟博览会主办银行
CHINA-ASEAN EXPO SPONSOR BANK

深圳航空
Shenzhen Airlines

Shenzhen Airlines 16 Years

鹏程十六载　展翅志凌空

热烈庆祝深圳航空开航十六周年

一天24小时
我们用真情时时相伴
一年365天
我们将感恩岁岁铭记
深航飞过了十六年
有辉煌、有成就，有艰辛、有汗水
十六年安全飞行
我们从零开始
特色航空领跑者
我们执着如昔
曾经华彩，铸就十六年的功勋
屡获殊荣，谱写十六年的篇章
万里征程竞翱翔
九霄云鹏志在天

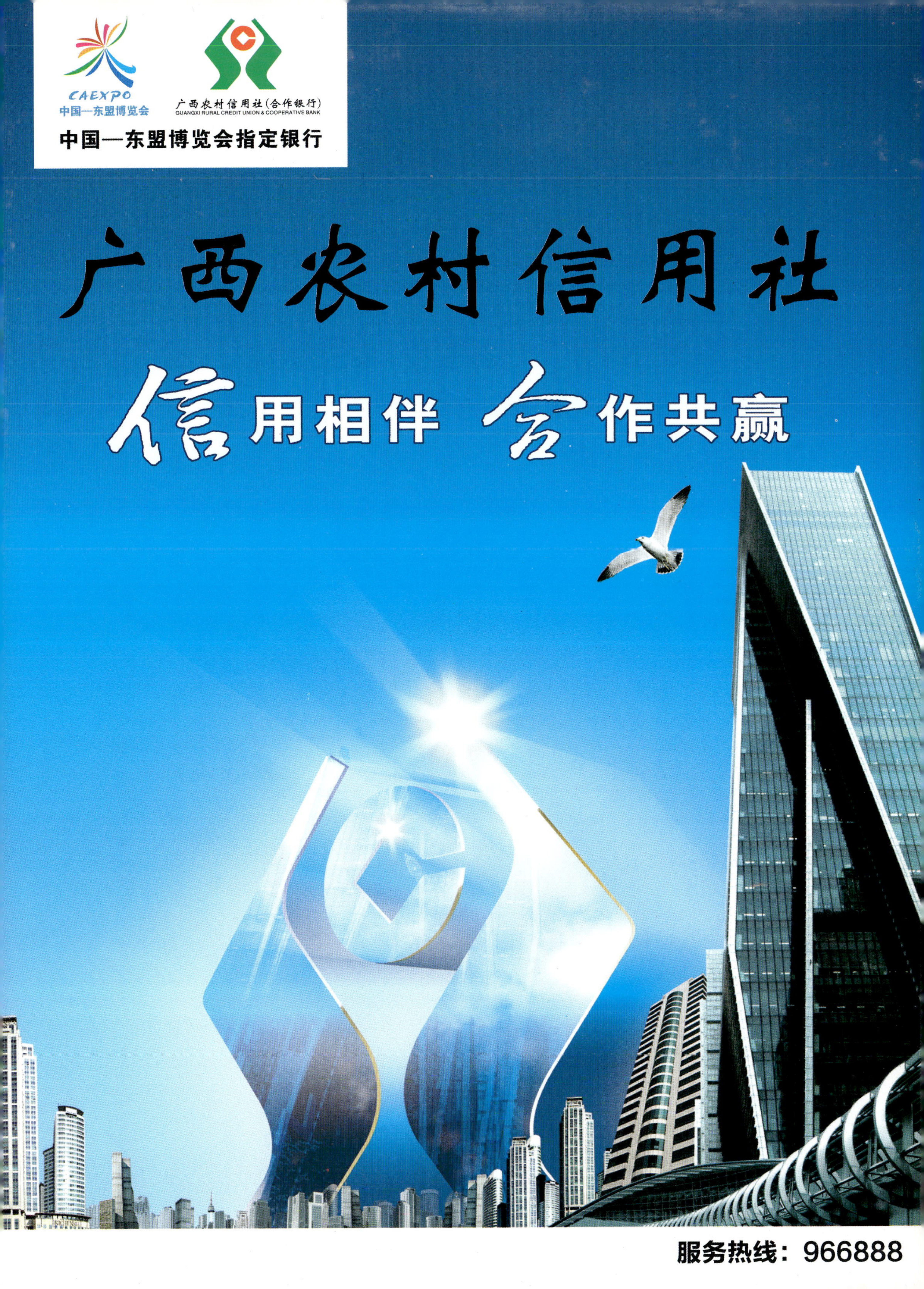
CAEXPO
中国—东盟博览会
广西农村信用社(合作银行)
GUANGXI RURAL CREDIT UNION & COOPERATIVE BANK
中国—东盟博览会指定银行
广西农村信用社
信用相伴 合作共赢
服务热线：966888

中國红官窑

中国陶瓷文化是世界之瑰宝，恰如璀璨明珠，散发着永恒不灭的光华。醴陵市红玉红瓷工艺瓷厂扎根于中国传统文化的肥沃土壤，汲取其中陶瓷文化的理念和精髓，重点致力于对始于清朝康熙年代，盛于清"康、雍、乾"三朝，堪称"官窑中的官窑"、"彩瓷皇后"的珐琅彩瓷的恢复和发展，得到故宫博物院，中国文物学会、首都博物馆，国家图书馆、宜兴陶瓷博物馆等单位专家的一致好评。

玉壶春
黄地珐琅缠枝莲纹

浩瀚寰宇，万世中华和谐

广西南宁红官窑商贸有限公司

地址：广西南宁市金湖路 63 号金源 CBD 现代城 821 室

电话：0771-296218　　传真：0771-5599293

手机：13517668427　　网址：http://www.nnhgy.com

十年的品质，不变的坚持！
我们给您醇厚内敛的典雅生活！
石碾轻飞瑟瑟尘，乳香烹出建溪春。
世间绝品人难识，闲对茶经忆古人。
《茶》「宋」林逋
茶文化
建强陶艺轩
紫砂专卖
宜兴昌华陶艺有限公司南宁直销部
地址：广西南宁唐山路唐人文化园拾肆街壹号
电话：13687719144

孔家钧窑簡介

孔家钧窑是“中国钧瓷名窑”，1992年成立于河南省神后镇，2002年被省政府首批认定为“河南名牌”，2006年认定为“河南省著名商标”、“河南省守合同重信用企业”，作品“伟人尊”、“国泰鼎”、“丰尊”、“小口瓶”被中国国家博物馆收藏，2007年被授予“河南名牌工艺美术品”，孔相卿作品《伟人尊》、挂盘《国色天香》入选人民美术出版社出版的九年级《美术》教科书；2008年孔相卿作品《四海升平》代表中国文化精髓的国礼由联合国总部收藏，2007年和2008年分别被河南省文化厅授予“河南省文化产业示范基地”、“河南省十佳民营文化企业”称号。

《伟人尊》

《鼎盛华夏》

孔家钧窑由中国工艺美术大师、许昌市制造业技术状元孔相卿主理，以“传承文化，缔造经典”之创作理念，率先奠基了当代钧瓷的发展体系，把钧瓷发展带入产业化道路，并成为连续三届中国——东盟博览会国礼制作商，完善了科学理论与钧瓷实践的有机结合，成为当代钧瓷艺术的代言者。

孔家钧窑拥有三大生产科研基地和两大文化艺术公司，占地面积十六万平方米，公司拥有员工860人，国、省级大师39人，中级以上专业技术职称56人。专业从事钧陶艺术的研制与生产，并成为中央美院研究生实习基地、郑州大学西亚斯国际学院研究生实习基地，为钧瓷的高起点，高层次，高难度制作提供了坚实的基础，是当今最全面、最系统和最具实力的专业化钧瓷公司。

《四海升平》

《丰尊》

《海晏鼎》

《象天鼎》

广西永明珍珠

Guangxi Yongming Pearl

2004, 2008, 2009中国－东盟博览会指定珍珠礼品供应商

Asupplier of pearl gifts for the (2004, 2008, 2009) China-ASEAN Expo.

第一届世界智力运动会指定珍珠礼品供应商

Authorized Pearl Accessories Supplier of the 1st World Mind Sports Games

2006世界妇女国际展览会金奖

2006 World Women's International Gold Exhibition

中国历代宫廷皇室都极其宠爱珍珠，海水珍珠已成为美丽、珍贵、气度和纯洁的化身。今天，珍珠更得到了人们广泛的珍爱，家喻户晓，美丽装饰着生活。中国人是世界最幸福的人，因为世界顶级质量的珍珠就产于中国，从古到今一直流传着“西珠不如东珠，东珠不如南珠”的佳话，南珠指的便是中国广西合浦所产珍珠。珍珠让广西人成为中国乃至世界最美丽、最幸福的人。

“永明珍珠宫”集中国人福气和集天下人福气，就是因为这儿凝聚了世界上最喜爱、最耀眼、最迷人的珍珠。在追随和崇拜者眼中，“永明珍珠宫”是所有珍珠“朝拜”的圣地，每年都接待着来自世界各地络绎不绝“朝圣”珍珠的客人。想拥有世界顶级的珍珠，来到这儿，都能如愿如偿，其销售规模蔚为壮观。

20多年来，在各级领导的关心与支持下，在永明人的不懈努力奋斗下，“永明珍珠宫”已成为广西重点龙头企业，荣誉第一届世界智力运动会指定珍珠礼品，2004/2008/2009/2010年中国东盟博览会指定珍珠礼品，2006世界妇女展览会金奖等荣誉，还多年多次获的“消费者信得过单位”、“优秀企业”、“十佳私营企业”这些金字牌匾。多年来，不论是经营珍珠财富事业的商人，还是分享珍珠璀灿美丽的顾客，都始终不变地珍爱着永明珍珠，让这人见人爱的“南珠仙女”从“永明珍珠宫”款款走出来，她代言着不同国度、不同肤色、不同语言的爱美心灵。

让经营南珠的客商拥有财富，让珍爱南珠的人拥有至上魅力，为点缀全世界的美好生活，“永明珍珠宫”于广西各地投入约2.3亿元人民币，在北海建设有两个世界顶级的大型珍珠养殖基地，于首府南宁投资8000多万元，建成了服务东南亚市场的“南珠综合展示交易商场”和直销专卖店专柜。年加工原珠1500多公斤，年产珍珠项链6万多串和20多万件珍珠首饰及珍珠美容系列产品。

“永明珍珠宫”是一座珍藏青春，铸造魅力、装载美丽的宫殿，永明人将继往开来，开拓创新，乘胜前进，让美丽的珍珠神话流传千古，流芳民间。

广西珍珠重点龙头企业

A Key Flagship Enterprise in Pearl Breeding in Guangxi.

永明珍珠伴您健康、美丽、长寿，是您送礼的首选!

Yongming pearls with your health, beauty, longevity is your gift of choice!

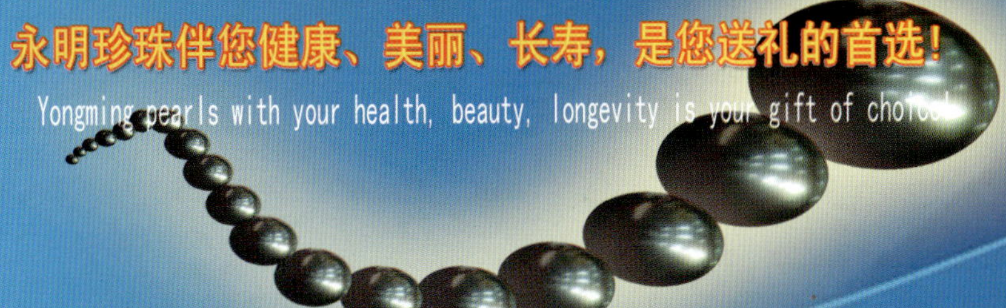

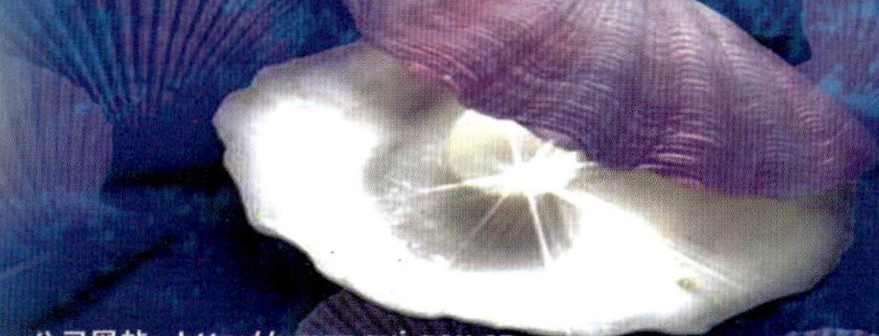

中国—东盟贸易门户

www.caexpo.com

■ 地址(Add): 中国广西南宁市科园大道68号东盟慧谷五号楼三层　■ 邮编(Zip Code): 530007
■ 电话(Tel): +86-771-5519777　■ 传真(Fax): +86-771-5519058
■ E-mail: service@caexpo.com